Dicionário LAROUSSE *ática*

ENGLISH PORTUGUESE

PORTUGUESE ENGLISH

LAROUSSE

editora ática

Os Compostos Em Inglês

Em inglês, os compostos são expressões formadas por mais de uma palavra mas contendo um único significado: **point of view**, **kiss of life** ou **virtual reality**, por exemplo. Uma das características deste dicionário é o fato de os compostos terem uma entrada própria e seguirem rigorosamente a ordem alfabética. Assim, **blood poisoning** figura depois de **blood group**, que, por sua vez, sucede a **blood**.

English Compounds

A compound is a word or expression which has a single meaning but is made up of more than one word, e.g. **point of view**, **kiss of life** and **virtual reality**. It is a feature of this dictionary that English compounds appear in the AZ list in strict alphabetical order. The compound **blood poisoning** will therefore come after **blood group** which itself follows **blood**.

Marcas Registradas

O símbolo ® indica que a palavra em questão é uma marca registrada. Este símbolo, ou a sua eventual ausência, não afeta, no entanto, a situação legal da marca.

Trademarks

Words considered to be trademarks have been designated in this dictionary by the symbol ®. However, neither the presence nor the absence of such designation should be regarded as affecting the legal status of any trademark.

Dicionário LAROUSSE ática Mini

INGLÊS
PORTUGUÊS

PORTUGUÊS
INGLÊS

1ª edição
5ª impressão

LAROUSSE

editora ática

Colaboradores/Contributors

SÉRGIO ALCIDES | BILL MARTIN
VANIA CABUS DE TOLEDO | JANICE M[C]NEILLIE
SHARON J. HUNTER | LÍGIA XAVIER

Impressão e Acabamento GEOGRÁFICA

ISBN 2-03-542008-3

Distribution/Sales: Larousse Kingfisher Chambers Inc., New York
Library of Congress CIP Data has been applied for

ISBN 85-08-07687-8

Distribuição e vendas: Editora Ática

2003

Todos os direitos reservados pela Editora Ática
Rua Barão de Iguape, 110 – CEP 01507-900
Caixa Postal 2937 – CEP 01065-970 – São Paulo – SP
Tel.: 0XX 11 3346-3000 – Fax: 0XX 11 3277-4146
Internet: http://www.atica.com.br
e-mail: editora@atica.com.br

O dicionário LAROUSSE MINI foi concebido para atender a estudantes e a turistas em viagem.

Com mais de 30.000 referências e 40.000 traduções, este novo dicionário cobre de forma ampla o vocabulário geral do inglês e do português, oferecendo ao estudante um ágil e abalizado instrumento de consulta. Além disso, o dicionário LAROUSSE MINI dá tratamento extensivo à linguagem utilizada em placas de sinalização e em cardápios, auxiliando o turista em viagem a orientar-se com rapidez.

Os diferentes sentidos de cada palavra encontram-se claramente indicados em todo o texto, e ênfase especial é dada ao vocabulário básico, com muitos exemplos de uso e uma apresentação gráfica que agiliza a consulta.

Fácil de usar e abrangente, este dicionário oferece a estudantes e viajantes um modo prático e rápido de solucionar suas dúvidas e enriquecer seu vocabulário básico – em casa, na escola ou em viagem. Esperamos que você goste, e não hesite em enviar-nos seus comentários.

A EDITORA

The LAROUSSE MINI dictionary has been designed with beginners and travelers in mind.

With over 30,000 references and 40,000 translations, this new dictionary gives thorough coverage of general vocabulary plus extensive treatment of the language found on street signs and menus.

Clear sense markers are provided throughout, while special emphasis has been placed on basic words, with many examples of usage and a particularly user-friendly layout.

Easy to use and comprehensive, this handy book packs a lot of wordpower for users at school, at home and on the move. We hope you enjoy using this dictionary, and don't hesitate to send us your comments.

THE PUBLISHER

ABREVIATURAS		ABBREVIATIONS
abreviatura	*abrev/abbr*	abbreviation
adjetivo	*adj*	adjective
adjetivo feminino	*adj f*	feminine adjective
adjetivo masculino	*adj m*	masculine adjective
advérbio	*adv*	adverb
inglês americano	*Am*	American English
anatomia	ANAT	anatomy
automóvel	AUT	automobile, cars
auxiliar	*aux*	auxiliary
inglês britânico	*Brit*	British English
comércio	COM(M)	commerce, business
comparativo	*comp(ar)*	comparative
informática	COMPUT	computers
conjunção	*conj*	conjunction
contínuo	*cont*	continuous
culinária	CULIN	culinary, cooking
economia	ECON	economics
educação, escola	EDUC	school, education
esporte	ESP	sport
interjeição	*excl*	exclamation
substantivo feminino	*f*	feminine noun
familiar	*fam*	informal
figurado	*fig*	figurative
finanças	FIN	finance, financial
formal	*fml*	formal
inseparável	*fus*	inseparable
geralmente	*gen*	generally
gramática	GRAM(M)	grammar
familiar	*inf*	informal
informática	INFORM	computers
interjeição	*interj*	exclamation
invariável	*inv*	invariable
jurídico	*jur*	juridical, legal
substantivo masculino	*m*	masculine noun
matemática	MAT(H)	mathematics
medicina	MED	medicine

ABREVIATURAS		ABBREVIATIONS
substantivo masculino e feminino	*mf*	masculine and feminine noun
substantivo masculino com desinência feminina	*m, f*	masculine noun with a feminine inflection
termos militares	*MIL*	military
música	*MÚS/MUS*	music
substantivo	*n*	noun
termos náuticos	*NÁUT/NAUT*	nautical, maritime
numeral	*num*	numeral
	o.s.	oneself
pejorativo	*pej*	pejorative
plural	*pl*	plural
política	*POL*	politics
particípio passado	*pp*	past participle
preposição	*prep*	preposition
pronome	*pron*	pronoun
passado	*pt*	past tense
marca registrada	®	registered trademark
religião	*RELIG*	religion
substantivo	*s*	noun
alguém	*sb*	somebody
educação, escola	*SCH*	school, education
separável	*sep*	separable
singular	*sg*	singular
algo	*sthg*	something
sujeito	*suj/subj*	subject
superlativo	*sup(erl)*	superlative
termos técnicos	*TEC(H)*	technology
televisão	*TV*	television
verbo	*v/vb*	verb
verbo intransitivo	*vi*	intransitive verb
verbo impessoal	*v impess/v impers*	impersonal verb
verbo pronominal	*vp*	pronominal verb
verbo transitivo	*vt*	transitive verb
vulgar	*vulg*	vulgar
equivalente cultural	≃	cultural equivalent

TRANSCRIÇÃO FONÉTICA

Vogais portuguesas

[a]	pá, amar
[ɛ]	sé, seta, hera
[e]	ler, mês
[i]	ir, sino, nave
[ɔ]	nota, pó
[o]	corvo, avô
[u]	azul, tribo

Ditongos portugueses

[aj]	faixa, mais
[ej]	leite, rei
[ɛj]	hotéis, pastéis
[ɔj]	herói, bóia
[oj]	coisa, noite
[uj]	azuis, fui
[aw]	nau, jaula
[ɛw]	céu, véu
[ew]	deus, seu
[iw]	riu, viu

Vogais nasais

[ã]	maçã, santo
[ẽ]	lençol, sempre
[ĩ]	fim, patim
[õ]	onde, com, honra
[ũ]	jejum, nunca

Ditongos nasais

[ãj]	cãibra, mãe
[ãw]	camarão, cão
[ẽj]	bem, quem
[õj]	cordões, leões

Semivogais

eleito, maio	[j]
luar, quadro, poema	[w]

PHONETIC TRANSCRIPTION

English vowels

[ɪ]	pit, big, rid
[e]	pet, tend
[æ]	pat, bag, mad
[ʌ]	run, cut
[ɒ]	pot, log
[ʊ]	put, full
[ə]	mother, suppose
[iː]	bean, weed
[aː]	barn, car
[ɔː]	born, lawn
[uː]	loop, loose
[ɜː]	burn, learn, bird

English diphthongs

[eɪ]	bay, late, great
[aɪ]	buy, light, aisle
[ɔɪ]	boy, foil
[əʊ]	no, road, blow
[aʊ]	now, shout, town
[ɪə]	peer, fierce, idea
[eə]	pair, bear, share
[ʊə]	sure, tour

Nasal vowels

Nasal diphthongs

Semi-vowels

[j]	you, yellow
[w]	wet, why, twin

Consoantes		Consonants
beijo, abrir	[b]	bottle, bib
casa, dique	[k]	come, kitchen
dama, prenda	[d]	dog, did
dia, bonde	[dʒ]	jet, fridge
faca, afinal	[f]	fib, physical
grande, agora	[g]	gag, great
gelo, cisne, anjo	[ʒ]	usual, measure
	[h]	how, perhaps
lata, feliz, cola	[l]	little, help
folha, ilha	[ʎ]	
mel, amigo	[m]	metal, comb
novo, mina	[n]	night, dinner
linha, sonho	[ɲ]	
anca, inglês	[ŋ]	sung, parking
pão, gripe	[p]	pop, people
cura, era	[r]	right, carry
rádio, terra	[x]	
cima, desse, caça	[s]	seal, peace
noz, bis, caixa, chá	[ʃ]	sheep, machine
tema, lata, porta	[t]	train, tip
tio, infantil	[tʃ]	chain, wretched
	[θ]	think, fifth
	[ð]	this, with
vela, ave	[v]	vine, love
zelo, brisa	[z]	zip, his

[ʳ] só se pronuncia quando é seguido de uma palavra que começa por vogal.

[ʳ] is pronounced only when followed by a word beginning with a vowel.

O símbolo fonético [(x)] em português indica que o 'r' no final da palavra é apenas levemente pronunciado, exceto quando seguido de palavra iniciada por vogal: nesse caso, pronuncia-se [r].

The symbol [(x)] in Portuguese phonetics indicates that final 'r' is often barely sounded unless it is followed by a word beginning with a vowel, in which case it is pronounced [r].

O símbolo ['] indica que a sílaba subseqüente é a tônica, sobre a qual recai o acento principal; [ˌ] indica que a sílaba subseqüente é a subtônica, sobre a qual recai o acento secundário.

The symbol ['] indicates that the following syllable carries primary stress and [ˌ] that the following syllable carries secondary stress.

As regras de pronúncia aplicadas ao português refletem a língua falada no Rio de Janeiro.

Portuguese phonetics reflect the language as spoken in Rio de Janeiro.

CONJUGAÇÕES/ PORTUGUESE VERBS

Chave: A = presente do indicativo, B = pretérito imperfeito do indicativo, C = pretérito perfeito do indicativo, D = pretérito mais-que-perfeito do indicativo, E = futuro do indicativo, F = futuro do pretérito, G = presente do subjuntivo, H = futuro do subjuntivo, I = pretérito imperfeito do subjuntivo, J = imperativo, K = gerúndio, L = infinitivo pessoal, M = particípio passado.

ANDAR: A ando, andas, anda, andamos, andais, andam, B andava, andavas, andava, andávamos, andáveis, andavam, C andei, andaste, andou, andamos, andastes, andaram, D andara, andaras, andara, andáramos, andáreis, andaram, E andarei, andarás, andará, andaremos, andareis, andarão, F andaria, andarias, andaria, andaríamos, andaríeis, andariam, G ande, andes, ande, andemos, andeis, andem, H andar, andares, andar, andarmos, andardes, andarem, I andasse, andasses, andasse, andássemos, andásseis, andassem, J anda, ande, andemos, andai, andem, K andando, L andar, andares, andar, andarmos, andardes, andarem, M andado.

chover: A chove, B chovia, C choveu, G chova, H chover, I chovesse, M chovido.

COMER: A como, comes, come, comemos, comeis, comem, B comia, comias, comia, comíamos, comíeis, comiam, C comi, comeste, comeu, comemos, comestes, comeram, D comera, comeras, comera, comêramos, comêreis, comeram, E comerei, comerás, comerá, comeremos, comereis, comerão, F comeria, comerias, comeria, comeríamos, comeríeis, comeriam, G coma, comas, coma, comamos, comais, comam, H comer, comeres, comer, comermos, comerdes, comerem, I comesse, comesses, comesse, comêssemos, comêsseis, comessem, J come, coma, comamos, comei, comam, K comendo, L comer, comeres, comer, comermos, comerdes, comerem, M comido.

conduzir: A conduzo, conduzes, conduz, etc., B conduzia, etc., C conduzi, conduziste, etc., G conduza, etc., I conduzisse, etc., J conduz, conduza, etc., M conduzido.

conhecer: A conheço, conheces, etc., B conhecia, etc., C conheci, conheceste, etc., D conhecera, etc., I conhecesse, conhecesses, etc., J conhece, conheça, etc., M conhecido.

conseguir: A consigo, consegues, consegue, etc., C consegui, conseguiste, etc., D conseguira, conseguiras, etc., E conseguirei, conseguirás, etc., J consegue, consiga, consigamos, consegui, consigam.

dar: A dou, dás, dá, damos, dais, dão, B dava, etc., C dei, deste, deu, demos, destes, deram, D dera, deras, etc., E darei, darás, etc., F daria, etc., G dê, dês, dê, dêmos, deis, dêem, H der, deres, etc., I desse, desses, etc., J dá, dê, dêmos, dai, dêem, K dando, L dar, dares, dar, darmos, dardes, darem, M dado.

dizer: A digo, dizes, diz, dizemos, dizeis, dizem ; B dizia, dizias, etc., C disse, disseste, disse, dissemos, dissestes, disseram, D dissera, disseras, etc., E direi, dirás, dirá, etc., F diria, dirias, etc., G diga, digas, etc., H disser, disseres, disser, dissermos, disserdes, disserem, I dissesse, dissesses, etc., J diz, diga, etc., K dizendo, L dizer, dizeres, dizer, dizermos, dizerdes, dizerem, M dito.

dormir: A durmo, dormes, dorme, dormimos, dormis, dormem, B dormia, dormias, etc., C dormi, dormiste, etc., H dormir, dormires, etc., J dorme, durma, durmamos, dormi, durmam, M dormido.

escrever: A escrevo, escreves, etc., B escrevia, escrevias, etc., C escrevi, escreveste, escreveu, etc., D escrevera, escreveras, etc., I escrevesse, escrevesses, etc., J escreve, escreva, etc., M escrito.

ESTAR: A estou, estás, está, estamos, estais, estão, B estava, estavas, estava, estávamos, estáveis, estavam, C estive, estiveste, esteve, estivemos, estivestes, estiveram, D estivera, estiveras, estivera, estivéramos, estivéreis, estiveram, E estarei, estarás, estará, estaremos, estareis, estarão, F estaria, estarias, estaria, estaríamos, estaríeis, estariam, G esteja, estejas, esteja, estejamos, estejais, estejam, H estiver, estiveres, estiver, estivermos, estiverdes, estiverem, I estivesse, estivesses, estivesse, estivéssemos, estivésseis, estivessem, J está, esteja, estejamos, estai, estejam, K estando, L estar, estares, estar, estarmos, estardes, estarem, M estado.

fazer: A faço, fazes, faz, etc., B fazia, fazias, etc., C fiz, fizeste, fez, fizemos, fizestes, fizeram, D fizera, fizeras, etc., E farei, farás, etc., F faria, farias, etc., G faça, faças etc.; H fizer, fizeres, etc., I fizesse, fizesses, etc., J faz, faça, façamos, fazei, façam, M feito.

ir: A vou, vais, vai, vamos, ides, vão, B ia, ias, íamos, etc., C fui, foste, foi, fomos, fostes, foram, D fora, foras, fora, fôramos, fôreis, foram, E irei, irás, irá, iremos, ireis, irão, F iria, irias, iríamos, etc., G vá, vás, vá, vamos, vades, vão, H for, fores, for, formos, fordes, forem, I fosse, fosses, fosse, fôssemos, fôsseis, fossem, J vai, vá, vamos, ide, vão, K indo, L ir, ires, ir, irmos, irdes, irem, M ido.

ler: A leio, lês, lê, lemos, ledes, lêem, B lia, lias, etc., C li, leste, leu, etc., G leia, leias, etc., M lido.

nascer: A nasço, nasces, etc., B nascia, etc., C nasci, nasceste, nasceu, etc., D nascera, etc., G nasça nasças, etc., H nascer, nasceres, etc., I nascesse, etc., M nascido.

negociar: A negoc(e)io, negoc(e)ias, negoc(e)ia, negociamos, negociais, negoc(e)iam, B negociava, etc., C negociei, negociaste, etc., G negoc(e)ie, negoc(e)ies, negoc(e)ie, negociemos, negocieis, negoc(e)iem, J negoc(e)ia negoc(e)ie, negociemos, negociai, negoc(e)iem, M negociado.

oferecer: A ofereço, ofereces, etc., B oferecia, etc., C ofereci, ofereceste, ofereceu, etc., D oferecera, etc., G ofereça, ofereças, etc., I oferecesse, etc., J oferece, ofereça, ofereçamos, oferecei, ofereçam, M oferecido.

ouvir: A ouço, ouves, ouve, etc., B ouvia, etc., C ouvi, ouviste, ouviu, etc., D ouvira, etc., G ouça, ouças, etc., H ouvir, ouvires, etc., I ouvisse, ouvisses, etc., J ouve, ouça, ouçamos, ouvi, ouçam, M ouvido.

parecer: A pareço, pareces, parece, etc., B parecia, etc., C pareci, pareceste, etc., D parecera, etc., G pareça, pareças, etc., H parecer, pareceres, etc., I parecesse, parecesses, etc., M parecido.

PARTIR: A parto, partes, parte, partimos, partis, partem, B partia, partias, partia, partíamos, partíeis, partiam, C parti, partiste, partiu, partimos, partistes, partiram, D partira, partiras, partira, partíramos, partíreis, partiram, G parta, partas, parta, partamos, partais, partam, H partir, partires, partir, partirmos, partirdes, partirem, I partisse, partisses, partisse, partíssemos, partísseis, partissem, J parte, parta, partamos, parti, partam, K partindo, L partir, partires, partir, partirmos, partirdes, partirem, M partido.

passear: A passeio, passeias, passeia, passeamos, passeais, passeiam, B passeava, passeavas, etc., C passeei, passeaste, etc., E passearei, passearás, etc., G passeie, passeies, etc., J passeia, passeie, passeemos, passeai, passeiem, M passeado.

pedir: A peço, pedes, pede, etc., C pedi, pediste, pediu, etc., G peça, peças, etc., J pede, peça, peçamos, pedi, peçam, M pedido.

perder: A perco, perdes, perde, perdemos, perdeis, perdem, C perdi, perdeste, perdeu, etc., F perderia, perderias, etc., G perca, percas, perca, etc., H perder, perderes, etc., I perdesse, perdesses, etc., J perde, perca, percamos, perdei, percam, M perdido.

poder: A posso, podes, pode, podemos, podeis, podem, B podia, podias, etc., C pude, pudeste, pôde, pudemos, pudestes, puderam, G possa, possamos, etc., H puder, puderes, puder, etc., I pudesse, pudéssemos, etc.

pôr: A ponho, pões, põe, pomos, pondes, põem, B punha, púnhamos, etc., C pus, puseste, pôs, pusemos, pusestes, puseram, D pusera, puséramos, etc., E porei, porás, etc., F poria, porias, etc., G ponha, ponhas, etc., H puser, pusermos, etc., I pusesse, puséssemos, etc., J põe, ponha, ponhamos, ponde, ponham, K pondo, L pôr, pores, pôr, pormos, pordes, porem, M posto.

querer: A quero, queres, quer, queremos, quereis, querem, C quis, quiseste, quis, quisemos, quisestes, quiseram, D quisera, quiséramos, etc., G queira, queiramos, etc., H quiser, quisermos, etc., I quisesse, quiséssemos, etc., J quer, queira, queiramos, querei, queiram,

K querendo, L querer, quereres, querer, querermos, quererdes, quererem, M querido.

rir: A rio, ris, ri, rimos, rides, riem, B ria, ríamos, etc., C ri, riste, riu, rimos, ristes, riram, D rira, ríramos, etc., G ria, rias, etc., H rir, rires, etc., I risse, ríssemos, etc., J ri, ria, riamos, ride, riam, K rindo, M rido.

saber: A sei, sabes, sabe, sabemos, sabeis, sabem, B sabia, sabíamos, etc., C soube, soubeste, soube, soubemos, soubestes, souberam, D soubera, soubéramos, etc., G saiba, saibas, saiba, saibamos, saibais, saibam, H souber, souberes, etc., I soubesse, soubesses, etc., J sabe, saiba, saibamos, sabei, saibam, M sabido.

sair: A saio, sais, sai, saímos, saís, saem, B saía, saías, etc., C saí, saíste, saiu, etc., D saíra, saíras, etc., G saia, saias, saia, saiamos, saiais, saiam, H sair, saíres, sair, etc., I saísse, saísses, etc., J sai, saia, saiamos, saí, saiam, K saindo, M saído.

sentar-se: A sento-me, sentas-te, senta-se, sentamo-nos, sentais-vos, sentam-se, B sentava-me, sentavas-te, sentava-se, sentávamo-nos, sentáveis-vos, sentavam-se, C sentei-me, sentaste-te, sentou-se, sentámo-nos, sentastes-vos, sentaram-se, D sentara-me, sentaras-te, sentara-se, sentáramo-nos, sentáreis-vos, sentaram-se, E sentar-me-ei, sentar-te-ás, sentar-se-á, sentar-nos-emos, sentar-vos-eis, sentar-se-ão, F sentar-me-ia, sentar-te-ias, sentar-se-ia, sentar-nos-íamos, sentar-vos-íeis, sentar-se-iam, G me sente, te sentes, se sente, nos sentemos, vos senteis, se sentem, H me sentar, te sentares, se sentar, nos sentarmos, vos sentardes, se sentarem, I me sentasse, te sentasses, se sentasse, nos sentássemos, vos sentásseis, se sentassem, J senta-te, sente-se, sentemo-nos, sentai-vos, sentem-se, K sentando-se, L sentar-me, sentares-te, sentar-se, sentarmo-nos, sentardes-vos, sentarem-se, M sentado.

sentir: A sinto, sentes, sente, sentimos, sentis, sentem, B sentia, sentias, etc., C senti, sentiste, sentiu, etc., D sentira, etc., G sinta, sintas, etc., I sentisse, sentisses, etc., H sentir, sentires, etc., J sente, sinta, sintamos, senti, sintam, M sentido.

SER: A sou, és, é, somos, sois, são, B era, eras, era, éramos, éreis, eram, C fui, foste, foi, fomos, fostes, foram, D fora, foras, fora, fôramos, fôreis, foram, F seria, serias, seria, seríamos, seríeis, seriam, G seja, sejas, seja, sejamos, sejais, sejam, H for, fores, for, formos, fordes, forem, I fosse, fosses, fosse, fôssemos, fôsseis, fossem, J sê, seja, sejamos, sede, sejam, K sendo, L ser, seres, ser, sermos, serdes, serem, M sido.

TER: A tenho, tens, tem, temos, tendes, têm, B tinha, tinhas, tinha, tínhamos, tínheis, tinham, C tive, tiveste, teve, tivemos, tivestes, tiveram, D tivera, tiveras, tivera, tivéramos, tivéreis, tiveram, E terei, terás, terá, teremos, tereis, terão, F teria, terias, teria, teríamos, teríeis, teriam, G tenha, tenhas, tenha, tenhamos, tenhais, tenham, H tiver, tiveres, tiver, tivermos, tiverdes, tiverem, I tivesse, tivesses, tivesse, tivéssemos, tivésseis, tivessem, J tem, tenha, tenhamos, tende, tenham, K tendo, L ter, teres, ter, termos, terdes, terem, M tido.

trazer: A trago, trazes, traz, trazemos, trazeis, trazem, B trazia, trazias, etc., C trouxe, trouxeste, trouxe, trouxemos, trouxestes, trouxeram, D trouxera, trouxeras, etc., E trarei, trarás, trará, traremos, trareis, trarão, F traria, trarias, etc., G traga, tragas, etc., H trouxer, trouxeres, etc., I trouxesse, trouxesses, etc., j traz, traga, tragamos, trazei, tragam, K trazendo, L trazer, trazeres, trazer, trazermos, trazerdes, trazerem, M trazido.

ver: A vejo, vês, vê, vemos, vedes, vêem, B via, vias, etc., C vi, viste, viu, vimos, vistes, viram, D vira,viras, etc., E verei, verás, etc., G veja, vejas, veja, etc., H vir, vires, vir, virmos, virdes, virem, I visse, visses, visse, etc., J vê, veja, vejamos, vede, vejam, K vendo, L ver, veres, ver, vermos, verdes, verem, M visto.

vir: A venho, vens, vem, vimos, vindes, vêm, B vinha, vinhas, etc., C vim, vieste, veio, viemos, viestes, vieram, D viera, vieras, etc., E virei, virás, etc., G venha, venhas, etc., H vier, vieres, vier, etc., I viesse, viesses, etc., J vem, venha, venhamos, vinde, venham, K vindo, L vir, vires, vir, virmos, virdes, virem, M vindo.

ENGLISH IRREGULAR VERBS

Infinitive	Past Tense	Past Participle
arise	arose	arisen
awake	awoke	awoken
be	was/were	been
bear	bore	born(e)
beat	beat	beaten
begin	began	begun
bend	bent	bent
bet	bet/betted	bet/betted
bid	bid	bid
bind	bound	bound
bite	bit	bitten
bleed	bled	bled
blow	blew	blown
break	broke	broken
breed	bred	bred
bring	brought	brought
build	built	built
burn	burnt/burned	burnt/burned
burst	burst	burst
buy	bought	bought
can	could	-
cast	cast	cast
catch	caught	caught
choose	chose	chosen
come	came	come
cost	cost	cost
creep	crept	crept
cut	cut	cut
deal	dealt	dealt
dig	dug	dug
do	did	done
draw	drew	drawn
dream	dreamed/dreamt	dreamed/dreamt
drink	drank	drunk
drive	drove	driven
eat	ate	eaten
fall	fell	fallen
feed	fed	fed
feel	felt	felt

Infinitive	Past Tense	Past Participle
fight	fought	fought
find	found	found
fling	flung	flung
fly	flew	flown
forget	forgot	forgotten
freeze	froze	frozen
get	got	gotten (*Brit* got)
give	gave	given
go	went	gone
grind	ground	ground
grow	grew	grown
hang	hung/hanged	hung/hanged
have	had	had
hear	heard	heard
hide	hid	hidden
hit	hit	hit
hold	held	held
hurt	hurt	hurt
keep	kept	kept
kneel	knelt/kneeled	knelt/kneeled
know	knew	known
lay	laid	laid
lead	led	led
lean	leant/leaned	leant/leaned
leap	leapt/leaped	leapt/leaped
learn	learnt/learned	learnt/learned
leave	left	left
lend	lent	lent
let	let	let
lie	lay	lain
light	lit/lighted	lit/lighted
lose	lost	lost
make	made	made
may	might	-
mean	meant	meant
meet	met	met
mow	mowed	mown/mowed
pay	paid	paid
put	put	put

Infinitive	Past Tense	Past Participle
quit	quit/quitted	quit/quitted
read	read	read
rid	rid	rid
ride	rode	ridden
ring	rang	rung
rise	rose	risen
run	ran	run
saw	sawed	sawn
say	said	said
see	saw	seen
seek	sought	sought
sell	sold	sold
send	sent	sent
set	set	set
shake	shook	shaken
shall	should	-
shed	shed	shed
shine	shone	shone
shoot	shot	shot
show	showed	shown
shrink	shrank	shrunk
shut	shut	shut
sing	sang	sung
sink	sank	sunk
sit	sat	sat
sleep	slept	slept
slide	slid	slid
sling	slung	slung
smell	smelt/smelled	smelt/smelled
sow	sowed	sown/sowed
speak	spoke	spoken
speed	sped/speeded	sped/speeded
spell	spelt/spelled	spelt/spelled
spend	spent	spent
spill	spilt/spilled	spilt/spilled
spin	spun	spun
spit	spat	spat
split	split	split
spoil	spoiled/spoilt	spoiled/spoilt

Infinitive	Past Tense	Past Participle
spread	spread	spread
spring	sprang	sprung
stand	stood	stood
steal	stole	stolen
stick	stuck	stuck
sting	stung	stung
stink	stank	stunk
strike	struck	struck/stricken
swear	swore	sworn
sweep	swept	swept
swell	swelled	swollen/swelled
swim	swam	swum
swing	swung	swung
take	took	taken
teach	taught	taught
tear	tore	torn
tell	told	told
think	thought	thought
throw	threw	thrown
tread	trod	trodden
wake	woke/waked	woken/waked
wear	wore	worn
weave	wove/weaved	woven/weaved
weep	wept	wept
win	won	won
wind	wound	wound
wring	wrung	wrung
write	wrote	written

INGLÊS – PORTUGUÊS
ENGLISH – PORTUGUESE

A

a [*stressed* eı, *unstressed* ə] *indefinite article* **-1.** *(referring to indefinite thing, person)* um (uma); **a friend** um amigo (uma amiga); **a restaurant** um restaurante; **an apple** uma maçã; **she's a doctor** ela é médica.
-2. *(instead of the number one)*: **a hundred and twenty kilos** cento e vinte quilos; **a month ago** há um mês; **a thousand** mil; **four and a half** quatro e meio.
-3. *(in prices, ratios)*: **three times a year** três vezes ao ano; **$2 a kilo** 2 dólares o quilo.

aback [ə'bæk] *adv*: **to be taken ~** ficar surpreendido(da).

abandon [ə'bændən] *vt* abandonar.

abattoir ['æbətwɑ:r] *n* matadouro *m*.

abbey ['æbı] *n* abadia *f*.

abbreviation [ə,bri:vı'eıʃn] *n* abreviatura *f*.

abdomen ['æbdəmən] *n* abdome *m*.

abide [ə'baıd] *vt*: **I can't ~ him** não o suporto. ❑ **abide by** *vt fus (rule, law)* acatar.

ability [ə'bılətı] *n* *(capability)* capacidade *f*; *(skill)* habilidade *f*.

able ['eıbl] *adj* competente; **to be ~ to do sthg** ser capaz de fazer algo.

abnormal [æb'nɔ:rml] *adj* anormal.

aboard [ə'bɔ:rd] *adv* a bordo. ◆ *prep (ship, plane)* a bordo de; *(train, bus)* em.

abode [ə'bəʊd] *n fml* residência *f*.

abolish [ə'bɒlıʃ] *vt* abolir.

abort [ə'bɔ:rt] *vt (give up)* abortar, cancelar.

abortion [ə'bɔ:rʃn] *n* aborto *m*; **to have an ~** fazer um aborto, abortar.

about [ə'baʊt] *adv* **-1.** *(approximately)* cerca de; **~ 50** cerca de 50; **at ~ six o'clock** por volta das seis horas.
-2. *(on the point of)*: **to be ~ to do sthg** estar prestes a fazer algo.
◆ *prep (concerning)* sobre, acerca de; **a book ~ Scotland** um livro sobre a Escócia; **what's it ~?** é sobre o quê?; **how ~ a drink?** que tal uma bebida?

above [ə'bʌv] *prep (higher than)* acima de, por cima de; *(more than)* mais de. ◆ *adv (higher)* em OR por cima, acima; **children aged ten and** ~ crianças de dez anos para cima; ~ **all** acima de tudo; ~ **average** acima da média.

abroad [ə'brɔ:d] *adv (be, live, work)* no estrangeiro; *(go, move)* para o estrangeiro.

abrupt [ə'brʌpt] *adj* brusco (ca).

abscess ['æbses] *n* abcesso *m*.

absence ['æbsəns] *n* ausência *f*, falta *f*.

absent ['æbsənt] *adj* ausente.

absent-minded [-'maɪndəd] *adj* distraído(da).

absolute ['æbsəlu:t] *adj* absoluto(ta).

absolutely [*adv* 'æbsəlu:tlɪ, *excl* ,æbsə'lu:tlɪ] *adv* absolutamente. ◆ *excl* sem dúvida!

absorb [əb'sɔ:rb] *vt* absorver.

absorbed [əb'sɔ:rbd] *adj*: **to be** ~ **in sthg** estar absorvido (da) em algo.

absorbent [əb'sɔ:rbənt] *adj* absorvente.

abstain [əb'steɪn] *vi*: **to** ~ **(from sthg)** abster-se (de algo).

absurd [əb'sɜ:rd] *adj* absurdo (da).

abuse [*n* ə'bju:s, *vb* ə'bju:z] *n (insults)* insultos *mpl*; *(wrong use, maltreatment)* abuso *m*. ◆ *vt (insult)* insultar; *(use wrongly)* abusar de; *(maltreat)* maltratar.

abusive [ə'bju:sɪv] *adj* ofensivo(va).

academic [,ækə'demɪk] *adj (educational)* acadêmico(ca). ◆ *n* professor *m* universitário, professora *f* universitária.

academy [ə'kædəmɪ] *n* academia *f*.

accelerate [ək'seləreɪt] *vi* acelerar.

accelerator [ək'seləreɪtər] *n* acelerador *m*.

accent ['æksent] *n (way of speaking)* pronúncia *f*, sotaque *m*; *(mark in writing)* acento *m*.

accept [ək'sept] *vt* aceitar; *(blame, responsibility)* assumir.

acceptable [ək'septəbl] *adj* aceitável.

access ['ækses] *n* acesso *m*.

accessible [ək'sesəbl] *adj* acessível.

accessories [ək'sesərɪz] *npl* acessórios *mpl*.

access road *n* via *f* de acesso.

accident ['æksədənt] *n* acidente *m*; **by** ~ por acaso.

accidental [,æksə'dentl] *adj* acidental.

acclimatize [ə'klaɪmətaɪz] *vi* aclimatar-se.

accommodate [ə'kɒmədeɪt] *vt* alojar.

accommodation [ə,kɒmə'deɪʃn] *n Brit* = accommodations.

accommodations [ə,kɒmə'deɪʃnz] *npl Am* alojamento *m*.

accompany [ə'kʌmpənɪ] *vt* acompanhar.

accomplish [ə'kʌmplɪʃ] *vt* conseguir, realizar.

accord [ə'kɔ:rd] *n*: **of one's own** ~ por iniciativa própria.
accordance [ə'kɔ:rdns] *n*: **in ~ with** de acordo com, conforme.
according [ə'kɔ:rdɪŋ] ❑ **according to** *prep (as stated by)* segundo; *(depending on)* conforme.
accordion [ə'kɔ:rdjən] *n* acordeão *m*.
account [ə'kaʊnt] *n (at bank, store)* conta *f*; *(report)* relato *m*; **to take into** ~ levar em consideração; **on no** ~ de modo algum OR nenhum; **on ~ of** devido a. ❑ **account for** *vt fus (explain)* prestar contas de, explicar; *(constitute)* representar.
accountant [ə'kaʊntənt] *n* contador *m*, -ra *f*.
accumulate [ə'kju:mjəleɪt] *vt* acumular.
accurate ['ækjərət] *adj (description, report)* exato(ta); *(work, figures)* preciso(sa).
accuse [ə'kju:z] *vt*: **to ~ sb of sthg** acusar alguém de algo.
accused [ə'kju:zd] *n*: **the** ~ o réu (a ré).
ace [eɪs] *n (card)* ás *m*.
ache [eɪk] *vi* doer. ◆ *n* dor *f*; **my leg ~s** minha perna está doendo.
achieve [ə'tʃi:v] *vt* conseguir.
acid ['æsɪd] *adj* ácido(da). ◆ *n* ácido *m*.
acid rain *n* chuva *f* ácida.
acknowledge [ək'nɒlɪdʒ] *vt (accept)* reconhecer; *(letter)* acusar o recebimento de.
acne ['æknɪ] *n* acne *f*.
acorn ['eɪkɔ:rn] *n* bolota *f (fruto)*, glande *f*.
acoustic [ə'ku:stɪk] *adj* acústico(ca).
acquaintance [ə'kweɪntns] *n (person)* conhecido *m*, -da *f*.
acquire [ə'kwaɪər] *vt* adquirir.
acre ['eɪkər] *n* = 4046,9 m^2.
acrobat ['ækrəbæt] *n* acrobata *mf*.
across [ə'krɒs] *prep (to other side of)* para o outro lado de; *(from one side to the other)* de um lado para o outro; *(on the other side of)* do outro lado de. ◆ *adv (to the other side)* para o outro lado; **to walk/drive ~ sthg** atravessar algo (a pé/de carro); **it's 10 miles** ~ tem 10 milhas de largura; ~ **from** em frente de.
acrylic [ə'krɪlɪk] *n* acrílico *m*.
act [ækt] *vi* atuar; *(in play, movie)* representar. ◆ *n* ato *m*; POL lei *f*; *(performance)* atuação *f*, número *m*; **to ~ as** *(serve as)* servir de; **to ~ like** portar-se como.
action ['ækʃn] *n* ação *f*; MIL combate *m*; **to take** ~ agir; **to put sthg into** ~ pôr algo em ação; **out of** ~ *(machine)* com defeito; *(person)* fora de combate.
active ['æktɪv] *adj* ativo(va).
activity [æk'tɪvətɪ] *n* atividade *f*. ❑ **activities** *npl (leisure events)* atividades *fpl* (recreativas).
actor ['æktər] *n* ator *m*, atriz *f*.
actress ['æktrəs] *n* atriz *f*.
actual ['æktʃʊəl] *adj (real)* verdadeiro(ra), real; *(for emphasis)* próprio(pria).

actually ['æktʃʊəlɪ] *adv* na realidade.
acupuncture ['ækjəpʌŋktʃər] *n* acupuntura *f*.
acute [ə'kjuːt] *adj* agudo(da).
ad [æd] *n inf* anúncio *m (publicitário)*.
A.D. (*abbr of Anno Domini*) d.C.
adapt [ə'dæpt] *vt* adaptar. ◆ *vi* adaptar-se.
adapter [ə'dæptər] *n (for foreign plug)* adaptador *m*.
add [æd] *vt (put, say in addition)* acrescentar; *(numbers, prices)* somar, adicionar. ❑ **add up** *vt sep* somar, adicionar. ❑ **add up to** *vt fus (total)* ser ao todo.
adder ['ædər] *n* víbora *f*.
addict ['ædɪkt] *n* viciado *m*, -da *f*; **drug** ~ viciado em droga.
addicted [ə'dɪktəd] *adj*: **to be** ~ **to sthg** ser viciado(da) em algo.
addiction [ə'dɪkʃn] *n* vício *m*, dependência *f*.
addition [ə'dɪʃn] *n* adição *f*; **in** ~ além disso; **in** ~ **to** além de.
additional [ə'dɪʃənl] *adj* adicional.
additive ['ædətɪv] *n* aditivo *m*.
address [*n* 'ædres, *vb* ə'dres] *n (on letter)* endereço *m*. ◆ *vt (speak to)* dirigir-se a; *(letter)* enviar, endereçar.
adequate ['ædɪkwət] *adj (sufficient)* suficiente; *(satisfactory)* adequado(da).
adhere [əd'hɪər] *vi*: **to** ~ **to** *(stick to)* aderir a; *(obey)* respeitar.
adhesive [əd'hiːsɪv] *adj* adesivo(va). ◆ *n* cola *f*.
adjacent [ə'dʒeɪsnt] *adj* adjacente.
adjective ['ædʒɪktɪv] *n* adjetivo *m*.
adjoining [ə'dʒɔɪnɪŋ] *adj* contíguo(gua).
adjust [ə'dʒʌst] *vt* ajustar. ◆ *vi*: **to** ~ **to** adaptar-se a.
adjustable [ə'dʒʌstəbl] *adj* ajustável.
adjustment [ə'dʒʌstmənt] *n (to machine)* regulagem *f*; *(settling in)* adaptação *f*.
ad-lib [ˌæd'lɪb] *vi* improvisar.
administration [ədˌmɪnɪ'streɪʃn] *n (activity)* administração *f*; *(government)* governo *m*.
administrator [əd'mɪnɪstreɪtər] *n* administrador *m*, -ra *f*.
admiral ['ædmrəl] *n* almirante *m*.
admire [əd'maɪər] *vt* admirar.
admission [əd'mɪʃn] *n* entrada *f*.
admit [əd'mɪt] *vt* admitir. ◆ *vi*: **to** ~ **to sthg** admitir algo; **'~s one'** *(on ticket)* 'válido para uma pessoa'.
adolescent [ˌædə'lesnt] *n* adolescente *mf*.
adopt [ə'dɒpt] *vt* adotar.
adopted [ə'dɒptəd] *adj* adotivo(va).
adore [ə'dɔːr] *vt* adorar.
adult ['ædʌlt] *n* adulto *m*, -ta *f*. ◆ *adj (entertainment, movies)* para adultos; *(animal)* adulto(ta).
adultery [ə'dʌltərɪ] *n* adultério *m*.

advance [əd'væns] *n (money)* adiantamento *m*; *(movement)* avanço *m*. ◆ *adj (warning)* prévio(via); *(payment)* adiantado (da). ◆ *vt (lend)* adiantar; *(bring forward)* avançar. ◆ *vi (move forward)* avançar; *(improve)* progredir.

advanced [əd'vænst] *adj (student, level)* avançado(da).

advantage [əd'væntɪdʒ] *n (benefit)* vantagem *f*; **to take ~ of** *(opportunity, offer)* aproveitar; *(person)* aproveitar-se de.

adventure [əd'ventʃər] *n* aventura *f*.

adventurous [əd'ventʃərəs] *adj* aventureiro(ra).

adverb ['ædvɜ:rb] *n* advérbio *m*.

adverse ['ædvɜ:rs] *adj* adverso(sa).

advertise ['ædvərtaɪz] *vt (product, event)* anunciar.

advertisement [,ædvər'taɪzmənt] *n* anúncio *m (publicitário)*.

advice [əd'vaɪs] *n* conselho *m*; **a piece of ~** um conselho.

advisable [əd'vaɪzəbl] *adj* aconselhável.

advise [əd'vaɪz] *vt* aconselhar; **to ~ sb to do sthg** aconselhar alguém a fazer algo; **to ~ sb against doing sthg** desaconselhar alguém a fazer algo.

advocate [*n* 'ædvəkət, *vb* 'ædvəkeɪt] *n* JUR advogado *m*, -da *f*. ◆ *vt* defender, advogar.

aerial ['eərɪəl] *adj* aéreo(rea).

aerobics [eə'rəubɪks] *n* aeróbica *f*.

aerodynamic [,eərəudaɪ'næmɪk] *adj* aerodinâmico(ca).

aerosol ['eərəsɒl] *n* aerossol *m*.

affair [ə'feər] *n (event)* acontecimento *m*; *(love affair)* caso *m*; *(matter)* questão *f*.

affect [ə'fekt] *vt (influence)* afetar.

affection [ə'fekʃn] *n* afeto *m*.

affectionate [ə'fekʃnət] *adj* afetuoso(osa).

affluence ['æfluəns] *n* riqueza *f*.

affluent ['æfluənt] *adj* rico(ca).

afford [ə'fɔ:rd] *vt*: **to be able to ~ sthg** *(vacation, new coat)* poder pagar por algo, poder dar-se ao luxo de fazer OR comprar algo; **I can't ~ it** não tenho dinheiro para isso; **I can't ~ the time** não tenho tempo.

affordable [ə'fɔ:rdəbl] *adj* acessível.

afloat [ə'fləut] *adj* flutuando.

afraid [ə'freɪd] *adj* assustado (da); **to be ~ of** ter medo de; **I'm ~ so/not** receio que sim/não.

afresh [ə'freʃ] *adv* de novo.

Africa ['æfrɪkə] *n* África *f*.

after ['æftr] *prep* depois de. ◆ *conj* depois de que. ◆ *adv* depois; **a quarter ~ ten** *Am* dez e quinze; **to be ~ sb/sthg** *(in search of)* estar atrás de alguém/algo; **~ all** afinal de contas.

afternoon [,æftr'nu:n] *n* tarde *f*; **good ~!** boa tarde!

aftershave ['æftrʃeɪv] *n* loção *f* após-barba.

afterward ['æftrwrd] *adv* depois, a seguir.
again [ə'gen] *adv* outra vez; ~ **and** ~ várias vezes; **never** ~ nunca mais.
against [ə'genst] *prep* contra; **to lean** ~ **sthg** apoiar-se em algo; ~ **the law** contra a lei.
age [eɪdʒ] *n* idade *f*, época *f*; *(old age)* velhice *f*; **under** ~ menor de idade; **I haven't seen him for** ~**s** *inf* há séculos que não o vejo.
aged [eɪdʒd] *adj*: ~ **eight** com oito anos (de idade).
age limit *n* limite *m* de idade.
agency ['eɪdʒənsɪ] *n* agência *f*.
agenda [ə'dʒendə] *n* ordem *f* do dia, expediente *m*.
agent ['eɪdʒənt] *n* agente *mf*.
aggression [ə'greʃn] *n* agressão *f*.
aggressive [ə'gresɪv] *adj* agressivo(va).
agile ['ædʒəl] *adj* ágil.
agility [ə'dʒɪlətɪ] *n* agilidade *f*.
agitated ['ædʒɪteɪtəd] *adj* agitado(da).
ago [ə'gəʊ] *adv*: **a month** ~ há um mês; **how long** ~**?** há quanto tempo?
agonizing ['ægənaɪzɪŋ] *adj (delay)* angustiante; *(pain)* dilacerante.
agony ['ægənɪ] *n* agonia *f*.
agree [ə'griː] *vi* concordar; **tomato soup doesn't** ~ **with me** não me dou bem com sopa de tomate; **to** ~ **to sthg** concordar com algo; **to** ~ **to do sthg** aceitar fazer algo. ❑ **agree on** *vt fus (time, price)* chegar a um acordo sobre.
agreed [ə'griːd] *adj* combinado(da).
agreement [ə'griːmənt] *n* acordo *m*; **in** ~ **with** de acordo com.
agriculture ['ægrɪkʌltʃər] *n* agricultura *f*.
ahead [ə'hed] *adv (in front)* à frente; *(forwards)* em frente; **the months** ~ os próximos meses; **to be** ~ *(winning)* estar à frente; ~ **of** *(in front of)* à frente de; ~ **of schedule** adiantado(da); **they're four points** ~ levam quatro pontos de vantagem.
aid [eɪd] *n* ajuda *f*. ◆ *vt* ajudar; **in** ~ **of** em benefício de; **with the** ~ **of** com a ajuda de.
AIDS [eɪdz] *n* AIDS *f*.
ailment ['eɪlmənt] *n fml* mal *m*.
aim [eɪm] *n (purpose)* objetivo *m*. ◆ *vt (gun, camera, hose)* apontar. ◆ *vi*: **to** ~ **(at)** apontar (para); **to** ~ **to do sthg** ter como objetivo fazer algo.
air [eər] *n* ar *m*. ◆ *vt (room)* arejar. ◆ *adj* aéreo(rea); **by** ~ de avião.
airbed ['eərbed] *n* colchão *m* de ar.
air-conditioned [-kən'dɪʃnd] *adj* climatizado(da).
air-conditioning [-kən'dɪʃnɪŋ] *n* ar *m* condicionado.
aircraft ['eərkræft] *(pl inv) n* aeronave *f*.
air fare *n* tarifa *f* aérea.

airfield ['eərfi:ld] *n* aeródromo *m*.

air force ['eərfɔ:s] *n* força *f* aérea.

air freshener [-ˌfreʃnər] *n* purificador *m* de ambiente OR de ar.

airline ['eərlaɪn] *n* companhia *f* aérea.

airliner ['eərlaɪnər] *n* avião *m* de passageiros.

airmail ['eərmeɪl] *n* correio *m* aéreo; **by ~** por via aérea.

airplane ['eərpleɪn] *n* avião *m*.

airport ['eərpɔ:t] *n* aeroporto *m*.

air raid *n* ataque *m* aéreo.

airsick ['eərsɪk] *adj* enjoado(da) *(em avião)*.

airtight ['eərtaɪt] *adj* hermético(ca).

air traffic control *n (people)* controle *m* de tráfego aéreo.

aisle [aɪl] *n (in plane, theater)* corredor *m (em teatro, avião)*; *(in church)* nave *f* lateral.

aisle seat *n* lugar *m* do lado do corredor.

alarm [ə'lɑ:rm] *n* alarme *m*. ◆ *vt* alarmar.

alarm clock *n* despertador *m*.

alarmed [ə'lɑ:rmd] *adj (person)* assustado(da); *(door, car)* provido(da) de alarme.

alarming [ə'lɑ:rmɪŋ] *adj* alarmante.

album ['ælbəm] *n* álbum *m*.

alcohol ['ælkəhɒl] *n* álcool *m*.

alcohol-free *adj* sem álcool.

alcoholic [ˌælkə'hɒlɪk] *adj* alcoólico(ca). ◆ *n* alcoólatra *mf*.

alcoholism ['ælkəhɒlɪzm] *n* alcoolismo *m*.

alert [ə'lɜ:rt] *adj* atento(ta). ◆ *vt* alertar.

algebra ['ældʒəbrə] *n* álgebra *f*.

Algeria [æl'dʒɪərɪə] *n* Argélia.

alias ['eɪlɪəs] *adv* vulgo. ◆ *n* pseudônimo *m*.

alibi ['ælɪbaɪ] *n* álibi *m*.

alien ['eɪlɪən] *n (foreigner)* estrangeiro *m*, -ra *f*; *(from outer space)* extraterrestre *mf*.

alight [ə'laɪt] *adj* em chamas.

align [ə'laɪn] *vt* alinhar.

alike [ə'laɪk] *adj* parecidos(das). ◆ *adv* da mesma maneira; **to look ~** parecer-se.

alive [ə'laɪv] *adj* vivo(va).

all [ɔ:l] *adj* **-1.** *(with singular noun)* todo(da); **~ the money** o dinheiro todo; **~ the time** sempre; **we were out ~ day** estivemos fora o dia inteiro.

-2. *(with plural noun)* todos(das); **~ the houses** todas as casas; **~ trains stop at Trenton** todos os trens param em Trenton.

◆ *adv* **-1.** *(completely)* completamente; **~ alone** completamente só.

-2. *(in scores)*: **it's two ~** dois a dois *(empate)*.

-3. *(in phrases)*: **~ but empty** quase vazio(zia); **~ over** *(finished)* terminado(da).

◆ *pron* **-1.** *(everything)* tudo; *(people, things)* todos *mpl*, -das *fpl*; **is that ~?** *(in store)* mais alguma coisa?; **the best of ~** o melhor de todos.

-2. *(everybody)* todos, todo o

mundo; ~ **of us went** fomos todos.

- 3. *(in phrases)*: **can I help you at** ~ posso ajudar em alguma coisa?; **in** ~ *(in total)* ao todo; **in** ~ **it was a great success** resumindo, foi um grande êxito.

Allah ['ælə] *n* Alá *m*.

allege [ə'ledʒ] *vt* alegar.

allegedly [ə'ledʒədlɪ] *adv* supostamente.

allergic [ə'lɜ:rdʒɪk] *adj*: **to be** ~ **to** ser alérgico(ca) a.

allergy ['ælərdʒɪ] *n* alergia *f*.

alleviate [ə'li:vɪeɪt] *vt* aliviar.

alley ['ælɪ] *n (narrow street)* ruela *f*.

alligator ['ælɪgeɪtər] *n* aligátor *m, espécie de jacaré americano.*

allocate ['æləkeɪt] *vt* alocar.

allow [ə'laʊ] *vt (permit)* permitir; *(time, money)* dispor de; **to** ~ **sb to do sthg** permitir que alguém faça algo; **to be** ~**ed to do sthg** ter permissão para fazer algo. ❑ **allow for** *vt fus* levar em conta.

allowance [ə'laʊəns] *n (for expenses)* ajuda *f* de custo; *(pocket money)* mesada *f*.

all right *adv (satisfactorily)* bem; *(yes, okay)* está bem. ◆ *adj*: **is it** ~ **if I smoke?** posso fumar?; **I thought the movie was** ~ achei o filme razoável; **is everything** ~**?** está tudo bem?

ally ['ælaɪ] *n* aliado *m*, -da *f*.

almond ['ɑ:mənd] *n* amêndoa *f*.

almost ['ɔ:lməʊst] *adv* quase.

alone [ə'ləʊn] *adj & adv* sozinho (nha); **the decision is yours** ~ a decisão é só sua; **to leave sb** ~ deixar alguém em paz; **to leave sthg** ~ parar de mexer em algo.

along [ə'lɒŋ] *prep (toward one end of)* por; *(alongside)* ao longo de. ◆ *adv*: **to walk** ~ caminhar; **to bring sthg** ~ trazer algo; **all** ~ desde o princípio; ~ **with** (junto) com.

alongside [əˌlɒŋ'saɪd] *prep* ao lado de.

aloud [ə'laʊd] *adv* em voz alta.

alphabet ['ælfəbet] *n* alfabeto *m*.

already [ɔ:l'redɪ] *adv* já.

also ['ɔ:lsəʊ] *adv* também.

altar ['ɔ:ltər] *n* altar *m*.

alter ['ɔ:ltər] *vt* alterar.

alteration [ˌɔ:ltə'reɪʃn] *n* alteração *f*.

alternate [*vb* 'ɔ:ltɜ:rneɪt, *adj* 'ɔ:ltərnət] *adj* alternado(da). ◆ *vt, vi* alternar.

alternative [ɔ:l'tɜ:rnətɪv] *adj* alternativo(va). ◆ *n* alternativa *f*.

alternatively [ɔ:l'tɜ:rnətɪvlɪ] *adv* como alternativa.

although [ɔ:l'ðəʊ] *conj* embora.

altitude ['æltɪtu:d] *n* altitude *f*.

altogether [ˌɔ:ltə'geðər] *adv (completely)* completamente; *(in total)* ao todo, no total.

aluminium [ˌæljʊ'mɪnɪəm] *n Brit* = **aluminum.**

aluminum [ə'lu:mɪnəm] *n Am* alumínio *m*.

always ['ɔ:lweɪz] *adv* sempre.
a.m. (*abbr of ante meridiem*): **at 2** ~ às duas da manhã.
am [æm] → **be.**
amateur ['æmətʃʊr] *n* amador *m*, -ra *f*.
amazed [ə'meɪzd] *adj* espantado(da), surpreso(sa).
amazing [ə'meɪzɪŋ] *adj* espantoso(osa), surpreendente.
Amazon ['æməzɑ:n] *n (river)*: the ~ o Amazonas.
ambassador [æm'bæsədər] *n* embaixador *m*, -ra *f*.
amber ['æmbər] *adj* âmbar.
ambiguous [æm'bɪgjʊəs] *adj* ambíguo(gua).
ambition [æm'bɪʃn] *n* ambição *f*.
ambitious [æm'bɪʃəs] *adj* ambicioso(osa).
ambulance ['æmbjələns] *n* ambulância *f*.
ambush ['æmbʊʃ] *n* emboscada *f*.
amenities [ə'mi:nətɪz] *npl* comodidades *fpl*.
America [ə'merɪkə] *n (continent)* América *f*; *(USA)* Estados *mpl* Unidos (da América).
American [ə'merɪkən] *adj (continent)* americano(na); *(USA)* (norte-)americano(na). ◆ *n (person)* (norte-)americano *m*, -na *f*.
amiable ['eɪmjəbl] *adj* amável.
ammunition [,æmjə'nɪʃn] *n* munição *f*.
amnesia [æm'ni:ʒə] *n* amnésia *f*.
among [ə'mʌŋ] *prep* entre.
amount [ə'maʊnt] *n (quantity)* quantidade *f*; *(sum)* quantia *f*, montante *m*. ❑ **amount to** *vt fus (total)* atingir a quantia de.
ample ['æmpl] *adj* amplo(a); *(enough)* bastante, suficiente.
amplifier ['æmplɪfaɪər] *n* amplificador *m*.
amputate ['æmpjʊteɪt] *vt* amputar.
Amtrak ['æmtræk] *n organismo regulador das ferrovias nos E.U.A.*
amuse [ə'mju:z] *vt (make laugh)* divertir; *(entertain)* entreter.
amusement [ə'mju:zmənt] *npl* diversão *f*.
amusement arcade *n* salão *m* de diversões eletrônicas.
amusing [ə'mju:zɪŋ] *adj* divertido(da).
an [*stressed* æn, *unstressed* ən] → **a.**
anaemic [ə'ni:mɪk] *adj Brit* = **anemic.**
anaesthetic [,ænəs'θetɪk] *n Brit* = **anesthetic.**
analgesic [,ænæl'dʒi:sɪk] *n* analgésico *m*.
analyse ['ænəlaɪz] *vt Brit* = **analyze.**
analyst ['ænələst] *n* analista *mf*.
analyze ['ænəlaɪz] *vt Am* analisar.
anarchist ['ænərkɪst] *n* anarquista *mf*.
anarchy ['ænərkɪ] *n* anarquia *f*.
anatomy [ə'nætəmɪ] *n* anatomia *f*.
ancestor ['ænsestər] *n* antepassado *m*, -da *f*.

anchor ['æŋkər] *n* âncora *f*.
anchovy ['æntʃəʊvɪ] *n* enchova *f*.
ancient ['eɪnʃənt] *adj* antigo(ga).
and [*strong form* ænd, *weak form* ənd, ən] *conj* e; ~ **you?** e você?; **a hundred ~ one** cento e um; **more ~ more** cada vez mais; **to go ~ see** ir ver.
anecdote ['ænɪkdəʊt] *n* conto *m*, anedota *f*.
anemic [ə'ni:mɪk] *adj Am (person)* anêmico(ca).
anesthetic [,ænəs'θetɪk] *n Am* anestésico *m*; **under ~** sob anestesia; **general/local ~** anestesia *f* geral/local.
angel ['eɪndʒəl] *n* anjo *m*.
anger ['æŋgər] *n* raiva *f*, ira *f*.
angle ['æŋgl] *n* ângulo *m*; **at an ~** torto (torta).
angler ['æŋglər] *n* pescador *m*, -ra *f* (de vara).
angling ['æŋglɪŋ] *n* pesca *f* (de vara).
angry ['æŋgrɪ] *adj (person)* zangado(da); *(words)* de raiva; **to get ~ (with sb)** zangar-se (com alguém).
animal ['ænɪml] *n* animal *m*.
animate ['ænɪmeɪt] *vt* animar.
ankle ['æŋkl] *n* tornozelo *m*.
annex ['æneks] *n (building)* anexo *m*.
annihilate [ə'naɪəleɪt] *vt* aniquilar.
anniversary [,ænɪ'vɜ:rsərɪ] *n* aniversário *m*.
announce [ə'naʊns] *vt* anunciar.
announcement [ə'naʊnsmənt] *n (on TV, radio)* anúncio *m*; *(official)* pronunciamento *m*.
announcer [ə'naʊnsər] *n (on TV)* apresentador *m*, -ra *f*; *(on radio)* locutor *m*, -ra *f*.
annoy [ə'nɔɪ] *vt* incomodar, irritar.
annoyed [ə'nɔɪd] *adj* incomodado(da), irritado(da); **to get ~ (with)** incomodar-se (com), irritar-se (com).
annoying [ə'nɔɪɪŋ] *adj* incômodo(da), irritante.
annual ['ænjʊəl] *adj* anual.
anonymous [ə'nɒnɪməs] *adj* anônimo(ma).
another [ə'nʌðər] *adj* outro (tra). ◆ *pron* outro *m*, -tra *f*; **in ~ two weeks** dentro de (mais) duas semanas; **~ one** outro (tra); **one ~** um ao outro (uma à outra); **to talk to one ~** falar um com o outro; **they love one ~** eles se amam (um ao outro); **one after ~** um após o outro.
answer ['ænsr] *n* resposta *f*. ◆ *vt* responder a. ◆ *vi* responder; **to ~ the door** abrir a porta; **to ~ the phone** atender o telefone.
❑ **answer back** *vi* replicar.
answering machine ['ænsərɪŋ-] secretária *f* eletrônica.
ant [ænt] *n* formiga *f*.
Antarctic [æn'tɑ:rktɪk] *n*: **the ~** o Antártico.
antenna [æn'tenə] *n Am (aerial)* antena *f*.
anthem ['ænθəm] *n* hino *m*.
antibiotics [,æntɪbaɪ'ɒtɪks] *npl* antibióticos *mpl*.

anticipate [æn'tɪsəpeɪt] *vt (expect)* esperar; *(guess correctly)* prever.

antidote ['æntɪdəʊt] *n* antídoto *m*.

antifreeze ['æntɪfri:z] *n* anticongelante *m*.

antihistamine [,æntɪ'hɪstəmi:n] *n* anti-histamínico *m*.

antique [æn'ti:k] *n* antiguidade *f*.

antique shop *n* loja *f* de antiguidades.

antiseptic [,æntɪ'septɪk] *n* antiséptico *m*.

antisocial [,æntɪ'səʊʃl] *adj* antisocial.

antlers ['æntlərz] *npl* chifres *mpl*.

anxiety [æŋ'zaɪətɪ] *n* ansiedade *f*.

anxious ['æŋkʃəs] *adj* ansioso(osa).

any ['enɪ] *adj* -**1.** *(in questions)* algum(ma); **do you have ~ money?** você tem dinheiro?; **do you have ~ postcards?** você tem postais?; **do you have ~ rooms?** você tem algum quarto livre?

-**2.** *(in negatives)* nenhum(ma); **I don't have ~ money** não tenho dinheiro (nenhum); **we don't have ~ rooms** não temos quartos livres.

-**3.** *(no matter which)* qualquer; **take ~ one you like** leve aquele que quiser.

◆ *pron* -**1.** *(in questions)* algum *m*, -ma *f*; **I'm looking for a hotel – are there ~ nearby?** estou procurando um hotel – há algum aqui perto?

-**2.** *(in negatives)* nenhum *m*, -ma *f*; **I don't want ~ (of it)** não quero (nada); **I don't want ~ (of them)** não quero nenhum (deles).

-**3.** *(no matter which one)* qualquer um (qualquer uma); **you can sit at ~ of the tables** podem sentar-se a qualquer uma das mesas.

◆ *adv* -**1.** *(in questions)*: **~ other questions?** mais alguma pergunta?; **can't you drive ~ faster?** pode dirigir mais depressa?; **is that ~ better?** está melhor assim?

-**2.** *(in negatives)*: **he's not ~ better** ele não está nada melhor; **we can't wait ~ longer** não podemos esperar mais; **we can't afford ~ more** não temos possibilidades para mais.

anybody ['enɪbɒdɪ] *pron* = **anyone.**

anyhow ['enɪhaʊ] *adv (carelessly)* de qualquer maneira; *(in any case)* em qualquer caso; *(in spite of that)* de qualquer modo.

anymore [enɪ'mɔ:r] *adv* não mais; **she doesn't work here ~** ela não trabalha mais aqui.

anyone ['enɪwʌn] *pron (any person)* qualquer um (qualquer uma); *(in questions)* alguém; *(in negatives)* ninguém; **I don't like ~** não gosto de ninguém.

anything ['enɪθɪŋ] *pron (no matter what)* qualquer coisa; *(in questions)* alguma coisa; *(in nega-*

tives) nada; **she didn't say ~** ela não disse nada.
anyway ['enɪweɪ] *adv* de qualquer forma OR modo.
anywhere ['enɪweər] *adv (no matter where)* em/a qualquer lugar; *(in questions)* em/a algum lugar; *(in negatives)* em/a lugar nenhum; **I can't find it ~** não o encontro em lugar nenhum; **sit ~ you like** sente-se onde quiser; **we can go ~** podemos ir a qualquer lugar.
apart [ə'pɑːrt] *adv* separado (da); **to fall ~** quebrar-se em pedaços; **~ from** *(except for)* exceto, salvo; *(as well as)* para além de.
apartment [ə'pɑːrtmənt] *n Am* apartamento *m*.
ape [eɪp] *n* macaco *m*.
aperitif [əˌperə'tiːf] *n* aperitivo *m*.
apiece [ə'piːs] *adv*: **they cost $50 ~** custam 50 dólares cada um.
apologetic [əˌpɒlə'dʒetɪk] *adj* cheio (cheia) de desculpas.
apologize [ə'pɒlədʒaɪz] *vi*: **to ~ (to sb for sthg)** pedir desculpa (a alguém por algo).
apology [ə'pɒlədʒɪ] *n* desculpa *f*.
apostrophe [ə'pɒstrəfɪ] *n* apóstrofo *m*.
appal [ə'pɔːl] *vt Brit* = **appall.**
appall [ə'pɔːl] *vt Am* horrorizar.
appalling [ə'pɔːlɪŋ] *adj* horrível, terrível.
apparatus [ˌæpə'rætəs] *n* aparelho *m*.
apparently [ə'perəntlɪ] *adv* aparentemente.
appeal [ə'piːl] *n* JUR apelação *f*, recurso *m*; *(fundraising campaign)* campanha *f* de coleta de fundos. ◆ *vi* JUR apelar, recorrer para; **to ~ to sb (for sthg)** apelar a alguém (para algo); **it doesn't ~ to me** não me atrai.
appear [ə'pɪər] *vi* aparecer; *(seem)* parecer; *(in court)* comparecer; **it ~s that** parece que.
appearance [ə'pɪərəns] *n (arrival)* chegada *f*; *(look)* aparência *f*, aspecto *m*.
appendicitis [əˌpendɪ'saɪtəs] *n* apendicite *f*.
appendix [ə'pendɪks] *(pl* **-dices**[ə'pendɪsiːz]) *n* apêndice *m*.
appetite ['æpətaɪt] *n* apetite *m*.
appetizer ['æpətaɪzər] *n* aperitivo *m*.
appetizing ['æpətaɪzɪŋ] *adj* apetitoso(osa).
applaud [ə'plɔːd] *vt vi* aplaudir.
applause [ə'plɔːz] *n* palmas *fpl*.
apple ['æpl] *n* maçã *f*.
apple pie *n* torta *f* de maçã.
appliance [ə'plaɪəns] *n* aparelho *m*; **electrical/domestic ~** eletrodoméstico *m*.
applicable [ə'plɪkəbl] *adj*: **to be ~ (to)** ser aplicável (a); **if ~** se apropriado.
applicant ['æplɪkənt] *n* candidato *m*, -ta *f*.
application [ˌæplɪ'keɪʃn] *n (for job, membership)* candidatura *f*; *(for a computer)* aplicativo *m*.

application form *n* formulário *m* de candidatura.
apply [ə'plaɪ] *vt* aplicar. ◆ *vi*: **to ~ (to sb for sthg)** *(make request)* requerer (algo a alguém); **to ~ (to sb)** *(be applicable)* ser aplicável (a alguém).
appointment [ə'pɔɪntmənt] *n* *(with hairdresser, businessman)* hora *f* marcada; *(with doctor)* consulta *f*; **to have/make an ~ (with)** ter/marcar um encontro (com); **by ~** com hora marcada.
appreciate [ə'pri:ʃɪeɪt] *vt* *(be grateful for)* agradecer; *(understand)* compreender; *(like, admire)* apreciar.
apprehensive [,æprɪ'hensɪv] *adj* apreensivo(va).
apprentice [ə'prentɪs] *n* aprendiz *mf*.
apprenticeship [ə'prentəsʃɪp] *n* aprendizagem *f*.
approach [ə'prəʊtʃ] *n* *(road)* acesso *m*; *(to problem, situation)* abordagem *f*. ◆ *vt* *(come nearer to)* aproximar-se de; *(problem, situation)* abordar. ◆ *vi* aproximar-se.
appropriate [ə'prəʊprɪət] *adj* apropriado(da).
approval [ə'pru:vl] *n* *(favorable opinion)* aprovação *f*; *(permission)* autorização *f*.
approve [ə'pru:v] *vi*: **to ~ of sb/sthg** ver com bons olhos alguém/algo.
approximate [ə'prɒksɪmət] *adj* aproximado(da).
approximately [ə'prɒksɪmətlɪ] *adv* aproximadamente.
apricot ['eɪprɪkɒt] *n* damasco *m*.
April ['eɪprəl] *n* abril *m* → **September.**
April Fool's Day *n* primeiro-de-abril *m*.
apron ['eɪprən] *n* avental *m* (de cozinha).
apt [æpt] *adj* *(appropriate)* apropriado(da); **to be ~ to do sthg** ser propenso a fazer algo.
aquarium [ə'kweərɪəm] (*pl* **-riums** OR **-ria** [-rɪə]) *n* aquário *m*.
aqueduct ['ækwədʌkt] *n* aqueduto *m*.
arbitrary ['ɑ:rbɪtrərɪ] *adj* arbitrário(ria).
arc [ɑ:rk] *n* arco *m*.
arcade [ɑ:r'keɪd] *n* *(for shopping)* galeria *f*; *(of video games)* salão *m* de diversões eletrônicas.
arch [ɑ:rtʃ] *n* arco *m*.
archaeology [,ɑ:rkɪ'ɒlədʒɪ] *n* arqueologia *f*.
archbishop [,ɑ:rtʃ'bɪʃəp] *n* arcebispo *m*.
archery ['ɑ:rtʃərɪ] *n* tiro *m* de arco e flecha.
architect ['ɑ:rkətekt] *n* arquiteto *m*, -ta *f*.
architecture ['ɑ:rkətektʃər] *n* arquitetura *f*.
are [*weak form* ər, *strong form* ɑ:r] → **be.**
area ['eərɪə] *n* área *f*.
area code *n Am* prefixo *m* (telefônico).
arena [ə'ri:nə] *n* *(at circus)* arena *f*; *(sportsground)* estádio *m*.

aren't [ɑ:rnt] = **are not.**
Argentina [ˌɑ:rdʒən'ti:nə] *n* Argentina *f*.
argue ['ɑ:rgju:] *vi*: **to ~ (with sb about sthg)** discutir (com alguém acerca de algo); **to ~ (that)** argumentar que.
argument ['ɑ:rgjəmənt] *n* *(quarrel)* discussão *f*; *(reason)* argumento *m*.
arid ['ærɪd] *adj* árido(da).
arise [ə'raɪz] (*pt* **arose**, *pp* **arisen** [ə'rɪzn]) *vi*: **to ~ (from)** surgir (de).
aristocracy [ˌærɪ'stɒkrəsɪ] *n* aristocracia *f*.
arithmetic [ə'rɪθmətɪk] *n* aritmética *f*.
arm [ɑ:rm] *n* braço *m*; *(of garment)* manga *f*.
armchair ['ɑ:rmtʃeər] *n* poltrona *f*.
armed [ɑ:rmd] *adj* armado (da).
armed forces *npl*: **the ~** as forças armadas.
armor ['ɑ:rmər] *n Am* armadura *f*.
armour ['ɑ:ʳməʳ] *n Brit* = **armor.**
armpit ['ɑ:rmpɪt] *n* axila *f*.
arms [ɑ:rmz] *npl (weapons)* armas *fpl*.
army ['ɑ:rmɪ] *n* exército *m*.
aroma [ə'rəʊmə] *n* aroma *m*.
aromatherapy [əˌrəʊmə'θerəpɪ] *n* aromaterapia *f*.
aromatic [ˌærə'mætɪk] *adj* aromático(ca).
arose [ə'rəʊz] *pt* → **arise.**
around [ə'raʊnd] *adv (about)* por aí; *(present)* por aí/aqui. ◆ *prep (surrounding)* em redor de, à volta de; *(to the other side of)* para o outro lado de; *(near)* perto de; *(all over)* por todo(da); *(approximately)* cerca de; **~ here** *(in the area)* por aqui; **to turn ~** virar-se; **to look ~** *(turn head)* olhar em volta; *(in store, city)* dar uma olhada.
arouse [ə'raʊz] *vt (suspicion)* levantar; *(fear)* provocar; *(interest)* suscitar.
arrange [ə'reɪndʒ] *vt (books)* arrumar; *(flowers)* arranjar; *(meeting, event)* organizar; **to ~ to do sthg (with sb)** combinar fazer algo (com alguém).
arrangement [ə'reɪndʒmənt] *n (agreement)* combinação *f*; *(layout)* disposição *f*; **by ~** *(tour, service)* com data e hora marcada; **to make ~s (to do sthg)** fazer os preparativos (para fazer algo).
arrest [ə'rest] *n* detenção *f*, prisão *f*. ◆ *vt* prender; **under ~** sob custódia, preso.
arrival [ə'raɪvl] *n* chegada *f*; **on ~** à chegada; **new ~** *(person)* recém-chegado *m*, -da *f*.
arrive [ə'raɪv] *vi* chegar; **to ~ at** chegar a.
arrogant ['erəgənt] *adj* arrogante.
arrow ['erəʊ] *n (for shooting)* flecha *f*; *(sign)* seta *f*.
arson ['ɑ:rsn] *n* incêndio *m* premeditado.
art [ɑ:rt] *n* arte *f*. ❑ **arts** *npl (hu-*

manities) letras *fpl*; **the ~s** *(fine arts)* as belas-artes.
artery ['ɑːtərɪ] *n* artéria *f*.
art gallery *n (commercial)* galeria *f* de arte; *(public)* museu *m* de arte.
arthritis [ɑːr'θraɪtəs] *n* artrite *f*.
artichoke ['ɑːrtɪtʃəʊk] *n* alcachofra *f*.
article ['ɑːrtɪkl] *n* artigo *m*.
articulate [ɑːr'tɪkjələt] *adj* eloqüente.
artificial [ˌɑːrtɪ'fɪʃl] *adj* artificial.
artist ['ɑːrtɪst] *n (painter)* pintor *m*, -ra *f*; *(performer)* artista *mf*.
artistic [ɑːr'tɪstɪk] *adj* artístico (ca).
as [*unstressed* əz, *stressed* æz] *adv (in comparisons)*: **~ ... ~** tão ... como; **he's ~ tall ~ I am** ele é tão alto quanto eu; **twice ~ big ~** duas vezes maior do que; **~ many ~** tantos quantos (tantas quantas); **~ much ~** tanto quanto.
◆ *conj* - **1.** *(referring to time)* quando; **~ the plane was coming in to land** quando o avião ia aterrissar.
- **2.** *(referring to manner)* como; **do ~ you like** faça como quiser; **~ expected, ...** como era de se esperar ...
- **3.** *(introducing a statement)* como; **~ you know ...** como você sabe ...
- **4.** *(because)* porque, como.
- **5.** *(in phrases)*: **~ for** quanto a; **~ of** a partir de; **~ if** como se.
◆ *prep (referring to function, job)* como; **I work ~ a teacher** sou professora.
ASAP (*abbr of as soon as possible*) assim que possível.
ascent [ə'sent] *n (climb)* subida *f*.
ascribe [ə'skraɪb] *vt*: **to ~ sthg to** atribuir algo a.
ash [æʃ] *n (from cigarette, fire)* cinza *f*; *(tree)* freixo *m*.
ashore [ə'ʃɔːr] *adv* em terra; **to go ~** desembarcar.
ashtray ['æʃtreɪ] *n* cinzeiro *m*.
Asia ['eɪʒə] *n* Ásia *f*.
aside [ə'saɪd] *adv (to one side)* para o lado; **to move ~** afastar-se.
ask [æsk] *vt (person)* perguntar a; *(request)* pedir; *(invite)* convidar. ◆ *vi*: **to ~ about sthg** *(inquire)* informar-se sobre algo; **to ~ sb about sthg** perguntar a alguém sobre algo; **to ~ sb sthg** perguntar algo a alguém; **to ~ sb to do sthg** pedir a alguém que faça algo; **to ~ sb for sthg** pedir algo a alguém; **to ~ a question** fazer uma pergunta.
❑ **ask for** *vt fus (ask to talk to)* perguntar por; *(request)* pedir.
asleep [ə'sliːp] *adj* adormecido(da); **to fall ~** adormecer.
asparagus [ə'spærəgəs] *n* aspargos *mpl*.
aspect ['æspekt] *n* aspecto *m*.
aspirin ['æsprɪn] *n* aspirina *f*.
ass [æs] *n (animal)* asno *m*.
assassinate [ə'sæsɪneɪt] *vt* assassinar.
assault [ə'sɔːlt] *n* agressão *f*. ◆ *vt* agredir.

assemble [ə'sembl] *vt (bookcase, model)* montar. ◆ *vi* reunirse.
assembly [ə'semblı] *n (at school)* assembléia.
assert [ə'sɜ:rt] *vt (fact, innocence)* afirmar; *(authority)* impor; **to ~ o.s.** impor-se.
assess [ə'ses] *vt* avaliar.
assessment [ə'sesmənt] *n* avaliação *f*.
asset ['æset] *n (valuable person, thing)* elemento *m* valioso. ❑ **assets** *npl* bens *mpl*.
assign [ə'saın] *vt*: **to ~ sthg to sb** *(give)* ceder algo a alguém; **to ~ sb to sthg** *(designate)* nomear alguém para algo.
assignment [ə'saınmənt] *n (task)* tarefa *f*; *SCH* trabalho *m*.
assist [ə'sıst] *vt* ajudar.
assistance [ə'sıstəns] *n* ajuda *f*; **to be of ~ (to sb)** ser útil (a alguém).
assistant [ə'sıstənt] *n* assistente *mf*, ajudante *mf*.
associate [*n* ə'səʊʃıət, *vb* ə'səʊʃıeıt] *n (colleague)* colega *mf*; *(partner)* sócio *m*, -cia *f*. ◆ *vt*: **to ~ sb/sthg with** associar alguém/algo com OR a; **to be ~d with** *(attitude, person)* estar associado a.
association [ə,səʊsı'eıʃn] *n* associação *f*.
assorted [ə'sɔ:rtıd] *adj* variado(da).
assortment [ə'sɔ:rtmənt] *n* sortimento *m*.
assume [ə'su:m] *vt (suppose)* supor; *(control, responsibility)* assumir.
assurance [ə'ʃʊərəns] *n (promise)* garantia *f*; *(insurance)* seguro *m*.
assure [ə'ʃʊər] *vt* assegurar; **to ~ sb (that) ...** assegurar a alguém que ...
asterisk ['æstərısk] *n* asterisco *m*.
asthma ['æzmə] *n* asma *f*.
asthmatic [æz'mætık] *adj* asmático(ca).
astonish [ə'stɒnıʃ] *vt* surpreender.
astonished [ə'stɒnıʃt] *adj* espantado(da), surpreso(sa).
astonishing [ə'stɒnıʃıŋ] *adj* espantoso(osa), surpreendente.
astound [ə'staʊnd] *vt* surpreender.
astray [ə'streı] *adv*: **to go ~** extraviar-se.
astrology [ə'strɒlədʒı] *n* astrologia *f*.
astronomy [ə'strɒnəmı] *n* astronomia *f*.
asylum [ə'saıləm] *n POL* asilo *m*; *(mental hospital)* manicômio *m*.
at [*unstressed* ət, *stressed* æt] *prep*
- **1.** *(indicating place, position)* em; **~ home** em casa; **~ the hotel** no hotel; **~ my mother's** na casa da minha mãe; **~ school** na escola.
- **2.** *(indicating direction)* para; **he threw a plate ~ the wall** ele atirou um prato na parede; **to look ~** olhar para.
- **3.** *(indicating time)*: **~ nine o'clock** às nove horas; **~ night** à noite; **~ Christmas** no Natal.
- **4.** *(indicating rate, level, speed)* a;

it works out ~ $5 each sai a 5 dólares cada um; ~ 60 k.p.h. a 60 km/h.
- 5. *(indicating activity)* a; **to be ~ lunch** estar almoçando; **to be good/bad ~ sthg** ser bom/mau em algo.
- 6. *(indicating cause)* com.

ate [eɪt] *pt* → **eat.**

atheist ['eɪθɪɪst] *n* ateu *m*, atéia *f*.

athlete ['æθli:t] *n* atleta *mf*.

athletics [æθ'letɪks] *n* atletismo *m*.

atlas ['ætləs] *n* atlas *m inv.*

ATM *n* caixa *m* automático.

atmosphere ['ætməsfɪər] *n* atmosfera *f*.

atom ['ætəm] *n* átomo *m*.

atrocious [ə'trəʊʃəs] *adj* atroz.

attach [ə'tætʃ] *vt* juntar; **to ~ sthg to sthg** juntar algo a algo.

attachment [ə'tætʃmənt] *n (device)* acessório *m*; COMPUT anexo *m*, attachment *m*.

attack [ə'tæk] *n* ataque *m*. ◆ *vt* atacar.

attacker [ə'tækər] *n* agressor *m*, -ra *f*.

attain [ə'teɪn] *vt fml* alcançar.

attempt [ə'tempt] *n* tentativa *f*. ◆ *vt* tentar; **to ~ to do sthg** tentar fazer algo.

attend [ə'tend] *vt (meeting, Mass)* assistir a; *(school)* frequentar. ❑ **attend to** *vt fus (deal with)* atender a.

attendance [ə'tendəns] *n (people at concert, game)* assistência *f*; *(at school)* frequência *f*.

attendant [ə'tendənt] *n* encarregado *m*, -da *f*.

attention [ə'tenʃn] *n* atenção *f*; **to pay ~ (to)** prestar atenção (a).

attic ['ætɪk] *n* sótão *m*.

attitude ['ætɪtu:d] *n* atitude *f*.

attorney [ə'tɜ:rnɪ] *n Am* advogado *m*, -da *f*; procurador *m*, -dora *f*.

attract [ə'trækt] *vt* atrair; *(attention)* chamar.

attraction [ə'trækʃn] *n* atração *f*; *(attractive feature)* atrativo *m*.

attractive [ə'træktɪv] *adj* atraente.

attribute [ə'trɪbju:t] *vt*: **to ~ sthg to** atribuir algo a.

auburn ['ɔ:bərn] *adj* castanho-avermelhado(da).

auction ['ɔ:kʃn] *n* leilão *m*.

audience ['ɔ:djəns] *n* público *m*, audiência *f*.

audiovisual [-'vɪʒʊəl] *adj* audiovisual.

auditorium [,ɔ:dɪ'tɔ:rɪəm] *n* auditório *m*.

August ['ɔ:gəst] *n* agosto *m* → **September.**

aunt [ænt] *n* tia *f*.

au pair [,əʊ'peər] *n* au pair *mf*.

Australia [ɒ'streɪljə] *n* Austrália *f*.

Austria ['ɒstrɪə] *n* Áustria *f*.

authentic [ɔ:'θentɪk] *adj* autêntico(ca).

author ['ɔ:θər] *n (of book, article)* autor *m*, -ra *f*; *(by profession)* escritor *m*, -ra *f*.

authority [ɔ:'θɒrətɪ] *n* autoridade *f*; **the authorities** as autoridades.
authorization [ˌɔ:θəraɪ'zeɪʃn] *n* autorização *f*.
authorize ['ɔ:θəraɪz] *vt* autorizar; **to ~ sb to do sthg** autorizar alguém a fazer algo.
autobiography [ˌɔ:təbaɪ'ɒgrəfɪ] *n* autobiografia *f*.
autograph ['ɔ:təgræf] *n* autógrafo *m*.
automatic [ˌɔ:tə'mætɪk] *adj* automático(ca); *(fine)* imediato (ta). ◆ *n (car)* carro *m* automático.
automatically [ˌɔ:tə'mætɪklɪ] *adv* automaticamente.
automobile ['ɔ:təməbi:l] *n Am* automóvel *m*.
autumn ['ɔ:təm] *n* outono *m*; **in (the) ~** no outono.
auxiliary (verb) [ɔ:g'zɪljərɪ-] *n* verbo *m* auxiliar.
available [ə'veɪləbl] *adj* disponível.
avalanche ['ævəlænʃ] *n* avalanche *f*.
Ave. (*abbr of avenue*) Av.
avenue ['ævənu:] *n* avenida *f*.
average ['ævərɪdʒ] *adj* médio (dia). ◆ *n* média *f*; **on ~** em média.
aversion [ə'vɜ:rʃn] *n* aversão *f*.
aviation [ˌeɪvɪ'eɪʃn] *n* aviação *f*.
avid ['ævɪd] *adj* ávido(da).
avocado [ˌævə'kɑ:dəʊ] (*pl* **-s** OR **-es**) *n*: **~ (pear)** abacate *m*.
avoid [ə'vɔɪd] *vt* evitar; **to ~ doing sthg** evitar fazer algo.
await [ə'weɪt] *vt* esperar, aguardar.
awake [ə'weɪk] (*pt* **awoke**, *pp* **awoken**) *adj* acordado(da). ◆ *vi* acordar.
award [ə'wɔ:rd] *n (prize)* prêmio *m*. ◆ *vt*: **to ~ sb sthg** *(prize)* atribuir algo a alguém; *(damages, compensation)* conceder algo a alguém.
aware [ə'weər] *adj* consciente; **to be ~ of** estar consciente de.
away [ə'weɪ] *adv (go)* embora; *(look, turn)* para outro lado; **to be ~** *(not at home, in office)* não estar; **it's 10 miles ~ (from here)** fica a 10 milhas (daqui); **it's two weeks ~** é daqui a duas semanas; **to go ~ on vacation** sair de férias; **to put sthg ~** guardar algo; **to take sthg ~ (from sb)** tirar algo (de alguém); **to walk/drive ~** afastar-se; **far ~** longe.
awesome ['ɔ:səm] *adj* incrível.
awful ['ɔ:fl] *adj (very bad)* horrível; *(very great)* imenso(sa); **I feel ~** estou me sentindo muito mal; **how ~!** que horror!
awkward ['ɔ:kwərd] *adj (position)* incômodo(da); *(shape, size)* pouco prático(ca); *(situation, question, task)* embaraçoso(osa); *(movement)* desajeitado(da); *(time)* inoportuno(na).
awoke [ə'wəʊk] *pt* → **awake**.
awoken [ə'wəʊkən] *pp* → **awake**.
ax [æks] *n* machado *m*.
axle ['æksl] *n* eixo *m*.

B

B & B *abbr* = **bed and breakfast.**

B.A. *abbr* = **Bachelor of Arts.**

babble ['bæbl] *vi* balbuciar.

baby ['beɪbɪ] *n* bebê *m*; **to have a ~** ter um bebê.

babysit ['beɪbɪsɪt] *vi* tomar conta de crianças.

back [bæk] *adv (toward the back)* para trás; **~ and forth** de cá para lá. ◆ *n* costas *fpl*; *(of car)* traseira *f*; *(of room)* fundo *m*. ◆ *adj (seat, wheels)* traseiro(ra). ◆ *vi (car, driver)* recuar. ◆ *vt (support)* apoiar; **to call ~** *(telephone)* voltar a telefonar; **to give sthg ~** devolver algo; **to stand ~** afastar-se; **to write ~** responder (a carta); **at the ~ of** na traseira de; **in ~ of** *Am* na traseira de. ❑ **back up** ◆ *vt sep (support)* apoiar. ◆ *vi (car, driver)* dar marcha à ré.

backache ['bækeɪk] *n* dor *f* nas costas.

backbone ['bækbəʊn] *n* coluna *f* vertebral.

backfire [ˌbæk'faɪər] *vi (car)* engasgar.

background ['bækgraʊnd] *n* cenário *m*; *(of person)* background *m*.

backlog ['bæklɒg] *n* acumulação *f*.

backpack ['bækpæk] *n* mochila *f*.

backpacker ['bækpækər] *n* mochileiro *m*, -ra *f*.

backside ['bæksaɪd] *n inf* traseiro *m*.

backstroke ['bækstrəʊk] *n* costas *fpl (nado)*.

backward ['bækwəd] *adv (move, look)* para trás; *(the wrong way)* ao contrário.

bacon ['beɪkən] *n* bacon *m*, toucinho *m*.

bacteria [bæk'tɪərɪə] *npl* bactérias *fpl*.

bad [bæd] (*compar* **worse**, *superl* **worst**) *adj* mau (má); *(serious)* grave; *(poor, weak)* fraco (ca); *(rotten, off)* estragado(da); **to have a ~ back/leg** ter um problema nas costas/na perna; **don't eat that – it's ~ for you** não coma isso que vai lhe fazer mal; **not ~** nada mau.

badge [bædʒ] *n* crachá *m*.

badger ['bædʒər] *n* texugo *m*.

badly ['bædlɪ] (*compar* **worse**, *superl* **worst**) *adv (poorly)* mal; *(seriously)* gravemente; *(very much)* imenso.

badminton ['bædmɪntən] *n* badminton *m*.

bad-tempered [-'tempərd] *adj* com mau gênio.

bag [bæg] *n (of paper, plastic)* saco *m*, sacola *f*; *(handbag)* bolsa *f*; *(suitcase)* mala *f*.

bagel ['beɪgəl] *n pequeno pão em forma de anel.*

baggage [ˈbægɪdʒ] *n* bagagem *f*.
baggage allowance *n* limite *m* de bagagem.
baggage claim *n* recolhimento *m* de bagagem.
baggy [ˈbægɪ] *adj* largo(ga).
bail [beɪl] *n* fiança *f*.
bait [beɪt] *n* isca *f*.
bake [beɪk] *vt (cake, soufflé)* cozer *(ao forno)*; *(potatoes)* assar.
baked [beɪkt] *adj (cake, soufflé)* cozido(da); *(potatoes)* assado (da).
baked beans [beɪkt-] *npl* feijão *m* cozido com molho de tomate.
baker [ˈbeɪkər] *n* padeiro *m*, -ra *f*.
bakery [ˈbeɪkərɪ] *n* padaria *f*.
balance [ˈbæləns] *n (of person)* equilíbrio *m*; *(of bank account)* saldo *m*; *(remainder)* resto *m*. ◆ *vt (object)* equilibrar.
balcony [ˈbælkənɪ] *n (of house)* varanda *f*; *(of theater)* balcão *m*.
bald [bɔ:ld] *adj* calvo(va), careca.
ball [bɔ:l] *n* bola *f*; *(of yarn, string)* novelo *m*; *(dance)* baile *m*; **on the ~** *fig* a par de tudo.
ballad [ˈbæləd] *n* balada *f*.
ballet [bæˈleɪ] *n* balé *m*.
ballet dancer *n* bailarino *m*, -na *f*.
ball game *n jogo de bola em geral, mas especialmente o beisebol.*
balloon [bəˈlu:n] *n (at party, etc)* balão *m*.
ballot [ˈbælət] *n* votação *f*.
ballpoint pen [ˈbɔ:lpɔɪnt-] *n* esferográfica *f*.
ballroom [ˈbɔ:lrʊm] *n* salão *m* de baile.
ballroom dancing *n* dança *f* de salão.
bamboo [bæmˈbu:] *n* bambu *m*.
bamboo shoots *npl* brotos *mpl* de bambu.
ban [bæn] *n* proibição *f*. ◆ *vt* proibir; **to ~ sb from doing sthg** proibir alguém de fazer algo.
banana [bəˈnænə] *n* banana *f*.
band [bænd] *n (musical group)* banda *f*; *(strip of paper)* tira *f* de papel; *(rubber)* elástico *m*.
bandage [ˈbændɪdʒ] *n* atadura *f*. ◆ *vt* ligar.
Band-Aid® *n* Band-Aid® *m*.
bang [bæŋ] *n (loud noise)* estrondo *m*. ◆ *vt (hit loudly)* bater em; *(shut loudly, injure)* bater com.
bangle [ˈbæŋgl] *n* pulseira *f*.
bangs [bæŋz] *npl Am* franja *f*.
banister [ˈbænəstər] *n* corrimão *m*.
banjo [ˈbændʒəʊ] (*pl* **-es** OR **-s**) *n* banjo *m*.
bank [bæŋk] *n (for money)* banco *m*; *(of river, lake)* margem *f*; *(slope)* monte *m* (pequeno).
bank account *n* conta *f* bancária.
bank card *n cartão de garantia de cheques.*
bank draft *n* saque *m* bancário.
banker [ˈbæŋkər] *n* banqueiro *m*, -ra *f*.

bank note *n* nota *f* (de banco).
bankrupt ['bæŋkrʌpt] *adj* falido(da).
banner ['bænər] *n* faixa *f*.
bannister ['bænəstər] *n* = **banister.**
banquet ['bæŋkwət] *n (formal dinner)* banquete *m*.
baptize ['bæptaɪz] *vt* batizar.
bar [bɑ:r] *n (establishment)* bar *m*; *(counter)* balcão *m*; *(of metal, soap)* barra *f*; *(of wood)* tranca *f*; *(of chocolate)* barra *f*. ◆ *vt (obstruct)* bloquear.
barbecue ['bɑ:rbɪkju:] *n (apparatus)* churrasqueira *f*; *(event)* churrasco *m*. ◆ *vt* assar (na churrasqueira).
barbed wire [bɑ:rbd-] *n* arame *m* farpado.
barber ['bɑ:rbər] *n* barbeiro *m*.
barbershop ['bɑ:rbərʃɒp] *n* barbearia *f*.
bare [beər] *adj (feet)* descalço (ça); *(head)* descoberto(ta); *(arms, legs)* ao léu; *(room, cupboard)* vazio(zia); **the ~ minimum** o mínimo dos mínimos.
barefoot [,beər'fʊt] *adv* descalço(ça).
barely ['beərlɪ] *adv* mal.
bargain ['bɑ:rgɪn] *n (agreement)* acordo *m*; *(cheap buy)* pechincha *f*, promoção *f*. ◆ *vi (haggle)* pechinchar. ❑ **bargain for** *vt fus* contar com, esperar.
barge [bɑ:rdʒ] *n* barca *f*. ❑ **barge in** *vi*: **to ~ in on sb** interromper alguém.
bark [bɑ:rk] *n (of tree)* casca *f*. ◆ *vi* latir.
barley ['bɑ:rlɪ] *n* cevada *f*.
barn [bɑ:rn] *n* celeiro *m*.
barometer [bə'rɒmətər] *n* barômetro *m*.
baron ['berən] *n* barão *m*.
barracks ['berəks] *npl* quartel *m*.
barrage [bə'rɑ:ʒ] *n (of questions, criticism)* chuva *f*, avalanche *f*.
barrel ['berəl] *n (of beer, wine, oil)* barril *m*; *(of gun)* cano *m*.
barren ['berən] *adj (land, soil)* estéril.
barricade [,bærɪ'keɪd] *n* barricada *f*.
barrier ['berɪ[r]] *n* barreira *f*.
bartender ['bɑ:rtendər] *n* garçon *m*.
base [beɪs] *n* base *f*. ◆ *vt*: **to ~ sthg on** basear algo em; **to be ~d in** *(located)* estar sediado em.
baseball ['beɪsbɔ:l] *n* beisebol *m*.
basement ['beɪsmənt] *n (in house)* porão *m*.
bases ['beɪsi:z] *pl* → **basis.**
bash [bæʃ] *vt inf* bater com.
basic ['beɪsɪk] *adj (fundamental)* básico(ca); *(accommodation, meal)* simples *(inv)*. ◆ *npl*: **the ~s** os princípios básicos.
basically ['beɪsɪklɪ] *adv* no fundo.
basil ['beɪzl] *n* manjericão *m*.
basin ['beɪsn] *n (bowl)* tigela *f*, taça *f*.
basis ['beɪsɪs] (*pl* **bases**) *n* base *f*; **on a weekly ~** semanal-

mente; **on the ~ of** tendo em conta.

basket ['bæskət] *n* cesto *m*, cesta *f*.

basketball ['bæskətbɔːl] *n (game)* basquetebol *m*.

bass[1] [beɪs] *n (singer)* baixo *m*.

bass[2] [bæs] *n (fish)* robalo *m*.

bat [bæt] *n (in baseball)* pá *f*; *(in table tennis)* raquete *f*; *(animal)* morcego *m*.

batch [bætʃ] *n* lote *m*.

bath [bæθ] *n* banho *m*. ◆ *vt* dar banho em; **to have a ~** tomar banho.

bathe [beɪð] *vi* tomar banho.

bathing suit ['beɪðɪŋ-] *n* traje *m* de banho.

bathrobe ['bæθrəʊb] *n* roupão *m*.

bathroom ['bæθruːm] *n* banheiro *m*.

baton [bə'tɑːn] *n (of conductor)* batuta *f*; *(of majorette)* maceta *f*; *(truncheon)* cassetete *m*.

batter ['bætər] *n* *massa mole para panquecas e frituras*. ◆ *vt (person)* espancar.

battered ['bætərd] *adj (person)* seviciado(da); *(old)* desgastado (da).

battery ['bætərɪ] *n (for radio, flashlight, etc)* pilha *f*; *(for car)* bateria *f*.

battle ['bætl] *n (in war)* batalha *f*; *(struggle)* luta *f*.

battlefield ['bætlfiːld] *n* campo *m* de batalha.

battlements ['bætlmənts] *npl* ameias *fpl*.

battleship ['bætlʃɪp] *n* navio *m* de guerra.

bay [beɪ] *n (on coast)* baía *f*; *(for parking)* lugar *m* para estacionamento.

bay window *n* janela *f* saliente.

B.C. (*abbr of before Christ*) a.C.

be [biː] (*pt* **was, were**, *pp* **been**) *vi* - 1. *(exist)* ser; **there is/are** há; **are there any stores near here?** há lojas perto daqui?
- 2. *(describing quality, permanent condition)* ser; **he's a doctor** ele é médico; **I'm British** sou britânico; **the hotel is near the airport** o hotel é OR fica perto do aeroporto.
- 3. *(describing state, temporary condition)* estar; **will you ~ in the office tomorrow?** você vai estar no escritório amanhã?; **I'll ~ there at six o'clock** estarei lá às seis horas; **I'm hot/cold** estou com calor/frio.
- 4. *(referring to movement)*: **have you ever been to Ireland?** você já esteve na Irlanda?; **I'll ~ there in ten minutes** estarei lá em dez minutos.
- 5. *(occur)* ser; **the final is in June** a final é em junho.
- 6. *(referring to health)* estar; **how are you?** como vai você?; **I'm fine** estou bem; **she's sick** ela está doente.
- 7. *(referring to age)*: **how old are you?** que idade você tem?; **I'm 14 (years old)** tenho 14 anos.
- 8. *(referring to cost)* ser; **how**

much is it? quanto é?; **it's $10** são 10 dólares.

- **9.** *(referring to time, dates)* ser; **what time is it?** que horas são?; **it's ten o'clock** são dez horas.

- **10.** *(referring to measurement)* ter; **I'm 60 kilos** tenho 60 quilos; **he is 6 feet tall** ele tem 1.80 metros de altura; **it's 30 feet wide/long** tem 10 metros de largura/comprimento.

- **11.** *(referring to weather)* estar; **it's hot/cold** está calor/frio; **it's windy/sunny** está ventando/sol; **it's going to be nice today** vai fazer bom tempo hoje.

◆ *aux vb* - **1.** *(forming continuous tense)* estar; **I'm learning French** estou aprendendo francês; **we've been visiting the museum** estivemos visitando o museu.

- **2.** *(forming passive)* ser; **she was given a raise** ela teve um aumento; **the flight was delayed** o vôo atrasou; **there were no tables to ~ had** não havia mesas vagas.

- **3.** *(with infinitive to express order)*: **you are not to leave until I say so** você só pode sair quando eu disser; **new arrivals are to wait in reception** os recém-chegados têm que esperar na recepção; **all rooms are to ~ vacated by 10 a.m.** todos os quartos têm que ser desocupados antes das 10 horas da manhã.

- **4.** *(with infinitive to express future tense)*: **the race is to start at noon** a corrida começará ao meio-dia.

- **5.** *(in tag questions)*: **he's very tall, isn't he?** ele é muito alto, não é?; **it's cold, isn't it?** está frio, não está?

beach [bi:tʃ] *n* praia *f*.

bead [bi:d] *n* conta *f*.

beak [bi:k] *n* bico *m*.

beaker ['bi:kər] *n* copo *m*.

beam [bi:m] *n* *(of light)* raio *m*; *(of wood)* trave *f*; *(of concrete)* viga *f*. ◆ *vi* *(smile)* sorrir alegremente.

bean [bi:n] *n* *(haricot)* feijão *m*; *(pod)* vagem *f*; *(of coffee)* grão *m*.

bear [beər] (*pt* **bore**, *pp* **borne**) *n* *(animal)* urso *m*. ◆ *vt* suportar, agüentar; **to ~ left/right** virar à esquerda/direita.

bearable ['beərəbl] *adj* suportável.

beard [bɪərd] *n* barba *f*.

bearer ['beərər] *n* *(of check, passport)* portador *m*, -ra *f*.

bearing ['beərɪŋ] *n* *(relevance)* relevância *f*; **to get one's ~s** orientar-se.

beast [bi:st] *n* *(animal)* animal *m*.

beat [bi:t] (*pt* **beat**, *pp* **beaten** ['bi:tn]) *n* *(of heart, pulse)* pulsação *f*; MUS ritmo *m*. ◆ *vt* *(defeat)* derrotar, vencer; *(hit)* bater em, agredir; *(eggs, cream)* bater. ❑ **beat down** *vi* *(sun)* bater; *(rain)* cair. ❑ **beat up** *vt sep* espancar.

beautiful ['bju:təfl] *adj* *(attractive)* lindo(da); *(very good)* magnífico(ca).

beauty ['bju:tɪ] *n* beleza *f*.

beaver ['bi:vər] *n* castor *m*.
became [bɪ'keɪm] *pt* → **become.**
because [bɪ'kɒz] *conj* porque; ~ **of** por causa de.
beckon ['bekən] *vi*: **to ~ (to)** chamar com sinais.
become [bɪ'kʌm] (*pt* **became,** *pp* **become**) *vi* tornar-se; **what became of him?** que foi feito dele?
bed [bed] *n (for sleeping in)* cama *f*; *(of river)* leito *m*; *(of sea)* fundo *m*; *(cookery)* base *f*, camada *f*; *(in garden)* canteiro *m*; **in ~** na cama; **to get out of ~** levantar-se (da cama); **to go to ~** ir para a cama; **to go to ~ with sb** ir para a cama com alguém; **to make the ~** fazer a cama.
bed and breakfast *n hospedagem com pernoite e café da manhã a preços econômicos.*

ⓘ BED AND BREAKFAST

"Bed and Breakfast" (B&B) ou "guest house" é o nome que se dá às casas particulares situadas em locais turísticos na Inglaterra nas quais se alugam quartos. O preço do quarto inclui um "café da manhã inglês", em geral composto de lingüiças, ovos, bacon, torradas, chá ou café.

---

bedding ['bedɪŋ] *n* roupa *f* de cama.
bedroom ['bedru:m] *n* quarto *m*.
bedside manner ['bedsaɪd-] *n* atendimento *m* (médico).
bedspread ['bedspred] *n* colcha *f*.
bedtime ['bedtaɪm] *n* hora *f* de dormir.
bee [bi:] *n* abelha *f*.
beech [bi:tʃ] *n* faia *f*.
beef [bi:f] *n* carne *f* de vaca.
beehive ['bi:haɪv] *n* colméia *f*.
been [bi:n] *pp* → **be.**
beep [bi:p] *n* bip *m*. ◆ *vi* tocar *(o bip)*.
beeper ['bi:pər] *n* bip *m*.
beer [bɪər] *n* cerveja *f*; **to have a couple of ~s** beber OR tomar umas cervejas.
beet [bi:t] *n* beterraba *f*.
beetle ['bi:tl] *n* besouro *m*.
before [bɪ'fɔ:r] *adv* antes. ◆ *prep* antes de; *(fml: in front of)* em frente de. ◆ *conj* antes de; ~ **you leave** antes de partir; **the day ~** o dia anterior; **the week ~ last** há duas semanas.
beforehand [bɪ'fɔ:rhænd] *adv* de antemão.
beg [beg] *vi* pedir. ◆ *vt*: **to ~ sb to do sthg** implorar a alguém que faça algo; **to ~ for sthg** *(for money, food)* pedir algo.
began [bɪ'gæn] *pt* → **begin.**
beggar ['begər] *n* mendigo *m*, -ga *f*.
begin [bɪ'gɪn] (*pt* **began,** *pp* **begun**) *vt vi* começar; **to ~ doing** OR **to do sthg** começar a fazer algo; **to ~ by doing sthg** começar por fazer algo; **to ~ with** *(firstly)* para começar.

beginner [bɪ'gɪnər] *n* principiante *mf*.
beginning [bɪ'gɪnɪŋ] *n* começo *m*.
begun [bɪ'gʌn] *pp* → **begin.**
behalf [bɪ'hæf] *n*: **on ~ of** em nome de.
behave [bɪ'heɪv] *vi* comportar-se; **to ~ (o.s.)** *(be good)* comportar-se.
behavior [bɪ'heɪvjər] *Am* comportamento *m*.
behaviour [bɪ'heɪvjə^r] *n Brit* = **behavior.**
behind [bɪ'haɪnd] *adv (at the back)* atrás. ◆ *prep (at the back of)* atrás de. ◆ *n inf* traseiro *m*; **to be ~ sb** *(supporting)* apoiar alguém; **to be ~ (schedule)** estar atrasado; **to leave sthg ~** esquecer-se de algo; **to stay ~** ficar para trás.
beige [beɪʒ] *adj* bege *(inv)*.
being ['bi:ɪŋ] *n* ser *m*; **to come into ~** nascer.
belated [bɪ'leɪtəd] *adj* tardio (dia).
belch [beltʃ] *vi* arrotar.
Belgium ['beldʒəm] *n* Bélgica *f*.
belief [bɪ'li:f] *n (faith)* crença *f*; *(opinion)* opinião *f*.
believe [bɪ'li:v] *vt (person, story)* acreditar em; *(think)* achar. ◆ *vi*: **to ~ in** *(God, human rights)* crer em; **to ~ in doing sthg** acreditar em fazer algo.
believer [bɪ'li:vər] *n* crente *mf*.
bell [bel] *n (of phone, door)* campainha *f*; *(of church)* sino *m*.
bellhop ['belhɒp] *n* boy *m*.
bellow ['beləʊ] *vi (person)* gritar; *(bull, cow)* mugir.
belly ['belɪ] *n inf* barriga *f*.
belly button *n inf* umbigo *m*.
belong [bɪ'lɒŋ] *vi (be in right place)* pertencer; **to ~ to** pertencer a.
belongings [bɪ'lɒŋɪŋz] *npl* pertences *mpl*.
below [bɪ'ləʊ] *adv* em baixo; *(downstairs)* de baixo. ◆ *prep* abaixo de; **it's ten ~ zero** está 10 graus abaixo de zero.
belt [belt] *n (for clothes)* cinto *m*; TECH correia *f*.
bench [bentʃ] *n* banco *m*, bancada *f*.
bend [bend] (*pt & pp* **bent**) *n* curva *f*. ◆ *vt* dobrar. ◆ *vi (road, river, pipe)* fazer uma curva.
❑ **bend down** *vi* dobrar-se.
❑ **bend over** *vi* inclinar-se.
beneath [bɪ'ni:θ] *adv* debaixo. ◆ *prep (under)* debaixo de, sob.
beneficial [ˌbenɪ'fɪʃl] *adj* benéfico(ca).
benefit ['benəfɪt] *n (advantage)* benefício *m*; *(money)* subsídio *m*. ◆ *vt* beneficiar. ◆ *vi*: **to ~ (from)** beneficiar-se (de); **for the ~ of** em benefício de.
benign [bɪ'naɪn] *adj* MED benigno(gna).
bent [bent] *pt & pp* → **bend.**
bereaved [bɪ'ri:vd] *adj (family)* enlutado(da).
beret [bə'reɪ] *n* gorro *m*.
berry ['berɪ] *n* baga *f*.
berserk [bər'zɜ:rk] *adj*: **to go ~** ficar fora de si.

berth [bɜ:rθ] *n (for ship)* ancoradouro *m*; *(in ship)* beliche *m*; *(in train)* couchette *f*.

beside [bɪ'saɪd] *prep (next to)* junto a; **to be ~ the point** não ter nada a ver.

besides [bɪ'saɪdz] *adv* além disso. ◆ *prep* além de.

best [best] *adj* melhor. ◆ *n*: **the ~** o/a melhor; **to make the ~ of sthg** aproveitar o máximo possível algo; **to do one's ~** fazer o melhor possível; **the ~ thing to do is ...** o melhor é ...; **'~ before ...'** 'consumir de preferência antes de ...'; **at ~** na melhor das hipóteses; **all the ~!** felicidades!; *(in letter)* um abraço!; **I like this one ~** gosto mais deste; **she played ~** ela jogou melhor.

best man *n* padrinho *m (de casamento)*.

best-seller [-'selər] *n (book)* best-seller *m*.

bet [bet] *(pt & pp* **bet***) n* aposta *f*. ◆ *vt (gamble)* apostar. ◆ *vi*: **to ~ (on)** apostar (em); **I ~ (that) you can't do it** aposto que você não consegue.

betray [bɪ'treɪ] *vt* trair.

better ['betər] *adj & adv* melhor; **you had ~ ...** é melhor ...; **to get ~** melhorar.

between [bɪ'twi:n] *prep* entre; **in ~** entre; *(space)* no meio; **'closed ~ 1 and 2'** 'fechado entre a uma e as duas'; **what happened in ~?** o que aconteceu neste ínterim?

beverage ['bevərɪdʒ] *n fml* bebida *f*.

beware [bɪ'weər] *vi*: **to ~ of** ter cuidado com; **'~ of the dog'** 'cuidado com o cachorro'.

bewildered [bɪ'wɪldəd] *adj* perplexo(xa).

beyond [bɪ'jɒnd] *prep (on far side of)* do outro lado de; *(farther than)* para além de. ◆ *adv* mais além; **~ reach** fora do alcance; **to be ~ doubt** ser sem sombra de dúvida.

biased ['baɪəst] *adj* parcial.

bib [bɪb] *n (for baby)* babador *m*.

bible ['baɪbl] *n* bíblia *f*.

biceps ['baɪseps] *n* bíceps *m inv*.

bicycle ['baɪsɪkl] *n* bicicleta *f*.

bid [bɪd] *(pt & pp* **bid***) n (at auction)* lanço *m*; *(attempt)* tentativa *f*. ◆ *vt (money)* oferecer. ◆ *vi*: **to ~ (for)** licitar (para).

big [bɪg] *adj* grande; **my ~ brother** o meu irmão mais velho; **how ~ is it?** de que tamanho é?

bike [baɪk] *n inf (bicycle)* bicicleta *f*; *(motorcycle)* moto *f*.

bikini [bɪ'ki:nɪ] *n* biquíni *m*.

bilingual [baɪ'lɪŋgwəl] *adj* bilíngüe.

bill [bɪl] *n (for electricity, hotel)* conta *f*; *Am (bank note)* nota *f*; *(at the movies, theater)* programa *m*; *POL* projeto *m* de lei.

billboard ['bɪlbɔ:rd] *n* quadro *m* de anúncios, outdoor *m*.

billiards ['bɪlɪərdz] *n* bilhar *m*.

billion ['bɪlɪən] *n (thousand million)* bilhão *m*; *Brit (million million)* trilhão *m*.

bin [bɪn] *n (for bread, flour)* caixa

f, lata *f*; *(on plane)* compartimento *m* para a bagagem.
bind [baɪnd] (*pt & pp* **bound**) *vt* *(tie up)* atar.
binding ['baɪndɪŋ] *n (of book)* encadernação *f*; *(for ski)* peças *fpl* de fixação *(dos esquis)*.
bingo ['bɪŋgəʊ] *n* bingo *m*.
binoculars [bɪ'nɒkjələrz] *npl* binóculo *m*.
biodegradable [ˌbaɪəʊdɪ'greɪdəbl] *adj* biodegradável.
biography [baɪ'ɒgrəfɪ] *n* biografia *f*.
biological [ˌbaɪə'lɒdʒɪkl] *adj* biológico(ca).
biology [baɪ'ɒlədʒɪ] *n* biologia *f*.
bird [bɜːrd] *n (small)* pássaro *m*; *(large)* ave *f*.
birth [bɜːrθ] *n* nascimento *m*; **by ~** de nascimento; **to give ~ to** dar à luz.
birth certificate *n* certidão *f* de nascimento.
birth control *n* contracepção *f*.
birthday ['bɜːrθdeɪ] *n* aniversário *m*; **happy ~!** feliz aniversário!
birthplace ['bɜːrθpleɪs] *n* local *m* de nascimento, naturalidade *f*.
biscuit ['bɪskɪt] *n Am* bolacha *f*, biscoito *m*.
bishop ['bɪʃəp] *n* bispo *m*.
bistro ['biːstrəʊ] (*pl* **-s**) *n* bistrô *m*.
bit [bɪt] *pt* → **bite**. ◆ *n (piece)* pedaço *m*, bocado *m*; *(of drill)* broca *f*; *(of bridle)* freio *m*; **a ~** um pouco; **a ~ of money** um pouco de dinheiro; **to do a ~ of walking** andar um pouco; **~ by ~** pouco a pouco.
bitch [bɪtʃ] *n* cadela *f*.
bite [baɪt] (*pt* **bit**, *pp* **bitten** ['bɪtn]) *n (when eating)* dentada *f*; *(from insect)* picada *f*; *(from snake)* mordedura *f*. ◆ *vt* morder; *(subj: insect)* picar; **to have a ~ to eat** mordiscar algo.
bitter ['bɪtər] *adj* amargo(ga); *(cold, wind)* glacial; *(argument, conflict)* violento(ta).
bizarre [bɪ'zɑːr] *adj* estranho (nha).
black [blæk] *adj* preto(ta); *(coffee)* sem leite, preto(ta); *(humor)* negro(gra). ◆ *n (color)* preto *m*, negro *m*; *(person)* preto *m*, -ta *f*.
❑ **black out** *vi* desmaiar, perder os sentidos.
blackberry ['blækberɪ] *n* amora *f* silvestre.
blackbird ['blækbɜːrd] *n* melro *m*.
blackboard ['blækbɔːrd] *n* quadro *m* (negro).
blackcurrant [ˌblæk'kɜːrənt] *n* groselha *f* preta.
blackmail ['blækmeɪl] *n* chantagem *f*. ◆ *vt* chantagear.
bladder ['blædər] *n* bexiga *f*.
blade [bleɪd] *n (of knife, saw)* lâmina *f*; *(of propeller, oar)* pá *f*; *(of grass)* folha *f*.
blame [bleɪm] *n* culpa *f*. ◆ *vt* culpar; **to ~ sb for sthg** culpar alguém de algo; **to ~ sthg on sb** pôr a culpa de algo em alguém.

bland [blænd] *adj (food)* insosso(a).
blank [blæŋk] *adj (page, cassette, check)* em branco; *(expression)* confuso(sa). ◆ *n (empty space)* espaço *m* em branco.
blanket ['blæŋkɪt] *n* cobertor *m*.
blast [blæst] *n (explosion)* explosão *f*; *(of air, wind)* rajada *f*; *(fun time)* farra *f*.
blaze [bleɪz] *n (fire)* incêndio *m*. ◆ *vi (fire)* arder; *(sun, light)* brilhar intensamente.
blazer ['bleɪzər] *n* blazer *m*.
bleach [bli:tʃ] *n* água *f* sanitária. ◆ *vt (clothes)* branquear; *(hair)* descolorar.
bleak [bli:k] *adj (weather)* escuro(ra); *(day, city)* sombrio.
bleed [bli:d] (*pt & pp* **bled** [bled]) *vi* sangrar.
blend [blend] *n (of coffee, whiskey)* mistura *f*. ◆ *vt* misturar.
blender ['blendər] *n* liquidificador *m*.
bless [bles] *vt* abençoar; **~ you!** *(said after sneeze)* saúde!
blessing ['blesɪŋ] *n* bênção *f*.
blew [blu:] *pt* → **blow.**
blind [blaɪnd] *adj* cego(ga). ◆ *n (for window)* persiana *f*. ◆ *npl*: **the ~** os cegos.
blindfold ['blaɪndfəʊld] *n* venda *f*. ◆ *vt* vendar os olhos de.
blink [blɪŋk] *vi* piscar os olhos.
bliss [blɪs] *n* felicidade *f*.
blister ['blɪstər] *n* bolha *f* (d'água).
blizzard ['blɪzərd] *n* tempestade *f* de neve.
bloated ['bləʊtɪd] *adj* inchado(da).
blob [blɒb] *n* gota *f*.
block [blɒk] *n* bloco *m*; *Am (in town, city)* quarteirão *m*. ◆ *vt* obstruir; **to have a ~ed (up) nose** estar com o nariz entupido. ❑ **block up** *vt sep* entupir.
blockage ['blɒkɪdʒ] *n* obstrução *f*.
blonde [blɒnd] *adj* louro(ra). ◆ *n* loura *f*.
blood [blʌd] *n* sangue *m*.
blood group *n* grupo *m* sangüíneo.
blood poisoning *n* septicemia *f*.
blood pressure *n* pressão *f* arterial; **to have high/low ~** ter a pressão (arterial) alta/baixa.
bloodshot ['blʌdʃɒt] *adj* injetado(da) de sangue.
blood test *n* exame *f* de sangue.
blood type *n* grupo *m* sangüíneo.
bloody ['blʌdɪ] *adj (hands, handkerchief)* ensangüentado (da).
bloom [blu:m] *n* flor *f*. ◆ *vi* florir; **in ~** em flor.
blossom ['blɒsəm] *n* flor *f*.
blot [blɒt] *n* borrão *m*.
blotch [blɒtʃ] *n* mancha *f*.
blouse [blaʊs] *n* blusa *f*.
blow [bləʊ] (*pt* **blew**, *pp* **blown**) *vt (subj: wind)* fazer voar; *(whistle, trumpet)* soprar em;

(bubbles) fazer. ◆ *vi* soprar; *(fuse)* queimar, rebentar. ◆ *n (hit)* golpe *m*; **to ~ one's nose** assoar-se, assoar o nariz. ▫ **blow up** ◆ *vt sep (cause to explode)* explodir; *(inflate)* encher. ◆ *vi (explode)* explodir; *(storm)* cair.

blow-dry *n* brushing *m*. ◆ *vt* secar *(com secador)*.

blown [bləʊn] *pp* → **blow.**

blue [blu:] *adj* azul; *(movie)* pornográfico(ca). ◆ *n* azul *m*. ▫ **blues** *n MUS* blues *m inv.*

blueberry ['blu:berɪ] *n* arando *m*, uva-do-monte *f*.

blue-collar *adj (job, worker)* operário(ria).

bluff [blʌf] *n (cliff)* penhasco *m*. ◆ *vi* blefar.

blunder ['blʌndər] *n* asneira *f*.

blunt [blʌnt] *adj (knife)* cego (ga); *(pencil)* por afiar; *(fig: person)* franco(ca).

blurred [blɜ:rd] *adj* desfocado(da).

blush [blʌʃ] *vi* corar.

blusher ['blʌʃər] *n* blush *m*.

board [bɔ:rd] *n (plank)* tábua *f*; *(for surfing, diving)* prancha *f*; *(bulletin board)* quadro *m*; *(for games)* tabuleiro *m*; *(blackboard)* quadro *m* (negro); *(of company)* direção *f*; *(hardboard)* madeira *f* compensada. ◆ *vt (plane, ship)* embarcar em. ◆ *vi (in a house)* hospedar-se; **room and ~** pernoite e refeições; **on ~** *(adv)* a bordo. ◆ *prep (plane, ship)* a bordo de; *(bus)* em.

board game *n* jogo *m* de tabuleiro.

boarding ['bɔ:rdɪŋ] *n* embarque *m*.

boarding card ['bɔ:rdɪŋ-] *n* cartão *m* de embarque.

boarding house ['bɔ:rdɪŋhaʊs, *pl* -haʊzɪz] *n* pensão *f*.

boarding school ['bɔ:rdɪŋ-] *n* colégio *m* interno.

boast [bəʊst] *vi*: **to ~ (about sthg)** gabar-se (de algo).

boat [bəʊt] *n* barco *m*; **by ~** de barco.

bobby pin ['bɒbɪ-] *n Am* grampo *m* de cabelo *(em forma de U)*.

body ['bɒdɪ] *n* corpo *m*; *(of car)* carroceria *f*; *(organization)* organismo *m*; *(of wine)* maturação *f*.

bodyguard ['bɒdɪgɑ:rd] *n* guarda-costas *mf*.

bodywork ['bɒdɪwɜ:rk] *n* carroceria *f*.

bog [bɒg] *n* atoleiro *m*.

bogged down [,bɒgd-] *adj*: **~ in sthg** *(in mud, snow)* atolado (da) em algo; **don't get ~ in too many details** não entre em demasiados detalhes.

bogus ['bəʊgəs] *adj* falso(sa).

boil [bɔɪl] *vt (water)* ferver; *(kettle)* pôr para ferver; *(food)* cozer. ◆ *vi* ferver. ◆ *n (on skin)* furúnculo *m*.

boiler ['bɔɪlər] *n* aquecedor *m* *(de água)*.

boiling (hot) ['bɔɪlɪŋ-] *adj inf (person)* morto (morta) de calor; *(weather)* abrasador(ra); *(water)* fervendo.

bold [bəʊld] *adj (brave)* audaz.

bolt [bəʊlt] *n (on door, window)*

ferrolho *m*; *(screw)* parafuso *m* (com porca). ◆ *vt (door, window)* fechar com ferrolho.

bomb [bɒm] *n* bomba *f*. ◆ *vt* bombardear.

bombard [bɒm'bɑ:rd] *vt* bombardear.

bomb scare *n* ameaça *f* de bomba.

bond [bɒnd] *n (tie, connection)* laço *m*.

bone [bəʊn] *n (of person, animal)* osso *m*; *(of fish)* espinha *f*.

boneless ['bəʊnləs] *adj (chicken, pork)* desossado(da).

bonfire ['bɒn,faɪər] *n* fogueira *f*.

bonus ['bəʊnəs] (*pl* **-es**) *n* bônus *m inv.*

bony ['bəʊnɪ] *adj (chicken)* cheio (cheia) de ossos; *(fish)* cheio (cheia) de espinhas.

boo [bu:] *vi* vaiar.

book [bʊk] *n* livro *m*; *(for writing in)* caderno *m*; *(of stamps, matches)* carteira *f*; *(of tickets)* caderneta *f*. ◆ *vt (reserve)* reservar.

bookcase ['bʊkkeɪs] *n* estante *f* (para livros).

booking ['bʊkɪŋ] *n (reservation)* reserva *f*.

bookkeeping ['bʊk,ki:pɪŋ] *n* contabilidade *f*.

booklet ['bʊklɪt] *n* folheto *m*.

bookmark ['bʊkmɑ:rk] *n* marcador *m* de livros.

bookshelf ['bʊkʃelf] (*pl* **-shelves** [-ʃelvz]) *n (shelf)* prateleira *f* (para livros); *(bookcase)* estante *f* (para livros).

bookstall ['bʊkstɔ:l] *n* quiosque *m* de venda de livros.

bookstore ['bʊkstɔ:r] *n* livraria *f*.

boom [bu:m] *n (sudden growth)* boom *m*. ◆ *vi (voice, guns)* ribombar.

boost [bu:st] *vt* aumentar; *(spirits, morale)* levantar.

booster ['bu:stər] *n (injection)* reforço *m* de vacina.

boot [bu:t] *n (shoe)* bota *f*.

booth [bu:ð] *n (for telephone)* cabine *f*; *(at fairground)* barraca *f*.

booze [bu:z] *n inf* álcool *m*. ◆ *vi inf* beber, encher a cara.

border ['bɔ:rdər] *n (of country)* fronteira *f*; *(edge)* borda *f*.

bore [bɔ:r] *pt* → **bear.** ◆ *n inf* seca *f*. ◆ *vt (person)* entediar, aborrecer; *(hole)* fazer.

bored [bɔ:rd] *adj* entediado (da).

boredom ['bɔ:rdəm] *n* tédio *m*.

boring ['bɔ:rɪŋ] *adj* maçante.

born [bɔ:rn] *adj*: **to be ~** nascer.

borne [bɔ:rn] *pp* → **bear.**

borough ['bɜ:rəʊ] *n* município *m*.

borrow ['bɒrəʊ] *vt*: **to ~ sthg (from sb)** pedir algo emprestado (a alguém).

boss [bɒs] *n* chefe *mf*. ❑ **boss around** *vt sep* dar ordens a.

bossy ['bɒsɪ] *adj* mandão (dona).

both [bəʊθ] *adj* ambos(bas). ◆ *pron* ambos *mpl*, -bas *fpl*. ◆ *adv*: **he speaks ~ French and**

German ele fala francês e alemão; ~ **of them** ambos(bas), os dois (as duas); ~ **of us** nós dois (nós duas).

bother ['bɒðər] *vt (worry)* preocupar; *(annoy, pester)* incomodar. ◆ *vi* preocupar-se. ◆ *n (trouble)* incômodo *m*, amolação *f*; **I can't be ~ed** não posso me dar ao trabalho; **it's no ~!** não incomoda nada.

bottle ['bɒtl] *n* garrafa *f*; *(for baby)* mamadeira *f*; *(of shampoo, medicine)* frasco *m*.

bottled ['bɒtld] *adj* engarrafado(da); ~ **beer** cerveja *f* de garrafa; ~ **water** água *f* mineral (engarrafada).

bottle opener [-,əʊpnər] *n* abridor *m* de garrafas, saca-rolhas *m inv*.

bottom ['bɒtəm] *adj (lowest)* de baixo; *(last, worst)* último(ma). ◆ *n* fundo *m*; *(of hill)* base *f*; *(buttocks)* traseiro *m*.

bought [bɔːt] *pt & pp* → **buy**.

boulder ['bəʊldər] *n* pedregulho *m*.

bounce [baʊns] *vi (rebound)* pinchar; *(jump)* saltar; **his check ~d** ele passou um cheque sem fundos.

bound [baʊnd] *pt & pp* → **bind**. ◆ *vi* correr aos pulos. ◆ *adj*: **he's ~ to get it wrong** o mais certo é ele enganar-se; **it's ~ to rain** vai chover na certa; **it's out of ~s** é zona proibida; **to be ~ for** *(plane, train)* (ir) com destino a.

boundary ['baʊndrı] *n* fronteira *f*.

bouquet [bʊ'keı] *n (of flowers)* ramo *m*; *(of wine)* aroma *m*, bouquet *m*.

bourbon ['bɜːrbən] *n* bourbon *m*.

bout [baʊt] *n (of illness)* ataque *m*; *(of activity)* período *m*.

boutique [buː'tiːk] *n* boutique *f*.

bow¹ [baʊ] *n (of head)* reverência *f*; *(of ship)* proa *f*. ◆ *vi (bend head)* inclinar a cabeça.

bow² [bəʊ] *n (knot)* laço *m*; *(weapon, MUS)* arco *m*.

bowels ['baʊəlz] *npl ANAT* intestinos *mpl*.

bowl [bəʊl] *n* taça *f*, tigela *f*; *(for washing up)* bacia *f*; *(of toilet)* vaso *m*.

bowling ['bəʊlıŋ] *n*: **to go ~** ir jogar boliche.

bowling alley *n lugar onde se joga boliche.*

bow tie [,bəʊ-] *n* laço *m*.

box [bɒks] *n* caixa *f*; *(on form)* quadrado *m*; *(in theater)* camarote *m*. ◆ *vi* jogar boxe; **a ~ of chocolates** uma caixa de bombons.

boxer ['bɒksər] *n* pugilista *m*, lutador *m* de boxe.

boxer shorts *npl* boxers *mpl*.

boxing ['bɒksıŋ] *n* boxe *m*.

box office *n* bilheteria *f*.

boy [bɔı] *n* rapaz *m*. ◆ *excl inf*: **(oh) ~!** que bom!

boycott ['bɔıkɒt] *vt* boicotar.

boyfriend ['bɔıfrend] *n* namorado *m*.

boy scout *n* escoteiro *m*.
bra [brɑː] *n* sutiã *m*.
brace [breɪs] *n (for teeth)* aparelho *m* (para os dentes). ❑ **braces** *npl Brit* suspensórios *mpl*.
bracelet ['breɪslət] *n* pulseira *f*.
bracket ['brækət] *n (written symbol)* parêntese *m*; *(support)* suporte *m*.
brag [bræg] *vi* gabar-se; **to ~ about sthg** gabar-se de algo.
braid [breɪd] *n (hairstyle)* trança *f*; *(on clothes)* galão *m*.
brain [breɪn] *n* cérebro *m*.
brainy ['breɪnɪ] *adj inf* esperto (ta); **she's very ~** ela é um crânio.
brake [breɪk] *n* freio *m*. ◆ *vi* frear, brecar.
brake light *n* luz *f* de freio.
brake pedal *n* pedal *m* do freio.
bran [bræn] *n* farelo *m*.
branch [brɑːntʃ] *n (of tree, subject)* ramo *m*; *(of bank)* agência *f*; *(of company)* sucursal *f*, filial *f*. ❑ **branch off** *vi* ramificar-se.
brand [brænd] *n* marca *f*. ◆ *vt*: **to ~ sb (as)** rotular alguém (de).
brand-new *adj* novo (nova) em folha.
brandy ['brændɪ] *n* conhaque *m*.
brash [bræʃ] *adj pej* insolente.
brass [bræs] *n* latão *m*.
brasserie ['bræsərɪ] *n* ≃ brasserie *f*.
brassiere [brə'zɪr] *n* sutiã *m*.
brat [bræt] *n inf* criança *f* mimada.
brave [breɪv] *adj* valente.
bravery ['breɪvərɪ] *n* valentia *f*.
brawl [brɔːl] *n* rixa *f*.
Brazil [brə'zɪl] *n* Brasil *m*.
Brazilian [brə'zɪljən] *adj* brasileiro *m*, -ra *f*. ◆ *n* brasileiro *m*, -ra *f*.
brazil nut *n* castanha-do-pará *f*.
breach [briːtʃ] *vt (contract)* quebrar; *(confidence)* abusar de.
bread [bred] *n* pão *m*; **~ and butter** pão com manteiga.
breadcrumbs ['bredkrʌmz] *npl* farinha *f* de rosca.
breaded ['bredəd] *adj* empanado(da), à milanesa.
breadth [bredθ] *n* largura *f*.
break [breɪk] (*pt* **broke**, *pp* **broken**) *n (interruption)* interrupção *f*; *(in line)* corte *m*; *(rest, pause)* pausa *f*; SCH *(playtime)* recreio *m*. ◆ *vt (damage)* partir, quebrar; *(disobey)* ir contra; *(fail to fulfill)* quebrar; *(a record)* bater; *(news)* dar; *(journey)* interromper. ◆ *vi (become damaged)* partir, quebrar; *(dawn)* romper; *(voice)* mudar; **without a ~** sem parar; **a lucky ~** um golpe de sorte; **to ~ one's leg** quebrar a perna. ❑ **break down** ◆ *vi (car, machine)* enguiçar. ◆ *vt sep (door, barrier)* derrubar. ❑ **break in** *vi* entrar à força. ❑ **break off** ◆ *vt (detach)* partir; *(conversation)* interromper. ◆ *vi (stop suddenly)* parar. ❑ **break out** *vi (fire)* começar; *(war)* estourar; *(panic)*

instaurar-se; **to ~ out in a rash** ficar com alergia. ▫ **break up** *vi (with spouse, partner)* separar-se; *(meeting, marriage)* terminar; *(school, pupils)* terminar as aulas.
breakage ['breɪkɪdʒ] *n* danos *mpl*.
breakdown ['breɪkdaʊn] *n (of car)* enguiço *m*, avaria *f*; *(in communications, negotiation)* ruptura *f*; *(mental)* esgotamento *m*.
breakfast ['brekfəst] *n* café *m* da manhã; **to have ~** tomar o café da manhã; **to have sthg for ~** comer algo no café da manhã.
break-in *n* assalto *m*.
breakthrough ['breɪkθru:] *n* ruptura *f*.
breast [brest] *n* peito *m*, seio *m*.
breastbone ['brestbəʊn] *n* esterno *m*.
breast-feed *vt* amamentar.
breaststroke ['breststrəʊk] *n* peito *m (nado)*.
breath [breθ] *n* hálito *m*, respiração *f*; **out of ~** sem fôlego; **to go for a ~ of fresh air** sair para respirar ar fresco; **to take a deep ~** respirar fundo.
Breathalyzer® ['breθəlaɪzər] *n* bafômetro *m*.
breathe [bri:ð] *vi* respirar. ▫ **breathe in** *vi* inspirar. ▫ **breathe out** *vi* expirar.
breathtaking ['breθ,teɪkɪŋ] *adj* incrível.
breed [bri:d] (*pt & pp* **bred** [bred]) *n (of animal)* raça *f*; *(of plant)* espécie *f*. ◆ *vt* criar. ◆ *vi* reproduzir-se.
breeze [bri:z] *n* brisa *f*.
brew [bru:] *vt (beer)* fabricar; *(tea, coffee)* preparar. ◆ *vi (tea, coffee)* repousar; **has the tea/coffee ~ed yet?** já está pronto o chá/café?
brewery ['bru:ərɪ] *n* cervejaria *f*.
bribe [braɪb] *n* suborno *m*, propina *f*. ◆ *vt* subornar.
brick [brɪk] *n* tijolo *m*.
bricklayer ['brɪkleɪər] *n* pedreiro *m*.
bride [braɪd] *n* noiva *f*.
bridegroom ['braɪdgru:m] *n* noivo *m*.
bridesmaid ['braɪdzmeɪd] *n* dama de honra.
bridge [brɪdʒ] *n* ponte *f*; *(card game)* bridge *m*.
bridle ['braɪdl] *n* cabeçada *f*.
brief [bri:f] *adj* breve. ◆ *vt* informar; **in ~** em resumo. ▫ **briefs** *npl (for men)* cueca *f*.
briefcase ['bri:fkeɪs] *n* pasta *f (para papéis, livros)*.
briefly ['bri:flɪ] *adv (for a short time)* por alguns momentos; *(in few words)* em poucas palavras.
brigade [brɪ'geɪd] *n* brigada *f*.
bright [braɪt] *adj (light, sun, idea)* brilhante; *(room)* claro(ra); *(color)* vivo(va); *(clever)* esperto (ta); *(lively, cheerful)* alegre; *(smile)* radiante.
brilliant ['brɪljənt] *adj (light, sunshine)* brilhante; *(color)* vivo (va); *(idea, person)* brilhante.
brim [brɪm] *n (of hat)* aba *f*; **it's**

full to the ~ está cheio até à borda.
brine [braɪn] *n* salmoura *f*.
bring [brɪŋ] (*pt & pp* **brought**) *vt* trazer. ❑ **bring along** *vt sep* trazer. ❑ **bring back** *vt sep (return)* devolver; *(shopping, gift)* trazer. ❑ **bring in** *vt sep (introduce)* introduzir; *(earn)* ganhar. ❑ **bring out** *vt sep (put on sale)* pôr a venda. ❑ **bring up** *vt sep (child)* criar; *(subject)* mencionar; *(food)* vomitar.
brink [brɪŋk] *n*: **on the** ~ **of** à beira de.
brisk [brɪsk] *adj (quick)* rápido (da); *(efficient)* desembaraçado (da); *(wind)* forte.
Britain ['brɪtn] *n* Grã-Bretanha *f*.
British ['brɪtɪʃ] *adj* britânico (ca). ◆ *npl*: **the** ~ os britânicos.
brittle ['brɪtl] *adj* quebradiço (ça).
broad [brɔ:d] *adj (wide)* largo (ga); *(wide-ranging)* amplo(pla); *(description, outline)* geral; *(accent)* forte.
broad bean *n* fava *f*.
broadcast ['brɔ:dkæst] (*pt & pp* **broadcast**) *n* transmissão *f*. ◆ *vt* transmitir.
broadly ['brɔ:dlɪ] *adv* em geral; ~ **speaking** em termos gerais.
broccoli ['brɒkəlɪ] *n* brócolis *mpl*.
brochure ['brəʊʃər] *n* brochura *f*, folheto *m*.
broiled [brɔɪld] *adj Am* grelhado(da).
broke [brəʊk] *pt* → **break.** ◆ *adj inf* teso(sa).
broken ['brəʊkn] *pp* → **break.** ◆ *adj (window, leg, glass)* partido (da); *(machine)* com defeito; *(English, Portuguese, etc)* incorreto(ta).
bronchitis [brɒŋ'kaɪtɪs] *n* bronquite *f*.
bronze [brɒnz] *n* bronze *m*.
brooch [brəʊtʃ] *n* broche *m*.
brook [brʊk] *n* riacho *m*.
broom [bru:m] *n* vassoura *f*.
broomstick ['bru:mstɪk] *n* cabo *m* de vassoura.
broth [brɒθ] *n* caldo *m*.
brother ['brʌðər] *n* irmão *m*.
brother-in-law (*pl* **brothers-in-law**) *n* cunhado *m*.
brought [brɔ:t] *pt & pp* → **bring.**
brow [braʊ] *n (forehead)* testa *f*; *(eyebrow)* sobrancelha *f*.
brown [braʊn] *adj* marrom; *(skin)* moreno(na); *(tanned)* bronzeado(da). ◆ *n* marrom *m*.
brownie ['braʊnɪ] *n (food) biscoito de chocolate e nozes.*
brown rice *n* arroz *m* integral.
brown sugar *n* açúcar *m* mascavo.
browse [braʊz] *vi (in shop)* dar uma olhada; **to** ~ **through** *(book, paper)* passar os olhos em.
browser [braʊzər] *n (on a computer)* browser *m*.
bruise [bru:z] *n* nódoa *f* negra, equimose *f*.
brunch [brʌntʃ] *n café da ma-*

nhã reforçado que se toma mais tarde e que serve de almoço.

brunette [bru:'net] *n* morena *f.*

brush [brʌʃ] *n (for hair, teeth)* escova *f*; *(for painting)* pincel *m.* ◆ *vt (floor)* varrer; *(clothes)* escovar; *(move with hand)* sacudir; **to ~ one's hair** escovar o cabelo; **to ~ one's teeth** escovar os dentes.

brussels sprouts ['brʌslz-] *npl* couve-de-Bruxelas *f.*

brutal ['bru:tl] *adj* brutal.

B.S. *abbr* = **Bachelor of Science.**

bubble ['bʌbl] *n* bolha *f*; *(of soap)* bolha *f* de sabão; *(in fizzy drink)* borbulha *f.*

bubble bath *n* espuma *f* de banho.

bubble gum *n* chiclete *m* de bola.

buck [bʌk] *n Am inf (dollar)* dólar *m*; *(male animal)* macho *m.*

Buckingham Palace ['bʌkɪŋəm-] *n* Palácio *m* de Buckingham.

BUCKINGHAM PALACE

Construído em 1703 pelo duque de Buckingham, em Londres, o Palácio de Buckingham é a residência oficial da rainha. Situado no fim do "Mall", uma avenida larga entre Green Park e St James's Park, em frente a esse palácio realiza-se todos os dias a famosa cerimônia da troca da guarda.

buckle ['bʌkl] *n* fivela *f.* ◆ *vt (fasten)* apertar *(com fivela).* ◆ *vi (warp)* contrair-se.

bud [bʌd] *n (flower)* botão *m*; *(leaf)* rebento *m.* ◆ *vi (flower)* florescer; *(leaf)* brotar.

Buddhist ['bʊdɪst] *n* budista *mf.*

buddy ['bʌdɪ] *n inf* amigo *m*, -ga *f.*

budge [bʌdʒ] *vi* mexer-se.

budget ['bʌdʒɪt] *adj (travel)* econômico(ca). ◆ *n* orçamento *m.* ❑ **budget for** *vt fus*: **to ~ for sthg** prever as despesas de algo.

buff [bʌf] *n inf* fanático *m*, -ca *f.*

buffalo ['bʌfələʊ] (*pl* **-s** OR **-es**) *n* búfalo *m.*

buffer ['bʌfər] *n* pára-choques *m inv.*

buffet [bə'feɪ] *n* bufê *m.*

buffet car [bə'feɪ] *n* vagão-restaurante *m.*

bug [bʌg] *n (insect)* bicho *m*; *inf (mild illness)* vírus *m inv.* ◆ *vt inf (annoy)* chatear.

buggy ['bʌgɪ] *n* carrinho *m* de bebê.

build [bɪld] (*pt & pp* **built**) *n* constituição *f* física. ◆ *vt* construir. ❑ **build up** ◆ *vt sep (strength, speed)* ganhar. ◆ *vi* acumular-se.

builder ['bɪldər] *n (person)* pedreiro *m*; *(company)* construtora *f.*

building ['bɪldɪŋ] *n* edifício *m*.
building site *n* canteiro *m* de obras.
built [bɪlt] *pt & pp* → **build.**
built-in *adj* embutido(da).
bulb [bʌlb] *n (for lamp)* lâmpada *f* elétrica; *(of plant)* bulbo *m*.
bulge [bʌldʒ] *vi* fazer volume.
bulk [bʌlk] *n*: **the ~ of** a maior parte de; **in ~** a granel, em grandes quantidades.
bulky ['bʌlkɪ] *adj* volumoso (osa).
bull [bʊl] *n* touro *m*.
bulldog ['bʊldɒg] *n* buldogue *m*.
bulldozer ['bʊldəʊzər] *n* buldôzer *m*.
bullet ['bʊlɪt] *n* bala *f*.
bulletin ['bʊlətən] *n* boletim *m*.
bulletin board *n* quadro *m* de avisos.
bullfight ['bʊlfaɪt] *n* tourada *f*.
bull's-eye ['bʊlz-] *n* mosca *f* (de alvo).
bully ['bʊlɪ] *n* brigão *m*, -gona *f*. ◆ *vt* abusar de, intimidar.
bum [bʌm] *n Am inf (tramp)* vagabundo *m*, -da *f*.
bumblebee ['bʌmblbi:] *n* abelhão *m*.
bump [bʌmp] *n (on surface)* elevação *f*; *(on leg)* inchaço *m*; *(on head)* galo *m*; *(sound, minor accident)* pancada *f*. ◆ *vt (head, leg)* bater com. ❑ **bump into** *vt fus (hit)* chocar com; *(meet)* encontrar-se com.
bumper ['bʌmpər] *n (on car)* pára-choques *m inv*.
bumper car *n* carrinho *m* de trombada.
bumpy ['bʌmpɪ] *adj* acidentado(da); **the flight was ~** durante o vôo sentiu-se um pouco de turbulência.
bun [bʌn] *n (cake)* pão *m* doce *(pequeno)*; *(bread roll)* pãozinho *m*; *(hairstyle)* coque *m*.
bunch [bʌntʃ] *n (of people)* grupo *m*; *(of flowers)* ramo *m*; *(of grapes, bananas)* cacho *m*; *(of keys)* molho *m*.
bundle ['bʌndl] *n (of clothes)* trouxa *f*; *(of notes, papers)* maço *m*.
bung [bʌŋ] *n* tampo *m*.
bungalow ['bʌŋgələʊ] *n* bangalô *m*.
bunk [bʌŋk] *n (bed)* beliche *m*.
bunk bed *n* beliche *m*.
bunny ['bʌnɪ] *n* coelhinho *m*.
buoy ['bu:ɪ] *n* bóia *f* (de sinalização).
buoyant ['bu:jənt] *adj (that floats)* flutuante.
burden ['bɜ:rdn] *n* carga *f*.
bureaucracy [bjʊə'rɒkrəsɪ] *n* burocracia *f*.
burger ['bɜ:rgər] *n (hamburger)* hambúrguer *m*.
burglar ['bɜ:rglər] *n* ladrão *m*, ladra *f*.
burglar alarm *n* alarme *m* (anti-roubo).
burglarize ['bɜ:rgləraɪz] *vt Am* assaltar.
burglary ['bɜ:rglərɪ] *n* assalto *m*.

burgundy ['bɜ:rgəndɪ] *n (color)* grená *m*; *(wine)* Borgonha *m*.

burial ['berɪəl] *n* enterro *m*.

burn [bɜ:rn] (*pt & pp* **burnt** OR **burned**) *n* queimadura *f*. ◆ *vt* queimar. ◆ *vi (be on fire)* arder. ❑ **burn down** ◆ *vt sep* incendiar. ◆ *vi* arder.

burning (hot) ['bɜ:rnɪŋ-] *adj* muito quente, escaldante.

burnt [bɜ:rnt] *pt & pp* → **burn.**

burp [bɜ:rp] *n inf* arroto *m*. ◆ *vi inf* arrotar.

burrow ['bɜ:rəʊ] *n* toca *f*.

burst [bɜ:rst] (*pt & pp* **burst**) *n (of gunfire, applause)* salva *f*. ◆ *vt & vi* rebentar; **he ~ into the room** ele irrompeu pelo quarto adentro; **to ~ into tears** desatar a chorar; **to ~ open** *(door)* abrir-se de repente.

bury ['berɪ] *vt* enterrar.

bus [bʌs] *n* ônibus *m*; **by ~** de ônibus.

bus driver *n* motorista *mf* (de ônibus).

bush [bʊʃ] *n* arbusto *m*.

bushy ['bʊʃɪ] (*compar* **-ier**, *superl* **-iest**) *adj (eyebrows, beard)* cerrado(da); *(tail)* peludo(da).

business ['bɪznəs] *n (commerce, trade)* negócios *mpl*; *(shop, firm)* negócio *m* ; *(things to do, affair)* assunto *m*; **let's get down to ~** vamos ao que interessa; **mind your own ~!** meta-se com a sua vida!; **'~ as usual'** 'aberto como de costume'.

business card *n* cartão-de-visita *m*.

business class *n* classe *f* executiva.

businessman ['bɪznəsmæn] (*pl* **-men** [-men]) *n* homem *m* de negócios.

business park *n* parque *m* industrial.

business person *n* pessoa *f* de negócios.

business studies *npl* ≃ administração *f* de empresas.

businesswoman ['bɪznəs-ˌwʊmən] (*pl* **-women** [-ˌwɪmɪn]) *n* mulher *f* de negócios.

bus lane *n* faixa *f* para ônibus.

bus station *n* (estação) rodoviária *f*.

bus stop *n* ponto *m* de ônibus.

bust [bʌst] *n (of woman)* busto *m*. ◆ *adj*: **to go ~** *inf* falir.

bustle ['bʌsl] *n* alvoroço *m*, animação *f*.

busy ['bɪzɪ] *adj* ocupado(da); *(street, office)* movimentado(da); **to be ~ doing sthg** estar ocupado fazendo algo.

busybody ['bɪzɪbɒdɪ] *n* intrometido *m*, -da *f*.

busy signal *n* sinal *m* de ocupado.

but [bʌt] *conj* mas. ◆ *prep* senão, a não ser; **you've been nothing ~ trouble** você só tem me dado trabalho; **the last ~ one** o penúltimo (a penúltima); **~ for** se não fosse.

butcher ['bʊtʃər] *n* açougueiro *m*, -ra *f*.

butcher shop *n* açougue *m*.

butt [bʌt] *n (of rifle)* coronha *f*; *(of cigarette, cigar)* ponta *f*.
butter ['bʌtər] *n* manteiga *f*. ◆ *vt* untar com manteiga.
buttercup ['bʌtərkʌp] *n* botão-de-ouro *m*, ranúnculo *m*.
butterfly ['bʌtərflaɪ] *n* borboleta *f*; *(swimming stroke)* borboleta *m (nado)*.
buttocks ['bʌtəks] *npl* nádegas *fpl*.
button ['bʌtn] *n* botão *m*; *Am (badge)* crachá *m*.
buttonhole ['bʌtnhəʊl] *n (hole)* casa *f* (de botão).
buttress ['bʌtrɪs] *n* contraforte *m*.
buy [baɪ] *(pt & pp* **bought***) vt* comprar. ◆ *n*: **a good ~** uma boa compra; **to ~ sthg for sb, to ~ sb sthg** comprar algo para alguém.
buzz [bʌz] *vi* zumbir. ◆ *n inf (phone call)*: **to give sb a ~** dar uma ligada para alguém.
buzzer ['bʌzər] *n* campainha *f*.
by [baɪ] *prep* **-1.** *(expressing cause, agent)* por; **he's worried ~ her absence** está preocupado com a sua ausência; **he was hit ~ a car** ele foi atropelado por um carro; **a book ~ Stephen King** um livro de Stephen King; **funded ~ the government** financiado pelo governo.
-2. *(expressing method, means)*: **~ car/bus/plane** de carro/ônibus/avião; **~ phone/mail** pelo telefone/correio; **to pay ~ credit card/check** pagar com cartão de crédito/cheque; **to win ~ cheating** ganhar trapaceando.
-3. *(near to, beside)* junto a; **~ the sea** à beira-mar, junto ao mar.
-4. *(past)* por; **a car went ~ the house** um carro passou pela casa.
-5. *(via)* por; **exit ~ the door on the left** saia pela porta do lado esquerdo.
-6. *(with time)*: **be there ~ nine** esteja lá às nove horas; **~ day** de dia; **it should be ready ~ now** já deve estar pronto.
-7. *(expressing quantity)* a; **sold ~ the dozen** vende-se à dúzia; **prices fell ~ 20%** os preços baixaram 20%; **we charge ~ the hour** cobramos por hora.
-8. *(expressing meaning)* com; **what do you mean ~ that?** que quer dizer com isso?
-9. *(in division, multiplication)* por; **about six feet ~ fifteen** aproximadamente dois metros por cinco.
-10. *(according to)* segundo; **~ law** segundo a lei; **it's fine ~ me** por mim tudo bem.
-11. *(expressing gradual process)* a; **one ~ one** um a um; **day ~ day** dia a dia.
-12. *(in phrases)*: **~ mistake** por engano; **~ oneself** sozinho; **~ profession** por profissão.
◆ *adv (past)*: **to go/drive ~** passar.
bye(-bye) [baɪ(baɪ)] *excl inf* tchau!
bypass ['baɪpæs] *n (road)* contorno *m*; *(surgery)* ponte *f* de safena.

C

C (*abbr of Celsius, centigrade*) C.
cab [kæb] *n (taxi)* táxi *m*; *(of lorry)* cabine *f*.
cabbage ['kæbɪdʒ] *n* repolho *m*.
cabin ['kæbɪn] *n (on ship)* camarote *m*; *(of plane)* cabine *f*; *(wooden house)* cabana *f*.
cabin crew *n* tripulação *f*.
cabinet ['kæbɪnət] *n (cupboard)* armário *m*; POL gabinete *m* (de ministros).
cable ['keɪbl] *n* cabo *m*.
cable car *n* teleférico *m*.
cactus ['kæktəs] (*pl* **-tuses** OR **-ti** [-taɪ]) *n* cacto *m*.
cafe [kæ'feɪ] *n* café *m (bar)*.
cafeteria [ˌkæfə'tɪərɪə] *n* cantina *f*.
caffeine [kæ'fi:n] *n* cafeína *f*.
cage [keɪdʒ] *n* gaiola *f*.
Cajun ['keɪdʒɪən] *adj relativo à comunidade Cajun, de origem francesa, residente na Luisiana.*
cake [keɪk] *n* bolo *m*.
calculate ['kælkjəleɪt] *vt* calcular.
calculation [ˌkælkjə'leɪʃn] *n* cálculo *m*.
calculator ['kælkjəleɪtər] *n* calculadora *f*.
calendar ['kæləndər] *n* calendário *m*.
calf [kæf] (*pl* **calves**) *n (of cow)* bezerro *m*, -a *f*, vitelo *m*, -la *f*; *(part of leg)* barriga *f* da perna.
call [kɔ:l] *n (visit)* visita *f*; *(phone call, at airport)* chamada *f*; *(of bird)* grito *m*. ◆ *vt* chamar; *(say loudly)* chamar por; *(telephone)* ligar para; *(meeting, election, strike)* convocar; *(flight)* anunciar. ◆ *vi (telephone)* telefonar, ligar; **could I have a ~ at eight o'clock, please?** por favor, pode me chamar às oito?; **on ~** *(nurse, doctor)* de plantão; **to pay sb a ~** visitar alguém; **to be ~ed** chamar-se; **what is he ~ed?** como é que ele se chama?; **who's ~ing?** quem está falando? ❑ **call back** ◆ *vt sep* voltar a telefonar a. ◆ *vi (phone again)* voltar a telefonar. ❑ **call for** *vt fus (come to fetch)* ir buscar; *(demand, require)* exigir. ❑ **call on** *vt fus (visit)* ir visitar; **to ~ on sb to do sthg** pedir a alguém para fazer algo. ❑ **call out** ◆ *vt sep (name, winner)* anunciar; *(doctor, fire brigade)* chamar. ◆ *vi* gritar. ❑ **call up** *vt sep* MIL chamar, mobilizar; *(telephone)* telefonar para, ligar para.
caller ['kɔ:lər] *n (visitor)* visita *f*; *(on phone)* pessoa *f* que chama.
calm [kɑ:m] *adj* calmo(ma). ◆ *vt* acalmar. ❑ **calm down** ◆ *vt sep* acalmar. ◆ *vi* acalmar-se.
calorie ['kælərɪ] *n* caloria *f*.
calves [kævz] *pl* → **calf.**
came [keɪm] *pt* → **come.**

camel ['kæml] *n* camelo *m*.
camera ['kæmərə] *n (for photographs)* máquina *f* OR câmera fotográfica; *(for filming)* câmera *f* (de cinema).
camp [kæmp] *n (for vacation)* colônia *f* de férias; *(for soldiers)* acampamento *m*; *(for prisoners)* campo. ◆ *vi* acampar.
campaign [kæm'peɪn] *n* campanha *f*. ◆ *vi*: **to ~ (for/against)** fazer campanha (a favor de/contra).
camp bed *n* cama *f* de campanha.
camper ['kæmpər] *n (person)* campista *mf*; *(van)* trailer *m*.
camping ['kæmpɪŋ] *n* : **to go ~** acampar.
campsite ['kæmpsaɪt] *n* camping *m*.
campus ['kæmpəs] (*pl* **-es**) *n* campus *m*, cidade *f* universitária.
can[1] [kæn] *n* lata *f*.
can[2] [*weak form* kən, *strong form* kæn] (*pt* **was, were,** *pt & conditional* **could**) *aux vb* **-1.** *(be able to)* poder; **~ you help me?** pode me ajudar?; **I ~ see the mountains** posso ver as montanhas.
-2. *(know how to)* saber; **~ you drive?** você sabe dirigir?; **I ~ speak Portuguese** eu sei falar português.
-3. *(be allowed to)* poder; **you can't smoke here** você não pode fumar aqui.
-4. *(in polite requests)* poder; **~ you tell me the time?** pode me dizer as horas?; **~ I speak to the manager?** posso falar com o gerente?
-5. *(expressing occasional occurrence)* poder; **it ~ get cold at night** às vezes a temperatura diminui bastante à noite.
-6. *(expressing possibility)* poder; **they could be lost** eles podem estar perdidos.
Canada ['kænədə] *n* Canadá *m*.
canal [kə'næl] *n* canal *m*.
cancel ['kænsl] *vt* cancelar.
cancellation [,kænsə'leɪʃn] *n* cancelamento *m*.
cancer ['kænsər] *n* câncer *m*.
Cancer ['kænsər] *n* Câncer *m*.
candidate ['kændədeɪt] *n* candidato *m*, -ta *f*.
candle ['kændl] *n* vela *f*.
candlelit ['kændllɪt] *adj* à luz de vela.
candlestick ['kændlstɪk] *n* castiçal *m*.
candy ['kændɪ] *n Am (confectionery)* guloseimas *fpl*; *(sweet)* bala *f*.
cane [keɪn] *n (for walking)* bengala *f*; *(for punishment)* vara *f*; *(for furniture, baskets)* palhinha *f*.
canister ['kænɪstər] *n (for tea)* lata *f* (para o chá); *(for gas)* bujão *m*.
cannabis ['kænəbəs] *n* maconha *f*.
canned [kænd] *adj (food, drink)* enlatado(da).
cannon ['kænən] *n* canhão *m*.
cannot ['kænɒt] = **can not.**
canoe [kə'nu:] *n* canoa *f*.
canoeing [kə'nu:ɪŋ] *n* canoagem *f*.

canopy ['kænəpɪ] *n (over bed, etc)* dossel *m*.
can't [kænt] = **cannot.**
cantaloup(e) ['kæntəlu:p] *n* cantalupo *m*.
canteen [kæn'ti:n] *n* cantil *m*.
canvas ['kænvəs] *n (for tent, bag)* lona *f*; *(painting)* tela *f*.
cap [kæp] *n (hat)* boné *m*; *(of pen, bottle)* tampa *f*; *(contraceptive)* diafragma *m*.
capable ['keɪpəbl] *adj* capaz; **to be ~ of doing sthg** ser capaz de fazer algo.
capacity [kə'pæsɪtɪ] *n* capacidade *f*.
cape [keɪp] *n (of land)* cabo *m*; *(cloak)* capa *f*.
capers ['keɪpərz] *npl* alcaparras *fpl*.
capital ['kæpɪtl] *n (of country)* capital *f*; *(money)* capital *m*; *(letter)* maiúscula *f*.
capital punishment *n* pena *f* de morte.
cappuccino [,kæpʊ'tʃi:nəʊ] *n* cappuccino *m*.
capsize [kæp'saɪz] *vi* virar-se.
capsule ['kæpsl] *n* cápsula *f*.
captain ['kæptən] *n* capitão *m*, -tã *f*; *(of plane, ship)* comandante *mf*.
caption ['kæpʃən] *n* legenda *f*.
capture ['kæptʃər] *vt (person, animal)* capturar; *(town, castle)* tomar.
car [kɑ:r] *n (automobile)* carro *m*, automóvel *m*; *(railroad wagon)* vagão *m*.
carafe [kə'ræf] *n garrafa de boca larga para servir vinho ou água.*
caramel ['kærəmel] *n (sweet)* caramelo *m*; *(burnt sugar)* calda *f* caramelada.
carat ['kærət] *n* quilate *m*; **24-~ gold** ouro de 24 quilates.
caravan ['kærəvæn] *n* caravana *f*.
carbohydrate [,kɑ:rbəʊ'haɪdreɪt] *n (in foods)* carboidrato *m*.
carbon ['kɑ:rbən] *n* carbono *m*.
carburetor [,kɑ:rbə'reɪtr] *n Am* carburador *m*.
carburettor [,kɑ:bə'retə^r] *n Brit* = **carburetor.**
card [kɑ:rd] *n* cartão *m*; *(postcard)* postal *m*; *(playing card)* carta *f*; *(cardboard)* papelão *m*. ❑ **cards** *npl (game)* cartas *fpl*.
cardboard ['kɑ:rdbɔ:rd] *n* papelão *m*.
cardiac arrest [,kɑ:rdɪæk-] *n* parada *f* cardíaca.
cardigan ['kɑ:rdɪgən] *n* cardigã *m*.
care [keər] *n (attention)* cuidado *m*; *(treatment)* cuidados *mpl*. ◆ *vi (mind)* importar-se; **to take ~ of** tomar conta de; **to take ~ not to do sthg** ter cuidado para não fazer algo; **take ~!** *(goodbye)* se cuida!; **with ~** com cuidado; **to ~ about** *(think important)* preocupar-se com; *(person)* querer bem a.
career [kə'rɪər] *n* carreira *f*.
carefree ['keərfri:] *adj* despreocupado(da).
careful ['keərfl] *adj* cuidadoso(osa); **be ~ !** cuidado!

carefully ['keərflɪ] *adv* cuidadosamente.
careless ['keərləs] *adj* descuidado(da).
cargo ['kɑ:rgəʊ] (*pl* **-es** OR **-s**) *n* carga *f*, carregamento *m*.
Caribbean [kə'rəbɪən] *n*: **the ~** *(area)* o Caribe.
caring ['keərɪŋ] *adj* atencioso(osa), solícito(ta).
carnation [kɑ:r'neɪʃn] *n* cravo *m*.
carnival ['kɑ:rnɪvl] *n* carnaval *m*.
carp [kɑ:rp] *n* carpa *f*.
carpenter ['kɑ:rpəntər] *n* carpinteiro *m*, -ra *f*.
carpentry ['kɑ:rpəntrɪ] *n* carpintaria *f*.
carpet ['kɑ:rpɪt] *n (fitted)* carpete *f*; *(not fitted)* tapete *m*.
carport ['kɑ:rpɔ:rt] *n Am* garagem *f*.
car rental *n Am* aluguel *m* de carros OR automóveis.
carriage ['kerɪdʒ] *n (horse-drawn)* carruagem *f*.
carrot ['kærət] *n* cenoura *f*.
carry ['kerɪ] *vt (bear)* carregar, levar; *(transport)* transportar, levar; *(disease)* transmitir; *(cash, passport, map)* ter (consigo); *(support)* agüentar. ◆ *vi (voice, sound)* ouvir-se. ❑ **carry on** ◆ *vi (continue)* continuar. ◆ *vt fus (continue)* continuar; *(conduct)* realizar; **to ~ on doing sthg** continuar a fazer algo. ❑ **carry out** *vt sep (perform)* levar a cabo; *(fulfil)* cumprir.
carryout ['kerɪaʊt] *n* comida *f* para levar.
carsick ['kɑ:r,sɪk] *adj* enjoado (da) *(em carro)*.
cart [kɑ:rt] *n (for transportation)* carroça *f*; *Am (in supermarket)* carrinho *m* (de compras); *inf (video game cartridge)* cassete *f*.
carton ['kɑ:rtn] *n* pacote *m*.
cartoon [kɑ:r'tu:n] *n (drawing)* charge *f*, caricatura *f*; *(movie)* desenho *m* animado.
cartridge ['kɑ:rtrɪdʒ] *n (for gun)* cartucho *m*; *(for pen)* recarga *f*.
carve [kɑ:rv] *vt (wood, stone)* esculpir; *(meat)* cortar.
car wash *n* lavagem *f* de carro.
case [keɪs] *n (container)* caixa *f*; *(instance, patient)* caso *m*; JUR *(trial)* causa *f*; **in any ~** de qualquer modo; **in ~ of** em caso de; **(just) in ~** caso; **in that ~** nesse caso.
cash [kæʃ] *n* dinheiro *m*. ◆ *vt*: **to ~ a check** descontar um cheque; **to pay ~** pagar em dinheiro.
cash desk *n* caixa *f*.
cash dispenser [-,dɪ'spensər] *n* caixa *m* automático.
cashew (nut) ['kæʃu:-] *n* castanha *f* de caju.
cashier [kæ'ʃɪər] *n* caixa *mf*.
cashmere ['kæʒmɪr] *n* caxemira *f*.
cash register *n* caixa *f* registradora.
casino [kə'si:nəʊ] (*pl* **-s**) *n* cassino *m*.
cask [kæsk] *n* casco *m*, barril *m*.
casserole ['kæsərəʊl] *n (stew)*

ensopado *m* de forno; ~ **(dish)** panela *f* de ir ao forno.
cassette [kæ'set] *n* cassete *f*.
cassette recorder *n* gravador *m*.
cast [kæst] (*pt & pp* **cast**) *n (actors)* elenco *m*; *(for broken bone)* gesso *m*. ◆ *vt (shadow, light, look)* lançar; **to ~ doubt on** pôr em dúvida; **to ~ one's vote** votar. ❑ **cast off** *vi (boat, ship)* zarpar.
cast-iron *adj* de ferro fundido; *(decision, promise)* inflexível; **~ skillet** frigideira *f* de ferro.
castle ['kæsl] *n (building)* castelo *m*; *(in chess)* torre *f*.
casual ['kæʒʊəl] *adj (relaxed)* despreocupado(da); *(manner, clothes)* informal; **~ work** trabalho *m* temporário.
casualty ['kæʒʊəltɪ] *n* vítima *mf*.
cat [kæt] *n* gato *m*.
catalog ['kætəlɒg] *n Am* catálogo *m*.
catalogue ['kætəlɒg] *Brit* = **catalog.**
catapult ['kætəpʌlt] *n* catapulta *f*.
cataract ['kætərækt] *n (in eye)* catarata *f*.
catarrh [kə'tɑːr] *n* catarro *m*.
catastrophe [kə'tæstrəfɪ] *n* catástrofe *f*.
catch [kætʃ] (*pt & pp* **caught**) *vt* apanhar; *(attention, imagination)* despertar. ◆ *vi (become hooked)* ficar preso. ◆ *n (of window, door)* trinco *m*; *(snag)* truque *m*. ❑ **catch up** ◆ *vt sep* alcançar. ◆ *vi*: **to ~ up (with)** alcançar.
catching ['kætʃɪŋ] *adj inf* contagioso(osa).
category ['kætəgərɪ] *n* categoria *f*.
cater ['keɪtər] *vt (party)* fornecer comida. ❑ **cater for** *vt fus (needs, tastes)* satisfazer; *(anticipate)* contar com.
caterpillar ['kætərpɪlər] *n* lagarta *f*.
cathedral [kə'θiːdrəl] *n* catedral *f*.
Catholic ['kæθlɪk] *adj* católico(ca). ◆ *n* católico *m*, -ca *f*.
cattle ['kætl] *npl* gado *m*.
caught [kɔːt] *pt & pp* → **catch.**
cauliflower ['kɒlɪflaʊər] *n* couve-flor *f*.
cause [kɔːz] *n* causa *f*; *(justification)* razão *f*. ◆ *vt* causar; **to ~ sb to do sthg** fazer (com) que alguém faça algo.
causeway ['kɔːzweɪ] *n* calçada *f (sobre água ou zona pantanosa)*.
caution ['kɔːʃn] *n (care)* cautela *f*; *(warning)* aviso *m*.
cautious ['kɔːʃəs] *adj* cauteloso(osa).
cave [keɪv] *n* gruta *f*. ❑ **cave in** *vi (roof, ceiling)* desabar.
caviar(e) ['kævɪɑːr] *n* caviar *m*.
cavity ['kævətɪ] *n (in tooth)* cárie *f*.
CD *n (abbr of compact disc)* CD *m*.
CD player *n* CD player *m*, toca-CDs *m*.
CD-ROM *n (abbr of compact disc read-only memory)* CD-ROM *m*.
cease [siːs] *vt & vi fml* cessar.
ceasefire ['siːsˌfaɪər] *n* cessar-fogo *m*.

ceiling ['si:lɪŋ] *n* teto *m*.
celebrate ['seləbreɪt] *vt & vi (victory, birthday)* celebrar.
celebration [ˌselə'breɪʃn] *n (event)* celebração *f*. ❑ **celebrations** *npl (festivities)* comemorações *fpl*.
celebrity [sə'lebrətɪ] *n (person)* celebridade *f*.
celery ['selərɪ] *n* aipo *m*.
cell [sel] *n (of plant, body)* célula *f*; *(in prison)* cela *f*.
cellar ['selər] *n* porão *m*.
cello ['tʃeləʊ] *n* violoncelo *m*.
Cellophane® ['seləfeɪn] *n* celofane *m*.
cell phone *n Am* (telefone *m*) celular *m*.
Celsius ['selsɪəs] *adj* Célsius.
cement [sə'ment] *n* cimento *m*.
cemetery ['semətərɪ] *n* cemitério *m*.
census ['sensəs] *n* censo *m*.
cent [sent] *n* centavo *m*.
center ['sentər] *n Am* centro *m*. ◆ *adj* central; **the ~ of attention** o centro das atenções.
centigrade ['sentəgreɪd] *adj* centígrado(da).
centimeter ['sentəˌmi:tər] *n* centímetro *m*.
centipede ['sentɪpi:d] *n* centopéia *f*.
central ['sentrəl] *adj* central.
central heating *n* aquecimento *m* central.
central locking [-'lɒkɪŋ] *n* fechadura *f* centralizada.
centre ['sentəʳ] *n & adj Brit* = **center.**
century ['sentʃərɪ] *n* século *m*.
ceramic [sə'ræmɪk] *adj* de louça OR barro. ❑ **ceramics** *npl* cerâmica *f*.
cereal ['sɪərɪəl] *n* cereal *m*.
ceremony ['serəməʊnɪ] *n* cerimônia *f*.
certain ['sɜ:rtn] *adj* certo(ta); **she's ~ to be late** o mais certo é ela chegar atrasada; **to be ~ of sthg** ter a certeza de algo; **to make ~ (that)** assegurar-se de que.
certainly ['sɜ:rtnlɪ] *adv (without doubt)* sem dúvida; *(of course)* com certeza; **~ not!** de modo nenhum!; **I ~ do** com certeza que sim.
certificate [sər'tɪfɪkət] *n (of studies, medical)* certificado *m*; *(of birth)* certidão *f*.
certify ['sɜ:rtɪfaɪ] *vt (declare true)* comprovar.
chain [tʃeɪn] *n (of metal)* corrente *f*; *(of stores, mountains)* cadeia *f*. ◆ *vt*: **to ~ sthg to sthg** acorrentar algo a algo.
chain reaction *n* reação *f* em cadeia.
chair [tʃeər] *n* cadeira *f*.
chairlift ['tʃeərlɪft] *n* teleférico *m* (de cadeira).
chairman ['tʃeərmən] (*pl* **-men** [-mən]) *n* presidente *m*.
chairperson ['tʃeərˌpɜ:sn] (*pl* **-s**) *n* presidente *mf*.
chairwoman ['tʃeərˌwʊmən] (*pl* **-women** [-ˌwɪmɪn]) *n* presidente *f*.
chalet ['ʃæleɪ] *n* chalé *m*.
chalk [tʃɔ:k] *n* giz *m*; **a piece of**

~ um pedaço de giz.
chalkboard ['tʃɔ:kbɔ:rd] *n Am* quadro-negro *m*.
challenge ['tʃælındʒ] *n* desafio *m*. ◆ *vt (question)* questionar; **to ~ sb (to sthg)** *(to fight, competition)* desafiar alguém (para algo).
chamber ['tʃeımbər] *n (room)* câmara *f*.
champagne [ˌʃæm'peın] *n* champanhe *m*.
champion ['tʃæmpjən] *n* campeão *m*, -peã *f*.
championship ['tʃæmpjənʃıp] *n* campeonato *m*.
chance [tʃæns] *n* chance *f*. ◆ *vt*: **to ~ it** *inf* arriscar; **to take a ~** arriscar-se; **by ~** por acaso; **on the off ~** se por acaso.
chandelier [ˌʃændə'lıər] *n* candelabro *m*, lustre *m*.
change [tʃeındʒ] *n (alteration)* mudança *f*; *(money received back)* troco *m*; *(coins)* dinheiro *m* trocado. ◆ *vt* mudar; *(exchange)* trocar; *(clothes, bedding)* mudar de, trocar de. ◆ *vi* mudar; *(change clothes)* trocar-se, mudar de roupa; **a ~ of clothes** uma muda de roupa; **do you have ~ for a dollar?** você pode trocar um dólar?; **for a ~** para variar; **to get ~d** trocar-se, mudar de roupa; **to ~ money** trocar dinheiro; **to ~ a diaper** mudar uma fralda; **to ~ a tire** trocar um pneu; **to ~ trains/planes** mudar de trem/avião.
changeable ['tʃeındʒəbl] *adj (weather)* instável.
changing room ['tʃeındʒıŋ-] *n* vestiário *m*.
channel ['tʃænl] *n* canal *m*.
chant [tʃɑ:ænt] *vt* entoar.
chaos ['keıɒs] *n* caos *m*.
chaotic [keı'ɒtık] *adj* caótico (-ca).
chapel ['tʃæpl] *n* capela *f*.
chapped [tʃæpt] *adj* gretado (-da).
chapter ['tʃæptər] *n* capítulo *m*.
character ['kerəktər] *n* caráter *m*; *(in movie, book, play)* personagem *m ou f*; *inf (person, individual)* tipo *m*.
characteristic [ˌkerəktə'rıstık] *adj* característico(ca). ◆ *n* característica *f*.
charcoal ['tʃɑ:rkəol] *n (for barbecue)* carvão *m* (de lenha).
charge [tʃɑ:rdʒ] *n (price)* preço *m*, custo *m*; JUR acusação *f*. ◆ *vt (money, customer)* cobrar; JUR acusar; *(battery)* carregar. ◆ *vi (ask money)* cobrar; *(rush)* investir; **to be in ~ (of)** estar encarregado (de); **to take ~ (of)** encarregar-se (de); **free of ~** grátis; **there is no ~ for service** o serviço é grátis.
charity ['tʃærətı] *n (organization)* caridade *f*; **to give to ~** contribuir para obras de caridade.
charm [tʃɑ:rm] *n (attractiveness)* charme *m*. ◆ *vt* encantar.
charming ['tʃɑ:rmıŋ] *adj* encantador(ra).
chart [tʃɑ:rt] *n (diagram)* gráfico *m*; **the ~s** as paradas de sucesso.

charter flight ['tʃɑ:rtər-] *n* vôo *m* charter.

chase [tʃeɪs] *n* perseguição *f.* ◆ *vt* perseguir.

chat [tʃæt] *n* conversa *f.* ◆ *vi* conversar; **to have a ~ (with)** conversar (com).

chat room *n* chat *m*, sala *f (de bate-papo).*

chatty ['tʃætɪ] *adj (letter)* informal; *(person)* tagarela.

chauffeur [ʃəʊ'fɜ:r] *n* motorista *mf.*

cheap [tʃi:p] *adj* barato(ta).

cheaply ['tʃi:plɪ] *adv* barato.

cheat [tʃi:t] *n (person)* trapaceiro *m*, -ra *f*; *(thing)* trapaça *f.* ◆ *vi* trapacear. ◆ *vt*: **to ~ sb (out of sthg)** roubar algo de alguém.

check [tʃek] *n (inspection)* inspeção *f*; *Am (bill)* conta *f*; *Am (tick)* sinal *m* de visto; *Am* cheque *m*; **to pay by ~** pagar com cheque. ◆ *vt* verificar. ◆ *vi* informar-se; **~ for any mistakes** verifique se há erros. ❑ **check in** ◆ *vt sep (luggage)* fazer o check-in. ◆ *vi (at hotel)* registrar-se; *(at airport)* fazer o check-in. ❑ **check off** *vt sep* verificar *(em lista).* ❑ **check out** ◆ *vi* acertar a conta e sair *(de hotel).* ◆ *vt*: **check sb/sthg out** investigar alguém/algo; **check sthg out** retirar *(livro em biblioteca).* ❑ **check up** *vi*: **to ~ up (on)** informar-se (sobre).

checkbook ['tʃekbʊk] *n* talão *m* de cheques.

checked [tʃekt] *adj* quadriculado, de xadrez.

checkers ['tʃekərz] *n Am* damas *fpl.*

check-in desk *n* check-in *m.*

checking account ['tʃekɪŋ-] *n Am* conta *f* corrente.

checkout ['tʃekaʊt] *n* caixa *f.*

checkpoint ['tʃekpɔɪnt] *n* controle *m.*

checkup ['tʃekʌp] *n* exame *m* médico geral, check-up *m.*

cheek [tʃi:k] *n (of face)* bochecha *f.*

cheeky ['tʃi:kɪ] *adj* descarado (da), atrevido(da).

cheer [tʃɪər] *n* aclamação *f.* ◆ *vi* aclamar.

cheerful ['tʃɪərfl] *adj* alegre.

cheerleader ['tʃɪərli:dər] *n* animador *m*, -ra *f* de torcida.

cheers [tʃɪərz] *excl (when drinking)* saúde!

cheese [tʃi:z] *n* queijo *m.*

cheeseboard ['tʃi:zbɔ:rd] *n* tábua *f* de queijos.

cheeseburger ['tʃi:z,bɜ:rgər] *n* cheeseburger *m*, X-búrger *m.*

chef [ʃef] *n* chefe *m* (de cozinha).

chemical ['kemɪkl] *adj* químico(ca). ◆ *n* substância *f* química.

chemist ['kemɪst] *n (scientist)* químico *m*, -ca *f.*

chemistry ['kemɪstrɪ] *n* química *f.*

cheque [tʃek] *n Brit* = **check.**

cherry ['tʃerɪ] *n* cereja *f.*

chess [tʃes] *n* xadrez *m.*

chest [tʃest] *n (of body)* peito *m*; *(box)* arca *f.*

chestnut ['tʃesnʌt] *n* castanha *f*. ◆ *adj (color)* marrom.
chest of drawers (*pl* **chests of drawers**) *n* cômoda *f*.
chew [tʃu:] *vt* mastigar. ◆ *n (sweet)* goma *f*.
chewing gum ['tʃu:ɪŋ-] *n* chiclete *m*.
chic [ʃi:k] *adj* chique.
chicken ['tʃɪkɪn] *n* galinha *f*, frango *m*.
chickenpox ['tʃɪkənpɒks] *n* catapora *f*.
chickpea ['tʃɪkpi:] *n* grão-de-bico *m*.
chicory ['tʃɪkərɪ] *n* chicória *f*.
chief [tʃi:f] *adj (highest-ranking)* chefe; *(main)* principal. ◆ *n* chefe *m*, -fa *f*.
chiefly ['tʃi:flɪ] *adv (mainly)* principalmente; *(especially)* sobretudo.
child [tʃaɪld] (*pl* **children**) *n (young boy, girl)* criança *f*; *(son, daughter)* filho *m*, -lha *f*.
childhood ['tʃaɪldhʊd] *n* infância *f*.
childish ['tʃaɪldɪʃ] *adj pej* infantil.
children ['tʃɪldrən] *pl* → **child**.
childrenswear ['tʃɪldrənzweər] *n* roupa *f* para crianças.
Chile ['tʃɪlɪ] *n* Chile *m*.
chili ['tʃɪlɪ] (*pl* **-ies**) *n (vegetable)* pimenta *m* OR pimentão *m* picante.
chill [tʃɪl] *n (illness)* resfriado *m*. ◆ *vt* gelar; **there's a ~ in the air** o tempo está frio.
chilled [tʃɪld] *adj* fresco(ca); **'serve ~'** 'sirva gelado'.
chilly ['tʃɪlɪ] *adj* frio (fria).
chimney ['tʃɪmnɪ] *n* chaminé *f*.
chimpanzee [,tʃɪmpæn'zi:] *n* chimpanzé *m*.
chin [tʃɪn] *n* queixo *m*.
china ['tʃaɪnə] *n (material)* porcelana *f*.
China ['tʃaɪnə] *n* China *f*.
chip [tʃɪp] *n (small piece, mark)* lasca *f*; *(counter)* ficha *f*; COMPUT chip *m*. ◆ *vt* lascar. ❑ **chips** *npl Am (crisps)* batatas *fpl* fritas *(de pacote)*.
chisel ['tʃɪzl] *n* formão *m*.
chives [tʃaɪvz] *npl* cebolinha *f*.
chlorine ['klɔ:ri:n] *n* cloro *m*.
chocolate ['tʃɒklət] *n (food, drink)* chocolate *m*; *(sweet)* bombom *m*. ◆ *adj* de chocolate.
choice [tʃɔɪs] *n* escolha *f*, seleção *f*. ◆ *adj* selecionado(da); **with the dressing of your ~** com o tempero a gosto.
choir ['kwaɪər] *n* coro *m*.
choke [tʃəʊk] *vt* sufocar. ◆ *vi (on fishbone, etc)* engasgar-se; *(to death)* sufocar.
choker ['tʃəʊkər] *n* gargantilha *f*.
cholera ['kɒlərə] *n* cólera *f*.
choose [tʃu:z] (*pt* **chose**, *pp* **chosen**) *vt & vi* escolher; **to ~ to do sthg** decidir fazer algo.
chop [tʃɒp] *n (of meat)* costeleta *f*. ◆ *vt* cortar. ❑ **chop down** *vt sep* abater. ❑ **chop up** *vt sep* picar.

chopper ['tʃɒpər] *n inf (helicopter)* helicóptero *m*.
choppy ['tʃɒpɪ] *adj (sea)* encrespado(da).
chopsticks ['tʃɒpstɪks] *npl* palitos *mpl (para comida oriental)*.
chord [kɔːrd] *n* acorde *m*.
chore [tʃɔːr] *n* tarefa *f*.
chorus ['kɔːrəs] *n (part of song)* refrão *m*; *(group of singers, dancers)* coro *m*.
chose [tʃəʊz] *pt* → **choose.**
chosen ['tʃəʊzn] *pp* → **choose.**
Christ [kraɪst] *n* Cristo *m*.
christen ['krɪsn] *vt (baby)* batizar.
Christian ['krɪstʃən] *adj* cristão(tã). ◆ *n* cristão *m*, -tã *f*.
Christian name *n* nome *m* (de batismo).
Christmas ['krɪsməs] *n* Natal *m*; **Merry ~!** Feliz Natal!
Christmas Day *n* dia *m* de Natal.
Christmas Eve *n* véspera *f* de Natal, noite *f* de Natal.
chrome [krəʊm] *n* cromo *m*.
chuck [tʃʌk] *vt inf (throw)* atirar. ❑ **chuck away** *vt sep* jogar fora.
chunk [tʃʌŋk] *n* pedaço *m* (grande).
church [tʃɜːrtʃ] *n* igreja *f*; **to go to ~** freqüentar a igreja.
churchyard ['tʃɜːrtʃjɑːrd] *n* cemitério *m*.
chute [ʃuːt] *n* rampa *f*.
CIA *n (abbr of Central Intelligence Agency)* CIA, organismo de inteligência dos Estados Unidos .
cider ['saɪdər] *n* sidra *f*.
cigar [sɪ'gɑːr] *n* charuto *m*.
cigarette [ˌsɪgə'ret] *n* cigarro *m*.
cigarette lighter *n* isqueiro *m*.
cinema ['sɪnəmə] *n* cinema *m*.
cinnamon ['sɪnəmən] *n* canela *f*.
circle ['sɜːrkl] *n (shape, ring)* círculo *m*; *(in theater)* balcão *m*. ◆ *vt (draw circle around)* fazer um círculo; *(move around)* dar voltas em torno de. ◆ *vi (plane)* dar voltas.
circuit ['sɜːrkɪt] *n (track)* circuito *m*; *(lap)* volta *f*.
circular ['sɜːrkjələr] *adj* circular. ◆ *n* circular *f*.
circulation [ˌsɜːrkjə'leɪʃn] *n (of blood)* circulação *f*; *(of newspaper, magazine)* tiragem *f*.
circumstances ['sɜːrkəmstænsəz] *npl* circunstâncias *fpl*; **in** OR **under the ~** dadas as circunstâncias.
circus ['sɜːrkəs] *n* circo *m*.
cistern ['sɪstərn] *n* cisterna *f*.
citizen ['sɪtɪzn] *n (of country)* cidadão *m*, -dã *f*; *(of city)* habitante *mf*.
city ['sɪtɪ] *n* cidade *f*.
civilian [sɪ'vɪlɪən] *n* civil *mf*.
civilized ['sɪvɪlaɪzd] *adj* civilizado(da).
civil rights [ˌsɪvl-] *npl* direitos *mpl* civis.
civil servant [ˌsɪvl-] *n* funcionário *m* público, funcionária pública *f*.
civil service [ˌsɪvl-] *n* administração *f* pública.

claim [kleɪm] *n (assertion)* afirmação *f*; *(demand)* reivindicação *f*; *(for insurance)* reclamação *f*. ◆ *vt (allege)* afirmar; *(demand)* reclamar; *(credit, responsibility)* reivindicar. ◆ *vi (on insurance)* reclamar uma indenização.

claimant ['kleɪmənt] *n (of benefit)* reclamante *mf*.

clam [klæm] *n* molusco *m*.

clamp [klæmp] *n* grampo *m*. ◆ *vt* segurar.

clap [klæp] *vi* aplaudir; **to ~ one's hands** bater palmas.

claret ['klerət] *n* clarete *m*.

clarinet [,klerə'net] *n* clarinete *m*.

clash [klæʃ] *n (noise)* estrondo *m*; *(confrontation)* confrontação *f*. ◆ *vi (colors)* destoar; *(event, date)* coincidir.

clasp [klæsp] *n (fastener)* fecho *m*. ◆ *vt* agarrar (com força).

class [klæs] *n (group of students)* turma *f*; *(teaching period)* aula *f*; *(type, social group)* classe *f*. ◆ *vt*: **to ~ sb/sthg (as)** classificar alguém/algo (de).

classic ['klæsɪk] *adj* clássico(ca). ◆ *n* clássico *m*.

classical ['klæsɪkl] *adj* clássico(ca).

classification [,klæsɪfɪ'keɪʃn] *n* classificação *f*.

classified ads [,klæsɪfaɪd-] *npl* classificados *mpl*.

classmate ['klæsmeɪt] *n* colega *mf* de turma.

classroom ['klæsru:m] *n* sala *f* (de aula).

clause [klɔ:z] *n* cláusula *f*.

claustrophobic [,klɔ:strə'fəʊbɪk] *adj (person)* claustrofóbico(ca).

claw [klɔ:] *n (of bird, cat, dog)* garra *f*; *(of crab, lobster)* pinça *f*.

clay [kleɪ] *n* barro *m*, argila *f*.

clean [kli:n] *adj* limpo(pa); *(page)* em branco; *(sheets, clothes)* lavado(da). ❑ **clean up** *vi, vt sep* arrumar.

cleaner ['kli:nər] *n (person)* faxineiro *m*, -ra *f*; *(substance)* produto *m* de limpeza.

cleanse [klenz] *vt* limpar.

cleanser ['klenzər] *n (for skin)* creme *m* de limpeza.

clear [klɪər] *adj* claro(ra); *(unobstructed)* livre; *(sky)* limpo(pa). ◆ *vt (area, road)* desimpedir; *(pond)* limpar; *(jump over)* saltar; *(declare not guilty)* absolver; *(authorize)* aprovar; *(check)* creditar. ◆ *vi (weather)* melhorar; *(fog)* levantar; **the check will ~ in three days' time** o cheque vai compensar daqui a três dias; **to be ~ (about sthg)** compreender (algo); **to be ~ of sthg** *(not touching)* não tocar em algo; **to ~ one's throat** limpar a garganta; **to ~ the table** tirar a mesa. ❑ **clear up** ◆ *vt sep (room, toys)* arrumar; *(problem, confusion)* clarificar. ◆ *vi (weather)* melhorar; *(clean up)* arrumar.

clearance ['klɪərəns] *n* autorização *f*; *(free distance)* espaço *m* livre.

clearing ['klɪərɪŋ] *n* clareira *f*.

clearly ['klɪərlɪ] *adv* clara-

mente; *(obviously)* evidentemente.
clerk [klɜːrk] *n (in office)* auxiliar *mf* de escritório; *Am (in store)* balconista *mf*.
clever ['klevər] *adj (person)* esperto(ta); *(idea, device)* engenhoso(osa).
click [klɪk] *n* estalido *m*. ◆ *vi (make sound)* dar um estalido.
client ['klaɪənt] *n* cliente *mf*.
cliff [klɪf] *n* rochedo *m*.
climate ['klaɪmət] *n* clima *m*.
climax ['klaɪmæks] *n* clímax *m inv*.
climb [klaɪm] *vt (tree, ladder)* subir em; *(mountain)* escalar. ◆ *vi* subir. ❑ **climb down** ◆ *vt fus (tree, ladder)* descer de; *(mountain)* descer. ◆ *vi* descer. ❑ **climb up** *vt fus (tree, ladder)* subir em; *(mountain)* escalar.
climber ['klaɪmər] *n (person)* alpinista *mf*.
climbing ['klaɪmɪŋ] *n* alpinismo *m*; **to go** ~ fazer alpinismo.
clinic ['klɪnɪk] *n* clínica *f*.
clip [klɪp] *n* clip *m*. ◆ *vt (fasten)* segurar (com clip); *(cut)* cortar.
cloak [kləʊk] *n* capa *f*.
cloakroom ['kləʊkruːm] *n (for coats)* vestiário *m (em avião, teatro)*.
clock [klɒk] *n* relógio *m*; *(odometer)* velocímetro *m*; **around the** ~ noite e dia.
clockwise ['klɒkwaɪz] *adv* no sentido horário.
clog [klɒg] *n* tamanco *m*. ◆ *vt* entupir.
close¹ [kləʊs] *adj (near)* junto (ta); *(relation, friend, contact)* íntimo(ma); *(link, resemblance)* grande; *(examination)* detalhado(da); *(race, contest)* renhido(da). ◆ *adv* perto; ~ **by** perto; ~ **to** *(near)* perto de; ~ **to tears/laughter** a ponto de chorar/rir; ~ **to despair** nos limites do desespero.
close² [kləʊz] *vt* fechar. ◆ *vi (door, jar, eyes)* fechar-se; *(store, office)* fechar; *(deadline, offer, meeting)* terminar. ❑ **close down** *vt sep & vi* fechar (definitivamente).
closed [kləʊzd] *adj* fechado (da).
closely ['kləʊslɪ] *adv (related)* intimamente; *(follow, examine)* de perto.
closet ['klɒzət] *n Am* armário *m*.
close-up ['kləʊs-] *n* primeiro plano *m*.
clot [klɒt] *n (of blood)* coágulo *m*.
cloth [klɒθ] *n (fabric)* tecido *m*; *(piece of cloth)* pano *m*.
clothes [kləʊz] *npl* roupa *f*.
clothesline ['kləʊzlaɪn] *n* varal *m*, corda *f*.
clothespin ['kləʊzpɪn] *n Am* pregador *m* de roupa.
clothing ['kləʊðɪŋ] *n* roupa *f*.
cloud [klaʊd] *n* nuvem *f*.
cloudy ['klaʊdɪ] *adj (sky, day)* nublado(da); *(liquid)* turvo(va).
clove [kləʊv] *n (of garlic)* dente *m*. ❑ **cloves** *npl (spice)* cravo *m*.
clown [klaʊn] *n* palhaço *m*.
club [klʌb] *n (organization)* clu-

be *m*; *(nightclub)* discoteca *f*, boate *f*; *(stick)* taco *m*. ❑ **clubs** *npl (in cards)* paus *mpl*.

club soda *n Am* soda *f*.

clue [klu:] *n* pista *f*; **I don't have a ~** não faço a mínima idéia.

clumsy ['klʌmzɪ] *adj (person)* desajeitado(da).

clutch [klʌtʃ] *n* embreagem *f*. ◆ *vt* apertar.

cm (*abbr of centimeter*) cm.

c/o (*abbr of care of*) a/c.

Co. (*abbr of company*) Cia.

coach [kəʊtʃ] *n* SPORT treinador *m*, -ra *f*.

coal [kəʊl] *n* carvão *m*.

coal mine *n* mina *f* de carvão.

coarse [kɔ:rs] *adj (rough)* áspero(ra); *(vulgar)* ordinário(ria).

coast [kəʊst] *n* costa *f*.

coastguard ['kəʊstgɑ:rd] *n (person)* guarda *m* costeiro; *(organization)* guarda *f* costeira.

coastline ['kəʊstlaɪn] *n* litoral *m*.

coat [kəʊt] *n (garment)* casaco *m*; *(of animal)* pêlo *m*. ◆ *vt*: **to ~ sthg (with)** cobrir algo (com).

coat hanger *n* cabide *m*.

coating ['kəʊtɪŋ] *n (on surface)* revestimento *m*; *(on food)* camada *f*; **with a ~ of breadcrumbs** à milanesa.

cobbles ['kɒblz] *npl* pedras *fpl (para calçamento)*.

cobweb ['kɒbweb] *n* teia *f* de aranha.

Coca-Cola® [ˌkəʊkə'kəʊlə] *n* Coca-Cola® *f*.

cocaine [kəʊ'keɪn] *n* cocaína *f*.

cock [kɒk] *n (rooster)* galo *m*.

cockerel ['kɒkrəl] *n* galo *m* jovem.

cockpit ['kɒkpɪt] *n* cabine *f*.

cockroach ['kɒkrəʊtʃ] *n* barata *f*.

cocktail ['kɒkteɪl] *n* coquetel *m*.

cocktail party *n* coquetel *m (festa)*.

cocoa ['kəʊkəʊ] *n* cacau *m*.

coconut ['kəʊkənʌt] *n* coco *m*.

cod [kɒd] *n* bacalhau *m*.

code [kəʊd] *n (system)* código *m*; *(dialling code)* indicativo *m*.

coed ['kəʊ'ed] *adj* SCH misto(ta).

coeducational [ˌkəʊedju:'keɪʃənl] *adj* misto(ta).

coffee ['kɒfɪ] *n* café *m*; **black ~** café preto; **ground/instant ~** café moído/instantâneo.

coffee bar *n* lanchonete *f*.

coffeepot ['kɒfɪpɒt] *n* bule *m* para o café.

coffee shop *n (in stores, airports)* cafeteria *f*.

coffee table *n* mesinha *f* de centro.

coffin ['kɒfɪn] *n* caixão *m*.

coil [kɔɪl] *n (of rope)* rolo *m*. ◆ *vt* enrolar.

coin [kɔɪn] *n* moeda *f*.

coincide [ˌkəʊɪn'saɪd] *vi*: **to ~ (with)** coincidir (com).

coincidence [kəʊ'ɪnsɪdəns] *n* coincidência *f*.

Coke® [kəʊk] *n* Coca-Cola® *f*.

colander ['kʌləndər] *n* coador *m*.

cold [kəʊld] *adj* frio (fria). ◆ *n (illness)* resfriado *m*; *(low temperature)* frio *m*; **to get** ~ arrefecer; **to catch (a)** ~ resfriar-se.
cold cuts *npl Am* frios *mpl*.
coleslaw ['kəʊlslɔː] *n salada de repolho com maionese.*
colic ['kɒlɪk] *n* cólica *f*.
collaborate [kə'læbəreɪt] *vi* colaborar.
collapse [kə'læps] *vi (building, tent)* cair; *(from exhaustion, illness)* ter um colapso.
collar ['kɒlər] *n (of coat, blouse)* gola *f*; *(of shirt)* colarinho *m*; *(of dog, cat)* coleira *f*.
collarbone ['kɒlərbəʊn] *n* clavícula *f*.
colleague ['kɒliːg] *n* colega *mf*.
collect [kə'lekt] *vt (gather)* colher; *(as a hobby)* colecionar; *(money)* cobrar. ◆ *vi (dust, leaves)* acumular-se; *(crowd)* juntar-se. ◆ *adv Am*: **to call (sb)** ~ fazer uma chamada a cobrar (para o destinatário).
collection [kə'lekʃn] *n* coleção *f*; *(of money)* cobrança *f*; *(of mail)* coleta *f*.
collector [kə'lektər] *n (as a hobby)* colecionador *m*, -ra *f*.
college ['kɒlɪdʒ] *n Am (university)* universidade *f*; *Brit (of university) organismo independente, formado por estudantes e professores, em que se dividem certas universidades britânicas.*
collide [kə'laɪd] *vi*: **to** ~ **(with)** chocar (com).
collision [kə'lɪʒn] *n* colisão *f*.
cologne [kə'ləʊn] *n* água-de-colônia *f*.
colon ['kəʊlən] *n* GRAMM dois pontos *mpl*.
colonel ['kɜːrnl] *n* coronel *m*.
colony ['kɒlənɪ] *n* colônia *f*.
color ['kʌlər] *n Am* cor *f*. ◆ *adj (photograph, film)* a cores. ◆ *vt (hair)* pintar; *(food)* colorir.
❑ **color in** *vt sep* colorir.
color-blind *adj* daltônico (ca).
colorful ['kʌlərfʊl] *adj (picture, garden, scenery)* colorido(da); *(fig: person, place)* animado(da).
coloring ['kʌlərɪŋ] *n (of food)* corante *m*; *(complexion)* tez *f*.
colour ['kʌlə'] *Brit* = **color.**
column ['kɒləm] *n* coluna *f*.
coma ['kəʊmə] *n* coma *m ou f*.
comb [kəʊm] *n* pente *m*. ◆ *vt*: **to** ~ **one's hair** pentear o cabelo.
combination [ˌkɒmbɪ'neɪʃn] *n* combinação *f*.
combine [kəm'baɪn] *vt*: **to** ~ **sthg (with)** combinar algo (com).
come [kʌm] (*pt* **came,** *pp* **come**) *vi* **-1.** *(move)* vir; **we came by taxi** nós viemos de táxi; ~ **and see!** venha ver!; ~ **here!** venha cá!
-2. *(arrive)* chegar; **to** ~ **home** voltar para casa; **they still haven't** ~ eles ainda não chegaram; **'coming soon'** 'brevemente'.
-3. *(in order)* vir; **to** ~ **first/last** *(in sequence)* vir primeiro/no fim; *(in competition)* chegar primeiro/em último (lugar).

- 4. *(reach)*: **to ~ up/down to** chegar a.
- 5. *(become)*: **to ~ loose/undone** desapertar-se; **to ~ true** realizar-se.
- 6. *(be sold)* vir; **they ~ in packs of six** vêm em pacotes de seis.
◆ **come across** *vt fus* encontrar.
◆ **come along** *vi (progress)* desenvolver-se; *(arrive)* aparecer; **~ along!** *(as encouragement)* anda!; *(hurry up)* anda logo!
◆ **come apart** *vi* desfazer-se.
◆ **come around** *vi (regain consciousness)* voltar a si; **why don't you ~ around tomorrow?** por que você não passa aqui amanhã?
◆ **come back** *vi* regressar.
◆ **come down** *vi (price)* baixar.
◆ **come down with** *vt fus (illness)* apanhar.
◆ **come from** *vt fus* vir de.
◆ **come in** *vi (enter)* entrar; *(arrive)* chegar; *(tide)* subir; **~ in!** entre!
◆ **come off** *vi (button, top)* cair; *(succeed)* resultar.
◆ **come on** *vi (progress)* progredir; **~ on!** vamos lá!
◆ **come out** *vi* sair; *(sun, moon)* aparecer.
◆ **come over** *vi (visit)*: **I'll ~ over tonight** passo por aí hoje à noite.
◆ **come to** *vt fus (subj: check)* ser ao todo.
◆ **come up** *vi (go upstairs)* subir; *(be mentioned, happen)* surgir; *(sun, moon)* aparecer.
◆ **come up with** *vt fus (idea)* arranjar.

comedian [kə'mi:djən] *n* cômico *m*, -ca *f*.
comedy ['kɒmədɪ] *n (TV program, movie, play)* comédia *f*; *(humor)* humor *m*.
comfort ['kʌmfərt] *n* conforto *m*; *(consolation)* consolo *m*. ◆ *vt* consolar.
comfortable ['kʌmftərbl] *adj* confortável; *(fig: confident)* à vontade; *(financially)* bem de vida **to be ~** *(after operation)* estar bem.
comforter ['kʌmfərtər] *n Am* edredom *m*.
comic ['kɒmɪk] *adj* cômico(ca). ◆ *n (person)* cômico *m*, -ca *f*; **the ~s** quadrinhos *mpl*.
comical ['kɒmɪkl] *adj* cômico (ca).
comic book *n* revistinha *f (de história em quadrinhos)*.
comma ['kɒmə] *n* vírgula *f*.
command [kə'mænd] *n (order)* ordem *f* ; *(mastery)* domínio *m*. ◆ *vt (order)* ordenar; *(be in charge of)* comandar.
commander [kə'mændr] *n* comandante *m*.
commemorate [kə'meməreɪt] *vt* comemorar.
commence [kə'mens] *vi fml* começar.
comment ['kɒment] *n* comentário *m*. ◆ *vi* comentar.
commentary ['kɒmənterɪ] *n (of event)* relato *m*; *(of football, baseball game)* comentário *m*.
commentator ['kɒmənteɪtər] *n (on TV, radio)* comentarista *mf*.

commerce ['kɒmɜ:rs] *n* comércio *m*.
commercial [kə'mɜ:rʃl] *adj* comercial. ◆ *n* anúncio *m (em televisão, rádio)*.
commission [kə'mɪʃn] *n* comissão *f*.
commit [kə'mɪt] *vt (crime, sin)* cometer; **to ~ o.s. (to sthg)** comprometer-se (a algo); **to ~ suicide** suicidar-se.
committee [kə'mɪtɪ] *n* comitê *m*, comissão *f*.
commodity [kə'mɒdətɪ] *n* produto *m*.
common ['kɒmən] *adj* comum; *(pej: vulgar)* vulgar; **in ~** em comum.
commonly ['kɒmənlɪ] *adv (generally)* geralmente.
common sense *n* senso *m* comum.
communal [kə'mju:nl] *adj (bathroom, kitchen)* comum.
communicate [kə'mju:nɪkeɪt] *vi*: **to ~ (with)** comunicar (com).
communication [kə,mju:nɪ'keɪʃn] *n* comunicação *f*.
communist ['kɒmjʊnəst] *n* comunista *mf*.
community [kə'mju:nətɪ] *n* comunidade *f*.
community center *n* centro *m* social.
commute [kə'mju:t] *vi viajar diariamente para o trabalho.*
commuter [kə'mju:tər] *n pessoa que viaja de casa para o trabalho.*
compact [*adj* kəm'pækt, *n* 'kɒmpækt] *adj* compacto(ta). ◆ *n (for make-up)* caixa *f* de pó-de-arroz; *Am (car)* carro *m* pequeno.
compact disc [,kɒmpækt-] *n* CD *m*, disco *m* compacto.
compact disc player *n* leitor *m* de CDs.
company ['kʌmpənɪ] *n* companhia *f*; **to keep sb ~** fazer companhia a alguém.
comparatively [kəm'pærətɪvlɪ] *adv* comparativamente.
compare [kəm'peər] *vt*: **to ~ sthg (with)** comparar algo (com); **~d with** comparado com.
comparison [kəm'perɪsn] *n* comparação *f*; **in ~ with** em comparação com.
compartment [kəm'pɑ:rtmənt] *n* compartimento *m*.
compass ['kʌmpəs] *n (magnetic)* bússola *f*; **a pair of ~es** um compasso.
compatible [kəm'pætəbl] *adj* compatível.
compensate ['kɒmpenseɪt] *vt* compensar. ◆ *vi*: **to ~ (for sthg)** compensar (algo); **to ~ sb for sthg** compensar alguém por algo.
compensation [,kɒmpen'seɪʃn] *n* compensação *f*.
compete [kəm'pi:t] *vi (take part)* participar; **to ~ with sb for sthg** competir com alguém por algo.
competent ['kɒmpɪtənt] *adj* competente.

competition [ˌkɒmpɪ'tɪʃn] *n* competição *f*; **the** ~ *(rivals)* a concorrência.

competitive [kəm'petətɪv] *adj* competitivo(va).

competitor [kəm'petɪtər] *n (in race, contest)* participante *mf*; COMM *(in game, show)* concorrente *mf*.

complain [kəm'pleɪn] *vi*: **to** ~ **(about)** queixar-se (de).

complaint [kəm'pleɪnt] *n (statement)* queixa *f*; *(illness)* problema *m*.

complement ['kɒmpləˌment] *vt* complementar.

complete [kəm'pli:t] *adj* completo(ta); *(finished)* concluído (da). ◆ *vt (finish)* concluir; *(a form)* preencher; *(make whole)* completar; ~ **with** completo com.

completely [kəm'pli:tlɪ] *adv* completamente.

complex ['kɒmpleks] *adj* complexo(xa). ◆ *n* complexo *m*.

complexion [kəm'plekʃn] *n (of skin)* cor *f*, aspecto *m*.

complicated ['kɒmplɪkeɪtəd] *adj* complicado(da).

compliment [*n* 'kɒmpləmənt, *vb* ˌkɒmplə'ment] *n* elogio *m*. ◆ *vt* elogiar.

complimentary [ˌkɒmplə'mentərɪ] *adj (seat, ticket)* gratuito(ta); *(words, person)* lisonjeiro(ra).

compose [kəm'pəʊz] *vt (music)* compor; *(letter, poem)* escrever; **to be** ~**d of** ser composto de.

composed [kəm'pəʊzd] *adj* calmo(ma).

composer [kəm'pəʊzər] *n* compositor *m*, -ra *f*.

composition [ˌkɒmpə'zɪʃn] *n* composição *f*.

compound ['kɒmpaʊnd] *n (substance)* composto *m*; *(word)* palavra *f* composta.

comprehend [ˌkɒmprɪ'hend] *vi*, *vt* compreender, abranger.

comprehensive [ˌkɒmprɪ'hensɪv] *adj* completo(ta).

comprise [kəm'praɪz] *vt* ser constituído(da) por.

compromise ['kɒmprəmaɪz] *n* compromisso *m*.

compulsory [kəm'pʌlsərɪ] *adj* obrigatório(ria).

computer [kəm'pju:tər] *n* computador *m*.

computerized [kəm'pju:təraɪzd] *adj* computadorizado (da).

computer-literate *adj* entendido(da) em computador.

computer operator *n* operador *m*, -ra *f* de computador.

computer programmer [-'prəʊgræmər] *n* programador *m*, -ra *f* de computador.

computing [kəm'pju:tɪŋ] *n* informática *f*.

con [kɒn] *n inf (trick)* truque *m*; **all mod** ~**s** com todas as comodidades.

conceal [kən'si:l] *vt* esconder.

conceited [kən'si:tɪd] *adj pej* convencido(da).

concentrate ['kɒnsntreɪt] *vi*

concentrar-se. ◆ *vt:* **to be ~d** *(in one place)* estar concentrado; **to ~ on sthg** concentrar-se em algo.
concentrated ['kɒnsntreɪtəd] *adj* concentrado(da).
concentration [,kɒnsn'treɪʃn] *n* concentração *f.*
concern [kən'sɜːrn] *n (worry)* preocupação *f; (matter of interest)* assunto *m;* COMM negócio *m.* ◆ *vt (be about)* ser sobre; *(worry)* preocupar; *(involve)* dizer respeito a; **to be ~ed about** estar preocupado com; **to be ~ed with** tratar de; **to ~ o.s. with sthg** preocupar-se com algo; **as far as I'm ~ed** no que me diz respeito.
concerned [kən'sɜːrnd] *adj (worried)* preocupado(da).
concerning [kən'sɜːrnɪŋ] *prep* acerca de.
concert ['kɒnsərt] *n* concerto *m.*
concession [kən'seʃn] *n (reduced price)* desconto *m.*
concise [kən'saɪs] *adj* conciso (sa).
conclude [kən'kluːd] *vt* concluir. ◆ *vi (fml: end)* terminar.
conclusion [kən'kluːʒn] *n (decision)* conclusão *f; (end)* fim *m.*
concrete ['kɒŋkriːt] *adj (building, path)* de concreto; *(idea, plan)* concreto(ta). ◆ *n* concreto *m.*
concussion [kən'kʌʃn] *n* traumatismo *m* craniano.
condensation [,kɒnden'seɪʃn] *n* condensação *f.*
condition [kən'dɪʃn] *n (state)* estado *m; (proviso)* condição *f;* **a heart/liver ~** problemas de coração/fígado; **to be out of ~** não estar em forma; **on ~ that** com a condição de. ❑ **conditions** *npl (circumstances)* condições *fpl.*
conditioner [kən'dɪʃnər] *n* condicionador *m.*
condo ['kɒndəʊ] *Am inf* = **condominium.**
condolence [kən'dəʊləns] *n* condolências *fpl;* **send/offer ~s** enviar/apresentar os pêsames.
condom ['kɒndəm] *n* preservativo *m.*
condominium [,kɒndə'mɪnjəm] *n Am* condomínio *m.*
conduct [*vb* kən'dʌkt, *n* 'kɒndʌkt] *vt (investigation, business)* levar a cabo; MUS reger. ◆ *n (fml: behavior)* conduta *f;* **to ~ o.s.** *fml* comportar-se.
conductor [kən'dʌktər] *n* MUS maestro *m; (on bus)* cobrador *m,* -ra *f; Am (on train)* revisor *m,* -ra *f.*
cone [kəʊn] *n* cone *m; (for ice cream)* casquinha *f.*
confectioner's sugar [kən'fekʃnərz-] *n Am* açúcar *m* de confeiteiro.
confectionery [kən'fekʃənərɪ] *n* confeitaria *f.*
conference ['kɒnfrəns] *n* conferência *f.*
confess [kən'fes] *vi:* **to ~ (to sthg)** confessar (algo).
confession [kən'feʃn] *n* confissão *f.*

confidence ['kɒnfɪdəns] *n* confiança *f*; **to have ~ in** ter confiança em.
confident ['kɒnfɪdənt] *adj (self-assured)* seguro(ra) de si; *(certain)* seguro(ra).
confined [kən'faɪnd] *adj* restrito(ta).
confirm [kən'fɜ:rm] *vt* confirmar.
confirmation [ˌkɒnfər'meɪʃn] *n* confirmação *f*; RELIG crisma *m*.
conflict ['kɒnflɪkt] *n* conflito *m*. ◆ *vi*: **to ~ (with sthg)** estar em desacordo (com algo).
conform [kən'fɔ:rm] *vi*: **to ~ (to)** obedecer (a).
confuse [kən'fju:z] *vt* confundir; **to ~ sthg with sthg** confundir algo com algo.
confused [kən'fju:zd] *adj* confuso(sa).
confusing [kən'fju:zɪŋ] *adj* confuso(sa).
confusion [kən'fju:ʒn] *n* confusão *f*.
congested [kən'dʒestəd] *adj (street)* congestionado(da); *(nose, chest)* entupido.
congestion [kən'dʒestʃn] *n (traffic)* congestionamento *m*.
congratulate [kən'grætʃəleɪt] *vt*: **to ~ sb (on sthg)** felicitar alguém (por algo).
congratulations [kənˌgrætʃə'leɪʃənz] *excl* parabéns!
congregate ['kɒŋgrɪgeɪt] *vi* juntar-se.
Congress ['kɒŋgres] *n Am* Congresso *m*.
congressman ['kɒŋgresmən] *n* deputado *m*.
congresswoman ['kɒŋgresˌwʊmən] *n* deputada *f*.
conifer ['kɒnɪfər] *n* conífera *f*.
conjugation [ˌkɒndʒʊ'geɪʃn] *n* GRAMM conjugação *f*.
conjurer ['kʌndʒərər] *n* prestidigitador *m*, -ra *f*.
connect [kə'nekt] *vt* ligar. ◆ *vi*: **to ~ with** *(train, plane)* fazer conexão com; **to ~ sthg with sthg** *(associate)* ligar algo com algo.
connection [kə'nekʃn] *n* ligação *f*; **a bad ~** *(on phone)* uma ligação ruim; **a loose ~** *(in machine)* um fio solto; **in ~ with** em relação a.
conquer ['kɒŋkər] *vt* conquistar.
conscience ['kɒnʃns] *n* consciência *f*.
conscientious [ˌkɒnʃɪ'enʃəs] *adj* consciencioso(osa).
conscious ['kɒnʃəs] *adj (awake)* consciente; *(deliberate)* deliberado(da); **to be ~ of** estar consciente de.
consent [kən'sent] *n* consentimento *m*.
consequence ['kɒnsɪkwəns] *n (result)* conseqüência *f*.
consequently ['kɒnsɪkwəntlɪ] *adv* conseqüentemente.
conservation [ˌkɒnsər'veɪʃn] *n* conservação *f*.
conservative [kən'sɜ:rvətɪv] *adj* conservador(ra).
conservatory [kən'sɜ:rvətɔ:rɪ] *n* jardim-de-inverno *m*.

consider [kən'sɪdər] *vt* considerar; **to ~ doing sthg** pensar em fazer algo.
considerable [kən'sɪdrəbl] *adj* considerável.
consideration [kən,sɪdə'reɪʃn] *n* consideração *f*; **to take sthg into ~** ter algo em consideração.
considering [kən'sɪdərɪŋ] *prep* tendo em conta.
consist [kən'sɪst]: **consist in** *vt fus* consistir em. ❑ **consist of** *vt fus* consistir em.
consistent [kən'sɪstənt] *adj* consistente.
consolation [,kɒnsə'leɪʃn] *n* consolação *f*.
console ['kɒnsəʊl] *n* console *m*.
consonant ['kɒnsənənt] *n* consoante *f*.
conspicuous [kən'spɪkjʊəs] *adj* visível.
constant ['kɒnstənt] *adj* constante.
constantly ['kɒnstəntlɪ] *adv* constantemente.
constipated ['kɒnstɪpeɪtɪd] *adj*: **to be ~** ter prisão de ventre.
constitution [,kɒnstə'tju:ʃn] *n* *(set of laws)* constituição *f*; *(health)* constituição *f* física.
construct [kən'strʌkt] *vt* construir.
construction [kən'strʌkʃn] *n* construção *f*; **under ~** em construção.
consul ['kɒnsl] *n* cônsul *mf*.
consulate ['kɒnslət] *n* consulado *m*.
consult [kən'sʌlt] *vt* consultar.
consultant [kən'sʌltənt] *n MED* especialista *mf*; *(expert)* consultor *m*, -ra *f*.
consume [kən'su:m] *vt* consumir.
consumer [kən'su:mər] *n* consumidor *m*, -ra *f*.
contact ['kɒntækt] *n* contato *m*. ◆ *vt* contatar; **in ~ with** em contato com.
contact lens *n* lente *f* de contato.
contagious [kən'teɪdʒəs] *adj* contagioso(osa).
contain [kən'teɪn] *vt* conter.
container [kən'teɪnər] *n* *(bowl, etc)* recipiente *m*; *(for cargo)* container *m*.
contaminate [kən'tæmɪneɪt] *vt* contaminar.
contemporary [kən'tempərerɪ] *adj* contemporâneo(nea). ◆ *n* contemporâneo *m*, -nea *f*.
contend [kən'tend]: **contend with** *vt fus* enfrentar.
content [*adj* kən'tent, *n* 'kɒntent] *adj* satisfeito(ta). ◆ *n* *(of vitamins, fiber)* quantidade *f*; *(of alcohol, fat)* teor *m*. ❑ **contents** *npl* *(things inside)* conteúdo *m*; *(at beginning of book)* índice *m*.
contest [*n* 'kɒntest, *vb* kən'test] *n* *(competition)* concurso *m*; *(struggle)* luta *f*. ◆ *vt* *(election, seat)* candidatar-se a; *(decision, will)* contestar.
context ['kɒntekst] *n* contexto *m*.
continent ['kɒntɪnənt] *n* continente *m*.

continual [kən'tɪnjʊəl] *adj* contínuo(nua).

continually [kən'tɪnjʊəlɪ] *adv* continuamente.

continue [kən'tɪnju:] *vt & vi* continuar; **to ~ doing sthg** continuar a fazer algo; **to ~ with sthg** continuar com algo.

continuous [kən'tɪnjʊəs] *adj* contínuo(nua).

continuously [kən'tɪnjʊəslɪ] *adv* continuamente.

contraception [,kɒntrə'sepʃn] *n* contracepção *f*.

contraceptive [,kɒntrə'septɪv] *n* anticoncepcional *m*.

contract [*n* 'kɒntrækt, *vb* kən'trækt] *n* contrato *m*. ◆ *vt (fml: illness)* contrair.

contractor [kən'træktər] *n* empreiteiro *m*, -ra *f*.

contradict [,kɒntrə'dɪkt] *vt* contradizer.

contrary ['kɒntrərɪ] *n*: **on the ~** pelo contrário.

contrast [*n* 'kɒntræst, *vb* kən'træst] *n* contraste *m*. ◆ *vt* contrastar; **in ~ to** ao contrário de.

contribute [kən'trɪbjət] *vt (help, money)* contribuir com. ◆ *vi*: **to ~ to** contribuir para.

contribution [,kɒntrɪ'bju:ʃn] *n* contribuição *f*.

control [kən'trəʊl] *n* controle *m*. ◆ *vt* controlar; **to be in ~** controlar a situação; **out of ~** fora de controle; **under ~** sob controle. ❑ **controls** *npl (of TV, video)* controle *m*, telecomando *m*; *(of plane)* comandos *mpl*.

controversial [,kɒntrə'vɜ:rʃl] *adj* controverso(sa).

convenience [kən'vi:njəns] *n* conveniência *f*; **at your ~** quando (lhe) for possível.

convenient [kən'vi:njənt] *adj* conveniente.

convent ['kɒnvənt] *n* convento *m*.

conventional [kən'venʃənl] *adj* convencional.

conversation [,kɒnvər'seɪʃn] *n* conversa *f*.

conversion [kən'vɜ:rʃn] *n* conversão *f*.

convert [kən'vɜ:rt] *vt* converter; **to ~ sthg into** converter algo em.

converted [kən'vɜ:rtəd] *adj (barn, loft)* convertido(da).

convertible [kən'vɜ:rtəbl] *n* conversível *m*.

convey [kən'veɪ] *vt (fml: transportation)* transportar; *(idea, impression)* transmitir.

convict [*n* 'kɒnvɪkt, *vb* kən'vɪkt] *n* preso *m*, -sa *f*. ◆ *vt*: **to ~ sb (of)** condenar alguém (por).

convince [kən'vɪns] *vt*: **to ~ sb (of sthg)** convencer alguém (de algo); **to ~ sb to do sthg** convencer alguém a fazer algo.

convoy ['kɒnvɔɪ] *n* comboio *m*.

cook [kʊk] *n* cozinheiro *m*, -ra *f*. ◆ *vt (meal)* preparar; *(food)* cozinhar. ◆ *vi (person)* cozinhar; *(food)* cozer.

cookbook ['kʊk,bʊk] livro *m* de culinária OR cozinha.

cookery ['kʊkərɪ] *n* culinária *f*.

cookie ['kʊkɪ] *n Am* biscoito *m*.
cooking ['kʊkɪŋ] *n (activity)* culinária *f*; *(food)* cozinha *f*.
cool [ku:l] *adj (temperature)* fresco(ca); *(calm)* calmo(ma); *(unfriendly)* frio (fria); *inf (great)* genial. ◆ *vt* arrefecer. ❑ **cool down** *vi (become colder)* arrefecer; *(become calmer)* acalmar-se.
cooperate [kəʊ'ɒpəreɪt] *vi* cooperar.
cooperation [kəʊˌɒpə'reɪʃn] *n* cooperação *f*.
cooperative [kəʊ'ɒpərətɪv] *adj (helpful)* cooperante.
coordinates [kəʊ'ɔ:dɪnəts] *npl (clothes)* conjuntos *mpl*.
copper ['kɒpər] *n* cobre *m*.
copy ['kɒpɪ] *n* cópia *f*; *(of newspaper, book)* exemplar *m*. ◆ *vt* copiar.
cord(uroy) ['kɔ:d(ərɔɪ)] *n* veludo *m* cotelê.
core [kɔ:r] *n (of fruit)* caroço *m*.
cork [kɔ:rk] *n (in bottle)* rolha *f*.
corkscrew ['kɔ:rkskru:] *n* saca-rolhas *m inv*.
corn [kɔ:rn] *n Am (maize)* milho *m*; *(on foot)* calo *m*.
corner ['kɔ:rnər] *n* canto *m*; **it's just around the ~** fica logo ali.
corn on the cob *n espiga de milho cozida*.
corporal ['kɔ:rprəl] *n* cabo *m*.
corpse [kɔ:rps] *n* cadáver *m*.
correct [kə'rekt] *adj* correto (ta). ◆ *vt* corrigir.
correction [kə'rekʃn] *n* correção *f*.
correspond [ˌkɒrə'spɒnd] *vi*: **to ~ (to)** *(match)* corresponder (a); **to ~ (with)** *(exchange letters)* corresponder-se (com).
corresponding [ˌkɒrə'spɒndɪŋ] *adj* correspondente.
corridor ['kɔ:rədr] *n* corredor *m*.
corrugated iron ['kɒrəgeɪtɪd-] *n* ferro *m* corrugado.
corrupt [kə'rʌpt] *adj* corrupto(ta).
cosmetics [kɒz'metɪks] *npl* cosméticos *mpl*.
cost [kɒst] (*pt & pp* **cost**) *n* custo *m*. ◆ *vt* custar; **how much does it ~?** quanto custa?
costly ['kɒstlɪ] *adj (expensive)* caro(ra).
costume ['kɒstu:m] *n (of actor)* roupa *f*; *(of country, region)* traje *m*.
cot [kɒt] *n Am* cama *f* de campismo.
cottage ['kɒtɪdʒ] *n* casa *f* de campo.
cottage cheese *n* ricota *f*.
cotton ['kɒtn] *adj (dress, shirt)* de algodão. ◆ *n (cloth)* algodão *m*.
cotton ball *n* pedaço de algodão *m* (hidrófilo).
couch [kaʊtʃ] *n (sofa)* sofá *m*; *(in doctor's office)* cama *f*.
cough [kɒf] *n* tosse *f*. ◆ *vi* tossir; **to have a ~** estar com tosse.
could [kʊd] *pt* → **can**.
couldn't ['kʊdnt] = **could not**.
could've ['kʊdəv] = **could have**.
council ['kaʊnsl] *n (organization)* conselho *m*.

councilor ['kaʊnslər] *n (of city)* ≃ vereador *m*, -ra *f*.
count [kaʊnt] *vt & vi* contar. ◆ *n (nobleman)* conde *m*. ❑ **count on** *vt fus* contar com.
counter ['kaʊntər] *n (in store, bank)* balcão *m*; *(in board game)* ficha *f*.
countess ['kaʊntəs] *n* condessa *f*.
country ['kʌntrɪ] *n* país *m*; *(countryside)* campo *m*. ◆ *adj* do campo.
countryside ['kʌntrɪsaɪd] *n* campo *m*.
county ['kaʊntɪ] *n* condado *m*; *(in US) divisão administrativa de um estado, nos EUA.*
couple ['kʌpl] *n* casal *m*; **a ~ (of)** *(two)* dois (duas); *(a few)* dois ou três (duas ou três).
coupon ['ku:pɒn] *n* cupom *m*.
courage ['kɜ:rɪdʒ] *n* coragem *f*.
courier ['kʊrɪər] *n (for delivering letters, packages)* mensageiro *m*, -ra *f*.
course [kɔ:rs] *n* curso *m*; *(of meal)* prato *m*; *(of treatment, injections)* tratamento *m*; *(of ship, plane)* rota *f*; *(for golf)* campo *m*; **of ~** *(certainly)* com certeza, claro; *(evidently)* claro; **of ~ not** claro que não; **in the ~ of** no decurso de.
court [kɔ:rt] *n* JUR *(building, room)* tribunal *m*; SPORT quadra *f*; *(of king, queen)* corte *f*.
courteous ['kɜ:rtjəs] *adj* cortês.
courtyard ['kɔ:rtjɑ:rd] *n* pátio *m*.
cousin ['kʌzn] *n* primo *m*, -ma *f*.
cover ['kʌvər] *n* cobertura *f*; *(lid)* tampa *f*; *(of book, magazine)* capa *f*; *(blanket)* coberta *f*. ◆ *vt* cobrir; *(travel)* percorrer; *(apply to)* abranger; **to take ~** abrigar-se; **to be ~ed in** estar coberto de; **to ~ sthg with sthg** cobrir algo com algo. ❑ **cover up** *vt sep (put cover on)* cobrir; *(facts, truth)* encobrir.
cow [kaʊ] *n (animal)* vaca *f*.
coward ['kaʊərd] *n* covarde *mf*.
cowboy ['kaʊbɔɪ] *n* vaqueiro *m*.
cozy ['kəʊzɪ] *adj Am (room, house)* aconchegante.
crab [kræb] *n* caranguejo *m*.
crack [kræk] *n (in cup, glass, wood)* rachadura *f*; *(gap)* fenda *f*. ◆ *vt (cup, glass, wood)* rachar; *(nut, egg)* partir; *inf (joke)* contar; *(whip)* estalar. ◆ *vi* rachar.
cracker ['krækər] *n (biscuit)* bolacha *f* de água e sal.
cradle ['kreɪdl] *n* berço *m*.
craft [kræft] *n (skill, trade)* ofício *m*; *(boat: pl inv)* embarcação *f*.
craftsman ['kræftsmən] *(pl* **-men** [-mən]) *n* artesão *m*.
cram [kræm] *vt*: **to ~ sthg into** enfiar algo em; **to be ~med with** estar abarrotado de.
cramp [kræmp] *n* câibra *f*; **(menstrual) ~s** cólicas *fpl* menstruais.
cranberry ['krænberɪ] *n* arando *m*.
crane [kreɪn] *n (machine)* guindaste *m*.

crash [kræʃ] *n (accident)* colisão *f*; *(noise)* estrondo *m*. ◆ *vt (car)* bater com. ◆ *vi (car, plane, train)* colidir. ❑ **crash into** *vt fus (wall)* bater contra.
crash helmet *n* capacete *m* (de proteção).
crash landing *n* aterrissagem *f* forçada.
crate [kreɪt] *n (fruit)* caixote *m*; *(bottles)* engradado *m*.
crawl [krɔ:l] *vi (baby, person)* engatinhar; *(insect)* rastejar; *(traffic)* arrastar-se. ◆ *n (swimming stroke)* crawl *m (nado)*.
crayfish ['kreɪfɪʃ] (*pl inv*) *n* pitu *m*.
crayon ['kreɪɒn] *n* lápis *m* de cera.
craze [kreɪz] *n* moda *f*.
crazy ['kreɪzɪ] *adj* maluco(ca), louco(ca); **to be ~ about sthg** ser louco por algo.
cream [kri:m] *n (food)* creme *m*; *(for face)* creme *m*; *(for burns)* pomada *f*. ◆ *adj (in color)* creme *(inv)*.
cream cheese *n* queijo *m* cremoso.
creamy ['kri:mɪ] *adj* cremoso(osa).
crease [kri:s] *n* vinco *m*.
create [kri:'eɪt] *vt (make)* criar; *(impression)* causar; *(interest)* provocar.
creative [kri:'eɪtɪv] *adj* criativo(va).
creature ['kri:tʃər] *n* criatura *f*.
credit ['kredɪt] *n (praise)* mérito *m*; *(money)* crédito *m*; *(at school, university) cadeira terminada com nota positiva*; **to be in ~** estar com saldo positivo. ❑ **credits** *npl (of movie)* créditos *mpl*.
credit card *n* cartão *m* de crédito; **to pay by ~** pagar com cartão de crédito; **'all major ~s accepted'** 'aceitam-se os principais cartões de crédito'.
creek [kri:k] *n (inlet)* angra *f*; *Am (river)* riacho *m*.
creep [kri:p] (*pt & pp* **crept**) *vi (crawl)* arrastar-se. ◆ *n inf (groveler)* puxa-saco *mf*.
crematorium [,kri:mə'tɔ:rɪəm] *n* crematório *m*.
crepe [kreɪp] *n (thin pancake)* crepe *m*.
crept [krept] *pt & pp* → **creep.**
cress [kres] *n* agrião *m (muito pequeno)*.
crest [krest] *n (of bird, hill)* crista *f*; *(coat of arms)* brasão *m*.
crew [kru:] *n (of ship, plane)* tripulação *f*.
cricket ['krɪkət] *n (insect)* grilo *m*.
crime [kraɪm] *n* crime *m*.
criminal ['krɪmɪnl] *adj (behavior, offense)* criminoso(osa); *inf (disgraceful)* vergonhoso(osa). ◆ *n* criminoso *m*, -osa *f*.
cripple ['krɪpl] *n* aleijado *m*, -da *f*. ◆ *vt* tornar inválido(da).
crisis ['kraɪsəs] (*pl* **crises** ['kraɪsi:z]) *n* crise *f*.
crisp [krɪsp] *adj* crocante.
crispy ['krɪspɪ] *adj* crocante.
critic ['krɪtɪk] *n (reviewer)* crítico *m*, -ca *f*.
critical ['krɪtɪkl] *adj* crítico(ca);

(serious) grave; *(disparaging)* severo(ra).

criticize ['krɪtɪsaɪz] *vt* criticar.

crockery ['krɒkərɪ] *n* louça *f*.

crocodile ['krɒkədaɪl] *n* crocodilo *m*.

crocus ['krəʊkəs] (*pl* **-es**) *n* crocus *m inv.*

crooked ['krʊkəd] *adj* *(bent, twisted)* torto (ta); *(illegal)* ilegal.

crop [krɒp] *n* *(kind of plant)* cultura *f*; *(harvest)* colheita *f*. ❑ **crop up** *vi* surgir.

cross [krɒs] *adj* zangado(da). ◆ *n* cruz *f*; *(mixture)* cruzamento *m*. ◆ *vt* *(road, river, ocean)* atravessar; *(arms, legs)* cruzar. ◆ *vi* *(intersect)* cruzar-se. ❑ **cross out** *vt sep* riscar.

crossbar ['krɒsbɑ:r] *n* barra *f* transversal.

crossing ['krɒsɪŋ] *n* *(on road)* faixa *f* para pedestres; *(sea journey)* travessia *f*.

crossroads ['krɒsrəʊdz] (*pl inv*) *n* cruzamento *m*.

crossword (puzzle) ['krɒswɜ:rd-] *n* palavras *fpl* cruzadas

crotch [krɒtʃ] *n* virilha *f*.

crow [krəʊ] *n* corvo *m*.

crowbar ['krəʊbɑ:r] *n* alavanca *f*, pé-de-cabra *m*.

crowd [kraʊd] *n* multidão *f*; *(at match)* público *m*.

crowded ['kraʊdəd] *adj* cheio (cheia) (de gente).

crown [kraʊn] *n* coroa *f*; *(of head)* alto *m* (da cabeça).

crucial ['kru:ʃl] *adj* crucial.

crude [kru:d] *adj* grosseiro(ra).

cruel [krʊəl] *adj* cruel.

cruelty ['krʊəltɪ] *n* crueldade *f*.

cruise [kru:z] *n* cruzeiro *m*. ◆ *vi* *(plane)* voar; *(ship)* navegar; *(car)* rodar.

cruiser ['kru:zər] *n* *(pleasure boat)* cruzeiro *m*.

crumb [krʌm] *n* migalha *f*.

crumble ['krʌmbl] *vi* *(building, cliff)* desmoronar-se; *(cheese)* esmigalhar-se.

crunchy ['krʌntʃɪ] *adj* crocante.

crush [krʌʃ] *n* queda *f*. ◆ *vt* esmagar; *(ice)* partir.

crust [krʌst] *n* *(of bread)* casca *f*; *(of pie)* crosta *f*.

crusty ['krʌstɪ] *adj* crocante.

crutch [krʌtʃ] *n* *(stick)* muleta *f*.

cry [kraɪ] *n* grito *m*. ◆ *vi* *(weep)* chorar; *(shout)* gritar. ❑ **cry out** *vi* gritar.

crystal ['krɪstl] *n* cristal *m*.

cub [kʌb] *n* *(animal)* cria *f*.

cube [kju:b] *n* cubo *m*.

cubicle ['kju:bɪkl] *n* cubículo *m*.

Cub (Scout) *n* *escoteiro entre os 8 e os 11 anos.*

cuckoo ['kʊku:] *n* cuco *m*.

cucumber ['kju:kʌmbər] *n* pepino *m*.

cuddle ['kʌdl] *n* abraço *m*.

cue [kju:] *n* *(in snooker, pool)* taco *m*.

cuff [kʌf] *n* *(of sleeve)* punho *m*; *Am* *(of pants)* dobra *f*.

cuff link *n* abotoadura *f*.

cuisine [kwɪ'zi:n] *n* cozinha *f*.

cul-de-sac ['kʌldəsæk] *n* beco *m* sem saída.

cult [kʌlt] *n* culto *m.* ◆ *adj* de culto.
cultivate ['kʌltɪveɪt] *vt* cultivar.
cultivated ['kʌltɪveɪtəd] *adj* *(person)* culto(ta).
cultural ['kʌltʃrəl] *adj* cultural.
culture ['kʌltʃər] *n* cultura *f.*
cumbersome ['kʌmbərsəm] *adj* pesado(da), volumoso(sa).
cunning ['kʌnɪŋ] *adj* esperto (ta).
cup [kʌp] *n* xícara *f*; *(trophy, competition)* taça *f*; *(of bra)* taça *f.*
cupboard ['kʌbərd] *n* armário *m.*
curator [ˌkjʊ'reɪtər] *n* curador *m*, -ra *f.*
curb [kɜ:rb] *n Am* meio-fio *m.*
cure [kjʊər] *n (for illness)* cura *f.* ◆ *vt* curar.
curious ['kjʊərɪəs] *adj* curioso(osa).
curl [kɜ:rl] *n (of hair)* caracol *m.* ◆ *vt (hair)* encaracolar.
curly ['kɜ:rlɪ] *adj* encaracolado(da).
currant ['kɜ:rənt] *n* passa *f* de corinto.
currency ['kɜ:rənsɪ] *n (money)* moeda *f.*
current ['kɜ:rənt] *adj* atual. ◆ *n* corrente *f.*
currently ['kɜ:rəntlɪ] *adv* atualmente.
curriculum [kə'rɪkjələm] *n* currículo *m.*
curry ['kɜ:rɪ] *n* curry *m.*
curse [kɜ:rs] *vi* praguejar.
cursor ['kɜ:rsər] *n* cursor *m.*
curtain ['kɜ:rtn] *n* cortina *f.*
curve [kɜ:rv] *n* curva *f.* ◆ *vi* fazer uma curva.
curved [kɜ:rvd] *adj* curvo(va).
cushion ['kʊʃn] *n* almofada *f.*
custard ['kʌstərd] *n* ambrosia *f.*
custom ['kʌstəm] *n (tradition)* costume *m*; **'thank you for your ~'** 'obrigada pela sua visita'.
customary ['kʌstəmerɪ] *adj* habitual.
customer ['kʌstəmər] *n (of store)* cliente *mf.*
customs ['kʌstəmz] *n* alfândega *f*; **to go through ~** passar pela alfândega.
customs duty *n* impostos *mpl* alfandegários.
cut [kʌt] (*pt & pp* **cut**) *n* corte *m.* ◆ *vt* cortar; *(reduce)* reduzir, cortar em. ◆ *vi (knife, scissors)* cortar; **~ and blow-dry** corte e escova; **to ~ o.s.** cortar-se; **to ~ sthg open** abrir algo. ❑ **cut back** *vi*: **to ~ back on sthg** cortar em algo. ❑ **cut down** *vt sep (tree)* abater. ❑ **cut down on** *vt fus* cortar em. ❑ **cut off** *vt sep* cortar; **I've been ~ off** *(on phone)* a ligação caiu; **to be ~ off** *(isolated)* estar isolado. ❑ **cut out** ◆ *vt sep (newspaper article, photo)* recortar. ◆ *vi (engine)* morrer; **to ~ out fatty foods** cortar as gorduras; **~ it out!** *inf* pare com isso! ❑ **cut up** *vt sep* cortar.
cute [kju:t] *adj* bonitinho(nha).
cutlery ['kʌtlərɪ] *n* talheres *mpl.*

cutlet ['kʌtlət] *n (of meat)* costeleta *f.*
cutting ['kʌtɪŋ] *n (from newspaper)* recorte *m.*
cycle ['saɪkl] *n (bicycle)* bicicleta *f; (series)* ciclo *m.* ◆ *vi* andar de bicicleta.
cycling ['saɪklɪŋ] *n* ciclismo *m*; **to go ~** ir andar de bicicleta.
cyclist ['saɪklɪst] *n* ciclista *mf.*
cylinder ['sɪlɪndər] *n (container)* bujão *m*; *(in engine)* cilindro *m.*
cynical ['sɪnɪkl] *adj* cínico(ca).

D

dab [dæb] *vt (ointment, cream)* aplicar de leve.
dad [dæd] *n inf* papai *m.*
daddy ['dædɪ] *n inf* papai *m.*
daffodil ['dæfədɪl] *n* narciso *m.*
daily ['deɪlɪ] *adj* diário(ria). ◆ *adv* diariamente.
dairy ['deərɪ] *n (on farm)* laticínios *mpl*; *(store)* leiteria *f.*
dairy product *n* laticínio *m.*
daisy ['deɪzɪ] *n* margarida *f.*
dam [dæm] *n* represa *f.*
damage ['dæmɪdʒ] *n* dano *m.* ◆ *vt (house, car)* danificar; *(back, leg)* machucar; *(fig: reputation, chances)* arruinar.
damn [dæm] *excl inf* droga! ◆ *adj inf* maldito(ta); **I don't give a ~** não estou nem aí.
damp [dæmp] *adj* úmido(da). ◆ *n* umidade *f.*
dance [dæns] *n* dança *f*; *(social event)* baile *m.* ◆ *vi* dançar; **to go dancing** ir dançar.
dancer ['dænsər] *n* bailarino *m*, -na *f*, dançarino *m*, -na *f.*
dandelion ['dændəlaɪən] *n* dente-de-leão *m.*
dandruff ['dændrʌf] *n* caspa *f.*
danger ['deɪndʒər] *n* perigo *m*; **in ~** em perigo.
dangerous ['deɪndʒərəs] *adj* perigoso(osa).
dare [deər] *vt*: **to ~ to do sthg** ousar fazer algo, atrever-se a fazer algo; **to ~ sb to do sthg** desafiar alguém a fazer algo; **how ~ you!** como se atreve!
daring ['deərɪŋ] *adj* ousado(da).
dark [dɑːrk] *adj* escuro(ra); *(person, skin)* moreno(na). ◆ *n*: **after ~** depois do anoitecer; **the ~** o escuro.
dark glasses *npl* óculos *mpl* escuros.
darkness ['dɑːrknəs] *n* escuridão *f.*
darling ['dɑːrlɪŋ] *n (term of affection)* querido *m*, -da *f.*
dart [dɑːrt] *n* dardo *m.* ❑ **darts** *n (game)* dardos *mpl.*
dartboard ['dɑːrtbɔːrd] *n* alvo *m (para dardos).*
dash [dæʃ] *n (of liquid)* gota *f*; *(in writing)* hífen *m*; *inf* painel *m.* ◆ *vi* precipitar-se.
dashboard ['dæʃbɔːrd] *n* painel *m.*
data ['deɪtə] *n* dados *mpl.*

database ['deɪtəbeɪs] *n* banco *m* de dados.
date [deɪt] *n (day)* data *f*; *(meeting)* encontro *m*, compromisso *m*; *Am (person)* namorado *m*, -da *f*; *(fruit)* tâmara *f*. ◆ *vt (check, letter)* datar; *(person)* sair com. ◆ *vi (become unfashionable)* cair de moda; **what's the ~?** que dia é hoje?; **to have a ~ with sb** ter um encontro OR compromisso com alguém.
date of birth *n* data *f* de nascimento.
daughter ['dɔːtər] *n* filha *f*.
daughter-in-law *n* nora *f*.
dawn [dɔːn] *n* amanhecer *m*, madrugada *f*.
day [deɪ] *n* dia *m*; **what ~ is it today?** que dia é hoje?; **what a lovely ~!** que lindo dia!; **to have a ~ off** ter um dia de folga; **to have a ~ out** passar o dia fora; **by ~** de dia; **the ~ after tomorrow** depois de amanhã; **the ~ before** a véspera, o dia anterior; **the ~ before yesterday** anteontem; **the following ~** o dia seguinte; **have a nice ~!** tenha um bom dia!
day care *n (for children)* creche *f*; *(for the elderly)* assistência *f (diurna)*.
daylight ['deɪlaɪt] *n* luz *f* (do dia).
daytime ['deɪtaɪm] *n* dia *m*.
day-to-day *adj (everyday)* cotidiano(na).
dazzle ['dæzl] *vt* deslumbrar.
dead [ded] *adj* morto (ta); *(not lively)* sem vida, morto (ta); *(telephone line)* cortado(da); *(battery)* gasto(ta). ◆ *adv (precisely)* mesmo.
dead end *n (street)* beco *m* sem saída.
deadline ['dedlaɪn] *n* prazo *m*.
deaf [def] *adj* surdo(da). ◆ *npl*: **the ~** os surdos.
deal [diːl] (*pt & pp* **dealt**) *n (agreement)* acordo *m*. ◆ *vt (cards)* dar; **a good/bad ~** um bom/mau negócio; **a great ~ of** muito; **it's a ~!** está combinado!
❑ **deal in** *vt fus* negociar.
❑ **deal with** *vt fus (handle)* lidar com; *(be about)* tratar de.
dealer ['diːlər] *n* COMM comerciante *mf*, negociante *mf*; *(in drugs)* traficante *mf*.
dealt [delt] *pt & pp* → **deal.**
dear [dɪər] *adj (loved)* querido (da). ◆ *n*: **my ~** meu querido (minha querida); **Dear Sir** Caro senhor; **Dear Madam** Cara senhora; **Dear John** Querido John; **oh ~!** meu Deus!
death [deθ] *n* morte *f*.
debate [dɪ'beɪt] *n* debate *m*. ◆ *vt (wonder)* considerar.
debit ['debɪt] *n* débito *m*. ◆ *vt (account)* debitar em.
debt [det] *n (money owed)* dívida *f*; **to be in ~** ter dívidas.
decaff ['diːkæf] *n inf* café *m* descafeinado.
decaffeinated [dɪ'kæfɪneɪtəd] *adj* descafeinado(da).
decay [dɪ'keɪ] *n (of building)* deterioração *f*; *(of wood)* apodrecimento *m*; *(of tooth)* cárie *f*. ◆ *vi (rot)* apodrecer.

deceive [dɪ'si:v] *vt* enganar.

December [dɪ'sembər] *n* dezembro *m* → **September.**

decent ['di:snt] *adj* decente; *(kind)* simpático(ca).

decide [dɪ'saɪd] *vt (choose)* decidir. ◆ *vi* tomar uma decisão; **to ~ to do sthg** decidir fazer algo. ❑ **decide on** *vt fus* decidir-se por.

decimal ['desəml] *adj* decimal.

decimal point *n* vírgula *f* decimal.

decipher [dɪ'saɪfər] *vt* decifrar.

decision [dɪ'sɪʒn] *n* decisão *f*; **to make a ~** tomar uma decisão.

decisive [dɪ'saɪsɪv] *adj (person)* decidido(da); *(event, factor)* decisivo(va).

deck [dek] *n (of ship)* convés *m*; *(of cards)* baralho *m*; *(of house)* deck *m*.

deckchair ['dektʃeər] *n* espreguiçadeira *f*.

declare [dɪ'kleər] *vt* declarar; **to ~ that** declarar que; **'goods to ~'** 'bens a declarar'; **'nothing to ~'** 'nada a declarar'.

decline [dɪ'klaɪn] *n* declínio *m*. ◆ *vi (get worse)* declinar; *(refuse)* recusar.

decorate ['dekəreɪt] *vt* decorar.

decoration [,dekə'reɪʃn] *n (wallpaper, paint, furniture)* decoração *f*; *(decorative object)* adorno *m*.

decorator ['dekəreɪtər] *n* decorador *m*, -ra *f*.

decrease [*n* 'di:kri:s, *vb* di:'kri:s] *n* diminuição *f*. ◆ *vi* diminuir.

dedicated ['dedɪkeɪtɪd] *adj (committed)* dedicado(da).

deduce [dɪ'du:s] *vt* deduzir.

deduct [dɪ'dʌkt] *vt* deduzir.

deduction [dɪ'dʌkʃn] *n* dedução *f*.

deep [di:p] *adj* profundo(da); *(color)* intenso(sa); *(sound, voice)* grave. ◆ *adv* fundo; **the pool is two meters ~** a piscina tem dois metros de profundidade; **to take a ~ breath** respirar fundo.

deep end *n (of swimming pool)* parte *f* funda.

deep freeze *n* freezer *m*.

deer [dɪər] *(pl inv) n* veado *m*.

defeat [dɪ'fi:t] *n* derrota *f*. ◆ *vt (team, army, government)* derrotar.

defect ['di:fekt] *n* defeito *m*.

defective [dɪ'fektɪv] *adj* defeituoso(osa).

defence [dɪ'fens] *Brit* = **defense.**

defend [dɪ'fend] *vt* defender.

defense [dɪ'fens] *n Am* defesa *f*.

deficiency [dɪ'fɪʃnsɪ] *n (lack)* deficiência *f*.

define [dɪ'faɪn] *vt* definir.

definite ['defənət] *adj (answer, decision)* definitivo(va); *(person)* seguro(ra); *(improvement)* nítido(da).

definite article *n* artigo *m* definido.

definitely ['defənətlɪ] *adv (certainly)* sem dúvida (alguma); **I'll ~ go** irei com certeza.

definition [defə'nɪʃn] *n (of word)* definição *f*.

deflate [dɪ'fleɪt] *vt (tire)* esvaziar.

deflect [dɪ'flekt] *vt (ball)* desviar.

deformed [dɪ'fɔ:rmd] *adj* deformado(da).

defrost [ˌdi:'frɒst] *vt (food, fridge)* descongelar; *Am (demist)* desembaçar.

degree [dɪ'gri:] *n (unit of measurement)* grau *m*; *(qualification)* ≃ graduação *f*; **a ~ of difficulty** uma certa difficuldade; **to have a ~ in sthg** ter uma formação em algo.

dehydrated [ˌdi:haɪ'dreɪtəd] *adj* desidratado(da).

dejected [dɪ'dʒektəd] *adj* abatido(da).

delay [dɪ'leɪ] *n* atraso *m*. ◆ *vt* atrasar. ◆ *vi* atrasar-se; **without ~** sem demora.

delegate [*n* 'delɪgət, *vb* 'delɪgeɪt] *n* delegado *m*, -da *f*. ◆ *vt (person)* delegar.

delete [dɪ'li:t] *vt* suprimir.

deliberate [dɪ'lɪbərət] *adj (intentional)* deliberado(da).

deliberately [dɪ'lɪbərətlɪ] *adv (intentionally)* deliberadamente.

delicacy ['delɪkəsɪ] *n (food)* iguaria *f*.

delicate ['delɪkət] *adj* delicado(da); *(object, china)* frágil; *(taste, smell)* suave.

delicatessen [ˌdelɪkə'tesn] *n* delicatessen *f*.

delicious [dɪ'lɪʃəs] *adj* delicioso(osa).

delight [dɪ'laɪt] *n (feeling)* prazer *m*. ◆ *vt* encantar; **to take (a) ~ in doing sthg** ter prazer em fazer algo.

delighted [dɪ'laɪtəd] *adj* encantado(da).

delightful [dɪ'laɪtfl] *adj* encantador(ra).

deliver [dɪ'lɪvər] *vt (goods)* entregar; *(letters, newspaper)* distribuir; *(lecture)* dar; *(baby)* fazer o parto de; *(speech)* fazer.

delivery [dɪ'lɪvərɪ] *n (of goods)* entrega *f*; *(of letters)* distribuição *f*; *(birth)* parto *m*.

delude [dɪ'lu:d] *vt* enganar.

demand [dɪ'mænd] *n* exigência *f*; *(claim)* reivindicação *f*; COMM procura *f*. ◆ *vt* exigir; **I ~ to speak to the manager** exijo falar com o gerente; **in ~** solicitado.

demanding [dɪ'mændɪŋ] *adj* exigente.

democracy [dɪ'mɒkrəsɪ] *n* democracia *f*.

Democrat ['deməkræt] *n Am* democrata *mf*.

democratic [demə'krætɪk] *adj* democrático(ca).

demolish [dɪ'mɒlɪʃ] *vt (building)* demolir.

demonstrate ['demənstreɪt] *vt (prove)* demonstrar; *(machine, appliance)* mostrar como funciona. ◆ *vi* manifestar-se.

demonstration [demən'streɪʃn] *n (protest)* manifestação *f*, passeata *f*; *(of machine, emotions)* demonstração *f*.

den [den] *n* toca *f*.

denial [dɪ'naɪəl] *n* desmentido *m*.
denim ['denɪm] *n* brim *m*, jeans *mpl*.
denounce [dɪ'naʊns] *vt* denunciar.
dense [dens] *adj* denso(sa).
density ['densətɪ] *n* densidade *f*.
dent [dent] *n* amassado *m*.
dental ['dentl] *adj* dentário.
dental floss [-flɒs] *n* fio *m* dental.
dentist ['dentɪst] *n* dentista *mf*; **to go to the** ~ ir ao dentista.
dentures ['dentʃərz] *npl* dentadura *f* (postiça).
deny [dɪ'naɪ] *vt* negar.
deodorant [di:'əʊdərənt] *n* desodorante *m*.
depart [dɪ'pɑ:rt] *vi* partir.
department [dɪ'pɑ:rtmənt] *n* departamento *m*; *(of government)* ≃ ministério *m*; *(of store)* seção *f*.
departure [dɪ'pɑ:rtʃər] *n* partida *f*; **'~s'** *(at airport)* 'embarque'.
depend [dɪ'pend] *vi*: **it ~s** depende. ▫ **depend on** *vt fus (be decided by)* depender de; *(rely on)* confiar em; **~ing on** dependendo de.
dependable [dɪ'pendəbl] *adj* de confiança, fiável.
deplorable [dɪ'plɔ:rəbl] *adj* deplorável.
deport [dɪ'pɔ:rt] *vt* deportar.
deposit [dɪ'pɒzət] *n* depósito *m*; *(part-payment)* entrada *f*. ◆ *vt* *(put down)* colocar; *(money in bank)* depositar.
depot ['di:pəʊ] *n Am (for buses, trains)* terminal *m*.
depressed [dɪ'prest] *adj* deprimido(da).
depressing [dɪ'presɪŋ] *adj* deprimente.
depression [dɪ'preʃn] *n* depressão *f*.
deprive [dɪ'praɪv] *vt*: **to ~ sb of sthg** privar alguém de algo.
depth [depθ] *n* profundidade *f*; **to be out of one's ~** *(when swimming)* não ter pé; *(fig: unable to cope)* não estar à altura; **~ of field** *(in photography)* profundidade de campo; **in ~** a fundo.
deputy ['depjətɪ] *adj* adjunto (-ta).
derelict ['derəlɪkt] *adj* abandonado(da).
descend [dɪ'send] *vt & vi* descer.
descendant [dɪ'sendənt] *n* descendente *mf*.
descent [dɪ'sent] *n* descida *f*.
describe [dɪ'skraɪb] *vt* descrever.
description [dɪ'skrɪpʃn] *n* descrição *f*.
desert [*n* 'dezərt, *vb* dɪ'zɜ:rt] *n* deserto *m*. ◆ *vt* abandonar.
deserted [dɪ'zɜ:rtəd] *adj* deserto(ta).
deserve [dɪ'zɜ:rv] *vt* merecer.
design [dɪ'zaɪn] *n* desenho *m*; *(art)* design *m*. ◆ *vt* desenhar; **to be ~ed for** ser concebido para.

designer [dɪ'zaɪnər] *n (of clothes, sunglasses)* estilista *mf*; *(of product)* designer *mf*. ◆ *adj (clothes, sunglasses)* de grife.
desirable [dɪ'zaɪərəbl] *adj* desejável.
desire [dɪ'zaɪər] *n* desejo *m*. ◆ *vt* desejar; **it leaves a lot to be ~d** deixa muito a desejar.
desk [desk] *n (in home, office)* secretária *f*; *(in school)* carteira *f*; *(at airport, station)* balcão *m*; *(at hotel)* recepção *f*.
desktop publishing ['desk,tɒp-] *n* editoração *f* eletrônica.
despair [dɪ'speər] *n* desespero *m*.
despatch [dɪ'spætʃ] *vt* = **dispatch.**
desperate ['desprət] *adj* desesperado(da); **to be ~ for sthg** precisar de algo desesperadamente.
despicable [dɪ'spɪkəbl] *adj* desprezível.
despise [dɪ'spaɪz] *vt* desprezar.
despite [dɪ'spaɪt] *prep* apesar de.
dessert [dɪ'zɜ:rt] *n* sobremesa *f*.
dessertspoon [dɪ'zɜ:rtspu:n] *n (spoon)* colher *f* de sobremesa.
destination [,destɪ'neɪʃn] *n* destino *m*.
destroy [dɪ'strɔɪ] *vt* destruir.
destruction [dɪ'strʌkʃn] *n* destruição *f*.
detach [dɪ'tætʃ] *vt* separar.
detail [dɪ'teɪl] *n* pormenor *m*, detalhe *m*; **in ~** em pormenor.
❑ **details** *npl (facts)* informações *fpl*.
detailed [dɪ'teɪld] *adj* pormenorizado(da), detalhado(da).
detect [dɪ'tekt] *vt* detectar.
detective [dɪ'tektɪv] *n* detetive *m*; **a ~ story** uma história policial.
detergent [dɪ'tɜ:rdʒənt] *n* detergente *m*.
deteriorate [dɪ'tɪərɪəreɪt] *vi* deteriorar.
determination [dɪ,tɜ:rmɪ'neɪʃn] *n (quality)* determinação *f*.
determine [dɪ'tɜ:rmɪn] *vt* determinar.
determined [dɪ'tɜ:rmɪnd] *adj* decidido(da); **to be ~ to do sthg** estar decidido a fazer algo.
deterrent [dɪ'tɜ:rənt] *n* meio *m* de dissuasão.
detest [dɪ'test] *vt* detestar.
devastate ['devəsteɪt] *vt* devastar.
develop [dɪ'veləp] *vt (idea, company, land)* desenvolver; *(film)* revelar; *(machine, method)* elaborar; *(illness, habit)* contrair; *(interest)* revelar. ◆ *vi (evolve)* desenvolver-se.
development [dɪ'veləpmənt] *n* desenvolvimento *m*; **a housing ~** um conjunto habitacional.
device [dɪ'vaɪs] *n* aparelho *m*, dispositivo *m*.
devil ['devl] *n* diabo *m*; **what the ~ ...?** *inf* que diabos ...?
devise [dɪ'vaɪz] *vt* conceber.

devoted [dɪ'vəʊtəd] *adj* dedicado(da).
dew [du:] *n* orvalho *m.*
diabetes [ˌdaɪə'bi:təs] *n* diabetes *f.*
diabetic [ˌdaɪə'betɪk] *adj (person)* diabético(ca); *(chocolate)* para diabéticos. ◆ *n* diabético *m*, -ca *f.*
diagnosis [ˌdaɪəg'nəʊsɪs] (*pl* **-oses** [-əʊsi:z]) *n* diagnóstico *m.*
diagonal [daɪ'ægnəl] *adj* diagonal.
diagram ['daɪəgræm] *n* diagrama *m.*
dial ['daɪəl] *n (of clock, radio)* mostrador *m*; *(of telephone)* disco *m.* ◆ *vt* discar.
dialling tone *n* ['daɪəlɪŋ-] *n Brit* = **dial tone.**
dial tone *n Am* sinal *m* (de discar).
diameter [daɪ'æmətər] *n* diâmetro *m.*
diamond ['daɪmənd] *n (gem)* diamante *m.* ❑ **diamonds** *npl (in cards)* ouros *mpl.*
diaper ['daɪpər] *n Am* fralda *f.*
diarrhea [ˌdaɪə'rɪə] *n* diarréia *f.*
diary ['daɪərɪ] *n (journal)* diário *m.*
dice [daɪs] (*pl inv*) *n* dado *m.*
diced [daɪst] *adj (food)* cortado (da) em cubos.
dictate [dɪk'teɪt] *vt* ditar.
dictation [dɪk'teɪʃn] *n* ditado *m.*
dictator [dɪk'teɪtər] *n* ditador *m*, -ra *f.*
dictionary ['dɪkʃənerɪ] *n* dicionário *m.*
did [dɪd] *pt* → **do.**
die [daɪ] (*pt & pp* **died,** *cont* **dying**) *vi* morrer; **to be dying for sthg** *inf* estar doido por algo; **to be dying to do sthg** *inf* estar doido para fazer algo. ❑ **die away** *vi* desvanecer-se. ❑ **die out** *vi* desaparecer.
diesel ['di:zl] *n (fuel)* diesel *m*; *(car)* carro *m* a diesel.
diet ['daɪət] *n* dieta *f.* ◆ *vi* fazer dieta. ◆ *adj* de baixa caloria.
differ ['dɪfər] *vi (disagree)* discordar; **to ~ (from)** *(be dissimilar)* ser diferente (de).
difference ['dɪfrəns] *n* diferença *f*; **it makes no ~** é igual, não faz diferença; **a ~ of opinion** uma divergência.
different ['dɪfrənt] *adj* diferente; **to be ~ (from)** ser diferente (de).
differently ['dɪfrəntlɪ] *adv* de outra forma.
difficult ['dɪfɪklt] *adj* difícil.
difficulty ['dɪfɪkltɪ] *n* dificuldade *f.*
dig [dɪg] (*pt & pp* **dug**) *vt & vi* cavar. ❑ **dig out** *vt sep (rescue)* salvar; *(find)* desenterrar. ❑ **dig up** *vt sep (from ground)* desenterrar.
digest [daɪ'dʒest] *vt* digerir.
digestion [daɪ'dʒestʃn] *n* digestão *f.*
digit ['dɪdʒət] *n (figure)* dígito *m*; *(finger, toe)* dedo *m.*
digital ['dɪdʒətl] *adj* digital.
dilute [daɪ'lu:t] *vt* diluir.
dim [dɪm] *adj (light)* fraco(ca); *(room)* escuro(ra); *(memory)* va-

go(ga); *inf (stupid)* burro(a). ◆ *vt (light)* diminuir, baixar.
dime [daɪm] *n Am moeda de dez centavos.*
dimensions [daɪ'menʃnz] *npl (measurements)* dimensões *fpl; (extent)* dimensão *f.*
dimple ['dɪmpl] *n* covinha *f* (no rosto).
din [dɪn] *n* barulho *m.*
dine [daɪn] *vi* jantar. ❑ **dine out** *vi* jantar fora.
diner ['daɪnər] *n Am (restaurant) restaurante à beira da estrada que serve refeições a preços baixos; (person)* cliente *mf (em restaurante).*

DINER

Os diners são restaurantes simples e baratos que servem refeições ligeiras. Localizam-se normalmente perto das auto-estradas americanas, embora também possam ser encontrados nas cidades. Muitas vezes, são meros vagões de trem reformados e adaptados, com uma clientela composta em grande parte de caminhoneiros.

---

dinghy ['dɪŋgɪ] *n (with sail)* barco *m* a vela; *(with oars)* barco a remos.
dingy ['dɪndʒɪ] *adj* miserável.
dining room ['daɪnɪŋ-] *n* sala *f* de jantar.
dinner ['dɪnər] *n (in evening)* jantar *m; (at lunchtime)* almoço *m;* **to have ~** *(at lunchtime)* almoçar; *(in evening)* jantar.
dinner jacket *n* smoking *m.*
dinner party *n* jantar *m.*
dinosaur ['daɪnəsɔːr] *n* dinossauro *m.*
dip [dɪp] *n (in road, land)* depressão *f; (food) molho que se serve com legumes crus e salgadinhos.* ◆ *vt (into liquid)* mergulhar. ◆ *vi (road, land)* descer; **to have a ~** *(swim)* dar um mergulho.
diploma [dɪ'pləʊmə] *n* diploma *m.*
direct [də'rekt] *adj* direto(ta). ◆ *adv* diretamente. ◆ *vt* dirigir; *(movie, TV program)* realizar; *(play)* encenar; **can you ~ me to the train station?** podia me mostrar o caminho para a estação de trem?
direction [də'rekʃn] *n (of movement)* direção *f.* ❑ **directions** *npl (instructions)* instruções *fpl;* **to ask for ~s** pedir indicações.
directly [də'rektlɪ] *adv (exactly)* exatamente; *(soon)* diretamente.
director [də'rektər] *n* diretor *m,* -ra *f; (of movie, TV program)* realizador *m,* -ra *f; (of play)* encenador *m,* -ra *f.*
directory [də'rektərɪ] *n* lista *f* telefônica.
directory assistance *n Am* auxílio *m* à lista.
directory enquiries *n Brit* = **directory assistance.**
dirt [dɜːrt] *n* sujeira *f; (earth)* terra *f.*
dirty ['dɜːrtɪ] *adj* sujo(ja); *(joke)* porco (ca).

disability [ˌdɪsəˈbɪlətɪ] *n* deficiência *f.*
disabled [dɪsˈeɪbld] *adj* deficiente. ◆ *npl:* **the ~** os deficientes; **'~ restroom'** 'banheiro para deficientes'.
disadvantage [ˌdɪsədˈvɑːntɪdʒ] *n* desvantagem *f*, inconveniente *m.*
disagree [ˌdɪsəˈgriː] *vi (people)* não estar de acordo; **to ~ with sb (about)** não concordar com alguém (sobre); **those mussels ~d with me** os mexilhões me fizeram mal.
disagreement [ˌdɪsəˈgriːmənt] *n (argument)* discussão *f*; *(dissimilarity)* diferença *f.*
disappear [ˌdɪsəˈpɪər] *vi* desaparecer.
disappearance [ˌdɪsəˈpɪərəns] *n* desaparecimento *m.*
disappoint [ˌdɪsəˈpɔɪnt] *vt* desiludir.
disappointed [ˌdɪsəˈpɔɪntəd] *adj* desiludido(da).
disappointing [ˌdɪsəˈpɔɪntɪŋ] *adj* decepcionante.
disappointment [ˌdɪsəˈpɔɪntmənt] *n* decepção *f*, desapontamento *m.*
disapprove [ˌdɪsəˈpruːv] *vi:* **to ~ of** não aprovar.
disaster [dɪˈzæstər] *n* desastre *m.*
disastrous [dɪˈzæstrəs] *adj* desastroso(osa).
disc [dɪsk] *n* disco *m*; *(CD)* CD *m.*
discard [dɪˈskɑːrd] *vt* desfazer-se de.
discharge [dɪsˈtʃɑːrdʒ] *vt (prisoner)* libertar; *(patient)* dar alta a; *(soldier)* dispensar; *(liquid)* despejar; *(smoke, gas)* emitir.
disciple [dɪˈsaɪpl] *n* discípulo *m*, -la *f.*
discipline [ˈdɪsəplɪn] *n* disciplina *f.*
disc jockey *n* discotecário *m*, -ria *f*, disc-jóquei *mf.*
disclose [dɪsˈkləʊz] *vt* revelar, divulgar.
disco [ˈdɪskəʊ] (*pl* **discos**) *n (place)* discoteca *f*; *(event)* baile *m.*
discolored [dɪsˈkʌlərd] *adj* descolorado(da).
discomfort [dɪsˈkʌmfərt] *n* desconforto *m.*
disconnect [ˌdɪskəˈnekt] *vt* desconectar; *(telephone, gas supply)* cortar.
discontinued [ˌdɪskənˈtɪnjuːd] *adj (product)* fora de linha.
discount [ˈdɪskaʊnt] *n* desconto *m.*
discover [dɪˈskʌvər] *vt* descobrir.
discovery [dɪˈskʌvərɪ] *n* descoberta *f.*
discreet [dɪˈskriːt] *adj* discreto(ta).
discrepancy [dɪˈskrepənsɪ] *n* discrepância *f.*
discriminate [dɪˈskrɪmɪneɪt] *vi:* **to ~ against sb** discriminar alguém.
discrimination [dɪˌskrɪmɪˈneɪʃn] *n* discriminação *f.*
discuss [dɪˈskʌs] *vt* discutir.

discussion [dɪ'skʌʃn] *n* discussão *f*.
disease [dɪ'zi:z] *n* doença *f*.
disembark [ˌdɪsɪm'bɑ:rk] *vi* desembarcar.
disgrace [dɪs'greɪs] *n* vergonha *f*; **it's a ~ !** é uma vergonha!
disgraceful [dɪs'greɪsfl] *adj* vergonhoso(osa).
disguise [dɪs'gaɪz] *n* disfarce *m*. ◆ *vt* disfarçar; **in ~** disfarçado.
disgust [dɪs'gʌst] *n* repugnância *f*, nojo *m*. ◆ *vt* enojar, repugnar.
disgusting [dɪs'gʌstɪŋ] *adj* nojento(ta).
dish [dɪʃ] *n* prato *m*; **to do the ~es** lavar a louça; **'~ of the day'** 'prato do dia'. ❑ **dish up** *vt sep* servir.
disheveled [dɪ'ʃevld] *adj Am (hair)* despenteado(da); *(person)* desarrumado(da).
dishevelled [dɪ'ʃevld] *adj Brit* = **disheveled.**
dishonest [dɪs'ɒnəst] *adj* desonesto(ta).
dishwasher ['dɪʃˌwɒʃər] *n (machine)* máquina *f* de lavar louça.
disinfect [ˌdɪsɪn'fekt] *vt* desinfetar.
disinfectant [ˌdɪsɪn'fektənt] *n* desinfetante *m*.
disintegrate [dɪs'ɪntəgreɪt] *vi* desintegrar-se.
disk [dɪsk] *n* = **disc**; COMPUT disco *m*; *(floppy)* disquete *f*; **to slip a ~** deslocar uma vértebra.
disk drive *n* drive *m*.
dislike [dɪs'laɪk] *n* aversão *f*. ◆ *vt* não gostar de; **to take a ~ to** não simpatizar com.
dislocate ['dɪsləkeɪt] *vt* deslocar.
dismal ['dɪzməl] *adj (weather, place)* deprimente; *(terrible)* péssimo(ma).
dismantle [dɪs'mæntl] *vt* desmontar.
dismay [dɪs'meɪ] *n* consternação *f*.
dismiss [dɪs'mɪs] *vt (not consider)* rejeitar; *(from job)* despedir; *(from classroom)* dispensar.
disobedient [ˌdɪsə'bi:djənt] *adj* desobediente.
disobey [ˌdɪsə'beɪ] *vt* desobedecer.
disorder [dɪs'ɔ:rdər] *n (confusion)* desordem *f*; *(violence)* distúrbios *mpl*; *(illness)* problema *m*; *(mental illness)* distúrbio *m*.
disorganized [dɪs'ɔ:rgənaɪzd] *adj* desorganizado(da).
dispatch [dɪ'spætʃ] *vt* enviar.
dispense [dɪ'spens]: **dispense with** *vt fus* prescindir de, passar sem.
dispenser [dɪ'spensər] *n (device)* máquina *f* distribuidora.
disperse [dɪ'spɜ:rs] *vt* dispersar. ◆ *vi* dispersar-se.
display [dɪ'spleɪ] *n (of products)* exposição *f*; *(public event)* espetáculo *m*; *(readout)* visualização *f*. ◆ *vt (products)* expor; *(feeling, quality)* demonstrar; *(information)* afixar; **on ~** exposto.
disposable [dɪ'spəʊzəbl] *adj* descartável.
dispute [dɪ'spju:t] *n (argument)*

discussão *f*; *(industrial)* conflito *m*. ◆ *vt* discutir.
disqualify [ˌdɪsˈkwɒlɪfaɪ] *vt* desqualificar.
disregard [ˌdɪsrɪˈgɑːrd] *vt* ignorar.
disrupt [dɪsˈrʌpt] *vt* perturbar, transtornar.
disruption [dɪsˈrʌpʃn] *n* transtorno *m*.
dissatisfied [ˌdɪsˈsætəsfaɪd] *adj* insatisfeito(ta).
dissolve [dɪˈzɒlv] *vt* dissolver. ◆ *vi* dissolver-se.
dissuade [dɪˈsweɪd] *vt*: **to ~ sb from doing sthg** dissuadir alguém de fazer algo.
distance [ˈdɪstəns] *n* distância *f*; **from a ~** de longe; **in the ~** ao longe.
distant [ˈdɪstənt] *adj* distante.
distillery [dɪˈstɪlərɪ] *n* destilaria *f*.
distinct [dɪˈstɪŋkt] *adj* distinto(ta).
distinction [dɪˈstɪŋkʃn] *n* distinção *f*.
distinctive [dɪˈstɪŋktɪv] *adj* característico(ca).
distinguish [dɪˈstɪŋgwɪʃ] *vt* distinguir; **to ~ sthg from sthg** distinguir algo de algo.
distorted [dɪˈstɔːrtəd] *adj* distorcido(da).
distract [dɪˈstrækt] *vt* distrair.
distraction [dɪˈstrækʃn] *n* distração *f*.
distress [dɪˈstres] *n* *(pain)* sofrimento *m*, dor *f*; *(anxiety)* angústia *f*.
distressing [dɪˈstresɪŋ] *adj* angustiante.
distribute [dɪˈstrɪbjət] *vt* distribuir.
distributor [dɪˈstrɪbjətər] *n* COMM distribuidor *m*, -ra *f*; AUT distribuidor *m*.
district [ˈdɪstrɪkt] *n* *(region)* ≃ distrito *m*; *(of city)* ≃ bairro *m*.
disturb [dɪˈstɜːrb] *vt* *(interrupt)* incomodar; *(worry)* preocupar; *(move)* mexer em; **'do not ~'** 'favor não incomodar'.
disturbance [dɪˈstɜːrbəns] *n* *(violence)* distúrbio *m*.
ditch [dɪtʃ] *n* fosso *m*.
ditto [ˈdɪtəʊ] *adv* idem.
divan [dɪˈvæn] *n* divã *m*.
dive [daɪv] (*Am pt* **-d** OR **dove,** *Brit pt* **-d**) *n* *(of swimmer)* mergulho *m*. ◆ *vi* mergulhar; *(bird, plane)* descer em vôo picado; *(rush)* lançar-se.
diver [ˈdaɪvər] *n* mergulhador *m*, -ra *f*.
diversion [daɪˈvɜːrʃn] *n* *(amusement)* diversão *f*; *Brit* *(of traffic)* desvio *m*.
divert [daɪˈvɜːrt] *vt* desviar.
divide [dɪˈvaɪd] *vt* dividir.
❑ **divide up** *vt sep* dividir.
diving [ˈdaɪvɪŋ] *n* mergulho *m*; **to go ~** ir mergulhar.
diving board *n* trampolim *m*.
division [dɪˈvɪʒn] *n* divisão *f*; COMM departamento *m*.
divorce [dɪˈvɔːrs] *n* divórcio *m*. ◆ *vt* divorciar-se de.

divorced [dɪ'vɔːrst] *adj* divorciado(da).

dizzy ['dɪzɪ] *adj* tonto(ta).

DJ *n* (*abbr of disc jockey*) DJ.

do [duː] (*pt* **did**, *pp* **done**, *pl* **dos**) *aux vb* **-1.** (*in negatives*): **don't ~ that!** não faça isso!; **she didn't see it** ela não o viu.
-2. (*in questions*): **~ you like it?** você gosta?; **how ~ you do it?** como é que se faz?
-3. (*referring to previous verb*): **~ you smoke? – yes, I ~ /no, I don't** você fuma? – sim/não; **I eat more than you ~** eu como mais do que você; **no, I didn't do it!** não fiz, não!; **so ~ I** eu também.
-4. (*in question tags*): **so, you like New York, ~ you?** então você gosta da Nova York, não gosta?; **the train leaves at five o'clock, doesn't it?** o trem sai às cinco, não é (verdade)?
-5. (*for emphasis*): **I ~ like this bedroom** eu realmente gosto deste quarto; **~ come in!** faça o favor de entrar!
◆ *vt* **-1.** (*perform*) fazer; **to ~ one's homework** fazer o dever de casa; **what is she doing?** o que ela está fazendo?; **what can I ~ for you?** em que posso ajudá-lo?
-2. (*clean, brush, etc*): **to ~ one's hair** pentear-se; **to ~ one's make-up** maquiar-se; **to ~ one's teeth** escovar os dentes.
-3. (*cause*) fazer; **to ~ damage** fazer estragos; **to ~ sb good** fazer bem a alguém.
-4. (*have as job*): **what do you ~?** o que você faz?
-5. (*provide, offer*) fazer; **we ~ pizzas for under $5** vendemos pizzas por menos de 5 dólares.
-6. (*subj: vehicle*) ir a; **the car was doing 50mph** o carro ia a 80 km/h.
-7. *inf* (*visit*) visitar; **we're doing Scotland next week** para a semana vamos visitar a Escócia.
◆ *vi* **-1.** (*behave, act*) fazer; **~ as I say** faça como eu lhe digo.
-2. (*progress*): **he did badly/well on his test** ele foi mal/bem no exame; **how did you ~?** como é que foi?
-3. (*be sufficient*) chegar; **will $10 ~?** 10 dólares chega?
-4. (*in phrases*): **how ~ you ~?** (*greeting*) (muito) prazer (em conhecê-lo); **how are you doing?** como é que vão as coisas?; **what does that have to ~ with it?** o que é que isso tem a ver?
◆ *n* (*party*) festa *f*; **~s and don'ts** o que fazer e não fazer.
◆ **do up** *vt sep* (*coat, shirt*) abotoar; (*shoes, laces*) apertar, atar; (*zip*) fechar; (*decorate*) renovar.
◆ **do with** *vt fus* (*need*): **I could ~ with a drink** eu bem que beberia alguma coisa.
◆ **do without** *vt fus* passar sem.

dock [dɒk] *n* (*for ships*) doca *f*; JUR banco *m* dos réus. ◆ *vi* atracar.

doctor ['dɒktər] *n* (*of medicine*) médico *m*, -ca *f*, doutor *m*, -ra *f*; (*academic*) doutor *m*, -ra *f*; **to go to the ~** ir ao médico.

document ['dɒkjəmənt] *n* documento *m*.

documentary [ˌdɒkjəˈmentərɪ] *n* documentário *m*.
does [*weak form* dəz, *strong form* dʌz] → **do.**
doesn't [ˈdʌznt] = **does not.**
dog [dɒg] *n* cão *m*, cachorro *m*.
do-it-yourself *n* sistema *m* faça-você-mesmo.
doll [dɒl] *n* boneca *f*.
dollar [ˈdɒlər] *n* dólar *m*.
dolphin [ˈdɒlfɪn] *n* golfinho *m*.
dome [dəʊm] *n* abóbada *f*.
domestic [dəˈmestɪk] *adj* doméstico(ca); *(of country)* nacional.
domestic flight *n* vôo *m* doméstico.
dominate [ˈdɒmɪneɪt] *vt* dominar.
dominoes [ˈdɒmɪnəʊz] *n* dominó *m*.
donate [dəˈneɪt] *vt* doar.
donation [dəˈneɪʃn] *n* doação *f*.
done [dʌn] *pp* → **do.** ◆ *adj* pronto(ta).
donkey [ˈdɒŋkɪ] *n* burro *m*.
don't [dəʊnt] = **do not.**
door [dɔːr] *n* porta *f*.
doorbell [ˈdɔːrbel] *n* campainha *f*.
doorman [ˈdɔːrmən] (*pl* **-men**) *n* porteiro *m*.
doormat [ˈdɔːrmæt] *n* tapete *m*, capacho *m*.
doorstep [ˈdɔːrstep] *n* degrau *m*.
doorway [ˈdɔːrweɪ] *n* entrada *f*.
dope [dəʊp] *n inf (any illegal drug)* droga *f*; *(marijuana)* erva *f*, maconha *f*.
dormitory [ˈdɔːrmətɔːrɪ] *n* dormitório *m*.
dosage [ˈdəʊsɪdʒ] *n* dose *f*.
dose [dəʊs] *n (amount)* dose *f*; *(of illness)* ataque *m*.
dot [dɒt] *n* ponto *m*; **on the ~** *fig* em ponto.
double [ˈdʌbl] *adj* duplo(pla). ◆ *n (twice the amount)* o dobro; *(alcohol)* dose *f* dupla. ◆ *vt & vi* duplicar. ◆ *adv*: **it's ~ the size** tem o dobro do tamanho; **to bend sthg ~** dobrar algo ao meio; **a ~ whiskey** um uísque duplo; **~ three, four, two** três, três, quatro, dois; **~ "r"** dois erres. ❑ **doubles** *n (in tennis)* dupla *f*.
double bed *n* cama *f* de casal.
double-breasted [-ˈbrestəd] *adj* trespassado(da).
double-glazing [-ˈgleɪzɪŋ] *n* vidros *mpl* duplos.
doubt [daʊt] *n* dúvida *f*. ◆ *vt* duvidar de; **I ~ it** duvido; **I ~ she'll be there** duvido que ela esteja lá; **in ~** *(person)* em dúvida; *(outcome)* incerto; **no ~** sem dúvida.
doubtful [ˈdaʊtfl] *adj (uncertain)* improvável; **it's ~ that ...** *(unlikely)* é pouco provável que ...
dough [dəʊ] *n* massa *f*.
doughnut [ˈdəʊnʌt] *n (without hole)* ≃ sonho *m*; *(with hole)* Donut *m*.
dove[1] [dʌv] *n (bird)* pomba *f*.

dove² [dəʊv] *pt Am* → **dive.**

down [daʊn] *adv* **-1.** *(toward the bottom)* para baixo; ~ **here/there** aqui/ali em baixo; **to fall** ~ cair; **to go** ~ descer.
-2. *(along)*: **I'm going** ~ **to the shops** vou até a loja.
-3. *(downstairs)*: **I'll come** ~ **later** vou descer mais tarde.
-4. *(southward)* para baixo; **we're going** ~ **to Miami** vamos até Miami.
-5. *(in writing)*: **to write sthg** ~ anotar algo.
-6. *(in phrases)*: **to come** ~ **with** *(illness)* adoecer com.
◆ *prep* **-1.** *(toward the bottom of)*: **they ran** ~ **the hill** eles correram pelo monte abaixo.
-2. *(along)*: **I was walking** ~ **the street** ia andando pela rua.
◆ *adj inf (depressed)* deprimido (da).
◆ *n (feathers)* penugem *f*.

downpour ['daʊnpɔ:r] *n* aguaceiro *m*.

downstairs [,daʊn'steərz] *adj* do andar de baixo. ◆ *adv* no andar de baixo; **to come** OR **go** ~ descer.

downstream [,daʊn'stri:m] *adv* rio abaixo.

downtown [,daʊn'taʊn] *adj (hotel)* central; *(train, bus)* do centro. ◆ *adv (live)* no centro; *(go)* ao centro; ~ **New York** o centro de Nova York.

doze [dəʊz] *vi* dormitar, cochilar.

dozen ['dʌzn] *n* dúzia *f*; **a** ~ **eggs** uma dúzia de ovos.

Dr. *(abbr of Doctor)* Dr. *m*, Dra. *f*.

drab [dræb] *adj* sem graça.

draft [dræft] *n (early version)* rascunho *m*; *(money order)* ordem *f* de pagamento; *Am (of air)* corrente *f* de ar. ◆ *vt (into army)* recrutar.

draft beer *n* chope *m*.

drafty ['dræftɪ] *adj* cheio (cheia) de correntes de ar.

drag [dræg] *vt (pull along)* arrastar. ◆ *vi (along ground)* arrastar-se; **what a** ~! *inf* que chatice!
❑ **drag on** *vi* arrastar-se.

drain [dreɪn] *n (pipe)* esgoto *m*. ◆ *vt (tank, radiator)* esvaziar. ◆ *vi (vegetables, dishes)* escorrer.

draining board ['dreɪnɪŋ-] *n* escorredor *m* de louça.

drainpipe ['dreɪnpaɪp] *n* cano *m* de esgoto.

drama ['drɑ:mə] *n (play)* peça *f* de teatro; *(art)* teatro *m*; *(excitement)* drama *m*.

dramatic [drə'mætɪk] *adj* dramático(ca).

drank [dræŋk] *pt* → **drink.**

drapes [dreɪps] *npl Am* cortinas *fpl*.

drastic ['dræstɪk] *adj* drástico (ca).

drastically ['dræstɪklɪ] *adv* drasticamente.

draught [drɑ:ft] *Brit* = **draft.**

draw [drɔ:] (*pt* **drew,** *pp* **drawn**) *vt (with pen, pencil)* desenhar; *(line)* traçar; *(pull)* puxar; *(attract)* atrair; *(comparison)* estabelecer; *(conclusion)* chegar a. ◆ *vi (with pen, pencil)* desenhar;

SPORT empatar. ◆ *n* SPORT *(result)* empate *m*; *(lottery)* sorteio *m*; **to ~ the curtains** *(open)* abrir as cortinas; *(close)* fechar as cortinas. ❑ **draw out** *vt sep (money)* levantar. ❑ **draw up** ◆ *vt sep (list, contract)* redigir; *(plan)* elaborar. ◆ *vi (car, bus)* parar.

drawback ['drɔ:bæk] *n* inconveniente *m*.

drawer [drɔ:r] *n* gaveta *f*.

drawing ['drɔ:ɪŋ] *n* desenho *m*.

drawing board *n* prancheta *f* de desenho.

drawn [drɔ:n] *pp* → **draw.**

dreadful ['dredfl] *adj* terrível.

dream [dri:m] *n* sonho *m*. ◆ *vt* sonhar. ◆ *vi*: **to ~ (of)** sonhar (com); **a ~ house** uma casa de sonho.

dress [dres] *n (for woman, girl)* vestido *m*; *(clothes)* roupa *f*. ◆ *vt (person, baby)* vestir; *(wound)* pensar; *(salad)* temperar. ◆ *vi* vestir-se; **to be ~ed in** estar vestido de; **to get ~ed** vestir-se. ❑ **dress up** *vi (in costume)* disfarçar-se; *(in best clothes)* vestir-se elegantemente.

dresser ['dresər] *n Am (chest of drawers)* cômoda *f*; *Brit (for crockery)* aparador *m*.

dressing ['dresɪŋ] *n (for salad)* tempero *m*; *(for wound)* curativo *m*.

dressing room *n* camarim *m*.

dressing table *n* toucador *m*.

dressmaker ['dres,meɪkər] *n* costureiro *m*, -ra *f*.

dress rehearsal *n* ensaio *m* geral.

drew [dru:] *pt* → **draw.**

dribble ['drɪbl] *vi (liquid)* pingar; *(baby)* babar-se.

drier ['draɪər] = **dryer.**

drift [drɪft] *n (of snow)* monte *m*. ◆ *vi (in wind)* ser levado pelo vento; *(in water)* ser levado pela água, derivar.

drill [drɪl] *n (electric tool)* furadeira *f*; *(manual tool, of dentist)* broca *f*. ◆ *vt (hole)* furar.

drink [drɪŋk] (*pt* **drank,** *pp* **drunk**) *n (of water, tea, etc)* bebida *f*; *(alcoholic)* drinque *m*, bebida. ◆ *vt & vi* beber; **would you like a ~?** quer beber OR tomar algo?; **to have a ~** *(alcoholic)* beber OR tomar um drinque.

drinking water ['drɪŋkɪŋ-] *n* água *f* potável.

drip [drɪp] *n (drop)* gota *f*; MED aparelho *m* de soro. ◆ *vi* pingar.

dripping (wet) ['drɪpɪŋ-] *adj* encharcado(da).

drive [draɪv] (*pt* **drove,** *pp* **driven**) *n (trip)* viagem *f*; *(in front of house)* acesso *m*, caminho *m*. ◆ *vt (car, bus, train)* dirigir; *(take in car)* levar (em carro). ◆ *vi (drive car)* dirigir; *(travel in car)* ir de carro; **to go for a ~** ir dar um passeio de carro; **it's ~n by electricity** funciona a eletricidade; **to ~ sb to do sthg** levar alguém a fazer algo; **to ~ sb crazy** deixar alguém louco.

driven ['drɪvn] *pp* → **drive.**

driver ['draɪvər] *n (of car, taxi, bus)* motorista *mf*; *(of train)* maquinista *mf*.
driver's license *n Am* carteira *f* de motorista.
driveway ['draɪvweɪ] *n* acesso *m*, caminho *m*.
driving licence *n Brit* = **driver's license.**
driving test *n* exame *m* de direção.
drizzle ['drɪzl] *n* chuvisco *m*.
drop [drɒp] *n* gota *f*, pingo *m*; *(distance down)* descida *f*; *(decrease)* queda *f*. ◆ *vt (let fall by accident)* deixar cair; *(let fall on purpose)* jogar; *(reduce)* baixar; *(from vehicle)* deixar; *(omit)* omitir. ◆ *vi (fall)* cair; *(decrease)* baixar; **to ~ a hint that** dar a entender que; **to ~ sb a line** escrever a alguém. ❑ **drop in** *vi inf*: **to ~ in on sb** passar pela casa de alguém. ❑ **drop off** ◆ *vt sep (from vehicle)* deixar. ◆ *vi (fall asleep)* adormecer; *(fall off)* cair. ❑ **drop out** *vi (of college)* abandonar os estudos; *(of race)* desistir.
drought [draʊt] *n* seca *f*.
drove [drəʊv] *pt* → **drive.**
drown [draʊn] *vi* afogar-se.
drug [drʌg] *n* droga *f*. ◆ *vt* drogar.
drug addict *n* drogado *m*, -da *f*, toxicômano *m*, -na *f*.
drum [drʌm] *n* MUS tambor *m*; *(container)* barril *m*; **to play the ~s** tocar bateria.
drummer ['drʌmər] *n* baterista *mf*.
drumstick ['drʌmstɪk] *n (of chicken)* coxa *f*.
drunk [drʌŋk] *pp* → **drink.** ◆ *adj* bêbado(da). ◆ *n* bêbado *m*, -da *f*; **to get ~** embebedar-se.
dry [draɪ] *adj* seco(ca). ◆ *vt (hands, dishes, clothes)* secar. ◆ *vi* secar; **to ~ o.s.** secar-se; **to ~ one's hair** secar o cabelo. ❑ **dry up** *vi (become dry)* secar.
dry-clean *vt* lavar a seco.
dry cleaners *n* tinturaria *f*.
dryer ['draɪər] *n (for clothes)* máquina *f* de secar; *(for hair)* secador *m*.
dubbed [dʌbd] *adj (movie)* dublado(da).
dubious ['du:bjəs] *adj (suspect)* duvidoso(osa).
duchess ['dʌtʃəs] *n* duquesa *f*.
duck [dʌk] *n* pato *m*. ◆ *vi* abaixar-se.
due [du:] *adj (owed)* devido (da); *(to be paid)* a pagar; **the train is ~ at eight o'clock** a chegada do trem está prevista para as oito; **in ~ course** no tempo devido; **~ to** devido a.
duet [du:'et] *n* dueto *m*.
dug [dʌg] *pt & pp* → **dig.**
duke [du:k] *n* duque *m*.
dull [dʌl] *adj (boring)* chato(ta), aborrecido(da); *(not bright)* baço(ça); *(weather)* cinzento(ta); *(pain)* incômodo(da).
dumb [dʌm] *adj inf (stupid)* estúpido(da); *(unable to speak)* mudo(da).
dummy ['dʌmɪ] *n (for clothes)* manequim *m*.

dump [dʌmp] *n (for garbage)* lixeira *f*; *inf (place)* espelunca *f*. ◆ *vt (drop carelessly)* deixar cair; *(get rid of)* desfazer-se de.
dune [du:n] *n* duna *f*.
dungarees [ˌdʌŋgəˈri:z] *npl* macacão *m*.
dungeon [ˈdʌndʒən] *n* masmorra *f*.
duo [ˈdu:əʊ] *n* duo *m*.
duplicate [ˈdu:plɪkət] *n* duplicado *m*.
during [ˈdʊərɪŋ] *prep* durante.
dusk [dʌsk] *n* crepúsculo *m*.
dust [dʌst] *n (in building)* pó *m*; *(on ground)* pó, poeira *f*. ◆ *vt (furniture, object)* tirar o pó de.
duster [ˈdʌstər] *n* pano *m* de pó.
dustpan [ˈdʌstpæn] *n* pá *f* de lixo.
dusty [ˈdʌstɪ] *adj (road)* poeirento(ta); *(room, air)* cheio (cheia) de pó.
duty [ˈdu:tɪ] *n (moral obligation)* dever *m*; *(tax)* taxa *f*; **to be on** ~ estar de plantão; **to be off** ~ estar de folga. ❑ **duties** *npl (job)* funções *fpl*.
duty-free *adj* livre de impostos. ◆ *n (article)* artigo *m* isento de impostos alfandegários.
duvet [duˈveɪ] *n* edredom *m*.
DVD *n (abbr of Digital Video or Versatile Disc)* DVD *m*.
dwarf [dwɔ:rf] (*pl* **dwarves** [dwɔ:rvz]) *n* anão *m*, anã *f*.
dwelling [ˈdwelɪŋ] *n fml* moradia *f*.
dye [daɪ] *n* tinta *f* (para tingir). ◆ *vt* tingir.
dynamite [ˈdaɪnəmaɪt] *n* dinamite *f*.
dynamo [ˈdaɪnəməʊ] (*pl* **-s**) *n* dínamo *m*.
dyslexic [dɪsˈleksɪk] *adj* disléxico(ca).

E

E *(abbr of east)* E.
each [i:tʃ] *adj & pron* cada; ~ **one** cada um (cada uma); ~ **of them** cada um deles (cada uma delas); ~ **other** um ao outro; **they fought** ~ **other** lutaram um contra o outro; **we know** ~ **other** nós nos conhecemos; **one** ~ um a cada um; **one of** ~ um de cada.
eager [ˈi:gər] *adj (student)* entusiasta; *(expression)* de entusiasmo; **to be** ~ **to do sthg** estar ansioso por fazer algo; ~ **to please** doido para agradar.
eagle [ˈi:gl] *n* águia *f*.
ear [ɪər] *n* orelha *f*; *(of corn)* espiga *f*.
earache [ˈɪəreɪk] *n* dor *f* de ouvido; **I have an** ~ estou com dor de ouvido.
earl [ɜ:rl] *n* conde *m*.
early [ˈɜ:rlɪ] *adj (before usual or arranged time)* antecipado(da). ◆ *adv* cedo; **I need to catch an** ~ **train** preciso pegar um trem

que passa mais cedo; **it arrived an hour** ~ chegou uma hora mais cedo; ~ **last year** no início do ano passado; **in the** ~ **morning** de madrugada; **at the earliest** o mais cedo possível, no mínimo; ~ **on** cedo; **to have an** ~ **night** deitar-se cedo.

earn [ɜ:rn] *vt* ganhar; **to** ~ **a living** ganhar a vida.

earnings ['ɜ:rnɪŋz] *npl* rendimentos *mpl*.

earphones ['ɪərfəʊnz] *npl* fones *mpl* de ouvido.

earplugs ['ɪərplʌgz] *npl* tampões *mpl* auriculares OR para os ouvidos.

earrings ['ɪərɪŋz] *npl* brincos *mpl*.

earth [ɜ:rθ] *n* terra *f*; **how on** ~ **...?** como diabo ...?

earthquake ['ɜ:rθkweɪk] *n* terremoto *m*.

ease [i:z] *n* facilidade *f*. ◆ *vt* *(pain, tension)* aliviar; *(problem)* minorar; **at** ~ à vontade; **with** ~ com facilidade, facilmente. ❑ **ease off** *vi* diminuir.

easily ['i:zəlɪ] *adv (without difficulty)* facilmente; *(by far)* de longe.

east [i:st] *n* leste *m*, este *m*. ◆ *adj* leste, este. ◆ *adv (be situated)* a leste; *(fly, walk)* para este, para leste; **in the** ~ **of the country** no leste do país; **the East** *(Asia)* o Oriente.

Easter ['i:stər] *n* Páscoa *f*.

eastern ['i:stərn] *adj* de leste, do este. ❑ **Eastern** *adj (Asian)* oriental.

eastward ['i:stwərd] *adv* em direção ao leste OR este, para leste OR este.

easy ['i:zɪ] *adj* fácil; **to take it** ~ *(relax)* levar as coisas com calma; **take it** ~**!** *(be calm)* tenha calma!

easygoing [ˌi:zɪ'gəʊɪŋ] *adj* descontraído(da).

eat [i:t] (*pt* **ate**, *pp* **eaten** ['i:tn]) *vt & vi* comer. ❑ **eat out** *vi* comer fora.

ebony ['ebənɪ] *n* ébano *m*.

eccentric [ɪk'sentrɪk] *adj* excêntrico(ca).

echo ['ekəʊ] (*pl* **-es**) *n* eco *m*. ◆ *vi* ecoar.

ecological [ˌi:kə'lɒdʒɪkl] *adj* ecológico(ca).

ecology [ɪ'kɒlədʒɪ] *n* ecologia *f*.

e-commerce *n* comércio *m* eletrônico.

economic [ˌi:kə'nɒmɪk] *adj* econômico(ca). ❑ **economics** *n* economia *f*.

economical [ˌi:kə'nɒmɪkl] *adj* econômico(ca).

economize [ɪ'kɒnəmaɪz] *vi* economizar.

economy [ɪ'kɒnəmɪ] *n* economia *f*.

economy class *n* classe *f* turística.

ecotourism [ˌi:kəʊ'tʊərɪzm] *n* ecoturismo *m*.

ecstasy ['ekstəsɪ] *n* *(great joy)* êxtase *m*; *(drug)* ecstasy *f*.

eczema [ɪg'zi:mə] *n* eczema *m*.
edge [edʒ] *n (border)* beira *f*; *(of table, coin, plate)* borda *f*; *(of knife)* fio *m*, gume *m*.
edible ['edɪbl] *adj* comestível.
edition [ɪ'dɪʃn] *n* edição *f*.
editor ['edɪtər] *n (of text)* editor *m*, -ra *f*; *(of newspaper, magazine)* diretor *m*, -ra *f*; *(of movie, TV program)* técnico *m*, -ca *f* de montagem.
educate ['edʒʊkeɪt] *vt* educar.
education [,edʒʊ'keɪʃn] *n* educação *f*.
eel [i:l] *n* enguia *f*.
effect [ɪ'fekt] *n* efeito *m*; **to put sthg into ~** pôr em prática; **to take ~** *(medicine)* fazer efeito; *(law)* entrar em vigor.
effective [ɪ'fektɪv] *adj (successful)* eficaz; *(law, system)* em vigor.
effectively [ɪ'fektɪvlɪ] *adv (successfully)* eficazmente, com eficácia; *(in fact)* com efeito.
efficient [ɪ'fɪʃənt] *adj (person)* eficiente; *(factory)* econômico (ca).
effort ['efərt] *n* esforço *m*; **to make an ~ to do sthg** fazer um esforço para fazer algo; **it's not worth the ~** não vale a pena o esforço.
e.g. *adv* e.g., p. ex.
egg [eg] *n* ovo *m*.
eggplant ['egplænt] *n Am* berinjela *f*.
eight [eɪt] *num* oito → **six.**
eighteen [,eɪ'ti:n] *num* dezoito → **six.**
eighteenth [,eɪ'ti:nθ] *num* décimo oitavo (décima oitava) → **sixth.**
eighth [eɪtθ] *num* oitavo(va) → **sixth.**
eightieth ['eɪtɪəθ] *num* octogésimo(ma) → **sixth.**
eighty ['eɪtɪ] *num* oitenta → **six.**
either ['i:ðr] *adj*: **~ book will do** qualquer um dos livros serve. ◆ *pron*: **I'll take ~ (of them)** levo qualquer um (deles); **I don't like ~ (of them)** não gosto de nenhum (deles). ◆ *adv*: **I can't ~** também não posso; **~ ... or** ou ... ou; **I don't speak ~ Portuguese or English** não falo nem português nem inglês; **on ~ side** dos dois lados.
eject [ɪ'dʒekt] *vt (cassette)* tirar.
elaborate [ɪ'læbrət] *adj* elaborado(da), complicado(da).
elastic [ɪ'læstɪk] *n* elástico *m*.
elastic band *n Brit* elástico *m*.
elbow ['elbəʊ] *n* cotovelo *m*.
elder ['eldər] *adj* mais velho (lha).
elderly ['eldərlɪ] *adj* idoso (osa). ◆ *npl*: **the ~** os idosos.
eldest ['eldɪst] *adj* mais velho (lha).
elect [ɪ'lekt] *vt* eleger; **to ~ to do sthg** *(fml: choose)* escolher fazer algo.
election [ɪ'lekʃn] *n* eleição *f*.

ELECTION

As eleições presidenciais americanas realizam-se a cada quatro anos. Pela lei, o presidente não pode ter mais de dois mandatos consecutivos. As eleições gerais britânicas são realizadas de cinco em cinco anos, mas o primeiro-ministro pode convocá-las a qualquer momento. Nos dois casos, o voto não é obrigatório.

---

electric [ɪ'lektrɪk] *adj* elétrico (ca).

electrician [ˌɪlek'trɪʃn] *n* eletricista *mf*.

electricity [ˌɪlek'trɪsətɪ] *n* eletricidade *f*.

electric shock *n* choque *m* elétrico.

electrocute [ɪ'lektrəkju:t] *vt* eletrocutar.

electronic [ˌɪlek'trɒnɪk] *adj* eletrônico(ca).

elegant ['elɪgənt] *adj* elegante.

element ['elɪmənt] *n* elemento *m*; *(of fire, kettle)* resistência *f*; **the ~s** *(weather)* os elementos.

elementary [ˌelɪ'mentərɪ] *adj* elementar.

elementary school *n* escola *f* primária.

elephant ['eləfənt] *n* elefante *m*.

elevator ['eləveɪtər] *n Am* elevador *m*.

eleven [ɪ'levn] *num* onze → **six.**

eleventh [ɪ'levnθ] *num* décimo primeiro (décima primeira) → **sixth.**

eligible ['elɪdʒəbl] *adj (qualified, suitable)* apto(ta); *(bachelor)* elegível.

eliminate [ɪ'lɪməneɪt] *vt* eliminar.

elm [elm] *n* ulmeiro *m*, olmo *m*.

else [els] *adv*: **I don't want anything ~** não quero mais nada; **anything ~?** mais alguma coisa?; **everyone ~** os outros todos (as outras todas); **nobody ~** mais ninguém; **nothing ~** mais nada; **somebody ~** mais alguém; **something ~** outra coisa; **somewhere ~** outro lugar; **what ~?** que mais?; **who ~?** quem mais?; **or ~** ou então, senão.

elsewhere ['elswer] *adv (be, search)* em outro lugar; *(with verbs of motion)* para outro lado.

e-mail ['i:meɪl] *n* e-mail *m*, correio *m* eletrônico. ◆ *vt*: **to ~ sb** mandar um e-mail para alguém; **to ~ sthg to sb** mandar algo por e-mail para alguém.

e-mail address *n* endereço *m* eletrônico.

embankment [ɪm'bæŋkmənt] *n (next to river)* margem *f*; *(next to road, railroad)* barreira *f*.

embark [ɪm'bɑ:rk] *vi (board ship)* embarcar.

embarrass [ɪm'berəs] *vt* envergonhar.

embarrassed [ɪm'berəst] *adj* envergonhado(da).

embarrassing [ɪm'berəsɪŋ] *adj* embaraçoso(osa).
embarrassment [ɪm'berəsmənt] *n* vergonha *f*.
embassy ['embəsɪ] *n* embaixada *f*.
emblem ['embləm] *n* emblema *m*.
embrace [ɪm'breɪs] *vt* abraçar.
embroidered [ɪm'brɔɪdəd] *adj* bordado(da).
embroidery [ɪm'brɔɪdərɪ] *n* bordado *m*.
emerald ['emərəld] *n* esmeralda *f*.
emerge [ɪ'mɜ:rdʒ] *vi (from place)* emergir, sair; *(fact, truth)* vir à tona.
emergency [ɪ'mɜ:rdʒənsɪ] *n* emergência *f*. ◆ *adj* de emergência; **in an ~** em caso de emergência.
emergency exit *n* saída *f* de emergência.
emergency services *npl* serviços *mpl* de emergência.
emigrate ['emɪgreɪt] *vi* emigrar.
emit [ɪ'mɪt] *vt* emitir.
emotion [ɪ'məʊʃn] *n* emoção *f*.
emotional [ɪ'məʊʃnəl] *adj (situation, scene)* comovente; *(person)* emotivo(va).
emphasis ['emfəsɪs] (*pl* **-ases** [-əsi:z]) *n* ênfase *f*.
emphasize ['emfəsaɪz] *vt* enfatizar, sublinhar.
empire ['empaɪər] *n* império *m*.
employ [ɪm'plɔɪ] *vt* empregar.
employed [ɪm'plɔɪd] *adj* empregado(da).
employee [ɪm'plɔɪi:] *n* empregado *m*, -da *f*.
employer [ɪm'plɔɪər] *n* empregador *m*, -ra *f*.
employment [ɪm'plɔɪmənt] *n* emprego *m*.
empty ['emptɪ] *adj (containing nothing)* vazio(zia); *(threat, promise)* vão (vã). ◆ *vt* esvaziar.
enable [ɪ'neɪbl] *vt*: **to ~ sb to do sthg** permitir a alguém fazer algo.
enamel [ɪ'næml] *n* esmalte *m*.
enchanting [ɪn'tʃæntɪŋ] *adj* encantador(ra).
enclose [ɪn'kləʊz] *vt (surround)* cercar; *(with letter)* anexar.
enclosed [ɪn'kləʊzd] *adj (space)* cercado(da); *(with letter)* anexo.
encore ['ɒŋkɔ:r] *n* bis *m*. ◆ *excl* bis!
encounter [ɪn'kaʊntər] *vt* encontrar.
encourage [ɪn'kɜ:rɪdʒ] *vt* encorajar; **to ~ sb to do sthg** encorajar alguém a fazer algo.
encouragement [ɪn'kɜ:rɪdʒmənt] *n* encorajamento *m*.
encyclopedia [ɪn,saɪklə'pi:djə] *n* enciclopédia *f*.
end [end] *n* fim *m*; *(farthest point)* extremo *m*; *(of string, finger)* ponta *f*. ◆ *vt* acabar, terminar; *(war, practice)* acabar com. ◆ *vi* acabar, terminar; **to come to an ~** chegar ao fim; **to put an ~ to sthg** acabar com algo; **for days on ~** durante dias

e dias OR dias a fio; **in the ~** no fim; **to make ~s meet** conseguir que o dinheiro chegue ao fim do mês. ❑**end up** *vi* acabar; **to ~ up doing sthg** acabar por fazer algo.

endangered species [ɪn'deɪndʒərd-] *n* espécie *f* em extinção.

ending ['endɪŋ] *n (of story, movie, book)* fim *m*, final *m*; GRAMM terminação *f*.

endless ['endləs] *adj* infinito (ta), sem fim.

endorse [ɪn'dɔ:rs] *vt* endossar; **to ~ a check** endossar um cheque.

endurance [ɪn'djʊərəns] *n* resistência *f*.

endure [ɪn'djʊər] *vt* suportar.

enemy ['enəmɪ] *n* inimigo *m*, -ga *f*.

energy ['enərdʒɪ] *n* energia *f*.

enforce [ɪn'fɔ:s] *vt (law)* aplicar, fazer cumprir.

engaged [ɪn'geɪdʒd] *adj (to be married)* noivo(va); *Brit (phone)* ocupado(da); *(washroom)* ocupado(da); **to get ~** ficar noivo.

engagement [ɪn'geɪdʒmənt] *n (to marry)* noivado *m*; *(appointment)* compromisso *m*, encontro *m*.

engine ['endʒɪn] *n (of vehicle)* motor *m*; *(of train)* máquina *f*.

engineer [,endʒɪ'nɪər] *n (of roads, machinery)* engenheiro *m*, -ra *f*; *(to do repairs)* técnico *m*, -ca *f*; *(of roads, machinery)* engenheiro *m*, -ra *f*; *Am (on train)* maquinista *mf*.

engineering [,endʒɪ'nɪərɪŋ] *n* engenharia *f*.

England ['ɪŋglənd] *n* Inglaterra *f*.

English ['ɪŋglɪʃ] *adj* inglês(esa). ◆ *n (language)* inglês *m*. ◆ *npl*: **the ~** os ingleses.

engrave [ɪn'greɪv] *vt* gravar.

engraving [ɪn'greɪvɪŋ] *n* gravura *f*.

enjoy [ɪn'dʒɔɪ] *vt* gostar de; **to ~ doing sthg** gostar de fazer algo; **to ~ o.s.** divertir-se; **~ your meal!** bom apetite!

enjoyable [ɪn'dʒɔɪəbl] *adj* agradável.

enjoyment [ɪn'dʒɔɪmənt] *n* prazer *m*.

enlargement [ɪn'lɑ:rdʒmənt] *n (of photo)* ampliação *f*.

enormous [ɪ'nɔ:rməs] *adj* enorme.

enough [ɪ'nʌf] *adj* suficiente. ◆ *pron* o suficiente. ◆ *adv* suficientemente; **~ time** tempo suficiente; **is that ~?** chega?; **it's not big ~** não é suficientemente grande; **I've had ~ of your sass!** estou farto de seu atrevimento!

enquire *vi* = **inquire.**

enroll [ɪn'rəʊl] *Am* matricular-se.

ensure [ɪn'ʃʊər] *vt* assegurar, garantir.

entail [ɪn'teɪl] *vt (involve)* implicar.

enter ['entər] *vt* entrar em; *(college, army)* entrar para; *(competi-*

tion) inscrever-se em; *(on form)* escrever. ◆ *vi* entrar; *(in competition)* inscrever-se.

enterprise ['entərpraɪz] *n (business)* empresa *f*.

entertain [,entər'teɪn] *vt (amuse)* entreter.

entertainer [,entər'teɪnər] *n* artista *mf* (de variedades).

entertaining [,entər'teɪnɪŋ] *adj* divertido(da).

entertainment [,entər'teɪnmənt] *n (amusement)* divertimento *m*; *(show)* espetáculo *m*.

enthusiasm [ɪn'θu:zɪæzm] *n* entusiasmo *m*.

enthusiast [ɪn'θu:zɪæst] *n* entusiasta *mf*.

enthusiastic [ɪn,θu:zɪ'æstɪk] *adj* entusiástico(ca).

entire [ɪn'taɪər] *adj* inteiro(ra).

entirely [ɪn'taɪərlɪ] *adv* completamente.

entitle [ɪn'taɪtl] *vt*: **to ~ sb to sthg** dar a alguém o direito a algo; **to ~ sb to do sthg** dar o direito a alguém de fazer algo.

entrance ['entrəns] *n* entrada *f*.

entry ['entrɪ] *n* entrada *f*; *(in competition)* inscrição *f*, candidatura *f*; **'no ~'** *(sign on door)* 'entrada proibida'; *(road sign)* 'acesso proibido'.

envelope ['envələʊp] *n* envelope *m*.

envious ['envɪəs] *adj* invejoso(osa).

environment [ɪn'vaɪrənmənt] *n* meio *m*; **the ~** o meio ambiente.

environmental [ɪn,vaɪrən'mentl] *adj* ambiental.

envy ['envɪ] *vt* invejar.

epic ['epɪk] *n* epopéia *f*.

epidemic [,epɪ'demɪk] *n* epidemia *f*.

epileptic [,epɪ'leptɪk] *adj* epilético(ca).

episode ['epɪsəʊd] *n* episódio *m*

equal ['i:kwəl] *adj* igual. ◆ *vt* igualar; **to be ~ to** *(number)* ser igual a.

equality [ɪ'kwɒlətɪ] *n* igualdade *f*.

equalize ['i:kwəlaɪz] *vi* igualar.

equally ['i:kwəlɪ] *adv (bad, good, matched)* igualmente; *(pay, treat)* de forma igual, da mesma forma; *(share)* por igual; *(at the same time)* ao mesmo tempo.

equation [ɪ'kweɪʒn] *n* equação *f*.

equator [ɪ'kweɪtər] *n*: **the ~** o equador.

equip [ɪ'kwɪp] *vt*: **to ~ sb/sthg with** equipar alguém/algo com.

equipment [ɪ'kwɪpmənt] *n* equipamento *m*.

equivalent [ɪ'kwɪvələnt] *adj* equivalente. ◆ *n* equivalente *m*.

ER *n Am* (*abbr of emergency room*) Emergência *f*.

erase [ɪ'reɪz] *vt (letter, word)* apagar.

eraser [ɪ'reɪzər] *n* borracha *f* (de apagar).

erect [ɪ'rekt] *adj* ereto(ta). ◆ *vt (tent)* montar; *(monument)* erigir.

erotic [ɪ'rɒtɪk] *adj* erótico(ca).

erratic [ɪ'rætɪk] *adj* irregular.
error ['erər] *n* erro *m*.
escalator ['eskəleɪtər] *n* escada *f* rolante.
escape [ɪ'skeɪp] *n* fuga *f*. ◆ *vi*: **to ~ (from)** *(from prison, danger)* fugir (de); *(leak)* escapar (de).
escort [*n* 'eskɔ:rt, *vb* ɪ'skɔ:rt] *n* *(guard)* escolta *f*. ◆ *vt* escoltar.
especially [ɪ'speʃəlɪ] *adv* *(in particular)* sobretudo; *(on purpose)* especialmente; *(very)* particularmente.
essay ['eseɪ] *n* *(at school)* redação *f*, composição *f*; *(at university)* trabalho *m* escrito.
essential [ɪ'senʃl] *adj* essencial. ❑ **essentials** *npl*: **the ~s** o essencial; **the bare ~s** o mínimo indispensável.
essentially [ɪ'senʃəlɪ] *adv* essencialmente.
establish [ɪ'stæblɪʃ] *vt* estabelecer.
establishment [ɪ'stæblɪʃmənt] *n* *(business)* estabelecimento *m*.
estate [ɪ'steɪt] *n* *(land in country)* propriedade *f*; *(property)* propriedade *f*.
estimate [*n* 'estɪmət, *vb* 'estɪmeɪt] *n* *(guess)* estimativa *f*; *(from contractor, plumber)* orçamento *m*. ◆ *vt* calcular.
estuary ['estʃʊərɪ] *n* estuário *m*.
Europe ['jʊərəp] *n* Europa *f*.
evacuate [ɪ'vækjʊeɪt] *vt* evacuar.
evade [ɪ'veɪd] *vt* *(person)* evitar; *(issue, responsibility)* fugir a.
eve [i:v] *n*: **on the ~ of** na véspera de.
even ['i:vn] *adj* *(level)* plano(na); *(equal)* igual; *(number)* par. ◆ *adv* *(emphasizing surprise)* mesmo; *(in comparisons)* ainda; **to break ~** funcionar sem lucros nem prejuízos; **~ so** mesmo assim; **~ though** ainda que; **not ~** nem mesmo OR sequer.
evening ['i:vnɪŋ] *n* *(from 5 p.m. until 8 p.m.)* tarde *f*; *(from 8 p.m. onwards)* noite *f*; *(event)* noite *f*; **good ~!** boa tarde!, boa noite!; **in the ~** ao entardecer, à noite.
evening dress *n* *(formal clothes)* traje *m* de cerimônia.
event [ɪ'vent] *n* *(occurrence)* acontecimento *m*; SPORT prova *f*; **in the ~ of** *fml* em caso de.
eventual [ɪ'ventʃʊəl] *adj* final.
eventually [ɪ'ventʃʊəlɪ] *adv* finalmente.
ever ['evər] *adv* *(at any time)* alguma vez; *(in negatives)* nunca; **I don't ~ do that** nunca faço isso; **the best I've ~ seen** o melhor que já vi; **for ~** *(eternally)* para sempre; **we've been waiting for ~** estamos esperando há muito tempo; **hardly ~** quase nunca; **~ since** desde então. ◆ *prep* desde. ◆ *conj* desde que.
every ['evrɪ] *adj* cada; **~ day** cada dia, todos os dias; **~ other day** dia sim, dia não; **one in ~ ten** um em cada dez; **we make ~ effort ...** fazemos o possível ...; **~ so often** de vez em quando.

everybody [ˈevrɪˌbɒdɪ] *pron* = **everyone.**
everyday [ˈevrɪdeɪ] *adj* diário (ria).
everyone [ˈevrɪwʌn] *pron* todo mundo, todos *mpl*, -das *fpl*.
everyplace [ˈevrɪˌpleɪs] *adv Am (inf)* = **everywhere.**
everything [ˈevrɪθɪŋ] *pron* tudo.
everywhere [ˈevrɪweər] *adv (be, search)* por todo o lado; *(with verbs of motion)* para todo o lado; ~ **you go it's the same** onde quer que se vá é o mesmo.
evidence [ˈevɪdəns] *n* prova *f*.
evident [ˈevɪdənt] *adj* evidente.
evidently [ˈevɪdəntlɪ] *adv (apparently)* aparentemente; *(obviously)* evidentemente.
evil [ˈiːvl] *adj* mau (má). ◆ *n* o mal.
ex [eks] *n inf* ex *mf*.
exact [ɪgˈzækt] *adj* exato(ta).
exactly [ɪgˈzæktlɪ] *adv* exatamente. ◆ *excl* exato!
exaggerate [ɪgˈzædʒəreɪt] *vt & vi* exagerar.
exaggeration [ɪgˌzædʒəˈreɪʃn] *n* exagero *m*.
exam [ɪgˈzæm] *n* exame *m*; **to take an** ~ fazer um exame; **final exams** provas *fpl* finais.
examination [ɪgˌzæmɪˈneɪʃn] *n* exame *m*.
examine [ɪgˈzæmɪn] *vt* examinar.
example [ɪgˈzæmpl] *n* exemplo *m*; **for** ~ por exemplo.
exceed [ɪkˈsiːd] *vt* ultrapassar.
excellent [ˈeksələnt] *adj* excelente.
except [ɪkˈsept] *prep* exceto, a menos que. ◆ *conj* exceto; ~ **for** exceto; **'~ for loading'** 'exceto cargas e descargas'.
exception [ɪkˈsepʃn] *n* exceção *f*.
exceptional [ɪkˈsepʃnəl] *adj* excepcional.
excerpt [ˈeksɜːrpt] *n* trecho *m*, excerto *m*.
excess [ɪkˈses, *before nouns* ˈekses] *adj* excessivo(va), em excesso. ◆ *n* excesso *m*.
excessive [ɪkˈsesɪv] *adj* excessivo(va).
exchange [ɪksˈtʃeɪndʒ] *n (of telephones)* central *f* telefônica; *(of students)* intercâmbio *m*. ◆ *vt* trocar; **to ~ sthg for sthg** trocar algo por algo; **to be on an ~** estar participando de um intercâmbio.
exchange rate *n* taxa *f* de câmbio.
excited [ɪkˈsaɪtɪd] *adj* entusiasmado(da).
excitement [ɪkˈsaɪtmənt] *n (excited feeling)* entusiasmo *m*; *(exciting thing)* emoção *f*.
exciting [ɪkˈsaɪtɪŋ] *adj* emocionante, excitante.
exclamation point [ˌekskləˈmeɪʃn-] *n* ponto *m* de exclamação.
exclude [ɪkˈskluːd] *vt* excluir.
excluding [ɪkˈskluːdɪŋ] *prep* excluindo.
exclusive [ɪkˈskluːsɪv] *adj* exclusivo(va). ◆ *n* exclusivo *m*; **'~**

of sales tax' 'imposto sobre vendas não incluído'.
excursion [ɪk'skɜːrʃn] *n* excursão *f*.
excuse [*n* ɪk'skjuːs, *vb* ɪk'skjuːz] *n* desculpa *f*. ◆ *vt (forgive)* desculpar; *(let off)* dispensar; ~ **me!** *(attracting attention)* com licença!; *(trying to get past)* com licença!; *(as apology)* desculpe!, perdão!
execute ['eksɪkjuːt] *vt* executar.
executive [ɪg'zekjətɪv] *adj (suite, travel)* para executivos. ◆ *n (person)* executivo *m*, -va *f*.
exempt [ɪg'zempt] *adj*: ~ **(from)** isento(ta) (de).
exemption [ɪg'zempʃn] *n (from taxes)* isenção *f*; *(from test)* dispensa *f*.
exercise ['eksərsaɪz] *n* exercício *m*. ◆ *vi* exercitar-se, fazer exercício; **to do** ~**s** fazer exercícios.
exert [ɪg'zɜːrt] *vt* exercer.
exhaust [ɪg'zɔːst] *vt* esgotar. ◆ *n*: ~ **(pipe)** cano *m* de descarga.
exhausted [ɪg'zɔːstəd] *adj* exausto(ta).
exhibit [ɪg'zɪbɪt] *n (in museum, gallery)* objeto *m* exposto. ◆ *vt (in exhibition)* exibir.
exhibition [ˌeksɪ'bɪʃn] *n (of art)* exposição *f*.
exist [ɪg'zɪst] *vi* existir.
existence [ɪg'zɪstəns] *n* existência *f*; **to be in** ~ existir.
existing [ɪg'zɪstɪŋ] *adj* existente.
exit ['eksət] *n* saída *f*. ◆ *vi* sair.
exotic [ɪg'zɒtɪk] *adj* exótico (ca).
expand [ɪk'spænd] *vi (in size)* expandir-se; *(in number)* aumentar.
expect [ɪk'spekt] *vt* esperar; **to** ~ **to do sthg** esperar fazer algo; **to** ~ **sb to do sthg** esperar que alguém faça algo; **to be** ~**ing** *(be pregnant)* estar esperando bebê.
expedition [ˌekspə'dɪʃn] *n* expedição *f*.
expel [ɪk'spel] *vt (from school)* expulsar.
expense [ɪk'spens] *n* gasto *m*, despesa *f*; **at the** ~ **of** à custa de. ❑ **expenses** *npl (of business person)* gastos *mpl*, despesas *fpl*.
expensive [ɪk'spensɪv] *adj* caro(ra).
experience [ɪk'spɪərɪəns] *n* experiência *f*. ◆ *vt* passar por.
experienced [ɪk'spɪərɪənst] *adj* com experiência, experiente.
experiment [ɪk'sperɪmənt] *n* experimento *m*. ◆ *vi* experimentar.
expert ['ekspɜːrt] *adj (advice, treatment)* especializado(da). ◆ *n* perito *m*, -ta *f*.
expire [ɪk'spaɪər] *vi* vencer.
explain [ɪk'spleɪn] *vt* explicar.
explanation [ˌeksplə'neɪʃn] *n* explicação *f*.
explode [ɪk'spləʊd] *vi* explodir.
exploit [ɪk'splɔɪt] *vt* explorar.
explore [ɪk'splɔːr] *vt* explorar.

explosion [ɪk'spləʊʒn] *n* explosão *f*.
explosive [ɪk'spləʊsɪv] *n* explosivo *m*.
export [*n* 'ekspɔ:rt, *vb* ɪk'spɔ:rt] *n* exportação *f*. ◆ *vt* exportar.
exposed [ɪk'spəʊzd] *adj (place)* desprotegido(da).
exposure [ɪk'spəʊʒər] *n (photograph)* fotografia *f*; *(to heat, radiation)* exposição *f*; **to die of ~** morrer de frio OR por exposição ao frio.
express [ɪk'spres] *adj (letter, delivery)* urgente; *(train)* rápido (da). ◆ *n (train)* expresso *m*. ◆ *vt* exprimir. ◆ *adv*: **send it ~** envie-o pelo correio expresso.
expression [ɪk'spreʃn] *n* expressão *f*.
expressway [ɪk'spresweɪ] *n* *Am* auto-estrada *f*.
extend [ɪk'stend] *vt* prolongar; *(hand)* estender. ◆ *vi (stretch)* estender-se.
extension [ɪk'stenʃn] *n (of building)* anexo *m*; *(for phone)* ramal *m*; *(for permit)* prolongamento *m*, prorrogação *f*; *(for essay)* acréscimo *m*.
extensive [ɪk'stensɪv] *adj* vasto(ta).
extent [ɪk'stent] *n (of damage)* dimensão *f*; *(of knowledge)* grau *m*; **to a certain ~** até certo ponto; **to what ~ ...?** até que ponto...?
exterior [ɪk'stɪərɪər] *adj* exterior. ◆ *n (of car, building)* exterior *m*.
external [ɪk'stɜ:rnl] *adj* externo(na).
extinct [ɪk'stɪŋkt] *adj* extinto (ta).
extinguish [ɪk'stɪŋgwɪʃ] *vt (fire, cigarette)* apagar.
extinguisher [ɪk'stɪŋgwɪʃər] *n* extintor *m*.
extortionate [ɪk'stɔ:rʃnət] *adj* exorbitante.
extra ['ekstrə] *adj* extra *(inv)*. ◆ *n* extra *m*. ◆ *adv (more)* mais, extra; **be ~ careful!** tenha muito cuidado!; **an ~ special offer** uma oferta extremamente especial; **we'll have to try ~ hard** temos de nos esforçar ainda mais; **~ charge** suplemento *m*; **~ large** GG *(tamanho)*. ❑ **extras** *npl (in price)* extras *mpl*.
extract [*n* 'ekstrækt, *vb* ɪk'strækt] *n (of yeast, malt, etc)* extrato *m*; *(from book, opera)* trecho *m*. ◆ *vt (tooth)* arrancar.
extraordinary [ɪk'strɔ:rdnərɪ] *adj* extraordinário(ria).
extravagant [ɪk'strævəgənt] *adj* extravagante.
extreme [ɪk'stri:m] *adj* extremo(ma). ◆ *n* extremo *m*.
extremely [ɪk'stri:mlɪ] *adv* extremamente.
extrovert ['ekstrəvɜ:rt] *n* extrovertido *m*, -da *f*.
eye [aɪ] *n* olho *m*; *(of needle)* buraco *m*. ◆ *vt* olhar para; **to keep an ~ on** vigiar.
eyebrow ['aɪbraʊ] *n* sobrancelha *f*.
eyelash ['aɪlæʃ] *n* pestana *f*.
eyelid ['aɪlɪd] *n* pálpebra *f*.

eyesight ['aɪsaɪt] *n* vista *f*.
eye test *n* exame *m* de vista.
eyewitness [ˌaɪ'wɪtnɪs] *n* testemunha *mf* ocular.

F

F (*abbr of Fahrenheit*) F.
fabric ['fæbrɪk] *n (cloth)* tecido *m*.
fabulous ['fæbjələs] *adj* fabuloso(osa).
façade [fə'sɑːd] *n* fachada *f*.
face [feɪs] *n* cara *f*, face *f*, rosto *m*; *(of cliff, mountain)* lado *m*; *(of clock, watch)* mostrador *m*. ◆ *vt* encarar; **the hotel ~s the harbor** o hotel dá para o porto; **to be ~d with** ver-se perante. ❑ **face up to** *vt fus* fazer face a.
facial ['feɪʃl] *n* limpeza *f* facial OR de pele.
facilitate [fə'sɪlɪteɪt] *vt fml* facilitar.
facilities [fə'sɪlɪtɪz] *npl* instalações *fpl*.
fact [fækt] *n* fato *m*; **in ~** na realidade.
factor ['fæktər] *n* fator *m*; **~ ten suntan lotion** bronzeador com fator de proteção dez.
factory ['fæktərɪ] *n* fábrica *f*.
faculty ['fækltɪ] *n (at university)* faculdade *f*.
fade [feɪd] *vi (light, sound)* desaparecer; *(flower)* murchar; *(jeans, wallpaper)* desbotar.
faded ['feɪdəd] *adj (jeans)* ruço(ça), desbotado(da).
fail [feɪl] *vt (class, test)* reprovar. ◆ *vi (not succeed)* fracassar; *(on test)* não passar; *(engine)* falhar; **to ~ to do sthg** *(not do)* não fazer algo.
failing ['feɪlɪŋ] *n* defeito *m*. ◆ *prep*: **~ that** senão.
failure ['feɪljər] *n* fracasso *m*; *(unsuccessful person)* fracassado *m*, -da *f*; **~ to comply with the regulations ...** o não cumprimento do regulamento ...
faint [feɪnt] *adj (sound)* fraco (ca); *(color)* claro(ra); *(outline)* vago(ga); *(dizzy)* tonto(ta). ◆ *vi* desmaiar; **I don't have the ~est idea** não faço a menor idéia.
fair [feər] *adj (decision, trial, result)* justo(ta); *(judge, person)* imparcial; *(quite large, good)* considerável; SCH suficiente; *(hair, person)* louro(ra); *(skin)* claro (ra); *(weather)* bom (boa). ◆ *n* feira *f*; **~ enough!** está bem!
fair-haired [-'heərd] *adj* louro(ra).
fairly ['feərlɪ] *adv (quite)* bastante.
fairy ['feərɪ] *n* fada *f*.
fairy tale *n* conto *m* de fadas.
faith [feɪθ] *n* fé *f*.
fake [feɪk] *n (false thing)* imitação *f*. ◆ *vt (signature, painting)* falsificar.
falcon ['fælkən] *n* falcão *m*.
fall [fɔːl] (*pt* **fell**, *pp* **fallen** ['fɔːln]) *vi* cair. ◆ *n* queda *f*; *Am (autumn)* outono *m*; **to ~ asleep** adormecer; **to ~ ill** adoecer; **to ~ in love** apaixonar-se. ❑ **falls**

npl (waterfall) quedas *fpl* d'água, cataratas *fpl*. ❑ **fall behind** *vi (with work, rent)* atrasar-se. ❑ **fall down** *vi (lose balance)* cair. ❑ **fall off** *vi* cair. ❑ **fall out** *vi (argue)* zangar-se; **my tooth fell out** meu dente caiu. ❑ **fall over** *vi* cair. ❑ **fall through** *vi (plan)* falhar.

false [fɔ:ls] *adj* falso(sa).

false teeth *npl* dentes *mpl* postiços, dentadura *f* (postiça).

fame [feɪm] *n* fama *f*.

familiar [fə'mɪljər] *adj (known)* familiar; *(informal)* íntimo(ma) (demais); **to be ~ with** *(know)* conhecer, estar familiarizado (da) com.

family ['fæmlɪ] *n* família *f*. ◆ *adj (pack)* (com) tamanho familiar; *(movie, vacation)* para toda a família.

famine ['fæmɪn] *n* fome *f*.

famished ['fæmɪʃt] *adj inf* esfomeado(da).

famous ['feɪməs] *adj* famoso (osa).

fan [fæn] *n (held in hand)* leque *m*; *(electric)* ventilador *m*; *(enthusiast, supporter)* fã *mf*.

fancy ['fænsɪ] *adj (elaborate)* complicado(da). ◆ *vt inf (feel like)* ter vontade de; **~ (that)!** quem diria!

fantastic [fæn'tæstɪk] *adj* fantástico(ca).

fantasy ['fæntəsɪ] *n* fantasia *f*.

FAQ *n* (*abbr of frequently asked questions*) COMPUT FAQs *fpl*.

far [fɑ:r] (*compar* **further** OR **farther**, *superl* **furthest** OR **farthest**) *adv (in distance, time)* longe; *(in degree)* muito. ◆ *adj (end, side)* extremo(ma); **how ~ did you go?** até onde você foi?; **how ~ is it (to New York)?** qual é a distância (até Nova York)?; **as ~ as** *(place)* até; **as ~ as I'm concerned** no que me diz respeito; **as ~ as I know** que eu saiba; **~ better** muito melhor; **by ~** de longe; **so ~** *(until now)* até agora; **to go too ~** ir longe demais.

farce [fɑ:rs] *n* farsa *f*.

fare [feər] *n (on bus, train, etc)* bilhete *m*; *(fml: food)* comida *f*. ◆ *vi* sair-se.

Far East *n*: **the ~** o Extremo Oriente.

farm [fɑ:rm] *n* fazenda *f*.

farmer ['fɑ:rmər] *n* agricultor *m*, -ra *f*, fazendeiro *m*, -ra *f*.

farmhouse ['fɑ:rmhaʊs, *pl* -haʊzɪz] *n* casa *f* de fazenda.

farming ['fɑ:rmɪŋ] *n* agricultura *f*.

farmland ['fɑ:rmlænd] *n* terra *f* de cultivo.

farmyard ['fɑ:rmjɑ:rd] *n* terreiro *m* (de fazenda).

farsighted [fɑ:r'saɪtəd] *adj* hipermetrope.

farther ['fɑ:rðər] *compar* → **far.**

farthest ['fɑ:rðəst] *superl* → **far.** ◆ *adv* mais. ◆ *adj (additional)* outro (outra).

fascinating ['fæsəneɪtɪŋ] *adj* fascinante.

fascination [,fæsə'neɪʃn] *n* fascínio *m*, fascinação *f*.

fashion ['fæʃn] *n* moda *f*;

(manner) maneira *f*; **to be in ~** estar na moda; **to be out of ~** estar fora de moda.
fashionable ['fæʃnəbl] *adj* na moda.
fast [fæst] *adj (quick)* rápido (da); *(clock, watch)* adiantado (da). ◆ *adv (quickly)* depressa, rápido; *(securely)* bem seguro(ra); **to be ~ asleep** estar dormindo profundamente; **a ~ train** um trem rápido.
fasten ['fæsn] *vt (belt, coat)* apertar; *(two things)* atar.
fastener ['fæsnər] *n* fecho *m*.
fast food *n* fast food *f*.
fat [fæt] *adj* gordo(da). ◆ *n* gordura *f*.
fatal ['feɪtl] *adj (accident, disease)* fatal.
fat-free *adj* sem gordura.
father ['fɑːðər] *n* pai *m*.
Father Christmas *n Brit* Papai *m* Noel.
father-in-law *n* sogro *m*.
fatten ['fætn] *vt* engordar.
fattening ['fætnɪŋ] *adj* que engorda.
fatty ['fætɪ] *adj* gorduroso (osa).
faucet ['fɔːsɪt] *n Am* torneira *f*.
fault ['fɔːlt] *n (responsibility)* culpa *f*; *(defect)* falha *f*; **it's your ~** a culpa é sua.
faulty ['fɔːltɪ] *adj* defeituoso (osa).
favor ['feɪvər] *Am (kind act)* favor *m*. ◆ *vt (prefer)* favorecer; **to be in ~ of** ser a favor de; **to do sb a ~** fazer um favor a alguém.
favorable ['feɪvrəbl] *adj* favorável.
favorite ['feɪvrɪt] *adj* preferido(da), favorito(ta). ◆ *n* preferido *m*, -da *f*, favorito *m*, -ta *f*.
favour ['feɪvə^r] *n Brit* = **favor.**
fawn [fɔːn] *adj* bege *(inv)*.
fax [fæks] *n* fax *m*. ◆ *vt (document)* mandar por fax; *(person)* mandar um fax para.
fear [fɪər] *n* medo *m*. ◆ *vt (be afraid of)* ter medo de; **for ~ of** por medo de, com receio de.
feast [fiːst] *n* banquete *m*.
feather ['feðər] *n* pena *f*.
feature ['fiːtʃər] *n (characteristic)* característica *f*; *(of face)* traço *m*; *(in newspaper, on radio, TV)* reportagem *m*. ◆ *vt (subj: film)* ser protagonizado por.
feature film *n* longa-metragem *f*.
February ['februərɪ] *n* fevereiro → **September.**
fed [fed] *pt & pp* → **feed.**
fed up *adj* farto(ta); **to be ~ with** estar farto de.
fee [fiː] *n (for admission)* preço *m*; *(of doctor, lawyer)* honorários *mpl*; *(of university)* anuidade *f*.
feeble ['fiːbl] *adj* fraco(ca).
feed [fiːd] (*pt & pp* **fed**) *vt (person, animal)* alimentar; *(insert)* inserir.
feel [fiːl] (*pt & pp* **felt**) *vt (touch)* tocar; *(experience)* sentir; *(think)* achar. ◆ *vi (have emotion)* sentir-se. ◆ *n (of material)* toque *m*; **I ~ like a cup of tea** eu quero tomar uma xícara de chá; **to ~ up to doing sthg** sentir-se capaz de fa-

zer algo; **to ~ cold/hot** sentir frio/calor; **my nose ~s cold** meu nariz está frio.

feeling ['fi:lɪŋ] *n (emotion)* sentimento *m*; *(sensation)* sensação *f*; *(belief)* opinião *f*; **to hurt sb's ~s** magoar alguém.

feet [fi:t] *pl* → **foot.**

fell [fel] *pt* → **fall.** ◆ *vt (tree)* abater.

fellow ['feləʊ] *n (man)* cara *m*. ◆ *adj:* ~ **workers** colegas de trabalho.

felt [felt] *pt & pp* → **feel.** ◆ *n* feltro *m*.

female ['fi:meɪl] *adj* fêmea. ◆ *n (animal)* fêmea *f*.

feminine ['femənɪn] *adj* feminino(na).

feminist ['femənəst] *n* feminista *mf*.

fence [fens] *n* cerca *f*.

fencing ['fensɪŋ] *n* SPORT esgrima *f*.

fend [fend] *vi:* **to ~ for o.s.** cuidar de si (mesmo OR próprio).

fender ['fendər] *n (for fireplace)* guarda-fogo *m*; *Am (on car)* pára-choques *m inv*.

fern [fɜ:rn] *n* samambaia *f*.

ferocious [fə'rəʊʃəs] *adj* feroz.

ferry ['ferɪ] *n* barca *fm*.

fertile ['fɜ:rtl] *adj* fértil.

fertilizer ['fɜ:rtəlaɪzər] *n* adubo *m*, fertilizante *m*.

festival ['festɪvl] *n (of music, arts, etc)* festival *m*; *(holiday)* feriado *m*, dia *m* festivo.

fetch [fetʃ] *vt (be sold for)* atingir; *(go and get)* ir buscar.

fete [feɪt] *n* festa *f*.

fever ['fi:vər] *n* febre *f*; **to have a ~** ter febre.

feverish ['fi:vərɪʃ] *adj* febril.

few [fju:] *adj* pouco(ca). ◆ *pron* poucos *mpl*, -cas *fpl*; **the first ~ times** as primeiras vezes; **a ~** alguns(algumas); **quite a ~** bastante, varios(as).

fewer ['fju:ər] *adj & pron* menos.

fib [fɪb] *n inf* mentira *f*.

fiber ['faɪbər] *n Am* fibra *f*.

fibre ['faɪbə[r]] *n Brit* = **fiber.**

fickle ['fɪkl] *adj* inconstante, volúvel.

fiction ['fɪkʃn] *n* ficção *f*.

fiddle ['fɪdl] *n (violin)* rabeca *f*. ◆ *vi:* **to ~ with sthg** brincar com algo.

field [fi:ld] *n* campo *m*.

field trip *n* excursão *f*.

fierce [fɪərs] *adj (animal, person)* feroz; *(storm, heat)* violento(ta).

fifteen [fɪf'ti:n] *num* quinze → **six.**

fifteenth [ˌfɪf'ti:nθ] *num* décimo quinto (décima quinta) → **sixth.**

fifth [fɪfθ] *num* quinto(ta) → **sixth.**

fiftieth ['fɪftɪəθ] *num* qüinquagésimo(ma) → **sixth.**

fifty ['fɪftɪ] *num* cinqüenta → **six.**

fig [fɪg] *n* figo *m*.

fight [faɪt] (*pt & pp* **fought**) *n (physical clash)* briga *f*, luta *f*; *(argument)* discussão *f*; *(struggle)* luta. ◆ *vt (physically)* brigar com, lutar com; *(enemy, crime, injustice)* lutar contra, combater. ◆ *vi (physically)* brigar, lutar; *(in war)* combater; *(quarrel)* discutir; *(struggle)* lutar; **to have a ~ with sb** brigar com alguém. ❑ **fight back** *vi* defender-se. ❑ **fight off** *vt sep (attacker)* repelir; *(illness)* lutar contra.

fighting ['faɪtɪŋ] *n* luta *f*.

figure ['fɪgər] *n (number, statistic)* número *m*, valor *m*; *(of person)* silhueta *f*, figura *f*; *(diagram)* figura. ❑ **figure out** *vt sep (understand)* compreender.

file [faɪl] *n (document holder)* capa *f*; *(information on person)* dossiê *m*; COMPUT arquivo *m*; *(tool)* lixa *f*. ◆ *vt (complaint)* apresentar; *(petition)* fazer; *(nails)* lixar; **in single ~** em fila indiana.

filing cabinet ['faɪlɪŋ-] *n* arquivo *m*.

fill [fɪl] *vt (make full)* encher; *(space)* ocupar; *(role)* desempenhar; *(tooth)* obturar. ❑ **fill in** *vt sep (form)* preencher. ❑ **fill out** *vt sep* = **fill in.** ❑ **fill up** *vt sep* encher; **~ her up!** *(with gas)* encha o tanque!

fillet ['fɪlət] *n* filé *m*.

filling ['fɪlɪŋ] *n (of cake, sandwich)* recheio *m*; *(in tooth)* obturação *f*. ◆ *adj* que enche.

film [fɪlm] *n (for camera)* filme *m*; *Brit (movie)* filme *m*. ◆ *vt* filmar.

film-maker [fɪlm'meɪkər] *n* cineasta *mf*.

filter ['fɪltər] *n* filtro *m*.

filthy ['fɪlθɪ] *adj* nojento(ta).

fin [fɪn] *n* barbatana *f*.

final ['faɪnl] *adj (last)* último (ma); *(decision, offer)* final. ◆ *n* final *f*.

finally ['faɪnəlɪ] *adv* finalmente.

finance [fə'næns] *n (money)* financiamento *m*; *(management of money)* finanças *fpl*. ◆ *vt* financiar. ❑ **finances** *npl* finanças *fpl*.

financial [fɪ'nænʃl] *adj* financeiro(ra).

find [faɪnd] (*pt & pp* **found**) *vt* encontrar; *(find out)* descobrir; *(think)* achar, considerar. ◆ *n* descoberta *f*; **to ~ the time to do sthg** arranjar tempo para fazer algo. ❑ **find out** ◆ *vt sep (fact, truth)* descobrir. ◆ *vi*: **to ~ out (about sthg)** *(learn)* ficar sabendo (de algo), descobrir (algo); *(get information)* informar-se (sobre algo).

fine [faɪn] *adj (good)* bom (boa); *(thin)* fino(na); *(wine, food)* excelente. ◆ *adv (thinly)* finamente; *(well)* bem. ◆ *n* multa *f*. ◆ *vt* multar; **I'm ~** estou bem; **it's ~** está bem.

fine arts *npl* belas-artes *fpl*.

finger ['fɪŋgər] *n* dedo *m*.

fingernail ['fɪŋgərneɪl] *n* unha *f* (dos dedos da mão).

fingertip ['fɪŋgərtɪp] *n* ponta *f* do dedo.

finish ['fɪnɪʃ] *n (end)* fim *m*, final *m*; *(on furniture)* acabamento *m*. ◆ *vt & vi* acabar, terminar; **to ~ doing sthg** acabar de fazer algo. ❑ **finish off** *vt sep* acabar, terminar. ❑ **finish up** *vi* acabar, terminar.

fir [fɜːr] *n* abeto *m*.

fire ['faɪər] *n* fogo *m*; *(uncontrolled)* incêndio *m*, fogo; *(made for cooking, heat)* fogueira *f*. ◆ *vt (gun)* disparar; *(from job)* despedir; **on** ~ em chamas; **to catch** ~ incendiar-se, pegar fogo; **to make a** ~ acender uma fogueira.

fire department *n Am* corpo *m* de bombeiros.

fire engine *n* carro *m* de bombeiros.

fire escape *n* escada *f* de incêndio.

fire exit *n* saída *f* de emergência.

fire extinguisher *n* extintor *m* (de incêndio).

firefighter ['faɪərfaɪtər] *n* bombeiro.

fireplace ['faɪərpleɪs] *n* lareira *f*.

fire station *n* posto *m* de bombeiros.

firewood ['faɪərwʊd] *n* lenha *f*.

fireworks ['faɪərwɜːrks] *npl (rockets)* fogos-de-artifício *mpl*.

firm [fɜːrm] *adj* firme. ◆ *n* empresa *f*.

first [fɜːrst] *adj* primeiro(ra). ◆ *adv* primeiro; *(for the first time)* pela primeira vez. ◆ *n (event)* estréia *f*. ◆ *pron:* **the** ~ o primeiro (a primeira); **I'll do it** ~ **thing (in the morning)** vou fazer isso logo de manhã; ~ **(gear)** primeira (mudança); **for the** ~ **time** pela primeira vez; **the** ~ **of January** o dia um de janeiro; **at** ~ no princípio; ~ **of all** antes de mais nada.

first aid *n* primeiros socorros *mpl*.

first class *n (on train, plane, ship)* primeira classe *f*; *(mail)* ≃ correspondência *f* prioritária.

firstly ['fɜːrstlɪ] *adv* em primeiro lugar.

first name *n* nome *m* de batismo.

fish [fɪʃ] (*pl inv*) *n* peixe *m*. ◆ *vi* pescar.

fishcake ['fɪʃkeɪk] *n* croquete *m* de peixe.

fisherman ['fɪʃərmən] (*pl* **-men** [-mən]) *n* pescador *m*.

fishing ['fɪʃɪŋ] *n* pesca *f*; **to go** ~ ir pescar.

fishing boat *n* barco *m* de pesca.

fist [fɪst] *n* punho *m*.

fit [fɪt] *adj (healthy)* em forma. ◆ *vt (be right size for)* servir a; *(insert)* encaixar. ◆ *vi (clothes, shoes)* servir; *(in space)* caber. ◆ *n (of clothes, shoes)* tamanho *m*; *(epileptic, of coughing, anger)* ataque *m*; **to be** ~ **for sthg** ser adequado para algo; ~ **to eat** comestível; **it doesn't** ~ *(jacket, skirt)* não serve; *(object)* não cabe; **to get** ~ pôr-se em forma; **to keep** ~ manter-se em forma, manter a forma. ❑ **fit in** ◆ *vt sep (find time to do)* arranjar tempo para. ◆ *vi (belong)* encaixar.

fitness ['fɪtnəs] *n (health)* forma *f* física.

fitting room ['fɪtɪŋ-] *n* cabine *f* de provas, vestiário *m*.

five [faɪv] *num* cinco → **six.**
fix [fɪks] *vt (mend)* arranjar; *(drink, food)* arranjar, preparar; *(attach, decide on)* fixar; *(arrange)* combinar, organizar. ❑ **fix up** *vt sep (person)*: **to ~ sb up with sthg** arranjar algo para alguém; *(house, room)* redecorar, reparar.
fixture ['fɪkstʃər] *n* armários *mpl* embutidos.
fizzy ['fɪzɪ] *adj* gasoso(osa).
flag [flæg] *n* bandeira *f.*
flake [fleɪk] *n (of snow)* floco *m.* ◆ *vi* desfazer-se.
flame [fleɪm] *n* chama *f.*
flammable ['flæməbl] *adj* inflamável.
flan [flæn] *n* flã *m.*
flannel ['flænl] *n (material)* flanela *f; Brit (for washing face)* luva *f* de banho. ❑ **flannels** *npl* calças *fpl* de flanela.
flap [flæp] *n (of envelope)* dobra *f; (of tent)* porta *f; (of pocket)* pala *f.* ◆ *vt (wings)* bater.
flapjack ['flæpdʒæk] *n Am* panqueca *f.*
flare [fleəʳ] *n (signal)* sinal *m* luminoso.
flared [fleərd] *adj (pants)* boca-de-sino; *(skirt)* rodada.
flash [flæʃ] *n (of light)* raio *m; (for camera)* flash *m.* ◆ *vi (light)* brilhar; **a ~ of lightning** um relâmpago, um clarão; **to ~ one's headlights** fazer sinais com os faróis.
flashlight ['flæʃlaɪt] *n* lanterna *f.*
flask [flæsk] *n (hip flask)* cantil *m; (in lab)* frasco *m; Brit (for hot drinks)* garrafa *f* térmica.
flat [flæt] *adj (level)* plano(na); *(drink)* choco (ca); *(rate, fee)* fixo(xa). ◆ *n Brit (apartment)* apartamento *m.* ◆ *adv:* **to lie ~** estender-se; **a ~ (tire)** um pneu esvaziado; **~ out** a toda a velocidade, até não poder mais.
flatter ['flætər] *vt* lisonjear, bajular.
flavor ['fleɪvər] *n Am* sabor *m.*
flavoring ['fleɪvərɪŋ] *n* aromatizante *m.*
flavour ['fleɪvəʳ] *Brit* = **flavor.**
flaw [flɔː] *n (in plan)* falha *f; (in glass, china)* defeito *m.*
flea [fliː] *n* pulga *f.*
flea market *n* mercado *m* das pulgas.
fleece [fliːs] *n (downy material)* velo *m, fibra muito macia usada para fazer e forrar casacos de inverno.*
fleet [fliːt] *n* frota *f.*
flesh [fleʃ] *n (of person, animal)* carne *f; (of fruit, vegetable)* polpa *f;* **one's own ~ and blood** sangue do sangue de alguém.
flew [fluː] *pt* → **fly.**
flexible ['fleksəbl] *adj* flexível.
flick [flɪk] *vt (with finger)* dar um peteleco em; *(a switch)* apertar. ❑ **flick through** *vt fus* folhear.
flight [flaɪt] *n* vôo *m;* **a ~ (of stairs)** um lance de escadas.
flight attendant *n (female)* aeromoça *f; (male)* comissário *m* de bordo.

flimsy ['flɪmzɪ] *adj (object)* frágil; *(clothes)* leve.
fling [flɪŋ] (*pt & pp* **flung**) *vt* atirar.
flint [flɪnt] *n (of lighter)* pedra *f*.
flirt [flɜːrt] *vi*: **to ~ (with sb)** flertar (com alguém).
float [fləʊt] *n (for swimming, fishing)* bóia *f*; *(in procession)* carro *m* alegórico; *(drink) bebida servida com uma bola de sorvete.* ◆ *vi* flutuar.
flock [flɒk] *n (of birds)* bando *m*; *(of sheep)* rebanho *m.* ◆ *vi (people)* afluir.
flood [flʌd] *n* enchente *f*, inundação *f.* ◆ *vt* inundar. ◆ *vi* transbordar.
floodlight ['flʌdlaɪt] *n* holofote *m*.
floor [flɔːr] *n (of room)* chão *m*; *(storey)* andar *m*; *(of nightclub)* pista *f*.
floorboard ['flɔːrbɔːrd] *n* tábua *f* corrida.
flop [flɒp] *n inf* fracasso *m*.
floppy (disk) ['flɒpɪ-] *n* disquete *f*.
floral ['flɔːrəl] *adj (pattern)* de flores.
Florida Keys ['flɒrɪdə-] *npl*: **the ~** *ilhas situadas ao longo da Flórida.*

FLORIDA KEYS

Grupo de pequenas ilhas ao longo da costa sul da Flórida, estendendo-se por mais de 160 quilômetros. Essas ilhas incluem locais turísticos, como as famosas Key West e Key Largo. Uma rede de estradas e pontes, a "Overseas Highway", faz a ligação entre as ilhas.

---

florist ['flɒrəst] *n (store)* florista *f*.
flour ['flaʊər] *n* farinha *f*.
flow [fləʊ] *n* corrente *f.* ◆ *vi* correr.
flower ['flaʊər] *n* flor *f*.
flowerbed ['flaʊərbed] *n* canteiro *m*.
flowerpot ['flaʊərpɒt] *n* vaso *m*.
flown [fləʊn] *pp* → **fly.**
flu [fluː] *n* gripe *f*.
fluff [flʌf] *n (on clothes)* pêlo *m*.
fluid ounce *n* = 0,03 litros.
flung [flʌŋ] *pt & pp* → **fling.**
flunk [flʌŋk] *vt Am inf (test, class)* reprovar em.
flush [flʌʃ] *vi (toilet)* funcionar. ◆ *vt*: **to ~ the toilet** dar descarga.
flute [fluːt] *n* flauta *f*.
fly [flaɪ] (*pt* **flew,** *pp* **flown**) *n (insect)* mosca *f*; *(of pants)* braguilha *f*, fecho *m.* ◆ *vt (plane, helicopter)* pilotar; *(travel by)* viajar em ou com; *(transport)* enviar por avião. ◆ *vi (bird, insect, plane)* voar; *(passenger)* viajar de avião; *(pilot a plane)* pilotar; *(flag)* estar hasteado(da).
flying ['flaɪɪŋ] *n*: **I'm terrified of ~** tenho medo de andar de avião.
foal [fəʊl] *n* potro *m*.
foam [fəʊm] *n* espuma *f*.
focus ['fəʊkəs] *n (of camera)* fo-

co *m.* ◆ *vi (with camera, binoculars)* focar; **in** ~ focado; **out of** ~ desfocado.

fog [fɒg] *n* nevoeiro *m*, neblina *f*.

foggy ['fɒgɪ] *adj (weather)* de nevoeiro.

fog light *n* farol *m* de neblina.

foil [fɔɪl] *n (thin metal)* papel-alumínio *m*.

fold [fəʊld] *n* dobra *f*. ◆ *vt (paper, material)* dobrar; *(wrap)* envolver; **to** ~ **one's arms** cruzar os braços. ❑ **fold up** *vi (chair, bed)* dobrar.

folder ['fəʊldər] *n* pasta *f*.

foliage ['fəʊlɪɪdʒ] *n* folhagem *f*.

folk [fəʊk] *npl (people)* gente *f*. ◆ *n:* ~ **(music)** música *f* tradicional. ❑ **folks** *npl inf (relatives)* família *f*.

follow ['fɒləʊ] *vt* seguir; *(in order, time)* seguir-se a, vir a seguir de. ◆ *vi (go behind)* seguir; *(in time)* seguir-se, vir a seguir; *(understand)* entender; **proceed as** ~**s ...** proceda da seguinte forma ...; **the results are as** ~**s ...** os resultados são os seguintes ...; ~**ed by** seguido de. ❑ **follow on** *vi* vir a seguir.

following ['fɒləʊɪŋ] *adj* seguinte. ◆ *prep* depois de.

fond [fɒnd] *adj:* **to be** ~ **of** gostar de.

food [fu:d] *n* comida *f*.

food poisoning [-,pɔɪznɪŋ] *n* intoxicação *f* alimentar.

food processor [-,prəʊsesər] *n* processador *m* de alimentos.

foodstuffs ['fu:dstʌfs] *npl* gêneros *mpl* alimentícios.

fool [fu:l] *n (idiot)* idiota *mf*; *(pudding)* mousse *f* de fruta. ◆ *vt* enganar.

foolish ['fu:lɪʃ] *adj* tolo(la).

foot [fʊt] (*pl* **feet**) *n* pé *m*; *(of animal)* pata *f*; *(of hill, cliff, stairs)* pé *m*; *(measurement)* pé *m*, = 30,48 cm; **by** OR **on** ~ a pé.

football ['fʊtbɔ:l] *n Am (American football)* futebol americano; *Brit (soccer)* futebol *m*; *Am (in American football)* bola (de futebol americano); *Brit (in soccer)* bola *f* (de futebol).

football player *n Am* jogador *m* de futebol americano.

footpath ['fʊtpæθ, *pl* -pæðz] *n* trilha *f*.

footprint ['fʊtprɪnt] *n* pegada *f*.

footstep ['fʊtstep] *n* passo *m*.

footwear ['fʊtweər] *n* calçado *m*.

for [fɔ:r] *prep* **-1.** *(expressing intention, purpose, reason)* para; **this book is** ~ **you** este livro é para você; **what did you do that** ~**?** para que você fez isso?; **what's it** ~ **?** para que é?; **to go** ~ **a walk** ir dar um passeio; **'~ sale'** 'vende-se'; **a town famous** ~ **its wine** uma cidade famosa pelo vinho; ~ **this reason** por esta razão.

-2. *(during)* durante; **I'm going away** ~ **a while** vou estar fora durante OR por algum tempo; **I've lived here** ~ **ten years** vivo aqui há dez anos; **we talked** ~ **hours** falamos horas e horas.

- 3. *(by, before)* para; **it'll be ready ~ tomorrow** estará pronto (para) amanhã; **be there ~ 8 p.m.** esteja lá antes das oito da noite.
- 4. *(on the occasion of)* por; **I got socks ~ Christmas** ganhei meias de Natal; **~ the first time** pela primeira vez; **what's ~ dinner?** o que há para jantar?; **~ the moment** no momento.
- 5. *(on behalf of)* por; **to do sthg ~ sb** fazer algo para alguém; **to work ~ sb** trabalhar para alguém.
- 6. *(with time and space)* para; **there's no room ~ it** não há espaço para isso; **to have time ~ sthg** ter tempo para algo.
- 7. *(expressing distance)*: **roadwork ~ 20 miles** obras na estrada ao longo de 32 quilômetros; **we drove ~ miles** dirigimos quilômetros e mais quilômetros.
- 8. *(expressing destination)* para; **a ticket ~ Boston** um bilhete para Boston; **this train is ~ Newark only** este trem só vai até Newark.
- 9. *(expressing price)* por; **I bought it ~ five dollars** comprei-o por cinco dólares.
- 10. *(expressing meaning)*: **what's the Portuguese ~ "boy"?** como é que se diz "boy" em português?
- 11. *(with regard to)* para; **it's warm ~ November** para novembro está quente; **it's easy ~ you** para você é fácil; **respect ~ human rights** respeito pelos direitos humanos; **I feel sorry ~ them** sinto pena deles; **it's too far ~ us to walk** é longe demais para irmos a pé; **it's time ~ dinner** está na hora do jantar.

forbid [fər'bɪd] (*pt* **-bade,** *pp* **-bidden**) *vt* proibir; **to ~ sb to do sthg** proibir alguém de fazer algo.

forbidden [fər'bɪdn] *adj* proibido(da).

force [fɔːrs] *n* força *f*. ◆ *vt* forçar; **to ~ sb to do sthg** forçar alguém a fazer algo; **to ~ one's way through (sthg)** abrir caminho (por entre algo).

forecast ['fɔːrkæst] *n* previsão *f*.

forefinger ['fɔːrˌfɪŋgər] *n* dedo *m* indicador.

foreground ['fɔːrgraʊnd] *n* primeiro plano *m*.

forehead ['fɔːrhed] *n* testa *f*.

foreign ['fɒrən] *adj* estrangeiro(ra); *(visit)* ao estrangeiro; *(travel)* para o estrangeiro.

foreigner ['fɒrənər] *n* estrangeiro *m*, -ra *f*.

foresee [fɔːrs'iː] (*pt* **-saw,** *pp* **-seen**) *vt* prever.

forest ['fɒrɪst] *n* floresta *f*.

forever [fər'evər] *adv (eternally)* para sempre; *(continually)* sempre.

forgave [fər'geɪv] *pt* → **forgive.**

forge [fɔːrdʒ] *vt (copy)* falsificar, forjar.

forgery ['fɔːrdʒərɪ] *n* falsificação *f*.

forget [fər'get] (*pt* **-got,** *pp* **-gotten**) *vt* esquecer-se de; *(person, event)* esquecer. ◆ *vi* esquecer-se; **to ~ about sthg** esquecer-se de algo; **to ~ how to do sthg** esquecer-se de como se faz algo; **to ~ to do sthg** esquecer-se de fazer algo; **~ it!** esquece!

forgive [fər'gɪv] (*pt* **-gave,** *pp* **-given**) *vt* perdoar.

forgot [fər'gɒt] *pt* → **forget.**

forgotten [fər'gɒtn] *pp* → **forget.**

fork [fɔːrk] *n (for eating with)* garfo *m*; *(for gardening)* forquilha *f*; *(of road, path)* bifurcação *f*.

form [fɔːrm] *n (type, shape)* forma *f*; *(piece of paper)* formulário *m*. ◆ *vt* formar. ◆ *vi* formar-se; **to be on/off ~** estar/não estar em forma; **to ~ part of** fazer parte de.

formal ['fɔːrml] *adj* formal.

formality [fɔːr'mælətɪ] *n* formalidade *f*; **it's just a ~** é só uma formalidade.

format ['fɔːrmæt] *n* formato *m*.

former ['fɔːrmər] *adj (previous)* anterior; *(first)* primeiro(ra). ◆ *pron*: **the ~** o primeiro (a primeira).

formerly ['fɔːrməlɪ] *adv* antigamente.

formula ['fɔːrmjələ] (*pl* **-as** OR **-ae** [-iː]) *n* fórmula *f*.

fort [fɔːrt] *n* forte *m*.

forthcoming [fɔːrθ'kʌmɪŋ] *adj (future)* próximo(ma), que está para vir.

fortieth ['fɔːrtɪəθ] *num* quadragésimo(ma) → **sixth.**

fortunate ['fɔːrtʃənət] *adj* com sorte; **she's ~ to have such a good job** ela tem a sorte de ter um emprego tão bom.

fortunately ['fɔːrtʃənətlɪ] *adv* felizmente.

fortune ['fɔːrtʃən] *n (money)* fortuna *f*; *(luck)* sorte *f*; **it costs a ~** *inf* custa uma fortuna.

forty ['fɔːrtɪ] *num* quarenta → **six.**

forward ['fɔːrwərd] *adv* para a frente. ◆ *n* avançado *m*, -da *f*. ◆ *vt (letter)* remeter; *(goods)* expedir; **to look ~ to** estar ansioso por.

fought [fɔːt] *pt & pp* → **fight.**

foul [faʊl] *adj (unpleasant)* nojento(ta). ◆ *n* falta *f*.

found [faʊnd] *pt & pp* → **find.** ◆ *vt* fundar.

foundation [faʊn'deɪʃn] *n* base *f*.

foundations [faʊn'deɪʃnz] *npl* alicerces *mpl*, fundações *fpl*.

fountain ['faʊntən] *n* chafariz *m*.

fountain pen *n* caneta-tinteiro *f*.

four [fɔːr] *num* quatro → **six.**

fourteen [ˌfɔːr'tiːn] *num* quatorze → **six.**

fourteenth [ˌfɔːr'tiːnθ] *num* décimo quarto (décima quarta) → **sixth.**

fourth [fɔːrθ] *num* quarto(ta) → **sixth.**

FOURTH OF JULY

O 4 de julho, Dia da Independência, é uma data nacional importante nos Estados Unidos. É comemorado com desfiles em muitas cidades e com grandes queimas de fogos de artifício, em que predominam as cores azul, vermelha e branca. É tradição se fazer piqueniques com a família, onde se comem cachorros quentes e melancia.

---

fowl [faʊl] (*pl inv*) *n* ave *f* (*doméstica*).
fox [fɒks] *n* raposa *f*.
foyer [fɔɪr] *n* vestíbulo *m*, saguão *m*.
fraction ['frækʃn] *n* fração *f*.
fracture ['fræktʃər] *n* fratura *f*. ◆ *vt* fraturar.
fragile ['frædʒl] *adj* frágil.
fragment ['frægmənt] *n* fragmento *m*.
fragrance ['freɪgrəns] *n* fragrância *f*.
frail [freɪl] *adj* frágil, débil.
frame [freɪm] *n* (*of window, photo, door*) moldura *f*, caixilho *m*; (*of glasses, tent, bed*) armação *f*; (*of bicycle*) quadro *m*. ◆ *vt* (*photo, picture*) emoldurar.
France [fræns] *n* França *f*.
frank [fræŋk] *adj* franco(ca).
frantic ['fræntɪk] *adj* frenético (ca).
fraternity [frə'tɜ:rnɪtɪ] *n* *clube de estudantes*.
fraud [frɔ:d] *n* (*crime*) fraude *f*, burla *f*.
freak [fri:k] *adj* anormal. ◆ *n* *inf* (*fanatic*) fanático *m*, -ca *f*.
freckles ['freklz] *npl* sardas *fpl*.
free [fri:] *adj* livre; (*costing nothing*) grátis (*inv*). ◆ *vt* (*prisoner*) libertar. ◆ *adv* (*without paying*) grátis, de graça; **for** ~ grátis, de graça; ~ **of charge** grátis; **to be** ~ **to do sthg** ser livre para fazer algo.
freedom ['fri:dəm] *n* liberdade *f*.
freelance ['fri:læns] *adj* autônomo.
freely ['fri:lɪ] *adv* (*speak*) à vontade; (*move*) livremente; ~ **available** fácil de obter.
free-range *adj* (*chicken*) do campo; ~ **eggs** *ovos de galinhas criadas livremente*.
free time *n* tempo *m* livre.
freeway ['fri:weɪ] *n* *Am* autoestrada *f*.
freeze [fri:z] (*pt* **froze**, *pp* **frozen**) *vt* congelar. ◆ *vi* gelar. ◆ *v impers*: **it's freezing!** está um gelo!
freezer ['fri:zər] *n* (*deep freeze*) freezer *m*; (*part of fridge*) congelador *m*.
freezing ['fri:zɪŋ] *adj* gelado (da); **below** ~ abaixo de zero.
freight [freɪt] *n* (*goods*) mercadorias *fpl*.
French fries *npl* batatas *fpl* fritas.
French toast *n* rabanada *f*.
frequency ['fri:kwənsɪ] *n* freqüência *f*.
frequent ['fri:kwənt] *adj* freqüente.
frequently ['fri:kwəntlɪ] *adv* freqüentemente.
fresh [freʃ] *adj* fresco(ca); (*re-*

freshing) refrescante; *(water)* doce; *(recent)* recente; *(new)* novo (nova); **to get some ~ air** apanhar ar fresco.

fresh cream *n* creme *m*.

freshen ['freʃn]: **freshen up** *vi* refrescar-se.

freshly ['freʃlɪ] *adv* recentemente.

Friday ['fraɪdeɪ] *n* sexta-feira → **Saturday.**

fridge [frɪdʒ] *n* geladeira *f*.

friend [frend] *n* amigo *m*, -ga *f*; **to be ~s with sb** ser amigo de alguém; **to make ~s with sb** tornar-se amigo de alguém.

friendly ['frendlɪ] *adj* amigável; **to be ~ with sb** ser amigo (ga) de alguém.

friendship ['frendʃɪp] *n* amizade *f*.

fries [fraɪz] *npl* = **French fries**

fright [fraɪt] *n* susto *m*; **to give sb a ~** pregar um susto em alguém.

frighten ['fraɪtn] *vt* assustar.

frightened ['fraɪtnd] *adj* assustado(da); **to be ~** ter medo; **to be ~ of** ter medo de; **to be ~ (that)** *(worried)* ter medo que.

frightening ['fraɪtnɪŋ] *adj* assustador(ora).

frilly ['frɪlɪ] *adj* de babados.

fringe [frɪndʒ] *n* franja *f*.

frisk [frɪsk] *vt* revistar.

frog [frɒg] *n* rã *f*.

from [frɒm] *prep* **-1.** *(expressing origin, source)* de; **I'm ~ California** sou da Califórnia; **the train ~ Chicago** o trem de Chicago; **I bought it ~ a supermarket** comprei-o num supermercado. **-2.** *(expressing removal, deduction)* de; **away ~ home** longe de casa; **to take sthg (away) ~ sb** tirar algo de alguém; **10% will be deducted ~ the total** será deduzido 10% do total. **-3.** *(expressing distance)* de; **five miles ~ here** a oito quilômetros daqui; **it's not far ~ here** não é longe daqui. **-4.** *(expressing position)* de; **~ here you can see the valley** daqui se vê o vale. **-5.** *(expressing what sthg is made with)* de; **it's made ~ stone** é feito de pedra. **-6.** *(expressing starting time)* desde; **~ the moment you arrived** desde que chegou; **~ now on** de agora em diante; **~ next year** a partir do próximo ano; **open ~ nine to five** aberto das nove às cinco. **-7.** *(expressing change)* de; **the price has gone up ~ $1 to $2** o preço subiu de um dólar para dois; **to translate ~ German into English** traduzir do alemão para o inglês. **-8.** *(expressing range)* de; **it could take ~ two to six months** pode levar de dois a seis meses. **-9.** *(as a result of)* de; **I'm tired ~ walking** estou cansado de andar. **-10.** *(expressing protection)* de; **sheltered ~ the wind** protegido do vento. **-11.** *(in comparisons)*: **different ~** diferente de.

front [frʌnt] *adj* da frente. ◆ *n* (parte da) frente *f*; *(of book)* capa *f*; *(of weather)* frente; *(by the sea)* costa *f*; **in ~** em frente; **in ~ of** em frente de.
front door *n* porta *f* da frente.
frontier [frʌn'tɪər] *n* fronteira *f*.
front page *n* primeira página *f*.
frost [frɒst] *n* geada *f*.
frosty ['frɒstɪ] *adj (morning, weather)* de geada.
froth [frɒθ] *n* espuma *f*.
frown [fraʊn] *n* cenho *m*. ◆ *vi* franzir as sobrancelhas.
froze [frəʊz] *pt* → **freeze.**
frozen [frəʊzn] *pp* → **freeze.** ◆ *adj* gelado(da); *(food)* congelado(da).
fruit [fru:t] *n (food)* fruta *f*; *(variety of fruit)* fruto *m*; **~ s of the forest** frutos silvestres.
fruit juice *n* suco *m* de fruta.
frustrating ['frʌstreɪtɪŋ] *adj* frustrante.
fry [fraɪ] *vt* fritar.
frying pan ['fraɪɪŋ-] *n* frigideira *f*.
fudge [fʌdʒ] *n* doce *m* de leite.
fuel [fju:əl] *n* combustível *m*.
fulfil [fʊl'fɪl] *vt Brit* = **fulfill.**
fulfill [fʊl'fɪl] *vt Am (promise, request, duty)* cumprir; *(role)* desempenhar; *(conditions, instructions, need)* satisfazer.
full [fʊl] *adj (filled)* cheio (cheia); *(name)* completo(ta); *(extent, support)* total; *(maximum)* máximo(ma); *(busy)* ocupado (da); *(fare)* inteiro(ra); *(flavor)* rico(ca). ◆ *adv (directly)* em cheio; **I'm ~** estou cheio; **at ~ speed** a toda a velocidade; **~ of** cheio de; **in ~** *(pay)* na totalidade; *(write)* por extenso.
full-length *adj (skirt, dress)* comprido(da).
full moon *n* lua *f* cheia.
full stop *n Brit* ponto *m* final.
full-time *adj & adv* de tempo integral.
fully ['fʊlɪ] *adv (completely)* completamente.
fumble ['fʌmbl] *vi*: **he ~d in his pockets for his keys** ele vasculhou os bolsos desajeitadamente à procura das chaves.
fun [fʌn] *n* divertimento *m*, diversão *f*; **it's a lot of ~** é divertido; **for ~** por prazer; **to have ~** divertir-se; **to make ~ of** zombar de.
function ['fʌŋkʃn] *n* função *f*. ◆ *vi* funcionar.
fund [fʌnd] *n* fundo *m*. ◆ *vt* financiar. ❑ **funds** *npl* fundos *mpl*.
fundamental [,fʌndə'mentl] *adj* fundamental.
funeral ['fju:nrəl] *n* funeral *m*.
funnel ['fʌnl] *n (for pouring)* funil *m*; *(on ship)* chaminé *f*.
funny ['fʌnɪ] *adj (amusing)* engraçado(da); *(strange)* estranho (nha); **to feel ~** *(sick)* não se sentir bem.
fur [fɜ:r] *n (on animal)* pêlo *m*; *(garment)* pele *f*.
fur coat *n* casaco *m* de peles.

furious ['fjʊərɪəs] *adj (angry)* furioso(osa).
furnished ['fɜ:rnɪʃt] *adj* mobiliado(da).
furnishings ['fɜ:rnɪʃɪŋz] *npl* mobiliário *m*.
furniture ['fɜ:rnɪtʃər] *n* mobília *f*; **a piece of ~** um móvel.
furry ['fɜ:rɪ] *adj (animal)* peludo(da); *(material)* com pêlo.
further ['fɜ:rðər] *compar* → **far.**
furthermore [,fɜ:rðə'mɔ:r] *adv* além disso, além do mais.
furthest ['fɜ:rðɪst] *superl* → **far.** ◆ *adj (most distant)* mais longe OR distante. ◆ *adv (in distance)* mais longe.
fuse [fju:z] *n (of plug)* fusível *m*; *(on bomb)* detonador *m*. ◆ *vi (plug, device)* queimar.
fuss [fʌs] *n (agitation)* agitação *f*; *(complaints)* escândalo *m*.
fussy ['fʌsɪ] *adj (person)* exigente.
future ['fju:tʃər] *n* futuro *m*. ◆ *adj* futuro(ra); **in ~** no futuro, de agora em diante.

G

g *(abbr of gram)* g.
gable ['geɪbl] *n* cumeeira *f*.
gadget ['gædʒɪt] *n* engenhoca *f*.
gag [gæg] *n inf (joke)* piada *f*.
gain [geɪn] *vt* ganhar; *(subj: clock, watch)* adiantar. ◆ *vi (benefit)* lucrar. ◆ *n* ganho *m*; **to ~ weight** engordar.
gala ['geɪlə] *n (celebration)* gala *f*.
gale [geɪl] *n* vento *m* forte, rajada *f* de vento.
gallery ['gælərɪ] *n* galeria *f*.
gallon ['gælən] *n (in US)* = 3,785 litros, galão; *(in UK)* = 4,546 litros, galão *m*.
gallop ['gæləp] *vi* galopar.
gamble ['gæmbl] *n* aposta *f*. ◆ *vi (bet money)* apostar, jogar.
gambling ['gæmblɪŋ] *n* jogo *m* (de azar).
game [geɪm] *n* jogo *m*; *(of tennis, chess)* partida *f*; *(wild animals, meat)* caça *f*. ❑ **games** *npl (sporting event)* jogos *mpl*.
gang [gæŋ] *n (of criminals)* gangue *f*; *(of friends)* grupo *m*, turma *f*.
gangster ['gæŋstər] *n* bandido *m*, gangster *m*.
gangway ['gæŋweɪ] *n (on ship)* passadiço *m*.
gap [gæp] *n (space)* espaço *m*; *(of time)* intervalo *m*; *(difference)* diferença *f*.
garage [gə'rɑ:ʒ] *n (for keeping car)* garagem *f*; *(for repairs)* oficina *f*.

ⓘ GARAGE SALE

Literalmente "vendas em garagem", um costume muito popular nos Estados Unidos, quando alguém deseja se desfazer de livros, roupas, móveis, ferramentas etc., como nos casos de mudança. Os objetos são expostos na garagem, dentro ou fora de casa. As vendas são anunciadas nos jornais locais ou em cartazes espalhados pelo bairro.

---

garbage ['gɑːrbɪdʒ] *n Am (refuse)* lixo *m*.

garden ['gɑːrdn] *n* jardim *m*. ◆ *vi* jardinar. ❑ **gardens** *npl (public park)* jardim *m* público, parque *m*.

gardener ['gɑːrdnər] *n* jardineiro *m*, -ra *f*.

gardening ['gɑːrdnɪŋ] *n* jardinagem *f*.

garlic ['gɑːrlɪk] *n* alho *m*.

garment ['gɑːrmənt] *n* peça *f* de roupa.

garnish ['gɑːrnɪʃ] *n (for decoration)* decoração *f*; *(sauce)* molho *m*. ◆ *vt* decorar.

gas [gæs] *n* gás *m*; *Am* gasolina *f*.

gas mask *n* máscara *f* antigás.

gasoline ['gæsəliːn] *n Am* gasolina *f*.

gasp [gæsp] *vi (in shock, surprise)* ofegar.

gas station *n Am* posto *m* de gasolina.

gate [geɪt] *n (to garden, field)* portão *m*; *(at airport)* porta *f*.

gateway ['geɪtweɪ] *n (entrance)* entrada *f*.

gather ['gæðər] *vt (collect)* colher; *(speed)* ganhar; *(understand)* deduzir. ◆ *vi* reunir-se.

gaudy ['gɔːdɪ] *adj* berrante.

gauze [gɔːz] *n* gaze *f*.

gave [geɪv] *pt* → **give**.

gay [geɪ] *adj (homosexual)* gay.

gaze [geɪz] *vi*: **to** ~ **at** olhar (fixamente) para.

GB *(abbr of Great Britain)* GB.

gear [gɪər] *n (wheel)* engrenagem *f*; *(speed)* marcha *f*; *(equipment)* equipamento *m*; *(belongings)* pertences *mpl*; **in** ~ engatado.

gearbox ['gɪərbɒks] *n* caixa *f* de mudança.

gear shift *n Am* mudança *f*.

gear stick *n Brit* = **gear shift**.

geese [giːs] *pl* → **goose**.

gel [dʒel] *n* gel *m*.

gelatine [ˌdʒelə'tiːn] *n* gelatina *f*.

gem [dʒem] *n* pedra *f* preciosa.

Gemini ['dʒemɪnaɪ] *n* Gêmeos *m inv*.

gender ['dʒendər] *n* gênero *m*.

general ['dʒenrəl] *adj* geral. ◆ *n* general *m*; **in** ~ *(as a whole)* em geral; *(usually)* geralmente.

general election *n* eleições *fpl* gerais.

generally ['dʒenərəlɪ] *adv* geralmente.

general practitioner [-præk'tɪʃənər] *n* clínico *m* geral.

general store *n* ≃ mercearia *f*.

generate ['dʒenəreɪt] *vt* gerar.

generation [ˌdʒenə'reɪʃn] *n* geração *f*.

generator ['dʒenəreɪtər] *n* gerador *m*.

generosity [ˌdʒenə'rɒsətɪ] *n* generosidade *f*.

generous ['dʒenrəs] *adj* generoso(osa).

genitals ['dʒenɪtlz] *npl* órgãos *mpl* genitais.

genius ['dʒi:nɪəs] *n* gênio *m*.

gentle ['dʒentl] *adj* *(careful)* cuidadoso(osa); *(kind)* gentil; *(movement, breeze)* suave.

gentleman ['dʒentlmən] (*pl* **-men** [-mən]) *n* cavalheiro *m*; **'gentlemen'** *(men's restroom)* 'homens'.

gently ['dʒentlɪ] *adv (carefully)* suavemente.

gents [dʒents] *n Brit* banheiro *m* dos homens.

genuine ['dʒenjʊɪn] *adj* genuíno(na).

geographical [dʒɪə'græfɪkl] *adj* geográfico(ca).

geography [dʒɪ'ɒgrəfɪ] *n* geografia *f*.

geology [dʒɪ'ɒlədʒɪ] *n* geologia *f*.

geometry [dʒɪ'ɒmətrɪ] *n* geometria *f*.

Germany ['dʒɜ:rmənɪ] *n* Alemanha *f*.

germs [dʒɜ:rmz] *npl* germes *mpl*.

gesture ['dʒestʃər] *n* gesto *m*.

get [get] (*pt & pp* **got,** *Am pp* **gotten**) *vt* -1. *(obtain)* obter; *(buy)* comprar; **she got a job** ela arranjou emprego.
-2. *(receive)* receber; **I got a book for Christmas** ganhei um livro no Natal.
-3. *(means of transportation)* apanhar; **let's ~ a taxi** vamos apanhar um táxi.
-4. *(find)* ir buscar; **could you ~ me the manager?** *(in store)* podia chamar o gerente?; *(on phone)* pode me passar o gerente?
-5. *(illness)* apanhar; **I got the flu over Christmas** peguei uma gripe no Natal.
-6. *(cause to become)*: **to ~ sthg done** mandar fazer algo; **to ~ sthg ready** preparar algo; **can I ~ my car repaired here?** posso mandar consertar o meu carro aqui?
-7. *(ask, tell)*: **to ~ sb to do sthg** arranjar alguém para fazer algo.
-8. *(move)*: **to ~ sthg out of sthg** tirar algo de algo; **I can't ~ it through the door** não consigo passar com isso na porta.
-9. *(understand)* compreender; **to ~ a joke** contar uma piada.
-10. *(time, chance)* ter; **we didn't ~ the chance to see everything** não tivemos oportunidade de ver tudo.
-11. *(idea, feeling)* ter; **I ~ a lot of enjoyment from it** me divirto à beça com isso.
-12. *(phone)* atender.
-13. *(in phrases)*: **you ~ a lot of rain here in winter** chove muito aqui no inverno → **have.**
◆ *vi* -1. *(become)* ficar; **it's getting late** está ficando tarde; **to ~ ready** preparar-se; **to ~ lost** perder-se; **~ lost!** não enche o saco!, desapareça!
-2. *(into particular state, position)* meter-se; **how do you ~ to El Paso from here?** como se vai daqui para El Paso?; **to ~ into**

the car entrar no carro.
- **3.** *(arrive)* chegar; **when does the train ~ here?** quando é que o trem chega aqui?
- **4.** *(in phrases)*: **to ~ to do sthg** ter a oportunidade de fazer algo.
◆ *aux vb* ser; **to ~ delayed** atrasar-se; **to ~ killed** ser morto.
◆ **get along (with sb)** *vi* dar-se bem (com alguém).
◆ **get back** *vi (return)* voltar.
◆ **get in** *vi (arrive)* chegar; *(enter)* entrar.
◆ **get off** *vi (leave)* sair.
◆ **get on** *vi (enter train, bus)* entrar.
◆ **get out** *vi (of car, bus, train)* sair.
◆ **get through** *vi (on phone)* completar a ligação.
◆ **get up** *vi* levantar-se.

ghastly ['gæstlı] *adj inf (very bad)* horrível.

ghost [gəʊst] *n* fantasma *m*.

giant ['dʒaıənt] *adj* gigante. ◆ *n (in stories)* gigante *m*, -ta *f*.

giddy ['gıdı] *adj (dizzy)* tonto (ta).

gift [gıft] *n (present)* presente *m*; *(talent)* dom *m*.

gift certificate *n* vale-presente *m*.

gifted ['gıftəd] *adj* dotado(da).

gig [gıg] *n inf* show *m* (de música).

gigantic [dʒaı'gæntık] *adj* gigantesco(ca).

giggle ['gıgl] *vi* dar risadinha.

gimmick ['gımık] *n* truque *m*, artifício *m*.

gin [dʒın] *n* gim *m*; **~ and tonic** gim-tônica.

ginger ['dʒındʒər] *n* gengibre *m*.

ginger ale *n cerveja de gengibre.*

gipsy ['dʒıpsı] *n* = **gypsy.**

giraffe [dʒı'ræf] *n* girafa *f*.

girl [gɜːrl] *n (child)* menina *f*; *(young woman)* moça *f*; *(daughter)* filha *f*.

girlfriend ['gɜːrlfrend] *n (of boy, man)* namorada *f*; *(of girl, woman)* amiga *f*.

girl scout *n Am* ≃ escoteira *f*.

give [gıv] (*pt* **gave**, *pp* **given** ['gıvn]) *vt* dar; *(speech, performance)* fazer; **to ~ sb sthg** dar algo a alguém; **to ~ sb a kiss** dar um beijo em alguém; **come on, ~ me a smile!** vamos lá, dê um sorriso!; **to ~ sthg a push** empurrar algo; **~ or take a few minutes** um minuto a mais, um minuto a menos. ❑ **give away** *vt sep (get rid of)* dar, desfazer-se de; *(reveal)* revelar. ❑ **give back** *vt sep* devolver. ❑ **give in** *vi* desistir. ❑ **give off** *vt fus* soltar. ❑ **give out** *vt sep (distribute)* distribuir. ❑ **give up** *vt sep (seat)* ceder. ◆ *vi (admit defeat)* desistir; **to ~ up smoking** parar de fumar; **to ~ up chocolate** parar de comer chocolate.

given name ['gıvn-] *n Am* nome *m* próprio OR de batismo.

glad [glæd] *adj* contente; **I'll be ~ to help** será um prazer ajudar.

gladly ['glædlı] *adv (willingly)* com muito prazer.

glamorous ['glæmərəs] *adj* glamoroso(osa).

glance [glæns] *n* olhadela *f*. ◆ *vi*: **to ~ (at)** dar uma olhadela (em).

gland [glænd] *n* glândula *f*.

glare [gleər] *vi (person)* lançar olhares furiosos; *(sun, light)* brilhar intensamente. ◆ *n (bright light)* clarão *m*.

glass [glæs] *n (material)* vidro *m*; *(container, glassful)* copo *m*. ◆ *adj* de vidro. ❑ **glasses** *npl* óculos *mpl*.

glider ['glaıdər] *n* planador *m*.

glitter ['glıtər] *vi* reluzir.

global warming [ˌgləʊbl-'wɔ:rmıŋ] *n* aquecimento *m* global.

globe [gləʊb] *n* globo *m*; **the ~** *(Earth)* o globo.

gloomy ['glu:mı] *adj (room, day)* sombrio(bria); *(person)* triste.

glorious ['glɔ:rıəs] *adj (weather, sight)* esplêndido(da); *(victory, history)* glorioso(osa).

glory ['glɔ:rı] *n* glória *f*.

gloss [glɒs] *n (shine)* brilho *m*; **~ (paint)** tinta *f* brilhante.

glossary ['glɒsərı] *n* glossário *m*.

glossy ['glɒsı] *adj (magazine, photo)* de luxo.

glove [glʌv] *n* luva *f*.

glow [gləʊ] *n* luz *f*, brilho *m*. ◆ *vi* luzir, brilhar.

glucose ['glu:kəʊs] *n* glucose *f*.

glue [glu:] *n* cola *f*. ◆ *vt* colar.

gnaw [nɔ:] *vt* roer.

go [gəʊ] (*pt* **went**, *pp* **gone**, *pl* **goes**) *vi* -**1.** *(move, travel)* ir; **to ~ home** ir para casa; **to ~ to Brazil** ir ao Brasil; **to ~ by bus** ir de ônibus; **to ~ for a walk** fazer um passeio; **to ~ and do sthg** ir fazer algo; **to ~ in** entrar; **to ~ out** sair.

-**2.** *(leave)* ir-se; **it's time for us to ~** é hora de irmos embora; **when does the bus ~?** quando é que o ônibus sai?; **~ away!** vá embora!

-**3.** *(attend)* ir; **to ~ to school** ir para a escola; **which school do you ~ to?** para que escola você vai?

-**4.** *(become)* ficar; **she went pale** empalideceu; **the milk has gone sour** o leite azedou.

-**5.** *(expressing future tense)*: **to be going to do sthg** ir fazer algo.

-**6.** *(function)* funcionar; **the car won't ~** o carro não pega.

-**7.** *(stop working)* ir-se; **the fuse has gone** o fusível queimou.

-**8.** *(time)* passar.

-**9.** *(progress)* correr; **to ~ well** correr bem.

-**10.** *(bell, alarm)* tocar.

-**11.** *(match)* condizer; **to ~ with** condizer com; **red wine doesn't ~ with fish** vinho tinto não combina com peixe.

-**12.** *(be sold)* ser vendido; **'everything must ~'** 'liquidação total'.

-**13.** *(fit)* caber.

-**14.** *(lead)* ir; **where does this**

path ~? aonde vai dar este caminho?
-**15.** *(belong)* ir, ser.
-**16.** *(in phrases)*: **to let ~ of sthg** *(drop)* largar algo; **there are two days to ~** faltam dois dias; **to ~** *Am (to take away)* para levar.
◆ *n* -**1.** *(turn)* vez *f*; **it's your ~** é a sua vez.
-**2.** *(attempt)* tentativa *f*; **to have a ~ at sthg** experimentar algo; **'50 cents a ~'** *(for game)* '50 centavos cada vez'.
◆ **go ahead** *vi (take place)* realizar-se; **~ ahead!** vá em frente!
◆ **go around** *vi (revolve)* rodar; **there isn't enough cake to ~ around** não tem bolo (suficiente) para todo mundo.
◆ **go back** *vi* voltar.
◆ **go down** *vi (decrease)* diminuir; *(sun)* pôr-se; *(tire)* esvaziarse.
◆ **go in** *vi* entrar.
◆ **go off** *vi (alarm, bell)* tocar, soar; *(go bad)* azedar; *(light, heating)* apagar-se.
◆ **go on** *vi (happen)* passar-se; *(light, heating)* acender-se; **to ~ on doing sthg** continuar a fazer algo.
◆ **go out** *vi (leave house)* sair; *(light, fire, cigarette)* apagar-se; *(have relationship)*: **to ~ out with sb** sair com alguém; **to ~ out to eat** ir comer fora.
◆ **go over** *vt fus (check)* rever.
◆ **go through** *vt fus (experience)* passar por; *(spend)* gastar; *(search)* revistar.
◆ **go up** *vi (increase)* subir.
◆ **go without** *vt fus* passar sem.

goal [gəʊl] *n (posts)* gol *m*; *(point scored)* gol *m*; *(aim)* objetivo *m*.
goalkeeper ['gəʊl,ki:pər] *n* goleiro *m*, -ra *f*.
goalpost ['gəʊlpəʊst] *n* trave *f*.
goat [gəʊt] *n* cabra *f*.
god [gɒd] *n* deus *m*. ❑ **God** *n* Deus *m*.
goddaughter ['gɒd,dɔ:tər] *n* afilhada *f*.
godfather ['gɒd,fɑ:ðər] *n* padrinho *m*.
godmother ['gɒd,mʌðər] *n* madrinha *f*.
godson ['gɒdsʌn] *n* afilhado *m*.
goes [gəʊz] → **go.**
goggles ['gɒglz] *npl* óculos *mpl* (protetores).
going ['gəʊɪŋ] *adj (available)* disponível; **the ~ rate** a tarifa em vigor.
gold [gəʊld] *n* ouro *m*. ◆ *adj (bracelet, watch)* de ouro; *(color)* dourado(da).
goldfish ['gəʊldfɪʃ] *(pl inv) n* peixe-dourado *m*.
golf [gɒlf] *n* golfe *m*.
golf course *n* campo *m* de golfe.
golfer ['gɒlfər] *n* jogador *m*, -ra *f* de golfe.
gone [gɒn] *pp* → **go.**
good [gʊd] (*compar* **better**, *superl* **best**) *adj* bom (boa); *(well-behaved)* bem comportado(da). ◆ *n* o bem; **be ~!** portese bem!; **to have a ~ time** divertir-se; **to be ~ at sthg** ser bom em algo; **a ~ ten minutes** pelo me-

nos dez minutos; **in ~ time** com antecedência; **for ~** para sempre; **for the ~ of** para o bem de; **to do sb ~** fazer bem a alguém; **it's no ~** *(there's no point)* não vale a pena; **~ afternoon!** boa tarde!; **~ evening!** boa noite!; **~ morning!** bom dia!; **~ night!** boa noite! ❑ **goods** *npl* mercadorias *fpl*.

goodbye [ˌgʊd'baɪ] *excl* adeus!

Good Friday *n* Sexta-feira *f* Santa.

good-looking [-'lʊkɪŋ] *adj* bonito(ta).

goose [guːs] (*pl* **geese**) *n* ganso *m*.

gooseberry ['guːsberɪ] *n* groselha *f* branca.

gorge [gɔːrdʒ] *n* garganta *f*, desfiladeiro *m*.

gorgeous ['gɔːrdʒəs] *adj (day, countryside)* magnífico(ca); *inf (good-looking)* lindo(da).

gorilla [gə'rɪlə] *n* gorila *mf*.

gossip ['gɒsɪp] *n (about someone)* mexerico *m*, fofoca *f*; *(chat)* conversa *f*. ◆ *vi (about someone)* fofocar; *(chat)* conversar.

got [gɒt] *pt & pp* → **get**.

gotten ['gɒtn] *pp Am* → **get**.

govern ['gʌvərn] *vt* governar.

government ['gʌvərnmənt] *n* governo *m*.

gown [gaʊn] *n (dress)* vestido *m*.

G.P. *abbr* = **general practitioner.**

grab [græb] *vt (take hold of)* agarrar.

graceful ['greɪsfl] *adj* gracioso(osa).

grade [greɪd] *n (quality)* categoria *f*; *(on test, in class)* nota *f*; *Am (year at school)* ano *m* (de escolaridade).

grade crossing *n Am* passagem *m* de nível.

gradient ['greɪdjənt] *n* inclinação *f*.

gradual ['grædʒʊəl] *adj* gradual.

gradually ['grædʒʊəlɪ] *adv* gradualmente.

graduate [*n* 'grædʒʊət, *vb* 'grædʒʊeɪt] *n (from university)* graduado *m*, -da *f*; *Am (from high school) pessoa que concluiu o ensino secundário.* ◆ *vi (from university)* graduar-se, formar-se; *Am (from high school)* concluir o ensino secundário.

GRADUATE SCHOOL

"Graduate school" é a chamada pós-graduação: o mestrado, com um ano ou mais de estudos, e o Ph.D. (doutorado), que exige pelo menos mais três anos e a apresentação de uma tese. Para cursá-los, deve-se prestar um exame nacional padronizado. Embora dispendiosos, podem ser um pré-requisito para a obtenção de um bom emprego.

---

graduation [ˌgrædʒʊ'eɪʃn] *n (ceremony)* colação *f* de grau.

graffiti [grə'fiːtɪ] *n* grafite *m*.

grain [greɪn] *n (seed, of sand)* grão *m*; *(crop)* cereais *mpl*; *(of salt)* pedra *f*.
gram [græm] *n* grama *m*.
grammar ['græmər] *n* gramática *f*.
grammar school *n (in US)* escola *f* primária.
gramophone ['græməfəʊn] *n* gramofone *m*.
gran [græn] *n Brit inf* avó *f*.
grand [grænd] *adj (impressive)* magnífico(ca). ◆ *n inf ($1,000)* mil dólares *mpl*.
grandchild ['græntʃaɪld] (*pl* **-children** [-ˌtʃɪldrən]) *n* neto *m*.
granddaughter ['grænˌdɔːtər] *n* neta *f*.
grandfather ['grændˌfɑːðər] *n* avô *m*.
grandma ['grænmɑː] *n inf* vovó *f*, vó *f*.
grandmother ['grænˌmʌðər] *n* avó *f*.
grandpa ['grænpɑː] *n inf* vovô *m*, vô *m*.
grandparents ['grænˌpeərənts] *npl* avós *mpl*.
grandson ['grænsʌn] *n* neto *m*.
granite ['grænɪt] *n* granito *m*.
grant [grænt] *n (for study)* bolsa *f*; POL subsídio *m*. ◆ *vt (fml: give)* conceder; **to take sthg for ~ed** dar algo por certo; **to take sb for ~ed** não dar o devido valor a alguém.
grape [greɪp] *n* uva *f*.
grapefruit ['greɪpfruːt] *n* toranja *f*.
graph [græf] *n* gráfico *m*.
graph paper *n* papel *m* milimétrico.
grasp [græsp] *vt (grip)* agarrar; *(understand)* perceber.
grass [græs] *n (plant)* grama *f*; *(lawn)* gramado *m*; **'keep off the ~'** 'não pise na grama'.
grasshopper ['græshɒpr] *n* gafanhoto *m*.
grate [greɪt] *n* grelha *f*.
grated ['greɪtəd] *adj* ralado(da).
grateful ['greɪtfʊl] *adj* agradecido(da), grato(ta).
grater ['greɪtər] *n* ralador *m*.
gratitude ['grætətuːd] *n* gratidão *f*.
gratuity [grə'tuːɪtɪ] *n fml* gratificação *f*.
grave[1] [greɪv] *adj (mistake, news, concern)* grave. ◆ *n* sepultura *f*.
grave[2] [grɑːv] *adj (accent)* grave.
gravel ['grævl] *n* gravilha *f*.
graveyard ['greɪvjɑːrd] *n* cemitério *m*.
gravity ['grævətɪ] *n* gravidade *f*.
gravy ['greɪvɪ] *n* molho *m* (de carne).
gray [greɪ] *adj Am* cinzento(ta); *(hair)* grisalho(lha). ◆ *n* cinzento *m*; **to go ~** ficar grisalho.
graze [greɪz] *vt (injure)* esfolar.
grease [griːs] *n* gordura *f*.
greasy ['griːsɪ] *adj (clothes, food)* gorduroso(osa); *(skin, hair)* oleoso(osa).
great [greɪt] *adj* grande; *(very good)* ótimo(ma); **(that's) ~!** ótimo!
Great Britain *n* Grã-Bretanha *f*.

GREAT BRITAIN

A Grã-Bretanha é uma ilha que compreende a Inglaterra, a Escócia e o País de Gales. Não deve ser confundida com o Reino Unido, que inclui também a Irlanda do Norte, nem com as Ilhas Britânicas, que incluem ainda a República da Irlanda, a Ilha de Man, as Ilhas Órcades, as Ilhas Shetland e as ilhas do Canal da Mancha.

---

great-grandfather *n* bisavô *m*.

great-grandmother *n* bisavó *f*.

Greece [gri:s] *n* Grécia *f*.

greed [gri:d] *n (for money)* ganância *f*; *(for food)* gulodice *f*.

greedy ['gri:dɪ] *adj (for food)* guloso(osa); *(for money)* ganancioso(osa).

green [gri:n] *adj* verde. ◆ *n (color)* verde *m*; *(on golf course)* green *m*. ❑ **greens** *npl (vegetables)* verduras *fpl*.

green card *n Am (work permit) visto de permanência e trabalho nos Estados Unidos.*

GREEN CARD

Documento que permite a um cidadão estrangeiro viver e trabalhar nos Estados Unidos. Os requerentes devem ter parentesco próximo com um cidadão americano, trabalhar para uma companhia americana ou poder fazer investimentos significativos nos Estados Unidos. Embora mantenha o nome, ele já não é mais da cor verde.

---

greenhouse ['gri:nhaʊs, *pl* -haʊzɪz] *n* estufa *f*.

greenhouse effect *n* efeito *m* estufa.

green light *n* sinal *m* verde.

green pepper *n* pimentão *m* (verde).

greet [gri:t] *vt (say hello to)* cumprimentar.

greeting ['gri:tɪŋ] *n* cumprimento *m*.

grenade [grə'neɪd] *n* granada *f*.

grew [gru:] *pt* → **grow.**

grey [greɪ] *adj & n Brit* = **gray.**

greyhound ['greɪhaʊnd] *n* galgo *m*.

GREYHOUND BUS

Talvez o meio de transporte mais econômico utilizado para viagens pelos Estados Unidos seja o ônibus. A Greyhound Bus cobre todas as regiões do país, além de algumas localidades no Canadá e no México. Ela também serve a várias partes do país inacessíveis às companhias aéreas comerciais.

---

grid [grɪd] *n (grating)* gradeamento *m*; *(on map, etc)* quadrícula *f*.

grief [gri:f] *n* desgosto *m*.
grieve [gri:v] *vi* estar de luto.
grill [grɪl] *n* grelha *f*; *(part of restaurant)* grill *m*; AUT grelha *f* do radiador. ◆ *vt* grelhar.
grilled [grɪld] *adj* grelhado (da).
grim [grɪm] *adj (expression)* severo(ra); *(place, reality)* sombrio (bria); *(news)* desagradável.
grimace ['grɪməs] *n* careta *f*.
grimy ['graɪmɪ] *adj* sebento (ta).
grin [grɪn] *n* sorriso *m* (largo). ◆ *vi* sorrir.
grind [graɪnd] (*pt & pp* **ground**) *vt (pepper, coffee)* moer.
grip [grɪp] *n (of tires)* aderência *f*; *(handle)* punho *m*; *(bag)* bolsa *m* de viagem; *(hold)* pega *f*. ◆ *vt (hold)* agarrar; **to keep a firm ~ on sthg** *(rope, railings)* agarrar algo com força; **get a ~ on yourself!** controle-se!
groan [grəʊn] *n* gemido *m*. ◆ *vi (in pain)* gemer; *(complain)* resmungar.
groceries ['grəʊsərɪz] *npl* comestíveis *mpl*.
grocery store ['grəʊsərɪ-] *n* mercearia *f*.
groin [grɔɪn] *n* virilha *f*.
groove [gru:v] *n* ranhura *f*.
grope [grəʊp] *vi*: **to ~ around for sthg** procurar algo às apalpadelas.
gross [grəʊs] *adj (weight, income)* bruto(ta).
grossly ['grəʊslɪ] *adv (extremely)* extremamente.
ground [graʊnd] *pt & pp* → **grind**. ◆ *n* chão *m*; SPORT campo *m*. ◆ *adj (coffee)* moído(da). ◆ *vt*: **to be ~ed** *(plane)* não ter autorização para decolar; *Am (child)* estar de castigo; *Am (electrical connection)* ligar à terra. ❑ **grounds** *npl (of building)* área que circunda um prédio; *(of coffee)* borra *f*; *(reason)* razão *f*, motivo *m*.
ground beef *n Am* carne *f* moída.
ground floor *n* térreo *m*.
group [gru:p] *n* grupo *m*.
grovel ['grʌvl] *vi (be humble)* humilhar-se.
grow [grəʊ] (*pt* **grew**, *pp* **grown**) *vi* crescer; *(become)* tornar-se. ◆ *vt (plant, crop)* cultivar; *(beard)* deixar crescer. ❑ **grow up** *vi* crescer.
growl [graʊl] *vi (dog)* rosnar.
grown [grəʊn] *pp* → **grow**.
grown-up *adj* adulto(ta). ◆ *n* adulto *m*, -ta *f*.
growth [grəʊθ] *n (increase)* crescimento *m*; MED tumor *m*, abcesso *m*.
grub [grʌb] *n inf (food)* comida *f*.
grubby ['grʌbɪ] *adj inf* porco (ca).
grudge [grʌdʒ] *n* ressentimento *m*. ◆ *vt*: **to ~ sb sthg** dar algo a alguém de má vontade; **he seems to have a ~ against me** ele parece ter algo contra mim.
grueling ['grʊəlɪŋ] *adj Am* extenuante.
gruelling ['grʊəlɪŋ] *Brit* = **grueling**.

gruesome ['gru:səm] *adj* horripilante.
grumble ['grʌmbl] *vi (complain)* resmungar.
grumpy ['grʌmpɪ] *adj inf* resmungão(gona).
grunt [grʌnt] *vi* grunhir.
guarantee [,gerən'ti:] *n* garantia *f.* ◆ *vt* garantir.
guard [gɑ:rd] *n (of prisoner, etc)* guarda *mf*; *(protective cover)* proteção *f.* ◆ *vt (watch over)* guardar; **to be on one's ~** estar alerta.
guess [ges] *n* suposição *f.* ◆ *vt vi* adivinhar; **I ~ (so)** é provável, imagino que sim.
guest [gest] *n (in home)* convidado *m*, -da *f*; *(in hotel)* hóspede *mf.*
guesthouse ['gesthaʊs, *pl* -haʊzɪz] *n* pensão *f.*
guidance ['gaɪdns] *n* orientação *f.*
guide [gaɪd] *n (for tourists)* guia *mf*; *(guidebook)* guia *m.* ◆ *vt* guiar. ❑ **Guide** *n Brit* ≃ escoteira *f.*
guidebook ['gaɪdbʊk] *n* guia *m.*
guided tour ['gaɪdəd-] *n* visita *f* guiada.
guidelines ['gaɪdlaɪnz] *npl* diretrizes *fpl.*
guilt [gɪlt] *n* culpa *f.*
guilty ['gɪltɪ] *adj* culpado(da).
guinea pig ['gɪnɪ-] *n* cobaia *f.*
guitar [gɪ'tɑ:r] *n (acoustic)* violão *m*; *(electric)* guitarra *f* (elétrica).
gulf [gʌlf] *n (of sea)* golfo *m.*
gull [gʌl] *n* gaivota *f.*
gullible ['gʌləbl] *adj* ingênuo (nua).
gulp [gʌlp] *n (of drink)* gole *m.*
gum [gʌm] *n (chewing gum, bubble gum)* chiclete *m*; *(adhesive)* cola *f.* ❑ **gums** *npl (in mouth)* gengiva *f.*
gun [gʌn] *n (handgun)* pistola *f*; *(rifle)* espingarda *f*; *(cannon)* canhão *m.*
gunfire ['gʌnfaɪər] *n* tiroteio *m.*
gunshot ['gʌnʃɒt] *n* tiro *m.*
gust [gʌst] *n* rajada *f.*
gut [gʌt] *n inf (stomach)* bucho *m.* ❑ **guts** *npl inf (intestines)* tripas *fpl*; *(courage)* coragem *f*, peito *m.*
gutter ['gʌtər] *n (beside road)* sarjeta *f*; *(of house)* calha *f.*
guy [gaɪ] *n inf (man)* cara *m.* ❑ **guys** *npl Am inf (people)*: **you ~s** vocês.
gym [dʒɪm] *n (place)* ginásio *m*; *(school lesson)* ginástica *f.*
gymnast ['dʒɪmnæst] *n* ginasta *mf.*
gymnastics [dʒɪm'næstɪks] *n* ginástica *f.*
gynecologist [,gaɪnə'kɒlədʒəst] *n* ginecologista *mf.*
gypsy ['dʒɪpsɪ] *n* cigano *m*, -na *f.*

H

H (*abbr of hospital*) H. ◆ *abbr* = **hot.**

had [hæd] *pt & pp* → **have.**

hadn't ['hædnt] = **had not.**

haggle ['hægl] *vi* regatear.

hail [heɪl] *n* granizo *m*. ◆ *v impers*: **it's ~ ing** está chovendo granizo.

hailstone ['heɪlstəʊn] *n* granizo *m*, pedra *f*.

hair [heər] *n (on human head)* cabelo *m*; *(on skin)* pêlo *m*; **to have one's ~ cut** cortar o cabelo; **to wash one's ~** lavar a cabeça.

hairbrush ['heərbrʌʃ] *n* escova *f* (de cabelo).

haircut ['heərkʌt] *n (style)* corte *m* (de cabelo); **to have a ~** cortar o cabelo.

hairdo ['heərdu:] (*pl* **-s**) *n* penteado *m*.

hairdresser ['heər,dresər] *n (person)* cabeleireiro *m*, -ra *f*; ~ *(salon)* cabeleireiro *m*; **to go to the ~** ir ao cabeleireiro.

hairdryer ['heər,draɪər] *n* secador *m* de cabelo.

hairpin ['heərpɪn] *n* grampo *m*.

hairpin bend *n* curva *f* fechada.

hairspray ['heərspreɪ] *n* laquê *m*.

hairstyle ['heərstaɪl] *n* penteado *m*.

hairy ['heərɪ] *adj (person)* cabeludo(da); *(chest, legs)* peludo (da).

half [hæf] (*pl* **halves**) *n (50%)* metade *f*; *(of match)* tempo *m*. ◆ *adj* meio (meia). ◆ *adv* meio; **a day and a ~** um dia e meio; **four and a ~** quatro e meio; **an hour and a ~** uma hora e meia; **~ past seven** sete e meia; **~ as big as** metade do tamanho de; **~ an hour** meia-hora; **~ a dozen** meia dúzia; **~-price** a metade do preço.

half-brother *n* meio-irmão *m*.

half-sister *n* meia-irmã.

half-time ['hæftaɪm] *n* intervalo *m*.

halfway [hæf'weɪ] *adv (in space)* a meio caminho; *(in time)* a meio.

hall [hɔ:l] *n (of house)* entrada *f*, hall *m*; *(building, large room)* salão *m*; *(country house)* ≃ mansão *f*.

hallmark ['hɔ:lmɑ:rk] *n (on silver, gold)* marca *f*.

Halloween [,hæləʊ'i:n] *n* Dia *m* das Bruxas.

halt [hɔ:lt] *vi* parar. ◆ *n*: **to come to a ~** parar.

halve [hæv] *vt (reduce by half)* reduzir à metade; *(divide in two)* dividir ao meio.

halves [hævz] *pl* → **half.**

ham [hæm] *n* presunto *m*.

hamburger ['hæmbɜ:rgər] *n* hambúrguer *m*; *Am (ground beef)* carne *f* moída.

hamlet ['hæmlət] *n* aldeia *f*, lugarejo *m*.

hammer ['hæmər] *n* martelo *m*. ◆ *vt (nail)* martelar.

hammock ['hæmək] *n* rede *f*.

hamper ['hæmpər] *n* cesto *m*.

hamster ['hæmstər] *n* hamster *m*.

hand [hænd] *n* mão *f*; *(of clock, watch, dial)* ponteiro *m*; **to give sb a ~** dar uma mão a alguém; **to get out of ~** fugir ao controle; **by ~** à mão; **on the one ~** por um lado; **on the other ~** por outro lado. ❑ **hand in** *vt sep* entregar. ❑ **hand out** *vt sep* distribuir. ❑ **hand over** *vt sep (give)* entregar.

handbag ['hændbæg] *n* bolsa *f*, carteira *f*.

handbook ['hændbʊk] *n* manual *m*.

handbrake ['hændbreɪk] *n* freio *m* de mão.

handcuffs ['hændkʌfs] *npl* algemas *fpl*.

handful ['hændfl] *n (amount)* punhado *m*.

handicap ['hændɪkæp] *n (physical, mental)* deficiência *f*; *(disadvantage)* desvantagem *f*.

handicapped ['hændɪkæpt] *adj* deficiente. ◆ *npl*: **the ~** os deficientes.

handkerchief ['hæŋkərtʃɪf] (*pl* **-chiefs** OR **-chieves**) *n* lenço *m* (de mão).

handle ['hændl] *n (of door, window)* maçaneta *f*; *(of suitcase)* alça *f*; *(of pan, knife)* cabo *m*. ◆ *vt (touch)* pegar em; *(deal with)* lidar com; *(solve)* tratar de; **'~ with care'** 'frágil'.

handlebars ['hændlbɑ:rz] *npl* guidom *m*.

handmade [ˌhænd'meɪd] *adj* feito(ta) à mão.

handout ['hændaʊt] *n (leaflet)* prospecto *m*; *(money, food, etc)* donativo *m*.

handshake ['hændʃeɪk] *n* aperto *m* de mão.

handsome ['hænsəm] *adj* bonito(ta).

handwriting ['hændˌraɪtɪŋ] *n* letra *f*, caligrafia *f*.

handy ['hændɪ] *adj (useful)* prático(ca); *(good with one's hands)* habilidoso(osa); *(near)* à mão; **to come in ~** *inf* vir a calhar.

hang [hæŋ] (*pt & pp* **hung**, *pt & pp vt sense 2* **hanged**) *vt (on hook, wall, etc)* pendurar; *(execute)* enforcar. ◆ *vi (be suspended)* pender. ◆ *n*: **to get the ~ of sthg** pegar o jeito de algo. ❑ **hang around** *inf* rondar. ❑ **hang down** *vi* estar pendurado(da). ❑ **hang on** *vi inf (wait)* esperar. ❑ **hang out** ◆ *vt sep (washing)* pendurar. ◆ *vi inf (spend time)* passar o tempo. ❑ **hang up** *vi (on phone)* desligar.

hangar ['hæŋər] *n* hangar *m*.

hanger ['hæŋər] *n* cabide *m*.

hang gliding *n* vôo livre *m*.

hangover ['hæŋˌəʊvər] *n* ressaca *f*.

happen ['hæpən] *vi* acontecer; **I ~ed to bump into him** encontrei-o por acaso.

happily ['hæpəlɪ] *adv (luckily)* felizmente.

happiness ['hæpɪnəs] *n* felicidade *f*.

happy ['hæpɪ] *adj* feliz; **to be ~ about sthg** *(satisfied)* estar satisfeito(ta) com algo; **to be ~ to do sthg** não se importar de fazer algo; **to be ~ with sthg** estar satisfeito com algo; **Happy Birthday!** Feliz Aniversário!, Parabéns!; **Happy New Year!** Feliz Ano Novo!

harassment [hə'ræsmənt] *n* assédio *m*, importunação *f*.

harbor ['hɑ:rbər] *n Am* porto *m*.

harbour ['hɑ:bə[r]] *Brit* = **harbor.**

hard [hɑ:rd] *adj* duro(ra); *(difficult, strenuous)* difícil; *(forceful)* forte; *(winter, frost)* rigoroso(osa); *(water)* calcário(ria), duro(ra); *(drugs)* pesado(da). ◆ *adv (work)* muito, arduamente; *(listen)* atentamente; *(hit, rain)* com força; **to try ~** fazer um esforço.

hard-boiled egg [-bɔɪld-] *n* ovo *m* cozido.

hardcover ['hɑ:rd,kʌvər] *n Am* livro *m* de capa dura.

hard disk *n* disco *m* rígido.

hardly ['hɑ:rdlɪ] *adv*: **~ ever** quase nunca; **I ~ know her** mal a conheço; **there's ~ any left** já não há quase nada.

hardship ['hɑ:rdʃɪp] *n* dificuldades *fpl*.

hardware ['hɑ:rdweər] *n (tools, equipment)* ferramenta *f*; COMPUT hardware *m*.

hardware store *n* loja *f* de ferragens.

hardworking [,hɑ:rd'wɜ:rkɪŋ] *adj* trabalhador(ra).

hare [heər] *n* lebre *f*.

harm [hɑ:rm] *n (injury)* mal *m*; *(damage)* dano *m*. ◆ *vt (injure)* magoar; *(reputation, chances)* prejudicar; *(fabric)* danificar.

harmful ['hɑ:rmfl] *adj* prejudicial.

harmless ['hɑ:rmləs] *adj* inofensivo(va).

harmony ['hɑ:rmənɪ] *n* harmonia *f*.

harness ['hɑ:rnəs] *n (for horse)* arreios *mpl*; *(for child)* andadeiras *fpl*.

harp [hɑ:rp] *n* harpa *f*.

harsh [hɑ:rʃ] *adj (severe)* rigoroso(osa); *(cruel)* severo(ra); *(sound, voice)* áspero(ra).

harvest ['hɑ:rvɪst] *n* colheita *f*.

has [*weak form* həz, *strong form* hæz] → **have.**

hash browns *npl Am bolinhos fritos de batatas e cebolas picadas.*

hasn't ['hæznt] = **has not.**

hassle ['hæsl] *n inf* chatice *f*.

hastily ['heɪstəlɪ] *adv* precipitadamente.

hasty ['heɪstɪ] *adj (hurried)* apressado(da); *(rash)* precipitado(da).

hat [hæt] *n* chapéu *m*.

hatch [hætʃ] *n (in ship, aircraft)* escotilha *f*. ◆ *vi (chick)* sair do ovo.

hate [heɪt] *n* ódio *m*. ◆ *vt* odiar, detestar; **to ~ doing sthg** detestar fazer algo.

hatred ['heɪtrəd] *n* ódio *m*.

haul [hɔ:l] *vt* arrastar. ◆ *n*: **a long ~** um longo percurso.

haunted ['hɔ:ntəd] *adj (house)* assombrado(da).

have [hæv] (*pt & pp* **had**) *aux vb* **-1.** *(to form perfect tenses)*: **I ~ finished** acabei; **~ you been there? - no, I ~n't** você já esteve lá? - não; **they hadn't seen it** não o tinham visto; **we had already left** nós já tínhamos saído.
-2. *(must)*: **to ~ (got) to do sthg** ter de fazer algo; **do you ~ to pay?** é preciso pagar?
◆ *vt* **-1.** *(possess)*: **to ~ (got)** ter; **do you ~** OR **~ you got a double room?** você tem um quarto de casal?; **she's got brown hair** ela tem o cabelo castanho.
-2. *(experience)* ter; **to ~ a cold** estar resfriado; **to ~ a great time** divertir-se a valer.
-3. *(replacing other verbs)* ter; **to ~ breakfast** tomar o café da manhã; **to ~ dinner** jantar; **to ~ lunch** almoçar; **to ~ a bath** tomar banho; **to ~ a drink** tomar qualquer coisa, tomar um drinque; **to ~ a shower** tomar um banho; **to ~ a swim** nadar.
-4. *(feel)* ter; **I ~ no doubt about it** não tenho dúvida alguma OR nenhuma sobre isso.
-5. *(cause to be)*: **to ~ sthg done** mandar fazer algo; **to ~ one's hair cut** cortar o cabelo.
-6. *(be treated in a certain way)*: **I've had my wallet stolen** roubaram a minha carteira.

hawk [hɔ:k] *n* falcão *m*.

hay [heɪ] *n* feno *m*.

hay fever *n* febre *f* do feno.

hazard ['hæzərd] *n* risco *m*.

hazardous ['hæzərdəs] *adj* arriscado(da).

haze [heɪz] *n* névoa *f*.

hazel ['heɪzl] *adj* cor-de-mel *(inv)*.

hazelnut ['heɪzl,nʌt] *n* avelã *f*.

hazy ['heɪzɪ] *adj (misty)* nublado(da).

he [hi:] *pron* ele; **~'s tall** ele é alto.

head [hed] *n* cabeça *f*; *(of line)* princípio *m*; *(of page, letter)* cabeçalho *m*; *(of table, bed)* cabeceira *f*; *(of company, department)* chefe *m*, -fa *f*; *(of beer)* espuma *f*. ◆ *vt (list, organization)* encabeçar. ◆ *vi*: **to ~ home** dirigir-se para casa; **$10 a ~** 10 dólares por cabeça; **~s or tails?** cara ou coroa? ❑ **head for** *vt fus (place)* dirigir-se a.

headache ['hedeɪk] *n (pain)* dor *f* de cabeça; **I've got a ~** estou com dor de cabeça.

head band *n Am* fita *f* para o cabelo.

heading ['hedɪŋ] *n* título *m*.

headlight ['hedlaɪt] *n* farol *m* (dianteiro).

headline ['hedlaɪn] *n (in newspaper)* manchete *f*; *(on TV, radio)* notícia *f* principal.

headphones ['hedfəʊnz] *npl* fones *mpl* de ouvido.

headquarters [,hed'kwɔ:rtərz] *npl (of business)* sede *f*; *(of army)* quartel *m* general; *(of police)* central *f*.

headrest ['hedrest] *n* apoio *m* para a cabeça.
head start *n* vantagem *f*, avanço *m*.
heal [hi:l] *vt* curar. ◆ *vi* sarar.
health [helθ] *n* saúde *f*; **to be in good/bad ~** estar bem/mal de saúde; **your (very) good ~!** saúde!
health center *n* centro *m* de saúde.
health food *n* comida *f* natural.
health insurance *n* seguro-saúde *m*.
healthy ['helθɪ] *adj* saudável.
heap [hi:p] *n* monte *m*; **~s of** *inf* um monte de.
hear [hɪər] (*pt & pp* **heard** [hɜ:d]) *vt & vi* ouvir; **to ~ about sthg** saber de algo; **to ~ from sb** ter notícias de alguém; **have you ~d of him?** você já ouviu falar dele?
hearing ['hɪərɪŋ] *n* (*sense*) audição *f*; (*at court*) audiência *f*; **to be hard of ~** não ouvir bem.
hearing aid *n* aparelho *m* auditivo.
heart [hɑ:rt] *n* coração *m*; **to know sthg (off) by ~** saber algo de cor; **to lose ~** perder a coragem. ❑ **hearts** *npl* (*in cards*) copas *fpl*.
heart attack *n* ataque *m* cardíaco.
heartbeat ['hɑ:rtbi:t] *n* pulsação *f*, batida *f* cardíaca.
heart condition *n*: **to have a ~** ter problemas cardíacos OR de coração.
hearth [hɑ:rθ] *n* lareira *f*.
hearty ['hɑ:rtɪ] *adj* (*meal*) substancial.
heat [hi:t] *n* calor *m*; (*specific temperature*) temperatura *f*. ❑ **heat up** *vt sep* aquecer.
heater ['hi:tər] *n* aquecedor *m*.
heath [hi:θ] *n* charco *m*.
heather ['heðər] *n* urze *f*.
heating ['hi:tɪŋ] *n* aquecimento *m*.
heat wave *n* onda *f* de calor.
heave [hi:v] *vt* (*push*) empurrar com força; (*pull*) puxar com força; (*lift*) levantar com força.
Heaven ['hevn] *n* paraíso *m*, céu *m*.
heavily ['hevəlɪ] *adv* muito.
heavy ['hevɪ] *adj* pesado(da); (*rain, fighting, traffic*) intenso(sa); **how ~ is it?** quanto é que (isso) pesa?; **to be a ~ smoker** fumar muito.
heckle ['hekl] *vt* interromper (continuamente).
hectic ['hektɪk] *adj* agitado (da).
he'd [hi:d] = **he had**.
hedge [hedʒ] *n* cerca *f* viva, sebe *f*.
hedgehog ['hedʒhɒg] *n* ouriço *m*.
heel [hi:l] *n* (*of person*) calcanhar *m*; (*of shoe*) salto *m*.
hefty ['heftɪ] *adj* (*person*) robusto(ta); (*fine*) considerável.
height [haɪt] *n* altura *f*; (*peak period*) ponto *m* alto; **what ~ is it?** quanto mede?
heir [eər] *n* herdeiro *m*.

heiress ['eərəs] *n* herdeira *f*.
held [held] *pt & pp* → **hold.**
helicopter ['helıkɒptər] *n* helicóptero *m*.
Hell [hel] *n* o Inferno.
he'll [hi:l] = **he will.**
hello [hə'ləʊ] *excl (as greeting)* oi!; *(when answering phone)* alô!; *(when phoning)* alô?; *(to attract attention)* ei!
helmet ['helmət] *n* capacete *m*.
help [help] *n* ajuda *f*. ◆ *vt & vi* ajudar. ◆ *excl* socorro!; **I can't ~ it** não consigo evitá-lo; **to ~ sb (to) do sthg** ajudar alguém a fazer algo; **to ~ o.s. (to sthg)** servir-se (de algo); **can I ~ you?** *(in store)* posso ajudá-lo? ❑ **help out** *vi* ajudar
helper ['helpər] *n (assistant)* ajudante *mf*.
helpful ['helpfl] *adj (person)* prestativo(va); *(useful)* útil.
helping ['helpıŋ] *n* porção *f*.
helpless ['helpləs] *adj* indefeso(sa).
hem [hem] *n* bainha *f*.
hemorrhage ['hemərıdʒ] *n* hemorragia *f*.
hen [hen] *n (chicken)* galinha *f*.
hepatitis [,hepə'taıtəs] *n* hepatite *f*.
her [hɜ:r] *adj* o seu (a sua), dela. ◆ *pron (direct)* a; *(indirect)* lhe; *(after prep)* ela; ~ **books** os livros dela, os seus livros; **I know ~** eu a conheço; **it's ~** é ela; **send it to ~** mande isso para ela; **tell ~** diga-lhe; **Zena brought it with ~** a Zena trouxe-o consigo OR com ela.
herb [ɜ:rb] *n* erva *f* aromática.
herbal tea ['ɜ:rbl-] *n* chá *m* de ervas.
herd [hɜ:rd] *n (of cattle)* manada *f*; *(of sheep)* rebanho *m*.
here [hıər] *adv* aqui; ~ **'s your book** aqui está o seu livro; ~ **you are** aqui tem, aqui está.
heritage ['herıtıdʒ] *n* patrimônio *m*.
hernia ['hɜ:rnjə] *n* hérnia *f*.
hero ['hıərəʊ] (*pl* **-es**) *n* herói *m*.
heroine ['herəʊın] *n* heroína *f*.
heron ['herən] *n* garça *f*.
herring ['herıŋ] *n* arenque *m*.
hers [hɜ:rz] *pron* o seu (a sua), (o/a) dela; **a friend of ~** um amigo dela OR seu; **those shoes are ~** estes sapatos são dela OR seus; **these are mine – where are ~?** estes são os meus - onde estão os dela?
herself [hɜ:r'self] *pron (reflexive)* se; *(after prep)* si própria OR mesma; **she did it ~** foi ela mesma que o fez; **she hurt ~** ela se machucou.
he's [hi:z] = **he is.**
hesitant ['hezıtənt] *adj* hesitante.
hesitate ['hezıteıt] *vi* hesitar.
hesitation [,hezı'teıʃn] *n* hesitação *f*.
heterosexual [,hetərəʊ'sekʃʊəl] *adj* heterossexual. ◆ *n* heterossexual *mf*.
hi [haı] *excl inf* oi!
hiccup ['hıkʌp] *n*: **to have (the) ~ s** estar com OR ter soluços.

hide [haɪd] (*pt* **hid** [hɪd], *pp* **hidden** [hɪdn]) *vt* esconder; *(truth, feelings)* esconder, ocultar. ◆ *vi* esconder-se. ◆ *n (of animal)* pele *f*.
hideous ['hɪdɪəs] *adj* horrível.
hi-fi ['haɪfaɪ] *n* som *m*, aparelhagem *f* de som.
high [haɪ] *adj* alto(ta); *(wind)* forte; *(speed, quality)* grande, alto(ta); *(opinion)* bom (boa); *(position, rank)* elevado(da); *(sound, voice)* agudo(da); *inf (from drugs)* doidão(dona). ◆ *n (weather front)* área *f* de alta pressão. ◆ *adv* alto; **how ~ is it?** quanto (isso) mede?; **it's 10 meters ~** mede 10 metros de altura.
high-class *adj* de primeira (categoria).
higher education ['haɪər-] *n* ensino *m* superior.
high jump *n* salto *m* em altura.
highlight ['haɪlaɪt] *n (best part)* ponto *m* alto. ◆ *vt (emphasize)* destacar. ❑ **highlights** *npl (of football game, etc)* melhores lances *mpl*; *(in hair)* mechas *fpl*.
highly ['haɪlɪ] *adv (extremely)* extremamente; *(very well)* muito bem; **to think ~ of sb** admirar muito alguém.
high school *n* escola *f* secundária.
high season *n* estação *f* alta.
high tide *n* maré-alta *f*.
highway ['haɪweɪ] *n Am (between cities)* auto-estrada *f*.
hijack ['haɪdʒæk] *vt* desviar.
hijacker ['haɪdʒækər] *n* sequestrador *m*, -ra *f* (de avião).
hike [haɪk] *n* caminhada *f*, excursão *f* a pé. ◆ *vi* caminhar.
hiking ['haɪkɪŋ] *n*: **to go ~** fazer uma caminhada.
hilarious [hɪ'leərɪəs] *adj* hilariante.
hill [hɪl] *n* colina *f*, monte *m*.
hillwalking ['hɪlwɔ:kɪŋ] *n* caminhada *f (em montanha)*.
hilly ['hɪlɪ] *adj* montanhoso (osa).
him [hɪm] *pron (direct)* o; *(indirect)* lhe; *(after prep)* ele; **I know ~** eu o conheço; **it's ~** é ele; **send it to ~** mande isso para ele; **tell ~** diga-lhe; **Tony brought it with ~** Tony o trouxe consigo.
himself [hɪm'self] *pron (reflexive)* se; *(after prep)* si próprio OR mesmo; **he did it ~** foi ele mesmo que o fez; **he hurt ~** machucou-se.
hinder ['hɪndər] *vt* impedir, atrapalhar.
hinge [hɪndʒ] *n* dobradiça *f*.
hint [hɪnt] *n (indirect suggestion)* alusão *f*; *(piece of advice)* dica *f*, palpite *m*; *(slight amount)* ponta *f*. ◆ *vi*: **to ~ at sthg** fazer alusão a algo.
hip [hɪp] *n* anca *f*.
hippopotamus [,hɪpə'pɒtəməs] *n* hipopótamo *m*.
hire ['haɪər] *vt (car, bicycle, television)* alugar; *(person)* contratar; **'for ~'** *(boats)* 'para alugar'; *(taxi)* 'livre'.
his [hɪz] *adj* o seu (a sua), dele. ◆ *pron* o seu (a sua), (o/a) dele;

~ **books** os livros dele, os seus livros; **a friend of** ~ um amigo dele OR seu; **these shoes are** ~ estes sapatos são dele OR seus; **these are mine – where are** ~**?** estes são os meus – onde estão os dele?

historical [hɪ'stɒrɪkəl] *adj* histórico(ca).

history ['hɪstərɪ] *n* história *f*, *(record)* histórico *m*.

hit [hɪt] (*pt & pp* **hit**) *vt (strike on purpose)* bater em; *(collide with)* bater contra OR em; *(bang)* bater com; *(a target)* acertar em. ◆ *n (record, play, movie)* sucesso *m*; COMPUT visita *f (a uma homepage)*.

hitch [hɪtʃ] *n (problem)* problema *m*. ◆ *vi* pegar carona. ◆ *vt*: **to** ~ **a lift** pegar carona.

hitchhike ['hɪtʃhaɪk] *vi* pegar carona.

hitchhiker ['hɪtʃhaɪkər] *n* pessoa *f* que pega carona.

hive [haɪv] *n (of bees)* colméia *f*.

HIV-positive *adj* soropositivo(va).

hoarding ['hɔ:dɪŋ] *n Brit (for adverts)* outdoor *m*.

hoarse [hɔ:rs] *adj* rouco(ca).

hoax [həʊks] *n* fraude *f*.

hob [hɒb] *n* placa *f* de aquecimento do fogão.

hobby ['hɒbɪ] *n* hobby *m*.

hockey ['hɒkɪ] *n Am (ice hockey)* hóquei sobre gelo.

hoe [həʊ] *n* enxada *f*.

hold [həʊld] (*pt & pp* **held**) *vt* segurar; *(organize)* dar; *(contain)* conter; *(possess)* ter, possuir. ◆ *vi (remain unchanged)* manter-se; *(on telephone)* esperar. ◆ *n (of ship, aircraft)* porão *m*; **to** ~ **sb prisoner** manter alguém prisioneiro; ~ **the line, please** não desligue, por favor; **to keep a firm** ~ **of sthg** agarrar algo com força. ❑ **hold back** *vt sep (restrain)* conter; *(keep secret)* reter. ❑ **hold on** *vi (wait, on telephone)* esperar; **to** ~ **on to sthg** agarrar-se a algo. ❑ **hold out** *vt sep (extend)* estender. ❑ **hold up** *vt sep (delay)* atrasar.

holdall ['həʊldɔ:l] *n Brit* bolsa *f* de viagem.

holder ['həʊldər] *n (of passport, license)* titular *mf*; *(container)* suporte *m*.

holdup ['həʊldʌp] *n (delay)* atraso *m*.

hole [həʊl] *n* buraco *m*.

holiday ['hɒlədeɪ] *n (day off)* feriado *m*; *Brit (vacation)* férias *fpl*. ◆ *vi Brit* passar férias; **to be on** ~ estar de férias; **to go on** ~ sair de férias; **the** ~**s** as férias.

holidaymaker ['hɒlədeɪˌmeɪkər] *n Brit* turista *mf*.

hollow ['hɒləʊ] *adj* oco (oca).

holly ['hɒlɪ] *n* azevinho *m*.

Hollywood ['hɒlɪwʊd] *n* Hollywood.

HOLLYWOOD

Bairro de Los Angeles desde 1911, Hollywood tem sido o centro da indústria cinematográfica americana. Atingiu seu apogeu nas décadas de 40 e 50 do século XX, quando os grandes estúdios produziam centenas de filmes por ano. Hoje em dia, Hollywood é uma das maiores atrações turísticas dos Estados Unidos.

---

holy ['həʊlɪ] *adj* sagrado(da), santo(ta).

home [həʊm] *n* casa *f*; *(own country)* país *m* natal; *(for old people)* lar *m*. ◆ *adv (in one's home)* em casa; *(to one's home)* para casa. ◆ *adj (not foreign)* nacional; *(at one's house)* caseiro(ra); **at ~** em casa; **make yourself at ~** sinta-se em casa; **to go ~** ir para casa; **~ address** endereço *m* residencial; **~ number** número *m* (de telefone) de casa.

homeless ['həʊmləs] *npl*: **the ~** os sem-teto.

homemade [,həʊm'meɪd] *adj (food)* caseiro(ra).

homework ['həʊmwɜ:rk] *n* dever *m* de casa.

homosexual [,hɒmə'sekʃʊəl] *adj* homossexual. ◆ *n* homossexual *mf*.

honest ['ɒnəst] *adj* honesto (ta), sincero(ra).

honestly ['ɒnəstlɪ] *adv (truthfully)* honestamente; *(to express sincerity)* sinceramente. ◆ *excl* francamente!

honey ['hʌnɪ] *n* mel *m*.

honeymoon ['hʌnɪmu:n] *n* lua-de-mel *f*.

honor ['ɒnər] *n Am* honra *f*.

honorable ['ɒnərəbl] *adj* honrado(da).

honour ['ɒnə^r] *n Brit* = **honor.**

hood [hʊd] *n (of jacket, coat)* capuz *m*; *Am (car bonnet)* capô *m*; *(on convertible car)* capota *f*.

hoof [hu:f] *n* casco *m*.

hook [hʊk] *n (for picture, coat)* gancho *m*; *(for fishing)* anzol *m*; **off the ~** *(telephone)* fora do gancho.

hooligan ['hu:lɪgən] *n* desordeiro *m*, -ra *f*, vândalo *m*, -la *f*.

hoop [hu:p] *n* argola *f*.

hoot [hu:t] *vi (driver)* buzinar.

Hoover® ['hu:və^r] *n Brit* aspirador *m*.

hope [həʊp] *n* esperança *f*. ◆ *vt* esperar; **to ~ for sthg** esperar algo; **to ~ to do sthg** esperar fazer algo; **I ~ so** espero que sim.

hopeful ['həʊpfʊl] *adj (optimistic)* esperançoso(osa).

hopefully ['həʊpfəlɪ] *adv (with luck)* com um pouco de sorte.

hopeless ['həʊplɪs] *adj (without any hope)* desesperado(da); **he is ~!** *inf* (ele) é um caso perdido!

horizon [hə'raɪzn] *n* horizonte *m*.

horizontal [,hɒrɪ'zɒntl] *adj* horizontal.

horn [hɔ:rn] *n (of car)* buzina *f*; *(on animal)* corno *m*, chifre *m*.

horoscope ['hɒrəskəʊp] *n* horóscopo *m*.

horrible ['hɒrəbl] *adj* horrível.

horrid ['hɒrɪd] *adj (unkind)* antipático(ca); *(very bad)* horroroso(osa).

horrific [hɒ'rɪfɪk] *adj* horrendo(da).

horse [hɔːrs] *n* cavalo *m*.
horseback riding *n* equitação *f*.
horse racing *n* corrida *f* de cavalos.
horseshoe ['hɔːrsʃuː] *n* ferradura *f*.
hose [həʊz] *n* mangueira *f*.
hosepipe ['həʊzpaɪp] *n Brit* mangueira *f*.
hosiery ['həʊzərɪ] *n* meias *fpl* e lingerie.
hospitable [hɒ'spɪtəbl] *adj* hospitaleiro(ra).
hospital ['hɒspɪtl] *n* hospital *m*; **in the ~** no hospital.
hospitality [ˌhɒspɪ'tælətɪ] *n* hospitalidade *f*.
host [həʊst] *n (of party, event)* anfitrião *m*; *(of show, TV program)* apresentador *m*, -ra *f*.
hostage ['hɒstɪdʒ] *n* refém *mf*.
hostel ['hɒstl] *n (youth hostel)* albergue *m* da juventude.
hostess ['həʊstes] *n (of party, event)* anfitriã *f*.
hostile ['hɒstl] *adj* hostil.
hostility [hɒ'stɪlətɪ] *n* hostilidade *f*.
hot [hɒt] *adj* quente; *(spicy)* picante; **to be ~** *(person)* ter calor.
hot chocolate *n* chocolate *m* quente.
hotel [həʊ'tel] *n* hotel *m*.
hour ['aʊər] *n* hora *f*; **I've been waiting for ~s** estou esperando há horas.
hourly ['aʊərlɪ] *adj* por hora. ◆ *adv (pay, charge)* por hora; *(depart)* de hora em hora.
house [*n* haʊs, *pl* 'haʊzɪz, *vb* haʊz] *n* casa *f*. ◆ *vt (person)* alojar.
household ['haʊshəʊld] *n* família *f*.
housekeeping ['haʊskiːpɪŋ] *n* manutenção *f* da casa.
House of Representatives *n* Câmara *f* dos Deputados.
housewife ['haʊswaɪf] (*pl* **-wives**) *n* dona *f* de casa.
housework ['haʊswɜːrk] *n* afazeres *mpl* domésticos.
housing ['haʊzɪŋ] *n (houses)* alojamento *m*.
housing project *n Am* conjunto *m* habitacional.
hovercraft ['hʌvərkræft] *n* aerobarco *m*.
how [haʊ] *adv* **-1.** *(asking about way or manner)* como; **~ do you get there?** como se chega lá?; **~ does it work?** como funciona?; **tell me ~ to do it** me diga como fazer isso.
-2. *(asking about health, quality)* como; **~ are you?** como vai?; **~ are you doing?** como vai você?; **~ are things?** como vão as coisas?; **~ is your room?** como é o seu quarto?
-3. *(asking about degree, amount)* quanto; **~ far?** a que distância?; **~ long?** quanto tempo?; **~ many?** quantos?; **~ much?** quanto?; **~ much is it?** quanto custa?; **~ old are you?** quantos anos você tem?
-4. *(in phrases)*: **~ about a drink?** que tal uma bebida?; **~ lovely!** que lindo!

however [haʊ'evər] *adv* contudo, todavia; ~ **hard I try** por mais que tente; ~ **many there are** por muitos que sejam.

howl [haʊl] *vi (dog, wind)* uivar; *(person)* gritar.

HQ *n (abbr of headquarters)* QG.

hubcap ['hʌbkæp] *n* calota *f*.

hug [hʌg] *vt* abraçar. ◆ *n*: **to give sb a** ~ dar um abraço em alguém.

huge [hju:dʒ] *adj* enorme.

hull [hʌl] *n* casco *m* (de navio).

hum [hʌm] *vi (bee, machine)* zumbir; *(person)* cantarolar.

human ['hju:mən] *adj* humano(na). ◆ *n*: ~ **(being)** ser *m* humano.

humanities [hju:'mænətɪz] *npl* humanidades *fpl*, ciências *fpl* humanas.

human race *n* espécie *f* humana.

human rights *npl* direitos *mpl* humanos.

humble ['hʌmbl] *adj* humilde.

humid ['hju:məd] *adj* úmido(da).

humidity [hju:'mɪdətɪ] *n* umidade *f*.

humiliating [hju:'mɪlɪeɪtɪŋ] *adj* humilhante.

humiliation [hju:ˌmɪlɪ'eɪʃn] *n* humilhação *f*.

humor ['hju:mər] *n Am* humor *m*.

humorous ['hju:mərəs] *adj (story)* humorístico(ca); *(person)* espirituoso(osa).

humour ['hju:mə^r] *n Brit* = **humor**.

hump [hʌmp] *n (bump)* elevação *f*; *(of camel)* corcova *f*.

hunch [hʌntʃ] *n* pressentimento *m*.

hundred ['hʌndrəd] *num* cem; **a** ~ cem; **a** ~ **and one** cento e um → **six**.

hundredth ['hʌndrədθ] *num* centésimo(ma) → **sixth**.

hung [hʌŋ] *pt & pp* → **hang**.

hunger ['hʌŋgər] *n* fome *f*.

hungry ['hʌŋgrɪ] *adj* esfomeado(da); **to be** ~ estar com OR ter fome.

hunt [hʌnt] *n* caça *f*, caçada *f*. ◆ *vt & vi* caçar; **to** ~ **(for sthg)** *(search)* procurar (algo).

hunting ['hʌntɪŋ] *n (for wild animals)* caça *f*.

hurdle ['hɜ:rdl] *n* SPORT obstáculo *m*.

hurl [hɜ:rl] *vt* arremessar.

hurricane ['hɜ:rəkeɪn] *n* furacão *m*.

hurry ['hʌrɪ] *vt (person)* apressar. ◆ *vi* apressar-se. ◆ *n*: **to be in a** ~ estar com pressa; **to do sthg in a** ~ fazer algo com pressa. ❑ **hurry up** *vi* apressar-se.

hurt [hɜ:rt] (*pt & pp* **hurt**) *vt* machucar. ◆ *vi* doer; **my arm** ~**s** meu braço está doendo; **to** ~ **o.s.** machucar-se.

husband ['hʌzbənd] *n* marido *m*.

hustle ['hʌsl] *n*: ~ **and bustle** burburinho *m*.

hut [hʌt] *n* cabana *f*.
hygiene [ˈhaɪdʒiːn] *n* higiene *f*.
hygienic [haɪˈdʒiːnɪk] *adj* higiênico(ca).
hymn [hɪm] *n* hino *m*.
hyperlink [ˈhaɪpəlɪŋk] *n* hyperlink *m*.
hypermarket [ˈhaɪpəˌmɑːkɪt] *n Brit* hipermercado *m*.
hyphen [ˈhaɪfn] *n* hífen *m*.
hypocrite [ˈhɪpəkrɪt] *n* hipócrita *mf*, cínico *m*, -ca *f*.
hypodermic [ˌhaɪpəˈdɜːrmɪk] *n* agulha *f* hipodérmica.
hysterical [hɪsˈterɪkl] *adj* histérico(ca); *inf (very funny)* hilariante.

I

I [aɪ] *pron* eu.
ice [aɪs] *n* gelo *m*; *(sorbet)* sorvete *m*.
iceberg [ˈaɪsbɜːrg] *n* iceberg *m*.
icebox [ˈaɪsbɒks] *n Am* geladeira *f*.
ice cream *n* sorvete *m*.
ice cube *n* cubo *m* de gelo.
iced tea [aɪst-] *n* chá *m* gelado.
ice rink *n* rinque *m* (de patinação).
ice skates *npl* patins *mpl* de gelo.
ice-skating *n* patinação *f* no gelo; **to go** ~ patinar no gelo.
icicle [ˈaɪsɪkl] *n* pingente *m* de gelo.
icing [ˈaɪsɪŋ] *n* glacê *m*.
icy [ˈaɪsɪ] *adj* gelado(da).
I'd [aɪd] = **I would, I had.**
ID *n* (*abbr of identification*) identidade *f*.
ID card *n* carteira *f* de identidade.
idea [aɪˈdɪə] *n* idéia *f*; **I have no** ~ não faço idéia.
ideal [aɪˈdɪəl] *adj* ideal. ◆ *n* ideal *m*.
ideally [aɪˈdɪəlɪ] *adv (located, suited)* perfeitamente; *(in an ideal situation)* idealmente.
identical [aɪˈdentɪkl] *adj* idêntico(ca).
identification [aɪˌdentɪfɪˈkeɪʃn] *n* identificação *f*.
identify [aɪˈdentəfaɪ] *vt* identificar.
identity [aɪˈdentətɪ] *n* identidade *f*.
idiom [ˈɪdɪəm] *n (phrase)* expressão *f* idiomática.
idiot [ˈɪdɪət] *n* idiota *mf*.
idle [ˈaɪdl] *adj (lazy)* preguiçoso(osa); *(not working)* ocioso (osa). ◆ *vi (engine)* estar em ponto morto.
idol [ˈaɪdl] *n* ídolo *m*.
idyllic [aɪˈdɪlɪk] *adj* idílico(ca).
if [ɪf] *conj* se; ~ **I were you** se eu fosse você; ~ **not** *(otherwise)* senão.
ignition [ɪgˈnɪʃn] *n* AUT ignição *f*.
ignorant [ˈɪgnərənt] *adj* ignorante.

ignore [ɪg'nɔ:r] *vt* ignorar.
ill [ɪl] *adj (in health)* doente; *(bad)* mau (má).
I'll [aɪl] = **I will, I shall.**
illegal [ɪ'li:gl] *adj* ilegal.
illegible [ɪ'ledʒəbl] *adj* ilegível.
illegitimate [ˌɪlɪ'dʒɪtəmət] *adj* ilegítimo(ma).
illiterate [ɪ'lɪtərət] *adj* analfabeto(ta).
illness ['ɪlnəs] *n* doença *f*.
illuminate [ɪ'lu:mɪneɪt] *vt* iluminar.
illusion [ɪ'lu:ʒn] *n (false idea)* ilusão *f*; *(visual)* ilusão *f* de ótica.
illustration [ˌɪlə'streɪʃn] *n* ilustração *f*.
I'm [aɪm] = **I am.**
image ['ɪmɪdʒ] *n* imagem *f*.
imaginary [ɪ'mædʒənərɪ] *adj* imaginário(ria).
imagination [ɪˌmædʒɪ'neɪʃn] *n* imaginação *f*.
imagine [ɪ'mædʒɪn] *vt* imaginar; **to ~ (that)** *(suppose)* imaginar que.
imitate ['ɪmɪteɪt] *vt* imitar.
imitation [ˌɪmɪ'teɪʃn] *n* imitação *f*. ◆ *adj (fur)* falso(sa).
immaculate [ɪ'mækjələt] *adj* imaculado(da).
immature [ˌɪmə'tjʊər] *adj* imaturo(ra).
immediate [ɪ'mi:djət] *adj (without delay)* imediato(ta).
immediately [ɪ'mi:djətlɪ] *adv (at once)* imediatamente.
immense [ɪ'mens] *adj* imenso(sa).
immigrant ['ɪmɪgrənt] *n* imigrante *mf*.
immigration [ˌɪmɪ'greɪʃn] *n* imigração *f*.
imminent ['ɪmɪnənt] *adj* iminente.
immune [ɪ'mju:n] *adj*: **to be ~ to** MED estar OR ser imune a.
immunity [ɪ'mju:nətɪ] *n* MED imunidade *f*.
immunize ['ɪmjənaɪz] *vt* imunizar.
impact ['ɪmpækt] *n* impacto *m*.
impair [ɪm'peər] *vt* enfraquecer.
impatient [ɪm'peɪʃnt] *adj* impaciente; **to be ~ to do sthg** estar impaciente para fazer algo.
imperative [ɪm'perətɪv] *n* GRAMM imperativo *m*.
imperfect [ɪm'pɜ:rfɪkt] *n* GRAMM pretérito *m* imperfeito.
impersonate [ɪm'pɜ:rsəneɪt] *vt (for amusement)* imitar.
impertinent [ɪm'pɜ:rtɪnənt] *adj* impertinente.
implement [*n* 'ɪmplɪmənt, *vb* 'ɪmplɪment] *n* ferramenta *f*. ◆ *vt* implementar, pôr em prática.
implication [ˌɪmplɪ'keɪʃn] *n (consequence)* implicação *f*.
imply [ɪm'plaɪ] *vt (suggest)*: **to ~ (that)** *(suggest)* sugerir, dar a entender que.
import [*n* 'ɪmpɔ:rt, *vb* ɪm'pɔ:rt] *n* importação *f*. ◆ *vt* importar.
importance [ɪm'pɔ:rtns] *n* importância *f*.
important [ɪm'pɔ:rtnt] *adj* importante.

impose [ɪm'pəʊz] *vt* impor. ◆ *vi* impor-se; **to ~ sthg on** impor algo a.

impossible [ɪm'pɒsəbl] *adj* impossível.

impractical [ɪm'præktɪkl] *adj* pouco prático(ca).

impress [ɪm'pres] *vt* impressionar.

impression [ɪm'preʃn] *n* impressão *f*.

impressive [ɪm'presɪv] *adj* impressionante.

improbable [ɪm'prɒbəbl] *adj* improvável.

improper [ɪm'prɒpər] *adj (incorrect, rude)* incorreto(ta); *(illegal)* ilegal.

improve [ɪm'pru:v] *vt & vi* melhorar. ❑ **improve on** *vt fus* melhorar.

improvement [ɪm'pru:vmənt] *n (in weather, health)* melhoria *f*; *(to home)* reforma *f*.

improvise ['ɪmprəvaɪz] *vi* improvisar.

impulse ['ɪmpʌls] *n* impulso *m*; **on ~** sem pensar duas vezes.

impulsive [ɪm'pʌlsɪv] *adj* impulsivo(va).

in [ɪn] *prep* **-1.** *(expressing place, position)* em; **it comes ~ a box** vem numa caixa; **~ the hospital** no hospital; **~ Scotland** na Escócia; **~ Boston** em Boston; **~ the middle** no meio; **~ the sun/rain** no sol/na chuva; **~ here/there** aqui/ali (dentro); **~ front** à frente.

-2. *(participating in)* em; **who's ~ the play?** quem está na peça?

-3. *(expressing arrangement)* em; **they come ~ packs of three** vêm em embalagens de três; **~ a row** em fila; **cut it ~ half** corte-o ao meio.

-4. *(during)*: **~ April** em abril; **~ the afternoon** à OR de tarde; **~ the morning** de manhã; **ten o'clock ~ the morning** dez (horas) da manhã; **~ 1994** em 1994; **~ summer/winter** no verão/inverno.

-5. *(within)* em; *(after)* dentro de, daqui a; **it'll be ready ~ an hour** estará pronto daqui a OR dentro de uma hora; **she did everything ~ ten minutes** ela fez tudo em dez minutos; **they're arriving ~ two weeks** chegam dentro de OR daqui a duas semanas.

-6. *(expressing means)*: **~ writing** por escrito; **they were talking ~ English** estavam falando (em) inglês; **write ~ ink** escreva a tinta.

-7. *(wearing)* de; **dressed ~ red** vestido de vermelho; **the man ~ the blue suit** o homem com o terno azul.

-8. *(expressing state)* em; **to be ~ a hurry** estar com pressa; **to be ~ pain** ter dores; **to cry out ~ pain** gritar de dor OR com dores; **~ ruins** em ruínas; **~ good health** com boa saúde.

-9. *(with regard to)* de; **a rise ~ prices** uma subida dos preços; **to be 50 meters ~ length** ter 50 metros de comprimento.

-10. *(with numbers)*: **one ~ ten** um em cada dez.

-11. *(expressing age)*: **she's ~ her twenties** ela está na casa dos vinte.
-12. *(with colors)*: **it comes ~ green or blue** vem em verde ou azul.
-13. *(with superlatives)* de; **the best ~ the world** o melhor do mundo.
◆ *adv* -1. *(inside)* dentro; **you can go ~ now** pode entrar agora.
-2. *(at home, work)*: **she's not ~** (ela) não está; **to stay ~** ficar em casa.
-3. *(train, bus, plane)*: **the train's not ~ yet** o trem ainda não chegou.
-4. *(tide)*: **the tide is ~** a maré está cheia.
◆ *adj inf (fashionable)* na moda, in *(inv)*.
inability [,ɪnə'bɪlətɪ] *n*: **~ (to do sthg)** incapacidade *f* (para fazer algo).
inaccessible [,ɪnək'sesəbl] *adj* inacessível.
inaccurate [ɪn'ækjərət] *adj* incorreto(ta).
inadequate [ɪn'ædɪkwət] *adj (insufficient)* insuficiente.
inappropriate [ɪnə'prəuprɪət] *adj* impróprio(pria).
inauguration [ɪ,nɔ:gjə'reɪʃn] *n* inauguração *f*.
incapable [ɪn'keɪpəbl] *adj*: **to be ~ of doing sthg** ser incapaz de fazer algo.
incense ['ɪnsens] *n* incenso *m*.
incentive [ɪn'sentɪv] *n* incentivo *m*.
inch [ɪntʃ] *n* = 2,5 cm, polegada *f*.
incident ['ɪnsɪdənt] *n* incidente *m*.
incidentally [,ɪnsɪ'dentlɪ] *adv* a propósito.
incline ['ɪnklaɪn] *n* declive *m*.
inclined [ɪn'klaɪnd] *adj (sloping)* inclinado(da); **to be ~ to do sthg** ter a tendência para fazer algo.
include [ɪn'klu:d] *vt* incluir.
included [ɪn'klu:dəd] *adj* incluído(da); **to be ~ in sthg** estar incluído em algo.
including [ɪn'klu:dɪŋ] *prep* incluindo.
income ['ɪŋkʌm] *n* renda *f*.
income tax *n* imposto *m* de renda.
incoming ['ɪn,kʌmɪŋ] *adj (train, plane)* de chegada; **'~ calls only'** *aviso em telefone que apenas recebe chamadas.*
incompetent [ɪn'kɒmpətənt] *adj* incompetente.
incomplete [,ɪnkəm'pli:t] *adj* incompleto(ta).
inconsiderate [,ɪnkən'sɪdərət] *adj* sem consideração; **how ~!** que falta de consideração!
inconsistent [,ɪnkən'sɪstənt] *adj* inconsistente.
inconvenient [,ɪnkən'vi:njənt] *adj* inconveniente.
incorporate [ɪn'kɔ:rpəreɪt] *vt* incorporar.
incorrect [,ɪnkə'rekt] *adj* incorreto(ta).
increase [*n* 'ɪŋkri:s, *vb* ɪŋ'kri:s] *n*

aumento *m.* ◆ *vt & vi* aumentar; **an ~ in sthg** um aumento em algo.

increasingly [ɪŋ'kri:sɪŋlɪ] *adv* cada vez mais.

incredible [ɪn'kredəbl] *adj* incrível.

incredibly [ɪn'kredəblɪ] *adv* incrivelmente.

incur [ɪn'kɜ:r] *vt (expenses)* incorrer em; *(debts)* contrair.

indecisive [ˌɪndɪ'saɪsɪv] *adj* indeciso(sa).

indeed [ɪn'di:d] *adv (for emphasis)* de fato, realmente; *(certainly)* certamente.

indefinite [ɪn'defənət] *adj (time, number)* indeterminado (da); *(answer, opinion)* vago(ga).

indefinitely [ɪn'defənətlɪ] *adv (closed, delayed)* por tempo indeterminado.

independence [ˌɪndɪ'pendəns] *n* independência *f.*

independent [ˌɪndɪ'pendənt] *adj* independente.

independently [ˌɪndɪ'pendəntlɪ] *adv* independentemente.

index ['ɪndeks] *n (of book)* índice *m*; *(in library)* catálogo *m*.

index finger *n* dedo *m* indicador.

India ['ɪndjə] *n* Índia *f.*

indicate ['ɪndɪkeɪt] *vi* AUT ligar os indicadores OR o pisca-pisca. ◆ *vt* indicar.

indicator ['ɪndɪkeɪtər] *n* AUT pisca-pisca *m*.

indifferent [ɪn'dɪfrənt] *adj* indiferente.

indigestion [ˌɪndɪ'dʒestʃn] *n* indigestão *f.*

indirect [ˌɪndə'rekt] *adj* indireto(ta).

individual [ˌɪndɪ'vɪdʒʊəl] *adj* individual. ◆ *n* indivíduo *m*.

individually [ˌɪndɪ'vɪdʒʊəlɪ] *adv* individualmente.

indoor ['ɪndɔ:r] *adj (swimming pool)* coberto(ta); *(sports)* em recinto fechado.

indoors [ˌɪn'dɔ:rz] *adv* dentro *(de casa, restaurante, etc.)*; **to stay ~** ficar em casa; **to go ~** ir para dentro.

indulge [ɪn'dʌldʒ] *vi*: **to ~ in sthg** permitir-se algo.

industrial [ɪn'dʌstrɪəl] *adj (machinery, products)* industrial; *(country, town)* industrializado (da).

industrial park *n* parque *m* industrial.

industry ['ɪndəstrɪ] *n* indústria *f.*

inedible [ɪn'edɪbl] *adj (unpleasant)* intragável; *(unsafe)* não comestível.

inefficient [ˌɪnɪ'fɪʃnt] *adj* ineficaz.

inequality [ˌɪnɪ'kwɒlətɪ] *n* desigualdade *f.*

inevitable [ɪn'evətəbl] *adj* inevitável.

inevitably [ɪn'evətəblɪ] *adv* inevitavelmente.

inexpensive [ˌɪnɪk'spensɪv] *adj* barato(ta).

infamous ['ɪnfəməs] *adj* infame.

infant ['ɪnfənt] *n (baby)* bebê *m*; *(young child)* criança *f* (pequena).
infatuated [ɪn'fætjʊeɪtəd] *adj*: **to be ~ with** estar apaixonado (da) por.
infected [ɪn'fektəd] *adj* infectado(da).
infectious [ɪn'fekʃəs] *adj* infeccioso(osa).
inferior [ɪn'fɪərɪər] *adj* inferior.
infinite ['ɪnfɪnət] *adj* infinito (ta).
infinitely ['ɪnfɪnətlɪ] *adv* infinitamente.
infinitive [ɪn'fɪnɪtɪv] *n* infinitivo *m*.
infinity [ɪn'fɪnətɪ] *n* infinidade *f*.
infirmary [ɪn'fɜːrmərɪ] *n (in school)* ambulatório *m*.
inflamed [ɪn'fleɪmd] *adj* inflamado(da).
inflammation [ˌɪnflə'meɪʃn] *n* inflamação *f*.
inflatable [ɪn'fleɪtəbl] *adj* inflável.
inflate [ɪn'fleɪt] *vt* inflar, insuflar.
inflation [ɪn'fleɪʃn] *n* ECON inflação *f*.
inflict [ɪn'flɪkt] *vt* infligir.
influence ['ɪnflʊəns] *vt* influenciar. ◆ *n*: **~ (on)** *(effect)* influência *f* (em); **to be a bad/good ~ (on sb)** ser uma má/boa influência (para alguém).
inform [ɪn'fɔːrm] *vt* informar.
informal [ɪn'fɔːrml] *adj* informal.
information [ˌɪnfər'meɪʃn] *n* informação *f*; **a piece of ~** uma informação.
information technology *n* informática *f*.
informative [ɪn'fɔːrmətɪv] *adj* informativo(va).
infuriating [ɪn'fjʊərɪeɪtɪŋ] *adj* extremamente irritante.
ingenious [ɪn'dʒiːnjəs] *adj* engenhoso(osa).
ingredient [ɪn'griːdjənt] *n* ingrediente *m*.
inhabit [ɪn'hæbɪt] *vt* viver em.
inhabitant [ɪn'hæbətənt] *n* habitante *mf*.
inhale [ɪn'heɪl] *vi* inalar.
inhaler [ɪn'heɪlər] *n* inalador *m*.
inherit [ɪn'herət] *vt* herdar.
inhibition [ˌɪnhɪ'bɪʃn] *n* inibição *f*.
initial [ɪ'nɪʃl] *adj* inicial. ◆ *vt* rubricar. ❑ **initials** *npl* iniciais *fpl*.
initially [ɪ'nɪʃəlɪ] *adv* inicialmente.
initiative [ɪ'nɪʃətɪv] *n* iniciativa *f*.
injection [ɪn'dʒekʃn] *n* injeção *f*.
injure ['ɪndʒər] *vt* ferir; **to ~ o.s.** ferir-se.
injured ['ɪndʒərd] *adj* ferido (da).
injury ['ɪndʒərɪ] *n* ferimento *m*; *(to tendon, muscle, internal organ)* lesão *f*.
ink [ɪŋk] *n* tinta *f*.
inland [*adj* 'ɪnlənd, *adv* ɪn'lænd] *adj* interior. ◆ *adv* para o interior.

inn [ɪn] *n* estalagem *f*.
inner ['ɪnər] *adj* interior.
innocence ['ɪnəsəns] *n* inocência *f*.
innocent ['ɪnəsənt] *adj* inocente.
inoculate [ɪ'nɒkjəleɪt] *vt*: **to ~ sb (against sthg)** vacinar alguém (contra algo).
inoculation [ɪ,nɒkjə'leɪʃn] *n* inoculação *f*, vacinação *f*.
input ['ɪnpʊt] *vt* COMPUT digitar.
inquire [ɪn'kwaɪər] *vi* informar-se.
inquiry ['ɪŋkwərɪ] *n (question)* pergunta *f*; *(investigation)* inquérito *m*, investigação *f*.
insane [ɪn'seɪn] *adj* louco(ca).
insect ['ɪnsekt] *n* inseto *m*.
insect repellent [-rə'pelənt] *n* repelente *m* de insetos.
insensitive [ɪn'sensətɪv] *adj* insensível.
insert [ɪn'sɜːrt] *vt* introduzir.
inside [ɪn'saɪd] *prep* dentro de. ♦ *adv (go)* para dentro; *(be, stay)* lá dentro. ♦ *adj* interior, interno(na). ♦ *n*: **the ~** *(interior)* o interior; AUT a (faixa da) direita; **~ out** *(clothes)* do lado avesso.
insight ['ɪnsaɪt] *n (glimpse)* idéia *f*.
insignificant [,ɪnsɪg'nɪfɪkənt] *adj* insignificante.
insinuate [ɪn'sɪnjʊeɪt] *vt* insinuar.
insist [ɪn'sɪst] *vi* insistir; **to ~ on doing sthg** insistir em fazer algo.
insole ['ɪnsəʊl] *n* palmilha *f*.
insolent ['ɪnsələnt] *adj* insolente.
insomnia [ɪn'sɒmnɪə] *n* insônia *f*.
inspect [ɪn'spekt] *vt* inspecionar, examinar.
inspection [ɪn'spekʃn] *n* inspeção *f*.
inspector [ɪn'spektər] *n (in police force)* inspetor *m*, -ra *f*.
inspiration [,ɪnspə'reɪʃn] *n* inspiração *f*.
install [ɪn'stɔːl] *vt* instalar.
installment [ɪn'stɔːlmənt] *n Am (payment)* prestação *f*; *(episode)* episódio *m*.
instalment [ɪn'stɔːlmənt] *n Brit* = **installment.**
instance ['ɪnstəns] *n (example, case)* exemplo *m*; **for ~** por exemplo.
instant ['ɪnstənt] *adj* instantâneo(nea). ♦ *n* instante *m*.
instant coffee *n* café *m* solúvel.
instead [ɪn'sted] *adv* em vez disso; **~ of** em vez de.
instinct ['ɪnstɪŋkt] *n* instinto *m*.
institute ['ɪnstɪtuːt] *n* instituto *m*.
institution [,ɪnstɪ'tuːʃn] *n* instituição *f*.
instructions [ɪn'strʌkʃnz] *npl* instruções *fpl*.
instructor [ɪn'strʌktər] *n* instrutor *m*, -ra *f*.
instrument ['ɪnstrəmənt] *n* instrumento *m*.
insufficient [,ɪnsə'fɪʃnt] *adj* insuficiente.

insulation [ˌɪnsəˈleɪʃn] *n (material)* isolamento *m*, material *m* isolante.

insulin [ˈɪnsələn] *n* insulina *f*.

insult [*n* ˈɪnsʌlt, *vb* ɪnˈsʌlt] *n* insulto *m*. ◆ *vt* insultar.

insurance [ɪnˈʃʊərəns] *n* seguro *m*.

insure [ɪnˈʃʊər] *vt* pôr no seguro.

insured [ɪnˈʃʊərd] *adj*: **to be ~** estar segurado(da), estar no seguro.

intact [ɪnˈtækt] *adj* intacto(ta).

intellectual [ˌɪntəˈlektjʊəl] *adj* intelectual. ◆ *n* intelectual *mf*.

intelligence [ɪnˈtelɪdʒəns] *n* inteligência *f*.

intelligent [ɪnˈtelɪdʒənt] *adj* inteligente.

intend [ɪnˈtend] *vt*: **to be ~ed to do sthg** destinar-se a fazer algo; **you weren't ~ed to know** não era para você saber; **to ~ to do sthg** ter a intenção de OR tencionar fazer algo.

intense [ɪnˈtens] *adj* intenso(sa).

intensity [ɪnˈtensətɪ] *n* intensidade *f*.

intensive [ɪnˈtensɪv] *adj* intensivo(va).

intensive care *n* cuidados *mpl* intensivos.

intent [ɪnˈtent] *adj*: **to be ~ on doing sthg** estar decidido(da) a fazer algo.

intention [ɪnˈtenʃn] *n* intenção *f*.

intentional [ɪnˈtenʃənl] *adj* intencional.

intentionally [ɪnˈtenʃnəlɪ] *adv* intencionalmente.

interchange [ˈɪntərtʃeɪndʒ] *n (on highway)* trevo *m*.

intercom [ˈɪntərkɒm] *n* interfone *m*.

interest [ˈɪntrəst] *n* interesse *m*; *(on money)* juros *mpl*. ◆ *vt* interessar; **to take an ~ in sthg** interessar-se por algo.

interested [ˈɪntrəstɪd] *adj* interessado(da); **to be ~ in sthg** estar interessado em algo.

interesting [ˈɪntrəstɪŋ] *adj* interessante.

interfere [ˌɪntərˈfɪər] *vi (meddle)* interferir; **to ~ with sthg** *(damage)* interferir em algo.

interference [ˌɪntərˈfɪərəns] *n (on TV, radio)* interferência *f*.

interior [ɪnˈtɪərɪər] *adj* interior. ◆ *n* interior *m*.

intermediate [ˌɪntərˈmiːdjət] *adj* intermediário(ria).

intermission [ˌɪntərˈmɪʃn] *n* intervalo *m*.

internal [ɪnˈtɜːrnl] *adj* interno(na).

Internal Revenue Service *n Am* ≃ Receita *f* Federal.

international [ˌɪntərˈnæʃənl] *adj* internacional.

international flight *n* vôo *m* internacional.

Internet [ˈɪntərnet] *n*: **the ~** a Internet; **on the ~** na Internet.

Internet café *n bar com acesso à Internet.*

Internet Service Provider *n* Provedor *m* de Serviços na Internet.
interpret [ɪn'tɜːrprət] *vi* servir de intérprete.
interpreter [ɪn'tɜːrprətər] *n* intérprete *mf*.
interrogate [ɪn'terəgeɪt] *vt* interrogar.
interrupt [ˌɪntə'rʌpt] *vt* interromper.
intersection [ˌɪntər'sekʃn] *n* *(of roads)* interseção *f*, cruzamento *m*.
interval ['ɪntərvl] *n* intervalo *m*.
intervene [ˌɪntər'viːn] *vi* *(person)* intervir; *(event)* interpor-se.
interview ['ɪntərvjuː] *n* entrevista *f*. ◆ *vt* entrevistar.
interviewer ['ɪntərvjuːər] *n* entrevistador *m*, -ra *f*.
intestine [ɪn'testɪn] *n* intestino *m*.
intimate ['ɪntɪmət] *adj* íntimo(ma).
intimidate [ɪn'tɪmɪdeɪt] *vt* intimidar.
into ['ɪntʊ] *prep* *(inside)* dentro de; *(against)* com; *(concerning)* acerca de, sobre; **4 ~ 20 is 5** 20 dividido por 4 é igual a 5; **to change ~ sthg** transformar-se em algo; **to get ~ the car** entrar no carro; **to translate ~ Portuguese** traduzir para o português; **to be ~ sthg** *inf (like)* gostar de algo.
intolerable [ɪn'tɒlərəbl] *adj* intolerável.
intransitive [ɪn'trænzətɪv] *adj* intransitivo(va).
intricate ['ɪntrɪkət] *adj* intrincado(da), complicado(da).
intriguing [ɪn'triːgɪŋ] *adj* intrigante.
introduce [ˌɪntrə'duːs] *vt* apresentar; **I'd like to ~ you to Fred** gostaria de apresentá-lo ao Fred.
introduction [ˌɪntrə'dʌkʃn] *n* *(to book, program)* introdução *f*; *(to person)* apresentação *f*.
introverted ['ɪntrəˌvɜːrtəd] *adj* introvertido(da).
intruder [ɪn'truːdər] *n* intruso *m*, -sa *f*.
intuition [ˌɪntuː'ɪʃn] *n* intuição *f*.
invade [ɪn'veɪd] *vt* invadir.
invalid [*adj* ɪn'vælɪd, *n* 'ɪnvəlɪd] *adj* *(ticket, check)* não válido(da). ◆ *n* inválido *m*, -da *f*.
invaluable [ɪn'væljʊəbl] *adj* inestimável, valiosíssimo(ma).
invariably [ɪn'veərɪəblɪ] *adv* invariavelmente, sempre.
invasion [ɪn'veɪʒn] *n* invasão *f*.
invent [ɪn'vent] *vt* inventar.
invention [ɪn'venʃn] *n* invenção *f*.
inventory ['ɪnvəntɔːrɪ] *n* *(list)* inventário *m*; *(stock)* estoque *m*.
inverted commas [ɪn'vɜːrtɪd-] *npl Brit* aspas *fpl*.
invest [ɪn'vest] *vt* investir. ◆ *vi*: **to ~ in sthg** investir em algo.
investigate [ɪn'vestɪgeɪt] *vt* investigar.
investigation [ɪnˌvestɪ'geɪʃn] *n* investigação *f*.
investment [ɪn'vestmənt] *n* investimento *m*.

invisible [ɪn'vɪzəbl] *adj* invisível.

invitation [,ɪnvɪ'teɪʃn] *n* convite *m*.

invite [ɪn'vaɪt] *vt* convidar; **to ~ sb to do sthg** *(ask)* convidar alguém para fazer algo; **to ~ sb over** convidar alguém para sua casa.

invoice ['ɪnvɔɪs] *n* fatura *f*.

involve [ɪn'vɒlv] *vt (entail)* envolver; **what does it ~?** do que se trata?; **to be ~d in sthg** estar envolvido em algo.

involved [ɪn'vɒlvd] *adj (entailed)* envolvido(da).

inward ['ɪnwərd] *adv* para dentro.

IQ *n* QI *m*.

Ireland ['aɪərlənd] *n* Irlanda *f*.

iris ['aɪrɪs] *(pl* **-es**) *n (flower)* lírio *m*; *(of eye)* íris *f*.

iron ['aɪərn] *n (metal)* ferro *m*; *(for clothes)* ferro *m* (de passar); *(golf club)* ferro *m*, taco *m* de metal. ◆ *vt* passar a ferro.

ironic [aɪ'rɒnɪk] *adj* irônico(ca).

ironing board ['aɪərnɪŋ-] *n* tábua *f* de passar.

irrelevant [ɪ'reləvənt] *adj* irrelevante.

irresistible [,ɪrɪ'zɪstəbl] *adj* irresistível.

irrespective [,ɪrɪ'spektɪv]: **irrespective of** *prep* independentemente de.

irresponsible [,ɪrɪ'spɒnsəbl] *adj* irresponsável.

irrigation [,ɪrɪ'geɪʃn] *n* irrigação *f*.

irritable ['ɪrɪtəbl] *adj* irritável.

irritate ['ɪrɪteɪt] *vt* irritar.

irritating ['ɪrɪteɪtɪŋ] *adj* irritante.

IRS *n Am abbr of* **Internal Revenue Service.**

is [ɪz] → **be.**

Islam ['ɪzlɑːm] *n* Islã *m*.

island ['aɪlənd] *n (in water)* ilha *f*.

isle [aɪl] *n* ilha *f*.

isolated ['aɪsəleɪtɪd] *adj* isolado(da).

ISP *n abbr of* **Internet Service Provider.**

issue ['ɪʃuː] *n (problem, subject)* questão *f*; *(of newspaper)* edição *f*; *(of magazine)* número *m*. ◆ *vt* emitir.

it [ɪt] *pron* **-1.** *(referring to specific thing, subject after prep)* ele *m*, ela *f*; *(direct object)* o *m*, a *f*; *(indirect object)* lhe; **a free book came with ~** veio acompanhado de um livro grátis; **give ~ to me** me dê isso; **he gave ~ a kick** ele deu um chute nele; **~'s big** é grande; **~'s here** está aqui; **she hit ~** ela deu uma pancada nele; **she lost ~** ela o perdeu.
-2. *(referring to situation, fact)*: **~'s a difficult question** é uma questão difícil; **I can't remember ~** não me lembro; **tell me about ~** conte-me.
-3. *(used impersonally)*: **~'s hot** está calor; **~'s six o'clock** são seis horas; **~'s Sunday** é domingo.
-4. *(referring to person)*: **~'s me** sou eu; **who is ~?** quem é?

Italy ['ɪtəlɪ] *n* Itália *f*.
itch [ɪtʃ] *vi* coçar; **my arm ~es** estou com coceira no braço.
item ['aɪtəm] *n (object)* artigo *m*; *(on agenda)* assunto *m*, ponto *m*; **a news ~** uma notícia.
its [ɪts] *adj* o seu (a sua), dele (dela); **the cat hurt ~ paw** o gato machucou sua pata.
it's [ɪts] = **it is, it has.**
itself [ɪt'self] *pron (reflexive)* se; *(after prep)* si mesmo *m*, -ma *f*; **the house ~ is fine** a casa em si é boa.
I've [aɪv] = **I have.**
ivory ['aɪvərɪ] *n* marfim *m*.
ivy ['aɪvɪ] *n* hera *f*.

IVY LEAGUE

O termo "Ivy League" é utilizado nos Estados Unidos para referir-se às universidades de Brown, Columbia, Cornell, Harvard, Pensilvânia, Princeton e Yale, que constituem antigos centros acadêmicos, e cujos diplomas são garantia de êxito profissional. O nome é uma referência à hera que cresce nas fachadas de seus prédios.

J

jack [dʒæk] *n (for car)* macaco *m*; *(playing card)* valete *m*; *(for telephone)* tomada *f*.
jacket ['dʒækət] *n (garment)* jaqueta *m*; *(cover)* capa *f*.
jade [dʒeɪd] *n* jade *m*.
jail [dʒeɪl] *n* prisão *f*.
jam [dʒæm] *n (food)* geléia *f*, compota *f*; *(of traffic)* engarrafamento *m*; *inf (difficult situation)* apuro *m*. ◆ *vt (pack tightly)* entulhar. ◆ *vi (get stuck)* emperrar; **the roads are ~med** as estradas estão congestionadas.
jam-packed [-'pækt] *adj inf*: **~ (with)** apinhado(da) (de).
janitor ['dʒænɪtər] *n* contínuo *m*, -nua *f*.
January ['dʒænjʊərɪ] *n* janeiro *m* → **September.**
Japan [dʒə'pæn] *n* Japão *m*.
jar [dʒɑ:r] *n* frasco *m*.
javelin ['dʒævlən] *n* dardo *m*.
jaw [dʒɔ:] *n* maxilar *m*, mandíbula *f*.
jazz [dʒæz] *n* jazz *m*.
jealous ['dʒeləs] *adj* ciumento (ta).
jeans [dʒi:nz] *npl* jeans *m inv*.
Jeep® [dʒi:p] *n* jipe *m*.
Jello® ['dʒeləʊ] *n Am* gelatina *f*.

jelly [ˈdʒelɪ] *n Am (jam)* geléia *f*; *(dessert)* gelatina *f*.
jellyfish [ˈdʒelɪfɪʃ] (*pl inv*) *n* água-viva *f*.
jeopardize [ˈdʒepərdaɪz] *vt* pôr em risco.
jerk [dʒɜːrk] *n (movement)* solavanco *m*; *inf (idiot)* idiota *mf*.
jet [dʒet] *n* jato *m*; *(outlet)* cano *m* de descarga.
jet lag *n cansaço de viagem provocado pelas diferenças de fuso horário.*
jet-ski *n* jet-ski *m*.
jetty [ˈdʒetɪ] *n* embarcadouro *m*.
Jew [dʒuː] *n* judeu *m*, -dia *f*.
jewel [ˈdʒuːəl] *n* jóia *f*. ▫ **jewels** *npl (jewelry)* jóias *fpl*.
jeweller's [ˈdʒuːələz] *n Brit* = **jewelry store**.
jewellery [ˈdʒuːəlrɪ] *n Brit* = **jewelry**.
jewelry [ˈdʒuːəlrɪ] *n Am* jóias *fpl*.
jewelry store *n Am* joalheria *f*, ourivesaria *f*.
Jewish [ˈdʒuːɪʃ] *adj* judaico (ca).
jigsaw (puzzle) [dʒɪgsɔː-] *n* quebra-cabeça *m*.
jingle [ˈdʒɪŋgl] *n (n advertisement)* música *f* de propaganda.
job [dʒɒb] *n (regular work)* emprego *m*; *(task, function)* trabalho *m*; **to lose one's** ~ perder o emprego.
jockey [ˈdʒɒkɪ] *n* jóquei *m*.
jog [dʒɒg] *vt (bump)* empurrar *(levemente)*. ◆ *vi* fazer jogging. ◆ *n*: **to go for a** ~ fazer jogging.
jogging [ˈdʒɒgɪŋ] *n* jogging *m*; **to go** ~ fazer jogging.
join [dʒɔɪn] *vt (club, organization)* tornar-se membro de, entrar para; *(fasten together, connect)* ligar, unir; *(come together with)* unir-se a; *(participate in)* juntar-se a; **will you** ~ **me for dinner?** você me acompanha para jantar? ▫ **join in** *vt fus* juntar-se a, participar em. ◆ *vi* participar.
joint [dʒɔɪnt] *adj* conjunto(ta). ◆ *n (of body)* articulação *f*; *Brit (of meat)* corte *m* (de carne); *(in structure)* junta *f*.
joke [dʒəʊk] *n* piada *f*, anedota *f*. ◆ *vi* gozar, brincar; **it was just a** ~ foi só uma brincadeira.
joker [ˈdʒəʊkər] *n (playing card)* curingão *m*.
jolly [ˈdʒɒlɪ] *adj* alegre.
jolt [dʒəʊlt] *n* solavanco *m*.
jot [dʒɒt]: **jot down** *vt sep* anotar.
journal [ˈdʒɜːrnl] *n (professional magazine)* revista *f* especializada; *(diary)* diário *m*.
journalist [ˈdʒɜːrnələst] *n* jornalista *mf*.
journey [ˈdʒɜːrnɪ] *n* viagem *f*.
joy [dʒɔɪ] *n (happiness)* alegria *f*.
joystick [ˈdʒɔɪstɪk] *n (of video game)* joystick *m*.
judge [dʒʌdʒ] *n* juiz *m*, juíza *f*. ◆ *vt* julgar.
judg(e)ment [ˈdʒʌdʒmənt] *n* JUR julgamento *m*; *(opinion)* parecer *m*; *(capacity to judge)* senso *m*.
judo [ˈdʒuːdəʊ] *n* judô *m*.

jug [dʒʌg] *n* jarro *m*, jarra *f*.

juggle ['dʒʌgl] *vi* fazer malabarismos.

juice [dʒu:s] *n (from fruit, vegetables)* suco *m*; *(from meat)* caldo *m*.

juicy ['dʒu:sɪ] *adj (food)* suculento(ta).

July [dʒu:'laɪ] *n* julho *m* → **September.**

jumbo ['dʒʌmbəʊ] *adj inf (big)* gigante.

jump [dʒʌmp] *n* salto *m*. ◆ *vi (through air)* saltar; *(with fright)* assustar-se; *(increase)* dar um salto. ◆ *vt Am (train, bus)* viajar sem bilhete em.

jumper cables *npl Am* cabos *mpl* para bateria.

jump leads *npl Brit* = **jumper cables.**

junction ['dʒʌŋkʃn] *n (road)* cruzamento *m*; *(railway)* entroncamento *m*.

June [dʒu:n] *n* junho *m* → **September.**

jungle ['dʒʌŋgl] *n* selva *f*.

junior ['dʒu:njər] *adj (of lower rank)* subalterno(na); *Am (after name)* júnior *(inv)*. ◆ *n (younger person)*: **she's my ~** ela é mais nova do que eu.

junior high (school) *n Am escola de ensino médio, para alunos de 12 a 15 anos.*

junk [dʒʌŋk] *n inf (unwanted things)* tralha *f*.

junk food *n inf comida pronta considerada pouco nutritiva ou saudável.*

junk shop *n* brechó *m*.

jury ['dʒʊərɪ] *n* júri *m*.

just [dʒʌst] *adv (recently)* agora (mesmo); *(in the next moment)* mesmo; *(exactly)* precisamente; *(only, slightly)* só. ◆ *adj* justo(ta); **to be ~ about to do sthg** estar prestes a fazer algo; **to have ~ done sthg** acabar de fazer algo; **~ about** *(almost)* praticamente; **~ as good** igualmente bom; **~ as good as** tão bom quanto; **~ over an hour** pouco mais de uma hora; **(only) ~** *(almost not)* quase não, por pouco não; **~ a minute!** só um minuto!

justice ['dʒʌstɪs] *n* justiça *f*.

justify ['dʒʌstɪfaɪ] *vt* justificar.

jut [dʒʌt]: **jut out** *vi* sobressair.

juvenile ['dʒu:vənaɪl] *adj (young)* juvenil; *(childish)* infantil.

K

kangaroo [,kæŋgə'ru:] *n* canguru *m*.

karate [kə'rɑ:tɪ] *n* caratê *m*.

keel [ki:l] *n* quilha *f*.

keen [ki:n] *adj (enthusiastic)* entusiasta; *(eyesight, hearing)* apurado(da); **to be ~ on** interessar-se por, gostar de; **to be ~ to do sthg** ter muita vontade de fazer algo.

keep [ki:p] *(pt & pp* **kept**) *vt* manter; *(book, change, object* *loaned)* ficar com; *(store, not tell)* guardar; *(appointment)* não faltar a; *(delay)* atrasar; *(diary)* ter. ◆ *vi (food)* conservar; *(remain)* manter-se; **to ~ a record of sthg** registrar algo; **to ~ (on) doing sthg** *(do continuously)* continuar fazendo algo; *(do repeatedly)* estar sempre fazendo algo; **to ~ sb from doing sthg** impedir alguém de fazer algo; **'~ right'** 'mantenha a direita'; **'~ out!'** 'proibida a entrada'; **'~ your distance!'** 'mantenha a distância'; **to ~ clear (of)** manter-se afastado (de). ❑ **keep up** ◆ *vt sep* manter. ◆ *vi (maintain pace, level, etc)*: **to ~ up with sb** acompanhar alguém; **~ up the good work!** continue com o bom trabalho!

keep-fit *n Brit* malhação *f*.

kennel ['kenl] *n* casa *f* de cachorro, canil *m*.

kept [kept] *pt & pp* → **keep**.

kerb [kɜːʳb] *n Brit* meio-fio *m*.

kerosene ['kerəsiːn] *n Am* querosene *m*.

ketchup ['ketʃəp] *n* ketchup *m*.

kettle ['ketl] *n* chaleira *f*; **to put the ~ on** pôr a chaleira para ferver.

key [kiː] *n* chave *f*; *(of piano, typewriter)* tecla *f*. ◆ *adj* chave *(inv)*.

keyboard ['kiːbɔːrd] *n (of typewriter, piano)* teclado *m*; *(musical instrument)* teclado *m*.

keyhole ['kiːhəʊl] *n* buraco *m* da fechadura.

kick [kɪk] *n (of foot)* chute *m*. ◆ *vt*: **to ~ sb/sthg** dar um chute em alguém/algo.

kid [kɪd] *n inf (child)* garoto *m*, -ta *f*; *(young person)* criança *f*. ◆ *vi (joke)* brincar.

kidnap ['kɪdnæp] *vt* raptar.

kidnapper ['kɪdnæpər] *n* raptor *m*, -ra *f*.

kidney ['kɪdnɪ] *n* rim *m*.

kill [kɪl] *vt* matar; **my feet are ~ing me!** os meus pés estão me matando!

killer ['kɪlər] *n* assassino *m*, -na *f*.

kilo ['kiːləʊ] (*pl* **-s**) *n* quilo *m*.

kilogram ['kɪlə,græm] *n* quilograma *m*.

kilometer [kɪ'lɒmɪtər] *n Am* quilômetro *m*.

kilometre ['kɪlə,miːtəʳ] *n Brit* = **kilometer.**

kilt [kɪlt] *n* saiote *m* escocês.

kind [kaɪnd] *adj* amável. ◆ *n* tipo *m*; **~ of** *Am inf* um pouco.

kindergarten ['kɪndər,gɑːrtn] *n* jardim-de-infância *m*.

kindly ['kaɪndlɪ] *adv*: **would you ~ ...?** pode fazer o favor de ...?

kindness ['kaɪndnəs] *n* amabilidade *f*, bondade *f*.

king [kɪŋ] *n* rei *m*.

kingfisher ['kɪŋ,fɪʃər] *n* martim-pescador *m*.

king-size bed *n* cama *f* de casal *(com 160 cm de largura)*.

kiosk ['kiːɒsk] *n (for newspapers, etc)* banca *f* de jornal.

kipper ['kɪpər] *n* arenque *m* defumado.

kiss [kɪs] *n* beijo *m*. ◆ *vt* beijar.
kiss of life *n* respiração *f* boca-a-boca.
kit [kɪt] *n (set)* estojo *m*; *(clothes)* equipamento *m*; *(for assembly)* kit *m*, modelo *m*.
kitchen [ˈkɪtʃən] *n* cozinha *f*.
kite [kaɪt] *n (toy)* pipa *f*, papagaio *m*.
kitten [ˈkɪtn] *n* gatinho *m*, -nha *f*.
kitty [ˈkɪtɪ] *n (for regular expenses)* fundo *m* comum.
knack [næk] *n*: **I've got the ~ (of it)** já peguei o jeito de fazer isso.
knapsack [ˈnæpsæk] *n Brit* mochila *f*.
knee [niː] *n* joelho *m*.
kneecap [ˈniːkæp] *n* rótula *f*.
kneel [niːl] (*pt & pp* **knelt** [nelt]) *vi (be on one's knees)* estar ajoelhado(da) OR de joelhos; *(go down on one's knees)* ajoelhar-se.
knew [nuː] *pt* → **know.**
knife [naɪf] (*pl* **knives**) *n* faca *f*.
knight [naɪt] *n (in history)* cavaleiro *m*; *(in chess)* cavalo *m*.
knit [nɪt] *vt* fazer tricô.
knitted [ˈnɪtəd] *adj* tricotado (da), de malha.
knitting [ˈnɪtɪŋ] *n* tricô *m*.
knitwear [ˈnɪtweər] *n* roupa *f* de tricô.
knives [naɪvz] *pl* → **knife.**
knob [nɒb] *n (on door, etc)* maçaneta *f*; *(on machine)* botão *m*.
knock [nɒk] *n (at door)* pancada *f*, batida *f*. ◆ *vt (hit)* bater em; *(one's head, elbow)* bater com. ◆ *vi (at door, etc)* bater. ❑ **knock down** *vt sep (pedestrian)* atropelar; *(building)* demolir; *(price)* baixar. ❑ **knock out** *vt sep (make unconscious)* deixar inconsciente; *(of competition)* eliminar. ❑ **knock over** *vt sep (glass, vase)* derrubar.
knocker [ˈnɒkər] *n (on door)* aldrava *m*.
knot [nɒt] *n* nó *m*.
know [nəʊ] (*pt* **knew,** *pp* **known**) *vt* saber; *(person, place)* conhecer; **to ~ about sthg** saber (acerca) de algo; **to ~ how to do sthg** saber como fazer algo; **to ~ of** saber de; **you'll like him once you get to ~ him** você vai gostar dele quando o conhecer melhor; **to be known as** ser conhecido como; **to let sb ~ sthg** avisar alguém de algo; **you ~** *(for emphasis)* sabe.
knowledge [ˈnɒlɪdʒ] *n* saber *m*, conhecimento *m*; **to my ~** que eu saiba.
known [nəʊn] *pp* → **know.**
knuckle [ˈnʌkl] *n (of hand)* nó *m* do dedo; *(of pork)* mocotó *m*.
kph (*abbr of kilometers per hour*) km/h.

L

l (*abbr of liter*) l.
lab [læb] *n inf* laboratório *m*.

label ['leɪbl] *n* etiqueta *f*.
labor ['leɪbər] *n Am (work)* trabalho *m*; **in** ~ *MED* em trabalho de parto.
laboratory ['læbrəˌtɔːrɪ] *n* laboratório *m*.
laborer ['leɪbərər] *n* trabalhador *m*, -ra *f*.
labour ['leɪbəʳ] *n Brit* = **labor**.
lace [leɪs] *n (material)* renda *f*; *(for shoe)* cadarço *m*.
lack [læk] *n* falta *f*. ◆ *vt* carecer de. ◆ *vi*: **to be ~ing** faltar; **he ~s confidence** falta-lhe confiança.
lacquer ['lækər] *n* laca *f*.
lad [læd] *n inf* garoto *m*.
ladder ['lædər] *n (for climbing)* escada *f*; *Brit (in tights)* defeito *m*, desfiado *m*.
ladies' room *n Am (restroom)* banheiro *m* de senhoras.
ladle ['leɪdl] *n* concha *f*.
lady ['leɪdɪ] *n (woman)* senhora *f*; *(woman of high status)* dama *f*.
ladybird ['leɪdɪbɜːʳd] *Brit* = **ladybug**.
ladybug ['leɪdɪbʌg] *n Am* joaninha *f*.
lag [læg] *vi* diminuir; **to ~ behind** *(move more slowly)* ficar para trás.
lager ['lɑːgər] *n* cerveja *f* (loura).
lagoon [lə'guːn] *n* lagoa *f*.
laid [leɪd] *pt & pp* → **lay**.
lain [leɪn] *pp* → **lie**.
lake [leɪk] *n* lago *m*.
lamb [læm] *n (animal)* cordeiro *m*; *(meat)* carneiro *m*.
lame [leɪm] *adj* coxo(xa).
lamp [læmp] *n* lâmpada *f*.
lamppost ['læmppəʊst] *n* poste *m* de iluminação.
lampshade ['læmpʃeɪd] *n* abajur *m*.
land [lænd] *n* terra *f*. ◆ *vi (plane)* aterrar; *(passengers)* desembarcar; *(fall)* cair.
landing ['lændɪŋ] *n (of plane)* aterrissagem *f*; *(on stairs)* patamar *m*.
landlady ['lændˌleɪdɪ] *n (of house)* senhoria *f*; *Brit (of pub)* dona *f*.
landlord ['lændlɔːʳd] *n (of house)* senhorio *m*; *Brit (of pub)* dono *m*.
landmark ['lændmɑːrk] *n (in landscape, city)* ponto *m* de referência.
landscape ['lændskeɪp] *n* paisagem *f*.
landslide ['lændslaɪd] *n (of earth, rocks)* deslizamento *m*.
lane [leɪn] *n (narrow road)* ruela *f*; *(on road, highway)* pista *f*.
language ['læŋgwɪdʒ] *n (of a people, country)* língua *f*; *(system of communication, words)* linguagem *f*.
lap [læp] *n (of person)* colo *m*; *(of race)* volta *f*.
lapel [lə'pel] *n* lapela *f*.
lapse [læps] *n* lapso *m*. ◆ *vi (membership, passport)* expirar.
larder ['lɑːrdər] *n* despensa *f*.
large [lɑːrdʒ] *adj* grande.
largely ['lɑːrdʒlɪ] *adv* em grande parte.
large-scale *adj* em grande escala.

lark [lɑ:rk] *n* cotovia *f*.
laryngitis [ˌlærɪn'dʒaɪtəs] *n* laringite *f*.
laser ['leɪzər] *n* laser *m*.
last [læst] *adj* último(ma). ◆ *adv (most recently)* pela última vez; *(at the end)* em último lugar. ◆ *vi* durar; *(be enough)* chegar. ◆ *pron*: **the ~ to come** o último a chegar; **the day before ~** anteontem; **~ year** o ano passado; **the ~ year** o último ano; **at ~** finalmente.
lastly ['læstlɪ] *adv* por último.
last name *n* sobrenome *m*.
latch [lætʃ] *n* trinco *m*; **the door is on the ~** a porta está fechada com o trinco.
late [leɪt] *adj (not on time)* atrasado(da); *(after usual time)* tardio (dia); *(dead)* falecido(da). ◆ *adv (after usual time)* tarde; *(not on time)*: **the train is two hours ~** o trem está duas horas atrasado; **I had a ~ lunch** almocei tarde; **in the ~ afternoon** no fim da tarde; **in ~ June, ~ in June** no final OR fim de junho.
lately ['leɪtlɪ] *adv* ultimamente.
later ['leɪtər] *adj (train)* que sai mais tarde. ◆ *adv*: **~ (on)** mais tarde; **at a ~ date** mais tarde, posteriormente.
latest ['leɪtəst] *adj*: **the ~ fashion** a última moda; **the ~** *(in series, in fashion)* o mais recente; **at the ~** o mais tardar.
lather ['læðr] *n* espuma *f*.
Latin ['lætn] *n (language)* latim *m*.
Latin America *n* América *f* Latina.
latitude ['lætɪtu:d] *n* latitude *f*.
latter ['lætər] *n*: **the ~** este último.
laugh [læf] *n* riso *m*. ◆ *vi* rir; **to have a ~** *Brit inf* divertir-se. ❑ **laugh at** *vt fus (mock)* rir-se de.
laughter ['læftr] *n* risos *mpl*.
launch [lɔ:ntʃ] *vt (boat)* lançar ao mar; *(new product)* lançar.
launderette [lɔ:n'dret] *Brit* = **Laundromat.**
Laundromat ['lɔ:ndrəmæt] *n Am* lavanderia *f (de auto-serviço)*.
laundry ['lɔ:ndrɪ] *n (washing)* roupa *f* suja; *(place)* lavanderia *f*.
lavatory ['lævətɔ:rɪ] *n Brit* privada *f*.
lavender ['lævəndər] *n* alfazema *f*.
lavish ['lævɪʃ] *adj (meal, decoration)* suntuoso(osa).
law [lɔ:] *n* JUR *(rule)* lei *f*; *(study)* direito *m*; **the ~** JUR *(set of rules)* a lei; **to be against the ~** ser contra a lei.
lawn [lɔ:n] *n* gramado *m*.
lawnmower ['lɔ:nˌmaʊər] *n* máquina *f* de cortar grama.
lawyer ['lɔ:jər] *n* advogado *m*, -da *f*.
lay [leɪ] (*pt & pp* **laid**) *pt* → **lie.** ◆ *vt (place)* colocar, pôr; *(egg)* pôr; **to ~ the table** pôr a mesa. ❑ **lay off** *vt sep (worker)* despedir. ❑ **lay out** *vt sep (display)* dispor.
layer ['leɪər] *n* camada *f*.
layout ['leɪaʊt] *n (of building)* leiaute *m*; *(of streets)* traçado *m*.
lazy ['leɪzɪ] *adj* preguiçoso(osa).

lb *abbr* = **pound.**

lead[1] [li:d] (*pt & pp* **led**) *vt* *(take)* conduzir, levar; *(team, company)* dirigir; *(race, demonstration)* estar à frente de. ◆ *vi (be winning)* estar à frente. ◆ *n (in a competition)* liderança; **to have the ~** estar na frente; **to ~ sb to do sthg** levar alguém a fazer algo; **to ~ the way** estar à frente; **to ~ to** *(go to)* ir dar em; *(result in)* levar a; **to be in the ~** estar à frente.

lead[2] [led] *n (metal)* chumbo *m*; *(for pencil)* grafite *m*. ◆ *adj* de chumbo.

leader ['li:dər] *n* líder *mf*.

leadership ['li:dərʃɪp] *n* liderança *f*.

lead-free [led-] *adj* sem chumbo.

leading ['li:dɪŋ] *adj (most important)* principal.

leaf [li:f] (*pl* **leaves**) *n (of tree)* folha *f*.

leaflet ['li:flət] *n* folheto *m*.

league [li:g] *n* SPORT campeonato *m*; *(association)* liga *f*.

leak [li:k] *n (hole)* buraco *m*; *(of gas, water)* vazamento *m*; *(in roof)* goteira *f*. ◆ *vi (roof)* ter goteiras; *(tank)* vazar.

lean [li:n] (*pt & pp* **leant** OR **-ed**) *adj* magro(gra). ◆ *vi (bend)* inclinar-se. ◆ *vt*: **to ~ sthg against sthg** encostar algo em algo; **to ~ on** apoiar-se em. ❑ **lean forward** *vi* inclinar-se para a frente. ❑ **lean over** *vi* abaixar-se.

leap [li:p] (*pt & pp* **leapt** OR **-ed**) *vi* saltar.

leap year *n* ano *m* bissexto.

learn [lɜ:rn] (*pt & pp* **learnt** OR **-ed**) *vt (gain knowledge of)* aprender; *(memorize)* decorar; **to ~ (how) to do sthg** aprender a fazer algo; **to ~ about sthg** *(hear about)* ficar sabendo (de) algo; *(study)* estudar algo.

learnt [lɜ:rnt] *pt & pp* → **learn.**

lease [li:s] *n* arrendamento *m*. ◆ *vt* alugar; **to ~ sthg from sb** alugar algo de alguém; **to ~ sthg to sb** alugar algo a alguém.

leash [li:ʃ] *n* trela *f*.

least [li:st] *adv & adj* menos. ◆ *pron*: **(the) ~** o mínimo; **at ~** pelo menos; **I like her the ~** ela é de quem eu gosto menos.

leather ['leðər] *n* couro *m*, pele *f*.

leave [li:v] (*pt & pp* **left**) *vt* deixar; *(house, country)* sair de. ◆ *vi (person)* ir-se embora; *(train, bus)* sair, partir. ◆ *n (time off work)* licença *f*; **to ~ a message** deixar recado. ❑ **leave behind** *vt sep* deixar (para trás). ❑ **leave out** *vt sep* omitir.

leaves [li:vz] *pl* → **leaf.**

lecture ['lektʃər] *n (at university)* aula *f*; *(at conference)* conferência *f*.

lecturer ['lektʃərər] *n Brit* professor *m* universitário, professora *f* universitária.

led [led] *pt & pp* → **lead**[1].

ledge [ledʒ] *n (of window)* peitoril *m*.

leek [li:k] *n* alho-poró *m*.

left [left] *pt & pp* → **leave.** ◆ *adj (not right)* esquerdo(da). ◆ *adv (turn)* à esquerda; *(keep)* pela esquerda. ◆ *n* esquerda *f*; **on the ~** à esquerda; **to be ~** sobrar.
left-hand *adj* esquerdo(da).
left-handed [-'hændəd] *adj (person)* canhoto(ta); *(implement)* para canhotos.
left-luggage office *n Brit* guarda-volumes *m inv.*
left-wing *adj* de esquerda.
leg [leg] *n* perna *f*; **~ of lamb** perna de carneiro.
legal ['li:gl] *adj* legal.
legal holiday *n Am* feriado *m* nacional.
legalize ['li:gəlaɪz] *vt* legalizar.
legal system *n* sistema *m* judiciário.
legend ['ledʒənd] *n* lenda *f*.
leggings ['legɪŋz] *npl* calças *fpl* de malha (justas).
legible ['ledʒəbl] *adj* legível.
legislation [ˌledʒɪs'leɪʃn] *n* legislação *f*.
legitimate [lɪ'dʒɪtɪmət] *adj* legítimo(ma).
leisure ['li:ʒr] *n* lazer *m*.
leisure centre *n Brit* centro *m* de lazer.
lemon ['lemən] *n* limão-galego *m*.
lemonade [ˌlemə'neɪd] *n (lemon juice)* limonada *f*.
lend [lend] (*pt & pp* **lent**) *vt* emprestar; **to ~ sb sthg** emprestar algo a alguém.
length [leŋθ] *n (in distance)* comprimento *m*; *(in time)* duração *f*.
lengthen ['leŋθən] *vt* aumentar.
lens [lenz] *n* lente *f*.
lent [lent] *pt & pp* → **lend.**
Lent [lent] *n* Quaresma *f*.
lentils ['lentlz] *npl* lentilhas *fpl*.
leopard ['lepərd] *n* leopardo *m*.
lesbian ['lezbɪən] *adj* lésbico (ca). ◆ *n* lésbica *f*.
less [les] *adj, adv & pron* menos; **~ than 20** menos de 20; **she earns ~ than him** ela ganha menos do que ele.
lesson ['lesn] *n (class)* lição *f*.
let [let] (*pt & pp* **let**) *vt (allow)* deixar; **to ~ sb do sthg** deixar alguém fazer algo; **to ~ go of sthg** largar algo; **to ~ sb have sthg** dar algo a alguém; **to ~ sb know sthg** dizer algo a alguém; **~'s go!** vamos embora! ❑ **let in** *vt sep* deixar entrar. ❑ **let off** *vt sep (excuse)* perdoar; **can you ~ me off at the station?** pode me deixar na estação? ❑ **let out** *vt sep (allow to go out)* deixar sair.
letdown ['letdaʊn] *n inf* decepção *f*.
lethargic [lə'θɑ:rdʒɪk] *adj* letárgico(ca).
letter ['letər] *n (written message)* carta *f*; *(of alphabet)* letra *f*.
letterbox ['letəbɒks] *n Brit* caixa *f* do correio.
letter carrier *n Am* carteiro *m*, -ra *f*.
lettuce ['letɪs] *n* alface *f*.
leukaemia [lu:'ki:mɪə] *n Brit*

= leukemia.
leukemia [luː'kiːmjə] *n* leucemia *f*.
level ['levl] *adj (horizontal, flat)* plano(na). ◆ *n* nível *m*; *(storey)* andar *m*; **to be ~ with** estar no mesmo nível que.
lever ['levr] *n* alavanca *f*.
liability [ˌlaɪə'bɪlətɪ] *n (responsibility)* responsabilidade *f*.
liable ['laɪəbl] *adj*: **to be ~ to do sthg** ter tendência a fazer algo; **he's ~ to be late** é provável que ele chegue tarde; **to be ~ for sthg** ser responsável por algo.
liaise [lɪ'eɪz] *vi*: **to ~ with** contatar com.
liar ['laɪər] *n* mentiroso *m*, -osa *f*.
liberal ['lɪbərəl] *adj (tolerant)* liberal; *(generous)* generoso(osa).
liberate ['lɪbəreɪt] *vt* liberar.
liberty ['lɪbərtɪ] *n* liberdade *f*.
librarian [laɪ'breərɪən] *n* bibliotecário *m*, -ria *f*.
library ['laɪbrerɪ] *n* biblioteca *f*.
lice [laɪs] *npl* piolhos *mpl*.
license ['laɪsəns] *n (official document)* licença *f*. ◆ *vt* autorizar.
licensed ['laɪsənst] *adj Brit (restaurant, bar)* autorizado(da) a vender bebidas alcoólicas.
license plate *n* placa *f (de carro)*.
lick [lɪk] *vt* lamber.
licorice ['lɪkərɪs] *n* alcaçuz *m*.
lid [lɪd] *n (cover)* tampa *f*.
lie [laɪ] *n* mentira *f*. ◆ *vi (tell lie)* mentir; *(be horizontal)* estar deitado; *(lie down)* deitar-se; *(be situated)* ficar; **to tell ~s** mentir; **to ~ about sthg** mentir sobre algo. ❑ **lie down** *vi* deitar-se.
lieutenant [luː'tenənt] *n* tenente *m*.
life [laɪf] (*pl* **lives**) *n* vida *f*.
life belt *n* bóia *f* (salva-vidas).
lifeboat ['laɪfbəʊt] *n* barco *m* salva-vidas.
lifeguard ['laɪfgɑːrd] *n* salva-vidas *mf*.
life jacket *n* colete *m* salva-vidas.
lifelike ['laɪflaɪk] *adj* realista.
life preserver [-prɪ'zɜːrvər] *n Am (life belt)* bóia *f* (salva-vidas); *(life jacket)* colete *m* salva-vidas.
lifestyle ['laɪfstaɪl] *n* estilo *m* de vida.
lift [lɪft] *n Brit (elevator)* elevador *m*. ◆ *vt (raise)* levantar. ◆ *vi (fog)* levantar; **to give sb a ~** dar uma carona a alguém. ❑ **lift up** *vt sep* levantar.
light [laɪt] (*pt & pp* **lit** OR **-ed**) *adj* leve; *(not dark)* claro(ra). ◆ *n* luz *f*; *(for cigarette)* fogo *m*. ◆ *vt (fire, cigarette)* acender; *(room, stage)* iluminar; **have you got a ~?** você tem fogo?; **to set ~ to sthg** atear fogo a algo. ❑ **lights** *(traffic lights)* sinal *m* (de trânsito), semáforo *m*. ❑ **light up** ◆ *vt sep (house, road)* iluminar. ◆ *vi inf (light a cigarette)* acender um cigarro.
light bulb *n* lâmpada *f*.
lighter ['laɪtər] *n* isqueiro *m*.
light-hearted [-'hɑːrtəd] *adj* alegre.

lighthouse ['laɪthaʊs, *pl* -haʊzɪz] *n* farol *m*.
lighting ['laɪtɪŋ] *n* iluminação *f*.
lightning ['laɪtnɪŋ] *n* relâmpagos *mpl*.
lightweight ['laɪtweɪt] *adj (clothes, object)* leve.
like [laɪk] *prep* como; *(typical of)* típico de. ◆ *vt* gostar de; **~ this/that** assim; **what's it ~?** como é?; **to look ~ sb/sthg** parecer-se com alguém/algo; **would you ~ some more?** quer mais?; **to ~ doing sthg** gostar de fazer algo; **I'd ~ to sit down** gostaria de me sentar; **I'd ~ a drink** gostaria de beber qualquer coisa.
likelihood ['laɪklɪhʊd] *n* probabilidade *f*.
likely ['laɪklɪ] *adj* provável.
likewise ['laɪkwaɪz] *adv* da mesma maneira; **to do ~** fazer o mesmo.
lilac ['laɪlək] *adj* lilás *(inv)*.
lily ['lɪlɪ] *n* lírio *m*.
lily of the valley (*pl* **lilies of the valley**) *n* lírio-do-vale *m*.
limb [lɪm] *n* membro *m*.
lime [laɪm] *n (fruit)* limão *m*; **~ (juice)** suco *m* de limão.
limestone ['laɪmstəʊn] *n* calcário *m*.
limit ['lɪmɪt] *n* limite *m*. ◆ *vt* limitar; **the city ~s** os limites da cidade.
limited ['lɪmɪtəd] *adj* limitado (da).
limp [lɪmp] *adj (lettuce)* murcho(cha); *(body)* flácido(da); *(fabric)* mole. ◆ *vi* mancar.
line [laɪn] *n* linha *f*; *(row)* fila *f*; *Am (of people)* fila *f*; *(of poem, song)* verso *m*; *(for washing)* varal *m*; *(rope)* corda; *(of business, work)* ramo *m*; *(type of product)* seleção *f*. ◆ *vt (coat, drawers)* forrar; **in ~** *(aligned)* alinhado(da); **it's a bad ~** a linha está péssima; **the ~ is busy** a linha está ocupada; **to drop sb a ~** *inf* escrever (uma carta) para alguém; **to stand in ~** *Am* pôr-se na fila. ❑ **line up** ◆ *vt sep (arrange)* organizar. ◆ *vi* entrar na fila.
lined [laɪnd] *adj (paper)* pautado(da).
linen ['lɪnən] *n (cloth)* linho *m*; *(sheets)* roupa *f* de cama.
liner ['laɪnər] *n (ship)* transatlântico *m*.
linger ['lɪŋgər] *vi (smell, taste, smoke)* permanecer; *(person)* atrasar-se.
lingerie ['lænʒərɪ] *n* lingerie *f*.
lining ['laɪnɪŋ] *n (of coat, jacket)* forro *m*; *(of brake)* lona *f*.
link [lɪŋk] *n (connection)* relação *f*; COMPUT link *m*. ◆ *vt* ligar; **rail ~** ligação *f* ferroviária; **road ~** ligação rodoviária.
lint [lɪnt] *n (on clothes)* pêlo *m*.
lion ['laɪən] *n* leão *m*.
lioness ['laɪənes] *n* leoa *f*.
lip [lɪp] *n (of person)* lábio *m*.
lip salve [-sælv] *n* pomada *f* para lábios rachados.
lipstick ['lɪpstɪk] *n* batom *m*.
liqueur [lɪ'kɜːr] *n* licor *m*.
liquid ['lɪkwɪd] *n* líquido *m*.
liquor ['lɪkər] *n Am* bebida *f* alcoólica.

liquorice ['lɪkərɪʃ] *n Brit* alcaçuz *m*.
liquor store *n Am* loja *f* de bebidas alcoólicas.
lisp [lɪsp] *n* ceceio *m*.
list [lɪst] *n* lista *f*. ◆ *vt* enumerar.
listen ['lɪsn] *vi*: **to ~ (to)** ouvir.
listener ['lɪsnər] *n (on radio)* ouvinte *mf*.
lit [lɪt] *pt & pp* → **light.**
liter ['li:tər] *n Am* litro *m*.
literally ['lɪtərəlɪ] *adv (actually)* literalmente.
literary ['lɪtərerɪ] *adj* literário (ria).
literature ['lɪtərətʃər] *n* literatura *f*.
litre ['li:tə'] *Brit* = **liter.**
litter ['lɪtər] *n (garbage)* lixo *m*.
little ['lɪtl] *adj* pequeno(na); *(distance, time)* curto(ta); *(not much)* pouco(ca); *(sister, brother)* mais novo (nova). ◆ *pron* pouco *m*, -ca *f*. ◆ *adv* pouco; **as ~ as possible** o menos possível; **~ by ~** pouco a pouco; **a ~** *(pron & adv)* um pouco.
little finger *n (dedo)* mindinho *m*.
live[1] [lɪv] *vi* viver; *(survive)* sobreviver; **to ~ with sb** viver com alguém. ❑ **live together** *vi* viver juntos.
live[2] [laɪv] *adj (alive)* vivo(va); *(program, performance)* ao vivo; *(wire)* eletrificado(da). ◆ *adv* ao vivo.
lively ['laɪvlɪ] *adj (person)* alegre; *(place, atmosphere)* animado(da).
liver ['lɪvər] *n* fígado *m*.
lives [laɪvz] *pl* → **life.**
living ['lɪvɪŋ] *adj* vivo(va). ◆ *n*: **to earn a ~** ganhar a vida; **what do you do for a ~ ?** o que é que você faz (para viver)?
living room *n* sala *f* de estar.
lizard ['lɪzərd] *n* lagarto *m*.
load [ləʊd] *n (thing carried)* carga *f*. ◆ *vt* carregar; **~s of** *inf* toneladas de.
loaf [ləʊf] (*pl* **loaves**) *n*: **a ~ (of bread)** um pão de fôrma.
loan [ləʊn] *n* empréstimo *m*. ◆ *vt* emprestar.
loathe [ləʊð] *vt* detestar.
loaves [ləʊvz] *pl* → **loaf.**
lobby ['lɒbɪ] *n (hall)* entrada *f*, hall *m*.
lobster ['lɒbstər] *n* lagosta *f*.
local ['ləʊkl] *adj* local. ◆ *n inf (local person)* habitante *mf* local; *Am (bus)* ônibus *m* (local); *Am (train)* trem *m*.
locate ['ləʊkeɪt] *vt (find)* localizar; **to be ~d** ficar OR estar situado.
location [ləʊ'keɪʃn] *n* lugar *m*, localização *f*.
lock [lɒk] *n (on door, drawer)* fechadura *f*; *(for bike)* cadeado *m*; *(on canal)* comporta *f*. ◆ *vt* fechar com chave. ◆ *vi (become stuck)* ficar preso. ❑ **lock in** *vt sep* fechar. ❑ **lock out** *vt sep*: **I've ~ed myself out** deixei a chave por dentro e não posso entrar. ❑ **lock up** ◆ *vt sep (imprison)* prender. ◆ *vi* fechar tudo à chave.
locker ['lɒkər] *n* compartimento *m* com chave, cacifo *m*.

locker room *n Am* vestiário *m*.

lodge [lɒdʒ] *n (for skiers)* refúgio *m*; *(for hunters)* pavilhão *m* de caça. ◆ *vi* alojar-se.

lodger ['lɒdʒər] *n* inquilino *m*, -na *f*.

lodging ['lɒdʒɪŋ] *n Am* alojamento *m*.

loft [lɒft] *n* sótão *m*; *Am (apartment)* loft *m*.

log [lɒg] *n (piece of wood)* tora *f*, lenha *f*. ❑ **log on** *vi* COMPUT conectar. ❑ **log off** *vi* COMPUT desconectar.

logic ['lɒdʒɪk] *n* lógica *f*.

logical ['lɒdʒɪkl] *adj* lógico(ca).

logo ['ləʊgəʊ] (*pl* **-s**) *n* logotipo *m*.

lollipop ['lɒlɪpɒp] *n* pirulito *m*.

lolly ['lɒlɪ] *n inf (lollipop)* pirulito *m*; *Brit (ice lolly)* picolé *m*.

lonely ['ləʊnlɪ] *adj (person)* só; *(place)* isolado(da).

long [lɒŋ] *adj* comprido (da); *(in time)* longo(ga). ◆ *adv* muito; **it's 2 meters ~** mede 2 metros de comprimento; **it's two hours ~** dura 2 horas; **how ~ is it?** *(in distance)* mede quanto?; *(in time)* dura quanto tempo?; **to take/be ~** demorar muito; **a ~ time** muito tempo; **all day ~** durante todo o dia; **as ~ as** desde que; **for ~** (durante) muito tempo; **no ~er** já não; **so ~!** *inf* adeus! ❑ **long for** *vt fus* ansiar por.

long-distance *adj (phone call)* interurbano(na).

longitude ['lɒndʒətu:d] *n* longitude *f*.

long jump *n* salto *m* à distância.

long-life *adj* de longa duração.

longsighted [ˌlɒŋ'saɪtəd] *adj Brit* hipermetrope.

long term *n*: **in the ~** a longo prazo. ❑ **long-term** *adj* a longo prazo.

long wave *n* onda *f* longa.

look [lʊk] *n (glance)* olhadela *f*, olhada *f*; *(appearance)* aparência *f*, look *m*. ◆ *vi (with eyes)* olhar; *(search)* procurar; *(seem)* parecer; **to ~ onto** *(building, room)* ter vista para, dar para; **to have a ~** *(see)* dar uma olhada; *(search)* procurar; **(good) ~s** beleza *f*; **I'm just ~ing** *(in store)* estou só olhando; **~ out!** cuidado! ❑ **look after** *vt fus (person)* tomar conta de; *(matter, arrangements)* ocupar-se de. ❑ **look around** ◆ *vt fus (city, store)* ver, dar uma volta por. ◆ *vi (turn head)* virar-se, olhar (para trás). ❑ **look at** *vt fus (observe)* olhar para; *(examine)* analisar. ❑ **look for** *vt fus* procurar. ❑ **look forward to** *vt fus* esperar (ansiosamente). ❑ **look out for** *vt fus* estar atento a. ❑ **look up** *vt sep (in dictionary, phone book)* procurar.

loom [lu:m] *n* tear *m*. ◆ *vi (rise up)* erguer-se ameaçadoramente; *(date)* aproximar-se; *(threat)* pairar no ar. ❑ **loom up** *vi* surgir.

loony ['lu:nɪ] *n inf* doido *m*, -da *f*.
loop [lu:p] *n* argola *f*.
loose [lu:s] *adj* solto(ta); *(tooth)* mole; *(candy)* avulso(sa); *(clothes)* largo(ga); **to let sb/ sthg ~** soltar alguém/algo.
loosen ['lu:sn] *vt* desapertar.
lopsided [-'saɪdəd] *adj* torto (torta).
lord [lɔ:rd] *n* lorde *m*.
lose [lu:z] (*pt & pp* **lost**) *vt* perder; *(subj: watch, clock)* atrasar. ◆ *vi* perder; **to ~ weight** emagrecer.
loser ['lu:zər] *n (in contest)* perdedor *m*, -ra *f*, vencido *m*, -da *f*.
loss [lɒs] *n (losing)* perda *f*; *(of business, company)* prejuízo *m*.
lost [lɒst] *pt & pp* → **lose.** ◆ *adj* perdido(da); **to get ~** *(lose way)* perder-se.
lost-and-found *n Am* achados-e-perdidos *mpl*.
lot [lɒt] *n (at auction)* lote *m*; *Am (for cars)* estacionamento *m*; **a ~** *(large amount)* muito(ta), muitos(tas) *(pl)*; *(to a great extent, often)* muito; **a ~ of time** muito tempo; **a ~ of problems** muitos problemas; **~s (of)** muito (ta), muitos(tas) *(pl)*.
lotion ['ləʊʃn] *n* loção *f*.
lottery ['lɒtərɪ] *n* loteria *f*.
loud [laʊd] *adj (voice, music, noise)* alto(ta); *(color, clothes)* berrante.
loudspeaker [,laʊd'spi:kər] *n* alto-falante *m*.
lounge [laʊndʒ] *n (in house)* sala *f* de estar; *(at airport)* sala *f* de espera.
lousy ['laʊzɪ] *adj inf (poor-quality)* péssimo(ma).
lout [laʊt] *n* bruto *m*, -ta *f*.
love [lʌv] *n* amor *m* ; *(in tennis)* zero *m*. ◆ *vt* amar; *(music, food, art, etc)* gostar muito de, adorar; **I'd ~ a cup of coffee** adoraria tomar um café; **to ~ doing sthg** adorar fazer algo; **to be in ~ (with)** estar apaixonado (por); **(with) ~ from** *(in letter)* ≃ beijos de.
love affair *n* caso *m* (amoroso).
lovely ['lʌvlɪ] *adj (very beautiful)* lindo(da); *(very nice)* muito agradável.
lover ['lʌvər] *n* amante *mf*.
loving ['lʌvɪŋ] *adj* carinhoso (osa).
low [ləʊ] *adj* baixo(xa); *(opinion)* fraco(ca); *(depressed)* para baixo. ◆ *n (area of low pressure)* depressão *f*, área *f* de baixa pressão; **we're ~ on gas** estamos quase sem gasolina.
low-alcohol *adj Brit* de baixo teor alcoólico.
low-calorie *adj* de baixas calorias.
lower ['ləʊər] *adj* inferior. ◆ *vt (move downward)* baixar; *(reduce)* reduzir.
low-fat *adj* com baixo teor de gordura.
low tide *n* maré-baixa *f*.
loyal ['lɔɪəl] *adj* leal.
loyalty ['lɔɪəltɪ] *n* lealdade *f*.
lozenge ['lɒzɪndʒ] *n (for throat)*

pastilha *f* para a garganta.
lubricate ['lu:brɪkeɪt] *vt* lubrificar.
luck [lʌk] *n* sorte *f*; **any ~?** conseguiu?; **good ~!** boa sorte!; **with ~** com um pouco de sorte.
luckily ['lʌkəlɪ] *adv* felizmente, por sorte.
lucky ['lʌkɪ] *adj* *(person)* sortudo(da), com sorte; *(event, situation)* feliz; *(number, color)* de sorte; **to be ~** ter sorte.
ludicrous ['lu:dɪkrəs] *adj* ridículo(la).
luggage ['lʌgɪdʒ] *n* bagagem *f*.
luggage locker *n* guarda-volumes *m inv* com chave.
luggage rack *n* *(on train)* porta-bagagem *m*.
lukewarm ['lu:kwɔ:rm] *adj* morno (morna).
lull [lʌl] *n* *(in conversation)* pausa *f*; *(in storm)* calmaria *f*.
lullaby ['lʌləbaɪ] *n* canção *f* de ninar.
lumber ['lʌmbər] *n Am* madeira *f*.
luminous ['lu:mɪnəs] *adj* luminoso(osa).
lump [lʌmp] *n* *(of coal, mud, butter)* pedaço *m*; *(of sugar)* torrão *m*; *(on body)* caroço *m*; *(on head)* galo *m*.
lump sum *n* quantia *f* global.
lumpy ['lʌmpɪ] *adj* *(sauce)* encaroçado(da); *(mattress)* cheio (cheia) de altos e baixos.
lunatic ['lu:nətɪk] *n pej* louco *m*, -ca *f*, maluco *m*, -ca *f*.
lunch [lʌntʃ] *n* almoço *m*; **to have ~** almoçar.
lunch hour *n* hora *f* do almoço.
lung [lʌŋ] *n* pulmão *m*.
lunge [lʌndʒ] *vi*: **to ~ at** atirar-se a.
lurch [lɜ:rtʃ] *vi* *(person)* cambalear.
lure [lʊər] *vt* atrair.
lurk [lɜ:rk] *vi* *(person)* estar à espreita *(escondido)*.
lush [lʌʃ] *adj* luxuriante.
lust [lʌst] *n* *(sexual desire)* luxúria *f*.
luxurious [lʌg'ʒʊərɪəs] *adj* luxuoso(osa).
luxury ['lʌkʃərɪ] *adj* de luxo. ♦ *n* luxo *m*.
lying ['laɪɪŋ] *cont* → **lie.**
lyrics ['lɪrɪks] *npl* letra *f* *(de música)*.

M

m *(abbr of meter)* m. ♦ *abbr* = **mile.**
M *(abbr of medium)* M.
M.A. *abbr* = **Master of Arts.**
macaroni [,mækə'rəʊnɪ] *n* macarrão *m*.
machine [mə'ʃi:n] *n* máquina *f*.
machine gun *n* metralhadora *f*.

machinery [mə'ʃi:nərɪ] *n* maquinaria *f*.
mackintosh ['mækɪntɒʃ] *n Brit* impermeável *m*.
mad [mæd] *adj (angry)* furioso(osa); *(uncontrolled)* louco(ca); maluco(ca); **to be ~ about** *inf (like a lot)* ser doido(da) por; **like ~** como um louco OR doido.
Madam ['mædəm] *n (form of address)* senhora *f*.
made [meɪd] *pt & pp* → **make**.
Madeira [mə'dɪərə] *n (wine)* (vinho) Madeira *m*.
made-to-measure *adj* feito(ta) sob medida.
madness ['mædnəs] *n (foolishness)* loucura *f*, maluquice *f*
magazine [,mægə'zi:n] *n (journal)* revista *f*.
maggot ['mægət] *n* larva *f*.
magic ['mædʒɪk] *n* magia *f*.
magician [mə'dʒɪʃn] *n (conjurer)* mágico *m*, -ca *f*.
magistrate ['mædʒɪstreɪt] *n* magistrado *m*, -da *f*.
magnet ['mægnət] *n* ímã *m*.
magnetic [mæg'netɪk] *adj* magnético(ca).
magnificent [mæg'nɪfɪsənt] *adj* magnífico(ca).
magnifying glass ['mægnɪfaɪɪŋ-] *n* lupa *f*.
mahogany [mə'hɒgənɪ] *n* mogno *m*.
maid [meɪd] *n* empregada *f*.
maiden name ['meɪdn-] *n* nome *m* de solteira.
mail [meɪl] *n* correio *m*. ◆ *vt Am* mandar OR enviar pelo correio.
mailbox ['meɪlbɒks] *n Am* caixa *f* de correio.
mailman ['meɪlmən] (*pl* **-men** [-mən]) *n Am* carteiro *m*.
mail order *n* venda *f* por correspondência.
main [meɪn] *adj* principal.
main course *n* prato *m* principal.
mainland ['meɪnlənd] *n*: **the ~** o continente.
mainly ['meɪnlɪ] *adv* principalmente.
main street *n Am* rua *f* principal.
maintain [meɪn'teɪn] *vt* manter.
maintenance ['meɪntənəns] *n (of car, machine, house)* manutenção *f*; *(money)* pensão *f* alimentícia.
major ['meɪdʒər] *adj (important)* importante; *(most important)* principal. ◆ *n* MIL major *m*; *(university)* (área *f* de) especialização *f*. ◆ *vi Am*: **to ~ in** especializar-se em *(na universidade)*.
majority [mə'dʒɒrətɪ] *n* maioria *f*.
make [meɪk] (*pt & pp* **made**) *vt*
-1. *(produce, manufacture)* fazer; **to be made of** ser feito de; **to ~ lunch/dinner** fazer o almoço/jantar; **made in Japan** fabricado no Japão.
-2. *(perform, do)* fazer; **to ~ a mistake** cometer um erro, enganar-se; **to ~ a phone call** dar um telefonema.
-3. *(cause to be)* tornar; **to ~ sthg better** melhorar algo; **to**

~ **sb happy** fazer alguém feliz; **to ~ sthg safer** tornar algo mais seguro.
- 4. *(cause to do, force)* fazer; **to ~ sb do sthg** obrigar alguém a fazer algo; **it made her laugh** isso a fez rir.
- 5. *(amount to, total)* ser; **that ~ s $5** são 5 dólares.
- 6. *(calculate)*: **I ~ it seven o'clock** calculo que sejam sete horas; **I ~ it $4** segundo os meus cálculos são 4 dólares.
- 7. *(profit, loss)* ter.
- 8. *inf (arrive in time for)*: **we didn't ~ the 10 o'clock train** não conseguimos apanhar o trem das 10.
- 9. *(friend, enemy)* fazer.
- 10. *(have qualities for)* dar; **this would ~ a lovely bedroom** isto dava um lindo quarto.
- 11. *(bed)* fazer.
- 12. *(in phrases)*: **to ~ do** contentar-se; **to ~ it** *(arrive on time)* conseguir chegar a tempo; *(be able to go)* poder ir; *(survive a crisis)* recuperar-se.
◆ *n (of product)* marca *f*.
◆ **make out** *vt sep (check, receipt)* passar; *(form)* preencher; *(see)* distinguir; *(hear)* perceber, entender.
◆ **make up** *vt sep (invent)* inventar; *(comprise)* constituir; *(difference, extra)* cobrir.
◆ **make up for** *vt fus* compensar.

makeshift ['meɪkʃɪft] *adj* improvisado(da).

make-up *n* *(cosmetics)* maquiagem *f*.

male [meɪl] *adj (person)* masculino(na); *(animal)* macho. ◆ *n (animal)* macho *m*.

malfunction [mæl'fʌŋkʃn] *vi fml* funcionar mal.

malignant [mə'lɪgnənt] *adj (disease, tumor)* maligno(gna).

mall [mɔ:l] *n* centro *m* comercial.

MALL

O "Mall" é uma grande área ajardinada em Washington DC, compreendendo a Casa Branca, o Capitólio e os monumentos a Abraham Lincoln, George Washington, Thomas Jefferson e aos soldados mortos na guerra do Vietnã (o "Wall"). Em Londres, "Mall" é uma avenida larga que liga o palácio de Buckingham à Trafalgar Square.

mallet ['mælɪt] *n* marreta *f*.

malt [mɔ:lt] *n* malte *m*.

maltreat [,mæl'tri:t] *vt* maltratar.

mammal ['mæml] *n* mamífero *m*.

man [mæn] *n* homem *m*; *(mankind)* o Homem.

manage ['mænɪdʒ] *vt (company, business)* gerir; *(suitcase)* poder com; *(job)* conseguir fazer; *(food)* conseguir comer OR acabar. ◆ *vi (cope)* conseguir; **can you ~ Friday?** sexta-feira está bem para você?; **to ~ to do sthg** conseguir fazer algo.

management ['mænɪdʒmənt] *n (people in charge)* direção *f*, administração *f*; *(control, running)* gestão *f*.

manager ['mænɪdʒər] *n (of business, bank, store)* gerente *mf*; *(of sports team)* ≃ treinador *m*, -ra *f*.

managing director ['mænɪdʒɪŋ-] *n* diretor *m*, -ra *f* geral.

mane [meɪn] *n (of lion)* juba *f*; *(of horse)* crina *f*.

maneuver [mə'nu:vər] *Am* *n* manobra *f*. ◆ *vt* manobrar.

mangle ['mæŋgl] *vt (to crush)* amassar; *(to mutilate)* mutilar.

Manhattan [,mæn'hætn] *n* Manhattan.

MANHATTAN

Manhattan é uma ilha na área central de Nova York. Encontram-se ali o Central Park, a Quinta Avenida, a Broadway, a Wall Street e o Greenwich Village, além de famosos arranha-céus como o Empire State Building e o World Trade Center.

maniac ['meɪnɪæk] *n inf (wild person)* maníaco *m*, -ca *f*, louco *m*, -ca *f*.

manicure ['mænɪkjʊər] *n* manicure *f*.

manipulate [mə'nɪpjəleɪt] *vt (person)* manipular; *(machine, controls)* manobrar.

mankind [mæn'kaɪnd] *n* a humanidade.

manly ['mænlɪ] *adj* viril.

man-made *adj (lake)* artificial; *(fiber, fabric)* sintético(ca).

manner ['mænər] *n (way)* maneira *f*. ❑ **manners** *npl* maneiras *fpl*.

manoeuvre [mə'nu:vər] *Brit* = **maneuver.**

manor ['mænər] *n* ≃ solar *m*.

mansion ['mænʃn] *n* mansão *f*.

manslaughter ['mæn,slɔ:tər] *n* homicídio *m* involuntário.

mantelpiece ['mæntlpi:s] *n* consolo *m* de lareira.

manual ['mænjʊəl] *adj* manual. ◆ *n* manual *m*.

manufacture [,mænjə'fæktʃər] *n* fabricação *f*, fabrico *m*. ◆ *vt* fabricar.

manufacturer [,mænjə'fæktʃərər] *n* fabricante *m*.

manure [mə'nʊər] *n* estrume *m*.

many ['menɪ] (*compar* **more**, *superl* **most**) *adj* muitos(tas). ◆ *pron* muitos *mpl*, -tas *fpl*; **as ~ as** tantos(tas) como; **take as ~ as you like** leve tantos quantos quiser; **twice as ~ as** o dobro de; **how ~?** quantos(tas)?; **so ~** tantos(tas); **too ~ people** gente demais.

map [mæp] *n* mapa *m*.

marathon ['mærəθɒn] *n* maratona *f*.

marble ['mɑ:rbl] *n (stone)* mármore *m*; *(glass ball)* bola *f* de gude.

march [mɑ:rtʃ] *n (demonstration)* passeata *f*. ◆ *vi (walk quickly)* marchar.

March [mɑ:rtʃ] *n* março *m* → **September.**
mare [meər] *n* égua *f.*
margarine ['mɑ:rdʒərən] *n* margarina *f.*
margin ['mɑ:rdʒɪn] *n* margem *f.*
marina [mə'ri:nə] *n* marina *f.*
marinated ['mærɪneɪtɪd] *adj* marinado(da).
marital status ['mærɪtl-] *n* estado *m* civil.
mark [mɑ:rk] *n* marca *f*; *Brit* SCH nota *f.* ◆ *vt* marcar; *(correct)* corrigir.
marker ['mɑ:rkər] *n* marcador *m.*
market ['mɑ:rkɪt] *n* mercado *m.*
marketing ['mɑ:rkətɪŋ] *n* marketing *m.*
marketplace ['mɑ:rkətpleɪs] *n* mercado *m.*
marking ['mɑ:rkɪŋ] *n (of exams, homework)* correção *f.*
marmalade ['mɑ:rməleɪd] *n* geléia *f* de laranja *(ou outra fruta cítrica).*
marquee [mɑ:r'ki:] *n* toldo *m.*
marriage ['mærɪdʒ] *n* casamento *m.*
married ['mærɪd] *adj* casado (da); **to get** ~ casar-se.
marrow ['mærəʊ] *n (vegetable)* abóbora *f*; *(in bones)* medula *f.*
marry ['mærɪ] *vt* casar com. ◆ *vi* casar-se, casar.
marsh [mɑ:rʃ] *n* pântano *m.*
martial arts [,mɑ:rʃl-] *npl* artes *fpl* marciais.
marvellous ['mɑ:vələs] *adj Brit* = **marvelous.**
marvelous ['mɑ:rvləs] *Am* maravilhoso(osa).
marzipan ['mɑ:rzɪpæn] *n* maçapão *m.*
mascara [mæs'kærə] *n* rímel® *m.*
masculine ['mæskjələn] *adj* masculino(na).
mashed potatoes [mæʃt-] *npl* purê *m* (de batata).
mask [mæsk] *n* máscara *f.*
masonry ['meɪsnrɪ] *n (stones)* alvenaria *f.*
mass [mæs] *n (large amount)* monte *m*; RELIG missa *f*; ~**es (of)** *inf (lots)* montes (de).
massacre ['mæsəkər] *n* massacre *m.*
massage [mə'sɑ:ʒ] *n* massagem *f.* ◆ *vt* massagear.
massive ['mæsɪv] *adj* enorme.
mast [mæst] *n (on boat)* mastro *m.*
master ['mæstər] *n (of servant)* patrão *m*; *(of dog)* dono *m.* ◆ *vt (skill, language)* dominar.
masterpiece ['mæstərpi:s] *n* obra-prima *f.*
mat [mæt] *n (small rug)* tapete *m (pequeno)*; *(on table)* descanso *m*; *(for sports)* esteira *f.*
match [mætʃ] *n (for lighting)* fósforo *m*; *(game)* jogo *m*, encontro *m.* ◆ *vt (in color, design)* condizer com, combinar com; *(be the same as)* corresponder a; *(be as good as)* equiparar-se a. ◆ *vi (in color, design)* condizer, combinar.

matchbox ['mætʃbɒks] *n* caixa *f* de fósforos.
matching ['mætʃɪŋ] *adj* que combina.
mate [meɪt] *n inf (friend)* amigo *m*, -ga *f*; *Am (husband, wife)* companheiro *m*, -ra *f*. ◆ *vi* acasalar, acasalar-se.
material [mə'tɪərɪəl] *n* material *m* ; *(cloth)* tecido *m*. ❑ **materials** *npl (equipment)* material *m*
math [mæθ] *n Am* matemática *f*.
mathematics [,mæθə'mætɪks] *n* matemática *f*.
maths [mæθs] *Brit* = **math**.
matt [mæt] *adj* fosco(ca).
matter ['mætər] *n (issue situation)* assunto *m* ; *(physical material)* matéria *f*. ◆ *vi* interessar; **it doesn't** ~ não tem importância; **no** ~ **what happens** aconteça o que acontecer **there's something the** ~ **with my car** o meu carro está com algum problema; **what's the** ~**?** qual é o problema?; **as a** ~ **of course** naturalmente; **as a** ~ **of fact** aliás, na verdade.
mattress ['mætrəs] *n* colchão *m*.
mature [mə'tʊər] *adj* maduro (ra); *(cheese)* curado(da).
maul [mɔːl] *vt* ferir gravemente.
mauve [məʊv] *adj* malva *inv.*
maximum ['mæksɪməm] *adj* máximo(ma). ◆ *n* máximo *m*.
may [meɪ] *aux vb* **-1.** *(expressing possibility)* poder; **it** ~ **be done as follows** pode ser feito do seguinte modo; **it** ~ **rain** pode chover; **they** ~ **have got lost** eles talvez tenham se perdido.
-2. *(expressing permission)* poder; ~ **I smoke?** posso fumar?; **you** ~ **sit, if you wish** pode sentar-se, se quiser.
-3. *(when conceding a point)*: **it** ~ **be a long walk, but it's worth it** pode ser uma longa caminhada, mas vale a pena o esforço.
May [meɪ] *n* maio *m* → **September.**
maybe ['meɪbiː] *adv* talvez.
mayonnaise ['meɪəneɪz] *n* maionese *f*.
mayor [meər] *n* ≃ prefeito *m*.
maze [meɪz] *n* labirinto *m*.
me [miː] *pron* me; *(after prep)* mim; **she knows** ~ ela me conhece; **it's** ~ sou eu; **send it to** ~ mande-o para mim; **tell** ~ diga-me; **it's for** ~ é para mim; **with** ~ comigo.
meadow ['medəʊ] *n* prado *m*.
meal [miːl] *n* refeição *f*.
mealtime ['miːltaɪm] *n* hora *f* de comer.
mean [miːn] (*pt & pp* **meant**) *adj (miserly)* sovina; *(unkind)* mau (má). ◆ *vt* querer dizer; *(be a sign of)* ser sinal de; **I** ~ **it** estou falando a sério; **it** ~**s a lot to me** é muito importante para mim; **to** ~ **to do sthg** ter a intenção de fazer algo, tencionar fazer algo; **to be meant to do sthg** dever fazer algo.
meaning ['miːnɪŋ] *n* significado *m*.

meaningless ['mi:nɪŋləs] *adj* sem sentido.
means [mi:nz] *(pl inv) n (method)* meio *m.* ◆ *npl (money)* recursos *mpl*; **by all ~!** claro que sim!; **by ~ of** através de.
meant [ment] *pt & pp* → **mean.**
meantime ['mi:ntaɪm] *adv:* **in the meantime** entretanto.
meanwhile ['mi:nwaɪl] *adv* entretanto, enquanto isso.
measles ['mi:zlz] *n* sarampo *m.*
measure ['meʒər] *vt* medir. ◆ *n (step, action)* medida *f*; *(of alcohol)* dose *f*; **the room ~s 10 m²** o quarto mede 10 m².
measurement ['meʒərmənt] *n* medida *f.* ❑ **measurements** *npl (of person)* medidas *fpl.*
meat [mi:t] *n* carne *f*; **red ~** carnes vermelhas *(pl)*; **white ~** carnes brancas *(pl).*
meatball ['mi:tbɔ:l] *n* almôndega *f.*
mechanic [mɪ'kænɪk] *n* mecânico *m*, -ca *f.*
mechanical [mɪ'kænɪkl] *adj* mecânico(ca).
mechanism ['mekənɪzm] *n (of machine, device)* mecanismo *m.*
medal ['medl] *n* medalha *f.*
media ['mi:dɪə] *n or npl:* **the ~** a mídia, os meios de comunicação.
Medicaid, Medicare ['medɪkeɪd, 'medɪkeər] *n seguros de saúde aos pobres, idosos e deficientes físicos e mentais.*

MEDICAID/ MEDICARE

Na falta de um serviço público de saúde nos Estados Unidos, os programas "Medicaid" e "Medicare" foram criados em 1965 para oferecer seguros de saúde aos pobres, idosos e deficientes físicos e mentais. O "Medicaid" fornece assistência médica a pessoas de baixa renda com menos de 65 anos e o "Medicare" atende a pessoas maiores de 65 anos.

medical ['medɪkl] *adj* médico (ca). ◆ *n* check-up *m.*
medicated ['medɪkeɪtəd] *adj* medicinal.
medication [,medɪ'keɪʃn] *n* medicamento *m.*
medicine ['medsn] *n (substance)* medicamento *m*; *(science)* medicina *f.*
medieval [,mi:dɪ'i:vl] *adj* medieval.
mediocre [,mi:dɪ'əʊkər] *adj* medíocre.
medium ['mi:dɪəm] *adj* médio(dia); *(wine)* meio-seco.
medley ['medlɪ] *n* MUS pot-pourri *m.*
meet [mi:t] *(pt & pp* **met***) vt (by arrangement)* encontrar-se com; *(members of club, committee)* reunir-se com; *(by chance)* encontrar; *(get to know)* conhecer; *(go to collect)* ir buscar; *(need, requirement)* satisfazer; *(cost, expenses)*

cobrir. ◆ *vi (by arrangement)* encontrar-se; *(club, committee)* reunir-se; *(by chance)* encontrar-se; *(get to know each other)* conhecer-se; *(intersect)* cruzar-se; ~ **me at the bar** encontre-se comigo no bar. ❑ **meet up** *vi* encontrar-se. ❑ **meet with** *vt fus (problems, resistance)* encontrar; *Am (by arrangement)* encontrar-se com.

meeting ['mi:tɪŋ] *n (for business)* reunião *f*.

meeting point *n* ponto *m* de encontro.

melody ['melədɪ] *n* melodia *f*.

melon ['melən] *n* melão *m*.

melt [melt] *vi* derreter.

member ['membər] *n (of party, group)* membro *m*; *(of club)* sócio *m*, -cia *f*.

membership ['membərʃɪp] *n (of party, club)* filiação *f*; **the** ~ *(of party)* os membros; *(of club)* os sócios.

memorial [mə'mɔ:rɪəl] *n* monumento *m* comemorativo.

memorize ['meməraɪz] *vt* memorizar, decorar.

memory ['memərɪ] *n* memória *f*; *(thing remembered)* lembrança *f*.

men [men] *pl* → **man.**

menacing ['menəsɪŋ] *adj* ameaçador(ra).

mend [mend] *vt* arranjar.

menopause [menəpɔ:z] *n* menopausa *f*.

menstruate [menstrʊeɪt] *vi* menstruar.

menswear ['menzweər] *n* roupa *f* de homem.

mental ['mentl] *adj* mental.

mental hospital *n* hospital *m* psiquiátrico.

mentally ill ['mentlɪ-] *adj*: **to be** ~ ser doente mental.

mention ['menʃn] *vt* mencionar; **don't** ~ **it!** de nada!, não tem de quê!

menu ['menju:] *n (of food)* cardápio *m*; COMPUT menu *m*; **children's** ~ menu infantil OR para crianças.

merchandise ['mɜ:rtʃəndaɪz] *n* mercadoria *f*.

merchant marine ['mɜ:r tʃənt-] *n Am* marinha *f* mercante.

mercury ['mɜ:rkjərɪ] *n* mercúrio *m*.

mercy ['mɜ:rsɪ] *n* misericórdia *f*.

mere [mɪər] *adj* mero(ra).

merely ['mɪərlɪ] *adv* apenas.

merge [mɜ:rdʒ] *vi (combine)* juntar-se, unir-se; **'merge'** *Am placa indicando confluência de autoestradas.*

merger ['mɜ:rdʒər] *n* fusão *f*.

meringue [mə'ræŋ] *n* merengue *m*, suspiro *m*.

merit ['merɪt] *n* mérito *m*.

merry ['merɪ] *adj* alegre; **Merry Christmas!** Feliz Natal!

merry-go-round *n* carrossel *m*.

mess [mes] *n* confusão *f*, bagunça *f*; **in a** ~ *(untidy)* em desordem, de pernas para o ar. ❑ **mess about** *vi inf (have fun)* divertir-se; *(behave foolishly)* vadiar; **to ~ about with sthg** *(interfere)* mexer em algo. ▫ **mess up** *vt sep inf (ruin, spoil)* estragar.

message ['mesədʒ] *n* mensagem *f*; **are there any ~s (for me)?** há algum recado (para mim)?

messenger ['mesəndʒər] *n* mensageiro *m*, -ra *f*.

messy ['mesɪ] *adj (untidy)* desarrumado(da).

met [met] *pt & pp* → **meet.**

metal ['metl] *adj* metálico(ca), de metal. ◆ *n* metal *m*.

metalwork ['metəlwɜ:k] *n (craft)* trabalho *m* com metal.

meter ['mi:tər] *n Am* metro *m*; *(device)* contador *m*.

method ['meθəd] *n* método *m*.

methodical [mɪ'θɒdɪkl] *adj* metódico(ca).

meticulous [mɪ'tɪkjələs] *adj* meticuloso(osa).

metre ['mi:tə[r]] *n Brit* metro *m*.

metric ['metrɪk] *adj* métrico (ca).

Mexico ['meksɪkəʊ] *n* México *m*.

mice [maɪs] *pl* → **mouse.**

microchip ['maɪkrətʃɪp] *n* microchip *m*.

microphone ['mɪkrəfəʊn] *n* microfone *m*.

microscope ['maɪkrəskəʊp] *n* microscópio *m*.

microwave (oven) ['maɪkrəweɪv-] *n* (forno) microondas *m inv.*

midday [,mɪd'deɪ] *n* meio-dia *m*.

middle ['mɪdl] *n* meio. ◆ *adj* do meio; **in the ~ of the road** no meio da rua; **in the ~ of April** em meados de abril; **to be in the ~ of doing sthg** estar fazendo algo.

middle-aged *adj* de meia idade.

middle-class *adj* da classe média.

Middle East *n*: **the ~** o Oriente Médio.

middle name *n* segundo nome *m*.

midget ['mɪdʒət] *n* anão *m*, anã *f*.

midnight ['mɪdnaɪt] *n* meia-noite *f*.

midsummer ['mɪd'sʌmər] *n*: **in ~** em pleno verão.

midway [,mɪd'weɪ] *adv* a meio caminho.

midweek [*adj* 'mɪdwi:k, *adv* mɪd'wi:k] *adj* do meio da semana. ◆ *adv* no meio da semana.

midwife ['mɪdwaɪf] (*pl* **-wives** [-waɪvz]) *n* parteira *f*.

midwinter ['mɪd'wɪntər] *n*: **in ~** em pleno inverno.

might [maɪt] *aux vb* **-1.** *(expressing possibility)* poder; **I suppose they ~ still come** acho que eles ainda podem vir; **they ~ have been killed** eles podem ter sido mortos; **I ~ go to Florida** talvez vá à Flórida.
-2. *(fml: expressing permission)* poder; **~ I have a few words?** podemos conversar?
-3. *(when conceding a point)*: **it ~ be expensive, but it's good**

quality pode ser caro, mas é bom.
- 4. *(would)*: **I'd hoped you ~ come too** gostaria que também pudesse vir.
◆ *n (power)* poder *m*; *(physical strength)* força *f*.
migraine ['maɪgreɪn] *n* enxaqueca *f*.
mild [maɪld] *adj (discomfort, pain)* ligeiro(ra); *(illness)* pequeno(na); *(weather)* ameno(na); *(climate)* temperado(da); *(kind, gentle)* meigo(ga).
mile [maɪl] *n* milha *f*; **it's ~s away** é a quilômetros de distância.
mileage ['maɪlɪdʒ] *n* distância *f* em milhas, ≃ quilometragem *f*.
military ['mɪlətərɪ] *adj* militar; **the ~** as forças armadas.
milk [mɪlk] *n* leite *m*. ◆ *vt (cow)* ordenhar, mungir.
milk shake *n* milk-shake *m*.
milky ['mɪlkɪ] *adj (drink)* com leite.
mill [mɪl] *n* moinho *m*; *(factory)* fábrica *f*.
millennium [mɪ'lenɪəm] *n* milênio *m*.
milligram ['mɪləgræm] *n* miligrama *m*.
milliliter ['mɪlə,li:tər] *n* mililitro *m*.
millimeter ['mɪlə,mi:tər] *n* milímetro *m*.
million ['mɪljən] *n* milhão *m*; **~s of** *fig* milhões de.
millionaire [,mɪljə'neər] *n* milionário *m*, -ria *f*.
mime [maɪm] *vi* fazer mímica.
mince [mɪns] *n Brit* carne *f* moída.
mincemeat ['mɪnsmi:t] *n (sweet filling) mistura de frutos secos e cristalizados usada para rechear tortas e bolos.*
mind [maɪnd] *n* mente *f*; *(memory)* memória *f*. ◆ *vi (be bothered)* importar-se. ◆ *vt (look after)* tomar conta de; *(be bothered by)*: **do you ~ the noise?** o barulho está lhe incomodando?; **it slipped my ~** esqueci-me; **state of ~** estado *m* de espírito; **to my ~** na minha opinião; **to bear sthg in ~** ter algo em conta; **to change one's ~** mudar de idéia; **to have sthg in ~** estar pensando em algo; **to have sthg on one's ~** estar preocupado com algo; **to make one's ~ up** decidir-se; **do you ~ if ...?** importa-se se ...?; **I don't ~** não me importo; **I wouldn't ~ a drink** gostaria de beber alguma coisa; **never ~!** *(don't worry)* não faz mal!, não tem importância!
mine[1] [maɪn] *pron* o meu (a minha); **a friend of ~** um amigo meu; **those shoes are ~** esses sapatos são meus; **~ are here where are yours?** os meus estão aqui onde estão os seus?
mine[2] [maɪn] *n (for coal etc, bomb)* mina *f*.
miner ['maɪnər] *n* mineiro *m*, -ra *f*.
mineral ['mɪnrəl] *n* mineral *m*.
mineral water *n* água *f* mineral.

mingle ['mɪŋgl] *vi* misturar-se.

miniature ['mɪnɪətʃər] *adj* em miniatura. ◆ *n (bottle of alcohol)* miniatura *f*.

minibus ['mɪnɪbʌs] *n* microônibus *m*.

minimal ['mɪnəml] *adj* mínimo(ma).

minimum ['mɪnəməm] *adj* mínimo(ma). ◆ *n* mínimo *m*.

miniskirt ['mɪnɪskɜ:rt] *n* minissaia *f*.

minister ['mɪnəstər] *n (in church)* pastor *m*, ministro *m*; *(in government)* ministro *m*, -tra *f*.

ministry ['mɪnəstrɪ] *n (of government)* ministério *m*.

minor ['maɪnər] *adj* pequeno (na). ◆ *n fml* menor *mf* (de idade).

minority [mə'nɒrətɪ] *n* minoria *f*.

mint [mɪnt] *n (candy)* bala *f* de hortelã; *(plant)* hortelã *f*.

minus ['maɪnəs] *prep (in subtraction)* menos; **it's ~ 10°C** faz 10°C abaixo de zero.

minuscule ['mɪnəskju:l] *adj* minúsculo(la).

minute[1] ['mɪnət] *n* minuto *m*; **any ~** a qualquer momento; **just a ~!** só um minuto!

minute[2] [maɪnu:t] *adj* diminuto(ta).

miracle ['mɪrəkl] *n* milagre *m*.

miraculous [mɪ'rækjələs] *adj* milagroso(osa).

mirror ['mɪrər] *n* espelho *m*.

misbehave [ˌmɪsbɪ'heɪv] *vi* portar-se mal.

miscarriage [ˌmɪs'kærɪdʒ] *n* aborto *m (não intencional)*.

miscellaneous [ˌmɪsə'leɪnɪəs] *adj* diverso(sa).

mischievous ['mɪstʃɪvəs] *adj (naughty)* travesso(a); *(playful)* malicioso(osa).

misconduct [ˌmɪs'kɒndʌkt] *n* conduta *f* imprópria.

miser ['maɪzər] *n* avarento *m*, -ta *f*.

miserable ['mɪzrəbl] *adj* miserável; *(unhappy)* infeliz.

miserly ['maɪzərlɪ] *adj* mesquinho(nha).

misfortune [mɪs'fɔ:rtʃən] *n (bad luck)* infelicidade *f*.

mishap ['mɪshæp] *n* incidente *m*.

misjudge [ˌmɪs'dʒʌdʒ] *vt (distance, amount)* calcular mal; *(person, character)* julgar mal.

mislay [ˌmɪs'leɪ] (*pt & pp* **-laid**) *vt*: **I've mislaid my keys** não sei onde é que pus as chaves.

mislead [ˌmɪs'li:d] (*pt & pp* **-led**) *vt* enganar.

miss [mɪs] *vt* perder; *(not notice)* não ver; *(fail to hit)* falhar; *(regret absence of)* ter saudades de, sentir falta de; *(appointment)* faltar a. ◆ *vi* falhar. ❑ **miss out** ◆ *vt sep* omitir. ◆ *vi* perder; **you ~ed out on a great party** você perdeu uma grande festa.

Miss [mɪs] *n* senhorita *f*.

missile ['mɪsl] *n* míssil *m*.

missing ['mɪsɪŋ] *adj (lost)* perdido(da); *(after accident)* desaparecido(da); **to be ~** *(not there)* faltar.

missing person *n* desaparecido *m*, -da *f*.
mission ['mɪʃn] *n (assignment)* missão *f*.
missionary ['mɪʃənerɪ] *n* missionário *m*, -ria *f*.
mist [mɪst] *n* neblina *f*, bruma *f*.
mistake [mɪ'steɪk] (*pt* **-took** *pp* **-taken**) *n* erro *m*. ◆ *vt (misunderstand)* entender mal; **by ~** por engano; **to make a ~** enganar-se; **to ~ sb/sthg for** confundir alguém/algo com.
Mister ['mɪstər] *n* Senhor *m*.
mistook [mɪ'stʊk] *pt* → **mistake.**
mistress ['mɪstrəs] *n (lover)* amante *f*.
mistrust [,mɪs'trʌst] *vt* desconfiar de.
misty ['mɪstɪ] *adj* nebuloso (osa), nublado(da).
misunderstanding [,mɪsʌndər'stændɪŋ] *n (misinterpretation)* mal-entendido *m*, engano *m*; *(quarrel)* desentendimento *m*.
misuse [,mɪs'ju:s] *n* uso *m* indevido.
mitten ['mɪtn] *n* luva *f (com separação só para o polegar)*.
mix [mɪks] *vt* misturar. ◆ *n (for cake, sauce)* mistura *f*. ◆ *vi*: **I don't like the people you ~ with** não gosto das pessoas com quem você anda; **to ~ sthg with sthg** misturar algo com algo. ❑ **mix up** *vt sep (confuse)* confundir; *(put into disorder)* misturar.
mixed [mɪkst] *adj (school)* misto(ta).
mixer ['mɪksər] *n (for food)* batedeira *f*.
mixture ['mɪkstʃər] *n* mistura *f*.
mix-up *n inf* engano *m*.
moan [məʊn] *vi (in pain, grief)* gemer; *inf (complain)* resmungar.
moat [məʊt] *n* fosso *m*.
mobile ['məʊbl] *adj* móvel.
mock [mɒk] *adj* falso(sa). ◆ *vt* debochar de. ◆ *n Brit (exam)* simulado *m*.
mode [məʊd] *n* modo *m*.
model ['mɒdl] *n* modelo *m*; *(fashion model)* modelo *mf*.
moderate ['mɒdərət] *adj* moderado(da).
modern ['mɒdərn] *adj* moderno(na).
modernized ['mɒdərnaɪzd] *adj* modernizado(da).
modest ['mɒdəst] *adj* modesto(ta).
modify ['mɒdɪfaɪ] *vt* modificar.
moist [mɔɪst] *adj* úmido(da).
moisture ['mɔɪstʃər] *n* umidade *f*.
moisturizer ['mɔɪstʃəraɪzər] *n* creme *m* hidratante.
molar ['məʊlər] *n* molar *m*.
mold [məʊld] *n Am (shape)* molde *m*, forma *f*; *(fungus)* bolor *m*. ◆ *vt Am (shape)* moldar.
moldy ['məʊldɪ] *adj* bolorento(ta).
mole [məʊl] *n (animal)* toupeira *f*; *(spot)* sinal *m*.
molest [mə'lest] *vt (child)* molestar *(sexualmente)*; *(woman)* assediar.

mom [mɒm] *n Am inf* mãe *f*.
moment ['məʊmənt] *n* momento *m*; **at the ~** no momento; **for the ~** por agora.
monarchy ['mɒnərkɪ] *n*: **the ~** a monarquia.
monastery ['mɒnəsterɪ] *n* mosteiro *m*.
Monday ['mʌndɪ] *n* segunda-feira *f* → **Saturday.**
money ['mʌnɪ] *n* dinheiro *m*.
money order *n* vale *m*.
mongrel ['mɒŋgrəl] *n* vira-lata *m*.
monitor ['mɒnɪtər] *n (computer screen)* monitor *m*. ◆ *vt (check, observe)* controlar.
monk [mʌŋk] *n* monge *m*.
monkey ['mʌŋkɪ] (*pl* **-s**) *n* macaco *m*.
monopoly [mə'nɒpəlɪ] *n* COMM monopólio *m*.
monorail ['mɒnəʊreɪl] *n* monotrilho *m*.
monotonous [mə'nɒtənəs] *adj* monótono(na).
monsoon [mɒn'su:n] *n* monção *f*.
monster ['mɒnstər] *n* monstro *m*.
month [mʌnθ] *n* mês *m*; **every ~** todos os meses; **in a ~** daqui a um mês.
monthly ['mʌnθlɪ] *adj* mensal. ◆ *adv* mensalmente.
monument ['mɒnjəmənt] *n* monumento *m*.
mood [mu:d] *n* humor *m*; **to be in a (bad) ~** estar de mau humor; **to be in a good ~** estar de bom humor.
moody ['mu:dɪ] *adj (bad-tempered)* mal-humorado(da); *(changeable)* temperamental.
moon [mu:n] *n* lua *f*.
moonlight ['mu:nlaɪt] *n* luar *m*.
moor [mʊər] *n* pântano *m*. ◆ *vt* atracar.
moose [mu:s] (*pl inv*) *n* alce *m*.
mop [mɒp] *n (for floor)* esfregão *m*. ◆ *vt (floor)* limpar. ❑ **mop up** *vt sep (clean up)* limpar.
moped ['məʊped] *n* bicicleta *f* motorizada.
moral ['mɒrəl] *adj* moral. ◆ *n (lesson)* moral *f*.
morality [mə'rælɪtɪ] *n* moralidade *f*.
more [mɔ:r] *adj* **-1.** *(a larger amount of)* mais; **there are ~ tourists than usual** há mais turistas que o normal.
-2. *(additional)* mais; **is there any ~ cake?** tem mais bolo?; **I'd like two ~ bottles** queria mais duas garrafas; **there's no ~ wine** já não tem mais vinho.
-3. *(in phrases)*: **~ and ~** cada vez mais.
◆ *adv* **-1.** *(in comparatives)* mais; **it's ~ difficult than before** é mais difícil do que antes; **speak ~ clearly** fale de forma mais clara; **we go there ~ often now** agora vamos lá mais freqüentemente.
-2. *(to a greater degree)* mais; **we ought to go to the movies ~** devíamos ir mais vezes ao cinema.

-**3.** *(in phrases)*: **once** ~ mais uma vez; ~ **or less** mais ou menos; **we'd be** ~ **than happy to help** teríamos muito prazer em ajudar.

◆ *pron* -**1.** *(a larger amount)* mais; **I've got** ~ **than you** tenho mais que você; ~ **than 20 types of pizza** mais de 20 tipos de pizza. -**2.** *(an additional amount)* mais; **is there any** ~**?** tem mais?; **there's no** ~ não tem mais.

moreover [mɔːˈrəʊvər] *adv fml* além disso, além do mais.

morning [ˈmɔːrnɪŋ] *n* manhã *f*; **good** ~**!** bom dia!; **two o'clock in the** ~ duas da manhã, duas da madrugada; **in the** ~ *(early in the day)* de manhã; *(tomorrow morning)* amanhã de manhã.

morning sickness *n* enjôo *m* matinal.

moron [ˈmɔːrɒn] *n inf (idiot)* estúpido *m*, -da *f*, idiota *mf*.

mortgage [ˈmɔːrgɪdʒ] *n* hipoteca *f*.

mosaic [məˈzeɪɪk] *n* mosaico *m*.

Moslem [ˈmɒzləm] = **Muslim.**

mosque [mɒsk] *n* mesquita *f*.

mosquito [məˈskiːtəʊ] (*pl* **-es**) *n* mosquito *m*.

mosquito net *n* mosquiteiro *m*.

moss [mɒs] *n* musgo *m*.

most [məʊst] *adj* -**1.** *(the majority of)* a maioria de; ~ **people agree** a maioria das pessoas está de acordo.

-**2.** *(the largest amount of)* mais; **I drank (the)** ~ **beer** fui eu que bebi mais cerveja.

◆ *adv* -**1.** *(in superlatives)* mais; **the** ~ **expensive hotel in town** o hotel mais caro da cidade.

-**2.** *(to the greatest degree)* mais; **I like this one the** ~ gosto mais deste.

-**3.** *(fml: very)* muito; **we would be** ~ **grateful** ficaríamos muito gratos.

◆ *pron* -**1.** *(the majority)* a maioria; ~ **of the villages** a maioria das vilas; ~ **of the time** a maior parte do tempo.

-**2.** *(the largest amount)* mais; **she earns (the)** ~ ela é a que ganha mais.

-**3.** *(in phrases)*: **at** ~ no máximo; **we want to make the** ~ **of our stay** queremos aproveitar a nossa estada ao máximo.

mostly [ˈməʊstlɪ] *adv* principalmente.

motel [məʊˈtel] *n* motel *m*.

moth [mɒθ] *n* traça *f*.

mother [ˈmʌðər] *n* mãe *f*.

mother-in-law (*pl* **mothers-in-law**) *n* sogra *f*.

motif [məʊˈtiːf] *n* motivo *m*.

motion [ˈməʊʃn] *n (movement)* movimento *m*. ◆ *vi*: **to** ~ **to sb** fazer sinal a alguém.

motionless [ˈməʊʃnləs] *adj* imóvel.

motivate [ˈməʊtɪveɪt] *vt* motivar.

motive [ˈməʊtɪv] *n* motivo *m*.

motor [ˈməʊtər] *n* motor *m*.

motorbike [ˈməʊtərbaɪk] *n* moto *f*.

motorboat ['məʊtərbəʊt] *n* barco *m* a motor.

motorcycle ['məʊtər,saɪkl] *n* motocicleta *f*.

motorcyclist ['məʊtər,saɪkləst] *n* motociclista *mf*.

motorist ['məʊtərɪst] *n fml* motorista *mf*.

motor racing *n* automobilismo *m*.

motto ['mɒtəʊ] (*pl* **-s**) *n* lema *m*.

mould [məʊld] *Brit* = **mold.**

mound [maʊnd] *n* monte *m*.

mount [maʊnt] *n (mountain)* monte *m*. ◆ *vt (horse)* montar; *(photo)* emoldurar. ◆ *vi (increase)* aumentar.

mountain ['maʊntən] *n* montanha *f*.

mountain bike *n* mountain bike *f*.

mountaineer [,maʊntə'nɪər] *n* alpinista *mf*.

mountaineering [,maʊntə'nɪərɪŋ] *n*: **to go ~** fazer alpinismo.

mountainous ['maʊntənəs] *adj* montanhoso(osa).

Mount Rushmore [-'rʌʃmɔːʳ] *n* o monte Rushmore.

i MOUNT RUSHMORE

Os bustos gigantescos dos presidentes norte-americanos George Washington, Thomas Jefferson, Abraham Lincoln e Franklin Roosevelt, esculpidos nas encostas do Monte Rushmore, na Dakota do Sul, são um monumento nacional e uma grande atração turística.

---

mourning ['mɔːrnɪŋ] *n*: **to be in ~** estar de luto.

mouse [maʊs] (*pl* **mice**) *n* rato *m*.

mousse [muːs] *n (food)* mousse *f*; *(for hair)* espuma *f*.

moustache [mə'stɑːʃ] *Brit* = **mustache.**

mouth [maʊθ] *n* boca *f*; *(of river)* foz *f*.

mouthful ['maʊθfʊl] *n (of food)* bocado *m*; *(of drink)* gole *m*.

mouthpiece ['maʊθpiːs] *n* bocal *m*.

mouthwash ['maʊθwɒʃ] *n* desinfetante *m* para a boca.

move [muːv] *n (movement)* movimento *m*; *(in games)* jogada *f*; *(turn to play)* vez *f*; *(course of action)* medida *f*; *(change of house)* mudança *f*. ◆ *vt (object)* mudar; *(arm, leg, lips)* mexer; *(emotionally)* comover. ◆ *vi (shift)* mover-se; *(get out of the way)* desviar-se; *(house)* mudar de casa; **to make a ~** *(leave)* ir embora. ❑ **move along** *vi* avançar. ❑ **move in** *vi (to house)* mudar-se para. ❑ **move off** *vi (train, car)* partir. ❑ **move on** *vi (after stopping)* voltar a partir. ❑ **move out** *vi (from house)* mudar-se de. ❑ **move over** *vi* chegar para lá/cá. ❑ **move up** *vi* chegar para lá/cá.

movement ['muːvmənt] *n* movimento *m*.

movie ['mu:vɪ] *n* filme *m*.

movie theater *n Am* cinema *m*.

moving ['mu:vɪŋ] *adj (emotionally)* comovente.

mow [məʊ] *vt:* **to ~ the lawn** cortar a grama.

Mr. ['mɪstər] *abbr* Sr.

Mrs. ['mɪsəz] *abbr* Sra.

Ms. [mɪz] *abbr título que evita que se faça uma distinção entre mulheres casadas e solteiras.*

M.S. *(abbr)* = **Master of Science.**

much [mʌtʃ] (*compar* **more**, *superl* **most**) *adj* muito(ta); **I don't have ~ money** não tenho muito dinheiro; **as ~ food as you can eat** tanta comida quanto você conseguir comer; **how ~ time is left?** quanto tempo falta?; **they have so ~ money** eles têm tanto dinheiro; **we have too ~ food** temos comida demais.
◆ *adv* **-1.** *(to a great extent)* muito; **he is ~ happier** ele está muito mais feliz; **it's ~ better** é muito melhor; **he's ~ too good** ele é bom demais; **I like it very ~** gosto muitíssimo; **thank you very ~** muito obrigado.
-2. *(often)* muitas vezes; **we don't go there ~** não vamos lá muitas vezes.
◆ *pron* muito; **I don't have ~** não tenho muito; **as ~ as you like** tanto quanto (você) queira; **how ~ is it?** quanto é?; **you've got so ~** você tem tanto; **you've got too ~** você tem demais.

muck [mʌk] *n (dirt)* porcaria *f*.
❑ **muck up** *vt sep Brit inf* estragar.

mud [mʌd] *n* lama *f*.

muddle ['mʌdl] *n:* **to be in a ~** *(confused)* estar confuso (sa); *(in a mess)* estar em desordem.

muddy ['mʌdɪ] *adj* lamacento(ta).

mud flap *n Am* pára-lama *m*.

muesli ['mju:zlɪ] *n* granola *f*.

muffin ['mʌfɪn] *n (cake) bolinho redondo e chato.*

muffler ['mʌflər] *n Am (on a car)* silenciador *m*.

mug [mʌg] *n (cup)* caneca *f*. ◆ *vt* assaltar.

mugging ['mʌgɪŋ] *n* assalto *m (a pessoa).*

muggy ['mʌgɪ] *adj* abafado(da).

mule [mju:l] *n* mula *f*.

multicolored ['mʌltɪ,kʌlərd] *adj* multicor.

multiple ['mʌltɪpl] *adj* múltiplo(pla).

multiplication [,mʌltɪplɪ'keɪʃn] *n* multiplicação *f*.

multiply ['mʌltɪplaɪ] *vt* multiplicar. ◆ *vi* multiplicar-se.

multivitamin [*Am* 'mʌltɪvaɪtəmɪn, *Br* 'mʌltɪvɪtəmɪn] *n* complexo *m* de vitaminas.

mum [mʌm] *n Brit inf* mamãe *f*.

mumps [mʌmps] *n* caxumba *f*.

munch [mʌntʃ] *vt* mastigar.

municipal [mjʊ'nɪsəpl] *adj* municipal.

mural ['mjʊərəl] *n* mural *m*.
murder ['mɜ:rdər] *n* assassínio *m*, assassinato *m*. ◆ *vt* assassinar.
murderer ['mɜ:rdərər] *n* assassino *m*, -na *f*.
muscle ['mʌsl] *n* músculo *m*.
museum [mjʊ'zi:əm] *n* museu *m*.
mushroom ['mʌʃru:m] *n* cogumelo *m*.
music ['mju:zɪk] *n* música *f*.
musical ['mju:zɪkl] *adj (connected with music)* musical; *(person)* com ouvido para a música. ◆ *n* musical *m*.
musician [mju:'zɪʃn] *n* músico *m*, -ca *f*.
Muslim ['mʊzlɪm] *adj* muçulmano(na). ◆ *n* muçulmano *m*, -na *f*.
mussels ['mʌslz] *npl* mexilhões *mpl*.
must [mʌst] *aux vb (expressing obligation)* ter de; *(expressing certainty)* dever. ◆ *n inf*: **it's a ~** é imprescindível; **I ~ go** tenho de ir; **the room ~ be vacated by ten** o quarto tem de ser desocupado antes das dez; **you ~ have seen it** você deve ter visto; **you ~ see that movie** você tem de ver aquele filme; **you ~ be joking!** você deve estar brincando!
mustache ['mʌstæʃ] *Am* bigode *m*.
mustard ['mʌstərd] *n* mostarda *f*.
mustn't ['mʌsnt] = **must not.**
mutter ['mʌtər] *vt* murmurar.
mutton ['mʌtn] *n* carne *f* de carneiro.
mutual ['mju:tʃʊəl] *adj* mútuo (tua).
muzzle ['mʌzl] *n (for dog)* focinheira *f*.
my [maɪ] *adj* meu (minha); **~ books** os meus livros.
myself [maɪ'self] *pron (reflexive)* me; *(after prep)* mim; **I did it ~** eu mesmo o fiz; **I hurt ~** machuquei-me.
mysterious [mɪ'stɪərɪəs] *adj* misterioso(osa).
mystery ['mɪstərɪ] *n* mistério *m*.
myth [mɪθ] *n* mito *m*.

N

N *(abbr of north)* N.
nag [næg] *vt* apoquentar.
nail [neɪl] *n (of finger, toe)* unha *f*; *(metal)* prego *m*. ◆ *vt (fasten)* pregar.
nailbrush ['neɪlbrʌʃ] *n* escova *f* de unhas.
nail file *n* lixa *f* de unhas.
nail polish *n* esmalte *m*.
naive [naɪ'i:v] *adj* ingênuo(nua).
naked ['neɪkəd] *adj (person)* nu (nua).
name [neɪm] *n* nome *m*. ◆ *vt (person, place, animal)* chamar; *(date, price)* fixar; **first ~** nome próprio OR de batismo; **last ~**

sobrenome; **what's your ~?** como você se chama?; **my ~ is ...** o meu nome é ...

namely ['neɪmlɪ] *adv* isto é, a saber.

nanny ['nænɪ] *n (babysitter)* babá *f*.

nap [næp] *n* soneca *f*; **to take a ~** tirar uma soneca.

napkin ['næpkɪn] *n* guardanapo *m*.

narcotic [nɑːr'kɒtik] *n* narcótico *m*.

narrow ['nærəʊ] *adj (road, gap)* estreito(ta). ◆ *vi* estreitar

narrow-minded [-'maɪndəd] *adj* tacanho(nha), de idéias curtas.

nasty ['næstɪ] *adj (person)* mau (má); *(comment)* maldoso(osa); *(accident, fall)* grave; *(unpleasant)* desagradável.

nation ['neɪʃn] *n* nação *f*.

national ['næʃnəl] *adj* nacional. ◆ *n* natural *mf (de um país)*.

nationality [,næʃə'nælətɪ] *n* nacionalidade *f*.

national park *n* parque *m* nacional.

NATIONAL PARK

Grandes áreas rurais, protegidas devido a sua beleza natural, os parques nacionais da Grã-Bretanha e dos Estados Unidos são abertos ao público. Alguns dos parques nacionais britânicos mais conhecidos são Snowdonia, Lake District e Peak District; nos Estados Unidos, os mais famosos são Yellowstone e Yosemite.

nationwide ['neɪʃənwaɪd] *adj* de âmbito nacional.

native ['neɪtɪv] *adj (country)* natal; *(customs, population)* nativo (va). ◆ *n* natural *mf*.

NATIVE AMERICAN

Antes da chegada dos europeus, os Estados Unidos eram povoados por tribos com língua e costumes próprios. Entre os séculos XVII e XIX, muitos índios morreram em combate com os colonizadores ou de doenças trazidas pelos mesmos. Outros tiveram que viver em reservas. No século XX, esses grupos étnicos adquiriram mais direitos.

natural ['nætʃrəl] *adj (ability, charm)* natural; *(swimmer, actor)* nato(ta).

naturally ['nætʃrəlɪ] *adv (of course)* naturalmente.

nature ['neɪtʃər] *n* natureza *f*.

nature reserve *n* reserva *f* natural.

naughty ['nɔːtɪ] *adj (child)* travesso(a).

nausea ['nɔːzjə] *n* enjôo *m*, náusea *f*.

navigate ['nævəgeɪt] *vi (in boat)* navegar; *(in plane)* calcular a rota; *(in car)* ir como navegador.

navy ['neɪvɪ] *n (ships)* marinha *f*. ◆ *adj*: ~ **(blue)** azul-marinho *(inv)*.

near [nɪər] *adv* perto. ◆ *adj* próximo(ma). ◆ *prep*: ~ **(to)** *(edge, object, place)* perto de; **in the ~ future** num futuro próximo, em breve.

nearby [nɪər'baɪ] *adv* perto. ◆ *adj* próximo(ma).

nearly ['nɪərlɪ] *adv* quase.

nearsighted ['nɪərsaɪtəd] *adj Am* míope.

neat [ni:t] *adj (room)* arrumado(da); *(writing, work)* caprichado(da); *(whiskey, vodka, etc)* puro(ra); *Am (very good)* ótimo.

neatly ['ni:tlɪ] *adv* cuidadosamente.

necessarily [,nesə'serɪlɪ] *adv* necessariamente; **not ~** não necessariamente.

necessary ['nesəserɪ] *adj* necessário(ria); **it is ~ to do it** é necessário fazê-lo.

necessity [nə'sesətɪ] *n* necessidade *f*. ❑ **necessities** *npl* artigos *mpl* de primeira necessidade.

neck [nek] *n (of person, animal)* pescoço *m*; *(of sweater)* gola *f*; *(of shirt)* colarinho *m*; *(of dress)* decote *m*.

necklace ['nekləs] *n* colar *m*.

nectarine ['nektəri:n] *n* nectarina *f*.

need [ni:d] *n* necessidade *f*. ◆ *vt* precisar de, necessitar de; **to ~ to do sthg** precisar fazer algo.

needle ['ni:dl] *n* agulha *f*.

needn't ['ni:dnt] = **need not.**

needy ['ni:dɪ] *adj* necessitado (da), com necessidades.

negative ['negətɪv] *adj* negativo(va). ◆ *n (in photography)* negativo *m*; *GRAMM* negativa *f*.

neglect [nɪ'glekt] *vt* não prestar atenção a.

negligence ['neglɪdʒəns] *n* negligência *f*.

negotiations [nɪ,gəʊʃɪ'eɪʃnz] *npl* negociações *fpl*.

neighbor ['neɪbər] *n Am* vizinho *m*, -nha *f*.

neighborhood ['neɪbərhʊd] *n* vizinhança *f*.

neighboring ['neɪbərɪŋ] *adj* vizinho(nha).

neighbour ['neɪbə[r]] *Brit* = **neighbor.**

neither ['ni:ðər, 'naɪðər] *adj*: ~ **bag is big enough** nenhuma das bolsas é suficientemente grande. ◆ *pron*: ~ **one of us** nenhum *m*, -ma *f* de nós. ◆ *conj*: ~ **do I** nem eu; ~ **... nor** nem ... nem.

neon light ['ni:ɒn-] *n* luz *f* de néon.

nephew ['nefju:] *n* sobrinho *m*.

nerve [nɜ:rv] *n (in body)* nervo *m*; *(courage)* ousadia *f*; **he has some ~!** que descaramento!

nervous ['nɜ:rvəs] *adj* nervoso(osa).

nervous breakdown *n* esgotamento *m* nervoso.

nest [nest] *n* ninho *m*.

net [net] *n* rede *f*. ◆ *adj* líquido (da).

nettle ['netl] *n* urtiga *f*.
network ['netwɜ:rk] *n* rede *f*.
neurotic [ˌnʊ'rɒtɪk] *adj* neurótico(ca).
neutral ['nu:trəl] *adj* neutro (tra). ◆ *n* AUT: **in ~** em ponto morto.
never ['nevər] *adv* nunca; **she's ~ late** ela nunca chega tarde; **~ mind!** não faz mal!
nevertheless [ˌnevərðə'les] *adv* contudo, todavia.
new [nu:] *adj* novo (nova).
news [nu:z] *n* notícias *fpl*; *(on TV)* telejornal *m*; **a piece of ~** uma notícia.
newspaper ['nu:zˌpeɪpər] *n* jornal *m*.
newsstand ['nu:zstænd] *n Am* jornaleiro *m*.
New Year *n* Ano *m* Novo.
New Year's Day *n* Dia *m* de Ano Novo.
New Year's Eve *n* véspera *f* de Ano Novo.
New Zealand [-'zi:lənd] *n* Nova Zelândia *f*.
next [nekst] *adj* próximo(ma); *(room, house)* do lado. ◆ *adv (afterward)* depois, em seguida; *(on next occasion)* da próxima vez; **when does the ~ bus leave?** a que horas sai o próximo ônibus?; **~ month/year** o mês/ano que vem; **~ to** *(by the side of)* ao lado de; **the week after ~** daqui a duas semanas.
next door *adv* ao lado; **the house/people ~** a casa/os vizinhos do lado.
next of kin [-kɪn] *n* parente *m* mais próximo, parente *f* mais próxima.
nibble ['nɪbl] *vt* mordiscar.
nice [naɪs] *adj (pleasant)* agradável; *(pretty)* bonito(ta); *(kind)* amável, simpático(ca); **to have a ~ time** divertir-se; **~ to see you!** prazer em vê-lo!
nickel ['nɪkl] *n (metal)* níquel *m*; *Am (coin) moeda de cinco centavos de um dólar.*
nickname ['nɪkneɪm] *n* apelido *m*.
niece [ni:s] *n* sobrinha *f*.
night [naɪt] *n* noite *f*; **at ~** à noite; **by ~** de noite; **last ~** ontem à noite.
nightclub ['naɪtklʌb] *n* boate *f*.
nightgown ['naɪtgaʊn] *n* camisola *f*.
nightlife ['naɪtlaɪf] *n* vida *f* noturna.
nightly ['naɪtlɪ] *adv* todas as noites.
nightmare ['naɪtmeər] *n* pesadelo *m*.
nil [nɪl] *n* SPORT zero *m*.
nine [naɪn] *num* nove → **six.**
nineteen [ˌnaɪn'ti:n] *num* dezenove; **~ ninety-seven** mil novecentos e noventa e sete → **six.**
nineteenth [ˌnaɪn'ti:nθ] *num* décimo nono (décima nona) → **sixth.**
ninetieth ['naɪntɪəθ] *num* nonagésimo(ma) → **sixth.**
ninety ['naɪntɪ] *num* noventa → **six.**

ninth [naɪnθ] *num* nono(na) → **sixth.**

nip [nɪp] *vt (pinch)* beliscar.

nipple ['nɪpl] *n (of breast)* bico *m* do peito, mamilo *m*; *(of bottle)* bico *m*.

nitrogen ['naɪtrədʒən] *n* nitrogênio *m*.

no [nəʊ] *adv* não. ◆ *adj* nenhum(ma), algum(ma). ◆ *n* não *m*; **I have ~ money left** não tenho mais um tostão; **it is of ~ interest** não interessa.

noble ['nəʊbl] *adj* nobre.

nobody ['nəʊbədɪ] *pron* ninguém.

nod [nɒd] *vi (in agreement)* dizer que sim com a cabeça.

noise [nɔɪz] *n* barulho *m*, ruído *m*.

noisy ['nɔɪzɪ] *adj* barulhento (ta), ruidoso(osa).

nominate ['nɒməneɪt] *vt* nomear.

none [nʌn] *pron* nenhum *m*, -ma *f*; **there's ~ left** não resta nada.

nonetheless [ˌnʌnðə'les] *adv* todavia, contudo.

non-fiction *n* literatura *f* não ficcional.

nonsense ['nɒnsəns] *n (stupid words)* disparates *mpl* ; *(foolish behavior)* disparate *m*.

non-smoker *n* não-fumante *mf*.

non-stop *adj (talking, arguing)* constante; *(flight)* direto(ta). ◆ *adv* sem parar.

noodles ['nu:dlz] *npl* miojo *m*.

noon [nu:n] *n* meio-dia *m*.

no one = **nobody.**

nor [nɔ:r] *conj* nem; **~ do I** nem eu → **neither.**

normal ['nɔ:rml] *adj* normal.

normally ['nɔ:rməlɪ] *adv* normalmente.

north [nɔ:rθ] *n* norte *m*. ◆ *adj* norte. ◆ *adv (be situated)* a norte; *(fly, walk)* para norte; **in the ~ of the country** no norte do país.

North America *n* a América do Norte.

northeast [ˌnɔ:rθ'i:st] *n* nordeste *m*.

northern ['nɔ:rðərn] *adj* do norte.

Northern Ireland *n* Irlanda *f* do Norte.

northward ['nɔ:rθwərd] *adv* em direção ao norte, para norte.

northwest [ˌnɔ:rθ'west] *n* noroeste *m*.

nose [nəʊz] *n* nariz *m*; *(of animal)* focinho *m*.

nosebleed ['nəʊzbli:d] *n*: **to have a ~** perder sangue pelo nariz.

nostril ['nɒstrəl] *n* narina *f*.

nosy ['nəʊzɪ] *adj* bisbilhoteiro (ra).

not [nɒt] *adv* não; **she's ~ there** ela não está lá; **~ yet** ainda não; **~ at all** *(answer)* de nada.

notably ['nəʊtəblɪ] *adv* especialmente.

note [nəʊt] *n* nota *f*; *(message)* recado *m*. ◆ *vt (notice)* notar;

(write down) anotar; **to take ~s** fazer anotações.

notebook ['nəʊtbʊk] *n* caderno *m*, bloco *m* de anotações.

noted ['nəʊtəd] *adj* famoso (osa).

notepaper ['nəʊtpeɪpər] *n* papel *m* de carta.

nothing ['nʌθɪŋ] *pron* nada; **he did ~** ele não fez nada; **~ new/interesting** nada de novo/interessante; **for ~** *(for free)* de graça; *(in vain)* para nada.

notice ['nəʊtəs] *vt* notar. ◆ *n* aviso *m*; **to take ~ of** prestar atenção a; **to give ~** pedir demissão.

noticeable ['nəʊtəsəbl] *adj* visível.

notion ['nəʊʃn] *n* noção *f*.

notorious [nəʊ'tɔːrɪəs] *adj* notório(ria).

nougat ['nuːgət] *n* torrone *m*.

noun [naʊn] *n* substantivo *m*.

nourishment ['nɜːrɪʃmənt] *n* alimento *m*.

novel ['nɒvl] *n* romance *m*. ◆ *adj* original.

novelist ['nɒvələst] *n* romancista *mf*.

November [nə'vembər] *n* novembro *m* → **September**.

now [naʊ] *adv* agora. ◆ *conj*: **~ (that)** agora que; **by ~** já; **from ~ on** de agora em diante; **just ~** *(a moment ago)* agora mesmo; *(at the moment)* neste momento; **right ~** *(at the moment)* neste momento; *(immediately)* já, agora mesmo.

nowadays ['naʊədeɪz] *adv* hoje em dia.

nowhere ['nəʊweər] *adv* em parte alguma.

nozzle ['nɒzl] *n* agulheta *f*.

nuclear ['nuːklɪər] *adj* nuclear.

nude [njuːd] *adj* nu (nua).

nudge [nʌdʒ] *vt* cutucar.

nuisance ['nuːsns] *n*: **it's a real ~!** é uma chatice!; **he's such a ~!** ele é um chato!

numb [nʌm] *adj (leg, arm)* dormente; *(with shock, fear)* atônito (ta).

number ['nʌmbər] *n* número *m*. ◆ *vt (give number to)* numerar.

numeral ['nuːmrəl] *n* numeral *m*, algarismo *m*.

numerous ['nuːmərəs] *adj* inúmeros(ras).

nun [nʌn] *n* freira *f*.

nurse [nɜːrs] *n* enfermeiro *m*, -ra *f*. ◆ *vt (look after)* tomar conta de.

nursery ['nɜːrsərɪ] *n (for plants)* viveiro *m* para plantas; *(in house)* quarto *m* de criança.

nursery school *n* escola *f* maternal.

nursing ['nɜːrsɪŋ] *n (profession)* enfermagem *f*.

nut [nʌt] *n (to eat)* fruto *m* seco *(noz, avelã, etc)*; *(of metal)* porca *f* (de parafuso).

nutcrackers ['nʌtˌkrækərz] *npl* quebra-nozes *m inv*.

nutmeg ['nʌtmeg] *n* noz--moscada *f*.

nylon ['naɪlɒn] *n* nylon *m*. ◆ *adj* de nylon.

O

O *n (zero)* zero *m*.
oak [əʊk] *n* carvalho *m*. ◆ *adj* de carvalho.
oar [ɔːr] *n* remo *m*.
oath [əʊθ] *n (promise)* juramento *m*.
oatmeal ['əʊtmiːl] *n* flocos *mpl* de aveia.
oats [əʊts] *npl* aveia *f*.
obedient [ə'biːdjənt] *adj* obediente.
obey [ə'beɪ] *vt* obedecer a.
object [*n* 'ɒbdʒɪkt, *vb* ɒb'dʒekt] *n (thing)* objeto *m*; *(purpose)* objetivo *m*; *GRAMM* objeto, complemento *m*. ◆ *vi*: **to ~ (to)** opor-se (a).
objection [əb'dʒekʃn] *n* objeção *f*.
objective [əb'dʒektɪv] *n* objetivo *m*.
obligation [,ɒblɪ'geɪʃn] *n* obrigação *f*.
obligatory [ə'blɪgətɔːrɪ] *adj* obrigatório(ria).
oblige [ə'blaɪdʒ] *vt*: **to ~ sb to do sthg** obrigar alguém a fazer algo.
oblique [ə'bliːk] *adj* oblíquo (qua).
oblong ['ɒblɒŋ] *adj* retangular. ◆ *n* retângulo *m*.
obnoxious [əb'nɒkʃəs] *adj* horroroso(osa).
oboe ['əʊbəʊ] *n* oboé *m*.
obscene [əb'siːn] *adj* obsceno(na).
obscure [əb'skjʊər] *adj (difficult to understand)* obscuro(ra); *(not well-known)* desconhecido(da).
observant [əb'zɜːrvnt] *adj* observador(ra).
observation [,ɒbzər'veɪʃn] *n* observação *f*.
observatory [əb'zɜːrvətɔːrɪ] *n* observatório *m*.
observe [əb'zɜːrv] *vt (watch, see)* observar.
obsessed [əb'sest] *adj* obcecado(da).
obsession [əb'seʃn] *n* obsessão *f*.
obsolete ['ɒbsəliːt] *adj* obsoleto(ta).
obstacle ['ɒbstəkl] *n* obstáculo *m*.
obstinate ['ɒbstənət] *adj* teimoso(osa).
obstruct [əb'strʌkt] *vt (road, path)* obstruir.
obstruction [əb'strʌkʃn] *n (in road, path)* obstrução *f*.
obtain [əb'teɪn] *vt* obter.
obtainable [əb'teɪnəbl] *adj* que se pode obter.
obvious ['ɒbvɪəs] *adj* óbvio (via).
obviously ['ɒbvɪəslɪ] *adv* evidentemente.
occasion [ə'keɪʒn] *n* ocasião *f*.
occasional [ə'keɪʒnəl] *adj* ocasional, esporádico(ca).

occasionally [ə'keɪʒnəlɪ] *adv* de vez em quando.
occupant ['ɒkjəpənt] *n (of house)* inquilino *m*, -na *f*, ocupante *mf*; *(of car, plane)* ocupante.
occupation [,ɒkjə'peɪʃn] *n (job)* ocupação *f*; *(pastime)* passatempo *m*.
occupied ['ɒkjəpaɪd] *adj (toilet)* ocupado(da).
occupy ['ɒkjəpaɪ] *vt* ocupar.
occur [ə'kɜːr] *vi* ocorrer.
occurrence [ə'kʌrəns] *n* ocorrência *f*.
ocean ['əʊʃn] *n* oceano *m*; **the ~** *Am (sea)* o oceano, o mar.
o'clock [ə'klɒk] *adv*: **it's one ~** é uma hora; **it's seven ~** são sete horas; **at nine ~** às nove horas.
October [ɒk'təʊbər] *n* outubro → **September.**
octopus ['ɒktəpəs] *n* polvo *m*.
odd [ɒd] *adj (strange)* estranho (nha); *(number)* ímpar; *(not matching)* sem par; *(occasional)* ocasional; **60 ~ miles** umas 60 milhas; **~ jobs** biscates *mpl*.
odds [ɒdz] *npl (in betting)* apostas *fpl*; *(chances)* probabilidades *fpl*; **~ and ends** miudezas *fpl*.
odor ['əʊdər] *n Am* odor *m*.
odour ['əʊdər] *Brit* = **odor.**
of [ɒv] *prep* **-1.** *(belonging to)* de; **the color ~ the car** a cor do carro.
-2. *(expressing amount)* de; **a piece ~ cake** uma fatia de bolo; **a fall ~ 20%** uma queda de 20%. **lots ~ people** muita gente.
-3. *(containing, made from)* de; **a glass ~ beer** um copo de cerveja; **a house ~ stone** uma casa de pedra; **it's made ~ wood** é de madeira.
-4. *(regarding, relating to, indicating cause)* de; **fear ~ spiders** medo de aranhas; **he died ~ cancer** ele morreu de câncer.
-5. *(referring to time)* de; **the summer ~ 1969** o verão de 1969; **the 26th ~ August** o 26 de agosto.
-6. *(with cities, countries)* de; **the city ~ San Francisco** a cidade de San Francisco.
-7. *(on the part of)* de; **that was very kind ~ you** foi muito amável da sua parte.
-8. *Am (in telling the time)* menos, para; **it's ten ~ four** são dez para as quatro.
off [ɒf] *adv* **-1.** *(away)*: **to drive/walk ~** ir-se embora; **to get ~** *(from bus, train, etc)* descer; **we're ~ to Austria next week** vamos para a Áustria na próxima semana.
-2. *(expressing removal)*: **to take sthg ~** tirar algo.
-3. *(so as to stop working)*: **to turn sthg ~** *(TV, radio, engine)* desligar algo; *(tap)* fechar algo.
-4. *(expressing distance or time away)*: **it's a long way ~** *(in distance)* é muito longe; *(in time)* ainda falta muito; **it's two months ~** é daqui a dois meses.
-5. *(not at work)* de folga; **I'm taking a week ~** vou tirar uma semana de férias.

◆ *prep* **-1.** *(away from)*: **to get ~ sthg** descer de algo; **~ the coast** ao largo da costa; **just ~ the main road** perto da estrada principal.
-2. *(indicating removal)*: **take the lid ~ the jar** tire a tampa do frasco; **we'll take $20 ~ the price** descontaremos 20 dólares do preço.
-3. *(absent from)*: **to be ~ work** não estar trabalhando.
-4. *inf (from)* a; **I bought it ~ her** eu comprei isso dela.
◆ *adj* **-1.** *(TV, radio, light)* apagado(da), desligado(da); *(tap)* fechado(da); *(engine)* desligado (da).
-2. *(cancelled)* cancelado(da).

offence [ə'fens] *Brit* = **offense.**

offend [ə'fend] *vt (upset)* ofender.

offender [ə'fendər] *n* infrator *m*, -ra *f*, transgressor *m*, -ra *f*.

offense [ə'fens] *n Am (crime)* infração *f*, delito *m*; *(upset)* ofensa *f*.

offensive [ə'fensɪv] *adj (insulting)* ofensivo(va).

offer ['ɒfər] *n* oferta *f*. ◆ *vt* oferecer; **on ~** *(available)* à venda; *(reduced)* em oferta; **to ~ to do sthg** oferecer-se para fazer algo; **to ~ sb sthg** oferecer algo a alguém.

office ['ɒfəs] *n (room)* escritório *m*; *Am (building)* edifício *m* de escritórios.

officer ['ɒfəsər] *n MIL* oficial *mf*; *(policeman)* polícia *mf*.

official [ə'fɪʃl] *adj* oficial. ◆ *n* funcionário *m*, -ria *f*.

officially [ə'fɪʃəlɪ] *adv* oficialmente.

off-season *n* temporada *f* baixa.

offshore ['ɒfʃɔːr] *adj (wind)* costeiro(ra); *(oil production)* no alto mar.

off-the-rack *adj Am* pronto (ta) para vestir.

often ['ɔːfn, 'ɒftn] *adv* muitas vezes, freqüentemente; **how ~ do the buses run?** qual é a freqüência dos ônibus?; **every so ~** de vez em quando.

oh [əʊ] *excl* oh!

oil [ɔɪl] *n* óleo *m*; *(fuel)* petróleo *m*.

oil filter *n* filtro *m* do óleo.

oil rig *n* plataforma *f* petrolífera.

oily ['ɔɪlɪ] *adj (cloth, hands)* oleoso(osa); *(food)* gorduroso (osa).

ointment ['ɔɪntmənt] *n* pomada *f*, ungüento *m*.

OK [ˌəʊ'keɪ] *adj inf* bom (boa). ◆ *adv inf* bem; **is everything ~?** está tudo bem?; **is that ~?** pode ser?, você concorda?; **the movie was ~** achei o filme mais ou menos.

okay [ˌəʊ'keɪ] = **OK.**

old [əʊld] *adj* velho(lha); *(former)* antigo(ga); **how ~ are you?** quantos anos você tem?; **I'm 16 years ~** tenho 16 anos; **to get ~** envelhecer.

old age *n* velhice *f*.

olive ['ɒlɪv] *n* azeitona *f*.

olive oil *n* azeite *m*.

Olympic Games [ə'lɪmpɪk-] *npl* Jogos *mpl* Olímpicos.

omelette ['ɒmlət] *n* omelete *f*; **mushroom** ~ omelete de cogumelos.

ominous ['ɒmɪnəs] *adj (silence, clouds)* ameaçador(ra); *(event, sign)* de mau agouro.

omit [ə'mɪt] *vt* omitir.

on [ɒn] *prep* **-1.** *(expressing position, location)* em, sobre; **it's ~ the table** está na mesa, está sobre a mesa; **put it ~ the table** ponha-o na OR sobre a mesa; **~ my right** à minha direita; **~ the right** à direita; **a picture ~ the wall** um quadro na parede; **the exhaust ~ the car** o cano de descarga do carro; **we stayed ~ a farm** ficamos numa fazenda.
-2. *(with forms of transportation)*: **~ the plane** no avião; **to get ~ a bus** subir num ônibus.
-3. *(expressing means, method)* em; **~ foot** a pé; **~ the radio** no rádio; **~ TV** na televisão; **paid ~ an hourly basis** pago por hora.
-4. *(using)* a; **it runs ~ unleaded gas** funciona com gasolina sem chumbo; **to be ~ drugs** drogarse; **to be ~ medication** estar tomando medicamentos.
-5. *(about)* sobre; **a book ~ Germany** um livro sobre a Alemanha.
-6. *(expressing time)*: **~ arrival** ao chegar; **~ Tuesday** na terça-feira; **~ August 25th** no dia 25 de agosto.
-7. *(with regard to)* em, sobre; **a tax ~ imports** um imposto sobre as importações; **the effect ~ the country** o impacto no país.
-8. *(describing activity, state)*: **~ vacation** de férias; **~ sale** à venda.
-9. *(in phrases)*: **do you have any money ~ you?** *inf* você tem dinheiro?; **the drinks are ~ me** as bebidas são por minha conta.
◆ *adv* **-1.** *(in place, covering)*: **to put one's clothes ~** vestir-se; **to put the lid ~** tapar.
-2. *(movie, play, programme)*: **the news is ~** está passando o telejornal; **what's ~ at the movies?** o que é que está passando no cinema?
-3. *(with transportation)*: **to get ~** subir.
-4. *(functioning)*: **to turn sthg ~** *(TV, radio, light)* ligar OR acender algo; *(tap)* abrir algo; *(engine)* pôr algo para trabalhar.
-5. *(taking place)*: **how long is the festival ~?** quanto tempo dura o festival?; **the game is already ~** o jogo já começou.
-6. *(farther forward)*: **to drive ~** continuar a dirigir.
-7. *(in phrases)*: **I already have something ~ tonight** já tenho planos para esta noite.
◆ *adj (TV, radio, light)* ligado(da), aceso(sa); *(faucet)* aberto(ta); *(engine)* funcionando.

once [wʌns] *adv (one time)* uma vez; *(in the past)* uma vez, no passado. ◆ *conj* quando, assim que; **at ~** *(immediately)* imediatamente; *(at the same time)* ao mesmo tempo; **for ~** pelo menos uma vez; **~ more** *(one more time)* mais uma vez; *(again)* outra vez.

oncoming ['ɒnkʌmɪŋ] *adj (traffic)* em sentido contrário.

one [wʌn] *num* um (uma). ◆ *adj (only)* único(ca). ◆ *pron (object, person)* um *m*, uma *f*; *(fml: you)* cada um; **thirty-~** trinta e um; **~ fifth** um quinto; **the green ~** o verde; **I want a blue ~** quero um azul; **that ~** aquele *m*, aquela *f*, esse *m*, essa *f*; **this ~** este *m*, esta *f*; **which ~?** qual?; **the ~ I told you about** aquele de que lhe falei; **~ of my friends** um dos meus amigos; **~ day** um dia.

oneself [wʌn'self] *pron (reflexive)* se; *(after prep)* si próprio OR mesmo, si própria OR mesma.

one-way *adj (street)* de sentido único; *(ticket)* de ida.

onion ['ʌnjən] *n* cebola *f*.

only ['əʊnlɪ] *adj* único(ca). ◆ *adv* só; **he's an ~ child** ele é filho único; **I ~ want one** só quero um; **we've ~ just arrived** acabamos de chegar; **'members ~'** 'só para associados'; **not ~** não só.

onto ['ɒntu:] *prep (with verbs of movement)* para (cima de); **to get ~ sb** *(telephone)* contatar alguém (pelo telefone).

onward ['ɒnwərd] *adv (forward)* para a frente, para diante; **from now ~** daqui em diante; **from October ~** de outubro em diante. ◆ *adj*: **the ~ journey** o resto da viagem.

opaque [əʊ'peɪk] *adj* opaco (ca).

open ['əʊpən] *adj* aberto(ta); *(honest)* franco(ca). ◆ *vt* abrir; *(start)* iniciar. ◆ *vi (door, window, lock)* abrir-se; *(store, office, bank)* abrir; *(start)* iniciar-se, começar; **are you ~ on the weekend?** está aberto no fim de semana?; **wide ~** completamente aberto; **in the ~ air** ao ar livre. ❑ **open onto** *vt fus* dar para. ❑ **open up** *vi* abrir.

open-air *adj* ao ar livre.

opening ['əʊpənɪŋ] *n* abertura *f*; *(opportunity)* oportunidade *f*.

open-minded [-'maɪndəd] *adj* aberto(ta), sem preconceitos.

open-plan *adj* sem divisórias.

opera ['ɒprə] *n* ópera *f*.

opera house *n* teatro *m* de ópera.

operate ['ɒpəreɪt] *vt (machine)* trabalhar com. ◆ *vi (work)* funcionar; **to ~ on sb** operar alguém.

operating room ['ɒpəreɪtɪŋ-] *n Am* sala *f* de cirurgia.

operating theatre ['ɒpəreɪtɪŋ-] *n Brit* = **operating room.**

operation [,ɒpə'reɪʃn] *n* operação *f*, cirurgia *f*; **to be in ~** *(law, system)* estar em vigor; **to have an ~** ser operado.

operator ['ɒpəreɪtər] *n (on*

phone) telefonista *mf*.

opinion [ə'pɪnjən] *n* opinião *f*; **in my ~** na minha opinião.

opponent [ə'pəʊnənt] *n* adversário *m*, -ria *f*.

opportunity [,ɒpər'tu:nətɪ] *n* oportunidade *f*.

oppose [ə'pəʊz] *vt* opor-se a.

opposed [ə'pəʊzd] *adj*: **to be ~ to** opor-se a.

opposite ['ɒpəzɪt] *adj* oposto (osta). ◆ *prep* em frente de, frente a. ◆ *n*: **the ~ (of)** o oposto (de), o contrário (de); **I live in the house ~** vivo na casa em frente.

opposition [,ɒpə'zɪʃn] *n (objections)* oposição *f*; SPORT adversário *m*.

opt [ɒpt] *vt*: **to ~ to do sthg** optar por fazer algo.

optician [ɒp'tɪʃn] *n* oculista *m*.

optimist ['ɒptəməst] *n* otimista *mf*.

optimistic [,ɒptə'mɪstɪk] *adj* otimista.

option ['ɒpʃn] *n* opção *f*.

optional ['ɒpʃrəl] *adj* facultativo(va).

or [ɔ:r] *conj* ou; *(after negative)* nem; *(otherwise)* senão; **I can't read ~ write** não sei ler nem escrever.

OR *abbr* = **operating room.**

oral ['ɔ:rəl] *adj* oral. ◆ *n* oral *f*.

orange ['ɒrɪndʒ] *adj* laranja *inv*. ◆ *n (fruit)* laranja *f*; *(color)* laranja *m inv*.

orange juice *n* suco *m* de laranja.

orbit ['ɔ:bət] *n* órbita *f*.

orchard ['ɔ:rtʃərd] *n* pomar *m*.

orchestra ['ɔ:rkəstrə] *n* orquestra *f*.

ordeal [ɔ:r'di:l] *n* experiência *f* traumática.

order ['ɔ:rdər] *n* ordem *f*; *(in restaurant)* pedido *m*; COMM encomenda *f*. ◆ *vt (command)* mandar; *(food, drink)* pedir; COMM encomendar. ◆ *vi (in restaurant)* pedir; **in ~ to** para; **out of ~** *(not working)* quebrado(da); **in working ~** funcionando; **to ~ sb to do sthg** mandar alguém fazer algo.

ordinary ['ɔ:rdnərɪ] *adj* comum.

ore [ɔ:r] *n* minério *m*.

oregano [ɒ'regənəʊ] *n* orégano *m*.

organ ['ɔ:rgən] *n* órgão *m*.

organic [ɔ:r'gænɪk] *adj* orgânico(ca).

organization [,ɔ:rgənə'zeɪʃn] *n* organização *f*.

organize ['ɔ:rgənaɪz] *vt* organizar.

organizer ['ɔ:rgənaɪzər] *n (person)* organizador *m*, -ra *f*; *(diary)* agenda *f*.

orient ['ɔ:rɪent] *vt Am*: **to ~ o.s.** orientar-se.

oriental [,ɔ:rɪ'entl] *adj* oriental.

origin ['ɒrɪdʒɪn] *n* origem *f*.

original [ə'rɪdʒnəl] *adj* original.

originally [ə'rɪdʒnəlɪ] *adv (formerly)* inicialmente.

originate [əˈrɪdʒəneɪt] *vi:* **to ~ (from)** nascer (de).
ornament [ˈɔːrnəmənt] *n (object)* peça *f* de decoração.
ornamental [ˌɔːrnəˈmentl] *adj* decorativo(va).
ornate [ɔːrˈneɪt] *adj* ornado (da).
orphan [ˈɔːrfn] *n* órfão *m*, -fã *f*.
orthodox [ˈɔːrθədɒks] *adj* ortodoxo(xa).
ostentatious [ˌɒstənˈteɪʃəs] *adj* pretensioso(osa).
ostrich [ˈɒstrɪtʃ] *n* avestruz *f*.
other [ˈʌðər] *adj* outro(tra).
◆ *adv:* **~ than** exceto; **the ~ one** o outro (a outra); **the ~ day** no outro dia; **one after the ~** um depois do outro.
❑ **others** *pron pl (additional ones)* outros *mpl*, -tras *fpl*; **the ~ s** *(remaining ones)* os outros (as outras).
otherwise [ˈʌðərwaɪz] *adv (or else)* senão; *(apart from that)* de resto; *(differently)* de outro modo.
otter [ˈɒtər] *n* lontra *f*.
ought [ɔːt] *aux vb* dever; **you ~ to go** você devia ir; **you ~ to see a doctor** você devia ir ao médico; **the car ~ to be ready by Friday** o carro tem de estar pronto sexta-feira.
ounce [aʊns] *n* = 28,35 gr, onça *f*.
our [ˈaʊər] *adj* nosso(a); **~ books** os nossos livros.
ours [ˈaʊərz] *pron* o nosso (a nossa); **a friend of ~** um amigo nosso; **these shoes are ~** estes sapatos são (os) nossos; **~ are here where are yours?** os nossos estão aqui onde estão os seus?
ourselves [aʊərˈselvz] *pron (reflexive)* nos; *(after prep)* nós *mpl* mesmos OR próprios, nós *fpl* mesmas OR próprias; **we did it ~** nós mesmos OR próprios o fizemos; **we hurt ~** nós nos machucamos.
out [aʊt] *adj (light, cigarette)* apagado(da); *(not in fashion)* fora de moda; **cargo pants are so ~** as calças cargo estão tão fora de moda.
◆ *adv* **-1.** *(outside)* fora; **to get/go ~ (of)** sair (de); **it's cold ~ today** está frio lá fora hoje; **he looked ~** ele olhou para fora.
-2. *(not at home, work)* fora; **to be ~** não estar em casa; **to go ~** sair.
-3. *(so as to be extinguished)*: **to turn sthg ~** apagar algo; **put your cigarette ~** apague o cigarro.
-4. *(expressing removal)*: **to pour sthg ~** despejar algo, jogar algo fora; **to take money ~** *(from cashpoint)* retirar dinheiro; **to take sthg ~ (of)** tirar algo (de).
-5. *(outwards)*: **to stick ~** sobressair.
-6. *(expressing distribution)*: **to hand sthg ~** distribuir algo.
-7. *(in phrases)*: **to get enjoyment ~ of sthg** divertir-se com algo; **stay ~ of the sun** não se exponha ao sol; **made ~ of wood** (feito) de madeira; **five ~ of ten women** cinco em cada

dez mulheres; **I'm ~ of cigarettes** não tenho cigarros.

outbreak ['aʊtbreɪk] *n (of disease)* surto *m*; *(of violence)* deflagração *f*.

outburst ['aʊtbɜːrst] *n* explosão *f*.

outcome ['aʊtkʌm] *n* resultado *m*.

outdated [,aʊt'deɪtəd] *adj* ultrapassado(da).

outdo [,aʊt'duː] (*pt* **-did**, *pp* **-done**) *vt* ultrapassar, vencer.

outdoor ['aʊtdɔːr] *adj (swimming pool, activities)* ao ar livre.

outdoors [aʊt'dɔːrz] *adv* ao ar livre.

outer ['aʊtər] *adj* exterior, externo(na).

outfit ['aʊtfɪt] *n (clothes)* roupa *f*.

outing ['aʊtɪŋ] *n* excursão *f*, saída *f*.

outlet ['aʊtlet] *n (pipe)* saída *f*; **'no ~'** *Am '(rua) sem saída'*.

outline ['aʊtlaɪn] *n (shape)* contorno *m*; *(description)* linhas *fpl* gerais, esboço *m*.

outlook ['aʊtlʊk] *n (for future)* perspectiva *f*; *(of weather)* previsão *f*; *(attitude)* atitude *f*.

out-of-date *adj (old-fashioned)* antiquado(da); *(passport, license)* expirado(da).

output ['aʊtpʊt] *n (of factory)* produção *f*; COMPUT *(printout)* cópia *f* impressa.

outrage ['aʊtreɪdʒ] *n (cruel act)* atrocidade *f*.

outrageous [aʊt'reɪdʒəs] *adj (shocking)* escandaloso(osa).

outright [,aʊt'raɪt] *adv (tell, deny)* categoricamente; *(own)* completamente, totalmente.

outside [*adv* ,aʊt'saɪd, *adj, prep & n* 'aʊtsaɪd] *adv* lá fora. ◆ *prep* fora de; *(in front of)* em frente de. ◆ *adj (exterior)* exterior; *(help, advice)* independente. ◆ *n*: **the ~** *(of building, car, container)* o exterior; AUT a faixa esquerda; **~ of** *Am (on the outside of)* fora de; *(apart from)* exceto; **let's go ~** vamos lá para fora; **an ~ line** uma linha externa.

outsize ['aʊtsaɪz] *adj (clothes)* extra grande.

outskirts ['aʊtskɜːrts] *npl* arredores *mpl*.

outstanding [,aʊt'stændɪŋ] *adj (remarkable)* notável; *(problem, debt)* pendente.

outward ['aʊtwərd] *adj (journey)* de ida; *(external)* exterior. ◆ *adv* para fora.

oval ['əʊvl] *adj* oval.

ovation [əʊ'veɪʃn] *n* ovação *f*.

oven ['ʌvn] *n* forno *m*.

over ['əʊvər] *prep* **-1.** *(above)* por cima de; **a bridge ~ the road** uma ponte por cima da estrada.

-2. *(across)* por cima de; **with a view ~ the square** com vista sobre a praça; **to step ~ sthg** passar por cima de algo.

-3. *(covering)* sobre; **put a plaster ~ the wound** ponha um band-aid® na ferida.

-4. *(more than)* mais de; **it cost ~**

$1,000 custou mais de 1.000 dólares.
- 5. *(during)* em; ~ **the past two years** nos últimos dois anos.
- 6. *(with regard to)* sobre; **an argument ~ the price** uma discussão sobre o preço.
◆ *adv* - 1. *(downward)*: **to bend ~** abaixar-se; **to fall ~** cair; **to push sthg ~** empurrar algo.
- 2. *(referring to position, movement)*: **to fly ~ to Canada** ir ao Canadá de avião; **~ here** aqui; **~ there** ali.
- 3. *(around to other side)*: **to turn sthg ~** virar algo.
- 4. *(more)*: **for children ~ 12 years old** para crianças com 12 anos ou mais.
- 5. *(remaining)*: **to be left ~** restar.
- 6. *(to one's house)*: **to invite sb ~ for dinner** convidar alguém para jantar.
-7. *(in phrases)*: **all ~ the world/ country** por todo o muno/ país.
◆ *adj (finished)*: **to be ~** acabar, terminar; **it's (all) ~!** acabou-se!

overall [*adv* əʊvər'ɔ:l, *n* 'əʊvərɔ:l] *adv (in general)* no geral; **how much does it cost ~?** quanto custa ao todo? ❑ **overalls** *npl Am (dungarees)* jardineiras *fpl*; *Brit (boiler suit)* macacão *m*.

overboard ['əʊvəbɔ:rd] *adv (from ship)* ao mar.

overbooked [,əʊvər'bʊkt] *adj (flight)*: **to be ~** ter mais reservas que lugares.

overcame [,əʊvər'keɪm] *pt* → **overcome.**

overcast [,əʊvər'kɑ:st] *adj* encoberto(ta).

overcharge [,əʊvər'tʃɑ:rdʒ] *vt*: **to ~ sb** cobrar demais a OR de alguém.

overcoat ['əʊvərkəʊt] *n* sobretudo *m*.

overcome [,əʊvər'kʌm] (*pt* **-came,** *pp* **-come**) *vt (defeat)* vencer.

overcrowded [,əʊvər'kraʊdəd] *adj* superlotado(da); *(country)* com excesso populacional.

overdo [,əʊvər'du:] (*pt* **-did,** *pp* **-done**) *vt (exaggerate)* exagerar em; **to ~ it** exagerar.

overdone [,əʊvər'dʌn] *pp* → **overdo.** ◆ *adj (food)* cozido(da) demais.

overdose ['əʊvərdəʊs] *n* overdose *f*, dose *f* excessiva.

overdraft ['əʊvrdræft] *n* saldo *m* negativo.

overdue [,əʊvər'du:] *adj* atrasado(da).

over easy *adj Am (egg)* frito (ta) dos dois lados.

overexposed [,əʊvərɪk'spəʊzd] *adj (photograph)* demasiado exposto(osta).

overflow [*vb* əʊvər'fləʊ, *n* 'əʊvərfləʊ] *vi* transbordar. ◆ *n (pipe)* cano *m* de descarga.

overgrown [,əʊvər'grəʊn] *adj* coberto(ta) de ervas daninhas.

overhaul [,əʊvər'hɔ:l] *n (of machine, car)* revisão *f*.

overhead [*adj* 'əʊvərhed, *adv*

ˌəʊvər'hed] *adj* aéreo(rea). ◆ *adv* no alto.
overhear [ˌəʊvər'hɪər] (*pt & pp* **-heard**) *vt* ouvir (casualmente).
overheat [ˌəʊvər'hi:t] *vi* aquecer demais.
overland ['əʊvərlænd] *adv* por terra.
overlap [ˌəʊvər'læp] *vi* sobrepor-se.
overleaf [ˌəʊvər'li:f] *adv* no verso.
overload [ˌəʊvər'ləʊd] *vt* sobrecarregar.
overlook [*vb* ˌəʊvər'lʊk, *n* 'əʊvərlʊk] *vt (subj: building, room)* dar para; *(miss)* não reparar em.
overnight [*adv* ˌəʊvər'naɪt, *adj* 'əʊvərnaɪt] *adv (during the night)* durante a noite. ◆ *adj (train, journey)* noturno(na); **why don't you stay ~?** por que é que você não fica para dormir?
overpowering [ˌəʊvər'paʊərɪŋ] *adj* intenso(sa).
oversaw [ˌəʊvər'sɔ:] *pt* → **oversee.**
overseas [*adv* ˌəʊvər'si:z, *adj* 'əʊvərsi:z] *adv (go)* para o estrangeiro; *(live)* no estrangeiro. ◆ *adj* estrangeiro(ra); ~ **territories** territórios *mpl* ultramarinos.
oversee [ˌəʊvər'si:] (*pt* **-saw,** *pp* **-seen**) *vt* supervisionar.
oversight ['əʊvərsaɪt] *n* descuido *m*.
oversleep [ˌəʊvər'sli:p] (*pt & pp* **-slept**) *vi* dormir demais.
overtime ['əʊvərtaɪm] *n* horas *fpl* extras.
overture ['əʊvərˌtjʊər] *n* MUS abertura *f*.
overturn [ˌəʊvər'tɜ:rn] *vi (boat)* virar; *(car)* capotar.
overweight [ˌəʊvər'weɪt] *adj* obeso(sa).
overwhelm [ˌəʊvər'welm] *vt*: **I was ~ed with joy** fiquei feliz da vida.
owe [əʊ] *vt* dever; **to ~ sb sthg** dever algo a alguém; **owing to** devido a.
owl [aʊl] *n* mocho *m*, coruja *f*.
own [əʊn] *adj* próprio(pria). ◆ *vt* possuir, ter. ◆ *pron*: **my ~** o meu (a minha); **a house of my ~** uma casa só minha; **on my ~** sozinho(nha); **to get one's ~ back** vingar-se. ❑ **own up** *vi*: **to ~ up (to sthg)** confessar (algo), admitir (algo).
owner ['əʊnər] *n* proprietário *m*, -ria *f*, dono *m*, -na *f*.
ownership ['əʊnərʃɪp] *n* posse *f*.
ox [ɒks] *n* boi *m*.
oxygen ['ɒksɪdʒən] *n* oxigênio *m*.
oyster ['ɔɪstər] *n* ostra *f*.
ozone-friendly ['əʊzəʊn-] *adj* não prejudicial à camada de ozônio.

P

p *(abbr of page)* pág,p.
pace [peɪs] *n (speed)* ritmo *m*; *(step)* passo *m*.
pacemaker ['peɪs,meɪkər] *n (for heart)* marcapasso *m*.
Pacific [pə'sɪfɪk] *n*: **the ~ (Ocean)** o (Oceano) Pacífico.
pacifier ['pæsəfaɪər] *n (for baby)* chupeta *f*.
pacifist ['pæsəfəst] *n* pacifista *mf*.
pack [pæk] *n (packet)* pacote *m*; *(of cigarettes)* maço *m*; *(of cards)* baralho *m*; *(backpack)* mochila *f*. ◆ *vt (suitcase, bag)* arrumar; *(clothes, camera, etc)* guardar; *(to package)* empacotar. ◆ *vi (for journey)* fazer as malas; **a ~ of lies** um monte de mentiras; **to ~ sthg into sthg** guardar algo em algo; **to ~ one's bags** fazer as malas. ❑ **pack up** *vi (pack suitcase)* fazer as malas; *(tidy up)* arrumar.
package ['pækɪdʒ] *n* pacote *m*. ◆ *vt* empacotar.
package tour *n* pacote *m* (de viagem).
packaging ['pækɪdʒɪŋ] *n (material)* embalagem *f*.
packed [pækt] *adj (crowded)* cheio (cheia).
packet ['pækət] *n* pacote *m*.
packing ['pækɪŋ] *n (material)* embalagem *f*; **to do one's ~** fazer as malas.
pad [pæd] *n (of paper)* bloco *m*; *(of cotton)* chumaço *m*; *(of cloth)* almofada *f*; **elbow ~** cotoveleira *f*; **knee ~** joelheira *f*; **shin ~** caneleira *f*.
padded ['pædəd] *adj (jacket)* acolchoado(da); *(seat)* almofadado(da).
paddle ['pædl] *n (pole)* remo *m (pequeno)*. ◆ *vi (wade)* chapinhar, patinhar; *(in canoe)* remar.
paddock ['pædək] *n (at racetrack) recinto nos hipódromos para onde são levados os cavalos antes das corridas*.
padlock ['pædlɒk] *n* cadeado *m*.
page [peɪdʒ] *n* página *f*. ◆ *vt* chamar pelo pager; **'paging Mr. Hill'** 'chamando o Sr. Hill'.
paid [peɪd] *pt & pp* → **pay**. ◆ *adj* pago(ga).
pain [peɪn] *n* dor *f*; **to be in ~** estar com dores; **he's such a ~!** *inf* ele é um saco! ❑ **pains** *npl (trouble)* esforço *m*, trabalho *m*.
painful ['peɪnfl] *adj* doloroso(osa).
painkiller ['peɪn,kɪlər] *n* analgésico *m*.
painless ['peɪnləs] *adj (operation, death)* indolor; *(unproblematic)* fácil.
paint [peɪnt] *n* tinta *f*. ◆ *vt & vi* pintar; **to ~ one's nails** pintar as unhas. ❑ **paints** *npl (tubes, pots, etc)* tintas *fpl*.

paintbrush ['peɪntbrʌʃ] *n (of painter)* broxa *f*; *(of artist)* pincel *m*.

painter ['peɪntər] *n* pintor *m*, -ra *f*.

painting ['peɪntɪŋ] *n (activity)* pintura *f*; *(picture)* quadro *m*.

pair [peər] *n (of two things)* par *m*; **in ~s** aos pares; **a ~ of pliers** um alicate; **a ~ of scissors** uma tesoura; **a ~ of shorts** um calção; **a ~ of tights** uma meia-calça; **a ~ of trousers** uma calça.

pajamas [pə'dʒæməz] *npl* pijama *m*.

pal [pæl] *n inf* amigo *m*, -ga *f*.

palace ['pæləs] *n* palácio *m*.

palate ['pælət] *n* paladar *m*.

pale [peɪl] *adj* pálido(da).

palm [pɑ:m] *n (of hand)* palma *f*; **~ (tree)** palmeira *f*.

pamphlet ['pæmflət] *n* folheto *m*.

pan [pæn] *n* panela *f*.

pancake ['pænkeɪk] *n* panqueca *f*.

panda ['pændə] *n* panda *m*.

pane [peɪn] *n* vidro *m*, vidraça *f*.

panel ['pænl] *n (of wood)* painel *m*; *(group of experts)* equipe *f*; *(on TV, radio)* bancada *f* de convidados.

paneling ['pænəlɪŋ] *n Am* painéis *mpl*.

panelling ['pænəlɪŋ] *Brit* = **paneling.**

panic ['pænɪk] (*pt & pp* **-ked,** *cont* **-king**) *n* pânico *m*. ◆ *vi* entrar em pânico.

panoramic [,pænə'ræmɪk] *adj* panorâmico(ca).

pant [pænt] *vi* arfar, ofegar.

panties ['pæntɪz] *npl inf* calcinha *f*.

pantry ['pæntrɪ] *n* despensa *f*.

pants [pænts] *npl Am (trousers)* calça *f*; *Brit (underwear)* cueca *f*.

pantyhose ['pæntɪ-] *npl* meia-calça *f*.

paper ['peɪpər] *n (material)* papel *m*; *(newspaper)* jornal *m*; *(essay)* ensaio *m*. ◆ *adj* de papel. ◆ *vt* decorar (com papel de parede); **a piece of ~** *(sheet)* uma folha de papel; *(scrap)* um pedaço de papel. ❑ **papers** *npl (documents)* papéis *mpl*, documentos *mpl*.

paperback ['peɪpərbæk] *n* brochura *f*.

paper clip *n* clipe *m*.

paper tissue *n* lenço *m* de papel.

paperweight ['peɪpərweɪt] *n* peso *m* (para papéis).

paprika [pə'pri:kə] *n* páprica *f*.

par [pɑ:r] *n (in golf)* par *m*.

parachute ['perəʃu:t] *n* pára-quedas *m*.

paradise ['perədaɪs] *n fig* paraíso *m*.

paraffin ['perəfɪn] *n* parafina *f*.

paragraph ['perəgræf] *n* parágrafo *m*.

parallel ['perəlel] *adj*: **~ (to)** *(lines)* paralelo(la) (a).

paralysed ['pærəlaɪzd] *Brit* = **paralyzed.**

paralyzed ['perəlaɪzd] *adj Am*

paralisado(da), paralítico(ca).
paramedic [ˌperə'medɪk] *n* paramédico *m*, -ca *f*.
paranoid ['perənɔɪd] *adj* paranóico(ca).
parasite ['perəsaɪt] *n* parasita *m*.
parasol ['perəsɒl] *n (above table)* guarda-sol *m*; *(on beach)* barraca *f* de praia; *(hand-held)* sombrinha *f*.
parcel ['pɑːrsl] *n* embrulho *m*.
pardon ['pɑːrdn] *excl*: **pardon?** desculpe?, como?; ~ **(me)!** perdão!; **I beg your ~!** *(apologizing)* peço desculpas!; **I beg your ~?** *(asking for repetition)* desculpe?, como?
parent ['peərənt] *n (father)* pai *m*; *(mother)* mãe *f*; **my ~s** meus pais.
parish ['pærɪʃ] *n (of church)* paróquia *f*.
park [pɑːrk] *n* parque *m*. ◆ *vt & vi (vehicle)* estacionar.
park and ride *n sistema que consiste em estacionar o carro nos arredores da cidade e apanhar o ônibus para o centro.*
parking ['pɑːrkɪŋ] *n* estacionamento *m*.
parking lot *n* estacionamento *m*.
parking space *n* vaga *f (para estacionar)*.
parking ticket *n* multa *f (por estacionar em lugar proibido)*.
parliament ['pɑːrləmənt] *n* parlamento *m*.
parrot ['pærət] *n* papágaio *m*.
parsley ['pɑːrslɪ] *n* salsa *f*.
parsnip ['pɑːrsnɪp] *n* chirivia *f*, cenoura *f* branca.
part [pɑːrt] *n (portion)* parte *f*; *(of machine, car)* peça *f*; *(in play, film)* papel *m*; *(of serial)* episódio *m*; *(in hair)* risca *f*. ◆ *adv* em parte, parcialmente. ◆ *vi (couple)* separar-se; **in this ~ of Brazil** nesta parte do Brasil; **to form ~ of** fazer parte de; **to play a ~ in** desempenhar um papel em; **to take ~ in** tomar parte em; **for my ~** quanto a mim; **for the most ~** geralmente, em geral; **in these ~s** por aqui, por estas partes.
partial ['pɑːrʃl] *adj (not whole)* parcial; **to be ~ to sthg** ter uma certa predileção por algo.
participant [pɑːr'tɪsəpənt] *n* participante *mf*.
participate [pɑːr'tɪsəpeɪt] *vi*: **to ~ (in sthg)** participar (de algo).
particular [pər'tɪkjələr] *adj* especial; *(fussy)* esquisito(ta); **in ~** em particular; **nothing in ~** nada de especial. ❑ **particulars** *npl (details)* pormenores *mpl*, detalhes *mpl*.
particularly [pər'tɪkjələrlɪ] *adv* especialmente.
parting ['pɑːtɪŋ] *n Brit (in hair)* risca *f*.
partition [pɑːr'tɪʃn] *n (wall)* divisória *f*.
partly ['pɑːrtlɪ] *adv* em parte.
partner ['pɑːrtnər] *n (husband)* marido *m*; *(wife)* mulher *f*; *(lover)* companheiro *m*, -ra *f*; *(in game,*

dance) parceiro *m*, -ra *f*; COMM sócio *m*, -cia *f*.

partnership ['pɑ:rtnərʃɪp] *n* sociedade *f*.

partridge ['pɑ:rtrɪdʒ] *n* perdiz *f*.

part-time *adj & adv* em meio expediente OR período.

party ['pɑ:rtɪ] *n (for fun)* festa *f*; POL partido *m*; *(group of people)* turma *m*; **to have a ~** dar uma festa.

pass [pæs] *vt* passar; *(move past)* passar por; *(law)* aprovar. ◆ *vi* passar. ◆ *n* SPORT *(document)* passe *m*; *(in mountain)* desfiladeiro *m*, garganta *f*; *(in exam)* aprovação *f*; **to ~ sb sthg** passar algo a alguém. ▫ **pass away** *vt fus (die)* falecer. ▫ **pass by** ◆ *vt fus (building, window, etc)* passar por. ◆ *vi* passar. ▫ **pass on** *vt sep (message)* transmitir. ▫ **pass out** *vi (faint)* desmaiar. ▫ **pass up** *vt sep (opportunity)* deixar passar.

passable ['pæsəbl] *adj (road)* transitável; *(satisfactory)* aceitável, satisfatório(ria).

passage ['pæsɪdʒ] *n (corridor)* passagem *f*, corredor *m*; *(in book)* passagem *f*, trecho *m*; *(sea journey)* travessia *f*.

passageway ['pæsɪdʒweɪ] *n* passagem *f*, corredor *m*.

passenger ['pæsɪndʒər] *n* passageiro *m*, -ra *f*.

passerby [,pæsər'baɪ] *n* transeunte *mf*, passante *mf*.

passion ['pæʃn] *n* paixão *f*.

passionate ['pæʃnət] *adj (showing strong feeling)* apaixonado(da); *(sexually)* ardente.

passive ['pæsɪv] *n* voz *f* passiva.

passport ['pæspɔ:rt] *n* passaporte *m*.

password ['pæswɜ:rd] *n* senha *f*.

past [pæst] *adj* passado(da); *(former)* antigo(ga). ◆ *prep (further than)* depois de; *(in front of)* em frente de. ◆ *n (former time)* passado *m*. ◆ *adv*: **to go ~** passar; **the ~ month** o mês passado; **twenty ~ four** quatro e vinte; **the ~ (tense)** GRAMM o passado; **in the ~** no passado.

pasta ['pɑ:stə] *n* massa *f*.

paste [peɪst] *n (spread)* pasta *f*; *(glue)* cola *f*. ◆ *vt* COMPUT cortar e colar.

pastel [pæ'stel] *n (for drawing)* pastel *m*; *(color)* tom *m* pastel.

pasteurized ['pæstəraɪzd] *adj* pasteurizado(da).

pastille ['pæstl] *n Brit* pastilha *f*.

pastime ['pæstaɪm] *n* passatempo *m*.

pastrami [pə'strɑ:mɪ] *n* pastrami *m*.

pastry ['peɪstrɪ] *n (for pie)* massa *f*; *(cake)* torta *f*.

pasture ['pæstʃr] *n* pasto *m*, pastagem *f*.

pat [pæt] *vt (dog, friend)* dar um tapinha (afetuoso) em.

patch [pætʃ] *n (for clothes)* remendo *m*; *(of color, damp)* mancha *f*; *(for skin)* esparadrapo *m*; *(for eye)* pala *f*; **a bad ~** *fig* um mau bocado.

patent ['pætnt] *n* patente *f*.

path [pæθ] *n* caminho *m*.

pathetic [pəˈθetɪk] *adj (pej: useless)* patético(ca).

patience [ˈpeɪʃns] *n* paciência *f*.

patient [ˈpeɪʃnt] *adj* paciente. ◆ *n* doente *mf*, paciente *mf*.

patio [ˈpætɪəʊ] (*pl* **-s**) *n* pátio *m*.

patriotic [ˌpeɪtrɪˈɒtɪk] *adj* patriótico(ca).

patrol [pəˈtrəʊl] *vt* patrulhar. ◆ *n (group)* patrulha *f*.

patrol car *n* carro *m* de patrulha.

patronizing [ˈpætrənaɪzɪŋ] *adj* condescendente.

pattern [ˈpætərn] *n (of shapes, colors)* desenho *m*, padrão *m*; *(for sewing)* molde *m*.

patterned [ˈpætərnd] *adj* estampado(da).

pause [pɔːz] *n* pausa *f*. ◆ *vi* fazer uma pausa.

pavement [ˈpeɪvmənt] *n Am (roadway)* pavimento *m*, asfalto *m*; *Brit (beside road)* calçada *f*.

pavilion [pəˈvɪlɪən] *n* pavilhão *m*.

paving stone [ˈpeɪvɪŋ-] *n* paralelepípedo *m*.

paw [pɔː] *n* pata *f*.

pawn [pɔːn] *vt* empenhar. ◆ *n (in chess)* peão *m*.

pay [peɪ] (*pt & pp* **paid**) *vt* pagar; *(person)* pagar a. ◆ *vi (give money)* pagar; *(be profitable)* compensar, dar lucro. ◆ *n* ordenado *m*, salário *m*; **to ~ sb for sthg** pagar a alguém (por) algo; **to ~ attention (to)** prestar atenção (a); **to ~ sb a visit** visitar alguém, fazer uma visita a alguém; **to ~ by credit card** pagar com cartão de crédito. ❑ **pay back** *vt sep (money)* pagar; *(person)* pagar, devolver o dinheiro a. ❑ **pay for** *vt fus (purchase)* pagar (por). ❑ **pay in** *vt sep (money)* depositar. ❑ **pay out** *vt sep (money)* pagar. ❑ **pay up** *vi* pagar.

payable [ˈpeɪəbl] *adj (bill)* pagável; **~ to** *(check)* em nome de, a ordem de.

payment [ˈpeɪmənt] *n* pagamento *m*.

PC *(abbr of personal computer)* PC *m*; *Brit (abbr of police constable)* policial *mf*; *(abbr of politically correct)* politicamente correto.

pea [piː] *n* ervilha *f*.

peace [piːs] *n* paz *f*; **to leave sb in ~** deixar alguém em paz; **~ and quiet** paz e sossego.

peaceful [ˈpiːsfl] *adj (place, day, feeling)* calmo(ma); *(demonstration)* pacífico(ca).

peach [piːtʃ] *n* pêssego *m*.

peacock [ˈpiːkɒk] *n* pavão *m*.

peak [piːk] *n (of mountain)* pico *m*; *(of hat)* pala *f*; *(fig: highest point)* auge *m*.

peanut [ˈpiːnʌt] *n* amendoim *m*.

peanut butter *n* pasta *f* de amendoim.

pear [peər] *n* pêra *f*.

pearl [pɜːrl] *n* pérola *f*.

peasant [ˈpeznt] *n* camponês *m*, -esa *f*.

pebble [ˈpebl] *n* seixo *m*.

pecan pie ['piːkæn-] *n* torta *f* de noz-americana.
peck [pek] *vi (bird)* bicar.
peculiar [pəˈkjuːlɪər] *adj (strange)* peculiar; **to be ~ to** *(exclusive)* ser característico de.
peculiarity [pəˌkjuːlɪˈærətɪ] *n (special feature)* característica *f*.
pedal ['pedl] *n* pedal *m*. ◆ *vi* pedalar.
pedestrian [pəˈdestrɪən] *n* pedestre *m*.
pedestrian crossing *n* faixa *f* para pedestres.
pedestrianized [pəˈdestrɪənaɪzd] *adj* de pedestre.
pedestrian zone *n* área *f* de pedestres.
pee [piː] *vi inf* fazer xixi. ◆ *n*: **to take a ~** *inf* fazer xixi.
peel [piːl] *n* casca *f*. ◆ *vt* descascar. ◆ *vi (wallpaper)* desprender-se.
peep [piːp] *n*: **to have a ~** dar uma espiadela.
peer [pɪər] *vi* olhar com atenção; **to ~ at** olhar atentamente para.
peg [peg] *n (for tent)* estaca *f*; *(hook)* gancho *m*.
pelvis ['pelvɪs] *n* bacia *f*.
pen [pen] *n (ballpoint pen)* esferográfica *f*; *(fountain pen)* caneta-tinteiro *f*; *(for animals)* cercado *m*.
penalty ['penltɪ] *n (fine)* multa *f*; *(in soccer)* pênalti *m*.
pencil ['pensl] *n* lápis *m inv*.
pencil sharpener [-ˈʃɑːrpnər] *n* apontador *m*.
pendant ['pendənt] *n (on necklace)* pingente *m*.
pending ['pendɪŋ] *prep fml* até.
penetrate ['penətreɪt] *vt* penetrar.
penguin ['peŋgwɪn] *n* pingüim *m*.
penicillin [ˌpenəˈsɪlən] *n* penicilina *f*.
peninsula [pəˈnɪnsjələ] *n* península *f*.
penis ['piːnəs] *n* pênis *m inv*.
penknife ['pennaɪf] (*pl* **-knives**) *n* canivete *m*.
penny ['penɪ] (*pl* **pennies**, *GB* **pence**) *n (coin in US)* centavo *m*; *(coin in UK)* pêni *m (moeda britânica)*.
pen pal *n* amigo *m*, -ga *f* por correspondencia, correspondente *mf*.
pension ['penʃn] *n (for retired, disabled people)* pensão *(de aposentadoria) f*.
pensioner ['penʃnər] *n* aposentado *m*, -da *f*.
penthouse ['penthaʊs, *pl* -haʊzɪz] *n* cobertura *f (de edifício)*.
penultimate [peˈnʌltəmət] *adj* penúltimo(ma).
people ['piːpl] *npl* pessoas *fpl*. ◆ *n (nation)* povo *m*; **the ~** *(citizens)* o povo.
pepper ['pepər] *n (spice)* pimenta *f*; *(vegetable)* pimentão *m*.
peppercorn ['pepərkɔːrn] *n* grão *m* de pimenta.
peppermint ['pepərmɪnt] *adj* de hortelã-pimenta. ◆ *n (sweet)* pastilha *f* de hortelã-pimenta.

per [pɜ:r] *prep* por; ~ **person/week** por pessoa/semana; **$20 ~ night** 20 dólares por noite.
perceive [pər'si:v] *vt* perceber, notar.
per cent *adv* por cento.
percentage [pər'sentɪdʒ] *n* percentagem *f*.
perch [pɜ:rtʃ] *n (for bird)* poleiro *m*.
percolator ['pɜ:rkəleɪtər] *n* cafeteira *f (de filtro)*.
perfect [*adj & n* pɜ:rfɪkt, *vb* pər'fekt] *adj* perfeito(ta). ◆ *vt* aperfeiçoar.
perfection [pər'fekʃn] *n*: **to do sthg to ~** fazer algo à perfeição.
perfectly ['pɜ:rfɪktlɪ] *adv (very well)* perfeitamente.
perform [pər'fɔ:rm] *vt (task, operation)* realizar; *(play)* representar; *(concert)* dar; *(dance, piece of music)* executar. ◆ *vi (actor, singer)* atuar.
performance [pər'fɔ:rməns] *n (of play)* representação *f*; *(of concert)* interpretação *f*; *(of film)* exibição *f*; *(by actor, musician)* atuação *f*; *(of car)* performance *f*, desempenho *m*.
performer [pər'fɔ:rmər] *n* artista *mf*.
perfume [pər'fju:m] *n* perfume *m*.
perhaps [pər'hæps] *adv* talvez.
perimeter [pərɪmɪtər] *n* perímetro *m*.
period ['pɪərɪəd] *n* período *m*; *(punctuation)* ponto *m* (final); MED menstruação *f*. ◆ *adj (costume, furniture)* da época.
periodic [ˌpɪərɪ'ɒdɪk] *adj* periódico(ca).
periphery [pə'rɪfərɪ] *n* periferia *f*.
perishable ['perɪʃəbl] *adj* perecível.
perk [pɜ:rk] *n* benefícios *mpl (em emprego)*.
permanent ['pɜ:rmənənt] *adj* permanente.
permanently ['pɜ:rmənəntlɪ] *adv* permanentemente.
permissible [pər'mɪsəbl] *adj fml* permissível.
permission [pər'mɪʃn] *n* permissão *f*.
permit [*vb* pər'mɪt, *n* 'pɜ:rmɪt] *vt* permitir. ◆ *n* autorização *f*; **to ~ sb to do sthg** permitir a alguém fazer algo; **'~ holders only'** *estacionamento permitido somente a veículos autorizados.*
perpendicular [ˌpɜ:rpən'dɪkjələr] *adj* perpendicular.
persevere [ˌpɜ:rsɪ'vɪər] *vi* perseverar, insistir.
persist [pər'sɪst] *vi* persistir; **to ~ in doing sthg** persistir em fazer algo.
persistent [pər'sɪstənt] *adj* persistente.
person ['pɜ:rsn] (*pl* **people**) *n* pessoa *f*; **in ~** em pessoa.
personal ['pɜ:rsnəl] *adj* pessoal; **a ~ friend** um amigo íntimo.
personal computer *n* computador *m* pessoal.

personality [ˌpɜ:rsəˈnælətɪ] *n* personalidade *f*.
personally [ˈpɜ:rsnəlɪ] *adv* pessoalmente.
personnel [ˌpɜ:rsəˈnel] *npl (employment)* pessoal *m*.
perspective [pərˈspektɪv] *n* perspectiva *f*.
perspiration [ˌpɜ:rspəˈreɪʃn] *n* transpiração *f*.
persuade [pərˈsweɪd] *vt*: **to ~ sb (to do sthg)** persuadir alguém (a fazer algo); **to ~ sb that ...** persuadir alguém de que ....
persuasive [pərˈsweɪsɪv] *adj* persuasivo(va), convincente.
pervert [ˈpɜ:rvɜ:rt] *n* tarado *m*, -da *f*.
pessimist [ˈpesəməst] *n* pessimista *mf*.
pessimistic [ˌpesəˈmɪstɪk] *adj* pessimista.
pest [pest] *n (insect, animal)* praga *f*, inseto *m* nocivo; *inf (person)* peste *f*.
pester [ˈpestər] *vt* importunar.
pesticide [ˈpestɪsaɪd] *n* pesticida *m*.
pet [pet] *n* animal *m* de estimação; **the teacher's ~** o queridinho do professor.
petal [ˈpetl] *n* pétala *f*.
pet food *n* comida *f* para animais domésticos.
petition [pəˈtɪʃn] *n (letter)* petição *f*, abaixo-assinado *m*.
petrified [ˈpetrɪfaɪd] *adj* petrificado(da).
petrol [ˈpetrəl] *n Brit* gasolina *f*.
pet shop *n* loja *f* de animais domésticos.
petticoat [ˈpetɪkəʊt] *n* combinação *f*.
petty [ˈpetɪ] *adj (pej: person)* mesquinho(nha); *(rule)* insignificante.
petty cash *n* fundo *m* para pequenas despesas.
pew [pju:] *n* banco *m (de igreja)*.
pharmacist [ˈfɑ:rməsəst] *n* farmacêutico *m*, -ca *f*.
pharmacy [ˈfɑ:rməsɪ] *n (shop)* farmácia *f*.
phase [feɪz] *n* fase *f*.
PhD *n (title)* ≃ doutor *m*, -a *f*; *(course)* ≃ doutorado *m*, ≃ doutoramento *m*.
pheasant [ˈfeznt] *n* faisão *m*.
phenomena [fəˈnɒmənə] *pl* → **phenomenon**.
phenomenal [fəˈnɒmənl] *adj* fenomenal.
phenomenon [fəˈnɒmənən] (*pl* **-mena**) *n* fenômeno *m*.
philosophy [fɪˈlɒsəfɪ] *n* filosofia *f*.
phlegm [flem] *n (in throat)* fleuma *f*, catarro *m*.
phone [fəʊn] *n* telefone *m*. ◆ *vt* telefonar para, ligar para. ◆ *vi* telefonar; **on the ~** *(talking)* ao telefone.
phone book *n* lista *f* telefônica.
phone booth *n* cabine *f* telefônica.
phone call *n* chamada *f* telefônica, telefonema *m*.

phonecard ['fəunkɑ:rd] *n* cartão *m* telefônico.
photo ['fəutəu] (*pl* **-s**) *n* foto *f*; **to take a ~ of** tirar uma foto de.
photocopier [ˌfəutəu'kɒpɪər] *n* fotocopiadora *f*.
photocopy ['fəutəuˌkɒpɪ] *n* Xerox® *m inv*, fotocópia *f*. ◆ *vt* xerocar, fotocopiar.
photograph ['fəutəgræf] *n* fotografia *f*. ◆ *vt* fotografar.
photographer [fə'tɒgrəfər] *n* fotógrafo *m*, -fa *f*.
photography [fə'tɒgrəfɪ] *n* fotografia *f*.
phrase [freɪz] *n* frase *f*.
phrasebook ['freɪzbuk] *n* guia *m* de conversação.
physical ['fɪzɪkl] *adj* físico(ca). ◆ *n* exame *m* médico de aptidão.
physical education *n* educação *f* física.
physically handicapped *adj* deficiente físico(ca).
physician [fɪ'zɪʃən] *n* médico *m*, -ca *f*.
physics ['fɪzɪks] *n* física *f*.
physiotherapy [ˌfɪzɪəu'θerəpɪ] *n* fisioterapia *f*.
pianist ['pɪənəst] *n* pianista *mf*.
piano [pɪ'ænəu] (*pl* **-s**) *n* piano *m*.
pick [pɪk] *vt* (*select*) escolher; (*fruit, flowers*) apanhar, colher. ◆ *n* (*pickax*) picareta *f*; **to ~ a fight** procurar briga; **to ~ one's nose** tirar meleca; **to take one's ~** escolher à vontade. ❑ **pick on** *vt fus* implicar com. ❑ **pick out** *vt sep* (*select*) escolher; (*see*) distinguir. ❑ **pick up** ◆ *vt sep* (*lift up*) pegar em; (*collect*) ir buscar; (*language*) aprender; (*habit*) adquirir; (*bargain*) conseguir; (*hitchhiker*) dar uma carona a; *inf* (*woman, man*) paquerar. ◆ *vi* (*improve*) recuperar; **to ~ up the phone** (*answer*) atender o telefone.
pickax ['pɪkæks] *n* picareta *f*.
pickle ['pɪkl] *n* picles *mpl*; (*pickled cucumber*) pepino *m* em conserva.
pickpocket ['pɪkˌpɒkət] *n* batedor *m*, -ra *f* de carteiras.
pickup (truck) *n* caminhonete *m*.
picnic ['pɪknɪk] *n* piquenique *m*.
picture ['pɪktʃər] *n* (*painting, drawing*) quadro *m*; (*photograph*) retrato *m*; (*on TV*) imagem *f*; (*film*) filme *m*.
picture frame *n* moldura *f*.
picturesque [ˌpɪktʃə'resk] *adj* pitoresco(ca).
pie [paɪ] *n* (*sweet*) torta *f*; (*savory*) empadão *m*.
piece [pi:s] *n* (*part, bit*) pedaço *m*, bocado *m*; (*component, of clothing, of music*) peça *f*; (*in chess*) peça *f*; **a ~ of advice** um conselho; **a ~ of furniture** um móvel; **to fall to ~s** cair aos pedaços; **in one ~** (*intact*) inteiro, intacto; (*unharmed*) são e salvo.
pier [pɪər] *n* cais *m*.
pierce [pɪərs] *vt* furar; **to have one's ears ~d** furar as orelhas.

pig [pɪg] *n* porco *m*; *inf (greedy person)* guloso *m*, -sa *f*.
pigeon ['pɪdʒən] *n* pombo *m*.
pigeonhole ['pɪdʒənhəʊl] *n* escaninho *m*.
pigsty ['pɪgstaɪ] (*pl* **-ies**), **pigpen** ['pɪgpen] *n* chiqueiro *m*.
pigtails ['pɪgteɪlz] *npl* tranças *fpl*.
pike [paɪk] *n (fish)* lúcio *m*.
pilchard ['pɪltʃərd] *n* sardinha *f* grande.
pile [paɪl] *n* pilha *f*. ◆ *vt* empilhar; **~s of** *inf (a lot)* montes de. ❑ **pile up** ◆ *vt sep* empilhar. ◆ *vi (accumulate)* acumular-se.
piles [paɪlz] *npl* MED hemorróidas *fpl*.
pileup ['paɪlʌp] *n* engavetamento *m*, colisão *m* em cadeia.
pill [pɪl] *n* comprimido *m*, pílula *f*; **to be on the ~** *(contraceptive)* tomar a pílula.
pillar ['pɪlər] *n* pilar *m*.
pillion ['pɪljən] *n*: **to ride ~** *viajar no banco traseiro de uma motocicleta*.
pillow ['pɪləʊ] *n (for bed)* travesseiro *m*; *(on chair, sofa)* almofada *f*.
pillowcase ['pɪləʊkeɪs] *n* fronha *f*.
pilot ['paɪlət] *n* piloto *m*.
pimple ['pɪmpl] *n* espinha *f*.
pin [pɪn] *n (for sewing)* alfinete *m*; *(tack)* tachinha *f*; *(safety pin)* alfinete *m* de segurança; *(brooch)* broche *m*; *(badge)* crachá *m*. ◆ *vt (fasten)* prender.
PIN *n (abbr of personal identification number)* senha *f (numérica)*.
pinafore ['pɪnəfɔːr] *n (apron)* avental *m*.
pinball ['pɪnbɔːl] *n* fliperama *m*.
pincers ['pɪnsərz] *npl (tool)* torquês *f*.
pinch [pɪntʃ] *vt (squeeze)* beliscar. ◆ *n (of salt)* pitada *f*.
pine [paɪn] *n* pinheiro *m*. ◆ *adj* de pinho.
pineapple ['paɪnæpl] *n* abacaxi *m*.
pink [pɪŋk] *adj* rosa *(inv)*, cor-de-rosa *(inv)*. ◆ *n (color)* rosa *m inv*, cor-de-rosa *m inv*.
pinkie ['pɪŋkɪ] *n* (dedo) mindinho *m*.
pint [paɪnt] *n (in US)* = 0,473 l; *(in UK)* = 0,568 l.
pip [pɪp] *n (of fruit)* caroço *m*.
pipe [paɪp] *n (for smoking)* cachimbo *m*; *(for gas, water)* cano *m*.
pipeline ['paɪplaɪn] *n (for oil)* oleoduto *m*; *(for gas)* gasoduto *m*.
pirate ['paɪrət] *n* pirata *m*.
Pisces ['paɪsiːz] *n* Peixes *m inv*.
pistol ['pɪstl] *n* pistola *f*.
piston ['pɪstən] *n* pistom *m*.
pit [pɪt] *n (hole, for orchestra)* fosso *m*; *(coalmine)* mina *f*; *(in fruit)* caroço *m*.
pita (bread) ['pɪtə-] *n* pão *m* árabe OR sírio.
pitch [pɪtʃ] *n (baseball)* arremesso *m*; *Brit (field)* campo *m*. ◆ *vt (throw)* atirar; **to ~ a tent** montar uma barraca (de campismo).

pitcher ['pɪtʃər] *n (large jug)* jarro *m*; *(small jug)* jarra *f*.
pitfall ['pɪtfɔ:l] *n (difficulty)* armadilha *f*; *(danger)* perigo *m*.
pith [pɪθ] *n (of orange)* pele *f* branca.
pitted ['pɪtəd] *adj (olives)* descaroçado(da), sem caroço.
pity ['pɪtɪ] *n (compassion)* pena *f*; **to have ~ on sb** ter pena de alguém; **it's a ~ (that) ...** é uma pena que ...; **what a ~!** que pena!
pivot ['pɪvət] *n* eixo *m*, pivô *m*.
pizza ['pi:tsə] *n* pizza *f*.
pizzeria [,pi:tsə'ri:ə] *n* pizzaria *f*.
placard ['plækɑ:rd] *n* cartaz *m*.
place [pleɪs] *n* lugar *m*; *(house, flat)* casa *f*; *(at table)* lugar. ◆ *vt (put)* colocar; *(an order, bet)* fazer; **in the first ~** em primeiro lugar; **to take ~** ter lugar; **to take sb's ~** substituir alguém; **all over the ~** por todo lado; **in ~ of** em lugar de.
place mat *n* descanso *m*.
placement ['pleɪsmənt] *n (work experience)* colocação *f* temporária, estágio *m*.
place of birth *n* local *m* de nascimento, naturalidade *f*.
plague [pleɪg] *n* peste *f*.
plaice [pleɪs] *n* solha *f*.
plain [pleɪn] *adj* simples *(inv)*; *(yoghurt)* natural; *(clear)* claro(ra); *(paper)* liso(sa); *(pej: not attractive)* sem atrativos. ◆ *n* planície *f*.
plainly ['pleɪnlɪ] *adv (clearly)* claramente.
plait [plæt] *n* trança *f*. ◆ *vt* trançar.
plan [plæn] *n (scheme, project)* plano *m*; *(drawing)* planta *f*. ◆ *vt (organize)* planejar; **do you have any ~s for tonight?** você tem planos para hoje à noite?; **according to ~** como estava previsto; **to ~ to do sthg, to ~ on doing sthg** pensar em fazer algo.
plane [pleɪn] *n (aeroplane)* avião *m*; *(tool)* plaina *f*.
planet ['plænət] *n* planeta *m*.
plank [plæŋk] *n* tábua *f*.
plant [plænt] *n (living thing)* planta *f*; *(factory)* fábrica *f*; *(power, nuclear)* usina *f*. ◆ *vt (seeds, tree)* plantar; *(land)* cultivar.
plantation [plæn'teɪʃn] *n* plantação *f*.
plaque [plæk] *n* placa *f*.
plaster ['plæstr] *n (for walls)* reboco *m*; *Brit (for cut)* esparadrapo *m*; **in ~** *(arm, leg)* engessado.
plaster cast *n (for broken bones)* gesso *m*.
plastic ['plæstɪk] *n* plástico *m*. ◆ *adj* de plástico.
plastic bag *n* saco *m* plástico.
plate [pleɪt] *n (for food)* prato *m*; *(of metal)* placa *f*; **a ~ of glass** um vidro, uma vidraça.
plateau [plæ'təʊ] *n* planalto *m*.
plate-glass *adj* de vidro laminado.
platform ['plætfɔ:rm] *n* plataforma *f*.
platinum ['plætənəm] *n* platina *f*.

platter ['plætər] *n (of food)* travessa *f* (de comida).

play [pleɪ] *vt (sport, game)* jogar; *(instrument, music)* tocar; *(opponent)* jogar contra; *(CD, tape, record)* pôr; *(role, character)* desempenhar. ◆ *vi (child)* brincar; *(in sport, game)* jogar; *(musician)* tocar. ◆ *n (in theater, on TV)* peça *f*; *(button on CD, tape recorder)* play *m*. ❑ **play back** *vt sep* repetir, colocar de novo. ❑ **play up** *vi (machine, car)* enguiçar, estar com problemas.

player ['pleɪər] *n (of sport, game)* jogador *m*, -ra *f*; *(of musical instrument)* músico *m*, -ca *f*, intérprete *mf*; **guitar** ~ guitarrista *mf*; **piano** ~ pianista *mf*.

playful ['pleɪfl] *adj* brincalhão(lhona).

playground ['pleɪgraʊnd] *n (in school)* pátio *m* de recreio; *(in park, etc)* playground *m*.

play group ['pleɪgru:p] *n tipo de jardim-de-infância*.

playing card ['pleɪɪŋ-] *n* carta *f* de jogar.

playing field ['pleɪɪŋ-] *n* campo *m* esportivo.

playroom ['pleɪru:m] *n* sala *f* de recreação.

playtime ['pleɪtaɪm] *n* recreio *m*.

playwright ['pleɪraɪt] *n* dramaturgo *m*, -ga *f*.

pleasant ['pleznt] *adj* agradável.

please [pli:z] *adv* por favor. ◆ *vt* agradar a; **yes ~!** sim, por favor!; **whatever you ~** como quiser.

pleased [pli:zd] *adj* satisfeito (ta), contente; **to be ~ with** estar satisfeito com; **~ to meet you!** prazer em conhecê-lo(-la)!.

pleasure ['pleʒər] *n* prazer *m*; **with ~** com prazer; **it's a ~!** é um prazer!

pleat [pli:t] *n* prega *f*.

pleated ['pli:təd] *adj* pregueado(da).

plentiful ['plentɪfl] *adj* abundante.

plenty ['plentɪ] *pron* bastante; **~ of** bastante.

pliers ['plaɪərz] *npl* alicate *m*.

plot [plɒt] *n (scheme)* complô *m*; *(of story, film, play)* enredo *m*; *(of land)* pedaço *m*.

plough [plaʊ] *Brit* = **plow**.

plow [plaʊ] *n* arado *m*. ◆ *vt* lavrar, arar.

ploy [plɔɪ] *n* estratagema *m*.

pluck [plʌk] *vt (eyebrows, hair)* arrancar, depilar *(com pinça)*; *(chicken)* depenar.

plug [plʌg] *n (with pins)* plugue *m*; *(socket)* tomada *f*; *(for bath, sink)* tampa *f*, válvula *f*. ❑ **plug in** *vt sep* ligar *(na tomada)*.

plum [plʌm] *n* ameixa *f*.

plumber ['plʌmər] *n* encanador *m*, -ra *f*.

plumbing ['plʌmɪŋ] *n (pipes)* encanamento *m*.

plump [plʌmp] *adj* roliço(ça).

plunge [plʌndʒ] *vi (fall, dive)* mergulhar; *(decrease)* despencar.

plunger ['plʌndʒər] *n (for un-

blocking pipe) desentupidor *m*.

pluperfect (tense) [,plu:ˈpɜ:rfəkt-] *n* GRAMM: **the ~** o mais-que-perfeito.

plural [ˈplʊərəl] *n* plural *m*; **in the ~** no plural.

plus [plʌs] *prep* mais. ◆ *adj*: **30 ~** trinta ou mais.

plush [plʌʃ] *adj* luxuoso(sa), de luxo.

Pluto [ˈplu:təʊ] *n* Plutão *m*.

plywood [ˈplaɪwʊd] *n* compensado *m*.

p.m. (*abbr of post meridiem*): **at 3 ~** às três da tarde, às 15h; **at 10 ~** às dez da noite, às 22h.

PMS *n* (*abbr of Premenstrual Syndrome*) TPM *f*.

pneumatic drill [nu:ˈmætɪk-] *n* perfuratriz *f*.

pneumonia [nu:ˈməʊnjə] *n* pneumonia *f*.

poached egg [pəʊtʃt-] *n* ovo *m* pochê.

poached salmon [pəʊtʃt-] *n* salmão *m* cozido.

poacher [ˈpəʊtʃər] *n (hunting)* caçador *m* furtivo, caçadora *f* furtiva; *(fishing)* pescador *m* furtivo, pescadora *f* furtiva.

P.O. Box *n* (*abbr of Post Office Box*) C. P.

pocket [ˈpɒkət] *n* bolso *m*. ◆ *adj* de bolso.

pocket money *n* mesada *f*.

poem [ˈpəʊəm] *n* poema *m*.

poet [ˈpəʊət] *n* poeta *mf*.

poetry [ˈpəʊətrɪ] *n* poesia *f*.

point [pɔɪnt] *n* ponto *m*; *(tip)* ponta *f*; *(most important thing)* questão *f*. ◆ *vi*: **to ~ to** apontar para; **five ~ seven** cinco vírgula sete; **what's the ~?** para quê?; **there's no ~** não vale a pena; **to be on the ~ of doing sthg** estar prestes a OR a ponto de fazer algo. ❑ **point out** *vt sep (object, person)* indicar; *(fact, mistake)* apontar.

pointed [ˈpɔɪntəd] *adj (in shape)* pontiagudo(da).

pointless [ˈpɔɪntləs] *adj* inútil.

point of view (*pl* **points of view**) *n* ponto *m* de vista.

poison [ˈpɔɪzn] *n* veneno *m*. ◆ *vt* envenenar.

poisoning [ˈpɔɪznɪŋ] *n* envenenamento *m*.

poisonous [ˈpɔɪznəs] *adj* venenoso(osa).

poke [pəʊk] *vt (with finger, stick)* cutucar; *(with elbow)* cutucar, dar cotoveladas em; *(fire)* cutucar, atiçar.

poker [ˈpəʊkər] *n (card game)* pôquer *m*.

polar bear [ˈpəʊlər-] *n* urso *m* polar.

pole [pəʊl] *n (of wood)* poste *m*.

police [pəˈli:s] *npl*: **the ~** a polícia.

police car *n* carro *m* da polícia.

police department *n* polícia *f*.

police force *n* força *f* policial.

policeman [pəˈli:smən] (*pl* **-men** [-mən]) *n* policial *m*.

police officer *n* policial *mf*.

police station *n* delegacia *f*.

policewoman [pə'li:s,wʊmən] (*pl* **-women** [-,wɪmɪn]) *n* policial *f*.

policy ['pɒləsɪ] *n (approach, attitude)* política *f*; *(for insurance)* apólice *f*.

polio ['pəʊlɪəʊ] *n* poliomielite *f*, paralisia *f* infantil.

polish ['pɒlɪʃ] *n (for cleaning)* cera *f*. ◆ *vt* encerar.

polite [pə'laɪt] *adj* educado(da).

political [pə'lɪtɪkl] *adj* político(ca).

politician [,pɒlɪ'tɪʃn] *n* político *m*, -ca *f*.

politics ['pɒlətɪks] *n* política *f*.

poll [pəʊl] *n (survey)* pesquisa *f*; **the ~s** *(election)* as eleições.

pollen ['pɒlən] *n* pólen *m*.

pollute [pə'lu:t] *vt* poluir.

pollution [pə'lu:ʃn] *n* poluição *f*.

polyester [,pɒlɪ'estər] *n* poliéster *m*.

polystyrene [,pɒlɪ'staɪri:n] *n* isopor *m*.

pomegranate ['pɒmɪgrænɪt] *n* romã *f*.

pompous ['pɒmpəs] *adj* pomposo(osa).

pond [pɒnd] *n* lago *m*.

pony ['pəʊnɪ] *n* pônei *m*.

ponytail ['pəʊnɪteɪl] *n* rabo-de-cavalo *m*.

poodle ['pu:dl] *n* poodle *m*.

pool [pu:l] *n (for swimming)* piscina *f*; *(of water, blood, milk)* poça *f*; *(small pond)* lago *f* ; *(game)* bilhar *m*.

poor [pɔ:r] *adj (short of money)* pobre; *(bad)* mau (má); *(expressing sympathy)* coitado(da), pobre. ◆ *npl*: **the ~** os pobres.

poorly ['pɔ:rlɪ] *adv* mal.

pop [pɒp] *n (music)* música *f* popular. ◆ *vt inf (put)* meter. ◆ *vi (balloon)* estourar; **my ears popped** meus ouvidos estalaram. ❑ **pop in** *vi Brit*: **I'll ~ in after work** dou um pulo aí depois do trabalho.

popcorn ['pɒpkɔ:rn] *n* pipoca *f*.

Pope [pəʊp] *n*: **the ~** o Papa.

poplar (tree) ['pɒplər-] *n* álamo *m*, choupo *m*.

poppy ['pɒpɪ] *n* papoula *f*.

Popsicle® ['pɒpsɪkl] *n* picolé *m*.

pop star *n* pop star *f*.

popular ['pɒpjələr] *adj (person, place, activity)* popular; *(opinion, ideas)* generalizado(da).

popularity [,pɒpjə'lærətɪ] *n* popularidade *f*.

populated ['pɒpjəleɪtɪd] *adj* povoado(da).

population [,pɒpjə'leɪʃn] *n* população *f*.

porcelain ['pɔ:rsəlɪn] *n* porcelana *f*.

porch [pɔ:rtʃ] *n (outside house)* terraço *m* (coberto), alpendre *m*; *(entrance)* átrio *m*.

pork [pɔ:rk] *n* carne *f* de porco.

pornographic [,pɔ:rnə'græfɪk] *adj* pornográfico(ca).

porridge ['pɒrɪdʒ] *n* flocos *mpl* de aveia.

port [pɔ:rt] *n* porto *m*.
portable ['pɔ:rtəbl] *adj* portátil.
porter ['pɔ:rtər] *n (at hotel, airport)* carregador *m*, -ra *f*.
porthole ['pɔ:rthəʊl] *n* vigia *f*.
portion ['pɔ:rʃn] *n (part)* porção *f*; *(of food)* porção *f*.
portrait ['pɔ:rtreɪt] *n* retrato *m*.
Portugal ['pɔ:rtʃəgl] *n* Portugal *s*.
Portuguese [,pɔ:rtʃə'gi:z] *adj* português(esa). ◆ *n (person)* português *m*, -esa *f*; *(language)* português *m*. ◆ *npl*: **the ~** os portugueses.
pose [pəʊz] *vt (problem, threat)* constituir. ◆ *vi (for photo)* posar.
posh [pɒʃ] *adj inf* fino(na), chique.
position [pə'zɪʃn] *n* posição *f*; **'~ closed'** 'fechado'.
positive ['pɒzətɪv] *adj* positivo(va); *(certain, sure)* seguro(ra); **I'm absolutely ~** tenho certeza absoluta.
possess [pə'zes] *vt* possuir.
possession [pə'zeʃn] *n (thing owned)* bem *m*.
possessive [pə'zesɪv] *adj* possessivo(va).
possibility [,pɒsə'bɪlətɪ] *n* possibilidade *f*.
possible ['pɒsəbl] *adj* possível; **it's ~ that we may be late** é possível que cheguemos atrasados; **would it be ~...?** seria possível ...?; **as much as ~** o máximo possível; **if ~** se for possível.
possibly ['pɒsəblɪ] *adv (perhaps)* possivelmente.
post [pəʊst] *n (pole)* poste *m*; *(fml: job)* lugar *m*; *Brit* correio *m*.
postage ['pəʊstɪdʒ] *n* franquia *f*; **~ and handling** custos *mpl* de envio; **~ paid** porte *m* pago.
postage stamp *n fml* selo *m* (postal).
postbox ['pəʊstbɒks] *n Brit* caixa *f* de correio.
postcard ['pəʊstkɑ:rd] *n* (cartão) postal *m*.
poster ['pəʊstər] *n* pôster *m*.
postgraduate [,pəʊst'grædʒʊət] *n* pós-graduado *m*, -da *f*.
postman ['pəʊstmən] (*pl* **-men** [-mən]) *n* carteiro *m*.
post office *n (building)* agência *f* de correios.
postpone [,pəʊst'pəʊn] *vt* adiar.
posture ['pɒstʃər] *n* postura *f*.
pot [pɒt] *n (for cooking)* panela *f*; *(for jam, paint)* frasco *m*; *(for coffee, tea)* bule *m* ; *inf (cannabis)* maconha *f*; **a ~ of tea** um bule de chá.
potato [pə'teɪtəʊ] (*pl* **-es**) *n* batata *f*.
potato chip *n* batatinha *f* frita.
potato salad *n* salada *f* de batata.
potential [pə'tenʃl] *adj* potencial. ◆ *n* potencial *m*.
pothole ['pɒthəʊl] *n (in road)* buraco *m*.
pottery ['pɒtərɪ] *n (clay objects)* cerâmica *f*; *(craft)* cerâmica, olaria *f*.

potty ['pɒtɪ] *n* penico *m (para crianças).*

pouch [paʊtʃ] *n (for money, tobacco)* bolsa *f.*

poultry ['pəʊltrɪ] *n (meat)* carne *f* de aves (domésticas). ◆ *npl (animals)* aves *fpl* domésticas.

pound [paʊnd] *n (unit of weight)* libra = 453,6 gr; *Brit (unit of money)* libra *f.* ◆ *vi (heart)* palpitar; *(head)* latejar.

pour [pɔ:r] *vt (liquid, etc)* jogar; *(drink)* servir. ◆ *vi (flow)* correr; **it's ~ ing (down rain)** está chovendo canivetes. ▫ **pour out** *vt sep (drink)* servir.

poverty ['pɒvərtɪ] *n* pobreza *f.*

powder ['paʊdər] *n* pó *m.*

power ['paʊər] *n (control, authority)* poder *m* ; *(ability)* capacidade *f* ; *(strength, force)* força *f*; *(energy)* energia *f* ; *(electricity)* eletricidade *f.* ◆ *vt* alimentar, acionar; **to be in ~** estar no poder.

power failure *n* falha *f* de energia.

powerful ['paʊərfl] *adj* forte; *(having control)* poderoso(osa); *(machine)* potente.

power steering *n* direção *f* assistida.

practical ['præktɪkl] *adj* prático(ca).

practically ['præktɪklɪ] *adv (almost)* praticamente.

practice ['præktəs] *n (training, regular activity, custom)* prática *f*; *(training session)* sessão *f* de treino; *MUS* ensaio *m*; *(of doctor)* consultório *m*; *(of lawyer)* escritório *m.* ◆ *vt (sport, music, technique)* praticar. ◆ *vi (train)* praticar; *(doctor, lawyer)* exercer; **out of ~** destreinado(da).

practise ['præktəs] *vt Brit* = **practice.**

praise [preɪz] *n* elogio *m.* ◆ *vt* elogiar.

prank [præŋk] *n* peça *f.*

prawn [prɔ:n] *n* camarão *m.*

pray [preɪ] *vi* rezar; **to ~ for** rezar por; **to ~ for rain** rezar para que chova.

prayer [preər] *n* oração *f.*

precarious [prɪ'keərɪəs] *adj* precário(ria).

precaution [prɪ'kɔ:ʃn] *n* precaução *f.*

precede [prɪ'si:d] *vt fml* preceder.

preceding [prɪ'si:dɪŋ] *adj* precedente.

precinct ['pri:sɪŋkt] *n Am (area of town)* circunscrição *f*; *(police station)* delegacia *f*; *Brit (for shopping)* zona *f* comercial (de pedestres).

precious ['preʃəs] *adj* precioso(osa); *(memories, possession)* querido(da).

precious stone *n* pedra *f* preciosa.

precipice ['presəpəs] *n* precipício *m.*

precise [prɪ'saɪs] *adj* preciso(sa).

precisely [prɪ'saɪslɪ] *adv* precisamente.

predecessor ['pri:dəsesər] *n* antecessor *m*, -ra *f.*

predicament [prɪ'dɪkəmənt] *n* situação *f* difícil.

predict [prɪ'dɪkt] *vt* prever.

predictable [prɪ'dɪktəbl] *adj* previsível.

prediction [prɪ'dɪkʃn] *n* previsão *f*.

preface ['prefəs] *n* prefácio *m*.

prefer [prɪ'fɜ:r] *vt*: **to ~ sthg (to)** preferir algo (a); **to ~ to do sthg** preferir fazer algo.

preferable ['prefrəbl] *adj* preferível.

preferably ['prefrəblɪ] *adv* preferivelmente, de preferência.

preference ['prefrəns] *n* preferência *f*.

prefix ['pri:fɪks] *n* prefixo *m*.

pregnancy ['pregnənsɪ] *n* gravidez *f*.

pregnant ['pregnənt] *adj* grávida.

prejudice ['predʒədəs] *n* preconceito *m*.

prejudiced ['predʒədəst] *adj* preconceituoso(osa).

preliminary [prə'lɪmənərɪ] *adj* preliminar.

premature [ˌpri:mə'tʊr] *adj* prematuro(ra).

premier ['premjər] *adj* primeiro(ra), principal. ♦ *n* primeiro-ministro *m*, primeira-ministra *f*.

premiere [prɪ'mɪeər] *n* estréia *f*.

premises ['preməsəz] *npl* instalações *fpl*, local *m*; **on the ~** no estabelecimento.

premium ['pri:mjəm] *n (for insurance)* prêmio *m*.

preoccupied [pri:'ɒkjəpaɪd] *adj* preocupado(da).

prepacked [ˌpri:'pækt] *adj* pré-embalado(da).

prepaid ['pri:peɪd] *adj (envelope)* com porte pago, que não necessita de selo.

preparation [ˌprepə'reɪʃn] *n (preparing)* preparação *f*. ❑ **preparations** *npl (arrangements)* preparações *fpl*.

prepare [prɪ'peər] *vt* preparar. ♦ *vi* preparar-se.

prepared [prɪ'peərd] *adj (ready)* preparado(da); **to be ~ to do sthg** estar preparado para fazer algo.

preposition [ˌprepə'zɪʃn] *n* preposição *f*.

preschool ['pri:sku:l] *n* jardim-de-infância *m*.

prescribe [prə'skraɪb] *vt* receitar.

prescription [prə'skrɪpʃn] *n* receita *f* (médica).

presence ['prezns] *n* presença *f*; **in sb's ~** na presença de alguém.

present [*adj & n* 'preznt, *vb* prɪ'zent] *adj (in attendance)* presente; *(current)* atual. ♦ *n (gift)* presente *m*. ♦ *vt (give)* presentear; *(problem, challenge)* representar; *(portray, play, on radio or TV)* apresentar; **the ~** o presente; **the ~ (tense)** GRAMM o presente; **at ~** no momento; **to ~ sb to sb** apresentar alguém a alguém.

presentable [prɪ'zentəbl] *adj* apresentável.

presentation [ˌprezn'teɪʃn] *n* apresentação *f*.
presently ['prezəntlɪ] *adv* *(soon)* daqui a pouco; *(soon after)* daí a pouco; *(now)* atualmente, neste momento.
preservation [ˌprezər'veɪʃn] *n* *(of wildlife, building, food)* conservação *f*; *(of order, peace)* manutenção *f*.
preservative [prɪ'zɜːrvətɪv] *n* conservante *m*.
preserve [prɪ'zɜːrv] *vt* conservar; *(order, peace)* manter.
preserves [prɪ'zɜːrvz] *n* *(jam)* compota *f*.
president ['prezɪdənt] *n* presidente *mf*.
press [pres] *vt* *(push firmly)* pressionar; *(button, switch)* apertar; *(iron)* passar (a ferro). ◆ *n*: **the ~** a imprensa; **to ~ sb to do sthg** pressionar alguém a fazer algo.
press conference *n* entrevista *f* coletiva.
pressure ['preʃər] *n* pressão *f*.
pressure cooker *n* panela *f* de pressão.
prestigious [pre'stɪdʒəs] *adj* prestigioso(osa).
presumably [prɪ'zuːməblɪ] *adv* presumivelmente.
presume [prɪ'zuːm] *vt* presumir.
pretend [prɪ'tend] *vt*: **to ~ to do sthg** fingir fazer algo; **she ~ed she was crying** ela fez de conta que estava chorando.
pretentious [prɪ'tenʃəs] *adj* pretencioso(osa).
pretty ['prɪtɪ] *adj* bonito(ta). ◆ *adv inf* *(quite)* bastante; *(very)* muito.
prevent [prɪ'vent] *vt* evitar; **to ~ sb/sthg from doing sthg** impedir alguém/algo de fazer algo.
prevention [prɪ'venʃn] *n* prevenção *f*.
preview ['priːvjuː] *n* *(of film)* pré-estréia *f*; *(short description)* resumo *m*.
previous ['priːvɪəs] *adj* anterior.
previously ['priːvɪəslɪ] *adv* anteriormente.
price [praɪs] *n* preço *m*. ◆ *vt* fixar o preço de; **to be ~d at** custar.
priceless ['praɪsləs] *adj* *(expensive)* inestimável; *(valuable)* valiosíssimo(ma).
pricey ['praɪsɪ] *adj inf* caro(ra).
prick [prɪk] *vt* picar.
prickly ['prɪklɪ] *adj* *(plant, bush)* espinhoso(osa).
prickly heat *n* brotoeja *f* *(provocada pelo calor)*.
pride [praɪd] *n* orgulho *m*. ◆ *vt*: **to ~ o.s. on sthg** orgulhar-se de algo.
priest [priːst] *n* padre *m*.
primarily [praɪ'merəlɪ] *adv* principalmente.
prime [praɪm] *adj* *(chief)* principal; *(quality, beef, cut)* de primeira.
prime minister *n* primeiro-ministro *m*, primeira-ministra *f*.

primitive ['prɪmɪtəv] *adj* primitivo(va).
primrose ['prɪmrəuz] *n* prímula *f*.
prince [prɪns] *n* príncipe *m*.
princess [prɪn'ses] *n* princesa *f*.
principal ['prɪnsəpl] *adj* principal. ◆ *n (of school)* diretor *m*, -ra *f*; *(of university)* reitor *m*, -ra *f*.
principle ['prɪnsəpl] *n* princípio *m*; **in** ~ em princípio.
print [prɪnt] *n (words)* letra *f (impressa)*; *(photo)* fotografia *f*; *(of painting)* reprodução *f*; *(mark)* impressão *f*. ◆ *vt (book, newspaper)* imprimir; *(publish)* publicar; *(write)* escrever em letra de imprensa; *(photo)* revelar; **out of** ~ esgotado. ❑ **print out** *vt sep* imprimir.
printer ['prɪntər] *n (machine)* impressor *m*, -ra *f*; *(person)* impressor *m*, -ra *f*.
printout ['prɪntaʊt] *n* cópia *f* impressa, impressão *f*.
prior ['praɪər] *adj (previous)* prévio(via); ~ **to** *fml* antes de.
priority [praɪ'ɒrətɪ] *n* prioridade *f*; **to have** ~ **over** ter prioridade sobre.
prison ['prɪzn] *n* prisão *f*.
prisoner ['prɪznər] *n* prisioneiro *m*, -ra *f*.
privacy ['praɪvəsɪ] *n* privacidade *f*.
private ['praɪvət] *adj* privado (da); *(class, lesson)* particular; *(quiet)* retirado(da). ◆ *n* MIL soldado *m* raso; **in** ~ em particular.
private property *n* propriedade *f* privada.
private school *n* escola *f* particular.
privilege ['prɪvɪlɪdʒ] *n* privilégio *m*; **it's a** ~! é uma honra!
prize [praɪz] *n* prêmio *m*.
pro [prəu] (*pl* **-s**) *n inf (professional)* profissional *mf*. ❑ **pros** *npl*: ~**s and cons** os prós e os contras.
probability [,prɒbə'bɪlətɪ] *n* probabilidade *f*.
probable ['prɒbəbl] *adj* provável.
probably ['prɒbəblɪ] *adv* provavelmente.
probation officer [prəu'beɪʃən-] *n assistente social responsável por um preso em liberdade condicional.*
problem ['prɒbləm] *n* problema *m*; **no** ~! *inf* não tem problema!
procedure [prə'siːdʒər] *n* procedimento *m*.
proceed [prə'siːd] *vi (fml: continue)* prosseguir; *(act)* proceder; *(advance)* avançar; '~ **with caution**' 'avançar com precaução'.
proceeds ['prəusiːdz] *npl* receita *f*, dinheiro *m* apurado.
process ['prɒses] *n* processo *m*; **to be in the** ~ **of doing sthg** estar fazendo algo.
procession [prə'seʃn] *n* procissão *f*.
prod [prɒd] *vt (poke)* empurrar.
produce [*vb* prə'duːs, *n* 'prəudjuːs] *vt* produzir; *(cause)* provocar; *(show)* mostrar.

◆ *n* produtos *mpl* agrícolas.
producer [prə'du:sər] *n* produtor *m*, -ra *f*.
product ['prɒdʌkt] *n* produto *m*.
production [prə'dʌkʃn] *n* produção *f*.
productivity [,prɒdʌk'tɪvətɪ] *n* produtividade *f*.
profession [prə'feʃn] *n* profissão *f*.
professional [prə'feʃnəl] *adj* profissional. ◆ *n* profissional *mf*.
professor [prə'fesər] *n (in US)* professor *m* universitário, professora *f* universitária; *(in UK)* professor *m* catedrático, professora *f* catedrática.
profile ['prəʊfaɪl] *n* perfil *m*.
profit ['prɒfət] *n (financial)* lucro *m*. ◆ *vi*: **to ~ (from)** tirar proveito (de), lucrar (com).
profitable ['prɒfɪtəbl] *adj (financially)* lucrativo(va), rentável.
profiteroles [prə'fɪtərəʊlz] *npl* profiteroles *mpl*.
profound [prə'faʊnd] *adj* profundo(da).
program ['prəʊgræm] *n* programa *m*. ◆ *vt* COMPUT programar.
programme ['prəʊgræm] *Brit* = **program.**
progress [*n* 'prɒgres, *vb* prə'gres] *n* progresso *m*. ◆ *vi (work, talks, student)* progredir; *(day, meeting)* avançar; **to make ~** *(improve)* progredir, melhorar; *(in journey)* avançar; **in ~** em curso.
progressive [prə'gresɪv] *adj (forward-looking)* progressivo (va).
prohibit [prə'hɪbət] *vt* proibir; **'smoking strictly ~ed'** 'é proibido fumar'.
project ['prɒdʒekt] *n (plan)* projeto *m*; *(at school)* trabalho *m*.
projector [prə'dʒektər] *n* projetor *m*.
prolong [prə'lɒŋ] *vt* prolongar.
prom [prɒm] *n (dance)* ≃ baile *m* de formatura.
promenade [,prɒmə'neɪd] *n (by the sea)* passeio *m* (à beira da praia), calçadão *m*.
prominent ['prɒmɪnənt] *adj* proeminente.
promise ['prɒmɪs] *n* promessa *f*. ◆ *vt & vi* prometer; **to show ~** ser promissor; **to ~ sb sthg** prometer algo a alguém; **to ~ to do sthg** prometer fazer algo; **I ~ (that) I'll come** prometo que vou, prometo ir.
promising ['prɒmɪsɪŋ] *adj* promissor(ra).
promote [prə'məʊt] *vt* promover.
promotion [prə'məʊʃn] *n* promoção *f*.
prompt [prɒmpt] *adj (quick)* imediato(ta). ◆ *adv*: **at six o'clock ~** às seis em ponto.
prone [prəʊn] *adj*: **to be ~ to sthg** ser propenso(sa) a algo; **to be ~ to do sthg** ter tendência para fazer algo.
prong [prɒŋ] *n (of fork)* dente *m*.

pronoun ['prəʊnaʊn] *n* pronome *m*.

pronounce [prə'naʊns] *vt (word)* pronunciar.

pronunciation [prə,nʌnsɪ'eɪʃn] *n* pronúncia *f*.

proof [pru:f] *n (evidence)* prova *f*; **it's 40 ~** *(alcohol)* tem 40 graus.

prop [prɒp] (*pt & pp* **-ped,** *cont* **-ping**): **prop up** *vt sep (support)* suster.

propeller [prə'pelər] *n* hélice *f*.

proper ['prɒpər] *adj (suitable)* adequado(da); *(correct, socially acceptable)* apropriado(da).

properly ['prɒpərlɪ] *adv* corretamente.

property ['prɒpərtɪ] *n* propriedade *f*; *(fml: building)* imóvel *m*, prédio *m*.

proportion [prə'pɔ:rʃn] *n (part, amount)* porção *f*, parte *f*; *(ratio, in art)* proporção *f*.

proposal [prə'pəʊzl] *n (suggestion)* proposta *f*.

propose [prə'pəʊz] *vt (suggest)* propor. ◆ *vi*: **to ~ to sb** pedir alguém em casamento.

proposition [,prɒpə'zɪʃn] *n (offer)* proposta *f*.

proprietor [prə'praɪətər] *n fml* proprietário *m*, -ria *f*.

prose [prəʊz] *n (not poetry)* prosa *f*.

prosecute ['prɒsɪkju:t] *vt* JUR processar, mover uma ação judicial contra. ◆ *vi (bring a charge)* instaurar um processo judicial; *(represent in court)* representar o demandante.

prospect ['prɒspekt] *n (possibility)* possibilidade *f*, perspectiva *f*; **I don't relish the ~** não me agrada a perspectiva. ❑ **prospects** *npl (for the future)* perspectivas *fpl*.

prospectus [prə'spektəs] (*pl* **-es**) *n* prospecto *m*.

prosperous ['prɒspərəs] *adj* próspero(ra).

prostitute ['prɒstɪtu:t] *n* prostituta *f*.

protect [prə'tekt] *vt* proteger; **to ~ sb/sthg against** proteger alguém/algo contra; **to ~ sb/sthg from** proteger alguém/algo de.

protection [prə'tekʃn] *n* proteção *f*.

protective [prə'tektɪv] *adj* protetor(ra).

protein ['prəʊti:n] *n* proteína *f*.

protest [*n* 'prəʊtest, *vb* prə'test] *n (complaint)* protesto *m*; *(demonstration)* passeata *f*, protesto. ◆ *vt (protest against)* protestar contra. ◆ *vi*: **to ~ (against)** protestar (contra).

Protestant ['prɒtəstənt] *n* protestante *mf*.

protester [prə'testər] *n* manifestante *mf*.

protractor [prə'træktər] *n* transferidor *m*.

protrude [prə'tru:d] *vi* sair.

proud [praʊd] *adj* orgulhoso(osa); **to be ~ of** ter orgulho de.

prove [pru:v] (*pp* **-d** OR **proven** [pru:vn]) *vt (show to be true)* provar; *(turn out to be)* revelar-se.

proverb ['prɒvɜ:rb] *n* provérbio *m*.
provide [prə'vaɪd] *vt (supply)* fornecer; **to ~ sb with sthg** fornecer algo a alguém. ❑ **provide for** *vt fus (person)* manter.
provided (that) [prə'vaɪdɪd-] *conj* desde que.
providing (that) [prə'vaɪdɪŋ-] = **provided (that).**
province ['prɒvɪns] *n* província *f*.
provisional [prə'vɪʒənl] *adj* provisório(ria).
provocative [prə'vɒkətɪv] *adj* provocador(ra).
provoke [prə'vəʊk] *vt* provocar.
prowl [praʊl] *vi* rondar.
prune [pru:n] *n* ameixa *f* seca. ◆ *vt (tree, bush)* podar.
PS (*abbr of postscript*) PS.
psychiatrist [saɪ'kaɪətrəst] *n* psiquiatra *mf*.
psychic ['saɪkɪk] *adj (person)* paranormal.
psychological [,saɪkə'lɒdʒɪkl] *adj* psicológico(ca).
psychologist [saɪ'kɒlədʒəst] *n* psicólogo *m*, -ga *f*.
psychology [saɪ kɒlədʒɪ] *n* psicologia *f*.
psychotherapist [,saɪkəʊ'θerəpəst] *n* psicoterapeuta *mf*.
pt *abbr* = **pint.**
pub [pʌb] *n* ≃ bar *m*.
puberty ['pju:bərtɪ] *n* puberdade *f*.
public ['pʌblɪk] *adj* público (ca). ◆ *n*: **the ~** o público; **in ~** em público.
publication [,pʌblɪ'keɪʃn] *n* publicação *f*.
public housing *n* habitação *f* popular.
publicity [pʌb'lɪsɪtɪ] *n* publicidade *f*.
public school *n (in US)* escola pública.
publish ['pʌblɪʃ] *vt* publicar.
publisher ['pʌblɪʃər] *n (person)* editor *m*, -ra *f*; *(company)* editora *f*.
publishing ['pʌblɪʃɪŋ] *n (industry)* indústria *f* editorial.
pudding ['pʊdɪŋ] *n (sweet dish)* pudim *m*; *Brit (dessert)* sobremesa *f*.
puddle ['pʌdl] *n* poça *f*.
puff [pʌf] *vi (breathe heavily)* ofegar. ◆ *n (of air)* lufada *f*; *(smoke)* baforada *f*; **to ~ at** tirar baforadas de.
puff pastry *n* massa *f* folheada.
pull [pʊl] *vt vi* puxar. ◆ *n*: **to give sthg a ~** dar um puxão em algo, puxar algo; **to ~ a face** fazer uma careta; **to ~ a muscle** distender um músculo; **'pull'** *(on door)* 'puxe'. ❑ **pull apart** *vt sep (machine)* desmontar; *(book)* desfazer. ❑ **pull down** *vt sep (lower)* baixar; *(demolish)* jogar abaixo, demolir. ❑ **pull in** *vi (train)* dar entrada *(em estação)*; *(car)* estacionar. ❑ **pull out** ◆ *vt sep (cork, plug)* tirar; *(tooth)* arrancar. ◆ *vi (train)* partir; *(car)* sair; *(withdraw)* retirar-se. ❑ **pull over** *vi (car)* encostar. ❑ **pull up**

◆ *vt sep (trousers, sleeve)* arregaçar; *(socks)* puxar. ◆ *vi (stop)* parar.

pulley ['pʊlɪ] (*pl* **pulleys**) *n* roldana *f*.

pullover ['pʊl,əʊvər] *n* pulôver *m*.

pulpit ['pʊlpɪt] *n* púlpito *m*.

pulse [pʌls] *n* MED pulso *m*.

pump [pʌmp] *n* bomba *f*. ❑ **pumps** *npl (shoes)* sandália *f* (de salto alto). ❑ **pump up** *vt sep* encher.

pumpkin ['pʌmpkɪn] *n* abóbora *f*.

pun [pʌn] *n* trocadilho *m*.

punch [pʌntʃ] *n (blow)* murro *m*, soco *m* ; *(drink)* ponche *m*. ◆ *vt (hit)* esmurrar, dar um murro OR soco em; *(ticket)* picar, obliterar.

punctual ['pʌŋktʃʊəl] *adj* pontual.

punctuation [,pʌŋktʃʊ'eɪʃn] *n* pontuação *f*.

puncture ['pʌŋktʃər] *n* furo *m*. ◆ *vt* furar.

punish ['pʌnɪʃ] *vt*: **to ~ sb (for sthg)** castigar alguém (por algo), pôr alguém de castigo (por algo).

punishment ['pʌnɪʃmənt] *n* castigo *m*.

punk [pʌŋk] *n (person)* punk *mf*; *(music)* música *f* punk.

pupil ['pju:pl] *n (of eye)* pupila *f*; *Brit (student)* aluno *m*, -na *f*.

puppet ['pʌpət] *n* fantoche *m*, marionete *f*.

puppy ['pʌpɪ] *n* cachorrinho *m*.

purchase ['pɜ:rtʃəs] *vt fml* comprar. ◆ *n fml* compra *f*.

pure [pjʊər] *adj* puro(ra).

puree [pju:'reɪ] *n* purê *m*.

purely ['pjʊərlɪ] *adv (only)* meramente.

purity ['pjʊərətɪ] *n* pureza *f*.

purple ['pɜ:rpl] *adj* roxo(xa).

purpose ['pɜ:rpəs] *n (reason)* motivo *m*; *(use)* uso *m*; **on ~** de propósito.

purr [pɜ:r] *vi (cat)* ronronar.

purse [pɜ:rs] *n* carteira *f*.

pursue [pər'su:] *vt (follow)* perseguir; *(study, inquiry, matter)* continuar com.

pus [pʌs] *n* pus *m*.

push [pʊʃ] *vt (shove)* empurrar; *(button, doorbell)* apertar; *(product)* promover. ◆ *vi (shove)* empurrar. ◆ *n*: **to give sb/sthg a ~** empurrar alguém/algo, dar um empurrão em alguém/algo; **to ~ sb into doing sthg** levar alguém a fazer algo; **'push'** *(on door)* 'empurre'. ❑ **push off** *vi inf (go away)* ir embora.

pushed [pʊʃt] *adj inf*: **to be ~ (for time)** não ter tempo.

push-ups *npl* flexões *fpl*.

put [pʊt] (*pt & pp* **put**) *vt* pôr; *(express)* exprimir; *(write)* escrever; *(a question)* colocar, fazer; **to ~ sthg at** *(estimate)* avaliar algo em; **to ~ a child to bed** pôr uma criança na cama; **to ~ money into sthg** pôr dinheiro OR investir em algo. ❑ **put aside** *vt sep (money)* pôr de lado. ❑ **put away** *vt sep (tidy up)* arrumar.

❑ **put back** *vt sep (replace)* repor; *(postpone)* adiar; *(clock, watch)* atrasar. ❑ **put down** *vt sep (on floor, table)* colocar; *(passenger, deposit)* deixar. ❑ **put forward** *vt sep (clock, watch)* adiantar; *(suggest)* sugerir. ❑ **put in** *vt sep (insert)* pôr em; *(install)* instalar. ❑ **put off** *vt sep (postpone)* adiar; *(distract)* distrair; *(repel)* dar nojo em; *(passenger)* deixar. ❑ **put on** *vt sep (clothes, make-up, CD)* pôr; *(television, light, radio)* acender, ligar; *(play, show)* montar; **to ~ on weight** engordar. ❑ **put out** *vt sep (cigarette, fire, light)* apagar; *(publish)* publicar; *(hand, arm, leg)* estender; *(inconvenience)* incomodar; **to ~ one's back out** deslocar uma vértebra. ❑ **put together** *vt sep* juntar. ❑ **put up** *vt sep (tent)* montar; *(statue)* erigir, erguer; *(building)* construir; *(umbrella)* abrir; *(a notice, sign)* afixar; *(price, rate)* aumentar, subir; *(provide with accommodation)* alojar. ❑ **put up with** *vt fus* agüentar, suportar.

putt [pʌt] *n (golf)* putt *m*, pancada *f* leve. ◆ *vi (golf)* fazer um putt.

putter ['pʌtər] *n (club)* putter *m*.

putty ['pʌtɪ] *n* massa *f* de vidraceiro, betume *m*.

puzzle ['pʌzl] *n (game)* quebra-cabeças *m inv*; *(mystery)* mistério *m*. ◆ *vt* confundir.

puzzling ['pʌzlɪŋ] *adj* intrigante.

pylon ['paɪlən] *n* poste *m* de alta tensão.

pyramid ['pɪrəmɪd] *n* pirâmide *f*.

Q

quail [kweɪl] *n* codorna *f*.

quaint [kweɪnt] *adj* curioso (osa).

qualification [,kwɒləfə'keɪʃn] *n* qualificação *f*.

qualified ['kwɒləfaɪd] *adj (trained)* qualificado(da).

qualify ['kwɒləfaɪ] *vi (for competition)* qualificar-se; *(pass exam)* formar-se.

quality ['kwɒlətɪ] *n* qualidade *f*. ◆ *adj* de qualidade.

quarantine ['kwɒrənti:n] *n* quarentena *f*.

quarrel ['kwɒrəl] *n* discussão *f*. ◆ *vi* discutir.

quarry ['kwɒrɪ] *n (for stone)* pedreira *f*; *(for sand)* areeiro *m*.

quart [kwɔ:rt] *n (in US)* = 0,946 l, ≃ litro.

quarter ['kwɔ:rtər] *n (fraction)* quarto *m*; *Am (coin)* moeda *f* de 25 centavos; *(three months)* trimestre *m*; *(part of city)* bairro *m*; **(a) ~ of five** *Am* quinze para as cinco; **(a) ~ after five** *Am* cinco e quinze; **(a) ~ of an hour** quinze minutos.

quartet [kwɔ:r'tet] *n* quarteto *m*.

quartz [kwɔ:rts] *adj (watch)* de quartzo.
quay [ki:] *n* cais *m inv.*
queasy ['kwi:zɪ] *adj inf* enjoado(da), indisposto(osta).
queen [kwi:n] *n* rainha *f*; *(in cards)* dama *f*.
queer [kwɪər] *adj (strange)* esquisito(ta); *inf (ill)* indisposto(osta). ◆ *n inf (homosexual)* bicha *f*.
quench [kwentʃ] *vt*: **to ~ one's thirst** matar a sede.
query ['kwɪərɪ] *n* pergunta *f*.
question ['kwestʃn] *n* pergunta *f*; *(issue)* questão *f*. ◆ *vt (person)* interrogar; **it's out of the ~** está fora de questão.
question mark *n* ponto *m* de interrogação.
questionnaire [ˌkwestʃə'ɗneər] *n* questionário *m*.
queue [kju:] *n Brit* fila *f*. ◆ *vi Brit* fazer fila. ❑ **queue up** *vi Brit* fazer fila.
quiche [ki:ʃ] *n* quiche *m*.
quick [kwɪk] *adj* rápido(da). ◆ *adv* rapidamente, depressa.
quickly ['kwɪklɪ] *adv* rapidamente, depressa.
quid [kwɪd] *(pl inv) n Brit inf* libra *f*.
quiet ['kwaɪət] *adj* silencioso(osa); *(calm, peaceful)* calmo (ma); *(voice)* baixo(xa). ◆ *n* sossego *m*, calma *f*; **keep ~!** figue calado!; **to keep ~** *(not make noise)* ficar calado; **please keep ~ about this** por favor não diga nada.
quietly ['kwaɪətlɪ] *adv* silenciosamente; *(calmly)* tranqüilamente.
quilt [kwɪlt] *n* edredom *m*.
quirk [kwɜ:rk] *n* mania *f*.
quit [kwɪt] *(pt & pp* **quit***) vi (resign)* demitir-se; *(give up)* desistir. ◆ *vt Am (school, job)* deixar, abandonar; **to ~ doing sthg** deixar de fazer algo, desistir de fazer algo.
quite [kwaɪt] *adv* bastante; **it's not ~ big enough** não é suficientemente grande; **it's not ~ ready** ainda não está pronto; **you're ~ right** você tem toda a razão; **~ a lot of money** bastante dinheiro.
quiz [kwɪz] *(pl* **-zes***) n* competição *f* (de conhecimento).
quota ['kwəʊtə] *n* cota *f*, quota *f*.
quotation [kwəʊ'teɪʃn] *n (phrase)* citação *f*; *(estimate)* orçamento *m*.
quotation marks *npl* aspas *fpl*.
quote [kwəʊt] *vt (phrase, writer)* citar; *(price)* indicar. ◆ *n (phrase)* citação *f*; *(estimate)* orçamento *m*.

R

rabbit ['ræbət] *n* coelho *m*.
rabies ['reɪbi:z] *n* raiva *f*.
race [reɪs] *n (competition)* corrida

f; *(ethnic group)* raça *f*. ◆ *vi (compete)* competir; *(go fast)* correr; *(engine)* acelerar. ◆ *vt (compete against)* competir com.

racecar ['reɪskɑ:r] *n Am* carro *m* de corrida.

racecourse ['reɪskɔ:rs] *n* hipódromo *m*.

racehorse ['reɪshɔ:rs] *n* cavalo *m* de corrida.

racetrack ['reɪstræk] *n (for horses)* hipódromo *m*; *(for cars)* autódromo *m*.

racial ['reɪʃl] *adj* racial.

racing ['reɪsɪŋ] *n*: **(horse)** ~ corrida *f* de cavalos.

racism ['reɪsɪzm] *n* racismo *m*.

racist ['reɪsəst] *n* racista *mf*.

rack [ræk] *n (for coats)* cabide *m*; *(for bottles)* porta-garrafas *m*; *(for plates)* escorredor *m* de louça; **(luggage)** ~ porta-bagagens *m inv*; ~ **of lamb** peito *m* de carneiro.

racket ['rækət] *n (for tennis, badminton, squash)* rebatida *f*; *(noise)* barulheira *f*.

racquet ['rækɪt] *n Brit* raquete *f*.

radar ['reɪdɑ:r] *n* radar *m*.

radiation [,reɪdɪ'eɪʃn] *n* radiação *f*.

radiator ['reɪdɪeɪtər] *n* radiador *m*.

radical ['rædɪkl] *adj* radical.

radii ['reɪdɪaɪ] *pl* → **radius.**

radio ['reɪdɪəʊ] (*pl* **-s**) *n (device)* rádio *m* ; *(system)* rádio *f*. ◆ *vt (person)* chamar por rádio; **on the** ~ na rádio.

radioactive [,reɪdɪəʊ'æktɪv] *adj* radioativo(va).

radish ['rædɪʃ] *n* rabanete *m*.

radius ['reɪdɪəs] (*pl* **radii**) *n* raio *m*.

raffle ['ræfl] *n* rifa *f*.

raft [ræft] *n (of wood)* jangada *f*; *(inflatable)* barco *m* de borracha.

rafter ['ræftr] *n* trave *f*, caibro *m*.

rag [ræg] *n (old cloth)* trapo *m*.

rage [reɪdʒ] *n* raiva *f*, fúria *f*.

raid [reɪd] *n (attack)* ataque *m*; *(by police)* batida *f*; *(robbery)* assalto *m*. ◆ *vt (subj: police)* dar uma batida em; *(subj: thieves)* assaltar.

rail [reɪl] *n (bar)* barra *f*; *(for curtain)* trilho *m*; *(on stairs)* corrimão *m*; *(for train, tram)* trilho *m*. ◆ *adj* ferroviário(ria); **by** ~ de trem.

railings ['reɪlɪŋz] *npl* grades *fpl*.

railroad ['reɪlrəʊd] *Am (system)* ferrovia *f*; *(track)* estrada *f* de ferro.

railway ['reɪlweɪ] *n Brit* = **railroad.**

rain [reɪn] *n* chuva *f*. ◆ *v impers* chover; **it's** ~**ing** está chovendo.

rainbow ['reɪnbəʊ] *n* arco-íris *m inv*.

raincoat ['reɪnkəʊt] *n* capa *f* de chuva.

raindrop ['reɪndrɒp] *n* gota *f* OR pingo *m* de chuva.

rainfall ['reɪnfɔ:l] *n* precipitação *f*.

rainy ['reɪnɪ] *adj* chuvoso(osa).

raise [reɪz] *vt* levantar; *(in-*

crease) aumentar; *(money)* angariar; *(child, animals)* criar. ◆ *n Am (pay increase)* aumento *m*.

raisin ['reɪzn] *n* passa *f* (de uva).

rake [reɪk] *n (tool)* ancinho *m*.

rally ['rælɪ] *n (public meeting)* comício *m*; *(car race)* rali *m*, rally *m*; *(in tennis, badminton, squash)* troca *f* de bolas, rally.

ram [ræm] *n* carneiro *m*. ◆ *vt (bang into)* bater contra.

ramble ['ræmbl] *n* passeio *m*, caminhada *f*.

ramp [ræmp] *n (slope)* rampa *f*; *Am (to freeway)* acesso *m*; *Brit (in road)* lombada *f*.

ramparts ['ræmpɑ:rts] *npl* muralhas *fpl*.

ran [ræn] *pt* → **run**.

ranch [ræntʃ] *n* rancho *m*.

rancid ['rænsɪd] *adj* rançoso (osa).

random ['rændəm] *adj* ao acaso. ◆ *n*: **at** ~ ao acaso.

rang [ræŋ] *pt* → **ring**.

range [reɪndʒ] *n (of radio, telescope)* alcance *m*; *(of aircraft)* autonomia *f*; *(of prices)* leque *m*; *(of goods, services)* gama *f*, variedade *f*; *(of hills, mountains)* cadeia *f*, cordilheira *f*; *(for shooting)* linha *f* de tiro; *(stove)* fogão *m*. ◆ *vi*: **to** ~ **from ... to** oscilar entre ... e; **age** ~ faixa *f* etária.

ranger ['reɪndʒər] *n* guarda *mf* florestal.

rank [ræŋk] *n (in armed forces, police)* patente *f*. ◆ *adj (smell)* fétido(da); *(taste)* horroroso(osa).

ransom ['rænsəm] *n* resgate *m*.

rap [ræp] *n (music)* rap *m*.

rape [reɪp] *n (crime)* estupro *m*. ◆ *vt* estuprar.

rapid ['ræpəd] *adj* rápido(da). ❑ **rapids** *npl* corredeira *f*.

rapidly ['ræpədlɪ] *adv* rapidamente.

rapist ['reɪpəst] *n* estuprador *m*.

rare [reər] *adj* raro(ra); *(meat)* mal-passado(da).

rarely ['reərlɪ] *adv* raramente.

rash [ræʃ] *n (on skin)* erupção *f* cutânea, brotoeja *f*. ◆ *adj* precipitado(da).

raspberry ['ræzberɪ] *n* framboesa *f*.

rat [ræt] *n* rato *m*, ratazana *f*.

rate [reɪt] *n (level)* índice *m*, taxa *f*; *(charge)* tarifa *f*, preço *m*; *(speed)* velocidade *f*. ◆ *vt (consider)* considerar; *(deserve)* merecer; **exchange** ~ taxa de câmbio; **at any** ~ *(at least)* pelo menos; *(anyway)* de qualquer modo; **at this** ~ desse jeito, nesse passo.

rather ['ræðr] *adv (quite)* bastante; **I'd** ~ **have a beer** prefiro uma cerveja; **I'd** ~ **not** é melhor não; **would you** ~ **...?** você prefere ...?; ~ **than** em vez de; **that's** ~ **a lot** é um pouco demais.

ratio ['reɪʃɪəʊ] (*pl* **-s**) *n* proporção *f*.

ration ['ræʃn] *n* porção *f*. ❑ **rations** *npl (food)* rações *fpl*.

rational ['ræʃnəl] *adj* racional.

rattle ['rætl] *n (of baby)* chocalho *m*. ◆ *vi* chocalhar.

rave [reɪv] *n (party)* rave *f*.
raven ['reɪvn] *n* corvo *m*.
raw [rɔ:] *adj (uncooked)* cru (crua); *(unprocessed)* bruto(ta).
raw material *n* matéria-prima *f*.
ray [reɪ] *n* raio *m*.
razor ['reɪzər] *n* aparelho *m* de barbear, navalha *f*.
razor blade *n* lâmina *f* de barbear.
re [ri:] *prep* referente a, com respeito a.
reach [ri:tʃ] *vt* chegar a; *(arrive at)* atingir; *(contact)* contatar. ◆ *n*: **out of ~** fora de alcance; **within ~ of the beach** próximo da praia. ❑ **reach out** *v*: **to ~ out (for)** estender o braço (para).
react [rɪ'ækt] *vi* reagir.
reaction [rɪ'ækʃn] *n* reação *f*.
read [ri:d] (*pt & pp* **read** [red]) *vt* ler; *(subj: sign, note)* dizer; *(subj: meter, gauge)* marcar. ◆ *vi* ler; **I read about it in the paper** fiquei sabendo pelo jornal. ❑ **read out** *vt sep* ler em voz alta.
reader ['ri:dər] *n (of newspaper, book)* leitor *m*, -ra *f*.
readily ['redɪlɪ] *adv (willingly)* de boa vontade; *(easily)* facilmente.
reading ['ri:dɪŋ] *n* leitura *f*.
ready ['redɪ] *adj (prepared)* pronto(ta); **to be ~ for sthg** *(prepared)* estar preparado para algo; **to be ~ to do sthg** *(willing)* estar disposto a fazer algo; *(likely)* estar prestes a fazer algo; **to get ~** preparar-se; **to get sthg ~** preparar algo.
ready-to-wear *adj* pronto para vestir.
real ['rɪəl] *adj* verdadeiro(ra); *(life, world)* real; *(leather)* genuíno(na). ◆ *adv Am* mesmo.
real estate *n* bens *mpl* imóveis.
realistic [,ri:ə'lɪstɪk] *adj* realista.
reality [ri:'ælətɪ] *n* realidade *f*; **in ~** na realidade.
realize ['ri:əlaɪz] *vt (become aware of)* aperceber-se de; *(know)* saber; *(ambition, goal)* realizar.
really ['ri:əlɪ] *adv (for emphasis)* mesmo, muito; *(in reality)* realmente; **was it good? – not ~** foi bom? – não muito; **~?** *(expressing surprise)* a sério?
realtor ['ri:əltər] *n Am* corretor *m*, -ra *f* de imóveis.
rear [rɪər] *adj* traseiro(ra). ◆ *n (back)* parte *f* de trás, traseira *f*.
rearrange [,ri:ə'reɪndʒ] *vt (room, furniture)* mudar; *(meeting)* alterar.
reason ['ri:zn] *n* razão *f*, motivo *m*; **for some ~** por alguma razão.
reasonable ['ri:znəbl] *adj* razoável.
reasonably ['ri:znəblɪ] *adv (quite)* razoavelmente.
reasoning ['ri:znɪŋ] *n* raciocínio *m*.
reassure [,ri:ə'ʃɔ:r] *vt* tranqüilizar.
reassuring [,ri:ə'ʃɔ:rɪŋ] *adj* tranqüilizador(ra).

rebate ['ri:beɪt] *n* devolução *f*, reembolso *m*.
rebel [*n* 'rebl, *vb* rɪ'bel] *n* rebelde *mf*. ◆ *vi* revoltar-se.
rebound [rɪ'baʊnd] *vi (ball)* ressaltar.
rebuild [,ri:'bɪld] (*pt & pp* **-built**) *vt* reconstruir.
rebuke [rɪ'bju:k] *vt* repreender.
recall [rɪ'kɔ:l] *vt (remember)* recordar-se de, lembrar-se de.
receipt [rɪ'si:t] *n (for goods, money)* recibo *m*; **on ~ of** ao receber, mediante a recepção de.
receive [rɪ'si:v] *vt* receber.
receiver [rɪ'si:vər] *n (of phone)* fone *m*.
recent ['ri:snt] *adj* recente.
recently ['ri:sntlɪ] *adv* recentemente.
reception [rɪ'sepʃn] *n* recepção *f*.
reception desk *n* recepção *f*.
receptionist [rɪ'sepʃnəst] *n* recepcionista *mf*.
recess ['ri:ses] *n (in wall)* nicho *m*, vão *m*; *Am*: SCH recreio *m*, intervalo *m*.
recession [rɪ'seʃn] *n* recessão *f*.
recipe ['resəpɪ] *n* receita *f*.
recite [rɪ'saɪt] *vt (poem)* recitar; *(list)* enumerar.
reckless ['rekləs] *adj* irresponsável.
reckon ['rekn] *vt inf (think)*: **to ~ (that)** achar que. ❑ **reckon on** *vt fus* contar, esperar. ❑ **reckon with** *vt fus (expect)* contar com.
reclaim [rɪ'kleɪm] *vt (baggage)* recuperar.
recognition [,rekəg'nɪʃn] *n* reconhecimento *m*.
recognize ['rekəgnaɪz] *vt* reconhecer.
recollect [,rekə'lekt] *vt* recordar-se de.
recommend [,rekə'mend] *vt* recomendar; **to ~ that sb do sthg** recomendar a alguém que faça algo.
recommendation [,rekəmen'deɪʃn] *n* recomendação *f*.
reconsider [,ri:kən'sɪdər] *vt* reconsiderar.
reconstruct [,ri:kən'strʌkt] *vt* reconstruir.
record [*n* 'rekɔ:rd, *vb* rɪ'kɔ:rd] *n* MUS disco *m*; *(best performance, highest level)* recorde *m*; *(account)* registro *m*. ◆ *vt (keep account of)* registrar; *(on tape)* gravar.
recorder [rɪ'kɔ:rdər] *n (tape recorder)* gravador *m*; *(instrument)* flauta *f*, pífaro *m*.
recording [rɪ'kɔ:rdɪŋ] *n* gravação *f*.
record player *n* toca-discos *m inv*.
record store *n Am* loja *f* de discos.
recover [rɪ'kʌvər] *vt vi* recuperar.
recovery [rɪ'kʌvərɪ] *n* recuperação *f*.
recreation [,rekrɪ'eɪʃn] *n* distração *f*, divertimento *m*.
recreation ground *n* parque *m* OR campo *m* de jogos.

recruit [rɪ'kru:t] *n* recruta *mf*. ◆ *vt* recrutar.
rectangle ['rek,tæŋgl] *n* retângulo *m*.
rectangular [rek'tæŋgjələr] *adj* retangular.
recycle [,ri:'saɪkl] *vt* reciclar.
red [red] *adj (in color)* vermelho (lha), encarnado(da); *(hair)* ruivo(va). ◆ *n (color)* vermelho *m*, encarnado *m*; **in the ~** com saldo negativo.
Red Cross *n* Cruz *f* Vermelha.
redcurrant ['redkɜ:rənt] *n* groselha *f*.
redecorate [,ri:'dekəreɪt] *vt* redecorar.
redhead ['redhed] *n* ruivo *m*, -va *f*.
redial [,ri:'daɪəl] *vi* tornar a discar (o número de telefone).
redirect [,ri:də'rekt] *vt (traffic, plane)* desviar; *Brit (letter)* mandar para o novo endereço.
reduce [rɪ'du:s] *vt (make smaller)* reduzir, diminuir; *(make cheaper)* saldar, reduzir o preço de. ◆ *vi Am (slim)* emagrecer.
reduced price [rɪ'du:st-] *n* preço *m* reduzido OR de saldo.
reduction [rɪ'dʌkʃn] *n* redução *f*.
redundancy [rɪ'dʌndənsɪ] *n Brit (job loss)* demissão *f*.
redundant [rɪ'dʌndənt] *adj Brit*: **to be made ~** ser despedido(da), perder o emprego.
reed [ri:d] *n* junco *m*.
reef [ri:f] *n* arrecife *m*.
reek [ri:k] *vi* **to ~ (of)** feder (a).
reel [ri:l] *n (of thread)* carro *m*; *(on fishing rod)* molinete *m*, carreto *m*; *(of film)* rolo *m*.
refectory [rɪ'fektərɪ] *n* refeitório *m*, cantina *f*.
refer [rɪ'fɜ:r]: **refer to** *vt fus (speak about)* fazer referência a, referir-se a; *(consult)* consultar.
referee [,refə'ri:] *n* SPORT árbitro *m*.
reference ['refrəns] *n* referência *f*. ◆ *adj (book)* de consulta; *(library)* para consultas; **with ~ to** com referência a.
referendum [,refə'rendəm] *n* plebiscito *m*.
refill [*n* 'ri:fɪl, *vb* ,ri:'fɪl] *n (for pen)* recarga *f*. ◆ *vt* (voltar a) encher; **would you like a ~?** *inf (drink)* mais um copo?
refinery [rɪ'faɪnərɪ] *n* refinaria *f*.
reflect [rɪ'flekt] *vt vi* refletir.
reflection [rɪ'flekʃn] *n (image)* reflexo *m*.
reflector [rɪ'flektər] *n* refletor *m*.
reflex ['ri:fleks] *n* reflexo *m*.
reflexive [rɪ'fleksɪv] *adj* reflexo(xa), reflexivo(va).
reform [rɪ'fɔ:rm] *n* reforma *f*. ◆ *vt* reformar.
refresh [rɪ'freʃ] *vt* refrescar.
refreshing [rɪ'freʃɪŋ] *adj* refrescante.
refreshments [rɪ'freʃmənts] *npl* lanches *mpl*, comes e bebes.
refrigerator [rɪ'frɪdʒəreɪtər] *n* geladeira *f*.
refugee [,refjʊ'dʒi:] *n* refugiado *m*, -da *f*.

refund [*n* 'ri:fʌnd, *vb* rɪ'fʌnd] *n* reembolso *m.* ◆ *vt* reembolsar.
refundable [rɪ'fʌndəbl] *adj* reembolsável.
refusal [rɪ'fju:zl] *n* recusa *f.*
refuse[1] [rɪ'fju:z] *vt vi* recusar; **to ~ to do sthg** recusar-se a fazer algo.
refuse[2] ['refju:s] *n fml* lixo *m.*
regard [rɪ'gɑ:rd] *vt (consider)* considerar. ◆ *n*: **with ~ to** a respeito de; **as ~s** no que diz respeito a, quanto a. ❑ **regards** *npl (in greetings)* cumprimentos *mpl*; **give them my ~s** dê-lhes os meus cumprimentos.
regarding [rɪ'gɑ:rdɪŋ] *prep* a respeito de, no que diz respeito a.
regardless [rɪ'gɑ:rdləs] *adv* apesar de tudo; **~ of** independentemente de.
reggae ['regeɪ] *n* reggae *m.*
regiment ['redʒɪmənt] *n* regimento *m.*
region ['ri:dʒən] *n* região *f*; **in the ~ of** cerca de, na região de.
regional ['ri:dʒnəl] *adj* regional.
register ['redʒəstər] *n* registro *m.* ◆ *vt* registrar. ◆ *vi (put one's name down)* inscrever-se; *(at hotel)* preencher o registro.
registered ['redʒəstərd] *adj (letter, parcel)* registrado(da).
registration [,redʒə'streɪʃn] *n (for course, at conference)* inscrição *f.*
registry office ['redʒəstrɪ-] *n* registro *m* civil.
regret [rɪ'gret] *n* arrependimento *m.* ◆ *vt* lamentar, arrepender-se de; **to ~ doing sthg** arrepender-se de ter feito algo; **we ~ any inconvenience caused** lamentamos qualquer inconveniência.
regrettable [rɪ'gretəbl] *adj* lamentável.
regular ['regjələr] *adj* regular; *(normal, in size)* normal. ◆ *n (customer)* cliente *mf* habitual, habitué *mf.*
regularly ['regjələrlɪ] *adv* regularmente.
regulate ['regjəleɪt] *vt* regular.
regulation [,regjə'leɪʃn] *n (rule)* regra *f.*
rehearsal [rɪ'hɜ:rsl] *n* ensaio *m.*
rehearse [rɪ'hɜ:rs] *vt* ensaiar.
reign [reɪn] *n* reino *m.* ◆ *vi* reinar.
reimburse [,ri:əm'bɜ:rs] *vt fml* reembolsar.
reindeer ['reɪn,dɪər] *(pl inv) n* rena *f.*
reinforce [,ri:ən'fɔ:rs] *vt* reforçar.
reinforcements [,ri:ən'fɔ:rsmənts] *npl* reforços *mpl.*
reins [reɪnz] *npl (for horse)* rédeas *fpl*; *(for child)* andadeira *f.*
reject [rɪ'dʒekt] *vt* rejeitar.
rejection [rɪ'dʒekʃn] *n* rejeição *f.*
relapse [rɪ'læps] *n* recaída *f.*
relate [rɪ'leɪt] *vt (connect)* relacionar. ◆ *vi*: **to ~ to** *(be connected with)* estar relacionado(da) com; *(concern)* dizer respeito a.

related [rɪ'leɪtəd] *adj (of same family)* da mesma família, aparentado(da); *(connected)* relacionado(da).
relation [rɪ'leɪʃn] *n (member of family)* parente *mf*; *(connection)* relação *f*, ligação *f*; **in ~ to** em relação a. ❑ **relations** *npl* relações *fpl*.
relationship [rɪ'leɪʃnʃɪp] *n (between countries, people)* relações *fpl*; *(between lovers)* relação *f*; *(connection)* ligação *f*, relação.
relative ['relətɪv] *adj* relativo(va). ◆ *n* parente *mf*.
relatively ['relətɪvlɪ] *adv* relativamente.
relax [rɪ'læks] *vi (person)* descontrair-se, relaxar.
relaxation [,ri:læk'seɪʃn] *n (of person)* descontração *f*, relaxamento *m*.
relaxed [rɪ'lækst] *adj* descontraído(da), relaxado(da).
relaxing [rɪ'læksɪŋ] *adj* relaxante, calmante.
relay ['ri:leɪ] *n (race)* corrida *f* de revezamento.
release [rɪ'li:s] *vt (set free)* libertar, soltar; *(let go of)* largar, soltar; *(record, movie)* lançar; *(brake, catch)* soltar. ◆ *n (record, movie)* lançamento *m*.
relevant ['reləvənt] *adj* relevante.
reliable [rɪ'laɪəbl] *adj (person, machine)* de confiança, confiável.
relic ['relɪk] *n (object)* relíquia *f*.
relief [rɪ'li:f] *n (gladness)* alívio *m*; *(aid)* ajuda *f*.
relieve [rɪ'li:v] *vt (pain, headache)* aliviar.
relieved [rɪ'li:vd] *adj* aliviado(da).
religion [rɪ'lɪdʒn] *n* religião *f*.
religious [rɪ'lɪdʒəs] *adj* religioso(osa).
relish ['relɪʃ] *n (sauce)* molho *m*.
reluctant [rɪ'lʌktənt] *adj* relutante.
rely [rɪ'laɪ] (*pt & pp* **-ied**): **rely on** *vt fus (trust)* confiar em; *(depend on)* depender de.
remain [rɪ'meɪn] *vi (stay)* permanecer; *(continue to exist)* sobrar, restar. ❑ **remains** *npl (of meal, body)* restos *mpl*; *(of ancient buildings, etc)* ruínas *fpl*.
remainder [rɪ'meɪndər] *n* resto *m*, restante *m*.
remaining [rɪ'meɪnɪŋ] *adj* restante.
remark [rɪ'mɑ:rk] *n* comentário *m*. ◆ *vt* comentar.
remarkable [rɪ'mɑ:rkəbl] *adj* extraordinário(ria), incrível.
remedy ['remədɪ] *n* remédio *m*.
remember [rɪ'membər] *vt* lembrar-se de. ◆ *vi (recall)* lembrar-se; **to ~ doing sthg** lembrar-se de ter feito algo; **to ~ to do sthg** lembrar-se de fazer algo.
remind [rɪ'maɪnd] *vt*: **to ~ sb of** lembrar a alguém de algo; **to ~ sb to do sthg** lembrar a alguém que tem de fazer algo.
reminder [rɪ'maɪndər] *n (for bill, library book)* aviso *m*.

remittance [rɪ'mɪtns] *n (fml: money)* ≃ vale *m* postal.

remnant ['remnənt] *n* resto *m*.

remote [rɪ'məʊt] *adj* remoto (ta).

remote control *n (device)* controle *m* remoto.

removal [rɪ'mu:vl] *n* remoção *f*; *Brit (change of house)* mudança *f*.

remove [rɪ'mu:v] *vt* remover.

renew [rɪ'nu:] *vt* renovar.

renovate ['renəveɪt] *vt* renovar.

renowned [rɪ'naʊnd] *adj* célebre.

rent [rent] *n* renda *f*, arrendamento *m*. ◆ *vt* arrendar.

rental ['rentl] *n* aluguel *m*. ◆ *adj*: **a ~ car** um carro de aluguel.

repaid [ˌri:'peɪd] *pt & pp* → **repay**.

repair [rɪ'peər] *vt* reparar. ◆ *n*: **in good ~** em boas condições. ❑ **repairs** *npl* consertos *mpl*.

repay [ˌri:'peɪ] (*pt & pp* **-paid**) *vt (money)* reembolsar; *(favor, kindness)* retribuir.

repayment [ri:'peɪmənt] *n (money)* reembolso *m*.

repeat [rɪ'pi:t] *vt* repetir. ◆ *n (on TV)* reprise *f*.

repetition [ˌrepə'tɪʃn] *n* repetição *f*.

repetitive [rɪ'petɪtɪv] *adj* repetitivo(va).

replace [rɪ'pleɪs] *vt (substitute)* substituir; *(faulty goods)* trocar; *(put back)* voltar a pôr no lugar.

replacement [rɪ'pleɪsmənt] *n (substitute)* substituto *m*, -ta *f*.

replay ['ri:pleɪ] *n (on TV)* replay *m*; *Brit (rematch)* jogo *m* de desempate.

reply [rɪ'plaɪ] *n* resposta *f*. ◆ *vt vi* responder.

report [rɪ'pɔ:rt] *n (account)* relatório *m*; *(in newspaper, on TV, radio)* reportagem *f*; *Brit* SCH boletim *m*. ◆ *vt (announce)* anunciar; *(theft, disappearance)* dar parte; *(person)* denunciar. ◆ *vi (give account)* informar; *(for newspaper, TV, radio)* fazer uma reportagem; **to ~ to sb** *(go to)* apresentar-se a alguém; **to ~ (to sb) on** informar (alguém) sobre.

reporter [rɪ'pɔ:rtər] *n* repórter *mf*.

represent [ˌreprɪ'zent] *vt* representar.

representative [ˌreprɪ'zentətɪv] *n* representante *mf*.

repress [rɪ'pres] *vt* reprimir.

reprieve [rɪ'pri:v] *n (delay)* adiamento *m*.

reprimand ['reprɪmænd] *vt* repreender.

reproach [rɪ'prəʊtʃ] *vt* repreender.

reproduction [ˌri:prə'dʌkʃn] *n* reprodução *f*.

reptile ['reptaɪl] *n* réptil *m*.

republic [rɪ'pʌblɪk] *n* república *f*.

Republican [rɪ'pʌblɪkən] *n (in US)* republicano *m*, -na *f*. ◆ *adj (in US)* republicano(na).

repulsive [rɪ'pʌlsɪv] *adj* repulsivo(va).

reputable ['repjətəbl] *adj* de boa reputação.

reputation [,repjə'teɪʃn] *n* reputação *f*.

reputedly [rɪ'pju:tɪdlɪ] *adv* supostamente.

request [rɪ'kwest] *n* pedido *m*. ◆ *vt* pedir; **to ~ sb to do sthg** pedir a alguém que faça algo; **available on ~** disponível a pedido do interessado.

require [rɪ'kwaɪər] *vt (subj: person)* necessitar de; *(subj: situation)* requerer, exigir; **passengers are ~d to show their tickets** pede-se aos passageiros que mostrem as passagens.

requirement [rɪ'kwaɪəmənt] *n (condition)* requisito *m (need)* necessidade *f*.

rerun ['ri:rʌn] *n Am (on TV)* reprise *f*.

rescue ['reskju:] *vt* resgatar, salvar.

research [rɪ'sɜ:rtʃ] *n* pesquisa *f*.

resemblance [rɪ'zembləns] *n* semelhança *f*.

resemble [rɪ'zembl] *vt* parecer-se com.

resent [rɪ'zent] *vt* ressentir-se com.

reservation [,rezə'rveɪʃn] *n* reserva *f*; **to make a ~** fazer uma reserva.

reserve [rɪ'zɜ:r] *n (for wildlife)* reserva *f*. ◆ *vt* reservar.

reserved [rɪ'zɜ:vd] *adj* reservado(da).

reservoir ['rezəvwɑ:r] *n* reservatório *m*, represa *f*.

reset [,ri:'set] (*pt & pp* **reset**) *vt (watch)* acertar; *(meter, device)* reajustar.

reside [rɪ'zaɪd] *vi fml* residir.

residence ['rezɪdəns] *n fml* residência *f*; **place of ~** *fml* (local *m* de) residência *f*.

resident ['rezɪdənt] *n (of country)* habitante *mf*; *(of hotel)* hóspede *mf*; *(of area, house)* morador *m*, -ra *f*; **'~s only'** *(for parking)* 'reservado para os moradores'.

residential [,rezɪ'denʃl] *adj* residencial.

residue ['rezɪdju:] *n* resíduo *m*.

resign [rɪ'zaɪn] *vi* demitir-se. ◆ *vt*: **to ~ o.s. to sthg** resignar-se com algo, conformar-se com algo.

resignation [,rezɪg'neɪʃn] *n (from job)* demissão *f*.

resilient [rɪ'zɪlɪənt] *adj* forte.

resist [rɪ'zɪst] *vt* resistir a; **I can't ~ chocolate cake** não resisto a bolo de chocolate; **to ~ doing sthg** resistir a fazer algo.

resistance [rɪ'zɪstəns] *n* resistência *f*.

resit [,ri:'sɪt] (*pt & pp* **-sat**) *vt Brit* repetir *(prova, teste)*.

resolution [,rezə'lu:ʃn] *n* resolução *f*.

resolve [rɪ'zɒlv] *vt (solve)* resolver.

resort [rɪ'zɔ:rt] *n (for vacation)* local *m* turístico; **as a last ~** como último recurso. ❑ **resort to** *vt fus* recorrer a; **to ~ to doing**

sthg recorrer a fazer algo.

resource [rɪ'sɔ:rs] *n* recurso *m*.

resourceful [rɪ'sɔ:rsfl] *adj* desembaraçado(da).

respect [rɪ'spekt] *n* respeito *m*; *(aspect)* aspecto *m*. ◆ *vt* respeitar; **with ~ to** com respeito a; **in some ~s** sob alguns aspectos.

respectable [rɪ'spektəbl] *adj (person, job, etc)* respeitável; *(acceptable)* decente.

respective [rɪ'spektɪv] *adj* respectivo(va).

respond [rɪ'spɒnd] *vi* responder.

response [rɪ'spɒns] *n* resposta *f*.

responsibility [rɪ,spɒnsə'bɪlətɪ] *n* responsabilidade *f*.

responsible [rɪ'spɒnsəbl] *adj* responsável; **to be ~ (for)** *(to blame)* ser responsável (por).

rest [rest] *n (relaxation)* descanso *m*; *(for foot, head, back)* apoio *m*. ◆ *vi (relax)* descansar. ◆ *vt*: **to ~ sthg against sthg** encostar algo em algo; **the ~** *(remainder)* o resto; **to take a ~** descansar; **the ladder was ~ing against the wall** a escada estava encostada na parede.

restaurant ['restərɒnt] *n* restaurante *m*.

restful ['restfl] *adj* tranqüilo (la).

restless ['restləs] *adj (bored, impatient)* impaciente; *(fidgety)* inquieto(ta).

restore [rɪ'stɔ:r] *vt (reintroduce)* restabelecer; *(renovate)* restaurar.

restrain [rɪ'streɪn] *vt* conter.

restrict [rɪ'strɪkt] *vt* restringir.

restricted [rɪ'strɪktəd] *adj* restrito(ta).

restriction [rɪ'strɪkʃn] *n* restrição *f*.

rest room *n Am* banheiro *m*.

result [rɪ'zʌlt] *n* resultado *m*. ◆ *vi*: **to ~ in** resultar em; **as a ~ of** em conseqüência de. ❑ **results** *npl (of test, exam)* resultados *mpl*.

resume [rɪ'zu:m] *vt vi* recomeçar, retomar.

résumé ['rezəmeɪ] *n Am* curriculum *m* vitae.

retail ['ri:teɪl] *n* venda *f* a varejo. ◆ *vt* vender (a varejo). ◆ *vi*: **to ~ at** vender a.

retailer ['ri:teɪlər] *n* varejista *mf*.

retail price *n* preço *m* de venda ao público.

retain [rɪ'teɪn] *vt fml* reter.

retaliate [rɪ'tælɪeɪt] *vi* retaliar.

retire [rɪ'taɪər] *vi (stop working)* aposentar-se.

retired [rɪ'taɪərd] *adj* aposentado(da).

retirement [rɪ'taɪərmənt] *n* aposentadoria *f*.

retreat [rɪ'tri:t] *vi* retirar-se. ◆ *n (place)* retiro *m*.

retrieve [rɪ'tri:v] *vt* recuperar.

return [rɪ'tɜ:rn] *n (arrival back)* regresso *m*. ◆ *vt* devolver. ◆ *vi* voltar, regressar. ◆ *adj*: **by ~ mail** *Am* no correio seguinte; **in ~ (for)** em troca (de); **many happy ~s!** muitos anos de vi-

da!; **to ~ sthg (to sb)** *(give back)* devolver algo (a alguém).
return ticket *n* bilhete *m* de ida e volta.
reunite [ˌriːjuːˈnaɪt] *vt* reunir.
reveal [rɪˈviːl] *vt* revelar.
revelation [ˌrevəˈleɪʃn] *n* revelação *f*.
revenge [rɪˈvendʒ] *n* vingança *f*.
reverse [rɪˈvɜːrs] *adj* inverso(sa). ◆ *n* AUT marcha *f* à ré; *(of coin)* reverso *m*; *(of document)* verso *m*. ◆ *vt (car)* dar marcha à ré em; *(decision)* revogar. ◆ *vi (car, driver)* dar marcha à ré; **in ~ order** na ordem inversa, ao contrário; **the ~** *(opposite)* o contrário.
review [rɪˈvjuː] *n (of book, record, movie)* crítica *f*; *(examination)* revisão *f*. ◆ *vt Am (for test)* rever.
revise [rɪˈvaɪz] *vt* rever. ◆ *vi Brit* rever a matéria.
revision [rɪˈvɪʒn] *n Brit* revisão *f*.
revive [rɪˈvaɪv] *vt (person)* reanimar; *(economy, custom)* recuperar.
revolt [rɪˈvəʊlt] *n* revolta *f*.
revolting [rɪˈvəʊltɪŋ] *adj* repugnante.
revolution [ˌrevəˈluːʃn] *n* revolução *f*.
revolutionary [revəˈluːʃənərɪ] *adj* revolucionário(ria).
revolver [rɪˈvɒlvər] *n* revólver *m*.
revue [rɪˈvjuː] *n* (teatro *m* de) revista *f*.
reward [rɪˈwɔːrd] *n* recompensa *f*. ◆ *vt* recompensar.
rewind [ˌriːˈwaɪnd] (*pt & pp* **-wound**) *vt* rebobinar.
rheumatism [ˈruːmətɪzm] *n* reumatismo *m*.
rhinoceros [raɪˈnɒsərəs] (*pl inv* OR **-es**) *n* rinoceronte *m*.
rhubarb [ˈruːbɑːrb] *n* ruibarbo *m*.
rhyme [raɪm] *n (poem)* rima *f*. ◆ *vi* rimar.
rhythm [ˈrɪðm] *n* ritmo *m*.
rib [rɪb] *n* costela *f*.
ribbon [ˈrɪbən] *n* fita *f*.
rice [raɪs] *n* arroz *m*.
rice pudding *n* ≃ arroz-doce *m*.
rich [rɪtʃ] *adj* rico(ca). ◆ *npl*: **the ~** os ricos; **to be ~ in sthg** ser rico em algo.
rid [rɪd] *vt*: **to get ~ of** livrar-se de.
ridden [ˈrɪdn] *pp* → **ride.**
riddle [ˈrɪdl] *n (puzzle)* adivinha *f*; *(mystery)* enigma *m*.
ride [raɪd] (*pt* **rode,** *pp* **ridden**) *n (on horse, bike)* passeio *m*; *(in vehicle)* volta *f*. ◆ *vt (horse)* andar a; *(bike)* andar de. ◆ *vi (on horse)* andar OR montar a cavalo; *(on bike)* andar de bicicleta; *(in vehicle)* viajar; **to go for a ~** *(in car)* ir dar uma volta (de carro).
rider [ˈraɪdər] *n (on horse)* cavaleiro *m*, amazona *f*; *(on bike)* ciclista *mf*.
ridge [rɪdʒ] *n (of mountain)* crista *f*; *(raised surface)* rugosidade *f*.

ridiculous [rɪ'dɪkjələs] *adj* ridículo(la).
riding ['raɪdɪŋ] *n* equitação *f*.
rifle ['raɪfl] *n* fuzil *m*, espingarda *f*.
rig [rɪg] *n (oilrig)* plataforma *f* petrolífera. ◆ *vt* fraudar.
right [raɪt] *adj* -1. *(correct)* certo(ta); **to be ~** *(person)* ter razão; **to be ~ to do sthg** fazer bem em fazer algo; **is this the ~ way?** é este o caminho certo?; **that's ~!** é isso mesmo!, exatamente!
-2. *(fair)* certo(ta); **that's not ~!** isso não está certo!
-3. *(on the right)* direito(ta); **the ~ side of the road** o lado direito da estrada.
◆ *n* -1. *(side)*: **the ~** a direita.
-2. *(entitlement)* direito *m*; **to have the ~ to do sthg** ter o direito de fazer algo.
◆ *adv* -1. *(toward the right)* à direita; **turn ~ at the post office** vire à direita junto aos correios.
-2. *(correctly)* bem; **am I pronouncing it ~?** estou pronunciando isso bem?
-3. *(for emphasis)* mesmo; **~ here** aqui mesmo; **I'll be ~ back** volto já; **~ away** imediatamente.
right angle *n* ângulo *m* reto.
right-hand *adj* direito(ta).
right-handed [-'hændəd] *adj (person)* destro(tra); *(implement)* para pessoas destras.
rightly ['raɪtlɪ] *adv (correctly)* corretamente; *(justly)* devidamente.
right-wing *adj* de direita.
rigid ['rɪdʒɪd] *adj* rígido(da).
rim [rɪm] *n (of cup)* borda *f*; *(of glasses)* armação *f*; *(of bicycle wheel)* aro *m*; *(of car wheel)* aro *m*.
rind [raɪnd] *n (of fruit, cheese)* casca *f*; *(of bacon)* couro *m*.
ring [rɪŋ] (*pt* **rang**, *pp* **rung**) *n (for finger)* anel *m*; *(circle)* círculo *m*; *(sound)* toque *m* de campainha, telefone; *(on electric cooker)* disco *m*; *(on gas cooker)* boca *f*; *(for boxing)* ringue *m*; *(in circus)* arena *f*. ◆ *vt (bell)* tocar a. ◆ *vi (doorbell, telephone)* tocar; *(ears)* zumbir; **to give sb a ~** *(phone call)* telefonar para alguém; **to ~ the bell** *(of house, office)* tocar a campainha.
rink [rɪŋk] *n* rinque *m*, pista *f* (de patinação).
rinse [rɪns] *vt (clothes, hair)* enxaguar, passar uma água; *(hands)* lavar. ❑ **rinse out** *vt sep (clothes)* enxaguar, passar uma água; *(mouth)* bochechar.
riot ['raɪət] *n (violent disturbance)* distúrbio *m*.
rip [rɪp] *n* rasgão *m*. ◆ *vt* rasgar. ◆ *vi* rasgar-se. ❑ **rip off** *vt sep (person)* extorquir. ❑ **rip up** *vt sep* rasgar em pedaços.
ripe [raɪp] *adj* maduro(ra).
ripen ['raɪpn] *vi* amadurecer.
rip-off *n inf* roubo *m*.
rise [raɪz] (*pt* **rose**, *pp* **risen** ['rɪzn]) *vi (move upward)* elevar-se; *(sun, moon)* nascer; *(increase)*

subir; *(stand up)* levantar-se. ♦ *n* subida *f*; *Brit (pay increase)* aumento *m*.

risk [rɪsk] *n* risco *m*. ♦ *vt* arriscar; **to take a ~** correr um risco; **at your own ~** por sua conta e risco; **to ~ doing sthg** arriscar-se a fazer algo; **to ~ it** arriscar-se.

risky ['rɪskɪ] *adj* arriscado(da).

ritual ['rɪtʃʊəl] *n* ritual *m*.

rival ['raɪvl] *adj* rival. ♦ *n* rival *mf*.

river ['rɪvər] *n* rio *m*.

river bank *n* margem *f* do rio.

riverside ['rɪvərsaɪd] *n* beira-rio *f*.

roach [rəʊtʃ] *n Am (cockroach)* barata *f*.

road [rəʊd]

roadside ['rəʊdsaɪd] *n*: **the ~** a beira (da estrada).

road sign *n* placa *f* (de trânsito).

roadwork ['rəʊdwɜːrk] *n* obras *fpl* na pista.

roam [rəʊm] *vi* vaguear.

roar [rɔːr] *n (of crowd)* gritos *mpl*, brados *mpl*; *(of airplane)* ronco *m*; *(of lion)* rugido *m*. ♦ *vi (crowd)* berrar, bradar; *(lion)* rugir.

roast [rəʊst] *n* assado *m*. ♦ *vt* assar. ♦ *adj* assado(da); **~ beef** rosbife *m*; **~ chicken** frango *m* assado; **~ lamb** carneiro *m* assado; **~ pork** lombo *m* (de porco) assado; **~ potatoes** batatas *fpl* assadas.

rob [rɒb] *vt* assaltar; **to ~ sb of sthg** roubar algo de alguém.

robber ['rɒbər] *n* ladrão *m*, -dra *f*.

robbery ['rɒbərɪ] *n* assalto *m*.

robe [rəʊb] *n Am (bathrobe)* roupão *m*.

robin ['rɒbɪn] *n* pisco *m*.

robot ['rəʊbɒt] *n* robô *m*.

rock [rɒk] *n* rocha *f*; *Am (stone)* pedra *f*; *(music)* rock *m*. ♦ *vt (baby)* embalar; *(boat)* balançar; **on the ~s** *(drink)* com gelo.

rock climbing *n* escalada *f*; **to go ~** ir escalar.

rocket ['rɒkət] *n (missile, space rocket)* foguete *m*; *(firework)* foguete *m*.

rocky ['rɒkɪ] *adj (place)* rochoso(osa).

rod [rɒd] *n (wooden)* vara *f*; *(metal)* barra *f*; *(for fishing)* vara *f* de pescar.

rode [rəʊd] *pt* → **ride**.

role [rəʊl] *n* papel *m*.

roll [rəʊl] *n (of bread)* pãozinho *m*; *(of film, paper)* rolo *m*. ♦ *vi (ball, rock)* rolar; *(vehicle)* circular; *(ship)* balançar. ♦ *vt (ball, rock)* fazer rolar; *(cigarette)* enrolar; *(dice)* lançar. ❑ **roll over** *vi (person, animal)* virar-se; *(car)* capotar. ❑ **roll up** *vt sep (map, carpet)* enrolar; *(sleeves, trousers)* arregaçar.

rollerblades ['rəʊlər,bleɪdz] *npl* patins *mpl* em linha.

rollerblading ['rəʊlər,bleɪdɪŋ] *n* : **to go ~** patinar com patins em linha.

roller coaster ['rəʊlər-] *n* montanha-russa *f*.

rollers ['rəʊlərz] *npl (for hair)* bobs *mpl*.
roller skates ['rəʊlər-] *npl* patins *mpl* de rodas.
rolling pin ['rəʊlɪŋ-] *n* rolo *m* de pastel.
Roman Catholic *n* católico *m* romano, católica *f* romana.
romance [rəʊ'mæns] *n* romance *m*.
romantic [rəʊ'mæntɪk] *adj* romântico(ca).
roof [ru:f] *n (of building, cave)* telhado *m*; *(of car, trailer, tent)* teto *m*.
roof rack *n* bagageiro *m*.
room [ru:m] *n (bedroom, in hotel)* quarto *m*; *(in building)* divisão *f*, sala *f*; *(space)* espaço *m*.
room service *n* serviço *m* de quarto.
room temperature *n* temperatura *f* ambiente.
roomy ['ru:mɪ] *adj* espaçoso(osa).
root [ru:t] *n* raiz *f*.
rope [rəʊp] *n* corda *f*. ◆ *vt* amarrar.
rose [rəʊz] *pt* → **rise**. ◆ *n (flower)* rosa *f*.
rosemary ['rəʊzmərɪ] *n* alecrim *m*.
rot [rɒt] *vi* apodrecer.
rota ['rəʊtə] *n Brit* lista *f* de turnos.
rotate ['rəʊteɪt] *vi* girar.
rotten ['rɒtn] *adj (food, wood)* podre; *inf (not good)* péssimo(ma); **I feel** ~ *(sick)* sinto-me péssimo.
rouge [ru:ʒ] *n* blush *m*.
rough [rʌf] *adj (surface, skin, cloth)* áspero(ra); *(sea, crossing)* agitado(da); *(person)* bruto(ta); *(approximate)* aproximado(da); *(conditions, wine)* mau (má); *(area, city)* perigoso(osa). ◆ *n (on golf course)* rough *m*; **a** ~ **guess** um cálculo aproximado; **to have a** ~ **time** passar por um período difícil.
roughly ['rʌflɪ] *adv (approximately)* aproximadamente; *(push, handle)* bruscamente, grosseiramente.
roulette [ru:'let] *n* roleta *f*.
round [raʊnd] *adj* redondo(da). ◆ *n* **-1.** *(of drinks)* rodada *f*; **it's my** ~ é a minha rodada.
-2. *(of competition)* volta *f*.
-3. *(in golf)* partida *f*; *(in boxing)* assalto *m*.
-4. *(of policeman, milkman)* ronda *f*. ◆ *prep* **-1.** *(approximately)* cerca de; ~ **(about) 100** cerca de 100; ~ **ten o'clock** por volta de dez horas.
-2. *(near)*: ~ **here** aqui perto.
-3. *(in phrases)*: **it's just** ~ **the corner** *(nearby)* é aqui pertinho; ~ **the clock** 24 horas. ❑ **round off** *vt sep (meal, day, visit)* terminar.
roundabout ['raʊndəbaʊt] *adj* indireto; **a** ~ **way** de forma indireta.
round trip *n* viagem *f* de ida e volta.
route [raʊt] *n (way)* caminho *m*; *(of train)* linha *f*; *(of bus)* trajeto *m*; *(of plane)* rota *f*. ◆ *vt (change*

course of) mudar a rota de.
routine [ruːˈtiːn] *n* rotina *f.* ◆ *adj* rotineiro(ra).
row [rəʊ] *n (line)* fila *f.* ◆ *vt (boat)* remar. ◆ *vi* remar; **three times in a ~** três vezes seguidas.
rowboat [ˈrəʊbəʊt] *n Am* barco *m* a remo.
rowdy [ˈraʊdɪ] *adj* turbulento (ta).
rowing [ˈrəʊɪŋ] *n* remo *m.*
royal [ˈrɔɪəl] *adj* real.
royalty [ˈrɔɪəltɪ] *n (royal family)* realeza *f.*
rub [rʌb] *vt (back, eyes)* esfregar; *(polish)* polir. ◆ *vi (with hand, cloth)* esfregar; friccionar. ❑ **rub in** *vt sep (lotion, oil)* esfregar. ❑ **rub out** *vt sep Brit* apagar.
rubber [ˈrʌbər] *adj* de borracha. ◆ *n* borracha *f; Am inf (condom)* camisinha *f,* preservativo *m.*
rubber band *n* elástico *m.*
rubbish [ˈrʌbɪʃ] *n inf (nonsense)* disparate *m*; *(refuse)* lixo *m* ; *inf (worthless thing)* porcaria *f.*
rubble [ˈrʌbl] *n* entulho *m,* escombros *mpl.*
ruby [ˈruːbɪ] *n* rubi *m.*
rucksack [ˈrʌksæk] *n* mochila *f.*
rudder [ˈrʌdər] *n* leme *m.*
rude [ruːd] *adj (person)* mal-educado(da); *(behavior, joke, picture)* grosseiro(ra).
rug [rʌg] *n (for floor)* tapete *m*; *Brit (blanket)* manta *f* (de viagem).
rugby [ˈrʌgbɪ] *n* rúgbi *m.*
ruin [ˈruːɪn] *vt* estragar. ❑ **ruins** *npl* ruínas *fpl.*
ruined [ˈruːɪnd] *adj (building)* em ruínas; *(clothes, meal, vacation)* estragado(da).
rule [ruːl] *n (law)* regra *f.* ◆ *vt (country)* governar; **to be the ~** *(normal)* ser a regra; **against the ~s** contra as regras; **as a ~** geralmente. ❑ **rule out** *vt sep* excluir.
ruler [ˈruːlər] *n (of country)* governante *mf*; *(for measuring)* régua *f.*
rum [rʌm] *n* rum *m.*
rumor [ˈruːmər] *n Am* boato *m.*
rumour [ˈruːmə^r] *Brit* = **rumor.**
rump steak [ˌrʌmp-] *n* alcatra *f.*
run [rʌn] (*pt* **ran,** *pp* **run**) *vi*
- 1. *(on foot)* correr; **we had to ~ for the bus** tivemos de correr para tomar o ônibus.
- 2. *(train, bus)* circular; **the bus ~s every hour** há um ônibus de hora em hora; **the train is running an hour late** o trem está com uma hora de atraso; **this service doesn't ~ on Sundays** este serviço não circula aos domingos.
- 3. *(operate)* funcionar; **to ~ on sthg** funcionar a algo; **leave the engine running** deixe o motor funcionando.
- 4. *(tears, liquid, river)* correr; **to leave the tap running** deixar a torneira aberta; **to ~ through** *(river, road)* atravessar; **the path ~s along the coast** o caminho

segue ao longo da costa.
- 5. *(play)* estar em cartaz OR cena; *(event)* decorrer; **'now running at the Palladium'** 'em cartaz no Palladium'.
- 6. *(eyes)* chorar; *(nose)* escorrer.
- 7. *(color, dye, clothes)* desbotar.
- 8. *(remain valid)* ser válido; **the offer ~s until July** a oferta é válida até julho.
◆ *vt* - 1. *(on foot)* correr; **to ~ a race** participar de uma corrida.
- 2. *(manage, organize)* gerir.
- 3. *(bus, train)* ter em circulação; **we're running a special bus to the airport** temos em circulação um ônibus especial para o aeroporto.
- 4. *(take sb in car)* levar (de carro); **I'll ~ you home** eu levo você em casa.
- 5. *(fill)*: **to ~ a bath** encher a banheira.
◆ *n* - 1. *(on foot)* corrida *f*; **to go for a ~** ir dar uma corrida.
- 2. *(of play, show)*: **it had a two-year ~** esteve dois anos em cartaz.
- 3. *(for skiing)* pista *f*.
- 4. *Am (in tights)* fio *m* puxado.
- 5. *(in phrases)*: **in the long ~** a longo prazo. ❑ **run away** *vi* fugir.
◆ **run down**
◆ *vt sep (run over)* atropelar; *(criticize)* criticar.
◆ *vi (clock)* parar; *(battery)* descarregar-se, gastar-se.
◆ **run into** *vt fus (meet)* encontrar; *(hit)* chocar com, bater em; *(problem, difficulty)* deparar com.
◆ **run out** *vi (be used up)* esgotar-se.
◆ **run out of** *vt fus* ficar sem.
◆ **run over** *vt sep (hit)* atropelar.

runaway ['rʌnəweɪ] *n* fugitivo *m*, -va *f*.

run-down ['rʌndaʊn] *adj (dilapidated)* dilapidado(da), velho(lha); *(tired)* cansado(da).

rung [rʌŋ] *pp* → **ring.** ◆ *n (of ladder)* degrau *m*.

runner ['rʌnər] *n (person)* corredor *m*, -ra *f*; *(for door, drawer)* calha *f*; *(for sledge)* patim *m*.

runner-up (*pl* **runners-up**) *n* segundo *m* classificado, segunda *f* classificada.

running ['rʌnɪŋ] *n* SPORT corrida *f* ; *(management)* gestão *f*.
◆ *adj*: **three days ~** três dias seguidos; **to go ~** ir correr.

runny ['rʌnɪ] *adj (sauce)* líquido(da); *(egg, omelette)* mal-passado(da); *(nose)* escorrendo; *(eye)* lacrimejante.

runway ['rʌnweɪ] *n (for planes)* pista *f* (de aterrissagem).

rural ['rʊərəl] *adj* rural.

rush [rʌʃ] *n (hurry)* pressa *f*; *(of crowd)* onda *f* (de gente), afluência *f*. ◆ *vi (move quickly)* ir correndo; *(hurry)* apressar-se. ◆ *vt (work)* fazer às pressas; *(food)* comer às pressas; *(transport quickly)* levar urgentemente; **to be in a ~** estar com OR ter pressa; **there's no ~!** não há pressa!; **don't ~ me!** não me apresse!

rush hour *n* hora *f* do rush.

rust [rʌst] *n (corrosion)* ferrugem *f*. ◆ *vi* enferrujar.
rustic ['rʌstɪk] *adj* rústico(ca).
rustle ['rʌsl] *vi* fazer ruído.
rustproof ['rʌstpru:f] *adj* inoxidável.
rusty ['rʌstɪ] *adj (metal)* enferrujado(da); *(fig: language, person)* enferrujado(da).
RV *n Am (abbr of recreational vehicle)* trailer *m*.
rye [raɪ] *n* centeio *m*.

S

S *(abbr of south)* S; *(abbr of small)* P.
saccharin ['sækərɪn] *n* sacarina *f*.
sachet ['sæʃeɪ] *n* pacote *m*.
sack [sæk] *n (bag)* saco *m*. ◆ *vt Brit* despedir; **to get the ~** ser despedido.
sacrifice ['sækrɪfaɪs] *n fig* sacrifício *m*.
sad [sæd] *adj* triste; *(unfortunate)* lamentável.
saddle ['sædl] *n (on horse)* sela *f*; *(on bicycle, motorcycle)* selim *m*.
sadly ['sædlɪ] *adv* infelizmente.
sadness ['sædnəs] *n* tristeza *f*.
safari park [sə'fɑːrɪ-] *n* reserva *f* (para animais selvagens).
safe [seɪf] *adj* seguro(ra); *(out of harm)* em segurança. ◆ *n* cofre *m*; **a ~ place** um local seguro; **have a ~ journey!** (faça) boa viagem!; **~ and sound** são e salvo.
safely ['seɪflɪ] *adv* em segurança.
safety ['seɪftɪ] *n* segurança *f*.
safety belt *n* cinto *m* de segurança.
safety pin *n* alfinete *m* de segurança.
sag [sæg] *vi (hang down)* pender; *(sink)* ir abaixo.
sage [seɪdʒ] *n (herb)* salva *f*.
Sagittarius [,sædʒɪ'teərɪəs] *n* Sagitário *m*.
said [sed] *pt & pp* → **say**.
sail [seɪl] *n* vela *f* (de barco). ◆ *vi* velejar, navegar; *(depart)* zarpar. ◆ *vt*: **to ~ a boat** velejar; **to set ~** zarpar.
sailboat ['seɪlbəʊt] *n Am* barco *m* à vela.
sailing ['seɪlɪŋ] *n (activity)* vela *f*; *(departure)* partida *f*; **to go ~** ir velejar.
sailing boat = **sailboat.**
sailor ['seɪlər] *n* marinheiro *m*, -ra *f*.
saint [seɪnt] *n* santo *m*, -ta *f*.

SAINT PATRICK'S DAY

O Dia de São Patrício, 17 de março, é comemorado pelos irlandeses em todo o mundo. Em Dublin e em Nova York são realizadas grandes procissões. É tradição usar como adereço uma folha de cravo ou algum enfeite verde, a planta símbolo e a cor nacional da Irlanda. Nos Estados Unidos, alguns bares até servem cerveja verde.

---

sake [seɪk] *n*: **for my/their ~** por mim/eles; **for God's ~!** pelo amor de Deus!
salad ['sæləd] *n* salada *f*.
salad dressing *n* molho *m* (para saladas).
salami [sə'lɑ:mɪ] *n* salame *m*.
salary ['sælərɪ] *n* salário *m*, ordenado *m*.
sale [seɪl] *n (selling)* venda *f*; *(at reduced prices)* liquidação *f*; **'for ~'** 'vende-se'; **on ~** à venda. ❑ **sales** *npl* COMM vendas *fpl*.
sales assistant ['seɪlz-] *n Brit* vendedor *m*, -ra *f*.
salesclerk ['seɪlzklɜ:rk] *n Am* vendedor *m*, -ra *f*.
salesman ['seɪlzmən] (*pl* **-men** [-mən]) *n (in store)* vendedor *m*; *(rep)* representante *m* de vendas.
sales rep(resentative) *n* representante *mf* de vendas.
saleswoman ['seɪlz,wʊmən] (*pl* **-women** [-,wɪmɪn]) *n* vendedora *f*.
saliva [sə'laɪvə] *n* saliva *f*.
salmon ['sæmən] (*pl inv*) *n* salmão *m*.
salon ['sælɒn] *n (hairdresser's)* salão *m* (de cabeleireiro).
saloon [sə'lu:n] *n Am (bar)* bar *m*; *Brit (car)* sedã *m*.
salt [sɔ:lt] *n* sal *m*.
salt shaker [-,ʃeɪkər] *n Am* saleiro *m*.
salty ['sɔ:ltɪ] *adj* salgado(da).
salute [sə'lu:t] *n* continência *f*. ◆ *vi* bater continência.
same [seɪm] *adj* mesmo(ma). ◆ *pron*: **the ~** o mesmo (a mesma); **you've got the ~ book as me** você tem o mesmo livro que eu; **they look the ~** parecem iguais; **I'll have the ~ as her** vou tomar o mesmo que ela; **it's all the ~ to me** para mim tanto faz.
sample ['sæmpl] *n* amostra *f*. ◆ *vt (food, drink)* provar.
sanctions ['sæŋkʃnz] *npl* POL sanções *fpl*.
sanctuary ['sæŋktʃʊerɪ] *n (for birds, animals)* santuário *m* ecológico.
sand [sænd] *n* areia *f*. ◆ *vt (wood)* lixar. ❑ **sands** *npl (beach)* areal *m*.
sandal ['sændl] *n* sandália *f*.
sandcastle ['sænd,kæsl] *n* castelo *m* de areia.
sandpaper ['sænd,peɪpər] *n* lixa *f*.
sandwich ['sænwɪdʒ] *n* sanduíche *m*.
sandy ['sændɪ] *adj (beach)* arenoso(osa); *(hair)* ruivo(va).
sang [sæŋ] *pt* → **sing.**
sanitary ['sænəterɪ] *adj* sanitário(ria).
sanitary pad, sanitary towel *Brit n* absorvente *m* feminino.
sank [sæŋk] *pt* → **sink.**
sapphire ['sæfaɪər] *n* safira *f*.
sarcastic [sɑ:r'kæstɪk] *adj* sarcástico(ca).

sardine [sɑːr'diːn] *n* sardinha *f*.
sat [sæt] *pt & pp* → **sit.**
SAT *abbr* = **Scholastic Aptitude Test.**

SAT

Para ingressar na universidade, os estudantes americanos têm de fazer um teste chamado SAT (Scholastic Assessment Test: teste de avaliação escolar). Caso não obtenha os resultados exigidos, o estudante pode refazer o teste. As notas e atividades extracurriculares também são levadas em conta para admissão nas universidades.

---

satellite ['sætəlaɪt] *n (in space)* satélite *m*.
satellite dish *n* antena *f* parabólica.
satellite TV *n* televisão *f* por satélite.
satin ['sætɪn] *n* cetim *m*.
satisfaction [ˌsætəs'fækʃn] *n* satisfação *f*.
satisfactory [ˌsætəs'fæktərɪ] *adj* satisfatório(ria).
satisfied ['sætəsfaɪd] *adj* satisfeito(ta).
satisfy ['sætəsfaɪ] *vt* satisfazer.
saturate ['sætʃəreɪt] *vt* saturar.
Saturday ['sætərdeɪ] *n* sábado *m*; **it's ~** é sábado; **~ morning** sábado de manhã; **on ~** no sábado; **(on) ~s** aos sábados; **last ~** sábado passado; **this ~** este sábado; **next ~** o próximo sábado; **a week on ~** de sábado a oito (dias).
sauce [sɔːs] *n* molho *m*.
saucepan ['sɔːspæn] *n* panela *f*.
saucer ['sɔːsər] *n* pires *m inv*.
sauna ['sɔːnə] *n* sauna *f*.
sausage ['sɒsɪdʒ] *n* salsicha *f*, lingüiça *f*.
savage ['sævɪdʒ] *adj* selvagem.
save [seɪv] *vt (rescue)* salvar; *(money, time, space)* poupar; *(reserve)* guardar; SPORT defender; COMPUT salvar. ◆ *n* defesa *f*. ❑ **save up** *vi* poupar; **to ~ up (for sthg)** poupar (para comprar algo).
savings ['seɪvɪŋz] *npl* poupanças *fpl*, economias *fpl*.
savings and loan association *n Am* caixa *f* de crédito imobiliário.
savings bank *n* caixa *f* econômica.
savory ['seɪvərɪ] *adj Am* salgado(da).
savoury ['seɪvərɪ] *Brit* = **savory.**
saw [sɔː] (*Brit pt* **-ed,** *pp* **sawn,** *Am pt & pp* **-ed**) *pt* → **see.** ◆ *n (tool)* serra *f*. ◆ *vt* serrar.
sawdust ['sɔːdʌst] *n* serragem *f*.
sawn [sɔːn] *pp* → **saw.**
saxophone ['sæksəfəʊn] *n* saxofone *m*.
say [seɪ] (*pt & pp* **said**) *vt* dizer; *(subj: clock, meter)* marcar. ◆ *n*: **I don't have a ~ in the matter** não tenho autoridade sobre este assunto; **could you ~ that**

again? podia repetir o que disse?; ~ **we meet at nine?** que tal encontrarmo-nos às nove?; **what did you ~?** (o que é) que você disse?

saying ['seɪɪŋ] *n* ditado *m*.

scab [skæb] *n* crosta *f*.

scaffolding ['skæfəldɪŋ] *n* andaimes *mpl*.

scald [skɔ:ld] *vt* escaldar, queimar.

scale [skeɪl] *n* escala *f*; *(of fish, snake)* escama *f*; *(in kettle)* placa *f*, calcário *m*. ❑ **scales** *npl (for weighing)* balança *f*.

scallion ['skæljən] *n Am* cebolinha *f*.

scallop ['skæləp] *n* vieira *f*; *Am* escalope *m*.

scalp [skælp] *n* couro *m* cabeludo.

scan [skæn] *vt (consult quickly)* percorrer, dar uma vista de olhos em. ◆ *n MED* ultra-sonografia *f*.

scandal ['skændl] *n* escândalo *m*.

scar [skɑ:r] *n* cicatriz *f*.

scarce ['skeərs] *adj* escasso(a).

scarcely ['skeərslɪ] *adv (hardly)* mal; ~ **anyone** quase ninguém; ~ **ever** quase nunca.

scare [skeər] *vt* assustar.

scarecrow ['skeərkrəʊ] *n* espantalho *m*.

scared ['skeərd] *adj* assustado (da).

scarf ['skɑ:rf] (*pl* **scarves**) *n (woolen)* cachecol *m*; *(for women)* echarpe *f*.

scarlet ['skɑ:rlət] *adj* vermelho(lha), escarlate.

scarves [skɑ:rvz] *pl* → **scarf**.

scary ['skeərɪ] *adj inf* assustador(ra).

scatter ['skætər] *vt (seeds, papers)* espalhar; *(birds)* dispersar. ◆ *vi* dispersar-se.

scene [si:n] *n (in play, movie, book)* cena *f*; *(of crime, accident)* local *m*; *(view)* panorama *m*; **the music ~** o mundo da música; **to make a ~** armar um escândalo.

scenery ['si:nərɪ] *n (countryside)* paisagem *f*; *(in theater)* cenário *m*.

scenic ['si:nɪk] *adj* pitoresco (ca).

scent [sent] *n (smell)* fragrância *f*; *(of animal)* rastro *m*; *(perfume)* perfume *m*.

sceptical ['skeptɪkl] *adj* cético (ca).

schedule ['skedʒu:l] *n (of work, things to do)* programa *m*; *(timetable)* horário *m*; *(list)* lista *f*. ◆ *vt (plan)* programar; **according to ~** de acordo com o previsto; **behind ~** atrasado; **on ~** *(plane, train)* na hora (prevista).

scheduled flight ['skedʒu:ld-] *n* vôo *m* regular, vôo *m* de linha.

scheme [ski:m] *n (plan)* projeto *m*; *(pej: dishonest plan)* esquema *m*.

scholarship ['skɒlərʃɪp] *n (award)* bolsa *f* de estudo.

school [sku:l] *n* escola *f*; *(university department)* faculdade *f*;

Am (university) universidade *f.* ◆ *adj* escolar; **at ~** na escola.
schoolboy ['sku:lbɔɪ] *n* aluno *m*.
schoolchild ['sku:ltʃaɪld] (*pl* **-children** [-,tʃɪldrən]) *n* aluno *m*, -na *f*.
schoolgirl ['sku:lgɜ:rl] *n* aluna *f*.
schoolteacher ['sku:l,ti:tʃər] *n* professor *m*, -ra *f*.
science ['saɪəns] *n* ciência *f*; SCH ciências *fpl*.
science fiction *n* ficção *f* científica.
scientific [,saɪən'tɪfɪk] *adj* científico(ca).
scientist ['saɪəntɪst] *n* cientista *mf*.
scissors ['sɪzərz] *npl* tesoura *f*; **a pair of ~** uma tesoura.
scold [skəʊld] *vt* ralhar com, repreender.
scoop [sku:p] *n (for ice cream, flour)* colher *f* grande; *(of ice cream)* bola *f*; *(in media)* furo *m* (jornalístico).
scooter ['sku:tər] *n (motor vehicle)* lambreta *f*.
scope [skəʊp] *n (possibility)* possibilidade *f*; *(range)* alcance *m*.
scorch [skɔ:rtʃ] *vt* chamuscar.
score [skɔ:r] *n (total, final result)* resultado *m*; *(on test)* ponto *m*. ◆ *vt* SPORT marcar; *(on test)* obter. ◆ *vi* SPORT marcar; **what's the ~?** quanto está (o jogo)?
scorn [skɔ:rn] *n* desprezo *m*.
Scorpio ['skɔ:rpɪəʊ] *n* Escorpião *m*.
scorpion ['skɔ:rpjən] *n* escorpião *m*.
scotch [skɒtʃ] *n* uísque *m* escocês.
Scotch tape® *n Am* durex® *m*.
Scotland ['skɒtlənd] *n* Escócia *f*.
scout [skaʊt] *n (boy scout)* escoteiro *m*.
scowl [skaʊl] *vi* franzir a testa.
scrambled eggs [,skræmbld-] *npl* ovos *mpl* mexidos.
scrap [skræp] *n (of paper, cloth)* tira *f*; *(old metal)* ferro-velho *m*, sucata *f*.
scrapbook ['skræpbʊk] *n* álbum *m* de recortes.
scrape [skreɪp] *vt (rub)* raspar; *(scratch)* arranhar, esfolar.
scrap paper *n Brit* papel *m* de rascunho.
scratch [skrætʃ] *n (cut)* arranhão *m*; *(mark)* risco *m*. ◆ *vt (cut)* arranhar; *(mark)* riscar; *(rub)* coçar, arranhar; **to be up to ~** ter um nível satisfatório; **to start from ~** começar do nada.
scratch paper *n Am* papel *m* de rascunho.
scream [skri:m] *n* grito *m*. ◆ *vi* gritar.
screen [skri:n] *n* tela *f*; *(hall in movie theater)* sala *f* de cinema; *(panel)* biombo *m*. ◆ *vt (movie)* exibir; *(program)* emitir.
screening ['skri:nɪŋ] *n (of film)* exibição *f*.
screw [skru:] *n* parafuso *m*. ◆ *vt (fasten)* aparafusar; *(twist)* enroscar.

screwdriver ['skru:,draɪvər] *n* chave *f* de parafusos OR fendas.
scribble ['skrɪbl] *vi* escrevinhar, rabiscar.
script [skrɪpt] *n (of play, movie)* roteiro *m*.
scrub [skrʌb] *vt* esfregar.
scruffy ['skrʌfɪ] *adj* desleixado(da).
scuba diving ['sku:bə-] *n* mergulho *m*.
sculptor ['skʌlptər] *n* escultor *m*, -ra *f*.
sculpture ['skʌlptʃər] *n* escultura *f*.
sea [si:] *n* mar *m*; **by ~** por mar; **by the ~** à beira-mar.
seafood ['si:fu:d] *n* frutos *mpl* do mar.
seagull ['si:gʌl] *n* gaivota *f*.
seal [si:l] *n (animal)* foca *f*; *(on bottle, container, official mark)* selo *m*. ◆ *vt (envelope, container)* selar.
seam [si:m] *n (in clothes)* costura *f*.
search [sɜ:rtʃ] *n* procura *f*, busca *f*. ◆ *vt* revistar. ◆ *vi*: **to ~ for** procurar.
search engine *n* COMPUT motor *m* de pesquisa.
seashell ['si:ʃel] *n* concha *f*.
seasick ['si:sɪk] *adj* enjoado (da).
seaside ['si:saɪd] *n*: **the ~** a beira-mar.
season ['si:zn] *n (division of year)* estação *f*; *(period)* temporada *f*. ◆ *vt (food)* temperar; **in ~** *(fruit, vegetables)* da época; *(for travel)* alta temporada; **out of ~** *(fruit, vegetables)* fora de época; *(for travel)* baixa temporada.
seasoning ['si:znɪŋ] *n* tempero *m*, condimento *m*.
seat [si:t] *n* assento *m*; *(place)* lugar *m*. ◆ *vt (subj: building)* ter lugar para; *(subj: vehicle)* levar; **'please wait to be ~ed'** *aviso, em restaurante, para que os fregueses esperem até serem conduzidos a uma mesa vaga.*
seat belt *n* cinto *m* de segurança.
seaweed ['si:wi:d] *n* alga *f* marinha.
secluded [sə'klu:dəd] *adj* isolado(da).
second ['sekənd] *n* segundo *m*. ◆ *num* segundo *m*, -da *f*; **~ gear** segunda *f* (marcha) → **sixth.** ❑ **seconds** *npl (goods)* artigos *mpl* de qualidade inferior; *inf (of food)*: **who wants ~?** quem quer repetir?
secondary school ['sekənderɪ-] *n* escola *f* secundária.
second-class ['sekənd-] *adj* de segunda classe; *Brit (stamp)* de correio normal.
second-hand ['sekənd-] *adj* de segunda mão.
secret ['si:krət] *adj* secreto(ta). ◆ *n* segredo *m*.
secretary ['sekrə,terɪ] *n* secretário *m*, -ria *f*.
Secretary of State *n Am (foreign minister)* Secretário *m*, -ria *f* de Estado, ≃ Ministro *m*, -tra *f* dos Negócios Estrangeiros.
section ['sekʃn] *n* seção *f*.
sector ['sektər] *n* setor *m*.

secure [sɪ'kjʊər] *adj* seguro(ra). ◆ *vt (fix)* fixar; *(fml: obtain)* obter.

security [sɪ'kjʊərətɪ] *n* segurança *f*.

security guard *n* segurança *m*, guarda *m*.

sedan [sɪ'dæn] *n Am* sedã *m*.

sedative ['sedətɪv] *n* sedativo *m*.

seduce [sɪ'du:s] *vt* seduzir.

see [si:] (*pt* **saw**, *pp* **seen**) *vt* ver; *(accompany)* acompanhar; *(consider)* considerar. ◆ *vi* ver; **I ~** *(understand)* estou entendendo; **I'll ~ what I can do** vou ver o que eu posso fazer; **to ~ to sthg** *(deal with)* tratar de algo; *(repair)* consertar algo; **~ you!** até mais!; **~ you later!** até logo!; **~ you soon!** até breve!; **~ p. 14** ver pág. 14. ❑ **see off** *vt sep (say good-bye to)* despedir-se de.

seed [si:d] *n* semente *f*.

seedy ['si:dɪ] *adj* sórdido(da).

seeing (as) ['si:ɪŋ-] *conj* visto que.

seek [si:k] (*pt & pp* **sought**) *vt fml* procurar.

seem [si:m] *vi* parecer. ◆ *v impers*: **it ~s (that) ...** parece que ...

seen [si:n] *pp* → **see**.

segment ['segmənt] *n (of fruit)* gomo *m*.

seize [si:z] *vt (grab)* agarrar; *(drugs, arms)* confiscar. ❑ **seize up** *vi (engine)* gripar; **my back ~d up** senti uma fisgada nas costas.

seldom ['seldəm] *adv* raramente.

select [sə'lekt] *vt* selecionar. ◆ *adj* seleto(ta).

selection [sə'lekʃn] *n* seleção *f*.

self-assured [,selfə'ʃʊərd] *adj* seguro(ra) de si.

self-confident [,self-] *adj* seguro(ra) de si.

self-conscious [,self-] *adj* inibido(da).

self-contained [,selfkən'teɪnd] *adj (flat)* independente.

self-defense [,self-] *n* legítima defesa *f*.

self-employed [,self-] *adj* autônomo(ma).

selfish ['selfɪʃ] *adj* egoísta.

self-raising flour [,self'reɪzɪŋ-] *Brit* = **self-rising flour**.

self-rising flour [,self'raɪzɪŋ-] *n Am* farinha *f* com fermento.

self-service [,self-] *adj* self-service *inv*, de auto-serviço.

sell [sel] (*pt & pp* **sold**) *vt vi* vender; **to ~ for** vender-se por, ser vendido por; **to ~ sb sthg** vender algo a alguém.

seller ['selər] *n* vendedor *m*, -ra *f*.

Sellotape® ['seləteɪp] *n Brit* durex® *m*.

semester [sə'mestər] *n SCH* semestre *m*.

semicircle ['semɪ,sɜ:rkl] *n* semicírculo *m*.

semicolon [,semɪ'kəʊlən] *n* ponto *m* e vírgula.

semifinal [,semɪ'faɪnl] *n* semifinal *f*.

seminar ['semɪnɑ:r] *n* seminário *m*.

semolina [ˌsemə'li:nə] *n* semolina *f*.

send [send] (*pt & pp* **sent**) *vt* enviar; *(person)* mandar; **to ~ sthg to sb** enviar algo a alguém. ❑ **send back** *vt sep* devolver. ❑ **send off** *vt sep (letter, package)* enviar. ◆ *vi:* **to ~ off (for sthg)** pedir (algo) pelo correio.

sender ['sendər] *n* remetente *mf*.

senile ['si:naɪl] *adj* senil.

senior ['si:njər] *adj (in rank)* superior. ◆ *n Am* SCH finalista *mf*.

senior citizen *n* idoso *m*, -osa *f*, pessoa *f* de idade.

sensation [sen'seɪʃn] *n* sensação *f*.

sensational [sen'seɪʃnəl] *adj* sensacional.

sense [sens] *n* sentido *m* ; *(common sense)* bom-senso *m*. ◆ *vt* sentir; **there is no ~ in waiting** não vale a pena esperar; **to make ~** fazer sentido; **~ of direction** senso de orientação; **~ of humor** senso de humor.

sensible ['sensəbl] *adj (person)* sensato(ta); *(clothes, shoes)* prático(ca).

sensitive ['sensətɪv] *adj* sensível; *(easily offended)* suscetível; *(subject, issue)* delicado(da).

sent [sent] *pt & pp* → **send.**

sentence ['sentəns] *n* GRAMM frase *f*; *(for crime)* sentença *f*. ◆ *vt* condenar.

sentimental [ˌsentə'mentl] *adj pej* sentimental.

separate [*adj* 'seprət, *vb* 'sepəreɪt] *adj (different, individual)* diferente, distinto(ta); *(not together)* separado(da). ◆ *vt* separar. ◆ *vi* separar-se. ❑ **separates** *npl (clothes) roupas que podem ser usadas em conjunto.*

separately ['seprətlɪ] *adv* separadamente.

separation [ˌsepə'reɪʃn] *n* separação *f*.

September [sep'tembər] *n* setembro *m*; **at the beginning of ~** no início de setembro; **at the end of ~** no fim de setembro; **during ~** em setembro; **every ~** todos os meses de setembro, todos os anos em setembro; **in ~** em setembro; **last ~** setembro último OR passado; **next ~** no próximo mês de setembro; **this ~** setembro que vem; **~ 2 1997** *(in letters, etc)* 2 de setembro de 1997.

sequel ['si:kwəl] *n (to book, film)* continuação *f*.

sequence ['si:kwəns] *n (series)* série *f*; *(order)* ordem *f*.

sequin ['si:kwɪn] *n* lantejoula *f*.

sergeant ['sɑ:rdʒənt] *n (in police force)* sargento *m*; *(in army)* sargento *m*.

serial ['sɪərɪəl] *n* série *f*.

series ['sɪəri:z] (*pl inv*) *n* série *f*; TV seriado *m*.

serious ['sɪərɪəs] *adj* sério(ria); *(accident, illness)* grave; **are you ~?** você está falando sério?

seriously ['sɪərɪəslɪ] *adv (really)* de verdade; *(badly)* gravemente.

sermon ['sɜ:rmən] *n* sermão *m*.

servant ['sɜ:rvənt] *n* criado *m*, -da *f*.

serve [sɜ:rv] *vt* servir. ◆ *vi* SPORT servir; *(work)* prestar serviço. ◆ *n* SPORT serviço *m*; **the city is ~d by two airports** a cidade tem dois aeroportos; **to ~ as** *(be used for)* servir de; **'~s two'** 'para duas pessoas'; **it ~s you right!** bem feito!

service ['sɜ:rvɪs] *n* serviço *m*; *(at church)* culto *m*; *(of car)* revisão *f*. ◆ *vt* *(car)* fazer a revisão de; **'out of ~'** 'fora de serviço'; **may I be of any ~ to you?** *fml* em que posso serví-lo?

service charge *n* serviço *m*.

service station *n* posto *m* de gasolina.

serving ['sɜ:rvɪŋ] *n* porção *f*.

sesame seeds ['sesəmɪ-] *npl* sementes *fpl* de gergelim.

session ['seʃn] *n* sessão *f*.

set [set] (*pt & pp* **set**) *adj*
- **1.** *(fixed)* fixo(xa).
- **2.** *(situated)* situado(da).
◆ *n* **- 1.** *(of stamps, stickers)* coleção *f*; *(for playing chess)* jogo *m*; *(of dishes)* aparelho *m*; *(of tools)* conjunto *m*.
- **2.** TV aparelho *m*; **a TV ~** uma televisão, um televisor.
- **3.** *(in tennis)* set *m*, partida *f*.
- **4.** *(of play)* cenário *m*.
- **5.** *(at hairdresser's)*: **I'd like a shampoo and ~** queria lavar e pentear.
◆ *vt* **- 1.** *(put)* pôr.
- **2.** *(cause to be)* pôr; **to ~ a machine going** pôr uma máquina em funcionamento.
- **3.** *(clock, alarm, controls)* pôr; **~ the alarm for 7 a.m.** ponha o despertador para despertar às sete.
- **4.** *(fix)* fixar.
- **5.** *(the table)* pôr.
- **6.** *(a record)* estabelecer.
- **7.** *(broken bone)* endireitar.
- **8.** *(play, movie, story)*: **to be ~** passar-se.
◆ *vi* **- 1.** *(sun)* pôr-se.
- **2.** *(glue)* secar; *(jelly)* solidificar.
❑ **set off**
◆ *vt sep* *(alarm)* fazer soar.
◆ *vi* partir.
◆ **set out**
◆ *vt sep* *(arrange)* estabelecer.
◆ *vi* *(on trip)* partir.
◆ **set up** *vt sep* *(barrier, equipment)* montar; *(meeting, interview)* marcar; *(committee)* criar.

set menu *n* menu *m* fixo.

settee [se'ti:] *n* sofá *m*.

setting ['setɪŋ] *n* *(on machine)* posição *f*; *(surroundings)* cenário *m*.

settle ['setl] *vt* *(argument)* resolver; *(bill)* pagar, saldar; *(stomach, nerves)* acalmar; *(arrange, decide on)* decidir. ◆ *vi* *(start to live)* estabelecer-se; *(bird, insect)* pousar; *(sediment, dust)* depositar-se. ❑ **settle down** *vi* *(calm down)* acalmar-se; *(sit comfortably)* instalar-se. ❑ **settle up** *vi* saldar as contas.

settlement ['setlmənt] *n* *(agreement)* acordo *m*; *(place)* povoado *m*, colônia *f*.

seven ['sevn] *num* sete → **six.**

seventeen [,sevn'ti:n] *num* dezessete → **six.**

seventeenth [,sevn'ti:nθ] *num*

décimo sétimo (décima sétima) → **sixth.**

seventh ['sevnθ] *num* sétimo (ma) → **sixth.**

seventieth ['sevntjəθ] *num* septuagésimo(ma) → **sixth.**

seventy ['sevntɪ] *num* setenta → **six.**

several ['sevrəl] *adj* vários (rias). ◆ *pron* vários *mpl*, -rias *fpl*.

severe [sɪ'vɪər] *adj (damage, illness, problem)* grave; *(weather conditions)* rigoroso(osa); *(criticism, person, punishment)* severo(ra); *(pain)* intenso(sa).

sew [səʊ] (*pp* **sewn**) *vt & vi* coser, costurar.

sewage ['su:ɪdʒ] *n* esgotos *mpl*, águas *fpl* residuais.

sewing ['səʊɪŋ] *n* costura *f*.

sewn [səʊn] *pp* → **sew.**

sex [seks] *n* sexo *m*; **to have ~ (with)** ter relações sexuais (com).

sexist ['seksəst] *n* sexista *mf*.

sexual ['sekʃʊəl] *adj* sexual; **~ equality** igualdade *f* dos sexos.

shabby ['ʃæbɪ] *adj (clothes, room)* em mau estado; *(person)* esfarrapado(da).

shade [ʃeɪd] *n (shadow)* sombra *f*; *(lampshade)* abajur *m*; *(of color)* tom *m*. ◆ *vt (protect)* proteger. ❑ **shades** *npl inf (sunglasses)* óculos *mpl* escuros.

shadow ['ʃædəʊ] *n* sombra *f*.

shady ['ʃeɪdɪ] *adj (place)* com sombra; *inf (person, deal)* duvidoso(osa).

shaft [ʃæft] *n (of machine)* eixo *m*; *(of elevator)* poço *m*.

shake [ʃeɪk] (*pt* **shook,** *pp* **shaken** ['ʃeɪkn]) *vt (bottle)* agitar; *(tree, rug, person)* sacudir; *(shock)* abalar. ◆ *vi* tremer; **to ~ hands (with sb)** apertar a mão (de alguém), trocar um aperto de mãos (com alguém); **to ~ one's head** *(saying no)* negar com a cabeça.

shall [*weak form* ʃəl, *strong form* ʃæl] *aux vb* - **1.** *(expressing future)*: **I ~ be ready soon** estarei pronto num instante.
- **2.** *(in questions)*: **~ I buy some wine?** quer que eu compre um vinho?; **~ we listen to the radio?** que tal se ouvíssemos rádio?; **where ~ we go?** aonde vamos?
- **3.** *(fml: expressing order)*: **payment ~ be made within a week** o pagamento deverá ser feito no prazo de uma semana.

shallow ['ʃæləʊ] *adj (pond, water, grave)* raso(sa).

shambles ['ʃæmblz] *n* confusão *f*.

shame [ʃeɪm] *n* vergonha *f*; **it's a ~** é uma pena; **what a ~!** que pena!

shampoo [ʃæm'pu:] *n (liquid)* xampu *m*; *(wash)* lavagem *f*.

shape [ʃeɪp] *n* forma *f*; **to be in good/bad ~** estar em boa/má forma.

share [ʃeər] *n (part)* parte *f*; *(in company)* ação *f*. ◆ *vt* partilhar. ❑ **share out** *vt sep* partilhar.

shark [ʃɑ:rk] *n* tubarão *m*.

sharp [ʃɑ:rp] *adj (blade, needle, teeth)* afiado(da); *(clear)* nítido(da); *(quick, intelligent)* perspicaz; *(rise, change, bend)* brusco(ca); *(painful)* agudo(da); *(food, taste)* ácido(da). ◆ *adv (exactly)* em ponto.
sharpen ['ʃɑ:rpn] *vt (knife)* afiar; *(pencil)* apontar.
shatter ['ʃætər] *vt (break)* estilhaçar. ◆ *vi* estilhaçar-se.
shave [ʃeɪv] *vt (beard, legs)* raspar; *(face)* barbear. ◆ *vi* barbear-se. ◆ *n*: **to have a** ~ barbear-se, fazer a barba.
shaver ['ʃeɪvər] *n* barbeador *m*.
shawl [ʃɔ:l] *n* xale *m*.
she [ʃi:] *pron* ela; ~ **'s tall** ela é alta.
shear [ʃɪər] (*pt* **-ed**, *pp* **-ed** OR **shorn**) *vt (sheep)* tosquiar. ❑ **shears** *npl (for gardening)* tesoura *f* de podar OR de jardim.
shed [ʃed] (*pt & pp* **shed**) *vt (tears, blood)* derramar.
she'd [ʃi:d] = **she had, she would.**
sheep [ʃi:p] (*pl inv*) *n* ovelha *f*, carneiro *m*.
sheepskin ['ʃi:pskɪn] *adj* de pele de carneiro OR ovelha.
sheer [ʃɪər] *adj (pure, utter)* puro(ra); *(cliff)* escarpado(da); *(stockings)* fino(na).
sheet [ʃi:t] *n (for bed)* lençol *m*; *(of paper, metal, wood)* folha *f*; **a** ~ **of glass** um vidro, uma vidraça.
shelf [ʃelf] (*pl* **shelves**) *n* prateleira *f*.
shell [ʃel] *n (of egg, nut)* casca *f*; *(of oyster, clam, snail)* concha *f*; *(of turtle, crab)* carapaça *f*; *(bomb)* projétil *m*.
she'll [ʃi:l] = **she will, she shall.**
shellfish ['ʃelfɪʃ] *n (food)* marisco *m*.
shelter ['ʃeltər] *n* abrigo *m*. ◆ *vt (protect)* abrigar. ◆ *vi* abrigar-se; **to take** ~ abrigar-se.
sheltered ['ʃeltərd] *adj (place)* abrigado(da).
shelves [ʃelvz] *pl* → **shelf.**
shepherd ['ʃepərd] *n* pastor *m*.
sheriff ['ʃerɪf] *n (in US)* xerife *m*.
sherry ['ʃerɪ] *n* xerez *m*.
she's [ʃi:z] = **she is, she has.**
shield [ʃi:ld] *n (of soldier, policeman)* escudo *m*. ◆ *vt* proteger.
shift [ʃɪft] *n (change)* mudança *f*; *(period of work)* turno *m*. ◆ *vt (move)* mover. ◆ *vi (move)* mover-se; *(change)* mudar.
shin [ʃɪn] *n* canela *f*.
shine [ʃaɪn] (*pt & pp* **shone**) *vi* brilhar. ◆ *vt (shoes)* lustrar; *(flashlight)* apontar.
shiny ['ʃaɪnɪ] *adj* brilhante.
ship [ʃɪp] *n* navio *m*; **by** ~ de navio.
shipwreck ['ʃɪprek] *n (accident)* naufrágio *m*; *(wrecked ship)* navio *m* naufragado.
shirt [ʃɜ:rt] *n* camisa *f*.
shiver ['ʃɪvər] *vi* tremer.
shock [ʃɒk] *n (surprise)* choque *m*; *(force)* impacto *m*. ◆ *vt* chocar; **to be in** ~ MED estar em estado de choque.
shocking ['ʃɒkɪŋ] *adj (very bad)* chocante.

shoe [ʃu:] *n* sapato *m*.
shoelace [ˈʃu:leɪs] *n* cadarço *m*.
shoe polish *n* graxa *f*.
shoe store *n Am* sapataria *f*.
shone [ʃɒn] *pt & pp* → **shine.**
shook [ʃʊk] *pt* → **shake.**
shoot [ʃu:t] (*pt & pp* **shot**) *vt (kill, injure)* dar um tiro em; *(gun)* disparar; *(arrow)* atirar; *(film)* filmar. ◆ *vi (with gun)* atirar; *(move quickly)* passar disparado(da); SPORT chutar. ◆ *n (of plant)* broto *m*.
shop [ʃɒp] *n* loja *f*. ◆ *vi* fazer compras.
shopkeeper [ˈʃɒpˌki:pər] *n* comerciante *mf*.
shoplifter [ˈʃɒpˌlɪftər] *n* ladrão *m*, ladra *f* de lojas.
shopper [ˈʃɒpər] *n* comprador *m*, -ra *f*, freguês *m*, -esa *f*.
shopping [ˈʃɒpɪŋ] *n* compras *fpl*; **to do the ~** fazer as compras; **to go ~** ir às compras.
shopping bag *n* saco *m* de compras.
shopping cart *n Am* carrinho *m* de compras.
shopping center *n* shopping *m* (center).
shop steward *n* delegado *m*, -da *f* sindical.
shore [ʃɔ:r] *n (of river, lake)* margem *f*; *(of sea)* costa *f*; **on ~** em terra.
short [ʃɔ:rt] *adj (not tall)* baixo (xa); *(in length, time)* curto(ta). ◆ *adv (cut hair)* curto. ◆ *n (film)* curta-metragem *f*; **to be ~ of sthg** *(time, money)* ter falta de algo; **I'm ~ of breath** estou sem fôlego; **to be ~ for sthg** *(be abbreviation of)* ser o diminutivo de algo; **in ~** em resumo. ❑ **shorts** *npl (short trousers)* short *m*; *Am (underpants)* cueca *f*.
shortage [ˈʃɔ:rtɪdʒ] *n* falta *f*, escassez *f*.
shortbread [ˈʃɔ:rtbred] *n* biscoito *m* amanteigado.
short-circuit *vi* ter um curto-circuito.
short cut *n* atalho *m*.
shorten [ˈʃɔ:rtn] *vt* encurtar.
shorthand [ˈʃɔ:rthænd] *n* estenografia *f*.
shortly [ˈʃɔ:rtlɪ] *adv (soon)* daqui a pouco, em breve; **he arrived ~ before me** ele chegou (um) pouco antes de mim.
shortsighted [ˌʃɔ:rtˈsaɪtəd] *adj Brit (with poor eyesight)* míope.
short-sleeved [-ˌsli:vd] *adj* de mangas curtas.
short term *n* a curto prazo.
shot [ʃɒt] *pt & pp* → **shoot.** ◆ *n (of gun)* tiro *m*; *(in soccer)* chute *m*; *(in tennis, golf, etc)* jogada *f*; *(photo)* foto *f*; *(in movie)* plano *m*; *inf (attempt)* tentativa *f*; *(drink)* trago *m*.
shotgun [ˈʃɒtgʌn] *n* espingarda *f*.
should [ʃʊd] *aux vb* **-1.** *(expressing desirability)* dever; **we ~ leave now** devíamos ir embora agora.
-2. *(asking for advice)*: **~ I go too?** você acha que também devo ir?
-3. *(expressing probability)* dever; **she ~ be home soon** ela deve estar chegando em casa.

- **4.** *(ought to)* dever; **they ~ have won the game** eles é que deviam ter ganho o jogo.
- **5.** *(fml: in conditionals)*: **~ you need anything, call reception** se precisar de algo, ligue para a recepção.
- **6.** *(fml: expressing wish)*: **I ~ like to come with you** gostaria de ir com você.

shoulder ['ʃəʊldər] *n (of person)* ombro *m*; *(of meat)* pá *f*; *Am (of road)* acostamento *m*.

shouldn't ['ʃʊdnt] = **should not.**

should've ['ʃʊdəv] = **should have.**

shout [ʃaʊt] *n* grito *m*. ◆ *vt & vi* gritar. ❑ **shout out** *vt sep* gritar.

shove [ʃʌv] *vt (push)* empurrar.

shovel ['ʃʌvl] *n* pá *f*.

show [ʃəʊ] (*pp* **-ed** OR **shown**) *n (at theater, on TV, radio)* espetáculo *m*; *(exhibition)* exibição *f*; *(of dogs)* concurso *m*. ◆ *vt* mostrar; *(prove, demonstrate)* revelar; *(accompany)* acompanhar; *(movie, TV program)* passar. ◆ *vi (be visible)* ver-se; *(movie)* passar; **to ~ sthg to sb** mostrar algo a alguém; **to ~ sb how to do sthg** mostrar a alguém como fazer algo. ❑ **show off** *vi* exibir-se. ❑ **show up** *vi (come along)* aparecer; *(be visible)* ver-se.

shower ['ʃaʊər] *n (for washing)* chuveiro *m*; *(of rain)* aguaceiro *m*. ◆ *vi* tomar banho (de chuveiro); **to take a ~** tomar banho (de chuveiro).

showing ['ʃəʊɪŋ] *n (of movie)* sessão *f*.

shown [ʃəʊn] *pp* → **show.**

showroom ['ʃəʊru:m] *n* salão *m* de exposições.

shrank [ʃræŋk] *pt* → **shrink.**

shrimp [ʃrɪmp] *n* camarão *m*.

shrine [ʃraɪn] *n* santuário *m*.

shrink [ʃrɪŋk] (*pt* **shrank**, *pp* **shrunk**) *n inf (psychoanalyst)* psicanalista *mf*. ◆ *vi (become smaller)* encolher; *(diminish)* diminuir.

shrub [ʃrʌb] *n* arbusto *m*.

shrug [ʃrʌg] *vi* encolher os ombros. ◆ *n*: **she gave a ~** ela encolheu os ombros.

shrunk [ʃrʌŋk] *pp* → **shrink.**

shuffle ['ʃʌfl] *vt (cards)* embaralhar. ◆ *vi (walk)* andar arrastando os pés.

shut [ʃʌt] (*pt & pp* **shut**) *adj* fechado(da). ◆ *vt & vi* fechar. ❑ **shut down** *vt sep* fechar. ❑ **shut up** *vi inf (stop talking)* calar-se.

shutter ['ʃʌtər] *n (on window)* persiana *f*; *(on camera)* obturador *m*.

shuttle ['ʃʌtl] *n (plane)* avião *m (que faz vôos curtos regulares)*; *(bus)* serviço *m* regular.

shuttlecock ['ʃʌtlkɒk] *n* peteca *f*.

shy [ʃaɪ] *adj* tímido(da).

sick [sɪk] *adj (ill)* doente; *(nauseous)* mal disposto(osta); **to be ~** *(vomit)* vomitar; **to feel ~** sentir-se mal disposto; **to be ~ of** *(fed up with)* estar farto(ta) de.

sickness ['sɪknəs] *n (illness)* doença *f*.
sick pay *n* auxílio-doença *m*.
side [saɪd] *n* lado *m*; *(of road, river, field)* beira *f*; *(page of writing)* página *f*. ◆ *adj (door, pocket)* lateral; **at the ~ of** ao lado de; **on the other ~** no outro lado; **on this ~** neste lado; **~ by ~** lado a lado.
sideboard ['saɪdbɔ:rd] *n* aparador *m*.
side dish *n* acompanhamento *m*, guarnição *f*.
side effect *n* efeito *m* colateral.
side street *n* travessa *f*.
sidewalk ['saɪdwɔ:k] *n Am* passeio *m*.
sideways ['saɪdweɪz] *adv* de lado.
sieve [sɪv] *n* coador *m*; *(for flour)* peneira *f*. ◆ *vt* coar; *(flour)* peneirar.
sift [sɪft] *vt (flour)* peneirar.
sigh [saɪ] *n* suspiro *m*. ◆ *vi* suspirar.
sight [saɪt] *n* vista *f*; **at first ~** à primeira vista; **to catch ~ of** ver, avistar; **in ~** à vista; **to lose ~ of** perder de vista; **to be out of ~** *(hidden)* não estar visível; *(far away)* estar longe da vista. ❑ **sights** *npl (of country)* vistas *fpl*; *(of city)* locais *mpl* de interesse.
sightseeing ['saɪtˌsi:ɪŋ] *n*: **to go ~** fazer turismo.
sign [saɪn] *n* sinal *m*. ◆ *vt & vi* assinar; **there's no ~ of her** nem sinal dele. ❑ **sign in** *vi (at hotel, club)* assinar o registro ao chegar.
signal ['sɪgnl] *n* sinal *m*. ◆ *vi* fazer sinal.
signature ['sɪgnətʃər] *n* assinatura *f*.
significant [sɪg'nɪfɪkənt] *adj* significante.
signpost ['saɪnpəʊst] *n* placa *f*.
silence ['saɪləns] *n* silêncio *m*.
silent ['saɪlənt] *adj* silencioso (osa).
silicon ['sɪlɪkən] *n* silício *m*.

SILICON VALLEY

Silicon Valley (Vale do Silício) designa a área ao norte da Califórnia onde se localizam muitas companhias de computadores e software, e é considerado o berço da indústria da informática. A expressão também se usa para caracterizar o tipo de empresa criada na região, gerida por executivos jovens e pouco convencionais.

silk [sɪlk] *n* seda *f*.
sill [sɪl] *n* bordo *m*.
silly ['sɪlɪ] *adj* bobo(ba).
silver ['sɪlvər] *n* prata *f*; *(coins)* moedas *fpl*. ◆ *adj* de prata.
silver foil, silver paper *n* papel *m* prateado.
silver-plated [-'pleɪtəd] *adj* banhado(da) em prata.
similar ['sɪmɪlər] *adj* semelhan-

te; **to be ~ to** ser semelhante a.

similarity [ˌsɪmɪ'lærətɪ] *n* semelhança *f.*

simmer ['sɪmər] *vi* cozinhar em fogo brando.

simple ['sɪmpl] *adj* simples *inv.*

simplify ['sɪmplɪfaɪ] *vt* simplificar.

simply ['sɪmplɪ] *adv* simplesmente; *(easily)* facilmente.

simulate ['sɪmjəleɪt] *vt* simular.

simultaneous [ˌsaɪməl'teɪnjəs] *adj* simultâneo(nea).

simultaneously [ˌsaɪməl'teɪnjəslɪ] *adv* simultaneamente.

sin [sɪn] *n* pecado *m.* ◆ *vi* pecar.

since [sɪns] *adv* desde então. ◆ *prep* desde. ◆ *conj (in time)* desde que; *(as)* visto que; **ever ~** *prep* desde. ◆ *conj* desde que.

sincere [sɪn'sɪər] *adj* sincero(ra).

sincerely [sɪn'sɪərlɪ] *adv* sinceramente; **Yours ~** ≃ Atenciosamente.

sing [sɪŋ] (*pt* **sang**, *pp* **sung**) *vt vi* cantar.

singer ['sɪŋər] *n* cantor *m*, -ra *f.*

single ['sɪŋgl] *adj (just one)* único(ca); *(not married)* solteiro(ra). ◆ *n Brit (ticket)* bilhete *m* de ida; *(record)* single *m*; **every ~** cada um (uma) de; **every ~ day** todos os dias. ❑ **singles** ◆ *n (in tennis, badminton, pool)* simples *f inv.* ◆ *adj (bar, club)* para solteiros.

singular ['sɪŋgjələr] *n* singular; **in the ~** no singular.

sinister ['sɪnɪstər] *adj* sinistro (tra).

sink [sɪŋk] (*pt* **sank**, *pp* **sunk**) *n (in kitchen)* pia *f*; *(washbasin)* pia *f.* ◆ *vi (in water, value)* afundar-se; *(in mud)* enterrar-se.

sinuses ['saɪnəsəz] *npl* seios *mpl* nasais.

sip [sɪp] *n* gole *m.* ◆ *vt* sorver.

sir [sɜːr] *n* Senhor; **Dear Sir** Caro Senhor, Exmo. Sr.

siren ['saɪrən] *n* sirene *f.*

sister ['sɪstər] *n (relative)* irmã *f*; *Brit (nurse)* enfermeira *f* chefe.

sister-in-law (*pl* **sisters-in-law** OR **sister-in-laws**) *n* cunhada *f.*

sit [sɪt] (*pt & pp* **sat**) *vi* sentar-se; *(be situated)* ficar. ◆ *vt (to place)* sentar, colocar; *Brit (exam)* fazer; **to be sitting** estar sentado. ❑ **sit down** *vi* sentar-se; **to be sitting down** estar sentado. ❑ **sit up** *vi (after lying down)* sentar-se; *(stay up late)* ficar acordado.

site [saɪt] *n (place)* local *m*; *(building site)* canteiro *m* de obra.

sitting room ['sɪtɪŋ-] *n* sala *f* de estar.

situated ['sɪtjʊeɪtəd] *adj*: **to be ~** estar OR ficar situado(da).

situation [ˌsɪtjʊ'eɪʃn] *n* situação *f.*

six [sɪks] *num adj* seis *(inv).* ◆ *num n* seis *m inv*; **to be ~ (years old)** ter seis anos (de idade); **it's ~ (o'clock)** são seis horas; **a hundred and ~** cento e seis; **~ Hill St.** Hill St, n° 6; **it's minus ~ (degrees)** está (fazendo) seis graus negativos OR abaixo de zero; **~ out of ten** seis em dez.

sixteen [sɪks'ti:n] *num* dezesseis → **six.**

sixteenth [sɪks'ti:nθ] *num* décimo sexto (décima sexta) → **sixth.**

sixth [sɪksθ] *num adj* sexto(ta). ♦ *num pron* sexto *m*, -ta *f.* ♦ *num n (fraction)* sexto *m.* ♦ *num adv (in race, competition)* em sexto (lugar); **the ~ (of September)** o dia seis (de setembro).

sixtieth ['sɪkstɪəθ] *num* sexagésimo(ma) → **sixth.**

sixty ['sɪkstɪ] *num* sessenta → **six.**

size [saɪz] *n (of room, bed, building, country)* tamanho *m*; *(of clothes, shoes, hats)* número *m*; **what ~ do you wear?** *(of clothes)* que tamanho OR número você veste?; *(of shoes)* que número você calça?; **what ~ is this?** que tamanho OR número é isso?

sizeable ['saɪzəbl] *adj* considerável.

skate [skeɪt] *n (ice skate, roller skate)* patim *m*; *(fish: pl inv)* raia *f.* ♦ *vi (ice-skate)* patinar; *(roller-skate)* andar de patins.

skateboard ['skeɪtbɔ:rd] *n* skate *m*.

skater ['skeɪtər] *n* patinador *m*, -ra *f*.

skating ['skeɪtɪŋ] *n*: **to go ~** *(ice-skating)* patinar; *(roller-skating)* patinar, andar de patins.

skeleton ['skelətən] *n (of body)* esqueleto *m*.

sketch [sketʃ] *n (drawing)* esboço *m*; *(humorous)* esquete *m.* ♦ *vt (draw)* esboçar.

ski [ski:] *(pt & pp* **skied,** *cont* **skiing***)* *n* esqui *m.* ♦ *vi* esquiar; **a ~ trip** férias para esquiar.

skid [skɪd] *n* derrapagem *f.* ♦ *vi* derrapar.

skier ['ski:ər] *n* esquiador *m*, -ra *f*.

skiing ['ski:ɪŋ] *n* esqui *m*; **to go ~** ir fazer esqui, ir esquiar.

skilful ['skɪlfl] *Brit* = **skillful.**

ski lift *n* teleférico *m*, telesqui *m*.

skill [skɪl] *n (ability)* habilidade *f*; *(technique)* técnica *f*.

skilled [skɪld] *adj (worker, job)* especializado(da); *(driver, chef)* experiente, bom (boa).

skillful ['skɪlfʊl] *adj Am* experiente, hábil.

skim milk ['skɪm-] *n Am* leite *m* desnatado.

skin [skɪn] *n* pele *f*; *(on milk)* nata *f*.

skinny ['skɪnɪ] *adj* magricela.

skip [skɪp] *vi (with rope)* pular corda; *(jump)* saltitar. ♦ *vt (omit)* passar na frente. ♦ *n (container)* caçamba *f*.

skipping rope ['skɪpɪŋ-] *n* corda *f* de pular.

skirt [skɜ:rt] *n* saia *f*.

ski slope *n* pista *f* de esqui.

skull [skʌl] *n* crânio *m*.

sky [skaɪ] *n* céu *m*.

skylight ['skaɪlaɪt] *n* clarabóia *f*.

skyscraper ['skaɪ,skreɪpər] *n* arranha-céu *m*.

slab [slæb] *n (of stone, concrete)* laje *f*.

slack [slæk] *adj (rope)* frouxo (xa); *(careless)* negligente; *(not busy)* calmo(ma), parado(da).

slacks [slæks] *npl* calça *f*.

slam [slæm] *vt* bater com. ◆ *vi* bater.

slander ['slændər] *n* calúnia *f*.

slang [slæŋ] *n* gíria *f*.

slant [slænt] *n (slope)* inclinação *f*. ◆ *vi* inclinar-se.

slap [slæp] *n (on face)* bofetada *f*; *(on back)* palmada *f*. ◆ *vt (person, face)* esbofetear, dar uma bofetada em; *(back)* dar uma palmada em.

slash [slæʃ] *vt (cut)* cortar; *(fig: prices)* cortar em. ◆ *n (written symbol)* barra *f* (oblíqua).

slate [sleɪt] *n (rock)* ardósia *f*; *(on roof)* telha *f* (de ardósia).

slaughter ['slɔ:tər] *vt* chacinar, massacrar.

slave [sleɪv] *n* escravo *m*, -va *f*.

sled [sled] *n Am* trenó *m*.

sledge [sledʒ] *Brit* = **sled.**

sleep [sli:p] (*pt & pp* **slept**) *n (nap)* sono *m*. ◆ *vi* dormir. ◆ *vt*: **the house ~s six** a casa tem lugar para seis pessoas dormirem; **try to get some ~** vê se você dorme; **I couldn't get to ~** não conseguia adormecer; **to go to ~** dormir; **did you ~ well?** você dormiu bem?; **to ~ with sb** dormir com alguém.

sleeper ['sli:pər] *n (train)* trem noturno com couchettes ou camas; *(sleeping car)* vagão-leito *m*.

sleeping pill ['sli:pɪŋ-] *n* comprimido *m* para dormir.

sleep mode *n* COMPUT modo *m* de repouso.

sleepy ['sli:pɪ] *adj (person)* sonolento(ta); **I'm ~** estou com sono.

sleet [sli:t] *n* chuva *f* de granizo. ◆ *v impers*: **it's ~ing** está chovendo granizo.

sleeve [sli:v] *n (of garment)* manga *f*; *(of record)* capa *f*.

sleeveless ['sli:vləs] *adj* sem mangas.

slender ['slendər] *adj* delgado (da).

slept [slept] *pt pp* → **sleep.**

slice [slaɪs] *n* fatia *f*. ◆ *vt* cortar.

slide [slaɪd] (*pt & pp* **slid** [slɪd]) *n (on playground)* escorrega *m*; *(of photograph)* slide *m*, diapositivo *m*. ◆ *vi (slip)* escorregar.

sliding door [ˌslaɪdɪŋ-] *n* porta *f* de correr.

slight [slaɪt] *adj (minor)* pequeno(na); **the ~est** o menor (a menor), o mínimo (a mínima); **not in the ~est** absolutamente nada.

slightly ['slaɪtlɪ] *adv* ligeiramente.

slim [slɪm] *adj (person, waist)* delgado(da); *(book)* fino(na). ◆ *vi* emagrecer.

slimming ['slɪmɪŋ] *n* emagrecimento *m*.

sling [slɪŋ] (*pt & pp* **slung**) *vt inf (throw)* atirar. ◆ *n*: **to have one's arm in a ~** estar com o braço na tipóia.

slip [slɪp] *vi (slide)* escorregar. ◆ *n (mistake)* deslize *m*; *(of paper)* pedaço *m*; *(half-petticoat)* anágua *f*; *(full-length petticoat)* combinação *f*. ❑ **slip up** *vi (make a mistake)* cometer um deslize.

slipper ['slɪpər] *n* chinelo *m* (de quarto); *(winterweight)* pantufa *f*.

slippery ['slɪpərɪ] *adj* escorregadio(dia).

slit [slɪt] *n* fenda *f*.

slob [slɒb] *n inf (dirty)* porco *m*, porca *f*; *(lazy)* lambão *m*, -bona *f*.

slogan ['sləʊgən] *n* slogan *m*.

slope [sləʊp] *n (incline)* inclinação *f*; *(hill)* encosta *f*; *(for skiing)* pista *f*. ◆ *vi (path, hill)* descer; *(floor, roof, shelf)* ser inclinado (da).

sloping ['sləʊpɪŋ] *adj* inclinado(da).

slot [slɒt] *n* ranhura *f*.

slot machine *n (for gambling)* caça-níqueis *m*.

slow [sləʊ] *adj* lento(ta); *(clock, watch)* atrasado(da). ◆ *adv* lentamente; **a ~ train** ≃ um trem parador. ❑ **slow down** *vt sep & vi* abrandar, ir mais devagar.

slowly ['sləʊlɪ] *adv* lentamente.

slug [slʌg] *n (animal)* lesma *f*.

slum [slʌm] *n (building)* barraco *m*, barracão *m*. ❑ **slums** *npl (district)* favela *f*.

slung [slʌŋ] *pt & pp* → **sling.**

slush [slʌʃ] *n* neve *f* meio derretida.

sly [slaɪ] *adj* manhoso(osa).

smack [smæk] *n (slap)* palmada *f*. ◆ *vt* dar uma palmada em.

small [smɔ:l] *adj* pequeno(na).

small change *n* troco *m*, dinheiro *m* miúdo OR trocado.

smart [smɑ:rt] *adj (elegant, posh)* elegante; *(clever)* esperto (ta).

smash [smæʃ] *n inf (car crash)* desastre *m*, acidente *m*. ◆ *vt (plate, window)* partir. ◆ *vi (plate, vase, etc)* partir-se.

smashing ['smæʃɪŋ] *adj Brit inf* excelente.

smell [smel] (*pt & pp* **-ed** OR **smelt**) *n* cheiro *m*. ◆ *vt* cheirar. ◆ *vi (have odor)* cheirar; *(have bad odor)* cheirar mal; **to ~ of sthg** cheirar a algo.

smelly ['smelɪ] *adj* mal cheiroso(osa).

smelt [smelt] *pt & pp* → **smell.**

smile [smaɪl] *n* sorriso *m*. ◆ *vi* sorrir.

smoke [sməʊk] *n (from fire, cigarette)* fumaça *f*. ◆ *vt & vi* fumar; **to have a ~** fumar um cigarro.

smoked [sməʊkt] *adj (meat, fish)* defumado(da); *(cheese)* curado(da).

smoker ['sməʊkər] *n (person)* fumante *mf*.

smoking ['sməʊkɪŋ] *n*: **'no ~'** 'proibido fumar'.

smoking area *n* área *f* para fumantes.

smoky ['sməʊkɪ] *adj (room)* enfumaçado(da).

smooth [smu:ð] *adj (surface, road)* plano(na); *(skin)* macio (cia); *(take-off, landing, wine)* suave; *(journey, flight)* sem incidentes; *(life)* tranqüilo(la); *(mixture, liquid)* homogêneo(nea), cremoso(osa); *(pej: suave)* meloso (osa). ❑ **smooth down** *vt sep* alisar.

smother ['smʌðər] *vt (cover)* cobrir.

smudge [smʌdʒ] *n* mancha *f*.

smuggle ['smʌgl] *vt* contrabandear; **to ~ in** *(sneak in)* introduzir clandestinamente.

snack [snæk] *n* lanche *m*.

snack bar *n* lanchonete *f*.

snail [sneɪl] *n* caracol *m*.

snake [sneɪk] *n* cobra *f*.

snap [snæp] *vt vi (break)* partir. ◆ *n inf (photo)* foto *f*.

snare [sneər] *n* armadilha *f*.

snatch [snætʃ] *vt (grab)* arrancar à força; *(steal)* roubar.

sneakers ['sni:kərz] *npl Am* tênis *mpl*.

sneeze [sni:z] *n* espirro *m*. ◆ *vi* espirrar.

sniff [snɪf] *vi (from cold, crying)* fungar. ◆ *vt* cheirar.

snip [snɪp] *vt* cortar (com tesoura).

snob [snɒb] *n* esnobe *mf*.

snore [snɔ:r] *vi* roncar, ressonar.

snorkel ['snɔ:kl] *n* respirador *m*, tubo *m* respiratório.

snout [snaʊt] *n* focinho *m*.

snow [snəʊ] *n* neve *f*. ◆ *v impers*: **it's ~ing** está nevando.

snowball ['snəʊbɔ:l] *n* bola *f* de neve.

snowboarding ['snəʊˌbɔ:rdɪŋ] *n* : **to go ~** fazer snowboarding.

snowflake ['snəʊfleɪk] *n* floco *m* de neve.

snowman ['snəʊmən] (*pl* **-men** [-men]) *n* boneco-de-neve *m*.

snowstorm ['snəʊstɔ:rm] *n* tempestade *f* de neve.

snug [snʌg] *adj (person)* aconchegado(da); *(place)* aconchegante.

so [səʊ] *adv* - **1.** *(emphasizing degree)* tão; **don't be ~ stupid!** não seja tão idiota!; **it's ~ difficult (that ...)** é tão difícil (que ...); **~ much** tanto(ta); **~ many** tantos(tas).

- **2.** *(referring back)*: **I don't think ~** acho que não; **I'm afraid ~** receio que sim; **~ you knew already** então você já sabia; **if ~** nesse caso.

- **3.** *(also)* também; **~ do I** eu também.

- **4.** *(in this way)* deste modo, assim.

- **5.** *(expressing agreement)*: **~ there is** pois é, é verdade.

- **6.** *(in phrases)*: **or ~** mais ou menos; **~ as** para; **~ that** para.

◆ *conj* - **1.** *(therefore)* por isso; **I'm away next week ~ I won't be there** viajo na semana que vem, portanto não estarei lá.

- **2.** *(summarizing)* então; **~ what have you been up to?** então, o que é que você tem feito?

- **3.** *(in phrases)*: **~ what?** *inf* e daí?; **~ there!** *inf* pronto!, nada a fazer!

soak [səʊk] *vt (leave in water)* pôr de molho; *(make very wet)* ensopar, empapar. ◆ *vi*: **to ~**

through sthg ensopar algo. ❑ **soak up** *vt sep* absorver.
soaked [səʊkt] *adj* encharcado(da), ensopado(da).
soaking ['səʊkɪŋ] *adj* encharcado(da), ensopado(da).
soap [səʊp] *n* sabonete *m*; *(for clothes)* sabão *m*.
soap opera *n* novela *f*, telenovela *f*.
sob [sɒb] *n* soluço *m*. ◆ *vi* soluçar.
sober ['səʊbər] *adj* sóbrio(bria).
soccer ['sɒkər] *n* futebol *m*.
sociable ['səʊʃəbl] *adj* sociável.
social ['səʊʃl] *adj* social.
socialist ['səʊʃələst] *adj* socialista. ◆ *n* socialista *mf*.
social security *n* previdência *f* social.
social worker *n* assistente *mf* social.
society [sə'saɪətɪ] *n* sociedade *f*.
sociology [ˌsəʊsɪ'ɒlədʒɪ] *n* sociologia *f*.
sock [sɒk] *n* meia *f*.
socket ['sɒkət] *n (for plug)* tomada *f*; *(for light bulb)* bocal *m*.
soda ['səʊdə] *n (soda water)* água *f* com gás; *Am (fizzy drink)* refrigerante *m*.
sofa ['səʊfə] *n* sofá *m*.
sofa bed *n* sofá-cama *m*.
soft [sɒft] *adj (bed, food)* mole; *(skin, fur, fabric)* macio(cia), suave; *(breeze, sound)* fraco(ca); *(voice)* doce; *(footsteps)* leve.
soft drink *n* refrigerante *m*.
software ['sɒftweər] *n* software *m*.
soil [sɔɪl] *n* solo *m*.
solarium [sə'leərɪəm] *n* solário *m*, solarium *m*.
solar panel ['səʊlər-] *n* painel *m* solar.
sold [səʊld] *pt & pp* → **sell.**
soldier ['səʊldʒər] *n* soldado *m*.
sold out *adj* esgotado(da).
sole [səʊl] *adj* único(ca). ◆ *n (of shoe)* sola *f*; *(of foot)* planta *f*; *(fish: pl inv)* linguado *m*.
solemn ['sɒləm] *adj* solene.
solicitor [sə'lɪsɪtə^r] *n Brit* advogado *m*, -da *f*, *advogado que apenas pode atuar nos tribunais de primeira instância.*
solid ['sɒlɪd] *adj* sólido(da); *(chair, wall)* resistente; *(rock, gold, oak)* maciço(ça).
solo ['səʊləʊ] (*pl* **-s**) *n* solo *m*.
soluble ['sɒljəbl] *adj* solúvel.
solution [sə'lu:ʃn] *n* solução *f*.
solve [sɒlv] *vt* resolver.
some [sʌm] *adj* **-1.** *(certain, large amount of)* algum (alguma); ~ **meat** um pouco de carne; ~ **money** um pouco de dinheiro; **I had ~ difficulty getting here** tive algumas dificuldades para chegar aqui.
-2. *(certain, large number of)* alguns (algumas); ~ **sweets** alguns doces; ~ **people** algumas pessoas; **I've known him for ~ years** já o conheço há alguns anos.
-3. *(not all)* alguns (algumas); ~ **jobs are better paid than others** alguns empregos são mais bem pagos que outros.

- **4.** *(in imprecise statements)* um (uma) ... qualquer; ~ **woman phoned** telefonou uma mulher.
◆ *pron* - **1.** *(certain amount)* algum *m*, alguma *f*, parte *f*; **can I have ~?** posso ficar com uma parte?; ~ **of the money** algum dinheiro, parte do dinheiro.
- **2.** *(certain number)* alguns *mpl*, algumas *fpl*; **can I have ~?** posso ficar com alguns?; ~ **(of them) left early** alguns (deles) foram embora cedo.
◆ *adv (approximately)* aproximadamente; **there were ~ 7,000 people there** havia umas 7.000 pessoas.

somebody ['sʌmbədɪ] = **someone.**

somehow ['sʌmhaʊ] *adv (some way or other)* de alguma maneira; *(for some reason)* por alguma razão; ~ **I don't think he'll come** tenho a impressão de que ele não virá.

someone ['sʌmwʌn] *pron* alguém.

someplace ['sʌmpleɪs] *Am* = **somewhere.**

somersault ['sʌmərsɔ:lt] *n* cambalhota *f*.

something ['sʌmθɪŋ] *pron* algo, alguma coisa; **it's really ~** é demais; **or ~** *inf* ou (qualquer) coisa parecida; ~ **like** *(approximately)* uns (umas), qualquer coisa como.

sometime ['sʌmtaɪm] *adv*: ~ **in June** em junho.

sometimes ['sʌmtaɪmz] *adv* às OR por vezes.

somewhere ['sʌmweər] *adv (in unspecified place)* em algum lugar, em alguma parte; *(to specified place)* a alguma parte; ~ **around** OR **between** *(approximately)* aproximadamente.

son [sʌn] *n* filho *m*.

song [sɒŋ] *n* canção *f*.

son-in-law (*pl* **sons-in-law**) *n* genro *m*.

soon [su:n] *adv (in a short time)* em breve; *(early)* cedo; **how ~ can you do it?** para quando é que estará pronto?; **as ~ as** assim que; **as ~ as possible** o mais cedo possível, assim que for possível; ~ **after** pouco depois; **~er or later** mais cedo ou mais tarde.

soot [sʊt] *n* fuligem *f*.

soothe [su:ð] *vt* acalmar.

sophisticated [sə'fɪstəkeɪtəd] *adj* sofisticado(da).

sorbet ['sɔ:rbət] *n* sorvete *m* de frutas.

sore [sɔ:r] *adj (painful)* dolorido(da); *Am inf (angry)* zangado(da). ◆ *n* ferida *f*; **to have a ~ throat** estar com dor de garganta.

sorry ['sɒrɪ] *adj*: **he isn't even ~** ele nem sequer está arrependido; **I'm ~!** desculpe!; **I'm ~ I'm late** desculpem o atraso; **I'm ~ about the mess** desculpe a confusão; **I'm ~ you didn't get the job** sinto muito que você não tenha conseguido o emprego; **~?** *(asking for repetition)* perdão?; **to feel ~ for sb** sentir pena de alguém.

sort [sɔ:rt] *n* tipo *m.* ◆ *vt* organizar; ~ **of** *(more or less)* mais ou menos. ❑ **sort out** *vt sep (classify)* organizar; *(resolve)* resolver.

so-so *inf adj inf* mais ou menos. ◆ *adv inf* assim assim.

sought [sɔ:t] *pt & pp* → **seek.**

soul [səʊl] *n (spirit)* alma *f*; *(soul music)* música *f* soul.

sound [saʊnd] *n* som *m.* ◆ *vt (horn, bell)* (fazer) soar. ◆ *vi (make a noise)* soar; *(seem to be)* parecer. ◆ *adj (in good condition)* sólido (da); *(health)* sadio(a); *(heart, mind)* são (sã), bom (boa); **to ~ like** *(make a noise like)* soar como; *(seem to be)* parecer ser.

soundproof ['saʊndpru:f] *adj* à prova de som.

soup [su:p] *n* sopa *f.*

sour ['saʊər] *adj (taste)* ácido(da); *(milk)* azedo(da); **to go ~** azedar.

source [sɔ:rs] *n (supply, origin)* fonte *f*; *(cause)* origem *f*; *(of river)* nascente *f.*

south [saʊθ] *n* sul *m.* ◆ *adj (wind)* sul. ◆ *adv (be situated)* ao sul; *(fly, walk)* para o sul; **in the ~ of the country** no sul do país.

South America *n* América *f* do Sul.

southeast [,saʊθ'i:st] *n* sudeste *m.*

southern ['sʌðərn] *adj* do sul.

southward ['saʊθwərd] *adv* em direção ao sul, para o sul.

southwest [,saʊθ'west] *n* sudoeste.

souvenir [,su:və'nɪər] *n* lembrança *f.*

sow¹ [səʊ] (*pp* **sown** [səʊn]) *vt (seeds)* semear.

sow² [saʊ] *n (pig)* porca *f.*

soy bean *n* grão *m* de soja.

soy sauce [,sɔɪ-] *n* molho *m* de soja.

spa [spɑ:] *n* estância *f* hidromineral.

spa bath *n* hidromassagem *m.*

space [speɪs] *n* espaço *m.* ◆ *vt* espaçar.

spacious ['speɪʃəs] *adj* espaçoso(osa).

spade [speɪd] *n (tool)* pá *f.* ❑ **spades** *npl (in cards)* espadas *fpl.*

spaghetti [spə'getɪ] *n* espaguete *m.*

Spain [speɪn] *n* Espanha *f.*

span [spæn] *pt* → **spin.** ◆ *n (length)* distância *f*, palmo *m*; *(of time)* espaço *m* de tempo.

spank [spæŋk] *vt* dar uma palmada em.

spanner ['spænər] *n Brit* chave-inglesa *f.*

spare [speər] *adj (kept in reserve)* a mais; *(not in use)* disponível. ◆ *n (spare part)* peça *f* sobressalente; *(spare tire)* pneu *m* sobressalente. ◆ *vt*: **to ~ sb sthg** *(money)* dispensar algo a alguém; **I can't ~ the time** não tenho tempo; **with ten minutes to ~** com dez minutos de antecedência.

spare room *n* quarto *m* de hóspedes.

spare time *n* tempo *m* livre.

spark [spɑ:rk] *n (from fire)* fagulha *f*; *(electric)* faísca *f*.

sparkling ['spɑ:rklɪŋ] *adj (mineral water, soft drink)* gaseificado(da), com gás.

sparkling wine *n* espumante *m*.

sparrow ['spærəʊ] *n* pardal *m*.

spat [spæt] *pt & pp* → **spit.**

speak [spi:k] (*pt* **spoke**, *pp* **spoken**) *vt (language)* falar; *(say)* dizer. ◆ *vi* falar; **who's ~ ing?** *(on phone)* quem fala? **may I ~ to Charlotte? – ~ing!** posso falar com a Charlotte? – é a própria!; **to ~ to sb about sthg** falar com alguém sobre algo. ❑ **speak up** *vi (more loudly)* falar mais alto.

speaker ['spi:kər] *n (person)* orador *m*, -ra *f*; *(loudspeaker)* alto-falante *m*; *(of stereo)* alto-falante *m*; **a Portuguese ~** uma pessoa que fala português.

spear [spɪər] *n* lança *f*.

special ['speʃl] *adj* especial. ◆ *n (dish)* prato *m* do dia; **'today's ~'** 'prato do dia'.

specialist ['speʃəlɪst] *n* especialista *mf*.

speciality [,speʃɪ'ælətɪ] *Brit* = **specialty.**

specialize ['speʃəlaɪz] *vi*: **to ~ (in)** especializar-se (em).

specially ['speʃlɪ] *adv* especialmente.

specialty ['speʃltɪ] *n Am* especialidade *f*.

species ['spi:ʃi:z] *n* espécie *f*.

specific [spə'sɪfɪk] *adj* específico(ca).

specifications [,spesəfɪ'keɪʃənz] *npl (of machine, car)* ficha *f* técnica.

specimen ['spesəmən] *n* espécime *m*.

spectacle ['spektəkl] *n* espetáculo *m*.

spectacles ['spektəklz] *npl* óculos *mpl*.

spectacular [spek'tækjələr] *adj* espetacular.

spectator [spek'teɪtər] *n* espectador *m*, -ra *f*.

sped [sped] *pt & pp* → **speed.**

speech [spi:tʃ] *n (ability to speak)* fala *f*; *(manner of speaking)* maneira *f* de falar; *(talk)* discurso *m*.

speech impediment [-ɪm,pedəmənt] *n* defeito *m* na fala.

speed [spi:d] (*pt & pp* **-ed** OR **sped**) *n* velocidade *f*; *(bicycle gear)* mudança *f*. ◆ *vi (move quickly)* ir a grande velocidade; *(drive too fast)* dirigir com excesso de velocidade; **'reduce ~ now'** 'reduza a velocidade'. ❑ **speed up** *vi* acelerar.

speedboat ['spi:dbəʊt] *n* lancha *f*.

speeding ['spi:dɪŋ] *n* excesso *m* de velocidade.

speed limit *n* limite *m* de velocidade.

speedometer [spɪ'dɒmɪtər] *n* velocímetro *m*.

spell [spel] (*Am pt & pp* **-ed**, *Brit pt & pp* **-ed** OR **spelt**) *vt (word, name)* soletrar; *(subj: letters)* dar, formar a palavra. ◆ *n (period)* período *m*; *(magic)* feitiço *m*.

spell-checker [-tʃekər] *n* corretor *m* ortográfico.
spelling ['spelɪŋ] *n* ortografia *f*.
spend [spend] (*pt & pp* **spent** [spent]) *vt (money)* gastar; *(time)* passar.
sphere [sfɪər] *n* esfera *f*.
spice [spaɪs] *n* especiaria *f*. ◆ *vt* condimentar.
spicy ['spaɪsɪ] *adj* apimentado (da).
spider ['spaɪdər] *n* aranha *f*; ~**'s web** teia *f* de aranha.
spike [spaɪk] *n* espigão *m*.
spill [spɪl] (*Am pt & pp* **-ed**, *Brit pt & pp* **-ed** OR **spilt**) *vt* entornar. ◆ *vi* entornar-se.
spin [spɪn] (*pt* **span** OR **spun**, *pp* **spun**) *vt (wheel, fan)* rodar; *(laundry)* centrifugar. ◆ *n (on ball)* efeito *m*; **to go for a** ~ *inf* ir dar uma volta.
spinach ['spɪnɪtʃ] *n* espinafre *m*.
spine [spaɪn] *n (of back)* espinha *f* (dorsal), coluna *f* (vertebral); *(of book)* lombada *f*.
spiral ['spaɪrəl] *n* espiral *f*.
spiral staircase *n* escada *f* em caracol.
spire ['spaɪər] *n* cume *m*.
spirit ['spɪrɪt] *n (soul)* espírito *m*; *(energy)* vigor *m*, energia *f*; *(courage)* coragem *f*; *(mood)* humor *m*. ❑ **spirits** *npl Brit (alcohol)* bebidas *fpl* alcoólicas *(destiladas)*.
spit [spɪt] (*Am pt & pp* **spit**, *Brit pt & pp* **spat**) *vi (person)* cuspir; *(fire)* crepitar; *(food)* espirrar. ◆ *n (saliva)* cuspe *m*; *(for cooking)* espeto *m*.
spite [spaɪt]: **in spite of** *prep* apesar de.
spiteful ['spaɪtfʊl] *adj* maldoso(osa).
splash [splæʃ] *n (sound)* splash *m*. ◆ *vt* salpicar.
splendid ['splendɪd] *adj* esplêndido(da).
splint [splɪnt] *n* tala *f*.
splinter ['splɪntər] *n* falha *f*, lasca *f*.
split [splɪt] (*pt & pp* **split**) *n (tear)* rasgão *m*; *(crack, in skirt)* racha *f*. ◆ *vt (wood, stone)* rachar; *(tear)* rasgar; *(check, profits, work)* dividir. ◆ *vi (wood, stone)* partir-se; *(tear)* rasgar-se. ❑ **split up** *vi (group, couple)* separar-se.
spoil [spɔɪl] (*pt & pp* **-ed** OR **spoilt**) *vt (ruin)* estragar; *(child)* mimar.
spoke [spəʊk] *pt* → **speak.** ◆ *n* raio *m*.
spoken ['spəʊkn] *pp* → **speak.**
spokesman ['spəʊksmən] (*pl* **-men** [-mən]) *n* porta-voz *m*.
spokeswoman ['spəʊksˌwʊmən] (*pl* **-women** [-ˌwɪmɪn]) *n* porta-voz *f*.
sponge [spʌndʒ] *n (for cleaning, washing)* esponja *f*.
sponge cake *n* ≃ pão-de-ló *m*.
sponsor ['spɒnsər] *n (of event, TV program)* patrocinador *m*, -ra *f*.
spontaneous [spɒn'teɪnjəs] *adj* espontâneo(nea).

spoon [spu:n] *n* colher *f*.

spoonful ['spu:nfl] *n* colherada *f*, colher *f*.

sport [spɔ:rt] *n* esporte *m*.

sports center [spɔ:rts-] *n* centro *m* esportivo.

sportsman ['spɔ:rtsmən] (*pl* **-men** [-mən]) *n* esportista *m*.

sportswoman ['spɔ:rts-ˌwʊmən] (*pl* **-women** [-ˌwɪmɪn]) *n* esportista *f*.

spot [spɒt] *n (of paint, rain, blood)* gota *f*, pingo *m*; *(on dog, leopard)* mancha *f*; *Brit (on skin)* espinha *f*; *(place)* lugar *m*. ◆ *vt* notar, reparar em; **on the ~** *(at once)* imediatamente; *(at the scene)* no local.

spotless ['spɒtləs] *adj* impecável, imaculado(da).

spotlight ['spɒtlaɪt] *n* refletor *m*.

spouse [spaʊs] *n fml* esposo *m*, -sa *f*.

spout [spaʊt] *n* bico *m*

sprain [spreɪn] *vt* torcer.

sprang [spræŋ] *pt* → **spring.**

spray [spreɪ] *n (of aerosol, perfume)* spray *m* ; *(droplets)* gotas *fpl*; *(of sea)* espuma *f*. ◆ *vt (car)* pintar com pistola; *(crops)* pulverizar; *(paint, water, etc)* esguichar.

spread [spred] (*pt & pp* **spread**) *vt (butter, jam)* passar; *(glue, disease, news)* espalhar; *(map, tablecloth, blanket)* estender; *(legs, fingers, arms)* abrir. ◆ *vi (disease, fire, news)* espalhar-se; *(stain)* alastrar. ◆ *n (food)*: **cheese ~** queijo *m* cremoso ❑ **spread out** *vi (disperse)* espalhar-se.

spring [sprɪŋ] (*pt* **sprang**, *pp* **sprung**) *n (season)* primavera *f*; *(coil)* mola *f*; *(in ground)* nascente *f*. ◆ *vi (leap)* saltar; **in (the) ~** na primavera.

springboard ['sprɪŋbɔ:rd] *n* prancha *f* (de saltos).

spring-cleaning [-'kli:nɪŋ] *n* faxina *f* geral.

sprinkle ['sprɪŋkl] *vt*: **to ~ sthg with sugar/flour** polvilhar algo com açúcar/farinha; **to ~ water on sthg** salpicar algo com água.

sprinkler ['sprɪŋklər] *n (for fire)* extintor *m* (automático de incêndios); *(for grass)* regador *m* (automático).

sprint [sprɪnt] *n (race)* corrida *f* de velocidade. ◆ *vi (run fast)* dar uma corrida.

sprout [spraʊt] *n (vegetable)* couve-de-Bruxelas *f*.

sprung [sprʌŋ] *pp* → **spring.** ◆ *adj (mattress)* de molas.

spun [spʌn] *pt & pp* → **spin.**

spur [spɜ:r] *n (for horse rider)* espora *f*; **on the ~ of the moment** sem pensar duas vezes.

spurt [spɜ:rt] *vi* jorrar.

spy [spaɪ] *n* espião *m*, -piã *f*.

squalor ['skwɒlər] *n* sordidez *f*.

square [skweər] *adj (in shape)* quadrado(da). ◆ *n (shape)* quadrado *m*; *(in town)* praça *f*; *(of chocolate)* pedaço *m*; *(on chessboard)* casa *f*; **2 ~ meters** 2 metros quadrados; **it's 2 meters ~** tem 2 metros de cada lado; **we're (all) ~ now** *(not owing*

money) agora estamos quites.
squash [skwɒʃ] *n (game)* squash *m*; *Am (vegetable)* abóbora *f.* ◆ *vt* esmagar.
squat [skwɒt] *adj* atarracado (da). ◆ *n (building) edifício abandonado e ocupado clandestinamente.* ◆ *vi (crouch)* agachar-se.
squeak [skwi:k] *vi* chiar.
squeeze [skwi:z] *vt* espremer. ❑ **squeeze in** *vi* arranjar lugar.
squid [skwɪd] *n* lula *f.*
squint [skwɪnt] *n* estrabismo *m.* ◆ *vi* semicerrar os olhos; **to ~ at** olhar com os olhos semicerrados para.
squirrel ['skwɜ:rəl] *n* esquilo *m.*
squirt [skwɜ:rt] *vi* esguichar.
St. *(abbr of Street)* R.; *(abbr of Saint)* S. *mf,* Sta *f.*
stab [stæb] *vt (with knife)* apunhalar, esfaquear.
stable ['steɪbl] *adj* estável. ◆ *n* estábulo *m.*
stack [stæk] *n (pile)* pilha *f*; **~s of** *inf (lots)* uma pilha de.
stadium ['steɪdjəm] *n* estádio *m.*
staff [stæf] *n (workers)* pessoal *m.*
stage [steɪdʒ] *n (phase)* fase *f*; *(in theater)* palco *m.*
stagger ['stægər] *vt (arrange in stages)* escalonar. ◆ *vi* cambalear.
stagnant ['stægnənt] *adj* estagnado(da).
stain [steɪn] *n* nódoa *f,* mancha *f.* ◆ *vt* manchar.
stainless steel ['steɪnləs-] *n* aço *m* inoxidável.
stair [steər] *n* degrau *m.* ❑ **stairs** *npl* escadas *fpl.*
staircase ['steərkeɪs] *n* escadaria *f.*
stake [steɪk] *n (share)* parte *f*; *(in gambling)* aposta *f*; *(post)* estaca *f*; **at ~** em jogo.
stale [steɪl] *adj (bread)* velho (ha); *(chips, cookies)* mole.
stalk [stɔ:k] *n (of flower, plant)* pé *m,* caule *m*; *(of fruit)* cabo *m*; *(of leaf)* talo *m.*
stall [stɔ:l] *n (at exhibition)* stand *m*; *(in market, at fair)* barraca *f*; *(for horse)* baia *f.* ◆ *vi (car, plane, engine)* morrer. ❑ **stalls** *npl Brit (in theater)* platéia *f.*
stallion ['stæljən] *n* garanhão *m.*
stamina ['stæmɪnə] *n* resistência *f.*
stammer ['stæmər] *vi* gaguejar.
stamp [stæmp] *n (for letter)* selo *m*; *(in passport, on document)* carimbo *m.* ◆ *vt (passport, document)* carimbar. ◆ *vi*: **to ~ on sthg** esmagar algo com o pé; **to ~ one's foot** bater com o pé no chão.
stamp-collecting [-kəˌlektɪŋ] *n* filatelia *f.*
stand [stænd] *(pt & pp* **stood**) *vi (be on feet)* estar de OR em pé; *(be situated)* ficar; *(get to one's feet)* levantar-se. ◆ *vt (place)* pôr, colocar; *(bear, withstand)* agüentar, suportar. ◆ *n (in market, at fair)* barraca *f*; *(at exhibition)* estande *m*; *(for newspapers)* banca *f* de jornais; *(for umbrellas)* bengaleiro *m*;

(for coats) cabide *m*; *(at sports stadium)* arquibancada *f*; **to be ~ing** estar de OR em pé; **'no ~ing'** *Am* AUT 'proibido parar e estacionar'. ❑ **stand back** *vi* afastar-se. ❑ **stand for** *vt fus (mean)* representar; *(tolerate)* tolerar. ❑ **stand in** *vi*: **to ~ in for sb** substituir alguém. ❑ **stand out** *vi (be conspicuous)* dar na vista; *(be superior)* destacar-se. ❑ **stand up** ◆ *vi (be on feet)* estar de OR em pé; *(get to one's feet)* levantar-se. ◆ *vt sep inf (boyfriend, girlfriend)* deixar plantado(da). ❑ **stand up for** *vt fus* defender.

standard ['stændərd] *adj (normal)* normal, padrão *(inv)*. ◆ *n (level)* nível *m*; *(point of comparison)* média *f*; *(for product)* norma *f*; **to be up to ~** estar à altura. ❑ **standards** *npl (principles)* princípios *mpl*.

standby ['stændbaɪ] *adj (ticket)* sem reserva, de última hora.

stank [stæŋk] *pt* → **stink**.

staple ['steɪpl] *n (for paper)* grampo *m*.

stapler ['steɪplər] *n* grampeador *m*.

star [stɑ:r] *n* estrela *f*. ◆ *vt (subj: film, play, etc)*: **'starring ...'** 'estrelando ...'. ❑ **stars** *npl (horoscope)* horóscopo *m*.

starboard ['stɑ:rbərd] *adj* de estibordo.

starch ['stɑ:rtʃ] *n (in food)* amido *m*; *(for clothes)* goma *f*.

stare [steər] *vi*: **to ~ at** fitar, olhar fixamente (para).

Stars and Stripes *n*: **the ~** a bandeira dos Estados Unidos.

STARS AND STRIPES

Um dos muitos nomes dados à bandeira dos Estados Unidos. As cinqüenta estrelas da bandeira representam os cinqüenta estados americanos, e as treze listras vermelhas e brancas, os treze estados fundadores da União. Os americanos orgulham-se muito de sua bandeira e alguns a exibem na frente de suas casas.

start [stɑ:rt] *n (beginning)* início *m*, começo *m*; *(starting place)* ponto *m* de partida. ◆ *vt (begin)* começar; *(car, engine)* ligar; *(business, club)* montar. ◆ *vi (begin)* começar; *(car, engine)* pegar; *(begin journey)* sair, partir; **prices ~ at $5** preços a partir de 5 dólares; **to ~ doing sthg** OR **to do sthg** começar a fazer algo; **to ~ with ...** para começar ... ❑ **start out** *vi (on journey)* partir; *(be originally)* começar. ❑ **start up** *vt sep (car, engine)* ligar; *(business)* montar.

starter ['stɑ:rtər] *n (of car)* motor *m* de arranque; *Brit (of meal)* entrada *f*.

starting point ['stɑ:rtɪŋ-] *n* ponto *m* de partida.

startle ['stɑ:rtl] *vt* assustar.

starvation [stɑ:'veɪʃn] *n* fome *f*.

starve [stɑ:rv] *vi (have no food)* passar fome; **I'm starving!** estou esfomeado OR morto de fome!

state [steɪt] *n* estado *m*. ◆ *vt (declare)* declarar; *(specify)* especificar, indicar; **the State** o Estado; **the States** os Estados Unidos.

statement ['steɪtmənt] *n (declaration)* declaração *f*; *(from bank)* extrato *m*.

statesman ['steɪtsmən] (*pl* **-men** [-mən]) *n* homem *m* de estado, estadista *m*.

static ['stætɪk] *n (on radio, TV)* interferências *fpl*.

station ['steɪʃn] *n* estação *f*.

stationary ['steɪʃənerɪ] *adj* estacionário(ria).

stationery ['steɪʃənerɪ] *n* artigos *mpl* de papelaria.

station wagon *n Am* perua *f (carro)*.

statistics [stə'tɪstɪks] *npl (figures)* estatísticas *fpl*.

statue ['stætʃu:] *n* estátua *f*.

Statue of Liberty *n*: **the** ~ a Estátua da Liberdade.

STATUE OF LIBERTY

A Estátua da Liberdade foi um presente dado pela França aos Estados Unidos em 1884. Gigantesca, ela exibe uma mulher empunhando uma tocha e situa-se numa minúscula ilha na entrada do porto de Nova York. A estátua é aberta à visitação pública.

---

status ['stætəs] *n (legal position)* estado *m* ; *(social position)* status *m*; *(prestige)* prestígio *m*, status *m*.

stay [steɪ] *n (time spent)* estadia *f*. ◆ *vi (remain)* ficar; *(as guest)* ficar (hospedado); **where are you ~ing?** onde você está hospedado?; **to ~ the night** passar a noite. ❑ **stay away** *vi (not attend)* não ir; *(not go near)* ficar longe. ❑ **stay in** *vi* ficar em casa. ❑ **stay out** *vi (from home)* ficar fora. ❑ **stay up** *vi* ficar acordado.

steady ['stedɪ] *adj (not shaking, firm)* firme; *(gradual)* gradual; *(stable)* estável; *(job)* fixo(xa). ◆ *vt (table, ladder)* firmar.

steak [steɪk] *n* bife *m*.

steal [sti:l] (*pt* **stole**, *pp* **stolen**) *vt* roubar; **to ~ sthg from sb** roubar algo de alguém.

steam [sti:m] *n* vapor *m*. ◆ *vt (food)* cozer no vapor.

steam engine *n* máquina *f* a vapor.

steel [sti:l] *n* aço *m*. ◆ *adj* de aço.

steep [sti:p] *adj (hill, path)* íngreme; *(increase, drop)* considerável.

steer ['stɪər] *vt (car)* dirigir; *(boat, plane)* pilotar.

steering ['stɪərɪŋ] *n* direção *f*.

steering wheel *n* volante *m*.

stem [stem] *n (of plant)* talo *m*, caule *m*; *(of glass)* pé *m*.

step [step] *n (stair, rung)* degrau *m*; *(pace, measure, stage)* passo *m*. ◆ *vi*: **to ~ on sthg** pisar em algo. ❑ **steps** *npl (stairs)* escadas *fpl*.

❑ **step aside** *vi (move aside)* desviar-se, afastar-se. ❑ **step back** *vi (move back)* recuar, afastar-se.
stepbrother ['step,brʌðər] *n* meio-irmão *m*.
stepdaughter ['step,dɔ:tər] *n* enteada *f*.
stepfather ['step,fɑ:ðər] *n* padrasto *m*.
stepladder ['step,lædər] *n* escada *f* portátil.
stepmother ['step,mʌðər] *n* madrasta *f*.
stepsister ['step,sɪstər] *n* meia-irmã *f*.
stepson ['stepsʌn] *n* enteado *m*.
stereo ['sterɪəʊ] (*pl* **-s**) *adj* estereofônico(ca). ◆ *n (hi-fi)* aparelhagem *f*; *(stereo sound)* estereofonia *f*, estéreo *m*.
sterile ['steraɪl] *adj (germ-free)* esterilizado(da).
sterilize ['sterəlaɪz] *vt* esterilizar.
sterling ['stɜ:rlɪŋ] *adj (pound)* esterlino(na). ◆ *n* libra *f* esterlina.
stern [stɜ:rn] *adj* severo(ra). ◆ *n* popa *f*.
stew [stu:] *n* ensopado *m*, guisado *m*.
steward ['stʊərd] *n (on plane, ship)* comissário *m* de bordo.
stewardess ['stʊərdəs] *n* aeromoça *f*.
stewed [stu:d] *adj (fruit)* cozido(da).
stick [stɪk] (*pt & pp* **stuck**) *n (of wood)* pau *m*; *(for sport)* taco *m*; *Brit (of celery)* tira *f*. ◆ *vt (glue)* colar; *(push, insert)* meter, pôr; *inf (put)* meter, pôr. ◆ *vi (become attached)* grudar-se; *(jam)* emperrar. ❑ **stick out** *vi* sobressair. ❑ **stick to** *vt fus (decision, principles, promise)* manter-se fiel a. ❑ **stick up** ◆ *vt sep (poster, notice)* afixar. ◆ *vi*: **your hair is ~ing up!** você está com o cabelo todo arrepiado! ❑ **stick up for** *vt fus* defender.
sticker ['stɪkər] *n* adesivo *m*.
stick shift *n Am (car)* veículo com câmbio manual.
sticky ['stɪkɪ] *adj (substance, hands, candy)* pegajoso(osa); *(label, tape)* adesivo(va); *(weather)* úmido(da).
stiff [stɪf] *adj (firm)* rijo(ja); *(neck)* duro(ra); *(back, person)* dolorido(da); *(door, latch, mechanism)* emperrado(da). ◆ *adv*: **to be bored ~** *inf* estar morrendo de tédio.
still [stɪl] *adv* ainda. ◆ *adj (motionless)* imóvel; *(quiet, calm)* calmo(ma); *(not fizzy)* sem gás; **we've ~ got 10 minutes** ainda temos 10 minutos; **~ more** ainda mais; **to stand ~** estar quieto.
stimulate ['stɪmjəleɪt] *vt* estimular.
sting [stɪŋ] (*pt & pp* **stung**) *vt* picar. ◆ *vi (skin, eyes)* arder.
stingy ['stɪndʒɪ] *adj inf* pão-duro(ra).
stink [stɪŋk] (*pt* **stank** OR **stunk**, *pp* **stunk**) *vi* cheirar mal.

stipulate ['stɪpjəleɪt] *vt* estipular.
stir [stɜ:r] *vt (move around, mix)* mexer.
stirrup ['stɜ:rəp] *n* estribo *m*.
stitch [stɪtʃ] *n (in sewing, knitting)* ponto *m*; **to have a ~** sentir uma pontada. ❑ **stitches** *npl (for wound)* pontos *mpl*.
stock [stɒk] *n (of store)* estoque *m*; FIN títulos *mpl*, ações *fpl*; *(cookery)* caldo *m*. ◆ *vt (have in stock)* ter em estoque; **in ~** em estoque, armazenado; **out of ~** esgotado.
Stock Exchange *n* bolsa *f* de valores.
stocking ['stɒkɪŋ] *n* meia *f*.
stock market *n* bolsa *f*, mercado *m* de valores.
stodgy ['stɒdʒɪ] *adj (food)* pesado(da).
stole [stəʊl] *pt* → **steal.**
stolen ['stəʊlən] *pp* → **steal.**
stomach ['stʌmək] *n (organ)* estômago *m*; *(belly)* barriga *f*.
stomach ache *n* dor *f* de estômago.
stone [stəʊn] *n (substance)* pedra *f*; *(in fruit)* caroço *m*; *Brit (measurement: pl inv)* = 6,35 kg; *(gem)* pedra preciosa. ◆ *adj* de pedra.
stood [stʊd] *pt & pp* → **stand.**
stool [stu:l] *n (for sitting on)* banco *m*.
stop [stɒp] *n* parada *f*. ◆ *vt* parar. ◆ *vi* parar; *(stay)* ficar; **to ~ sb/sthg from doing sthg** impedir alguém/algo de fazer algo; **to ~ doing sthg** parar de fazer algo; **to put a ~ to sthg** pôr termo OR fim a algo; **'stop'** *(road sign)* 'pare'; **'stopping at ...'** *(train, bus)* 'com paradas em ...'. ❑ **stop off** *vi* parar.
stopover ['stɒp,əʊvər] *n* parada *f*; *(on plane journey)* escala *f*.
stopper ['stɒpər] *n* tampa *f*.
stopwatch ['stɒpwɒtʃ] *n* cronômetro *m*.
storage ['stɔ:rɪdʒ] *n* armazenamento *m*, armazenagem *f*.
store [stɔ:r] *n (shop)* loja *f*; *(supply)* estoque *m*. ◆ *vt* armazenar.
storekeeper ['stɔ:rki:pər] *n Am* comerciante *m*.
storeroom ['stɔ:rru:m] *n (in shop)* armazém *m*; *(in house)* dispensa *f*.
storey ['stɔ:rɪ] (*pl* **-s**) *Brit* = **story.**
stork [stɔ:rk] *n* cegonha *f*.
storm [stɔ:rm] *n (bad weather)* tempestade *f*.
stormy ['stɔ:rmɪ] *adj (weather)* tempestuoso(osa).
story ['stɔ:rɪ] *n (account, tale)* história *f*; *(news item)* artigo *m*; *Am* andar *m*.
stout [staʊt] *adj (fat)* corpulento(ta), forte.
stove [stəʊv] *n (for cooking)* fogão *m*; *(for heating)* estufa *f*.
straight [streɪt] *adj (not curved)* direito(ta); *(road, line)* reto(ta); *(hair)* liso(sa); *(consecutive)* consecutivo(va); *(drink)* puro(ra). ◆ *adv (in a straight line)* reto(ta); *(upright)* direito; *(directly)* diretamente; *(without delay)* imediatamente; **~ ahead** sempre em

frente; ~ **away** imediatamente, já; ~ **in front** bem em frente.

straightforward [,streɪt'fɔ:rwərd] *adj (easy)* simples *(inv)*.

strain [streɪn] *n (force)* força *f*; *(nervous stress)* stress *m*; *(tension)* tensão *f*; *(injury)* distensão *f*. ◆ *vt (muscle, eyes)* forçar; *(food, drink)* coar.

strainer ['streɪnər] *n* coador *m*.

strait [streɪt] *n* estreito *m*.

strange [streɪndʒ] *adj* estranho(nha).

stranger ['streɪndʒər] *n (unfamiliar person)* estranho *m*, -nha *f*, desconhecido *m*, -da *f*; *(person from different place)* forasteiro *m*, -ra *f*.

strangle ['stræŋgl] *vt* estrangular.

strap [stræp] *n (of bag)* alça *f*; *(of camera, shoe)* correia *f*; *(of watch)* pulseira *f*.

strategy ['strætədʒɪ] *n* estratégia *f*.

straw [strɔ:] *n* palha *f*; *(for drinking)* canudo *m*.

strawberry ['strɔ:berɪ] *n* morango *m*.

stray [streɪ] *adj (animal)* abandonado(da). ◆ *vi* vaguear.

streak [stri:k] *n (stripe, mark)* listra *f*, risca *f*; *(period)* período *m*.

stream [stri:m] *n (river)* riacho *m*; *(of traffic, people)* torrente *f*; *(of water, air)* corrente *f*.

street [stri:t] *n* rua *f*.

streetcar ['stri:tkɑ:r] *n Am* bonde *m*.

strength [streŋθ] *n* força *f*; *(of structure)* solidez *f*; *(strong point)* ponto *m* forte; *(of feeling, wind, smell)* intensidade *f*; *(of drink)* teor *m* alcoólico; *(of drug)* dosagem *f*.

strengthen ['streŋθn] *vt* reforçar.

stress [stres] *n (tension)* stress *m*; *(on word, syllable)* acento *m* tônico. ◆ *vt (emphasize)* pôr a tônica em; *(word, syllable)* acentuar.

stretch [stretʃ] *n (of land, water)* extensão *f*; *(of time)* período *m*. ◆ *vt* esticar. ◆ *vi (land, sea)* estender-se; *(person, animal)* estirar-se, espreguiçar-se, alongar-se; **to ~ one's legs** *fig* esticar as pernas. ❑ **stretch out** ◆ *vt sep (hand)* estender. ◆ *vi (lie down)* estender-se ao comprido, deitar-se.

stretcher ['stretʃər] *n* maca *f*.

strict [strɪkt] *adj* rigoroso (osa).

strictly ['strɪktlɪ] *adv (absolutely)* estritamente; *(exclusively)* exclusivamente; ~ **speaking** a bem dizer.

stride [straɪd] *n* passada *f*.

strike [straɪk] (*pt & pp* **struck**) *n (of employees)* greve *f*. ◆ *vt (fml: hit)* agredir; *(fml: collide with)* bater em, chocar-se com; *(a match)* acender. ◆ *vi (refuse to work)* fazer greve; *(happen suddenly)* ocorrer; **the clock struck eight** o relógio bateu oito horas.

striking ['straɪkɪŋ] *adj (noticeable)* impressionante; *(attractive)* atraente.

string [strɪŋ] *n* cordel *m*, fio *m*; *(of pearls, beads)* colar *m*; *(of musical instrument, tennis racket)* corda *f*; *(series)* série *f*; **a piece of ~** um barbante.
strip [strɪp] *n (of paper, cloth, etc)* tira *f*; *(of land, water)* faixa *f*. ◆ *vt (paint)* raspar; *(wallpaper)* arrancar. ◆ *vi (undress)* despir-se.
stripe [straɪp] *n* risca *f*, listra *f*.
striped [straɪpt] *adj* de listras.
stroke [strəʊk] *n* MED derrame *m*; *(in tennis)* batida *f*; *(in golf)* tacada *f*; *(swimming style)* estilo *m*. ◆ *vt* afagar; **a ~ of luck** um golpe de sorte.
stroll [strəʊl] *n* passeio *m*.
stroller ['strəʊlər] *n Am (pushchair)* carrinho *m* de bebê.
strong [strɒŋ] *adj* forte; *(structure, bridge, chair)* sólido(da); *(accent)* forte, acentuado(da).
struck [strʌk] *pt & pp* → **strike.**
structure ['strʌktʃər] *n (arrangement, organization)* estrutura *f*; *(building)* construção *f*.
struggle ['strʌgl] *n (great effort)* luta *f*. ◆ *vi (fight)* lutar; *(in order to get free)* debater-se; **to ~ to do sthg** esforçar-se por fazer algo.
stub [stʌb] *n (of cigarette)* ponta *f*; *(of check, ticket)* talão *m*.
stubble ['stʌbl] *n (on face)* barba *f* por fazer.
stubborn ['stʌbərn] *adj (person)* teimoso(osa).
stuck [stʌk] *pt & pp* → **stick.** ◆ *adj* preso(sa).
stud [stʌd] *n (on boots)* cravo *m*; *(fastener)* botão *m* de pressão; *(earring)* brinco *m*.
student ['stu:dnt] *n (in college)* estudante *mf*; *(in school)* aluno *m*, -na *f*.
studio ['stu:dɪəʊ] (*pl* **-s**) *n (for filming, broadcasting)* estúdio *m*; *(of artist)* ateliê *m*.
studio apartment *n Am* conjugado *m*.
study ['stʌdɪ] *n* estudo *m*; *(room)* escritório *m*. ◆ *vt (learn about)* estudar; *(examine)* examinar. ◆ *vi* estudar.
stuff [stʌf] *n inf (substance)* coisa *f*; *(things, possessions)* coisas *fpl*, tralha *f*. ◆ *vt (put roughly)* enfiar; *(fill)* rechear.
stuffed [stʌft] *adj (food)* recheado(da); *inf (full)* cheio (cheia); *(dead animal)* empalhado(da).
stuffing ['stʌfɪŋ] *n* recheio *m*.
stuffy ['stʌfɪ] *adj (room, atmosphere)* abafado(da).
stumble ['stʌmbl] *vi (when walking)* tropeçar.
stump [stʌmp] *n (of tree)* toco *m*.
stun [stʌn] *vt (shock)* chocar.
stung [stʌŋ] *pt & pp* → **sting.**
stunk [stʌŋk] *pt & pp* → **stink.**
stunning ['stʌnɪŋ] *adj* espantoso(osa).
stupid ['stu:pəd] *adj* estúpido (da).
stupidity [stu:'pɪdətɪ] *n* estupidez *f*.
sturdy ['stɜ:rdɪ] *adj* robusto (ta).
stutter ['stʌtər] *vi* gaguejar.
style [staɪl] *n* estilo *m*; *(design)* modelo *m*. ◆ *vt (hair)* pentear.

stylish ['staɪlɪʃ] *adj* elegante.

stylist ['staɪləst] *n (hairdresser)* cabeleireiro *m*, -ra *f*.

subdued [səb'du:d] *adj (person)* abatido(da); *(lighting, color)* tênue.

subject [*n* 'sʌbdʒekt, *vb* səb'dʒekt] *n (topic)* tema *m*; *(at school)* disciplina *f*; *(at college)* cadeira *f*; GRAMM sujeito *m*; *(fml: of country)* cidadão *m*, -dã *f*. ◆ *vt*: **to ~ sb to sthg** submeter alguém a algo; **~ to availability** dentro do limite do estoque disponível; **they are ~ to an additional charge** estão sujeitos a um custo adicional.

subjunctive [səb'dʒʌŋktɪv] *n* subjuntivo *m*.

submarine [ˌsʌbmə'ri:n] *n* submarino *m*.

submit [səb'mɪt] *vt* apresentar. ◆ *vi* submeter-se.

subordinate [sə'bɔ:rdənət] *adj* GRAMM subordinado(da).

subscribe [səb'skraɪb] *vi (to magazine, newspaper)* assinar.

subscription [səb'skrɪpʃn] *n* assinatura *f*.

subsequent ['sʌbsɪkwənt] *adj* subseqüente.

subside [səb'saɪd] *vi (ground)* ceder; *(feeling)* desaparecer, dissipar-se; *(noise)* diminuir.

substance ['sʌbstəns] *n* substância *f*.

substantial [səb'stænʃl] *adj* substancial.

substitute ['sʌbstətu:t] *n (replacement)* substituto *m*, -ta *f*; SPORT reserva *mf*.

subtitles ['sʌbˌtaɪtlz] *npl* legendas *fpl*.

subtle ['sʌtl] *adj* sutil.

subtract [səb'trækt] *vt* subtrair.

subtraction [səb'trækʃn] *n* subtração *f*.

suburb ['sʌbɜ:rb] *n* subúrbio *m*; **the ~s** os subúrbios.

subway ['sʌbweɪ] *n Am (underground railroad)* metrô *m*; *Brit (for pedestrians)* passagem *f* subterrânea.

succeed [sək'si:d] *vi (be successful)* ter êxito OR sucesso. ◆ *vt (fml: follow)* seguir; **to ~ in doing sthg** conseguir fazer algo.

success [sək'ses] *n* êxito *m*, sucesso *m*.

successful [sək'sesfl] *adj (plan, person)* bem sucedido(da); *(movie, book, TV program)* de sucesso.

succulent ['sʌkjʊlənt] *adj* suculento(ta).

such [sʌtʃ] *adj (of stated kind)* tal, semelhante; *(so great)* tamanho (nha), tal. ◆ *adv*: **~ a lot** tanto; **~ a lot of books** tantos livros; **it's ~ a lovely day** está um dia tão bonito; **she has ~ good luck** ela tem tanta sorte; **~ a thing should never have happened** uma coisa assim nunca deveria ter acontecido; **~ as** tal como.

suck [sʌk] *vt (candy)* chupar; *(thumb)* chupar; *(nipple)* mamar em.

sudden ['sʌdn] *adj* repentino

(na); **all of a** ~ de repente.
suddenly ['sʌdnlɪ] *adv* de repente.
sue [su:] *vt* processar.
suede [sweɪd] *n* camurça *f*.
suffer ['sʌfər] *vt & vi* sofrer; **to ~ from** *(illness)* sofrer de.
suffering ['sʌfərɪŋ] *n* sofrimento *m*.
sufficient [sə'fɪʃnt] *adj fml* suficiente.
sufficiently [sə'fɪʃntlɪ] *adv fml* bastante, suficientemente.
suffix ['sʌfɪks] *n* sufixo *m*.
suffocate ['sʌfəkeɪt] *vi* sufocar.
sugar ['ʃʊgər] *n* açúcar *m*.
suggest [sə'dʒest] *vt* sugerir; **to ~ doing sthg** sugerir fazer algo.
suggestion [sə'dʒestʃən] *n* sugestão *f*.
suicide ['su:ɪsaɪd] *n* suicídio *m*; **to commit ~** suicidar-se.
suit [su:t] *n (man's clothes)* terno *m*; *(woman's clothes)* conjunto *m*; *(in cards)* naipe *m*; JUR processo *m*. ◆ *vt (subj: clothes, color, shoes)* ficar bem em; *(be convenient for)* convir a; *(be appropriate for)* ser apropriado(da) para.
suitable ['su:təbl] *adj* apropriado(da), conveniente; **to be ~ for** ser apropriado OR conveniente para.
suitcase ['su:tkeɪs] *n* mala *f*.
suite [swi:t] *n (set of rooms)* suíte *f*; *(furniture)* mobília *f*.
sulk [sʌlk] *vi* ficar emburrado (da).
sultry ['sʌltrɪ] *adj (weather, climate)* abafado(da).
sum [sʌm] *n* soma *f*. ❑ **sum up** *vt sep (summarize)* resumir.
summarize ['sʌməraɪz] *vt* resumir.
summary ['sʌmərɪ] *n* resumo *m*, sumário *m*.
summer ['sʌmər] *n* verão *m*; **in the ~** no verão; **~ vacation** férias *fpl* de verão.
summertime ['sʌmərtaɪm] *n* verão *m*.
summit ['sʌmɪt] *n (of mountain)* topo *m*, cume *m*; *(meeting)* conferência *f* de cúpula.
summon ['sʌmən] *vt (send for)* convocar; JUR intimar.
sumptuous ['sʌmptʃʊəs] *adj* suntuoso(osa).
sun [sʌn] *n* sol *m*. ◆ *vt*: **to ~ o.s.** apanhar sol; **to catch the ~** bronzear-se; **to sit in the ~** sentar-se no sol; **out of the ~** na sombra.
sunbathe ['sʌnbeɪð] *vi* tomar banho de sol.
sunburn ['sʌnbɜ:rn] *n* queimadura *f* solar.
sunburnt ['sʌnbɜ:rnt] *adj* queimado(da) (de sol).
sundae ['sʌndeɪ] *n* sundae *m*.
Sunday ['sʌndeɪ] *n* domingo *m* → **Saturday.**
sundress ['sʌndres] *n* vestido *m* de alças.
sundries ['sʌndrɪz] *npl* artigos *mpl* diversos.
sunflower ['sʌn,flaʊər] *n* girassol *m*.

sung [sʌŋ] *pt* → **sing.**

sunglasses [ˈsʌnˌglæsəz] *npl* óculos *mpl* de sol, óculos escuros.

sunk [sʌŋk] *pp* → **sink.**

sunlight [ˈsʌnlaɪt] *n* luz *f* do sol.

sun lounger [-ˌlaʊndʒər] *n Am* espreguiçadeira *f*.

sunny [ˈsʌnɪ] *adj (day, weather)* ensolarado(da); *(room, place)* ensolarado(da).

sunrise [ˈsʌnraɪz] *n* nascer *m* do sol.

sunscreen [ˈsʌnskriːn] *n* protetor *m* solar, filtro *m* solar.

sunset [ˈsʌnset] *n* pôr-do-sol *m*.

sunshine [ˈsʌnʃaɪn] *n* luz *f* do sol; **in the ~** ao sol.

sunstroke [ˈsʌnstrəʊk] *n* insolação *f*.

suntan [ˈsʌntæn] *n* bronzeado *m*.

super [ˈsuːpər] *adj (wonderful)* ótimo.

superb [suːˈpɜːrb] *adj* magnífico(ca), soberbo(ba).

Super Bowl *n uma partida do futebol americano.*

SUPER BOWL

O Super Bowl, a grande decisão do futebol americano, é uma partida disputada pelos campeões das duas ligas mais importantes do futebol profissional nos Estados Unidos. O jogo acontece no final de janeiro e é visto por um grande número de pessoas, inclusive em outros países, transmitido pela TV.

superficial [ˌsuːpərˈfɪʃl] *adj* superficial.

superfluous [suːˈpɜːrflʊəs] *adj* supérfluo(flua).

superior [suːˈpɪərɪər] *adj* superior. ◆ *n* superior *mf*.

supermarket [ˈsuːpərˌmɑːrkət] *n* supermercado *m*.

supernatural [ˌsuːpərˈnætʃrəl] *adj* sobrenatural.

superstitious [ˌsuːpərˈstɪʃəs] *adj* supersticioso(osa).

superstore [ˈsuːpərstɔːr] *n* hipermercado *m*.

supervise [ˈsuːpərvaɪz] *vt* supervisionar.

supervisor [ˈsuːpərvaɪzər] *n (of workers)* supervisor *m*, -ra *f*, encarregado *m*, -da *f*.

supper [ˈsʌpər] *n (evening meal)* jantar *m*, ceia *f*; **to have ~** jantar, cear.

supple [ˈsʌpl] *adj* flexível.

supplement [*n* ˈsʌplɪmənt, *vb* ˈsʌplɪˌment] *n* suplemento *m*. ◆ *vt* completar, complementar.

supplementary [ˌsʌplɪˈmentərɪ] *adj* suplementar.

supply [səˈplaɪ] *n (store)* reserva *f*; *(providing)* fornecimento *m*. ◆ *vt* fornecer; **to ~ sb with sthg** fornecer algo a alguém. ❑ **supplies** *npl* provisões *fpl*.

support [səˈpɔːrt] *n (backing, encouragement)* apoio *m*; *(supporting object)* suporte *m*. ◆ *vt (cause, campaign, person)* apoiar; *Brit*

SPORT torcer por; *(hold up)* suportar; *(a family)* sustentar.
supporter [sə'pɔ:təʳ] *n Brit* SPORT torcedor *m*, -ra *f*; *(of cause, political party)* partidário *m*, -ria *f*.
suppose [sə'pəʊz] *vt*: **to ~ (that)** supor que. ◆ *conj* = **supposing**; **I ~ so** suponho que sim.
supposing [sə'pəʊzɪŋ] *conj* supondo que.
supreme [sʊ'pri:m] *adj* supremo(ma).
surcharge ['sɜ:rtʃɑ:rdʒ] *n* sobretaxa *f*.
sure [ʃʊər] *adj (certain to happen)* certo(ta); *(with no doubts)* seguro(ra). ◆ *adv inf (yes)* claro; **are you ~?** você tem certeza?; **to be ~ of o.s.** ser seguro de si; **to make ~ (that) ...** assegurar-se de que ...; **for ~** com certeza.
surely ['ʃʊərlɪ] *adv* com certeza.
surf [sɜ:rf] *n* arrebentação *f*. ◆ *vi* fazer surfe.
surface ['sɜ:rfəs] *n* superfície *f*; **'temporary road ~'** 'asfaltamento temporário'.
surface mail *n* correio *m* por via terrestre.
surfboard ['sɜ:rfbɔ:rd] *n* prancha *f* de surfe.
surfing ['sɜ:rfɪŋ] *n* surfe *m*; **to go ~** ir surfar.
surgeon ['sɜ:rdʒən] *n* cirurgião *m*, -giã *f*.
surgery ['sɜ:rdʒərɪ] *n* cirurgia *f*.
surname ['sɜ:rneɪm] *n fml* sobrenome *m*.
surplus ['sɜ:rpləs] *n* excedente *m*.
surprise [sər'praɪz] *n* surpresa *f*. ◆ *vt (astonish)* surpreender.
surprised [sər'praɪzd] *adj* surpreso(sa).
surprising [sər'praɪzɪŋ] *adj* surpreendente.
surrender [sə'rendər] *vi* render-se. ◆ *vt (fml: hand over)* entregar.
surround [sə'raʊnd] *vt* rodear.
surrounding [sə'raʊndɪŋ] *adj* circundante, à volta. ❑ **surroundings** *npl* arredores *mpl*.
survey ['sɜ:rveɪ] (*pl* **-s**) *n (investigation)* inquérito *m*; *(poll)* sondagem *f*; *(of land)* levantamento *m* topográfico; *Brit (of house)* inspeção *f*, vistoria *f*.
surveyor [sər'veɪər] *n (of land)* agrimensor *m*, -ra *f*; *Brit (of houses)* inspetor *m*, -ra *f*, perito *m*, -ta *f*.
survival [sər'vaɪvl] *n* sobrevivência *f*.
survive [sər'vaɪv] *vi* sobreviver. ◆ *vt* sobreviver a.
survivor [sər'vaɪvər] *n* sobrevivente *mf*.
susceptible [sə'septəbl] *adj* suscetível; **to be ~ to sthg** ser suscetível a algo.
suspect [*vb* sə'spekt, *n & adj* 'sʌspekt] *vt (mistrust)* suspeitar de. ◆ *n* suspeito *m*, -ta *f*. ◆ *adj* suspeito
(ta); **to ~ sb of sthg** suspeitar que alguém tenha feito algo; **to ~ (that)** suspeitar que.
suspend [sə'spend] *vt* suspender.
suspenders [sə'spendərz] *npl*

Am (for pants) suspensórios *mpl*; *Brit (for stockings)* ligas *fpl*.
suspense [sə'spens] *n* suspense *m*.
suspension [sə'spenʃn] *n* suspensão *f*.
suspicion [sə'spɪʃn] *n* *(mistrust, idea)* suspeita *f*; *(trace)* vestígio *m*.
suspicious [sə'spɪʃəs] *adj* *(behavior, situation)* suspeito(ta); **to be ~ of** *(distrustful)* desconfiar OR suspeitar de.
swallow ['swɒləʊ] *n* *(bird)* andorinha *f*. ◆ *vt vi* engolir.
swam [swæm] *pt* → **swim.**
swamp [swɒmp] *n* pântano *m*.
swan [swɒn] *n* cisne *m*.
swap [swɒp] *vt* *(possessions, places)* trocar de; *(ideas, stories)* trocar; **to ~ sthg for sthg** trocar algo por algo.
swarm [swɔ:rm] *n* *(of bees)* enxame *m*.
swear [sweər] (*pt* **swore,** *pp* **sworn**) *vi* *(use rude language)* praguejar; *(promise)* jurar. ◆ *vt*: **to ~ to do sthg** jurar fazer algo.
swearword ['sweərwɜ:rd] *n* palavrão *m*.
sweat [swet] *n* suor *m*. ◆ *vi* suar.
sweater ['swetər] *n* suéter *m*.
sweatshirt ['swetʃɜ:rt] *n* suéter *m* de algodão.
sweep [swi:p] (*pt & pp* **swept**) *vt* *(with broom)* varrer.
sweet [swi:t] *adj* doce; *(smell)* agradável. ◆ *n* *Brit (candy)* bala *f*; *(dessert)* doce *m*; **how ~ of you!** que gentileza a sua!
sweet corn *n* milho *m*.
sweetener ['swi:tnər] *n* *(for drink)* adoçante *m*.
swell [swel] (*pp* **swollen**) *vi* *(ankle, arm, etc)* inchar.
swelling ['swelɪŋ] *n* inchaço *m*.
swept [swept] *pt & pp* → **sweep.**
swerve [swɜ:rv] *vi* *(vehicle)* dar uma guinada.
swim [swɪm] (*pt* **swam,** *pp* **swum**) *vi* *(in water)* nadar. ◆ *n*: **to go for a ~** ir dar um mergulho.
swimmer ['swɪmər] *n* nadador *m*, -ra *f*.
swimming ['swɪmɪŋ] *n* natação *f*; **to go ~** nadar.
swimming pool *n* piscina *f*.
swimming trunks *npl* sunga *f*.
swimsuit ['swɪmsu:t] *n* traje *m* de banho.
swindle ['swɪndl] *n* fraude *f*.
swing [swɪŋ] (*pt & pp* **swung**) *n* *(for children)* balanço *m*. ◆ *vt* *(move from side to side)* balançar. ◆ *vi* *(move from side to side)* balançar-se.
swipe [swaɪp] *vt* *(credit card, etc)* passar pela abertura; *Am (steal)* roubar.
switch [swɪtʃ] *n* *(for light, power)* interruptor *m*; *(for TV, radio)* botão *m*. ◆ *vt* *(change)* mudar de; *(exchange)* trocar. ◆ *vi* mudar. ❑ **switch off** *vt sep* *(light, radio)* apagar, desligar; *(engine)* desligar. ❑ **switch on** *vt sep* *(light, radio)* acender, ligar; *(engine)* ligar.

switchboard ['swɪtʃbɔ:rd] *n* PBX *m*.
swivel ['swɪvl] *vi* girar.
swollen ['swəʊln] *pp* → **swell.** ◆ *adj (ankle, arm, etc)* inchado(da).
swop [swɒp] = **swap.**
sword [sɔ:rd] *n* espada *f*.
swore [swɔ:r] *pt* → **swear.**
sworn [swɔ:rn] *pp* → **swear.**
swum [swʌm] *pp* → **swim.**
swung [swʌŋ] *pt & pp* → **swing.**
syllable ['sɪləbl] *n* sílaba *f*.
syllabus ['sɪləbəs] *n* programa *m* (de estudos).
symbol ['sɪmbl] *n* símbolo *m*.
sympathetic [ˌsɪmpə'θetɪk] *adj (understanding)* compreensivo(va).
sympathize ['sɪmpəθaɪz] *vi*: **to ~ (with)** *(feel sorry)* compadecer-se (de); *(understand)* compreender.
sympathy ['sɪmpəθɪ] *n (understanding)* compreensão *f*.
symphony ['simfənɪ] *n* sinfonia *f*.
symptom ['sɪmptəm] *n* sintoma *m*.
synagogue ['sɪnəgɒg] *n* sinagoga *f*.
synthesizer ['sɪnθəsaɪzər] *n* sintetizador *m*.
synthetic [sɪn'θetɪk] *adj* sintético(ca).
syringe [sə'rɪndʒ] *n* seringa *f*.
syrup ['sɪrəp] *n (for fruit, pancakes, etc)* calda *f*.
system ['sɪstəm] *n* sistema *m*; *(for gas, heating, etc)* instalação *f*.

T

tab [tæb] *n (of cloth, paper, etc)* etiqueta *f*; *(bill)* conta *f*; **put it on my ~** ponha na minha conta.
table ['teɪbl] *n (piece of furniture)* mesa *f*; *(of figures, etc)* quadro *m*.
tablecloth ['teɪblklɒθ] *n* toalha *f* de mesa.
tablespoon ['teɪblspu:n] *n* colher *f* de sopa.
tablet ['tæblət] *n (pill)* comprimido *m*; *(of soap)* barra *f*; *(of chocolate)* tablete *f*.
table tennis *n* pingue-pongue *m*, tênis *m* de mesa.
table wine *n* vinho *m* de mesa.
tabloid ['tæblɔɪd] *n* jornal *m* sensacionalista, tablóide *m*.
tack [tæk] *n (nail)* tacha *f*.
tackle ['tækl] *n (in soccer, hockey)* ataque *m*; *(in rugby, football)* marcação *f*; *(for fishing)* apetrechos *mpl*. ◆ *vt (in soccer, hockey)* carregar; *(in rugby, football)* marcar; *(deal with)* enfrentar.
tacky ['tækɪ] *adj inf (jewelry, design, etc)* cafona.
tact [tækt] *n* tato *m*.
tactful ['tæktfl] *adj* com muito tato, diplomático(ca).

tactics ['tæktɪks] *npl* tática *f*, estratégia *f*.

tag [tæg] *n (label)* etiqueta *f*.

tail [teɪl] *n* cauda *f*. ❑ **tails** *n (of coin)* coroa *f*. ◆ *npl (formal dress)* fraque *m*.

tailgate ['teɪlgeɪt] *n (of car)* porta *f* do porta-malas.

tailor ['teɪlər] *n* alfaiate *m*.

take [teɪk] (*pt* **took**, *pp* **taken**) *vt* - 1. *(carry, drive, contain)* levar.
- 2. *(hold, grasp)* segurar.
- 3. *(do, make)*: **to ~ a bath/shower** tomar um banho/uma ducha; **to ~ a test** fazer um exame; **to ~ a picture** tirar uma foto.
- 4. *(require)* requerer; **how long will it ~?** quanto tempo é que vai demorar?
- 5. *(steal)* tirar.
- 6. *(train, taxi, plane, bus)* apanhar.
- 7. *(route, path, road)* seguir por.
- 8. *(medicine)* tomar.
- 9. *(subtract)* tirar, subtrair.
- 10. *(accept)* aceitar; **do you ~ traveler's checks?** vocês aceitam cheques de viagem?; **to ~ sb's advice** seguir os conselhos de alguém.
- 11. *(react to)* reagir a; **to ~ sthg the wrong way** levar algo a mal.
- 12. *(control, power, attitude)* assumir; **to ~ charge of** assumir a responsabilidade de; **to ~ an interest in sthg** interessar-se por algo.
- 13. *(tolerate)* agüentar.
- 14. *(assume)*: **I ~ it that ...** presumo que ...
- 15. *(pulse)* medir; *(temperature)* tirar. ❑ **take apart** *vt sep* desmontar.
◆ **take away** *vt sep (remove)* levar; *(subtract)* tirar, subtrair.
◆ **take back** *vt sep (thing borrowed)* devolver; *(person)* levar (de volta); *(accept)* aceitar de volta; *(statement)* retirar.
◆ **take down** *vt sep (picture, decorations, curtains)* remover.
◆ **take in** *vt sep (include)* incluir; *(understand)* perceber; *(deceive)* enganar; *(clothes)* apertar.
◆ **take off** *vi (plane)* levantar vôo, decolar.
◆ *vt sep (remove)* tirar; **to ~ a day/week off** *(as vacation)* tirar um dia/uma semana de folga.
◆ **take out** *vt sep (from container, pocket)* tirar; *(library book)* pegar; *(insurance policy)* fazer; *(loan)* pedir; **to ~ sb out for dinner** convidar alguém para jantar fora.
◆ **take over** *vi* assumir o controle.
◆ **take up** *vt sep (begin)* dedicar-se a; *(use up)* ocupar; *(trousers, skirt, dress)* subir a bainha de.

takeaway ['teɪkəˌweɪ] *n Brit (shop) loja que vende comida para viagem*; *(food)* comida *f* para viagem.

taken ['teɪkn] *pp* → **take**.

takeoff ['teɪkɒf] *n (of plane)* decolagem *f*.

takeout ['teɪkaʊt] *n Am* comida *f* para viagem.

takings ['teɪkɪŋz] *npl* receita *f*, renda *f*.

talcum powder ['tælkəm-] *n* (pó de) talco *m*.
tale [teɪl] *n (story)* conto *m*; *(account)* história *f*.
talent ['tælənt] *n* talento *m*.
talk [tɔ:k] *n (conversation)* conversa *f*; *(speech)* conferência *f*. ◆ *vi* falar; **to ~ to sb (about sthg)** falar com alguém (sobre algo); **to ~ with sb** falar com alguém. ❑ **talks** *npl* negociações *fpl*.
talkative ['tɔ:kətɪv] *adj* tagarela.
tall [tɔ:l] *adj* alto(ta); **how ~ are you?** qual é a sua altura?; **I'm six feet ~** meço 1,80 m.
tame [teɪm] *adj (animal)* domesticado(da).
tampon ['tæmpɒn] *n* tampão *m*.
tan [tæn] *n (suntan)* bronzeado *m*. ◆ *vi* bronzear. ◆ *adj (color)* cor-de-mel *(inv)*.
tangerine [,tændʒə'ri:n] *n* tangerina *f*.
tank [tæŋk] *n* tanque *m*.
tanker ['tæŋkər] *n (truck)* caminhão-tanque *m*.
tanned [tænd] *adj (suntanned)* bronzeado(da).
tap [tæp] *n Brit (for water)* torneira *f*. ◆ *vt (hit)* bater (ligeiramente) com.
tape [teɪp] *n (cassette, video)* fita *f*, cassete *f*; *(in cassette, strip of material)* fita *f*; *(adhesive material)* fita *f* adesiva. ◆ *vt (record)* gravar; *(stick)* colar com fita adesiva.
tape measure *n* fita *f* métrica.
tape recorder *n* gravador *m*.
tapestry ['tæpəstrɪ] *n* tapeçaria *f*.
tar [tɑ:r] *n* alcatrão *m*.
target ['tɑ:rgət] *n* alvo *m*.
tariff ['terɪf] *n (price list)* lista *f* de preços; *(at customs)* tarifa *f*.
tarmac ['tɑ:rmæk] *n (at airport)* pista *f*. ❑ **Tarmac®** *n (on road)* asfalto *m*.
tart [tɑ:rt] *n (sweet)* torta *f*.
tartan ['tɑ:rtn] *n tecido de lã com o xadrez típico da Escócia.*
task [tæsk] *n* tarefa *f*.
taste [teɪst] *n (flavor)* sabor *m*, gosto *m*; *(discernment, sense)* gosto. ◆ *vt (sample)* provar; *(detect)* detectar o sabor de. ◆ *vi*: **to ~ of sthg** ter gosto de algo; **it ~s bad/good** tem um gosto ruim/bom; **to have a ~ of sthg** *(food, drink)* provar algo; *(fig: experience)* experimentar algo; **bad/good ~** mau/bom gosto.
tasteful ['teɪstfl] *adj* com bom gosto.
tasteless ['teɪstləs] *adj (food)* insípido(da); *(comment, decoration)* de mau gosto.
tasty ['teɪstɪ] *adj* saboroso(osa).
tattoo [tæ'tu:] (*pl* **-s**) *n (on skin)* tatuagem *f*.
taught [tɔ:t] *pt & pp* → **teach**.
Taurus ['tɔ:rəs] *n* Touro *m*.
taut [tɔ:t] *adj (rope, string)* esticado(da); *(muscles)* tenso(sa).
tax [tæks] *n* imposto *m*, taxa *f*. ◆ *vt (goods)* lançar imposto sobre; *(person)* cobrar impostos a.

tax-free *adj* isento(ta) de imposto, tax-free *(inv)*.
taxi ['tæksɪ] *n* táxi *m*. ◆ *vi (plane)* taxiar.
taxi driver *n* taxista *mf*, motorista *mf* de táxi.
tea [ti:] *n* chá *m*; *Brit (afternoon meal)* lanche *m*.
tea bag *n* saquinho *m* de chá.
teach [ti:tʃ] (*pt & pp* **taught**) *vt & vi* ensinar; **to ~ sb sthg, to ~ sthg to sb** ensinar algo a alguém; **to ~ sb (how) to do sthg** ensinar alguém a OR como fazer algo.
teacher ['ti:tʃər] *n* professor *m*, -ra *f*.
teaching ['ti:tʃɪŋ] *n* ensino *m*.
team [ti:m] *n* SPORT time *m*; *(group)* equipe *f*.
teapot ['ti:pɒt] *n* bule *m*.
tear[1] [teər] (*pt* **tore**, *pp* **torn**) *vt (rip)* rasgar. ◆ *vi (rip)* rasgar-se; *(move quickly)* precipitar-se. ◆ *n (rip)* rasgão *m*. ❑ **tear up** *vt sep* rasgar.
tear[2] [tɪər] (*pt* **tore**, *pp* **torn**) *n* lágrima *f*.
tease [ti:z] *vt (make fun of)* gozar de.
tea service *n* serviço *m* de chá.
teaspoon ['ti:spu:n] *n* colher *f* de chá.
teat [ti:t] *n (of animal)* teta *f*.
technical ['teknɪkl] *adj* técnico(ca).
technicality [ˌteknɪ'kælətɪ] *n (detail)* pormenor *m* técnico.
technician [tek'nɪʃn] *n* técnico *m*, -ca *f*.
technique [tek'ni:k] *n* técnica *f*.
technological [ˌteknə'lɒdʒɪkl] *adj* tecnológico(ca).
technology [tek'nɒlədʒɪ] *n* tecnologia *f*.
teddy (bear) ['tedɪ-] *n* ursinho *m* (de pelúcia).
tedious ['ti:djəs] *adj* tedioso(osa).
tee [ti:] *n* tee *m*.
teenager ['ti:nˌeɪdʒər] *n* adolescente *mf*.
teeth [ti:θ] *pl* → **tooth.**
teethe [ti:ð] *vi*: **he's teething** os dentes dele estão começando a nascer.
telebanking ['telɪbæŋkɪŋ] *n* personal banking *m*.
telecommunications [ˌtelɪkəmju:nɪ'keɪʃns] *npl* telecomunicações *fpl*.
telegraph pole ['telɪgræf-] *n* poste *m* telegráfico.
telephone ['teləfəun] *n* telefone *m*. ◆ *vt fml* telefonar para. ◆ *vi* telefonar; **to be on the ~** *(talking)* estar no telefone.
telephone booth *n* cabine *f* telefônica.
telephone directory *n* catálogo *m*, lista *f* telefônica.
telescope ['teləskəup] *n* telescópio *m*.
television ['teləˌvɪʒn] *n* televisão *f*; **what's on ~ tonight?** o que é que tem na televisão hoje à noite?

tell [tel] (*pt & pp* **told**) *vt (inform)* dizer; *(story, joke)* contar; *(truth, lie)* dizer, contar; *(distinguish)* distinguir. ◆ *vi*: **can you ~?** dá para notar?; **could you ~ me the time?** podia dizer-me as horas?; **to ~ sb sthg** dizer algo a alguém; **to ~ sb about sthg** contar algo a alguém; **to ~ sb how to do sthg** dizer a alguém como fazer algo; **to ~ sb to do sthg** dizer a alguém para fazer algo; **to ~ the difference** ver a diferença. ❑ **tell off** *vt sep* ralhar com, repreender.

teller ['telər] *n (in bank)* caixa *mf*.

temp [temp] *n* empregado *m* temporário, empregada *f* temporária. ◆ *vi* trabalhar como empregado temporário.

temper ['tempər] *n*: **to be in a bad ~** estar de mau humor, estar irritado(da); **to lose one's ~** perder a paciência, irritar-se.

temperature ['temprətʃər] *n* temperatura *f*; **to have a ~** ter febre.

temple ['templ] *n (building)* templo *m*; *(of forehead)* têmpora *f*.

temporary ['tempərerı] *adj* temporário(ria).

tempt [tempt] *vt* tentar; **to be ~ed to do sthg** estar OR sentir-se tentado a fazer algo.

temptation [temp'teıʃn] *n* tentação *f*.

tempting ['temptıŋ] *adj* tentador(ra).

ten [ten] *num* dez → **six.**

tenant ['tenənt] *n* inquilino *m*, -na *f*.

tend [tend] *vi*: **to ~ to do sthg** ter tendência para fazer algo.

tendency ['tendənsı] *n* tendência *f*.

tender ['tendər] *adj (affectionate)* meigo(ga); *(sore)* dolorido (da); *(meat)* tenro(ra).

tendon ['tendən] *n* tendão *m*.

tenement ['tenəmənt] *n* cortiço *m*.

tennis ['tenəs] *n* tênis *m*.

tennis court *n* quadra *f* de tênis.

tense [tens] *adj* tenso(sa). ◆ *n* GRAMM tempo *m*; **the present ~** o presente.

tension ['tenʃn] *n* tensão *f*.

tent [tent] *n* barraca *f*, tenda *f*.

tenth [tenθ] *num* décimo(ma) → **sixth.**

tent peg *n* estaca *f*.

tepid ['tepəd] *adj* tépido(da), morno (morna).

term [tɜ:rm] *n (word, expression)* termo *m*; *(at school)* período *m*; *(at university)* ≃ semestre *m*; **in the long ~** a longo prazo; **in the short ~** a curto prazo; **in ~s of** no que diz respeito a; **in business ~s** do ponto de vista comercial. ❑ **terms** *npl (of contract)* termos *mpl*; *(price)* preço *m*.

terminal ['tɜ:rmənl] *adj (illness)* incurável. ◆ *n* terminal *m*.

terminate ['tɜ:rməneıt] *vi (train, bus)* terminar a viagem OR o trajeto.

terminus ['tɜːrmənəs] *n* estação *f* terminal, terminal *m*.
terrace ['terəs] *n (patio)* terraço *m*.
terrible ['terəbl] *adj* terrível; **to feel ~** sentir-se péssimo(ma) OR muito mal.
terribly ['terəblɪ] *adv (extremely)* extremamente, terrivelmente; *(very badly)* imensamente, terrivelmente; **I'm ~ sorry!** sinto muito!
terrific [tə'rɪfɪk] *adj inf* incrível.
terrified ['terəfaɪd] *adj* aterrorizado(da).
territory ['terətɔːrɪ] *n* território *m*.
terror ['terər] *n* terror *m*.
terrorism ['terərɪzm] *n* terrorismo *m*.
terrorist ['terərəst] *n* terrorista *mf*.
terrorize ['terəraɪz] *vt* aterrorizar.
test [test] *n* teste *m*; *(of blood)* análise *f*. ◆ *vt (check)* testar; *(give exam to)* avaliar; *(dish, drink)* provar; **driving ~** exame *m* de motorista.
testicles ['testɪklz] *np* testículos *mpl*.
tetanus ['tetənəs] *n* tetano *m*.
text [tekst] *n (written material)* texto *m*; *(textbook)* manual *m*.
textbook ['tekstbʊk] *n* manual *m*.
textile ['tekstaɪl] *n* têxtil *m*.
texture ['tekstʃər] *n* textura *f*.
than [*weak form* ðən, *strong form* ðæn] *conj* que. ◆ *prep*: **you're better ~ me** você é melhor (do) que eu; **I'd rather stay in ~ go out** prefiro ficar em casa a sair; **more ~ ten** mais de dez.
thank [θæŋk] *vt*: **to ~ sb (for sthg)** agradecer a alguém (por) algo. ❑ **thanks** *npl* agradecimentos *mpl*. ◆ *excl* obrigado!, obrigada!; **~s to** graças a; **many ~s** muito obrigado OR obrigada.
Thanksgiving ['θæŋks,gɪvɪŋ] *n* Dia *m* de Ação de Graças.

THANKSGIVING

O Dia de Ação de Graças, feriado nacional nos Estados Unidos, é comemorado na 4ª quinta-feira de novembro, para agradecer a Deus pelas colheitas e graças recebidas durante o ano. Originou-se em 1621, ano da primeira colheita dos "Pilgrims" (colonos vindos da Grã-Bretanha). Por tradição, serve-se peru assado e empadão de abóbora.

---

thank you *excl* obrigado!, obrigada!; **~ very much!** muito obrigado!; **no ~!** não, obrigado!
that [ðæt, *weak form of pron & conj* ðət] (*pl* **those**) *adj* **-1.** *(referring to thing, person mentioned)* esse (essa); **I prefer ~ book** prefiro esse livro.
-2. *(referring to thing, person farther away)* aquele (aquela); **~ book at the back** aquele livro lá atrás; **I'll have ~ one** quero

aquele (ali) OR esse.
◆ *pron* **-1.** *(referring to thing, person mentioned)* esse *m*, essa *f*; *(indefinite)* isso; **what's ~ ?** o que é isso?; **who's ~?** *(on the phone)* quem fala?; *(pointing)* e esse, quem é?; **~'s interesting** que interessante.
-2. *(referring to thing, person farther away)* aquele *m*, aquela *f*; *(indefinite)* aquilo; **is ~ Lucy?** *(pointing)* aquela é a Lucy?; **I want those at the back** quero aqueles lá atrás; **what's ~ on the roof?** o que é aquilo no telhado?
-3. *(introducing relative clause)* que; **a shop ~ sells antiques** uma loja que vende antiguidades; **the movie ~ I saw** o filme que eu vi; **the room ~ I slept in** o quarto onde OR em que dormi.
◆ *adv* assim tão; **it wasn't ~ bad/good** não foi assim tão mau/bom; **it didn't cost ~ much** não custou tanto assim.
◆ *conj* que; **tell him ~ I'm going to be late** diga-lhe que vou chegar atrasado.

thatched [θætʃt] *adj (building)* com telhado de sapê.

that's [ðæts] = **that is.**

thaw [θɔ:] *vi (snow, ice)* derreter.
◆ *vt (frozen food)* descongelar.

the [*weak form* ðə, *before vowel* ðɪ, *strong form* ði:] *definite article* **-1.** *(gen)* o (a), os (as) *(pl)*; **~ book** o livro; **~ apple** a maçã; **~ girls** as meninas; **~ Wilsons** os Wilson; **to play ~ piano** tocar piano.
-2. *(with an adjective to form a noun)* o (a), os (as) *(pl)*; **~ British** os britânicos; **~ young** os jovens; **~ impossible** o impossível.
-3. *(in dates)*: **~ twelfth** o dia doze; **~ forties** os anos quarenta.
-4. *(in titles)*: **Elizabeth ~ Second** Elizabeth Segunda.

theater ['θɪətər] *n Am (for plays, drama)* teatro *m*; *(for movies)* cinema *m*.

theatre ['θɪətəʳ] *n Brit* teatro *m*.

theft [θeft] *n* roubo *m*.

their [ðeər] *adj* seu (sua), deles (delas); **~ house** a casa deles, a sua casa.

theirs [ðeərz] *pron* o/a deles (o/a delas); **a friend of ~** um amigo deles; **these books are ~** estes livros são (os) deles; **these are ours – where are ~?** estes são os nossos – onde estão os deles?

them [*weak form* ðəm, *strong form* ðem] *pron (direct object)* os *mpl*, as *fpl*; *(indirect object)* lhes; *(after prep)* eles *mpl*, elas *fpl*; **I know ~** eu os conheço; **it's ~** são eles; **send this to ~** mande-lhes isto; **tell ~** diga-lhes; **Charlotte and Ricky brought it with ~** a Charlotte e o Ricky trouxeram-no com eles.

theme [θi:m] *n* tema *m*.

theme park *n* parque *m* temático.

themselves [ðəm'selvz] *pron (reflexive)* se; *(after prep)* eles *mpl* próprios, elas *fpl* próprias, si *mpl* próprios, si *fpl* próprias; **they did it ~** fizeram-no eles mesmos OR próprios; **they blame ~** eles culpam-se a si próprios; **they hurt ~** eles machucaram-se.

then [ðen] *adv (at time in past)* então, naquela altura; *(at time in future)* nessa altura; *(next, afterward)* depois; *(in that case)* então; **from ~ on** daí em diante; **until ~** até aí.

theory ['θɪərɪ] *n* teoria *f*; **in ~** em teoria.

therapist ['θerəpəst] *n* terapeuta *mf*.

therapy ['θerəpɪ] *n* terapia *f*.

there [ðeər] *adv (available, existing, present)* lá, ali; *(at, in, to that place)* lá. ◆ *pron*: **~ is/are** há; **is Bob ~, please?** *(on phone)* o Bob está?; **I'm going ~ next week** vou lá para a semana; **it's right ~ by the phone** está aí bem ao lado do telefone; **over ~** ali; **~'s someone at the door** tem alguém na porta; **~ are several people waiting** várias pessoas estão à espera; **~ you are** *(when giving)* aqui está.

therefore ['ðeərfɔːr] *adv* portanto, por isso.

there's [ðeərz] = **there is.**

thermal underwear [,θɜːrml-] *n* roupa *f* de baixo térmica.

thermometer [θər'mɒmətər] *n* termômetro *m*.

thermostat ['θɜːrməstæt] *n* termostato *m*.

these [ðiːz] *pl* → **this.**

they [ðeɪ] *pron* eles *mpl*, elas *fpl*.

thick [θɪk] *adj (in size)* grosso (grossa); *(fog)* cerrado(da); *(forest, vegetation)* denso(sa); *(hair)* abundante; *(liquid, sauce, smoke)* espesso(a); *inf (stupid)* estúpido(da); **it's 1 meter ~** tem 1 metro de espessura.

thicken ['θɪkn] *vt (sauce, soup)* engrossar. ◆ *vi (mist, fog)* tornar-se mais cerrado, aumentar.

thickness ['θɪknəs] *n (of wood, wall, line)* espessura *f*; *(of forest, vegetation)* densidade *f*; *(of hair)* grossura *f*.

thief [θiːf] (*pl* **thieves** [θiːvz]) *n* ladrão *m*, ladra *f*.

thigh [θaɪ] *n* coxa *f*.

thimble ['θɪmbl] *n* dedal *m*.

thin [θɪn] *adj (in size)* fino(na); *(not fat)* magro(gra); *(soup, sauce)* pouco espesso(a), líquido(da).

thing [θɪŋ] *n* coisa *f*; **the ~ is** o que se passa é que, acontece que. ❑ **things** *npl (clothes, possessions)* coisas *fpl*; **how are ~s?** *inf* como (é que) vão as coisas?

think [θɪŋk] (*pt & pp* **thought**) *vt (believe)* achar, pensar; *(have in mind, expect)* pensar. ◆ *vi* pensar; **to ~ (that)** achar OR pensar que; **to ~ about** pensar em; **to ~ of** pensar em; *(remember)* lembrar-se de; **to ~ of doing sthg** pensar em fazer algo; **I ~ so** acho que sim; **I don't ~ so** acho que não; **do you ~ you could ...?** você acha que podia ...?; **to ~ highly of sb** ter muito boa opinião de alguém. ❑ **think**

over *vt sep* refletir sobre. ❑ **think up** *vt sep* imaginar.

third [θɜ:rd] *num* terceiro(ra) → **sixth.**

Third World *n*: **the** ~ o Terceiro Mundo.

thirst [θɜ:rst] *n* sede *f*.

thirsty ['θɜ:rstɪ] *adj*: **to be** ~ ter sede.

thirteen [ˌθɜ:r'ti:n] *num* treze → **six.**

thirteenth [ˌθɜ:r'ti:nθ] *num* décimo *m* terceiro, décima *f* terceira → **sixth.**

thirtieth ['θɜ:rtɪəθ] *num* trigésimo(ma) → **sixth.**

thirty ['θɜ:rtɪ] *num* trinta → **six.**

this [ðɪs] (*pl* **these**) *adj* **-1.** *(referring to thing, person)* este (esta); **these chocolates are delicious** estes chocolates são deliciosos; ~ **morning/week** esta manhã/semana; **I prefer** ~ **book** prefiro este livro; **I'll take** ~ **one** quero este.
-2. *inf (used when telling a story)*: **there was** ~ **man ...** havia um homem ...
◆ *pron (referring to thing, person)* este *m*, esta *f*; *(indefinite)* isto; ~ **is for you** isto é para você; **what are these?** o que é isto?, o que é que são estas coisas?; ~ **is David Gregory** *(introducing someone)* este é o David Gregory; *(on telephone)* aqui fala David Gregory.
◆ *adv*: **it was** ~ **big** era deste tamanho; **I don't remember it being** ~ **tiring** não me lembro de ser tão cansativo assim.

thistle ['θɪsl] *n* cardo *m*.

thorn [θɔ:rn] *n* espinho *m*.

thorough ['θɜ:rə] *adj* minucioso(osa).

thoroughly ['θɜ:rəʊlɪ] *adv (completely)* completamente.

those [ðəʊz] *pl* → **that.**

though [ðəʊ] *conj* se bem que.
◆ *adv* no entanto; **even** ~ **it was raining** apesar de estar chovendo.

thought [θɔ:t] *pt & pp* → **think.**
◆ *n (idea)* idéia *f*; *(thinking)* pensamento *m*; *(careful consideration)* reflexão *f*. ❑ **thoughts** *npl (opinion)* opinião *f*.

thoughtful ['θɔ:tfl] *adj (quiet and serious)* pensativo(va); *(considerate)* atencioso(osa).

thoughtless ['θɔ:tləs] *adj* indelicado(da).

thousand ['θaʊznd] *num* mil; **a** OR **one** ~ mil; ~**s of** milhares de → **six.**

thrash [θræʃ] *vt inf (defeat heavily)* esmagar *(fig)*.

thread [θred] *n (of cotton, etc)* linha *f*. ◆ *vt (needle)* enfiar (uma linha em).

threat [θret] *n* ameaça *f*.

threaten ['θretn] *vt* ameaçar; **to** ~ **to do sthg** ameaçar fazer algo.

threatening ['θretnɪŋ] *adj* ameaçador(ra).

three [θri:] *num* três → **six.**

three-D *n*: **in** ~ em três dimensões.

threshold ['θreʃhəʊld] *n (fml: of door)* limiar *m*, soleira *f*.

threw [θruː] *pt* → **throw.**

thrifty [ˈθrɪftɪ] *adj* poupado (da).

thrilled [θrɪld] *adj* encantado (da).

thriller [ˈθrɪlər] *n* filme/livro *m* de suspense.

thrive [θraɪv] *vi (plant, animal, person)* desenvolver-se; *(business, tourism, place)* prosperar.

throat [θrəʊt] *n* garganta *f*.

throb [θrɒb] *vi (head)* latejar; *(noise, engine)* vibrar.

throne [θrəʊn] *n* trono *m*.

through [θruː] *prep (to other side of, by means of)* através de; *(because of)* graças a; *(from beginning to end of)* durante; *(throughout)* por todo(da). ◆ *adv (from beginning to end)* até o fim. ◆ *adj*: **I'm ~ (with it)** *(finished)* já acabei; **~ traffic** trânsito de passagem; **a ~ train** um trem direto; **Monday ~ Thursday** *Am* de segunda a quinta-feira; **to let sb ~** deixar alguém passar; **to go ~ sthg** atravessar algo.

throughout [θruːˈaʊt] *prep (day, morning, year)* ao longo de todo(da); *(place, country, building)* por todo(da). ◆ *adv (all the time)* sempre, o tempo todo; *(everywhere)* por todo o lado.

throw [θrəʊ] (*pt* **threw,** *pp* **thrown** [θrəʊn]) *vt* atirar; *(javelin, dice)* lançar; *(a switch)* ligar; **to ~ sthg in the trash** jogar algo no lixo. ❑ **throw away** *vt sep (get rid of)* jogar fora. ❑ **throw out** *vt sep (get rid of)* jogar fora; *(person)* pôr na rua. ❑ **throw up** *vi inf (vomit)* vomitar.

thru [θruː] *Am inf* = **through.**

thud [θʌd] *n* barulho *m* seco.

thug [θʌg] *n* marginal *mf*.

thumb [θʌm] *n* polegar *m*. ◆ *vt*: **to ~ a ride** pedir carona.

thumbtack [ˈθʌmtæk] *n Am* percevejo *m*.

thump [θʌmp] *n (punch)* soco *m*; *(sound)* barulho *m* seco. ◆ *vt* dar um soco em.

thunder [ˈθʌndər] *n* trovões *mpl*, trovoada *f*.

thunderstorm [ˈθʌndərstɔːrm] *n* tempestade *f* (acompanhada de trovoada), temporal *m*.

Thursday [ˈθɜːzdeɪ] *n* quinta-feira *f* → **Saturday.**

tick [tɪk] *n (insect)* carrapato *m*; *Brit (written mark)* sinal *m* de visto. ◆ *vi (clock, watch)* fazer tique-taque. ◆ *vt Brit* marcar OR assinalar (com sinal de visto).

ticket [ˈtɪkət] *n (for travel, movie, game)* bilhete *m*; *(label)* etiqueta *f*; *(for traffic offense)* multa *f*.

tickle [ˈtɪkl] *vt* fazer cócegas em. ◆ *vi* fazer cócegas.

ticklish [ˈtɪklɪʃ] *adj*: **to be ~** ter cócegas.

tide [taɪd] *n (of sea)* maré *f*.

tidy [ˈtaɪdɪ] *adj (room, desk, person)* arrumado(da); *(hair, clothes)* cuidado(da). ❑ **tidy (up)** *vt sep* arrumar.

tie [taɪ] (*pt & pp* **tied,** *cont* **tying**) *n (around neck)* gravata *f*; *(draw)* empate *m*; *Am (on railroad track)* dormente *m*. ◆ *vt* atar;

(knot) fazer, dar. ◆ *vi* *(draw)* empatar. ❑ **tie up** *vt sep* atar; *(delay)* atrasar.

tier [tɪər] *n (of seats)* fila *f*, fileira *f*.

tiger ['taɪgər] *n* tigre *m*.

tight [taɪt] *adj* apertado(da); *(drawer, faucet)* preso(sa); *(rope, material)* esticado(da). ◆ *adv* *(hold)* com força, bem; **my chest feels ~** estou um pouco congestionado (dos brônquios).

tighten ['taɪtn] *vt* apertar.

tightrope ['taɪtrəʊp] *n* corda *f* bamba.

tights [taɪts] *npl* meia-calça *f*; **a pair of ~** um par de meias-calças, umas meias-calças.

tile ['taɪl] *n (for roof)* telha *f*; *(for floor)* ladrilho *m*; *(for wall)* azulejo *m*.

till [tɪl] *n* caixa *f* registradora. ◆ *prep & conj* até; **I'll wait ~ he arrives** esperarei até ele chegar OR até que ele chegue.

tilt [tɪlt] *vt* inclinar. ◆ *vi* inclinar-se.

timber ['tɪmbər] *n* *(wood)* madeira *f*; *(of roof)* trave *f*.

time [taɪm] *n* tempo *m*; *(measured by clock)* horas *fpl*; *(moment)* altura *f*; *(occasion)* vez *f*. ◆ *vt (measure)* cronometrar; *(arrange)* prever; **I don't have (the) ~** não tenho tempo; **it's ~ to go** está na hora de irmos embora; **what ~ is it?** que horas são?; **do you have the ~, please?** você tem horas, por favor?; **two ~s two** dois vezes dois; **five ~s as much** cinco vezes mais; **to have a good ~** divertir-se; **all the ~** sempre, o tempo todo; **every ~** sempre; **from ~ to ~** de vez em quando, de tempos em tempos; **for the ~ being** por enquanto; **in ~** *(arrive)* a tempo; **in good ~** com tempo; **last ~** a última vez; **most of the ~** a maior parte do tempo; **on ~** na hora; **some of the ~** parte do tempo; **this ~** desta vez; **two at a ~** dois de cada vez.

time difference *n* diferença *f* horária.

timetable ['taɪmteɪbl] *n* horário *m*; *(of events)* programa *m*.

time zone *n* fuso *m* horário.

timid ['tɪmɪd] *adj* tímido(da).

tin [tɪn] *n* *(metal)* estanho *m*; *(container)* lata *f*. ◆ *adj* de estanho, de lata.

tinfoil ['tɪnfɔɪl] *n* papel-alumínio *m*.

tinsel ['tɪnsl] *n* fios *mpl* de ouropel *(usados para decorar a árvore de Natal)*.

tint [tɪnt] *n (for hair)* tinta *f* (para o cabelo); *(color)* matiz *m*.

tiny ['taɪnɪ] *adj* pequenininho (nha), minúsculo(la).

tip [tɪp] *n (point, end)* ponta *f*; *(to waiter, taxi driver, etc)* gorjeta *f*; *(piece of advice)* dica *f*. ◆ *vt (waiter, taxi driver, etc)* dar uma gorjeta a; *(tilt)* inclinar; *(pour)* despejar. ❑ **tip over** ◆ *vt sep* entornar. ◆ *vi* entornar-se.

tire ['taɪər] *vi* cansar-se. ◆ *n* pneu *m*.

tired ['taɪərd] *adj* cansado(da); **to be ~ of** *(fed up with)* estar farto(ta) de.

tired out *adj* exausto(ta), esgotado(da).

tiring ['taɪrɪŋ] *adj* cansativo (va).

tissue ['tɪʃu:] *n (handkerchief)* lenço *m* de papel.

tissue paper *n* papel *m* de seda.

tit [tɪt] *n vulg (breast)* mama *f*.

title ['taɪtl] *n* título *m*.

to [*unstressed before consonant* tə, *unstressed before vowel* tʊ, *stressed* tu:] *prep* **-1.** *(indicating direction)* para; **to go ~ Brazil** ir ao Brasil; **to go ~ school** ir para a escola. **-2.** *(indicating position)* a; **~ the left/right** à esquerda/direita **-3.** *(expressing indirect object)* a; **to give sthg ~ sb** dar algo a alguém; **give it ~ me** dê-me isso; **to listen ~ the radio** ouvir rádio. **-4.** *(indicating reaction, effect)*: **~ my surprise** para surpresa minha; **it's ~ your advantage** é em seu benefício. **-5.** *(until)* até; **to count ~ ten** contar até dez; **we work from nine ~ five** trabalhamos das nove (até) às cinco. **-6.** *(in stating opinion)* para; **~ me, he's lying** para mim, ele está mentindo. **-7.** *(indicating change of state)*: **to turn ~ sthg** transformar-se em algo; **it could lead ~ trouble** pode vir a dar problemas. **-8.** *Brit (in expressions of time)* para; **it's ten ~ three** são dez para as três; **at quarter ~ seven** às quinze para as sete. **-9.** *(in ratios, rates)*: **40 miles ~ the gallon** 40 milhas por galão. **-10.** *(of, for)*: **the answer ~ the question** a resposta à pergunta; **the key ~ the car** a chave do carro; **a letter ~ my daughter** uma carta para a minha filha. **-11.** *(indicating attitude)* (para) com; **to be rude ~ sb** ser grosseiro com alguém. ◆ *with infinitive* **-1.** *(forming simple infinitive)*: **~ walk** andar; **~ laugh** rir. **-2.** *(following another verb)*: **to begin ~ do sthg** começar a fazer algo; **to try ~ do sthg** tentar fazer algo. **-3.** *(following an adjective)*: **difficult ~ do** difícil de fazer; **pleased ~ meet you** prazer em conhecê-lo; **ready ~ go** pronto para partir. **-4.** *(indicating purpose)* para; **we came here ~ look at the castle** viemos para ver o castelo.

toad [təʊd] *n* sapo *m*.

toast [təʊst] *n (bread)* torradas *fpl*; *(when drinking)* brinde *m*. ◆ *vt (bread)* torrar; **a piece** OR **slice of ~** uma torrada.

toaster ['təʊstər] *n* torradeira *f*.

tobacco [tə'bækəʊ] *n* tabaco *m*.

tobacconist's [tə'bækənəsts] *n* tabacaria *f*.

today [tə'deɪ] *n* hoje *m*. ◆ *adv (on current day)* hoje; *(these days)* hoje em dia.

toddler ['tɒdlər] *n criança que começa a dar os primeiros passos.*

toe [təʊ] *n (of person)* dedo *m* do pé.

toenail ['təʊneɪl] *n* unha *f* do pé.

toffee ['tɒfɪ] *n* puxa-puxa *m*.

together [tə'geðər] *adv* juntos(tas); ~ **with** juntamente OR junto com.

toilet ['tɔɪlət] *n (bowl)* vaso *m* sanitário; *(room)* banheiro *m*; **to go to the** ~ ir ao banheiro.

toilet paper *n* papel *m* higiênico.

toiletries ['tɔɪlətrɪz] *npl* artigos *mpl* de toalete.

token ['təʊkən] *n (metal disc)* ficha *f*.

told [təʊld] *pt & pp* → **tell.**

tolerable ['tɒlərəbl] *adj* tolerável.

tolerant ['tɒlərənt] *adj* tolerante.

tolerate ['tɒləreɪt] *vt* tolerar.

toll [təʊl] *n (for road, bridge)* pedágio *m*.

tollbooth ['təʊlbu:θ] *n* pedágio *m*.

tomato [tə'meɪtaʊ] (*pl* **-es**) *n* tomate *m*.

tomb [tu:m] *n* túmulo *m*.

tomorrow [tə'mɒrəʊ] *n* amanhã *m*. ◆ *adv* amanhã; **the day after** ~ depois de amanhã; ~ **afternoon** amanhã à tarde; ~ **morning** amanhã de manhã; ~ **night** amanhã à noite.

ton [tʌn] *n (in U.S.)* = 907 kg; *(in Britain)* = 1016 kg; ~**s of** *inf* toneladas de.

tone [təʊn] *n (of voice, color)* tom *m*; *(on phone)* sinal *m*.

tongs [tɒŋz] *npl (for sugar)* pinça *f*; *(for hair)* pinças *fpl*.

tongue [tʌŋ] *n* língua *f*.

tonic ['tɒnɪk] *n (tonic water)* água *f* tônica; *(medicine)* tônico *m*.

tonight [tə'naɪt] *n* esta noite *f*. ◆ *adv* hoje à noite.

tonne [tʌn] *n* tonelada *f*.

tonsillitis [,tɒnsə'laɪtəs] *n* amigdalite *f*.

too [tu:] *adv (excessively)* demais, demasiado; *(also)* também; **it's not** ~ **good** não é lá muito bom; **it's** ~ **late to go out** é tarde demais para sair; ~ **many** demasiados(das); ~ **much** demasiado(da).

took [tʊk] *pt* → **take.**

tool [tu:l] *n* ferramenta *f*.

tool box *n* caixa *m* de ferramentas.

tool kit *n* jogo *m* de ferramentas.

tooth [tu:θ] (*pl* **teeth**) *n* dente *m*.

toothache ['tu:θeɪk] *n* dor *f* de dentes.

toothbrush ['tu:θbrʌʃ] *n* escova *f* de dentes.

toothpaste ['tu:θpeɪst] *n* pasta *f* de dentes.

toothpick ['tu:θpɪk] *n* palito *m* (de dentes).

top [tɒp] *adj (highest)* de cima; *(best, most important)* melhor. ◆ *n (highest part)* topo *m*, alto *m*; *(of table, bed)* cabeceira *f*; *(best point)* primeiro *m*, -ra *f*; *(lid, cap)* tampa *f*; *(garment)* blusa *f*; *(of street, road)* final *m*; **at the** ~ **(of)** *(in* *highest part)* no topo (de); **on ~ of** *(on highest part of)* em cima de; *(of mountain)* no topo de; *(in addition to)* além de; **at ~ speed** a toda velocidade. ❑ **top up** ◆ *vt sep (glass, drink)* voltar a encher. ◆ *vi (with gas)* completar.

top floor *n* último andar *m*.

topic ['tɒpɪk] *n* tópico *m*.

topical ['tɒpɪkl] *adj* atual.

topped [tɒpt] *adj*: ~ **with sthg** *(food)* com algo (por cima).

torch [tɔ:rtʃ] *n* tocha *f*; *Brit (electric light)* lanterna *f*.

tore [tɔ:r] *pt* → **tear**[1].

torment [tɔ:r'ment] *vt (annoy)* atormentar.

torn [tɔ:rn] *pp* → **tear**[1]. ◆ *adj (ripped)* rasgado(da).

tornado [tɔ:r'neɪdəʊ] (*pl* **-es** OR **-s**) *n* tornado *m*.

tortoise ['tɔ:rtəs] *n* tartaruga *f*.

torture ['tɔ:rtʃər] *n* tortura *f*. ◆ *vt* torturar.

toss [tɒs] *vt (throw)* atirar; *(coin)* atirar ao ar; *(salad, vegetables)* misturar, mexer.

total ['təʊtl] *adj* total. ◆ *n* total *m*; **in ~** no total.

touch [tʌtʃ] *n (sense)* tato *m*; *(small amount)* pitada *f*; *(detail)* toque *m*, retoque *m*. ◆ *vt* tocar em; *(move emotionally)* tocar. ◆ *vi* tocar-se; **to get in ~ (with sb)** entrar em contato (com alguém); **to keep in ~ (with sb)** manter o contato (com alguém). ❑ **touch down** *vi (plane)* aterrissar.

touching ['tʌtʃɪŋ] *adj (moving)* comovente.

tough [tʌf] *adj (resilient)* forte; *(hard, strong)* resistente; *(meat, terms, policies)* duro(ra); *(difficult)* difícil.

tour [tʊər] *n (trip)* volta *f*; *(of city, castle, etc)* visita *f*; *(of pop group, theater company)* turnê *f*. ◆ *vt* visitar, viajar por; **on ~** em turnê.

tourism ['tʊərɪzm] *n* turismo *m*.

tourist ['tʊərəst] *n* turista *mf*.

tourist class *n* classe *f* turística.

tournament ['tɔ:rnəmənt] *n* torneio *m*.

tout [taʊt] *n* cambista *mf*.

tow [təʊ] *vt* rebocar.

toward(s) [tə'wɔ:rd(z)] *(in the direction of)* em direção a.

towel ['taʊəl] *n* toalha *f*.

toweling ['taʊəlɪŋ] *n Am* tecido *m* para toalhas.

towelling ['taʊəlɪŋ] *Brit* = **toweling**.

towel rail *n* toalheiro *m*.

tower ['taʊər] *n* torre *f*.

town [taʊn] *n (small)* vilarejo *m*; *(larger)* cidade *f*; *(town center)* centro *m* (da cidade).

town center *n* centro *m* da cidade.

town hall *n* prefeitura *f*.

tow truck *n Am* reboque *m*.

toxic ['tɒksɪk] *adj* tóxico(ca).

toy [tɔɪ] *n* brinquedo *m*.

trace [treɪs] *n* indício *m*, vestígio *m*. ◆ *vt (find)* localizar.

tracing paper ['treɪsɪŋ-] *n* papel *m* vegetal OR de decalque.

track [træk] *n (path)* caminho *m*; *(of railroad)* via *f*; SPORT pista *f*; *(song)* música *f*. ▫ **track down** *vt sep* localizar.

tracksuit ['træksu:t] *n* roupa *f* de treino OR jogging.

tractor ['træktər] *n* trator *m*.

trade [treɪd] *n* COMM comércio *m*; *(job)* ofício *m*. ◆ *vt* trocar. ◆ *vi* comercializar, negociar.

trademark ['treɪdmɑ:rk] *n* marca *f* (registrada).

trader ['treɪdər] *n* comerciante *mf*.

tradesman ['treɪdzmən] (*pl* **-men** [-mən]) *n (deliveryman)* entregador *m*; *(shopkeeper)* comerciante *m*.

trade union *n* sindicato *m*.

tradition [trə'dɪʃn] *n* tradição *f*.

traditional [trə'dɪʃnəl] *adj* tradicional.

traffic ['træfɪk] (*pt & pp* **-ked**) *n (cars, etc)* trânsito *m*. ◆ *vi*: **to ~ in** traficar.

traffic circle *n Am* rotatória *f*.

traffic jam *n* engarrafamento *m*.

traffic lights *npl* sinal *m* de trânsito, semáforo *m*.

tragedy ['trædʒədɪ] *n* tragédia *f*.

tragic ['trædʒɪk] *adj* trágico(ca).

trail [treɪl] *n (path)* caminho *m*; *(marks)* rastro *m*. ◆ *vi (be losing)* estar perdendo.

trailer ['treɪlər] *n (for boat, luggage)* reboque *m*; *Am (for vacation)* trailer *m*; *(for movie, program)* trailer *m*.

train [treɪn] *n (on railway)* trem *m*. ◆ *vt vi* treinar; **by ~** de trem.

trainee [treɪ'ni:] *n* estagiário *m*, -ria *f*.

trainer ['treɪnər] *n (of athlete, etc)* treinador *m*, -ra *f*.

training ['treɪnɪŋ] *n (instruction)* estágio *m*; *(exercises)* treino *m*.

train station *n* estação *m* ferroviária.

tram [træm] *n Brit* bonde *m*.

tramp [træmp] *n* vagabundo *m*, -da *f*, mendigo *m*, -ga *f*.

trampoline ['træmpəli:n] *n* trampolim *m*.

trance [træns] *n* transe *m*.

tranquilizer ['træŋkwəlaɪzər] *n Am* calmante *m*.

tranquillizer ['træŋkwɪlaɪzə[r]] *Brit* = **tranquilizer**.

transaction [træn'zækʃn] *n* transação *f*.

transatlantic [,trænzət'læntɪk] *adj* transatlântico(ca).

transfer [*n* 'trænsf3:r, *vb* træns'f3:r] *n* transferência *f*; *(picture)* decalcomania *f*; *Am (ticket) bilhete que permite fazer conexões durante a viagem*. ◆ *vt* transferir. ◆ *vi (change bus, plane, etc)* efetuar conexões; **'~s'** *(in airport)* 'conexões'.

transform [træns'fɔ:rm] *vt* transformar.

transfusion [træns'fju:ʒn] *n* transfusão *f*.

transitive ['trænzətɪv] *adj* transitivo(va).

translate [træns'leɪt] *vt* traduzir.

translation [træns'leɪʃn] *n* tradução *f*.
translator [træns'leɪtər] *n* tradutor *m*, -ra *f*.
transmission [trænz'mɪʃn] *n* transmissão *f*.
transmit [trænz'mɪt] *vt* transmitir.
transparent [træns'pærənt] *adj* transparente.
transplant ['trænsplænt] *n* transplante *m*.
transport [*n* 'trænspɔ:t, *vb* træn'spɔ:t] *n Brit* transporte *m*. ◆ *vt* transportar.
transportation [ˌtrænspɔ:r'teɪʃn] *n Am* transporte *m*.
trap [træp] *n* armadilha *f*. ◆ *vt*: **to be trapped** *(stuck)* estar preso(sa).
trapdoor [ˌtræp'dɔ:r] *n* alçapão *m*.
trash [træʃ] *n Am* lixo *m*.
trashcan ['træʃkæn] *n Am* lata *f* de lixo.
trauma ['trɔ:mə] *n* trauma *m*.
traumatic [trə'mætɪk] *adj* traumático(ca).
travel ['trævl] *n* viagem *f*. ◆ *vt (distance)* percorrer. ◆ *vi* viajar.
travel agency *n* agência *f* de viagens.
travel agent *n* agente *mf* de viagens.
travel documents *npl* documentos *mpl* de viagem.
traveler ['trævlər] *n Am* viajante *mf*.
traveler's check *n Am* cheque *m* de viagem.
travel insurance *n* seguro *m* de viagem.
traveller ['trævlə[r]] *Brit* = **traveler.**
traveller's cheque *Brit* = **traveler's check.**
tray [treɪ] *n* bandeja *f*, tabuleiro *m*.
treacherous ['tretʃərəs] *adj (person)* traiçoeiro(ra); *(roads, conditions)* perigoso(osa).
tread [tred] (*pt* **trod,** *pp* **trodden**) *n (of tire)* banda *f* de rodagem. ◆ *vi*: **to ~ on sthg** pisar em algo.
treasure ['treʒər] *n* tesouro *m*.
treat [tri:t] *vt* tratar. ◆ *n (special thing)* presente *m*; **to ~ sb to sthg** oferecer algo a alguém.
treatment ['tri:tmənt] *n* tratamento *m*.
treble ['trebl] *adj* triplo(pla).
tree [tri:] *n* árvore *f*.
trek [trek] *n* caminhada *f*.
tremble ['trembl] *vi* tremer.
tremendous [trə'mendəs] *adj (very large)* tremendo(da); *inf (very good)* espetacular.
trench [trentʃ] *n (ditch)* vala *f*; MIL trincheira *f*.
trend [trend] *n* tendência *f*.
trendy ['trendɪ] *adj inf (person)* que segue a moda; *(place, thing)* muito na moda.
trespasser ['trespəsər] *n* intruso *m*, -sa *f*; **'~s will be prosecuted'** 'é proibido passar, sob pena de multa'.
trial ['traɪəl] *n* JUR julgamento *m*; *(test)* prova *f*; **a ~ period** um

período de experiência.
triangle ['traɪæŋgl] *n* triângulo *m*.
triangular [traɪ'æŋgjələr] *adj* triangular.
tribe [traɪb] *n* tribo *f*.
trick [trɪk] *n* truque *m*. ◆ *vt* enganar; **to play a ~ on sb** pregar uma peça em alguém.
trickle ['trɪkl] *vi (liquid)* pingar.
tricky ['trɪkɪ] *adj* difícil.
trigger ['trɪgər] *n* gatilho *m*.
trim [trɪm] *n (haircut)* corte *m* (de cabelo). ◆ *vt (hair)* cortar (as pontas de); *(beard, hedge)* aparar.
trio ['tri:əʊ] (*pl* **-s**) *n* trio *m*.
trip [trɪp] *n (journey)* viagem *f*; *(outing)* excursão *f*. ◆ *vi* tropeçar. ❑ **trip up** *vi* tropeçar.
triple ['trɪpl] *adj* triplo(pla).
triumph ['traɪʌmf] *n* triunfo *m*.
trivial ['trɪvɪəl] *adj pej* trivial.
trod [trɒd] *pt* → **tread**.
trodden ['trɒdn] *pp* → **tread**.
trombone [trɒm'bəʊn] *n* trombone *m*.
troops [tru:ps] *npl* tropas *fpl*.
trophy ['trəʊfɪ] *n* troféu *m*.
tropical ['trɒpɪkl] *adj* tropical.
trot [trɒt] *vi (horse)* andar a trote, trotar. ◆ *n* trote *m*.
trouble ['trʌbl] *n* problemas *mpl*. ◆ *vt (worry)* preocupar; *(bother)* incomodar; **to be in ~** ter problemas; **to get into ~** meter-se em problemas; **to take the ~ to do sthg** dar-se ao trabalho de fazer algo; **it's no ~** não custa nada, não é problema nenhum.
troublesome ['trʌblsəm] *adj (knee, cold)* problemático(ca); *(person, car, job)* que só causa problemas.
trough [trɒf] *n (for animals)* cocho *m*.
trousers ['traʊzərz] *npl* calça *f*; **a pair of ~** uma calça, um par de calças.
trout [traʊt] (*pl inv*) *n* truta *f*.
truant ['tru:ənt] *n*: **to play ~** matar aula.
truce [tru:s] *n* trégua *f*.
truck [trʌk] *n* caminhão *m*.
true [tru:] *adj* verdadeiro(ra); **it's ~** é verdade.
truly ['tru:lɪ] *adv*: **yours ~** ≃ cordialmente.
trumpet ['trʌmpət] *n* trompete *m*.
trumps [trʌmps] *npl* trunfo *m*.
trunk [trʌŋk] *n (of tree)* tronco *m*; *Am (of car)* mala *f* (do carro); *(case, box)* baú *m*; *(of elephant)* tromba *f*.
trunks [trʌŋks] *npl (for swimming)* sunga *f*.
trust [trʌst] *n (confidence)* confiança *f*. ◆ *vt (believe, have confidence in)* confiar em; *(fml: hope)*: **to ~ (that)** esperar que.
trustworthy ['trʌst,wɜ:rðɪ] *adj* de confiança.
truth [tru:θ] *n (true facts)* verdade *f*; *(quality of being true)* veracidade *f*.
truthful ['tru:θfʊl] *adj (statement, account)* verídico(ca); *(person)* honesto(ta).
try [traɪ] *n (attempt)* tentativa *f*.

◆ *vt (attempt)* tentar; *(experiment with, test, seek help from)* experimentar; *(food)* provar; JUR processar. ◆ *vi* tentar; **to ~ to do sthg** tentar fazer algo. ❑ **try on** *vt sep (clothes)* experimentar. ❑ **try out** *vt sep (plan, idea)* pôr à prova; *(car, machine)* testar.

T-shirt *n* camiseta *f*.

tub [tʌb] *n (of margarine, etc)* pacote *m*, caixa *f*; *inf (bath)* banheira *f*.

tube [tu:b] *n* tubo *m*; *Brit inf (underground)* metrô *m*; **by ~** de metrô.

tuck [tʌk]: **tuck in** *vt sep (shirt)* enfiar (dentro das calças); *(child, person)* aconchegar. ◆ *vi inf*: **~ in!** pode comer!

Tuesday ['tu:zdeɪ] *n* terça-feira *f* → **Saturday.**

tuft [tʌft] *n* tufo *m*.

tug [tʌg] *vt* puxar (com força).

tuition [tu:'ɪʃn] *n* aulas *mpl*; **private ~** aulas *fpl* particulares.

tulip ['tu:ləp] *n* tulipa *f*.

tumbler ['tʌmblər] *n (glass)* copo *m* de uísque.

tummy ['tʌmɪ] *n inf* barriga *f*.

tummy ache *n inf* dor *f* de barriga.

tumor ['tu:mər] *n Am* tumor *m*.

tumour ['tju:mə[r]] *Brit* = **tumor.**

tuna (fish) ['tu:nə] *n* atum *m*.

tune [tu:n] *n* melodia *f*. ◆ *vt (radio, TV)* sintonizar; *(engine, instrument)* afinar; **in ~** afinado; **out of ~** desafinado.

tunic ['tu:nɪk] *n* túnica *f*.

tunnel ['tʌnl] *n* túnel *m*.

turban ['tɜ:rbən] *n* turbante *m*.

turbulence ['tɜ:rbjələns] *n* turbulência *f*.

turf [tɜ:rf] *n (grass)* gramado *m*.

turkey ['tɜ:rkɪ] (*pl* **-s**) *n* peru *m*.

turn [tɜ:rn] *n (in road)* curva *f*; *(of knob, key, switch)* volta *f*; *(go, chance)* vez *f*. ◆ *vt* virar; *(become)* tornar-se, ficar; *(cause to become)* pôr, deixar. ◆ *vi (person)* virar-se; *(car)* virar; *(rotate)* girar; **it's your ~** é a sua vez; **at the ~ of the century** na virada do século; **to take ~s doing sthg** fazer algo revezando; **to ~ into sthg** *(become)* transformar-se em algo; **to ~ left/right** virar à esquerda/direita; **to ~ sthg into sthg** transformar algo em algo; **to ~ sthg inside out** virar algo pelo avesso. ❑ **turn back** ◆ *vt sep (person)* mandar voltar. ◆ *vi* voltar. ❑ **turn down** *vt sep (radio, volume, heating)* baixar; *(offer, request)* recusar. ❑ **turn off** ◆ *vt sep (light, TV, engine)* desligar; *(water, gas, tap)* fechar. ◆ *vi (leave road)* virar. ❑ **turn on** *vt sep (light, TV, engine)* ligar; *(water, gas, tap)* abrir. ❑ **turn out** ◆ *vt sep (light, fire)* apagar. ◆ *vi (be in the end)* acabar; *(come, attend)* aparecer; **to ~ out to be sthg** acabar por ser algo. ❑ **turn over** ◆ *vi (in bed)* virar-se. ◆ *vt sep (page, card, omelette)* virar. ❑ **turn round** ◆ *vt sep (car, table, etc)* virar. ◆ *vi (person)* virar-se. ❑ **turn up** ◆ *vt sep (radio, volume,*

heating) aumentar. ◆ *vi (come, attend)* aparecer.
turning ['tɜ:rnɪŋ] *n* entrada *f (em estrada).*
turnip ['tɜ:rnəp] *n* nabo *m.*
turquoise ['tɜ:rkwɔɪz] *adj* turquesa *(inv).*
turtle ['tɜ:rtl] *n* tartaruga *f.*
turtleneck ['tɜ:rtlnek] *n* suéter *m* de gola rulê.
tutor ['tu:tər] *n (private teacher)* professor *m*, -ra *f* particular.
tuxedo [tʌk'si:dəʊ] (*pl* **-s**) *n Am* smoking *m.*
TV *n* televisão *f*; **on ~** na televisão.
tweezers ['twi:zərz] *npl* pinça *f.*
twelfth [twelfθ] *num* décimo segundo (décima segunda) → **sixth.**
twelve [twelv] *num* doze → **six.**
twentieth ['twentɪəθ] *num* vigésimo(ma) → **sixth.**
twenty ['twentɪ] *num* vinte → **six.**
twice [twaɪs] *adv* duas vezes; **it's ~ as good** é duas vezes melhor; **~ as much** o dobro.
twig [twɪg] *n* galho *m.*
twilight ['twaɪlaɪt] *n* crepúsculo *m*, lusco-fusco *m.*
twin [twɪn] *n* gêmeo *m*, -mea *f.*
twist [twɪst] *vt* torcer; *(bottle top, lid, knob)* girar.
twisting ['twɪstɪŋ] *adj* cheio (cheia) de curvas.
two [tu:] *num* dois (duas) → **six.**
tying ['taɪɪŋ] *cont* → **tie.**
type [taɪp] *n (kind)* tipo *m.* ◆ *vt & vi* bater à máquina.
typewriter ['taɪpraɪtər] *n* máquina *f* de escrever.
typhoid ['taɪfɔɪd] *n* febre *f* tifóide.
typical ['tɪpɪkl] *adj* típico(ca).
typist ['taɪpəst] *n* datilógrafo *m*, -fa *f.*
tyre ['taɪə^r] *Brit* = **tire.**

U

UFO *n* (*abbr of unidentified flying object*) OVNI *m.*
ugly ['ʌglɪ] *adj* feio (feia).
U.K. *n* (*abbr of United Kingdom*): **the ~** o Reino Unido.
ulcer ['ʌlsər] *n* úlcera *f.*
ultimate ['ʌltɪmət] *adj (final)* final; *(best, greatest)* máximo(ma).
ultraviolet [,ʌltrə'vaɪələt] *adj* ultravioleta.
umbrella [ʌm'brelə] *n* guarda-chuva *m.*
umpire ['ʌmpaɪər] *n* árbitro *m.*
UN *n* (*abbr of United Nations*): **the ~** a ONU.
unable [ʌn'eɪbl] *adj*: **to be ~ to do sthg** não ser capaz de fazer algo; **I'm afraid I'm ~ to attend** sinto muito mas não poderei estar presente.
unacceptable [,ʌnək'septəbl] *adj* inaceitável.
unaccustomed [,ʌnə'kʌstəmd] *adj*: **to be ~ to sthg** não

estar acostumado(da) a algo.

unanimous [ju:'nænɪməs] *adj* unânime.

unattended [ˌʌnə'tendəd] *adj* sem vigilância, abandonado (da).

unattractive [ˌʌnə'træktɪv] *adj* pouco atraente.

unauthorized [ˌʌn'ɔ:θəraɪzd] *adj* não autorizado(da).

unavailable [ˌʌnə'veɪləbl] *adj* não disponível.

unavoidable [ˌʌnə'vɔɪdəbl] *adj* inevitável.

unaware [ˌʌnə'weər] *adj*: **to be ~ (that)** ignorar que; **to be ~ of sthg** não ter conhecimento de algo.

unbearable [ʌn'beərəbl] *adj* insuportável.

unbelievable [ˌʌnbə'li:vəbl] *adj* inacreditável.

uncertain [ʌn'sɜ:rtn] *adj (not definite)* incerto(ta); *(not sure)* indeciso(sa).

uncertainty [ʌn'sɜ:rtntɪ] *n* incerteza *f*.

uncle ['ʌŋkl] *n* tio *m*.

unclear [ˌʌn'klɪər] *adj* pouco claro(ra); *(not sure)* pouco seguro(ra).

uncomfortable [ˌʌn'kʌmftərbl] *adj* incômodo(da); **to feel ~** *(awkward)* sentir-se pouco à vontade.

uncommon [ʌn'kɒmən] *adj* *(rare)* invulgar.

unconscious [ʌn'kɒnʃəs] *adj* *(after accident)* inconsciente; **to be ~ of** não ter consciência de.

unconvincing [ˌʌnkən'vɪnsɪŋ] *adj* pouco convincente.

uncooperative [ˌʌnkəʊ'ɒpərətɪv] *adj* pouco cooperativo (va).

uncouth [ʌn'ku:θ] *adj* rude.

uncover [ʌn'kʌvər] *vt* descobrir.

under ['ʌndər] *prep* *(beneath)* embaixo de; *(less than)* menos de; *(according to)* segundo; *(in classification)* em; **children ~ ten** crianças com menos de dez anos; **~ the circumstances** nas OR dadas as circunstâncias; **to be ~ pressure** estar sob pressão.

underage [ˌʌndər'eɪdʒ] *adj* menor de idade.

underdone [ˌʌndər'dʌn] *adj* mal cozido(da), cru (crua).

underestimate [ˌʌndər'estɪmeɪt] *vt* subestimar.

undergo [ˌʌndər'gəʊ] (*pt* **-went,** *pp* **-gone**) *vt* *(change, difficulties)* sofrer; *(operation)* submeter-se a.

undergraduate [ˌʌndər'grædʒʊət] *n* estudante *m* universitário, estudante *f* universitária.

underground ['ʌndərgraʊnd] *adj* *(below earth's surface)* subterrâneo(nea); *(secret)* clandestino (na). ◆ *n* *Brit* *(railway)* metrô *m*.

undergrowth ['ʌndərgrəʊθ] *n* vegetação *f* rasteira, mato *m*.

underline [ˌʌndə'laɪn] *vt* sublinhar.

underneath [ˌʌndər'ni:θ] *prep* embaixo de. ◆ *adv* debaixo, embaixo, por baixo. ◆ *n* parte *f* inferior OR de baixo.

underpants ['ʌndərpænts] *npl* cueca *f*.

underpass ['ʌndərpæs] *n* passagem *f* subterrânea.

undershirt ['ʌndərʃɜ:rt] *n Am* camiseta *f*.

understand [,ʌndər'stænd] (*pt & pp* **-stood**) *vt* entender; *(believe)* crer. ◆ *vi* entender; **I don't** ~ não entendo; **to make o.s. understood** fazer-se entender.

understanding [,ʌndər'stændıŋ] *adj* compreensivo(va). ◆ *n (agreement)* acordo *m*; *(knowledge)* conhecimento *m*; *(interpretation)* interpretação *f*; *(sympathy)* compreensão *f*.

understatement [,ʌndər'steıtmənt] *n*: **that's an** ~ isso é um eufemismo.

understood [,ʌndər'stʊd] *pt & pp* → **understand**.

undertake [,ʌndər'teık] (*pt* **-took,** *pp* **-taken**) *vt* empreender; **to** ~ **to do sthg** comprometer-se a fazer algo.

undertaker ['ʌndər,teıkər] *n* agente *m* funerário, agente *f* funerária.

undertaking [,ʌndər'teıkıŋ] *n (promise)* promessa *f*; *(task)* tarefa *f*.

undertook [,ʌndər'tʊk] *pt* → **undertake**.

underwater [,ʌndər'wɔ:tər] *adj* subaquático(ca). ◆ *adv* debaixo da água.

underwear ['ʌndərweər] *n* roupa *f* de baixo.

underwent [,ʌndər'went] *pt* → **undergo**.

undesirable [,ʌndı'zaıərəbl] *adj* indesejável.

undo [,ʌn'du:] (*pt* **-did,** *pp* **-done**) *vt (coat, shirt)* desabotoar; *(shoelaces, tie)* desamarrar, desapertar; *(parcel)* abrir.

undone [,ʌn'dʌn] *adj (coat, shirt)* desabotoado(da); *(shoelaces, tie)* desamarrado(da), desapertado(da).

undress [,ʌn'dres] *vi* despir-se. ◆ *vt* despir.

undressed [,ʌn'drest] *adj* despido(da); **to get** ~ despir-se.

uneasy [ʌn'i:zı] *adj* inquieto(ta).

uneducated [,ʌn'edʒʊkeıtıd] *adj* inculto(ta).

unemployed [,ʌnım'plɔıd] *adj* desempregado(da). ◆ *npl*: **the** ~ os desempregados.

unemployment [,ʌnım'plɔımənt] *n* desemprego *m*.

unequal [,ʌn'i:kwəl] *adj* desigual.

uneven [,ʌn'i:vn] *adj (surface, speed, beat)* irregular; *(share, distribution, competition)* desigual.

uneventful [,ʌnı'ventfl] *adj* sem incidentes, tranqüilo(la).

unexpected [,ʌnık'spektəd] *adj* inesperado(da).

unexpectedly [,ʌnık'spektədlı] *adv* inesperadamente.

unfair [,ʌn'feər] *adj* injusto(ta).

unfairly [,ʌn'feərlı] *adv* injustamente.

unfaithful [ˌʌn'feɪθfl] *adj* infiel.
unfamiliar [ˌʌnfə'mɪljər] *adj* desconhecido(da); **to be ~ with** não estar familiarizado(da) com.
unfashionable [ˌʌn'fæʃnəbl] *adj* fora de moda.
unfasten [ʌn'fæsn] *vt (button)* desabotoar; *(belt, strap)* desapertar; *(knot)* desfazer.
unfavorable [ˌʌn'feɪvrəbl] *adj* desfavorável.
unfinished [ˌʌn'fɪnɪʃt] *adj* inacabado(da).
unfit [ˌʌn'fɪt] *adj*: **to be ~** *(not healthy)* não estar em forma; **to be ~ for sthg** *(not suitable)* não ser adequado(da) para algo.
unfold [ʌn'fəʊld] *vt (map, sheet)* desdobrar.
unforgettable [ˌʌnfər'getəbl] *adj* inesquecível.
unforgivable [ˌʌnfər'gɪvəbl] *adj* imperdoável.
unfortunate [ʌn'fɔ:rtʃənət] *adj (unlucky)* infeliz; *(regrettable)* lamentável.
unfortunately [ʌn'fɔ:rtʃənətlɪ] *adv* infelizmente.
unfriendly [ˌʌn'frendlɪ] *adj* hostil.
ungrateful [ʌn'greɪtfl] *adj* ingrato(ta).
unhappy [ʌn'hæpɪ] *adj (sad)* infeliz; *(not pleased)* descontente; **to be ~ about sthg** não estar feliz OR contente com algo.
unharmed [ˌʌn'hɑ:rmd] *adj* ileso(sa).
unhealthy [ʌn'helθɪ] *adj (person)* doente, pouco saudável; *(food, smoking)* prejudicial para a saúde; *(place)* pouco saudável.
unhelpful [ˌʌn'helpfl] *adj (person)* imprestável; *(advice, information)* inútil.
unhygienic [ˌʌnhaɪ'dʒɪenɪk] *adj* pouco higiênico(ca).
uniform ['jʊnɪfɔ:m] *n* uniforme *m*.
unimportant [ˌʌnɪm'pɔ:rtnt] *adj* sem importância, pouco importante.
unintelligent [ˌʌnɪn'telədʒənt] *adj* pouco inteligente.
unintentional [ˌʌnɪn'tenʃnəl] *adj* involuntário(ria).
uninterested [ˌʌn'ɪntrəstɪd] *adj* desinteressado(da), pouco interessado(da).
uninteresting [ˌʌn'ɪntrestɪŋ] *adj* sem interesse, pouco interessante.
union ['ju:njən] *n (of workers)* sindicato *m*.
unique [ju:'ni:k] *adj* único(ca); **to be ~ to** ser típico(ca) de.
unisex ['ju:nɪseks] *adj* unisex *inv*.
unit ['ju:nɪt] *n* unidade *f*; *(group)* equipe *f*.
unite [ju:'naɪt] *vt (people)* unir; *(country, party)* unificar. ◆ *vi* unir-se.
United Kingdom [ju:'naɪtəd-] *n*: **the ~** o Reino Unido.
United States (of America) [ju:'naɪtəd-] *npl*: **the ~** os Estados Unidos (da América).
unity ['ju:nətɪ] *n* unidade *f*.

universal [ˌju:nɪ'vɜ:rsl] *adj* universal.
universe ['ju:nɪvɜ:rs] *n* universo *m*.
university [ˌju:nɪ'vɜ:rsətɪ] *n* universidade *f*.
unjust [ˌʌn'dʒʌst] *adj* injusto (ta).
unkind [ʌn'kaɪnd] *adj* cruel.
unknown [ˌʌn'nəʊn] *adj* desconhecido(da).
unleaded (gas) [ˌʌn'ledəd-] *n* gasolina *f* sem chumbo.
unless [ən'les] *conj* a não ser que.
unlike [ˌʌn'laɪk] *prep (different to)* diferente de; *(in contrast to)* ao contrário de; **it's ~ her to be late** ela não é de chegar atrasada.
unlikely [ʌn'laɪklɪ] *adj (not probable)* pouco provável; **she's ~ to agree** é pouco provável que ela concorde.
unlimited [ʌn'lɪmətəd] *adj* ilimitado(da); **~ mileage** ≃ quilometragem ilimitada.
unlisted [ʌn'lɪstəd] *adj Am (phone number)* que não consta da lista telefônica.
unload [ˌʌn'ləʊd] *vt* descarregar.
unlock [ˌʌn'lɒk] *vt* abrir (com chave), destrancar.
unlucky [ʌn'lʌkɪ] *adj (unfortunate)* infeliz; *(bringing bad luck)* que traz má sorte.
unmarried [ˌʌn'mærɪd] *adj* solteiro(ra).
unnatural [ʌn'nætʃrəl] *adj (unusual)* invulgar; *(behavior, person)* pouco natural.
unnecessary [ʌn'nesəsərɪ] *adj* desnecessário(ria).
unofficial [ˌʌnə'fɪʃl] *adj* não oficial.
unpack [ˌʌn'pæk] *vt* desfazer. ◆ *vi* desfazer as malas.
unpleasant [ʌn'pleznt] *adj* desagradável.
unplug [ʌn'plʌg] *vt* desligar (na tomada).
unpopular [ˌʌn'pɒpjələr] *adj* impopular, pouco popular.
unpredictable [ˌʌnprɪ'dɪktəbl] *adj* imprevisível.
unprepared [ˌʌnprɪ'peərd] *adj* mal preparado(da).
unqualified [ˌʌn'kwɒlɪfaɪd] *adj (person)* sem qualificação.
unreal [ˌʌn'rɪəl] *adj* irreal.
unreasonable [ʌn'ri:znəbl] *adj* absurdo(da), irracional.
unrecognizable [ˌʌnrekəg'naɪzəbl] *adj* irreconhecível.
unreliable [ˌʌnrɪ'laɪəbl] *adj* pouco confiável, de pouca confiança.
unrest [ˌʌn'rest] *n* agitação *f*.
unsafe [ˌʌn'seɪf] *adj (dangerous)* perigoso(osa); *(in danger)* inseguro(ra).
unsatisfactory [ˌʌnsætɪs'fæktrɪ] *adj* insatisfatório(ria).
unscrew [ˌʌn'skru:] *vt (lid, top)* desenroscar.
unsightly [ʌn'saɪtlɪ] *adj* feio (feia).
unskilled [ˌʌn'skɪld] *adj (worker)* não especializado.
unspoiled [ˌʌn'spɔɪld] *adj* intacto(ta), não destruído(da).

unsteady [ˌʌn'stedɪ] *adj* instável; *(hand)* trêmulo(la).
unstuck [ˌʌn'stʌk] *adj*: **to come ~** *(label, poster, etc)* descolar-se.
unsuccessful [ˌʌnsək'sesfl] *adj* mal sucedido(da).
unsuitable [ˌʌn'su:təbl] *adj* inadequado(da).
unsure [ˌʌn'ʃʊər] *adj*: **to be ~ (about)** não ter certeza (de).
untidy [ʌn'taɪdɪ] *adj* desarrumado(da).
untie [ˌʌn'taɪ] (*cont* **untying**) *vt (knot)* desatar; *(person)* desprender.
until [ən'tɪl] *prep conj* até; **wait ~ he arrives** espere até ele chegar OR até que ele chegue.
untrue [ˌʌn'tru:] *adj* falso(sa)
untrustworthy [ˌʌn'trʌstwɜ:rðɪ] *adj* indigno(gna) de confiança.
unusual [ʌn'ju:ʒʊəl] *adj (not common)* invulgar; *(distinctive)* fora do comum.
unusually [ʌn'ju:ʒʊəlɪ] *adv (more than usual)* excepcionalmente.
unwell [ˌʌn'wel] *adj* mal disposto(osta); **to feel ~** sentir-se mal.
unwilling [ˌʌn'wɪlɪŋ] *adj*: **to be ~ to do sthg** não estar disposto(osta) a fazer algo.
unwind [ˌʌn'waɪnd] (*pt & pp* **unwound** [ˌʌnwaʊnd]) *vt* desenrolar. ◆ *vi (relax)* relaxar.
unwrap [ˌʌn'ræp] *vt* desembrulhar.
up [ʌp] *adv* **-1.** *(toward higher position, level)* para cima; **to go ~** subir; **prices are going ~** os preços estão subindo; **we walked ~ to the top** subimos até o topo; **to pick sthg ~** apanhar algo.
-2. *(in higher position)*: **she's ~ in her bedroom** está lá em cima no seu quarto; **~ there** ali OR lá em cima.
-3. *(into upright position)*: **to stand ~** pôr-se em OR de pé; **to sit ~** *(from lying position)* sentar-se; *(sit straight)* sentar-se direito.
-4. *(northward)*: **~ in Canada** no Canadá.
-5. *(in phrases)*: **to walk ~ and down** andar de um lado para o outro; **to jump ~ and down** dar pulos; **~ to six weeks** até seis semanas; **~ to ten people** até dez pessoas; **are you ~ to traveling?** você está em condições de viajar?; **what are you ~ to?** o que você está tramando?; **it's ~ to you** depende de você; **~ until ten o'clock** até às dez horas.
◆ *prep* **-1.** *(toward higher position)*: **to walk ~ a hill** subir um monte; **I went ~ the stairs** subi as escadas.
-2. *(in higher position)* no topo de; **~ a hill** no topo de um monte; **~ a ladder** no topo de uma escada.
-3. *(at end of)*: **they live ~ the block from us** eles vivem no final da nossa rua.
◆ *adj* **-1.** *(out of bed)* levantado (da); **I got ~ at six today** levantei-me às seis hoje.
-2. *(at an end)*: **time's ~** acabou-se o tempo.

- 3. *(rising)*: **the ~ escalator** a escada rolante ascendente.
◆ *n*: **~s and downs** altos e baixos *mpl*.
update [ˌʌpˈdeɪt] *vt* atualizar.
uphill [ˌʌpˈhɪl] *adv*: **to go ~** subir.
upholstery [ʌpˈhəʊlstərɪ] *n (material)* estofamento *m*.
upkeep [ˈʌpkiːp] *n* manutenção *f*.
upmarket [ˌʌpˈmɑːrkət] *adj* de alta categoria.
upon [əˈpɒn] *prep (fml: on)* em, sobre; **~ hearing the news ...** ao ouvir a notícia ...
upper [ˈʌpər] *adj* superior. ◆ *n (of shoe)* gáspea *f*.
upper class *n*: **the ~** a alta sociedade.
uppermost [ˈʌpərməʊst] *adj (highest)* mais alto(ta).
upright [ˈʌpraɪt] *adj* direito (ta). ◆ *adv* direito.
upset [ʌpˈset] (*pt & pp* **upset**) *adj (distressed)* transtornado(da). ◆ *vt* transtornar; *(knock over)* derrubar; **to have an ~ stomach** estar indisposto(osta).
upside down [ˌʌpsaɪd-] *adj* invertido(da), ao contrário. ◆ *adv* de pernas para o ar.
upstairs [ˌʌpˈsteərz] *adj* de cima. ◆ *adv (on a higher floor)* lá em cima; **to go ~** ir lá para cima.
up-to-date *adj (modern)* moderno(na); *(well-informed)* atualizado(da).
upward [ˈʌpwərd] *adv* para cima; **~ of 100 people** mais de 100 pessoas.
urban [ˈɜːrbən] *adj* urbano(na).
urge [ɜːrdʒ] *vt*: **to ~ sb to do sthg** incitar alguém a fazer algo.
urgent [ˈɜːrdʒənt] *adj* urgente.
urinate [ˈjʊərəneɪt] *vi fml* urinar.
urine [ˈjʊərən] *n* urina *f*.
URL *n (abbr of uniform resource locator)* COMPUT URL *m*.
us [ʌs] *pron (direct)* nos; *(indirect, after prep)* nós; **they know ~** conhecem-nos; **it's ~** somos nós; **send it to ~** envie-nos isso; **tell ~** diga-nos; **we brought it with ~** trouxemo-lo conosco.
U.S. *n (abbr of United States)*: **the ~** os E.U.A.
U.S.A. *n (abbr of United States of America)*: **the ~** os E.U.A.
usable [ˈjuːzəbl] *adj* utilizável.
use [*n* juːs, *vb* juːz] *n* uso *m*. ◆ *vt* usar; *(run on)* levar; **to be of ~** ser útil; **to have the ~ of sthg** poder utilizar algo; **to make ~ of sthg** aproveitar algo; **'out of ~'** 'fora de serviço'; **to be in ~** estar em funcionamento; **it's no ~** não vale a pena; **what's the ~?** de que vale?; **to ~ sthg as sthg** usar algo como algo; **'~ before/by ...'** 'consumir de preferência antes de ...'. ▫ **use up** *vt sep* gastar.
used [*adj* juːzd, *aux vb* juːst] *adj* usado(da). ◆ *aux vb*: **I ~ to live near here** costumava viver perto daqui; **I ~ to go there every day** costumava ir lá todos os dias; **to be ~ to sthg** estar acostumado a algo; **to get ~ to sthg** acostumar-se a algo.

useful ['ju:sfl] *adj* útil.
useless ['ju:sləs] *adj* inútil; *inf (very bad)* péssimo(ma).
user ['ju:zər] *n (of product, machine)* usuário *m*, -ria *f*; *(of public service)* usuário *m*, -ria *f*.
usual ['ju:ʒʊəl] *adj* habitual; **as ~** *(in the normal way)* como de costume; *(as often happens)* como sempre.
usually ['ju:ʒʊəlɪ] *adv* normalmente.
utensil [ju:'tensl] *n* utensílio *m*.
utilize ['ju:təlaɪz] *vt fml* utilizar.
utmost ['ʌtməʊst] *adj* extremo(ma). ◆ *n*: **to do one's ~** fazer o possível e o impossível.
utter ['ʌtər] *adj* total. ◆ *vt* proferir.
utterly ['ʌtərlɪ] *adv* totalmente.
U-turn *n (in vehicle)* meia-volta *f*, reviravolta *f*.

V

vacancy ['veɪkənsɪ] *n* vaga *f*; **'vacancies'** 'vagas'; **'no vacancies'** 'completo'.
vacant ['veɪkənt] *adj (room, seat)* vago(ga); **'vacant'** 'livre'.
vacate ['veɪkeɪt] *vt (fml: room, house)* vagar, desocupar.
vacation [veɪ'keɪʃn] *n Am* férias *fpl*. ◆ *vi Am* passar férias; **to go on ~** ir de férias.
vaccination [,væksɪ'neɪʃn] *n* vacinação *f*.
vaccine [væk'si:n] *n* vacina *f*.
vacuum ['vækjʊəm] *vt* aspirar.
vacuum cleaner *n* aspirador *m* de pó.
vague [veɪg] *adj* vago(ga).
vain [veɪn] *adj (pej: conceited)* vaidoso(osa); **in ~** em vão.
Valentine's Day ['væləntaɪnz-] *n* Dia *m* dos Namorados.

VALENTINE'S DAY

O Dia de São Valentim, 14 de fevereiro, transformou-se no Dia dos Namorados nos Estados Unidos e na Grã-Bretanha. É tradição mandar um cartão à pessoa amada, geralmente sem assiná-lo, e também presentes como flores e chocolates. Muitos jornais publicam páginas com mensagens pessoais de amor.

valid ['vælɪd] *adj (ticket, passport)* válido(da).
valley ['vælɪ] *n* vale *m*.
valuable ['væljəbl] *adj* valioso(osa). ❑ **valuables** *npl* objetos *mpl* de valor.
value ['vælju:] *n (financial)* valor *m* ; *(usefulness)* sentido *m*; **a ~ pack** um pacote de tamanho econômico; **to be good ~ (for money)** ter um preço módico, estar em conta. ❑ **values** *npl (principles)* valores *mpl*.
valve [vælv] *n* válvula *f*.

van [væn] *n* caminhonete *f.*
vandal ['vændl] *n* vândalo *m,* -la *f.*
vandalize ['vændəlaɪz] *vt* destruir, destroçar.
vanilla [və'nɪlə] *n* baunilha *f.*
vanish ['vænɪʃ] *vi* desaparecer.
vapor ['veɪpər] *n Am* vapor *m.*
vapour ['veɪpə^r] *Brit* = **vapor.**
variable ['veərɪəbl] *adj* variável.
varied ['veərɪd] *adj* variado (da).
variety [və'raɪətɪ] *n* variedade *f.*
various ['veərɪəs] *adj* vários (rias).
varnish ['vɑ:rnɪʃ] *n (for wood)* verniz *m.* ◆ *vt (wood)* envernizar.
vary ['veərɪ] *vt & vi* variar; **to ~ from sthg to sthg** variar entre algo e algo; **'prices ~'** 'os preços variam'.
vase [veɪz] *n* jarra *f.*
vast [væst] *adj* vasto(ta).
vat [væt] *n* tina *f.*
VAT [væt, vi:eɪ'ti:] *n Brit (abbr of value added tax)* ICM/S.
vault [vɔ:lt] *n (in bank)* caixa-forte *f; (ceiling)* abóbada *f; (in church)* cripta *f.*
VCR *n (abbr of video cassette recorder)* vídeo *m.*
VDU *n (abbr of visual display unit)* monitor *m.*
veal [vi:l] *n* vitela *f.*
vegan ['vi:gən] *adj* estritamente vegetariano(na). ◆ *n* vegetariano *m,* -na *f* estrito.
vegetable ['vedʒtəbl] *n* vegetal *m,* legume *m.*
vegetarian [,vedʒə'teərɪən] *adj* vegetariano(na). ◆ *n* vegetariano *m,* -na *f.*
vegetation [,vedʒə'teɪʃn] *n* vegetação *f.*
vehicle ['vi:əkl] *n* veículo *m.*
veil [veɪl] *n* véu *m.*
vein [veɪn] *n* veia *f.*
velvet ['velvət] *n* veludo *m.*
vending machine ['vendɪŋ-] *n* máquina *f* de venda automática.
venison ['venəzən] *n* carne *f* de veado.
vent [vent] *n (for air, smoke, etc)* saída *f* de ar, ventilador *m.*
ventilation [,ventɪ'leɪʃn] *n* ventilação *f.*
ventilator ['ventɪleɪtər] *n* ventilador *m.*
venture ['ventʃər] *n* aventura *f.* ◆ *vi (go)* aventurar-se.
venue ['venju:] *n* local onde se realiza acontecimento esportivo ou cultural.
veranda [və'rændə] *n* varanda *f* coberta, alpendre *m.*
verb [vɜ:rb] *n* verbo *m.*
verdict ['vɜ:rdɪkt] *n* JUR veredicto *m; (opinion)* parecer *m.*
verge [vɜ:rdʒ] *n Brit (of road)* acostamento *m;* **to be on the ~ of sthg** estar à beira de algo.
verify ['verɪfaɪ] *vt* verificar.
versatile ['vɜ:rsətl] *adj* versátil.
verse [vɜ:rs] *n (of song, poem)* verso *m* ; *(poetry)* versos *mpl.*
version ['vɜ:rʃn] *n* versão *f.*
versus ['vɜ:rsəs] *prep* versus, contra.

vertical ['vɜːrtɪkl] *adj* vertical.
vertigo ['vɜːrtɪgəʊ] *n* vertigens *fpl*.
very ['verɪ] *adv* muito. ◆ *adj*: **that's the ~ thing I need** é disso mesmo que eu preciso **you're the ~ person I wanted to see** era com você mesmo que eu queria falar; **~ much** muito; **not ~** não muito; **my ~ own room** o meu próprio quarto.
vessel ['vesl] *n (fml: ship)* embarcação *f*.
vest [vest] *n Am (waistcoat)* colete *m*; *Brit (underwear)* camiseta *f*.
vet [vet] *n* veterinário *m*, -ria *f*.
veteran ['vetrən] *n* veterano *m*, -na *f*.
veterinarian [ˌvetərɪ'neərɪən] *Am* = **vet.**
veterinary surgeon ['vetərɪnrɪ-] *Brit fml* = **vet.**
VHS *n* VHS *m*.
via ['vaɪə] *prep* via.
vibrate ['vaɪbreɪt] *vi* vibrar.
vibration [vaɪ'breɪʃn] *n* vibração *f*.
vicar ['vɪkər] *n Brit* vigário *m*, pároco *m*.
vicarage ['vɪkərɪdʒ] *n* casa *f* paroquial.
vice [vaɪs] *n (moral fault)* vício *m*; *(crime)* crime *m*; *Brit (tool)* torno *m*.
vice versa [ˌvaɪs'vɜːrsə] *adv* vice-versa.
vicinity [vɪ'sɪnətɪ] *n*: **in the ~** nas proximidades.
vicious ['vɪʃəs] *adj (attack, animal)* violento(ta); *(comment)* cruel; **a ~ circle** um círculo vicioso.
victim ['vɪktɪm] *n* vítima *f*.
victory ['vɪktərɪ] *n* vitória *f*.
video ['vɪdɪəʊ] (*pl* **-s**) *n* vídeo *m*; *(videotape)* videocassete *m*; **on ~** em vídeo.
video cassette recorder *n* (aparelho de) videocassete *m*.
video game *n* videogame *m*.
videotape ['vɪdɪəʊteɪp] *n* videoteipe *m*, videocassete *m*.
view [vjuː] *n (scene, field of vision)* vista *f*; *(opinion)* opinião *f*; *(attitude)* visão *f*. ◆ *vt (look at)* ver; **in my ~** na minha opinião; **in ~ of** *(considering)* tendo em consideração; **to come into ~** aparecer.
viewer ['vjuːər] *n (of TV)* telespectador *m*, -ra *f*.
viewpoint ['vjuːpɔɪnt] *n (opinion)* ponto *m* de vista; *(place)* mirante *m*.
vigilant ['vɪdʒɪlənt] *adj fml* atento(ta).
villa ['vɪlə] *n* casa *f* de campo.
village ['vɪlɪdʒ] *n* vilarejo *m*.
villager ['vɪlɪdʒər] *n* habitante *mf* de vilarejo.
villain ['vɪlən] *n (of book, movie)* vilão *m*, -lã *f*; *(criminal)* criminoso *m*, -osa *f*.
vine [vaɪn] *n (grapevine)* videira *f*; *(climbing plant)* trepadeira *f*.
vinegar ['vɪnɪgər] *n* vinagre *m*.
vineyard ['vɪnjərd] *n* vinha *f*, vinhedo *m*.
vintage ['vɪntɪdʒ] *adj (wine)* de

boa safra. ◆ *n (year)* colheita *f*, ano *m*.
vinyl ['vaɪnɪl] *n* vinil *m*.
violence ['vaɪələns] *n* violência *f*.
violent ['vaɪələnt] *adj* violento (ta).
violet ['vaɪələt] *adj* roxo(xa), violeta *(inv)*. ◆ *n (flower)* violeta *f*.
violin [ˌvaɪə'lɪn] *n* violino *m*.
virgin ['vɜːrdʒɪn] *n* virgem *mf*.
Virgo ['vɜːrgəʊ] (*pl* **-s**) *n* Virgem *f*.
virtually ['vɜːrtʃʊəlɪ] *adv* praticamente.
virtual reality ['vɜːrtʃʊəl-] *n* realidade *f* virtual.
virus ['vaɪrəs] *n* vírus *m inv*.
visa ['viːzə] *n* visto *m*.
visibility [ˌvɪzɪ'bɪlətɪ] *n* visibilidade *f*.
visible ['vɪzəbl] *adj* visível.
visit ['vɪzət] *vt* visitar. ◆ *n* visita *f*.
visiting hours ['vɪzətɪŋ-] *npl* horário *m* de visita.
visitor ['vɪzətər] *n (to person)* visita *f*; *(to place)* visitante *mf*.
vital ['vaɪtl] *adj* vital.
vitamin ['vaɪtəmɪn] *n* vitamina *f*.
vivid ['vɪvɪd] *adj* vivo(va).
V-neck ['viː-] *n (design)* decote *m* em V.
vocabulary [və'kæbjələrɪ] *n* vocabulário *m*.
vodka ['vɒdkə] *n* vodca *f*.
voice [vɔɪs] *n* voz *f*.
voice mail *n* correio *m* de voz; **to check one's ~** checar o seu voice mail.
volcano [vɒl'keɪnəʊ] (*pl* **-es** OR **-s**) *n* vulcão *m*.
volleyball ['vɒlɪbɔːl] *n* voleibol *m*, vôlei *m*.
volt [vəʊlt] *n* volt *m*.
voltage ['vəʊltɪdʒ] *n* voltagem *f*.
volume ['vɒljʊm] *n* volume *m*.
voluntary ['vɒlənterɪ] *adj* voluntário(ria).
volunteer [ˌvɒlən'tɪər] *n* voluntário *m*, -ria *f*. ◆ *vt*: **to ~ to do sthg** oferecer-se para fazer algo.
vomit ['vɒmɪt] *n* vômito *m*. ◆ *vi* vomitar.
vote [vəʊt] *n (choice)* voto *m*; *(process, number of votes)* votação *f*. ◆ *vi*: **to ~ (for)** votar (em).
voter ['vəʊtər] *n* eleitor *m*, -ra *f*.
voucher ['vaʊtʃər] *n* vale *m*.
vowel ['vaʊəl] *n* vogal *f*.
voyage ['vɔɪɪdʒ] *n* viagem *f*.
vulgar ['vʌlgər] *adj* ordinário (ria), comum.
vulture ['vʌltʃər] *n* abutre *m*.

W

W *(abbr of west)* O.
wade [weɪd] *vi* caminhar *(com dificuldade pela água)*.
wading pool ['weɪdɪŋ-] *n Am* piscina *f* infantil.
wafer ['weɪfər] *n* bolacha *f (muito fina e leve)*.

waffle ['wɒfl] *n* *(pancake)* ≃ waffle *m*.
wag [wæg] *vt* abanar.
wage [weɪdʒ] *n* ordenado *m*. ❑ **wages** *npl* ordenado *m*.
wagon ['wægən] *n* *(vehicle)* carroça *f*; *Brit (of train)* vagão *m*.
wail [weɪl] *n* lamento *m*, gemido *m*. ◆ *vi (person, baby)* chorar.
waist [weɪst] *n* cintura *f*.
wait [weɪt] *n* espera *f*. ◆ *vi* esperar; **to ~ for sb to do sthg** esperar que alguém faça algo; **I can't ~!** mal posso esperar! ❑ **wait for** *vt fus* esperar por; **I'm ~ing for someone** estou à espera de alguém.
waiter ['weɪtər] *n* garçom *m*.
waitress ['weɪtrəs] *n* garçonete *f*.
wake [weɪk] (*pt* **woke**, *pp* **woken**) *vt & vi* acordar. ❑ **wake up** *vt sep* *vi* acordar.
Wales [weɪlz] *n* País *m* de Gales.
walk [wɔːk] *n* *(hike)* caminhada *f*; *(stroll)* passeio *m*; *(path)* trilho *m*, caminho *m*. ◆ *vi* andar; *(as hobby)* caminhar. ◆ *vt (distance)* andar; *(dog)* passear; **to go for a ~** dar um passeio; **it's a short ~** não é muito longe (a pé), fica a dois passos; **to take the dog for a ~** levar o cachorro para passear; **'walk'** *Am sinal luminoso que indica aos pedestres que podem atravessar*; **'don't ~'** *Am sinal luminoso que indica aos pedestres que não podem atravessar.* ❑ **walk away** *vi* ir-se embora. ❑ **walk in** *vi* entrar. ❑ **walk out** *vi (leave angrily)* ir-se embora.
walker ['wɔːkər] *n* caminhante *mf*.
walking boots ['wɔːkɪŋ-] *npl* botas *fpl* de montanha.
walking stick ['wɔːkɪŋ-] *n* bengala *f*.
wall [wɔːl] *n* *(of building, room)* parede *f*; *(in garden, countryside, street)* muro *m*.

WALL STREET

A Wall Street é a rua do centro financeiro de Manhattan, Nova York, onde se encontram a Bolsa de Valores e vários bancos. O termo é freqüentemente empregado para designar o mundo financeiro norte-americano.

---

wallet ['wɒlət] *n* carteira *f* (de dinheiro).
wallpaper ['wɔːl,peɪpər] *n* papel *m* de parede.
walnut ['wɔːlnʌt] *n* *(nut)* noz *f*.
waltz [wɔːlts] *n* valsa *f*.
wander ['wɒndər] *vi* vagar, perambular.
want [wɒnt] *vt (desire)* querer; *(need)* precisar de; **to ~ to do sthg** querer fazer algo; **to ~ sb to do sthg** querer que alguém faça algo.
war [wɔːr] *n* guerra *f*.
ward [wɔːrd] *n* *(in hospital)* enfermaria *f*.
warden ['wɔːrdn] *n* guarda *mf*.
wardrobe ['wɔːrdrəʊb] *n* guarda-roupa *m*, armário *m*.
warehouse ['weərhaʊs, *pl*

-hauzɪz] *n* armazém *m*.
warm [wɔ:rm] *adj* quente; *(friendly)* caloroso(osa). ◆ *vt* aquecer. ❑ **warm up** ◆ *vt sep* aquecer. ◆ *vi* aquecer; *(do exercises)* fazer aquecimento.
warmth [wɔ:rmθ] *n* calor *m*.
warn [wɔ:rn] *vt* avisar; **to ~ sb about sthg** avisar alguém de algo; **to ~ sb not to do sthg** avisar alguém para não fazer algo.
warning ['wɔ:rnɪŋ] *n* aviso *m*.
warranty ['wɒrəntɪ] *n fml* garantia *f*.
warship ['wɔ:rʃɪp] *n* navio *m* de guerra.
wart [wɔ:rt] *n* verruga *f*.
was [wɒz] *pt* → **be.**
wash [wɒʃ] *vt* lavar. ◆ *vi* lavar-se. ◆ *n*: **your shirt is in the ~** sua camisa está para lavar; **to have a ~** lavar-se; **to ~ one's hands** lavar as mãos. ❑ **wash up** *vi Am (clean o.s.)* lavar-se; *Brit (do the washing-up)* lavar a louça.
washable ['wɒʃəbl] *adj* lavável.
washbasin ['wɒʃ,beɪsn] *n* pia *f*.
washbowl ['wɒʃbəʊl] *n Am* pia *f*.
washcloth ['wɒʃklɒθ] *n Am* pano *m (para lavar o rosto)*.
washing ['wɒʃɪŋ] *n (activity)* lavagem *f*; *(clothes)* roupa *f* suja.
washing machine *n* máquina *f* de lavar (roupa).
washing powder *n Brit* sabão *m* em pó.
washing-up liquid *n Brit* detergente *m* para lavar louça.
washroom ['wɒʃru:m] *n Am* banheiro *m*.
wasn't [wɒznt] = **was not.**
wasp [wɒsp] *n* vespa *f*.
waste [weɪst] *n (trash)* lixo *m*. ◆ *vt (money, energy, opportunity)* desperdiçar; *(time)* perder; **a ~ of money** um desperdício de dinheiro; **a ~ of time** um desperdício OR uma perda de tempo.
waste ground *n* terreno *m* abandonado, descampado *m*.
wastepaper basket [,weɪst-'peɪpər-] *n* cesta *f* de lixo.
watch [wɒtʃ] *n (wristwatch)* relógio *m* (de pulso). ◆ *vt (observe)* ver; *(spy on)* espiar, vigiar; *(be careful with)* ter cuidado com. ❑ **watch out** *vi (be careful)* ter cuidado; **to ~ out for** *(look for)* estar atento a.
watchstrap ['wɒtʃstræp] *n* pulseira *f* de relógio.
water ['wɔ:tər] *n* água *f*. ◆ *vt (plants, garden)* regar. ◆ *vi (eyes)* lacrimejar; **to make one's mouth ~** dar água na boca.
watercolor ['wɔ:tər,kʌlər] *n* aquarela *f*.
watercress ['wɔ:tərkres] *n* agrião *m*.
waterfall ['wɔ:tərfɔ:l] *n* queda *f* d'água, catarata *f*.
watermelon ['wɔ:tər,melən] *n* melancia *f*.
waterproof ['wɔ:tərpru:f] *adj* à prova de água.
water skiing *n* esqui *m* aquático.
watertight ['wɔ:tərtaɪt] *adj* à prova d'água.

watt [wɒt] *n* watt *m*; **a 60-~ bulb** uma lâmpada de 60 watts.

wave [weɪv] *n* onda *f*. ◆ *vt* *(hand)* acenar com; *(flag)* agitar. ◆ *vi* *(move hand)* acenar, dizer adeus.

wavelength ['weɪvleŋθ] *n* comprimento *m* de onda.

wavy ['weɪvɪ] *adj* ondulado(da).

wax [wæks] *n* cera *f*.

way [weɪ] *n (manner, means)* maneira *f*, forma *f*; *(route, distance traveled)* caminho *m*; *(direction)* direção *f*; **which ~ is the station?** para que lado é a estação?; **the town is out of our ~** a cidade não fica no nosso caminho; **to be in the ~** estar no caminho; **to be on the** OR **one's ~** *(coming)* estar a caminho; **to get out of the ~** sair da frente; **to get under ~** começar; **it's a long ~ to the station** a estação fica muito longe; **to be a long ~ away** ficar muito longe; **to lose one's ~** perder-se; **on the ~ back** na volta; **on the ~ there** no caminho; **that ~** *(like that)* daquela maneira, assim; *(in that direction)* por ali; **this ~** *(like this)* assim; *(in this direction)* por aqui; **no ~!** *inf* nem pensar!

we [wi:] *pron* nós; **~'re young** (nós) somos jovens.

weak [wi:k] *adj* fraco(ca); *(not solid)* frágil.

weaken ['wi:kn] *vt* enfraquecer.

weakness ['wi:knəs] *n (weak point)* fraqueza *f*; *(fondness)* fraco *m*.

wealth [welθ] *n* riqueza *f*.

wealthy ['welθɪ] *adj* rico(ca).

weapon ['wepən] *n* arma *f*.

wear [weər] (*pt* **wore**, *pp* **worn**) *vt (clothes, shoes, jewelry)* usar. ◆ *n (clothes)* roupa *f*; **~ and tear** uso *m*. ▫ **wear off** *vi* desaparecer. ▫ **wear out** *vi* gastar-se.

weary ['wɪərɪ] *adj* cansado(da).

weather ['weðər] *n* tempo *m*; **what's the ~ like?** como está o tempo?; **to be under the ~** *inf* estar um pouco adoentado.

weather forecast *n* previsão *f* do tempo.

weather report *n* boletim *m* meteorológico.

weave [wi:v] (*pt* **wove**, *pp* **woven**) *vt* tecer.

web [web] *n (of spider)* teia *f*; COMPUT: **the Web** a Web; **on the Web** na Web.

web site *n* COMPUT web site *m*.

wedding ['wedɪŋ] *n* casamento *m*.

wedding anniversary *n* aniversário *m* de casamento.

wedding ring *n* aliança *f*.

wedge [wedʒ] *n (of pie)* fatia *f*; *(of wood, etc)* cunha *f*, calço *m*.

Wednesday ['wenzdeɪ] *n* quarta-feira *f* → **Saturday.**

wee [wi:] *adj* pequeno(na). ◆ *n* *inf* xixi *m*.

weed [wi:d] *n* erva *f* daninha.

week [wi:k] *n* semana *f*; **a ~ from today** daqui a uma semana OR oito dias; **in a ~** daqui a uma semana OR oito dias.

weekday ['wi:kdeɪ] *n* dia *m* útil.

weekend [ˌwi:k'end] *n* fim-de-semana *m*.

weekly ['wi:klɪ] *adj* semanal. ◆ *adv* semanalmente. ◆ *n* semanário *m*.

weep [wi:p] (*pt & pp* **wept**) *vi* chorar.

weigh [weɪ] *vt* pesar; **how much does it ~?** quanto é que (isso) pesa?

weight [weɪt] *n* peso *m*; **to lose ~** emagrecer; **to put on ~** engordar. ❑ **weights** *npl (for weight training)* pesos *mpl*.

weightlifting ['weɪtˌlɪftɪŋ] *n* halterofilismo *m*.

weight training *n* musculação *f*.

weir [wɪər] *n* represa *f*.

weird [wɪərd] *adj* esquisito(ta), estranho(nha).

welcome ['welkəm] *adj* bem-vindo(da). ◆ *n* boas-vindas *fpl*. ◆ *vt (greet)* dar as boas-vindas a; *(be grateful for)* agradecer. ◆ *excl* bem-vindo!; **you're ~ to use our car** você pode usar o nosso carro à vontade; **to make sb feel ~** fazer alguém sentir-se bem-vindo; **you're ~!** de nada!

weld [weld] *vt* soldar.

welfare ['welfeər] *n (happiness, comfort)* bem-estar *m*; *Am (money)* subsídio *m* da segurança social.

well [wel] (*compar* **better**, *superl* **best**) *adj* bom (boa). ◆ *adv* bem. ◆ *n* poço *m*; **to get ~** melhorar; **to go ~** correr bem; **~ done!** muito bem!; **it may ~ happen** pode muito bem acontecer; **it's ~ worth it** vale bem a pena; **as ~** *(in addition)* também; **as ~ as** *(in addition to)* assim como.

we'll [wi:l] = **we shall, we will.**

well-behaved [-bɪ'heɪvd] *adj* bem comportado(da).

well-done *adj (meat)* bem passado(da).

well-dressed [-'drest] *adj* bem vestido(da).

well-known *adj* conhecido (da).

well-paid *adj* bem pago(ga), bem remunerado(da).

went [went] *pt* → **go.**

wept [wept] *pt & pp* → **weep.**

were [wɜ:r] *pt* → **be.**

we're [wɪər] = **we are.**

weren't [wɜ:rnt] = **were not.**

west [west] *n* oeste *m*. ◆ *adj* ocidental, oeste. ◆ *adv (be situated)* a oeste; *(fly, walk)* em direção ao oeste, para o oeste; **in the ~ of England** no oeste da Inglaterra.

western ['westərn] *adj* ocidental. ◆ *n* western *m*, filme *m* de faroeste.

westward ['westwərd] *adv* em direção ao oeste, para o oeste.

wet [wet] (*pt & pp* **wet** OR **-ted**) *adj (soaked, damp)* molhado(da); *(rainy)* chuvoso(osa). ◆ *vt* molhar; **to get ~** molhar-se; **'~ paint'** 'tinta fresca'.

wet suit *n* traje *m* de mergulho.

we've [wi:v] = **we have.**
whale [weɪl] *n* baleia *f.*
wharf [wɔ:rf] (*pl* **-s** OR **wharves** [wɔ:rvz]) *n* cais *m inv.*
what [wɒt] *adj* **- 1.** *(in questions)* que; ~ **color is it?** de que cor é?; **he asked me ~ color it was** ele perguntou-me de que cor era.
- 2. *(in exclamations)* que; ~ **a surprise!** mas que surpresa!; ~ **a beautiful day!** mas que dia lindo!
◆ *pron* **- 1.** *(in questions)* o que; ~ **is going on?** o que é que está acontecendo?; ~ **is that?** o que é isso?; ~ **is that thing called?** como é que se chama aquilo?; ~ **is the problem?** qual é o problema?; **she asked me ~ had happened** ela perguntou-me o que é que tinha acontecido; **she asked me ~ I had seen** ela perguntou-me o que é que eu tinha visto.
- 2. *(in questions: after prep)* que; ~ **are they talking about?** de que é que eles estão falando?; ~ **is it for?** para que é isso?; **she asked me ~ I was thinking about** ela me perguntou em que eu estava pensando.
- 3. *(introducing relative clause)* o que; **I didn't see ~ happened** não vi o que aconteceu; **you can't have ~ you want** você não pode ter o que quer.
- 4. *(in phrases)*: ~ **for?** para quê?; ~ **about going out for a meal?** que tal irmos comer fora?
◆ *excl* o quê!
whatever [wɒt'evər] *pron:* **take ~ you want** leve o que quiser; ~ **I do, I'll lose** faça o que fizer, perco sempre; ~ **that may be** seja lá o que for.
wheat [wi:t] *n* trigo *m.*
wheel [wi:l] *n (of car, bicycle, etc)* roda *f*; *(steering wheel)* volante *m.*
wheelbarrow ['wi:l,bærəʊ] *n* carrinho *m* de mão.
wheelchair ['wi:l,tʃeər] *n* cadeira *f* de rodas.
wheezy ['wi:zɪ] *adj:* **to be ~** respirar com dificuldade.
when [wen] *adv conj* quando.
whenever [wen'evər] *conj* sempre que; ~ **you like** quando você quiser.
where [weər] *adv conj* onde; **that's ~ you're wrong** aí é que você se engana.
whereabouts [*adv* weərə'baʊts, *n* 'weərəbaʊts] *adv* onde.
◆ *npl* paradeiro *m.*
whereas [weər'æz] *conj* enquanto que.
wherever [weər'evər] *conj* onde quer que; ~ **that may be** onde quer que isso seja; ~ **you like** onde você quiser.
whether ['weðər] *conj (indicating choice, doubt)* se; ~ **you like it or not** queira ou não queira.
which [wɪtʃ] *adj (in questions)* qual, que; ~ **room do you want?** qual é o quarto que você quer?, que quarto você quer?; ~ **one?** qual (deles)?; **she asked me ~ room I wanted** ela perguntou-me qual OR que quarto eu queria. ◆ *pron* **- 1.** *(in ques-*

tions) qual; ~ **one is the cheapest?** qual é o mais barato?; ~ **one do you prefer?** qual (é o que) você prefere?; **he asked me ~ one was the best** ele perguntou-me qual era o melhor; **he asked me ~ one I preferred** ele perguntou-me qual é que eu preferia; **he asked me ~ one I was talking about** ele me perguntou de qual eu estava falando.
- **2.** *(introducing relative clause: subject)*: **I can't remember ~ was better** não me lembro qual era o melhor.
- **3.** *(introducing relative clause: object, after prep)* que; **the sofa on ~ I'm sitting** o sofá em que estou sentado.
- **4.** *(referring back)* o que; **he's late, ~ annoys me** ele está atrasado, o que me aborrece; **he's always late, ~ I don't like** ele está sempre atrasado, coisa que eu detesto.

whichever [wɪtʃ''evər] *pron* o que (a que). ◆ *adj:* ~ **place you like** o lugar que você preferir; ~ **way you do it** faça como fizer.

while [waɪl] *conj (during the time that)* enquanto; *(although)* se bem que; *(whereas)* enquanto que. ◆ *n:* **a** ~ um pouco; **a ~ ago** há algum tempo; **it's been quite a ~ since I last saw him** há muito que não o vejo; **for a ~** durante algum tempo; **in a ~** daqui a pouco.

whim [wɪm] *n* capricho *m*.

whine [waɪn] *vi (make noise)* gemer; *(complain)* queixar-se; *(dog)* ganir.

whip [wɪp] *n* chicote *m*. ◆ *vt* chicotear.

whirlpool ['wɜːrlpuːl] *n* redemoinho *m*.

whisk [wɪsk] *n (utensil)* batedeira *f*. ◆ *vt (eggs, cream)* bater.

whiskers ['wɪskərz] *npl (of person)* suíças *fpl*; *(of animal)* bigodes *mpl*.

whisk(e)y ['wɪskɪ] (*pl* **-s**) *n* uísque *m*.

whisper ['wɪspər] *vt vi* murmurar.

whistle ['wɪsl] *n (instrument)* apito *m*; *(sound)* assobio *m*. ◆ *vi* assobiar.

white [waɪt] *adj* branco(ca). ◆ *n (color)* branco *m*; *(of egg)* clara *f*; *(person)* branco *m*, -ca *f*.

white bread *n* pão *m* (branco).

White House *n:* **the ~** a Casa Branca.

THE WHITE HOUSE

A Casa Branca é a residência oficial e local de trabalho do presidente dos Estados Unidos. Localiza-se em Washington DC, capital do país e sede do governo federal. Ela é o símbolo da própria presidência e, por extensão, do poder executivo nos Estados Unidos.

whitewash ['waɪtwɒʃ] *vt* caiar.

who [huː] *pron (in questions)* quem; *(in relative clauses)* que.

whoever [hu:'evər] *pron* quem; ~ **it is** quem quer que seja, seja quem for.

whole [həʊl] *adj* inteiro(ra). ◆ *n*: **the** ~ **trip** a viagem inteira, toda a viagem; **on the** ~ em geral.

whole milk *n Am* leite *m* integral.

wholesale ['həʊlseɪl] *adv* COMM por atacado.

wholewheat bread ['həʊl-ˌwi:t-] *n Am* pão *m* integral.

whom [hu:m] *pron fml (in questions)* quem; *(in relative clauses: after prep)* que; **to** ~ a quem.

who're ['hu:ər] = **who are.**

whose [hu:z] *adj (in questions)* de quem; *(in relative clauses)* cujo(ja). ◆ *pron* de quem; ~ **book is this?** de quem é este livro?

why [waɪ] *adv conj* porque; ~ **not?** porque não?; **tell me** ~ (diz-me) porquê; **I know** ~ **James isn't here** eu sei porque é que o James não está.

wicked ['wɪkəd] *adj (evil)* mau (má); *(mischievous)* travesso(a)

wicker ['wɪkər] *adj* de vime.

wide [waɪd] *adj* largo(ga); *(range, variety, gap)* grande. ◆ *adv*: **to open sthg** ~ abrir bem algo; **how** ~ **is the road?** qual é a largura da estrada?; **it's 12 meters** ~ tem 12 metros de largura; ~ **open** escancarado, aberto de par em par.

widely ['waɪdlɪ] *adv* muito.

widen ['waɪdn] *vt (make broader)* alargar. ◆ *vi (gap, difference)* aumentar.

widespread ['waɪdspred] *adj* generalizado(da).

widow ['wɪdəʊ] *n* viúva *f*.

widower ['wɪdəʊər] *n* viúvo *m*.

width [wɪdθ] *n* largura *f*.

wife [waɪf] (*pl* **wives**) *n* esposa *f*, mulher *f*.

wig [wɪg] *n* peruca *f*.

wild [waɪld] *adj (animal, land, area)* selvagem; *(plant)* silvestre; *(uncontrolled)* descontrolado (da); *(crazy)* louco(ca); **to be** ~ **about** *inf* ser louco por.

wildlife ['waɪldlaɪf] *n* a fauna e a flora.

Wild West *n os territórios americanos situados a oeste do rio Mississipi.*

WILD WEST

No século XIX, essa expressão designava os territórios americanos a oeste do rio Mississipi. Os vaqueiros ("cowboys") conduziam rebanhos de gado do sul ao norte, e nessas rotas nasceram povoados conhecidos depois por sua violência. Os filmes de bangue-bangue retratam esse período, com seus pistoleiros, xerifes e foras-da-lei.

will[1] [wɪl] *aux vb* - **1.** *(expressing future tense)*: **it** ~ **be difficult to repair** vai ser difícil de arranjar; ~ **you be here next Friday?** você vai estar aqui na próxima sexta?; **I** ~ **see you next week** vejo-lhe para a semana; **yes I** ~ sim;

no I won't não.
- 2. *(expressing willingness)*: **I won't do it** recuso-me a fazê-lo.
- 3. *(expressing polite question)*: ~ **you have some more tea?** você quer mais um chá?
- 4. *(in commands, requests)*: ~ **you please be quiet!** pode ficar calado, por favor!; **close that window,** ~ **you?** feche a janela, por favor.

will² [wɪl] *n (document)* testamento *m*; **against my** ~ contra a minha vontade.

willing ['wɪlɪŋ] *adj*: **to be** ~ **to do sthg** estar disposto(osta) a fazer algo.

willingly ['wɪlɪŋlɪ] *adv* de boa vontade.

willow ['wɪləʊ] *n* salgueiro *m*.

win [wɪn] (*pt & pp* **won**) *n* vitória *f*. ◆ *vt* ganhar; *(support, approval)* obter. ◆ *vi* ganhar.

wind¹ [wɪnd] *n (air current)* vento *m* ; *Brit (in stomach)* gases *mpl*.

wind² [waɪnd] *vi (road, river)* serpentear. ◆ *vt*: **to** ~ **sthg around sthg** enrolar algo à volta de algo. ❑ **wind up** *vt sep (car window)* subir; *(clock, watch)* dar corda em; *Brit inf (annoy)* gozar.

windmill ['wɪndmɪl] *n* moinho *m* de vento.

window ['wɪndəʊ] *n* janela *f*; *(of shop)* vitrine *f*.

windowpane ['wɪndəʊ,peɪn] *n* vidro *m*, vidraça *f*.

window-shopping *n*: **to go** ~ ir ver vitrines.

windshield ['wɪndʃi:ld] *n Am* pára-brisas *m inv*.

windshield wipers *npl Am* limpador *m* de pára-brisas.

windsurfing ['wɪnd,sɜ:rfɪŋ] *n* windsurfe *m*; **to go** ~ fazer windsurfe.

windy ['wɪndɪ] *adj* ventoso (osa), com muito vento; **it's** ~ está ventando muito.

wine [waɪn] *n* vinho *m*.

wineglass ['waɪnglæs] *n* copo *m* de vinho.

wine tasting [-'teɪstɪŋ] *n* degustação *f* de vinhos.

wing [wɪŋ] *n* asa *f*; *(of building)* ala *f*; *Brit (of car)* pára-lamas *m inv*. ❑ **wings** *npl*: **the** ~**s** *(in theater)* os bastidores.

wink [wɪŋk] *vi* piscar o olho.

winner ['wɪnər] *n* vencedor *m*, -ra *f*.

winning ['wɪnɪŋ] *adj (person, team)* vencedor(ra); *(ticket, number)* premiado(da).

winter ['wɪntər] *n* inverno *m*; **in the** ~ no inverno.

wintertime ['wɪntərtaɪm] *n* inverno *m*.

wipe [waɪp] *vt* limpar; **to** ~ **one's hands/feet** limpar as mãos/os pés. ❑ **wipe up** *vt sep & vi* limpar.

wiper ['waɪpər] *n (windshield wiper)* limpador *m* de pára-brisas.

wire ['waɪər] *n* arame *m*; *(electrical wire)* fio *m* (elétrico). ◆ *vt (plug)* conectar.

wiring ['waɪərɪŋ] *n* instalação *f* elétrica.

wisdom tooth ['wɪzdəm-] *n* dente *m* do siso.

wise [waɪz] *adj (person)* sábio (bia); *(decision, idea)* sensato(ta).

wish [wɪʃ] *n (desire)* desejo *m*. ◆ *vt*: **I ~ I was younger** quem me dera ser mais novo; **I ~ you'd told me sooner** que pena você não me disse isso antes; **to ~ for sthg** desejar algo; **to ~ to do sthg** *fml* desejar fazer algo; **to ~ sb happy birthday** dar os parabéns a alguém; **to ~ sb luck** desejar boa sorte a alguém; **if you ~** *fml* se assim o desejar; **best ~es** cumprimentos.

witch [wɪtʃ] *n* bruxa *f*.

with [wɪð] *prep* - **1.** *(in company of)* com; **come ~ me/us** venha comigo/conosco; **can I go ~ you?** posso ir com você?; **we stayed ~ friends** ficamos em casa de amigos.

- **2.** *(in descriptions)* com; **a man ~ a beard** um homem de barba; **a room ~ a bathroom** um quarto com banheiro.

- **3.** *(indicating means, manner)* com; **I washed it ~ detergent** lavei-o com detergente; **they won ~ ease** ganharam com facilidade.

- **4.** *(indicating emotion)* de; **to tremble ~ fear** tremer de medo.

- **5.** *(regarding)* com; **be careful ~ that!** tenha cuidado com isso!

- **6.** *(indicating opposition)* com; **to argue ~ sb** discutir com alguém.

- **7.** *(indicating covering, contents)*: **to fill sthg ~ sthg** encher algo com OR de algo; **packed ~ people** cheio de gente; **topped ~ cream** coberto com creme.

withdraw [wɪð'drɔ:] (*pt* **-drew**, *pp* **-drawn**) *vt (take out)* retirar; *(money)* levantar. ◆ *vi (from race, contest)* desistir.

withdrawal [wɪð'drɔ:əl] *n (from bank account)* retirada *f*.

withdrawn [wɪð'drɔ:n] *pp* → **withdraw.**

withdrew [wɪð'dru:] *pt* → **withdraw.**

wither ['wɪðər] *vi* murchar.

within [wɪ'ðɪn] *prep (inside)* dentro de; *(certain distance)* a; *(certain time)* em. ◆ *adv* dentro; **~ 10 miles of ...** a 10 milhas de ...; **it arrived ~ a week** chegou em menos de uma semana; **~ the next week** durante a próxima semana.

without [wɪð'aʊt] *prep* sem; **~ doing sthg** sem fazer algo.

withstand [wɪð'stænd] (*pt & pp* **-stood**) *vt* resistir a, agüentar.

witness ['wɪtnəs] *n* testemunha *f*. ◆ *vt (see)* testemunhar.

witty ['wɪtɪ] *adj* espirituoso (osa).

wives [waɪvz] *pl* → **wife.**

wobbly ['wɒblɪ] *adj (table, chair)* pouco firme.

woke [wəʊk] *pt* → **wake.**

woken ['wəʊkn] *pp* → **wake.**

wolf [wʊlf] (*pl* **wolves** [wʊlvz]) *n* lobo *m*.

woman ['wʊmən] (*pl* **women**) *n* mulher *f*.

womb [wu:m] *n* útero *m*.

women ['wɪmɪn] *pl* → **woman.**

won [wʌn] *pt & pp* → **win.**

wonder ['wʌndər] *vi (ask o.s.)* perguntar a si mesmo(ma). ◆ *n (amazement)* maravilha *f*; **to ~ if** perguntar a si mesmo se; **I ~ if I could ask you a favor?** podia fazer-me um favor?; **I ~ if they'll come** será que eles vêm?

wonderful ['wʌndərfl] *adj* maravilhoso(osa).

won't [wəʊnt] = **will not.**

wood [wʊd] *n (substance)* madeira *f*; *(small forest)* bosque *m*.

wooden ['wʊdn] *adj* de madeira.

woodland ['wʊdlənd] *n* floresta *f*.

woodwork ['wʊdwɜ:rk] *n* SCH carpintaria *f*.

wool [wʊl] *n* lã *f*.

woolen ['wʊlən] *adj Am* de lã.

woollen ['wʊlən] *adj Brit* = **woolen.**

word [wɜ:rd] *n* palavra *f*; **in other ~s** em outras palavras; **to have a ~ with sb** falar com alguém.

wording ['wɜ:rdɪŋ] *n* texto *m*.

word processing [-'prəʊsesɪŋ] *n* processamento *m* de texto.

word processor [-'prəʊsesər] *n* processador *m* de texto.

wore [wɔ:r] *pt* → **wear.**

work [wɜ:rk] *n* trabalho *m*; *(painting, novel, etc)* obra *f*. ◆ *vi* trabalhar; *(operate, have desired effect)* funcionar; *(take effect)* ter efeito. ◆ *vt (machine, controls)* operar; **out of ~** desempregado, sem trabalho; **to be at ~** estar trabalhando; **to be off ~** *(on vacation)* estar de folga; **the ~s** *inf (everything)* tudo; **how does it ~?** como é que funciona?; **it's not ~ing** não está funcionando. ❑ **work out** ◆ *vt sep (price, total)* calcular; *(solution, reason, plan)* descobrir; *(understand)* perceber. ◆ *vi (result, be successful)* resultar; *(do exercise)* fazer exercício; **it ~s out to $20 each** *(check, total)* sai a 20 dólares cada.

worker ['wɜ:rkər] *n* trabalhador *m*, -ra *f*.

working ['wɜ:rkɪŋ] *adj (in operation)* em funcionamento; *(having employment)* que trabalha; *(day, conditions)* de trabalho. ❑ **workings** *npl (of system, machine)* mecanismo *m*.

working class *n*: **the ~** a classe trabalhadora.

working hours *npl* horário *m* de trabalho.

workman ['wɜ:rkmən] (*pl* **-men** [-mən]) *n* trabalhador *m* (manual), operário *m*.

workout ['wɜ:rkaʊt] *n* sessão *f* de exercícios.

workplace ['wɜ:rkpleɪs] *n* local *m* de trabalho.

workshop ['wɜ:rkʃɒp] *n (for repairs)* oficina *f*.

world [wɜ:rld] *n* mundo *m*. ◆ *adj* mundial; **the best in the ~** o melhor do mundo.

ⓘ WORLD SERIES

Todos os anos, os vencedores das duas ligas mais importantes de beisebol americano, a National League e a American League, disputam a chamada World Series. O campeão deve obter quatro vitórias na série de sete partidas previstas. É tradição o presidente americano dar início à série de partidas lançando a primeira bola.

---

worldwide [ˌwɜːrldˈwaɪd] *adv* no mundo inteiro.

World Wide Web *n* COMPUT: **the ~** a World Wide Web.

worm [wɜːrm] *n* minhoca *f*.

worn [wɔːrn] *pp* → **wear.** ◆ *adj* *(clothes, carpet)* gasto(ta).

worn-out *adj (clothes, shoes, etc)* gasto(ta); *(tired)* exausto (ta).

worried [ˈwɜːrɪd] *adj* preocupado(da).

worry [ˈwɜːrɪ] *n* preocupação *f*. ◆ *vt* preocupar. ◆ *vi*: **to ~ (about)** preocupar-se (com).

worrying [ˈwɜːrɪɪŋ] *adj* preocupante.

worse [wɜːrs] *adj & adv* pior; **to get ~** piorar; **~ off** em pior situação.

worsen [ˈwɜːrsn] *vi* piorar.

worship [ˈwɜːrʃɪp] *n (church service)* culto *m*. ◆ *vt* adorar.

worst [wɜːrst] *adj & adv* pior. ◆ *n*: **the ~** o pior (a pior).

worth [wɜːrθ] *prep*: **how much is it ~?** quanto é que vale?; **it's ~ $50** vale 50 dólares; **it's ~ seeing** vale a pena ver; **it's not ~ it** não vale a pena; **fifty dollars ~ of traveler's checks** 50 dólares em cheques de viagem.

worthless [ˈwɜːrθləs] *adj (jewelry, possessions)* sem valor; *(person, undertaking)* inútil.

worthwhile [ˌwɜːrθˈwaɪl] *adj* que vale a pena.

worthy [ˈwɜːrðɪ] *adj* merecedor(ra); **to be ~ of sthg** merecer algo.

would [wʊd] *aux vb* **-1.** *(in reported speech)*: **she said she ~ come** ela disse que vinha.
-2. *(indicating condition)*: **what ~ you do?** o que é que você faria?; **what ~ you have done?** o que é que você teria feito?; **I ~ be most grateful** ficaria muito agradecido.
-3. *(indicating willingness)*: **she ~n't go** ela não queria ir embora; **he ~ do anything for her** ele faria qualquer coisa por ela.
-4. *(in polite questions)*: **~ you like a drink?** você quer beber alguma coisa?; **~ you mind closing the window?** importa-se de fechar a janela?
-5. *(indicating inevitability)*: **he ~ say that** não me surpreende que ele tenha dito isso.
-6. *(giving advice)*: **I ~ report him if I were you** eu, no seu lugar, denunciava-o.
-7. *(expressing opinions)*: **I ~ prefer** eu preferia; **I ~ have thought (that) ...** eu pensava que ...

wound[1] [wu:nd] *n* ferida *f*. ◆ *vt* ferir.

wound[2] [waʊnd] *pt & pp* → **wind**[2].

wove [wəʊv] *pt* → **weave.**

woven ['wəʊvn] *pp* → **weave.**

wrap [ræp] *vt (package)* embrulhar; **to ~ sthg round sthg** enrolar algo em volta de algo. ❑ **wrap up** *vt sep (package)* embrulhar. ◆ *vi (dress warmly)* agasalhar-se.

wrapper ['ræpər] *n (for candy)* papel *m*.

wrapping ['ræpɪŋ] *n* invólucro *m*, embrulho *m*.

wrapping paper *n* papel *m* de embrulho.

wreath [ri:θ] *n* coroa *f* de flores, grinalda *f*.

wreck [rek] *n (of plane, car)* destroços *mpl*; *(of ship)* restos *mpl*. ◆ *vt (destroy)* destruir; *(spoil)* estragar; **to be ~ed** *(ship)* naufragar.

wreckage ['rekɪdʒ] *n (of plane, car)* destroços *mpl*; *(of building)* escombros *mpl*.

wrench [rentʃ] *n (tool)* chave *f* inglesa.

wrestler ['reslər] *n* lutador *m*, -ra *f* de luta livre.

wrestling ['reslɪŋ] *n* luta *f* livre.

wretched ['retʃəd] *adj (miserable)* desgraçado(da); *(very bad)* péssimo(ma).

wring [rɪŋ] (*pt & pp* **wrung**) *vt* torcer.

wrinkle ['rɪŋkl] *n* ruga *f*.

wrist [rɪst] *n* pulso *m*.

write [raɪt] (*pt* **wrote**, *pp* **written**) *vt* escrever; *(check, prescription)* passar; *Am (send letter to)* escrever a. ◆ *vi* escrever; **to ~ (to sb)** escrever (para alguém). ❑ **write back** *vi* responder. ❑ **write down** *vt sep* anotar. ❑ **write off** ◆ *vt sep Brit inf (car)* destruir. ◆ *vi*: **to ~ off for sthg** escrever pedindo algo. ❑ **write out** *vt sep (essay)* escrever; *(list)* fazer; *(check, receipt)* passar.

writer ['raɪtər] *n (author)* escritor *m*, -ra *f*.

writing ['raɪtɪŋ] *n (handwriting)* letra *f*; *(written words)* texto *m*; *(activity)* escrita *f*; **in ~** por escrito.

writing paper *n* papel *m* de carta.

written ['rɪtn] *pp* → **write.** ◆ *adj* escrito(ta).

wrong [rɒŋ] *adj* errado(da). ◆ *adv* mal; **what's ~?** o que é que está acontecendo?; **something's ~ with the car** o carro está com algum problema; **to be in the ~** estar errado; **to get sthg ~** enganar-se em algo; **to go ~** *(machine)* avariar; **'~ way'** *Am* 'contramão'.

wrongly ['rɒŋlɪ] *adv* mal.

wrong number *n* número *m* errado; **sorry, you have the ~** desculpe, o sr. discou o número errado.

wrote [rəʊt] *pt* → **write.**

wrought iron [rɔ:t-] *n* ferro *m* forjado.

wrung [rʌŋ] *pt & pp* → **wring.**

X

XL (*abbr of extra-large*) GG.
Xmas ['krɪsməs] *n inf* Natal *m*.
X-ray ['eks-] *n (picture)* raio-X *m*. ◆ *vt* radiografar; **to take an** ~ fazer uma radiografia.

Y

yacht [jɒt] *n* iate *m*.
Yankee [jæŋkɪ] *n* ianque *m*.

YANKEE

Essa palavra inglesa referia-se aos imigrantes holandeses que se fixaram no nordeste dos Estados Unidos. Depois, passou a referir-se a qualquer pessoa da região. Na Guerra da Secessão, os soldados do Norte eram chamados "Yankees". Ainda é usada por alguns americanos do sul de forma pejorativa, referindo-se aos habitantes do norte.

yard [jɑːrd] *n (unit of measurement)* = 91,44 cm, jarda *f*; *(enclosed area)* pátio *m*; *Am (behind house)* jardim *m*.
yarn [jɑːrn] *n (thread)* linha *f*.
yawn [jɔːn] *vi* bocejar.
yeah [jeə] *adv inf* sim.
year [jɪər] *n* ano *m*; **next** ~ o ano que vem; **this** ~ este ano; **I'm 15 ~s old** tenho 15 anos; **I haven't seen her for ~s** *inf* há anos que não a vejo.
yearly ['jɪərlɪ] *adj* anualmente.
yeast [jiːst] *n* fermento *m*.
yell [jel] *vi* gritar.
yellow ['jeləʊ] *adj* amarelo(la). ◆ *n* amarelo *m*.
yes [jes] *adv* sim; **to say** ~ dizer que sim.
yesterday ['jestərdeɪ] *n* ontem *m*. ◆ *adv* ontem; **the day before** ~ anteontem; ~ **afternoon** ontem à tarde; ~ **morning** ontem de manhã.
yet [jet] *adv* ainda. ◆ *conj* contudo; **have they arrived ~?** já chegaram?; **the best one** ~ o melhor até agora; **not** ~ ainda não; **I've ~ to do it** ainda não o fiz; ~ **again** mais uma vez; ~ **another delay** mais um atraso.
yew [juː] *n* teixo *m*.
yield [jiːld] *vt (profit)* render; *(interest)* ganhar. ◆ *vi (break, give way)* ceder; **'yield'** *Am* AUT *sinal de perda de prioridade*.
YMCA *n* ≃ ACM.
yoga ['jəʊgə] *n* ioga *m ou f*.
yogurt, yoghurt ['jəʊgərt] *n* iogurte *m*.
yolk [jəʊk] *n* gema *f*.
you [juː] *pron* **-1.** *(subject: singu-*

lar) você, tu; *(subject: singular polite form)* o senhor (a senhora); *(subject: plural)* vocês; *(subject: plural polite form)* os senhores (as senhoras); **do ~ speak Portuguese?** *(singular)* você fala português?; *(polite form)* (o senhor) fala português?; **~ Brazilians** vocês brasileiros.

- 2. *(direct object: singular)* o (a), te; *(direct object: singular polite form)* o senhor (a senhora); *(direct object: plural)* os (as), vos; *(direct object: plural polite form)* os (as), os senhores (as senhoras); **I saw ~** *(singular)* eu o vi; **can I help ~?** *(polite form: singular)* em que posso ajudá-lo?; *(polite form: plural)* em que posso ajudá-los?; **I'll see ~ later** *(plural)* vejo-os mais tarde.

- 3. *(indirect object: singular)* lhe, te; *(indirect object: singular polite form)* lhe; *(indirect object: plural)* lhes, vos; **I would like to ask ~ something** *(polite form: singular)* gostaria de perguntar algo a você; **didn't I tell ~ what happened?** *(polite form: plural)* não lhes contei o que aconteceu?

- 4. *(after prep: singular)* você, ti; *(after prep: singular polite form)* o senhor (a senhora), si; *(after prep: plural)* vocês; *(after prep: plural polite form)* os senhores (as senhoras), vós; **this is for ~** isto é para você/o senhor, etc; **with ~** *(singular)* com você, contigo; *(singular: polite form)* com o senhor (a senhora); *(plural)* com vocês; *(plural: polite form)* com os senhores (as senhoras).

- 5. *(indefinite use: subject)*: **the coffee ~ get in Brazil is very strong** o café que se bebe no Brasil é muito forte; **~ never know** nunca se sabe.

- 6. *(indefinite use: object)*: **exercise is good for ~** exercício faz bem (para a saúde).

young [jʌŋ] *adj* novo (nova). ◆ *npl:* **the ~** os jovens.

younger ['jʌŋgər] *adj (brother, sister)* mais novo (nova).

youngest ['jʌŋgəst] *adj (brother, sister)* mais novo (nova).

youngster ['jʌŋstər] *n* jovem *mf*.

your [jɔ:r] *adj* **- 1.** *(singular subject)* o seu (a sua), o teu (a tua); *(singular subject: polite form)* o/a do senhor (da senhora); *(plural subject)* o vosso (a vossa); *(plural subject: polite form)* o/a dos senhores (das senhoras); **~ dog** o seu/teu/vosso cão, o cão do senhor (da senhora), o cão dos senhores (das senhoras); **~ house** a sua/tua/vossa casa, etc; **~ children** os seus/teus/vossos filhos,etc.

- 2. *(indefinite subject)*: **it's good for ~ health** é bom para a saúde.

yours [jɔ:rz] *pron (singular subject)* o seu (a sua), o teu (a tua); *(singular subject: polite form)* o/a do senhor (da senhora); *(plural subject)* o vosso (a vossa); *(plural subject: polite form)* o/a dos senhores (das senhoras); **a friend of ~** um amigo seu/teu/vosso/do senhor/da senhora/dos senhores/das senhoras; **these shoes are** ~ estes sapatos são (os) teus/seus/vossos, etc; **these are mine – where are ~?** estes são os meus – onde estão os seus/teus/vossos, etc?

yourself [jɔ:r'self] *pron* **-1.** *(reflexive: singular)* se, te; *(reflexive: plural)* se; **did you hurt ~?** *(singular)* você se machucou? **-2.** *(after prep: singular)* você mesmo(ma), tu mesmo(ma); *(after prep: plural)* vocês mesmos(mas); *(after prep: plural polite form)* os senhores mesmos (as senhoras mesmas), vós mesmos(mas); **did you do it ~?** *(singular)* você fez isso sozinho? *(polite form)* foi o senhor mesmo que o fez?; **did you do it yourselves?** vocês fizeram isso sozinhos?; *(polite form)* foram os senhores mesmos que o fizeram?

youth [ju:θ] *n* juventude *f*; *(young man)* jovem *m*.

youth club *n* clube *m* de jovens.

youth hostel *n* albergue *m* da juventude.

yuppie ['jʌpɪ] *n* yuppie *mf*.

YWCA *n* ≃ ACM *f*.

Z

zebra ['zi:brə] *n* zebra *f*.

zebra crossing *n Brit* faixa *f* (para pedestres).

zero ['zɪərəʊ] *n* zero *m*; **five degrees below ~** cinco graus abaixo de zero.

zest [zest] *n* *(of lemon, orange)* raspa *f*.

zigzag ['zɪgzæg] *vi* ziguezaguear.

zinc [zɪŋk] *n* zinco *m*.

zip [zɪp] *n Brit* fecho ecler *m*. ◆ *vt* fechar o fecho ecler de. ❑ **zip up** *vt sep* fechar o zíper.

zip code *n Am* código *m* postal.

zipper ['zɪpər] *n Am* fecho ecler *m*.

zit [zɪt] *n inf* espinha *f*.

zodiac ['zəʊdɪæk] *n* zodíaco *m*.

zone [zəʊn] *n* zona *f*.

zoo [zu:] (*pl* **-s**) *n* zôo *m*.

zucchini [zu:'ki:nɪ] (*pl inv*) *n Am* abobrinha *f*.

PORTUGUÊS – INGLÊS
PORTUGUESE – ENGLISH

A

a [a] *artigo definido* → **o.**
◆ *prep* **-1.** *(introduz um complemento indireto)* to; **mostrar algo a alguém** to show sthg to sb; **diga ao Zé para vir** tell Zé to come.
-2. *(relativo a direção)* to; **fomos à praia** we went to the beach; **cheguei a Salvador ontem** I arrived in Salvador yesterday.
-3. *(relativo a posição, lugar, distância)*: **é à esquerda/direita** it's on the left/right; **fica a 10 quilômetros** it's 10 kilometers away.
-4. *(relativo a quantidade, medida, preço)*: **às centenas/dúzias** by the hundred/dozen; **a quanto estão as pêras?** how much are the pears?; **a quilo/metro** by the kilo/meter.
-5. *(indica modo, maneira)*: **feito à mão** handmade; **bater à máquina** to type; **ir a pé** to go on foot; **viajar a trabalho/passeio** to go on a business/pleasure trip; **à moda da casa** house style; **sal a gosto** salt to taste.
-6. *(relativo a velocidade)*: **dirigir a 60 km/h** to drive at 60 kph; **ela ia a 100km/h** she was going at 100 kph.
-7. *(indica freqüência)*: **três vezes ao dia** three times a day; **estou lá às terças e quintas** I'm there on Tuesdays and Thursdays.
-8. *(introduz complemento de tempo)*: **as lojas abrem às 9 horas** the stores open at 9 (o'clock); **chegam daqui a 2 horas** they're arriving in 2 hours' time; **fica a dez minutos daqui** it's ten minutes from here; **à noite** at night.
-9. *(indica série)*: **de ... a** from ... to; **façam os exercícios de um a dez** do exercises one to ten.
-10. *(seguido de infinitivo para exprimir momento)*: **ele começou a falar** he started speaking; **ele tropeçou ao subir no ônibus** he tripped as he was getting on the bus.

à [a] = **a + a** → **a.**

aba ['aba] *f (de chapéu)* brim; *(de roupa)* flap; *(corte de carne)* side of beef.

abacate [aba'katʃi] *m* avocado.

abacaxi [abaka'ʃi] *m* pineapple.

abadia [aba'dʒia] *f* abbey.

abafado, da [aba'fadu, da] *adj (ar)* stuffy; *(tempo)* close.

abafar [aba'fa(x)] *vt (ruído)* to muffle. ◆ *vi (sufocar)* to stifle.
abagunçado, da [abagũn'sadu, da] *adj* messed up.
abagunçar [abagũn'sa(x)] *vt* to mess up.
abaixar [abaj'ʃa(x)] *vt* to lower; *(volume)* to turn down; *(preço, juros)* to lower.
❑ **abaixar-se** *vp* to bend down.
abaixo [a'bajʃu] *adv* down; **mais ~** further down; **~ de** below; **~ o governo!** down with the government!
abaixo-assinado [a,bajʃuasi'nadu] (*pl* **abaixo-assinados** [a,bajʃuasi'naduʃ]) *m* petition.
abajur [aba'ʒu(x)] (*pl* **-res** [-riʃ]) *m* lampshade.
abalar [aba'la(x)] *vt (estremecer)* to shake.
abalo [a'balu] *m*: **~ (sísmico de terra)** earth tremor.
abanar [aba'na(x)] *vt (cabeça)* to shake; *(rabo)* to wag.
abandonado, da [abãndo'nadu, da] *adj (lugar)* deserted; *(cão, carro)* abandoned.
abandonar [abãndo'na(x)] *vt* to abandon.
abandono [abãn'donu] *m* abandonment; **~ do lar** desertion.
abarcar [abax'ka(x)] *vt* to cover.
abarrotado, da [abaxo'tadu, da] *adj* packed.
abarrotar [abaxo'ta(x)] *vi* to be full. ◆ *vt* to pack; **~ de** to pack with.
abastecer [abaʃte'se(x)] *vt* to supply; *AUT* to fill up.
❑ **abastecer-se** *vp* to stock up.
abater [aba'te(x)] *vt (baixar)* to reduce; *(árvore)* to fell; *(animal)* to slaughter.
abatimento [abatʃi'mẽntu] *m (desconto)* reduction; *(fraqueza)* weakness.
abcesso [ab'sɛsu] *m* abscess.
abdicar [abdʒi'ka(x)] *vi* to abdicate.
abdômen [ab'domẽ] *m* abdomen.
abdominal [abdomi'naw] (*pl* **-ais** [-ajʃ]) *adj* abdominal.
❑ **abdominais** *mpl*: **fazer abdominais** to do sit-ups.
abecedário [abese'darju] *m* alphabet.
abelha [a'beʎa] *f* bee.
aberração [abexa'sãw] (*pl* **-ões** [-õjʃ]) *f* aberration.
aberto, ta [a'bɛxtu, ta] *pp* → **abrir.** ◆ *adj* open.
abertura [abex'tura] *f* opening; *MÚS* overture; *FOT* aperture; **'~ fácil'** 'easy to open'.
abismo [a'biʒmu] *m* abyss.
abóbada [a'bɔbada] *f* vault.
abóbora [a'bɔbora] *f* pumpkin.
abobrinha [abo'briɲa] *f* zucchini *Am,* courgette *Brit.*
abolir [abo'li(x)] *vt* to abolish.
abordagem [abox'daʒẽ] (*pl* **-ns** [-ʃ]) *f (de tema, situação)* handling, treatment.
abordar [abox'da(x)] *vt (pessoa)* to approach; *(assunto)* to broach.
aborrecer [aboxe'se(x)] *vt (irritar)* to annoy; *(entediar)* to bore.

□ **aborrecer-se** *vp (irritar-se)* to get annoyed; *(entediar-se)* to get bored.

aborrecido, da [aboxe'sidu, da] *adj (chato)* tedious; *(zangado)* annoyed.

aborrecimento [aboxesi'mẽntu] *m (tédio)* boredom; *(contrariedade)* annoyance.

abortar [abox'ta(x)] *vi MED (espontaneamente)* to have a miscarriage; *(intencionalmente)* to have an abortion.

aborto [a'boxtu] *m MED (espontâneo)* miscarriage; *(intencional)* abortion.

abotoar [abo'twa(x)] *vt* to button (up).

abraçar [abra'sa(x)] *vt* to hug. □ **abraçar-se** *vp* to hug each other.

abraço [a'brasu] *m* hug; **um ~** *(em carta, postal)* best wishes.

abrandar [abrãn'da(x)] *vt (dor)* to ease. ◆ *vi (vento)* to drop, *(chuva)* to ease off.

abranger [abrã'ʒe(x)] *vt* to include.

abreviação [abrevja'sãw] *(pl* **-ões** [-õjʃ]) *f* abbreviation.

abreviatura [abrevja'tura] *f* abbreviation.

abridor [abri'do(x)] *(pl* **-res** [-riʃ]) *m*: **~ de garrafa** bottle opener; **~ de lata** can opener *Am*, tin opener *Brit*.

abrigar [abri'ga(x)] *vt* to shelter.
□ **abrigar-se** *vp* to take cover.

abrigo [a'brigu] *m* shelter; **ao ~ de** under cover of.

abril [a'briw] *m* April → **setembro**.

abrir [a'bri(x)] *vt & vi* to open; **~ a boca** *(bocejar)* to yawn; **~ uma exceção** to make an exception; **~ um processo** to file a case; **~ mão de algo** *fig* to forego sthg.
□ **abrir-se** *vp*: **~-se com alguém** to confide in sb.

Abrolhos [a'brɔʎuʃ] *mpl* Abrolhos.

ABROLHOS

The name comes from the expression "abra os olhos" ("open your eyes"), a warning given to sailors who approached the five small volcanic islands, some 80 kilometers off the south coast of Bahia. The coral reefs, which can reach 20 meters in height, are the biggest of the South Atlantic, and have been responsible for many shipwrecks. Due to its biological diversity, Abrolhos has been turned into a National Marine Park.

absolutamente [absoˌluta'mẽntʃi] *adv* absolutely. ◆ *excl* not at all!

absoluto, ta [abso'lutu, ta] *adj* absolute.

absolver [absow've(x)] *vt (perdoar)* to absolve; *JUR* to acquit.

absorção [absox'sãw] *f* absorption.

absorvente [absox'vẽntʃi] *adj* absorbent. ◆ *m* sanitary pad.
absorver [absor've(x)] *vt* to absorb.
abstêmio, mia [abʃ'temju, mja] *m, f* teetotaller.
abstenção [abʃtẽ'sãw] *f (de bebida, fumo)* abstinence; *(em votação)* abstention.
abstrato, ta [abʃ'tratu, ta] *adj* abstract.
absurdo, da [ab'suxdu, da] *adj* absurd. ◆ *m* nonsense.
abundância [abũn'dãsja] *f* abundance.
abundante [abũn'dãntʃi] *adj* abundant.
abusado, da [abu'zadu, da] *adj (atrevido)* forward.
abusar [abu'za(x)] *vi* to overdo things; ~ **de alguém** to abuse sb; ~ **da bebida/do fumo** to drink/smoke too much.
abuso [a'buzu] *m (de álcool, droga)* abuse; JUR indecent assault.
acabamento [akaba'mẽntu] *m* finish.
acabar [aka'ba(x)] *vt* to finish. ◆ *vi (tempo, programa, filme)* to finish, to end; *(água, pão, leite)* to run out; ~ **com algo** to put an end to sthg; ~ **com alguém** *(matar)* to kill sb; ~ **de fazer algo** to have just done sthg; ~ **bem** to end well; ~ **por fazer algo** to end up doing sthg. ❑ **acabar-se** *vp* to run out; **acabou-se!** that's enough!
academia [akade'mia] *f* academy; ~ **de belas-artes** Academy of Fine Arts; ~ **de ginástica** gymnasium.
açafrão [asa'frãw] *m* saffron.
acalmar [akaw'ma(x)] *vt* to calm. ◆ *vi (vento, dor)* to abate. ❑ **acalmar-se** *vp* to calm down.
acampamento [akãmpa'mẽntu] *m* camp.
acampar [akãm'pa(x)] *vi* to camp.
acanhado, da [aka'ɲadu, da] *adj* shy.
acanhar-se [aka'ɲaxsi] *vp* to feel shy.
ação [a'sãw] (*pl* **-ões** [-õjʃ]) *f* action; *(título de crédito)* share; *(de peça teatral)* plot; JUR case.
acariciar [akari'sja(x)] *vt* to caress.
acaso [a'kazu] *m* chance, accident; **ao** ~ at random; **por** ~ by chance OU accident.
acatar [aka'ta(x)] *vt (ordem, lei)* to obey.
aceder [ase'de(x)] *vi* to consent.
aceitar [asej'ta(x)] *vt* to accept.
aceito, ta [a'sejtu, ta] *pp* → **aceitar.**
acelerador [aselera'do(x)] (*pl* **-res** [-riʃ]) *m* AUT gas pedal *Am*, accelerator *Brit*.
acelerar [asele'ra(x)] *vt* to speed up. ◆ *vi* to accelerate.
acenar [ase'na(x)] *vi (com braço)* to wave; *(com cabeça)* to nod.
acender [asẽn'de(x)] *vt (cigarro, vela, lareira)* to light; *(lâmpada, luminária)* to switch OU turn on.

aceno [a'senu] *m (with arm)* gesture; **um ~ de cabeça** a nod.

acento [a'sẽntu] *m (sinal gráfico)* accent; *(inflexão)* stress; **~ agudo/grave** acute/grave accent; **~ circunflexo** circumflex.

acepção [asep'sãw] (*pl* **-ões** [-õjʃ]) *f* sense.

acerca [a'sexka]: **acerca de** *prep* about, concerning.

acertar [asex'ta(x)] *vt (relógio)* to set. ◆ *vi*: **~ em** *(em alvo)* to hit; *(em resposta)* to get right; **~ com** *(com lugar, local)* to find; **acertou!** *(adivinhou)* you got it right!

aceso, sa [a'sezu, za] *pp* → **acender.** ◆ *adj (luz, fogo)* on; *(excitado)* excited.

acessível [ase'sivɛw] (*pl* **-eis** [-ejʃ]) *adj* accessible; *(preço)* affordable; *(pessoa)* approachable.

acesso [a'sɛsu] *m* access; *(de raiva, histeria)* fit; **de fácil ~** easy to get to.

acessório [ase'sɔrju] *m* accessory.

acetona [ase'tona] *f* nail polish remover.

achado [a'ʃadu] *m (descoberta)* find; *(pechincha)* bargain.

achar [a'ʃa(x)] *vt* to find; **~ que** to think (that); **acho que não** I don't think so; **acho que sim** I think so.

acidentado, da [asidẽn'tadu, da] *adj (terreno)* rough; *(viagem, férias)* eventful. ◆ *m, f* injured person.

acidental [asidẽn'taw] (*pl* **-ais** [-ajʃ]) *adj* accidental.

acidente [asi'dẽntʃi] *m* accident; *(de terreno)* bump.

acidez [asi'deʒ] *f* acidity.

ácido, da ['asidu, da] *adj (sabor)* sour. ◆ *m* acid.

acima [a'sima] *adv* up; **mais ~** higher up; **~ de** above; **~ de tudo** above all.

acionar [asjo'na(x)] *vt* to set in motion; **~ alguém** JUR to prosecute sb.

acionista [asjo'niʃta] *mf* shareholder.

acne ['akni] *f* acne.

aço ['asu] *m* steel; **~ inoxidável** stainless steel.

ações → **ação.**

acolhimento [akoʎi'mẽntu] *m* welcome.

acompanhamento [akõmpaɲa'mẽntu] *m (de evolução, situação)* following; *(de prato de carne, peixe)* side dish, side order; MÚS accompaniment.

acompanhante [akõmpa'ɲãntʃi] *mf* companion; MÚS accompanist.

acompanhar [akõmpa'ɲa(x)] *vt* to accompany; *(programa, situação)* to follow.

aconchegante [akõʃe'gãntʃi] *adj* cosy.

aconselhar [akõse'ʎa(x)] *vt* to advise.

❑ **aconselhar-se** *vp* to get advice.

aconselhável [akõse'ʎavɛw] (*pl* **-eis** [-ejʃ]) *adj* advisable; **pouco ~** inadvisable.

acontecer [akõnte'se(x)] *vi* to happen; **(mas) acontece que ...**

but as it happens ...; **aconteça o que ~** come what may.

acontecimento [akõntesi'mẽntu] *m* event.

acordar [akox'da(x)] *vt & vi* to wake up.

acorde [a'kɔxdʒi] *m MÚS* chord.

acordo [a'koxdu] *m* agreement; *JUR* accord; **de ~!** all right!; **estar de ~ com** to agree with; **de ~ com** in accordance with.

Açores [a'soriʃ] *mpl* the Azores.

AÇORES

The Archipelago (also known as the Autonomous Region) of the Azores comprises three groups of islands in the North Atlantic. Angra do Heroísmo, capital of Terceira in the central isles, now features on UNESCO's list of World Heritage Sites. Due to the archipelago's volcanic origins, the islands are often subject to earth tremors, despite the fact that all that remains of the extinct volcanoes are craters, rock formations and "furnas" (thermal springs).

acostamento [akoʃta'mẽntu] *m* shoulder *Am,* hard shoulder *Brit.*

acostumado, da [akoʃtu'madu, da] *adj:* **estar ~ a algo** to be used to sthg.

acostumar-se [akoʃtu'maxsi] *vp:* **~ com algo** to get used to sthg; **~ a fazer algo** to get used to doing sthg.

açougue [a'sogi] *m* butcher shop.

açougueiro, ra [aso'gejru, ra] *m, f* butcher.

acreditar [akredʒi'ta(x)] *vi* to believe; **~ em** to believe in.

acrescentar [akresẽn'ta(x)] *vt* to add.

acréscimo [a'kresimu] *m* increase.

açúcar [a'suka(x)] *m* sugar; **~ mascavo** dark brown sugar.

açucareiro [asuka'rejru] *m* sugar bowl.

acumular [akumu'la(x)] *vt* to accumulate.

acupuntura [akupũn'tura] *f* acupuncture.

acusação [akuza'sãw] (*pl* **-ões** [-õjʃ]) *f (denúncia)* accusation; *(queixa)* complaint; *JUR (declaração)* charge; *JUR (acusador)* plaintiff.

acusar [aku'za(x)] *vt* to accuse; *(revelar)* to reveal.

adaptação [adapta'sãw] (*pl* **-ões** [-õjʃ]) *f* adaptation.

adaptador [adapta'do(x)] (*pl* **-res** [-riʃ]) *m* adaptor.

adaptar [adap'ta(x)] *vt* to adapt.

❑ **adaptar-se** *vp:* **~-se a** to adapt to.

adepto, ta [a'dɛptu, ta] *m, f* supporter.

adequado, da [ade'kwadu, da] *adj* appropriate.

aderente [ade'rẽntʃi] *adj (pneu)* nonskid.

aderir [ade'ri(x)] *vi* to stick; ~ **a algo** *fig (a idéia, partido)* to support sthg.

adesão [ade'zãw] (*pl* **-ões** [-õjʃ]) *f (a idéia, partido)* support.

adesivo, va [ade'zivu, va] *adj* adhesive. ◆ *m* adhesive tape.

adesões → **adesão.**

adeus [a'dewʃ] *m* goodbye. ◆ *interj* goodbye!; **dizer** ~ to say goodbye.

adiantado, da [adʒjãn'tadu, da] *adj (no tempo)* ahead of schedule; *(no espaço)* advanced. ◆ *adv:* **chegar** ~ to arrive early; **estar** ~ *(relógio)* to be fast; **pagar** ~ to pay in advance.

adiantar [adʒjãn'ta(x)] *vt (relógio)* to put forward; *(dinheiro)* to advance; *(trabalho)* to get ahead with. ◆ *v impess:* **não adianta gritar** there's no point in shouting.

❑ **adiantar-se** *vp (no espaço)* to get ahead.

adiante [a'dʒjãntʃi] *adv* ahead. ◆ *interj* forward!; **mais** ~ further on; **passar** ~ to overlook; **e por aí** ~ and so forth.

adiar [adʒi'a(x)] *vt* to postpone.

adição [adʒi'sãw] (*pl* **-ões** [-õjʃ]) *f* addition.

adicionar [adʒisjo'na(x)] *vt (acrescentar)* to add; *(somar)* to add up.

adições → **adição.**

adivinha [adʒi'viɲa] *f* riddle.

adivinhar [adʒivi'ɲa(x)] *vt* to guess; *(futuro)* to predict; *(decifrar)* to solve.

adjetivo [adʒɛ'tʃivu] *m* adjective.

administração [adʒiminiʃtra'sãw] *f* administration; *(os administradores)* management; *(local)* administrative office.

administrador, ra [adʒiminiʃtra'do(x), ra] (*mpl* **-res** [-riʃ], *fpl* **-s** [-ʃ]) *m, f* administrator.

administrar [adʒiminiʃ'tra(x)] *vt* to administer.

admiração [adʒimira'sãw] *f (espanto)* amazement; *(respeito, estima)* admiration.

admirador, ra [adʒimira'do(x), ra] (*mpl* **-res** [-riʃ], *fpl* **-s** [-ʃ]) *m, f* admirer.

admirar [adʒimi'ra(x)] *vt (contemplar)* to admire; *(espantar)* to amaze.

❑ **admirar-se** *vp* to be surprised.

admirável [adʒimi'ravɛw] (*pl* **-eis** [-ejʃ]) *adj (incrível)* amazing; *(digno de respeito)* admirable.

admissão [adʒimi'sãw] (*pl* **-ões** [-õjʃ]) *f* admission.

admitir [adʒimi'tʃi(x)] *vt (permitir)* to allow; *(deixar entrar)* to admit.

adoção [ado'sãw] (*pl* **-ões** [-õjʃ]) *f* adoption.

adoçar [ado'sa(x)] *vt* to sweeten.

adoecer [adoe'se(x)] *vi* to get sick.

adolescência [adole'sẽsja] *f* adolescence.

adolescente [adole'sẽntʃi] *mf* adolescent.

adorar [ado'ra(x)] *vt* to adore, to love.
adorável [ado'ravɛw] (*pl* **-eis** [-ejʃ]) *adj* adorable.
adormecer [adoxme'se(x)] *vt* to send to sleep. ◆ *vi* to fall asleep.
adotado, da [ado'tadu, da] *adj* adopted.
adotar [ado'ta(x)] *vt* to adopt; *(livro)* to choose.
adquirir [adʒiki'ri(x)] *vt* to acquire.
adrenalina [adrena'lina] *f* adrenalin.
adultério [aduw'tɛrju] *m* adultery.
adulto, ta [a'duwtu, ta] *adj & m, f* adult.
advérbio [ad'vɛxbju] *m* adverb.
adversário, ria [adʒivex'sarju, rja] *adj* opposing. ◆ *m, f* opponent.
advertência [adʒivex'tẽsja] *f* warning.
advogado, da [adʒivo'gadu, da] *m, f* lawyer, attorney *Am.*
aéreo, rea [a'erju, rja] *adj* air *(antes de s)*; **via aérea** air mail; *fig (distraído)* absent-minded.
aerodinâmico, ca [aerodʒi-'nãmiku, ka] *adj* aerodynamic.
aeródromo [aɛ'rɔdromu] *m* airfield.
aeromoça [aero'mosa] *f* flight attendant.
aeronáutica [aero'nawtʃika] *f* air force.
aeroporto [aero'poxtu] *m* airport.
aerossol [aero'sɔw] (*pl* **-óis** [-ɔjʃ]) *m* aerosol.
afagar [afa'ga(x)] *vt* to stroke.
afastado, da [afaʃ'tadu, da] *adj (distante)* remote; *(retirado)* isolated.
afastar [afaʃ'ta(x)] *vt (desviar)* to move away; *(apartar)* to separate.
❑ **afastar-se** *vp (desviar-se)* to move away; *(distanciar-se)* to distance o.s.
afeição [afej'sãw] *f (afeto)* affection; *(inclinação)* liking.
afetar [afe'ta(x)] *vt* to affect.
afetivo, va [afe'tʃivu, va] *adj (pessoa)* affectionate; *(carência, problema, vida)* emotional.
afeto [a'fɛtu] *m* affection.
afetuoso, osa [afe'tuozu, ɔza] *adj* affectionate.
afiado, da [a'fjadu, da] *adj* sharp.
afiar [afi'a(x)] *vt* to sharpen.
aficionado, da [afisjo'nadu, da] *m, f* enthusiast.
afilhado, da [afi'ʎadu, da] *m, f* godson.
afim [a'fĩ] (*pl* **-ns** [-ʃ]) *adj* related. ◆ *m (parente)* relative, relation.
afinado, da [afi'nadu, da] *adj (instrumento musical)* in tune.
afinal [afi'naw] *adv*: ~ **(de contas)** after all.
afinar [afi'na(x)] *vt (instrumento, motor)* to tune.
afinidade [afini'dadʒi] *f* affinity.
afins → **afim.**

afirmação [afixma'sãw] (*pl* **-ões** [-õjʃ]) *f* statement.

afirmar [afix'ma(x)] *vt* to state.

afirmativo, va [afixma'tʃivu, va] *adj* affirmative.

afixar [afik'sa(x)] *vt (cartaz, aviso)* to put up.

aflição [afli'sãw] (*pl* **-ões** [-õjʃ]) *f* distress.

afligir [afli'ʒi(x)] *vt* to worry. ❑ **afligir-se** *vp* to worry; **~-se com** to worry about.

afluência [aflu'ẽsja] *f* stream.

afogador [afoga'do(x)] (*pl* **-res** [-riʃ]) *m* choke.

afogamento [afoga'mẽntu] *m* drowning.

afogar [afo'ga(x)] *vt* to drown. ❑ **afogar-se** *vp* to drown.

afônico, ca [a'foniku, ka] *adj*: **estar ~** to lose one's voice.

Afoxés [a'fokseʃ] *mpl traditional groups who proceed through the streets during Carnival.*

AFOXÉS

These are groups which, since the end of the nineteenth century, walk in procession through the streets of certain Brazilian cities during Carnival. Semi-religious in character, the most famous take place in Salvador. The participants sing in the language of "nagô" (the ritual language of "candomblé"), accompanied by "atabaques", "agogôs" and "cabaças" (traditional percussive instruments). One of the leading groups is the Bahian "Filhos de Gandhi" (Sons of Gandhi).

---

afresco [a'freʃku] *m* fresco.

África ['afrika] *f*: **a ~** Africa.

africano, na [afri'kanu, na] *adj & m, f* African.

afro-brasileiro, ra [ˌafrobrazi'lejru, ra] *adj* Afro-Brazilian. ◆ *m, f Brazilian person of African extraction.*

afronta [a'frõnta] *f* insult.

afrouxar [afro'ʃa(x)] *vt (cinto, laço de sapato)* to loosen.

afta ['afta] *f* mouth ulcer.

afugentar [afugẽn'ta(x)] *vt* to drive away.

afundar [afũn'da(x)] *vt* to sink. ❑ **afundar-se** *vp* to sink.

agachar-se [aga'ʃaxsi] *vp* to squat.

agarrar [aga'xa(x)] *vt (apanhar, segurar)* to grab; *(alcançar, apanhar no ar)* to catch. ❑ **agarrar-se** *vp*: **~-se a** *(segurar-se a)* to grab hold of; *(pegar-se a)* to stick to.

agasalhar-se [agaza'ʎaxsi] *vp* to wrap up warm.

agasalho [aga'zaʎu] *m (casaco)* coat; *(pulôver)* sweater.

ágeis → **ágil.**

agência [a'ʒẽsja] *f* office; **~ bancária** branch *(of a bank)*; **~ de câmbio** foreign exchange; **~ de correio** post office; **~ funerária** funeral home; **~ imobiliária** real estate office *Am*,

estate agent's *Brit*; ~ **de viagens** travel agency.
agenda [a'ʒẽnda] *f (livro)* engagement calendar; *(plano de reunião)* agenda.
agente [a'ʒẽntʃi] *mf (de polícia)* policeman; *(de vendas)* sales representative; ~ **secreto** secret agent.
ágil ['aʒiw] (*pl* **ágeis** ['aʒejʃ]) *adj* agile.
agilidade [aʒili'dadʒi] *f* agility.
agir [a'ʒi(x)] *vi* to act.
agitação [aʒita'sãw] *f* agitation.
agitado, da [aʒi'tadu, da] *adj (pessoa)* agitated; *(mar)* rough.
agitar [aʒi'ta(x)] *vt (líquido)* to shake; **'agite antes de abrir'** 'shake well before opening'.
❑ **agitar-se** *vp* to get agitated.
aglomeração [aglomera'sãw] (*pl* **-ões** [-õjʃ]) *f (de pessoas)* crowd; *(de detritos)* pile.
agonia [ago'nia] *f (angústia)* agony; *(náusea)* nausea; *(antes da morte)* death throes *pl*.
agora [a'gɔra] *adv* now; **é ~ ou nunca** it's now or never; **só ~!** at last!; **só ~ é que cheguei** I just got here; **~ mesmo** right now; **~ que** now that; **essa ~!** whatever next!; **por ~** for the time being.
agosto [a'goʃtu] *m* August → **setembro.**
agradar [agra'da(x)] *vi:* ~ **a alguém** to please sb.
agradável [agra'davɛw] (*pl* **-eis** [-ejʃ]) *adj* pleasant.
agradecer [agrade'se(x)] *vt* to thank. ◆ *vi:* ~ **a alguém algo,** ~ **algo a alguém** to thank sb for sthg.
agradecido, da [agrade'sidu, da] *adj* grateful; **muito ~!** many thanks!
agradecimento [agradesi'mẽntu] *m* thanks *(pl)*.
agravamento [agrava'mẽntu] *m* worsening.
agravante [agra'vãntʃi] *adj* aggravating. ◆ *f* aggravating circumstance.
agravar [agra'va(x)] *vt* to make worse.
agredir [agre'dʒi(x)] *vt* to attack.
agressão [agre'sãw] (*pl* **-ões** [-õjʃ]) *f (ataque)* attack.
agressivo, va [agre'sivu, va] *adj* aggressive.
agressões → **agressão.**
agrião [agri'ãw] (*pl* **-ões** [-õjʃ]) *m* watercress.
agrícola [a'grikola] *adj* agricultural.
agricultor, ra [agrikuw'to(x), ra] (*mpl* **-res** [-riʃ], *fpl* **-s** [-ʃ]) *m, f* farmer.
agricultura [agrikuw'tura] *f* agriculture.
agridoce [agri'dosi] *adj* sweet-and-sour.
agriões → **agrião.**
agronomia [agrono'mia] *f* agronomy.
agrupar [agru'pa(x)] *vt* to group together.
água ['agwa] *f* water; ~ **doce/salgada** fresh/salt water; ~ **corrente** running water; ~ **mineral**

com gás ou **gaseificada** fizzy ou sparkling mineral water; ~ **mineral sem gás** still mineral water; ~ **oxigenada** peroxide; ~ **potável** drinking water; ~ **sanitária** household bleach; ~ **tônica** tonic water; **de dar ~ na boca** mouthwatering; **ir por ~ abaixo** to be called off.

aguaceiro [agwa'sejru] *m* downpour.

aguado, da [a'gwadu, da] *adj* watery.

aguardar [agwar'da(x)] *vt* to wait for.

aguardente [agwax'dẽntʃi] *f* liquor *Am*, spirit *Brit*; ~ **de cana** rum; ~ **de pêra** pear brandy.

água-viva [,agwa'viva] (*pl* **águas-vivas** [,agwaʒ'vivaʃ]) *f* jellyfish.

aguçado, da [agu'sadu, da] *adj* sharp.

aguçar [agu'sa(x)] *vt* to sharpen.

agudo, da [a'gudu, da] *adj* *(dor)* sharp; *(som, voz)* shrill; *(doença)* acute.

agüentar [agwẽn'ta(x)] *vt* to stand.

❑ **agüentar com** *v + prep (peso)* to support.

águia ['agja] *f* eagle.

agulha [a'guʎa] *f* needle.

ai [aj] *interj* ouch!

aí [a'i] *adv* there; *(então)* then; **por ~** *(direção)* that way; *(em lugar indeterminado)* over there.

AIDS [ajdʒs] *f* AIDS.

ainda [a'ĩnda] *adv* still; ~ **agora** only just; ~ **assim** even so; ~ **bem!** thank goodness!; ~ **bem que** thank goodness; ~ **não** not yet; ~ **por cima** to cap it all; ~ **que** even though.

aipim [aj'pĩ] (*pl* **-ns** [-ʃ]) *m* cassava, manioc.

aipo ['ajpu] *m* celery.

ajeitar [aʒej'ta(x)] *vt* *(cabelo)* to tidy up; *(gravata, saia)* to straighten.

❑ **ajeitar-se** *vp (acomodar-se)* to make o.s. comfortable.

ajoelhar-se [aʒwe'ʎaxsi] *vp* to kneel down.

ajuda [a'ʒuda] *f* help.

ajudante [aʒu'dãntʃi] *mf* helper.

ajudar [aʒu'da(x)] *vt* to help.

ajuste [a'ʒuʃtʃi] *m*: ~ **de contas** revenge.

ala ['ala] *f (fileira)* row; *(de edifício)* wing.

alameda [ala'meda] *f* avenue.

alargar [alax'ga(x)] *vt* *(estrada)* to widen; *(peça de roupa)* to let out. ◆ *vi (pulôver, luvas, etc)* to stretch.

alarido [ala'ridu] *m* uproar.

alarmante [alax'mãntʃi] *adj* alarming.

alarme [a'laxmi] *m* alarm; ~ **falso** false alarm.

alastrar [alaʃ'tra(x)] *vt* to spread.

❑ **alastrar-se** *vp* to spread.

alavanca [ala'vãŋka] *f* lever.

albergue [aw'bɛxgi] *m* hostel; ~ **da juventude** youth hostel.

álbum ['awbũ] (*pl* **-ns** [-ʃ]) *m* album.

alça ['awsa] *f (de vestido, arma)* strap; *(de bolsa, mala)* handle.
alcachofra [awka'ʃofra] *f* artichoke.
alcançar [awkã'sa(x)] *vt* to reach; *(apanhar)* to catch up; *(obter)* to get; *(compreender)* to grasp.
alcance [aw'kãsi] *m (de mão)* reach; *(de vista, projétil)* range; **ao ~ de** *(de mão)* within reach of; *(de vista, projétil)* within range of; **fora do ~ de** *(de mão)* out of reach of; *(de vista, projétil)* out of range of.
alçapão [awsa'pãw] (*pl* **-ões** [-õjʃ]) *m* trapdoor.
alcaparras [awka'paxaʃ] *fpl* capers.
alçapões → **alçapão.**
alcatrão [awka'trãw] *m* tar.
álcool ['awk(w)ɔw] *m (bebidas alcóolicas)* alcohol; *(etanol)* ethanol; **~ etílico** ethyl alcohol.
alcoólatra [aw'kɔlatra] *m, f* alcoholic; **os Alcoólatras Anônimos** Alcoholics Anonymous.
alcoólico, ca [aw'kwɔliku, ka] *adj & m, f* alcoholic.
aldeia [aw'deja] *f* village.
alecrim [ale'krĩ] *m* rosemary.
alegar [ale'ga(x)] *vt* to state; *(explicar)* to claim.
alegoria [alego'ria] *f* allegory.
alegrar [ale'gra(x)] *vt (pessoa)* to cheer up; *(ambiente, casa)* to brighten up; *(festa)* to liven up. ❑ **alegrar-se** *vp* to cheer up.
alegre [a'lɛgri] *adj (dia, cor)* bright; *(pessoa)* cheerful; *fig (bêbado)* merry.
alegria [ale'gria] *f* joy.
aleijado, da [alej'ʒadu, da] *adj* crippled.
aleijar [alej'ʒa(x)] *vt (mutilar)* to cripple.
além [a'lẽj] *adv* over there. ◆ *m*: **o ~** the hereafter; **~ disso** besides; **~ do mais** besides which; **mais ~** further on.
Alemanha [ale'maɲa] *f*: **a ~** Germany.
alergia [alex'ʒia] *f* allergy; *fig (a trabalho, estudo)* aversion.
alérgico, ca [a'lɛxʒiku, ka] *adj* allergic.
alerta [a'lɛxta] *adv* on the alert. ◆ *m* alert.
alfabético, ca [awfa'bɛtʃiku, ka] *adj* alphabetical.
alfabeto [awfa'bɛtu] *m* alphabet.
alface [aw'fasi] *f* lettuce.
alfaiate [awfa'jatʃi] *m* tailor.
alfândega [aw'fãndega] *f* customs *pl.*
alfazema [awfa'zema] *f* lavender.
alfinete [awfi'netʃi] *m* pin; *(jóia)* brooch; **~ de gravata** tie pin; **~ de segurança** safety pin.
alga ['awga] *f* seaweed.
algarismo [awga'riʒmu] *m* numeral.
algazarra [awga'zaxa] *f* racket.
álgebra ['awʒebra] *f* algebra.
algemas [aw'ʒemaʃ] *fpl* handcuffs.
algo ['awgu] *pron* something.
algodão [awgo'dãw] *m* cotton;

~ **doce** cotton candy *Am*, candyfloss.

alguém [aw'gẽj] *pron (em afirmações)* somebody, someone; *(em perguntas)* anybody, anyone; **ser** ~ *(ser importante)* to be somebody.

algum, alguma [aw'gũ, ma] (*mpl* **-ns** [-ʃ], *fpl* **-s** [-ʃ]) *adj (indeterminado)* some; *(em interrogativas, negativas)* any. ◆ *pron (indicando pessoa)* somebody; *(indicando coisa)* one; *(em interrogativas: pessoa)* anybody; *(em interrogativas: coisa)* any; ~ **dia** one OU some day; **alguma coisa** something, anything; **alguma vez** sometime.

❑ **alguns** *pron pl* some.

alheio, alheia [a'ʎeju, a'ʎeja] *adj (de outrem)* someone else's; *(desconhecido)* foreign; *(distraído)* distracted; ~ **a** *(sem consciência de)* oblivious to.

alho ['aʎu] *m* garlic.

alho-poró [aʎupo'rɔ] (*pl* **alhos-porós** [aʎuʃpo'rɔjʃ]) *m* leek.

ali [a'li] *adv* there; **aqui e** ~ here and there; **até** ~ up until then; **logo** ~ just there; **ele foi por** ~ he went that way.

aliado, da [a'ljadu, da] *adj* allied. ◆ *m, f* ally.

aliança [a'ljãsa] *f* alliance; *(anel)* wedding ring.

aliar [ali'a(x)] *vt* to ally.

❑ **aliar-se** *vp* to form an alliance.

aliás [a'ljajʃ] *adv (a propósito)* as a matter of fact; *(além disso)* moreover.

álibi ['alibi] *m* alibi.

alicate [ali'katʃi] *m* pliers *pl*; ~ **de unhas** nail clippers.

alicerce [ali'sɛxsi] *m* foundation.

aliciar [alisi'a(x)] *vt* to entice.

alienado, da [alje'nadu, da] *adj (pessoa)* alienated; *(bem)* transferred.

alimentação [alimẽnta'sãw] *f (alimentos)* food; *(ato)* feeding; *(dieta alimentar)* diet; *(de máquina)* supply.

alimentar [alimẽn'ta(x)] (*pl* **-res** [-riʃ]) *adj* food *(antes de s)*. ◆ *vt (pessoa, animal)* to feed; *(máquina)* to fuel.

❑ **alimentar-se** *vp* to eat.

alimentício, cia [alimẽn'tʃisju, sja] *adj* nutritious.

alimento [ali'mẽntu] *m (comida)* food.

alinhado, da [ali'ɲadu, da] *adj (em linha)* aligned; *(pessoa)* elegant.

alinhamento [aliɲa'mẽntu] *m* INFORM justification.

alinhar [ali'ɲa(x)] *vt (pôr em linha)* to align; INFORM *(texto)* to justify.

alisar [ali'za(x)] *vt* to smooth.

alistar [aliʃ'ta(x)] *vt* to recruit.

❑ **alistar-se** *vp (em exército)* to enlist; *(em partido)* to join.

aliviar [alivi'a(x)] *vt (dor)* to relieve; *(peso)* to lighten.

alívio [a'livju] *m* relief; *(de peso)* lightening.

alma ['awma] *f* soul.

almoçar [awmo'sa(x)] *vi* to

have lunch. ◆ *vt* to have for lunch.

almoço [aw'mosu] *m* lunch.

almofada [awmo'fada] *f (de sofá)* cushion; *(de carimbo)* inkpad.

almôndega [aw'mõndega] *f* meatball.

alô [a'lo] *interj* hello!

alojamento [aloʒa'mẽntu] *m (ato)* housing; *(lugar)* accommodations *pl Am,* accommodation *Brit.*

alojar [alo'ʒa(x)] *vt* to put up. ❑ **alojar-se** *vp* to stay.

alpinismo [awpi'niʒmu] *m* mountaineering; **fazer ~** to go climbing.

alpinista [awpi'niʃta] *mf* mountaineer.

alta ['awta] *f (de preço, valor)* rise; **dar ~ a** *(doente)* to discharge; **ter ~** *(de hospital)* to be discharged.

altar [aw'ta(x)] (*pl* **-res** [-riʃ]) *m* altar.

alteração [awtera'sãw] (*pl* **-ões** [-õjʃ]) *f* alteration; **sem ~** unaltered.

alterar [awte'ra(x)] *vt* to alter.

alternar [awtex'na(x)] *vt* to alternate.

alternativa [awtexna'tʃiva] *f* alternative.

altitude [awtʃi'tudʒi] *f* altitude.

altivo, va [aw'tʃivu, va] *adj (orgulhoso)* proud; *(arrogante)* haughty.

alto, ta ['awtu, ta] *adj* high; *(pessoa, árvore, edifício)* tall; *(som, voz)* loud. ◆ *interj* stop! ◆ *m (cume)* top. ◆ *adv (falar, rir)* loud; *(relativo a posição)* high; **alta costura** haute couture; **do ~ de** from the top of; **por ~** *fig* superficially; **o mais ~/a mais alta** *(pessoa)* the tallest; *(objeto)* the highest.

alto-falante ['awtofa'lãtʃi] *m* loudspeaker.

altura [aw'tura] *f (de pessoa, objeto)* height; *(de som)* level; *(altitude)* altitude; *(ocasião, época)* time; *(momento)* moment; **um metro de ~** a meter high; **a certa dada ~** at a given moment; **nessa ~** at that time; **por ~ de** around; **estar à ~ da situação** to be equal to the task.

alucinação [alusina'sãw] (*pl* **-ões** [-õjʃ]) *f* hallucination.

alucinante [alusi'nãntʃi] *adj* amazing.

aludir [alu'di(x)]: **aludir a** *v + prep* to allude to.

alugar [alu'ga(x)] *vt (casa)* to rent; *(carro)* to rent *Am,* to hire *Brit.*

aluguel [alu'gɛw] (*pl* **-éis** [-ɛjʃ]) *m (de casa)* rent; *(de carro)* rental *Am,* hire *Brit.*

alumínio [alu'minju] *m* aluminum.

aluno, na [a'lunu, na] *m, f (de escola)* pupil; *(de universidade)* student; **~ ouvinte** visiting student.

alusão [alu'zãw] (*pl* **-ões** [-õjʃ]) *f* allusion; **fazer ~ a** to allude to.

alvejar [awve'ʒa(x)] *vt* to shoot.

alvo ['awvu] *m* target.

alvorada [awvo'rada] *f* dawn.

alvoroço [awvo'rosu] *m* *(gritaria)* uproar; *(excitação)* commotion.

amabilidade [amabili'dadʒi] *f* kindness.

amaciante [ama'sjãntʃi] *m*: ~ **(de roupa)** fabric softener.

amador, ra [ama'do(x), ra] (*mpl* **-res** [-riʃ], *fpl* **-s** [-ʃ]) *adj* & *m, f* amateur.

amadurecer [amadure'se(x)] *vi* *(fruta)* to ripen; *(pessoa)* to mature; *fig (idéia)* to develop.

âmago ['ãmagu] *m* heart.

amainar [amaj'na(x)] *vi fig (vento, chuva)* to abate.

amaldiçoar [amawdi'swa(x)] *vt* to curse.

amálgama [a'mawgama] *f* amalgam.

amamentar [amamẽn'ta(x)] *vt* to breastfeed, to nurse *Am*.

amanhã [ama'ɲã] *adv* & *m* tomorrow; ~ **de manhã** tomorrow morning; ~ **à noite/tarde** tomorrow evening/afternoon; **depois de** ~ the day after tomorrow; **o** ~ the future.

amanhecer [amaɲe'se(x)] *m* dawn. ◆ *v impess*: **já amanheceu** dawn has broken.

amansar [amã'sa(x)] *vt* to tame.

amante [a'mãntʃi] *mf* lover; **ser** ~ **de** to be a lover of.

amar [a'ma(x)] *vt* to love.

amarelo, la [ama'rɛlu, la] *adj* & *m* yellow.

amargar [amax'ga(x)] *vi* to taste bitter. ◆ *vt (desilusão)* to suffer.

amargo, ga [a'maxgu, ga] *adj* bitter; *fig (vida)* hard.

amarrar [ama'xa(x)] *vt (barco)* to moor; *(pessoa, animal)* to tie up.

amarrotar [amaxo'ta(x)] *vt (papel)* to crumple (up); *(roupa)* to crease.

amassar [ama'sa(x)] *vt (pão)* to knead; *(carro)* to smash up.

amável [a'mavɛw] (*pl* **-eis** [-ejʃ]) *adj* kind.

Amazonas [ama'zonaʃ] *m*: **o** ~ the Amazon.

Amazônia [ama'zonja] *f*: **a** ~ the Amazon region.

AMAZÔNIA

The Amazon region is home to the largest equatorial rain forest in the world, covering almost five million square kilometers. This ancient tropical forest makes up a third of Brazil's surface area and extends into Peru, Colombia and Venezuela. Sadly, this unique ecological site, home to many thousands of species of flora and fauna, is now under threat from multinational timber and sub soil development corporations.

âmbar ['ãmba(x)] *m* amber.

ambição [ãmbi'sãw] (*pl* **-ões** [-õjʃ]) *f* ambition.

ambiental [ãmbjẽn'taw] (*pl* **-ais** [-ajʃ]) *adj* environmental.

ambiente [ãm'bjẽntʃi] *m (natural)* environment; *(ar)* atmosphere.
ambigüidade [ãmbigwi'dadʒi] *f* ambiguity.
ambíguo, gua [ãm'bigwu, gwa] *adj* ambiguous.
âmbito ['ãmbitu] *m* sphere.
ambos, bas ['ãmbuʃ, baʃ] *adj pl* both. ◆ *pron pl* both (of them).
ambulância [ãmbu'lãsja] *f* ambulance.
ambulante [ãmbu'lãntʃi] *adj* traveling.
ambulatório [ãmbula'tɔrju] *m (de hospital)* outpatient (department); *(de escola, fábrica)* medical room.
ameaça [ame'asa] *f* threat; **sob ~** under threat.
ameaçar [amea'sa(x)] *vt* to threaten; **ameaça chover** it looks like rain.
amedrontar [amedrõn'ta(x)] *vt* to frighten.
ameixa [a'mejʃa] *f* plum.
amêndoa [a'mẽndwa] *f* almond.
amendoim [amẽn'dwĩ] (*pl* **-ns** [-ʃ]) *m* peanut; **~ torrado** roasted peanuts *pl*.
ameno, na [a'menu, na] *adj (temperatura, clima)* mild.
América [a'mɛrika] *f*: **a ~** America; **a ~ Latina** Latin America; **a ~ do Norte/do Sul** North/South America.
americano, na [ameri'kanu, na] *adj & m, f* American.
ametista [ame'tʃiʃta] *f* amethyst.
amianto [a'mjãntu] *m* asbestos.
amido [a'midu] *m* starch.
amigável [ami'gavɛw] (*pl* **-eis** [-ejʃ]) *adj* friendly.
amígdalas [a'migdalaʃ] *fpl* tonsils.
amigdalite [amigda'litʃi] *f* tonsillitis.
amigo, ga [a'migu, ga] *m, f* friend. ◆ *adj* friendly.
amistoso, osa [amiʃ'tozu, ɔza] *adj* friendly.
amizade [ami'zadʒi] *f* friendship.
amnésia [am'nɛzja] *f* amnesia.
amolação [amola'sãw] (*pl* **-ões** [-õjʃ]) *f (chateação)* nuisance.
amolar [amo'la(x)] *vt (afiar)* to sharpen; *(aborrecer)* to bother.
amolecer [amole'se(x)] *vt* to soften.
amoníaco [amo'niaku] *m* ammonia.
amontoar [amõn'twa(x)] *vt* to pile up; *(dinheiro, riquezas)* to amass.
❑ **amontoar-se** *vp* to pile up.
amor [a'mo(x)] (*pl* **-res** [-riʃ]) *m* love; **fazer ~** to make love; **ser um ~** *(pessoa)* to be a warm person; *(objeto)* to be lovely; **pelo ~ de Deus!** for God's sake.
amora [a'mɔra] *f (de arbusto)* blackberry; *(de amoreira)* mulberry.
amordaçar [amoxda'sa(x)] *vt* to gag.

amoroso, osa [amo'rozu, ɔza] *adj* affectionate.
amor-próprio [a,mox'prɔpriu] *m* self-esteem.
amortecedor [amoxtese'do(x)] (*pl* **-res** [-riʃ]) *m* shock absorber.
amortizar [amoxti'za(x)] *vt* to pay by installments.
amostra [a'mɔʃtra] *f* sample; *(prova)* show; ~ **grátis** free sample.
amparar [ãmpa'ra(x)] *vt* to support.
amparo [ãm'paru] *m* support.
ampliação [ãmplia'sãw] (*pl* **-ões** [-õjʃ]) *f (de fotografia)* enlargement.
ampliar [ãmpli'a(x)] *vt (fotografia)* to enlarge.
amplificador [ãmplifika'do(x)] (*pl* **-res** [-riʃ]) *m (de som)* amplifier.
amplificar [ãmplifi'ka(x)] *vt (som)* to amplify.
amplo, pla ['ãmplu, pla] *adj (quarto, cama)* spacious; *(estrada)* wide; *(conhecimento)* extensive.
amputar [ãmpu'ta(x)] *vt* to amputate.
amuado, da [a'mwadu, da] *adj* sulky.
anã → **anão.**
analfabetismo [anawfabe'tʃiʒmu] *m* illiteracy.
analfabeto, ta [anawfa'bɛtu, ta] *m, f & adj* illiterate.
analgésico [anaw'ʒɛziku] *m* painkiller.
analisar [anali'za(x)] *vt* to analyze.
análise [a'nalizi] *f* analysis; **em última** ~ in the final analysis; ~ **clínica** clinical analysis.
analista [ana'liʃta] *mf* analyst; ~ **de sistemas** systems analyst.
anão, anã [a'nãw, a'nã] (*mpl* **-ões** [-õjʃ], *fpl* **-s** [-ʃ]) *m, f* dwarf.
anarquia [anax'kia] *f* anarchy.
anatomia [anato'mia] *f* anatomy.
anca ['ãŋka] *f* hip.
anchovas [ã'ʃovaʃ] *fpl* anchovies.
ancinho [ã'siɲu] *m* rake.
âncora ['ãŋkora] *f* anchor; TV news anchor.
andaime [ãn'dajmi] *m* scaffold.
andamento [ãnda'mẽntu] *m (velocidade)* speed; *(rumo)* direction; MÚS tempo; **em** ~ *(em progresso)* in progress.
andar [ãn'da(x)] (*pl* **-res** [-riʃ]) *vi* to walk. ◆ *vt (distância, tempo)* to walk for. ◆ *m (de edifício)* floor; *(maneira de caminhar)* walk; ~ **fazendo algo** to be doing sthg; **ele anda um pouco deprimido ultimamente** he has been a bit depressed lately; **gosto de** ~ **a cavalo** I like horseback riding; ~ **de bicicleta** to cycle; ~ **a pé** to walk; **o** ~ **de baixo/de cima** *(de casa)* downstairs/upstairs.
Andes ['ãndiʃ] *mpl*: **os** ~ the Andes.
andorinha [ãndo'riɲa] *f* swallow.
anedota [ane'dɔta] *f* joke.

anel [a'nɛw] (*pl* **-éis** [-ɛjʃ]) *m* ring; *(de cabelo)* ringlet; *(de corrente)* link; ~ **de noivado** engagement ring.
anemia [ane'mia] *f* anemia.
anestesia [aneʃte'zia] *f* anesthetic; ~ **geral/local** general/local anesthetic.
anestesiar [aneʃtezi'a(x)] *vt* to anesthetize.
anexar [anek'sa(x)] *vt* to attach; ~ **algo a algo** to attach sthg to sthg.
anexo, xa [a'nɛksu, ksa] *adj* attached.
anfiteatro [ãfi'tʒjatru] *m* amphitheater; *(sala de aula)* lecture hall.
angariar [ãŋgari'a(x)] *vt (dinheiro)* to raise.
angina [ã'ʒina] *f*: ~ **de peito** angina (pectoris).
❑ **anginas** *fpl* tonsillitis *sg*.
Angola [ãŋ'gɔla] *s* Angola.
angra ['ãŋgra] *f* inlet.
ângulo ['ãŋgulu] *m* angle.
angústia [ãŋ'guʃtʒja] *f* anguish.
animação [anima'sãw] *f (alegria)* liveliness; *(entusiasmo)* enthusiasm; *(movimento)* bustle.
animado, da [ani'madu, da] *adj (alegre)* lively; *(entusiasmado)* enthusiastic; *(movimentado)* bustling.
animal [ani'maw] (*pl* **-ais** [-ajʃ]) *m* animal; ~ **doméstico** pet; ~ **selvagem** wild animal.
animar [ani'ma(x)] *vt (alegrar)* to cheer up.
❑ **animar-se** *vp (alegrar-se)* to cheer up.
ânimo ['ãnimu] *m* courage.
aniquilar [aniki'la(x)] *vt* to annihilate.
anistia [aniʃ'tʃia] *f* amnesty.
aniversário [anivex'sarju] *m (de pessoa)* birthday; *(de acontecimento)* anniversary; **feliz** ~! Happy Birthday!
anjo ['ãʒu] *m* angel.
ano ['ãnu] *m* year; **quantos** ~**s você tem?** how old are you?; **faço** ~**s amanhã** it's my birthday tomorrow; ~ **bissexto** leap year; ~ **letivo** academic year; **Ano Novo** New Year; ~ **após** ~ year after year.
anões → **anão.**
anoitecer [anojte'se(x)] *m* dusk, nightfall. ◆ *v impess* to get dark.
anomalia [anoma'lia] *f* anomaly.
anorexia [anorɛk'sia] *f* anorexia.
anormal [anox'maw] (*pl* **-ais** [-ajʃ]) *adj* abnormal; *(idiota)* stupid; *(incomum)* unusual. ◆ *m, f (idiota)* moron.
anotação [anota'sãw] (*pl* **-ões** [-õjʃ]) *f* note.
anotar [ano'ta(x)] *vt* to note down.
ânsia ['ãsja] *f* anxiety.
ansiar [ã'sja(x)]: **ansiar por** *v + prep* to long for.
ansiedade [ãsje'dadʒi] *f* anxiety.
ansioso, osa [ã'sjozu, ɔza] *adj* anxious.

antebraço [ãntʃi'brasu] *m* forearm.
antecedência [ãntese'dẽsja] *f*: **com ~** in advance.
antecedente [ãntese'dẽntʃi] *adj* preceding.
❑ **antecedentes** *mpl (médicos)* records; *(criminais)* record *sg*.
antecipadamente [ãntesi,pada'mẽntʃi] *adv* in advance, beforehand.
antecipar [ãntesi'pa(x)] *vt* to anticipate.
❑ **antecipar-se** *vp* to get there first.
antemão [ãnte'mãw]: **de antemão** *adv* beforehand.
antena [ãn'tena] *f* antenna; **~ parabólica** satellite dish.
anteontem [ãntʃi'õntẽ] *adv* the day before yesterday.
antepassado [ãntʃipa'sadu] *m* ancestor.
anterior [ãnteri'o(x)] (*pl* **-res** [-riʃ]) *adj* previous.
antes ['ãntiʃ] *adv* before; *(primeiramente)* first; **~ assim** (it's) just as well; **~ de** before; **~ de mais nada** first of all; **~ da hora do tempo** ahead of time; **o quanto ~** as soon as possible.
antever [ãnte've(x)] *vt* to foresee.
antiaderente [ãntʃiade'rẽntʃi] *adj* nonstick.
antibiótico [ãntʃi'bjɔtʃiku] *m* antibiotic.
anticaspa [ãntʃi'kaʃpa] *adj inv* anti-dandruff.
anticoncepcional [ãntʃikõsepsju'naw] (*pl* **-ais** [-ajʃ]) *adj* contraceptive. ◆ *m* contraceptive; **tomar ~** to be on the pill.
anticongelante [ãntʃikõʒe'lãntʃi] *m* antifreeze.
anticorpo [ãntʃi'koxpu] *m* antibody.
antidepressivo [ãntʃidepre'sivu] *m* antidepressant.
antídoto [ãn'tʃidotu] *m* antidote.
antigamente [ãntʃiga'mẽntʃi] *adv (antes)* formerly; *(no passado)* in the old days.
antigo, ga [ãn'tʃigu, ga] *adj (livro, objeto)* old; *(costume, era)* ancient; *(objeto valioso)* antique.
antiguidade [ãntʃigwi'dadʒi] *f* antiquity; **a Antiguidade** Antiquity.
❑ **antiguidades** *fpl* antiques.
antipático, ca [ãntʃi'patʃiku, ka] *adj* unfriendly.
antiquado, da [ãntʃi'kwadu, da] *adj* old-fashioned.
antiquário [ãntʃi'kwarju] *m* antique dealer.
anti-séptico, ca [antʃi'sɛptʃiku, ka] *adj* antiseptic.
anual [a'nwaw] (*pl* **-ais** [-ajʃ]) *adj* annual.
anulação [anula'sãw] (*pl* **-ões** [-õjʃ]) *f* cancellation.
anular [anu'la(x)] *vt* to cancel. ◆ *m* ring finger.
anunciar [anũ'sja(x)] *vt* to announce; *(produto)* to advertise.
anúncio [a'nũsju] *m (de produto)* advertisement; *(aviso)* announcement.
ânus ['ãnuʃ] *m* anus.

anzol [ã'zɔw] (*pl* **-óis** [-ɔjʃ]) *m* fish-hook.

ao [aw] = **a + o,** → **a.**

aonde [a'õndʒi] *adv* where; ~ **quer que ...** wherever ...

aos [awʃ] = **a + os,** → **a.**

apagado, da [apa'gadu, da] *adj (luz, fogo)* out; *(televisão, rádio)* off; *(escrita, desenho)* faint; *(pessoa)* dull.

apagar [apa'ga(x)] *vt (fogo)* to put out; *(televisão, rádio, luz)* to turn OU switch off; *(escrita, desenho)* to erase.

apaixonado, da [apajʃo'nadu, da] *adj* in love; *(exaltado)* passionate; **estar** ~ **por** to be in love with.

apaixonante [apajʃo'nãntʃi] *adj* fascinating.

apaixonar [apajʃo'na(x)] *vt*: **o futebol apaixona as massas** soccer thrills the masses.
❑ **apaixonar-se** *vp*: ~**-se por** to fall in love with.

apalpar [apaw'pa(x)] *vt* to touch; ~ **o terreno** *fig* to see how the land lies.

apanhar [apa'ɲa(x)] *vt* to catch; *(levantar do chão)* to pick up; ~ **chuva** to get wet; ~ **sol** to sunbathe.

aparar [apa'ra(x)] *vt (barba)* to trim; *(sebe, arbusto)* to prune; *(segurar)* to catch.

aparecer [apare'se(x)] *vi (surgir)* to appear; *(apresentar-se)* to show up; *(algo perdido)* to turn up.

aparelhagem [apare'ʎaʒẽ] (*pl* **-ns** [-ʃ]) *f*: ~ **(de som)** sound system, stereo.

aparelho [apa'reʎu] *m (máquina)* appliance; *(de cozinha)* kitchen appliance; ~ **de som** hi-fi; ~ **de barbear** shaver; ~ **digestivo** digestive system; ~ **para os dentes** braces.

aparência [apa'rẽsja] *f* appearance.

aparentar [aparẽn'ta(x)] *vt* to look like; **aparenta ter uns 40 anos** he looks about 40.

aparente [apa'rẽntʃi] *adj* apparent.

apartamento [apaxta'mẽntu] *m* apartment *Am*, flat *Brit*.

apavorado, da [apavo'radu, da] *adj* terrified.

apelar [ape'la(x)] *vi*: ~ **para** to appeal to.

apelido [ape'lidu] *m* nickname.

apelo [a'pelu] *m* appeal; **fazer um** ~ **a** to appeal to.

apenas [a'penaʃ] *adv* only. ◆ *conj* as soon as; **quero** ~ **um copo de água** all I want is a glass of water.

apêndice [a'pẽndʒisi] *m* appendix.

apendicite [apẽndʒi'sitʃi] *f* appendicitis.

aperceber-se [apexse'bexsi] *vp*: ~ **de algo** to realize; ~ **de que** *(verificar)* to realize (that).

aperfeiçoamento [apexfejswa'mẽntu] *m* improvement.

aperfeiçoar [apexfej'swa(x)] *vt* to improve.

aperitivo [aperi'tʃivu] *m (vinho)* aperitif; *(tira-gosto)* appetizer.

apertado, da [apex'tadu, da] *adj* tight; *(estrada)* narrow.
apertar [apex'ta(x)] *vt (comprimir)* to squeeze; *(botão, interruptor)* to press; *(cinto de segurança)* to fasten; *(parafuso, porca)* to tighten; *(vestido)* to take in.
aperto [a'pextu] *m (de parafuso)* tightening; *(aglomeração)* crush; *fig (dificuldade)* tight corner; ~ **de mão** handshake.
apesar [ape'za(x)]: **apesar de** *prep* despite, in spite of.
apetecer [apete'se(x)] *vi (comida)* to look appetizing; **esse bolo me apetece muito** this cake looks very tasty.
apetite [ape'tʃitʃi] *m* appetite; **bom ~!** enjoy your meal!
apetitoso, osa [apetʃi'tozu, ɔza] *adj* appetizing.
apetrecho [ape'treʃu] *m* tool; **~s de pesca** fishing tackle *sg*.
apimentado, da [apimẽn'tadu, da] *adj (com pimenta)* peppery; *(picante)* spicy.
apinhado, da [api'ɲadu, da] *adj*: ~ **de** packed with.
apitar [api'ta(x)] *vi (trem)* to whistle; *(árbitro)* to blow the whistle.
apito [a'pitu] *m* whistle.
aplaudir [aplaw'di(x)] *vt & vi* to applaud
aplauso [a'plawzu] *m* applause
aplicação [aplika'sãw] (*pl* **-ões** [-õjʃ]) *f (em estudo, trabalho)* diligence; *(acessório)* appliqué; *(de dinheiro)* investment.
aplicado, da [apli'kadu, da] *adj (aluno)* diligent; *(matemática, lingüística)* applied.
aplicar [apli'ka(x)] *vt* to apply; *(curativo, injeção)* to administer.
apoderar-se [apode'raxsi]: **apoderar-se de** *vp + prep* to take control of.
apodrecer [apodre'se(x)] *vt & vi* to rot.
apoiar [apo'ja(x)] *vt* to support; ~ **algo em algo** to rest sthg on ou against sthg.
❑ **apoiar-se** *vp* to hold on; **~-se em ou a** to lean on ou against.
apoio [a'poju] *m* support.
apólice [a'pɔlisi] *f*: ~ **(de seguro)** (insurance) policy.
apontador [apõnta'do(x)] (*pl* **-res** [-riʃ]) *m (de lápis)* pencil sharpener.
apontamento [apõnta'mẽntu] *m* note.
apontar [apõn'ta(x)] *vt (arma)* to aim; *(erro, falha)* to point out; *(tomar nota de)* to note down; *(razões, argumentos)* to put forward. ◆ *vi*: ~ **para algo** to point to sthg.
aporrinhação [apoxiɲa'sãw] (*pl* **-ões** [-õjʃ]) *f (aborrecimento)* annoyance.
após [a'pɔjʃ] *prep* after. ◆ *adv* afterward.
aposentado, da [apozẽn'tadu, da] *adj* retired. ◆ *m, f* retiree.
aposentadoria [apozẽntado'ria] *f (fato)* retirement; *(dinheiro)* pension.
aposento [apo'zẽntu] *m* room.
aposta [a'pɔʃta] *f* bet.
apostar [apoʃ'ta(x)] *vt* to bet.

apostila [apoʃ'tʃila] *f* class notes *pl*.

apóstrofo [a'pɔʃtrofu] *m* apostrophe.

apreciação [apresja'sãw] (*pl* **-ões** [-õjʃ]) *f (avaliação)* assessment.

apreciar [apresi'a(x)] *vt (gostar)* to like; *(avaliar)* to judge, to assess; *(paisagem, vista)* to admire.

apreender [apriẽn'de(x)] *vt (confiscar)* to seize.

apreensão [apriẽ'sãw] (*pl* **-ões** [-õjʃ]) *f (de bens, produtos)* seizure; *(preocupação)* apprehension.

apreensivo, va [apriẽ'sivu, va] *adj* apprehensive.

aprender [aprẽn'de(x)] *vi & vt* to learn; ~ **a fazer algo** to learn to do sthg.

aprendiz [aprẽn'dʒiʒ] (*pl* **-zes** [-ziʃ]) *m (de ofício)* apprentice; *(principiante)* beginner.

aprendizagem [aprẽndʒi'zaʒẽ] *f* learning.

aprendizes → **aprendiz.**

apresentação [aprezẽnta'sãw] (*pl* **-ões** [-õjʃ]) *f* presentation; *(aspecto)* appearance.

apresentador, ra [aprezẽnta'do(x), ra] (*mpl* **-res** [-riʃ], *fpl* **-s** [-ʃ]) *m, f* host.

apresentar [aprezẽn'ta(x)] *vt (espetáculo)* to host; *(pessoa)* to introduce; *(exibir)* to show.
❑ **apresentar-se** *vp (comparecer)* to report; ~**-se a alguém** *(a desconhecido)* to introduce o.s. to sb.

apressado, da [apre'sadu, da] *adj (pessoa)* rushed; *(decisão)* hasty. ◆ *adv*: **sair/entrar** ~ to rush out/in.

apressar-se [apre'saxsi] *vp* to hurry up.

aprofundar [aprofũn'da(x)] *vt fig (assunto)* to study in depth.

aprovação [aprova'sãw] (*pl* **-ões** [-õjʃ]) *f* approval; *(em exame)* pass.

aprovado, da [apro'vadu, da] *adj*: **ser** ~ EDUC to pass.

aprovar [apro'va(x)] *vt* to approve; *(em exame)* to pass.

aproveitamento [aprovejta'mẽntu] *m (uso)* use; EDUC progress.

aproveitar [aprovej'ta(x)] *vt (a ocasião)* to take advantage of; *(férias)* to make the most of; *(utilizar)* to make use of.
❑ **aproveitar-se** *vp*: ~**-se de** to take advantage of.

aproximadamente [aprosi,mada'mẽntʃi] *adv* approximately.

aproximado, da [aprosi'madu, da] *adj* approximate.

aproximar [aprosi'ma(x)] *vt (objetos)* to bring closer; *(pessoas)* to bring together.
❑ **aproximar-se** *vp* to come closer; ~**-se de** to approach.

aptidão [aptʃi'dãw] (*pl* **-ões** [-õjʃ]) *f* aptitude; *(vocação)* talent.

apunhalar [apuɲa'la(x)] *vt* to stab.

apuração [apura'sãw] (*pl* **-ões** [-õjʃ]) *f* selection.

apurado, da [apu'radu, da] *adj* selected; *(sabor)* distinctive; *(visão, olfato)* keen.

apurar [apu'ra(x)] *vt (averiguar)* to find out; *(sabor)* to bring out.

apuro [a'puru] *m (dificuldade)* fix; **estar em ~s** to be in a fix; **meter-se em ~s** to get into trouble.

aquarela [akwa'rɛla] *f* watercolor.

aquário [a'kwarju] *m* aquarium.

❑ **Aquário** *m* Aquarius.

aquático, ca [a'kwatʃiku, ka] *adj* aquatic; ESP water *(antes de s)*.

aquecedor [akese'do(x)] *(pl* **-res** [-riʃ]) *m (para o ar)* heater; *(para a água)* boiler; **~ a gás** gas heater.

aquecer [ake'se(x)] *vt & vi* to heat up.

❑ **aquecer-se** *vp* to warm o.s. up.

aquecimento [akesi'mẽntu] *m* heating; **~ central** central heating.

aqueduto [ake'dutu] *m* aqueduct.

àquela ['akɛla] = **a + aquela** → **aquele.**

aquele, aquela [a'keli, a'kɛla] *adj* that, those *pl.* ◆ *pron* that one; **~ ali** that one there; **~ que** *(relativo a pessoa)* the one who, those who *pl*; *(relativo a objeto)* the one which; **peça àquele homem** ask that man.

àquele ['akeli] = **a + aquele** → **aquele.**

aqui [a'ki] *adv* here; **até ~** *(relativo a tempo)* up until now; **por ~** this way; **por ~ em algum canto** somewhere around here.

aquilo [a'kilu] *pron* that.

àquilo ['akilu] = **a + aquilo** → **aquilo.**

aquisição [akizi'sãw] *(pl* **-ões** [-õjʃ]) *f* acquisition.

ar [a(x)] *(pl* **ares** ['ariʃ]) *m* air; *(brisa)* breeze; **dar ~es de** to pretend to be; **dar-se ~es de importante** to put on airs (and graces); **ir ao/sair do ~** *(em rádio, TV)* to go on/off the air; **ir pelos ~es** *(explodir)* to blow up; **ter ~ de** to look ou seem like; **~ condicionado** air conditioning; **ao ~** *(lançar, atirar)* into the air.

árabe ['arabi] *adj & mf* Arab. ◆ *m (língua)* Arabic.

arame [a'rami] *m* wire; **~ farpado** barbed wire.

aranha [a'raɲa] *f* spider.

arara [a'rara] *f* cockatoo.

arbitragem [axbi'traʒẽ] *(pl* **-ns** [-ʃ]) *f (de jogo)* refereeing; *(de litígio)* arbitration.

arbitrar [axbi'tra(x)] *vt (jogo)* to referee.

árbitro ['axbitru] *m (de jogo)* referee.

arborizado, da [axbori'zadu, da] *adj* wooded.

arbusto [ax'buʃtu] *m* bush.

arca ['axka] *f* trunk.

arcaico, ca [ax'kajku, ka] *adj* archaic.

arco ['axku] *m (de edifício, construção)* arch; *(curva)* arc; *(de flechas)* bow; *(brinquedo)* hoop.

arco-íris [ax'kwiriʃ] *(pl* **arcos-íris** [ˌaxku'ziriʃ]) *m* rainbow.

ardência [ax'dẽnsja] *f (de pele)* stinging; *(de estômago)* heartburn.
ardente [ax'dẽntʃi] *adj fig (amor, paixão)* passionate.
arder [ax'de(x)] *vi* to burn; *(pele)* to sting.
ardor [ax'do(x)] (*pl* **-res** [-riʃ]) *m (de pele)* stinging; **com ~** ardently.
ardósia [ax'dɔzja] *f* slate.
árduo, dua ['axdwu, dwa] *adj* arduous.
área ['arja] *f* area; *fig (campo de ação)* field; **~ de serviço** *(em apartamento)* utility area; **grande ~** *(em futebol)* penalty area.
areia [a'reja] *f* sand; **~ movediça** quicksand.
arejar [are'ʒa(x)] *vt* to air. ◆ *vi fig (sair)* to get some air.
arena [a'rena] *f (de circo)* ring.
arenoso, osa [are'nozu, ɔza] *adj* sandy.
arenque [a'rẽŋki] *m* herring.
ares → **ar.**
Argentina [axʒẽn'tʃina] *f*: **a ~** Argentina.
argila [ax'ʒila] *f* clay.
argola [ax'gɔla] *f (anel)* ring; *(de porta)* knocker.
❑ **argolas** *fpl* ESP rings; *(brincos)* hoop earrings.
argumentar [axgumẽn'ta(x)] *vt & vi* to argue.
argumento [axgu'mẽntu] *m* argument; *(de filme)* plot.
árido, da ['aridu, da] *adj* arid.
Áries ['ariʃ] *m* Aries.
arma ['axma] *f* weapon; **~ branca** knife; **~ de fogo** firearm.
armação [axma'sãw] (*pl* **-ões** [-õjʃ]) *f* frame; *(de barco)* rigging; *(de óculos)* frames *pl*.
armadilha [axma'diʎa] *f* trap.
armadura [axma'dura] *f* suit of armor.
armamento [axma'mẽntu] *m* armaments *pl*; *(de navio)* armament.
armar [ax'ma(x)] *vt* to arm; *(tenda)* to put up.
armário [ax'marju] *m* cabinet, cupboard; *(de roupa)* closet.
armazém [axma'zẽ] (*pl* **-ns** [-ʃ]) *m* warehouse.
aro ['aru] *m (de roda)* rim.
aroma [a'roma] *m* aroma.
arpão [ax'pãw] (*pl* **-ões** [-õjʃ]) *m* harpoon.
arqueologia [axkjolo'ʒia] *f* archeology.
arquibancada [axkibãŋ'kada] *f* bleachers *pl*.
arquipélago [axki'pɛlagu] *m* archipelago.
arquiteto, ta [axki'tɛtu, ta] *m, f* architect.
arquitetura [axki'tɛtura] *f* architecture.
arquivo [ax'kivu] *m* archive; *(móvel)* filing cabinet; *(cartório)* registry office; INFORM file.
arrancar [axãŋ'ka(x)] *vt (árvore, batatas)* to dig up; *(folhas, pêlos)* to pull out; *(dente)* to extract. ◆ *vi (partir)* to set off; **~ algo das mãos de alguém** to snatch sthg from sb.

arranha-céu [aˌxaɲaˈsɛw] *m inv* skyscraper.

arranhão [axaˈɲãw] (*pl* **-ões** [-õjʃ]) *m* scratch.

arranhar [axaˈɲa(x)] *vt* to scratch; *(parede, carro)* to scrape; ~ **um pouco de algo** to get by in sthg.

❑ **arranhar-se** *vp* to scratch o.s.

arranhões → **arranhão.**

arranjar [axãˈʒa(x)] *vt (reparar)* to fix, to repair; *(adquirir)* to get; ~ **confusão** to get into trouble.

arrasar [axaˈza(x)] *vt* to devastate.

arrastar [axaʃˈta(x)] *vt* to drag (along ou away).

arrecadar [axekaˈda(x)] *vt (objeto)* to store away; *(dinheiro)* to collect.

arredondado, da [axedõnˈdadu, da] *adj (forma)* round, rounded; *fig (valor)* rounded up.

arredondar [axedõnˈda(x)] *vt (forma)* to make round; *fig (valor)* to round up.

arredores [axeˈdɔriʃ] *mpl* outskirts.

arrefecer [axefeˈse(x)] *vi (tempo, ar)* to cool down; *(comida)* to get cold; *fig (entusiasmo)* to cool.

arregaçar [axegaˈsa(x)] *vt (mangas, calças)* to roll up.

arremessar [axemeˈsa(x)] *vt (pedra, flecha)* to hurl.

arrendamento [axẽndaˈmẽntu] *m* lease.

arrendar [axẽnˈda(x)] *vt* to lease.

arrendatário, ria [axẽndaˈtarju, rja] *m, f* tenant.

arrepender-se [axepẽnˈdexsi] *vp*: ~ **de (ter feito) algo** to regret (doing) sthg.

arrepiar [axeˈpja(x)] *vt (pêlo, cabelo)* to make stand on end.

❑ **arrepiar-se** *vp (de frio)* to shiver; *(de medo)* to shudder.

arrepio [axeˈpiu] *m (de frio)* shiver; *(de medo)* shudder.

arriscado, da [axiʃˈkadu, da] *adj (perigoso)* risky; *(corajoso)* daring.

arriscar [axiʃˈka(x)] *vt (pôr em risco)* to risk.

❑ **arriscar-se** *vp* to take a risk.

arrogância [axoˈgãsja] *f (presunção)* arrogance.

arrogante [axoˈgãntʃi] *adj (presumido)* arrogant.

arrombar [axõmˈba(x)] *vt (porta, janela, cofre)* to force (open).

arrotar [axoˈta(x)] *vi* to burp, to belch.

arroto [aˈxotu] *m* burp, belch.

arroz [aˈxoʒ] *m* rice.

arruaça [aˈxwasa] *f* street riot.

arruaceiro, ra [axwaˈsejru, ra] *adj* riotous. ◆ *m, f* rioter.

arrumado, da [axuˈmadu, da] *adj (casa, gaveta)* neat; *(mala)* packed; *fig (resolvido)* sorted (out).

arrumar [axuˈma(x)] *vt (casa, gaveta)* to tidy up; *(mala)* to pack.

arte [ˈaxtʃi] *f* art; ~**s marciais** martial arts.

artéria [axˈtɛrja] *f* artery.

artesanato [axtezaˈnatu] *m* craftwork, handicraft.

articulação [axtʃikula'sãw] (*pl* **-ões** [-õjʃ]) *f (de ossos)* joint; *(de palavras)* articulation.
artificial [axtʃifi'sjaw] (*pl* **-ais** [-ajʃ]) *adj* artificial.
artigo [ax'tʃigu] *m* article; *(produto)* item; '~**s a declarar**' 'goods to declare'; ~**s de primeira necessidade** essential goods.
artista [ax'tʃiʃta] *mf* artist.
artístico, ca [ax'tʃiʃtʃiku, ka] *adj* artistic.
artrite [ax'tritʃi] *f* arthritis.
árvore ['axvori] *f* tree.
as [aʃ] → **a.**
ás ['ajʃ] (*pl* **ases** ['azeʃ]) *m* ace; **ser um** ~ to be a whiz.
às [ajʃ] = **a** + **as** → **a.**
asa ['aza] *f* wing; *(de utensílio)* handle.
asa-delta [,aza'dɛwta] (*pl* **asas-delta** [,azaʒ'dɛwta]) *f* hang-glider.
ascensor [aʃsẽ'so(x)] (*pl* **-res** [-riʃ]) *m (em rua, encosta)* funicular.
asco ['aʃku] *m* disgust.
ases → **ás.**
asfalto [aʃ'fawtu] *m* asphalt.
asfixia [aʃfik'sia] *f* asphyxia, suffocation.
Ásia ['azja] *f*: **a** ~ Asia.
asma ['aʒma] *f* asthma.
asmático, ca [aʒ'matʃiku, ka] *adj & m, f* asthmatic.
asneira [aʒ'nejra] *f (tolice)* nonsense; *(obscenidade)* swear word.
asno ['aʒnu] *m* donkey; *fig (estúpido)* ass.
aspargo [aʃ'paxgu] *m* asparagus.
aspecto [aʃ'pɛktu] *m* appearance; *(ponto de vista)* aspect.
áspero, ra ['aʃperu, ra] *adj* rough; *(voz)* harsh.
aspirador [aʃpira'do(x)] (*pl* **-res** [-riʃ]) *m* vacuum cleaner.
aspirar [aʃpi'ra(x)] *vt* to vacuum.
❑ **aspirar a** *v + prep (desejar)* to aspire to.
aspirina [aʃpi'rina] *f* aspirin.
asqueroso, osa [aʃke'rozu, ɔza] *adj* disgusting, revolting.
assado, da [a'sadu, da] *adj & m (culinário)* roast.
assadura [asa'dura] *f (em bebê)* diaper rash.
assalariado, da [asala'rjadu, da] *m, f* (salaried) employee.
assaltante [asaw'tãntʃi] *mf* burglar.
assaltar [asaw'ta(x)] *vt (pessoa)* to mug; *(casa)* to burglarize; *(banco)* to rob.
assalto [a'sawtu] *m (a pessoa)* mugging; *(a casa)* burglary; *(a banco)* robbery; *(em boxe)* round; ~ **à mão armada** armed robbery.
assar [a'sa(x)] *vt* to roast.
assassinar [asasi'na(x)] *vt* to murder.
assassino, na [asa'sinu, na] *m, f* murderer.
assédio [a'sɛdʒju] *m* harassment; ~ **sexual** sexual harassment.

assegurar [asegu'ra(x)] *vt* to assure.
❑ **assegurar-se** *vp*: **~-se de que** to make sure (that).
asseio [a'seju] *m* *(limpeza)* cleanliness.
assembléia [asẽm'blɛja] *f* assembly; *(reunião)* meeting; **~ geral** annual general meeting; **Assembléia Legislativa** legislative assembly.
assemelhar-se [aseme'ʎaxsi]: **assemelhar-se a** *vp + prep* to look like.
assento [a'sẽntu] *m* seat.
assim [a'sĩ] *adv (do mesmo modo)* like this; *(deste modo)* therefore; **~, sim!** that's better!; **como ~?** excuse me?; **~ mesmo** just so; **~, ~** so-so; **~ que** as soon as.
assimilar [asimi'la(x)] *vt* to assimilate.
assinar [asi'na(x)] *vt* to sign; *(revista)* to subscribe to.
assinatura [asina'tura] *f* signature; *(de revista)* subscription.
assistência [asiʃ'tẽsja] *f (auxílio)* help; *(público)* audience; **~ médica** medical aid.
assistir [asiʃ'tʃi(x)] *vt (ajudar)* to help.
❑ **assistir a** *v + prep (a espetáculo)* to attend; *(a programa)* to watch; *(a acidente, acontecimento)* to witness.
assoalho [a'soaʎu] *m (de casa)* floor.
assoar [asw'a(x)] *vt* to blow.
❑ **assoar-se** *vp* to blow one's nose.
assobiar [asobi'a(x)] *vi* to whistle.
assobio [aso'biu] *m* whistle.
associação [asosja'sãw] (*pl* **-ões** [-õjʃ]) *f* association.
assombrado, da [asõm'bradu, da] *adj fig (casa)* haunted.
assombro [a'sõmbru] *m* amazement.
assunto [a'sũntu] *m* subject; **~ encerrado!** subject closed!
assustador, ra [asuʃta'do(x), ra] (*mpl* **-res** [-riʃ], *fpl* **-s** [-ʃ]) *adj* frightening.
assustar [asuʃ'ta(x)] *vt* to frighten.
❑ **assustar-se** *vp* to be frightened.
asterisco [aʃte'riʃku] *m* asterisk.
astro ['aʃtru] *m* star.
astrologia [aʃtrolo'ʒia] *f* astrology.
astronauta [aʃtro'nawta] *mf* astronaut.
astronomia [aʃtrono'mia] *f* astronomy.
astúcia [aʃ'tusja] *f* astuteness.
atacadista [ataka'diʃta] *mf* wholesaler.
atacado [ata'kadu] *m*: **comprar por ~** to buy wholesale.
atacante [ata'kãntʃi] *adj* ESP attacking. ◆ *mf* ESP forward.
atacar [ata'ka(x)] *vt* to attack.
atadura [ata'dura] *f* bandage.
atalho [a'taʎu] *m* short cut.
ataque [a'taki] *m* attack; **~ cardíaco** heart attack.
atar [a'ta(x)] *vt (sapatos)* to lace

ou do up; *(saco)* to do up; *(corda, cordão, fio)* to tie.

atarracado, da [ataxa'kadu, da] *adj* stocky.

até [a'tɛ] *prep (limite no espaço)* as far as; *(limite no tempo)* until. ◆ *adv* even; ~ **agora** so far; ~ **amanhã!** see you tomorrow!; ~ **logo!** see you later!; ~ **mais!** *(em conversa)* talk to you soon!; ~ **que enfim!** at (long) last!; ~ **porque** because.

atear [ate'a(x)] *vt (incendiar)* to set fire to; *(avivar)* to rekindle.

atéia → **ateu.**

ateliê [ate'lje] *m* = **atelier.**

atemorizar [atemori'za(x)] *vt* to terrify.

atenção [atẽ'sãw] (*pl* **-ões** [-õjʃ]) *f* attention; *(cuidado)* care; *(cortesia)* courtesy. ◆ *interj* watch ou look out!; **chamar a** ~ **de alguém para algo** to draw sb's attention to sthg; **prestar** ~ to pay attention; **obrigado pela** ~ thank you for your help.

atender [atẽn'de(x)] *vt (telefone)* to answer; *(em loja)* to serve; *(em hospital)* to see.

atendimento [atẽndʒi'mẽntu] *m (de telefone)* answering; *(em loja, hospital)* service.

atentado [atẽn'tadu] *m* attempt *(on sb's life).*

atenuar [ate'nwa(x)] *vt* to soften.

aterrissagem [atexi'saʒẽj] (*pl* **-ns** [-ʃ]) *f* landing.

aterrissar [atexi'sa(x)] *vi* to land.

aterro [a'texu] *m* landfill.

aterrorizar [atexori'za(x)] *vt* to terrify.

atestado [ateʃ'tadu] *m* certificate; ~ **médico** medical certificate; ~ **de óbito** death certificate.

ateu, atéia [a'tew, a'tɛja] *m, f* atheist.

atiçar [atʃi'sa(x)] *vt (fogo)* to poke.

atingir [atʃĩ'ʒi(x)] *vt* to reach; *(ferir, afetar)* to hit; *(objetivo)* to achieve.

atirar [atʃi'ra(x)] *vt* to throw. ◆ *vi (com arma)* to shoot.

atitude [atʃi'tudʒi] *f* attitude.

atividade [atʃivi'dadʒi] *f* activity.

ativo, va [a'tivu, va] *adj* active.

Atlântico [at'lãntʃiku] *m*: **o** ~ the Atlantic.

atlas ['atlaʃ] *m inv* atlas.

atleta [at'lɛta] *mf* athlete.

atletismo [atle'tʃiʒmu] *m* track and field.

atmosfera [atmoʃ'fɛra] *f* atmosphere.

ato ['atu] *m (ação)* action; *(de peça de teatro)* act.

atômico, ca [a'tomiku, ka] *adj* atomic.

ator, atriz [a'to(x), a'triʒ] (*mpl* **-res** [-riʃ], *fpl* **-zes** [-ziʃ]) *m, f* actor.

atordoado, da [atox'dwadu, da] *adj* stunned.

atores → **ator.**

atormentado, da [atoxmẽn'tadu, da] *adj* troubled.

atração [atra'sãw] (*pl* **-ões** [-õjʃ]) *f* attraction; *(de pessoa)* attractiveness.
atrações → **atração.**
atraente [atra'ẽntʃi] *adj* attractive.
atrair [atra'i(x)] *vt* to attract.
atrapalhar [atrapa'ʎa(x)] *vt* *(perturbar)* to confuse; *(dificultar)* to get in the way of.
❑ **atrapalhar-se** *vp* to get all confused.
atrás [a'trajʃ] *adv* *(detrás)* behind; *(para trás)* back there; **dias ~** a few days ago; **~ de** *(no espaço)* behind; *(no tempo)* after; **estar ~ de algo** to be after sthg; **ficar com o pé ~** *fig* to be on one's guard.
atrasado, da [atra'zadu, da] *adj* *(pessoa)* late; *(país, região)* backward; **chegar ~** to arrive late; **estar ~** to be late.
atrasar [atra'za(x)] *vi* *(trem, ônibus)* to be delayed. ◆ *vt* *(trabalho)* to delay; *fig* *(prejudicar)* to hinder.
❑ **atrasar-se** *vp* to be late.
atraso [a'trazu] *m* delay; *(de país)* backwardness.
atrativo, va [atra'tʃivu, va] *adj* attractive. ◆ *m* attraction.
através [atra'vɛjʃ]: **através de** *prep* *(pelo meio de)* through; *(por meio de)* by.
atravessar [atrave'sa(x)] *vt* *(rua, rio)* to cross; *(pôr ao través)* to put across; *fig* *(situação, fase)* to go through.
atrever-se [atre'vexsi] ◆ **atrever-se** *vp* *(ousar)* to dare; **~ a fazer algo** to dare to do sthg.
atrevido, da [atre'vidu, da] *adj* *(malcriado)* cheeky; *(audaz)* daring.
atrevimento [atrevi'mẽntu] *m* *(audácia)* daring; **que ~!** what a nerve!
atribuir [atri'bwi(x)] *vt* to attribute; *(cargo)* to give.
atributo [atri'butu] *m* attribute.
atrito [a'tritu] *m* friction.
❑ **atritos** *mpl* disagreements.
atriz → **ator.**
atropelamento [atropela'mẽntu] *m* road accident *(involving a pedestrian being run over)*.
atropelar [atrope'la(x)] *vt* to run over.
atuação [atwa'sãw] (*pl* **-ões** [-õjʃ]) *f* *(procedimento)* behavior; *(em espetáculo)* acting; *(espetáculo)* performance.
atual [a'twaw] (*pl* **-ais** [-ajʃ]) *adj* *(presente)* current; *(moderno)* modern.
atualizar [atwali'za(x)] *vt* *(tornar atual)* to modernize; INFORM *(arquivo)* to update.
atualmente [atwaw'mẽntʃi] *adv* currently.
atuar [atw'a(x)] *vi* to act.
atum [a'tũ] *m* tuna.
aturdido, da [atur'dʒidu, da] *adj* stunned.
audácia [aw'dasja] *f* audacity.
audição [awdʒi'sãw] (*pl* **-ões** [-õjʃ]) *f* hearing; *(de peça musical, concerto)* recital.

audiência [aw'dʒjẽsja] *f* JUR hearing.

audiovisual [ˌawdʒjovi'zwaw] (*pl* **-ais** [-ajʃ]) *adj* audiovisual.

auditório [awdʒi'tɔrju] *m* auditorium; *(público ouvinte)* audience.

auge ['awʒi] *m* peak.

aula ['awla] *f* class, lesson.

aumentar [awmẽn'ta(x)] *vt & vi* to increase.

aumento [aw'mẽntu] *m* increase; *(de ordenado)* raise *Am*, rise *Brit*.

auréola [aw'rɛwla] *f* halo.

aurora [aw'rɔra] *f* dawn; ~ **boreal** the northern lights *pl*.

ausência [aw'zẽsja] *f* absence.

ausentar-se [awzẽn'taxsi] *vp*: ~ **de** *(de país, sala)* to leave.

ausente [aw'zẽntʃi] *adj* absent.

Austrália [awʃ'tralja] *f*: **a** ~ Australia.

autenticar [awtẽntʃi'ka(x)] *vt* JUR *(documento, assinatura)* to authenticate.

autêntico, ca [aw'tẽntʃiku, ka] *adj (verdadeiro)* real; JUR authenticated.

autocolante [ˌawtoko'lãntʃi] *adj* self-adhesive. ◆ *m* sticker.

autódromo [aw'tɔdromu] *m* racetrack.

auto-escola [ˌawtoiʃ'kɔla] *m* driving school.

auto-estima [ˌawtoeʃ'tʃima] *f* self-esteem.

auto-estrada [ˌawtoʃ'trada] *f* freeway *Am*, motorway *Brit*.

autografar [awtogra'fa(x)] *vt* to autograph.

autógrafo [aw'tɔgrafu] *m* autograph.

autolocadora [ˌawtoloka'dora] *f* car rental.

automático, ca [awto'matʃiku, ka] *adj* automatic.

automobilismo [awtomobi'liʒmu] *m* car racing.

automóvel [awto'mɔvɛw] (*pl* **-eis** [-ejʃ]) *m* automobile *Am*, motorcar *Brit*.

autópsia [aw'tɔpsja] *f* MED autopsy.

autor, ra [aw'to(x), ra] (*mpl* **-res** [-riʃ], *fpl* **-s** [-ʃ]) *m, f* author; *(de idéia)* originator; *(de brincadeira)* instigator; JUR *(de crime)* perpetrator.

auto-retrato [ˌawtoxe'tratu] *m* self-portrait.

autoridade [awtori'dadʒi] *f* authority.

autorização [awtoriza'sãw] (*pl* **-ões** [-õjʃ]) *f* authorization.

autorizar [awtori'za(x)] *vt* to authorize.

auxiliar [awsili'a(x)] (*pl* **-res** [-riʃ]) *adj* auxiliary. ◆ *mf* assistant. ◆ *vt* to assist.

auxílio [aw'silju] *m* help.

avalanche [ava'lãʃi] *f* avalanche.

avaliação [avalja'sãw] (*pl* **-ões** [-õjʃ]) *f* assessment; JUR valuation.

avaliar [ava'lja(x)] *vt* to assess; *(gastos)* to estimate; *(valor de objeto)* to value.

avançado, da [avã'sadu, da] *adj* advanced; *(pessoa)* progressive.
avançar [avã'sa(x)] *vi* to advance.
avarento, ta [ava'rẽntu, ta] *adj* miserly.
avaria [ava'ria] *f* breakdown.
avariado, da [ava'rjadu, da] *adj* out of order; *(carro)* broken down.
ave ['avi] *f* bird.
aveia [a'veja] *f* oats *pl*.
avelã [ave'lã] *f* hazelnut.
avenida [ave'nida] *f* avenue.
avental [avẽn'taw] (*pl* **-ais** [-ajʃ]) *m* apron.
aventura [avẽn'tura] *f* adventure; *(amorosa)* affair.
aventureiro, ra [avẽntu'rejru, ra] *m, f* adventurer.
averiguação [averigwa'sãw] (*pl* **-ões** [-õjʃ]) *f* investigation.
averiguar [averi'gwa(x)] *vt* to investigate; *(verdade)* to find out.
avesso [a'vesu] *m (de casaco, saco)* reverse; *(contrário)* opposite. ◆ *adj:* ~ **a** averse to; **pelo** ~ inside out.
avestruz [aveʃ'truʃ] (*pl* **-zes** [-ziʃ]) *f* ostrich.
avião [a'vjãw] (*pl* **-ões** [-õjʃ]) *m* plane.
ávido, da ['avidu, da] *adj:* ~ **de** greedy for.
aviões → **avião.**
avisar [avi'za(x)] *vt* to warn; *(notificar)* to inform.
aviso [a'vizu] *m (advertência)* warning; *(sinal, letreiro, notificação)* notice.
avistar [aviʃ'ta(x)] *vt* to see.
avô, avó [a'vo, a'vɔ] *m, f* grandfather.
avós [a'vɔʃ] *mpl* grandparents.
avulso, sa [a'vuwsu, sa] *adj* separate. ◆ *adv* separately.
axila [ak'sila] *f* armpit.
azar [a'za(x)] (*pl* **-res** [-riʃ]) *m* *(falta de sorte)* bad luck; **azar!** too bad!; **estar com** ~ to be out of luck.
azarado, da [aza'radu, da] *m, f* unlucky person.
azares → **azar.**
azedar [aze'da(x)] *vi* to turn sour.
azedo, da [a'zedu, da] *adj* sour.
azeite [a'zejtʃi] *m* olive oil; ~ **de dendê** palm oil.
azeitona [azej'tona] *f* olive; ~**s pretas** black olives.
azul [a'zuw] (*pl* **azuis** [a'zujʃ]) *adj & m* blue.
azulejo [azu'lejʒu] *m* glazed tile.
azul-marinho [a,zuwma'riɲu] *adj inv* navy (blue).

B

babá [ba'ba] *f* nanny.
bacalhau [baka'ʎaw] *m (peixe)* cod; *(em culinária)* salt cod.
bacia [ba'sia] *f* basin; ANAT pelvis.
baço, ça ['basu, sa] *adj (metal, espelho)* tarnished; *(tinta, cor)* matt. ◆ *m* ANAT spleen.
bactéria [bak'tɛrja] *f* bacterium.
badejo [ba'deʒu] *m* sea bass.

bafo ['bafu] *m* breath.
bafômetro [ba'fometru] *m* Breathalyzer®.
baforada [bafo'rada] *f* puff.
bagageiro [baga'ʒejru] *m (em carro)* roof-rack.
bagagem [ba'gaʒẽ] (*pl* **-ns** [-ʃ]) *f* baggage *Am*, luggage *Brit*; **despachar/depositar a** ~ to check in/leave one's baggage.
bagatela [baga'tɛla] *f* trifle.
bago ['bagu] *m (de uva)* grape; *(de trigo)* grain.
bagunça [ba'gũsa] *f* mess.
Bahia [ba'ia] *f* Bahia.

BAHIA

It is said that in Bahia, a state in Brazil's North East, there are 365 churches - one for every day of the year. Besides its religious sanctuaries, Bahia is also home to a number of temples to nature, and these extend across the state's one thousand kilometers of beaches, islands and bays. It was in the capital, Salvador, that the African slaves developed their own civilization and culture, most notable for the successful marriage of Catholicism with the religious cults and traditions brought over from Africa.

---

baía [ba'ia] *f* bay.
bailarino, na [bajla'rinu, na] *m, f* ballet dancer.
baile ['bajli] *m* ball.
bainha [ba'iɲa] *f (de calças, etc)* hem; *(de espada)* scabbard.
bairro ['bajxu] *m* neighborhood; *(divisão administrativa)* district.
baixa ['bajʃa] *f (em quantidade)* decrease; *(de preço)* reduction; *(em guerra)* casualty.
baixar [baj'ʃa(x)] *vt* to lower. ◆ *vi (preço, valor)* to come down. ❑ **baixar-se** *vp* to bend down.
baixo, xa ['bajʃu, ʃa] *adj* low; *(pessoa)* short; *(qualidade)* poor; *(profundidade)* shallow; *fig (desprezível)* mean. ◆ *adv (falar, rir)* quietly; *(relativo a posição)* low. ◆ *m (instrumento)* bass; **o mais** ~**/a mais baixa** *(pessoa)* the shortest; *(objeto, preço)* the lowest; **para** ~ down; **por** ~ **de** under(neath).
bajulador, ra [baʒula'do(x), ra] *adj* obsequious. ◆ *m, f* flatterer.
bajular [baʒu'la(x)] *vt*: ~ **alguém** to flatter sb.
bala ['bala] *f* bullet; *(doce)* candy; ~ **perdida** stray bullet; **à prova de** ~ bullet-proof.
balança [ba'lãsa] *f* scales *pl*. ❑ **Balança** *f* Libra.
balançar [balã'sa(x)] *vt & vi (balanço)* to swing; *(barco)* to rock.
balanço [ba'lãsu] *m (de criança)* swing; *(ação)* swinging.
balão [ba'lãw] (*pl* **-ões** [-õjʃ]) *m* balloon; *(de transporte)* hot-air balloon.
balbuciar [bawbu'sja(x)] *vt & vi* to mumble.

balbúrdia [baw'buxdʒja] *f (desordem)* shambles *sg*; *(barulho)* racket.
balcão [baw'kãw] (*pl* **-ões** [-õjʃ]) *m (de bar, loja)* counter; *(de teatro)* balcony; *(de casa)* balcony.
balde ['bawdʒi] *m* bucket, pail.
baldeação [bawdʒja'sãw] (*pl* **-ões** [-õjʃ]) *f* change; **fazer ~** to change.
balé [ba'lɛ] *m* ballet.
baleia [ba'leja] *f* whale.
balneário [baw'njarju] *m* spa.
balões → **balão.**
bálsamo ['bawsamu] *m* balsam, balm; *fig (alívio)* comfort.
banal [ba'naw] (*pl* **-ais** [-ajʃ]) *adj* banal.
banana [ba'nana] *f* banana.
banca ['bãŋka] *f*: **~ de jornais** newsstand.
bancada [bãŋ'kada] *f (de cozinha)* counter; *(de trabalho)* bench; POL political caucus.
bancário, ria [bãŋ'karju, rja] *adj* banking *(antes de s)*. ◆ *m, f* bank clerk.
banco ['bãŋku] *m (de cozinha)* stool; *(de carro)* seat; FIN bank; **~ de areia** sandbank; **~ de dados** INFORM database; **~ de jardim** (park) bench.
banda ['bãnda] *f* side; *(filarmônica)* brass band; *(de rock)* band; **de ~ (de lado)** sideways.
bandeira [bãn'dejra] *f* flag; **dar ~** to give the game away.
bandeja [bãn'deʒa] *f* tray; **de ~** given on a plate.
bandejão [bãnde'ʒãw] (*pl* **-ões** [-õjʃ]) *m* cafeteria meal.
bandido, da [bãn'dʒidu, da] *m, f* criminal.
bando ['bãndu] *m (de aves)* flock; *(de criminosos)* gang.
banha ['baɲa] *f*: **~ (de porco)** lard.
banheira [ba'ɲejra] *f* bathtub.
banheiro [ba'ɲejru] *m* bathroom.
banhista [ba'ɲiʃta] *mf* swimmer.
banho ['baɲu] *m (em banheira)* bath; *(em piscina, mar)* swim; **tomar ~** *(em banheira)* to have a bath; *(em chuveiro)* to have a shower; *(em piscina, mar)* to have a swim; **tomar um ~ de sol** to sunbathe.
banho-maria [ˌbaɲuma'ria] *m* bain-marie.
banir [ba'ni(x)] *vt (proibir)* to ban; *(expulsar)* to banish.
banquete [bãŋ'ketʃi] *m* banquet.
bar ['ba(x)] (*pl* **-res** [-riʃ]) *m* bar.
baralho [ba'raʎu] *m (de cartas)* deck *(of cards) Am*, pack *(of cards) Brit*.
barata [ba'rata] *f* cockroach.
barato, ta [ba'ratu, ta] *adj* cheap. ◆ *adv* cheaply. ◆ *m* fun; **mais ~** cheaper; **o mais ~** the cheapest; **foi o maior ~!** it was great!; **que ~!** swell!
barba ['baxba] *f* beard; **fazer a ~** to shave.
barbante [bax'bãntʃi] *m* string.

barbatana [baxba'tana] *f (de peixe)* fin.
barbeador [barbja'do(x)] (*pl* **-res** [-riʃ]) *m*: ~ **(elétrico)** (electric) shaver.
barbear-se [bax'bjaxsi] *vp* to shave.
barbeiro [bax'bejru] *m* barber shop.
barca ['baxka] *f* ferry.
barco ['baxku] *m* boat; ~ **a motor** speedboat; ~ **a remo** rowboat; ~ **à vela** sailing boat.
bares → **bar.**
barra ['baxa] *f* bar; *(foz)* mouth *(of a river)*; *(situação)* situation.
barraca [ba'xaka] *f (de feira)* stand; *(de camping)* tent.
barraco [ba'xaku] *m* shack.
barragem [ba'xaʒẽ] (*pl* **-ns** [-ʃ]) *f* dam.
barranco [ba'xãŋku] *m* ravine.
barrar [ba'xa(x)] *vt* to bar.
barreira [ba'xejra] *f (de rio, estrada)* embankment; ESP hurdle; *fig (obstáculo)* obstacle.
barriga [ba'xiga] *f* belly; **minha ~ está roncando** my stomach's rumbling; ~ **da perna** calf; **de ~ para cima/para baixo** face up/down.
barril [ba'xiw] (*pl* **-is** [-iʃ]) *m* barrel.
barro ['baxu] *m* clay.
barroco, ca [ba'xoku, ka] *adj & m* baroque.
barulhento, ta [baru'ʎẽntu, ta] *adj* noisy.
barulho [ba'ruʎu] *m (ruído)* noise; *(confusão)* commotion.
base ['bazi] *f* base; *(de maquiagem)* foundation; *(fundamento)* basis.
básico, ca ['baziku, ka] *adj* basic.
basílica [ba'zilika] *f* basilica.
basquete ['baʃkɛtʃi] *m* basketball.
bastante [baʃ'tãntʃi] *adv (muito)* a lot; *(suficiente)* enough. ◆ *adj (muito)* a lot of; *(suficiente)* enough; **ele é ~ feio** he is quite ugly.
bastar [baʃ'ta(x)] *vi* to be enough; **basta!** that's enough!
bastidores [baʃti'doreʃ] *mpl* wings; *(da política, de negociação)* behind the scenes.
bata ['bata] *f (de mulher)* robe; *(de médico)* (white) coat.
batalha [ba'taʎa] *f* battle.
batata [ba'tata] *f* potato; **~s assadas/cozidas** roast/boiled potatoes; **~s fritas** French fries *Am*, chips *Brit*; **~s fritas (de pacote)** chips *Am*, crisps *Brit*.
batata-doce [ba,tata'dosi] *f* sweet potato.
batente [ba'tẽntʃi] *m (porta)* doorframe; **pegar no ~** to work hard.
bate-papo [,batʃi'papu] (*pl* **bate-papos** [,batʃi'papuʃ]) *m* chat.
bater [ba'te(x)] *vt* to beat; *(asas)* to flap ◆ *vi (coração)* to beat; *(porta, janela)* to bang; **ela estava batendo o queixo** her teeth were chattering; ~ **à** *(a porta)* to knock at; ~ **a porta** to slam the door; ~ **com algo contra** OU **em**

algo to hit sthg against sthg; ~ **com o carro** to crash one's car; ~ **em** to hit; ~ **à máquina** to type; ~ **papo** to chat; ~ **o pé** *(teimar)* to put one's foot down; ~ **as botas** *(morrer)* he bought the farm; **ela não bate bem** she's a nutcase.

bateria [bate'ria] *f (de carro, motor)* battery; *MÚS* drums *pl*.

baterista [bate'riʃta] *mf* drummer.

batida [ba'tʃida] *f (de veículo)* crash; *(de polícia)* raid; *(bebida) cocktail containing "cachaça", sugar and fruit*.

batismo [ba'tʃiʒmu] *m* baptism.

batizado [batʃi'zadu] *m* christening.

batom [ba'tõ] *(pl* **-ns** [-ʃ]) *m* lipstick.

batucada [batu'kada] *f (música)* percussion music.

batucar [batu'ka(x)] *vi* to drum.

baú [ba'u] *m* trunk.

baunilha [baw'niʎa] *f* vanilla.

bebê [be'be] *m* baby; **'~ a bordo'** 'baby on board'.

bebedeira [bebe'dejra] *f* drunkenness; **tomar uma** ~ to get drunk.

beber [be'be(x)] *vt & vi* to drink; ~ **(muito)** to get drunk.

bebida [be'bida] *f* drink.

beça ['bɛsa]: **à beça** *adv* a lot. ◆ *adj* loads of, a lot of; **o concerto foi bom à** ~ the concert was really good.

beco ['beku] *m* alley; ~ **sem saída** dead end.

bege ['bɛʒi] *adj inv* beige.

beija-flor [,bejʒa'flo(x)] *(pl* **beija-flores** [,bejʒa'floriʃ]) *m* hummingbird.

beijar [bej'ʒa(x)] *vt* to kiss.

❑ **beijar-se** *vp* to kiss.

beijo ['bejʒu] *m* kiss.

beira ['bejra] *f (de estrada)* side; *(de rio)* bank; *(de precipício)* edge; **à** ~ **de** *(no limiar de)* on the verge of.

beira-mar [,bejra'ma(x)] *f* seaside; **à** ~ by the sea.

beira-rio [,bejra'xiu] *f* riverside; **à** ~ by the river.

beisebol [bejze'bɔw] *m* baseball.

belas-artes [,bɛla'zaxtʃiʃ] *fpl* fine arts.

beldade [bew'dadʒi] *f* beauty.

beleza [be'leza] *f* beauty; **que** ~**!** how wonderful!

Bélgica ['bɛwʒika] *f*: **a** ~ Belgium.

beliche [be'liʃi] *m* bunk.

beliscar [beliʃ'ka(x)] *vt* to pinch.

belo, la ['bɛlu, la] *adj* beautiful; *(homem)* handsome; *(momento)* wonderful; *(dia, sentimento, livro)* fine.

bem ['bẽj] *adv* **-1.** *(de forma satisfatória, correta)* well; **fala** ~ **inglês** she speaks English well; **fez** ~**!** you did the right thing!
-2. *(exprime opinião favorável)*: **estar** ~ *(de saúde)* to be well; *(de aspecto)* to look good; *(relativo a comodidade)* to be comfortable; **cheirar** ~ to smell good.
-3. *(suficiente)*: **estar** ~ to be enough.

- 4. *(muito)* very; **queria o bife ~ passado** I'd like my steak well-done; **queria uma bebida ~ gelada** I'd like an ice-cold drink.
- 5. *(bastante)* quite; **é um carro ~ espaçoso** it's quite a spacious car; **é um lugar ~ bonito** it's quite a pretty spot.
- 6. *(exatamente)* right; **não é ~ assim** it isn't quite like that; **não é ~ aqui, é mais adiante** it isn't here exactly, it's farther down.
- 7. *(em locuções)*: **eu ~ que lhe avisei** I told you so; **eu ~ que ajudaria, mas não posso** I'd be glad to help but I can't; **~ como** as well as; **~ feito!** it serves you right!; **está ~!** OK!, all right!; **muito ~!** very good!; **você vai ter que ir por ~ ou por mal** you'll have to go whether you like it or not; **se ~ que** although, even though.
◆ *m* - **1.** *(o que é bom)* good.
- **2.** *(bem-estar, proveito)* good; **praticar o ~** to do good; **é para o seu ~** it's for your own good; **meu ~** *(tratamento)* sweetheart.
❑ **bens** *mpl* *(posses)* property *sg*; *(produtos)* goods; **bens imóveis** ou **de raiz** real estate *sg*; **bens de consumo** consumer goods.

bem-disposto, osta [bẽjdʒiʃ'poʃtu, ɔʃta] *adj (bem humorado)* good-humored.

bem-estar [bẽjʃ'ta(x)] *m* well-being.

bem-vindo, da [bẽj'vĩndu, da] *adj* welcome.

bendizer [bẽndʒi'ze(x)] *vt* to praise.

beneficência [benefi'sẽsja] *f* charity.

beneficiar [benefi'sja(x)] *vt* to benefit.

benefício [bene'fisju] *m* benefit.

benéfico, ca [be'nɛfiku, ka] *adj* beneficial.

bengala [bẽŋ'gala] *f* cane.

benigno, na [be'nignu, na] *adj* benign.

bens → **bem.**

benzer [bẽ'ze(x)] *vt* to bless.
❑ **benzer-se** *vp* to cross o.s.

berço ['bexsu] *m* crib *Am*, cot *Brit*.

berinjela [berĩ'ʒɛla] *f* eggplant *Am*, aubergine *Brit*.

besouro [be'zoru] *m* beetle.

besta ['beʃta] *f (animal)* beast of burden; *(pessoa)* idiot.

besteira [beʃ'tejra] *f (asneira)* nonsense; *(insignificância)* trifle.

beterraba [bete'xaba] *f* beet.

bexiga [be'ʃiga] *f* bladder.

bezerro [be'zexu] *m* calf.

Bíblia ['biblia] *f* Bible.

biblioteca [bibljo'tɛka] *f* library.

bibliotecário, ria [bibljote'karju, rja] *m, f* librarian.

bica ['bika] *f (de água)* tap.

bicar [bi'ka(x)] *vt & vi* to peck.

bicha ['biʃa] *f (lombriga)* worm; *pej (homossexual)* queer.

bicho ['biʃu] *m (animal)* animal; *(inseto)* bug.

bicicleta [bisi'klɛta] *f* bicycle.

bico ['biku] *m (de sapato)* toe; *(de ave)* beak; *(de fogão)* burner; *(do seio)* nipple; *(trabalho)* odd job.
bife ['bifi] *m* steak.
bifurcação [bifuxka'sãw] (*pl* **-ões** [-õjʃ]) *f* fork.
bigode [bi'gɔdʒi] *m* mustache.
bijuteria [biʒute'ria] *f* costume jewelry.
bilhão [bi'ʎãw] (*pl* **-ões** [-õjʃ]) *num (mil milhões)* billion *Am*, thousand million *Brit*.
bilhar [bi'ʎa(x)] (*pl* **-res** [-riʃ]) *m (jogo)* pool *sg*; *(mesa)* pool table; **jogar ~** to play pool.
bilhete [bi'ʎetʃi] *m* ticket; **~ de ida e volta** round-trip ticket *Am*, return ticket *Brit*; **~ simples** *(em metrô)* one-way (ticket); **~ de loteria** lottery ticket.
bilheteria [biʎete'ria] *f (de teatro, cinema)* box office.
bilhões → **bilhão**.
bilíngüe [bi'lĩŋgwi] *adj* bilingual.
bílis ['biliʃ] *f* bile.
binóculo [bi'nɔkulu] *m* binoculars *pl*.
biografia [bjogra'fia] *f* biography.
biologia [bjolo'ʒia] *f* biology.
biólogo, ga ['bjɔlogu, ga] *m, f* biologist.
biombo ['bjõmbu] *m* screen.
biópsia [bjɔp'sia] *f* biopsy.
biquíni [bi'kini] *m* bikini.
birra ['bixa] *f* tantrum; **fazer ~** to throw a tantrum.
bis [biʃ] *interj* encore!
bisavô, vó [biza'vo, vɔ] *m, f* great-grandfather.
bisavós [biza'vɔʃ] *mpl* great-grandparents.
biscoito [biʃ'kojtu] *m* cookie *Am*, biscuit *Brit*; **~s amanteigados** shortbread.
bisnaga [biʒ'naga] *f (tubo)* tube; *(de pão)* French stick.
bisneto, ta [biʒ'nɛtu, ta] *m, f* great-grandson.
bispo ['biʃpu] *m* bishop.
bisteca [biʃ'tɛka] *f* steak.
bizarro, a [bi'zaxu, a] *adj* bizarre.
blasfêmia [blaʃ'femja] *f* blasphemy.
bloco ['blɔku] *m (de folhas)* writing pad; *(de notas)* notepad; *(de apartamentos)* (apartment) building; *(de concreto)* block.
bloquear [blo'kja(x)] *vt* to block.
blusa ['bluza] *f* blouse.
blusão [blu'zãw] (*pl* **-ões** [-õjʃ]) *m* jacket.
boa[1] → **bom**.
boa[2] ['boa] *f* boa constrictor.
boas-festas [ˌboaʒ'fɛʃtaʃ] *fpl*: **dar as ~ a alguém** to wish sb a Merry Christmas.
boas-vindas [ˌboaʒ'vĩndaʃ] *fpl*: **dar as ~ a alguém** to welcome sb.
boate ['bwatʃi] *f* nightclub.
boato ['bwatu] *m* rumor.
bobagem [bo'baʒẽ] (*pl* **-ns** [-ʃ]) *f* nonsense *sg*.
bobina [bo'bina] *f (de circuito elétrico)* coil; *(de fio, corda)* reel.

bobo, ba ['bobu, ba] *adj* silly.
boca ['boka] *f* mouth; *(de rua, túnel)* entrance; *(de fogão)* ring.
bocado [bo'kadu] *m (de pão, bolo, queijo)* piece.
bocal [bo'kaw] (*pl* **-ais** [-ajʃ]) *m (de castiçal)* mouth; *(de instrumento musical)* mouthpiece.
bocejar [bose'ʒa(x)] *vi* to yawn.
bochecha [bu'ʃeʃa] *f* cheek.
bochechar [boʃe'ʃa(x)] *vi* to gargle.
boda ['boda] *f* wedding; **~s de ouro/prata** golden/silver wedding (anniversary) *sg*.
bofetada [bofe'tada] *f* slap.
boi ['boj] *m* ox.
bóia ['bɔja] *f* float; *(de barco)* life preserver *Am*, life buoy *Brit*.
boina ['bɔjna] *f* flat cap.
bola ['bɔla] *f* ball; *(cabeça)* head; **dar ~ para** *(flertar com)* to flirt with; **não dar ~ para** *(não dar importância a)* to not care less; **não bater bem da ~** to not be right in the head.
boléia [bo'lɛja] *f (de caminhão)* driver's cab.
boletim [bole'tʃĩ] (*pl* **-ns** [-ʃ]) *m (de notícias)* bulletin; *(revista)* newsletter; EDUC report; **~ médico** medical report; **~ meteorológico** weather forecast.
bolha ['boʎa] *f (em pele)* blister; *(em líquido)* bubble.
bolo ['bolu] *m* cake; **dar o ~ em alguém** to stand sb up.
bolor [bo'lo(x)] *m* mold.
bolota [bo'lɔta] *f* acorn.
bolsa ['bowsa] *f (mala)* bag; **~ de estudos** scholarship; **~ de valores** stock exchange.
bolso ['bowsu] *m* pocket.
bom, boa ['bõ, 'boa] (*mpl* **bons** ['bõʃ], *fpl* **boas** ['boaʃ]) *adj* good; *(bondoso)* kind, nice; *(são)* well; *(adequado)* suitable; **~ dia/boa tarde/boa noite** good morning/afternoon OU evening/night; **essa é boa!** that's a good one; **é ~ você fazer isso direito!** you'd better do that well!; **estar numa boa** to have it good; **ficar** *(trabalho)* to come out well; *(pessoa)* to get well; **tudo ~?** how's it going?, how are you doing?
bomba ['bõmba] *f (de ar, água)* pump; *(explosivo)* bomb; **~ atômica** atomic bomb; **~ de chocolate** chocolate éclair; **~ de gasolina** gas pump *Am*, petrol pump *Brit (fam)*: **levar ~** to fail.
bombardear [bõmbax'dʒja(x)] *vt* to bomb.
bombeiro [bõm'bejru] *m* firefighter; *(encanador)* plumber; **os ~s (voluntários)** fire department *Am*, fire brigade *Brit*.
bombom [bõm'bõ] (*pl* **-ns** [-ʃ]) *m* chocolate.
bondade [bõn'dadʒi] *f* goodness.
bonde ['bõndʒi] *m* streetcar *Am*, tram *Brit*.
bondoso, osa [bõn'dozu, ɔza] *adj* kind.
boné [bɔ'nɛ] *m* cap.
boneca [bo'nɛka] *f* doll.

boneco [bo'nεku] *m (brinquedo)* doll; *(desenho)* stick figure; ~ **de neve** snowman.

bonito, ta [bo'nitu, ta] *adj* pretty; *(homem)* good-looking; *(momento)* wonderful; *(gesto, atitude, sentimento)* kind; *(dia)* nice.

bons → **bom.**

bônus ['bonuʃ] *m inv (de empresa)* bonus; *(de loja)* voucher.

borboleta [boxbo'leta] *f* butterfly.

borbulha [box'buʎa] *f (de água, champanhe)* bubble.

borda ['bɔxda] *f* edge; *(de torta, pizza)* crust.

bordado, da [box'dadu, da] *adj* embroidered. ◆ *m* embroidery.

bordar [box'da(x)] *vt & vi* to embroider.

bordel [box'dεw] (*pl* **-éis** [-εjʃ]) *m* brothel.

bordo ['boxdu] *m (de navio, passeio)* side; **a** ~ on board.

borra ['boxa] *f (de café)* grounds *pl*; *(de vinho)* dregs *pl*.

borracha [bo'xaʃa] *f* eraser *Am*, rubber *Brit*; *(material)* rubber.

borracheiro [boxa'ʃejru] *m person who repairs and sells tires.*

borrifar [boxi'fa(x)] *vt*: ~ **algo com algo** to sprinkle sthg with sthg.

bosque ['bɔʃki] *m* wood.

bossa ['bɔsa] *f* hump; ~ **nova** *Brazilian musical movement from the 1960s.*

BOSSA NOVA

Bossa nova first appeared towards the end of the 1950s as a jazz-samba fusion. Its syncopated rhythm was made famous by musicians such as João Gilberto and Tom Jobim. The song "Garota de Ipanema" ("The Girl from Ipanema") became such a big international hit that even Frank Sinatra recorded his own cover version, ensuring that the bossa nova beat spread across the whole world.

bota ['bɔta] *f* boot.

botânica [bo'tãnika] *f* botany → **botânico.**

botânico, ca [bo'tãniku, ka] *m, f* botanist. ◆ *adj m* → **jardim.**

botão [bo'tãw] (*pl* **-ões** [-õjʃ]) *m (de vestuário, aparelho)* button; *(de flor)* bud.

botar [bo'ta(x)] *vt* to put; *(vestir, calçar)* to put on; *(suj: ave)* to lay; *(defeito)* to find; ~ **algo em dia** to update sthg; ~ **algo fora** to throw sthg away.

bote ['bɔtʃi] *m* boat; ~ **salva-vidas** lifeboat.

botequim [botʃi'kĩ] (*pl* **-ns** [-ʃ]) *m* bar.

botijão [botʃi'ʒãw] (*pl* **-ões** [-õjʃ]) *m (de gás)* bottle.

botões → **botão.**

boxe ['bɔksi] *m* boxing.

braçadeira [brasa'dejra] *f (para natação)* armband; *(de cano, mangueira)* bracket.

bracelete [brase'letʃi] *m* bracelet.

braço ['brasu] *m* arm; *(de viola, violino, violoncelo)* neck; *(de rio)* branch; *(de mar)* inlet; **não dar o ~ a torcer** not to give in; **ser o ~ direito de alguém** to be sb's right hand; **de ~ dado** arm in arm.

bradar [bra'da(x)] *vt* to cry out. ◆ *vi* to clamor.

braguilha [bra'giʎa] *f* flies *pl*.

branco, ca ['brãŋku, ka] *adj & m* white. ◆ *m, f (pessoa)* white man; **em ~** *(folha, cheque)* blank.

brando, da ['brãndu, da] *adj* gentle; **cozinhar em fogo ~** to simmer.

brasa ['braza] *f* ember.

brasão [bra'zãw] (*pl* **-ões** [-õjʃ]) *m* coat of arms.

Brasil [bra'ziw] *m*: **o ~** Brazil.

brasileiro, ra [brazi'lejru, ra] *adj & m, f* Brazilian.

Brasília [bra'zilja] *s* Brasilia.

BRASÍLIA

More than just the capital of Brazil, Brasília is a monument to modern architecture. Founded in 1960, it was planned so as to sit in the exact geographical center of the country. Its palaces and buildings are simple yet elegant, spreading down wide avenues and boulevards in a celebration of speed and efficiency. The central government offices are housed here in the Palácio do Planalto, not far from the twin towers of the Brazilian National Congress.

---

brasões → **brasão.**

bravio, via [bra'viu, via] *adj* wild.

bravo, va ['bravu, va] *adj (valente)* brave; *(selvagem)* wild; *(tempestuoso)* rough; *fig (furioso)* angry. ◆ *interj* bravo!

brejo ['brɛʒu] *m* swamp.

breve ['brɛvi] *adj* short; **em ~** soon; **até ~!** see you soon!

brevemente [ˌbrɛvi'mẽntʃi] *adv* shortly.

briga ['briga] *f* fight.

brigada [bri'gada] *f (de trânsito)* patrol; *(de trabalhadores)* crew.

brilhante [bri'ʎãntʃi] *adj (cabelo, metal)* shiny; *(olhos)* bright; *fig (excelente)* brilliant. ◆ *m* diamond.

brilhar [bri'ʎa(x)] *vi* to shine.

brilho ['briʎu] *m (de cabelo, metal)* shine; *(de olhos, sol)* brightness.

brincadeira [brĩŋka'dejra] *f (jogo)* game; *(gracejo)* joke.

brincar [brĩŋ'ka(x)] *vi (criança)* to play; *(gracejar)* to joke.

brinco ['brĩŋku] *m* earring.

brindar [brĩn'da(x)] *vi (fazer um brinde)* to drink a toast. ◆ *vt (presentear)*: **~ alguém com algo** to give sthg as a present to sb; **~ à**

saúde de alguém to drink to sb.
brinde ['brĩndʒi] *m (presente)* present; **fazer um** ~ to propose a toast.
brinquedo [brĩŋ'kedu] *m* toy.
brisa ['briza] *f* breeze.
britânico, ca [bri'taniku, ka] *adj* British. ◆ *m, f* British person; **os** ~**s** the British.
broca ['brɔka] *f* drill.
broche ['brɔʃi] *m* brooch.
brochura [bro'ʃura] *f* paperback.
brócolis ['brɔkoliʃ] *mpl* broccoli *sg.*
bronca ['brõŋka] *f (repreensão)* scolding.
bronquite [brõŋ'kitʃi] *f* bronchitis.
bronze ['brõzi] *m* bronze.
bronzeado, da [brõ'zeadu, da] *adj* tanned. ◆ *m* (sun)tan.
bronzeador [brõzea'do(x)] (*pl* **-res** [-riʃ]) *m* suntan lotion.
bronzear-se [brõ'zjaxsi] *vp* to get a (sun)tan.
brotar [bro'ta(x)] *vi (água)* to well up; *(flor, planta)* to sprout. ◆ *vt (líquido)* to spurt.
bruços ['brusuʃ] *mpl:* **de** ~ *(posição)* face down.
bruma ['bruma] *f* mist.
brusco, ca ['bruʃku, ka] *adj (pessoa)* brusque; *(gesto, movimento)* sudden.
brutal [bru'taw] (*pl* **-ais** [-ajʃ]) *adj* brutal.
bruto, ta ['brutu, ta] *adj* rough; *(peso)* gross; **em** ~ raw.
bruxa ['bruʃa] *f* witch.
búfalo ['bufalu] *m* buffalo.
bugigangas [buʒi'gaŋgaʃ] *fpl* knick-knacks.
bula ['bula] *f (de remédio)* instruction leaflet.
bulbo ['buwbu] *m* bulb.
bule ['buli] *m (para chá)* teapot; *(para café)* coffee pot.
Bumba-meu-boi ['bũmbamew,boj] Bumba-meu-boi.

BUMBA-MEU-BOI

An allegory which has as its dramatic focus the death and resurrection of an ox. It involves human characters, animals and fantasy figures. In certain regions of the country it is played between Christmas and the 6th of January. In the states of the North it is played during the "festas juninas" (June festivals).

---

bunda ['bũnda] *f* bottom.
buraco [bu'raku] *m* hole.
burla ['burla] *f* fraud.
burlão, ona [bur'lãw, ona] (*mpl* **-ões** [-õjʃ], *fpl* **-s** [-ʃ]) *m, f* fraudster.
burocracia [burokra'sia] *f* bureaucracy.
burro, a ['buxu, a] *m, f* donkey. ◆ *adj (estúpido)* stupid.
busca ['buʃka] *f* search; **em** ~ **de** in search of.
buscar [buʃ'ka(x)] *vt* to search for, to look for.
bússola ['busola] *f* compass.

busto ['buʃtu] *m* bust.
buzina [bu'zina] *f* horn.
buzinar [buzi'na(x)] *vi* to sound the horn.
búzio ['buzju] *m* conch.

C

cá ['ka] *adv* here; **venha ~, por favor** come here, please.
cabana [ka'bana] *f* hut.
cabeça [ka'besa] *f* head; *(de alho)* bulb; **por ~** per head; **à ~** *(à frente)* at the front; **de ~ para baixo** upside down; **fazer a ~ de alguém** to convince sb; **não ter pé nem ~** to make no sense; **perder a ~** to lose one's head.
cabeçada [kabe'sada] *f (pancada com a cabeça)* head butt; *(em futebol)* header.
cabeceira [kabe'sejra] *f* head.
cabeçudo, da [kabe'sudu, da] *adj (teimoso)* stubborn.
cabedal [kabe'daw] (*pl* **-ais** [-ajʃ]) *m* personal possession.
cabeleira [kabe'lejra] *f (verdadeira)* head of hair; *(postiça)* wig.
cabeleireiro, ra [kabelej'rejru, ra] *m, f (profissão)* hairdresser. ◆ *m (local)* beauty parlor.
cabelo [ka'belu] *m* hair; **ir cortar o ~** to get one's hair cut.
caber [ka'be(x)] *vi* to fit in.
❑ **caber a** *v + prep*: **~ a alguém fazer algo** to be up to sb to do sthg.
cabide [ka'bidʒi] *m (de chapéu)* hat stand; *(de roupa)* (clothes) hanger.
cabine [ka'bini] *f (telefônica)* telephone booth; *(de navio, avião)* cabin; *(de trem)* compartment.
cabisbaixo, xa [kabiʒ'bajʃu, ʃa] *adj fig (triste)* downcast.
cabo ['kabu] *m* cable; *(de utensílio)* handle; *(de terra)* cape; *(de exército)* corporal; **ao ~ de** after; **de ~ a rabo** from beginning to end; **dar ~ de algo** to wreck sthg.
cabra ['kabra] *f* goat.
cabrito [ka'britu] *m* kid (goat).
caça ['kasa] *f (ação)* hunting; *(animal caçado)* game.
caçador, ra [kasa'do(x), ra] (*mpl* **-res** [-riʃ], *fpl* **-s** [-ʃ]) *m, f* hunter.
cação [ka'sãw] *m* dogfish.
caçar [ka'sa(x)] *vt* to hunt.
cacetada [kase'tada] *f* blow.
cacete [ka'setʃi] *m (pau)* stick; **ela é chata para ~!** she's a real bore!
cachaça [ka'ʃasa] *f* sugar cane spirit.

(i) CACHAÇA

Probably Brazil's most famous drink, "cachaça" is a highly alcoholic spirit. It is used in various cocktails such as "caipirinha" (with lime juice, sugar and ice) and "batidas" (blended concoctions of "cachaça" and fruit pulp). If you decide to drink it straight, pouring some on the floor first is said to bring good luck. Look out for the more colorful brand names such as "Levanta-Defunto" (the resurrector), "Mata-Sogra" (mother-in-law killer) and "Xixi-do-Diabo" (devil's pee).

---

cachecol [kaʃe'kɔw] (*pl* **-óis** [-ɔjʃ]) *m* scarf.
cachimbo [ka'ʃĩmbu] *m* pipe.
cacho ['kaʃu] *m (de uvas, flores)* bunch; *(de cabelo)* lock.
cacto ['ka(k)tu] *m* cactus.
cada ['kada] *adj (um)* each; *(todos)* every; ~ **duas semanas** every two weeks; ~ **qual** each one; ~ **um/uma** each (one); **um/uma de** ~ **vez** one at a time; ~ **vez mais** more and more; ~ **vez que** every time; **aqui é** ~ **um por si** everyone looks out for themselves here; **você tem** ~ **uma!** you came out with real good ones!
cadarço [ka'daxsu] *m* shoelace.
cadastro [ka'daʃtru] *m (registro)* register; *(de criminosos)* criminal record.
cadáver [ka'davɛ(x)] (*pl* **-res** [-riʃ]) *m* corpse.
cadê [ka'de] *adv:* ~ **...?** where's ...?, where are ...? *pl.*
cadeado [ka'dʒjadu] *m* padlock.
cadeia [ka'deja] *f (fila)* chain; *(prisão)* prison.
cadeira [ka'dejra] *f (assento)* chair; *(disciplina)* subject; ~ **de rodas** wheelchair.
cadela [ka'dɛla] *f* bitch.
cadência [ka'dẽsja] *f* rhythm.
caderno [ka'dɛrnu] *m* notebook.
caducar [kadu'ka(x)] *vi* to expire.
caduco, ca [ka'duku, ka] *adj (pessoa)* senile.
cães → **cão**.
café [ka'fɛ] *m* coffee; *(local)* café; ~ **com leite** coffee with cream *Am*, white coffee *Brit*; ~ **da manhã** breakfast; ~ **expresso** espresso; ~ **moído/solúvel** ground/instant coffee; *(adversário)* small time.
cafeteira [kafe'tejra] *f* coffee pot.
cafezinho [kafe'ziɲu] *m* small black coffee.
caiar [ka'ja(x)] *vt* to whitewash.
caibo ['kajbu] → **caber**.
cãibra ['kãjmbra] *f* cramp.
caipira [kaj'pira] *adj* provincial. ◆ *mf* hick.
caipirinha [kajpi'riɲa] *f cocktail made of "cachaça", lime juice, sugar and ice.*
cair [ka'i(x)] *vi* to fall; *(luz)* to shine; ~ **bem/mal** *(comida)* to go down well/badly; ~ **na realidade** ou **em si** to come to one's senses; **nessa não caio eu!** I won't fall for that!
cais ['kajʃ] *m inv (de rio, mar)* harbor; ~ **de embarque** quay.
caixa ['kajʃa] *f* box; *(seção de*

banco, loja) counter; *(em supermercado)* checkout; *(banco)* savings bank; *(segurança social)* social security; *(de arma)* chamber. ◆ *mf (profissão)* cashier; ~ **alta/baixa** upper/lower case; ~ **automático** ou **24 horas** ATM; ~ **de mudanças** gearbox; ~ **do correio** mailbox; ~ **de fósforos** matchbox; ~ **postal** P.O. box; ~ **registradora** cash register.

caixão [kaj'ʃãw] (*pl* **-ões** [-õjʃ]) *m* coffin, casket *Am.*

caixeiro [kaj'ʃejru] *m*: ~ **viajante** traveling salesman.

caixões → **caixão.**

caixote [kaj'ʃɔtʃi] *m* box.

caju [ka'ʒu] *m* cashew nut.

calado, da [ka'ladu, da] *adj* quiet; **fique ~!** be quiet!

calamidade [kalami'dadʒi] *f* calamity.

calar-se [ka'laxsi] *vp* to fall silent; **cale-se!** shut up!

calça ['kawsa] *f* pants *pl Am,* trousers *pl Brit.*

calçada [kaw'sada] *f* sidewalk *Am,* pavement *Brit.*

calçado, da [kaw'sadu, da] *adj (rua)* cobbled. ◆ *m* footwear.

calcanhar [kawka'ɲa(x)] (*pl* **-res** [-riʃ]) *m* heel.

calção [kaw'sãw] (*pl* **-ões** [-õjʃ]) *m* shorts *pl*; ~ **de banho** bathing suit.

calcar [kaw'ka(x)] *vt (pisar)* to stand on; *(comprimir)* to press down.

calçar [kaw'sa(x)] *vt (sapatos, meias, luvas)* to put on; *(rua, passeio)* to pave; **que número você calça?** what size (shoe) do you wear?; **calço 37** I'm a (size) 37.

calcário [kaw'karju] *m* limestone.

calcinha [kaw'siɲa] *f* panties *pl Am,* knickers *pl Brit.*

cálcio ['kawsju] *m* calcium.

calço ['kawsu] *m* wedge.

calculadora [kawkula'dora] *f* calculator.

calcular [kawku'la(x)] *vt (número, valor)* to calculate; *(conjecturar)* to reckon.

cálculo ['kawkulu] *m (aritmético, algébrico)* calculation; *(disciplina)* calculus; **pelos meus ~s estaremos lá em uma hora** I figure we'll be there in an hour.

calda ['kawda] *f* syrup.

caldo ['kawdu] *m (sopa)* broth; *(de carne, sopa, vegetais)* stock.

calendário [kalẽn'darju] *m* calendar.

calhar [ka'ʎa(x)] *vi (vir a propósito)*: **calhou eu estar lá** I happened to be there; **vir a ~** to come at just the right time.

calibragem [kali'braʒẽ] (*pl* **-ns** [-ʃ]) *f*: ~ **(dos pneus)** tire pressure.

cálice ['kalisi] *m (vinho)* wine glass; *(sagrado)* chalice.

calista [ka'liʃta] *mf* podiatrist *Am,* chiropodist *Brit.*

calma ['kawma] *f* calm. ◆ *interj* take it easy!, calm down!; **ter ~** to keep calm.

calmo, ma ['kawmu, ma] *adj* calm; *(lugar)* quiet.

calo ['kalu] *m* callus; *(de pé)* corn; **é melhor não pisar no meu ~!** you'd better not bother me!
calor [ka'lo(x)] *m* heat; **estar com ~** to feel hot; **fazer ~** to be hot.
caloria [kalo'ria] *f* calorie.
calouro, ra [ka'loru, ra] *m, f* freshman *Am,* fresher *Brit.*
calúnia [ka'lunja] *f* slander.
calvo, va ['kawvu, va] *adj* bald.
cama ['kama] *f* bed; **~ de casal** double bed; **~ de solteiro** single bed; **estar de ~** to be bedridden; **ir para a ~** *(fazer amor)* to go to bed with sb.
camada [ka'mada] *f* layer; *(de tinta, verniz)* coat; **a ~ de ozônio** the ozone layer.
câmara ['kãmara] *f*: **~ fotográfica** camera; **~ municipal** *(elementos)* city council; **~ de vídeo** camcorder; **em ~ lenta** in slow motion.
camarada [kama'rada] *mf (de partido)* comrade; *(forma de tratamento)* buddy, pal. ◆ *adj (preço)* good.
câmara-de-ar [,kãmara-'dʒia(x)] (*pl* **câmaras-de-ar** [,kãmaraʒ'dʒia(x)]) *f* inner tube.
camarão [kama'rãw] (*pl* **-ões** [-õjʃ]) *m* shrimp.
camarim [kama'rĩ] (*pl* **-ns** [-ʃ]) *m* dressing room.
camarões → **camarão.**
camarote [kama'rɔtʃi] *m (de navio)* cabin; *(de teatro)* box.
cambalear [kãmba'lja(x)] *vi* to stagger.
cambalhota [kãmba'ʎɔta] *f* somersault.
câmbio ['kãmbju] *m (troca de valores)* exchange; *(preço de transação)* exchange rate; *(de veículo)* gearshift.
camelo [ka'melu] *m* camel.
camelô [kame'lo] *m* street peddler.
caminhada [kami'ɲada] *f* walk.
caminhão [kami'ɲãw] (*pl* **-ões** [-õjʃ]) *m* truck *Am,* lorry *Brit.*
caminhar [kami'ɲa(x)] *vi* to walk.
caminho [ka'miɲu] *m* way; *(via)* path; **estou a ~** I'm on my way; **a ~ de** on the way to; **pelo ~** on the way; **cortar ~** to take a short cut.
caminhões → **caminhão.**
caminhoneiro, ra [kamiɲo'nejru, ra] *m, f* truck driver *Am,* lorry driver *Brit.*
caminhonete [kamiɲo'nɛtʃi] *f (para passageiros)* minibus; *(para mercadorias)* van.
camisa [ka'miza] *f* shirt.
camiseta [kami'zeta] *f* T-shirt.
camisinha [kami'ziɲa] *f (preservativo)* condom.
camisola [kami'zɔla] *f (de dormir)* nightdress.
campainha [kãmpa'iɲa] *f* bell.
campanário [kãmpa'narju] *m* belfry.
campanha [kã'mpaɲa] *f* campaign; **~ eleitoral** election campaign.

campeão, peã [kãm'pjãw, pjã] (*mpl* **-ões** [-õjʃ], *fpl* **-s** [-ʃ]) *m, f* champion.
campeonato [kãmpjo'natu] *m* championship.
campestre [kãm'pɛʃtri] *adj* country *(antes de s)*.
camping [kãm'pĩŋ] *m* camping; *(local)* campsite.
campista [kãm'piʃta] *mf* camper.
campo ['kãmpu] *m* country (side); *(de esporte)* field; ~ **de futebol** soccer field; ~ **de golfe** golf course.
camurça [ka'muxsa] *f* suede.
cana ['kana] *f (planta)* bamboo; *(material)* cane; *(cana-de-açúcar)* sugar cane; *(cachaça)* sugar cane spirit; **ir em** ~ to be arrested.
Canadá [kana'da] *m*: **o** ~ Canada.
canal [ka'naw] (*pl* **-ais** [-ajʃ]) *m* channel; *(de navegação)* canal; **o Canal da Mancha** the (English) Channel.
canalização [kanaliza'sãw] (*pl* **-ões** [-õjʃ]) *f (de água)* plumbing; *(de gás)* piping.
canalizar [kanali'za(x)] *vt (água, gás)* to lay pipes for; *fig (esforços, fundos)* to channel.
canção [kã'sãw] (*pl* **-ões** [-õjʃ]) *f* song.
cancela [kã'sɛla] *f (de casa, jardim)* gate; *(de passagem de nível)* barrier.
cancelamento [kãsela'mẽntu] *m* cancellation.
cancelar [kãse'la(x)] *vt* to cancel.
câncer ['kãse(x)] (*pl* **-res** [-riʃ]) *m* cancer.
❑ **Câncer** *m* Cancer.
cancerígeno, na [kãse'riʒenu, na] *adj* carcinogenic.
canções → **canção.**
candelabro [kãnde'labru] *m (lustre)* chandelier; *(castiçal)* candelabra.
candidato, ta [kãndʒi'datu, ta] *m, f*: ~ **(a)** candidate (for).
candomblé [kãndõm'blɛ] *m* *Afro-Brazilian religion centered around musical rituals and dance.*

CANDOMBLÉ

This hybrid religion was born from the fusion of Portuguese Catholicism and the African cults brought over to Brazil by the slaves. The gods are known as "orixás" and each one is associated with a Catholic saint. For example, Oxalá is Jesus, and Iemanjá, the goddess of the sea, is the Virgin Mary. The "candomblé" ceremonies take place in "terreiros" (specially dedicated spaces) and are characterized by women singing and chanting to the beat of the drums, played by men.

caneca [ka'nɛka] *f* mug; *(medida de cerveja) a measure of beer.*
canela [ka'nɛla] *f (condimento)* cinnamon; *(de perna)* shin; **esticar a** ~ *fig (morrer)* to buy the farm.

caneta [ka'neta] *f* pen; ~ **esferográfica** ballpoint pen.
canguru [kãŋgu'ru] *m* kangaroo.
canhão [ka'ɲãw] (*pl* **-ões** [-õjʃ]) *m (arma)* cannon; *(vale)* canyon.
canhoto, ota [ka'ɲotu, ɔta] *adj* left-handed. ◆ *m, f* left-handed person.
canibal [kani'baw] (*pl* **-ais** [-ajʃ]) *mf* cannibal.
caniço [ka'nisu] *m* reed.
canil [ka'niw] (*pl* **-is** [-iʃ]) *m* kennel.
canis → **canil.**
canivete [kani'vɛtʃi] *m* penknife.
canja ['kãʒa] *f*: ~ **(de galinha)** chicken broth; **é** ~**!** it's a piece of cake!
cano ['kanu] *m* pipe; *(de arma)* barrel; ~ **de esgoto** drainpipe.
canoa [ka'noa] *f* canoe.
canoagem [ka'nwaʒẽ] *f* canoeing; **fazer** ~ to go canoeing.
cansaço [kã'sasu] *m* tiredness.
cansado, da [kã'sadu, da] *adj*: **estar** ~ to be tired.
cansar [kã'sa(x)] *vt* to tire out. ◻ **cansar-se** *vp* to get tired.
cansativo, va [kãsa'tʃivu, va] *adj (fatigante)* tiring; *(maçante)* tedious.
cantar [kãn'ta(x)] *vi & vt* to sing.
cantarolar [kãntaro'la(x)] *vi & vt* to hum.
cantiga [kãn'tʃiga] *f (canção)* ballad.
cantil [kãn'tʃiw] (*pl* **-is** [-iʃ]) *m* flask.
cantina [kãn'tʃina] *f* canteen.
cantis → **cantil.**
canto ['kãntu] *m* corner; *(forma de cantar)* singing; *(de galo)* crowing.
cantor, ra [kãn'to(x), ra] (*mpl* **-res** [-riʃ], *fpl* **-s** [-ʃ]) *m, f* singer.
canudinho [kanu'diɲu] *m* drinking straw.
canudo [ka'nudu] *m* tube; *(para bebida)* straw; *(diploma de curso)* diploma.
cão ['kãw] (*pl* **cães** ['kãjʃ]) *m* dog; ~ **de guarda** guard dog.
caos ['kawʃ] *m* chaos.
caótico, ca [ka'ɔtiku, ka] *adj* chaotic.
capa ['kapa] *f (dossier, pasta)* folder; *(peça de vestuário)* cape; *(de livro, caderno)* cover; ~ **impermeável** raincoat.
capacete [kapa'setʃi] *m (de moto)* crash helmet; *(de proteção)* hard hat.
capacidade [kapasi'dadʒi] *f* capacity; *fig (talento)* ability.
capar [ka'pa(x)] *vt* to castrate; *(animal de estimação)* to neuter; *(cavalo)* to geld.
capaz [ka'paʃ] (*pl* **-zes** [-ziʃ]) *adj* capable; **ser** ~ **de fazer algo** to be able to do sthg; **é** ~ **de chover** it might rain.
capela [ka'pɛla] *f* chapel.
capitã → **capitão.**
capitães → **capitão.**
capital [kapi'taw] (*pl* **-ais** [-ajʃ]) *f & m* capital.
capitão, tã [kapi'tãw, tã] (*mpl* **-ães** [-ãjʃ], *fpl* **-s** [-ʃ]) *m, f* captain.

capítulo [ka'pitulu] *m* chapter.
capô [ka'po] *m (de carro)* hood *Am,* bonnet *Brit.*
capoeira [ka'pwejra] *f* coop; *(prática esportiva) Brazilian fighting dance.*

CAPOEIRA

A martial art, dance and game at the same time, "capoeira" was brought over to Brazil by African slaves who, when prohibited from taking part in their traditional fighting contests, converted their skill into a dance as a way of keeping a grip on their culture. It is danced in pairs, to the sound of the "berimbau", an African stringed instrument. Today, though the spiritual home of "capoeira" is Bahia, it can be learnt in dance schools all over the country.

---

capota [ka'pɔta] *f (de carro)* hood *Am,* bonnet *Brit.*
capotar [kapo'ta(x)] *vi* to overturn.
capricho [ka'priʃu] *m* whim.
Capricórnio [kapri'kɔrnju] *m* Capricorn.
captar [kap'ta(x)] *vt (água)* to collect; *(sinal, onda)* to receive; *(atenção)* to attract.
capuz [ka'puʃ] (*pl* **-zes** [-ziʃ]) *m* hood.
caqui [ka'ki] *m* khaki.
cara ['kara] *f* face; *(aspecto)* appearance. ◆ *m* guy; ~ **ou coroa?** heads or tails?; ~ **a** ~ face to face; **dar de** ~ **com** *fig* to come face to face with; **não vou com a** ~ **dele** I don't like the look of him; **ter** ~ **de poucos amigos** to look like a hard nut.
caracol [kara'kɔw] (*pl* **-óis** [-ɔjʃ]) *m (animal)* snail; *(de cabelo)* curl.
característica [kara(k)te'riʃtʃika] *f* characteristic.
característico, ca [kara(k)te'riʃtʃiku, ka] *adj* characteristic.
caramelo [kara'mɛlu] *m* caramel.
caranguejo [karãŋ'gejʒu] *m* crab.
caráter [ka'rate(x)] (*pl* **-res** [-riʃ]) *m* character; *(tipo)* type.
caravana [kara'vana] *f (de gente)* caravan.
carbonizado, da [kaxboni'zadu, da] *adj* charred.
carbono [kax'bonu] *m* carbon.
carburador [kaxbura'do(x)] (*pl* **-res** [-riʃ]) *m* carburetor.
cardápio [kax'dapju] *m* menu.
cardume [kax'dumi] *m* shoal.
careca [ka'rɛka] *adj* bald. ◆ *f* bald patch.
carecer [kare'se(x)]: **carecer de** *v + prep (ter falta de)* to lack; *(precisar de)* to need.
carência [ka'rẽsja] *f (falta)* lack; *(necessidade)* need.
careta [ka'reta] *f* grimace; **fazer** ~**s** to pull faces.

carga ['kaxga] *f (de barco, avião)* cargo; *(de trem, caminhão)* freight; *(de pessoa, animal)* load; *(de projétil)* charge; ~ **máxima** maximum load.

cargo ['kaxgu] *m (função)* post; *(responsabilidade)* responsibility; **deixar a ~ de** to leave in charge of; **estar a ~ de** to be the responsibility of.

cariado, da [ka'rjadu, da] *adj* decayed.

carícia [ka'risja] *f* caress.

caridade [kari'dadʒi] *f* charity.

cárie ['kari] *f* tooth decay.

carimbar [karĩm'ba(x)] *vt* to stamp.

carimbo [ka'rĩmbu] *m* stamp; *(em carta)* postmark.

carinho [ka'riɲu] *m* affection.

carioca [ka'rjɔka] *mf (pessoa)* native of Rio de Janeiro.

carnal [kax'naw] (*pl* **-ais** [-ajʃ]) *adj* carnal.

Carnaval [kaxna'vaw] *m* Carnival.

CARNAVAL

The four-day period before Lent leading up to Ash Wednesday is carnival time in Brazil. Rich and poor alike forget their cares as they party in the streets. Though celebrated across the whole country, the carnival parades in Rio and Salvador are probably the best known. The Rio carnival is notable for its "escolas de samba" (schools of samba), which compete against each other, whilst in Salvador the public are free to participate in the processions.

carne ['kaxni] *f (de comer)* meat; *(tecido muscular)* flesh; ~ **de carneiro** lamb; ~ **moída** ground beef *Am*, mince *Brit*; ~ **de porco** pork; ~ **de vaca** beef; **em ~ e osso** in the flesh.

carnê [kax'ne] *m (de pagamentos)* payment book.

carneiro [kax'nejru] *m (animal)* sheep; *(reprodutor)* ram; *(carne)* mutton.

carnudo, da [kax'nudu, da] *adj (lábios)* full; *(fruto)* fleshy.

caro, ra ['karu, ra] *adj (de preço elevado)* expensive; *(querido)* dear.

caroço [ka'rosu] *m (de fruto)* stone; *(em corpo)* lump.

carona [ka'rona] *f* lift, ride *Am*; **pegar uma ~** to hitch a ride; **dar uma ~ a alguém** to give sb a ride; **pedir ~** to hitchhike.

carpete [kax'pɛtʃi] *m* carpet.

carpinteiro [kaxpĩn'tejru] *m* carpenter.

carregado, da [kaxe'gadu, da] *adj (cor)* dark; *(tempo)* muggy; **estar ~ de** to be loaded down with.

carregador [kaxega'do(x)] (*pl* **-res** [-riʃ]) *m (em estação, hotel)* porter.

carregar [kaxe'ga(x)] *vt* to load; *(transportar)* to carry; *(pilha, bateria)* to charge. ◆ *vi (pesar)* to be heavy; ~ **em algo** *(exagerar)* to overdo sthg.

carreira [ka'xejra] *f (profissão)* career; *(fileira)* row; *(de transportes coletivos)* route; *(pequena corrida)* race.

carrinho [ka'xiɲu] *m*: ~ **de bebê** stroller *Am*, pushchair *Brit*; ~ **de mão** wheelbarrow; ~ **de supermercado** shopping cart *Am*, trolley *Brit*.

carro ['kaxu] *m* car; ~ **alegórico** carnival float; ~ **de aluguel** rental car; ~ **de corrida** race car; ~ **de passeio** sedan *Am*, saloon (car) *Brit*.

carroça [ka'xɔsa] *f* cart.

carroceria [kaxosɛ'ria] *f* bodywork.

carrossel [kaxɔ'sɛw] (*pl* **-éis** [-ɛjʃ]) *m* merry-go-round, carousel *Am*.

carta ['kaxta] *f* letter; *(mapa)* map; *(de baralho)* card; ~ **de apresentação** covering letter; ~ **de vinhos** wine list; ~ **registrada** registered letter.

cartão [kax'tãw] (*pl* **-ões** [-õjʃ]) *m* card; *(papelão)* cardboard; ~ **bancário** ATM card; ~ **de crédito** credit card; ~ **de embarque/desembarque** boarding/landing card; ~ **postal** postcard.

cartão-de-visita [kax,tãwdʒivi'zita] (*pl* **cartões-de-visita** [kar,tõiʒdʒivi'zita]) *m* business card.

cartaz [kax'taʃ] (*pl* **-zes** [-ziʃ]) *m* poster.

carteira [kax'tejra] *f (de dinheiro)* wallet; *(de sala de aula)* desk; ~ **de motorista** driver's license *Am*, driving licence *Brit*; ~ **de identidade** I.D. card.

CARTEIRA DE IDENTIDADE

The identity card is the most important official document carried by a Brazilian citizen. It is illegal not to have a valid ID card, and if a Brazilian is stopped by the police and is unable to produce it on the spot, they can be arrested. In Brazil, the ID card is necessary for almost all official procedures, and also functions as a cheque guarantee card. As well as listing place and date of birth, the card also bears a passport photo and a fingerprint.

---

carteiro [kax'tejru] *m* mailman *Am*, postman *Brit*.

cartões → **cartão**.

cartolina [kaxto'lina] *f* card.

cartório [kax'tɔrju] *m* registry (office); ~ **notarial** notary's office.

cartucho [kax'tuʃu] *m (munição)* cartridge.

carvalho [kax'vaʎu] *m* oak.

casa ['kaza] *f* house; *(lar)* home; COM business; *(de botão)* buttonhole; **em** ~ at home; **ir para** ~ to go home; ~ **de câmbio** exchange bureau; ~ **de campo/praia** country/beach house; ~ **de saúde** hospital; **ser de** ~ to be like one of the family; **sinta-se em ~!** make yourself at home!

casaco [ka'zaku] *m* jacket; ~ **comprido** coat; ~ **de malha** cardigan.

casado, da [ka'zadu, da] *adj* married.

casal [ka'zaw] (*pl* **-ais** [-ajʃ]) *m* couple.

casamento [kaza'mẽntu] *m* marriage; *(cerimônia)* wedding.

casar [ka'za(x)] *vt* to marry. ◆ *vi* to get married.

❑ **casar-se** *vp* to get married.

casca ['kaʃka] *f (de ovo, noz, etc)* shell; *(de laranja, maçã, etc)* peel.

cascalho [kaʃ'kaʎu] *m* rubble.

cascata [kaʃ'kata] *f* waterfall.

cascavel [kaʃka'vɛw] (*pl* **-éis** [-ɛjʃ]) *f* rattlesnake.

casco ['kaʃku] *m (de vinho)* cask; *(de navio)* hull; *(de animal)* hoof.

caseiro, ra [ka'zejru, ra] *adj* homemade; *(pessoa)* home-loving. ◆ *m, f* housekeeper.

caso ['kazu] *m (circunstância)* case; *(acontecimento)* affair. ◆ *conj* in case; **no ~ de** in the event of; **'em ~ de emergência ...'** 'in an emergency...'; **em todo ~** in any case; **em último ~** as a last resort; **fazer pouco ~ de algo/alguém** to belittle sthg/sb.

caspa ['kaʃpa] *f* dandruff.

casquinha [kaʃ'kiɲa] *f (de sorvete)* cone.

cassete [ka'sɛtʃi] *f* cassette, tape.

cassetete [kase'tɛtʃi] *m* nightstick *Am,* truncheon *Brit.*

cassino [ka'sinu] *m* casino.

castanha [kaʃ'taɲa] *f (fruto da castanheira)* chestnut; ~ **de caju** cashew nut.

castanha-do-pará [-pa'ra] *f* Brazil nut.

castanho, nha [kaʃ'taɲu, ɲa] *adj* brown; ~ **claro/escuro** light/dark brown. ◆ *m (madeira)* chestnut.

castelo [kaʃ'tɛlu] *m* castle.

castiçal [kaʃtʃi'saw] (*pl* **-ais** [-ajʃ]) *m* candlestick.

castigar [kaʃti'ga(x)] *vt* to punish.

castigo [kaʃ'tʃigu] *m* punishment.

casto, ta ['kaʃtu, ta] *adj* chaste.

castor [kaʃ'to(x)] (*pl* **-res** [-riʃ]) *m* beaver.

castrar [kaʃ'tra(x)] *vt* to castrate.

casual [ka'zwaw] (*pl* **-ais** [-ajʃ]) *adj* chance *(antes de s)*.

casualidade [kazwali'dadʒi] *f* chance; **por ~** by chance.

casulo [ka'zulu] *m* cocoon.

catálogo [ka'talogu] *m* catalog.

catarata [kata'rata] *f* waterfall; *MED* cataract; **as ~s do Iguaçu** the Iguaçu Falls.

ⓘ **CATARATAS DO IGUAÇU**

The Iguaçu Falls are situated at the point where the borders of Brazil, Argentina and Paraguay meet. The falls are actually made up of 275 separate waterfalls with an average height of 65 meters. Narrow wooden bridges link the clifftops so that visitors can view the falls from close up.

---

catarro [ka'taxu] *m* catarrh.
catástrofe [ka'taʃtrofi] *f* catastrophe.
cata-vento [kata'vẽntu] (*pl* **cata-ventos** [kata'vẽntuʃ]) *m* weather vane.
catedral [kate'draw] (*pl* **-ais** [-ajʃ]) *f* cathedral.
categoria [katego'ria] *f* category; *(posição)* position; *(qualidade)* class; **de ~** first-rate.
cativar [katʃi'va(x)] *vt* to captivate.
cativeiro [katʃi'vejru] *m*: **em ~** in captivity.
catolicismo [katoli'siʒmu] *m* Catholicism.
católico, ca [ka'tɔliku, ka] *adj & m, f* Catholic.
catorze [ka'toxzi] *num* fourteen → **seis.**
caução [kaw'sãw] (*pl* **-ões** [-õjʃ]) *f* JUR bail; **pagar ~** to pay bail.
cauda ['kawda] *f (de animal)* tail; *(de manto, vestido)* train.
caudal [kaw'daw] (*pl* **-ais** [-ajʃ]) *m* flow.
causa ['kawza] *f (motivo)* reason; *(de acidente, doença)* cause; JUR *(ação judicial)* case; **por ~ de** because of.
causar [kaw'za(x)] *vt* to cause; **~ danos a** to damage.
cautela [kaw'tɛla] *f* caution; *(penhor)* pawn ticket; **ter ~ com** to be careful with; **com ~** cautiously; **por ~** as a safeguard.
cauteloso, osa [kawte'lozu, ɔza] *adj* cautious.
cavala [ka'vala] *f* mackerel.
cavaleiro [kava'lejru] *m* rider; *(medieval)* knight.
cavalete [kava'letʃi] *m* easel.
cavalgar [kavaw'ga(x)] *vi* to ride. ◆ *vt (cavalo)* to ride.
cavalheiro [kava'ʎejru] *m* gentleman.
cavalo [ka'valu] *m* horse.
cavanhaque [kava'ɲaki] *m* goatee (beard).
cavar [ka'va(x)] *vt (terra)* to dig; *(decote)* to lower.
caveira [ka'vejra] *f* skull.
caverna [ka'vɛxna] *f* cave.
caviar [ka'vja(x)] *m* caviar.
cavidade [kavi'dadʒi] *f* cavity.
caxemira [kaʃe'mira] *f* cashmere.
caxumba [ka'ʃũmba] *f* mumps *sg*.
CD [se'de] *m (abrev de compact disc)* CD.
cear ['sea(x)] *vi* to have supper. ◆ *vt* to have for supper.
cebola [se'bola] *f* onion.
cebolinha [sebo'liɲa] *f (erva comestível)* chives *pl*; *(de conserva)* pickled onions *pl*.
ceder [se'de(x)] *vt (lugar)* to give up; *(objeto)* to lend. ◆ *vi (dar-se por vencido)* to give in; *(ponte)* to

give way; *(corda, nó)* to slacken; *(chuva)* to ease up; *(vento)* to drop; **'~ a passagem'** 'give way'.

cedilha [se'diʎa] *f* cedilla.

cedo ['sedu] *adv* early; *(depressa)* soon; **muito ~** very early; **desde muito ~** *(desde criança)* from an early age; **mais ~ ou mais tarde** sooner or later.

cegar [se'ga(x)] *vt* to blind. ◆ *vi* to go blind.

cego, ga ['sɛgu, ga] *adj (pessoa)* blind; *(faca)* blunt. ◆ *m, f* blind man; **às cegas** blindly.

cegonha [se'goɲa] *f* stork.

ceia ['seja] *f* supper.

cela ['sɛla] *f* cell.

celebração [selebra'sãw] (*pl* **-ões** [-õjʃ]) *f* celebration.

celebrar [sele'bra(x)] *vt* to celebrate; *(casamento)* to hold; *(contrato)* to sign.

célebre ['sɛlebri] *adj* famous.

celebridade [selebri'dadʒi] *f* celebrity.

celibatário, ria [seliba'tarju, rja] *m, f* bachelor.

célula ['sɛlula] *f* cell.

celular [selu'la(x)] *m (telefone)* cellular phone.

cem [sẽ] *num* one ou a hundred; **~ mil** a hundred thousand → **seis.**

cemitério [semi'tɛrju] *m* cemetery.

cena ['sena] *f* scene; *(palco)* stage; **entrar em ~** *fig* to come on the scene; **fazer uma ~** *fig* to make a scene.

cenário [se'narju] *m* scenery; *(de programa televisivo)* set.

cenoura [se'nora] *f* carrot.

censo ['sẽsu] *f* census.

censura [sẽ'sura] *f (crítica)* criticism; *(de Estado, autoridade)* censorship.

centavo [sẽn'tavu] *m* cent *Am*, penny *Brit*.

centeio [sẽn'teju] *m* rye.

centelha [sẽn'teʎa] *f* spark.

centena [sẽn'tena] *f* hundred.

centenário [sẽnte'narju] *m* centenary.

centésimo, ma [sẽn'tɛzimu, ma] *num* hundredth → **sexto.**

centímetro [sẽn'tʃimetru] *m* centimeter.

cento ['sẽntu] *m* hundred; **~ e vinte** a hundred and twenty; **por ~** percent.

centopéia [sẽnto'pɛja] *f* centipede.

central [sẽn'traw] (*pl* **-ais** [-ajʃ]) *adj* central. ◆ *f (de organização)* head office; *(de eletricidade, energia atômica)* power plant.

centrar [sẽn'tra(x)] *vt (atenção, esforço)* to focus; *(texto, página)* to center.

centro ['sẽntru] *m* center; **~ da cidade** down town; **~ comercial** shopping mall *Am*, shopping centre *Brit*; **~ de saúde** health clinic.

centroavante [ˌsẽntroa'vãntʃi] *m (em futebol)* center forward.

CEP *m* (*abrev de Código de Endereçamento Postal*) zip code *Am*, postcode *Brit*.

cera ['sera] *f* wax; ~ **depilatória** depilatory wax.
cerâmica [se'rãmika] *f (objeto)* piece of pottery; *(atividade)* ceramics *sg.*
cerca ['sexka] *f* fence. ◆ *adv:* ~ **de** about.
cercar [sex'ka(x)] *vt* to surround.
cereal [se'real] (*pl* **-ais** [-ajʃ]) *m* cereal.
cérebro ['sɛrebru] *m* brain.
cereja [se'reʒa] *f* cherry.
cerimônia [seri'monja] *f (religioso)* ceremony; *(etiqueta)* formality.
cerrado, da [se'xadu, da] *adj (nevoeiro)* thick.
certeza [sex'teza] *f* certainty; **dar** ~ **de algo** to be sure of sthg; **ter** ~ **de que** to be sure (that); **com** ~ *(sem dúvida)* of course.
certidão [sextʃi'dãw] (*pl* **-ões** [-õjʃ]) *f* certificate; ~ **de nascimento/óbito** birth/death certificate.
certificado [sextʃifi'kadu] *m* certificate.
certificar-se [sextʃifi'kaxsi] *vp* to check; ~ **de algo** to check sthg.
certo, ta ['sɛxtu, ta] *adj (exato)* right; *(infalível)* certain. ◆ *adv* correctly; **certas pessoas** certain people; **a conta não bate** ~ the check doesn't add up; **dar** ~ to work out; **o** ~ **é ele não vir** I'm sure he won't come; **ao** ~ *(exatamente)* exactly.
cerveja [sex'veʒa] *f* beer; ~ **preta** stout beer.
cervical [sexvi'kaw] (*pl* **-ais** [-ajʃ]) *adj* cervical.
cessar [se'sa(x)] *vi & vt* to cease.
cesta ['seʃta] *f* small basket.
cesto ['seʃtu] *m* basket; ~ **de vime** wicker basket.
cético, ca ['sɛtʃiku, ka] *adj* skeptical. ◆ *m, f* skeptic.
cetim [se'tʃĩ] *m* satin.
céu ['sɛw] *m* sky; RELIG heaven.
céu-da-boca ['sɛwda,boka] *m* roof of the mouth.
cevada [se'vada] *f* barley.
chá [ʃa] *m* tea; ~ **com limão** tea with lemon; ~ **de limão** lemon tea.
chafariz [ʃafa'riʃ] (*pl* **-zes** [-ziʃ]) *m* fountain.
chafurdar [ʃafux'da(x)] *vi* to wallow.
chalé [ʃa'lɛ] *m* chalet.
chaleira [ʃa'lejra] *f* kettle.
chama ['ʃama] *f* flame.
chamada [ʃa'mada] *f (de telefone)* call; *(de exame)* sitting; **fazer a** ~ EDUC to call the register; ~ **a cobrar** *(no destinatário)* collect call *Am,* reverse charge call *Brit;* ~ **interurbana/local** long-distance/local call.
chamar [ʃa'ma(x)] *vt* to call. ◆ *vi (telefone)* to ring.
❑ **chamar-se** *vp* to be named; **como é que você se chama?** what's your name?; **eu me chamo Carlos** my name is Carlos.
chaminé [ʃami'nɛ] *f* chimney;

(de lareira) chimney-piece; *(de fábrica)* chimney stack.
champanhe [ʃãm'paɲi] *m* champagne.
chamuscar [ʃamuʃ'ka(x)] *vt* to singe.
chantagem [ʃãn'taʒẽ] *(pl* **-ns** [-ʃ]) *f* blackmail.
chão ['ʃãw] *m (solo)* ground; *(pavimento)* floor; **cair no** ~ *(cair)* to fall down.
chapa ['ʃapa] *f* AUT license plate *Am*, number plate *Brit*.
chapéu [ʃa'pɛw] *m* hat; *(de sol, chuva)* umbrella; **ser de tirar o** ~ to be superb.
charco ['ʃaxku] *m* puddle.
charme ['ʃaxmi] *m* charm.
charter ['ʃartɛ(x)] *(pl* **-res** [-riʃ]) *m*: **(vôo)** ~ charter flight.
charuto [ʃa'rutu] *m* cigar.
chatear [ʃa'tʃja(x)] *vt* to annoy.
chatice [ʃa'tʃisi] *f (tédio)* drag.
chato, ta ['ʃatu, ta] *adj (tedioso)* boring; *(pé)* flat.
chauvinista [ʃovi'niʃta] *m, f* chauvinist.
chave ['ʃavi] *f* key.
chave-de-fenda [,ʃavidʒi-'fẽnda] *(pl* **chaves-de-fenda** [,ʃaviʒdʒi'fẽnda]) *f* screwdriver.
chaveiro [ʃa'vejru] *m* keyring.
check-in [tʃɛ'kin] *(pl* **checkins** [ʃɛ'kineʃ]) *m* check-in; **fazer o** ~ to check in
check-up [tʃɛ'kapi] *(pl* **check-ups** [tʃɛ'kapiʃ]) *m* check-up; **fazer um** ~ to have a medical check-up.
chefe ['ʃɛfi] *mf (de trabalhadores)* boss; *(de partido)* leader; *(de empresa)* head; *(de tribo, organização)* chief.
chegada [ʃe'gada] *f* arrival.
chegado, da [ʃe'gadu, da] *adj* close.
chegar [ʃe'ga(x)] *vi* to arrive; *(momento, altura, hora)* to come; *(ser suficiente)* to be enough; ~ **bem** to arrive safely; ~ **ao fim** to come to an end.
❑ **chegar-se** *vp (aproximar-se)* to come closer; *(afastar-se)* to move over; ~**-se a** to come closer to.
cheia ['ʃeja] *f* flood.
cheio, cheia ['ʃeju, 'ʃeja] *adj* full; ~ **de** full of; **estar** ~ to have had enough.
cheirar [ʃej'ra(x)] *vt & vi* to smell; ~ **bem/mal** to smell good/bad.
cheiro ['ʃejru] *m* smell.
cheque ['ʃɛki] *m* check; ~ **em branco** blank check; ~ **sem fundos** rubber check; ~ **pré-datado** pre-dated check; ~ **de viagem** traveler's check; ~ **cruzado** crossed check.
chiar [si'a(x)] *vi* to squeak; *(porco)* to squeal; *(pneu)* to screech.
chiclete [ʃi'klɛtʃi] *m* chewing gum.
chicória [ʃi'kɔrja] *f* chicory.
chifre ['ʃifri] *m* horn.
Chile ['ʃili] *m*: **o** ~ Chile.
chimpanzé [ʃĩmpã'zɛ] *m* chimpanzee.
China ['ʃina] *f*: **a** ~ China.
chinelos [ʃi'nɛluʃ] *mpl* flip-flops, thongs *Am*; ~ **(de quarto)** slippers.

chique [ˈʃiki] *adj* chic.
chocalhar [ʃokaˈʎa(x)] *vt (líquido)* to shake. ◆ *vi (tilintar)* to jingle.
chocalho [ʃoˈkaʎu] *m* bell.
chocante [ʃoˈkãntʃi] *adj* shocking.
chocar [ʃoˈka(x)] *vi (veículos)* to crash; *(galinha)* to brood. ◆ *vt (indignar)* to shock; *(ovos)* to hatch; ~ **com** *(pessoa)* to bump into; *(veículo)* to crash into.
chocho, cha [ˈʃoʃu, ʃa] *adj (noz)* empty; *(festa)* dull.
chocolate [ʃokoˈlatʃi] *m* chocolate; *(bebida)* hot chocolate; ~ **amargo** dark chocolate; ~ **ao leite** milk chocolate.
chofer [ʃoˈfɛ(x)] (*pl* **-res** [-riʃ]) *m* driver.
chope [ˈʃopi] *m* draft beer; ~ **claro/escuro** lager/dark beer; ~ **com/sem colarinho** beer with/without head.
choque [ˈʃɔki] *m (colisão)* crash; *(comoção)* shock.
choramingar [ʃoramĩŋˈga(x)] *vi* to snivel.
chorar [ʃoˈra(x)] *vi & vt (verter lágrimas)* to cry; ~ **de rir** to cry with laughter.
chorinho [ʃoˈriɲu] *m* MÚS *type of melancholy Brazilian music.*
choro [ˈʃoru] *m* crying.

CHORO

A genre of Brazilian popular music which was born in the 1870s in the city of Rio de Janeiro. Influenced by African rhythms, such as "batuque" and "lundu", it is defined by instrumental improvisation with the guitar and the "cavaquinho", a type of four-stringed guitar.

chouriço [ʃoˈrisu] *m* black pudding.
chover [ʃoˈve(x)] *v impess* to rain; ~ **a cântaros** to pour with rain.
chuchu [ʃuˈʃu] *m* chayote; **pra** ~ *(muito)* loads.
chulo, lo [ˈʃulu, la] *adj* vulgar.
chumbar [ʃũmˈba(x)] *vt (soldar)* to solder; *(atirar em)* to fire at.
chumbo [ˈʃũmbu] *m* lead; *(tiro)* gunshot.
chupar [ʃuˈpa(x)] *vt* to suck.
chupeta [ʃuˈpeta] *f* pacifier *Am*, dummy *Brit.*
churrascaria [ʃuxaʃkaˈria] *f restaurant serving barbecued meat and poultry.*
churrasco [ʃuˈxaʃku] *m* barbecue.
churrasquinho [ʃuxaʃˈkiɲu] *m* kebab.
chutar [ʃuˈta(x)] *vt & vi* to kick.
chuteira [ʃuˈtejra] *f* cleats *pl.*
chuva [ˈʃuva] *f* rain.
chuveiro [ʃuˈvejru] *m* shower.
chuviscar [ʃuviʃˈka(x)] *vi* to drizzle.
chuvoso, osa [ʃuˈvozu, ɔza] *adj* rainy.
ciberespaço [ˌsibɛreʃˈpasu] *m* cyberspace.

cibernética [sibex'nɛtʃika] *f* cybernetics *sg*.
cicatriz [sika'triʃ] (*pl* **-zes** [-ziʃ]) *f* scar.
cicatrizar [sikatri'za(x)] *vi* (*ferida*) to heal (up).
cicatrizes → **cicatriz.**
cicerone [sise'roni] *m* guide.
ciclismo [si'kliʒmu] *m* cycling; **fazer ~** to go cycling.
ciclista [si'kliʃta] *mf* cyclist.
ciclo ['siklu] *m* cycle; (*de conferências*) series.
ciclone [si'klɔni] *m* cyclone.
cidadã → **cidadão.**
cidadania [sidada'nia] *f* citizenship.
cidadão, dã [sida'dãw, dã] (*mpl* **-ãos** [-ãwʃ], *fpl* **-s** [-ʃ]) *m, f* citizen.
cidade [si'dadʒi] *f* city; **~ universitária** campus.
ciência ['sjẽsja] *f* science; **~s naturais** natural sciences; **~s sociais** social sciences.
ciente ['sjẽntʃi] *adj* aware; **estar ~ de** to be aware of.
científico, ca [sjẽ'tʃifiku, ka] *adj* scientific.
cientista [sjẽ'tʃiʃta] *mf* scientist.
cifra ['sifra] *f* sum; (*número*) figure.
cigano, na [si'ganu, na] *m, f* gypsy.
cigarra [si'gaxa] *f* cicada.
cigarro [si'gaxu] *m* cigarette; **~s com filtro** filter-tipped cigarettes; **~s sem filtro** unfiltered cigarettes.
cilindro [si'lĩndru] *m* cylinder; (*rolo*) roller; (*de aquecimento de água*) boiler.
cílio ['silju] *m* eyelash.
cima ['sima] *f*: **de ~** from above; **ainda por ~** on top of which; **de ~ abaixo** from top to bottom; **de ~ de** off; **em ~** above; **em ~ de** on top of; **para ~** up; **para ~ de** over; **por ~ de** over; **estar por ~ (da carne seca)** to be doing extremely well (for o.s.); **olhar alguém de ~ a baixo** to look sb up and down.
cimeira [si'mejra] *f* summit.
cimentar [simẽn'ta(x)] *vt* to cement.
cimento [si'mẽntu] *m* cement.
cimo ['simu] *m* top.
cinco ['sĩŋku] *num* five → **seis.**
cineasta [si'njaʃta] *mf* (movie) director.
cinema [si'nema] *m* (*local*) movie theater *Am*, cinema *Brit*; (*arte*) cinema.
cinemateca [sinema'tɛka] *f* (*local*) art house; (*coleção de filmes*) film library.
cinematográfico, ca [sinemato'grafiku, ka] *adj* movie *Am*, film *Brit* (*antes de s*).
cínico, ca ['siniku, ka] *adj* (*hipócrita*) hypocritical.
cinismo [si'niʒmu] *m* (*hipocrisia*) hypocrisy.
cinqüenta [sĩŋ'kwẽnta] *num* fifty → **seis.**
cinta ['sĩnta] *f* (*faixa de pano*) sash; (*roupa interior*) girdle.
cintilar [sĩntʃi'la(x)] *vi* to twinkle.

cinto ['sĩntu] *m* belt; **'apertar os ~s de segurança'** 'fasten your seatbelts!'
cintura [sĩn'tura] *f* waist.
cinturão [sĩntu'rãw] (*pl* **-ões** [-õjʃ]) *m* belt; ~ **verde** green belt.
cinza ['sĩza] *f* ash. ◆ *adj & m* gray.
❑ **cinzas** *fpl (restos mortais)* ashes.
cinzeiro [sĩ'zejru] *m* ashtray.
cinzel [sĩ'zɛw] (*pl* **-éis** [-ɛjʃ]) *m* chisel.
cinzento, ta [sĩ'zẽntu, ta] *adj & m* gray.
cio ['siu] *m*: **estar no ~** *(fêmeas)* to be in heat; *(machos)* to be in rut.
cipreste [si'prɛʃtʃi] *m* cypress.
circo ['sixku] *m* circus.
circuito [six'kwitu] *m* circuit; ~ **elétrico** electric circuit; ~ **turístico** tourist trail.
circulação [sixkula'sãw] *f* circulation; *(de veículos)* traffic.
circular [sixku'la(x)] (*pl* **-res** [-riʃ]) *vi* to circulate; *(pedestre)* to walk about; *(carro)* to drive. ◆ *adj & f* circular.
círculo ['sixkulu] *m* circle; ~ **vicioso** vicious circle.
circunferência [sixkũfe'rẽsja] *f* circumference.
circunstância [sixkũʃ'tãsja] *f* circumstance; **nas ~s** under the circumstances.
cirurgia [sirux'ʒia] *f* surgery; ~ **plástica** plastic surgery.
cirurgião, giã [sirux'ʒjãw, ʒjã] (*mpl* **-ões** [-õjʃ], *fpl* **-s** [-ʃ]) *m, f* surgeon.
cirurgiões → **cirurgião.**
cisco ['siʃku] *m* speck.
cisma ['siʒma] *f* fixation.
cisne ['siʒni] *m* swan.
cisterna [siʃ'tɛxna] *f* tank.
cistite [siʃ'tʃitʃi] *f* cystitis.
citação [sita'sãw] (*pl* **-ões** [-õjʃ]) *f* quotation.
citar [si'ta(x)] *vt* to quote.
ciúme ['sjumi] *m* jealousy; **ter ~s de alguém** to be jealous of sb.
ciumento, ta [sju'mẽntu, ta] *adj* jealous.
cívico, ca ['siviku, ka] *adj* civic.
civil [si'viw] (*pl* **-is** [-iʃ]) *adj* civil.
civilização [siviliza'sãw] (*pl* **-ões** [-õjʃ]) *f* civilization.
civilizar [sivili'za(x)] *vt* to civilize.
civis → **civil.**
clamar [kla'ma(x)] *vi* to cry out.
clamor [kla'mo(x)] (*pl* **-res** [-riʃ]) *m* outcry.
clandestino, na [klãndeʃ'tʃinu, na] *adj* clandestine. ◆ *m, f* stowaway.
clara ['klara] *f* egg white.
clarabóia [klara'bɔja] *f* skylight.
clareza [kla'reza] *f*: **falar com ~** to speak clearly.
claridade [klari'dadʒi] *f* brightness.
clarinete [klari'netʃi] *m* clarinet.
claro, ra ['klaru, ra] *adj (com luz)* bright; *(cor)* light; *(preciso, sincero)* clear. ◆ *adv* clearly; ~ **que**

sim! of course!; **é ~!** of course!; **passar a noite em** ~ to have a sleepless night.

classe ['klasi] *f* class; **ter** ~ to have class; **de primeira/segunda** ~ first/second class; ~ **social** social class; ~ **turística** tourist OU economy class; ~ **executiva** business class.

clássico, ca ['klasiku, ka] *adj* classic; *(música)* classical. ◆ *m*: **um** ~ a classic; **os** ~**s** the Classics.

classificação [klasifika'sãw] (*pl* **-ões** [-õjʃ]) *f* results *pl*.

classificados [klasifi'kaduʃ] *mpl* classifieds.

classificar [klasifi'ka(x)] *vt* EDUC *(aluno)* to place; *(ordenar)* to classify.

❑ **classificar-se** *vp (em competição)* to qualify.

claustro ['klawʃtru] *m* cloister.

cláusula ['klawzula] *f* clause.

clave ['klavi] *f* clef; ~ **de sol** treble clef.

clavícula [kla'vikula] *f* collarbone.

clero ['klɛru] *m* clergy.

cliente [kli'ẽntʃi] *mf* client.

clientela [kliẽn'tɛla] *f* customers *pl*.

clima ['klima] *m* climate; *fig (ambiente)* atmosphere.

clímax ['klimaks] *m inv* climax; **atingir o** ~ to reach a climax.

clínica ['klinika] *f* clinic; ~ **dentária** dental practice; ~ **geral** general practice.

clínico ['kliniku] *m* clinician; ~ **geral** general practitioner.

clipe ['klipi] *m* paper clip.

cloro ['klɔru] *m* chlorine.

clube ['klubi] *m* club; ~ **de futebol/vídeo** soccer/video club.

coador [kwa'do(x)] (*pl* **-res** [-riʃ]) *m* strainer.

coagir [kwa'ʒi(x)] *vt* to coerce.

coagular [kwagu'la(x)] *vt & vi* to clot.

coágulo ['kwagulu] *m* clot.

coalhar [kwa'ʎa(x)] *vt & vi* to curdle.

coar ['kwa(x)] *vt* to strain.

coberta [ko'bɛxta] *f (de cama)* bedspread; *(de navio)* deck.

coberto, ta [ko'bɛxtu, ta] *adj* covered. ◆ *m* shelter.

cobertor [kobex'to(x)] (*pl* **-res** [-riʃ]) *m* blanket.

cobertura [kobex'tura] *f (teto)* roof; *(apartamento)* penthouse; *(de acontecimento)* coverage.

cobiça [ko'bisa] *f (avidez)* greed; *(inveja)* envy.

cobiçar [kobi'sa(x)] *vt (ambicionar)* to covet; *(invejar)* to envy.

cobra ['kɔbra] *f* snake.

cobrança [ko'brãsa] *f (ação de cobrar)* charging.

cobrar [ko'bra(x)] *vt* to charge; *(imposto, dívida)* to collect.

cobre ['kɔbri] *m* copper.

cobrir [ko'bri(x)] *vt* to cover.

cocaína [koka'ina] *f* cocaine.

coçar [ko'sa(x)] *vt* to scratch.

❑ **coçar-se** *vp* to scratch o.s.

cócegas ['kɔsigaʃ] *fpl*: **fazer** ~ to tickle; **ter** ~ to be ticklish.

coceira [ko'sejra] *f* itch.

cochichar [koʃi'ʃa(x)] *vt & vi* to whisper.

cochilo [ko'ʃilu] *m* nap; **tirar um** ~ to take a nap.

coco ['koku] *m* coconut.

cocô [ko'ko] *m* poop.

cócoras ['kɔkoraʃ] *fpl*: **pôr-se de** ~ to squat.

código ['kɔdʒigu] *m* code; ~ **de barras** bar code; ~ **civil** civil law; ~ **de trânsito** traffic law; ~ **postal** zip code.

codorniz [kodox'niʃ] (*pl* **-zes** [-ziʃ]) *f* quail.

coelho ['kweʎu] *m* rabbit.

coentro [ko'ẽntru] *m* cilantro, coriander *Brit*.

coerência [koe'rẽsja] *f* coherence.

coerente [koe'rẽntʃi] *adj* coherent.

cofre ['kɔfri] *m* safe.

cogitar [koʒi'ta(x)] *vt* to think (up). ◆ *vi* (*pensar*) to think.

cogumelo [kogu'mɛlu] *m* mushroom.

coice ['kojsi] *m* kick; (*de arma*) recoil.

coincidência [koĩsi'dẽsja] *f* coincidence; **por** ~ as it happens.

coincidir [kwĩsi'di(x)] *vi* to coincide.

❑ **coincidir com** *v + prep* to coincide with; (*opinião*) to agree with.

coisa ['kojza] *f* thing; **(deseja) mais alguma** ~**?** would you like anything else?; **não comprei** ~ **nenhuma** I didn't buy anything; **alguma** ~ something; ~ **de** roughly; **a** ~ **está preta!** things are tough!; **não ser grande** ~ to be nothing special; **que** ~**!** gosh!

coitado, da [koj'tadu, da] *adj* poor, unfortunate. ◆ *interj* poor thing!

cola ['kɔla] *f* glue.

colaborar [kolabo'ra(x)] *vi* to collaborate.

colapso [ko'lapsu] *m* collapse.

colar [ko'la(x)] (*pl* **-res** [-riʃ]) *vt* to glue, to stick. ◆ *vi* to stick. ◆ *m* necklace.

❑ **colar de** *v + prep* to crib from.

colarinho [kola'riɲu] *m* collar.

colcha ['kowʃa] *f* bedspread; ~ **de retalhos** (*fig*) odds and ends.

colchão [kow'ʃãw] (*pl* **-ões** [-õjʃ]) *m* mattress; ~ **de molas/palha** spring/straw mattress.

colchete [kow'ʃetʃi] *m* (*de vestuário*) hook; (*sinal de pontuação*) bracket.

colchões → **colchão.**

coleção [kole'sãw] (*pl* **-ões** [-õjʃ]) *f* collection; **fazer** ~ **de algo** to collect sthg.

colecionador, ra [kolesjona'do(x), ra] (*mpl* **-res** [-riʃ], *fpl* **-s** [-ʃ]) *m, f* collector.

colecionar [kolesjo'na(x)] *vt* to collect.

coleções → **coleção.**

colega [ko'lɛga] *mf.* colleague; ~ **de trabalho** coworker; ~ **de turma** classmate.

colégio [ko'lɛʒju] *m* school; ~ **interno** boarding school.

coleira [ko'lejra] *f* collar.
cólera ['kɔlera] *f* fury; *MED* cholera.
colesterol [koleʃte'rɔw] *m* cholesterol.
colete [ko'letʃi] *m* waistcoat; ~ **salva-vidas** life jacket.
coletivo, va [kole'tʃivu, va] *adj (decisão)* collective; *(reunião)* general; *(transport)* public.
colheita [ko'ʎejta] *f* harvest.
colher[1] [ko'ʎe(x)] *vt (fruto, vegetal, flores)* to pick; *(cereais)* to harvest.
colher[2] [ko'ʎɛ(x)] (*pl* **-res** [-riʃ]) *f (utensílio)* spoon; *(quantidade)* spoonful; ~ **de café** *(quantidade)* half teaspoon; ~ **de chá** teaspoon; ~ **de pau** wooden spoon; ~ **de sopa** *(utensílio)* soup spoon; *(quantidade)* tablespoon.
cólica ['kɔlika] *f* colic.
colidir [koli'dʒi(x)] *vi* to collide; ~ **com** to collide with.
coligação [koliga'sãw] (*pl* **-ões** [-õjʃ]) *f* coalition.
colina [ko'lina] *f* hill.
colisão [koli'zãw] (*pl* **-ões** [-õjʃ]) *f* collision.
colméia [kow'meja] *f* beehive.
colo ['kɔlu] *m* lap; **levar uma criança no** ~ to carry a child.
colocação [koloka'sãw] (*pl* **-ões** [-õjʃ]) *f* placing; *(de roda, vidro)* fitting; *(emprego)* post, job.
colocar [kolo'ka(x)] *vt* to place; *(roda, vidro)* to fit; *(cortina)* to put up; *(empregar)* to employ; *(problema)* to pose.
Colômbia [ko'lõmbja] *f*: **a** ~ Colombia.
cólon ['kɔlõ] *m* colon.
colônia [ko'lonja] *f* colony; *(perfume)* cologne; ~ **de férias** summer camp.
coloquial [kolo'kjaw] (*pl* **-ais** [-ajʃ]) *adj* colloquial.
colorante [kolo'rãntʃi] *m* coloring.
colorido, da [kolo'ridu, da] *adj* colored; *(com muitas cores)* colorful.
colorir [kolo'ri(x)] *vt* to color in.
coluna [ko'luna] *f* column ~ **vertebral** spinal column.
com [kõ] *prep* with; *(indica causa)* because of; **só ~ muito esforço é que ele conseguiu** he only managed it through a lot of hard work; **estar ~ dor de cabeça** to have a headache; **estar ~ fome** to be hungry; **estar ~ pressa** to be in a hurry.
coma ['koma] *m ou f MED* coma.
comandante [komãn'dãntʃi] *m (de navio, polícia)* commander; *(de exército)* major.
comandar [komãn'da(x)] *vt* to command, to be in charge of.
comando [ko'mãndu] *m* command; *(de máquina, sistema)* control; **estar no ~ de algo** to be in charge of sthg.
combate [kõm'batʃi] *m (luta)* fight; *(batalha)* fighting.
combater [kõmba'te(x)] *vi* to fight.
combinação [kõmbina'sãw] (*pl* **-ões** [-õjʃ]) *f* combination;

(acordo) agreement; *(plano)* arrangement; *(peça de vestuário)* slip.

combinar [kõmbi'na(x)] *vt* to combine; *(planejar)* to plan. ◆ *vi* *(cores, roupas)* to go together; **está combinado!** it's a deal!; ~ **com** to go with; ~ **algo com alguém** to arrange sthg with sb.

começar [kome'sa(x)] *vt & vi* to start, to begin; ~ **a fazer algo** to start ou begin to do sthg; ~ **de/por** to start from/with; ~ **por fazer algo** to start by doing sthg; **para** ~ to start (with).

começo [ko'mesu] *m* start, beginning.

comédia [ko'mɛdʒja] *f* comedy.

comediante [kome'dʒjãntʃi] *mf* comic actor.

comemorar [komemo'ra(x)] *vt* to commemorate.

comentar [komẽn'ta(x)] *vt* *(mencionar)* to mention; *(analisar)* to comment on; *(criticar maliciosamente)* to make comments about.

comentário [komẽn'tarju] *m* comment; *(de evento esportivo)* commentary.

comentarista [komẽta'riʃta] *mf*: ~ **esportivo/político** sports/political commentator.

comer [ko'me(x)] *vt* to eat; *(em xadrez, damas)* to take. ◆ *vi* *(alimentar-se)* to eat.

comercial [komexsi'aw] (*pl* **-ais** [-ajʃ]) *adj* commercial.

comercialização [komexsjaliza'sãw] *f* sale.

comercializar [komexsjali'za(x)] *vt* to sell.

comerciante [komex'sjãntʃi] *mf* storekeeper.

comércio [ko'mɛxsju] *m* commerce; *(lojas)* shops *pl*.

comestível [komeʃ'tʃivɛw] (*pl* **-eis** [-ejʃ]) *adj* edible.

cometer [kome'te(x)] *vt* *(delito)* to commit; *(erro)* to make.

comichão [komi'ʃãw] (*pl* **-ões** [-õjʃ]) *f* itch; **dar** ~ to itch.

cômico, ca ['komiku, ka] *adj* *(actor)* comic; *(engraçado)* funny, comical.

comida [ko'mida] *f* food; *(refeição)* meal; ~ **para bebê** baby food; ~ **a** ou **por quilo** food by the kilo; ~ **caseira** home cooking; ~ **congelada** frozen food.

comigo [ko'migu] *pron* with me; **estava falando** ~ **mesmo** I was talking to myself.

comilão, lona [komi'lãw, lona] (*mpl* **-ões** [-õjʃ], *fpl* **-s** [-ʃ]) *m, f* glutton.

comissão [komi'sãw] (*pl* **-ões** [-õjʃ]) *f* commission.

comissário [komi'sarju] *m* *(de polícia)* superintendent; *(de navio)* purser; ~ **de bordo** flight attendant.

comissões → **comissão.**

como ['komu] *adv* **-1.** *(comparativo)* like; **não é** ~ **o outro** it's not like the other one; ~ **quem não quer nada** casually; ~ **se nada estivesse acontecendo** as if nothing was going on.
-2. *(de que maneira)* how; ~**?** *(o*

que disse) excuse me?, I'm sorry?; ~ **assim?** *(para explicação)* what do you mean?
- **3.** *(marca intensidade)*: **e ~!** isn't it just!; ~ **ele é inteligente!** he's so clever!, how clever he is!; ~ **você se engana!** you are so wrong!
◆ *conj* **-1.** *(introduz comparação)* like; **é bonita, ~ a mãe** she's pretty, (just) like her mother.
- **2.** *(da forma que)* as; ~ **quiser!** as you like!; **seja ~ for** in any case.
- **3.** *(por exemplo)* like, such as; **as cidades grandes ~ São Paulo** big cities like São Paulo.
- **4.** *(na qualidade de)* as; ~ **mãe fiquei muito preocupada** as a mother I felt very concerned; ~ **prêmio ela ganhou um carro** she won a car as a prize.
- **5.** *(visto que)* as, since; ~ **estávamos atrasados fomos de táxi** we took a taxi because we were running late.
- **6.** *(em locuções)*: ~ **deve ser** *(corretamente)* properly; *(próprio)* suitable.

comoção [komo'sãw] (*pl* **-ões** [-õjʃ]) *f (emoção)* emotion; *(agitação)* commotion.

cômoda ['komoda] *f* chest of drawers.

comodidade [komodʒi'dadʒi] *f* comfort.

cômodo, da ['komodu, da] *adj* comfortable.

comovedor, ra [komove'do(x), ra] (*mpl* **-res** [-riʃ], *fpl* **-s** [-ʃ]) *adj* moving.

comovente [komo'vẽntʃi] *adj* touching.

comover [komo've(x)] *vt* to move.

❑ **comover-se** *vp* to be moved.

comovido, da [komo'vidu, da] *adj* moved.

compacto, ta [kõm'paktu, ta] *adj* compact; *(denso)* thick; *(sólido)* hard. ◆ *m (disco)* a single.

companheiro, ra [kõmpa'ɲejru, ra] *m, f (acompanhante)* companion; *(de turma)* classmate; *(em casal)* partner OU mate.

companhia [kõmpa'ɲia] *f* company; **fazer ~ a alguém** to keep sb company; ~ **de aviação** airline; ~ **de seguros** insurance company.

comparação [kõmpara'sãw] (*pl* **-ões** [-õjʃ]) *f* comparison; **não ter ~ com** to bear no comparison with; **em ~ com** in comparison with.

comparar [kõmpa'ra(x)] *vt* to compare; ~ **algo a** OU **com algo** to compare sthg to OU with sthg.

comparecer [kõmpare'se(x)] *vi* to appear, to attend.

compartilhar [kõmpaxtʃi'ʎa(x)] *vt* to share; ~ **algo com alguém** to share sthg with sb.

compartimento [kõmpaxtʃi'mẽntu] *m* compartment.

compartir [kõmpax'tʃi(x)] *vt* to share.

compasso [kõm'pasu] *m* compass; MÚS time.

compatível [kõmpa'tʃivɛw] (*pl*

-eis [-ejʃ]) *adj* compatible; ~ **com** compatible with.

compatriota [kõmpatrj'ɔta] *mf* compatriot.

compensação [kõmpẽsa'sãw] (*pl* **-ões** [-õjʃ]) *f* compensation; *(vantagem)* advantage.

compensar [kõmpẽ'sa(x)] *vt* to compensate; *(recompensar)* to make up for; **não compensa o esforço** it isn't worth the effort.

competência [kõmpe'tẽsja] *f* competence; *(responsabilidade)* responsibility.

competente [kõmpe'tẽntʃi] *adj* competent.

competição [kõmpetʃi'sãw] (*pl* **-ões** [-õjʃ]) *f* competition.

competir [kõmpe'tʃi(x)] *vi* to compete; ~ **com** *(rivalizar com)* to compete with.

competitivo, va [kõmpetʃi'tʃivu, va] *adj* competitive.

complementar [kõmplemẽn'ta(x)] (*pl* **-res** [-riʃ]) *adj* complementary.

complemento [kõmple'mẽntu] *m* complement; *(em trem)* supplement.

completamente [kõm,pleta'mẽntʃi] *adv* completely.

completar [kõmple'ta(x)] *vt* *(preencher)* to fill in; *(terminar)* to complete.

completo, ta [kõm'plɛtu, ta] *adj* completed; *(cheio)* full; *(inteiro)* complete.

complexo, xa [kõm'plɛksu, ksa] *adj & m* complex; ~ **de vitaminas** multivitamin.

complicação [kõmplika'sãw] (*pl* **-ões** [-õjʃ]) *f* complication.

complicado, da [kõmpli'kadu, da] *adj* complicated.

complicar [kõmpli'ka(x)] *vt* to complicate.

❑ **complicar-se** *vp* to become complicated.

compor [kõm'po(x)] *vt* *(música, poema)* to compose; *(consertar)* to repair; *(arrumar)* to straighten up; *(fazer parte de)* to make up.

❑ **compor-se** *vp* *(arranjar-se)* to clean o.s. up.

❑ **compor-se de** *vp + prep* *(ser formado por)* to be made up of.

comportamento [kõmpoxta'mẽntu] *m* behavior.

comportar [kõmpox'ta(x)] *vt* *(conter em si)* to hold; *(admitir)* to permit.

❑ **comportar-se** *vp* to behave.

composição [kõmpozi'sãw] (*pl* **-ões** [-õjʃ]) *f* composition; EDUC essay.

compositor, ra [kõmpozi'to(x), ra] (*mpl* **-res** [-riʃ], *fpl* **-s** [-ʃ]) *m, f* MÚS composer.

composto, osta [kõm'poʃtu, ɔʃta] *m* GRAM compound. ◆ *adj*: **ser** ~ **por** to be composed of.

compostura [kõmpoʃ'tura] *f* composure; *(boa educação)* manners *pl*.

compra ['kõmpra] *f* purchase; **ir às** OU **fazer** ~**s** to go shopping.

comprar [kõm'pra(x)] *vt* to buy.

compreender [kõmprjẽn'de(x)] *vt* to understand; *(incluir)* to comprise.

compreensão [kõmprjẽ'sãw] *f* understanding.

compreensivo, va [kõmprjẽ'sivu, va] *adj* understanding.

comprido, da [kõm'pridu, da] *adj* long; **deitar-se ao ~** to lie down flat.

comprimento [kõmpri'mẽntu] *m* length; **tem 5 metros de ~** it's 5 meters long.

comprimido, da [kõmpri'midu, da] *adj* compressed. ◆ *m* pill; **~ para a dor** painkiller.

comprimir [kõmpri'mi(x)] *vt* *(apertar)* to squeeze; *(reduzir de volume)* to compress.

comprometer [kõmprome'te(x)] *vt* to compromise.
❑ **comprometer-se** *vp* to compromise o.s.; **~-se a fazer algo** to commit o.s. to doing sthg.

compromisso [kõmpro'misu] *m* *(obrigação)* commitment; *(acordo)* agreement; **tenho um ~** I've got a prior engagement.

comprovação [kõmprova'sãw] (*pl* **-ões** [-õjʃ]) *f* proof.

comprovar [kõmpro'va(x)] *vt* to prove.

computador [kõmputa'do(x)] (*pl* **-res** [-riʃ]) *m* computer; **~ pessoal** personal computer.

comum [ko'mũ] (*pl* **-ns** [-ʃ]) *adj* *(freqüente)* common; *(vulgar)* ordinary; *(partilhado)* shared.

comunhão [komu'ɲãw] (*pl* **-ões** [-õjʃ]) *f* RELIG Communion; **~ de bens** joint ownership *(in marriage)*.

comunicação [komunika'sãw] (*pl* **-ões** [-õjʃ]) *f* communication; *(comunicado)* announcement.

comunicar [komuni'ka(x)] *vt* to communicate; *(mensagem)* to pass on. ◆ *vi* to communicate; **~ a alguém algo** to inform sb of sthg; **~ com** to communicate with.

comunidade [komuni'dadʒi] *f* community.

comuns → **comum.**

conceber [kõse'be(x)] *vt* *(filho)* to conceive; *(plano, sistema)* to think up.

conceder [kõse'de(x)] *vt* *(dar)* to give; *(prêmio, bolsa)* to award.

conceito [kõ'sejtu] *m* concept.

conceituado, da [kõsej'twadu, da] *adj* respected.

concentração [kõsẽntra'sãw] (*pl* **-ões** [-õjʃ]) *f* concentration; *(de pessoas)* gathering.

concentrar [kõsẽn'tra(x)] *vt* *(atenção, esforços)* to concentrate; *(reunir)* to bring together.
❑ **concentrar-se** *vp* to concentrate; **~-se em** *(estudo, trabalho)* to concentrate on; *(lugar)* to group together in.

concepção [kõsep'sãw] (*pl* **-ões** [-õjʃ]) *f* concept; *(de filho)* conception.

concerto [kõ'sextu] *m* concert.

concessionária [kõsesjo'narja] *f* licensed dealer; **~ de automóveis** car dealer.

concha ['kõʃa] *f* shell; *(de sopa)* ladle.

conciliar [kõsi'lja(x)] *vt* to reconcile.

concluir [kõŋklu'i(x)] *vt* to conclude; *(acabar)* to finish.

conclusão [kõŋklu'zãw] (*pl* **-ões** [-õjʃ]) *f* conclusion; **em ~** in conclusion.
concordância [kõŋkox'dãsja] *f* agreement; **em ~ com** in accordance with.
concordar [kõŋkox'da(x)] *vi* to agree; **~ com** to agree with; **~ em fazer algo** to agree to do sthg.
concorrência [kõŋko'xẽsja] *f* competition.
concorrente [kõŋko'xẽntʃi] *adj (equipe)* opposing; *(produto, empresa)* rival. ◆ *mf (em concurso, competição)* contestant; *(em disputa)* rival.
concorrer [kõŋko'xe(x)] *vi* to compete; **~ a algo** *(emprego, posição)* to apply for sthg.
concretizar [kõŋkreti'za(x)] *vt* to realize.
concreto, ta [kõŋ'krɛtu, ta] *adj & m* concrete.
concurso [kõŋ'kuxsu] *m (de televisão)* game show; *(de rádio)* contest; *(de música, literatura)* competition; *(para emprego)* open competition.
condenação [kõndena'sãw] (*pl* **-ões** [-õjʃ]) *f* condemnation; *JUR (sentença)* sentence.
condenar [kõnde'na(x)] *vt* to condemn; *JUR (sentenciar)* to sentence.
condensação [kõndẽsa'sãw] *f* condensation.
condensar [kõndẽ'sa(x)] *vt* to condense.
condescender [kõndesẽn'de(x)] *vi* to agree.
condição [kõndʒi'sãw] (*pl* **-ões** [-õjʃ]) *f* condition; *(classe social)* status; **estar em boas/más condições** to be in good/bad condition.
condicionado, da [kõndʒisjo'nadu, da] *adj* restricted.
condicional [kõndʒisjo'naw] *m GRAM*: **o ~** the conditional.
condicionar [kõndʒisjo'na(x)] *vt* to restrict.
condições → **condição.**
condimento [kõndʒi'mẽntu] *m* seasoning.
condizer [kõndʒi'ze(x)] *vi* to go together; **~ com** to go with.
condolências [kõndo'lẽsjaʃ] *fpl* condolences; **as minhas ~** my condolences.
condomínio [kõndo'minju] *m* service charge.
condômino, na [kõn'dominu, na] *m, f* proprietor *(in an apartment block)*.
condução [kõndu'sãw] *f (de governo)* running; *(transporte)* transportation; **tomar uma ~ para** to catch a bus somewhere.
conduta [kõn'duta] *f (comportamento)* behavior; **boa/má ~** good/bad behavior.
conduto [kõn'dutu] *m (tubo)* tube; *(cano)* pipe; *(de canalização)* channel.
condutor, ra [kõndu'to(x), ra] (*mpl* **-res** [-riʃ], *fpl* **-s** [-ʃ]) *m, f* driver. ◆ *adj* conductive.
conduzir [kõndu'zi(x)] *vt (administrar)* to run.
cone ['kɔni] *m* cone.

conectar [konek'ta(x)] *vi* INFORM to log on.
conexão [konek'sãw] (*pl* **-ões** [-õjʃ]) *f* connection.
confecção [kõfɛk'sãw] (*pl* **-ões** [-õjʃ]) *f* *(fábrica)* garment factory; *(de peça de vestuário)* making; *(de prato culinário)* preparation.
confeccionar [kõfɛksjo'na(x)] *vt* to make.
confecções → **confecção.**
confeitaria [kõfejta'ria] *f* candy store *Am,* sweet shop *Brit.*
conferência [kõfe'rẽsja] *f* conference.
conferir [kõfe'ri(x)] *vt* to check. ◆ *vi (estar exato)* to be correct.
confessar [kõfe'sa(x)] *vt* to confess.
❑ **confessar-se** *vp* to confess.
confiança [kõ'fjãsa] *f* *(fé)* trust; *(segurança)* confidence; *(familiaridade)* familiarity; **ter ~ em** to trust; **ser de ~** to be reliable.
confiar [kõfi'a(x)] *vt:* **~ algo a alguém** *(segredo)* to tell sb sthg in confidence; **~ alguém a alguém** to leave sb in sb's care.
❑ **confiar em** *v + prep (pessoa)* to trust; *(futuro, resultado)* to have faith in.
confidência [kõfi'dẽsja] *f* confidence.
confidencial [kõfidẽ'sjaw] (*pl* **-ais** [-ajʃ]) *adj* confidential.
confirmação [kõfixma'sãw] (*pl* **-ões** [-õjʃ]) *f* confirmation.
confirmar [kõfix'ma(x)] *vt* to confirm.
❑ **confirmar-se** *vp* to come true.
confiscar [kõfiʃ'ka(x)] *vt* to confiscate.
conflito [kõ'flitu] *m* conflict; *(desavença)* argument.
conformar-se [kõfox'maxsi] *vp (resignar-se)* to resign o.s.; **~ com** to resign o.s. to.
conforme [kõ'fɔxmi] *conj* as. ◆ *prep (dependendo de como)* depending on; *(de acordo com)* according to.
conformidade [kõfoxmi'dadʒi] *f* conformity; **em ~ com** in accordance with.
confortar [kõfox'ta(x)] *vt* to comfort.
confortável [kõfox'tavɛw] (*pl* **-eis** [-ejʃ]) *adj* comfortable.
conforto [kõ'foxtu] *m* comfort.
confrontar [kõfrõn'ta(x)] *vt* to confront; *(comparar)* to compare.
❑ **confrontar-se** *vp* to come face to face; **~-se com** *(deparar com)* to be confronted with.
confronto [kõ'frõntu] *m* confrontation; *(comparação)* comparison.
confundir [kõfũn'di(x)] *vt (pessoa)* to confuse; *(rua, significado)* to mistake; *(números)* to mix up.
❑ **confundir-se** *vp (enganar-se)* to make a mistake; **~-se com** *(ser muito parecido com)* to be taken for.
confusão [kõfu'zãw] (*pl* **-ões** [-õjʃ]) *f* confusion; *(tumulto)* commotion; **armar ~** to cause

trouble; **fazer ~** to get mixed up.
confuso, sa [kõ'fuzu, za] *adj (desordenado)* mixed up; *(obscuro)* confusing; *(confundido)* confused.
confusões → **confusão.**
congelado, da [kõʒe'ladu, da] *adj* frozen.
congelar [kõʒe'la(x)] *vt & vi* to freeze.
congestão [kõʒeʃ'tãw] (*pl* **-ões** [-õjʃ]) *f* congestion.
congestionamento [kõʒeʃtʃjona'mẽntu] *m (de trânsito)* congestion.
congestionar [kõʒeʃtʃjo'na(x)] *vt (trânsito)* to block.
congestões → **congestão.**
congratular [kõŋgratu'la(x)] *vt* to congratulate.
congresso [kõŋ'grɛsu] *m* congress.
conhecedor, ra [koɲese'do(x), ra] (*mpl* **-res** [-riʃ], *fpl* **-s** [-ʃ]) *m, f*: **ser ~ de** to be an authority on.
conhecer [koɲe'se(x)] *vt* to know; *(ser apresentado a)* to meet; *(reconhecer)* to recognize.
conhecido, da [koɲe'sidu, da] *adj* well-known. ◆ *m, f* acquaintance.
conhecimento [koɲesi'mẽntu] *m* knowledge; *(experiência)* experience; **dar ~ de algo a alguém** to inform sb of sthg; **tomar ~ de algo** to find out about sthg; **é do ~ de todos** it is common knowledge.
❑ **conhecimentos** *mpl* contacts; *(cultura)* knowledge *sg*.
conjugado [kõʒu'gadu] *m* studio apartment.
cônjuge ['kõʒuʒi] *mf* spouse.
conjunção [kõʒũ'sãw] (*pl* **-ões** [-õjʃ]) *f* GRAM conjunction; *(união)* union.
conjuntivite [kõʒũntʃi'vitʃi] *f* conjunctivitis.
conjunto [kõ'ʒũntu] *m* set; *(de rock)* band; *(de roupa)* outfit.
conosco [ko'noʃku] *pron* with us.
conquanto [kõŋ'kwãntu] *conj* even though.
conquista [kõŋ'kiʃta] *f* conquest.
conquistar [kõŋkiʃ'ta(x)] *vt* to conquer; *(posição, trabalho)* to get; *(seduzir)* to win over.
consciência [kõʃ'sjẽsja] *f* conscience; *(conhecimento)* awareness; **ter ~ de algo** to be aware of sthg; **ter a ~ pesada** to have a guilty conscience; **tomar ~ de algo** to become aware of sthg.
consciente [kõʃ'sjẽntʃi] *adj (acordado)* conscious; *(responsável)* aware; **estar ~ de algo** to be aware of sthg. ◆ *m*: **o ~** the conscious mind.
conseguinte [kõse'gĩntʃi]: **por conseguinte** *adv* consequently.
conseguir [kõse'gi(x)] *vt* to get; **~ fazer algo** to manage to do sthg.
conselho [kõ'seʎu] *m* piece of advice; *(órgão coletivo)* council; **dar ~s** to give advice.

consenso [kõ'sẽsu] *m* consensus.
consentimento [kõsẽntʃi'mẽntu] *m* consent.
consentir [kõsẽn'ti(x)] *vt* to consent to.
conseqüência [kõse'kwẽsja] *f* consequence; **em ~** as a consequence.
consertar [kõsex'ta(x)] *vt* to repair, to fix.
conserto [kõ'sextu] *m* repair.
conserva [kõ'sɛrva] *f*: **em ~** canned, tinned.
❑ **conservas** *fpl* canned food *sg*.
conservação [kõsexva'sãw] *f* conservation; *(de alimento)* preservation.
conservante [kõser'vãtʃi] *m* preservative.
conservar [kõsex'va(x)] *vt* to preserve.
consideração [kõsidera'sãw] (*pl* **-ões** [-õjʃ]) *f* consideration; *(crítica)* point; **falta de ~ (por)** lack of consideration (for); **levar algo em ~** to take sthg into consideration.
considerar [kõside'ra(x)] *vt* to consider; **~ que** to consider (that).
❑ **considerar-se** *vp*: **ele considera-se o maior** he thinks he's the best.
considerável [kõside'ravɛw] (*pl* **-eis** [-ejʃ]) *adj* considerable; *(feito, conquista)* significant.
consigo [kõ'sigu] *pron (com ele)* with him; *(com ela)* with her; *(com você)* with you; *(com eles, elas)* with them; *(relativo a coisa, animal)* with it; **ela estava falando ~ própria** she was talking to herself.
consistência [kõsiʃ'tẽsja] *f* consistency; *(de objeto, madeira)* solidity.
consistente [kõsiʃ'tẽntʃi] *adj (coerente)* consistent; *(espesso)* thick; *(sólido)* solid.
consistir [kõsiʃ'ti(x)]: **consistir em** *v + prep (ser composto por)* to consist of; *(basear-se em)* to consist in.
consoante [kõ'swãntʃi] *f* consonant. ◆ *prep (conforme)* according to.
consolar [kõso'la(x)] *vt* to console.
❑ **consolar-se** *vp* to console o.s.
constante [kõʃ'tãntʃi] *adj* constant.
constar [kõʃ'ta(x)] *v impess*: **consta que ...** it is said that ...
❑ **constar de** *v + prep (consistir em)* to consist of; *(figurar em)* to appear in.
constatar [kõʃta'ta(x)] *vt*: **~ que** *(notar que)* to realize (that).
consternado, da [kõʃter'nadu, da] *adj* distraught.
constipação [kõʃtʃipa'sãw] (*pl* **-ões** [-õjʃ]) *f (prisão de ventre)* constipation.
constipado, da [kõʃtʃi'padu, da] *adj*: **estar ~** *(ter prisão de ventre)* to be constipated; *(resfriado)* to have a cold.
constituição [kõʃtʃitwi'sãw] (*pl* **-ões** [-õjʃ]) *f* constitution.
constituir [kõʃtʃi'twi(x)] *vt (for-*

mar) to set up; *(representar)* to constitute.

constranger [kõʃtrã'ʒe(x)] *vt* *(embaraçar)* to embarrass; *(obrigar)* to force.
❑ **constranger-se** *vp* *(embaraçar-se)* to be embarrassed.

constrangimento [kõʃtrãʒi'mẽntu] *m* *(embaraço)* embarrassment; *(obrigação)* constraint.

construção [kõʃtru'sãw] (*pl* **-ões** [-õjʃ]) *f* construction.

construir [kõʃtru'i(x)] *vt* to build; *(frase)* to construct.

construtivo, va [kõʃtru'tivu, va] *adj* constructive.

cônsul ['kõsuw] (*pl* **-es** [-iʃ]) *mf* consul.

consulado [kõsu'ladu] *m* consulate.

cônsules → **cônsul.**

consulta [kõ'suwta] *f* *(com médico)* appointment; *(de texto, dicionário)* consultation.

consultar [kõsuw'ta(x)] *vi* *(médico)* to have office hours. ◆ *vt* to consult.

consultoria [kõsuwto'ria] *f* consultancy.

consultório [kõsuw'tɔrju] *m* *(de médico)* doctor's office; ~ **dental** dental practice.

consumidor, ra [kõsumi'do(x), ra] (*mpl* **-res** [-riʃ], *fpl* **-s** [-ʃ]) *m, f* consumer.

consumir [kõsu'mi(x)] *vt & vi* to consume.

consumo [kõ'sumu] *m* consumption.

conta ['kõnta] *f* *(cálculo)* calculation; *(de restaurante)* check *Am*, bill *Brit*; *(fatura)* bill; *(de banco)* account; *(de colar)* bead; **a ~, por favor** could I have the check, please?; **o jantar é por minha ~** dinner's on me; **abrir uma ~** to open an account; **dar-se ~ de que** to realize (that); **fazer de ~ que** to pretend (that); **levar em ~** to take into account; **tomar ~ de** to take care of; **~ bancária** bank account; **vezes sem ~** countless times; **isso não é da sua ~!** it's none of your business.

contabilidade [kõntabili'dadʒi] *f* accountancy; *(departamento)* accounts department.

contador, ra [kõnta'do(x), ra] (*mpl* **-res** [-iʃ], *fpl* **-s** [-ʃ]) *m, f* *(profissional)* accountant; *(medidor)* meter; **~ de estórias** storyteller.

contagem [kõn'taʒẽ] (*pl* **-ns** [-ʃ]) *f* *(de gasto de água, de luz, etc)* meter-reading; *(de votos, bilhetes, etc)* count.

contagioso, osa [kõnta'ʒjozu, ɔza] *adj* contagious, infectious.

conta-gotas [,kõnta'gotaʃ] *m inv* dropper.

contaminar [kõntami'na(x)] *vt* to contaminate.

contar [kõn'ta(x)] *vt* to count; *(narrar, explicar)* to tell. ◆ *vi* *(calcular)* to count; **~ algo a alguém** to tell sb sthg; **~ fazer algo** *(tencionar)* to expect to do sthg; **~ com** to count on.

contatar [kõnta'ta(x)] to contact.

contato [kõn'tatu] *m* contact; *(de motor)* ignition; **entrar em ~ com** *(contatar)* to get in touch with.
contemplar [kõntẽm'pla(x)] *vt* to contemplate; **~ alguém com algo** to give sb sthg.
contemporâneo, nea [kõntẽmpo'ranju, nja] *adj & m, f* contemporary.
contentamento [kõntẽnta'mẽntu] *m* contentment.
contentar [kõntẽn'ta(x)] *vt* to keep happy.
❑ **contentar a** *v + prep* to please.
❑ **contentar-se com** *vp + prep* to content o.s. with.
contente [kõn'tẽntʃi] *adj* happy.
conter [kõn'te(x)] *vt (ter)* to contain; *(refrear)* to hold back.
❑ **conter-se** *vp* to restrain o.s.
contestação [kõnteʃta'sãw] (*pl* **-ões** [-õjʃ]) *f (resposta)* answer; *(polêmica)* controversy.
contestar [kõnteʃ'ta(x)] *vt (refutar)* to dispute; *(replicar)* to answer.
conteúdo [kõn'tjudu] *m (de recipiente)* contents *pl*; *(de carta, texto)* content.
contexto [kõn'teʃtu] *m* context.
contigo [kõn'tigu] *pron* with you.
continente [kõntʃi'nẽntʃi] *m* continent.
continuação [kõntʃinwa'sãw] (*pl* **-ões** [-õjʃ]) *f* continuation.
continuamente [kõn,tʃinwa'mẽntʃi] *adv (sem interrupção)* continuously; *(repetidamente)* continually.
continuar [kõntʃi'nwa(x)] *vt* to continue. ◆ *vi* to carry on; **~ a fazer algo** to continue doing sthg; **~ com algo** to carry on with sthg.
contínuo, nua [kõn'tʃinwu, nwa] *adj (sem interrupção)* continuous; *(repetido)* continual. ◆ *m, f* caretaker.
conto ['kõntu] *m (história)* story; *(literário)* short story; **~ de fadas** fairy tale.
contornar [kõntox'na(x)] *vt (edifício, muro, etc)* to go around; *(problema)* to get around.
contra ['kõntra] *prep* against. ◆ *m*: **pesar os prós e os ~s** to weigh up the pros and the cons.
contrabando [kõntra'bãndu] *m (de mercadorias)* smuggling; *(mercadoria)* contraband.
contracepção [,kõntrasɛp'sãw] *f* contraception.
contraceptivo, va [,kõntrasɛp'tʃivu, va] *adj & m* contraceptive.
contradição [,kõntradʒi'sãw] (*pl* **-ões** [-õjʃ]) *f* contradiction.
contradizer [,kõntradʒi'ze(x)] *vt* to contradict.
contrafilé [kõntrafi'lɛ] *m* rump steak.
contra-indicação [,kõntraĩndʒika'sãw] (*pl* **-ões** [-õjʃ]) *f (de medicamento)* warning label; **'sem contra-indicações'** 'no restrictions on use'.
contrair [kõntra'i(x)] *vt (doença)*

to catch, to contract; *(dívida)* to run up; *(vício, hábito)* to acquire; ~ **matrimônio** to get married.

contramão [kõntra'mãw] *f (de rua, estrada)* the wrong way on a road; **ir pela** ~ to drive the wrong way down a road.

contrapartida [ˌkõntrapar'tʃida] *f* compensation; **em** ~ on the other hand.

contrariar [kõntrari'a(x)] *vt (contradizer)* to contradict; *(aborrecer)* to annoy.

contrariedade [kõntrarje'dadʒi] *f (aborrecimento)* annoyance.

contrário, ria [kõn'trarju, rja] *adj (oposto)* opposite; *(adversário)* opposing. ◆ *m*: **o** ~ the opposite; **ser** ~ **a algo** to be against sthg; **do** ~ otherwise; **pelo** ~ (quite) the contrary; **em sentido** ~ in the opposite direction.

contra-senso [ˌkõntra'sẽsu] *m (absurdo)* nonsense.

contrastar [kõntraʃ'ta(x)] *vt & vi* to contrast; ~ **com** to contrast with.

contraste [kõn'traʃtʃi] *m* contrast; **em** ~ **com** in contrast with.

contratar [kõntra'ta(x)] *vt* to hire.

contratempo [ˌkõntra'tẽmpu] *m* setback.

contrato [kõn'tratu] *m* contract.

contribuinte [kõntri'bwĩntʃi] *mf* taxpayer.

contribuir [kõntri'bwi(x)] *vi* to contribute; ~ **com algo** to contribute sthg; ~ **para algo** to contribute toward sthg.

controlar [kõntro'la(x)] *vt* to control.

❑ **controlar-se** *vp* to control o.s.

controle [kõn'troli] *m* control; ~ **remoto** remote control.

controvérsia [kõntro'vɛrsja] *f* controversy.

controverso, sa [kõntro'vɛrsu, sa] *adj* controversial.

contudo [kõn'tudu] *conj* however.

contusão [kõntu'zãw] (*pl* **-ões** [-õjʃ]) *f* bruise.

convalescença [kõvaleʃ'sẽsa] *f* convalescence.

convenção [kõvẽ'sãw] (*pl* **-ões** [-õjʃ]) *f* convention.

convencer [kõvẽ'se(x)] *vt* to convince; ~ **alguém a fazer algo** to persuade sb to do sthg; ~ **alguém de algo** to convince sb of sthg.

❑ **convencer-se** *vp* to be convinced; ~**-se de que** to become convinced (that).

convencido, da [kõvẽ'sidu, da] *adj* conceited.

convencional [kõvẽsjo'naw] (*pl* **-ais** [-ajʃ]) *adj* conventional.

convenções → **convenção.**

conveniência [kõve'njẽsja] *f* convenience; **por** ~ for the sake of convenience.

conveniente [kõve'njẽntʃi] *adj* convenient.

convento [kõ'vẽntu] *m* convent.

conversa [kõ'vɛxsa] *f* conversation; ~ **fiada** chitchat; **não cair na** ~ not to be taken in.

conversar [kõvex'sa(x)] *vi* to talk; ~ **com** to talk to.

conversível [kõvex'sivew] (*pl* **-eis** [-ejʃ]) *m (carro)* convertible.

converter [kõvex'te(x)] *vt (transformar)*: ~ **algo/alguém em** to convert sthg/sb into. ▫ **converter-se** *vp* to convert; ~**-se a** to convert to; ~**-se em** to turn into.

convés [kõ'vɛʃ] (*pl* **-eses** [-ɛziʃ]) *m* deck.

convidado, da [kõvi'dadu, da] *adj* guest *(antes de s)*. ◆ *m, f* guest.

convidar [kõvi'da(x)] *vt* to invite.

convir [kõ'vi(x)] *vi (ser útil)* to be a good idea; *(ser adequado)* to be suitable; **é de** ~ **que** admittedly.

convite [kõ'vitʃi] *m* invitation.

convivência [kõvi'vẽsja] *f (vida em comum)* living together; *(familiaridade)* familiarity.

conviver [kõvi've(x)]: **conviver com** *v + prep (ter convivência com)* to live with.

convívio [kõ'vivju] *m (convivência)* contact.

convocar [kõvo'ka(x)] *vt* to summon; ~ **alguém para algo** to summon sb to sthg.

cooperação [kwopera'sãw] (*pl* **-ões** [-õjʃ]) *f* cooperation.

cooperar [kwope'ra(x)] *vi* to cooperate.

coordenar [kworde'na(x)] *vt* to coordinate.

copa ['kɔpa] *f (divisão de casa)* pantry; *(de árvore)* top; *(de chapéu)* crown; *(torneio esportivo)* cup. ▫ **copas** *fpl (naipe de cartas)* hearts.

cópia ['kɔpja] *f* copy.

copiar [ko'pja(x)] *vt* to copy.

copo ['kɔpu] *m* glass.

coqueiro [ko'kejru] *m* coconut palm.

coquetel [koke'tɛw] (*pl* **-éis** [-ɛiʃ]) *m* cocktail.

cor[1] ['kɔ(x)] ◆ **de cor** *adv*: **aprender/saber algo de** ~ to learn/know sthg by heart; **saber algo de** ~ **e salteado** to know sthg through and through.

cor[2] ['ko(x)] (*pl* **-res** [-riʃ]) *f* color; **perder a** ~ to fade.

coração [kora'sãw] (*pl* **-ões** [-õjʃ]) *m* heart; **ter bom** ~ to be kind-hearted.

corado, da [ko'radu, da] *adj (pessoa)* red, flushed; *(frango, assado, etc)* brown.

coragem [ko'raʒẽ] *f* courage. ◆ *interj* chin up!

corais → **coral**.

corajoso, osa [kora'ʒozu, ɔza] *adj* courageous.

coral [ko'raw] (*pl* **-ais** [-ajʃ]) *m* coral.

corante [ko'rãntʃi] *m* coloring.

corar [ko'ra(x)] *vi* to blush. ◆ *vt (frango, assado, etc)* to brown.

Corcovado [koxko'vadu] *m*: **o** ~ *the Corcovado mountain in Rio de Janeiro.*

ⓘ CORCOVADO

At the summit of the Corcovado (hunchback) mountain, the figure of "Cristo Redentor" (Christ the Redeemer) stands over the city of Rio with welcoming arms outstretched. The statue is 30 meters tall, and was presented as a gift to the "cariocas" (citizens of Rio) by France to commemorate Brazilian independence. A visit to this landmark affords stunning views over Rio.

---

corda ['kɔrda] *f* rope; *(de instrumento musical)* string; *(de relógio, brinquedo)* clockwork; **dar ~ a** ou **em** *(relógio, brinquedo)* to wind up; *(fig)* to encourage; **pular ~** to jump rope; **~s vocais** vocal cords.

cordão [kor'dãw] (*pl* **-ões** [-õjʃ]) *m (jóia)* gold chain; **~ umbilical** umbilical cord.

cordeiro [kor'dejru] *m* lamb.

cordel [kor'dɛw] (*pl* **-éis** [-ɛiʃ]) *m* string.

ⓘ CORDEL

This is a type of poetry deriving from the oral tradition and transcribed to rough bits of paper which are hung out on string. These rhyming verses are recited as ballads accompanied by a guitar. Cordel is typical of the Northeast, especially in the states of Pernambuco, Paraíba and Ceará, where the verses are sold by their authors in markets and fairs.

---

cor-de-laranja [ˌkordʒila'rãʒa] *adj inv* orange.

cor-de-rosa [ˌkordʒi'xɔza] *adj inv* pink.

cordões → **cordão.**

cores → **cor**[2].

córnea ['kɔxnja] *f* cornea.

coro ['koru] *m* choir; *(de música)* chorus; **em ~** in unison.

coroa [ko'roa] *f* crown; *(de enterro)* wreath.

corpo ['koxpu] *m* body; *(cadáver)* corpse; **~ de bombeiros** fire department.

correção [koxe'sãw] (*pl* **-ões** [-õjʃ]) *f* correctness; *(de exame, teste)* correction.

correções → **correção.**

corredor, ra [koxe'do(x), ra] (*mpl* **-res** [-riʃ], *fpl* **-s** [-ʃ]) *m, f* runner. ◆ *m (de casa)* corridor.

correia [ko'xeja] *f (tira de couro)* strap; **~ da ventoinha** fan belt.

correio [ko'xeju] *m* mail; *(local)* post office; **~ eletrônico** e-mail, electronic mail; **~ expresso** express mail; **pelo ~** by mail.

corrente [ko'xẽntʃi] *adj* current; *(água)* running. ◆ *f* current; *(de bicicleta)* chain; **~ alternada** alternating current; **~ de ar** draft.

correr [ko'xe(x)] *vi* to run; *(tempo)* to pass; *(notícia, rumor)* to go around. ◆ *vt* to run; ~ **perigo** to be in danger; **fazer algo correndo** to do sthg in a rush.

correspondência [koxeʃpõn'dẽsja] *f* correspondence.

correspondente [koxeʃpõn'dẽntʃi] *adj* corresponding. ◆ *mf* correspondent.

corresponder [koxeʃpõn'de(x)] *vi* to correspond; *(retribuir)* to reciprocate; ~ **a** to correspond with.

❑ **corresponder-se** *vp (escrever-se)* to write to each other; ~**-se com alguém** to correspond with sb.

corretor, ra [koxe'to(x), ra] (*mpl* **-res** [-riʃ], *fpl* **-s** [-ʃ]) *m, f* broker. ◆ *m (fluido)* correction fluid; ~ **de imóveis** real estate agent *Am*, estate agent *Brit*; ~ **da Bolsa** stockbroker; ~ **de seguros** insurance broker; ~ **ortográfico** spell-checker.

corrida [ko'xida] *f (de velocidade)* race; *(de táxi)* fare.

corrigir [koxi'ʒi(x)] *vt* to correct.

❑ **corrigir-se** *vp* to mend one's ways.

corrimão [koxi'mãw] (*pl* **-s** [-ʃ]) *m (de escada)* handrail, banister; *(de varanda)* railing.

corrimento [koxi'mẽntu] *m (de vagina)* discharge.

corrimões → **corrimão.**

corromper [koxõm'pe(x)] *vt* to corrupt; *(subornar)* to bribe.

corrupção [koxup'sãw] (*pl* **-ões** [-õjʃ]) *f* corruption; ~ **de menores** JUR corruption of minors.

corrupto, ta [ko'xuptu, ta] *adj* corrupt.

cortar [kox'ta(x)] *vt* to cut; *(carne assada)* to carve; *(gás, eletricidade)* to cut off; *(rua, estrada)* to block off. ◆ *vi* to be sharp; ~ **relações (com alguém)** to break up (with sb).

❑ **cortar-se** *vp* to cut o.s.

corte ['kɔxtʃi] *m* cut; ~ **de cabelo** haircut.

cortejo [kox'teʒu] *m* procession; ~ **fúnebre** funeral procession.

cortesia [koxte'zia] *f* courtesy.

cortiça [kox'tʃisa] *f* cork.

cortiço [kox'tʃisu] *m* slum tenement.

cortina [kox'tʃina] *f* curtain.

coruja [ko'ruʒa] *f* owl.

corvina [kox'vina] *f* bream.

corvo ['koxvu] *m* crow.

coser [ko'ze(x)] *vt & vi* to sew.

costa ['kɔʃta] *f* coast; *(de montanha)* slope; **dar à** ~ to wash ashore.

❑ **costas** *fpl* back *sg*; **dar as ~s para algo/alguém** to turn your back on sthg/sb.

costela [koʃ'tɛla] *f* rib.

costeleta [koʃte'leta] *f (de porco, carneiro)* chop; *(de vitela)* cutlet.

costumar [koʃtu'ma(x)] *vt*: **ela costuma chegar na hora** she usually arrives on time. ◆ *v impess*: **costuma chover muito** it tends to rain a lot.

costume [koʃ'tumi] *m (hábito)*

habit; *(uso social)* custom; **como de ~** as usual; **por ~** usually.

costura [koʃ'tura] *f (atividade)* sewing; *(de peça de roupa)* seam.

costurar [koʃtu'ra(x)] *vt (roupa)* to sew (up).

cotação [kota'sãw] (*pl* **-ões** [-õjʃ]) *f (de mercadoria, título)* quoted price; **~ bancária** interest rate.

cotidiano [kotʃi'dʒjanu] *adj* daily. ◆ *m* everyday life.

cotonetes [koto'nɛtiʃ] *mpl* cotton swabs.

cotovelada [kotove'lada] *f* poke with the elbow; **dar uma ~ em alguém** to elbow sb.

cotovelo [koto'velu] *m* elbow.

coube ['kobi] → **caber.**

couchette [ko'ʃɛtʃi] *f* sleeping berth.

couro ['koru] *m* leather; **~ cabeludo** scalp.

couve ['kovi] *f* spring greens *pl*; **~ portuguesa** kale.

couve-flor [ˌkove'flo(x)] (*pl* **couves-flores** [ˌkoveʃ'floreʃ]) *f* cauliflower.

couvert [ku'vɛ(x)] *m* cover charge.

cova ['kɔva] *f* pit; *(sepultura)* grave.

covarde [ko'vaxdʒi] *adj* cowardly. ◆ *m* coward.

covardia [kovax'dʒia] *f* cowardice.

coxa ['koʃa] *f* thigh; **~ de galinha** chicken leg.

coxo, xa ['koʃu, ʃa] *adj* lame.

cozer [ko'ze(x)] *vt* to boil.

cozido, da [ko'zidu, da] *adj* boiled.

cozinha [ko'ziɲa] *f* kitchen; *(arte)* cookery.

cozinhar [kozi'ɲa(x)] *vt & vi* to cook.

cozinheiro, ra [kozi'ɲejru, ra] *m, f* cook.

crachá [kra'ʃa] *m* badge.

crânio ['kranju] *m* skull.

craque ['kraki] *mf* expert.

cratera [kra'tɛra] *f* crater.

cravar [kra'va(x)] *vt*: **~ algo em algo** *(unhas)* to dig sthg into sthg; *(dentes, faca)* to sink sthg into sthg; **~ os olhos em** to stare at.

cravo ['kravu] *m (flor)* carnation; *(instrumento)* harpsichord; *(em rosto)* blackhead; *(especiaria)* clove.

crediário [kre'dʒjarju] *m* installment plan *Am*, hire purchase *Brit*; **abrir um ~** to start a payment plan.

crédito ['krɛdʃitu] *m* credit; **comprar/vender a ~** to buy/sell on credit.

credor, ra [kre'do(x), ra] (*mpl* **-res** [-riʃ], *fpl* **-s** [-ʃ]) *m, f* creditor.

cremar [kre'ma(x)] *vt* to cremate.

crematório [krema'tɔrju] *m* crematorium.

creme ['krɛmi] *m* cream; **~ de barbear** shaving cream; **~ hidratante** moisturizer; **~ de leite** cream.

cremoso, osa [kre'mozu, ɔza] *adj* creamy.

crença ['krẽsa] *f* belief.
crente ['krẽntʃi] *mf* believer.
crepe ['krɛpi] *m (tecido)* seersucker; *(panqueca)* pancake.
crepúsculo [kre'puʃkulu] *m (de manhã)* daybreak; *(à noite)* twilight.
crer ['kre(x)] *vi* to believe; *(supor)* to suppose. ◆ *vt*: ~ **que** *(acreditar)* to believe (that); *(supor)* to suppose (that); **ver para** ~ seeing is believing.
crescente [kre'sẽntʃi] *adj* growing. ◆ *m (fase da lua)* crescent.
crescer [kre'se(x)] *vi* to grow; *(aumentar)* to rise.
crespo, pa ['kreʃpu, pa] *adj (cabelo)* very curly; *(rugoso)* rough.
cretino, na [kre'tinu, na] *m, f* idiot.
cria ['kria] *f* young.
criado, da [kri'adu, da] *m, f* servant.
criador, ra [kria'do(x), ra] (*mpl* **-res** [-riʃ], *fpl* **-s** [-ʃ]) *m, f* creator; *(de animais)* breeder.
criança [kri'ãsa] *f* child; ~ **de colo** infant; **quando** ~ as a child; **ser** ~ to be childish.
criar [kri'a(x)] *vt* to create; *(filhos)* to bring up; *(animais)* to raise; ~ **caso** to make trouble.
▫ **criar-se** *vp (produzir-se)* to form; *(pessoa)* to grow up.
criatividade [kriatʃivi'dadʒi] *f* creativity.
criativo, va [kria'tʃivu, va] *adj* creative.
criatura [kria'tura] *f* creature.
crime ['krimi] *m* crime.
criminalidade [kriminali'dadʒi] *f* crime.
criminoso, osa [krimi'nozu, ɔza] *m, f* criminal.
crina ['krina] *f* mane.
crise ['krizi] *f* crisis; *(em doença)* attack; *(de nervos, histeria)* fit.
crista ['kriʃta] *f (de ave)* crest; *(de montanha)* ridge.
cristã → **cristão.**
cristal [kriʃ'taw] (*pl* **-ais** [-ajʃ]) *m* crystal.
cristão, ã [kriʃ'tãw, ã] *adj & m, f* Christian.
critério [kri'tɛrju] *m* criterion.
crítica ['kritika] *f (de obra, peça, filme)* review; *(censura)* criticism.
criticar [kriti'ka(x)] *vt (obra)* to review; *(pessoa, atitude)* to criticize.
crocante [kro'kãntʃi] *adj* crunchy.
crocodilo [kroko'dilu] *m* crocodile.
crônica ['kronika] *f (de jornal)* (newspaper) column; *(conto)* short story.
crônico, ca ['kroniku, ka] *adj (doença)* chronic.
cronológico, ca [krono'lɔʒiku, ka] *adj* chronological.
cronometrar [kronome'tra(x)] *vt* to time.
cronômetro [kro'nometru] *m* stopwatch.
crosta ['kroʃta] *f (de ferida)* scab; *(da Terra)* crust.
cru, crua ['kru, 'krua] *adj (comida)* raw; *(tecido)* unbleached; *(realidade)* harsh.

crucifixo [krusi'fiksu] *m* crucifix.
cruel [kru'ɛw] (*pl* **-éis** [-ɛiʃ]) *adj* cruel.
cruz [kruʃ] (*pl* **-zes** [-ziʃ]) *f* cross; **a Cruz Vermelha** the Red Cross.
cruzamento [kruza'mẽntu] *m* *(em estrada)* crossroads *sg*; *(de raças)* crossbreed.
cruzar [kru'za(x)] *vt* to cross; *(braços)* to fold.
cruzeiro [kru'zejru] *m* cruise.
cúbico, ca ['kubiku, ka] *adj* cubic.
cubo ['kubu] *m* cube; ~ **de gelo** ice cube.
cuco ['kuku] *m* cuckoo.
cueca ['kwɛka] *f* underpants *pl*.
cuidado, da [kui'dadu, da] *adj* *(casa, jardim, etc)* well looked after. ◆ *m* care. ◆ *interj*: **cuidado!** (be) careful!; **ter** ~ to take care, to be careful; **aos** ~**s de alguém** in the care of sb; **com** ~ carefully, with care.
cuidar [kui'da(x)]: **cuidar de** *v + prep* to take care of.
❑ **cuidar-se** *vp* to take care of o.s.
cujo, ja ['kuʒu, ʒa] *pron* *(de quem)* whose; *(de que)* of which.
culinária [kuli'narja] *f* cookery.
culminar [kuwmi'na(x)]: **culminar em** *v + prep* to culminate in.
culpa ['kuwpa] *f* fault; **ter** ~ **de algo** to be to blame for sthg; **por** ~ **de** due to.
culpado, da [kuw'padu, da] *adj* guilty.
cultivar [kuwti'va(x)] *vt* to cultivate.
❑ **cultivar-se** *vp* to educate o.s.
culto, ta ['kuwtu, ta] *adj* well-educated. ◆ *m* cult.
cultura [kuw'tura] *f* culture; *(agrícola)* crop; *(conhecimentos)* knowledge.
cultural [kuwtu'raw] (*pl* **-ais** [-ajʃ]) *adj* cultural.
cume ['kumi] *m* summit.
cumplicidade [kũmplisi'dadʒi] *f* complicity.
cumprimentar [kũmprimẽn'ta(x)] *vt* to greet.
cumprimento [kũmpri'mẽntu] *m* greeting; *(de lei, ordem)* observance *(of the law)*.
❑ **cumprimentos** *mpl* regards; **Com os** ~**s de ...** Yours sincerely.
cumprir [kũm'pri(x)] *vt* *(tarefa, ordem, missão)* to carry out; *(promessa)* to keep; *(pena, sentença)* to serve; *(lei)* to obey. ◆ *v impess*: ~ **a alguém fazer algo** *(caber a)* to be sb's turn to do sthg; *(ser o dever de)* to be sb's responsibility to do sthg.
cúmulo ['kumulu] *m* height; **é o** ~**!** that's the limit!
cunha ['kuɲa] *f* wedge.
cunhado, da [ku'ɲadu, da] *m, f* brother-in-law.
cupom [ku'põ] (*pl* **-ns** [-ʃ]) *m* coupon.
cúpula ['kupula] *f* dome.
cura ['kura] *f* cure; *(de queijo, presunto, etc)* curing.
curar [ku'ra(x)] *vt* to cure. ◆ *vi* *(sarar)* to heal.
❑ **curar-se** *vp* to recover.

curativo [kura'tʃivu] *m* dressing.

curinga [ku'rĩŋga] *m (de jogo de cartas)* joker.

curiosidade [kurjozi'dadʒi] *f* curiosity.

curioso, osa [ku'rjozu, ɔza] *adj* curious. ◆ *m, f (bisbilhoteiro)* busybody; *(amador)* amateur.

curral [ku'xaw] (*pl* **-ais** [-ajʃ]) *m* pen.

currículo [ku'xikulu] *m* résumé.

curriculum vitae [kə'rɪkjələm'vi:taɪ] *m* résumé *Am*, curriculum vitae *Brit*.

curso ['kursu] *m* course; *(de universidade)* college course; **ter um ~ de algo** *(universitário)* to have a degree in sthg; **~ intensivo** intensive course; **~ superior** (college) degree; **em ~** *(ano, semana, etc)* current; *(em funcionamento)* in operation; *(em andamento)* in progress.

cursor [kux'so(x)] (*pl* **-res** [-riʃ]) *m INFORM* cursor.

curtir [kux'ti(x)] *vt (peles, couros)* to tan; *(desfrutar)* to enjoy.

curto, ta ['kuxtu, ta] *adj* short; **a ~ prazo** in the short term.

curva ['kuxva] *f (de estrada, caminho, etc)* bend; *(de corpo)* curve.

curvar [kux'va(x)] *vt* to bend; *(cabeça)* to bow.
❑ **curvar-se** *vp (inclinar-se)* to bend over; *fig (humilhar-se)* to lower o.s.

cuscuz [kuʃ'kuʃ] *m* couscous.

cuspe ['kuʃpi] *m* spit.

cuspir [kuʃ'pi(x)] *vi & vt* to spit.

custa ['kuʃta]: **à custa de** *prep* at the expense of.
❑ **custas** *fpl JUR* costs.

custar [kuʃ'ta(x)] *vt & vi (valer)* to cost; **custa muito a fazer** it's hard to do; **quanto custa?** how much is it?; **custe o que ~** at all costs, at any cost.

custo ['kuʃtu] *m (preço, despesa)* cost; *fig (dificuldade)* difficulty; **~ de vida** cost of living; **a ~** with difficulty.

D

da [da] = **de + a** → **de.**

dá ['da] → **dar.**

dádiva ['dadiva] *f* donation.

dado, da ['dadu, da] *adj (sociável)* sociable; *(determinado)* given. ◆ *m (de jogar)* dice; *(de problema, cálculo)* factor; *(informação)* fact.
❑ **dados** *mpl (jogo)* dice; *INFORM* data *sg*; **jogar ~s** to play dice.

daí [da'i] *adv* = **de + aí**; *(relativo a espaço)* from there; *(relativo a tempo)*: **~ a um mês/um ano/dez minutos** a month/a year/ten minutes later; **~ em** OU **por diante** from then on; **e ~?** so what?; **sai ~!** get out of there!

dali [da'li] *adv* = **de + ali**; *(relativo a espaço)* from there; *(relativo a tempo)*: **~ a uma hora** an hour later; **~ em** OU **por diante** from then on.

dama ['dama] *f (senhora)* lady;

(de baralho de cartas) queen; ~ **de honra** bridesmaid.

❑ **damas** *fpl* checkers *sg Am*, draughts *sg Brit*; **jogar ~s** to play checkers.

damasco [da'maʃku] *m* apricot.

dança ['dãsa] *f* dance; **~s folclóricas** country dancing *sg*.

dançar [dã'sa(x)] *vi* to dance; *(oscilar)* to sway. ◆ *vt* to dance.

dano ['danu] *m* damage.

dão ['dãw] → **dar.**

daquela [da'kɛla] = **de + aquela,** → **aquele.**

daquele [da'keli] = **de + aquele,** → **aquele.**

daqui [da'ki] *adv* = **de + aqui**; *(deste lugar)* from here; *(deste momento)*: **~ a um ano/mês** in a year/month; **ele saiu ~ às nove** he left here at nine; **~ a pouco** in a little while; **~ em** ou **por diante** from now on.

daquilo [da'kilu] = **de + aquilo,** → **aquilo.**

dar [da(x)] *vt* **-1.** *(entregar, presentear)* to give; **~ algo a alguém** to give sb sthg, to give sthg to sb.

-2. *(produzir)* to produce.

-3. *(causar, provocar)* to give; **isto me dá sono/pena** it makes me sleepy/sad; **só dá problemas** it's nothing but trouble.

-4. *(filme, programa)*: **deu no noticiário hoje** it was on the news today.

-5. *(exprime ação)* to give; **~ um berro** to cry out; **~ um pontapé em alguém** to kick sb; **~ um passeio** to go for a walk.

-6. *(festa, concerto)* to hold; **vão ~ uma festa** they're going to have ou throw a party.

-7. *(dizer)* to say; **ele me deu boa-noite** he said good night to me.

-8. *(ensinar)* to teach; **o que é que você está dando nas suas aula?** what are you teaching (at the moment)?; **ela dá aula numa escola** she teaches at a school.

-9. *(aprender, estudar)* to do; **o que é que estão dando em Inglês?** what are you doing in English (at the moment)?; **estamos dando o verbo "to be"** we're doing the verb "to be".

◆ *vi* **-1.** *(horas)*: **já deram cinco horas** the clock just struck five.

-2. *(condizer)*: **~ com** to go with; **as cores não dão umas com as outras** the colors clash.

-3. *(proporcionar)*: **~ de beber a alguém** to give sb something to drink; **~ de comer a alguém** to feed sb.

-4. *(em locuções)*: **dá no mesmo** it doesn't matter.

❑ **dar com** *v + prep (encontrar, descobrir)* to meet; **dei com ele no cinema** I met him at the movies.

❑ **dar em** *v + prep (resultar)*: **a discussão não vai ~ em nada** the discussion will come to nothing.

❑ **dar para** *v + prep (servir para, ser útil para)* to be good for; *(suj: varanda, janela)* to look onto; *(suj: porta)* to lead to; *(ser suficien-*

te para) to be enough for; *(ser possível)* to be possible; **dá para você fazer isso hoje?** could you do it today?; **não vai ~ para eu chegar na hora** I won't be able to get there on time.
❑ **dar por** *v + prep (aperceber-se de)* to notice.
❑ **dar-se** *vp:* **~-se bem/mal com alguém** to get on well/badly with sb; **não me dou bem com condimentos** spices don't agree with me; **deu-se mal com a brincadeira** his plan backfired; **~-se por vencido** to give in.

dardo ['daxdu] *m (arma)* spear; *ESP* javelin.
❑ **dardos** *mpl* darts *sg*; **jogar ~s** to play darts.

das [daʃ] = **de + as,** → **de.**

data ['data] *f* date; **~ de nascimento** date of birth.

datilografar [datʃilogra'fa(x)] *vt* to type.

de [dʒi] *prep* **-1.** *(indica posse)* of; **o lápis do Mário** Mário's pencil; **a recepção do hotel** the hotel reception; **a casa é dela** it's her house.
-2. *(indica matéria)* (made) of; **um bolo ~ chocolate** a chocolate cake; **um relógio ~ ouro** a gold watch.
-3. *(indica conteúdo)* of; **um copo d'água** a glass of water.
-4. *(usado em descrições, determinações)*: **uma camiseta ~ manga curta** a short-sleeved T-shirt; **o senhor ~ preto** the man in black.
-5. *(indica assunto)* about; **fale da viagem** tell me about the trip; **um livro ~ informática** a book about OU on computers.
-6. *(indica origem)* from; **sou ~ Salvador** I'm from Salvador; **os habitantes do bairro** the locals; **um produto do Brasil** a Brazilian product.
-7. *(indica tempo)*: **o jornal das nove** the nine o'clock news; **partimos às três da tarde** we left at three in the afternoon; **trabalho das nove às cinco** I work from nine to five.
-8. *(indica uso)*: **a sala ~ espera** the waiting room; **uma máquina ~ calcular** a calculator.
-9. *(usado em denominações, nomes)* of.
-10. *(indica causa, modo)*: **chorar ~ alegria** to cry with joy; **está tudo ~ pernas para o ar** everything is upside down; **morrer ~ frio** to freeze to death; **viajou ~ carro** he traveled by car.
-11. *(indica autor)* by; **um filme ~ Glauber Rocha** a film by Glauber Rocha.
-12. *(introduz um complemento)*: **cheio ~ gente** full of people; **difícil ~ esquecer** hard to forget; **gostar ~ algo/alguém** to like sthg/sb.
-13. *(em comparações)*: **do que** than; **é mais rápido do que este** it's faster than this one.
-14. *(em superlativos)* of; **o melhor ~ todos** the best of all.
-15. *(dentre)* of; **um dia destes** one of these days; **um desses**

hotéis serve any one of those hotels will do.
-16. *(indica série)*: ~ **dois em dois dias** every two days; ~ **três em três metros** every three meters.
debaixo [de'bajʃu] *adv* underneath; ~ **de** under.
debate [de'batʃi] *m* debate.
debater [deba'te(x)] *vt* to debate.
❑ **debater-se** *vp* to struggle.
débil ['dɛbiw] (*pl* **-beis** [-bejʃ]) *adj* weak.
debitar [debi'ta(x)] *vt* to debit.
débito ['dɛbitu] *m* debit.
debruçar-se [debru'saxsi] *vp* to lean over; ~ **sobre algo** *(problema, questão)* to look into sthg.
década ['dɛkada] *f* decade; **na** ~ **de oitenta** in the 80s.
decadente [deka'dẽntʃi] *adj* decadent.
decência [de'sẽsja] *f* decency.
decente [de'sẽntʃi] *adj* decent.
decepção [dese'sãw] (*pl* **-ões** [-õjʃ]) *f* disappointment.
decidido, da [desi'dʒidu, da] *adj (pessoa)* determined; *(resolvido)* settled.
decidir [desi'dʒi(x)] *vt* to decide; ~ **fazer algo** to decide to do sthg.
❑ **decidir-se** *vp* to make up one's mind; ~**-se a fazer algo** to make up one's mind to do sthg.
decifrar [desi'fra(x)] *vt* to decipher.
decimal [dɛsi'maw] (*pl* **-ais** [-ajʃ]) *adj* decimal.
décimo, ma ['dɛsimu, ma] *num* tenth, → **sexto.**
decisão [desi'zãw] (*pl* **-ões** [-õjʃ]) *f (resolução)* decision.
declaração [deklara'sãw] (*pl* **-ões** [-õjʃ]) *f* statement; *(de amor)* declaration.
declarar [dekla'ra(x)] *vt* to declare; **'nada a ~'** 'nothing to declare'.
❑ **declarar-se** *vp (confessar sentimentos)* to declare one's love; *(manifestar-se)* to express an opinion.
declínio [de'klinju] *m* decline.
decolagem [deko'laʒẽ] *f (de avião)* takeoff.
decoração [dekora'sãw] (*pl* **-ões** [-õjʃ]) *f* decoration.
decorar [deko'ra(x)] *vt (ornamentar)* to decorate; *(memorizar)* to memorize.
decorativo, va [dekora'tʃivu, va] *adj* decorative.
decotado, da [deko'tadu, da] *adj* low-cut.
decote [de'kɔtʃi] *m* neckline; ~ **em V** V-neck; ~ **redondo** crew neck.
decrescer [dekre'se(x)] *vi* to decrease.
decreto [de'krɛtu] *m* decree.
decurso [de'kursu] *m*: **no** ~ **de** in the course of.
dedal [de'daw] (*pl* **-ais** [-ajʃ]) *m* thimble.
dedão [de'dãw] (*pl* **-ões** [-õjʃ]) *m (de mão)* thumb; *(de pé)* big toe.
dedicação [dedʒika'sãw] (*pl* **-ões** [-õjʃ]) *f* dedication.

dedicar [dedʒi'ka(x)] *vt (livro, música, obra)* to dedicate; *(tempo, atenção, energias)* to devote.
❑ **dedicar-se a** *vp + prep* to devote o.s. to.
dedo ['dedu] *m (de mão)* finger; *(de pé)* toe; *(medida)* inch; **levantar o ~** to put one's hand up.
dedões → **dedão.**
dedução [dedu'sãw] (*pl* **-ões** [-õjʃ]) *f* deduction.
deduzir [dedu'zi(x)] *vt (descontar)* to deduct; *(concluir)* to deduce.
defeito [de'fejtu] *m* defect.
defeituoso, osa [defej'twozu, ɔza] *adj (produto)* defective.
defender [defẽn'de(x)] *vt* to defend.
❑ **defender-se** *vp* to defend o.s.; **~-se de** to defend o.s. against.
defensor, ra [defẽ'so(x), ra] (*mpl* **-res** [-riʃ], *fpl* **-s** [-ʃ]) *m, f* defender.
deferimento [deferi'mẽntu] *m* approval.
defesa [de'feza] *f* defense; *JUR* the defense; *ESP (ato)* save; *(: jogadores)* defense; *(de tese)* viva voce.
deficiência [defi'sjẽsja] *f* deficiency; *(física)* disability.
deficiente [defi'sjẽntʃi] *adj* deficient. ◆ *mf* disabled person; **~ físico** physically disabled person; **~ mental** mentally disabled person.
déficit ['dɛfisitʃ] *m* deficit.
definir [defi'ni(x)] *vt (palavra, sentido)* to define; *(estratégia, plano, regras)* to set out.
❑ **definir-se** *vp* to make up one's mind.
definitivamente [defini,tʃiva'mẽntʃi] *adv (para sempre)* for good; *(sem dúvida)* definitely.
definitivo, va [defini'tʃivu, va] *adj (decisão, resposta)* final; *(separação, mudança)* permanent.
deformação [defoxma'sãw] (*pl* **-ões** [-õjʃ]) *f (de corpo)* deformity; *(de forma, realidade)* distortion.
deformar [defox'ma(x)] *vt (corpo)* to deform; *(forma, imagem, realidade)* to distort.
defronte [de'frõntʃi] *adv* opposite; **~ de** opposite.
defumar [defu'ma(x)] *vt* to smoke.
degelo [de'ʒelu] *m* thaw.
degolar [dego'la(x)] *vt* to behead.
degradar [degra'da(x)] *vt* to degrade.
❑ **degradar-se** *vp (saúde, relações)* to deteriorate; *(humilhar-se)* to demean o.s.
degrau [de'graw] *m* step.
degustação [deguʃta'sãw] *f* tasting.
degustar [deguʃ'ta(x)] *vt* to taste.
dei → **dar.**
deitar [dej'ta(x)] *vt (estender)* to lay (down); *(em cama)* to put to bed.
❑ **deitar-se** *vp (na cama)* to go to bed; *(no chão)* to lie down.
deixa ['dejʃa] *f* hint; *(teatro)* cue.
deixar [dej'ʃa(x)] *vt* to leave;

(permitir) to allow, to let; *(vício, estudos)* to give up. ◆ *vi:* ~ **de fazer algo** to stop doing sthg; **não ~ de fazer algo** to be sure to do sthg; ~ **alguém fazer algo** to let sb do sthg; ~ **algo para** to leave sthg for; ~ **algo de lado** to put sthg aside; ~ **algo/alguém em paz** to leave sthg/sb alone; ~ **algo/alguém para trás** to leave sthg/sb behind; ~ **cair** to drop.
❑ **deixar-se** *vp:* **~-se levar por** to get carried away with; **ela não se deixou enganar** they couldn't fool her.

dela ['dɛla] = **de + ela,** → **de.**

dele ['deli] = **de + ele,** → **de.**

delegacia [delega'sia] *f* police station.

delegado, da [dele'gadu, da] *m, f (de polícia)* police captain *Am,* police superintendent *Brit; (de país, instituição)* delegate.

delgado, da [dɛw'gadu, da] *adj (pessoa)* slim; *(fio, corda, pau, barra)* thin.

deliberar [delibe'ra(x)] *vt* to decide on. ◆ *vi* to deliberate.

delicadeza [delika'deza] *f* delicacy; *(cortesia)* courtesy; *(cuidado)* care.

delícia [de'lisja] *f (sensação)* pleasure; *(manjar)* delicacy; **que ~!** how lovely!

delicioso, osa [deli'sjozu, ɔza] *adj* delicious.

delinqüência [delĩŋ'kwẽsja] *f:* ~ **juvenil** juvenile delinquency.

delinqüente [delĩŋ'kwẽntʃi] *mf* delinquent.

delirante [deli'rãntʃi] *adj fig (incrível)* amazing.

delirar [deli'ra(x)] *vi* to be delirious.

delírio [de'lirju] *m MED* delirium; *fig (excitação)* excitement.

delito [de'litu] *m* crime.

demais [de'majʃ] *adv (com verbos)* too much; *(com adjetivos)* too. ◆ *pron:* **os/as ~** the rest; **isto já é ~!** this really is too much!; **ser ~** *(ser o máximo)* to be excellent.

demasia [dema'zia]: **em demasia** *adv* too much.

demasiado, da [dema'zjadu, da] *adj (com substantivos singulares)* too much; *(com substantivos plurais)* too many. ◆ *adv (com verbos)* too much; *(com adjetivos)* too.

demência [de'mẽsja] *f* dementia.

demissão [demi'sãw] (*pl* **-ões** [-õjʃ]) *f (involuntária)* dismissal; *(voluntária)* resignation; **pedir ~** to resign.

demitir [demi'tʃi(x)] *vt* to dismiss.
❑ **demitir-se** *vp* to resign.

democracia [demokra'sia] *f* democracy.

democrata [demo'krata] *mf* democrat. ◆ *adj* democratic.

democrático, ca [demo'kratʃiku, ka] *adj* democratic.

demolição [demoli'sãw] (*pl* **-ões** [-õjʃ]) *f* demolition.

demolir [demo'li(x)] *vt* to demolish.

demonstração [demõʃtra-

'sãw] (*pl* **-ões** [-õjʃ]) *f* demonstration; *(prova)* display.

demonstrar [demõʃ'tra(x)] *vt* to demonstrate; *(revelar)* to show.

demora [de'mɔra] *f* delay; **sem ~** without delay.

demorado, da [demo'radu, da] *adj (longo)* lengthy; *(lento)* slow.

demorar [demo'ra(x)] *vi* to take time. ◆ *vt (tardar)* to be late; *(atrasar)* to delay; **vai ~ muito?** will it take long?
❑ **demorar-se** *vp* to take too long.

denegrir [dene'gri(x)] *vt fig (manchar)* to blacken.

dengo ['dẽgu] *m (charme)* coyness; *(de criança)* whimpering.

denominação [denomina'sãw] (*pl* **-ões** [-õjʃ]) *f* denomination.

densidade [dẽsi'dadʒi] *f* density.

denso, sa ['dẽsu, sa] *adj* dense.

dentada [dẽn'tada] *f* bite.

dentadura [dẽnta'dura] *f (natural)* teeth *pl*; *(postiça)* dentures *pl*.

dente ['dẽntʃi] *m* tooth; *(de elefante, elefante marinho)* tusk; *(de garfo, ancinho)* prong; **~ de alho** clove of garlic; **~ do siso** wisdom tooth; **~s postiços** false teeth.

dentifrício, cia [dẽtʃi'frisju, sja] *adj* tooth *(antes de s)*. ◆ *m* toothpaste.

dentista [dẽn'tʃiʃta] *mf* dentist.

dentre ['dẽntri] = **de + entre** → **entre**.

dentro ['dẽntru] *adv (no interior)* in, inside; **~ de** *(relativo a espaço físico)* in, inside; *(relativo a espaço temporal)* in, within; **~ em breve** soon; **aqui ~** in here; **lá ~** inside; **por ~** inside; **por ~ de** on the inside of; **estar por ~ de algo** to be in the know about sthg.

denúncia [de'nũsja] *f (revelação)* exposure; *(acusação)* accusation.

denunciar [denũ'sja(x)] *vt* to report.

deparar [depa'ra(x)]: **deparar com** *v + prep (encontrar)* to come across; *(enfrentar)* to come up against.
❑ **deparar-se** *vp (surgir)* to arise.

departamento [departa'mẽntu] *m* department.

dependência [depẽn'dẽsja] *f (de casa)* room; *(de vício, droga)* dependency; *(de chefe, pai, mãe)* dependence.

dependente [depẽn'dẽntʃi] *adj* dependent.

depender [depẽn'de(x)] *vi*: **depende ...** it depends ...
❑ **depender de** *v + prep (de droga, pai, mãe)* to be dependent on; *(de circunstâncias, tempo, dinheiro)* to depend on.

depilar [depi'la(x)] *vt* to remove hair from; *(com cera)* to wax.

depilatório, ria [depila'tɔrju, rja] *adj* hair-removing. ◆ *m* depilatory.

depoimento [depoj'mẽntu] *m*

(na polícia) statement; **prestar ~** to give evidence.

depois [de'pojʃ] *adv (relativo a espaço)* after; *(relativo a tempo)* afterward; **~ se vê!** we'll see!; **e ~?** so?; **deixar algo para ~** to leave sthg for later; **dias/semanas/anos ~** days/weeks/years later; **~ de amanhã** the day after tomorrow; **~ de** after; **~ que** since; **logo ~** straight afterward.

depor [de'po(x)] *vi JUR* to give evidence. ◆ *vt (governo, ministro)* to overthrow.

depositar [depozi'ta(x)] *vt* to pay in; **~ confiança em alguém** to place one's trust in sb. ❑ **depositar-se** *vp* to settle.

depósito [de'pɔzitu] *m (em banco)* deposit; *(armazém)* warehouse; *(reservatório)* tank; *(sedimento)* sediment; **~ de bagagens** baggage room *Am*, left-luggage office *Brit*.

depravação [deprava'sãw] (*pl* **-ões** [-õjʃ]) *f* depravity.

depreciação [depresja'sãw] (*pl* **-ões** [-õjʃ]) *f* depreciation.

depressa [de'prɛsa] *adv* quickly. ◆ *interj* hurry up!

depressão [depre'sãw] (*pl* **-ões** [-õjʃ]) *f* depression; **~ econômica** (economic) depression.

deprimente [depri'mẽntʃi] *adj* depressing.

deprimir [depri'mi(x)] *vt* to depress.

deputado, da [depu'tadu, da] *m, f* deputy.

deriva [de'riva] *f*: **ir à ~** to drift; **estar à ~** to be adrift.

derivar [deri'va(x)] *vi* to drift. ❑ **derivar de** *v + prep (palavra, termo)* to derive from; *(produto)* to be made from; *(problema)* to stem from.

dermatologista [dɛrmatolo'ʒiʃta] *mf* dermatologist.

derramamento [dexama'mẽntu] *m (de líquido)* spillage; *(de lágrimas, sangue)* shedding.

derramar [dexa'ma(x)] *vt (líquido)* to spill; *(lágrimas, sangue)* to shed; *(farinha, feijão)* to drop.

derrame [de'xami] *m MED* stroke.

derrapagem [dexa'paʒẽ] (*pl* **-ns** [-ʃ]) *f* skid.

derrapar [dexa'pa(x)] *vi* to skid.

derreter [dexe'te(x)] *vt* to melt. ❑ **derreter-se** *vp* to melt.

derrota [de'xɔta] *f* defeat.

derrotar [dexo'ta(x)] *vt* to defeat.

derrubar [dexu'ba(x)] *vt (objeto, pessoa)* to knock over; *(casa)* to tear down; *(árvore)* to cut down; *fig (governo, sistema)* to overthrow.

desabafar [dʒizaba'fa(x)] *vi* to get sthg off one's chest.

desabamento [dʒizaba'mẽntu] *m (de terra, pedras)* landslide; *(de edifício)* collapse.

desabar [dʒiza'ba(x)] *vi* to collapse.

desabitado, da [dʒizabi'tadu, da] *adj* unoccupied.

desabotoar [dʒizabo'twa(x)] *vt* to unbutton.

desabrigado, da [dʒizabri'gadu, da] *adj (sem casa, lar)* homeless; *(exposto ao tempo)* exposed.
desabrochar [dʒizabro'ʃa(x)] *vi* to open.
desacompanhado, da [dʒizakõmpa'ɲadu, da] *adj* unaccompanied.
desaconselhar [dʒizakõse'ʎa(x)] *vt:* ~ **algo (a alguém)** to advise (sb) against sthg.
desaconselhável [dʒizakõse'ʎavɛw] (*pl* **-eis** [-ejʃ]) *adj* inadvisable.
desacordado, da [dʒizako'dadu, da] *adj* unconscious.
desacreditar [dʒizakredi'ta(x)] *vt* to discredit.
❑ **desacreditar-se** *vp* to be discredited.
desafinado, da [dʒizafi'nadu, da] *adj (instrumento)* out of tune; *(voz)* tuneless.
desafinar [dʒizafi'na(x)] *vi* to be out of tune.
desafio [dʒiza'fiu] *m* challenge.
desagradar [dʒizagra'da(x)]: **desagradar a** *v + prep* to displease.
desaguar [dʒiza'gwa(x)] *vi:* ~ **em** to flow into.
desajeitado, da [dʒizaʒej'tadu, da] *adj* clumsy.
desalinhado, da [dʒizali'ɲadu, da] *adj* untidy.
desalojar [dʒizalo'ʒa(x)] *vt* to evict.
desamarrar [dʒizama'xa(x)] *vt* to untie.
desamparado, da [dezãmpa'radu, da] *adj* abandoned.
desamparar [dʒizãmpa'ra(x)] *vt* to abandon.
desanimado, da [dʒizani'madu, da] *adj* down.
desanimar [dʒizani'ma(x)] *vt* to discourage. ◆ *vi* to lose heart.
desânimo [dʒi'zanimu] *m* dejection.
desanuviar [dʒizanu'vja(x)] *vt fig (cabeça)* to clear; *(espírito)* to lift. ◆ *vi (céu)* to clear; *fig (espairecer)* to unwind.
desaparafusar [dʒizaparafu'za(x)] *vt* to unscrew.
desaparecer [dʒizapare'se(x)] *vi* to disappear.
desaparecido, da [dʒizapare'sidu, da] *adj* missing. ◆ *m, f* missing person.
desaparecimento [dʒizaparesi'mẽntu] *m* disappearance.
desapertar [dʒizaper'ta(x)] *vt* to undo.
desapontado, da [dʒizapõn'tadu, da] *adj* disappointed.
desapontamento [dʒizapõnta'mẽntu] *m* disappointment.
desapontar [dʒizapõn'ta(x)] *vt* to disappoint.
desarmamento [dʒizaxma'mẽntu] *m* disarmament.
desarmar [dʒizax'ma(x)] *vt* to disarm; *(barraca, cama, estante)* to dismantle.
desarranjado, da [dʒizaxã'ʒadu, da] *adj* disheveled.
desarrumado, da [dʒizaxu'madu, da] *adj* messy.
desarticulado, da [dʒizaxtʃi-

ku'ladu, da] *adj* dislocated.
desastrado, da [dʒizaʃ'tradu, da] *adj* clumsy.
desastre [dʒi'zaʃtri] *m (de automóvel)* accident, crash; *(desgraça)* disaster.
desatar [dʒiza'ta(x)] *vt* to untie. ◆ *vi*: ~ **a fazer algo** to start doing sthg; ~ **a rir/chorar** to burst out laughing/crying.
desatento, ta [dʒiza'tẽntu, ta] *adj* distracted.
desatualizado, da [dʒizatwali'zadu, da] *adj (máquina, livro, sistema)* outdated; *(pessoa)* out of touch.
desavença [dʒiza'vẽsa] *f* quarrel.
desavergonhado, da [dʒizavexgo'ɲadu, da] *adj* cheeky. ◆ *m, f* shameless person.
desbaratar [dʒiʒbara'ta(x)] *vt* to squander.
desbastar [dʒiʒbaʃ'ta(x)] *vt (cabelo)* to thin; *(madeira, vegetação)* to trim.
desbotar [dʒiʒbo'ta(x)] *vt & vi* to fade.
desbravar [dʒiʒbra'va(x)] *vt* to clear.
descabido, da [dʒiʃka'bidu, da] *adj* inappropriate.
descafeinado, da [dʒiʃkafej'nadu, da] *adj* decaffeinated. ◆ *m* decaffeinated coffee.
descalçar [dʒiʃkaw'sa(x)] *vt* to take off.
descalço, ça [dʒiʃ'kawsu, sa] *pp* → **descalçar**. ◆ *adj* barefoot.
descampado, da [dʒiʃkãm'padu, da] *adj* exposed. ◆ *m* open ground.
descansado, da [dʒiʃkã'sadu, da] *adj* carefree; **fique ~!** don't worry!
descansar [dʒiʃkã'sa(x)] *vi* to rest.
descanso [dʒiʃ'kãsu] *m* rest; *(para prato)* place mat.
descarga [dʒiʃ'kaxga] *f (descarregamento)* unloading; *(de arma)* shot; *(de vaso sanitário)* flush; **dar a ~** to flush the toilet; **~ elétrica** electrical discharge.
descarregar [dʒiʃkaxe'ga(x)] *vt (carga)* to unload; *(arma)* to fire; *fig (raiva, frustração)* to vent.
❑ **descarregar-se** *vp (bateria, pilha)* to go dead.
descarrilamento [dʒiʃkaxila'mẽntu] *m* derailment.
descarrilar [dʒiʃkaxi'la(x)] *vi* to be derailed.
descartar [dʒiʃkax'ta(x)] *vt (no jogo de cartas)* to discard; *(desconsiderar)* to rule out.
❑ **descartar-se de** *vp + prep* to get rid of.
descartável [dʒiʃkax'tavɛw] (*pl* **-eis** [-ejʃ]) *adj* disposable.
descascar [dʒiʃkaʃ'ka(x)] *vt (fruta, batatas)* to peel; *(nozes)* to shell.
descendência [desẽn'dẽsja] *f* descendants *pl*.
descender [desẽn'de(x)]: **descender de** *v + prep* to descend from.
descentralizar [dʒiʃsẽntrali'za(x)] *vt* to decentralize.
descer [de'se(x)] *vt (escadas, rua, montanha)* to go/come down. ◆ *vi (temperatura, preço)* to go down; ~ **(de)** *(de muro, esca-*

da, mesa) to go/come down (from); *(de cavalo)* to dismount (from); *(de carro)* to get out (of); *(de ônibus, trem)* to get off.

descida [de'sida] *f (de rua, estrada)* slope; *(de avião)* descent; *(de preço, valor)* fall.

descoberta [dʒiʃko'bɛxta] *f (descobrimento)* discovery; *(invento)* invention.

descobrimento [dʒiʃkobri'mẽntu] *m* discovery.

❑ **Descobrimentos** *mpl*: **os Descobrimentos** the Discoveries.

OS DESCOBRIMENTOS

The golden age of Portuguese history began in 1415 with the conquest of Ceuta in North Africa. Then, in 1487, Bartolomeu Dias led the first European expedition ever to navigate successfully the Cape of Good Hope, and just a few years later Portuguese ships beat the rest of Europe to both India (Vasco da Gama, 1497) and Brazil (Pedro Álvares Cabral, 1500). It was through Portuguese seafaring expertise and daring that many of the oceans were first charted and trade links with the New World established.

descobrir [dʒiʃko'bri(x)] *vt* to discover; *(destapar, desvendar)* to uncover.

descolar [deʃku'lar] *vt (selo, fita adesiva)* to remove.

descoloração [dʒiʃkolora'sãw] (*pl* **-ões** [-õjʃ]) *f* discoloration; **fazer uma ~** to have one's hair bleached.

descompor [dʒiʃkõm'po(x)] *vt* to reprimand.

descompostura [dʒiʃkõmpoʃ'tura] *f* reprimand.

descomunal [dʒiʃkomu'naw] (*pl* **-ais** [-ajʃ]) *adj* huge.

desconcentrar [dʒiʃkõsẽn'tra(x)] *vt* to distract.

desconectar [dʒiʃkõ'ekta(x)] *vi* INFORM to log off.

desconfiar [dʒiʃkõfi'a(x)] *vt*: **~ que** to suspect (that).

❑ **desconfiar de** *v + prep (não ter confiança em)* to distrust; *(suspeitar de)* to suspect.

desconfortável [dʒiʃkõfor'tavɛw] (*pl* **-eis** [-ejʃ]) *adj* uncomfortable.

desconforto [dʒiʃkõ'fortu] *m* discomfort.

descongelar [dʒiʃkõʒe'la(x)] *vt* to defrost.

desconhecer [dʒiʃkoɲe'se(x)] *vt*: **desconheço a resposta** I don't know the answer.

desconhecido, da [dʒiʃkoɲe'sidu, da] *adj* unknown. ◆ *m, f* stranger.

desconsolado, da [dʒiʃkõso'ladu, da] *adj (triste)* disheartened.

descontar [dʒiʃkõn'ta(x)] *vt (deduzir)* to deduct; *(cheque)* to debit.

descontentamento [dʒiʃkõntẽnta'mẽntu] *m* discontent.

desconto [dʒiʃ'kõntu] *m* discount.
descontraído, da [dʒiʃkõntra'idu, da] *adj* relaxed.
descontrair [dʒiʃkõntra'i(x)] *vt* to relax.
❑ **descontrair-se** *vp* to relax.
descontrolado, da [dʒiʃkõntro'ladu, da] *adj (pessoa)* hysterical; *(máquina)* out of control.
descontrolar-se [dʒiʃkõntru'laxsi] *vp* to lose control.
desconversar [dʒiʃkõvex'sa(x)] *vi* to change the subject.
descrever [dʒiʃkre've(x)] *vt* to describe.
descrição [dʒiʃkri'sãw] (*pl* **-ões** [-õjʃ]) *f* description.
descuidar [dʒiʃkui'da(x)] *vt* to neglect.
❑ **descuidar-se** *vp (não ter cuidado)* to be careless.
descuido [dʒiʃ'kuidu] *m (imprudência)* carelessness.
desculpa [dʒiʃ'kuwpa] *f* excuse; **pedir ~s a alguém por algo** to apologize to sb for sthg; **minhas ~s** my apologies.
desculpar [dʒiʃkuw'pa(x)] *vt* to excuse; **desculpe! machuquei-o?** I'm sorry! did I hurt you?; **desculpe, pode me dizer as horas?** excuse me, can you tell me the time?
❑ **desculpar-se** *vp (pedir desculpa)* to apologize; *(justificar-se)* to justify o.s.; **~-se com algo** to use sthg as an excuse.
desde ['deʒdʒi] *prep (relativamente a espaço, variedade)* from; *(relativamente a tempo)* since; **~ aí** since then; **~ que** *(relativo a tempo)* since; *(indica condição)* if.
desdém [deʒ'dẽ] *m* contempt.
desdenhar [deʒde'ɲa(x)] *vt* to scorn. ◆ *vi*: **~ de** to scoff at.
desdentado, da [dʒiʒdẽn'tadu, da] *adj* toothless.
desdizer [dziʒdi'ze(x)] *vt* to contradict.
❑ **desdizer-se** *vp* to go back on one's word.
desdobrar [dziʒdo'bra(x)] *vt (jornal, roupa, tecido)* to unfold; *(subdividir)* to divide up.
desejar [deze'ʒa(x)] *vt* to want; **deseja mais alguma coisa?** would you like anything else?; **desejo-lhe boa sorte!** I wish you (good) luck!
desejo [de'zeʒu] *m (vontade)* wish; *(apetite sexual, anseio)* desire.
deselegante [dʒizele'gãntʃi] *adj* inelegant.
desembaraçado, da [dʒizẽmbara'sadu, da] *adj (desenrascado)* resourceful; *(expedito)* prompt.
desembaraçar [dʒizẽmbara'sa(x)] *vt* to untangle.
❑ **desembaraçar-se** *vp* to hurry up; **~-se de algo** to rid o.s. of sthg.
desembaraço [dʒizẽmba'rasu] *m* ease.
desembarcar [dʒizẽmbax'ka(x)] *vt (carga)* to unload. ◆ *vi* to disembark.
desembarque [dʒizẽm'baxki] *m (de carga)* unloading; *(de passa-*

geiros) disembarkation; **'desembarque'** *(em aeroporto)* 'arrivals'.

desembolsar [dʒizẽmbow'sa(x)] *vt (pagar)* to cough up.

desembrulhar [dʒizẽmbru'ʎa(x)] *vt* to unwrap, to open.

desempatar [dezẽmpa'ta(x)] *vt* to decide (the winner of).

desempenhar [dʒizẽmpe'ɲa(x)] *vt* to carry out; *(papel em peça, filme)* to play.

desempenho [dʒizẽm'peɲu] *m* performance; *(de obrigação)* fulfillment.

desemperrar [dʒizẽmpe'xa(x)] *vt* to loosen.

desempregado, da [dʒizẽmpre'gadu, da] *m, f* unemployed person.

desemprego [dʒizẽm'pregu] *m* unemployment; **estar no ~** to be unemployed.

desencadear [dʒizẽŋka'dʒja(x)] *vt* to give rise to.
❑ **desencadear-se** *v impess (tempestade)* to break.

desencantar [dʒizẽŋkãn'ta(x)] *vt (achar)* to unearth; *(desiludir)* to disillusion.

desencontrar-se [dʒizẽŋkõn'traxsi] *vp* to miss each other.

desencorajar [dʒizẽŋkora'ʒa(x)] *vt* to discourage.

desencostar [dʒizẽŋkoʃ'ta(x)] *vt* to move away.
❑ **desencostar-se** *vp*: **~-se de** to move away from.

desenferrujar [dʒizẽfexu'ʒa(x)] *vt* to remove the rust from; *fig (língua)* to brush up; *fig (pernas)* to stretch.

desenganar [dʒizẽŋga'na(x)] *vt (doente)* to give no hope of recovery to; *(tirar as ilusões a)* to disillusion.

desengano [dʒizẽ'ganu] *m* disillusionment.

desenhar [deze'ɲa(x)] *vt* to draw.
❑ **desenhar-se** *vp (aparecer)* to appear; *(esboçar-se)* to take shape.

desenho [de'zeɲu] *m* drawing; **~ animado** cartoons.

desenlace [dʒizẽ'lasi] *m (de filme, história)* ending; *(de evento)* outcome.

desenrolar [dʒizẽxo'la(x)] *vt* to unroll.
❑ **desenrolar-se** *vp (ocorrer)* to take place.

desentendido, da [dʒizẽntẽn'dʒidu, da] *adj*: **fazer-se de ~** to feign ignorance.

desentupir [dʒizẽntu'pi(x)] *vt* to unblock.

desenvolver [dʒizẽvow've(x)] *vt* to develop.
❑ **desenvolver-se** *vp* to develop.

desenvolvido, da [dʒizẽvow'vidu, da] *adj* developed.

desenvolvimento [dʒizẽvowvi'mẽntu] *m* development; *(progresso)* progress; *(crescimento)* growth.

desequilibrar-se [dʒizekili'braxsi] *vp* to lose one's balance.

deserto, ta [de'zɛxtu, ta] *adj* deserted. ◆ *m* desert.

desesperado, da [dʒizeʃpe'radu, da] *adj* desperate.

desesperar [dʒizeʃpe'ra(x)] *vt (levar ao desespero)* to drive to despair; *(encolerizar)* to infuriate. ◆ *vi* to despair.
desfalecer [dʒiʃfale'se(x)] *vi* to faint.
desfavorável [dʒiʃfavo'ravɛw] (*pl* **-eis** [-ejʃ]) *adj* unfavorable.
desfazer [dʒiʃfa'ze(x)] *vt (costura, alinhavo, nó)* to undo; *(dúvida, engano)* to dispel; *(grupo)* to disperse; *(noivado)* to break off; *(contrato)* to dissolve; *(reduzir a polpa)* to mash (up).
❑ **desfazer-se** *vp* to disintegrate; **o vidro desfez-se em mil pedaços** the glass broke into a thousand pieces.
❑ **desfazer-se de** *vp + prep* to get rid of.
desfecho [dʒiʃ'feʃu] *m* outcome.
desfeito, ta [dʒiʃ'fejtu, ta] *adj (em polpa)* mashed; *(cama)* unmade; *(puzzle)* in pieces; *fig (desfigurado)* disfigured; *(acordo, casamento)* broken.
desfigurar [dʒiʃfigu'ra(x)] *vt (feições de pessoa)* to disfigure; *fig (verdade)* to distort.
desfiladeiro [dʒiʃfila'dejru] *m* gorge.
desfilar [dʒiʃfi'la(x)] *vi* to parade.
desfile [dʒiʃ'fili] *m* parade; ~ **de moda** fashion show.
desforra [dʒiʃ'fɔxa] *f* revenge.
desfrutar [dʒiʃfru'ta(x)]: **desfrutar de** *v + prep (possuir)* to have; *(tirar proveito de)* to enjoy.
desgastante [dʒiʒgaʃ'tãntʃi] *adj* exhausting.
desgastar [dʒiʒgaʃ'ta(x)] *vt (gastar)* to wear away, to erode; *fig (cansar)* to wear out.
❑ **desgastar-se** *vp (gastar-se)* to wear down.
desgostar [dʒiʒgoʃ'ta(x)] *vt* to upset.
❑ **desgostar a** *v + prep* to displease.
desgosto [dʒiʒ'goʃtu] *m (infelicidade)* misfortune; *(mágoa)* sorrow.
desgraça [dʒiʒ'grasa] *f* misfortune.
desgrenhado, da [dʒiʒgre'ɲadu, da] *adj* disheveled.
desidratação [deʒizidrata'sãw] (*pl* **-ões** [-õjʃ]) *f* dehydration.
desidratado, da [dʒizidra'tadu, da] *adj* dehydrated.
desidratar [dʒizidra'ta(x)] *vt* to dehydrate.
❑ **desidratar-se** *vp* to become dehydrated.
designar [dezig'na(x)] *vt* to designate.
desiludir [dʒizilu'di(x)] *vt* to let down.
❑ **desiludir-se com** *vp + prep* to become disillusioned with.
desilusão [dʒizilu'zãw] (*pl* **-ões** [-õjʃ]) *f* disillusion.
desimpedido, da [dʒizĩmpe'dʒidu, da] *adj (linha de telefone)* free; *(rua, trânsito)* clear.
desimpedir [dʒizĩmpe'dʒi(x)] *vt* to clear.
desinchar [dʒizĩ'ʃa(x)] *vi* to go down.

desinfetante [dʒizĩfɛ'tãntʃi] *adj & m* disinfectant.

desinfetar [dʒizĩfe'ta(x)] *vt* to disinfect.

desinibido, da [dʒizini'bidu, da] *adj* uninhibited.

desintegrar-se [dʒizĩnte'graxsi] *vp* to disintegrate.

desinteressado, da [dʒizĩntere'sadu, da] *adj* uninterested; *(altruísta)* unselfish.

desinteressar-se [dʒizĩntere'saxsi]: **desinteressar-se de** *vp + prep* to lose interest in.

desinteresse [dʒizĩnte'resi] *m* lack of interest; *(abnegação)* unselfishness.

desistência [deziʃ'tẽsja] *f* cancellation.

desistir [deziʃ'tʃi(x)] *vi* to give up; ~ **de algo** *(de reserva, vôo)* to cancel sthg; ~ **de fazer algo** *(de fumar, correr, trabalhar)* to give up doing sthg.

desleal [dʒiʒ'ljaw] (*pl* **-ais** [-ajʃ]) *adj* disloyal.

desleixado, da [dʒiʒlej'ʃadu, da] *adj* slovenly.

desleixo [dʒiʒ'lejʃu] *m* carelessness.

desligado, da [dʒiʒli'gadu, da] *adj (aparelho)* switched off; *(telefone)* off the hook; *(aéreo)* absent-minded.

desligar [dʒiʒli'ga(x)] *vt (rádio, TV)* to switch off; *(telefone)* to put down.

deslizar [dʒiʒli'za(x)] *vi* to slide.

deslize [dʒiʒ'lizi] *m fig (lapso)* slip.

deslocado, da [dʒiʒlo'kadu, da] *adj* dislocated; *(desambientado)* out of place.

deslocar [dʒiʒlo'ka(x)] *vt* to dislocate.

❑ **deslocar-se** *vp* to be put out of joint; ~**-se para** to go to; ~**-se com** to move with; ~**-se de** to go from.

deslumbrante [dʒiʒlũm'brãntʃi] *adj* amazing.

deslumbrar [dʒiʒlũm'bra(x)] *vt* to dazzle.

desmaiado, da [dʒiʒma'jadu, da] *adj (desfalecido)* unconscious; *(desbotado)* faded.

desmaiar [dʒiʒma'ja(x)] *vi* to faint.

desmaio [dʒiʒ'maju] *m* faint.

desmancha-prazeres [dʒiʒ,mãʃapra'zeriʃ] *mf inv* killjoy.

desmanchar [dʒiʒmã'ʃa(x)] *vt (desmontar)* to take apart; *(renda, costura)* to undo; *(noivado)* to break (off).

❑ **desmanchar-se** *vp* to fall apart.

desmarcar [dʒiʒmax'ka(x)] *vt (consulta, reserva)* to cancel.

desmedido, da [dʒiʒme'dʒidu, da] *adj* excessive.

desmentir [dʒiʒmẽn'tʃi(x)] *vt (negar)* to deny; *(contradizer)* to contradict.

desmontar [dʒiʒmõn'ta(x)] *vt (máquina)* to dismantle; *(construção)* to take down; *fig (intriga, combinação)* to uncover.

desmoralizar [dʒiʒmorali'za(x)] *vt (desanimar)* to demoralize; *(tirar o bom nome de)* to disparage.

desmoronamento [dʒiʒmoronaˈmẽntu] *m (de casa)* collapse; *(de terra)* landslide.
desmoronar [dʒiʒmoroˈna(x)] *vt* to demolish.
❑ **desmoronar-se** *vp* to collapse.
desnecessário, ria [dʒiʒneseˈsarju, rja] *adj* unnecessary.
desnível [dʒiʒˈnivɛw] (*pl* **-eis** [-ejʃ]) *m (de terreno)* unevenness; *(de valor)* gap.
desobedecer [dʒizobedeˈse(x)]: **desobedecer a** *v + prep* to disobey.
desobediência [dʒizobeˈdʒjẽsja] *f* disobedience.
desobediente [dʒizobeˈdʒjẽntʃi] *adj* disobedient.
desobstruir [dʒizobʃtruˈi(x)] *vt* to unblock.
desocupado, da [dʒizokuˈpadu, da] *adj* free; *(casa, apartamento)* unoccupied.
desocupar [dʒizokuˈpa(x)] *vt* to vacate.
desodorante [dʒizodoˈrãtʃi] *adj* deodorant *(antes de s)*. ◆ *m* deodorant.
desonesto, ta [dʒizoˈnɛʃtu, ta] *adj* dishonest.
desordem [dʒiˈzoxdẽ] *f* disorder; **em ~** *(quarto, papéis)* messy.
desorganizado, da [dʒizoxganiˈzadu, da] *adj* disorganized.
desorientação [dʒizorjẽntaˈsãw] *f* disorientation.
desorientado, da [dʒizorjẽnˈtadu, da] *adj* disoriented.
despachar [dʒiʃpaˈʃa(x)] *vt (bagagem, mercadorias)* to send off.
❑ **despachar-se** *vp (apressar-se)* to hurry (up).
despedida [dʒiʃpeˈdʒida] *f* farewell.
despedir [dʒiʃpeˈdʒi(x)] *vt* to fire.
❑ **despedir-se** *vp (dizer adeus)* to say good-bye; *(demitir-se)* to resign.
despejar [dʒiʃpeˈʒa(x)] *vt (líquido)* to empty (out); *(lixo)* to throw out; *(de casa, apartamento)* to evict.
despejo [dʒiʃˈpeʒu] *m (de casa, apartamento)* eviction.
❑ **despejos** *mpl (lixo)* garbage *sg Am*, rubbish *sg Brit*.
despenteado, da [dʒiʃpẽnˈtʃjadu, da] *adj* disheveled.
despercebido, da [dʒiʃpexseˈbidu, da] *adj* unnoticed; **passar ~** to go unnoticed.
desperdiçar [dʒiʃpexdʒiˈsa(x)] *vt* to waste.
desperdício [dʒiʃpexˈdʒisju] *m* waste.
despertador [dʒiʃpextaˈdo(x)] (*pl* **-res** [-riʃ]) *m* alarm clock.
despertar [dʒiʃpexˈta(x)] *vt* to wake up; *fig (estimular)* to arouse; *fig (dar origem a)* to give rise to. ◆ *vi (acordar)* to wake up.
despesa [dʒiʃˈpeza] *f* expense.
❑ **despesas** *fpl (de empresa, organismo)* expenses.
despido, da [dʒiʃˈpidu, da] *adj* naked.
despir [dʒiʃˈpi(x)] *vt* to undress.
❑ **despir-se** *vp* to get undressed.

desprender [dʒiʃprẽn'de(x)] *vt* to unfasten.
❑ **desprender-se** *vp* to get unfastened.
despreocupado, da [dʒiʃpreoku'padu, da] *adj* carefree.
desprevenido, da [dʒiʃpreve'nidu, da] *adj* unprepared.
desprezar [dʒiʃpre'za(x)] *vt* to scorn.
desproporcionado, da [dʒiʃpropoxsjo'nadu, da] *adj* disproportionate.
desqualificar [dʒiʃkwalifi'ka(x)] *vt* to disqualify.
desquitado, da [dʒiʃki'tadu, da] *adj* separated.
dessa ['dɛsa] = **de** + **essa** → **de.**
desse ['desi] = **de** + **esse** → **de.**
desta ['dɛʃta] = **de** + **esta** → **de.**
destacar [dʒiʃta'ka(x)] *vt (separar)* to detach; *(enfatizar)* to emphasize.
❑ **destacar-se** *vp (distinguir-se)* to stand out.
destacável [dʒiʃta'kavɛw] (*pl* **-eis** [-ejʃ]) *adj* detachable. ◆ *m (de formulário)* tear-off slip.
destapar [dʒiʃta'pa(x)] *vt* to uncover.
destaque [dʒiʃ'taki] *m* prominence; **em** ~ in focus.
deste ['deʃtʃi] = **de** + **este** → **de.**
destinar [deʃtʃi'na(x)] *vt*: ~ **algo para** to earmark sthg for.
❑ **destinar-se a** *vp + prep (ter por fim)* to be aimed at; *(ser endereçado a)* to be addressed to.
destinatário, ria [deʃtʃina'tarju, rja] *m, f (de carta)* addressee; *(de mensagem)* recipient.
destino [deʃ'tʃinu] *m (sina)* destiny; *(de viagem)* destination; **com** ~ **a Londres** *(vôo, trem)* to London.
destituir [deʃtʃitw'i(x)] *vt (demitir)* to dismiss.
destrancar [dʒiʃtrãŋ'ka(x)] *vt* to unlock.
destreza [deʃ'treza] *f (agilidade)* deftness; *(habilidade)* dexterity.
destro, tra ['deʃtru, tra] *adj* right-handed; *(ágil)* deft; *(hábil)* skilled.
destroços [dʒiʃ'trɔsuʃ] *mpl* wreckage *sg*.
destruição [dʒiʃtrui'sãw] *f* destruction.
destruir [dʒiʃtru'i(x)] *vt* to destroy.
desuso [dʒi'zuzu] *m*: **cair em** ~ to fall into disuse.
desvalorização [dʒiʒvaloriza'sãw] (*pl* **-ões** [-õjʃ]) *f* devaluation.
desvalorizar [dʒiʃvalori'za(x)] *vt* to devalue.
❑ **desvalorizar-se** *vp* to depreciate.
desvantagem [dʒiʒvãn'taʒẽ] (*pl* **-ns** [-ʃ]) *f* disadvantage.
desviar [dʒiʒ'vja(x)] *vt* to move; *(dinheiro)* to embezzle; *(trânsito)* to detour.
❑ **desviar-se** *vp* to get out of the way; ~**-se de algo** to move out of the way of sthg.
desvio [dʒiʒ'viu] *m (estrada*

secundária) exit; *(de caminho)* detour; *(de dinheiro)* embezzlement.

detalhe [de'taʎi] *m* detail.

detectar [dete'ta(x)] *vt* to detect.

detector [dete'to(x)] (*pl* **-res** [-riʃ]) *m* detector; ~ **de incêndios** smoke alarm.

detenção [detẽ'sãw] (*pl* **-ões** [-õjʃ]) *f* detention; *(prisão)* arrest.

deter [de'te(x)] *vt (parar)* to stop; *(prender)* to detain.
❑ **deter-se** *vp (parar)* to stop; *(conter-se)* to restrain o.s.

detergente [detex'ʒẽntʃi] *m* detergent; *(para louça)* dishwashing liquid.

deterioração [deterjora'sãw] *f* deterioration.

deteriorar [deterjo'ra(x)] *vt (danificar)* to damage.
❑ **deteriorar-se** *vp (estragar-se)* to deteriorate.

determinação [determina'sãw] *f (força de vontade)* determination; *(cálculo)* calculation; *(resolução)* decision; *(ordem)* order.

determinar [determi'na(x)] *vt (calcular, decidir)* to determine; *(ordenar)* to order.

detestar [deteʃ'ta(x)] *vt* to detest.

detrás [de'trajʃ] *adv (relativo a espaço)* behind; *(relativo a tempo)* afterward; ~ **de** *(relativo a tempo)* after; **(por)** ~ **de** *(pela retaguarda de)* behind.

deturpar [detux'pa(x)] *vt* to distort.

deu ['dew] → **dar**.

deus, sa ['dewʃ, za] (*mpl* **-ses** [-ziʃ], *fpl* **-s** [-ʃ]) *m, f* god.
❑ **Deus** *m* God; ~ **me livre!** God forbid!; **graças a** ~**!** thank God!; **(meu)** ~**!** my God!; **se** ~ **quiser!** God willing!

devagar [dʒiva'ga(x)] *adv* slowly.

dever [de've(x)] (*pl* **-res** [-riʃ]) *m* duty. ◆ *vt:* ~ **algo a alguém** to owe sb sthg; **você deve escovar os dentes todos os dias** you should brush your teeth every day; **o ônibus deve estar atrasado** the bus must be late; ~ **cívico** civic duty; ~ **de casa** homework.

devido, da [de'vidu, da] *adj (correto)* proper; **com o** ~ **respeito** with all due respect; ~ **a** due to.

devolução [devulu'sãw] (*pl* **-ões** [-õjʃ]) *f (de dinheiro)* refund; *(de objeto emprestado, compra)* return.

devolver [devow've(x)] *vt (dinheiro)* to refund; *(objeto emprestado, compra)* to return.

dez ['dɛʒ] *num* ten → **seis**.

dezembro [de'zẽmbru] *m* December → **setembro**.

dezena [de'zena] *f* (set of) ten.

dezenove [deze'nɔvi] *num* nineteen → **seis**.

dezesseis [deze'seiʃ] *num* sixteen → **seis**.

dezessete [deze'sɛtʃi] *num* seventeen → **seis**.

dezoito [de'zɔitu] *num* eighteen → **seis**.

dia ['dʒia] *m* day; **bom ~!** good morning!; **já é de ~** it's morning already; **do ~** of the day; **qualquer ~** any day; **no ~ seguinte** the day after; **no ~ vinte** on the twentieth; **por (cada) ~** per day; **todos os ~s** every day; **um ~ destes** one of these days; **estar em ~** to be up-to-date; **pôr algo em ~** to update sthg; **o ~ a ~** daily life; **~ de folga** day off; **~ Santo** religious holiday; **~ da semana/útil** weekday; **~ sim, ~ não** every other day; **de quinze em quinze ~s** every fortnight.

diabetes [dʒja'bɛtʃiʃ] *m* diabetes.

diabético, ca [dʒja'bɛtʃiku, ka] *adj & m, f* diabetic.

diabo ['dʒjabu] *m* devil; **porque ~...?** why the hell...?; **o ~ que o carregue!** go to hell!; **uma trabalheira dos ~s!** it's a hell of a job!

diafragma [dʒja'fragma] *m* diaphragm; *(contraceptivo)* diaphragm.

diagnóstico [dʒjag'nɔʃtʃiku] *m* diagnosis.

dialeto [dʒja'lɛtu] *m* dialect.

dialogar [dʒjalo'ga(x)] *vi* to talk.

diálogo ['dʒjalogu] *m* dialogue.

diâmetro ['dʒjametru] *m* diameter.

diante ['dʒjãntʃi]: **diante de** *prep (relativo a tempo)* before; *(relativo a espaço)* in front of; *(perante)* in the face of.

dianteira [dʒjãn'tejra] *f (frente)* front; *(liderança)* lead.

diária ['dʒjarja] *f (de pensão, hotel)* daily rate.

diariamente [,dʒjarja'mẽntʃi] *adv* daily, every day.

diário, ria ['dʒjarju, rja] *adj* daily. ◆ *m* diary.

diarréia [dʒja'xɛja] *f* diarrhea.

dica ['dʒika] *f* hint.

dicionário [dʒisjo'narju] *m* dictionary; **~ de bolso** pocket dictionary.

didático, ca [dʒi'datʃiku, ka] *adj* educational.

diesel ['dʒizɛw] *adj inv* diesel.

dieta ['dʒjɛta] *f* diet.

dietético, ca [dʒje'tɛtʃiku, ka] *adj (produto)* dietetic.

difamar [dʒifa'ma(x)] *vt (verbalmente)* to slander; *(por escrito)* to libel.

diferença [dʒife'rẽsa] *f* difference.

diferenciar [dʒiferẽ'sja(x)] *vt* to differentiate.

diferente [dʒife'rẽntʃi] *adj* different.

difícil [dʒi'fisiw] (*pl* **-ceis** [-sejʃ]) *adj* difficult.

dificuldade [dʒifikuw'dadʒi] *f* difficulty.

dificultar [dʒifikuw'ta(x)] *vt* to make difficult; *(funcionamento, progresso)* to hinder.

difundir [dʒifũn'di(x)] *vt (informação, notícia)* to spread; *(calor, luz)* to give off; *(programa de rádio)* to broadcast.

difusão [dʒifu'zãw] *f (de informação, notícia)* dissemination; *(de luz, calor)* diffusion;

(por televisão, rádio) broadcasting.

digerir [dʒiʒe'ri(x)] *vt* to digest.

digestão [dʒiʒeʃ'tãw] *f* digestion.

digestivo, va [dʒiʒeʃ'tʃivu, va] *adj* digestive. ◆ *m* after-dinner drink.

digital [dʒiʒi'taw] (*pl* **-ais** [-ajʃ]) *adj* digital.

digitalizador [dʒiʒitaliza'do(x)] (*pl* **-res** [-riʃ]) *m* scanner.

digitar [dʒiʒi'ta(x)] *vt* to key in.

dígito ['dʒiʒitu] *m* digit.

dignidade [dʒigni'dadʒi] *f* dignity.

dilema [dʒi'lema] *m* dilemma.

diluir [dʒi'lwi(x)] *vt* to dilute.

dimensão [dʒimẽ'sãw] (*pl* **-ões** [-õjʃ]) *f* dimension.

diminuir [dʒimi'nwi(x)] *vi (em preço, número, força)* to decrease; *(em volume, quantidade)* to diminish. ◆ *vt (reduzir)* to reduce.

diminutivo [dʒiminu'tʃivu] *m* diminutive.

Dinamarca [dʒina'marka] *f*: **a** ~ Denmark.

dinâmico, ca [dʒi'namiku, ka] *adj* dynamic.

dinamismo [dʒina'miʒmu] *m* dynamism.

dinamite [dʒina'mitʃi] *f* dynamite.

dínamo ['dʒinamu] *m* dynamo.

dinastia [dʒinaʃ'tʃia] *f* dynasty.

dinheiro [dʒi'ɲejru] *m* money; **ter** ~ to have money; ~ **miúdo** loose change; ~ **trocado** change.

diploma [dʒi'ploma] *m* diploma.

dique ['dʒiki] *m* dike.

direção [dʒire'sãw] (*pl* **-ões** [-õjʃ]) *f (endereço)* address; *(de veículo)* steering; *(rumo)* direction; *(de empresa)* management.

direções → **direção.**

direita [dʒi'rejta] *f*: **a** ~ *(mão)* one's right hand; *(lado)* the right-hand side; *(em política)* the Right; **mantenha a** ~ keep on the right; **à** ~ **(de)** on the right (of); **virar à** ~ to turn right; **ser de** ~ POL to be right-wing.

direito, ta [dʒi'rejtu, ta] *adj (mão, perna, lado)* right; *(corte, linha)* straight; *(pessoa)* honest; *(justo)* fair. ◆ *m (privilégio)* right; *(leis, curso)* law; *(taxa, imposto)* duty. ◆ *adv (corretamente)* properly; **os** ~**s humanos** human rights; **não está** ~**!** it's not fair!

direto, ta [dʒi'rɛtu, ta] *adj* direct; *(transmissão)* live; **ir** ~ **ao assunto** to go straight to the point; **siga** ~ **por esta rua** keep going straight down this road. ◆ *adv (continuamente)* directly; **tenho trabalhado** ~ I've been working straight through.

diretor, ra [dʒire'to(x), ra] (*mpl* **-res** [-riʃ]) (*fpl* **-s** [-ʃ]) *m, f (de escola)* principal; *(de empresa)* CEO.

dirigente [dʒiri'ʒẽntʃi] *mf* leader.

dirigir [dʒiri'ʒi(x)] *vt (empresa)* to run; *(filme, peça de teatro)* to direct; *(orquestra)* to conduct; *(projeto, equipe)* to head; *(veículo)* to drive. ◆ *vi* to drive; ~ **algo a al-**

guém to address sthg to sb; ~ **algo para algo** to point sthg toward sthg.
❑ **dirigir-se a** *vp + prep (pessoa)* to talk to; *(público, ouvintes)* to address; *(local)* to head for.
❑ **dirigir-se para** *vp + prep* to head toward.
discar [dʒiʃ'ka(x)] *vt & vi* to dial.
disciplina [dʒisi'plina] *f* discipline; *EDUC (cadeira)* subject.
disco ['dʒiʃku] *m* record; *INFORM* disk; *(de telefone)* dial; *(em atletismo)* discus; ~ **compacto** compact disc; ~ **rígido** hard disk; ~ **voador** flying saucer.
discordar [dʒiʃkox'da(x)] *vi* to disagree; ~ **de alguém em algo** to disagree with sb about sthg.
discoteca [dʒiʃko'tɛka] *f (para dançar)* (night)club; *(coleção)* record collection.
discreto, ta [dʒiʃ'krɛtu, ta] *adj (pessoa)* discreet; *(roupa)* sensible.
discriminação [dʒiʃkrimina'sãw] *f* discrimination.
discriminar [dʒiʃkrimi'na(x)] *vt* to discriminate against.
discurso [dʒiʃ'kuxsu] *m* speech; ~ **direto/indireto** direct/indirect speech.
discussão [dʒiʃku'sãw] (*pl* **-ões** [-õjʃ]) *f (debate)* discussion; *(briga)* argument.
discutir [dʒiʃku'ti(x)] *vt (idéia, assunto)* to discuss. ◆ *vi (brigar)* to argue.
disfarçar [dʒiʃfax'sa(x)] *vt* to disguise. ◆ *vi* to pretend.
❑ **disfarçar-se** *vp* to disguise o.s.; ~**-se de** to dress up as.
disfarce [dʒiʃ'faxsi] *m* disguise.
dislexia [dʒiʒlɛk'sia] *f* dyslexia.
disparar [dʒiʃpa'ra(x)] *vt (arma, bala)* to shoot. ◆ *vi (arma, máquina fotográfica)* to go off.
disparate [dʒiʃpa'ratʃi] *m* nonsense.
dispensar [dʒiʃpẽ'sa(x)] *vt* to do without; ~ **alguém de algo** to excuse sb from sthg; ~ **algo a alguém** to lend sthg to sb.
dispersar [dʒiʃper'sa(x)] *vt* to scatter. ◆ *vi* to disperse.
❑ **dispersar-se** *vp* to disperse.
disperso, sa [dʒiʃ'pɛrsu, sa] *pp* → **dispersar.**
disponível [dʒiʃpo'nivɛw] (*pl* **-eis** [-ejʃ]) *adj* available.
dispor [dʒiʃ'po(x)] *vt (colocar)* to arrange.
❑ **dispor de** *v + prep* to have; *(de posição)* to hold.
❑ **dispor-se a** *vp + prep:* ~**-se a fazer algo** to offer to do sthg.
disposto, osta [dʒiʃ'poʃtu, ɔʃta] *adj* ready; **estar** ~ **a fazer algo** to be prepared to do sthg; **estar bem** ~ *(de bom humor)* to be in a good mood.
disputa [dʒiʃ'puta] *f (competição)* competition; *(discussão)* dispute.
disputar [dʒiʃpu'ta(x)] *vt (troféu, lugar)* to compete for.
disquete [dʒiʃ'kɛtʃi] *f* diskette.
dissimular [dʒisimu'la(x)] *vt (fingir)* to hide; *(encobrir)* to cover up.
dissipar [dʒisi'pa(x)] *vt (cheiro, fumo)* to get rid of; *(mal-*

entendido, confusão) to clear up.
❑ **dissipar-se** *vp* to disappear.
disso ['dʒisu] = **de + isso** → **isso.**
dissolver [dʒisow've(x)] *vt* to dissolve.
❑ **dissolver-se** *vp* to dissolve.
dissuadir [dʒiswa'di(x)] *vt* to dissuade.
distância [dʒiʃ'tãsja] *f* distance; **a que ~ fica?** how far (away) is it?; **fica a um quilômetro de ~** it's one kilometer away; **à ~** from a distance.
distanciar [dʒiʃtãsi'a(x)] *vt (em espaço, tempo)* to distance; *(pessoas)* to drive apart.
❑ **distanciar-se** *vp (em espaço)* to move away; *(pessoas)* to grow apart; **~-se de** *(em espaço)* to move away from; *(em idéias, atitudes, etc)* to differ from.
distante [dʒiʃ'tãntʃi] *adj* distant.
distinção [dʒiʃtĩ'sãw] (*pl* **-ões** [-õjʃ]) *f* distinction.
distinguir [dʒiʃtĩŋ'gi(x)] *vt (ver)* to make out; *(diferenciar)* to distinguish.
❑ **distinguir-se** *vp (diferenciar-se)* to differ; *(em exame, trabalho, estudos)* to excel o.s.
distinto, ta [dʒiʃ'tʃintu, ta] *adj (diferente)* different; *(ruído, som)* distinct; *(pessoa)* distinguished.
disto ['dʒiʃtu] = **de + isto** → **isto.**
distração [dʒiʃtra'sãw] (*pl* **-ões** [-õjʃ]) *f (falta de atenção)* absentmindedness; *(esquecimento, diversão)* distraction; *(descuido)* oversight.
distrações → **distração.**
distraído, da [dʒiʃtra'idu, da] *adj* absent-minded.
distrair [dʒiʃtra'i(x)] *vt (entreter)* to amuse; *(fazer perder atenção)* to distract.
❑ **distrair-se** *vp (divertir-se)* to enjoy o.s.; *(descuidar-se)* to get distracted.
distribuição [dʒiʃtribwi'sãw] (*pl* **-ões** [-õjʃ]) *f (de correspondência postal)* delivery; AUT timing; *(de trabalho, comida)* distribution.
distribuidor, ra [dʒiʃtribwi'do(x), ra] (*mpl* **-res** [-riʃ], *fpl* **-s** [-ʃ]) *m, f (de produto)* distributor.
◆ *m* AUT distributor.
distrito [dʒiʃ'tritu] *m* district; **Distrito Federal** *term for Brasília, home of Brazil's federal government.*
ditado [dʒi'tadu] *m (de texto, frase)* dictation; *(provérbio)* saying.
ditadura [dʒita'dura] *f* dictatorship.
ditar [dʒi'ta(x)] *vt* to dictate.
dito, ta ['dʒitu, ta] *pp* → **dizer.**
diurno, na ['dʒjuxnu, na] *adj* daytime.
divã [dʒi'vã] *m* divan.
divagar [dʒiva'ga(x)] *vi (afastar-se de assunto)* to digress; *(devanear)* to daydream; *(caminhar ao acaso)* to wander.
diversão [dʒivex'sãw] (*pl* **-ões** [-õjʃ]) *f (distração)* amusement.
diverso, sa [dʒi'vɛxsu, sa] *adj (variado)* diverse.
❑ **diversos** *adj pl (muitos)* various.

diversões → **diversão.**

divertido, da [dʒivex'tʃidu, da] *adj* amusing.

divertimento [dʒivextʃi'mẽntu] *m* amusement.

divertir [dʒivex'tʃi(x)] *vt* to amuse.

❑ **divertir-se** *vp* to enjoy o.s.

dívida ['dʒivida] *f* debt; ~ **externa/interna** foreign/national debt.

dividir [dʒivi'di(x)] *vt (repartir)* to share out; *(separar)* to separate; MAT to divide. ◆ *vi* MAT to divide.

❑ **dividir-se** *vp (separar-se)* to split up; *(ramificar-se)* to divide.

divino, na [dʒi'vinu, na] *adj* divine.

divisão [dʒivi'zãw] (*pl* **-ões** [-õjʃ]) *f* division; *(de casa)* room.

divisas [dʒi'vizaʃ] *fpl* COM foreign currency *sg*.

divisões → **divisão.**

divorciado, da [dʒivox'sjadu, da] *adj* divorced.

divorciar-se [dʒivox'sjaxsi] *vp* to get divorced; ~**-se de alguém** to divorce sb.

divórcio [dʒi'vɔxsju] *m* divorce.

divulgar [dʒivuw'ga(x)] *vt (informação, idéia)* to disseminate; *(produto, serviço)* to market.

dizer [dʒi'ze(x)] *vt* to say; ~ **algo a alguém** to tell sb sthg; ~ **a alguém que faça algo** to tell sb to do sthg; **até ~ chega** as much as possible; **bem que eu disse!** I told you so!; **como se diz ...?** how do you say ...?; **digamos que ...** let's say that ...; **dizem que ...** it's said that ...; **não ~ coisa com coisa** to make no sense; **não é preciso ~ que ...** that goes without saying ...; **por assim** ~ so to speak; **querer** ~ to mean; **quer** ~ that's to say.

do [du] = **de + o,** → **o.**

doação [dwa'sãw] (*pl* **-ões** [-õjʃ]) *f* donation.

doar ['dwa(x)] *vt* to donate.

dobra ['dɔbra] *f* fold; *(de calças)* cuff *Am*, turn-up *Brit*.

dobrado, da [do'bradu, da] *adj* folded.

dobrar [do'bra(x)] *vt (jornal, lençol, roupa)* to fold; *(joelho, costas)* to bend. ◆ *vi (duplicar)* to double; ~ **a esquina** to turn the corner.

❑ **dobrar-se** *vp (curvar-se)* to bend over.

dobro ['dobru] *m*: **o** ~ double.

doca ['dɔka] *f* dock.

doce ['dosi] *adj (bebida, comida)* sweet; *(pessoa)* gentle. ◆ *m (sobremesa)* dessert; *(geléia, compota)* jam.

dóceis → **dócil.**

docente [do'sẽntʃi] *adj* teaching. ◆ *mf* teacher.

dócil ['dɔsiw] (*pl* **-ceis** [-sejʃ]) *adj* docile.

documentação [dokumẽnta'sãw] *f (documentos)* papers *pl*.

documentário [dokumẽn'tarju] *m* documentary.

documento [doku'mẽntu] *m* document.

doçura [do'sura] *f fig* gentleness.

doença ['dwẽsa] *f* disease; ~ **venérea** venereal disease.
doente ['dwẽntʃi] *adj* ill. ◆ *mf* sick person; ~ **mental** psychiatric patient.
doentio, tia [dwẽn'tʃiu, tʃia] *adj (lugar, atmosfera)* unwholesome; *(pessoa)* sickly.
doer ['dwe(x)] *vi* to hurt.
doido, da ['dojdu, da] *adj* crazy. ◆ *m, f* madman; **ser** ~ **por** to be crazy about.
dois, duas ['doiʃ, 'duaʃ] *num* two; ~ **a** ~ in twos → **seis.**
dólar ['dɔla(x)] (*pl* **-res** [-riʃ]) *m* dollar.
doleiro [do'lejru] *m black market money dealer (usually in US dollars).*
dolorido, da [dolo'ridu, da] *adj* sore.
doloroso, osa [dolo'rozu, ɔza] *adj* painful.
dom [dõ] (*pl* **-ns** [-ʃ]) *m* gift.
doméstica [do'mɛʃtʃika] *f* maid.
domesticar [domeʃtʃi'ka(x)] *vt* to tame.
doméstico, ca [dɔ'mɛʃtʃiku, ka] *adj* domestic.
dominar [domi'na(x)] *vt* to control; *(país)* to rule; *(situação)* to be in control of; *(língua)* to be fluent in; *(incêndio)* to bring under control.
❑ **dominar-se** *vp (conter-se)* to control o.s.
domingo [do'mĩŋgu] *m* Sunday → **sexta-feira.**
domínio [do'minju] *m* *(controle)* control; *(autoridade)* authority; *(setor, campo)* field; *(território)* domain; *(de língua)* command.
dominó [dɔmi'nɔ] *m (jogo)* dominoes *sg*; **jogar** ~ to play dominoes.
dona ['dona] *f (título)* Mrs.; ~ **de casa** housewife → **dono.**
dono, na ['donu, na] *m, f* owner.
dons → **dom.**
dor [do(x)] (*pl* **-res** [-riʃ]) *f (física)* pain; *(moral)* grief; ~ **de barriga** belly ache; ~ **de cabeça** headache; ~ **de dente** toothache; ~ **de estômago** stomach ache; ~ **de garganta** sore throat; ~ **lombar** back ache; ~ **de ouvido** ear ache; ~ **de cotovelo** jealousy.
dormida [dor'mida] *f* sleep; **dar uma** ~ to have a nap.
dormir [dor'mi(x)] *vi* to sleep. ◆ *vt* to sleep (for).
dormitório [dormi'tɔrju] *m* dormitory.
dosagem [du'zaʒãj] (*pl* **-ns** [-ʃ]) *f* dosage.
dose ['dɔzi] *f (de medicamento)* dose; *(de bebida)* measure.
dossiê [do'sje] *m (de documentação, processo)* file.
dotado, da [do'tadu, da] *adj (talentoso)* gifted.
dou [do] → **dar.**
dourado, da [do'radu, da] *adj* golden.
doutor, ra [do'to(x), ra] (*mpl* **-res** [-riʃ], *fpl* **-s** [-ʃ]) *m, f* doctor.
doutrina [do'trina] *f* doctrine.

doze ['dozi] *num* twelve → **seis.**
drágea ['draʒja] *f* tablet.
drama ['drama] *m* drama.
dramatizar [dramatʃi'za(x)] *vt fig* to dramatize.
drástico, ca ['draʃtʃiku, ka] *adj* drastic.
driblar [dri'bla(x)] *vi & vt* to dribble.
drinque ['drĩŋki] *m* drink; **tomar um** ~ to have a drink.
drive ['drajvi] *f* INFORM drive.
droga ['drɔga] *f* drug; *(coisa de má qualidade)* junk. ◆ *interj* damn!
drogado, da [dro'gadu, da] *m, f* drug addict.
drogar [dro'ga(x)] *vt* to drug. ❑ **drogar-se** *vp* to take drugs.
drogaria [droga'ria] *f* drugstore *Am,* chemist's *Brit.*
duas → **dois.**
dublado, da [du'bladu, da] *adj* dubbed.
dublar [du'blax] *vt (filme, programa de TV)* to dub.
duna ['duna] *f* dune.
dupla ['dupla] *f (par)* duo, pair; *(em esporte)* doubles *sg.*
duplicado [dupli'kadu] *m* duplicate; **em** ~ in duplicate.
duplicar [dupli'ka(x)] *vt & vi* to double.
duplo, pla ['duplu, pla] *adj* double. ◆ *m:* **o** ~ double.
duração [dura'sãw] *f (de férias, concerto, curso)* length; *(de produto deteriorável)* shelf life.
duradouro, ra [dura'doru, ra] *adj* lasting.
durante [du'rãntʃi] *prep* during; ~ **3 horas** for three hours.
durar [du'ra(x)] *vi* to last.
dureza [du'reza] *f (de objeto)* hardness; *(de caráter)* harshness.
durmo ['durmu] → **dormir.**
duro, ra ['duru, ra] *adj* hard; *(pão)* stale; *(carne)* tough.
dúvida ['duvida] *f* doubt; **estou em** ~ I'm not sure; **pôr em** ~ to doubt; **sem** ~**!** absolutely!; **tirar** ~**s** to resolve queries.
duvidoso, osa [duvi'dozu, ɔza] *adj* dubious.
duzentos, tas [du'zẽntuʃ, taʃ] *num* two hundred → **seis.**
dúzia ['duzja] *f* dozen; **uma** ~ **de ovos** a dozen eggs; **vender à** ~ to sell by the dozen; **meia** ~ half a dozen.

E

e [i] *conj* and; ~ **aquela nossa conversa?** and what about our discussion?; **disse que ia ligar** ~ **não ligou** he said he would call and he didn't.
é [ɛ] → **ser.**
ébano ['ɛbanu] *m* ebony.
ébrio, ébria ['ɛbriu, 'ɛbria] *adj* inebriated.
ebulição [ibuli'sãw] *f (fervura)* boiling.
eco ['ɛku] *m* echo.
ecoar [e'kwa(x)] *vi* to echo.
ecologia [ekolo'ʒia] *f* ecology.

ecológico, ca [eko'lɔʒiku, ka] *adj* ecological.
economia [ekono'mia] *f (ciência)* economics *sg*; *(de país)* economy; *(poupança)* saving.
❑ **economias** *fpl* savings.
econômico, ca [eko'nomiku, ka] *adj (pessoa)* frugal; *(barato)* cheap; *(carro, motor)* economical; *(situação, crise)* economic.
economista [ekono'miʃta] *mf* economist.
economizar [ekonomi'za(x)] *vt* to save. ◆ *vi* to economize.
ecoturismo [ekotu'riʒmu] *m* ecotourism.
eczema [ek'zema] *m* eczema.
edição [edʒi'sãw] (*pl* **-ões** [-õjʃ]) *f (exemplares)* edition; *(publicação)* publishing.
edifício [edʒi'fisju] *m* building; **~-garagem** multistory parking lot *Am*, multistorey car park *Brit*.
editar [edʒi'ta(x)] *vt (livro, revista)* to publish; *(programa, matéria)* to edit.
editor, ra [edʒi'to(x), ra] (*mpl* **-res** [-riʃ], *mpl* **-s** [-ʃ]) *m, f (que publica)* publisher; *(que edita)* editor.
editora [edʒi'tora] *f (empresa)* publishing house → **editor.**
editores → **editor.**
edredom [edre'dõ] (*pl* **-ns** [-ʃ]) *m* comforter *Am*, duvet *Brit*.
educação [eduka'sãw] *f* education; *(cortesia)* manners *pl*.
educado, da [edu'kadu, da] *adj* polite.
educar [edu'ka(x)] *vt (filhos)* to bring up; *(alunos)* to educate.
efeito [e'fejtu] *m* effect; **com ~** *(realmente)* really, indeed; **sem ~** invalid.
efetivamente [efɛ,tʃiva'mẽntʃi] *adv* indeed.
efetivo, va [efe'tʃivu, va] *adj (real)* genuine; *(funcionário, empregado)* permanent.
efetuar [efe'twa(x)] *vt (realizar)* to carry out; *(compra, pagamento, viagem)* to make.
eficácia [efi'kasja] *f (de plano, solução, sistema)* effectiveness; *(de pessoa)* efficiency.
eficaz [efi'kaʃ] (*pl* **-zes** [-ziʃ]) *adj (plano, solução, sistema)* effective; *(pessoa)* efficient.
eficiência [efi'sjẽsja] *f (de plano, método, sistema)* effectiveness; *(de pessoa)* efficiency.
eficiente [efi'sjẽntʃi] *adj (plano, método, sistema)* effective; *(pessoa)* efficient.
efusivo, va [efu'zivu, va] *adj* effusive.
egoísmo [e'gwiʒmu] *m* selfishness.
egoísta [e'gwiʃta] *adj* selfish. ◆ *mf* selfish person.
égua ['ɛgwa] *f* mare.
eis ['ejʃ] *adv* here is/are; **e ~ que ...** and so it is that ...
eixo ['ejʃu] *m (de roda)* axle; *(de máquina)* shaft; *(em geometria)* axis.
ejacular [eʒaku'la(x)] *vt & vi* to ejaculate.
ela ['ɛla] *pron (pessoa)* she; *(coisa, animal)* it; *(com preposição: pessoa)* her; *(com preposição: coisa)* it;

e ~? what about her?; **é** ~ it's her; ~ **mesma** ou **própria** she (herself).
❑ **elas** *pron pl* they; ~**s por** ~**s** tit for tat; **aí é que são** ~**s** that's exactly the point; *(com preposição)* them.
elaboração [elabora'sãw] *f (de plano, sistema)* working out, development; *(de trabalho escrito)* writing.
elaborar [elabo'ra(x)] *vt (trabalho, texto)* to work on; *(plano, lista)* to draw up.
elástico, ca [e'laʃtʃiku, ka] *adj* elastic. ◆ *m (material)* elastic; *(para segurar papel)* rubber band.
ele ['eli] *pron (pessoa)* he; *(coisa animal)* it; *(com preposição: pessoa)* him; *(com preposição: coisa, animal)* it; **e** ~? what about him?; **é** ~ it's him; ~ **mesmo** ou **próprio** (he) himself.
❑ **eles** *pron pl* they; *(com preposição)* them.
elefante [ele'fãntʃi] *m* elephant.
elegância [ele'gãsja] *f* elegance; *(de modos)* refinement.
elegante [ele'gãntʃi] *adj (esbelto)* slim; *(bem vestido)* elegant.
eleger [ele'ʒe(x)] *vt (ministro, presidente, deputado)* to elect; *(sistema, método)* to choose.
eleição [elej'sãw] (*pl* **-ões** [-õjʃ]) *f (de presidente, deputado)* election; *(de sistema, método)* choice.
❑ **eleições** *fpl* elections.
eleito, ta [e'lejtu, ta] *pp* → **eleger.** ◆ *adj (presidente, ministro, deputado)* elected.
eleitor, ra [elej'to(x), ra] (*mpl* **-res** [-riʃ], *fpl* **-s** [-ʃ]) *m, f* voter.
elementar [elemẽn'ta(x)] (*pl* **-res** [-riʃ]) *adj (fundamental)* basic; *(primário)* elementary.
elemento [ele'mẽntu] *m* element; *(de equipe, grupo)* member; *(informação)* factor.
❑ **elementos** *mpl* data *sg*; **os** ~**s** the elements.
eletricidade [eletrisi'dadʒi] *f* electricity.
eletricista [eletri'siʃta] *mf* electrician.
elétrico, ca [e'lɛtriku, ka] *adj & m* electric.
eletrizar [eletri'za(x)] *vt fig (entusiasmar)* to electrify.
eletrodoméstico [eˌletrodo'mɛʃtʃiku] *m* household appliance.
eletrônica [ele'tronika] *f* electronics.
eletrônico, ca [ele'troniku, ka] *adj* electronic.
elevação [eleva'sãw] (*pl* **-ões** [-õjʃ]) *f* area of high ground.
elevado, da [ele'vadu, da] *adj* high.
elevador [eleva'do(x)] (*pl* **-res** [-riʃ]) *m* elevator *Am*, lift *Brit*.
elevar [ele'va(x)] *vt* to raise; *(promover)* to elevate.
❑ **elevar-se** *vp* to rise.
eliminar [elemi'na(x)] *vt* to eliminate.
elite [e'litʃi] *f* elite.
elogiar [elo'ʒja(x)] *vt* to praise.
elogio [elo'ʒiu] *m* praise.
em [ẽ] *prep* **-1.** *(no interior de)* in;

os papéis estão naquela gaveta the papers are in that drawer; **vivo no norte** I live in the north.
- 2. *(sobre)* on; **põe uma jarra nesta mesa** put a vase on this table.
- 3. *(em certo ponto de)* in; **ela está na sala** she's in the living room; **estar ~ casa/no trabalho** to be at home/at work.
- 4. *(relativo a cidade, país)* in; **~ Londres** in London; **no Brasil** in Brazil; **nos Estados Unidos** in the (United) States.
- 5. *(indica tempo)* in; *(dia)* on; *(época)* at; **faço isso num dia** I can do that in a day; **ela nasceu ~ 1970/num sábado** she was born in 1970/on a Saturday; **vou tirar férias no Verão/Natal** I'm going on vacation in the summer/at Christmas.
- 6. *(indica modo)* in; **paguei ~ reais** I paid in reals; **respondi-lhe ~ português** I answered him in Portuguese; **ela gastou tudo em cigarros** she spent it all on cigarettes.
- 7. *(indica assunto)*: **ele é um perito ~ economia** he's an expert in economics; **sou formada ~ Letras/Direito** I'm an arts/law graduate.
- 8. *(indica estado)* in; **~ boas condições** in good condition; **não descer com o trem ~ movimento** passengers should not get off until the train has stopped.
- 9. *(introduz complemento)*: **a palavra caiu ~ desuso** the word is no longer used; **não acredito nele** I don't believe him; **não pense nele** don't think about him.

emagrecer [emagre'se(x)] *vi* to lose weight.

email ['ımeıl] *m (mensagem)* email; *(caixa)* email.

emancipado, da [emãsi'padu, da] *adj* emancipated.

emaranhado, da [emara'ɲadu, da] *adj* tangled.

embaçar [ẽmba'sa(x)] *vt* to steam up.

embaixada [ẽmbaj'ʃada] *f* embassy.

embaixador, ra [ẽmbajʃa'do(x), ra] (*mpl* **-res** [-riʃ], *fpl* **-s** [-ʃ]) *m, f* ambassador.

embaixatriz [ẽmbajʃa'triʃ] *f* ambassadress.

embaixo [ẽm'bajʃu] *adv (em espaço)* downstairs; *(em lista)* at the bottom; **~ de** under(neath).

embalagem [ẽmba'laʒẽ] (*pl* **-ns** [-ʃ]) *f* packaging; *(pacote)* package.

embalar [ẽmba'la(x)] *vt (produto)* to package; *(bebê)* to rock.

embaraçar [ẽmbara'sa(x)] *vt (desconcertar)* to embarrass; *(estorvar)* to hinder.
❑ **embaraçar-se** *vp (atrapalhar-se)* to get flustered.

embarcação [ẽmbaxka'sãw] (*pl* **-ões** [-õjʃ]) *f* vessel.

embarcar [ẽmbax'ka(x)] *vi* to board; **~ em** *(navio, avião)* to board; *(aventura, negócio)* to embark on.

embarque [ẽm'baxki] *m* boarding; **~ doméstico** domestic departures; ~ **internacional** international departures; **zona ou local de** ~ boarding point.

embebedar-se [ẽmbebe'daxsi] *vp* to get drunk.

embelezar [ẽmbele'za(x)] *vt* to embellish.

embora [ẽm'bɔra] *conj* even though. ◆ *adv*: **ir(-se)** ~ to leave; **vai** ~! go away!

EMBRATUR [ẽmbra'tu(x)] *f (abrev de Empresa Brasileira de Turismo) Brazilian tourist board.*

embreagem [ẽmbre'aʒẽ] (*pl* **-ns** [-ʃ]) *f* clutch.

embriagar-se [ẽmbria'gaxsi] *vp* to get drunk.

embrulhar [ẽmbru'ʎa(x)] *vt* to wrap up; **essa comida me embrulhou o estômago** this food has upset my stomach.

embrulho [ẽm'bruʎu] *m* package.

embutido, da [ẽmbu'tʃidu, da] *adj* fitted.

emendar [emẽn'da(x)] *vt* to correct.

❑ **emendar-se** *vp* to mend one's ways.

emergência [emex'ʒẽsja] *f* emergency.

emigração [emigra'sãw] *f* emigration.

emigrar [emi'gra(x)] *vi* to emigrate; ~ **para** to emigrate to.

emissão [emi'sãw] (*pl* **-ões** [-õjʃ]) *f (de programa)* broadcast; *(de calor, gases)* emission.

emissor, ra [emi'so(x), ra] (*mpl* **-res** [-riʃ], *fpl* **-s** [-ʃ]) *adj* broadcasting. ◆ *m (rádio)* transmitter; *(de mensagem)* sender.

emissora [emi'sora] *f (de rádio)* radio station.

emissores → **emissor.**

emitir [emi'tʃi(x)] *vt (calor, luz, som)* to emit; *(moeda)* to issue; *(programa)* to broadcast.

emoção [emo'sãw] (*pl* **-ões** [-õjʃ]) *f (comoção)* emotion; *(excitação)* excitement.

emoldurar [emowdu'ra(x)] *vt* to frame.

emotivo, va [emo'tʃivu, va] *adj* emotional.

empacotar [ẽmpako'ta(x)] *vt* to pack up.

empada [ẽm'pada] *f* pie.

empadinha [ẽmpa'dʒiɲa] *f* pie pastry; ~ **de queijo** cheese pastry.

empalhar [ẽmpa'ʎa(x)] *vt* to stuff.

empanturrar [ẽmpãntu'xa(x)] *vt*: ~ **alguém com algo** to stuff sb full of sthg.

❑ **empanturrar-se** *vp* to stuff o.s.

empatar [ẽmpa'ta(x)] *vi* to draw. ◆ *vt (dinheiro)* to tie up; ~ **alguém** *(estorvar a)* to get in sb's way.

empate [ẽm'patʃi] *m* tie.

empenhar [ẽmpe'ɲa(x)] *vt* to pawn.

❑ **empenhar-se** *vp (esforçar-se)* to do one's utmost; *(endividar-se)* to get into debt; ~**-se em algo** to do one's utmost to do sthg.

empilhar [ẽmpi'ʎa(x)] *vt* to pile up.

empobrecer [ẽmpobre'se(x)] *vt (pessoa, país)* to impoverish; *(terreno)* to deplete. ◆ *vi (pessoa, país)* to become poor; *(terreno)* to become depleted.

empolgante [ẽmpow'gãntʃi] *adj* gripping.

empreender [ẽmpriẽn'de(x)] *vt (negócio, trabalho)* to undertake.

empreendimento [ẽmpriẽndʒi'mẽntu] *m (investimento)* venture; *(empenho)* investment.

empregado, da [ẽmpre'gadu, da] *m, f (em empresa)* employee; ~ **de balcão** sales assistant; ~ **de bar** bartender; ~ **(doméstico)** domestic servant.

empregar [ẽmpre'ga(x)] *vt (pessoa, método, técnica)* to employ; *(dinheiro, tempo)* to spend; *(objeto, ferramenta)* to use.
❑ **empregar-se** *vp (arranjar emprego)* to get a job; *(utilizar-se)* to be used.

emprego [ẽm'pregu] *m (trabalho, ocupação)* job; *(uso)* use; **o** ~ *(em geral)* employment.

empregue [ẽm'prɛgi] *pp* → **empregar.**

empresa [ẽm'preza] *f* firm.

emprestado, da [ẽmpreʃ'tadu, da] *adj* borrowed; **pedir algo** ~ to borrow sthg.

emprestar [ẽmpreʃ'ta(x)] *vt:* ~ **algo a alguém** to lend sthg to sb.

empréstimo [ẽm'prɛʃtʃimu] *m* loan.

empunhar [ẽmpu'ɲa(x)] *vt* to hold.

empurrão [ẽmpu'xãw] (*pl* **-ões** [-õjʃ]) *m* shove.

empurrar [ẽmpu'xa(x)] *vt* to push; **'empurre'** 'push'.

empurrões → **empurrão.**

encabeçar [ẽŋkabe'sa(x)] *vt* to head.

encadernação [ẽŋkadexna'sãw] (*pl* **-ões** [-õjʃ]) *f (capa)* cover; *(ato)* binding.

encaixar [ẽŋkaj'ʃa(x)] *vt* to fit.
❑ **encaixar-se** *vp* to fit in.

encaixotar [ẽŋkajʃo'ta(x)] *vt* to box.

encalhar [ẽŋka'ʎa(x)] *vt & vi* to run aground.

encaminhar [ẽŋkami'ɲa(x)] *vt (aconselhar)* to provide guidance for OU to; ~ **algo/alguém para** to refer sthg/sb to.
❑ **encaminhar-se para** *vp + prep* to head toward.

encanador, ra [ẽŋkana'do(x), ra] (*mpl* **-res** [-riʃ], *fpl* **-s** [-ʃ]) *m, f* plumber.

encanamento [ẽŋkana'mẽntu] *m* plumbing.

encantador, ra [ẽŋkãnta'do(x), ra] (*mpl* **-res** [-riʃ], *fpl* **-s** [-ʃ]) *adj* delightful.

encantar [ẽŋkãn'ta(x)] *vt* to delight.

encaracolado, da [ẽŋkarako'ladu, da] *adj* curly.

encarar [ẽŋka'ra(x)] *vt* to face.
❑ **encarar com** *v + prep* to come face to face with.

encarregado, da [ẽŋkaxe'gadu, da] *m, f* person in charge; *(de operários)* foreman.

encarregar [ẽŋkaxe'ga(x)] *vt:* ~ **alguém de fazer algo** to put sb in charge of doing sthg.

encenação [ẽsena'sãw] (*pl* **-ões** [-õjʃ]) *f (de peça teatral)* staging.

encenar [ẽse'na(x)] *vt (peça teatral)* to stage, to put on.

encerramento [ẽsexa'mẽntu] *m (de concerto, espetáculo)* end; *(de loja)* closure.

encerrar [ẽse'xa(x)] *vt* to close; *(concerto, espetáculo)* to end.

enchente [ẽ'ʃẽntʃi] *f* flood.

encoberto, ta [ẽŋko'bɛxtu, -ta] *adj (céu, tempo)* overcast; *(oculto)* hidden.

encolher [ẽŋko'ʎe(x)] *vt (ombros)* to shrug; *(pernas)* to bend; *(barriga)* to pull in. ◆ *vi* to shrink.

❑ **encolher-se** *vp* to huddle.

encomenda [ẽŋko'mẽnda] *f* order; **feito por** ~ made to order; ~ **postal** mail order.

encomendar [ẽŋkomẽn'da(x)] *vt* to order; ~ **algo a alguém** *(comprar)* to order sthg from sb; *(obra, escultura, pintura)* to commission sthg from sb.

encontrar [ẽŋkõn'tra(x)] *vt* to find; *(pessoa por acaso)* to bump into.

❑ **encontrar-se** *vp (ter encontro)* to meet; *(estar)* to be; ~**-se com alguém** to meet up with sb.

encontro [ẽŋ'kõntru] *m (profissional)* appointment; *(amoroso)* date.

encorajar [ẽŋkora'ʒa(x)] *vt* to encourage.

encorpado, da [ẽŋkor'padu, -da] *adj (pessoa)* burly; *(vinho)* full-bodied.

encosta [ẽŋ'kɔʃta] *f* slope.

encostar [ẽŋkoʃ'ta(x)] *vt (carro)* to park; *(porta)* to leave ajar; *(cabeça)* to lay down; ~ **algo em algo** *(mesa, cadeira)* to put sthg against sthg; *(escada, vara)* to lean sthg against sthg.

❑ **encostar-se** *vp:* ~**-se a** *(parede, carro, poste)* to lean against.

encruzilhada [ẽŋkruzi'ʎada] *f* crossroads *sg*.

endereço [ẽnde'resu] *m* address; ~ **eletrônico** email address.

endireitar [ẽndirej'ta(x)] *vt* to straighten; *(objeto caído)* to put upright.

❑ **endireitar-se** *vp (pôr-se direito)* to stand up straight.

endossar [ẽndo'sa(x)] *vt* to endorse; ~ **um cheque** to endorse a check.

endurecer [ẽndure'se(x)] *vt & vi* to harden.

energia [enɛx'ʒia] *f* energy; ~ **eólica/nuclear/solar** wind/nuclear/solar power.

enevoado, da [ene'vwadu, da] *adj* misty.

enfarte [ẽ'faxtʃi] *m:* ~ **(do miocárdio)** heart attack.

ênfase ['ẽfazi] *f* emphasis.

enfatizar [ẽfatʃi'za(x)] *vt* to emphasize.

enfeitiçar [ẽfejtʃi'sa(x)] *vt* to bewitch.

enfermagem [ẽfex'maʒẽ] *f* nursing.

enfermaria [ẽfexma'ria] *f* ward.

enfermeiro, ra [ẽfex'mejru, ra] *m, f* nurse.

enfiar [ẽ'fja(x)] *vt (calça, mangas, camisola)* to pull ou put on; ~ **algo em algo** to put sthg in sthg.

enfim [ẽ'fĩ] *adv (finalmente)* at last; *(em suma)* in short. ◆ *interj* oh well!

enforcar [ẽfox'ka(x)] *vt* to hang; *(em feriadão)* to have a long weekend.

❑ **enforcar-se** *vp* to hang o.s.

enfraquecer [ẽfrake'se(x)] *vt & vi* to weaken.

enfrentar [ẽfrẽn'ta(x)] *vt* to confront.

enfurecer [ẽfure'se(x)] *vt* to infuriate.

❑ **enfurecer-se** *vp* to get angry.

enganado, da [ẽŋga'nadu, da] *adj*: **estar** ~ to be wrong; **ser** ~ *(ser ludibriado)* to be deceived; *(por cônjuge)* to be cheated on.

enganar [ẽŋga'na(x)] *vt* to deceive; *(cônjuge)* to cheat on.

❑ **enganar-se** *vp (estar errado)* to be wrong; *(errar)* to make a mistake.

engano [ẽŋ'ganu] *m* mistake; **é** ~ *(em conversa telefônica)* you've got the wrong number.

engarrafado, da [ẽŋgaxa'fadu, da] *adj (líquido)* bottled; *(trânsito)* jammed.

engarrafamento [ẽŋgaxafa'mẽntu] *m (de trânsito)* traffic jam; *(de líquido)* bottling.

engasgar-se [ẽŋgaʒ'gaxsi] *vp* to choke.

engenharia [ẽʒeɲa'ria] *f* engineering.

engenheiro, ra [ẽʒe'ɲejru, ra] *m, f* engineer.

engenhoso, osa [ẽʒe'ɲozu, ɔza] *adj* ingenious.

englobar [ẽŋglo'ba(x)] *vt* to encompass.

engolir [ẽŋgo'li(x)] *vt* to swallow.

engomar [ẽŋgo'ma(x)] *vt (passar a ferro)* to iron; *(com goma)* to starch.

engordar [ẽŋgor'da(x)] *vi (pessoa)* to put on weight; *(alimento)* to be fattening. ◆ *vt (animal)* to fatten up.

engordurado, da [ẽŋgordu'radu, da] *adj* greasy.

engraçado, da [ẽŋgra'sadu, da] *adj* funny.

engravidar [ẽŋgravi'da(x)] *vi* to get pregnant. ◆ *vt*: ~ **alguém** to get sb pregnant.

engraxar [ẽŋgra'ʃa(x)] *vt* to polish.

engraxate [ẽŋgra'ʃatʃi] *m* shoeshine.

engrossar [ẽŋgro'sa(x)] *vt & vi* to thicken.

enguia [ẽŋ'gia] *f* eel.

enguiçar [ẽŋgi'sa(x)] *vi (motor, máquina)* to play up.

enigma [e'nigma] *m (adivinha)* riddle; *(mistério)* enigma.

enjoado, da [ẽ'ʒwadu, da] *adj* sick; *(em carro)* carsick; *(em barco)* seasick.

enjoar [ẽ'ʒwa(x)] *vi* to get motion sickness. ◆ *vt* to get sick of.

enjôo [ẽ'ʒou] *m (náusea)* nausea; *(em barco, avião, ônibus)* motion sickness.

enlatado, da [ẽla'tadu, da] *adj (comida)* canned *Am,* tinned *Brit.* ◆ *m pej low-quality imported film for television.*

❑ **enlatados** *mpl* canned foods *Am,* tinned foods *Brit.*

enlouquecer [ẽloke'se(x)] *vt* to drive insane. ◆ *vi* to go insane.

enorme [e'nɔrmi] *adj* huge, enormous.

enquanto [ẽŋ'kwantu] *conj* while; ~ **(que)** whereas; ~ **isso** ... meanwhile ...; **por** ~ for the time being.

enredo [ẽ'xedu] *m* plot.

enriquecer [ẽxike'se(x)] *vt* to make rich; *(melhorar)* to enrich. ◆ *vi* to get rich.

enrolar [ẽxo'la(x)] *vt (papel, tapete, fio)* to roll up; *(cabelo)* to curl; *(cigarro)* to roll; *(enganar)* to take for a ride.

enroscar [ẽxoʃ'ka(x)] *vt (tampa)* to screw on; *(parafuso)* to screw in.

❑ **enroscar-se** *vp (cobra)* to coil up; *(gato, cão)* to curl up; *(emaranhar-se)* to get tangled up.

enrugar [ẽxo'ga(x)] *vt & vi (roupa, papel, pele)* to wrinkle.

ensaiar [ẽsa'ja(x)] *vt (peça, dança)* to rehearse; *(sistema)* to test.

ensaio [ẽ'saju] *m (de peça, dança)* rehearsal; *(de sistema)* test; *(texto literário)* essay.

enseada [ẽ'sjada] *f* cove.

ensinamento [ẽsina'mẽntu] *m (lição)* teaching; *(preceito)* proverb.

ensinar [ẽsi'na(x)] *vt (em escola, universidade)* to teach; *(caminho, direção)* to show; ~ **alguém a fazer algo** to teach sb how to do sthg; ~ **algo a alguém** *(língua, método)* to teach sb sthg; *(caminho)* to show sb sthg.

ensino [ẽ'sinu] *m (atividade)* teaching; *(método, sistema)* education; ~ **superior** higher education.

ENSINO FUNDAMENTAL/ENSINO MÉDIO

The Brazilian education system is divided into two stages. After infant school, six- or seven-year-olds start the "ensino fundamental", which takes eight years to complete. Many children leave before finishing this stage, usually out of financial necessity. A large proportion do not even reach their fourth year: by the age of eight or nine they have already joined the workforce. For the few who do continue, the "ensino médio" takes a further three years. Only on completing this stage are students eligible for university entrance.

---

ensolarado, da [ẽsola'radu, da] *adj* sunny.

ensopado [ẽso'padu] *adj* soaked. ◆ *m* stew.

ensopar [ẽso'pa(x)] *vt* to soak.
❑ **ensopar-se** *vp* to get soaked.

ensurdecedor, ra [ẽsurdese'do(x), ra] (*mpl* **-res** [-riʃ], *fpl* **-s** [-ʃ]) *adj* deafening.

ensurdecer [ẽsurde'se(x)] *vt* to deafen. ◆ *vi* *(ficar surdo)* to go deaf.

entanto [ẽn'tãntu]: **no entanto** *conj* however.

então [ẽn'tãw] *adv* then. ◆ *interj* so!; **até ~** up until; **desde ~** since then; **e ~?** well then?; **~, já se decidiu?** so have you decided yet?

enteado, da [ẽn'tʒjadu, da] *m, f* stepson.

entender [ẽntẽn'de(x)] *vt* to understand. ◆ *vi* *(compreender)* to understand; **dar a ~ que** to give the impression (that); **~ que** to think (that).
❑ **entender de** *v + prep* to know about.
❑ **entender-se** *vp* to get along; **não me entendo com isto** I can't get the hang of this; **~-se com alguém** *(chegar a um acordo com)* to come to an agreement with sb.

enternecedor, ra [ẽnternese'do(x), ra] (*mpl* **-res** [-riʃ], *fpl* **-s** [-ʃ]) *adj* touching.

enternecer [ẽnterne'se(x)] *vt* to touch.

enterrar [ẽnte'xa(x)] *vt* to bury.
❑ **enterrar-se** *vp* to sink.

enterro [ẽn'texu] *m* funeral.

entonação [ẽntona'sãw] *f* intonation.

entornar [ẽntor'na(x)] *vt* to spill.

entortar [ẽntor'ta(x)] *vt* to bend.

entrada [ẽn'trada] *f* entrance; *(vestíbulo)* hall; *(prato)* appetizer; *(bilhete para espetáculo)* ticket; *(de dicionário)* entry; *(pagamento inicial)* down payment, deposit; **'entrada'** 'entrance'; **'~ livre'** 'free admission'; **'~ proibida'** 'no entry'.

entrar [ẽn'tra(x)] *vi* to enter, to go/come in; *(encaixar)* to go in; **~ com algo** to contribute sthg; **~ em algo** *(penetrar, ingressar em)* to enter sthg; *(participar em)* to take part in sthg; **não entremos em discussões** let's not start arguing; *(carro)* to get in; *(ônibus, trem)* to get on; *(equipe, grupo)* to join.

entre ['ẽntri] *prep* between; *(no meio de muitos)* among; *(cerca de)* about; **aqui ~ nós** between you and me; **~ si** among themselves.

entreaberto, ta [ˌẽntria'bɛxtu, ta] *adj* *(janela)* half-open; *(porta)* ajar.

entrega [ẽn'trɛga] *f* *(de encomenda, mercadoria, carta)* delivery; *(rendição)* surrender; **~ a domicílio** home delivery.

entregar [ẽntre'ga(x)] *vt*: **~ algo a alguém** *(dar)* to give sthg to sb; *(encomenda, carta)* to deliver sthg to sb.
❑ **entregar-se** *vp* *(render-se)* to

surrender; ~**-se a** *(abandonar-se a)* to abandon o.s. to; *(dedicar-se a)* to dedicate o.s. to.
entretanto [ẽntri'tãntu] *adv* meanwhile, in the meantime. ◆ *conj (todavia)* however.
entreter [ẽntre'te(x)] *vt* to entertain.
❑ **entreter-se** *vp* to amuse o.s.
entrevista [ẽntre'viʃta] *f* interview; ~ **coletiva** press conference.
entrevistador, ra [ẽntre'viʃtado(x), ra] (*mpl* **-res** [-riʃ], *fpl* **-s** [-ʃ]) *m, f* interviewer.
entristecer [ẽntriʃte'se(x)] *vt* to sadden. ◆ *vi* to grow sad.
entroncamento [ẽntrõŋka'mẽntu] *m* junction.
entupido, da [ẽntu'pidu, da] *adj* blocked.
entupir [ẽntu'pi(x)] *vt* to block.
❑ **entupir-se** *vp* to get blocked.
entusiasmar [ẽntuzjaʒ'ma(x)] *vt* to excite.
❑ **entusiasmar-se** *vp* to get excited.
entusiasmo [ẽntu'zjaʒmu] *m* enthusiasm.
entusiasta [ẽntu'zjaʃta] *mf* enthusiast.
enunciar [enũ'sja(x)] *vt* to express.
envelhecer [ẽveʎe'se(x)] *vt* to age. ◆ *vi* to grow old.
envelope [ẽve'lɔpi] *m* envelope.
envenenamento [ẽvenena'mẽntu] *m* poisoning.
envenenar [ẽvene'na(x)] *vt* to poison.
❑ **envenenar-se** *vp* to poison o.s.
enveredar [ẽvere'da(x)]: **enveredar por** *v + prep fig* to take up.
envergonhado, da [ẽvergo'ɲadu, da] *adj* shy.
envergonhar [ẽvergo'ɲa(x)] *vt* to embarrass.
❑ **envergonhar-se** *vp (ter vergonha)* to be embarrassed.
envernizar [ẽverni'za(x)] *vt* to varnish.
enviar [ẽ'vja(x)] *vt* to send.
envidraçado, da [ẽvidra'sadu, da] *adj* glazed.
envio [ẽ'viu] *m* sending.
enviuvar [ẽvju'va(x)] *vi* to be widowed.
envolver [ẽvow've(x)] *vt (incluir)* to involve; *(embrulhar)* to wrap up.
❑ **envolver-se em** *vp + prep (imiscuir-se em)* to get involved in.
enxaguar [ẽʃa'gwa(x)] *vt* to rinse.
enxame [ẽ'ʃami] *m* swarm.
enxaqueca [ẽʃa'keka] *f* migraine.
enxergar [ẽʃex'ga(x)] *vt* to see; *(avistar)* to make out; **não ~ um palmo adiante do nariz** to be as blind as a bat.
❑ **enxergar-se** *vp*: **não se ~** not to know one's place.
enxerto [ẽ'ʃextu] *m (de planta)* cutting; MED *(de pele)* graft.
enxofre [ẽ'ʃofri] *m* sulfur.
enxotar [ẽʃo'ta(x)] *vt* to chase away.

enxugar [ẽʃuˈga(x)] *vt & vi* to dry.
enxurrada [ẽʃuˈxada] *f* torrent.
enxuto, ta [ẽˈʃutu, ta] *adj* dry.
enzima [ẽˈzima] *f* enzyme.
epidemia [epideˈmia] *f* epidemic.
epilepsia [epilɛpˈsia] *f* epilepsy.
epílogo [eˈpilugu] *m* epilogue.
episódio [epiˈzɔdju] *m* episode.
época [ˈɛpoka] *f (período)* era, period; *(estação)* season; ~ **alta/baixa** *(de turismo)* high/low season.
equação [ekwaˈsãw] (*pl* **-ões** [-õjʃ]) *f* equation.
equador [ekwaˈdo(x)] *m*: **o** ~ the equator.
equilibrar [ekiliˈbra(x)] *vt* to balance.
❑ **equilibrar-se** *vp* to balance.
equilíbrio [ekiˈlibriu] *m* balance.
equipamento [ekipaˈmẽntu] *m (esportivo)* kit; *(de empresa, fábrica)* equipment; ~ **de som** sound system.
equipar [ekiˈpa(x)] *vt* to equip.
❑ **equipar-se** *vp* to equip o.s.
equiparar [ekipaˈra(x)] *vt* to compare.
❑ **equiparar-se** *vp* to be equal; ~**-se a** to equal.
equipe [eˈkipi] *f* team.
equitação [ekitaˈsãw] *f* (horse) riding.
equivalente [ekivaˈlẽntʃi] *adj & m* equivalent.
equivocar-se [ekivoˈkaxsi] *vp* to make a mistake.
equívoco [eˈkivoku] *m* mistake.
era[1] [ˈɛra] → **ser**.
era[2] [ˈɛra] *f* era.
ereto, ta [eˈrɛtu, ta] *adj (em pé)* upright; *(direito)* erect.
erguer [exˈge(x)] *vt (levantar)* to lift up; *(eregir)* to put up.
❑ **erguer-se** *vp* to get up.
eriçado, da [eriˈsadu, da] *adj (cabelo, pêlo)* on end.
erigir [eriˈʒi(x)] *vt (monumento)* to erect; *(fundação)* to set up.
erosão [eroˈzãw] *f* erosion.
erótico, ca [iˈrɔtiku, ka] *adj* erotic.
erotismo [eroˈtiʒmu] *m* eroticism.
erradicar [exadʒiˈka(x)] *vt* to eradicate.
errado, da [eˈxadu, da] *adj* wrong.
errar [eˈxa(x)] *vt* to get wrong. ◆ *vi (enganar-se)* to make a mistake.
erro [ˈexu] *m* mistake.
errôneo, nea [eˈxonju, nja] *adj* wrong.
erudito, ta [eruˈdʒitu, ta] *adj* erudite.
erupção [erupˈsãw] (*pl* **-ões** [-õjʃ]) *f (em pele)* rash; *(vulcânica)* eruption.
erva [ˈɛxva] *f* grass; ~ **daninha** weed.
erva-doce [ˌɛxvaˈdosi] *f* fennel.
ervilha [exˈviʎa] *f* pea.

és → ser.
esbaforido, da [iʒbafu'ridu, da] *adj* breathless.
esbanjar [iʒbã'ʒa(x)] *vt (dinheiro)* to squander.
esbarrar [iʒba'xa(x)] *vi*: ~ **com** ou **contra** to bump into; ~ **em algo** *(chocar com)* to bump into sthg; *(deparar com)* to come up against sthg.
esbelto, ta [iʒ'bɛwtu, ta] *adj* slim.
esboço [iʒ'bosu] *m* sketch.
esburacar [iʒbura'ka(x)] *vt* to make holes in.
▫ **esburacar-se** *vp* to fall apart.
escada [iʃ'kada] *f (de casa, edifício)* stairs *pl*; *(portátil)* ladder; ~ **em espiral** spiral staircase; ~ **rolante** escalator.
escala [iʃ'kala] *f* scale; *(de avião, navio)* layover *Am*, stopover *Brit*; **fazer** ~ *(avião)* to have a layover; **em grande** ~ on a grand scale.
escalada [iʃka'lada] *f (de conflito)* escalation.
escalão [iʃka'lãw] (*pl* **-ões** [-õjʃ]) *m* grade.
escalar [iʃka'la(x)] *vt (montanha)* to climb.
escaldar [iʃkaw'da(x)] *vt (alimento)* to blanch. ◆ *vi (estar muito quente)* to be scalding hot.
▫ **escaldar-se** *vp (queimar-se)* to scald o.s.
escalões → escalão.
escama [iʃ'kama] *f (de peixe)* scale.
escamar [iʃka'ma(x)] *vt (peixe)* to scale.
escandalizar [iʃkãndali'za(x)] *vt* to scandalize.
▫ **escandalizar-se** *vp* to be scandalized.
escândalo [iʃ'kãndalu] *m* scandal; **fazer um** ~ to cause a scene.
escangalhar [iʃkãŋga'ʎa(x)] *vt* to ruin.
▫ **escangalhar-se** *vp* to fall apart.
escanteio [iʃkãn'teju] *m (em futebol)* corner.
escapar [iʃka'pa(x)] *vi* to escape; ~ **de** to escape from.
▫ **escapar-se** *vp (vazar)* to leak.
escaravelho [iʃkara'veʎu] *m* beetle.
escarlate [eʃkar'latʃi] *adj* scarlet.
escárnio [iʃ'karnju] *m* mockery.
escarpado, da [iʃkar'padu, da] *adj* steep.
escarrar [iʃka'xa(x)] *vi* to hawk.
escassez [iʃka'seʒ] *f* scarcity.
escasso, a [iʃ'kasu, a] *adj* scarce.
escavação [iʃkava'sãw] (*pl* **-ões** [-õjʃ]) *f* dig, excavation.
escavar [iʃka'va(x)] *vt* to excavate.
esclarecer [iʃklare'se(x)] *vt* to clarify.
esclarecimento [iʃklaresi'mẽntu] *m (informação)* information; *(explicação)* explanation.
escoar [iʃkw'a(x)] *vt* to drain.
▫ **escoar-se** *vp* to drain away.

Escócia [iʃ'kɔsja] *f*: **a ~** Scotland.
escola [iʃ'kɔla] *f* school; **~ particular** private school; **~ primária/secundária** elementary/high school; **~ pública** public school.
escolar [iʃko'la(x)] (*pl* **-res** [-riʃ]) *adj* *(livro, equipamento)* school *(antes de s)*.
escolha [iʃ'koʎa] *f* choice; **você tem vários livros à ~** you have several books to choose from.
escolher [iʃko'ʎe(x)] *vt & vi* to choose.
escombros [iʃ'kõmbruʃ] *mpl* ruins.
esconder [iʃkõn'de(x)] *vt* to hide.
❑ **esconder-se** *vp* to hide.
esconderijo [iʃkõnde'riʒu] *m* hideaway, hiding place.
escondidas [iʃkõn'dʒidaʃ]: **às escondidas** *adv* in secret.
escondido, da [iʃkõn'dʒidu, da] *adj* hidden.
escorar [iʃkɔ'ra(x)] *vt* *(edifício, muro)* to shore up; *(árvore)* to prop up.
escorpião [iʃkox'pjãw] (*pl* **-ões** [-õjʃ]) *m* scorpion.
❑ **Escorpião** *m* Scorpio.
escorrega [iʃko'xɛga] *m* slide.
escorregadio, dia [iʃkoxega'dʒiu, dʒia] *adj* slippery.
escorregar [iʃkoxe'ga(x)] *vi* *(involuntariamente)* to slip; *(deslizar)* to slide.
escorrer [iʃko'xe(x)] *vt* to drain. ◆ *vi* *(pingar)* to drip.
escoteiro, ra [iʃkõ'tejru, ra] *m, f* *(depois dos 11 anos)* Boy Scout; *(entre os 7 e 11 anos)* Cub Scout.
escova [iʃ'kova] *f* brush; **~ de dentes** toothbrush; **~ de unhas** nailbrush.
escovar [iʃko'va(x)] *vt* *(cabelo, dentes, roupa)* to brush; *(cão, gato)* to groom.
escravidão [iʃkravi'dãw] *f* slavery.
escravo, va [iʃ'kravu, va] *m, f* slave.
escrever [iʃkre've(x)] *vt & vi* to write.
❑ **escrever-se** *vp* to write to one another; **como é que se escreve ...?** how do you spell ...?
escrita [iʃ'krita] *f* *(caligrafia)* handwriting.
escrito, ta [iʃ'kritu, ta] *pp* → **escrever.** ◆ *adj* written; **por ~** in writing.
escritor, ra [iʃkri'to(x), ra] (*mpl* **-res** [-riʃ], *fpl* **-s** [-ʃ]) *m, f* writer.
escritório [iʃkri'tɔrju] *m* *(de casa)* study; *(de advogado, empresa)* office.
escrivaninha [iʃkriva'niɲa] *f* writing desk.
escrúpulo [iʃ'krupulu] *m* scruple; **não ter ~s** to have no scruples.
escudo [iʃ'kudu] *m* *(arma)* shield; *(unidade monetária)* escudo.
esculpir [iʃkuw'pi(x)] *vt* to sculpt.
escultor, ra [iʃkuw'to(x), ra] (*mpl* **-res** [-riʃ], *fpl* **-s** [-ʃ]) *m, f* sculptor.

escultura [iʃkuw'tura] *f* sculpture.

escuras [iʃ'kuraʃ]: **às escuras** *adv* in the dark; **ficou tudo às ~** everything went dark.

escurecer [iʃkure'se(x)] *vi (céu, noite)* to get dark. ◆ *vt (tinta, água)* to darken.

escuridão [iʃkuri'dãw] *f* darkness.

escuro, ra [iʃ'kuru, ra] *adj* dark. ◆ *m* darkness.

escutar [iʃku'ta(x)] *vt* to listen to. ◆ *vi* to listen.

esfaquear [iʃfa'kja(x)] *vt* to stab.

esfarrapado, da [iʃfaxa'padu, da] *adj* tattered.

esfera [iʃ'fɛra] *f* sphere.

esférico, ca [iʃ'fɛriku, ka] *adj* spherical.

esferográfica [iʃfero'grafika] *f* ballpoint pen.

esfoladela [iʃfola'dɛla] *f* graze.

esfolar [iʃfo'la(x)] *vt* to skin.

esfomeado, da [iʃfɔ'madu, da] *adj* starving.

esforçado, da [iʃfox'sadu, da] *adj* hard-working.

esforçar-se [iʃfox'saxsi] *vp* to work hard.

esfregar [iʃfre'ga(x)] *vt (friccionar)* to rub; *(roupa)* to scrub; *(louça)* to scour.

esfriar [iʃfri'a(x)] *vi* to cool (down); *(tempo)* to get cold.

esganar [iʒga'na(x)] *vt* to strangle.

esganiçado, da [iʒgani'sadu, da] *adj* shrill.

esgotado, da [iʒgo'tadu, da] *adj (produto)* sold out; *(cansado)* exhausted.

esgotamento [iʒgota'mẽntu] *m* exhaustion; *(mental, nervoso)* breakdown.

esgotar [iʒgo'ta(x)] *vt* to use up. ❑ **esgotar-se** *vp (produto)* to sell out; *(extenuar-se)* to exhaust o.s.

esgoto [iʒ'gotu] *m (de casa)* drain; *(de rua, cidade)* sewer.

esgrima [iʒ'grima] *f* fencing; **praticar ~** to fence.

esgueirar-se [iʒgej'raxsi] *vp* to sneak off.

esguicho [iʒ'giʃu] *m (jato de água)* squirt; *(repuxo)* sprinkler; *(de mangueira)* nozzle.

esguio, guia [iʒ'giu, gia] *adj* slender.

esmagador, ra [iʒmaga'do(x), ra] (*mpl* **-res** [-riʃ], *fpl* **-s** [-ʃ]) *adj (vitória, maioria)* overwhelming; *(peso)* crushing.

esmagar [iʒma'ga(x)] *vt* to crush.

esmalte [iʒ'mawtʃi] *m* enamel; *(de unhas)* nail polish.

esmeralda [iʒme'rawda] *f* emerald.

esmigalhar [iʒmiga'ʎa(x)] *vt (pão, broa, bolo)* to crumble. ❑ **esmigalhar-se** *vp (pão, broa, bolo)* to crumble.

esmola [iʒ'mɔla] *f*: **pedir ~** to beg; **dar ~** to give money *(to beggars)*.

esmurrar [iʒmu'xa(x)] *vt (dar murros em)* to punch.

espaçar [iʃpa'sa(x)] *vt* to space out.

espacial [iʃpaˈsjaw] (*pl* **-ais** [-ajʃ]) *adj* space *(antes de s)*.

espaço [iʃˈpasu] *m* space; *(de tempo)* period of time; **o ~** (outer) space; **há ~ para muitas pessoas** there's room for a lot of people; **~ cibernético** cyberspace; **~ cultural** arts center.

espaçoso, osa [iʃpaˈsozu, ɔza] *adj* spacious.

espada [iʃˈpada] *f* sword.
❑ **espadas** *fpl (naipe de cartas)* spades.

espaguete [iʃpaˈgɛtʃi] *m* spaghetti.

espairecer [iʃpajreˈse(x)] *vi* to relax.

espalhar [iʃpaˈʎa(x)] *vt (dispersar)* to scatter; *(notícia, boato)* to spread.
❑ **espalhar-se** *vp (dispersar-se)* to scatter; *(estatelar-se)* to fall down; *(notícia, boato)* to spread.

espancar [iʃpãŋˈka(x)] *vt* to beat (up).

Espanha [iʃˈpaɲa] *f*: **a ~** Spain.

espantar [iʃpãnˈta(x)] *vt* to astonish, to astound; *(afugentar)* to scare off; **tome um café para ~ o sono** have a coffee to keep you awake.
❑ **espantar-se** *vp (admirar-se)* to be astonished; *(fugir)* to run off.

espanto [iʃˈpãntu] *m (admiração)* astonishment; *(medo)* fright.

esparadrapo [iʃparaˈdrapu] *m* Band-Aid® *Am*, (sticking) plaster *Brit*.

espasmo [iʃˈpaʒmu] *m* spasm.

espátula [iʃˈpatula] *f* spatula.

especial [iʃpeˈsjaw] (*pl* **-ais** [-ajʃ]) *adj* special; **em ~** especially; **~ para** especially for.

especialidade [iʃpesjaliˈdadʒi] *f* speciality.

especialista [iʃpesjaˈliʃta] *m, f (perito)* expert; *(médico especializado)* specialist. ◆ *adj* specialist.

espécie [iʃˈpɛsji] *f (tipo)* kind, sort; *(de seres vivos)* species *sg*; **a ~ humana** the human race; **uma ~ de** a kind OU sort of; **~ em via de extinção** endangered species.

especificar [iʃpesifiˈka(x)] *vt* to specify.

espécime [iʃˈpɛsimi] *m* specimen.

espectador, ra [iʃpɛktaˈdo(x), ra] (*mpl* **-res** [-riʃ], *fpl* **-ras** [-ʃ]) *m, f (de programa televisivo)* viewer; *(de evente esportivo)* spectator; *(de espetáculo de circo, teatro, etc)* member of the audience.

especulação [iʃpɛkulaˈsau] *f* speculation; **~ imobiliária** property speculation.

especular [iʃpɛkuˈla(x)] *vi* to speculate; **~ sobre algo** to speculate on OU about sthg.

espelho [iʃˈpeʎu] *m* mirror; **~ retrovisor** rearview mirror.

espera [iʃˈpɛra] *f* wait; **estar à ~ de** to be waiting for.

esperança [iʃpeˈrãsa] *f* hope.

esperar [iʃpeˈra(x)] *vt (aguardar)* to wait for; *(ter esperança em)* to expect. ◆ *vi (aguardar)* to wait; **~ que** to hope (that); **fazer alguém ~** to keep sb waiting; **ir ~ alguém** to meet sb;

como era de se ~ as was to be expected.
esperma [iʃ'pɛxma] *m* sperm.
espertalhão, lhona [iʃpexta'ʎãw, ʎona] (*mpl* **-ões** [-õjʃ], *fpl* **-s** [-ʃ]) *m, f* smart aleck.
esperteza [iʃpex'teza] *f* cunning.
esperto, ta [iʃ'pɛxtu, ta] *adj* *(astuto)* cunning; *(ativo)* lively.
espesso, a [iʃ'pesu, a] *adj* thick.
espessura [iʃpe'sura] *f* thickness.
espetacular [iʃpɛtaku'la(x)] (*pl* **-res** [-riʃ]) *adj* spectacular.
espetáculo [iʃpe'takulu] *m* *(de circo, teatro)* show.
espeto [iʃ'petu] *m* *(de ferro)* spit; *(de pau)* stake.
espezinhar [iʃpezi'ɲa(x)] *vt* to trample on.
espião, pia [iʃ'pjãw, pia] (*mpl* **-ões** [-õjʃ], *fpl* **-s** [-ʃ]) *m, f* spy.
espiga [iʃ'piga] *f* ear.
espinafre [iʃpi'nafri] *m* spinach.
espingarda [iʃpĩŋ'garda] *f* shotgun.
espinha [iʃ'piɲa] *f* *(de peixe)* bone; *(em pele)* spot; **~ (dorsal)** backbone, spine.
espinho [iʃ'piɲu] *m* *(de rosa, arbusto)* thorn; *(de porco-espinho)* quill.
espiões → **espião.**
espiral [iʃpi'raw] (*pl* **-ais** [-ajʃ]) *f* spiral; **em ~** spiral.
espírito [iʃ'piritu] *m* spirit.
espiritual [iʃpiri'twaw] (*pl* **-ais** [-ajʃ]) *adj* spiritual.
espirituoso, osa [iʃpiri'twozu, ɔza] *adj* witty.
espirrar [iʃpi'xa(x)] *vi* *(dar espirros)* to sneeze; *(esguichar)* to spit.
esplanada [iʃpla'nada] *f* esplanade.
esplêndido, da [iʃ'plẽndidu, da] *adj* splendid.
esplendor [iʃplẽn'do(x)] *m* *(luxo)* splendor; *(brilho)* brilliance.
esponja [iʃ'põʒa] *f* sponge; **passar uma ~ sobre o assunto** *fig* *(esquecer)* to wipe the slate clean.
espontaneidade [iʃpõntanei'dadʒi] *f* spontaneity.
espontâneo, nea [iʃpõn'tanju, nja] *adj* spontaneous.
espora [iʃ'pɔra] *f* spur.
esporte [iʃ'pɔxtʃi] *m* sports.
esportista [iʃpox'tʃiʃta] *mf* sportsman.
esportivo, va [iʃpox'tʃivu, va] *adj* sports *(antes de s).*
esposo, sa [iʃ'pozu, za] *m, f* husband.
espreguiçar-se [iʃpregi'saxsi] *vp* to stretch.
espreita [iʃ'prejta]: **à espreita** *adv* on the lookout.
espreitar [iʃprej'ta(x)] *vt* to peep at.
espremedor [iʃpreme'do(x)] (*pl* **-res** [-riʃ]) *m* (juice) squeezer.
espremer [iʃpre'me(x)] *vt* to squeeze.
espuma [iʃ'puma] *f* *(de mar)* surf; *(de sabão)* lather; *(de banho)* foam.

espumante [iʃpu'mãntʃi] *adj* sparkling. ◆ *m* sparkling wine.
esquadra [eʃ'kwadra] *f* fleet.
esquadro [iʃ'kwadru] *m* set square.
esquecer [iʃke'se(x)] *vt* to forget.
❑ **esquecer-se** *vp* to forget; **~-se de algo/de fazer algo** to forget sthg/to do sthg.
esquecido, da [iʃke'sidu, da] *adj* absent-minded, forgetful. ◆ *m, f* absent-minded person.
esquecimento [iʃkesi'mẽntu] *m* forgetfulness.
esqueleto [iʃke'letu] *m* skeleton.
esquema [iʃ'kema] *m (diagrama)* diagram; *(sistema)* scheme.
esquentar [iʃkẽn'ta(x)] *vt* to heat up.
esquerda [iʃ'kexda] *f*: **a ~** *(mão)* one's left hand; *(lado)* the left-hand side; *(em política)* the Left; **'só ultrapasse pela ~'** 'overtake on the left only'; **à ~ (de)** on the left (of); **virar à ~** to turn left; **ser de ~** *POL* to be left-wing.
esquerdo, da [iʃ'kexdu, da] *adj (mão, perna, lado)* left; *(canhoto)* left-handed.
esqui [iʃ'ki] *m (equipamento)* ski; *(esporte)* skiing; **~ aquático** water-skiing.
esquiar [iʃki'a(x)] *vi* to ski.
esquilo [iʃ'kilu] *m* squirrel.
esquina [iʃ'kina] *f* corner.
esquisito, ta [iʃki'zitu, ta] *adj (estranho)* strange, weird.
esquivar-se [iʃki'vaxsi] *vp* to escape; **~ de fazer algo** to get out of doing sthg.
esse, essa ['esi, 'ɛsa] *adj* that, those *pl*. ◆ *pron* that (one), those (ones) *pl*; **essa é boa!** you've got to be kidding!; **é por ~s e outras que ele sempre acaba demitido** it's for these and other reasons he always gets sacked; **só faltava mais essa!** that's the final straw!; **vamos nessa!** let's go!
essência [e'sẽsja] *f* essence.
essencial [esẽ'sjaw] (*pl* **-ais** [-ajʃ]) *adj* essential. ◆ *m*: **o ~** *(o indispensável)* the bare essentials *pl*; *(o importante)* the important thing.
esta ['ɛʃta] → **este²**.
está [iʃ'ta] → **estar**.
estabelecer [iʃtable'se(x)] *vt* to establish.
❑ **estabelecer-se** *vp* to establish o.s.
estabelecimento [iʃtabelesi'mẽntu] *m (casa comercial)* business; *(instituição)* establishment; **~ de ensino** school.
estabilidade [iʃtabili'dadʒi] *f* stability.
estábulo [iʃ'tabulu] *m* stable.
estação [iʃta'sãw] (*pl* **-ões** [-õjʃ]) *f (de trem, ônibus)* station; *(do ano, turismo, vendas)* season; **~ de águas** spa; **~ de rádio** radio station.
estacionamento [iʃtasjona'mẽntu] *m (ato)* parking; *(lugar)* parking space; **'~ privativo'** 'private parking'; **'~ proibido'** 'no parking'.

estacionar [iʃtasjo'na(x)] *vt & vi* to park.

estações → **estação.**

estada [iʃ'tada] *f* stay.

estadia [iʃta'dʒia] *f* = **estada.**

estádio [iʃ'tadʒju] *m* stadium.

estadista [iʃta'dʒiʃta] *mf* statesman.

estado [iʃ'tadu] *m* state; **em bom/mau ~** *(objeto)* in good/bad condition; **~ civil** marital status; **~ físico** level of fitness. ❑ **Estado** *m*: **o Estado** the State; **os Estados Unidos** the United States.

estalar [iʃta'la(x)] *vi (porcelana, vidro, osso)* to crack; *(lenha)* to crackle. ◆ *vt*: **~ a língua** to click one's tongue; **~ os dedos** to snap one's fingers.

estampado, da [iʃtãm'padu, da] *adj* printed.

estancar [iʃtãŋ'ka(x)] *vt (líquido)* to stop; *(sangue)* to staunch. ◆ *vi (sangue)* to stop.

estância [iʃ'tãsja] *f (quinta)* ranch; **~ hidromineral** spa.

estanho [iʃ'taɲu] *m* tin.

estante [iʃ'tãntʃi] *f* bookcase.

estão [iʃ'tãw] → **estar.**

estar [iʃ'ta(x)] *vi* **-1.** *(com lugar)* to be; *(em casa)* to be at home, to be in; **estarei no emprego às dez** I'll be at work at ten.
-2. *(exprime estado)* to be; **está quebrado** it's out of order; **~ bem/mal de saúde** to be well/unwell; **está muito calor/frio** it's very hot/cold.
-3. *(manter-se)* to be; **estive esperando** I was waiting; **estive fora três anos** I lived abroad for three years; **deixe ~ ...** let it be ...
-4. *(em locuções)*: **está bem** ou **certo!** OK!, all right!
❑ **estar a** *v + prep (relativo a preço)* to cost, to be; **o camarão está a 25 reais o quilo** shrimp cost ou are 25 reals a kilo.
❑ **estar de** *v + prep*: **~ de baixa/férias** to be on sick leave/vacation; **~ de saia** to be wearing a skirt.
❑ **estar para** *v + prep*: **~ para fazer algo** to be about to do sthg; **estou para sair** I'm about to go out, I'm on my way out; **ele está para chegar** he'll be here any minute now; **não estou para brincadeiras** I'm not in the mood for silly games.
❑ **estar perante** *v + prep (frente a)* to be facing; **você está perante um gênio** you're in the presence of a genius.
❑ **estar por** *v + prep (apoiar)* to support; *(por realizar)*: **a cama está por fazer** the bed hasn't been made yet; **a limpeza está por fazer** the cleaning hasn't been done yet.
❑ **estar sem** *v + prep*: **estou sem tempo** I don't have time; **estou sem dinheiro** I don't have any cash; **ele está sem comer há dois dias** he hasn't eaten for two days.

estardalhaço [iʃtaxda'ʎasu] *m* racket.

estarrecer [iʃtaxe'se(x)] *vt* to terrify.

estatal [iʃta'taw] (*pl* **-ais** [-ajʃ]) *adj* state *(antes de s)*.
estático, ca [iʃ'tatʃiku, ka] *adj* static.
estátua [iʃ'tatwa] *f* statue.
estatura [iʃta'tura] *f* stature.
estatuto [iʃta'tutu] *m (regulamento)* statute; *(de pessoa)* status.
este[1] ['ɛʃtʃi] *m* east; **a** ou **no** ~ in the east; **a** ~ **de** east of.
este[2], esta ['eʃtʃi, 'ɛʃta] *adj* this, these *pl.* ◆ *pron* this (one), these (ones) *pl*; **não o vi esta semana** I haven't seen him this week.
esteira [iʃ'tejra] *f (de chão)* mat; *(de praia)* beach mat.
estender [iʃtẽn'de(x)] *vt (braços, pernas)* to stretch (out); *(jornal)* to spread out; *(roupa no varal)* to hang out; *(prazo, estadia)* to extend.
❑ **estender-se** *vp (no espaço)* to stretch out; *(no tempo)* to go on.
estepe [iʃ'tɛpi] *f* spare tire.
estéreis → **estéril**.
estereofônico, ca [iʃterjo'foniku, ka] *adj* stereo(phonic).
estéril [iʃ'tɛriw] (*pl* **-reis** [-rejʃ]) *adj* infertile.
esterilizar [iʃterili'za(x)] *vt* to sterilize.
estética [iʃ'tɛtʃika] *f* aesthetics *sg*.
estetoscópio [iʃtɛtoʃ'kɔpju] *m* stethoscope.
esteve [iʃ'tevi] → **estar**.
estibordo [iʃtʃi'bɔxdu] *m* starboard.
esticar [iʃtʃi'ka(x)] *vt* to stretch.
❑ **esticar-se** *vp* to stretch out.
estilo [iʃ'tʃilu] *m* style.
estima [iʃ'tʃima] *f* esteem.
estimar [iʃtʃi'ma(x)] *vt* to cherish.
estimativa [iʃʃtima'tʃiva] *f* estimate.
estimulante [iʃtʃimu'lãntʃi] *adj* stimulating. ◆ *m* stimulant.
estimular [iʃtʃimu'la(x)] *vt* to stimulate.
estipular [eʃtipu'la(x)] *vt* to stipulate.
estive [iʃ'tivi] → **estar**.
estojo [iʃ'toʒu] *m* set; ~ **(de lápis)** pencil case; ~ **de primeiros-socorros** first-aid kit.
estômago [iʃ'tomagu] *m* stomach.
estou [iʃ'to] → **estar**.
estourar [iʃto'ra(x)] *vt (balão, bola)* to burst. ◆ *vi (balão, bola)* to burst; *(pneu)* to blow out; *(bomba, explosivo)* to explode.
estouro [iʃ'toru] *m (de balão, bola, pneu)* bursting; *(ruído)* bang; **dar um** ~ *(zangar-se)* to blow a fuse.
estrábico, ca [iʃ'trabiku, ka] *adj* cross-eyed. ◆ *m, f* cross-eyed person.
estrada [iʃ'trada] *f* road, street; ~ **de pista dupla** divided highway *Am*, dual carriageway *Brit*; ~ **de ferro** railroad *Am*, railway *Brit*; ~ **secundária** ou **vicinal** minor road.
estragado, da [iʃtra'gadu, da] *adj (leite, comida)* off; *(pão)* stale;

(aparelho, máquina) out of order.
estragar [iʃtra'ga(x)] *vt (aparelho, máquina)* to break; *(desperdiçar)* to waste.
❑ **estragar-se** *vp (comida, leite)* to go off.
estrangeiro, ra [iʃtrã'ʒejru, ra] *adj (cidade, país, língua)* foreign. ◆ *m, f (pessoa)* foreigner. ◆ *m*: **o** ~ foreign countries *pl*; **ir para o** ~ to go abroad; **viver no** ~ to live abroad.
estranhar [iʃtra'ɲa(x)] *vt* to find strange.
estranho, nha [iʃ'traɲu, ɲa] *adj* strange. ◆ *m, f* stranger.
estratégia [iʃtra'tɛʒja] *f* strategy.
estrear [iʃtre'a(x)] *vt (roupa, sapatos)* to wear for the first time. ◆ *vi (peça teatral)* to open; *(filme)* to première.
estréia [iʃ'trɛja] *f (de ator)* debut; *(de peça teatral)* opening night; *(de filme)* première.
estreitar [iʃtrej'ta(x)] *vt (roupa)* to take in. ◆ *vi (estrada, caminho)* to narrow.
estreito, ta [iʃ'trejtu, ta] *adj* narrow; *(roupa)* tight. ◆ *m (canal)* strait.
estrela [iʃ'trela] *f* star; ~ **cadente** shooting star; **ver** ~**s** *fig (ter dor violenta)* to see stars.
estremecer [iʃtreme'se(x)] *vt* to shake. ◆ *vi (tremer)* to shake; *(assustar-se)* to be shaken.
estribo [iʃ'tribu] *m* stirrup.
estridente [iʃtri'dẽntʃi] *adj* strident.
estrondo [iʃ'trõndu] *m (som)* bang; *fig (pompa)* ostentation.
estropiar [iʃtro'pja(x)] *vt* to maim.
estrume [iʃ'trumi] *m* manure.
estrutura [iʃtru'tura] *f* structure.
estuário [iʃ'twarju] *m* estuary.
estudante [iʃtu'dãntʃi] *mf* student.
estudar [iʃtu'da(x)] *vt & vi* to study.
estúdio [iʃ'tudʒju] *m* studio; *(apartamento)* studio apartment.
estudioso, osa [iʃtu'dʒjozu, ɔza] *adj* studious.
estudo [iʃ'tudu] *m* study; **em** ~ under consideration.
estupefação [eʃtupefa'sãw] *f* astonishment.
estupefato, ta [iʃtupe'fatu, ta] *adj* astounded.
estupendo, da [iʃtu'pẽndu, da] *adj (extraordinário)* remarkable; *(ótimo)* great.
estupidez [iʃtupi'deʃ] *f* stupidity.
estúpido, da [iʃ'tupidu, da] *m, f* idiot.
estupro [iʃ'tupru] *m* rape.
estuque [iʃ'tuki] *m* plaster.
esvaziar [iʒva'zja(x)] *vt* to empty.
esvoaçar [iʒvwa'sa(x)] *vi (ave)* to flutter.
etapa [i'tapa] *f* stage; **fazer algo por** ~**s** to do sthg by ou in stages; **queimar** ~**s** to skip tasks.
eternidade [etexni'dadʒi] *f* eternity; **demorar/esperar**

uma ~ to take/wait ages.

eterno, na [e'texnu, na] *adj* eternal.

ética ['ɛtʃika] *f* ethics *pl*.

ético, ca ['ɛtʃiku, ka] *adj* ethical.

etiqueta [etʃi'keta] *f (rótulo)* label, tag; *(social)* etiquette.

étnico, ca ['ɛtniku, ka] *adj* ethnic.

eu ['ew] *pron (sujeito)* I; **e ~?** what about me?; **sou ~** it's me; **~ mesmo** ou **próprio** (I) myself.

eucalipto [ewka'liptu] *m* eucalyptus.

eufemismo [ewfe'miʒmu] *m* euphemism.

euforia [ewfo'ria] *f* euphoria.

Europa [ew'rɔpa] *f*: **a ~** Europe.

europeu, péia [ewru'pew, pɛja] *adj & m, f* European.

evacuação [evakwa'sãw] (*pl* **-ões** [-õjʃ]) *f* evacuation.

evacuar [eva'kwa(x)] *vt* to evacuate.

evadir-se [eva'dixsi] *vp* to escape.

Evangelho [evã'ʒɛʎu] *m*: **o ~** the Gospel.

evaporar [evapo'ra(x)] *vt* to evaporate.

❑ **evaporar-se** *vp (líquido)* to evaporate; *fig (desaparecer)* to vanish.

evasão [eva'zãw] (*pl* **-ões** [-õjʃ]) *f (de prisão, rotina)* escape; *(evasiva)* evasion.

evasivo, va [eva'zivu, va] *adj* evasive.

evasões → **evasão**.

evento [e'vẽntu] *m* event.

eventual [evẽn'twaw] (*pl* **-ais** [-ajʃ]) *adj (possível)* possible.

evidência [evi'dẽsja] *f* evidence.

evidenciar [evidẽ'sja(x)] *vt* to show.

❑ **evidenciar-se** *vp* to draw attention to o.s.

evidente [evi'dẽntʃi] *adj* evident, obvious; **como é ~** obviously.

evitar [evi'ta(x)] *vt* to avoid; **~ que algo aconteça** to avoid sthg happening.

evocar [evo'ka(x)] *vt* to evoke.

evolução [evolu'sãw] *f* evolution.

evoluir [evo'lwi(x)] *vi* to evolve.

exagerar [ezaʒe'ra(x)] *vt* to exaggerate.

exagero [eza'ʒeru] *m* exaggeration, overstatement; **é um ~!** it's too much!; **sem ~** seriously.

exaltado, da [ezaw'tadu, da] *adj* exasperated.

exaltar [ezaw'ta(x)] *vt (elogiar)* to exalt; *(irritar)* to exasperate.

❑ **exaltar-se** *vp (irritar-se)* to lose one's temper.

exame [e'zami] *m (escolar, universitário)* exam; *(médico)* examination; **~ de sangue** blood test; **~ médico** medical examination; **~ vestibular** university entrance examination; **~ de direção** driving test.

examinar [ezami'na(x)] *vt* to examine.

exatamente [e,zata'mẽntʃi] *adv* exactly. ◆ *interj* exactly!

exatidão [ezatʃi'dãw] *f (precisão)* precision; *(rigor)* accuracy; **com ~** exactly.
exato, ta [e'zatu, ta] *adj (preciso)* precise; *(rigoroso)* accurate; *(correto)* correct.
exausto, ta [e'zawʃtu, ta] *adj* exhausted.
exaustor [ezawʃ'to(x)] (*pl* **-res** [-riʃ]) *m* extractor fan.
exceção [e(ʃ)se'sãw] (*pl* **-ões** [-õjʃ]) *f* exception; **à** ou **com a ~ de** except for; **sem ~** without exception.
excedente [ese'dẽntʃi] *m* surplus.
exceder [ese'de(x)] *vt* to exceed.
❑ **exceder-se** *vp (exagerar)* to go too far; *(enfurecer-se)* to lose one's temper; **~-se em** to overdo.
excelente [ese'lẽntʃi] *adj* excellent.
excêntrico, ca [e'sẽntriku, ka] *adj* eccentric.
excepcional [esepsju'naw] (*pl* **-ais** [-ajʃ]) *adj* exceptional.
excerto [e'sextu] *m* excerpt.
excessivo, va [ese'sivu, va] *adj* excessive.
excesso [e'sɛsu] *m* excess; **em ~** too much; **~ de peso** *(relativo a bagagem)* excess baggage; *(relativo a pessoa)* excess weight; **~ de velocidade** speeding.
exceto [e'sɛtu] *prep* except, apart from.
excitação [esita'sãw] *f (entusiasmo)* excitement; *(irritação)* agitation.
excitado, da [esi'tadu, da] *adj (entusiasmado)* excited; *(irritado)* agitated.
excitante [esi'tãntʃi] *adj* exciting.
exclamação [iʃklama'sãw] (*pl* **-ões** [-õjʃ]) *f* exclamation.
exclamar [iʃkla'ma(x)] *vi* to exclaim.
excluir [iʃklu'i(x)] *vt* to exclude.
exclusivo, va [iʃklu'zivu, va] *adj & m* exclusive.
excursão [iʃkux'sãw] (*pl* **-ões** [-õjʃ]) *f (de ônibus)* field trip.
execução [ezeku'sãw] *f (de objeto)* production; *(de trabalho, plano, projeto)* execution; **pôr algo em ~** to put sthg into practice.
executar [ezeku'ta(x)] *vt (música, cena teatral)* to perform; *(desenho, pintura)* to produce; *(ordem, plano, trabalho)* to carry out; *(matar)* to execute.
executivo, va [ezeku'tivu, va] *m, f* executive.
exemplar [ezẽm'pla(x)] (*pl* **-res** [-riʃ]) *adj* exemplary. ◆ *m (de espécie, raça)* specimen; *(de livro, revista)* copy.
exemplo [e'zẽmplu] *m* example; **por ~** for example; **a título de ~** as an example; **bom/mau ~** good/bad example; **dar o ~** to set an example; **ser um ~** to be an example.
exercer [ezex'se(x)] *vt (profissão)* to practice; *(função)* to fulfill; *(influência)* to exercise. ◆ *vi* to practice; **ela exerceu o cargo de presidente vários anos** she was the president for several years.

exercício [ezex'sisju] *m* exercise; *(de profissão, atividade)* practice.
exercitar [ezexsi'ta(x)] *vt* to exercise.
❑ **exercitar-se** *vp* to exercise.
exército [e'zɛxsitu] *m* army.
exibição [ezebi'sãw] (*pl* **-ões** [-õjʃ]) *f* show; *(de peça teatral, filme)* showing.
exibir [ezi'bi(x)] *vt* to show; *(quadro, escultura)* to exhibit.
❑ **exibir-se** *vp* to show off.
exigência [ezi'ʒẽsja] *f* demand.
exigir [ezi'ʒi(x)] *vt* to demand.
existência [eziʃ'tẽsja] *f* existence.
existir [eziʃ'ti(x)] *vi* to exist.
êxito ['ezitu] *m* success; **ter ~** to be successful.
exótico, ca [e'zɔtʃiku, ka] *adj* exotic.
expansão [iʃpã'sãw] (*pl* **-ões** [-õjʃ]) *f* *(progresso)* expansion; *(alegria)* expansiveness.
expansivo, va [iʃpã'sivu, va] *adj* expansive.
expansões → **expansão.**
expectativa [iʃpɛkta'tʃiva] *f* expectation; **ficar na ~ de** to expect.
expediente [iʃpe'dʒjẽntʃi] *m* *(de repartição, estabelecimento comercial)* business hours *pl*.
expedir [iʃpe'dʒi(x)] *vt* to dispatch.
experiência [iʃpe'rjẽsja] *f* *(ensaio)* experiment; *(conhecimento)* experience; **com ~** experienced.
experiente [iʃpe'rjẽntʃi] *adj* experienced.
experimentar [iʃperimẽn'ta(x)] *vt* *(máquina)* to test; *(carro)* to test-drive; *(roupa, calçado)* to try on; *(comida, bebida)* to try; *(sensação, emoção)* to experience.
expirar [iʃpi'ra(x)] *vt* to exhale.
◆ *vi* *(prazo)* to expire.
explicação [iʃplika'sãw] (*pl* **-ões** [-õjʃ]) *f* explanation.
explicar [iʃpli'ka(x)] *vt* to explain.
❑ **explicar-se** *vp* to explain o.s.
explícito, ta [iʃ'plisitu, ta] *adj* explicit.
explodir [iʃplo'di(x)] *vi* to explode.
exploração [iʃplora'sãw] *f* *(investigação)* exploration; *(abuso)* exploitation.
explorar [iʃplo'ra(x)] *vt* *(investigar)* to explore; *(abusar de)* to exploit.
explosão [iʃplo'zãw] (*pl* **-ões** [-õjʃ]) *f* explosion.
expor [iʃ'po(x)] *vt* *(idéia)* to put forward; *(situação)* to explain; *(exibir)* to exhibit; *(produtos)* to display.
❑ **expor-se a** *vp + prep* to expose o.s. to.
exportação [iʃpoxta'sãw] (*pl* **-ões** [-õjʃ]) *f* export.
exportar [iʃpox'ta(x)] *vt* to export.
exposição [iʃpozi'sãw] (*pl* **-ões** [-õjʃ]) *f* *(de pintura, fotografia)* exhibition; *(em fotografia)* exposure; *(de produtos)* display;

(narração) account; **em ~** on display.
exposto, ta [iʃ'poʃtu, ta] *adj (em exposição)* on show; *(produtos)* on display.
expressão [iʃpre'sãw] (*pl* **-ões** [-õjʃ]) *f* expression; **~ corporal** physical expression; **~ escrita** literacy; **~ oral** oral expression.
expressar [iʃpre'sa(x)] *vt* to express.
❑ **expressar-se** *vp* to express o.s.
expressivo, va [iʃpre'sivu, va] *adj* expressive.
expresso, a [iʃ'prɛsu, a] *adj & m* express.
expressões → **expressão.**
exprimir [iʃpri'mi(x)] *vt* to express.
❑ **exprimir-se** *vp* to express o.s.
expulsar [iʃpuw'sa(x)] *vt* to expel.
expulso, sa [iʃ'puwsu, sa] *pp* → **expulsar.** ◆ *adj* expelled.
extensão [iʃtẽ'sãw] (*pl* **-ões** [-ojʃ]) *f* extension; *(dimensão espacial)* extent; *(dimensão temporal)* duration.
extenso, sa [iʃ'tẽsu, sa] *adj* long; *(vasto)* extensive; **escrever algo por ~** to write sthg out in full.
extensões → **extensão.**
exterior [iʃte'rjo(x)] (*pl* **-res** [-riʃ]) *adj* outside; *(calma, aparência)* outward; *(política, comércio)* foreign. ◆ *m (parte exterior)* exterior; *(aparência)* outside; **o ~** *(o estrangeiro)* foreign countries *pl*; **para o/no ~** abroad.
externo, na [iʃ'tɛxnu, na] *adj* external.
extinção [iʃtĩn'sãw] *f* extinction.
extinguir [iʃtĩŋ'gi(x)] *vt (fogo)* to extinguish, to put out; *(lei, norma)* to abolish.
❑ **extinguir-se** *vp (apagar-se)* to go out; *(desaparecer)* to become extinct, to die out.
extinto, ta [iʃ'tʃĩntu, ta] *pp* → **extinguir.** ◆ *adj (espécie animal, vegetal)* extinct; *(fogo)* extinguished; *(lei, norma)* defunct.
extintor [iʃtʃĩn'to(x)] (*pl* **-res** [-riʃ]) *m*: **~ (de incêndio)** fire extinguisher.
extra ['ejʃtra] *adj* extra. ◆ *m (de automóvel)* spare part; *(em despesa)* extras *pl*; *(em emprego)* perk.
extração [iʃtra'sãw] (*pl* **-ões** [-õjʃ]) *f* extraction; *(de órgão)* removal; *(de loteria)* draw.
extrações → **extração.**
extraditar [iʃtradʒi'ta(x)] *vt* to extradite.
extrair [iʃtra'i(x)] *vt* to extract; *(número de loteria)* to draw; **~ algo de algo** to extract sthg from sthg.
extraordinário, ria [iʃtraordʒi'narju, rja] *adj* extraordinary.
extrato [iʃ'tratu] *m* extract; *(de conta bancária)* statement.
extraviar [iʃtravi'a(x)] *vt* to lose.
❑ **extraviar-se** *vp* to get lost.
extremidade [iʃtremi'dadʒi] *f* extremity.
extremo, ma [iʃ'tremu, ma]

adj (decisão, medida) drastic; *(temperatura, condição)* extreme. ◆ *m* extreme; **em caso ~** if the worst comes to the worst; **ir de um ~ ao outro** *fig* to go from one extreme to the other; **chegar ao ~** to go to extremes.
extrovertido, da [iʃtrovex'tʃidu, da] *adj* outgoing.
exuberante [ezube'rãntʃi] *adj (pessoa)* exuberant; *(roupa)* garish; *(vegetação)* lush.
exumar [ezu'ma(x)] *vt* to exhume.

F

fábrica ['fabrika] *f* factory.
fabricante [fabri'kãntʃi] *m* manufacturer.
fabricar [fabri'ka(x)] *vt* to make, to manufacture.
fabrico [fa'briku] *m* manufacture.
fabuloso, osa [fabu'lozu, ɔza] *adj* fabulous.
faca ['faka] *f* knife.
face ['fasi] *f* face; **fazer ~ a** to face up to; **em ~** opposite; **em ~ de** in view of; **~ a ~** face to face.
fáceis → **fácil.**
fachada [fa'ʃada] *f* façade; **de ~** for appearances only.
fácil ['fasiw] (*pl* **-ceis** [-sejʃ]) *adj* easy.
facilidade [fasili'dadʒi] *f (destreza)* ease; *(aptidão)* aptitude; **com ~** with ease.
facilitar [fasili'ta(x)] *vt* to facilitate.
faço ['fasu] → **fazer.**
faculdade [fakuw'dadʒi] *f* faculty.
facultativo, va [fakuwta'tʃivu, va] *adj* optional.
fada ['fada] *f* fairy.
fadiga [fa'dʒiga] *f* fatigue.
fagulha [fa'guʎa] *f* spark.
faisão [faj'zãw] (*pl* **-ões** [-õjʃ]) *m* pheasant.
faísca [fa'iʃka] *f* spark.
faisões → **faisão.**
faixa ['fajʃa] *f (em estrada)* lane; *(para cintura)* cummerbund; *(ligadura)* bandage; **~ (de pedestres)** pedestrian crossing; **~ de rodagem** lane.
fala ['fala] *f (dom de falar)* speech.
falador, deira [fala'do(x), dejra] (*mpl* **-res** [-riʃ], *fpl* **-s** [-ʃ]) *adj* talkative. ◆ *m, f* chatterbox.
falar [fa'la(x)] *vi* to talk, to speak. ◆ *vt (idioma)* to speak; **~ com alguém** to speak to sb; **~ de** to talk about; **para ~ a verdade** to tell the truth; **sem ~ em** not to mention; **~ claro** to speak clearly; **~ pelos cotovelos** to talk a lot; **~ a sério** to be serious.
falecer [fale'se(x)] *vi* to pass away.
falecimento [falesi'mẽntu] *m* death.
falência [fa'lẽsja] *f* bankruptcy; **ir à ~** to go bankrupt.

falha ['faʎa] *f (em terreno, sistema)* fault; *(lacuna)* omission.

falhar [fa'ʎa(x)] *vt* to miss. ◆ *vi* to fail; *(não acertar)* to miss.

falido, da [fa'lidu, da] *adj* bankrupt.

falir [fa'li(x)] *vi* to go bankrupt.

falsificar [fawsifi'ka(x)] *vt* to forge.

falso, sa ['fawsu, sa] *adj* false; *(documento, passaporte)* forged; *(dinheiro)* counterfeit; *(jóia, pele)* fake. ◆ *adv*: **jurar em ~** to commit perjury.

falta ['fawta] *f* fault; *(carência)* lack; *(em futebol)* foul; *(infração)* offence; **este aluno tem muitas ~s** this student has a very poor attendance record; **~ d'água** water shortage; **~ de educação/tato** lack of manners/tact; **sinto ~ de um relógio** I need a watch; **sentir ~ de** to miss; **na ~ de algo melhor** for want of anything better; **fazer ~** to be lacking; **fazer algo sem ~** to do sthg without fail; **por ~ de** for lack of.

faltar [faw'ta(x)] *vi (não haver)* to be missing; *(estar ausente)* to be absent; **falta muito para as férias** the vacation is a long way off; **falta pouco para o trem chegar** the train will arrive soon; **falta sal na comida** the food needs salt; **faltam 5 km para chegarmos lá** we've 5 km to go before we get there; **era só o que faltava!** that's all we needed!; **~ às aulas** to play hooky; **~ ao trabalho** not to turn up to work; **~ à palavra** to break one's word; **~ com o respeito a alguém** to disrespect so.

fama ['fama] *f (renome)* fame; *(reputação)* reputation; **ter ~ de ser bom/mau** *(lugar)* to have a good/bad reputation.

família [fa'milja] *f* family; **em ~** among friends.

familiar [famili'a(x)] (*pl* **-res** [-riʃ]) *adj (ambiente, atmosfera)* informal; *(da família)* family *(antes de s)*. ◆ *m* relative.

faminto, ta [fa'mĩntu, ta] *adj* starving.

famoso, osa [fa'mozu, ɔza] *adj* famous.

fanático, ca [fa'natʃiku, ka] *adj* fanatical. ◆ *m, f* fanatic.

fantasia [fãnta'zia] *f (capricho)* fantasy; *(imaginação)* imagination; *(disfarce)* costume.

fantasiar [fãntazi'a(x)] *vi* to fantasize.

❑ **fantasiar-se** *vp* to dress up *(in costume)*; **~-se de** to dress up as.

fantasma [fãn'taʒma] *m* ghost.

fantástico, ca [fãn'taʃtʃiku, ka] *adj* fantastic. ◆ *interj* fantastic!

fantoche [fãn'tɔʃi] *m* puppet.

farda ['faxda] *f* uniform.

farei [fa'rej] → **fazer**.

farinha [fa'riɲa] *f* flour; **~ de centeio** rye flour; **~ integral** wholewheat flour; **~ de mandioca** ou **de mesa** cassava flour; **~ de milho** cornstarch *Am*, cornflour *Brit*; **~ de rosca**

breadcrumbs *pl*; ~ **de trigo** all-purpose flour.

farmacêutico, ca [farma'sewtiku, ka] *adj* pharmaceutical. ◆ *m, f* pharmacist.

farmácia [fax'masja] *f (estabelecimento)* pharmacy; *(ciência)* pharmacy.

faro ['faru] *m* sense of smell.

farol [fa'rɔw] (*pl* **-óis** [-ɔjʃ]) *m (de veículo)* headlight; *(de trânsito)* traffic light; *(torre)* lighthouse; ~ **alto** high beam *Am*, full beam *Brit*; ~ **baixo** dipped beam.

farpa ['faxpa] *f (de madeira)* splinter; *(de metal)* hook; *(de arame)* barb.

farra ['faxa] *f*: **vamos cair na ~!** let's paint the town red!

farsa ['faxsa] *f* farce.

fartar-se [fax'taxsi] *vp (saciar-se)* to stuff o.s.; *(cansar-se)* to get fed up; **~-se de** *(comida)* to stuff o.s. with; *(trabalho, pessoa)* to get fed up with.

farto, ta ['faxtu, ta] *adj (saciado)* full; **estar ~ (de)** *(cansado de)* to be fed up (with).

fartura [fax'tura] *f* abundance.

fascismo [fa'siʒmu] *m* fascism.

fascista [fa'siʃta] *adj & mf* fascist.

fase ['fazi] *f* phase.

fatal [fa'taw] (*pl* **-ais** [-ajʃ]) *adj* fatal.

fatia [fa'tʃia] *f* slice.

fatigante [fati'gãntʃi] *adj* exhausting.

fato ['fatu] *m* fact; **ser ~ consumado** to be a fait accompli; **de ~** indeed; **pelo ~ de** because, due to the fact that.

fator [fa'to(x)] (*mpl* **-res** [-riʃ]) *m* factor.

fatura [fa'tura] *f* invoice.

fauna ['fawna] *f* fauna.

favela [fa'vɛla] *f* shantytown, slum.

FAVELAS

These shantytowns are the antithesis of the picture-postcard views on sale in all major Brazilian cities. Made up of makeshift shacks, they spread for miles across marginal land in and around the main population centers, painting all too vivid a portrait of the poverty that underpins life for so many Brazilians. The population of some of these "favelas" reaches into hundreds of thousands. Often there is no sanitation, no fresh drinking water and little police protection available for the people living there.

favor [fa'vo(x)] (*pl* **-res** [-riʃ]) *m* favor; **'por ~ feche a porta'** 'please close the door'; **faça o ~ de entrar** do come in; **faz ~** *(para chamar a atenção)* excuse me; **fazer um ~ a alguém** to do sb a favor; **ser a ~ de** to be in favor of; **por ~** please.

favorável [favo'ravɛw] (*pl* **-eis** [-ejʃ]) *adj* favorable; **o resultado**

nos foi ~ the result was in our favor; **ser ~ a algo** to be in favor of sthg.

favores → **favor.**

favorito, ta [favo'ritu, ta] *adj* favorite. ◆ *m, f*: **o/a ~ /favorita** *(em competição)* the favorite.

fax ['faksi] (*pl* **-es** [-ʃ]) *m (mensagem)* fax; *(aparelho)* fax machine; **~ modem** fax modem; **mandar um ~** to send a fax.

faz [faʃ] → **fazer.**

fazenda [fa'zẽnda] *f (propriedade)* farm; *(tecido)* cloth.

fazendeiro, ra [fazẽn'dejru, ra] *m, f* farmer.

fazer [fa'ze(x)] *vt* **-1.** *(produzir)* to make; **~ muito barulho** to make a lot of noise; **~ planos/um vestido** to make plans, a dress; **~ uma pergunta** to ask a question.

-2. *(comida)* to cook.

-3. *(gerar)* to produce.

-4. *(realizar)*: **estou fazendo um curso de computadores** I'm taking a computer course; **vamos ~ uma festa** let's have a party.

-5. *(praticar)* to do; **você devia ~ mais exercício** you should exercise more; **faço jogging todas as manhãs** I go jogging every morning.

-6. *(cama)* to make; **~ a cama** to make the bed.

-7. *(transformar)* to make; **~ alguém feliz** to make sb happy.

-8. *(anos)*: **faço anos amanhã** it's my birthday tomorrow; **fazemos cinco anos de casados** we've been married (for) five years.

-9. *(obrigar)* to make; **~ alguém fazer algo** to make sb do sthg; **~ alguém rir/chorar** to make sb laugh/cry.

-10. *(cálculo, conta)* to do; **faz a conta para ver quanto é** work out the check to see what it comes to.

◆ *vi* **-1.** *(causar)*: **~ bem/mal a algo** to be good/bad for sthg; **~ bem/mal a alguém** *(coisa)* to be good/bad for sb; **~ mal a alguém** *(pessoa)* to hurt sb.

-2. *(obrigar)*: **faça (com) que ele venha** make him come; *(imaginar)*: **~ de conta que ...** to pretend that ...

◆ *v impess* **-1.**: **faz frio/calor** it's cold/hot.

-2. *(tempo)*: **faz um ano que não o vejo** it's been a year since I last saw him; **faz tempo que estou à espera** I've been waiting for a while; **o Sérgio partiu faz três meses** Sérgio left three months ago.

-3. *(importar)*: **não faz mal se está quebrado** it doesn't matter if it's broken; **tanto faz** it doesn't matter.

❑ **fazer-se** *vp (preparar-se)* to be made; *(ser correto)*: **é assim que se faz** that's the way to do it; **~-se com** *(ser preparado com)* to be made with.

❑ **fazer-se de** *vp + prep (pretender ser)*: **~-se de tolo** to act stupid; **~-se de desentendido** to feign ignorance.

fé [fɛ] *f* faith; **de boa/má ~** in good/bad faith.

febre ['fɛbri] *f* MED fever; **estar com ~** to have a temperature.

fechado, da [fe'ʃadu, da] *adj* shut, closed; *(torneira)* turned off; *(flor)* unopened; *fig (pessoa)* reserved; **'~ para balanço'** 'closed for stocktaking'.

fechadura [feʃa'dura] *f* lock.

fechar [fe'ʃa(x)] *vt (porta, janela)* to shut, to close; *(carro)* to lock; *(torneira)* to turn off; *(negócio)* to close; *(loja, estabelecimento, fábrica)* to close down. ◆ *vi (ferida)* to heal; *(estabelecimento)* to shut, to close; **~ algo à chave** to lock sthg.
❑ **fechar-se** *vp (encerrar-se)* to shut o.s. up OU away; *(calar-se)* to withdraw (into o.s.).

fecho ['feʃu] *m (de peça de vestuário)* zipper *Am*, zip *Brit*; *(de porta, janela)* lock; *(de espetáculo, acontecimento)* end; *(de colar, pulseira)* fastener; **~ ecler** zipper *Am*, zip *Brit*.

fecundar [fekũn'da(x)] *vt* to fertilize.

federação [federa'sãw] *(pl* **-ões** [-õjʃ]) *f* federation.

feijão [fej'ʒãw] (*pl* **-ões** [-õjʃ]) *m* bean.

feijoada [fej'ʒwada] *f black bean stew.*

ⓘ FEIJOADA

The Brazilian "feijoada" (bean stew) is not only a traditional dish, but also a social event. Made with black beans, salt beef and various cuts of pork, the dish is served with white rice and "farofa" (fried cassava flour), seasoned spring greens and peeled oranges. Often held on Saturdays, "feijoadas" begin at noon and last all day. The food is accompanied by copious quantities of cold beer and "caipirinha" (a rum-based cocktail).

feijões → **feijão**.

feio, feia ['fejo, 'feja] *adj* ugly; *(atitude, situação)* nasty; **fazer ~** to commit a faux pas.

feira ['fejra] *f* market; **~ livre** street market; **~ do livro** book fair; **fazer a ~** to go to the market.

feiticeira [fejtʃi'sejra] *f* witch.

feiticeiro [fejtʃi'sejru] *m* wizard.

feitiço [fej'tʃisu] *m* spell.

feitio [fej'tʃiu] *m (forma)* shape; *(caráter)* temper; *(de peça de vestuário)* cut; **trair não é do seu ~** betrayal is not his style.

feito, ta ['fejtu, ta] *pp* → **fazer**. ◆ *adj (realizado)* finished, done; *(adulto)* mature. ◆ *m (façanha)* deed; **~ à mão** handmade; **~ sob medida** made-to-measure; **~ de** made of; **dito e ~** no sooner said than done.

fel ['fɛw] *m* bile.

felicidade [felisi'dadʒi] *f (contentamento)* happiness; *(boa sorte)* luck; **~s!** all the best!

felicitar [felisi'ta(x)] *vt* to congratulate; ~ **alguém por algo** to congratulate sb on sthg.

feliz [fe'liʒ] (*pl* **-zes** [-ziʃ]) *adj* happy; *(afortunado)* lucky; *(bem executado)* successful; **Feliz aniversário!** Happy birthday!; **Feliz Ano Novo!** Happy New Year!

felizmente [feliʒ'mẽntʃi] *adv* fortunately.

felpudo, da [fɛw'pudu, da] *adj* fluffy.

feltro ['fewtru] *m* felt.

fêmea ['femja] *f* female.

feminino, na [femi'ninu, na] *adj (característico)* feminine; *(sexo)* female. ◆ *m* LING feminine.

feminismo [feme'niʒmu] *m* feminism.

feminista [femi'niʃta] *mf* feminist.

fenda ['fẽnda] *f* crack.

feno ['fenu] *m* hay.

fenomenal [fenome'naw] (*pl* **-ais** [-ajʃ]) *adj* phenomenal.

fenômeno [fe'nomenu] *m* phenomenon.

fera ['fɛra] *f* wild animal; **ficar uma** ~ to get really mad; **ser** ~ **(em algo)** to be a real whizz (at sthg).

feriado [fe'rjadu] *m* holiday; ~ **nacional** public holiday; ~ **religioso** saint's day.

férias ['fɛrjaʃ] *fpl* vacation *sg*; **estar de** OU **em** ~ to be on vacation; **tirar** ~ to go on vacation.

ferida [fe'rida] *f (ferimento)* wound, → **ferido**.

ferido, da [fe'ridu, da] *adj (em acidente, queda)* injured; *(em combate)* wounded; *fig (ofendido)* hurt. ◆ *m, f*: **houve 20** ~**s** 20 people were injured.

ferimento [feri'mẽntu] *m (de queda, acidente)* injury; *(de arma)* wound.

ferir [fe'ri(x)] *vt* to hurt; *(com arma)* to wound.

❑ **ferir-se** *vp (em queda, acidente)* to hurt o.s.

fermentar [fexmẽn'ta(x)] *vi* to ferment.

fermento [fex'mẽntu] *m* yeast.

feroz [fe'rɔʃ] (*pl* **-zes** [-ziʃ]) *adj* fierce.

ferradura [fexa'dura] *f* horseshoe.

ferramenta [fexa'mẽnta] *f* tool.

ferro ['fɛxu] *m* iron.

ferrolho [fe'xoʎu] *m* bolt.

ferro-velho [,fɛxu'vɛʎu] (*pl* **ferros-velhos** [,fɛxuʒ'vɛʎuʃ]) *m* scrapyard.

ferrovia [fexo'via] *f* railroad.

ferrugem [fe'xuʒẽ] *f (de metal)* rust.

fértil ['fɛxtiw] (*pl* **-eis** [-ejʃ]) *adj* fertile.

fertilidade [fextʃili'dadʒi] *f* fertility.

ferver [fex've(x)] *vt* to boil. ◆ *vi (leite, água)* to boil; *fig (de raiva, indignação)* to rage.

fervor [fex'vo(x)] *m* fervor.

fervura [fex'vura] *f*: **cozer algo até levantar** ~ to bring sthg to the boil.

festa ['fɛʃta] *f* party; **boas ~s!** Merry Christmas and a Happy New Year!; **~s juninas** *Brazilian religious festivals held in June in honor of St. John, St. Anthony and St. Peter.*

ⓘ FESTAS JUNINAS

These were introduced to Brazil by the Portuguese for whom Saint John's day, on the 24th of June, is one of the oldest and most popular celebrations of the year. The festivities traditionally begin after the 12th of June, on the eve of Saint Anthony's day, and last until the 29th, which is Saint Peter's day. There are bonfires, folk dancing, fireworks, and typical refreshments are served.

---

festejar [feʃte'ʒa(x)] *vt* to celebrate.
festival [feʃtʃi'vaw] (*pl* **-ais** [-ajʃ]) *m (de música, cinema)* festival; *(de canção)* contest.
feto ['fɛtu] *m (embrião)* fetus.
fevereiro [feve'reiru] *m* February, → **setembro.**
fez ['fɛʒ] → **fazer.**
fiado ['fjadu] *adj (a crédito)* on credit; **comprar/vender ~** to buy/sell on credit.
fiar [fi'a(x)] *vt (linho, lã)* to spin. ◆ *vi (vender a crédito)* to sell on credit.
❑ **fiar-se em** *vp + prep* to trust.
fibra ['fibra] *f* fiber; *fig (coragem)* courage; **~ (acrílica)** acrylic; **~ de vidro** fiberglass; **~ ótica** fiber optics.
ficar [fi'ka(x)] *vi (permanecer)* to stay; *(estar situado)* to be; *(restar)* to be left (over); *(rico, gordo)* to get; **ele ficou todo corado** he went bright red; **essa roupa não lhe fica bem** those clothes don't suit you; **fiquei trabalhando até tarde** I worked late; **~ bom** to come out well; **~ ruim** to come out badly; **~ (com alguém)** *(namorar)* to date (sb); **~ de fazer algo** to promise to do sthg; **~ em primeiro lugar** *(em prova, concurso, corrida)* to come first; **~ por** *(custar)* to come to; **~ sem algo** to be left without sthg; **~ com o troco** to keep the change; **~ com raiva** to get angry.
ficção [fik'sãw] *f* fiction; **~ científica** science fiction.
ficha ['fiʃa] *f (médica, policial)* record; *(formulário)* form; *(em lanchonete)* ticket; *(de jogo)* tokens.
fictício, cia [fik'tʃisju, sja] *adj* fictional.
fidelidade [fideli'dadʒi] *f* fidelity; **~ (conjugal)** faithfulness (to one's partner).
fiel ['fjɛw] (*pl* **-éis** [-ɛiʃ]) *adj* faithful. ◆ *mf* believer.
figa ['figaʃ] *f*: **fazer ~** to cross one's fingers.
fígado ['figadu] *m* liver.
figo ['figu] *m* fig; **~s secos** dried figs.
figura [fi'gura] *f* figure; **fazer**

boa/má ~ to come across well/ badly; **ser uma** ~ to be a real character.
figurante [figu'rãntʃi] *mf* extra.
figurar [figu'ra(x)]: **figurar em** *v + prep* to appear in.
fila ['fila] *f* line *Am*, queue *Brit*; **em** ~ **(indiana)** in single file.
filarmônica [filax'monika] *f* philharmonic orchestra.
filé [fi'lɛ] *m* fillet.
fileira [fi'lejra] *f* row.
filho, lha ['fiʎu, ʎa] *m, f* son; **os nossos** ~**s** our children.
filhote [fi'ʎɔtʃi] *m (de raposa, urso, etc)* cub; *(de cadela)* puppy.
filmadora [fiwma'dora] *f*: ~ **(de vídeo)** camcorder.
filmar [fiw'ma(x)] *vt* to film, to shoot.
filme ['fiwmi] *m (de cinema)* movie *Am*, film *Brit*; *(de máquina fotográfica)* film.
filosofia [filozo'fia] *f* philosophy.
filósofo, fa [fi'lɔzofu, fa] *m, f* philosopher.
filtrar [fiw'tra(x)] *vt* to filter.
filtro ['fiwtru] *m* filter.
fim ['fĩ] (*pl* **-ns** [-ʃ]) *m* end; *(objetivo)* aim; **ter por** ~ **fazer algo** to aim to do sthg; **ter um** ~ **em vista** to have an end in mind; **o** ~ **do mundo** *(lugar distante)* the back of beyond; *(desgraça total)* the end of the world; **a** ~ **de** in order to; **no** ~ in the end; **ao** ~ **e ao cabo** at the end of the day; **estar a** ~ **de** *(coisa)* to want; *(pessoa)* to have a crush (on).
fim-de-semana [ˌfĩndʒise'mɐna] (*pl* **fins-de-semana** [ˌfĩʒdʒise'mana]) *m* weekend.
final [fi'naw] (*pl* **-ais** [-ajʃ]) *adj & f (último)* final. ◆ *m* end.
finalidade [finali'dadʒi] *f (objetivo)* aim, purpose; *(de máquina)* application.
finalista [fina'liʃta] *mf (em competição)* finalist.
finanças [fi'nãsaʃ] *fpl* finances.
fingir [fĩ'ʒi(x)] *vt* to pretend.
fino, na ['finu, na] *adj (fio, cabelo)* fine; *(roupa)* elegant; *(hotel, restaurante)* exclusive; *(pessoa)* refined; **ele é gente fina** *(bom)* he's a good guy.
fins → **fim.**
fio ['fiu] *m (de matéria têxtil)* thread; *(elétrico)* wire; *(de líquido)* trickle; ~ **dental** dental floss; **perder o** ~ **da meada** to lose one's thread.
firma ['fixma] *f (empresa)* firm.
firme ['fixmi] *adj* firm.
firmeza [fix'meza] *f (solidez)* firmness; *(estabilidade)* stability; *fig (perseverança)* resolve.
fiscal [fiʃ'kaw] (*pl* **-ais** [-ajʃ]) *adj* fiscal. ◆ *mf* (tax) inspector.
fisco ['fiʃku] *m (instituição)* ≃ the Internal Revenue Service *Am*, ≃ the Inland Revenue *Brit*.
física ['fizika] *f (ciência)* physics *sg* → **físico.**
físico, ca ['fiziku, ka] *adj* physical. ◆ *m (de pessoa)* physique. ◆ *m, f (profissão)* physicist.
fisioterapia [ˌfizjotera'pia] *f* physiotherapy.

fita ['fita] *f (cassete)* cassette; *(de tecido)* ribbon; *(fingimento)* pretense; *(filme)* film; ~ **(de cabelo)** hairband; ~ **durex**® ≃ Scotch tape® *Am*, ≃ Sellotape® *Brit*; ~ **(para máquina de escrever)** typewriter ribbon; ~ **métrica** tape measure; ~ **de vídeo** videocassette ou videotape; **fazer** ~ *(fingir)* to put on an act.

fitar [fi'ta(x)] *vt* to stare at.

fixador [fiksa'do(x)] (*pl* **-res** [-riʃ]) *m (de cabelo)* hairspray; *(em fotografia, desenho)* fixative.

fixar [fik'sa(x)] *vt* to fix; *(aprender de cor)* to memorize.

❑ **fixar-se** *vp (estabelecer-se)* to establish o.s.

fixo, xa ['fiksu, ksa] *pp* → **fixar.** ◆ *adj* fixed; *(cor)* fast.

fiz [fiʒ] → **fazer.**

flanco ['flãŋku] *m* flank.

flanela [fla'nɛla] *f* flannel.

flash ['flaʃi] *m* flash.

flauta ['flawta] *f* flute; ~ **doce** recorder; ~ **de pã** panpipes *pl.*

flecha ['flɛʃa] *f* arrow.

flexível [flɛk'sivɛw] (*pl* **-eis** [-ejʃ]) *adj* flexible.

fliperama [flipe'rama] *m* pinball *sg*; **jogar** ~ to play pinball.

floco ['flɔku] *m (de pêlo, lã)* fuzz; ~ **de neve** snowflake; ~**s de aveia** oatmeal *sg.*

flor [flo(x)] (*pl* **-res** [-riʃ]) *f* flower; **em** ~ in bloom; **ter os nervos à** ~ **da pele** to be highly strung; **estar na** ~ **da idade** to be in one's prime.

floresta [flo'rɛʃta] *f* forest.

florido, da [flo'ridu, da] *adj (árvore, campo, jardim)* full of flowers; *(tecido, papel)* flowery.

florista [flo'riʃta] *mf* florist. ◆ *f* florist.

fluência [flu'ẽsja] *f* fluency.

fluentemente [flu,ẽntʃi'mẽntʃi] *adv* fluently.

fluido, da ['fluidu, da] *adj* fluid. ◆ *m (líquido)* fluid; *(força misteriosa)* vibes *pl.*

flúor ['fluɔ(x)] *m* fluoride.

fluorescente [flureʃ'sẽntʃi] *adj* fluorescent.

flutuante [flu'twãntʃi] *adj (objeto)* floating; *(preço, inflação, temperatura)* fluctuating.

flutuar [flu'twa(x)] *vi* to float.

fluvial [flu'vjaw] (*pl* **-ais** [-ajʃ]) *adj* river *(antes de s).*

fluxo ['fluksu] *m* flow.

fobia [fo'bia] *f* phobia.

focinho [fo'siɲu] *m* snout.

foco ['fɔku] *m (em fotografia, cinema)* focus; *(de luz, lâmpada)* beam; *(de atenção)* focus; *(de doença)* center; **fora de** ~ out of focus.

fofo, fa ['fofu, fa] *adj* soft.

fofoca [fo'fɔka] *f (mexerico)* piece of gossip.

fogão [fo'gãw] (*pl* **-ões** [-õjʃ]) *m* stove *Am*, cooker *Brit*; ~ **a lenha** wood stove.

foge ['fɔʒi] → **fugir.**

fogem ['fɔʒẽ] → **fugir.**

fogo ['fogu] (*pl* **fogos** ['fɔguʒ]) *m* fire.

fogões → **fogão.**

fogos-de-artifício [,foguʒdʒiaxtʃi'fisju] *mpl (foguetes)* fireworks; *(espetáculo)* firework display.

fogueira [fo'gejra] *f* bonfire.

foguete [fo'getʃi] *m* rocket.

foi ['foj] → **ser, ir.**

folclore [fow'klɔri] *m* folklore.

folclórico, ca [fow'klɔriku, ka] *adj (música, dança)* folk *(antes de s).*

fôlego ['folegu] *m* breath; **tomar ~** to get one's breath back.

folga ['fowga] *f (de trabalho)* day off; *(espaço livre)* gap; **estar de ~** to have the day off.

folha ['foʎa] *f (de planta, árvore)* leaf; *(de jornal, livro, revista)* page; **~ de alumínio** aluminum foil; **~ (de papel)** sheet of paper; **~ de pagamento** payroll; **~ pautada** lined paper.

folhagem [fo'ʎaʒẽ] *f* foliage.

folhear [fo'ʎja(x)] *vt* to leaf through.

folheto [fo'ʎetu] *m* leaflet.

fome ['fɔmi] *f* hunger; **estar com** ou **ter ~** to be hungry; **passar ~** to go hungry, to starve.

fone ['fɔni] *m (de telefone)* receiver, handset; **pôr o ~ no gancho** to hang up.

fonética [fo'nɛtʃika] *f* phonetics *sg.*

fonte ['fõntʃi] *f (de água mineral)* spring; *(chafariz)* fountain; *fig (de texto, informação)* source.

fora ['fɔra] *adv (no exterior)* out; *(no estrangeiro)* abroad. ◆ *prep* apart from. ◆ *interj* get out!; **~ de série** extraordinary; **'~ de serviço'** 'out of order'; **estar/ficar ~ de si** to be beside o.s.; **~ de mão** *(lugar)* out of the way; **lá ~** *(no estrangeiro)* abroad; *(no exterior)* outside; **dar um ~ em alguém** to give sb the cold shoulder.

foram [fo'rãw] → **ser, ir.**

força ['foxsa] *f (energia)* strength; *(militar, policial)* force; **~ de vontade** will power; **as ~s armadas** the armed forces; **à ~** by force; **por ~ de** by force of; **não cheguei na hora por razões de ~ maior** I didn't arrive on time for reasons beyond my control.

forçar [fox'sa(x)] *vt* to force.

forma ['fɔxma] *f* shape; *(maneira)* way; **de ~ que** so that; **de qualquer ~** anyway; **em ~ de** in the shape of; **em ~ de estrela** star-shaped; **estar em ~** to be in shape.

fôrma ['foxma] *f (de bolos)* cake pan; *(de sapatos)* shoe tree.

formação [foxma'sãw] (*pl* **-ões** [-õjʃ]) *f* formation; *(educação)* education; *(profissional)* training.

formal [fox'maw] (*pl* **-ais** [-ajʃ]) *adj* formal.

formalidade [foxmali'dadʒi] *f* formality.

formar [fox'ma(x)] *vt* to form; *(educar)* to educate; *(profissionais)* to train.

❑ **formar-se** *vp (terminar curso universitário)* to graduate.

formatar [foxma'ta(x)] *vt* to format.

formidável [foxmi'davɛw] (*pl* **-eis** [-ejʃ]) *adj* fantastic.

formiga [fox'miga] *f* ant.
fórmula ['fɔxmula] *f* formula.
formular [foxmu'la(x)] *vt (palavra, frase)* to formulate; *(desejo)* to express.
formulário [foxmu'larju] *m* form.
fornecedor, ra [foxnese'do(x), ra] (*mpl* **-res** [-riʃ], *fpl* **-s** [-ʃ]) *m, f (de estabelecimento)* supplier; *(de droga)* dealer.
fornecer [foxne'se(x)] *vt* to supply.
forno ['fornu] *m* oven.
forquilha [fox'kiʎa] *f* pitchfork *Am*, fork *Brit*.
forrar [fo'xa(x)] *vt* to line.
fortalecer [foxtale'se(x)] *vt* to strengthen.
fortaleza [foxta'leza] *f* fortress.
forte ['fɔxtʃi] *adj* strong; *(calor, dor)* intense; *(chuva)* heavy; *(voz, som)* loud; *(comida)* filling; *(golpe, choque)* hefty; *(bebida)* stiff. ◆ *m* fort; **ser ~ em algo** to be very good at sthg.
fortuna [fox'tuna] *f* fortune.
fósforo ['fɔʃforu] *m (de acender)* match.
fossa ['fɔsa] *f* septic tank; **estar na ~** *fig (deprimido)* to be down in the dumps.
fóssil ['fɔsiw] (*pl* **-eis** [-ejʃ]) *m* fossil.
fosso ['fosu] *m* moat.
foste ['foʃtʃi] → **ser, ir.**
foto ['fɔtu] *f* photo.
fotocópia [foto'kɔpja] *f* photocopy, Xerox®.
fotografar [fotogra'fa(x)] *vt* to photograph.
fotografia [fotogra'fia] *f (arte)* photography; *(objeto)* photograph.
fotógrafo, fa [fo'tɔgrafu, fa] *m, f* photographer.
foz [fɔʃ] *f* river mouth.
fração [fra'sãw] (*pl* **-ões** [-õjʃ]) *f* fraction; **numa ~ de segundo** in a split second.
fracasso [fra'kasu] *m* failure.
fraco, ca ['fraku, ka] *adj* weak; *(dor)* slight; *(chuva, vento)* light; *(voz, som)* faint; *(qualidade)* poor; **ter um ~ por alguém** *fig (paixão)* to have a crush on sb.
frações → **fração.**
frágil ['fraʒiw] (*pl* **-geis** [-ʒejʃ]) *adj* fragile.
fragmento [frag'mẽntu] *m* fragment.
fragrância [fra'grãsja] *f* fragrance.
fralda ['frawda] *f* diaper *Am*, nappy *Brit*; **~s descartáveis** disposable diapers.
framboesa [frãm'bweza] *f* raspberry.
França ['frãsa] *f*: **a ~** France.
francamente [ˌfrãŋka'mẽntʃi] *adv* frankly. ◆ *interj* honestly!
francês, esa [frã'seʃ, eza] (*mpl* **-eses** [-eziʃ], *fpl* **-s** [-ʃ]) *adj & m* French. ◆ *m, f (pessoa)* Frenchman; **os franceses** the French.
franco, ca ['frãŋku, ka] *adj* frank; **para ser ~ ...** to be quite honest ...

frango ['frãŋgu] *m* chicken; *(em futebol)* sitter; ~ **assado** roast chicken.

franja ['frãʒa] *f (de toalha, cortina, sofá)* fringe; *(de cabelo)* bangs *pl Am,* fringe *Brit.*

franqueza [frãŋ'keza] *f* frankness; **com** ~ frankly.

franquia [frãŋ'kia] *f COM* franchise; *(selo postal)* postage; *(isenção)* exemption.

fraqueza [fra'keza] *f* weakness.

frasco ['fraʃku] *m* bottle.

frase ['frazi] *f* sentence.

fratura [fra'tura] *f* fracture.

fraude ['frawdʒi] *f* fraud

frear [fre'a(x)] *vi* to brake.

freguês, esa [frɛ'geʃ, eza] (*mpl* **-eses** [-eziʃ], *fpl* **-s** [-ʃ]) *m, f* customer.

freio ['fraju] *m (de veículo)* brake; *(de cavalo)* bit.

frente ['frẽntʃi] *f* front; **fazer ~ a** to stand up to, to confront; **à** ~ ahead; **à ~ de** *(na dianteira de)* in front of; *(chegar, ir, partir)* ahead of; **em** ~ *(defronte)* across from; **em ~ de** opposite; **~ a ~** face to face.

freqüência [fre'kwẽsja] *f* frequency; **com** ~ often, frequently.

freqüentar [frekwẽn'ta(x)] *vt (casa de alguém)* to visit frequently; *(curso)* to attend; *(local)* to frequent.

freqüentemente [fre,kwẽntʃi'mẽntʃi] *adv* often, frequently.

fresco, ca ['freʃku, ka] *adj* fresh; *(tempo, bebida, roupa)* cool; *(muito exigente)* fussy; *(efeminado)* camp.

frescobol [freʃko'bɔw] *m* racquetball *(played at the beach).*

frescura [freʃ'kura] *f* freshness; *(em relação a temperatura)* coolness.

fricção [frik'sãw] *f (esfregação)* rubbing; *(atrito)* friction.

frieira [fri'ejra] *f* chilblain.

frieza [fri'eza] *f* coldness.

frigideira [friʒi'dejra] *f* frying pan.

frio, fria ['friu, 'fria] *adj & m* cold; **está** ~ it's cold; **estar com** ou **ter** ~ to be cold; **estava um ~ de rachar** it was absolutely freezing.

❑ **frios** *mpl (comida)* cold cuts.

frisar [fri'za(x)] *vt (cabelo)* to curl; *fig (enfatizar)* to highlight.

fritar [fri'ta(x)] *vt (em pouco óleo)* to fry; *(em muito óleo)* to deep-fry.

frito, ta ['fritu, ta] *adj* fried; **estar** ~ to be done for.

fritura [fri'tura] *f (alimento frito)* fried food.

fronha ['froɲa] *f* pillowcase.

fronte ['frõntʃi] *f (testa)* forehead.

fronteira [frõn'tejra] *f* border.

frota ['frɔta] *f* fleet.

frustrado, da [fruʃ'tradu, da] *adj* frustrated.

frustrante [fruʃ'trãntʃi] *adj* frustrating.

fruta ['fruta] *f* fruit; ~ **em calda** fruit in syrup; ~ **da época** fruit in season.

fruto ['frutu] *m* fruit; ~**s secos** dried fruits.
fubá [fu'ba] *m* cornmeal.
fuga ['fuga] *f (evasão)* escape; **pôr-se em** ~ to run away; **em** ~ on the run.
fugir [fu'ʒi(x)] *vi* to run away; ~ **a** ou **de** to run away from.
fugitivo, va [fuʒi'tʃivu, va] *adj, m, f* fugitive.
fui ['fuĩ] → **ser, ir.**
fulano, na [fu'lanu, na] *m, f* what's-his-name; **era um** ~ **qualquer** it was just some guy.
fuligem [fu'liʒẽ] *f* soot.
fulo, la ['fulu, la] *adj* furious; ~ **da vida** fuming.
fumaça [fu'masa] *f* smoke.
fumante [fu'mãntʃi] *mf* smoker.
fumar [fu'ma(x)] *vt & vi* to smoke.
fumo ['fumu] *m (tabaco)* leaf tobacco.
função [fũ'sãw] (*pl* **-ões** [-õjʃ]) *f (de pessoa)* role; *(de máquina)* function; **exercer a** ~ **de** to act as; ~ **pública** public service.
funcionamento [fũsjona'mẽntu] *m* operation; **em** ~ in operation.
funcionar [fũsjo'na(x)] *vi (máquina)* to work; *(estabelecimento)* to be open.
funcionário, ria [fũsjo'narju, rja] *m, f* employee; ~ **público** public servant.
funções → **função.**
fundação [fũnda'sãw] (*pl* **-ões** [-õjʃ]) *f* foundation.
fundamental [fũndamẽn'taw] (*pl* **-ais** [-ajʃ]) *adj* fundamental.
fundamento [fũnda'mẽntu] *m (motivo)* grounds *pl*; *(justificação)* basis; **sem** ~ unfounded.
fundar [fũn'da(x)] *vt* to found; ~ **algo em algo** *(basear)* to base sthg on sthg.
fundido, da [fũn'dʒidu, da] *adj (metal)* molten; *(queijo)* melted.
fundir [fũn'dʒi(x)] *vt* to melt.
❑ **fundir-se** *vp* to melt.
fundo, da ['fũndu, da] *adj* deep. ◆ *m (de rio, piscina, poço)* bottom; *(em economia)* fund; **ir ao** ~ **da questão** to get to the bottom of the matter; **sem** ~ bottomless.
funeral [fune'raw] (*pl* **-ais** [-ajʃ]) *m* funeral.
fungo ['fũŋgu] *m* fungus.
funil [fu'niw] (*pl* **-is** [-iʃ]) *m* funnel.
furacão [fura'kãw] (*pl* **-ões** [-õjʃ]) *m* hurricane.
furadeira [fura'dejra] *f* drill.
furador [fura'do(x)] (*pl* **-res** [-riʃ]) *m* hole punch.
furar [fu'ra(x)] *vt (folha)* to punch holes in; *(saco)* to make a hole in; *(pneu)* to puncture; *(orelha)* to pierce; *fig (fila)* to jump.
fúria ['furja] *f* fury.
furo ['furu] *m (em pneu)* puncture; *(em saco, orelha)* hole.
furtar [fux'ta(x)] *vt* to steal.
❑ **furtar-se a** *vp + prep* to avoid.
furúnculo [fu'rũŋkulu] *m* boil.
fusão [fu'zãw] (*pl* **-ões** [-õjʃ])

f fusion; *(de empresas)* merger.
fusível [fu'zivεw] (*pl* **-eis** [-ejʃ]) *m* fuse.
fuso ['fuzu] *m*: ~ **horário** time zone.
fusões → **fusão.**
futebol [futʃi'bɔw] *m* soccer *Am*, football *Brit*.
fútil ['futʃiw] (*pl* **-teis** [-tejʃ]) *adj* *(frívolo)* frivolous; *(insignificante)* trivial; *(vão)* futile.
futilidade [futʃili'dadʒi] *f* *(frivolidade)* frivolity; *(coisa inútil)* triviality; *(inutilidade)* futility.
futuro, ra [fu'turu, ra] *adj & m* future; **o** ~ GRAM the future (tense); **de** ~ *(pessoa, empresa, etc)* with a future; **no** ~ in the future; **para o** ~ for the future; **ter** ~ to have a future.
fuzil [fu'ziw] (*pl* **-is** [-iʃ]) *m* rifle.
fuzis → **fuzil.**

G

gabardine [gabax'dʒini] *f* raincoat.
gabar-se [gabax'si] *vp* to boast; ~ **de algo** to boast about sthg.
gabinete [gabi'netʃi] *m* *(compartimento)* booth; *(escritório)* office; POL cabinet.
gado ['gadu] *m* livestock; *(bovino)* cattle.
gafanhoto [gafa'ɲotu] *m* grasshopper.
gafe ['gafi] *f* gaffe; **cometer uma** ~ to commit a faux pas.
gagueira [ga'gejra] *f* stammer.
gaguejar [gage'ʒa(x)] *vi* to stutter, to stammer.
gaiola [ga'jɔla] *f* cage.
gaita ['gajta] *f* harmonica.
gaita-de-foles [ˌgajtadʒi'fɔliʃ] (*pl* **gaitas-de-foles** [ˌgajtaʒdʒi'fɔliʃ]) *f* bagpipes *pl*.
gaivota [gaj'vɔta] *f* seagull.
gala ['gala] *f* gala; **de** ~ *(traje)* full dress.
galão [ga'lãw] (*pl* **-ões** [-õjʃ]) *m* *(medida)* gallon.
galeria [gale'ria] *f* gallery; *(corredor, ala)* corridor; *(local para compras)* arcade; ~ **de arte** art gallery.
galho ['gaʎu] *m* *(de árvore)* branch; *(de veado)* antler; **quebrar um** ~ to get by.
galinha [ga'liɲa] *f* hen.
galinheiro [gali'ɲejru] *m* henhouse.
galo ['galu] *m* rooster *Am*, cock *Brit*; *(na testa)* bump.
galões → **galão.**
gama ['gama] *f* range.
gancho ['gãʃu] *m* *(peça curva)* hook.
gangorra [gãŋ'goxa] *f* seesaw.
gangue ['gãŋgi] *f* *(turma)* gang.
ganhar [ga'ɲa(x)] *vt* to win; *(dinheiro, respeito)* to earn; *(peso)* to put on; *(velocidade)* to pick up. ◆ *vi* *(vencer)* to win; ~ **de alguém** to beat sb; ~ **com algo** to benefit from sthg; ~ **a vida** OU **o pão** to earn a living.

ganho ['gaɲu] *m* gain.
ganir [ga'ni(x)] *vi* to whine.
ganso ['gãsu] *m* goose.
garagem [ga'raʒẽ] (*pl* **-ns** [-ʃ]) *f* garage.
garanhão [gara'ɲãw] (*pl* **-ões** [-õjʃ]) *m* stallion.
garantia [garãn'tʃia] *f* guarantee.
garantir [garãn'tʃi(x)] *vt* to vouch for; **~ que** to guarantee (that); **eu garanto que está certo** I can assure you that it's correct.
garçom [gax'sõ] (*pl* **-ns** [-ʃ]) *m* waiter, server *Am.*
garçonete [garso'nɛtʃi] *f* waitress, server *Am.*
garçons → **garçom.**
garfo ['gaxfu] *m (utensílio)* fork; *(de bicicleta)* forks *pl*; **ser um bom ~** to enjoy one's food.
gargalhada [gaxga'ʎada] *f* shriek of laughter; **dar uma ~** to laugh; **desatar às ~s** to burst out laughing.
gargalo [gax'galu] *m* neck *(of a bottle).*
garganta [gax'gãnta] *f* throat.
gargarejar [gaxgare'ʒa(x)] *vi* to gargle.
gari [ga'ri] *m* street sweeper.
garoto, ta [ga'rotu, ta] *m, f (criança)* boy, kid; *(chope) small glass of beer.*
garra ['gaxa] *f (de animal)* claw; *fig (talento, gênio)* flair; **ter ~** *(talento)* to show great talent.
garrafa [ga'xafa] *f* bottle; **~ térmica** Thermos® (bottle).
garrafão, ões [gaxa'fãw, õjʃ] *m (utensílio)* flagon; *(em estrada)* bottleneck.
garrote [ga'xɔtʃi] *m MED* tourniquet.
gás [gajʃ] (*pl* **gases** ['gaziʃ]) *m* gas; **~ butano** butane (gas); **~ lacrimogêneo** tear gas; **a ~** *(aquecedor)* gas-fired; *(motor)* gas-driven.
❑ **gases** *mpl (intestinais)* gas *sg.*
gasolina [gazo'lina] *f* gas *Am*, petrol *Brit*; **~ sem chumbo** unleaded gas.
gastar [gaʃ'ta(x)] *vt* to use; *(desperdiçar)* to waste; *(sola de sapato)* to wear down; **~ tempo/dinheiro** *(usar)* to spend time/money; *(desperdiçar)* to waste time/money.
❑ **gastar-se** *vp (consumir-se)* to be used; *(desperdiçar-se)* to be wasted; *(desgastar-se)* to wear down.
gasto, ta ['gaʃtu, ta] *pp* → **gastar.** ◆ *adj (dinheiro)* spent; *(água, eletricidade)* used; *(usado)* worn. ◆ *m* expense.
gastrite [gaʃ'tritʃi] *f* gastritis.
gastrônomo, ma [gaʃ'tronomu, ma] *m, f* gourmet.
gatilho [ga'tʃiʎu] *m* trigger.
gato, ta ['gatu, ta] *m, f* cat; *(homem bonito, mulher bonita)* hunk.
gatuno, na [ga'tunu, na] *m, f* thief.
gaveta [ga'veta] *f* drawer.
gazeta [ga'zeta] *f* gazette.
geada ['ʒjada] *f* frost.
geladeira [ʒela'deira] *f* refrigerator.

gelado, da [ʒe'ladu, da] *adj* chilled.

gelar [ʒe'la(x)] *vt & vi* to chill.

gelatina [ʒela'tʃina] *f (de animal)* gelatine; *(de frutas)* Jello® *Am*, jelly *Brit*.

geléia [ʒe'lɛja] *f* jelly *Am*, jam *Brit*.

gelo ['ʒelu] *m* ice; **quebrar o ~** *fig* to break the ice.

gema ['ʒema] *f* yolk.

gêmeo, mea ['ʒemju, mja] *adj* twin. ◆ *m, f*: **os ~s** the twins; **o meu irmão ~** my twin brother.
□ **Gêmeos** *m inv* Gemini *sg*.

gemer [ʒe'me(x)] *vi* to groan.

gemido [ʒe'midu] *m* groan.

gene ['ʒɛni] *m* gene.

general [ʒene'raw] (*pl* **-ais** [-ajʃ]) *m* general.

generalizar [ʒenerali'za(x)] *vt* to make widespread. ◆ *vi* to generalize.
□ **generalizar-se** *vp* to become widespread.

gênero ['ʒeneru] *m (tipo)* kind, type; *(espécie)* genus; GRAM gender; *(em literatura, pintura)* genre; **o ~ humano** the human race.
□ **gêneros** *mpl (mercadoria)* goods; **~s alimentícios** foodstuffs.

generosidade [ʒenerozi'dadʒi] *f* generosity.

generoso, osa [ʒene'rozu, ɔza] *adj* generous.

genética [ʒe'nɛtʃika] *f* genetics *sg*.

gengibre [ʒẽ'ʒibri] *m* ginger.

gengiva [ʒẽ'ʒiva] *f* gum.

genial [ʒe'njaw] (*pl* **-ais** [-ajʃ]) *adj* excellent.

gênio ['ʒenju] *m (pessoa)* genius; *(irascibilidade)* temper; **ter mau ~** to have a short temper.

genital [ʒeni'taw] (*pl* **-ais** [-ajʃ]) *adj* genital.

genro ['ʒẽxu] *m* son-in-law.

gente ['ʒẽntʃi] *f (pessoas)* people *pl*; *(família)* family; **~ boa** nice person; **~ grande** grown-ups *pl*; **oi, ~!** hey, everybody!

gentil [ʒẽn'tʃiw] (*pl* **-is** [-iʃ]) *adj (amável)* kind; *(bem-educado)* polite.

genuíno, na [ʒe'nwinu, na] *adj* genuine.

geografia [ʒjogra'fia] *f* geography.

geologia [ʒjolo'ʒia] *f* geology.

geometria [ʒjome'tria] *f* geometry.

geração [ʒera'sãw] (*pl* **-ões** [-õjʃ]) *f* generation.

gerador [ʒera'do(x)] (*pl* **-res** [-riʃ]) *m* generator.

geral [ʒe'raw] (*pl* **-ais** [-ajʃ]) *adj* general. ◆ *f (em estádio)* bleachers *Am*, terraces *Brit*; **de um modo ~** generally speaking; **em ~** generally; **no ~** in general.

geralmente [ʒeraw'mẽntʃi] *adv* generally.

gerar [ʒe'ra(x)] *vt* to create.
□ **gerar-se** *vp* to form.

gerência [ʒe'rẽsja] *f* management.

gerente [ʒe'rẽntʃi] *mf* manager.

gerir [ʒe'ri(x)] *vt* to manage.
germe ['ʒɛxmi] *m* germ.
gesso ['ʒesu] *m MED* plaster cast.
gesto ['ʒɛʃtu] *m* gesture.
gigante [ʒi'gãntʃi] *adj & m* giant.
gim [ʒĩ] (*pl* **-ns** [-ʃ]) *m* gin.
ginásio [ʒi'nazju] *m* gym.
ginástica [ʒi'naʃtʃika] *f* gymnastics *sg*; **fazer ~** to exercise.
ginecologista [ˌʒinɛkulu'ʒiʃta] *mf* gynecologist.
gins → **gim.**
girafa [ʒi'rafa] *f* giraffe.
girar [ʒi'ra(x)] *vi & vt* to turn.
girassol [ˌʒira'sɔw] (*pl* **-óis** [-ɔjʃ]) *m* sunflower.
gíria ['ʒirja] *f (calão)* slang.
giro ['ʒiru] *m (passeio)* stroll; **dar um ~** to go for a stroll.
giz [ʒiʒ] *m* chalk.
glacial [gla'sjaw] (*pl* **-ais** [-ajʃ]) *adj (frio)* freezing; *(área)* glacial; *fig (olhar, ambiente)* frosty.
glândula ['glãndula] *f* gland.
glicerina [glise'rina] *f* glycerin.
global [glo'baw] (*pl* **-ais** [-ajʃ]) *adj* global.
globo ['globu] *m* globe.
glória ['glɔrja] *f* glory.
glossário [glo'sarju] *m* glossary.
glutão, tona [glu'tãw, tona] (*mpl* **-ões** [-õjʃ], *fpl* **-s** [-ʃ]) *m, f* glutton.
goela ['gwɛla] *f* gullet; **pela ~ abaixo** swallow sthg whole.
gol ['gow] (*pl* **goles** ['goliʃ]) *m* goal; **marcar um ~** to score a goal.
gola ['gɔla] *f* collar; **~ rulê** turtle neck *Am*, polo neck *Brit*.
gole ['gɔli] *m (pequeno)* sip; *(grande)* swig.
goleiro [go'leiru] *m* goalkeeper.
goles → **gol.**
golfe ['gowfi] *m* golf.
golfinho [gow'fiɲu] *m* dolphin.
golfo ['gowfu] *m* gulf.
golpe ['gɔwpi] *m* cut; *(pancada, choque)* blow; **~ de Estado** coup (d'état); **~ de mestre** masterstroke.
goma ['goma] *f* starch.
gomo ['gomu] *m* segment.
gordo, da ['gordu, da] *adj (pessoa, animal)* fat; *(leite)* whole; *(alimento)* fatty; *(substância)* oily.
gordura [gox'dura] *f (substância)* fat; **sem ~** fat-free.
gorduroso, osa [goxdu'rozu, ɔza] *adj* greasy.
gorila [go'rila] *m* gorilla.
gorjeta [gox'ʒeta] *f* tip.
gorro ['goxu] *m* wooly hat.
gostar [guʃ'ta(x)]: **gostar de** *v + prep* to like; **~ de fazer algo** to like doing sthg.
gosto ['goʃtu] *m* taste; **dá ~ ver** it's a joy to behold; **faço ~ em ...** it gives me great pleasure to ...; **ter ~ de** *(sabor)* to taste like; **tomar ~ por algo** to take a liking to sthg; **bom/mau ~** good/bad taste; **~ não se discute** there's no accounting for taste.
gota ['gota] *f (pingo)* drop; *MED* gout; **~ a ~** drop by drop.

goteira [go'tejra] *f (cano)* gutter; *(fenda)* leak.

gotejar [gote'ʒa(x)] *vi* to drip.

governo [go'vexnu] *m* government; **para o seu** ~ for your information.

gozar [go'za(x)] *vt* to enjoy. ◆ *vi (brincar)* to joke; ~ **com** *(troçar de)* to make fun of; ~ **de** *(desfrutar de)* to enjoy.

Grã-Bretanha [ˌgrãmbre'taɲa] *f*: **a** ~ Great Britain.

graça ['grasa] *f (gracejo)* joke; *(humor)* humor; *(elegância)* grace; *(atração)* charm; **achar ~ em alguém/algo** to find sb/sthg amusing; **ter** ~ to be funny; ~**s a** thanks to; **de** ~ free *(of charge)*; **sem** ~ *(desconcertado)* embarrassed.

gracejar [grase'ʒa(x)] *vi* to joke.

gracejo [gra'seʒu] *m (piada)* joke; *(galanteio)* flirtatious remark.

gracioso, osa [grasi'ozu, ɔza] *adj* graceful.

grade ['gradʒi] *f (vedação)* bars *pl*. ▫ **grades** *fpl (cadeia)* jail; **estar atrás das** ~ to be behind bars.

graduação [gradwa'sãw] *(pl* **-ões** [-õjʃ]) *f* graduation; *(de bebida)* alcohol content.

graduado, da [gra'dwadu, da] *adj* graduated. ◆ *m, f* graduate.

gradual [gra'dwaw] *(pl* **-ais** [-ajʃ]) *adj* gradual.

graduar-se [gra'dwaxsi] *vp* to graduate.

grafia [gra'fia] *f (maneira de escrever)* handwriting; *(ortografia)* spelling.

gralha ['graʎa] *f (ave)* magpie; *(erro tipográfico)* typo.

grama[1] ['grama] *m* gram.

grama[2] ['grama] *f (relva)* grass.

gramado [gra'madu] *m (terreno)* lawn; *(de campo de futebol)* field.

gramática [gra'matʃika] *f* grammar.

grampeador [grãmpja'do(x)] *(pl* **-res** [-riʃ]) *m* stapler.

grampear [grãm'pja(x)] *vt (folhas, papéis)* to staple; *(telefone)* to tap.

grampo ['grãmpu] *m (de cabelo)* bobby pin *Am*, hairgrip *Brit*; *(para grampeador)* staple; *(em ligação telefônica)* tap.

grande ['grãndʒi] *adj* big; *(em altura)* tall; *(em comprimento)* long; *(em importância)* great; *(em gravidade)* serious.

granito [gra'nitu] *m* granite.

granizo [gra'nizu] *m* hailstones *pl*, hail.

grão ['grãw] *m* grain; *(de café)* bean.

grão-de-bico [ˌgrãwdʒi'biku] *m* chickpeas *pl*.

grasnar [graʒ'na(x)] *vi (corvo)* to caw; *(pato)* to quack; *(ganso)* to honk.

gratidão [gratʃi'dãw] *f* gratitude.

gratificação [gratʃifika'sãw] *(pl* **-ões** [-õjʃ]) *f (gorjeta)* tip; *(remuneração)* payment.

gratificar [gratʃifi'ka(x)] *vt (dar gorjeta a)* to tip; *(recompensar)* to reward.

gratinado, da [gratʃi'nadu, da] *adj* au gratin.
gratinar [gratʃi'na(x)] *vi*: **pôr algo para** ~ to cook sthg au gratin.
grátis ['gratʃiʃ] *adv & adj inv* free.
grato, ta ['gratu, ta] *adj* grateful.
grau ['graw] *m* degree; **~s centígrados** degrees centigrade.
gravação [grava'sãw] (*pl* **-ões** [-õjʃ]) *f* recording.
gravador [grava'do(x)] (*pl* **-res** [-riʃ]) *m* tape recorder.
gravar [gra'va(x)] *vt (música, conversa)* to record; *(em metal, jóia)* to engrave.
gravata [gra'vata] *f* tie.
grave ['gravi] *adj (sério)* serious; *(voz)* deep; *(tom)* low; GRAM *(acento)* grave.
grávida ['gravida] *adj f* pregnant.
gravidade [gravi'dadʒi] *f* gravity.
gravidez [gravi'deʒ] *f* pregnancy.
gravura [gra'vura] *f (imagem)* picture.
graxa ['graʃa] *f* shoe polish.
Grécia ['grɛsja] *f*: **a** ~ Greece.
grelha ['greʎa] *f* grill.
grelhado, da [gre'ʎadu, da] *adj* grilled. ◆ *m* grilled dish; ~ **misto** mixed grill.
grelhar [gre'ʎa(x)] *vt* to grill.
greve ['grɛvi] *f* strike; **fazer** ~ to go on strike; **em** ~ on strike; ~ **de fome** hunger strike.
grilo ['grilu] *m* cricket.
grinalda [gri'nawda] *f (em funeral)* wreath; *(para cabelo)* garland.
gripe ['gripi] *f* flu; **estar com** ~ to have the flu.
grisalho, lha [gri'zaʎu, ʎa] *adj* gray.
gritar [gri'ta(x)] *vi & vt* to shout; ~ **com alguém** to shout at sb.
grito ['gritu] *m* shout; **no** ~ by force.
groselha [gro'zeʎa] *f* redcurrant.
grosseiro, ra [gro'sejru, ra] *adj* crude; *(tecido)* coarse.
grosso, a ['grosu, a] *adj* thick; *(mal educado)* rude; *(voz)* deep.
grua ['grua] *f* crane.
grunhido [gru'ɲidu] *m* grunt.
grunhir [gru'ɲi(x)] *vi* to grunt.
grupo ['grupu] *m* group; **em** ~ as a group; ~ **de risco** risk group; ~ **sanguíneo** blood group type.
gruta ['gruta] *f* cave.
guaraná [gwara'na] *m fizzy drink made from guarana seeds*; ~ **em pó** powdered guarana seeds.

GUARANÁ

A seed which possesses both stimulating and therapeutic properties, "guaraná" was first discovered by the indigenous tribes of the Amazonian rain forests. It is now produced commercially in powder, tablet, liquid and gum form and exported all over the world. It may be taken as a food supplement to help combat a range of complaints, including fatigue, diarrhoea and neuralgic pain. It also serves as the base for a popular soft drink of the same name in Brazil.

---

guarda ['gwaxda] *mf (policial)* policeman. ◆ *f (vigilância)* guard.
guarda-chuva [,gwaxda'ʃuva] (*pl* **guarda-chuvas** [,gwaxda'ʃuvaʃ]) *m* umbrella.
guarda-costas [,gwaxda'kɔʃtaʃ] *mf inv* bodyguard.
guardanapo [gwaxda'napu] *m* napkin; ~**s de papel** paper napkins.
guarda-noturno [,gwaxdano'tuxnu] (*pl* **guardas-noturnos** [,gwaxdaʒno'tuxnuʃ]) *m* nightwatchman.
guardar [gwax'da(x)] *vt (vigiar)* to look after; *(arrecadar)* to put away; *(reservar)* to keep.
guarda-roupa [,gwaxda'xopa] (*pl* **guarda-roupas** [,gwaxda'xopaʃ]) *m* closet.
guarda-sol [,gwaxda'sɔw] (*pl* **guarda-sóis** [,gwaxda'sɔjʃ]) *m* parasol.
guarnecido, da [gwaxne'sidu, da] *adj*: ~ **com** garnished with.
guarnição [gwaxni'sãw] (*pl* **-ões** [õjʃ]) *f* garnish.
gude ['gudʒi] *m* marbles *sg*.
guelra ['gɛwxa] *f* gill.
guerra ['gɛxa] *f* war; **fazer ~ a** to wage war against *ou* on; **estar em pé de ~** to be at war.
guia ['gia] *mf (profissão)* guide. ◆ *m (livro, folheto)* guide; ~ **turístico** tourist guide.
guiar ['gja(x)] *vt* to guide; *(automóvel, ônibus)* to drive. ◆ *vi (dirigir)* to drive.
guichê [gi'ʃe] *m* counter.
guidom [gi'dõ] (*pl* **-ns** [-ʃ]) *m (de bicicleta)* handlebars *pl*.
guincho ['gĩʃu] *m (som)* squeal; *(máquina)* winch.
guindaste [gĩn'daʃtʃi] *m* crane.
guisado, da [gi'zadu, da] *adj* stewed. ◆ *m* stew.
guisar [gi'za(x)] *vt* to stew.
guitarra [gi'taxa] *f*: ~ **(elétrica)** (electric) guitar.
guitarrista [gita'xiʃta] *mf* guitarist.
guizo ['gizu] *m* bell.
gula ['gula] *f* gluttony.
guloseima [gulo'zejma] *f* candy *Am*, sweet *Brit*.
guloso, osa [gu'lozu, ɔza] *adj* greedy. ◆ *m, f* glutton; **ser ~** to be greedy.

H

há [a] → **haver**.
hábil ['abiw] (*pl* **-beis** [-bejʃ]) *adj (capaz)* skillful; *(astuto)* clever.
habilidade [abili'dadʒi] *f (ca-*

pacidade) ability; *(argúcia)* cleverness; *(talento)* skill.
habilitação [abilita'sãw] *f* competence; AUT driver's license *Am*, driving licence *Brit*.
❑ **habilitações** *fpl* qualifications.
habitação [abita'sãw] (*pl* **-ões** [-õjʃ]) *f* residence.
habitante [abi'tãntʃi] *mf (de bairro)* resident; *(de país, região)* inhabitant.
habitar [abi'ta(x)] *vt* to live in. ◆ *vi* to live; ~ **em** to live in.
hábito ['abitu] *m* habit; **como é ~** as usual; **ter o ~ de fazer algo** to have a habit of doing sthg; **por ~** as a rule.
habitual [abi'twaw] (*pl* **-ais** [-ajʃ]) *adj (rotineiro)* regular; *(freqüente)* common.
habitualmente [abitwaw'mẽntʃi] *adv* usually.
habituar [abi'twa(x)] *vt*: ~ **alguém a algo/a fazer algo** to accustom sb to sthg/to doing sthg.
❑ **habituar-se** *vp*: **~-se a** to get used to.
hálito ['alitu] *m* breath; **mau ~** bad breath.
hall ['ɔw] *m (de casa)* hall; *(de teatro, hotel)* foyer; ~ **(da entrada)** (entrance) hall.
hardware [ax'dwɛri] *m* hardware.
harmonia [axmo'nia] *f* harmony.
harmônica [ax'monika] *f* harmonica.
harpa ['axpa] *f* harp.
haste ['aʃtʃi] *f (de bandeira)* pole; *(de árvore)* branch.
haver [a've(x)] *v impess* **-1.** *(existir, estar, ter lugar)*: **há** there is, there are *pl*; **havia** there was, there were *pl*; **não há nada aqui** there's nothing here.
-2. *(exprime tempo)*: **estou esperando há dez minutos** I've been waiting for ten minutes; **há séculos que não vou lá** I haven't been there for ages.
-3. *(exprime obrigação)*: **há que esperar três dias** you'll have to wait three days.
-4. *(em locuções)*: **haja o que houver** come what may; **não há de quê!** don't mention it!
◆ *v aux (em tempos compostos)* to have; **ele havia chegado há pouco** he had just arrived; **como não havia comido estava com fome** I was hungry because I hadn't eaten.
❑ **haver de** *v + prep (dever)* to have; *(exprime intenção)*: **hei de ir** I'll go.
❑ **haver-se com** *vp + prep*: **~-se com alguém** *(prestar contas a)* to answer to sb.
❑ **haveres** *mpl (pertences)* belongings; *(bens)* assets.
hectare [ɛk'tari] *m* hectare.
hélice ['ɛlisi] *f* propeller.
helicóptero [eli'kɔpteru] *m* helicopter.
hematoma [ema'toma] *m* large bruise.
hemofílico, ca [ɛmo'filiku, ka] *m, f* hemophiliac.

hemorragia [emoxa'ʒia] *f* hemorrhage; ~ **cerebral** brain hemorrhage; ~ **interna** internal bleeding; ~ **nasal** nosebleed.
hemorróidas [emo'xɔidaʃ] *fpl* piles, hemorrhoids.
hepatite [epa'tʃitʃi] *f* hepatitis.
hera ['ɛra] *f* ivy.
herança [e'rãsa] *f* inheritance
herdar [ex'da(x)] *vt* to inherit.
herdeiro, ra [ex'dejru, ra] *m, f* heir.
hermético, ca [ex'mɛtʃiku, ka] *adj* airtight.
hérnia ['ɛxnja] *f* hernia.
herói [e'rɔi] *m* hero.
heroína [e'rwina] *f (pessoa)* heroine; *(estupefaciente)* heroin.
hesitação [ezita'sãw] (*pl* **-ões** [-õjʃ]) *f* hesitation.
hesitar [ezi'ta(x)] *vi* to hesitate.
heterossexual [eterosɛk'swaw] (*pl* **-ais** [-ajʃ]) *adj* & *mf* heterosexual.
hibernar [ibex'na(x)] *vi* to hibernate.
híbrido, da ['ibridu, da] *adj* hybrid.
hidratante [idra'tãntʃi] *adj* moisturizing.
hidroavião [,idroa'vjãw] (*pl* **-ões** [-õjʃ]) *m* seaplane.
hierarquia [jerar'kia] *f* hierarchy.
hífen ['ifɛn] (*pl* **-es** [-iʃ]) *m* hyphen.
hi-fi [aj'faj] *m* hi-fi.
higiene [i'ʒjɛni] *f* hygiene.
hilariante [ila'rjãntʃi] *adj* hilarious.
hino ['inu] *m (de país)* anthem; *(de igreja)* hymn.
hipermercado [,ipexmex'kadu] *m* superstore.
hipertensão [,ipextẽ'sãw] *f* high blood pressure.
hípico, ca ['ipiku, ka] *adj (centro)* riding *(antes de s)*; *(concurso)* show-jumping *(antes de s)*.
hipismo [i'piʒmu] *m (equitação)* horseback riding; *(competição)* show jumping.
hipnotismo [ipnɔ'tʃiʒmu] *m* hypnotism.
hipocondríaco, ca [,ipokõn'driaku, ka] *m, f* hypochondriac.
hipocrisia [ipokri'zia] *f* hypocrisy.
hipócrita [i'pɔkrita] *mf* hypocrite.
hipódromo [i'pɔdrumu] *m* racetrack.
hipopótamo [ipo'pɔtamu] *m* hippopotamus.
hipoteca [ipo'tɛka] *f* mortgage.
hipótese [i'pɔtezi] *f (suposição)* hypothesis; *(possibilidade)* chance; **em ~ alguma** on no account; **na melhor das ~s** at best; **na pior das ~s** at worst.
histeria [iʃte'ria] *f* hysteria.
histérico, ca [iʃ'tɛriku, ka] *adj* hysterical.
história [iʃ'tɔrja] *f (de país, mundo, época)* history; *(narrativa)* story; ~ **da Arte** history of art; ~ **da carochinha** fairy tale; ~ **em quadrinhos** comic strips.

hobby ['ɔbi] (*pl* **hobbies** ['ɔbiʃ]) *m* hobby.

hoje ['oʒi] *adv* today; **até ~** up until today; **~ em dia** nowadays; **queria o jornal de ~** I would like today's paper; **de ~ a oito/quinze dias** a week/two weeks from today; **de ~ em diante** from now on; **por ~ é só** that's all for today.

Holanda [o'lãnda] *f*: **a ~** Holland.

holofote [olo'fɔtʃi] *m* floodlight.

homem ['ɔmẽ] (*pl* **-ns** [-ʃ]) *m* man; **~ de negócios** businessman.

homenagear [omena'ʒja(x)] *vt* to pay tribute to.

homens → **homem.**

homicida [omi'sida] *mf* murderer.

homicídio [omi'sidʒju] *m* murder; **~ involuntário** manslaughter.

homossexual [omosek'swaw] (*pl* **-ais** [-ajʃ]) *mf* homosexual.

honestidade [oneʃtʃi'dadʒi] *f* honesty.

honesto, ta [o'nɛʃtu, ta] *adj* honest.

honorário [ono'rarju] *adj* honorary.

❑ **honorários** *mpl* fees.

honra ['õxa] *f* honor; **ter a ~ de fazer algo** to have the honor of doing sthg; **em ~ de** in honor of.

honrado, da [õ'xadu, da] *adj* honest.

honrar [õ'xa(x)] *vt* *(dívida)* to honor.

❑ **honrar-se de** *vp* + *prep* to be proud of.

hóquei ['ɔkej] *m* ESP field hockey *Am*, hockey *Brit*; **~ sobre gelo** (ice) hockey.

hora ['ɔra] *f* *(período de tempo)* hour; *(momento determinado)* time; **que ~s são?** what time is it?; **são cinco ~s** it's five o'clock; **a que ~s é ...?** what time is ...?; **é ~ de partir** it's time to leave; **está na ~ do almoço** it's time for lunch; **na ~ H** in the nick of time; **~ extra** overtime; **~s vagas** spare time *sg*; **de ~ em ~** every hour; **na ~** on time; **~s e ~s** for hours; **chegar em cima da ~** to arrive just in time; **à última ~** at the last minute.

horário [o'rarju] *m* *(de trem, ônibus, escola)* schedule; *(de estabelecimento)* opening hours *pl*; **~ de atendimento** opening hours *pl*; **~ nobre** prime time.

horizontal [orizõn'taw] (*pl* **-ais** [-ajʃ]) *adj* horizontal.

horizonte [ori'zõntʃi] *m* horizon.

horóscopo [o'rɔʃkopu] *m* horoscope, stars *pl*.

horripilante [oxipi'lãntʃi] *adj* horrifying.

horrível [o'xivɛw] (*pl* **-eis** [-ejʃ]) *adj* horrible.

horror [o'xo(x)] (*pl* **-res** [-riʃ]) *m* horror; **que ~!** how awful!; **ter ~ a algo** to have a horror of sthg; **dizer ~es de alguém**

to say horrible things about sb.
horta ['ɔxta] *f* vegetable garden.
hortelã [oxte'lã] *f* mint.
hortelã-pimenta [oxte,lãpi'mẽnta] *f* peppermint.
hospedagem [oʃpe'daʒẽ] *f* lodging.
hospedar [oʃpe'da(x)] *vt* to put sb up.
❑ **hospedar-se** *vp*: **~-se em** to stay at.
hóspede ['ɔʃpedʒi] *mf* guest.
hospício [oʃ'pisju] *m* mental hospital.
hospital [oʃpi'taw] (*pl* **-ais** [-ajʃ]) *m* hospital.
hospitaleiro, ra [oʃpita'lejru, ra] *adj* hospitable.
hospitalidade [oʃpitali'dadʒi] *f* hospitality.
hostil [oʃ'tiw] (*pl* **-is** [-iʃ]) *adj* *(gente, ar, comportamento)* hostile; *(vento, frio)* biting.
hotel [o'tɛw] (*pl* **-éis** [-ɛiʃ]) *m* hotel.
houve ['ovi] → **haver.**
humanidade [umani'dadʒi] *f* humanity.
humanitário, ria [umani'tarju, rja] *adj* humanitarian.
humano, na [u'manu, na] human; *(compassivo)* humane. ◆ *m* human (being).
humildade [umiw'dadʒi] *f* humility.
humilde [u'miwdʒi] *adj (pobre)* poor; *(modesto)* humble.
humilhação [umiʎa'sãw] (*pl* **-ões** [-õjʃ]) *f* humiliation.
humilhante [umi'ʎãntʃi] *adj* humiliating.
humilhar [umi'ʎa(x)] *vt* to humiliate.
❑ **humilhar-se** *vp* to humble o.s.
humor [u'mo(x)] *m* humor; **estar de bom/mau ~** to be in a good/bad mood.
humorista [umo'riʃta] *mf* comedian.

I

ia ['ia] → **ir.**
iate ['jatʃi] *m* yacht.
ibérico, ca [i'bɛriku, ka] *adj* Iberian.
içar [i'sa(x)] *vt* to hoist.
ícone ['ikɔni] *m* icon.
ida ['ida] *f (partida)* departure; *(jornada)* outward journey.
idade [i'dadʒi] *f* age; **de ~** elderly; **de meia ~** middle-aged; **oito anos de ~** eight years of age.
ideal [i'dʒjaw] (*pl* **-ais** [-ajʃ]) *adj & m* ideal.
idealista [idʒja'liʃta] *adj* idealistic. ◆ *mf* idealist.
idéia [i'dʒɛja] *f* idea; **~ fixa** obsession; **que ~!** you've got to be kidding!; **fazer uma ~ errada de algo** to have the wrong impression about sthg; **mudar de ~** to change one's mind; **não fazer ~** to not have a clue; **ter uma ~** to make a proposal.

idêntico, ca [i'dʒẽntʃiku, ka] *adj* identical.
identidade [idʒẽntʃi'dadʒi] *f* identity; *(carteira)* identity card.
identificação [idʒẽntʃifika'sãw] *f* identification.
identificar [idʒẽntʃifi'ka(x)] *vt* to identify.
❑ **identificar-se** *vp* to identify o.s.
ideologia [idʒjolo'ʒia] *f* ideology.
idílico, ca [i'dʒiliku, ka] *adj* idyllic.
idioma [i'dʒjoma] *m* language.
idiota [i'dʒjɔta] *adj* idiotic. ◆ *mf* idiot.
ídolo ['idulu] *m* idol.
idôneo, nea [i'donju, nja] *adj* reliable.
idoso, osa [i'dozu, ɔza] *adj* elderly. ◆ *m, f* old man; **os ~s** the elderly.
ignição [igni'sãw] *f* ignition.
ignorado, da [igno'radu, da] *adj* unknown.
ignorância [igno'rãsja] *f* ignorance.
ignorante [igno'rãntʃi] *adj* ignorant. ◆ *mf* ignoramus.
ignorar [igno'ra(x)] *vt*: **~ algo** not to know sthg; **~ alguém** to ignore sb.
igreja [i'greʒa] *f* church.
igual [i'gwaw] (*pl* **-ais** [-ajʃ]) *adj* the same; *(parecido)* similar. ◆ *m* *(pessoa)* equal; *(sinal)* equals sign; **os dois são iguais** they are (both) the same; **ser ~ a** to be the same as; **12 e 12 ~ a 24** 12 and 12 equals OU is 24; **sem ~** unrivaled.
igualar [igwa'la(x)] *vt* to make equal.
❑ **igualar-se** *vp*: **~-se a alguém** to be sb's equal; **~-se a algo** to be comparable with sthg.
igualdade [igwaw'dadʒi] *f* equality.
igualmente [igwaw'mẽntʃi] *adv* equally. ◆ *interj* likewise!
ilegal [ile'gaw] (*pl* **-ais** [-ajʃ]) *adj* illegal.
ilegalidade [ilegali'dadʒi] *f* crime.
ilegítimo, ma [ile'ʒitʃimu, ma] *adj* *(filho)* illegitimate; *(ato)* illegal.
ilegível [ile'ʒivɛw] (*pl* **-eis** [-ejʃ]) *adj* illegible.
ileso, sa [i'lezu, za] *adj* unharmed; **sair ~ (de um acidente)** to escape unhurt.
ilha ['iʎa] *f* island.

ILHA DE BANANAL

Ilha de Bananal (island of banana plantations), found in the state of Tocantins, is formed by two tributaries of the River Araguaia. It is one of the largest fluvial islands in the world, comprising twenty thousand square kilometers. It has diverse fauna, such as the jaguar, the blue heron, the Amazonian turtle and the "uirapuru", a brightly colored bird. The island has two reserves, inhabited by the Carajás and the Javaés indigenous groups, and the Araguaia National Park.

ILHA DE MARAJÓ

Brazil has some of the largest fluvial islands in the world. With an area of fifty thousand square kilometers, Marajó is the largest, formed by the accumulated sediment deposited by the Amazon upon emptying into the ocean. The island's economy is based on buffalo herding and "cerâmica marajoara", the locally produced pottery which has indigenous influence - its principal characteristic is the geometric design in red and black.

---

ilimitado, da [ilemi'tadu, da] *adj* unlimited.

ilógico, ca [i'lɔʒiku, ka] *adj* illogical.

iludir [ilu'di(x)] *vt* to deceive.
❑ **iludir-se** *vp* to delude o.s.

iluminação [ilumina'sãw] *f* lighting.

iluminado, da [ilumi'nadu, da] *adj* illuminated, lit up.

iluminar [ilumi'na(x)] *vt* to illuminate, to light up.

ilusão [ilu'zãw] (*pl* **-ões** [-õjʃ]) *f* illusion; **não ter ilusões** to have no illusions; **perder as ilusões** to become disillusioned; **~ de ótica** optical illusion.

ilustração [iluʃtra'sãw] (*pl* **-ões** [-õjʃ]) *f* illustration.

ilustrado, da [iluʃ'tradu, da] *adj* illustrated.

ilustrar [iluʃ'tra(x)] *vt (exemplificar)* to illustrate.

ilustre [i'luʃtri] *adj* illustrious.

ímã ['imã] *m* magnet.

imaculado, da [imaku'ladu, da] *adj* immaculate.

imagem [i'maʒẽ] (*pl* **-ns** [-ʃ]) *f* picture; *(pessoal)* image.

imaginação [imaʒina'sãw] *f* imagination.

imaginar [imaʒi'na(x)] *vt (inventar)* to think up; *(supor)* to imagine.
❑ **imaginar-se** *vp*: **ele se imagina um Adônis** he thinks he's God's gift to women.

imaginativo, va [imaʒina'tʃivu, va] *adj* imaginative.

imaturo, ra [ima'turu, ra] *adj* immature.

imbatível [ĩmba'tʃivɛw] (*pl* **-eis** [-ejʃ]) *adj* unbeatable.

imediações [imedʒja'sõjʃ] *fpl* surrounding area *sg*; **nas ~ de** in the vicinity of.

imediatamente [ime,dʒja-ta'mẽntʃi] *adv* immediately.

imediato, ta [ime'dʒjatu, ta] *adj* immediate; **de ~** immediately.

imenso, sa [i'mẽsu, sa] *adj* huge; **um ~ amor** a great love.

imergir [imex'ʒi(x)] *vt (mergulhar)* to immerse.

imigração [imigra'sãw] *f* immigration.

imigrante [imi'grãntʃi] *mf* immigrant.

imigrar [imi'gra(x)] *vi* to immigrate.

imitação [imita'sãw] (*pl* **-ões** [-õjʃ]) *f* *(de produto)* imitation; *(de pessoa)* impersonation.

imitar [imi'ta(x)] *vt* *(produto)* to copy; *(comportamento)* to imitate; *(pessoa)* to impersonate.

imobiliária [imobi'ljarja] *f* real estate office *Am*, estate agent's *Brit*.

imobilizar [imobili'za(x)] *vt* to immobilize.

❑ **imobilizar-se** *vp* to come to a standstill.

imoral [imo'raw] (*pl* **-ais** [-ajʃ]) *adj* immoral.

imóvel [i'mɔvɛw] (*pl* **-eis** [-ejʃ]) *adj* motionless. ◆ *m* *(prédio)* building; *(valor imóvel)* property.

impaciência [ĩmpa'sjẽsja] *f* impatience.

impaciente [ĩmpa'sjẽntʃi] *adj* impatient.

impacto [ĩm'paktu] *m* impact.

ímpar ['ĩmpa(x)] (*pl* **-res** [-riʃ]) *adj* *(número)* odd; *(objeto)* unique; *(ação)* unequalled.

imparcial [ĩmpax'sjaw] (*pl* **-ais** [-ajʃ]) *adj* impartial.

ímpares → **ímpar.**

impasse [ĩm'pasi] *m* impasse.

impecável [ĩmpe'kavɛw] (*pl* **-eis** [-ejʃ]) *adj* *(trabalho, roupa, limpeza)* impeccable; *(pessoa)* great.

impedido, da [ĩmpe'dʒidu, da] *adj* *(caminho, estrada)* blocked; *(em futebol)* offside.

impedimento [ĩmpedʒi'mẽntu] *m* obstacle; *(futebol)* offside.

impedir [ĩmpe'dʒi(x)] *vt* *(trânsito, circulação)* to block; ~ **alguém de fazer algo** to prevent sb from doing sthg.

impenetrável [ĩmpene'travɛw] (*pl* **-eis** [-ejʃ]) *adj* impenetrable.

impensável [ĩmpẽ'savɛw] (*pl* **-eis** [-ejʃ]) *adj* unthinkable.

imperativo, va [ĩmpera'tʃivu, va] *adj* & *m* imperative.

imperdoável [ĩmpex'dwavɛw] (*pl* **-eis** [-ejʃ]) *adj* unforgivable.

imperfeito, ta [ĩmpex'fejtu, ta] *adj* faulty. ◆ *m* GRAM imperfect.

impermeável [ĩmpex'mjavɛw] (*pl* **-eis** [-ejʃ]) *m* wind breaker. ◆ *adj* waterproof.

impertinente [ĩmpextʃi'nẽntʃi] *adj* impertinent.

imperturbável [ĩmpextux'bavɛw] (*pl* **-eis** [-ejʃ]) *adj* serene.

impessoal [ĩmpe'swaw] (*pl* **-ais** [-ajʃ]) *adj* impersonal.

impetuoso, osa [ĩmpe'twozu, ɔza] *adj* impetuous.

implacável [ĩmpla'kavɛw] (*pl* **-eis** [-ejʃ]) *adj* ruthless; *(vento, chuva, frio)* relentless.

implantação [ĩmplãnta'sãw] *f* introduction.

implicar [ĩmpli'ka(x)] *vt* *(envolver)* to implicate; *(acarretar)* to involve.

❑ **implicar com** *v + prep* to insult.

implícito, ta [ĩm'plisitu, ta] *adj* implicit.

implorar [ĩmplo'ra(x)] *vt* to implore.

imponente [ĩmpo'nẽntʃi] *adj (grandioso)* imposing; *(altivo)* arrogant.

impopular [ĩmpopu'la(x)] (*pl* **-res** [-xiʃ]) *adj* unpopular.

impor [ĩm'po(x)] *vt (respeito, silêncio)* to command; *(ordem)* to impose; ~ **algo a alguém** to impose sthg on sb.

❑ **impor-se** *vp* to command respect.

importação [ĩmpoxta'sãw] (*pl* **-ões** [-õjʃ]) *f* import.

importado, da [ĩmpox'tadu, da] *adj* imported.

importância [ĩmpox'tãsja] *f (valor)* importance; *(quantia monetária)* amount.

importante [ĩmpox'tãntʃi] *adj* important. ◆ *m*: **o ~ é ...** the important thing is ...

importar [ĩmpox'ta(x)] *vt (mercadoria, produto, idéia)* to import. ◆ *vi (ter importância)* to matter.

❑ **importar-se** *vp (fazer caso)* to mind; **você se importa de fechar a porta?** would you mind closing the door?

imposição [ĩmpozi'sãw] (*pl* **-ões** [-õjʃ]) *f* condition.

impossível [ĩmpo'sivɛw] (*pl* **-eis** [-ejʃ]) *adj & m* impossible. ◆ *m*: **querer o ~** to ask the impossible.

imposto [ĩm'poʃtu] *m* tax; **~ de renda** income tax.

impostor, ra [ĩmpoʃ'to(x), ra] (*mpl* **-res** [-riʃ], *fpl* **-s** [-ʃ]) *m, f* impostor.

impotente [ĩmpo'tẽntʃi] *adj* impotent.

impraticável [ĩmpratʃi'kavɛw] (*pl* **-eis** [-ejʃ]) *adj (estrada, caminho)* impassable.

impreciso, sa [ĩmpre'sizu, za] *adj* vague.

imprensa [ĩm'prẽsa] *f* press.

impressão [ĩmpre'sãw] (*pl* **-ões** [-õjʃ]) *f (sensação)* impression; *(de jornal, livro)* printing; **ter a ~ de que** to get the impression (that); **tenho a ~ que vai chover** I think it's going to rain; **~ digital** fingerprint; **causar boa ~** to make a good impression.

impressionante [ĩmpresju'nãntʃi] *adj (incrível)* amazing; *(comovente)* moving.

impressionar [ĩmpresju'na(x)] *vt (causar admiração a)* to amaze; *(comover)* to move.

impresso, a [ĩm'prɛsu, a] *adj* printed. ◆ *m* form.

impressões → **impressão.**

impressora [ĩmpre'sora] *f* printer; **~ matricial** dot matrix printer; **~ a jato de tinta** ink jet printer; **~ a laser** laser printer.

imprevisível [ĩmprevi'zivɛw] (*pl* **-eis** [-ejʃ]) *adj* unpredictable.

imprevisto, ta [ĩmpre'viʃtu, ta] *adj* unexpected. ◆ *m* unexpected event.

imprimir [ĩmpri'mi(x)] *vt* to print.

impróprio, pria [ĩm'prɔpriu, pria] *adj*: **~ para** unsuitable for; **~ para consumo** unfit for human consumption.

improvável [ĩmpro'vavɛw] (*pl* **-eis** [-ejʃ]) *adj* unlikely.

improvisar [ĩmprovi'za(x)] *vt & vi* to improvise.
improviso [ĩmpro'vizu] *m* improvisation; **de ~** impromptu; **fazer um discurso de ~** to make an impromptu speech.
imprudente [ĩmpru'dẽntʃi] *adj* rash.
impulsionar [ĩmpuwsju-'na(x)] *vt* to push forward.
impulsivo, va [ĩmpuw'sivu, va] *adj* impulsive.
impulso [ĩm'puwsu] *m (incitamento)* impulse; *(de ligação telefônica)* unit.
impureza [ĩmpu'reza] *f* impurity.
impuro, ra [ĩm'puru, ra] *adj* impure.
imundície [imũn'dʒisji] *f (sujeira)* dirt; *(lixo)* garbage.
imune [i'muni] *adj (isento)*: **~ a** immune to.
inabitado, da [inabi'tadu, da] *adj* uninhabited.
inacabado, da [inaka'badu, da] *adj* unfinished.
inaceitável [inasej'tavɛw] (*pl* **-eis** [-ejʃ]) *adj* unacceptable.
inacessível [inase'sivɛw] (*pl* **-eis** [-ejʃ]) *adj* inaccessible.
inacreditável [inakredʒi'tavɛw] (*pl* **-eis** [-ejʃ]) *adj* unbelievable.
inadequado, da [inade'kwadu, da] *adj* inadequate.
inadiável [ina'djavɛw] (*pl* **-eis** [-ejʃ]) *adj (encontro, reunião, problema)* pressing.
inalador [inala'do(x)] (*pl* **-res** [-riʃ]) *m* inhaler.
inalcançável [inawkã'savɛw] (*pl* **-eis** [-ejʃ]) *adj* unattainable.
inanimado, da [inani'madu, da] *adj* inanimate.
inaptidão [inaptʃi'dãw] *f* unsuitability.
inapto, ta [i'naptu, ta] *adj* unsuited.
inarticulado, da [inaxtʃiku-'ladu, da] *adj* inarticulate.
inatingível [inatʃĩ'ʒivɛw] (*pl* **-eis** [-ejʃ]) *adj* unattainable.
inatividade [inatʃivi'dadʒi] *f* inactivity.
inativo, va [ina'tʃivu, va] *adj* inactive; *(pessoa)* unemployed.
inato, ta ['inatu, ta] *adj* innate.
inauguração [inawgura'sãw] (*pl* **-ões** [-õjʃ]) *f* inauguration.
inaugurar [inawgu'ra(x)] *vt* to inaugurate.
incansável [ĩŋkã'savɛw] (*pl* **-eis** [-ejʃ]) *adj* tireless.
incapacidade [ĩŋkapasi'dadʒi] *f* inability.
incapaz [ĩŋka'paʃ] (*pl* **-zes** [-ziʃ]) *adj* incapable.
incendiar [ĩsẽn'dʒja(x)] *vt* to set fire to.
❑ **incendiar-se** *vp* to catch fire.
incêndio [ĩ'sẽndʒju] *m* fire.
incentivo [ĩsẽn'tʃivu] *m* incentive.
incerteza [ĩsex'teza] *f* doubt, uncertainty; **ficar na ~** to be left in doubt.
incerto, ta [ĩ'sɛxtu, ta] *adj* uncertain.
inchaço [ĩ'ʃasu] *m* swelling.
inchado, da [ĩ'ʃadu, da] *adj*

(entumescido) swollen; *fig (envaidecido)* puffed up with pride.

inchar [ĩ'ʃa(x)] *vi* to swell.

incidente [ĩsi'dẽntʃi] *m* incident.

incineração [ĩsinera'sãw] (*pl* **-ões** [-õjʃ]) *f* incineration.

incisivo, va [ĩsi'zivu, va] *adj fig (penetrante)* incisive. ◆ *m (dente)* incisor.

incitar [ĩsi'ta(x)] *vt* to incite.

inclinação [ĩŋklina'sãw] (*pl* **-ões** [-õjʃ]) *f* inclination.

inclinado, da [ĩŋkli'nadu, da] *adj* slanting.

inclinar [ĩŋkli'na(x)] *vt* to tilt.
❑ **inclinar-se** *vp* to lean.

incluir [ĩŋklu'i(x)] *vt* to include; *(inserir)* to enclose.

inclusive [ĩŋklu'zivɛ] *adv* even; **de 11 a 20,** ~ from 11 to 20 inclusive.

incoerente [ĩŋkwe'rẽntʃi] *adj* incoherent.

incógnita [ĩŋ'kɔgnita] *f* enigma, mystery.

incolor [ĩŋko'lo(x)] (*pl* **-res** [-riʃ]) *adj* colorless.

incomodar [ĩŋkomo'da(x)] *vt* to bother; **'favor não ~'** 'do not disturb'.
❑ **incomodar-se** *vp* to bother; **você se incomoda se eu fumar?** do you mind if I smoke?

incômodo, da [ĩŋ'komodu, da] *adj* uncomfortable. ◆ *m* nuisance.

incomparável [ĩŋkõmpa'ravɛw] (*pl* **-eis** [-ejʃ]) *adj* incomparable.

incompatível [ĩŋkõmpa'tʃivɛw] (*pl* **-eis** [-ejʃ]) *adj* incompatible.

incompetente [ĩŋkõmpe'tẽntʃi] *adj & mf* incompetent.

incompleto, ta [ĩŋkõm'plɛtu, -ta] *adj* unfinished.

incomunicável [ĩŋkomuni'kavɛw] (*pl* **-eis** [-ejʃ]) *adj (isolado)* isolated.

inconcebível [ĩŋkõse'bivɛw] (*pl* **-eis** [-ejʃ]) *adj* inconceivable.

incondicional [ĩŋkõndʒisjo'naw] (*pl* **-ais** [-ajʃ]) *adj* unconditional.

inconfidência [ĩŋkõfi'dẽsja] *f* disloyalty; *(traição)* treason.

inconfidente [ĩŋkõfi'dẽtʃi] *adj* disloyal. ◆ *mf (traidor)* traitor.

inconformado, da [ĩŋkõfox'madu, da] *adj* unreconciled.

inconfundível [ĩŋkõfũn'dʒivɛw] (*pl* **-eis** [-ejʃ]) *adj* unmistakable.

inconsciência [ĩŋkõʃ'sjẽsja] *f* thoughtlessness.

inconsciente [ĩŋkõʃ'sjẽntʃi] *adj* MED unconscious; *(irresponsável)* thoughtless. ◆ *m* unconscious.

inconveniência [ĩŋkõve'njẽsja] *f* inconvenience.

inconveniente [ĩŋkõve'njẽntʃi] *adj (pessoa)* tactless; *(assunto)* awkward. ◆ *m (problema)* problem; *(desvantagem)* disadvantage.

incorporar [ĩŋkoxpo'ra(x)] *vt* to incorporate.

incorreto, ta [ĩŋko'xɛtu, ta] *adj (errado)* incorrect; *(malcriado)* rude.

incorrigível [ĩŋkoxi'ʒivɛw] (*pl* **-eis** [-ejʃ]) *adj* incorrigible.
incrédulo, la [ĩŋ'krɛdulu, la] *adj* incredulous.
incrível [ĩŋ'krivɛw] (*pl* **-eis** [-ejʃ]) *adj* incredible.
incubadora [ĩŋkuba'dora] *f* incubator.
inculto, ta [ĩŋ'kuwtu, ta] *adj* *(pessoa)* uneducated; *(terreno)* uncultivated.
incurável [ĩŋku'ravɛw] (*pl* **-eis** [-ejʃ]) *adj* incurable.
indagar [ĩnda'ga(x)] *vi* to inquire.
indecente [ĩnde'sẽntʃi] *adj* indecent.
indeciso, sa [ĩnde'sizu, za] *adj* *(futuro, situação)* uncertain; *(pessoa)* indecisive; **estar ~** to be undecided.
indecoroso, osa [ĩndeku'rozo, ɔza] *adj* improper.
indefeso, sa [ĩnde'fezu, za] *adj* defenseless.
indefinido, da [ĩndefi'nidu, da] *adj* indefinite.
indelicado, da [ĩndeli'kadu, da] *adj* offhand.
indenização [ĩndeniza'sãw] (*pl* **-ões** [-õjʃ]) *f* compensation.
indenizar [ĩndeni'zar] *vt* to compensate.
independência [ĩndepẽn'dẽsja] *f* independence.
independentemente [ĩndepẽn,dẽntʃi'mẽntʃi]: **independentemente de** *prep* independently of.
indescritível [ĩndeʃkri'tʃivɛw] (*pl* **-eis** [-ejʃ]) *adj* indescribable.
indesejável [ĩndeze'ʒavɛw] (*pl* **-eis** [-ejʃ]) *adj* undesirable.
indestrutível [ĩndeʃtru'tʃivɛw] (*pl* **-eis** [-ejʃ]) *adj* indestructible; *fig* *(argumento)* watertight.
indeterminado, da [ĩndetexmi'nadu, da] *adj* indeterminate.
indevido, da [ĩnde'vidu, da] *adj* inappropriate.
Índia ['ĩndʒja] *f*: **a ~** India.
indiano, na [ĩn'dʒjanu, na] *adj & m, f* Indian.
indicação [ĩndʒika'sãw] (*pl* **-ões** [-õjʃ]) *f* *(de caminho, direção)* directions *pl*; *(sinal)* mark; *(instrução)* indication.
indicador [ĩndʒika'do(x)] (*pl* **-res** [-riʃ]) *m* *(dedo)* index finger; *(de temperatura, velocímetro)* indicator.
indicar [ĩndʒi'ka(x)] *vt* to show; **tudo indica que ...** everything points to ...
indicativo, va [ĩndʒika'tʃivu, va] *adj* indicative. ◆ *m* GRAM indicative.
índice ['ĩndʒisi] *m* *(em livro)* index; *(nível)* rate; **~ de audiência** the ratings; **~ de inflação** inflation rate.
indício [in'dʒisju] *f* *(pista)* clue; *(sinal)* sign.
indiferença [ĩndʒife'rẽsa] *f* indifference.
indiferente [ĩndʒife'rẽntʃi] *adj* indifferent; **para mim é ~** I don't care.
indígena [ĩn'dʒiʒena] *adj & mf*

(nativo) native; *(índio)* Indian.

indigestão [ĩndʒiʒeʃ'tãw] *f* indigestion.

indigesto, ta [ĩndʒi'ʒɛʃtu, ta] *adj* indigestible.

indignação [ĩndʒigna'sãw] (*pl* **-ões** [-õjʃ]) *f* indignation.

indigno, gna [ĩn'dʒignu, gna] *adj (pessoa)* unworthy; *(situação)* degrading.

índio, dia ['ĩndʒju, dʒja] *adj & m, f* Indian.

indireta [ĩndʒi'rɛta] *f fig (comentário)* dig.

indireto, ta [ĩndʒi'rɛtu, ta] *adj* indirect.

indisciplinado, da [ĩndʒiʃsipli'nadu, da] *adj* undisciplined.

indiscreto, ta [ĩndʒiʃ'krɛtu, ta] *adj* indiscreet.

indiscutível [ĩndʒiʃku'tʃivɛw] (*pl* **-eis** [-ejʃ]) *adj* indisputable.

indispensável [ĩndʒiʃpẽ'savɛw] (*pl* **-eis** [-ejʃ]) *adj* indispensable. ◆ *m*: **o ~** the bare essentials *pl*.

indisposição [ĩndʒiʃpozi'sãw] (*pl* **-ões** [-õjʃ]) *f* upset stomach.

indisposto, osta [ĩndʒiʃ'poʃtu, ɔʃta] *adj* unwell.

individual [ĩndʒivi'dwaw] (*pl* **-ais** [-ajʃ]) *adj* individual; *(quarto, tarefa)* single; *(mesa)* for one.

indivíduo [ĩnde'vidwu] *m* individual; *(homem)* guy.

indolor [ĩndo'lo(x)] (*pl* **-res** [-riʃ]) *adj* painless.

indulgência [ĩnduw'ʒẽsja] *f* leniency.

indulgente [ĩnduw'ʒẽntʃi] *adj* lenient.

indústria [ĩn'duʃtria] *f* industry; **'~ brasileira'** made in Brazil.

induzir [ĩndu'zi(x)] *vt*: **~ alguém a fazer algo** to persuade sb to do sthg; **~ alguém em erro** to mislead sb.

inédito, ta [i'nɛdʒitu, ta] *adj (livro)* unpublished; *(original)* unique; *(acontecimento)* unprecedented.

ineficaz [inefi'kaʃ] (*pl* **-zes** [-ziʃ]) *adj* ineffective.

inegável [ine'gavɛw] (*pl* **-eis** [-ejʃ]) *adj* undeniable.

inércia [i'nɛxsja] *f* inertia.

inesgotável [ineʒgo'tavɛw] (*pl* **-eis** [-ejʃ]) *adj* inexhaustible.

inesperado, da [ineʃpe'radu, da] *adj* unexpected.

inesquecível [ineʃkɛ'sivɛw] (*pl* **-eis** [-ejʃ]) *adj* unforgettable.

inestimável [ineʃtʃi'mavɛw] (*pl* **-eis** [-ejʃ]) *adj* invaluable; **de valor ~** priceless.

inevitável [inevi'tavɛw] (*pl* **-eis** [-ejʃ]) *adj* inevitable.

inexequível [ineze'kwivɛw] (*pl* **-eis** [-ejʃ]) *adj* impracticable.

inexperiência [ineʃpe'rjẽsja] *f* inexperience.

inexperiente [ineʃpe'rjẽntʃi] *adj* inexperienced; *fig (inocente)* innocent.

infalível [ĩfa'livɛw] (*pl* **-eis** [-ejʃ]) *adj (método, sistema, plano)* infallible; *(inevitável)* certain.

infâmia [ĩ'famja] *f* slander.

infância [ĩ'fãsja] *f* childhood.

infantil [ĩfãn'tiw] (*pl* **-is** [-iʃ]) *adj (literatura, programa)* children's *(antes de s)*; *pej (imaturo)* childish.

infecção [ĩfɛ'sãw] (*pl* **-ões** [-õjʃ]) *f* MED infection.

infeccioso, osa [ĩfɛ'sjozu, ɔza] *adj* infectious.

infecções → **infecção.**

infectar [ĩfɛ'ta(x)] *vi* to get infected. ◆ *vt* to infect.

infelicidade [ĩfelisi'dadʒi] *f (tristeza)* unhappiness; *(desgraça)* misfortune; **mas que ~!** what a shame!; **tive a ~ de ...** I had the misfortune of ...

infeliz [ĩfe'liʒ] (*pl* **-zes** [-ziʃ]) *adj (acontecimento, notícia)* sad; *(comentário, resposta)* inappropriate. ◆ *mf* wretch; **ser ~** to be unhappy.

infelizmente [ĩfeliʒ'mẽntʃi] *adv* unfortunately.

inferior [ĩfe'rjo(x)] (*pl* **-res** [-riʃ]) *adj* lower; *(em valor, qualidade)* inferior; **andar ~** downstairs.

inferno [ĩ'fɛxnu] *m*: **o Inferno** Hell; **isto é um ~!** what a nightmare!; **vá para o ~!** go to hell!

infertilidade [ĩfextʃili'dadʒi] *f* infertility.

infiel [ĩ'fjɛw] (*pl* **-éis** [-ɛiʃ]) *adj (marido, esposa)* unfaithful; *(amigo)* disloyal.

infiltrar-se [ĩfiw'traxsi] *vp (água, chuva)* to seep in.

infindável [ĩfĩn'davɛw] (*pl* **-eis** [-ejʃ]) *adj* endless.

infinidade [ĩfini'dadʒi] *f* infinity; **uma ~ de** countless.

infinitivo [ĩfini'tʃivu] *m*: **o ~** GRAM the infinitive.

infinito, ta [ĩfi'nitu, ta] *adj & m* infinite.

inflação [ĩfla'sãw] *f* inflation.

inflamação [ĩflama'sãw] (*pl* **-ões** [-õjʃ]) *f* inflammation.

inflamado, da [ĩfla'madu, da] *adj* inflamed.

inflamar [ĩfla'ma(x)] *vt (incendiar)* to set on fire, to set alight; *fig (entusiasmar)* to inflame.

inflamável [ĩfla'mavɛw] (*pl* **-eis** [-ejʃ]) *adj* flammable *Am,* inflammable *Brit.*

inflexível [ĩflɛk'sivɛw] (*pl* **-eis** [-ejʃ]) *adj* inflexible; *fig (implacável, rigoroso)* unbending.

influência [ĩflu'ẽsja] *f* influence; **ter ~** to be influential.

influente [ĩflu'ẽntʃi] *adj* influential.

influir [ĩflu'i(x)]: **influir em** *v + prep* to influence.

informação [ĩfoxma'sãw] (*pl* **-ões** [-õjʃ]) *f* information; *(notícia)* news *sg.*

❑ **informações** *fpl (serviço telefônico)* directory assistance *sg Am,* directory enquiries *Brit;* **'informações'** 'information'.

informal [ĩfox'maw] (*pl* **-ais** [-ajʃ]) *adj* informal.

informalidade [ĩfoxmali'dadʒi] *f* informality.

informar [ĩfox'ma(x)] *vt* to inform; **~ alguém de** ou **sobre algo** to inform sb of sthg.

❑ **informar-se** *vp* to find out.

informática [ĩfox'matʃika] *f*

information technology, computing.
informativo, va [ĩfoxma'tʃivu, va] *adj* informative.
informatizar [ĩfurmati'za(x)] *vt* to computerize.
infração [ĩfra'sãw] (*pl* **-ões** [-õjʃ]) *f (de lei)* offense; *(de norma, regra)* breach.
infrações → **infração.**
infravermelho, lha [ĩfravex'meʎu, ʎa] *adj* infrared.
infundado, da [ĩfũn'dadu da] *adj* unfounded.
ingenuidade [ĩʒenwi'dadʒi] *f* ingenuity.
ingênuo, nua [ĩ'ʒenwu, nwa] *adj* naive. ◆ *m, f* naive person.
ingerir [ĩʒe'ri(x)] *vt* to ingest.
Inglaterra [ĩngla'tɛxa] *f*: **a** ~ England.
inglês, esa [ĩŋ'gleʃ, eza] (*mpl* **-eses** [-eziʃ], *fpl* **-s** [-ʃ]) *adj & m* English. ◆ *m, f (pessoa)* Englishman; **os ingleses** the English; **para** ~ **ver** for show.
ingratidão [ĩngratʃi'dãw] *f* ingratitude.
ingrato, ta [ĩŋ'gratu, ta] *adj (pessoa)* ungrateful; *(trabalho)* thankless.
ingrediente [ĩŋgre'djẽntʃi] *m* ingredient.
íngreme [ĩŋgremi] *adj* steep.
ingresso [ĩŋ'grɛsu] *m (em curso, universidade, partido)* enrollment; *(bilhete de cinema, teatro, etc)* ticket.
inhame [i'ɲami] *m* yam.
inibição [inibi'sãw] (*pl* **-ões** [-õjʃ]) *f* inhibition.
inibido, da [ini'bidu, da] *adj* inhibited.
inicial [ini'sjaw] (*pl* **-ais** [-ajʃ]) *adj & f* initial.
iniciar [ini'sja(x)] *vt* to start, to begin.
❑ **iniciar-se** *vp* to start.
iniciativa [inisja'tʃiva] *f* initiative; **ter** ~ to show initiative.
início [i'nisju] *m* start, beginning; **no** ~ at first; **desde o** ~ from the beginning.
inimigo, ga [ini'migu, ga] *adj* enemy *(antes de s)*. ◆ *m, f* enemy.
ininterruptamente [inĩnte,xupta'mẽntʃi] *adv* continuously.
injeção [ĩʒe'sãw] (*pl* **-ões** [-õjʃ]) *f* injection; ~ **eletrônica** fuel injection.
injeções → **injeção.**
injetar [ĩʒe'ta(x)] *vt* to inject.
❑ **injetar-se** *vp (drogar-se)* to be on drugs.
injúria [ĩ'ʒurja] *f* insult.
injuriar [ĩʒu'rja(x)] *vt* to insult.
injustiça [ĩʒuʃ'tʃisa] *f* injustice.
injusto, ta [ĩ'ʒuʃtu, ta] *adj* unfair.
inocência [ino'sẽsja] *f* innocence.
inocentar [inosẽn'ta(x)] *vt*: ~ **alguém (de algo)** *JUR* to clear sb (of sthg).
inocente [ino'sẽntʃi] *adj* innocent; **ser** ou **estar** ~ to be innocent.
inoculação [inɔkula'sãw] (*pl* **-ões** [-õjʃ]) *f* inoculation.

inofensivo, va [inofẽ'sivu, va] *adj* harmless.

inoportuno, na [inopox'tunu, na] *adj (pessoa)* tactless; *(comentário, momento)* inopportune.

inovação [inova'sãw] (*pl* **-ões** [-õjʃ]) *f* innovation.

inoxidável [inoksi'davɛw] (*pl* **-eis** [-ejʃ]) *adj (aço)* stainless; *(material)* rustproof.

inquérito [ĩŋ'kɛritu] *m (sondagem)* opinion poll, survey; *(de polícia, comissão)* investigation.

inquietação [ĩŋkjeta'sãw] *f (agitação)* restlessness; *(preocupação)* worry.

inquietante [ĩŋkje'tãntʃi] *adj* worrying, disturbing.

inquilino, na [ĩŋki'linu, na] *m, f* tenant.

insatisfatório, ria [ĩsatʃiʃfa'tɔrju, rja] *adj* unsatisfactory.

insatisfeito, ta [ĩsatʃiʃ'fejtu, ta] *adj* dissatisfied.

inscrever [ĩʃkre've(x)] *vt* to enroll; ~ **alguém em algo** to enroll sb in sthg.

❑ **inscrever-se** *vp*: **~-se em algo** to enroll in sthg.

inscrição [ĩʃkri'sãw] (*pl* **-ões** [-õjʃ]) *f (em pedra)* inscription; *(em curso, cadeira)* enrollment.

insegurança [isegu'rãsa] *f* insecurity.

inseguro, ra [ĩse'guru, ra] *adj (área, rua)* unsafe; *(pessoa)* insecure.

insensato, ta [ĩsẽ'satu, ta] *adj (decisão, comportamento)* foolish.

insensibilidade [ĩsẽsibili'dadʒi] *f* insensitivity.

insensível [ĩsẽ'sivɛw] (*pl* **-eis** [-ejʃ]) *adj* insensitive.

inseparável [ĩsepa'ravɛw] (*pl* **-eis** [-ejʃ]) *adj* inseparable.

inserir [ĩse'ri(x)] *vt (colocar)* to insert; INFORM *(dados)* to enter.

❑ **inserir-se em** *vp + prep (fazer parte de)* to be part of.

inseticida [ĩsetʃi'sida] *m* insecticide.

inseto [ĩ'sɛtu] *m* insect.

insidioso, osa [ĩsi'dʒjozu, ɔza] *adj* insidious.

insígnia [ĩ'signja] *f* insignia.

insignificante [ĩsignifi'kãntʃi] *adj* insignificant.

insinuar [ĩsi'nwa(x)] *vt* to insinuate.

insípido, da [ĩ'sipidu, da] *adj* insipid.

insistência [ĩsiʃ'tẽsja] *f* insistence.

insistente [ĩsiʃ'tẽntʃi] *adj* insistent.

insistir [ĩsiʃ'ti(x)] *vi* to insist; **eu estou sempre insistindo com ela para ter cuidado** I'm always telling her to be careful; ~ **em fazer algo** to insist on doing sthg.

insolação [ĩsola'sãw] (*pl* **-ões** [-õjʃ]) *f* sunstroke.

insolente [ĩso'lẽntʃi] *adj* insolent. ◆ *mf* insolent person.

insólito, ta [ĩ'sɔlitu, ta] *adj* unusual.

insônia [ĩ'sonja] *f* insomnia.

insosso, a [ĩ'sosu, a] *adj* bland; *fig (pouco interessante)* insipid.

inspeção [ĩʃpe'sãw] (*pl* **-ões** [-õjʃ]) *f* inspection.

inspecionar [ĩʃpesjo'na(x)] *vt* to inspect.

inspeções → **inspeção.**

inspetor, ra [ĩʃpe'to(x), ra] (*mpl* **-res** [-riʃ], *fpl* **-s** [-ʃ]) *m, f* inspector.

inspiração [ĩʃpira'sãw] (*pl* **-ões** [-õjʃ]) *f* inspiration.

inspirador, ra [ĩʃpira'do(x), ra] (*mpl* **-res** [-riʃ], *fpl* **-s** [-ʃ]) *adj* inspiring.

inspirar [ĩʃpi'ra(x)] *vt* *(respirar)* to breathe in; *fig (sugerir)* to inspire.

instabilidade [ĩʃtabili'dadʒi] *f* instability.

instalação [ĩʃtala'sãw] (*pl* **-ões** [-õjʃ]) *f* installation; ~ **elétrica** wiring.

❑ **instalações** *fpl* facilities

instalar [ĩʃta'la(x)] *vt* to install.

❑ **instalar-se** *vp (em casa, local)* to move in; *(em cadeira)* to make o.s. comfortable.

instantâneo, nea [ĩʃtãn'tanju, nja] *adj* instantaneous. ◆ *m* snapshot.

instante [ĩʃ'tãntʃi] *m* moment; **um ~!** just a minute!; **dentro de ~s** shortly; **de um ~ para o outro** suddenly; **nesse ~** at that moment; **num ~** in a second; **faço isso num ~** it'll only take me a minute; **por ~s** for a moment; **a qualquer ~** at any moment; **a todo ~** all the time.

instintivo, va [ĩʃtʃĩn'tʃivu, va] *adj* instinctive.

instinto [ĩʃ'tʃĩntu] *m* instinct; **por ~** instinctively.

instituição [ĩʃtʃitwi'sãw] (*pl* **-ões** [-õjʃ]) *f* institution.

instituto [ĩʃtʃi'tutu] *m* institute; **~ de beleza** beauty parlor; **~ de línguas** language school.

instrução [ĩʃtru'sãw] (*pl* **-ões** [-õjʃ]) *f (indicação)* instruction; *(educação)* education.

instruir [ĩʃtru'i(x)] *vt* to instruct.

instrumental [ĩʃtrumẽn'taw] (*pl* **-ais** [-ajʃ]) *adj* instrumental.

instrumento [ĩʃtru'mẽntu] *m (ferramenta)* tool; *(musical)* instrument.

instrutivo, va [ĩʃtru'tʃivu, va] *adj* instructive.

instrutor, ra [ĩʃtru'to(x), ra] (*mpl* **-res** [-riʃ], *fpl* **-s** [-ʃ]) *m, f (professor)* instructor; *(de direção)* driving instructor.

insubordinação [ĩsuboxdʒina'sãw] (*pl* **-ões** [-õjʃ]) *f (mau comportamento)* disobedience; *(rebelião)* insubordination.

insubstituível [ĩsubʃtʃi'twivɛw] (*pl* **-eis** [-ejʃ]) *adj* irreplaceable.

insucesso [ĩsu'sɛsu] *m* failure.

insuficiência [ĩsufi'sjẽsja] *f (falta, carência)* lack; *(incapacidade)* failure; **~ cardíaca** heart failure.

insuficiente [ĩsufi'sjẽntʃi] *adj* insufficient. ◆ *m* EDUC *(nota)* 'fail'.

insuflável [ĩsu'flavɛw] (*pl* **-eis** [-ejʃ]) *adj* inflatable.

insulina [ĩsu'lina] *f* insulin.
insultar [ĩsuw'ta(x)] *vt* to insult.
insuperável [ĩsupe'ravɛw] (*pl* **-eis** [-ejʃ]) *adj* insurmountable.
insuportável [ĩsupox'tavɛw] (*pl* **-eis** [-ejʃ]) *adj* unbearable.
intato, ta [ĩn'tatu, ta] *adj* intact.
íntegra ['ĩntegra] *f*: **na** ~ in full.
integral [ĩnte'graw] (*pl* **-ais** [-ajʃ]) *adj* whole.
integrar [ĩnte'gra(x)] *vt* to include.
❑ **integrar-se** *vp* to become integrated.
integridade [ĩntegri'dadʒi] *f* integrity.
íntegro, gra ['ĩntegru, gra] *adj* honest.
inteiramente [ĩn,tejra'mẽntʃi] *adv* entirely.
inteirar-se [ĩntej'raxsi]: **inteirar-se de** *vp + prep* to find out about.
inteiro, ra [ĩn'tejru, ra] *adj (todo)* whole; *(não partido)* intact.
intelectual [ĩntelek'twaw] (*pl* **-ais** [-ajʃ]) *adj & mf* intellectual.
inteligência [ĩnteli'ʒẽsja] *f* intelligence.
inteligente [ĩnteli'ʒẽntʃi] *adj* intelligent.
intenção [ĩntẽ'sãw] (*pl* **-ões** [-õjʃ]) *f* intention; **ter** ~ **de fazer algo** to intend to do sthg; **sem** ~ unintentionally; **com a melhor das intenções** with the best of intentions; **ter segundas intenções** to have an ulterior motive.
intensidade [ĩntẽsi'dadʒi] *f* intensity.
intensivo, va [ĩntẽ'sivu, va] *adj* intensive.
intenso, sa [ĩn'tẽsu, sa] *adj* intense; *(chuva)* heavy; *(trabalho)* hard; *(vento)* high.
interativo, va [ĩntera'tʃivu, va] *adj* interactive.
intercâmbio [,ĩnter'kãmbju] *m* exchange.
interceder [ĩntexse'de(x)] *vi*: ~ **por alguém** to intercede on behalf of sb.
interceptar [ĩntexsep'ta(x)] *vt* to intercept.
interdição [ĩntexdʒi'sãw] (*pl* **-ões** [-õjʃ]) *f (proibição)* ban; *(encerramento)* closure.
interessado, da [ĩntere'sadu, da] *adj* interested.
interessante [ĩntere'sãntʃi] *adj* interesting.
interessar [ĩntere'sa(x)] *vi* to be of interest; **a quem** ~ **possa** to whom it may concern.
❑ **interessar-se por** *vp + prep* to be interested in; **só agora é que ele se interessou pelo caso** he's only recently taken an interest in the situation.
interesse [ĩnte'resi] *m* interest; *(importância)* significance; *(proveito próprio)* self-interest; **no** ~ **de** in the interest of; **por** ~ out of self-interest; **sem** ~ of no interest.
interferência [ĩntexfe'rẽsja] *f* interference.
❑ **interferências** *fpl (em imagem, rádio)* interference *sg*.

interferir [ĩntexfe'ri(x)]: **interferir em** *v + prep* to interfere in.

interfone [ˌĩntex'fɔni] *m* intercom.

interior [ĩnte'rjo(x)] (*pl* **-res** [-riʃ]) *adj (quarto, porta)* inner. ◆ *m (de área, caixa)* inside; *(de casa, país)* interior.

interjeição [ĩntexʒej'sãw] (*pl* **-ões** [-õjʃ]) *f* interjection.

interlocutor, ra [ĩntexloku'to(x), ra] (*mpl* **-res** [-riʃ], *fpl* **-s** [-ʃ]) *m, f* speaker.

intermediário, ria [ĩntexme'dʒjarju, rja] *m, f* intermediary.

intermédio [ĩnter'mɛdju] *m*: **por ~ de** through.

interminável [ĩntexmi'navɛw] (*pl* **-eis** [-ejʃ]) *adj* endless.

intermitente [ĩntexmi'tẽntʃi] *adj* intermittent.

internacional [ĩntexnasju'naw] (*pl* **-ais** [-ajʃ]) *adj* international.

internar [ĩntex'na(x)] *vt* MED to admit.

internato [ĩntex'natu] *m* boarding school.

Internet [ĩntex'nɛtʃi] *f*: **a ~** the Internet.

interno, na [ĩn'tɛxnu, na] *adj* internal; *(colégio)* boarding *(antes de s)*.

interpretação [ĩntexpreta'sãw] (*pl* **-ões** [-õjʃ]) *f (de texto, mensagem)* interpretation; *(de papel, canção)* performance; *(tradução)* interpreting.

interpretar [ĩntexpre'ta(x)] *vt (texto, mensagem)* to interpret; *(papel)* to play; *(música)* to perform.

intérprete [ĩn'tɛxpretʃi] *mf* performer; *(tradutor)* interpreter.

interrogação [ĩntexoga'sãw] (*pl* **-ões** [-õjʃ]) *f (pergunta)* question; *(interrogatório)* interrogation.

interrogar [ĩntexo'ga(x)] *vt (perguntar a)* to question; *(em tribunal)* to cross-examine.

interrupção [ĩntexup'sãw] (*pl* **-ões** [-õjʃ]) *f* interruption; **sem ~** without interruption.

interruptor [ĩntexup'to(x)] (*pl* **-res** [-riʃ]) *m* switch.

interurbano, na [ˌĩntexux'banu, na] *adj (telefonema)* long-distance.

intervalo [ĩntex'valu] *m (de programa, aula)* break; *(de espetáculo)* interval.

intervenção [ĩntexvẽ'sãw] (*pl* **-ões** [-õjʃ]) *f (ação)* intervention; *(discurso)* speech; **~ cirúrgica** operation.

intervir [ĩntex'vi(x)] *vi (participar)* to participate; *(interferir)* to intervene; **~ em** *(participar em)* to participate in; *(interferir em)* to intervene in.

intestino [ĩnteʃ'tʃinu] *m* intestine; **~ delgado/grosso** small/large intestine.

intimidade [ĩntʃimi'dadʒi] *f (proximidade)* intimacy; *(privacidade)* privacy.

intimidar [ĩntʃimi'da(x)] *vt* to intimidate.

❑ **intimidar-se** *vp* to be intimidated.

íntimo, ma [ˈĩntʃimu, ma] *adj* *(pessoa)* close; *(sentimentos)* intimate; *(objetos)* personal. ◆ *m*: **no ~** deep down; **ser ~ de alguém** to be close to sb.

intolerância [ĩtoleˈrãsja] *f* intolerance.

intolerante [ĩtoleˈrãntʃi] *adj* *(pessoa)* intolerant; *(lei, atitude)* rigid.

intoxicação [ĩtoksikaˈsãw] (*pl* **-ões** [-õjʃ]) *f* poisoning; **~ alimentar** food poisoning.

intransigente [ĩtrãziˈʒẽntʃi] *adj* intransigent.

intransitável [ĩtrãziˈtavɛw] (*pl* **-eis** [-ejʃ]) *adj* impassable.

intransponível [ĩtrãʃpoˈnivɛw] (*pl* **-eis** [-ejʃ]) *adj* *(rio, obstáculo)* impassable; *(problema)* insurmountable.

intratável [ĩtraˈtavɛw] (*pl* **-eis** [-ejʃ]) *adj* *(pessoa)* difficult.

intravenoso, osa [ĩtraveˈnozu, ɔza] *adj* intravenous.

intriga [ĩnˈtriga] *f* *(de livro, história)* plot; *(bisbilhotice)* piece of gossip.

intrigante [ĩtriˈgãntʃi] *adj* *(curioso)* intriguing; *(bisbilhoteiro)* gossipy.

introdução [ĩtroduˈsãw] (*pl* **-ões** [-õjʃ]) *f* introduction; *(inserção)* insertion.

introduzir [ĩtroduˈzi(x)] *vt* *(inserir)* to insert.

intrometer-se [ĩtromeˈtexsi] *vp* to interfere; **~ em** to meddle in.

intrometido, da [ĩtromeˈtʃidu, da] *adj* meddling.

intromissão [ĩtromiˈsãw] (*pl* **-ões** [-õjʃ]) *f* interference, meddling.

introvertido, da [ĩtrovexˈtʃidu, da] *adj* introverted.

intruso, sa [ĩnˈtruzu, za] *m, f* intruder.

intuição [ĩntwiˈsãw] (*pl* **-ões** [-õjʃ]) *f* intuition; **por ~** intuitively.

intuito [ĩnˈtwitu] *m* aim; **com o ~ de fazer algo** with the aim of doing sthg.

inúmeros, ras [iˈnumeruʃ, raʃ] *adj pl* countless.

inundação [inũndaˈsãw] (*pl* **-ões** [-õjʃ]) *f* flood.

inundar [inũnˈda(x)] *vt* to flood.

inútil [iˈnutʃiw] (*pl* **-teis** [-tejʃ]) *adj* *(desnecessário)* useless; *(vão)* pointless.

invadir [ĩvaˈdi(x)] *vt* to invade.

invalidez [ĩvaliˈdeʒ] *f* disability.

inválido, da [ĩˈvalidu, da] *adj* *(pessoa)* disabled. ◆ *m, f* disabled person.

invariável [invarjˈavew] (*pl* **-eis** [-ejʃ]) *adj* invariable.

invasão [ĩvaˈzãw] (*pl* **-ões** [-õjʃ]) *f* invasion.

inveja [ĩˈvɛʒa] *f* envy; **ter ~ de alguém** to envy sb.

invejar [ĩveˈʒa(x)] *vt* to envy.

invejoso, osa [ĩveˈʒozu, ɔza] *adj* envious.

invenção [ĩvẽˈsãw] (*pl* **-ões** [-õjʃ]) *f* invention.

inventar [ĩvẽnˈta(x)] *vt* *(criar)*

to invent; *fig (mentir)* to make up.

inventário [ĩvẽn'tarju] *m* inventory.

inventor, ra [ĩvẽn'to(x), ra] (*mpl* **-res** [-riʃ], *fpl* **-s** [-ʃ]) *m, f* inventor.

inverno [ĩ'vɛxnu] *m* winter; **no** ~ in the winter.

inverossímil [ĩvero'simiw] (*pl* **-meis** [-mejʃ]) *adj* unlikely, improbable.

inversão [ĩvex'sãw] (*pl* **-ões** [-õjʃ]) *f* inversion.

inverso, sa [ĩ'vɛxsu, sa] *adj* opposite. ◆ *m*: **o** ~ the opposite.

inversões → **inversão.**

inverter [ĩvex'te(x)] *vt (ordem, posição)* to invert; *(sentido, marcha)* to reverse.

invés [ĩ'vɛʃ] *m*: **ao** ~ **de** instead of.

investida [ĩveʃ'tʃida] *f (ataque)* attack; *(tentativa)* attempt.

investigação [ĩveʃtʃiga'sãw] (*pl* **-ões** [-õjʃ]) *f (policial)* investigation; *(científica)* research.

investigar [ĩveʃtʃi'ga(x)] *vt (acontecimento, crime)* to investigate; *(cientificamente)* to research.

investimento [ĩveʃtʃi'mẽntu] *m* investment.

investir [ĩveʃ'tʃi(x)] *vt* to invest. ◆ *vi*: ~ **(em algo)** to invest (in sthg).

invisível [ivi'zivɛw] (*pl* **-eis** [-ejʃ]) *adj* invisible.

invólucro [ĩ'vɔlukru] *m* wrapping.

involuntário, ria [ĩvolũn'tarjʊ, rja] *adj* involuntary.

iodo ['jodu] *m* iodine.

ioga ['jɔga] *m ou f* yoga.

iogurte [ju'guxtʃi] *m* yoghurt.

ir [i(x)] *vi* **-1.** *(deslocar-se)* to go; **fomos de ônibus** we went by bus; **iremos a pé** we'll go on foot, we'll walk; **vamos?** shall we go?

-2. *(assistir, freqüentar)* to go; **ele nunca vai às reuniões** he never goes to the meetings; **você não vai à aula?** aren't you going to your class?

-3. *(estender-se)* to go; **o caminho vai até ao lago** the path goes to the lake.

-4. *(desenrolar-se)* to go; **isto não vai nada bem** this isn't going at all well; **como vai você?** how are you?; **como vão as coisas?** how are things?; **os negócios vão mal** business is bad.

-5. *(exprime duração gradual)*: ~ **fazendo algo** to continue doing sthg; **vá tentando!** keep trying!

-6. *(seguido de infinitivo)*: **vou falar com ele** I'll speak to him; **não vou fazer nada** I'm not going to do anything.

-7. *(seguido de gerúndio)*: **ia caindo** I almost fell.

-8. *(em locuções)*: ~ **dar em** *(desembocar)* to lead to; ~ **ter com** *(encontrar)* to meet.

❑ **ir de** *v + prep (ir disfarçado)* to go as; *(escolher)*: **eu vou de filé com fritas, e você?** I'll have the

steak and fries, what about you?
❑ **ir por** *v + prep (auto-estrada, escadas)* to take; ~ **pela esquerda/direita** to go left/right; ~ **pelo jardim** to go through the garden.
❑ **ir-se** *vp (partir)* to go; **ele já se foi** he already left; ~**-se embora** to leave.
irascível [iraʃ'sivɛw] (*pl* **-eis** [-ejʃ]) *adj* irascible.
íris ['iriʃ] *f inv* iris.
Irlanda [ix'lãnda] *f*: **a** ~ Ireland, Eire; **a** ~ **do Norte** Northern Ireland.
irmã [ix'mã] *f (freira)* nun → **irmão.**
irmão, mã [ix'mãw, mã] *m, f* brother.
ironia [iro'nia] *f* irony.
irracional [ixasjo'naw] (*pl* **-ais** [-ajʃ]) *adj* irrational.
irradiar [ixa'dʒja(x)] *vt (luz)* to radiate.
irreal [i'xjew] (*pl* **-ais** [-ajʃ]) *adj* unreal.
irreconhecível [ixekoɲe'sivɛw] (*pl* **-eis** [-ejʃ]) *adj* unrecognizable.
irrecuperável [ixekupe'ravɛw] (*pl* **-eis** [-ejʃ]) *adj (perdido)* irretrievable; *(estragado)* irreparable; *(doente, viciado)* incurable.
irregular [ixegu'la(x)] (*pl* **-res** [-riʃ]) *adj* irregular; *(superfície)* uneven.
irremediável [ixeme'dʒjavɛw] (*pl* **-eis** [-ejʃ]) *adj* irremediable.
irreprimível [ixepri'mivɛw] (*pl* **-eis** [-ejʃ]) *adj* irrepressible.
irrequieto, ta [ixe'kjɛtu, ta] *adj (criança)* boisterous.
irresistível [ixeziʃ'tʃivɛw] (*pl* **-eis** [-ejʃ]) *adj* irresistible; *(apetite, vontade)* overwhelming.
irresponsável [ixeʃpõ'savɛw] (*pl* **-eis** [-ejʃ]) *adj* irresponsible.
irrigação [ixiga'sãw] (*pl* **-ões** [-õjʃ]) *f* irrigation.
irrisório, ria [ixi'zɔrju, rja] *adj* derisory.
irritação [ixita'sãw] (*pl* **-ões** [-õjʃ]) *f* irritation.
irritante [ixi'tãntʃi] *adj* irritating.
irritar [ixi'ta(x)] *vt* to irritate.
❑ **irritar-se** *vp* to get irritated.
isca ['iʃka] *f (para pesca)* bait.
isento, ta [i'zẽntu, ta] *adj* exempt; ~ **de** exempt from.
isolado, da [izo'ladu, da] *adj (lugar)* remote; *(pessoa, objeto)* isolated.
isolamento [izola'mẽntu] *m (solidão)* isolation; *(de janela, cabo)* insulation.
isolar [izo'la(x)] *vt (pessoa)* to isolate; *(janela, cabo)* to insulate.
isopor® [izo'po(x)] *m* Styrofoam®.
isqueiro [iʃ'kejru] *m (de cigarro)* lighter.
isso ['isu] *pron* that. ◆ *interj* that's it!; **é** ~ **aí!** that's right!; **foi por** ~ **que ele não veio** that's why he didn't come; **é por** ~ **mesmo que eu não vou!** that is exactly why I'm not going!; ~ **não!** no way!; **não mexa nisso!** leave that alone!;

nem por ~ not really; **para** ~ (in order) to do that.
istmo [ˈiʃtʃimu] *m* isthmus.
isto [ˈiʃtu] *pron* this; **disto eu não quero** I don't want any of this; **escreva nisto** write on this; ~ **é** *(quer dizer)* that is (to say); ~ **é que é vida!** this is the life!
Itália [iˈtalja] *f*: **a** ~ Italy.
itálico [iˈtaliku] *m* italic type, italics *pl*; **em** ~ in italics.
itinerário [itʃineˈrarju] *m* itinerary.

J

já [ˈʒa] *adv (agora)* now; *(de seguida)* right away, at once; **até** ~**!** see you soon!; **é para** ~**!** coming up!; ~ **acabei** I've already finished; **você** ~ **esteve em Salvador?** have you ever been to Salvador?; **você** ~ **foi a Salvador?** have you been to Salvador yet?; ~ **não sei o que fazer** I don't know what else I can do; **desde** ~ in advance; ~ **era** it's no good anymore; ~ **que** since.
jacarandá [ʒakarãnˈda] *m* jacaranda.
jacaré [ʒakaˈrɛ] *m* alligator.
jade [ˈʒadʒi] *m* jade.
jaguar [ʒaˈgwa(x)] (*pl* **-res** [-riʃ]) *m* jaguar.
jamais [ʒaˈmajʃ] *adv* never; **nenhum livro** ~ **o interessou** no book has ever interested him.
janeiro [ʒaˈnejru] *m* January → **setembro.**
janela [ʒaˈnɛla] *f* window.
jangada [ʒãŋˈgada] *f* raft.
jantar [ʒãnˈta(x)] (*pl* **-res** [-riʃ]) *m* dinner. ◆ *vi* to have dinner. ◆ *vt* to have for dinner.
Japão [ʒaˈpãw] *m*: **o** ~ Japan.
jaqueta [ʒaˈketa] *f* jacket.
jardim [ʒaxˈdʒĩ] (*pl* **-ns** [-ʃ]) *m (de casa)* yard; *(público)* park; ~ **botânico** botanical gardens *pl*; ~**-de-infância** kindergarten; ~**-de-inverno** conservatory; ~ **zoológico** zoo.
jardineiras [ʒaxdʒiˈnejraʃ] *fpl (calças)* overalls *Am*, dungarees *Brit*.
jardineiro, ra [ʒaxdʒiˈnejru, ra] *m, f* gardener.
jardins → **jardim.**
jarra [ˈʒaxa] *f (para flores)* vase; *(para vinho)* carafe.
jarro [ˈʒaxu] *m (para bebida)* jug.
jasmim [ʒaʒˈmĩ] (*pl* **-ns** [-ʃ]) *m* jasmine.
jato [ˈʒatu] *m* jet.
jaula [ˈʒawla] *f* cage.
javali [ʒavaˈli] *m* wild boar.
jazer [ʒaˈze(x)] *vi* to lie.
jazigo [ʒaˈzigu] *m* tomb.
jeans [ˈdʒiniʃ] *m inv* jeans *pl*.
jeito [ˈʒejtu] *m (modo)* way; *(comportamento)* manner; **não tem** ~**!** it's hopeless!; **com** ~ carefully; **dar um** ~ **em algo** *(tornozelo, pulso)* to sprain sthg; *(reparar)* to fix sthg; *(resolver)* to arrive at a solution; **ficar sem** ~ to feel embarrassed; **ter falta**

de ~ para algo to be bad at sthg; **ter ~ para algo** to be good at sthg; **tomar ~** to learn one's lesson; **de ~ nenhum!** no way!

jejum [ʒe'ʒũ] (*pl* **-ns** [-ʃ]) *m* fast; **em ~** on an empty stomach.

jesuíta [ʒe'zwita] *m RELIG* Jesuit.

jet ski [dʒɛt'ski] *m* jet-skiing.

jibóia [ʒi'bɔja] *f* boa constrictor.

joalheria [ʒwaʎe'ria] *f (loja)* jewelry store; *(jóias)* jewelry.

joanete [ʒwa'netʃi] *m* bunion.

joaninha [ʒwa'niɲa] *f* ladybug *Am*, ladybird *Brit*.

joelheira [ʒwe'ʎeira] *f* knee pad.

joelho ['ʒweʎu] *m* knee; **de ~s** on one's knees.

jogada [ʒo'gada] *f (lance de jogo)* turn; *(em xadrez)* move; *(em futebol, basquete)* shot.

jogar [ʒo'ga(x)] *vi* to play; *(em jogo de azar)* to gamble. ◆ *vt* to play; *(apostar)* to bet; *(atirar)* to throw; **~ bola** to play ball; **~ cartas** to play cards; **~ fora** to throw away OU out.

❑ **jogar-se a** *vp + prep (pessoa)* to lunge at; **ele jogou-se no chão** he threw himself to the floor.

jogo ['ʒogu] (*pl* **jogos** ['ʒɔguʃ]) *m (de tênis)* match; *(de futebol, xadrez)* game; *(conjunto)* set; *(jogos de azar)* gambling; **~s de vídeo** video games; **os Jogos Olímpicos** the Olympics.

jóia ['ʒɔja] *f (brincos, anel)* jewel; *(pagamento)* membership fee.

jóquei ['ʒɔkej] *m* jockey.

jornada [ʒox'nada] *f (caminhada)* journey; **~ de trabalho** work day.

jornal [ʒox'naw] (*pl* **-ais** [-ajʃ]) *m* newspaper; *TV* the news.

jornaleiro, ra [ʒoxna'lejru, ra] *m, f* newsdealer. ◆ *m* newsstand.

jornalista [ʒoxna'liʃta] *mf* journalist.

jorrar [ʒo'xa(x)] *vi* to gush.

jovem ['ʒɔvẽ] (*pl* **-ns** [-ʃ]) *adj* young. ◆ *mf* young man.

juba ['ʒuba] *f* mane.

judaico, ca [ʒu'dajku, ka] *adj* Jewish.

judeu, dia [ʒu'dew, dʒia] *m, f* Jew.

judicial [ʒudʒi'sjaw] (*pl* **-ais** [-ajʃ]) *adj* legal; **o poder ~** the judiciary.

judô [ʒu'do] *m* judo.

juiz, juíza ['ʒwiʃ, 'ʒwiza] (*mpl* **-zes** [-ziʃ], *fpl* **-s** [-ʃ]) *m, f* judge.

juízo ['ʒwizu] *m (parecer)* opinion. ◆ *interj* behave yourself!; **perder o ~** to lose one's mind; **ter ~** to be sensible.

julgamento [ʒuwga'mẽntu] *m (ato)* judgement; *(audiência)* trial.

julgar [ʒuw'ga(x)] *vt JUR* to judge; *(achar, opinar)* to think. ◆ *vi JUR* to pass sentence.

❑ **julgar-se** *vp*: **ele se julga o maior** he thinks he's the best.

julho ['ʒuʎu] *m* July → **setembro**.

jumento [ʒu'mẽntu] *m* donkey.

junho ['ʒuɲu] *m* June → **setembro.**

júnior ['ʒunjɔ(x)] (*pl* **juniores** [ʒu'njɔriʃ]) *adj* youngest. ◆ *mf* ESP junior.

junta ['ʒũnta] *f* joint; POL junta; ~ **médica** medical team.

juntamente [ˌʒũnta'mẽntʃi]: **juntamente com** *prep* together with.

juntar [ʒũn'ta(x)] *vt* (*reunir*) to gather together; (*dinheiro*) to save; (*adicionar*) to add.

❑ **juntar-se** *vp* (*reunir-se*) to come together; (*encontrar-se*) to meet; (*amigar-se*) to move in together.

junto, ta ['ʒũntu, ta] *pp* → **juntar.** ◆ *adj* together. ◆ *adv*: ~ **de** OU **a** by; ~ **com** along with.

juramento [ʒura'mẽntu] *m* oath.

jurar [ʒu'ra(x)] *vt* & *vi* to swear.

júri ['ʒuri] *m* jury.

jurídico, ca [ʒu'ridʒiku, ka] *adj* legal.

juros ['ʒuruʃ] *mpl* interest *sg*.

justiça [ʒuʃ'tʃisa] *f* justice; (*organismo*) judiciary.

justificação [ʒuʃtʃifika'sãw] (*pl* **-ões** [-õjʃ]) *f* (*razão*) justification; (*escrita*) statement.

justificar [ʒuʃtʃifi'ka(x)] *vt* to justify.

❑ **justificar-se** *vp* to justify o.s.

justificativa [ʒuʃtʃifika'tiva] *f* justification.

justo, ta ['ʒuʃtu, ta] *adj* (*exato*) precise; (*imparcial*) fair; (*cingido*) fitted.

juvenil [ʒuve'niw] (*pl* **-is** [-iʃ]) *adj* (*moda, centro, literatura*) for teenagers; (*delinqüente, comportamento*) juvenile.

juventude [ʒuvẽn'tudʒi] *f* (*época*) youth; (*jovens*) young people *pl*.

K

karaokê [karao'ke] *m* karaoke.

kart ['kaxtʃi] *m* go-kart.

kit ['kitʃi] *m* kit.

kiwi ['kiwi] *m* kiwi fruit.

km/h (*abrev de quilômetro por hora*) kph.

L

lá [la] *adv* there; **quero ~ saber!** what do I care!; **sei ~!** how should I know!; **para ~ de** beyond.

lã [lã] *f* wool.

-la [la] *pron* (*pessoa*) her; (*coisa*) it; (*você*) you.

labareda [laba'reda] *f* flame.

lábio ['labju] *m* lip.

labirinto [labi'rĩntu] *m* labyrinth.

laboratório [labora'tɔrju] *m* laboratory.

laço ['lasu] *m* bow; (*de parentesco, amizade*) bond.

lacrar [la'kra(x)] *vt* to seal (*with sealing wax*).

lácteo, tea ['laktju, tja] *adj (produto)* dairy *(antes de s)*.
lacuna [la'kuna] *f (espaço vazio)* gap; *(omissão)* omission.
ladeira [la'dejra] *f* slope.
lado ['ladu] *m* side; *(lugar)* place; **gosto de me deitar de ~** I like to sleep on my side; **deixar** ou **pôr de ~** to set aside; **o ~ fraco** weak point; **o vizinho do ~** the next-door neighbor; **ao ~ de** next to, beside; **~ a ~** side by side; **de ~ a ~** from one end to the other; **de um ~ para o outro** back and forth; **por todo o ~** ou **todos os ~s** all over the place; **por um ~ ... por outro ~ ...** on the one hand ... on the other hand ...
ladrão, ladra [la'drãw, 'ladra] (*mpl* **-ões** [-õjʃ], *fpl* **-s** [-ʃ]) *m, f* thief.
ladrilho [la'driʎu] *m* tile.
ladrões → **ladrão.**
lagarta [la'gaxta] *f (bicho)* caterpillar.
lagartixa [lagax'tʃiʃa] *f* gecko.
lagarto [la'gaxtu] *m* lizard.
lago ['lagu] *m (natural)* lake; *(de jardim)* pond.
lagoa [la'goa] *f* lake.
lagosta [la'goʃta] *f* lobster.
lagostim [laguʃ'tʃĩ] (*pl* **-ns** [-ʃ]) *m* langoustine.
lágrima ['lagrima] *f* tear.
laje ['laʒi] *f (de pavimento)* flagstone; *(de construção)* slab.
lama ['lama] *f* mud.
lamacento, ta [lama'sẽntu, ta] *adj* muddy.
lamber [lãm'be(x)] *vt* to lick; **~ os beiços** to lick one's lips.
❑ **lamber-se** *vp (cão)* to lick o.s.; *(gato)* to wash o.s.
lamentar [lamẽn'ta(x)] *vt* to lament.
❑ **lamentar-se** *vp* to moan.
lamentável [lamẽn'tavɛw] (*pl* **-eis** [-ejʃ]) *adj* regrettable.
lâmina ['lamina] *f* blade; **~ de barbear** razor blade.
lâmpada ['lãmpada] *f* (light) bulb.
lança ['lãsa] *f* lance, spear.
lançar [lã'sa(x)] *vt (lança, bola, dardo)* to throw; *(novo filme, disco)* to release; *(campanha, livro, produto)* to launch; **~ mão de algo** to take advantage of sthg.
❑ **lançar-se** *vp:* **~-se a** to launch o.s. at; **~-se sobre** to throw o.s. on.
lance ['lãsi] *m (em licitação)* bid; ESP *(jogada)* shot; *(fato)* fact; **~ de escada** flight of stairs.
lancha ['lãʃa] *f* launch.
lanchar [lã'ʃa(x)] *vi* to have a snack.
lanche ['lãʃi] *m* snack.
lanchonete [lãʃo'nɛtʃi] *f* snack bar.
lânguido, da ['lãŋgidu, da] *adj* languid.
lantejoula [lãnte'ʒola] *f* sequin.
lanterna [lãn'tɛxna] *f* lantern; **~ de bolso** flashlight *Am,* torch *Brit.*
lapela [la'pɛla] *f* lapel.
lápide ['lapidʒi] *f (em monumento, estátua)* memorial stone;

(em túmulo) tombstone.

lápis ['lapiʃ] *m inv* pencil; ~ **de cor** colored pencil; ~ **de cera** crayon; ~ **para os olhos** eyeliner.

lapso ['lapsu] *m (de tempo)* period; *(esquecimento)* slip; **por** ~ by mistake.

laquê [la'ke] *m* hairspray.

lar ['la(x)] (*pl* **-res** [-riʃ]) *m* home.

laranja [la'rãʒa] *f* orange.

lareira [la'rejra] *f* fireplace.

lares → **lar.**

largada [lax'gada] *f* start.

largar [lax'ga(x)] *vt (soltar)* to let go; *(libertar)* to set free; *(deixar cair)* to drop; *(velas)* to unfurl; *(abandonar)* to leave.

largo, ga ['laxgu, ga] *adj (caminho, estrada, cama)* wide; *(roupa)* loose. ◆ *m (praça)* square; **ao** ~ at a distance.

largura [lax'gura] *f* width; **tem três metros de** ~ it's three meters wide.

larva ['laxva] *f* larva.

-las [laʃ] *pron pl (elas)* them; *(vocês)* you.

lasanha [la'zaɲa] *f* lasagne.

lasca ['laʃka] *f (de madeira)* splinter; *(de pedra)* chip.

laser ['lejzɛ(x)] (*pl* **-res** [-riʃ]) *m* laser.

lástima ['laʃtʃima] *f (pena)* shame; *(miséria)* misery.

lastimável [laʃtʃi'mavɛw] (*pl* **-eis** [-ejʃ]) *adj (acontecimento)* regrettable; *(erro)* unfortunate; *(situação, estado)* deplorable.

lata ['lata] *f* tin; *(de bebida)* can; ~ **(de conserva)** can *Am,* tin *Brit*; ~ **de lixo** trashcan *Am,* litter bin *Brit.*

latão [la'tãw] (*pl* **-ões** [-õjʃ]) *m (metal)* brass; *(vasilha)* large can.

latejar [late'ʒa(x)] *vi* to throb.

lateral [late'raw] (*pl* **-ais** [-ajʃ]) *adj* lateral.

laticínios [latʃi'sinjuʃ] *mpl* dairy products.

latido [la'tʃidu] *m* barking.

latifúndio [latʃi'fũndʒju] *m* large rural estate.

latim [la'tʃĩ] *m* Latin.

latino, na [la'tʃinu, na] *adj* Latin.

latino-americano, na [la,tʃinwameri'kanu, na] *adj & m, f* Latin American.

latir [la'tʃi(x)] *vi* to bark.

latitude [latʃi'tudʒi] *f* latitude.

latões → **latão.**

lava ['lava] *f* lava.

lavabo [la'vabu] *m (pia)* sink; *(banheiro)* restroom *Am,* toilet *Brit.*

lavagem [la'vaʒẽ] (*pl* **-ns** [-ʃ]) *f* washing; ~ **cerebral** brain washing; ~ **a seco** dry-cleaning.

lavanda [la'vãnda] *f* lavender.

lavanderia [lavãnde'ria] *f (loja, local)* laundry; ~ **automática** laundromat; ~ **a seco** dry cleaner's.

lavar [la'va(x)] *vt* to wash; ~ **a louça** to do the dishes; ~ **a roupa** to do the laundry.
❑ **lavar-se** *vp* to wash up.

lavável [la'vavɛw] (*pl* **-eis** [-ejʃ]) *adj* washable.

lavrador, ra [lavra'do(x), ra] (*mpl* **-res** [-riʃ], *fpl* **-s** [-ʃ]) *m, f* farm laborer.

laxante [la'ʃãntʃi] *adj & m* laxative.

lazer [la'ze(x)] *m* leisure time.

lê ['le] → **ler.**

leal [le'aw] (*pl* **-ais** [-ajʃ]) *adj* loyal.

leão [le'ãw] (*pl* **-ões** [-õjʃ]) *m* lion.

❑ **Leão** *m* Leo.

lebre ['lɛbri] *f* hare; **comer gato por ~** to get ripped off.

lecionar [lesjo'na(x)] *vt & vi* to teach.

lêem ['leẽ] → **ler.**

legal [le'gaw] (*pl* **-ais** [-ajʃ]) *adj* *(segundo a lei)* legal; great; **ser ~** *(pessoa)* to be cool; *(coisa)* to be nice; **não ser ~ fazer algo** it's not a good idea to do sthg; **está ~!** ok!

legalizar [legali'za(x)] *vt* *(atividade)* to legalize; *(documento, assinatura)* to authenticate.

legenda [le'ʒẽnda] *f (em mapa)* key; *(em fotografia)* caption; *(mito)* legend.

❑ **legendas** *fpl (em cinema, televisão)* subtitles.

legislação [leʒiʒla'sãw] *f* legislation.

legítimo, ma [le'ʒitʃimu, ma] *adj* legitimate; *(autêntico)* genuine.

legível [le'ʒivɛw] (*pl* **-eis** [-ejʃ]) *adj* legible.

legumes [le'gumeʃ] *mpl* vegetables.

lei ['lej] *f* law; **segundo a ~** according to the law.

leilão [lej'lãw] (*pl* **-ões** [-õjʃ]) *m* auction.

leio ['leju] → **ler.**

leitão [lej'tãw] (*pl* **-ões** [-õjʃ]) *m* suckling pig.

leite ['lejtʃi] *m* milk; **~ integral/semi-desnatado/desnatado** whole/2%/skim milk; **~ pasteurizado** pasteurized milk; **~ longa-vida** UHT milk; **~ de magnésia** milk of magnesia; **~ condensado** condensed milk; **~ em pó** powdered milk.

leiteiro, ra [lej'tejru, ra] *m, f* milkman.

leiteria [lejte'ria] *f* dairy.

leito ['lejtu] *m* bed.

leitões → **leitão.**

leitura [lej'tura] *f* reading.

lema ['lema] *m* motto.

lembrança [lẽm'brãsa] *f* memory; *(prenda)* memento; **dê-lhe ~s** send him/her my regards.

lembrar [lẽm'bra(x)] *vt (recordar)* to remember; *(assemelhar-se a)* to look like; **~ algo a alguém** to remind sb of sthg; **~ a alguém para fazer algo** to remind sb to do sthg.

❑ **lembrar-se** *vp* to remember; **~-se de** to remember; **~-se de fazer algo** to remember to do sthg.

leme ['lɛmi] *m (posição)* helm; *(objeto)* rudder.

lenço ['lẽsu] *m* handkerchief;

~ **de cabeça** headscarf; ~ **de papel** tissue; ~ **(para o pescoço)** scarf.

lençol [lẽ'sɔw] (*pl* **-óis** [-ɔjʃ]) *m* sheet; ~ **de água** water table.

lenha ['leɲa] *f* firewood; **botar ~ na fogueira** to stir sb/sthg up.

lente ['lẽntʃi] *f* lens; ~**s de contato** contact lenses.

lentidão [lẽntʃi'dãw] *f*: **com ~** slowly.

lentilha [lẽn'tʃiʎa] *f* lentil.

lento, ta ['lẽntu, ta] *adj* slow.

leoa [le'oa] *f* lioness.

leões → **leão**.

leopardo [leo'paxdu] *m* leopard.

lepra ['lɛpra] *f* leprosy.

leque ['lɛki] *m* fan; *(de opções, modelos)* array.

ler ['le(x)] *vt & vi* to read; ~ **nas entrelinhas** to read between the lines.

lesão [le'zãw] (*pl* **-ões** [-õjʃ]) *f* *(ferida, contusão)* injury; *(prejuízo)* harm.

lesar [le'za(x)] *vt* *(ferir)* to injure; *(prejudicar)* to harm.

lésbica ['lɛʒbika] *f* lesbian.

lesma ['leʒma] *f* slug; *fig (pessoa lenta)* slowpoke *Am*, slowcoach *Brit*.

lesões → **lesão**.

leste ['lɛʃtʃi] *m* east; **o L~ Europeu** Eastern Europe; **a** OU **no ~** in the east; **a ~ de** east of.

letivo, va [le'tʃivu, va] *adj* *(ano)* academic, school *(antes de s)*.

letra ['letra] *f* *(do alfabeto)* letter; *(maneira de escrever)* handwriting; *(título de crédito)* bill; ~ **maiúscula** capital letters *pl*; ~ **de imprensa** print; ~ **de fôrma** capital letters *pl*.

❑ **letras** *fpl (área de estudo)* arts.

letreiro [le'trejru] *m* sign.

leu ['lew] → **ler**.

léu ['lɛu] *m*: **ao ~** *(à mostra)* uncovered; *(à toa)* aimlessly.

leucemia [lewse'mia] *f* leukemia.

levantamento [levãnta'mẽntu] *m* survey; ~ **de peso** weightlifting.

levantar [levãn'ta(x)] *vt* *(erguer)* to raise, to lift; ~ **dinheiro** to raise money; ~ **vôo** to take off.

❑ **levantar-se** *vp* *(de cama)* to get up; *(de cadeira, chão)* to stand up.

levar [le'va(x)] *vt* to take; *(carregar)* to carry; *(induzir)* to lead; *(filme)* to show; *(porrada, bofetada)* to get; **este recipiente leva cinco litros** this container holds five liters; ~ **alguém a fazer algo** to make sb do sthg; ~ **a cabo algo** to carry sthg out; ~ **a mal algo** to take sthg the wrong way; **deixar-se ~** to get taken for a ride.

leve ['lɛvi] *adj* light.

léxico ['lɛksiku] *m* lexicon.

lha [ʎa] = **lhe + a** → **lhe**.

lhe [ʎi] *pron (ele)* (to) him; *(ela)* (to) her; *(você)* (to) you; **já ~ dei a chave do quarto** I already gave him/her/you the key to the room.

lhes [ʎeʃ] *pron pl (eles, elas)* (to) them; *(vocês)* (to) you.
lho [ʎu] = **lhe + o, lhes + o** → **lhe.**
li → **ler.**
libélula [li'bɛlula] *f* dragonfly.
liberal [libe'raw] (*pl* **-ais** [-ajʃ]) *adj & mf* liberal.
liberar [libe'ra(x)] *vt (pessoa)* to free, to liberate; *(comércio, consumo)* to deregulate.
liberdade [libex'dadʒi] *f* freedom; **pôr em ~** to set free; **tomar a ~ de fazer algo** to take the liberty of doing sthg.
libertar [libex'ta(x)] *vt* to set free.
liberto, ta [li'bɛxtu, ta] *pp* → **libertar.**
libra ['libra] *f* pound.
❑ **Libra** *f (signo do Zodíaco)* Libra.
lição [li'sãw] (*pl* **-ões** [-õjʃ]) *f* lesson; **dar uma ~ a alguém** to teach sb a lesson; **que isso lhe sirva de ~!** let that be a lesson to you!
licença [li'sẽsa] *f (autorização)* permission; *(de veículo)* registration; *(de arma)* license; **com ~** excuse me; **~ de maternidade** *(para mãe)* maternity leave; **estar de ~** to be on leave; **tirar uma ~** to go on leave.
licenciado, da [lisẽ'sjadu, da] *m, f* college graduate.
licenciatura [lisẽsja'tura] *f* degree.
lições → **lição.**
licor [li'ko(x)] (*pl* **-res** [-riʃ]) *m* liqueur.
lidar [li'da(x)]: **lidar com** *v + prep* to deal with.
líder ['lidɛ(x)] (*pl* **-res** [-riʃ]) *mf* leader.
lido, da ['lidu, da] *pp* → **ler.**
liga ['liga] *f (associação)* league; *(de meias)* garter.
ligação [liga'sãw] (*pl* **-ões** [-õjʃ]) *f (de amor, amizade)* relationship; *(telefônica)* connection.
ligado, da [li'gadu, da] *adj (luz, televisão)* (switched OU turned) on.
ligadura [liga'dura] *f* bandage.
ligamento [liga'mẽntu] *m* ligament.
ligar [li'ga(x)] *vt (luz, televisão)* to switch OU turn on; *(em tomada)* to plug in. ◆ *vi (telefonar)* to call; **~ para** *(telefonar para)* to call; *(dar atenção a)* to take notice of; **não ~ a mínima (para algo/alguém)** to not care less about sthg/sb; **se liga!** wake up!
ligeiro, ra [li'ʒejru, ra] *adj* light; *(ferimento)* slight.
lilás [li'laʃ] (*pl* **-ases** [-aziʃ]) *m & adj* lilac.
limão [li'mãw] (*pl* **-ões** [-õjʃ]) *m* lime.
limão-galego [liˌmãwga'legu] (*pl* **limões-galegos** [liˌmõjʒga'leguʃ]) *m* lemon.
limiar [limi'a(x)] *m* threshold; **no ~ de algo** on the threshold of sthg.
limitação [limita'sãw] (*pl* **-ões** [-õjʃ]) *f (de direitos, movimentos)* restriction; *(de terreno)* boundary.

limitar [limi'ta(x)] *vt* to limit. ❑ **limitar-se a** *vp + prep* to limit o.s. to.

limite [li'mitʃi] *m* limit; *(de terreno)* boundary; ~ **de velocidade** speed limit; **sem** ~**s** limitless; **passar dos** ~**s** *fig* to overstep the mark.

limo ['limu] *m* slime.

limões → **limão.**

limonada [limo'nada] *f* lemonade.

limpador [lĩmpa'do(x)] (*pl* **-res** [-riʃ]) *m*: ~ **de pára-brisas** windshield wiper *Am*, windscreen wiper *Brit*.

limpar [lĩm'pa(x)] *vt* to clean; *(boca)* to wipe; *(mãos)* to wash; *(roubar)* to clean out; ~ **o pó** to dust.

limpeza [lĩm'peza] *f* *(ação)* cleaning; *(asseio)* cleanliness.

limpo, pa ['lĩmpu, pa] *pp* → **limpar.** ◆ *adj (sem sujeira)* clean; *(céu)* clear; **estar** ou **ficar** ~ to be broke; **passar algo a** ~ to do a final draft; **tirar algo a** ~ to clear sthg up.

lince ['lĩsi] *m* lynx.

lindo, da ['lĩndu, da] *adj* beautiful.

lingerie [lãʒe'xi] *f* lingerie.

lingote [lĩŋ'gɔtʃi] *m* ingot.

língua ['lĩŋgwa] *f* ANAT tongue; *(idioma)* language; **bater com a** ~ **nos dentes** *(denunciar)* to sing; **morder a** ~ to bite one's tongue; **ter algo na ponta da** ~ to have sthg on the tip of one's tongue.

linguado [lĩŋ'gwadu] *m* sole.

linguagem [lĩŋ'gwaʒẽ] (*pl* **-ns** [-ʃ]) *f* language.

lingüeta [lĩŋ'gweta] *f* catch.

lingüiça [lĩŋ'gwisa] *f*: ~ **calabresa** peperoni; **encher** ~ to waffle on.

linha ['liɲa] *f* line; *(de coser)* thread; ~ **jovem** teenage range; **manter a** ~ to keep trim; **em** ~ in a line.

linho ['liɲu] *m* linen.

liquidação [likida'sãw] (*pl* **-ões** [-õjʃ]) *f (de dívida)* settlement; COM liquidation; **estar em** ~ to be on sale; ~ **total** clearance ou closing-down sale.

liquidar [liki'da(x)] *vt (dívida)* to pay off; *(matar)* to liquidate; *(mercadorias)* to sell off.

liquidificador [likwidʒifika'do(x)] (*pl* **-res** [-riʃ]) *m* blender.

líquido, da ['likidu, da] *adj (substância)* liquid; COM net. ◆ *m* liquid.

lírio ['lirju] *m* lily.

liso, sa ['lizu, za] *adj (superfície)* flat; *(cabelo)* straight; *(folha)* blank; **estar** ou **ficar** ~ *(sem dinheiro)* to be broke.

lista ['liʃta] *f* list; *(menu)* menu; ~ **de preços** price list; ~ **telefônica** phone book.

listra ['liʃtra] *f* stripe.

literário, ria [lite'rarju, rja] *adj* literary.

literatura [litera'tura] *f* literature; ~ **de cordel** *popular literature from the northeast of Brazil.*

litígio [li'tʃiʒju] *m* litigation.

litogravura [ˌlitogra'vura] *f* lithography.

litoral [lito'raw] (*pl* **-ais** [-ajʃ]) *adj* coastal. ◆ *m*: **o** ~ the coast.
litro ['litru] *m* liter.
lívido, da ['lividu, da] *adj* pallid.
livrar [li'vra(x)]: **livrar-se de** *vp + prep* to get rid of.
livraria [livra'ria] *f* bookstore *Am*, bookshop *Brit*.
livre ['livri] *adj* free; **'livre'** *(em táxi)* 'on duty'; *(em W.C.)* 'free'.
livro ['livru] *m* book; ~ **de bolso** pocket-size paperback; ~ **de capa dura** hardback.
lixa ['liʃa] *f* sandpaper; *(para unhas)* nail file.
lixeira [li'ʃejra] *f (em prédio)* garbage chute; *(local)* garbage dump *Am*, rubbish dump *Brit*.
lixo ['liʃu] *m* garbage *Am*, rubbish *Brit*.
-lo [lu] *pron (pessoa)* him; *(coisa)* it; *(você)* you.
lobo ['lobu] *m* wolf.
lóbulo ['lɔbulu] *m (de orelha)* earlobe.
local [lo'kaw] (*pl* **-ais** [-ajʃ]) *m* place. ◆ *adj* local.
localidade [lokali'dadʒi] *f* town.
localização [lokaliza'sãw] (*pl* **-ões** [-õjʃ]) *f* location.
loção [lo'sãw] (*pl* **-ões** [-õjʃ]) *f* lotion.
locatário, ria [loka'tarju, rja] *m, f* tenant.
loções → **loção**.
locomotiva [lokomo'tʃiva] *f* locomotive.
locução [loku'sãw] (*pl* **-ões** [-õjʃ]) *f (de filme, programa)* narration; GRAM phrase.
locutor, ra [loku'to(x), ra] (*mpl* **-res** [-riʃ], *fpl* **-s** [-ʃ]) *m, f (de rádio, televisão)* announcer.
lodo ['lodu] *m* mud.
lógica ['lɔʒika] *f* logic.
logo ['lɔgu] *adv* immediately; ~ **mais** later; ~ **depois** immediately; ~ **que** as soon as; ~ **agora que** now (that).
logotipo [logo'tʃipu] *m* logo.
loja ['lɔʒa] *f* store *Am*, shop *Brit*; ~ **de brinquedos** toy store; ~ **de ferragens** hardware store.
lombada [lõm'bada] *f* spine.
lombinho [lõm'biɲu] *m* tenderloin *(of pork)*.
lombo ['lõmbu] *m* loin.
lombriga [lõm'briga] *f* roundworm.
lona ['lona] *f* canvas.
londrino, na ['lõn'drinu, na] *adj* of/relating to London.
longe ['lõʒi] *adv* far; ~ **disso!** on the contrary!; **ao** ~ in the distance; **de** ~ *fig* by far; **ir** ~ **demais** to go too far.
longitude [lõʒi'tudʒi] *f* longitude.
longo, ga ['lõŋgu, ga] *adj* long; **ao** ~ **de** along; **ao** ~ **dos anos** over time.
-los ['luʃ] *pron pl (eles)* them; *(vocês)* you.
losango [lo'zãŋgu] *m* lozenge.
lotação [lota'sãw] (*pl* **-ões** [-õjʃ]) *f (de cinema, teatro)* capacity; **'~ esgotada'** 'sold out'.

lote ['lɔtʃi] *m (de terreno)* plot; *(de prédios)* street number.
loteria [lote'ria] *f* lottery.
louça ['losa] *f* china; *(pratos, xícaras, pires, etc)* crockery.
louco, ca ['loku, ka] *adj* crazy, mad. ◆ *m, f* lunatic; **estar** ou **ficar ~ de alegria** to be over the moon; **estar ~ para/por** to be dying for sthg; **ser ~ por** to be crazy about.
loucura [lo'kura] *f* madness.
louro, ra ['loru, ra] *adj* blond. ◆ *m (condimento)* bay leaf.
louvar [lo'va(x)] *vt* to praise.
louvável [lo'vavɛw] (*pl* **-eis** [-ejʃ]) *adj* praiseworthy.
lua ['lua] *f* moon; **viver no mundo da ~** to have one's head in the clouds.
lua-de-mel [ˌluadʒi'mɛw] (*pl* **luas-de-mel** [ˌluaʒdʒi'mɛw]) *f* honeymoon.
luar ['lwa(x)] *m* moonlight.
lubrificante [lubrifi'kãntʃi] *m* lubricant.
lubrificar [lubrifi'ka(x)] *vt* to lubricate.
lucidez [lusi'deʃ] *f* clarity.
lúcido, da ['lusidu, da] *adj* lucid.
lucrar [lu'kra(x)] *vi* to profit; **~ com** to profit from.
lucrativo, va [lukra'tʃivu, va] *adj* lucrative.
lucro ['lukru] *m* profit.
lúdico, ca ['ludʒiku, ka] *adj* play *(antes de s)*.
lugar [lu'ga(x)] (*pl* **-res** [-riʃ]) *m* place; **em primeiro ~** *(em esporte)* in first place; *(antes)* first; **ter ~** *(ocorrer)* to take place; **em ~ de** instead of; **dar o ~ a alguém** to give one's seat to sb; **tomar o ~ de alguém** to take sb's place.
lugares → **lugar.**
lúgubre ['lugubri] *adj* gloomy.
lula ['lula] *f* squid; **~s grelhadas** grilled squid.
luminária [lumi'narja] *f* lamp; **~ de mesa** table lamp; **~ de pé** floor lamp *Am*, standard lamp *Brit*.
luminoso, osa [lumi'nozu, ɔza] *adj* bright; *fig (idéia, solução)* brilliant.
lunar [lu'na(x)] (*pl* **-res** [-riʃ]) *adj* lunar.
lunático, ca [lu'natʃiku, ka] *m, f* lunatic.
luneta [lu'neta] *f (telescópio)* telescope.
lupa ['lupa] *f* magnifying glass.
lustre ['luʃtri] *m* shine; *(luminária)* chandelier; **dar um ~ em algo** to polish sthg.
luta ['luta] *f* fight.
lutar [lu'ta(x)] *vi* to fight; **~ contra/por** to fight against/for.
luto ['lutu] *m* mourning; **estar de ~** to be in mourning.
luva ['luva] *f* glove.
luxo ['luʃu] *m* luxury; **de ~** luxury *(antes de s)*.
luxuoso, osa [lu'ʃwozu, ɔza] *adj* luxurious.
luxúria [lu'ʃurja] *f* lust.
luz ['luʃ] (*pl* **-zes** [-ziʃ]) *f* light; **dar à ~ (um menino)** to give

birth (to a baby boy); ~ **do sol** sunlight.
luzir [lu'zi(x)] *vi* to glow.

M

ma [ma] = **me + a** → **me.**
má → **mau.**
maca ['maka] *f* stretcher.
maçã [ma'sã] *f* apple; ~ **assada** baked apple.
macabro, bra [ma'kabru, bra] *adj* macabre.
macacão [maka'kãw] (*pl* **-ões** [-õjʃ]) *m (roupa)* jumpsuit.
macaco, ca [ma'kaku, ka] *m, f* monkey. ◆ *m* AUT jack.
macacões → **macacão.**
maçaneta [masa'neta] *f* knob.
maçante [ma'sãntʃi] *adj* boring.
macarrão [maka'xãw] *m (massa)* pasta.
machado [ma'ʃadu] *m* ax.
machismo [ma'ʃiʒmu] *m* male chauvinism.
machista [ma'ʃiʃta] *adj* chauvinistic. ◆ *m* male chauvinist.
macho ['maʃu] *adj m (animal)* male; *(homem)* virile. ◆ *m (animal)* male.
machucado, da [maʃu'kadu, da] *adj (ferido)* hurt.
machucar [maʃu'kax] *vt* to hurt.
❑ **machucar-se** *vp* to hurt o.s.
maciço, ça [ma'sisu, sa] *adj* solid.
macio, cia [ma'siu, sia] *adj* soft.
maço ['masu] *m* mallet; ~ **(de cigarros)** pack (of cigarettes); ~ **de folhas** pad of paper.
macumba [ma'kũmba] *f* voodoo.
madeira [ma'dejra] *f* wood.
madrasta [ma'draʃta] *f* stepmother.
madrepérola [,madre'pɛrola] *f* mother-of-pearl.
madrinha [ma'driɲa] *f (de batismo)* godmother.
madrugada [madru'gada] *f (amanhecer)* dawn; *(noite)* early morning; **de** ~ *fig (muito cedo)* at the crack of dawn.
madrugar [madru'ga(x)] *vi* to get up very early.
maduro, ra [ma'duru, ra] *adj* mature; *(fruto)* ripe.
mãe ['mãj] *f* mother.
maestro [ma'ɛʃtru] *m* conductor.
magia [ma'ʒia] *f* magic.
mágico, ca ['maʒiku, ka] *adj* magical. ◆ *m, f* magician.
magistrado, da [maʒiʃ'tradu, da] *m, f* magistrate.
magnético, ca [mag'nɛtʃiku, ka] *adj* magnetic.
magnífico, ca [mag'nifiku, ka] *adj* magnificent.
mago, ga ['magu, ga] *m, f* wizard.
mágoa ['magwa] *f* sorrow.
magoado, da [ma'gwadu, da] *adj* hurt.
magoar [ma'gwa(x)] *vt* to hurt.
❑ **magoar-se** *vp* to hurt o.s.

magro, gra ['magru, gra] *adj* thin.

maio ['maju] *m* May → **setembro.**

maiô [ma'jo] *m (de banho)* swimsuit.

maionese [majɔ'nɛzi] *f* mayonnaise; *(salada)* potato salad.

maior [ma'jɔ(x)] (*pl* **-res** [-riʃ]) *adj (em tamanho)* bigger; *(em número)* higher; *(em quantidade, importância)* greater. ◆ *mf:* **o/a** ~ *(em tamanho)* the biggest; *(em número)* the highest; *(em quantidade, importância)* the greatest; **ser ~ de idade** to be an adult; **a ~ parte de** most of.

maioria [majo'ria] *f* majority.

maioridade [majori'dadʒi] *f* adulthood.

mais ['majʃ] *adv* **-1.** *(em comparações)* more; **a Ana é ~ alta/inteligente** Ana is taller/more intelligent; **~ do que** more than; **~ ... do que ...** more ... than ...; **bebeu um copo a ~!** he's had one too many!; **deram-me dinheiro a ~** they gave me too much money.
-2. *(como superlativo)*: **o/a ~ ...** the most ...; **o ~ engraçado/inteligente** the funniest/most intelligent.
-3. *(indica adição)* any more; **não necessito de ~ trabalho** I don't need any more work; **não necessito de ~ ninguém** I don't need anyone else.
-4. *(indica intensidade)*: **que dia ~ feliz!** what a great day!; **que casa ~ feia!** what a horrible house!
-5. *(indica preferência)*: **vale ~ a pena ficar em casa** it would be better to stay at home; **gosto ~ de comida chinesa** I prefer Chinese food.
-6. *(em locuções)*: **de ~ a ~** *(ainda por cima)* what's more; **~ ou menos** more or less; **por ~ que se esforce** however hard he tries; **sem ~ nem menos** for no apparent reason; **uma vez ~, ~ uma vez** once or yet again. ◆ *adj inv* **-1.** *(em comparações)* more; **eles têm ~ dinheiro** they have more money; **está ~ calor hoje** it's hotter today; **~ ... do que** more ... than.
-2. *(como superlativo)* (the) most; **a pessoa que ~ discos vendeu** the person who sold (the) most records.
-3. *(indica adição)* more; **~ água, por favor** I'd like some more water, please; **~ alguma coisa?** anything else?; **tenho ~ três dias de férias** I have another three days of vacation left. ◆ *conj* and; **quero uma sopa ~ pão com manteiga** I'd like some soup and some bread and butter. ◆ *prep (indica soma)* plus; **dois ~ dois são quatro** two plus two is four.

maître ['mɛtre] *m* head waiter.

major [ma'ʒɔ(x)] (*pl* **-res** [-riʃ]) *m* major.

mal ['maw] (*pl* **-les** [-liʃ]) *m (doença)* illness; *(dano)* harm. ◆ *adv (erradamente)* wrong. ◆ *conj (assim que)* as soon as; **o**

~ evil; ~ **cheguei, telefonei logo** I phoned the minute I arrived; **estar** ~ *(de saúde)* to be sick; **cheirar** ~ to stink; **não faz** ~ it doesn't matter; **ouço/vejo** ~ I can't hear/see very well; **passar** ~ *(ter enjôo)* to feel nauseous.

mala ['mala] *f (de mão, roupa)* bag; *(do carro)* trunk *Am,* boot *Brit;* ~ **de viagem** suitcase; **fazer as** ~**s** to pack.

mal-acabado, da [,mawaka'badu, da] *adj* badly finished.

malagueta [mala'geta] *f* chili (pepper).

malandro, dra [ma'lãndru, dra] *adj (preguiçoso)* lazy; *(matreiro)* crafty. ◆ *m, f (patife)* rogue.

malcriado, da [mawkri'adu, da] *adj* rude.

maldade [maw'dadʒi] *f* evil.

maldição [mawdi'sãw] (*pl* **-ões** [-õjʃ]) *f* curse.

maldito, ta [maw'dʒitu, ta] *adj* damned.

maldizer [mawdʒi'ze(x)] *vt (amaldiçoar)* to curse; *(falar mal de)* to speak ill of.

maldoso, osa [maw'dozu, ɔza] *adj* evil.

mal-educado, da [,maledu'kadu, da] *adj* rude.

mal-entendido [,malĩntẽn'dʒidu] (*pl* **mal-entendidos** [,malĩntẽn'diduʃ]) *m* misunderstanding.

males → **mal.**

mal-estar [maleʃ'ta(x)] (*pl* **mal-estares** [maleʃ'tareʃ]) *m (dor física)* discomfort; *(inquietude)* uneasiness.

maleta [ma'leta] *f* travel bag.

malfeitor, ra [mawfej'to(x), ra] (*mpl* **-res** [-riʃ], *fpl* **-s** [-ʃ]) *m, f* criminal.

malha ['maʎa] *f (roupa)* knitwear; *(em rede)* mesh; *(de ginástica)* leotard.

malhado, da [ma'ʎadu, da] *adj (animal)* mottled.

malhar [ma'ʎa(x)] *vt* to thresh. ◆ *vi (fazer ginástica)* to work out.

mal-humorado, da [malumo'radu, da] *adj* bad-tempered.

malícia [ma'lisja] *f* malice.

maligno, gna [ma'lignu, gna] *adj* malignant.

mal-passado, da [mawpa'sadu, da] *adj (bife)* rare.

maltratar [mawtra'ta(x)] *vt (bater em)* to mistreat; *(descuidar, estragar)* to damage.

maluco, ca [ma'luku, ka] *adj* crazy. ◆ *m, f* lunatic.

malvadez [mawva'deʃ] *f* wickedness.

malvado, da [maw'vadu, da] *adj* wicked.

mama ['mama] *f* breast.

mamadeira [mama'deira] *f* baby bottle.

mamão [ma'mãw] (*pl* **-ões** [-õjʃ]) *m* papaya, pawpaw.

mamar [ma'ma(x)] *vi* to nurse; **dar de** ~ **a** *(amamentar)* to nurse; *(com mamadeira)* to bottle-feed.

mamífero [ma'miferu] *m* mammal.

mamilo [ma'milu] *m* nipple.
mamões → **mamão.**
manada [ma'nada] *f* herd.
mancar [mãŋ'ka(x)] *vi* to limp.
mancha ['mãʃa] *f (em animal, pele)* mark, spot; *(nódoa)* stain.
manchar [mã'ʃa(x)] *vt* to stain.
manchete [mã'ʃɛtʃi] *f (de jornal)* headline.
manco, ca ['mãŋku, ka] *adj* lame.
mandar [mãn'da(x)] *vi* to be in charge. ◆ *vt:* ~ **alguém fazer algo** to tell sb to do sthg; ~ **fazer algo** to have sthg done; ~ **alguém passear** to send sb packing; ~ **vir** *(encomendar)* to send for; ~ **em** to be in charge of; **ele gosta de ~ nos outros** he likes to boss everyone around.
mandioca [mãn'dʒjɔka] *f* cassava, manioc; **(farinha de)** ~ cassava flour.
maneira [ma'nejra] *f* way; **de uma ~ geral** as a rule; **temos de fazer tudo à ~ dele** we have to do everything his way; **de ~ alguma** OU **nenhuma!** certainly not!; **de ~ que** so (that); **de qualquer** ~ *(de todo jeito)* anyway; *(em desordem)* any old how; **desta** ~ this way; **de tal ~ ... que ...** so ...that ...
❑ **maneiras** *fpl:* **ter ~s** to have good manners; **não ter ~s** to have bad manners.
manejar [mane'ʒa(x)] *vt (carro)* to drive; *(barco)* to sail.
manejável [mane'ʒavɛw] *(pl* **-eis** [-ejʃ]) *adj* manageable.
manequim [mane'kĩ] *(pl* **-ns** [-ʃ]) *m (em vitrine)* mannequin; *(tamanho)* clothes size. ◆ *mf (pessoa)* model.
manga ['mãŋga] *f (de peça de vestuário)* sleeve; *(fruto)* mango; **em ~s de camisa** in shirtsleeves.
mangueira [mãŋ'gejra] *f (para regar, lavar)* hose.
manha ['maɲa] *f:* **ter** ~ to be sharp; **fazer** ~ to put on an act.
manhã [ma'ɲã] *(pl* **-ãs** [-ãʃ]) *f* morning; **de** ~ in the morning; **duas da** ~ two in the morning; **ontem de** ~ yesterday morning.
mania [ma'nia] *f (obsessão)* obsession; *(hábito)* habit.
manicômio [mani'komju] *m* asylum.
manicure [mani'kuri] *f* manicure.
manifestação [manifeʃta'sãw] *(pl* **-ões** [-õjʃ]) *f (expressão)* expression; POL demonstration.
manifestar [manifeʃ'ta(x)] *vt (afeto, fúria, etc)* to express.
❑ **manifestar-se** *vp (protestar)* to demonstrate.
manipular [manipu'la(x)] *vt (máquina)* to handle; *fig (influenciar)* to manipulate.
manivela [mani'vɛla] *f* crank.
manjericão [mãʒeri'kãw] *m* basil.
manobra [ma'nɔbra] *f (de carro)* maneuver; *(de trem)* shunting.
mansão [mã'sãw] *(pl* **-ões** [-õjʃ]) *f* mansion.
mansidão [mãsi'dãw] *f (de pessoa)* gentleness; *(de animal)* tameness.

manso, sa ['mãsu, sa] *adj (animal)* tame; *(mar)* calm.

mansões → **mansão.**

manta ['mãnta] *f* blanket.

manteiga [mãn'tejga] *f* butter.

manter [mãn'te(x)] *vt* to keep; *(família)* to support; *(relação)* to have; ~ **a palavra** to keep one's word.

❑ **manter-se** *vp* to stay, to remain; ~**-se em forma** to stay in shape.

manual [ma'nwaw] (*pl* **-ais** [-ajʃ]) *adj* manual. ◆ *m* manual, guide; ~ **(escolar)** textbook.

manuscrito, ta [manuʃ'kritu, ta] *adj* hand-written. ◆ *m* manuscript.

manusear [manu'zea(x)] *vt (livro)* to handle; *(objeto, ferramenta)* to use.

manutenção [manutẽ'sãw] *f* maintenance.

mão ['mãw] *f* ANAT hand; *(de estrada)* side; **apertar as** ~**s** to shake hands; **dar a** ~ **a alguém** to hold sb's hand; *fig (ajudar)* to help sb out; **de** ~**s dadas** hand in hand; **à** ~ *(lavar, escrever)* by hand; **dar uma** ~ **a alguém** to give ou lend sb a hand; **estar à** ~ to be handy; **ter algo à** ~ to have sthg at hand.

mão-de-obra [mãw'dʒiɔbra] *f* workforce.

mapa ['mapa] *m* map; ~ **das estradas** road map.

mapa-múndi [,mapa'mũndʒi] (*pl* **mapas-múndi** [,mapaʒ'mũndʒi]) *m* world map.

maquete [ma'kɛtʃi] *f* model.

maquiagem [maki'aʒãj] (*pl* **-ns** [-ʃ]) *f* make-up.

maquiar [ma'kja(x)] *vt* to make up.

❑ **maquiar-se** *vp* to put on one's make-up.

máquina ['makina] *f* machine; ~ **de barbear** shaver; ~ **de costura** sewing machine; ~ **de escrever** typewriter; ~ **de filmar** film camera; ~ **fotográfica** camera; ~ **de lavar** *(para roupa)* washing machine; *(para louça)* dishwasher; ~ **de secar** dryer.

maquinaria [makina'ria] *f* machinery.

mar ['ma(x)] (*pl* **-res** [-riʃ]) *m* sea; ~ **alto, alto** ~ high seas *pl*; **por** ~ by sea.

maracujá [maraku'ʒa] *m* passion fruit.

maravilha [mara'viʎa] *f* wonder; **que** ~**!** how wonderful!; **correr às mil** ~**s** to be a great success; **dizer** ~**s de** to rave about; **fazer** ~**s** to do wonders.

maravilhoso, osa [maravi'ʎozu, ɔza] *adj* wonderful.

marca ['maxka] *f* mark; *(de carro, roupa)* make, brand; ~ **registrada** trademark; **de** ~ *(roupa)* designer *(antes de s)*.

marcação [maxka'sãw] (*pl* **-ões** [-õjʃ]) *f* reservation.

marcar [max'ka(x)] *vt (assinalar, indicar)* to mark; *(lugar)* to make reservations; ESP to score; ~ **encontro com alguém** to arrange to meet sb; ~ **uma consulta/hora** to make an appointment.

marcha ['maxʃa] *f (desfile)* march; *(ritmo)* pace; ~ **à ré** reverse, back up.

marchar [max'ʃa(x)] *vi* to march.

marcial [maxsi'aw] (*pl* **-ais** [-ajʃ]) *adj* martial.

marco ['maxku] *m (em estrada, caminho)* landmark; *(moeda)* mark.

março ['marsu] *m* March → **setembro.**

maré [ma'rɛ] *f* tide; **estar de boa** ~ to be in good spirits.

maré-baixa [marɛ'bajʃa] (*pl* **marés-baixas** [marɛʒ'bajʃaʃ]) *f* low tide.

maremoto [mare'motu] *m* tidal wave.

mares → **mar.**

marfim [max'fĩ] *m* ivory.

margarida [maxga'rida] *f* daisy.

margarina [maxga'rina] *f* margarine.

margem ['maxʒẽ] (*pl* **-ns** [-ʃ]) *f (de rio)* bank; *(em texto, livro, documento)* margin; **à** ~ **da sociedade** on the fringes of society; **pôr à** ~ *fig (ignorar)* to leave out; **pôr-se à** ~ to not take part.

marginal [maxʒi'naw] (*pl* **-ais** [-ajʃ]) *adj* marginal. ◆ *mf* criminal.

marido [ma'ridu] *m* husband.

marimbondo [marĩm'bõndu] *m* hornet.

marinado, da [mari'nadu, da] *adj* marinated.

marinar [mari'nax] *vt* to marinate.

marinha [ma'riɲa] *f* navy.

marinheiro, ra [mari'ɲejru, ra] *m, f* sailor.

marionete [marjo'nɛtʃi] *f* puppet.

mariposa [mari'poza] *f (inseto)* moth.

marisco [ma'riʃku] *m* shellfish.

marítimo, ma [ma'ritʃimu, ma] *adj* sea *(antes de s).*

marmelo [max'mɛlu] *m* quince.

mármore ['maxmori] *m* marble.

marquise [max'kizi] *f* porch.

marrom [ma'xõ] (*pl* **-ns** [-ʃ]) *adj* brown.

martelar [maxte'la(x)] *vt* to hammer.

martelo [max'tɛlu] *m* hammer.

mártir ['maxti(x)] (*pl* **-res** [-riʃ]) *mf* martyr.

mas[1] [maʃ] = **me + as**[1] → **me.**

mas[2] [ma(j)ʃ] *conj* but. ◆ *m:* **nem** ~ **nem meio** ~**!** no buts!

mascar [maʃ'ka(x)] *vt* to chew.

máscara ['maʃkara] *f* mask.

mascarar-se [maʃka'raxsi] *vp* to dress up.

mascote [maʃ'kɔtʃi] *f* mascot.

masculino, na [maʃku'linu, na] *adj* masculine; *(sexo)* male.

masoquista [mazu'kiʃta] *adj* masochistic. ◆ *mf* masochist.

massa ['masa] *f (espaguete, lasanha)* pasta; *(de pão)* dough; *(de bolo)* mix; ~ **folheada** puff pastry; **em** ~ *fig (em grande número)* en masse.

massacre [ma'sakri] *m* massacre.

massagear [masa'ʒea(x)] *vt* to massage.
massagem [ma'saʒẽ] (*pl* **-ns** [-ʃ]) *f* massage.
massagista [masa'ʒiʃta] *mf* masseur.
mastigar [maʃtʃi'ga(x)] *vt* to chew.
mastro ['maʃtru] *m* NÁUT mast; *(de bandeira)* pole.
masturbar-se [maʃtux'baxsi] *vp* to masturbate.
mata ['mata] *f (bosque)* wood; *(floresta)* forest; **a M~ Atlântica** the Atlantic Rainforest.
mata-borrão [ˌmatabo'xãw] (*pl* **mata-borrões** [ˌmatabo'xõiʃ]) *m* blotting paper.
matadouro [mata'doru] *m* slaughterhouse.
matar [ma'ta(x)] *vt* to kill; *(fome)* to satiate; *(sede)* to quench; **~ aula** to skip class; **~ o tempo** to pass the time.
❑ **matar-se** *vp (suicidar-se)* to kill o.s.; **~-se de fazer algo** to kill o.s. doing sthg.
mate ['matʃi] *adj (sem brilho)* matt. ◆ *m (planta, infusão)* maté.
matemática [mate'matʃika] *f* mathematics *sg*.
matéria [ma'tɛrja] *f (substância)* matter; EDUC subject; *(material)* material; **em ~ de** on the subject of.
material [materi'aw] (*pl* **-ais** [-ajʃ]) *adj (bens)* material. ◆ *m* materials *pl*; **~ escolar** school supplies *pl*.
matéria-prima [maˌtɛrja'prima] (*pl* **matérias-primas** [maˌtɛrjaʃ'primaʃ]) *f* raw material.
maternidade [matexni'dadʒi] *f (hospital)* maternity hospital.
matinê [matʃi'ne] *f* matinée.
mato ['matu] *m (bosque)* wood; *(tipo de vegetação)* bush.
matrícula [ma'trikula] *f (em escola, universidade)* enrollment.
matrimônio [matri'monju] *m* marriage.
matriz [ma'triʃ] (*pl* **-zes** [-ziʃ]) *f (de foto, tipografia)* original; *(igreja)* mother church; COM *(sede)* head office.
maturidade [maturi'dadʒi] *f* maturity.
matuto, ta [ma'tutu, ta] *adj (provinciano)* provincial.
mau, má ['maw, 'ma] *adj* bad; **nada ~!** not bad at all!
maus-tratos [mawʃ'tratuʃ] *mpl* abuse *sg*.
maxilar [maksi'la(x)] (*pl* **-res** [-riʃ]) *m* jaw.
máximo, ma ['masimu, ma] *adj* maximum; *(temperatura, nota)* highest. ◆ *m*: **o ~** the most; **faça o ~ que você puder** do your best; **no ~** at most; **ao ~** to the full; **ser o ~** to be the best.
me [mi] *pron (complemento direto)* me; *(complemento indireto)* (to) me; *(reflexo)* myself; **eu nunca ~ engano** I'm never wrong; **eu ~ machuquei** I hurt myself; **você já ~ contou essa história** you've already told me that story.
meados ['mjaduʃ] *mpl*: **em ~ de** in the middle of.

mecânica [me'kanika] *f* mechanics *sg* → **mecânico.**
mecânico, ca [me'kaniku, ka] *adj* mechanical. ◆ *m, f* mechanic.
mecanismo [meka'niʒmu] *m* mechanism.
mecha ['mɛʃa] *f (de cabelo)* tuft; *(de vela)* wick.
meço ['mɛsu] → **medir.**
medalha [me'daʎa] *f* medal.
média ['mɛdʒja] *f* average; **à ~ de** at an average of; **em ~** on average; **ter ~ de** *EDUC* to average.
mediano, na [me'dʒjanu, na] *adj (médio)* medium; *(sofrível)* average.
mediante [me'dʒjãntʃi] *prep* by means of, through; **irei ~ certas condições** I'll go on certain conditions.
medicação [medʒika'sãw] (*pl* **-ões** [-õjʃ]) *f* medication.
medicamento [medʒika'mẽntu] *m* medicine.
medicina [medʒi'sina] *f* medicine.
médico, ca ['mɛdʒiku, ka] *m, f* doctor; **~ de clínica geral** G.P., general practitioner.
medida [me'dʒida] *f (grandeza, quantidade)* measurement *(precaução, decisão)* measure; **feito sob ~** made-to-measure; **ficar na ~** to be a perfect fit; **em certa ~** to a certain extent; **na ~ do possível** as far as possible; **à ~ que** as; **tomar ~s** to take steps ou measures.
medieval [medʒje'vaw] (*pl* **-ais** [-ajʃ]) *adj* medieval.
médio, dia ['mɛdʒju, dja] *adj (tamanho)* medium; *(qualidade)* average. ◆ *m (dedo)* middle finger.
medíocre [me'dʒiukri] *adj* mediocre.
medir [me'dʒi(x)] *vt* to measure; **quanto (é que) você mede?** how tall are you?; **eu meço 1,70 m** I'm 1.70m.
meditar [medʒi'ta(x)] *vi* to meditate; **~ sobre algo** to think sthg over.
Mediterrâneo [medʒite'xanju] *m*: **o (mar) ~** the Mediterranean (Sea).
medo ['medu] *m* fear; **estar com ~** to be afraid; **ter ~ de** to be afraid of.
medonho, nha [me'doɲu, ɲa] *adj (feio)* hideous.
medroso, osa [me'drozu, ɔza] *adj* frightened.
medula [me'dula] *f* (bone) marrow.
medusa [me'duza] *f* jellyfish.
meia ['meja] *f (em número)* six.
meia-calça [,meja'kawsa] (*pl* **meias-calças** [,mejaʃ'kawsaʃ]) *f* pantyhose *Am,* tights *pl Brit.*
meia-idade [,mejej'dadʒi] *f* middle age; **de ~** middle-aged.
meia-luz [,meja'luʃ] *f* half light; **à ~** in the half light.
meia-noite [,meja'nojtʃi] *f* midnight.
meias ['mejaʃ] *fpl* socks; *(de mulher)* stockings.
meigo, ga ['mejgu, ga] *adj* sweet.

meio, meia ['meju, 'meja] *adj* half. ◆ *m (modo, recurso)* way; *(social)* circles *pl*; **meia pensão** breakfast and one meal included; ~ **ambiente** environment; ~ **bilhete** half-fare; **meia hora** half an hour; **à meia voz** under one's breath; ~ **a** ~ fifty-fifty; **em** ~ **a** amidst; **no** ~ **de** *(duas coisas)* between; *(rua, mesa, multidão)* in the middle of; **hoje o chefe está** ~ **irritado** the boss is a bit angry today.

meio-dia [,meju'dʒia] *m* midday, noon.

mel ['mɛw] *m* honey.

melado, da [me'ladu, da] *adj (pegajoso)* sticky.

melancia [melã'sia] *f* watermelon.

melancolia [melãŋko'lia] *f* melancholy.

melancólico, ca [melãŋ'kɔliku, ka] *adj* melancholy.

melão [me'lãw] (*pl* **-ões** [-õjʃ]) *m* melon.

melhor [me'ʎɔ(x)] (*pl* **-res** [-riʃ]) *adj & adv* better. ◆ *m*: **o/a** ~ *(pessoa, coisa)* the best one; **o** ~ **a fazer é ...** the best thing to do is ...; **o** ~ **é não ir** it would be best not to go; **ou** ~ or rather; **tanto** ~**!** all the better!; **estar** ~ *(de saúde)* to feel better; **fazer o** ~ **que pôde** to do the best you could; **levar a** ~ to come off best; **ser do** ~ **que há** to be the best there is; **cada vez** ~ better and better.

melhorar [meʎo'ra(x)] *vt* to improve. ◆ *vi* to get better, to improve.

melhores → **melhor.**

melindroso, osa [melĩn'drozu, ɔza] *adj (pessoa)* touchy; *(assunto, questão, problema)* delicate.

melodia [melo'dʒia] *f* tune.

melões → **melão.**

membro ['mẽmbru] *m (perna, braço)* limb; *(de clube, associação)* member.

memória [me'mɔrja] *f* memory; **de** ~ by heart.

memorizar [memori'za(x)] *vt* to memorize.

mencionar [mẽsjo'na(x)] *vt* to mention.

mendigar [mẽndʃi'ga(x)] *vi* to beg.

mendigo, ga [mẽn'dʃigu, ga] *m, f* beggar.

menino, na [me'ninu, na] *m, f* boy, girl.

menopausa [meno'pawza] *f* menopause.

menor [me'nɔ(x)] (*pl* **-res** [-riʃ]) *adj (em tamanho)* smaller; *(em número)* lower; *(em importância)* minor; *(mínimo)* least. ◆ *mf* minor; **não faço a** ~ **idéia** I haven't got a clue; **o/a** ~ the least; *(em tamanho)* the smallest; **ser** ~ **de idade** to be underage; ~ **de rua** abandoned child.

menos ['menuʃ] *adv* **-1.** *(em comparações)* less; **a Ana é** ~ **inteligente** Ana is less intelligent, Ana isn't as intelligent; ~ **do que** less than; ~ **... do que ...** less ... than ...; **tenho** ~ **trabalho do que ele** I have less work than him; **tenho um livro a ~** I'm one book short; **deram-me 5 reais a ~** they gave me 5 reals too little.

-2. *(como superlativo)*: **o/a ~ ...** the least ...; **o ~ caro/interessante** the cheapest/least interesting.

-3. *(em locuções)*: **a ~ que** unless; **ao ~, pelo ~** at least; **isso é o de ~** that's the least of it; **pouco ~ de** just under.

◆ *adj inv* **-1.** *(em comparações)* less, fewer *pl*; **como ~ carne** I eat less meat; **eles têm ~ posses** they have fewer possessions; **está ~ frio do que ontem** it's not as cold as it was yesterday; **~ ... do que** less ... than, fewer ... than *pl*.

-2. *(como superlativo)* (the) least, (the) fewest *pl*; **as que ~ bolos comeram** those who ate (the) fewest cakes; **os que ~ dinheiro têm** those who have (the) least money.

◆ *prep* **-1.** *(exceto)* except (for); **todos gostaram ~ ele** they all liked it except (for) him; **tudo ~ isso** anything but that.

-2. *(indica subtração)* minus; **três ~ dois é igual a um** three minus two equals one.

menosprezar [menuʃpre'za(x)] *vt* to underrate.

mensageiro, ra [mẽsa'ʒejru, ra] *m, f* messenger.

mensagem [mẽsa'ʒẽ] (*pl* **-ns** [-ʃ]) *f* message.

mensal [mẽ'saw] (*pl* **-ais** [-ajʃ]) *adj* monthly.

mensalmente [mẽsaw'mẽntʃi] *adv* monthly.

menstruação [mẽʃtrua'sãw] *f* menstruation.

mentalidade [mẽntali'dadʒi] *f* mentality.

mente ['mẽntʃi] *f* mind; **ter em ~ fazer algo** to plan to do sthg.

mentir [mẽn'ti(x)] *vi* to lie.

mentira [mẽn'tira] *f* lie. ◆ *interj* nonsense!; **parece ~!** I can't believe it!

mentiroso, osa [mẽntʃi'rozu, ɔza] *m, f* liar.

menu [me'nu] *m* menu.

mercado [mex'kadu] *m* market; **~ municipal** (town) market; **~ negro** black market.

mercadoria [mexkado'ria] *f* goods *pl*.

mercearia [mexsja'ria] *f* grocery store.

mercúrio [mex'kurju] *m* mercury.

merecer [mere'se(x)] *vt* to deserve; **fazer por ~** to get what you deserve.

merecido, da [mere'sidu, da] *adj* deserved.

merengue [me'rẽŋgi] *m* meringue.

mergulhador, ra [merguʎa'do(x), ra] (*mpl* **-res** [-riʃ], *fpl* **-s** [-ʃ]) *m, f* diver.

mergulhar [mergu'ʎa(x)] *vi* to dive; **~ em algo** *(no estudo, no trabalho) fig* to immerse o.s. in sthg. ◆ *vt*: **~ algo em algo** to dip sthg in sthg.

mergulho [mex'guʎu] *m* dive;

dar um ~ to dive.

meridiano [meri'dʒjanu] *m* meridian.

meridional [meridʒjo'naw] (*pl* **-ais** [-ajʃ]) *adj* southern.

mérito ['mɛritu] *m* merit; **por ~ próprio** on one's own merits.

mês ['meʃ] (*pl* **meses** ['meziʃ]) *m* month; **todo ~** every month; **(de) ~ a ~** every month; **por ~** a ou per month.

mesa ['meza] *f* table; **estar na ~** *(comida)* to be on the table; *(pessoa)* to be at the table; **pôr/tirar a ~** to lay/clear the table; **sentar-se à ~** to sit at the table; **~ de centro** coffee table; **~ telefônica** switchboard.

mesada [me'zada] *f* monthly allowance.

meses → **mês.**

mesmo, ma ['meʒmu, ma] *adj* same. ◆ *adv (até)* even; *(exatamente)* exactly; *(para enfatizar)* really. ◆ *pron:* **o ~/a mesma** the same; **eu ~** I myself; **comprou-o para ele ~/ela mesma** he/she bought it for himself/herself; **isso ~!** that's it!; **~ assim** even so; **~ que se** even if; **nem ~** not even; **o ~ que** the same thing as; **valer o ~ que** to cost the same as; **só ~ um louco para agir assim!** only a fool would do that!

mesquinho, nha [meʃ'kiɲu, ɲa] *adj* stingy.

mesquita [meʃ'kita] *f* mosque.

mestiço, ça [meʃ'tʃisu, sa] *adj* of mixed race. ◆ *m, f* person of mixed race.

mestre ['mɛʃtri] *m* master.

meta ['mɛta] *f (em corrida)* finishing line; *(objetivo)* goal.

metade [me'tadʒi] *f* half; **~ do preço** half-price; **fazer as coisas pela ~** to do things half-heartedly; **fazer algo na ~ do tempo** to do sthg in half the time.

metáfora [me'tafora] *f* metaphor.

metal [me'taw] (*pl* **-ais** [-ajʃ]) *m* metal.

metálico, ca [me'taliku, ka] *adj (objeto)* metal; *(som)* metallic.

metalurgia [metalux'ʒia] *f* metallurgy.

meteorito [metju'ritu] *m* meteorite.

meteoro [me'tjoru] *m* meteor.

meteorologia [meteorolo'ʒia] *f (ciência)* meteorology; *(em televisão)* weather forecast.

meter [me'te(x)] *vt* to put; **~ algo/alguém em algo** to put sthg/sb in sthg; **~ algo na cabeça** to get sthg in one's head; **~ medo** to be frightening; **~ medo em alguém** to frighten sb.

❑ **meter-se** *vp* to get involved; **~-se em algo** to get involved in sthg; **~-se na vida dos outros** to poke one's nose into other people's business; **~-se onde não é chamado** to stick one's nose in.

meticuloso, osa [metʃiku'lozu, ɔza] *adj* meticulous.

metódico, ca [me'tɔdʒiku, ka] *adj* methodical.

método ['mɛtodu] *m* method.
metralhadora [metraʎa'dora] *f* machine gun.
métrico, ca ['mɛtriku, ka] *adj* metric.
metro ['mɛtru] *m (medida)* meter; *(fita métrica)* tape measure; **a** ~ by the meter.
metrô [me'tro] *m* (**metropolitano**) subway *Am,* underground *Brit.*
meu, minha ['mew, 'miɲa] *adj* my. ◆ *pron:* **o** ~/**a minha** mine; **um amigo** ~ a friend of mine; **os** ~**s** *(a minha família)* my family.
mexer [me'ʃe(x)] *vt (corpo)* to move; *(culinária)* to stir. ◆ *vi (mover-se)* to move; ~ **em algo** to touch sthg; ~ **com algo** to get involved in sthg.
❑ **mexer-se** *vp (despachar-se)* to hurry up; *(mover-se)* to move; **mexa-se!** get a move on!
mexerico [meʃe'riku] *m* gossip.
México ['mɛʃiku] *m:* **o** ~ Mexico.
mexilhão [meʃi'ʎãw] (*pl* **-ões** [-õjʃ]) *m* mussel.
micróbio [mi'krɔbju] *m* germ.
microcomputador [mikrokõmputa'do(x)] *m* personal computer.
microfone [mikro'foni] *m* microphone.
microondas [mikro'õndaʃ] *m inv* microwave.
microscópio [mikroʃ'kɔpju] *m* microscope.
migalha [mi'gaʎa] *f* crumb.
migração [migra'sãw] (*pl* **-ões** [-õjʃ]) *f* migration.
mijar [mi'ʒa(x)] *vi* to piss.
mil ['miw] *num* a one thousand; **três** ~ three thousand; ~ **novecentos e noventa e sete** nineteen ninety-seven → **seis.**
milagre [mi'lagri] *m* miracle.
milênio [mi'lenju] *m* millennium.
milha ['miʎa] *f* mile.
milhão [mi'ʎãw] (*pl* **-ões** [-õjʃ]) *num* million; **um** ~ **de pessoas** a million people → **seis.**
milhar [mi'ʎa(x)] (*pl* **-res** [-riʃ]) *num* thousand → **seis.**
milho ['miʎu] *m* corn *Am,* maize *Brit*; ~ **cozido** corn on the cob.
milhões → **milhão.**
milímetro [mi'limetru] *m* millimeter.
milionário, ria [miljo'narju, rja] *m, f* millionaire.
mim ['mĩ] *pron (com preposição: complemento indireto)* me; *(com preposição: reflexo)* myself; **a** ~, **você não engana** you don't fool me; **comprei-o para** ~ **(mesmo** ou **próprio)** I bought it for myself.
mimar [mi'ma(x)] *vt (criança)* to spoil; *(por gestos)* to mimic.
mímica ['mimika] *f* mime.
mimo ['mimu] *m* cuddle; **cheio de** ~**s** spoiled.
mina ['mina] *f (de carvão, ouro)* mine.
mindinho [mĩn'dʒiɲu] *m* little finger.

mineiro, ra [mi'nejru, ra] *m, f* miner; *(de Minas Gerais)* native of Minas Gerais.
mineral [mine'raw] (*pl* **-ais** [-ajʃ]) *m* mineral.
minério [mi'nɛrju] *m* ore.
minha → **meu.**
minhoca [mi'ɲɔka] *f* earthworm.
miniatura [minja'tura] *f* miniature; **em** ~ in miniature.
mínimo, ma ['minimu, ma] *adj* minimum. ◆ *m*: **o** ~ the minimum; **não faço a mínima idéia!** I haven't got a clue!; **no** ~ at least.
minissaia [ˌmini'saja] *f* miniskirt.
ministério [miniʃ'tɛrju] *m* ministry.
ministro, tra [mi'niʃtru, tra] *m, f* minister.
minoria [mino'ria] *f* minority; **estar em** ~ to be in the minority.
minúscula [mi'nuʃkula] *f* lower case letter; **em** ~**s** in lower case letters.
minúsculo, la [mi'nuʃkulu, la] *adj* *(muito pequeno)* minuscule, tiny; *(letra)* lower case.
minuto [mi'nutu] *m* minute; **só um** ~**!** hang on a minute!; **dentro de poucos** ~**s** in a few minutes; **em poucos** ~**s** in no time at all.
miolo [mi'olu] *m* *(de pão, bolo)* *soft part of bread or cake.*
❑ **miolos** *mpl* brains.
míope ['mjupi] *adj* shortsighted.
miopia [mju'pia] *f* shortsightedness.
miradouro [mira'doru] *m* viewpoint.
miragem [mi'raʒẽ] (*pl* **-ns** [-ʃ]) *f* mirage.
mirar [mi'ra(x)] *vt* *(apontar para)* to take aim; *(observar)* to look at.
❑ **mirar-se** *vp*: ~**-se em algo** to look at o.s. in sthg.
miscelânea [miʃse'lanja] *f* *(mistura)* mixture; *fig (confusão)* jumble.
miserável [mize'ravɛw] (*pl* **-eis** [-ejʃ]) *adj* *(pobre)* poverty-stricken; *(desgraçado)* unfortunate.
miséria [mi'zɛrja] *f* *(pobreza)* poverty; *(desgraça)* misery; *(sordidez)* squalor; *(pouca quantidade)* pittance.
misericórdia [mizeri'kɔrdja] *f* mercy; **pedir** ~ to ask for mercy.
missa ['misa] *f* mass.
missão [mi'sãw] (*pl* **-ões** [-õjʃ]) *f* mission.
míssil ['misiw] (*pl* **-eis** [-ejʃ]) *m* missile.
missionário, ria [misjo'narju, rja] *m, f* missionary.
missões → **missão.**
mistério [miʃ'tɛrju] *m* mystery.
misterioso, osa [miʃte'rjozu, ɔza] *adj* mysterious.
misto, ta ['miʃtu, ta] *adj* mixed.
mistura [miʃ'tura] *f* mixture.
misturar [miʃtu'ra(x)] *vt* to mix; *fig (confundir)* to mix up.

mito ['mitu] *m* myth.

miúdo, da [mi'udu, da] *adj* small.

❑ **miúdos** *mpl*: **~s de galinha** giblets; **trocar algo em ~s** to explain sthg.

mo [mu] = **me + o** → **me.**

mobília [mo'bilja] *f* furniture.

Moçambique [mosãm'biki] *s* Mozambique.

mocassim [moka'sĩ] (*pl* **-ns** [-ʃ]) *m* mocassin.

mochila [mo'ʃila] *f* backpack.

mocidade [mosi'dadʒi] *f* youth.

moço, ça ['mosu, sa] *adj* young. ◆ *m, f* boy; *(atendente)* shop assistant.

moda ['mɔda] *f* fashion; **à ~ de** in the style of; **estar fora de ~** to be out of fashion; **estar na ~** to be in fashion, to be fashionable; **sair de ~** to go out of fashion.

modalidade [modali'dadʒi] *f* *(de esporte)* discipline; *(de pagamento)* method.

modelo [mo'delu] *m* model; *(de roupa)* design.

modem ['mɔdɛm] *m* modem.

moderado, da [mode'radu, da] *adj* moderate.

moderar [mode'ra(x)] *vt (restringir)* to moderate; *(reunião, debate)* to chair.

modernizar [modexni'za(x)] *vt* to modernize.

moderno, na [mo'dɛxnu, na] *adj* modern.

modéstia [mo'dɛʃtja] *f* modesty; **~ à parte** modesty aside.

modesto, ta [mo'dɛʃtu, ta] *adj* modest.

modificar [modʒifi'ka(x)] *vt* to modify.

❑ **modificar-se** *vp* to change.

modo ['mɔdu] *m* way; GRAM mood; **~ de usar** directions *pl*; **com bons ~s** politely; **com maus ~s** impolitely; **de certo ~** in some ways; **de ~ nenhum!** no way!; **de ~ que** so (that); **de qualquer ~** anyway; **de tal ~ que** so much that.

moeda ['mwɛda] *f (de metal)* coin; *(em geral)* currency; **~ estrangeira** foreign currency.

MOEDA

Since 1994 the only legal tender in Brazil has been the "real". The former units, the "cruzeiro", the "cruzeiro novo", the "cruzado", the "cruzado novo" and others, were all devoured by monstrous hyperinflation. At the end of the 1980s, the Brazilian currency sometimes suffered 90 per cent devaluation within the space of a single calendar month. The "real" is part of a government package aimed to place the country on a course of economic stability.

moer ['mwe(x)] *vt* to grind.

mofo ['mofu] *m* mold.

mogno ['mɔgnu] *m* mahogany.

moído, da [mw'ido, da] *adj (ca-*

fé, pimenta) ground; **estar ~** *(estar cansado)* to be done in.
moinho [mw'iɲu] *m* mill; **~ de café** coffee grinder; **~ de vento** windmill.
mola ['mɔla] *f (em colchão, sofá)* spring.
molar [mo'la(x)] (*pl* **-res** [-riʃ]) *m* molar.
moldar [mow'da(x)] *vt* to mold.
moldura [mow'dura] *f* frame.
mole ['mɔli] *adj* soft; *(pessoa)* docile.
molécula [mu'lɛkula] *f* molecule.
molestar [moleʃ'ta(x)] *vt (maltratar)* to hurt; *(aborrecer)* to annoy.
molhar [mo'ʎa(x)] *vt* to wet.
❑ **molhar-se** *vp* to get wet.
molho[1] ['moʎu] *m* sauce; **~ de tomate** tomato sauce; **pôr de ~** to soak.
molho[2] ['mɔʎu] *m (de lenha)* stack; *(de palha, erva)* bundle; **~ de chaves** bunch of keys.
momento [mo'mẽntu] *m* moment; **um ~!** just a moment!; **a qualquer ~** any minute now; **até o ~** (up) until now; **de/neste ~** at the moment; **dentro de ~s** shortly; **em dado ~** at any given moment.
monarca [mo'naxka] *mf* monarch.
monarquia [monax'kia] *f* monarchy.
monge ['mõʒi] *m* monk.
monitor, ra [moni'to(x), ra] (*mpl* **-res** [-riʃ], *fpl* **-s** [-ʃ]) *m, f (em colônia de férias)* activity director. ◆ *m (de televisão)* (television) screen; *(de computador)* monitor, VDU.
monopólio [mono'pɔlju] *m* monopoly.
monótono, na [mo'nɔtonu, na] *adj (pessoa)* tedious; *(vida, trabalho)* monotonous.
monstro ['mõʃtru] *m* monster.
montagem [mõn'taʒẽ] (*pl* **-ns** [-ʃ]) *f (de máquina)* assembly; *(de esquema)* drawing up; *(de fotografia)* montage; *(de filme)* editing.
montanha [mõn'taɲa] *f* mountain.
montanha-russa [mõn,taɲa'rusa] (*pl* **montanhas-russas** [mõn,taɲaʃ'rusaʃ]) *f* roller coaster.
montanhismo [mõnta'ɲiʒmu] *m* mountain climbing.
montanhoso, osa [mõnta'ɲozu, ɔza] *adj* mountainous.
montante [mõn'tãntʃi] *m* total.
montar [mõn'ta(x)] *vt (barraca)* to put up; *(acampamento)* to set up; *(máquina)* to assemble; *(filme)* to edit. ◆ *vi (fazer hipismo)* to ride; **~ a cavalo** to ride (horseback).
monte ['mõntʃi] *m (montanha)* mountain; **comida aos ~s** loads of food.
monumento [monu'mẽntu] *m* monument; **~ comemorativo** memorial.
moradia [mora'dia] *f* house.
morador, ra [mora'do(x), ra] (*mpl* **-res** [-riʃ], *fpl* **-s** [-ʃ]) *m, f* resident.

moral [mo'raw] (*pl* **-ais** [-ajʃ]) *adj* moral. ◆ *f (social)* morals *pl*; *(conclusão)* moral. ◆ *m (ânimo, disposição)* morale.
morango [mo'rãŋgu] *m* strawberry.
morar [mo'ra(x)] *vi* to live.
mórbido, da ['mɔxbidu, da] *adj* morbid.
morcego [mox'segu] *m* bat.
mordaça [mox'dasa] *f (em pessoa)* gag; *(em animal)* muzzle.
morder [mox'de(x)] *vt* to bite.
mordida [mox'dida] *f* bite.
mordomo [mox'domu] *m* butler.
moreno, na [mo'renu, na] *adj (tez, pele)* dark; *(de sol)* tanned.
morfina [mox'fina] *f* morphine.
moribundo, da [mori'bũndu, da] *adj* dying.
morno, morna ['moxnu, 'mɔrna] *adj* lukewarm.
morrer [mo'xe(x)] *vi* to die; *(fogo, luz)* to die down; *(motor)* to stall; **estou morrendo de fome** I'm starving; ~ **de rir** to laugh one's head off; ~ **de vontade de fazer algo** to be dying to do sthg; ~ **na praia** to fall at the last jump.
morro ['moxu] *m (monte)* hill; *(favela)* slum.
mortal [mox'taw] (*pl* **-ais** [-ajʃ]) *adj (pessoa, animal)* mortal; *(acidente, ferida)* fatal; *(doença)* terminal. ◆ *mf* mortal.
mortalha [mox'taʎa] *f (de cadáver)* shroud.
mortalidade [moxtali'dadʒi] *f* mortality; ~ **infantil** infant mortality.
morte ['mɔxtʃi] *f (natural)* death; *(homicídio)* murder; **estar pensando na ~ da bezerra** to daydream; **ser de ~** *(cômico)* to be hysterical.
morto, ta ['moxtu, ta] *pp* → **matar.** ◆ *adj* dead. ◆ *m, f* dead person; **estar ~** to be dead; *(de cansaço) fig* to be dead tired; **estar ~ de fome** to be starving; **ser ~** to be killed.
mos [moʃ] = **me + os** → **me.**
mosaico [mo'zajku] *m* mosaic.
mosca ['moʃka] *f* fly; **acertar na ~** to hit the nail on the head.
moscatel [moʃka'tɛw] (*pl* **-éis** [-ɛiʃ]) *m* Muscatel.
mosquito [moʃ'kitu] *m* mosquito.
mostarda [moʃ'taxda] *f* mustard.
mosteiro [moʃ'tejru] *m* monastery.
mostrador [moʃtra'do(x)] (*pl* **-res** [-riʃ]) *m (de relógio)* face; *(de velocímetro)* dial.
mostrar [moʃ'tra(x)] *vt* to show; ~ **algo a alguém** to show sthg to sb, to show sb sthg; ~ **interesse em** to show an interest in.
❑ **mostrar-se** *vp* to seem; *(exibir-se)* to show off.
motim [mo'tʃĩ] (*pl* **-ns** [-ʃ]) *m* uprising.
motivar [motʃi'va(x)] *vt (causar)* to cause; *(aluno)* to motivate.

motivo [mo'tʃivu] *m* motive; **por ~ de** due to; **sem ~s** for no reason.

motocicleta [ˌmotosi'klɛta] *f* motorcycle.

motor [mo'to(x)] (*pl* **-res** [-riʃ]) *m* engine, motor; **~ de arranque** starter motor.

motorista [moto'riʃta] *mf* driver.

mourisco, ca [mo'riʃku, ka] *adj* Moorish.

móvel ['mɔvɛw] (*pl* **-eis** [-ejʃ]) *adj* mobile. ◆ *m* piece of furniture.

❑ **móveis** *mpl* furniture *sg*.

mover [mo've(x)] *vt* to move; *(campanha)* to instigate.

❑ **mover-se** *vp* to move.

movimentado, da [movimẽn'tadu, da] *adj (rua, local)* busy.

movimento [movi'mẽntu] *m* movement; *(em rua, estabelecimento)* activity; **em ~** in motion.

mudança [mu'dãsa] *f (modificação)* change; *(de casa)* move; *(de veículo)* gear.

mudar [mu'da(x)] *vt (alterar)* to change; *(de posição)* to move. ◆ *vi (alterar-se)* to change.

❑ **mudar de** *v + prep* to change; *(de casa)* to move; **~ de idéia** to change one's mind; **~ de roupa** to change (one's clothes).

❑ **mudar-se** *vp* to move (house); **~-se para** to move to.

mudo, da ['mudu, da] *adj (pessoa)* dumb; *(cinema)* silent; **ficar ~** *fig* to be lost for words.

muito, ta ['muĩntu, ta] *adj* a lot of. ◆ *pron* a lot. ◆ *adv (com verbo)* a lot; *(com adjetivo)* very; *(demais)* too; **já não tenho ~ tempo** I don't have much time left; **há ~ tempo** a long time ago; **tenho ~ sono** I'm really tired; **~ bem!** very good!; **~ antes** long before; **~ pior** much ou far worse; **quando ~** at the most; **não ganho ~** I don't earn much.

mula ['mula] *f* mule.

muleta [mu'leta] *f* crutch.

mulher [mu'ʎe(x)] (*pl* **-res** [-riʃ]) *f* woman; *(esposa)* wife.

multa ['muwta] *f* fine; **levar uma ~** to get a fine.

multar [muw'ta(x)] *vt* to fine.

multidão [muwti'dãw] (*pl* **-ões** [-õjʃ]) *f (de pessoas)* crowd; *(de coisas)* host.

multinacional [ˌmuwtʃinasju'naw] (*pl* **-ais** [-ajʃ]) *f* multinational.

multiplicar [muwtʃipli'ka(x)] *vt & vi* to multiply; **~ por** to multiply by.

❑ **multiplicar-se** *vp (reproduzir-se)* to multiply.

múltiplo, pla ['muwtʃiplu, pla] *adj & m* multiple.

múmia ['mumja] *f* mummy.

mundial [mũn'dʒjaw] (*pl* **-ais** [-ajʃ]) *adj* world *(antes de s)*. ◆ *m (de futebol)* World Cup; *(de atletismo, etc)* World Championships *pl*.

mundo ['mũndu] *m* world; **o outro ~** the hereafter; **não é nada do outro ~** it's nothing out of the ordinary; **por nada**

deste ~ for love nor money; **vai ser o fim do** ~ all hell will break loose; **todo** ~ everyone, everybody; **viver no** ~ **da lua** to be in one's own little world.
munição [muni'sãw] (*pl* **-ões** [-õjʃ]) *f* ammunition.
municipal [munisi'paw] (*pl* **-ais** [-ajʃ]) *adj* city *(antes de s)*, municipal.
município [muni'sipju] *m (cidade)* city; *(organismo)* city hall.
munições → **munição.**
munir [mu'ni(x)] *vt:* ~ **alguém de algo** to supply sb with sthg. ❑ **munir-se de** *vp + prep* to arm o.s. with.
mural [mu'raw] (*pl* **-ais** [-ajʃ]) *m* mural.
muralha [mu'raʎa] *f* wall; *(fortaleza)* ramparts *pl.*
murchar [mux'ʃa(x)] *vi* to wilt.
murcho, cha ['muxʃu, ʃa] *adj (flor, planta)* wilted; *fig (sem animação)* listless.
murmurar [muxmu'ra(x)] *vt* to murmur.
murmúrio [mux'murju] *m* murmur.
muro ['muru] *m* wall.
murro ['muxu] *m* punch; **dar um** ~ **em alguém** to punch sb; **dar** ~ **em ponta de faca** to beat one's head against a wall.
musa ['muza] *f* muse.
musculação [muʃkula'sãw] *f* body building.
músculo ['muʃkulu] *m* muscle.
musculoso, osa [muʃku'lozu, ɔza] *adj* muscular.
museu [mu'zew] *m* museum; ~ **de arte moderna** modern art museum.
musgo ['muʒgu] *m* moss.
música ['muzika] *f* music; ~ **ambiente** background music; **'**~ **ao vivo'** 'live music'; ~ **clássica** classical music; **dançar conforme a** ~ *fig* to play along.
musical [muzi'kaw] *adj* musical.
músico, ca ['muziku, ka] *m, f* musician.
musse ['musi] *f* mousse; ~ **de chocolate** chocolate mousse.
mútuo, tua ['mutwu, twa] *adj* mutual; **de** ~ **acordo** by mutual agreement.

N

na [na] = **em + a** → **em.**
-na [na] *pron (pessoa)* her; *(coisa)* it; *(você)* you.
nabo ['nabu] *m (planta)* turnip.
nação [na'sãw] (*pl* **-ões** [-õjʃ]) *f* nation.
nacional [nasjo'naw] (*pl* **-ais** [-ajʃ]) *adj* national.
nacionalidade [nasjonali'dadʒi] *f* nationality.
nações → **nação.**
nada ['nada] *pron (coisa nenhuma)* nothing; *(em negativas)* anything. ◆ *adv:* **não gosto** ~ **disto** I don't like it at all; **de** ~**!** don't mention it!; ~ **de novo** nothing

new; **ou tudo ou** ~ all or nothing; **antes de mais** ~ first of all; **é uma coisa de** ~ it's nothing (at all); **não servir para** ~ to be no help at all, to be useless; **não adianta** ~ **resmungar** there's no point in whining about it.

nadador, ra [nada'do(x), ra] (*mpl* **-res** [-riʃ], *fpl* **-s** [-ʃ]) *m, f* swimmer.

nadar [na'da(x)] *vi* to swim; ~ **em** *fig (ter muito de)* to be swimming in.

nádegas ['nadegaʃ] *fpl* buttocks.

naipe ['najpi] *m* suit.

namorado, da [namo'radu, da] *m, f* boyfriend.

não [nãw] *adv (em respostas)* no; *(em negativas)* not; **ainda** ~ **o vi** I still haven't seen him; ~ **é aqui, é?** it isn't here, is it?; ~ **é?** isn't it?; **pelo sim, pelo** ~ just in case; **'~ fumar'** 'no smoking'.

não-fumante [ˌnãwfu'mãntʃi] *mf* non-smoker.

naquela [na'kɛla] = **em** + **aquela** → **em.**

naquele [na'keli] = **em** + **aquele** → **em.**

naquilo [na'kilu] = **em** + **aquilo** → **em.**

narcótico [nax'kɔtʃiku] *m* narcotic.

narina [na'rina] *f* nostril.

nariz [na'riʃ] (*pl* **-zes** [-ziʃ]) *m* nose; **meter o** ~ **em tudo** to be a busybody; **torcer o** ~ **(para algo)** *fig* to turn one's nose up (at sthg).

narração [naxa'sãw] (*pl* **-ões** [-õjʃ]) *f (ato)* narration; *(conto, história)* narrative.

narrar [na'xa(x)] *vt* to narrate.

nas [naʃ] = **em + as** → **em.**

-nas [naʃ] *pron pl (elas)* them; *(vocês)* you.

nascença [naʃ'sẽsa] *f* birth; **de** ~ *(problema, defeito)* congenital.

nascente [naʃ'sẽntʃi] *f (de rio)* source; *(de água)* spring.

nascer [naʃ'se(x)] *vi (pessoa, animal)* to be born; *(planta)* to sprout; *(sol)* to rise. ◆ *m (de sol)* sunrise; *(de lua)* moonrise; ~ **para ser algo** to be born to be sthg.

nascimento [naʃsi'mẽntu] *m* birth.

nata ['nata] *f* cream.

natação [nata'sãw] *f* swimming.

natal [na'taw] (*pl* **-ais** [-ajʃ]) *adj* home *(antes de s)*.

❑ **Natal** *m* Christmas; **Feliz Natal!** Merry Christmas!

nativo, va [na'tʃivu, va] *adj & m, f* native.

natural [natu'raw] (*pl* **-ais** [-ajʃ]) *adj* natural; **ao** ~ *(fruta)* fresh; **como é** ~ as is only natural; **é** ~ **que** it's understandable (that); **ser** ~ **de** to be from.

naturalidade [naturali'dadʒi] *f (origem)* birthplace; *(simplicidade)* naturalness.

naturalmente [naturaw'mẽntʃi] *adv* naturally. ◆ *interj* naturally!, of course!

natureza [natu'reza] *f* nature; **da mesma** ~ of the same kind; **por** ~ by nature.

❑ **Natureza** *f*: **a Natureza** Nature.

natureza-morta [natu,reza-'moxta] *f* still life.
nau ['naw] *f* ship.
naufragar [nawfra'ga(x)] *vi* to be wrecked.
naufrágio [naw'fraʒju] *m* shipwreck.
náusea ['nawzea] *f* nausea.
náutico, ca ['nawtʃiku, ka] *adj (atividade)* water *(antes de s)*; *(clube)* sailing *(antes de s)*.
navalha [na'vaʎa] *f (barbeiro)* razor; *(faca)* knife.
nave ['navi] *f (de igreja)* nave; ~ **espacial** spaceship.
navegação [navega'sãw] *f* navigation.
navegador [navega'do(x)] *m* INFORM browser.
navegar [nave'ga(x)] *vi* to sail; ~ **na Internet** to surf the Net.
navio [na'viu] *m* ship.
neblina [ne'blina] *f* mist.
necessário, ria [nese'sarju, rja] *adj* necessary. ◆ *m*: **o** ~ the bare necessities *pl*; **quando** ~ when necessary; **se** ~ if necessary.
necessidade [nesesi'dadʒi] *f (carência)* necessity, need; **de primeira** ~ essential; **sem** ~ needlessly; **ter** ~ **de fazer algo** to need to do sthg.
❑ **necessidades** *fpl*: **fazer as** ~**s** to go to the toilet.
necessitar [nesesi'ta(x)] *vt* to need.
❑ **necessitar de** *v + prep* to need.
necrotério [nekro'tɛrju] *m* morgue.
nefasto, ta [ne'faʃtu, ta] *adj (acontecimento)* terrible; *(atmosfera)* bad.
negar [ne'ga(x)] *vt* to deny.
❑ **negar-se** *vp*: ~**-se algo** to deny o.s. sthg; ~**-se a fazer algo** to refuse to do sthg.
negativo, va [nega'tʃivu, va] *adj* negative; *(saldo bancário)* overdrawn; *(temperatura)* below-zero. ◆ *m (de filme, fotografia)* negative.
negligente [negli'ʒẽntʃi] *adj* negligent.
negociação [negosja'sãw] (*pl* **-ões** [-õjʃ]) *f* negotiation.
negociar [negosi'a(x)] *vt (acordo, preço)* to negotiate. ◆ *vi* COM to do business.
negócio [ne'gɔsju] *m* business; *(transação)* deal; **fazer** ~**s com alguém** to do business with sb; ~**s escusos** shady deals.
negro, gra ['negru, gra] *adj* black; *(céu)* dark; *(raça)* black; *fig (difícil)* bleak. ◆ *m, f* black man.
nela ['nɛla] = **em + ela** → **em.**
nele ['neli] = **em + ele** → **em.**
nem [nẽ] *adv* not even. ◆ *conj*: **não gosto** ~ **de cerveja** ~ **de vinho** I like neither beer nor wine; **não gosto** ~ **de um** ~ **de outro** I don't like either of them; ~ **por isso** not really; ~ **que** even if; ~ **sempre** not always; ~ **tudo** not everything; ~ **um** ~ **outro** neither one nor the other; ~ **pensar!** don't even think about it!
nenhum, ma [ne'ɲũ, ma] (*mpl*

-ns [-ʃ], *fpl* **-s** [-ʃ]) *adj* no. ◆ *pron* none; **não comprei livro ~** I didn't buy a single book; **não quero nenhuma bebida** I don't want anything to drink; **não tive problema ~** I didn't have any problems; **~ professor é perfeito** no teacher is perfect; **~ de** none of, not one of; **~ dos dois** neither of them.

nervo ['nexvu] *m* nerve; *(em carne)* sinew.
❑ **nervos** *mpl* nerves.

nervosismo [nexvo'ziʒmu] *m* nerves *pl*.

nessa ['nɛsa] = **em + essa → em.**

nesse ['nesi] = **em + esse → em.**

nesta ['nɛʃta] = **em + esta → em.**

neste ['neʃtʃi] = **em + este → em.**

neto, ta ['nɛtu, ta] *m, f* grandson.

neurose [new'rɔzi] *f* neurosis.

neutralidade [newtrali'dadʒi] *f* neutrality.

neutralizar ['newtrali'za(x)] *vt* to neutralize.

neutro, tra ['newtru, tra] *adj* neutral; GRAM neuter.

nevar [ne'va(x)] *v impess* to snow; **está nevando** it's snowing.

neve ['nɛvi] *f* snow.

névoa ['nɛvwa] *f* mist.

nevoeiro [ne'vwejru] *m* fog.

nicotina [niko'tʃina] *f* nicotine.

ninguém [nĩŋ'gãj] *pron* nobody, no one; *(em negativas)* anyone, anybody; **não tem ~ (em casa)** there's nobody in; **não vi ~** I didn't see anyone; **~ sabe o que aconteceu** nobody knows what happened.

ninho ['niɲu] *m* nest; *fig (lar)* home.

níquel ['nikɛw] (*pl* **-eis** [-ejʃ]) *m* nickel.

nissei [ni'sej] *mf Brazilian of Japanese parentage.*

nisso ['nisu] = **em + isso → em.**

nisto ['niʃtu] = **em + isto → em.**

nitidez [nitʃi'deʃ] *f* clarity.

nítido, da ['nitʃidu, da] *adj* clear.

nível ['nivɛw] (*pl* **-eis** [-ejʃ]) *m* level; *(qualidade)* quality; **ao ~ de** in terms of; **~ do mar** sea level; **~ de vida** standard of living.

no [nu] = **em + o → em.**

nó ['nɔ] *m* knot; *(em dedo)* knuckle; **dar um ~** to tie a knot; **estar com um ~ na garganta** to have a lump in the throat.

-no [nu] *pron (pessoa)* him; *(coisa)* it; *(você)* you.

nobre ['nɔbri] *adj* noble.

noção [no'sãw] (*pl* **-ões** [-õjʃ]) *f* notion.

nocivo, va [no'sivu, va] *adj (produto)* noxious; *(alimento)* unwholesome.

noções → noção.

nódoa ['nɔdwa] *f (em roupa, toalha)* stain; *(em reputação)* blemish.

noite ['nojtʃi] *f* night; *(fim da tarde)* evening; **boa ~!** good night!; **à ~** at night; **esta ~** *(mais tarde)* tonight; *(ao fim da tarde)* this evening; **dia e ~** night and day; **por ~** a OU per night; **da ~ para o dia** overnight.

noivado [noj'vadu] *m* engagement.

noivo, va ['nojvu, va] *m, f* fiancé; **estar ~ de alguém** to be engaged to sb.
❑ **noivos** *mpl* bride and groom; **eles estão ~s** they are engaged.

nojento, ta [no'ʒẽntu, ta] *adj* disgusting.

nojo ['noʒu] *m* disgust, revulsion; **dar ~** to be disgusting; **ter sentir ~ de** to be disgusted by.

nome ['nomi] *m* name; GRAM noun; **~ de batismo** Christian name; **~ completo** full name; **~ de guerra** nom de guerre; **~ próprio, primeiro ~** first name; **de ~** by name; **em ~ de** on behalf of.

nomeação [nomja'sãw] (*pl* **-ões** [-õjʃ]) *f (para prêmio)* nomination; *(para cargo)* appointment.

nomear [nomi'a(x)] *vt (mencionar nome de)* to name; *(para prêmio)* to nominate; *(para cargo)* to appoint.

nonagésimo, ma [nona'ʒɛzimu, ma] *num* ninetieth → **sexto.**

nono, na ['nonu, na] *num* ninth → **sexto.**

nora ['nɔra] *f (familiar)* daughter-in-law.

nordeste [nox'dɛʃtʃi] *m* northeast; **no ~** in the northeast.

nordestino, na [nɔxdɛʃ'tʃinu, na] *adj* northeastern. ◆ *m, f* Northeasterner.

norma ['nɔxma] *f (padrão)* standard; *(regra)* rule; **por ~** as a rule.

normal [nox'maw] (*pl* **-ais** [-ajʃ]) *adj* normal.

noroeste [no'rwɛʃtʃi] *m* northwest; **no ~** in the northwest.

norte ['nɔxtʃi] *adj (vento, direção)* northerly. ◆ *m* north; **a** OU **no ~** in the north; **ao ~ de** north of.

norte-americano, na [ˌnɔxtʒiameri'kanu, na] *adj & m, f* (North) American.

nos[1] [noʃ] = **em + os** → **em.**

nos[2] [noʃ] *pron pl (complemento direto)* us; *(complemento indireto)* (to) us; *(reflexo)* ourselves; *(recíproco)* each other, one another; **ela ~ falou** she told us; **nós ~ machucamos** we hurt ourselves; **nunca ~ enganamos** we're never wrong; **~ beijamos** we kissed (each other); **odiamo- ~** we hate each other.

nós ['nɔʃ] *pron pl (sujeito)* we; *(complemento)* us; **e ~?** what about us?; **somos ~** it's us; **~ mesmos** OU **próprios** we ourselves.

-nos [noʃ] *pron pl (eles)* them; *(vocês)* you → **nos**[2].

nosso, a ['nɔsu, a] *adj* our. ◆ *pron*: **o ~/a nossa** ours; **um amigo ~** a friend of ours; **os ~s** *(a nossa família)* our family.

nostalgia [noʃtaw'ʒia] *f* nostalgia.

nostálgico, ca [noʃ'tawʒiku, ka] *adj* nostalgic.

nota ['nɔta] *f* note; *(classificação)* mark; **tomar ~ de algo** to make a note of sthg.

notável [no'tavɛw] (*pl* **-eis** [-ejʃ]) *adj (ilustre)* distinguished; *(extraordinário)* outstanding.

notícia [no'tʃisja] *f* piece of news.

❑ **notícias** *fpl (noticiário)* news *sg*.

noticiário [notʃi'sjarju] *m* newscast, news bulletin.

notificar [notʃifi'ka(x)] *vt* to notify.

noturno, na [no'tuxnu, na] *adj (atividade)* night *(antes de s)*; *(aula)* evening *(antes de s)*; *(pessoa, animal)* nocturnal.

nova ['nɔva] *f* piece of news; **ter boas ~s** to have some good news.

novamente [ˌnɔva'mẽntʃi] *adv* again.

novato, ta [no'vatu, ta] *m, f* beginner.

nove ['nɔvi] *num* nine → **seis.**

novecentos, tas [nɔve'sẽntuʃ, taʃ] *num* nine hundred → **seis.**

novela [no'vɛla] *f (livro)* novel; *(em televisão)* soap opera.

novelo [no'velu] *m* ball.

novembro [no'vẽmbru] *m* November → **setembro.**

noventa [no'vẽnta] *num* ninety → **seis.**

novidade [novi'dadʒi] *f (notícia)* piece of news; *(em vestuário)* latest fashion; *(novo disco)* new release; **há ~s?** any news?

novo, nova ['novu, 'nɔva] *adj* new; *(jovem)* young; **~ em folha** brand new.

noz ['nɔʃ] (*pl* **-zes** [-ziʃ]) *f* walnut.

noz-moscada [ˌnɔʒmoʃ'kada] *f* nutmeg.

nu, nua ['nu, 'nua] *adj* naked; **~ em pêlo** stark naked.

nublado, da [nu'bladu, da] *adj* cloudy.

nuca ['nuka] *f* nape (of the neck).

nuclear [nukle'a(x)] (*pl* **-res** [-riʃ]) *adj* nuclear.

núcleo ['nukliu] *m* nucleus.

nudez [nu'deʒ] *f* nudity.

nudista [nu'dʒiʃta] *mf* nudist.

nulo, la ['nulu, la] *adj (sem efeito, valor)* null and void; *(incapaz)* useless; *(nenhum)* nonexistent.

num [nũ] = **em + um** → **em.**

numa ['numa] = **em + uma** → **em.**

numeral [nume'raw] (*pl* **-ais** [-ajʃ]) *m* numeral.

numerar [nume'ra(x)] *vt* to number.

número ['numeru] *m* number; *(de sapatos, peça de vestuário)* size; *(de revista)* issue; **~ de inscrição** application number; **~ de telefone** telephone number.

numeroso, osa [nume'rozu, ɔza] *adj (família, grupo)* large; *(vantagens, ocasiões)* numerous.

nunca ['nũŋka] *adv* never; **mais**

do que ~ more than ever; ~ **mais** never again; ~ **se sabe** you never know; ~ **na vida** never ever.

nuns [nũʃ] = **em + uns** → **em.**

núpcias ['nupsjaʃ] *fpl* marriage *sg.*

nutrição [nutri'sãw] *f* nutrition.

nutrir [nu'tri(x)] *vt fig (acalentar)* to nurture; ~ **uma paixão por alguém** to carry a torch for sb.

nutritivo, va [nutri'tʃivu, va] *adj* nutritious.

nuvem ['nuvẽ] (*pl* **-ns** [-ʃ]) *f* cloud.

O

o, a [u, a] (*mpl* **os** [uʃ], *fpl* **as** [aʃ]) *artigo definido* **-1.** *(com substantivo genérico)* the; **a casa** the house; **o hotel** the hotel; **os alunos** the students.
-2. *(com substantivo abstrato)*: **a vida** life; **o amor** love; **os nervos** nerves.
-3. *(com adjetivo substantivado)*: **o melhor/pior** the best/worst; **vou fazer o possível** I'll do what I can.
-4. *(com nomes geográficos)*: **a Inglaterra** England; **o Amazonas** the Amazon; **o Brasil** Brazil; **os Estados Unidos** the United States.
-5. *(indicando posse)*: **quebrei o nariz** I broke my nose; **estou com os pés frios** my feet are cold.
-6. *(com nome de pessoa)*: **o Alexandre** Alexandre; **a Helena** Helena; **o Sr. Mendes** Mr. Mendes.
-7. *(por cada)* a, per; **3 reais a dúzia** 3 reals a dozen.
-8. *(com datas)* the; **o dois de Abril** the second of April, April second.
◆ *pron* **-1.** *(pessoa)* him, them *pl*; **eu a deixei ali** I left her there; **ela o amava muito** she loved him very much; **não os vi** I didn't see them.
-2. *(você, vocês)* you; **prazer em conhecê-los, meus senhores** pleased to meet you, gentlemen.
-3. *(coisa)* it, them *pl*; **onde estão os papéis? não consigo achá-los** where are the papers? I can't find them.
-4. *(em locuções)*: **o/a da esquerda** the one on the left; **os que desejarem vir terão de pagar** those who wish to come will have to pay; **o que (é que) ...?** what ...?; **o que (é que) está acontecendo?** what's going on?; **era o que eu pensava** it's just as I thought; **o quê?** what?

oásis [ɔ'aziʃ] *m inv* oasis.

obedecer [obede'se(x)] *vi* to do as one is told, to obey; ~ **a** to obey.

obediente [obe'dʒjẽntʃi] *adj* obedient.

obesidade [obezi'dadʒi] *f* obesity.

obeso, sa [o'bezu, za] *adj* obese.
óbito ['ɔbitu] *m* death.
obituário [obitw'arju] *m* obituary.
objeção [obʒe'sãw] (*pl* **-ões** [-õjʃ]) *f* objection.
objetiva [obʒe'tʃiva] *f (de máquina fotográfica)* lens.
objetivo, va [obʒe'tʃivu, va] *adj & m* objective.
objeto [ob'ʒɛtu] *m* object.
obra ['ɔbra] *f* work; *(construção)* construction site; ~ **de arte** work of art; ~ **de caridade** *(instituição)* charity.
❑ **obras** *fpl (reparações)* repairs; **'em obras'** 'closed for renovation'.
obra-prima [ˌɔbra'prima] (*pl* **obras-primas** [ˌɔbraʃ'primaʃ]) *f* masterpiece.
obrigação [obriga'sãw] (*pl* **-ões** [-õjʃ]) *f* obligation; *(título de crédito)* bond.
obrigado, da [obri'gadu, da] *interj* thank you!; **muito** ~**!** thank you very much!; ~ **por ...** thank you for ...
obrigar [obri'ga(x)] *vt:* ~ **alguém a fazer algo** to force sb to do sthg.
obrigatório, ria [obriga'tɔrju, rja] *adj* compulsory.
obsceno, na [obʃ'senu, na] *adj* obscene.
observação [obsexva'sãw] (*pl* **-ões** [-õjʃ]) *f* observation; *(comentário)* comment; *(de lei, regra)* observance.
observador, ra [obsexva'do(x), ra] (*mpl* **-res** [-riʃ], *fpl* **-s** [-ʃ]) *m, f* observer.
observar [obsex'va(x)] *vt* to observe; *(dizer)* to remark.
observatório [obsexva'tɔrju] *m* observatory.
obsessão [obse'sãw] (*pl* **-ões** [-õjʃ]) *f* obsession.
obstáculo [obʃ'takulu] *m* obstacle.
obstinado, da [obʃtʃi'nadu, da] *adj* obstinate.
obstrução [obʃtru'sãw] (*pl* **-ões** [-õjʃ]) *f* obstruction.
obter [ob'te(x)] *vt* to get.
obturação [obtura'sãw] (*pl* **-ões** [-õjʃ]) *f (de dente)* filling.
óbvio, via ['ɔbvju, vja] *adj* obvious; **como é** ~ obviously.
ocasião [oka'zjãw] (*pl* **-ões** [-õjʃ]) *f (momento determinado)* occasion; *(oportunidade)* opportunity; **nessa** ~ at the time; **por** ~ **de** during; **ter** ~ **de fazer algo** to have occasion to do sthg; **aproveitar a** ~ **para ...** to take the opportunity to ...
oceano [ose'ãno] *m* ocean.
ocidental [osidẽn'taw] (*pl* **-ais** [-ajʃ]) *adj* western.
ocidente [osi'dẽntʃi] *m* west.
❑ **Ocidente** *m*: **o Ocidente** the West.
ócio ['ɔsju] *m* leisure.
oco, oca ['oku, 'oka] *adj* hollow.
ocorrência [oko'xẽsja] *f (incidente)* incident; *(freqüência)* occurrence.
ocorrer [oko'xe(x)] *vi* to happen.

octogésimo, ma [okto'ʒɛzimu, ma] *num* eightieth → **sexto.**
oculista [oku'liʃta] *mf (médico)* optometrist; *(vendedor)* optician.
óculos ['ɔkuluʃ] *mpl* glasses; ~ **escuros** sunglasses.
ocultar [okuw'ta(x)] *vt* to hide.
❑ **ocultar-se** *vp* to hide.
ocupado, da [oku'padu, da] *adj (casa)* occupied; *(lugar, assento)* taken; *(pessoa)* busy; **'está ~'** *(telefone)* 'the line is busy'.
ocupar [oku'pa(x)] *vt* to take up; *(casa)* to live in; *(tempo)* to occupy.
❑ **ocupar-se** *vp* to keep o.s. busy; **~-se fazendo algo** to spend one's time doing sthg; **~-se de** to see to.
odiar [o'dʒja(x)] *vt* to hate.
ódio ['ɔdʒju] *m* hatred.
odor [o'do(x)] (*pl* **-res** [-riʃ]) *m* odor.
oeste ['wɛʃtʃi] *m* west; **a** OU **no** ~ in the west; **a ~ de** to the west of.
ofegante [ofe'gãntʃi] *adj* breathless.
ofegar [ofe'ga(x)] *vi* to pant.
ofender [ofẽn'de(x)] *vt* to offend.
❑ **ofender-se** *vp* to take offense; **~-se com algo** to take offense at sthg.
oferecer [ofere'se(x)] *vt* to offer; *(dar)* to give; **~ algo a alguém** *(presente, ajuda, lugar)* to give sb sthg; *(emprego)* to offer sb sthg.
❑ **oferecer-se** *vp*: **~-se para fazer algo** to offer to do sthg.
oferta [o'fɛxta] *f (presente)* gift; *(de emprego)* offer; COM supply.
oficial [ofisi'aw] (*pl* **-ais** [-ajʃ]) *adj* official. ◆ *mf (em marinha, exército)* officer.
oficina [ofi'sina] *f* workshop; *(mecânica)* garage.
ofício [o'fisju] *m (profissão)* trade; *(carta)* official letter.
ofuscar [ofuʃ'ka(x)] *vt* to dazzle.
oi ['oj] *interj* hi!
oitavo, va [oj'tavu, va] *num* eighth → **sexto.**
oitenta [oj'tẽnta] *num* eighty → **seis.**
oito ['ojtu] *num* eight; **nem ~ nem oitenta!** there's no need to exaggerate! → **seis.**
oitocentos, tas [ojto'sẽntuʃ, taʃ] *num* eight hundred → **seis.**
olá [o'la] *interj* hello!
olaria [ola'ria] *f* pottery.
óleo ['ɔlju] *m* oil; **~ de bronzear** suntan lotion; **~ diesel** diesel fuel; **~ de girassol/soja** sunflower/soy oil; **~ motor** engine oil; **~ sobre tela** oil painting.
oleoso, osa [oli'ozu, ɔza] *adj* greasy.
olfato [ow'fatu] *m* sense of smell.
olhadela [oʎa'dɛla] *f* glance; **dar uma ~ em algo** to have a quick look at sthg.
olhar [o'ʎa(x)] *vt* to look at. ◆ *vi* to look. ◆ *m* look; **~ para** to look at; **~ por** to look after.

olheiras [o'ʎejraʃ] *fpl*: **ter ~** to have dark rings under one's eyes.

olho ['oʎu] (*pl* **olhos** ['ɔʎuʃ]) *m* eye; **~ mágico** peephole; **a ~ nu** with the naked eye; **a ~s vistos** visibly; **aos ~s de** in the eyes of; **custar os ~s da cara** to cost an arm and a leg; **estar de ~ em algo/alguém** to have one's eye on sthg/sb; **não pregar os ~s** to not sleep a wink; **ver com bons/maus ~s** to approve/disapprove of.

olímpico, ca [o'lĩmpiku, ka] *adj* Olympic.

ombro ['õmbru] *m* shoulder; **encolher os ~s** to shrug one's shoulders.

omelete [ome'lɛtʃi] *f* omelette.

omissão [omi'sãw] (*pl* **-ões** [-õjʃ]) *f* omission.

omitir [omi'ti(x)] *vt* to omit.

onça ['õsa] *f* *(animal)* jaguar; *(medida)* ounce.

onda ['õnda] *f* wave; **~ média/longa/curta** medium/long/shortwave; **fazer ~** *(criar problemas)* to make waves; **ir na ~** *(deixar-se enganar)* to fall for sth.

onde ['õndʒi] *adv* where; **por ~ vamos?** which way are we going?

ondulado, da [õndu'ladu, da] *adj* *(cabelo)* wavy; *(superfície)* rippled.

ônibus ['onibuʃ] *m inv* bus; *(interurbano)* coach; **~ espacial** space shuttle.

onipotente [ˌɔmnipo'tẽntʃi] *adj* omnipotent.

ontem ['õntẽ] *adv* yesterday; **~ de manhã/à tarde** yesterday morning/afternoon; **~ à noite** last night.

onze ['õzi] *num* eleven → **seis.**

opaco, ca [o'paku, ka] *adj* opaque.

opção [op'sãw] (*pl* **-ões** [-õjʃ]) *f* option.

ópera ['ɔpera] *f* opera.

operação [opera'sãw] (*pl* **-ões** [-õjʃ]) *f* operation; *(comercial)* transaction.

operador, ra [opera'do(x), ra] (*mpl* **-res** [-riʃ], *fpl* **-s** [-ʃ]) *m, f*: **~ de computadores** computer operator.

operar [ope'ra(x)] *vi* MED to operate. ◆ *vt* MED to operate on.

operário, ria [ope'rarju, rja] *m, f* worker.

opinar [opi'na(x)] *vt* to think. ◆ *vi* to give one's opinion.

opinião [opi'njãw] (*pl* **-ões** [-õjʃ]) *f* opinion; **na minha ~** in my opinion; **ser da ~ de que** to be of the opinion that; **a ~ pública** public opinion.

oponente [opo'nẽntʃi] *mf* opponent.

opor-se [o'poxsi] *vp* to object; **~ a** to oppose.

oportunidade [opoxtuni'dadʒi] *f* opportunity; **aproveitar uma ~** to take an opportunity.

oportuno, na [opox'tunu, na] *adj* opportune.

oposição [opozi'sãw] *f* opposition; *(diferença)* contrast; **a ~** POL the Opposition; **um político**

da ~ an Opposition politician.
oposto, osta [o'poʃtu, ɔʃta] *adj* opposite. ◆ *m:* **o** ~ the opposite; ~ **a** opposite.
opressão [opre'sãw] (*pl* **-ões** [-õjʃ]) *f* oppression.
opressivo, va [opre'sivu, va] *adj* oppressive.
opressões → **opressão.**
oprimir [opri'mi(x)] *vt* to oppress.
optar [op'ta(x)] *vi* to choose; ~ **por algo** to opt for sthg; ~ **por fazer algo** to opt to do sthg, to choose to do sthg.
ora ['ɔra] *interj* come on! ◆ *conj* well. ◆ *adv:* **por** ~ for now; ~ **essa!** well, well!; ~ **...** ~ **...** one minute ..., the next ...
oração [ora'sãw] (*pl* **-ões** [-õjʃ]) *f (prece)* prayer; *(frase)* clause.
orador, ra [ora'do(x), ra] (*mpl* **-res** [-riʃ], *fpl* **-s** [-ʃ]) *m, f* (public) speaker.
oral [o'raw] (*pl* **-ais** [-ajʃ]) *adj & f* oral.
orar [o'ra(x)] *vi (discursar)* to give a speech; *(rezar)* to pray.
órbita ['ɔxbita] *f (de olho)* socket; *(de planeta)* orbit; *fig (de ação, influência)* sphere.
orçamento [oxsa'mẽntu] *m (de Estado, empresa)* budget; *(para trabalho, serviço)* estimate.
ordem ['ɔxdẽ] (*pl* **-ns** [-ʃ]) *f* order; **até segunda** ~ until further notice; **dar ordens** to give orders; **de primeira** ~ first-rate; **pôr algo em** ~ to straighten sthg up; **por** ~ in order; **por** ~ **de alguém** on sb's orders; **sempre às ordens!** don't mention it!
ordenado [oxde'nadu] *m* wage.
ordenhar [oxde'ɲa(x)] *vt* to milk.
ordens → **ordem.**
ordinário, ria [oxdʒi'narju, rja] *adj (grosseiro)* crude.
orégano [o'rɛganu] *m* oregano.
orelha [o'reʎa] *f* ANAT ear.
orfanato [oxfa'natu] *m* orphanage.
órfão, fã ['ɔxfãw, fã] *m, f* orphan.
orgânico, ca [ox'ganiku, ka] *adj* organic.
organismo [oxga'niʒmu] *m* body.
organização [oxganiza'sãw] (*pl* **-ões** [-õjʃ]) *f* organization.
órgão ['ɔxgãw] *m* organ; *(de empresa)* body; ~**s sexuais** ou **genitais** sexual organs, genitals.
orgulhar-se [oxgu'ʎaxsi] *vp + prep:* **orgulhar-se de** to be proud of.
orgulho [ox'guʎu] *m* pride.
orientação [orjẽnta'sãw] (*pl* **-ões** [-õjʃ]) *f* direction.
oriental [orjẽn'taw] (*pl* **-ais** [-ajʃ]) *adj (do este)* eastern; *(do Extremo Oriente)* oriental.
orientar [orjẽn'ta(x)] *vt (guiar)* to direct; *(aconselhar)* to advise.
❑ **orientar-se por** *vp + prep* to follow.
oriente [o'rjẽntʃi] *m* east.

❑ **Oriente** *m*: **o Oriente** the Orient.
orifício [ori'fisju] *m* orifice.
origem [o'riʒẽ] (*pl* **-ns** [-ʃ]) *f* origin.
original [oriʒi'naw] (*pl* **-ais** [-ajʃ]) *adj & m* original.
originar [oriʒi'na(x)] *vt* to cause.
❑ **originar-se** *vp* to arise.
oriundo, da [ori'ũndu, da] *adj*: ~ **de** from.
ornamentar [oxnamẽn'ta(x)] *vt* to decorate.
ornamento [oxna'mẽntu] *m* ornament.
orquestra [ox'kɛʃtra] *f* orchestra.
orquídea [ox'kidʒja] *f* orchid.
ortografia [oxtogra'fia] *f* spelling.
orvalho [ox'vaʎu] *m* dew.
os → **o.**
oscilação [oʃsila'sãw] (*pl* **-ões** [-õjʃ]) *f* *(balanço)* swinging; *(variação)* fluctuation.
oscilar [oʃsi'la(x)] *vi* *(balançar)* to swing; *(variar)* to fluctuate; ~ **entre** to fluctuate between.
osso ['osu] (*pl* **ossos** ['ɔsuʃ]) *m* bone.
ostentar [oʃtẽn'ta(x)] *vt* to show off.
ostra ['oʃtra] *f* oyster.
otimismo [otʃi'miʒmu] *m* optimism.
ótimo, ma ['ɔtʃimu, ma] *adj* great. ◆ *interj* great!, excellent!
otorrinolaringologista [ˌotoˌxinolaˌrĩŋgolo'ʒiʃta] *mf* ear, nose and throat specialist.
ou [o] *conj* or; ~ **...** ~ either ... or.
ouço ['osu] → **ouvir.**
ouriço [o'risu] *m* *(de castanheira)* shell.
ouriço-cacheiro [oˌrisuka'ʃejru] (*pl* **ouriços-cacheiros** [oˌrisuʃka'ʃejruʃ]) *m* hedgehog.
ouriço-do-mar [oˌrisudu'ma(x)] (*pl* **ouriços-do-mar** [oˌrisuʒdu'ma(x)]) *m* sea urchin.
ourives [o'riviʃ] *mf inv* jeweler.
ouro ['oru] *m* gold; **um relógio de** ~ a gold watch.
❑ **ouros** *mpl* *(naipe de cartas)* diamonds.

OURO PRETO

Ouro Preto's heyday spanned the 18th century, when it was the wealthiest town in Brazil, thanks to the gold mines of the state of Minas Gerais (general mines). Now classified as a World Heritage Site by UNESCO, the streets, churches and pumice-stone pavements have been preserved as they were in the days of the gold rush. Ouro Preto is also home to a style of architecture known as "Mineiro Baroque", whose greatest exponent is widely considered to be the mulatto Aleijadinho.

---

ousadia [oza'dʒia] *f* audacity.
ousar [o'za(x)] *vt* to dare to.

outdoor [awt'dɔr] *m (propaganda)* outdoor advertising; *(cartaz)* billboard *Am,* hoarding *Brit.*
outono [o'tonu] *m* fall *Am,* autumn.
outro, tra ['otru, tra] *adj* another *sg*, other *pl.* ◆ *pron (outra coisa)* another *sg*, others *pl*; *(outra pessoa)* someone else; **o ~/a outra** the other (one); **os ~s** the others; **~ copo** another glass; **~s dois copos** another two glasses; **~ dia** another day; **no ~ dia** *(no dia seguinte)* the next day; *(relativo a dia passado)* the other day; **um ou ~** one or the other; **um após o ~** one after the other.
outubro [o'tubru] *m* October → **setembro.**
ouve ['ovi] → **ouvir.**
ouvido [o'vidu] *m* ANAT ear; *(audição)* hearing; **dar ~s a alguém** to listen to sb; **ser todo ~s** to be all ears; **ter bom ~** to have good hearing; **tocar de ~** to play by ear.
ouvinte [o'vĩntʃi] *mf* listener.
ouvir [o'vi(x)] *vt & vi* to hear; **estar ouvindo algo/alguém** to be listening to sthg/sb.
oval [o'vaw] (*pl* **-ais** [-ajʃ]) *adj* oval.
ovário [o'varju] *m* ovary.
ovelha [o'veʎa] *f* sheep; *(fêmea)* ewe; **~ negra** black sheep.
ovo ['ovu] (*pl* **ovos** ['ɔvuʃ]) *m* egg; **~ cozido** boiled egg; **~ frito** OU **estrelado** fried egg; **~s mexidos** scrambled eggs; **~s de Páscoa** Easter eggs; **pisar em ~s** to walk on eggshells.
oxigênio [oksi'ʒenju] *m* oxygen.
ozônio [o'zonju] *m* ozone.

P

pá ['pa] *f (utensílio)* spade; **uma ~ de** a load of.
pacato, ta [pa'katu, ta] *adj* easygoing.
paciência [pasi'ẽsja] *f* patience; *(jogo)* patience; **perder a ~** to lose one's patience; **ter ~** to be patient.
paciente [pasi'ẽntʃi] *adj & mf* patient.
pacífico, ca [pa'sifiku, ka] *adj* peaceful.
❑ **Pacífico** *m*: **o Pacífico** the Pacific.
pacifista [pasi'fiʃta] *mf* pacifist.
pacote [pa'kɔtʃi] *m* package; *(em turismo)* package deal; **~ de açúcar** *(pequeno)* packet of sugar.
padaria [pada'ria] *f* bakery.
padecer [pade'se(x)] *v + prep*: **padecer de** to suffer from.
padeiro, ra [pa'dejru, ra] *m, f* baker.
padrão [pa'drãw] (*pl* **-ões** [-õjʃ]) *m (de produto)* model; *(de tecido)* pattern; **~ de vida** standard of living.
padrasto [pa'draʃtu] *m* stepfather.

padre ['padri] *m* priest.
padrinho [pa'driɲu] *m* godfather.
padrões → **padrão.**
pães → **pão.**
pagamento [paga'mẽntu] *m* payment; ~ **à vista** OU **em dinheiro** cash payment; ~ **a prazo** OU **a prestação** installment plan *Am,* hire purchase *Brit.*
pagar [pa'ga(x)] *vt* to pay; *(estudos)* to pay for; *fig (conseqüências)* to suffer. ◆ *vi:* ~ **por** *(sofrer conseqüências por)* to pay for; ~ **algo a alguém** to pay sb sthg; ~ **à vista** to pay cash up front.
página ['paʒina] *f* page; **as Páginas Amarelas** the Yellow Pages®.
pago, ga ['pagu, ga] *pp* → **pagar.**
pai ['paj] *m* father.
painel [paj'nɛw] (*pl* **-éis** [-ɛiʃ]) *m* panel; *(de veículo)* dashboard; ~ **solar** solar panel.
pais ['pajʃ] *mpl (progenitores)* parents.
país [pa'iʃ] (*pl* **-ses** [-ziʃ]) *m* country.
paisagem [pi'zaʒẽj] (*pl* **-ns** [-ʃ]) *f (vista)* view; *(pintura)* landscape.
País de Gales [pa,iʒdʒi'galiʃ] *m:* **o** ~ Wales.
países → **país.**
paixão [paj'ʃãw] (*pl* **-ões** [-õjʃ]) *f* passion.
palácio [pa'lasju] *m* palace; **Palácio da Justiça** Law Courts *pl.*
paladar [pala'da(x)] (*pl* **-res** [-riʃ]) *m* taste.
palavra [pa'lavra] *f* word. ◆ *interj* honest!; **dar a** ~ **a alguém** to give sb the opportunity to speak.
palavrão [pala'vrãw] (*pl* **-ões** [-õjʃ]) *m* swearword.
palavras-cruzadas [pa,lavraʃkru'zadaʃ] *fpl* crossword (puzzle) *sg.*
palavrões → **palavrão.**
palco ['pawku] *m* stage.
palerma [pa'lɛxma] *mf* fool.
palestra [pa'lɛʃtra] *f* lecture.
paletó [pale'tɔ] *m* jacket.
palha ['paʎa] *f* straw.
palhaço [pa'ʎasu] *m* clown.
pálido, da ['palidu, da] *adj* pale.
palito [pa'litu] *m (para dentes)* toothpick; ~ **de fósforo** matchstick; **ser um** ~ *fig (pessoa)* to be as thin as a rake.
palma ['pawma] *f* palm.
❑ **palmas** *fpl* clapping *sg;* **bater** ~**s** to clap; **uma salva de** ~**s** a round of applause.
palmeira [paw'mejra] *f* palm tree.
palmito [paw'mitu] *m* palm heart.
palmo ['pawmu] *m* (hand) span; ~ **a** ~ inch by inch.
PALOP *mpl* (**Países Africanos de Lingua Oficial Portuguesa**): **os** ~ *acronym for African countries where Portuguese is an official language.*

PALOP

This is an acronym for those African countries where Portuguese is an official language, namely Mozambique, Angola, Cape Verde, Guinea-Bissau and São Tomé and Príncipe. At present Portuguese ranks as the fifth most widely spoken language in the world: it is used not only in mainland Portugal, Madeira and the Azores, but also in Africa, Brazil, East Timor, and Macao in the Far East.

---

palpável [paw'pavɛw] (*pl* **-eis** [-ejʃ]) *adj* tangible.

pálpebra ['pawpebra] *f* eyelid.

palpitação [pawpita'sãw] (*pl* **-ões** [-õjʃ]) *f* beating.

palpitar [pawpi'ta(x)] *vi* to beat.

palpite [paw'pitʃi] *m* tip; *(suposição)* hunch; **dar um** ~ to give an opinion.

pancada [pãŋ'kada] *f (com pau, mão)* blow; *(choque)* knock; *(de relógio)* stroke; **dar** ~ **em alguém** to beat sb up; ~ **de chuva** sudden downpour.

pâncreas ['pãŋkrjaʃ] *m inv* pancreas.

panda ['pãnda] *m* panda.

pane ['pãni] *f* breakdown.

panela [pa'nɛla] *f* pot; ~ **de pressão** pressure cooker.

panfleto [pã'fletu] *m* pamphlet.

pânico ['pãniku] *m* panic; **entrar em** ~ to panic.

pano ['pãnu] *m (tecido)* cloth; *(em teatro)* curtain; ~ **de fundo** backdrop.

panorama [pano'rama] *m* panorama.

panqueca [pãŋ'kɛka] *f* pancake.

pantanal [pãnta'naw] (*pl* **-ais** [-ajʃ]) *m* swampland.

❑ **Pantanal** *m*: **o Pantanal** the Pantanal.

PANTANAL

The seasonally flooded plains of the Mato Grosso in western Brazil are inhabited by a huge variety of wildlife, including over 600 species of bird and 350 types of fish, as well as "jacarés" (alligators), capybaras (enormous rodents), anteaters, ocelots, iguanas, anacondas, cougars, jaguars and black howler monkeys. These wetlands, which extend over 230 square kilometers, are a favorite spot for ecotourism. The best time to visit is between May and September, when the floodwaters are at their lowest.

---

pântano ['pãntanu] *m* swamp.

pantera [pãn'tɛra] *f* panther.

pantomima [pãnto'mima] *f* mime.

pão ['pãw] (*pl* **pães** ['pãjʃ]) *m* bread; ~ **de centeio** rye bread;

~ **de fôrma** loaf; ~ **francês** French bread; ~ **integral** wholewheat bread; **o Pão de Açúcar** Sugarloaf Mountain; **comer o ~ que o diabo amassou** *fig* to go through a rough patch.

PÃO DE AÇÚCAR

Situated at the mouth of the Guanabara Bay, Sugar Loaf Mountain is one of Rio de Janeiro's many natural wonders. Cable cars take visitors to the 395-meter summit, which affords an indescribable view which includes Botafogo Bay, Leme Beach and the ocean. The mountain's name refers to the similarly shaped conical moulds used during the refining of sugar cane to allow the juice to set.

---

papa ['papa] *f (para bebê)* baby food. ◆ *m* Pope; *fig (ás)* ace.

papagaio [papa'gaju] *m (ave)* parrot; *(brinquedo)* kite.

papel [pa'pɛw] (*pl* **-éis** [-ɛiʃ]) *m* paper; ~ **de carta** writing paper; ~ **de embrulho** wrapping paper; ~ **higiênico** toilet paper; ~ **de parede** wallpaper.

papel-alumínio [pa,pɛwalu'minju] *m* aluminum foil.

papelão [pape'lãw] *m* cardboard; **que ~!** how embarassing!

papelaria [papela'ria] *f* stationery store.

papo ['papu] *m (de ave)* crop; *(conversa)* chat; **levar** ou **bater um** ~ to (have a) chat.

papoula [pa'pola] *f* poppy.

paquerar [pake'ra(x)] *vt* to flirt with. ◆ *vi* to flirt.

par ['pa(x)] (*pl* **-res** [-riʃ]) *adj (número)* even. ◆ *m* pair; *(casal)* couple; **estar a ~ de algo** to be up to date on sthg; **aos ~es** in pairs; **~ ou ímpar?** odd or even?

para ['para] *prep* **-1.** *(exprime finalidade, destinação)* for; **um telefonema ~ o senhor** a phone call for you; **queria algo ~ comer** I would like something to eat; **~ que serve isto?** what's this for?

-2. *(indica motivo, objetivo)* (in order) to; **cheguei mais cedo ~ arranjar lugar** I arrived early (in order) to get a seat; **era só ~ lhe agradar** I only wanted to please you.

-3. *(indica direção)* toward; **apontou ~ cima/baixo** he pointed upward/downward; **olhei ~ ela** I looked at her; **seguiu ~ o aeroporto** he headed for the airport; **vá ~ casa!** go home!

-4. *(relativo a tempo)* for; **quero isso pronto ~ amanhã** I want it done by tomorrow; **estará pronto ~ a semana/o ano** it'll be ready next week/year; **são quinze ~ as três** it's a quarter of three *Am,* it's a quarter to three *Brit.*

-5. *(em comparações)*: **é caro de-**

mais ~ **as minhas posses** it's too expensive for my budget; ~ **o que come, está magro** he's thin, considering how much he eats.
- 6. *(relativo a opinião, sentimento)*: ~ **mim** as far as I'm concerned.
- 7. *(exprime a iminência)*: **estar** ~ **fazer algo** to be about to do sthg; **o ônibus está** ~ **sair** the bus is about to leave.
- 8. *(em locuções)*: ~ **mais de** well over; ~ **que** so that; **é** ~ **já!** coming up!

parabéns [para'bẽʃ] *mpl* congratulations. ◆ *interj (em geral)* congratulations!; *(por aniversário)* happy birthday!; **dar os** ~ **a alguém** *(em geral)* to congratulate sb; *(por aniversário)* to wish sb a happy birthday; **você está de** ~ you're to be congratulated.

parabólica [para'bɔlika] *f* satellite dish.

pára-brisas [ˌpara'brizaʃ] *m inv* windshield *Am,* windscreen *Brit.*

pára-choques [ˌpara'ʃɔkiʃ] *m inv* bumper.

parada [pa'rada] *f (militar)* parade; *(de jogo)* bet, stake; ~ **(de ônibus)** (bus) stop; ~ **cardíaca** cardiac arrest.

paradeiro [para'dejru] *m* whereabouts *pl.*

parado, da [pa'radu, da] *adj (pessoa, animal)* motionless; *(carro)* stationary; *(máquina)* switched off; *(sem vida)* dull.

parafuso [para'fuzu] *m* screw.

parágrafo [pa'ragrafu] *m* paragraph.

Paraguai [para'gwaj] *m*: **o** ~ Paraguay.

paraíso [para'izu] *m* paradise.

pára-lamas [ˌpara'lãmaʃ] *m inv* fender *Am,* mudguard *Brit.*

paralelo, la [para'lɛlu, la] *adj & m* parallel; **sem** ~ unparalleled; **uma** ~ *(rua)* a parallel street.

paralisar [parali'za(x)] *vt* to paralyze.

paralisia [parali'zia] *f* paralysis.

paralítico, ca [para'litiku, ka] *m, f* paralytic.

paranóico, ca [para'nɔiku, ka] *m, f* nutcase. ◆ *adj* paranoid.

parapeito [para'pejtu] *m* windowsill.

pára-quedas [ˌpara'kɛdaʃ] *m inv* parachute.

parar [pa'ra(x)] *vt & vi* to stop; **'pare'** 'stop'; **'pare, olhe, escute'** 'stop, look and listen'; **ir** ~ **em** to end up in; ~ **de fazer algo** to stop doing sthg; **sem** ~ nonstop.

pára-raios [ˌpara'xajuʃ] *m inv* lightning rod *Am,* lightning conductor *Brit.*

parasita [para'zita] *m* parasite.

Parati [para'ti] *m* Parati.

PARATI

An historical city situated in the coastal zone in the south of the state of Rio, it is one of the few which has kept its original architecture. During the colonial period it became the second most important port of the country, serving as channel for the gold coming from Minas Gerais destined for Portugal. Afterwards, it was important as the point of export for coffee from the plantations of São Paulo. With the opening of the freeway between the cities of Santos and Rio de Janeiro, Parati enjoyed a rebirth as a major center for tourism. With magnificent scenery, islands and beaches, Parati today is a key destination for tourists in Brazil. It is one of Brazil's cities protected as a national heritage site.

---

parceiro, ra [pax'sejru, ra] *m, f* partner.

parcela [pax'sɛla] *f (de soma)* item; *(fragmento)* fragment, bit.

parcial [par'sjaw] (*pl* **-ais** [-ajʃ]) *adj (não completo)* partial; *(faccioso)* biased.

pardal [pax'daw] (*pl* **-ais** [-ajʃ]) *m* house sparrow.

parecer [pare'se(x)] *vi* to look. ◆ *m* opinion. ◆ *v impess:* **parece que vai chover** it looks like it's going to rain; **ao que parece** from the look of things; **que lhe parece?** what do you think?

❑ **parecer-se** *vp* to look similar.

parecido, da [pare'sidu, da] *adj* similar; **são muito ~s** they are very alike.

paredão [pare'dãw] (*pl* **-ões** [-õjʃ]) *m* rock face.

parede [pa'redʒi] *f* wall.

paredões → **paredão.**

parente, ta [pa'rẽntʃi, ta] *m, f* relative; ~ **próximo** close relative.

parêntese [pa'rẽntezi] *m (sinal, frase)* parenthesis; **abrir um ~** to digress; **entre ~s** in brackets.

pares → **par.**

parir [pa'ri(x)] *vt* to give birth to. ◆ *vi* to give birth.

parlamentar [paxlamẽn'ta(x)] *mf* parliamentarian.

parlamento [paxla'mẽntu] *m* parliament.

paróquia [pa'rɔkja] *f* parish.

parque ['paxki] *m* park; ~ **de diversões** amusement park; ~ **nacional** national park.

ⓘ PARQUES NACIONAIS

Brazil boasts dozens of nature reserves and other environmentally protected areas where plants and wildlife are safe from economic exploitation. The most important of these are Itatiaia and Bocaina in the southeast, the Pantanal and Amazônia. In the northeast there are two marine reserves, Fernando de Noronha and Abrolhos.

---

parquímetro [pax'kimetru] *m* parking meter.

parte ['paxtʃi] *f* part; *(fração)* bit; *JUR* party; **dar ~ de** *(informar)* to report; **fazer ~ de** to be part of; **em outra ~** somewhere else; **por toda a ~** everywhere; **da ~ de** on behalf of; **em ~** in part.

parteira [pax'tejra] *f* midwife.

participação [paxtʃisipa'sãw] (*pl* **-ões** [-õjʃ]) *f* participation; *(comunicado)* announcement; *(em negócio)* involvement; *(à polícia, autoridade)* report.

participante [paxtʃisi'pãntʃi] *mf* participant.

participar [paxtʃisi'pa(x)] *vi* to participate. ◆ *vt*: **~ algo a alguém** *(informar)* to inform sb of sthg; *(comunicar)* to report sthg to sb; **~ de algo** to take part in sthg.

particular [paxtʃiku'la(x)] (*pl* **-res** [-riʃ]) *adj (individual)* particular; *(privado)* private, privately owned.

partida [pax'tʃida] *f (saída)* departure; *(em esporte)* match; **estar de ~** to be about to leave.

partidário, ria [parti'darju, rja] *m, f* supporter

partido, da [pax'tʃidu, da] *adj* broken. ◆ *m*: **~ (político)** (political) party.

partilhar [paxtʃi'ʎa(x)] *vt* to share.

partir [pax'tʃi(x)] *vt* to break. ◆ *vi (ir embora)* to leave, to depart; **ele partiu para o estrangeiro** he went abroad; **~ de** *(lugar)* to leave; **a ~ de** from; **a ~ de agora** from now on.

❑ **partir-se** *vp (quebrar-se)* to break.

parto ['paxtu] *m* birth.

Páscoa ['paʃkwa] *f* Easter; **Feliz ~!** Happy Easter!

passa ['pasa] *f (fruto)* raisin.

passado, da [pa'sadu, da] *adj (no passado)* past; *(anterior)* last. ◆ *m* past; **mal ~** *(bife, carne)* rare; **bem ~** *(bife, carne)* well-done.

passageiro, ra [pasa'ʒejru, ra] *m, f* passenger. ◆ *adj* passing.

passagem [pa'saʒẽ] (*pl* **-ns** [-ʃ]) *f* passage; *(bilhete)* ticket; **~ de ida** one-way (ticket) *Am*, single ticket *Brit*; **~ de ida e volta** round-trip (ticket) *Am*, return ticket *Brit*; **~ de nível** level crossing.

passaporte [pasa'pɔrtʃi] *m* passport.

passar [pa'sa(x)] *vt* **-1.** *(deslizar, filtrar)*: **~ algo por algo** to pass sthg through sthg; **ela passou a mão pelo cabelo** she ran her hand through her hair; **passou o bronzeador nos braços** he put suntan lotion on his arms.

-2. *(chegar, fazer chegar)* to pass; **pode me ~ o sal?** would you pass me the salt?

-3. *(a ferro)*: **~ algo (a ferro)**, **~ (a ferro) algo** to iron sthg.

-4. *(contagiar)* to pass on.

-5. *(mudar)*: **~ algo para** to move sthg to.

-6. *(ultrapassar)* to pass.

-7. *(tempo)* to spend; **passei um ano em Salvador** I spent a year in Salvador.

-8. *(exame)* to pass.

-9. *(fronteira)* to cross.
-10. *(vídeo, disco)* to put on.
-11. *(em televisão, cinema)* to show.
-12. *(admitir)*: **deixar ~ algo** to let sthg pass.
◆ *vi* -1. *(ir, circular)* to go; **o (ônibus) 416 não passa por aqui** the number 416 bus doesn't come this way.
-2. *(tempo)* to go by; **já passa das dez horas** it's past ten o'clock; **o tempo passa muito depressa** time flies.
-3. *(terminar)* to be over; **o verão já passou** summer's over; **a dor já passou** the pain's gone.
-4. *(a nível diferente)* to go up; **ele passou para o segundo ano** he got into second grade; **passa a primeira** *(velocidade)* shift into first (gear); **quero ~ para um nível mais alto** I want to move up to a more advanced level.
-5. *(mudar de ação, tema)*: **~ a** to move on to.
-6. *(em locuções)*: **como você tem passado?** *(de saúde)* how have you been?; **~ bem** *(tempo, férias)* to enjoy; **passe bem!** have a nice day!; **~ mal** *(de saúde)* to feel ill; **não ~ de** to be no more than; **~ (bem) sem** to be fine without; **não ~ sem** to never go without; **o que passou, passou** let bygones be bygones.
❑ **passar por** *v + prep (ser considerado como)* to pass as ou for; *fig (atravessar)* to go through; **fazer-se ~ por** to pass o.s. off as.
❑ **passar-se** *vp (acontecer)* to happen; **o que é que se passa?** what's going on?

passarela [pasa'rɛla] *f (de rua, estrada)* crosswalk; *(para desfile de moda)* catwalk.

pássaro ['pasaru] *m* bird.

passatempo [ˌpasa'tẽmpu] *m* hobby, pastime.

passe ['pasi] *m (de ônibus)* (bus) pass; *(de trem)* season ticket.

passear [pa'sja(x)] *vt (cão)* to walk. ◆ *vi* to go for a walk.

passeata [pa'sjata] *f (marcha de protesto)* demonstration.

passeio [pa'seju] *m (em rua)* sidewalk *Am*, pavement *Brit*; *(caminhada)* walk.

passional [pasjo'naw] (*pl* **-ais** [-ajʃ]) *adj* passionate.

passivo, va [pa'sivu, va] *adj* passive. ◆ *m* COM liabilities *pl*.

passo ['pasu] *m (movimento)* step; *(modo de andar)* walk; *(ritmo)* pace; **dar o primeiro ~** to make the first move; **a dois ~s (de)** around the corner (from); **ao ~ que** while; **~ a ~** step by step.

pasta ['paʃta] *f* briefcase; *(de escola)* school bag; *(para papéis)* folder; *(de ministro)* portfolio; *(massa)* paste; **~ de dentes** toothpaste.

pastar [paʃ'ta(x)] *vi* to graze.

pastel [paʃ'tɛw] (*pl* **-éis** [-ɛiʃ]) *m* pastry; *(em pintura)* pastel.

pastilha [paʃ'tiʎa] *f (doce)* pastille; *(medicamento)* tablet, pill; **~ para a garganta** throat lozenge; **~ para a tosse** cough drop.

pasto ['paʃtu] *m* pasture.
pastor, ra [paʃ'to(x), ra] (*mpl* **-res** [-riʃ], *fpl* **-s** [-ʃ]) *m, f* shepherd. ◆ *m* minister.
pata ['pata] *f (perna de animal)* leg; *(de gato, cão)* paw; *(de cavalo, cabra)* hoof.
patamar [pata'ma(x)] (*pl* **-res** [-riʃ]) *m* landing.
patente [pa'tẽntʃi] *adj (visível)* obvious. ◆ *f (de máquina, invento)* patent; *(de militar)* rank.
paternal [patex'naw] (*pl* **-ais** [-ajʃ]) *adj (afetuoso)* fatherly.
pateta [pa'tɛta] *mf* twit.
patético, ca [pa'tɛtiku, ka] *adj* pathetic.
patife [pa'tʃifi] *m* scoundrel.
patim [pa'tʃĩ] (*pl* **-ns** [-ʃ]) *m (de rodas)* roller skate; *(de gelo)* ice skate.
patinação [patʃina'sãw] *f* skating; ~ **no gelo** ice skating.
patinar [patʃi'na(x)] *vi (com patins)* to skate; *(veículo)* to spin.
patins → **patim.**
pátio ['patʃju] *m* patio.
pato ['patu] *m* duck; **pagar o** ~ to carry the can.
patrão, troa [pa'trãw, troa] (*mpl* **-ões** [-õjʃ], *fpl* **-s** [-ʃ]) *m, f* boss.
pátria ['patria] *f* native country.
patrimônio [patri'monju] *m (de empresa, fundação)* assets *pl*; *(herança)* inheritance; ~ **histórico** national heritage.
patriota [patri'ɔta] *mf* patriot.
patroa → **patrão.**
patrocinador, ra [patrosina'do(x), ra] (*mpl* **-res** [-riʃ]) (*fpl* **-s** [-ʃ]) *m, f* sponsor.
patrocinar [patrosi'na(x)] *vt* to sponsor.
patrões → **patrão.**
patrulha [pa'truʎa] *f* patrol.
pau ['paw] *m* stick.
❑ **paus** *mpl (naipe de cartas)* clubs.
paulista [paw'liʃta] *mf* native/inhabitant of São Paulo.
pausa ['pawza] *f (intervalo)* break; *(silêncio)* pause.
pauta ['pawta] *f (linha)* guideline; *(de alunos)* register; *(de música)* staff.
pavão [pa'vãw] (*pl* **-ões** [-õjʃ]) *m* peacock.
pavilhão [pavi'ʎãw] (*pl* **-ões** [-õjʃ]) *m* pavilion.
pavimento [pavi'mẽntu] *m (de estrada, rua)* pavement; *(andar de edifício)* floor.
pavões → **pavão.**
pavor [pa'vo(x)] *m* terror; **ter** ~ **de** to be terrified of.
paz ['paʃ] (*pl* **-zes** [-ziʃ]) *f* peace; **deixar algo/alguém em** ~ to leave sthg/sb in peace; **fazer as** ~**es** to make up; **que descanse em** ~ (may he/she) rest in peace.
pé ['pɛ] *m* foot; *(de planta)* stem, stalk; **andar na ponta dos** ~**s** to tiptoe; **dar no** ~ to run away; **não arredar** ~ **(de ...)** to dig one's heels in; **pôr-se de** ~ to stand up; **dar** ~ *(em água)* to be able to stand; **não dar** ~ *(em água)* not to be able to touch

the bottom; **a ~** on foot; **em ~ de igualdade** on an equal footing.

peão ['pjãw] (*pl* **-ões** [-õjʃ]) *m* *(em xadrez)* pawn; *(trabalhador)* laborer.

peça ['pɛsa] *f* piece; *(divisão de casa)* room; **~ (de teatro)** play.

pecado [pe'kadu] *m* sin.

pechincha [pe'ʃĩʃa] *f* bargain.

peço ['pɛsu] → **pedir.**

peculiar [pekuli'a(x)] (*pl* **-res** [-riʃ]) *adj* peculiar.

pedaço [pe'dasu] *m* piece; *(de tempo)* while; **estar caindo aos ~s** to be falling to pieces.

pedágio [pe'daʒju] *m* toll.

pedal [pe'daw] (*pl* **-ais** [-ajʃ]) *m* pedal.

pede ['pɛdʒi] → **pedir.**

pedestal [pedeʃ'taw] (*pl* **-ais** [-ajʃ]) *m* pedestal.

pedestre [pe'dɛʃtri] *adj (zona, faixa)* pedestrian *(antes de s).* ◆ *m (indivíduo a pé)* pedestrian.

pediatra [pe'dʒjatra] *mf* pediatrician.

pedido [pe'dʒidu] *m* request; *(em restaurante)* order; **a ~ de alguém** at sb's request.

pedinte [pe'dʒĩntʃi] *mf* beggar.

pedir [pe'dʒi(x)] *vt (em restaurante, bar)* to order; *(preço)* to ask. ◆ *vi (mendigar)* to beg; **~ algo a alguém** to ask sb for sthg; **~ a alguém que faça algo** to ask sb to do sthg; **~ algo emprestado a alguém** to borrow sthg from sb.

pedra ['pɛdra] *f* stone; *(lápide)* tombstone; *(de isqueiro)* flint; **~ (preciosa)** precious stone, gem; **~ de gelo** ice cube.

pedreiro [pe'drejru] *m* bricklayer.

pegada [pe'gada] *f* footprint.

pegado, da [pe'gadu, da] *adj (colado)* stuck; *(contíguo)* adjoining; **~ a** attached to.

pegajoso, osa [pega'ʒozu, ɔza] *adj* sticky.

pegar [pe'ga(x)] *vt* to catch; *(hábito, vício, mania)* to pick up. ◆ *vi (motor)* to start; *(idéia, moda)* to catch on; *(planta)* to take; **peguei uma gripe** I caught the flu; **~ em algo** to pick sthg up; **~ fogo** to catch fire; **~ no sono** to fall asleep.

❑ **pegar-se** *vp (agarrar-se)* to stick; *(brigar)* to come to blows.

peito ['pejtu] *m (seio)* breast; *(parte do tronco)* chest; *(de camisa, blusa)* front; *(do pé)* instep.

peitoril [pejto'riw] (*pl* **-is** [-iʃ]) *m* windowsill.

peixaria [pejʃa'ria] *f* fishmonger.

peixe ['pejʃi] *m* fish; **~ congelado** frozen fish.

❑ **Peixes** *m inv (signo do Zodíaco)* Pisces.

pejorativo, va [peʒora'tʃivu, va] *adj* pejorative.

pela ['pela] = **por + a** → **por.**

pelado, da [pe'ladu, da] *adj (cabeça)* shorn; *(nu)* stark naked.

pele ['pɛli] *f* skin; *(couro)* leather.

pelicano [peli'kanu] *m* pelican.

pelo ['pelu] = **por + o** → **por.**

pêlo ['pelu] *m (de animal)* fur; *(de pessoa)* hair.
Pelourinho [pelo'riɲu] *m*: **o ~ (de Salvador)** *the Pelourinho district in Salvador.*

O PELOURINHO

Centuries ago in Brazil, the "Pelourinho" was a public square where slaves were punished by their masters. Today, the "Pelourinho" in Salvador, state capital of Bahia, is the center of the area's cultural, political and religious life. Classified by UNESCO as a World Heritage Site, it retains a colorful mix of architectural styles dating back to colonial times. The "Pelô", as it is known locally, still hosts events as varied as political rallies and demonstrations, and meetings of the Afro-Brazilian "sociedades carnavalescas", groups formed to organize Salvador's carnival, each making its own costumes and putting on its own shows.

pelúcia [pe'lusja] *f* plush.
peludo, da [pe'ludu, da] *adj* hairy.
pena ['pena] *f (de ave)* feather; *(de escrever)* quill; *(dó)* pity; *(castigo)* sentence; **que ~!** what a shame!; **cumprir ~** to serve a prison sentence; **dar ~** to be a shame; **ter ~ de alguém** to feel sorry for sb; **valer a ~** to be worth one's while; **~ capital** capital punishment; **~ de morte** death penalty.
penalidade [penali'dadʒi] *f* penalty.
pênalti ['penawtʃi] *m* penalty.
pendente [pẽn'dẽntʃi] *adj* pending. ◆ *m* pendant.
pendurar [pẽndu'ra(x)] *vt* to hang; **~ algo em algo** to hang sthg on sthg.
❑ **pendurar-se em** *vp + prep* to hang from.
peneira [pe'nejra] *f* sieve.
penetrante [pene'trãntʃi] *adj* penetrating.
penetrar [pene'tra(x)] *v + prep (entrar em)*: **penetrar em** to go into.
penhasco [pe'ɲaʃku] *m* cliff.
penicilina [penisi'lina] *f* penicillin.
penico [pe'niku] *m* chamber pot; *(para crianças)* potty.
península [pe'nĩsula] *f* peninsula.
pênis ['peniʃ] *m inv* penis.
penitência [peni'tẽsja] *f* penance.
penitenciária [penitẽ'sjarja] *f* prison.
pensamento [pẽsa'mẽntu] *m (espírito)* mind; *(reflexão)* thought.
pensão [pẽ'sãw] (*pl* **-ões** [-õjʃ]) *f (hospedaria)* boarding house; *(restaurante popular)* diner; *(renda)* pension; **~ alimentícia** alimony; **~ completa** all meals included.

pensar [pẽ'sa(x)] *vi (raciocinar)* to think; *(refletir)* to have a think. ◆ *vt (tencionar)* to intend; ~ **em** to think about; ~ **que** to think (that); **nem** ~**!** no way!

pensionista [pẽsjo'niʃta] *mf (aposentado)* pensioner.

pensões → **pensão.**

pente ['pẽntʃi] *m* comb.

penteado [pẽntʃi'adu] *m* hairstyle.

Pentecostes [pẽnte'kɔʃtiʃ] *m* Pentecost.

penugem [pe'nuʒẽ] *f* down.

penúltimo, ma [pe'nuwtʃimu, ma] *adj* penultimate.

penumbra [pe'nũmbra] *f* semi-darkness, half-light.

peões → **peão.**

pepino [pe'pinu] *m* cucumber.

pequeno, na [pe'kenu, na] *adj* small, little; *(em comprimento)* short.

pêra ['pera] (*pl* **peras** ['peraʃ]) *f (fruto)* pear; *(barba)* goatee (beard).

perante [pe'rãntʃi] *prep* in the presence of.

perceber [pexse'be(x)] *vt (aperceber-se)* to realize.

percentagem [pexsẽn'taʒẽ] (*pl* **-ns** [-ʃ]) *f* percentage.

percevejo [pexse'veʒu] *m* bug; *(tacha)* thumbtack *Am*, drawing pin *Brit*.

perco ['pexku] → **perder.**

percorrer [pexko'xe(x)] *vt (caminho, distância)* to travel; *(país)* to travel through; *(cidade, ruas)* to go around; ~ **algo com os olhos** to skim through sthg.

percurso [pex'kuxsu] *m* route.

percussão [pexku'sãw] *f* percussion.

perda ['pexda] *f* loss; *(desperdício)* waste.

perdão [pex'dãw] *m* pardon. ◆ *interj* sorry!; **pedir** ~ to ask (for) forgiveness.

perde [pɛxdʒi] → **perder.**

perder [pex'de(x)] *vt* to lose; *(tempo)* to waste; *(trem, ônibus)* to miss. ◆ *vi* to lose; ~ **a cabeça** to lose one's head; ~ **os sentidos** to pass out; ~ **alguém de vista** to lose sight of sb.

❑ **perder-se** *vp* to get lost.

perdido, da [pex'dʒidu, da] *adj* lost; **'achados e perdidos'** 'lost and found' *Am*, 'lost property' *Brit*.

perdiz [pex'dʒiʃ] (*pl* **-zes** [-ziʃ]) *f* partridge.

perdoar [pex'dwa(x)] *vt* to forgive.

peregrinação [peregrina'sãw] (*pl* **-ões** [-õjʃ]) *f* pilgrimage.

peregrino, na [pere'grinu, na] *m, f* pilgrim.

perene [pe'rɛni] *adj* perennial.

perfeição [pexfej'sãw] *f* perfection.

perfeitamente [pex,fejta'mẽntʃi] *adv* perfectly. ◆ *interj* exactly!

perfeito, ta [pex'fejtu, ta] *adj* perfect.

perfil [pex'fiw] (*pl* **-is** [-iʃ]) *m* profile; **de** ~ in profile.

perfumaria [pexfuma'ria] *f* perfumery.
perfume [pex'fumi] *m* perfume.
perfurar [pexfu'ra(x)] *vt* to perforate, to make a hole in.
pergunta [pex'gũnta] *f* question.
perguntar [pexgũn'ta(x)] *vt* to ask. ◆ *vi*: ~ **por alguém** to ask about sb; ~ **sobre algo** to ask about sthg; ~ **algo a alguém** to ask sb sthg.
periferia [perife'ria] *f* outskirts *pl*.
perigo [pe'rigu] *m* danger; '~ **de incêndio**' 'danger - fire hazard'.
perigoso, osa [peri'gozu, ɔza] *adj* dangerous.
perímetro [pe'rimetru] *m* perimeter.
periódico, ca [pe'rjɔdiku, ka] *adj* periodic.
período [pe'riudu] *m* period; *(de ano escolar)* semester *Am*, term *Brit*.
periquito [peri'kitu] *m* parakeet.
perito, ta [pe'ritu, ta] *m, f & adj* expert; **ser ~ em algo** to be an expert in sthg.
permanecer [pexmane'se(x)] *vi* to stay, to remain.
permanência [pexma'nẽsja] *f* *(estada)* stay; *(de problema, situação)* persistence.
permanente [pexma'nẽntʃi] *adj (emprego)* permanent; *(situação)* ongoing; *(dor, ruído)* continuous. ◆ *f (penteado)* perm; **fazer um ~** to have a perm.
permissão [pexmi'sãw] *f* permission; **pedir ~ para fazer algo** to ask permission to do sthg.
permitir [pexmi'ti(x)] *vt* to allow.
perna ['pɛxna] *f* leg.
pernil [pex'niw] (*pl* **-is** [-iʃ]) *m* haunch.
pernis → **pernil.**
pérola ['pɛrola] *f* pearl.
perpendicular [pexpẽndʒiku'la(x)] (*pl* **-res** [-riʃ]) *adj & f* perpendicular.
perpetuar [pexpetw'a(x)] *vt* to immortalize.
❑ **perpetuar-se** *vp (eternizar-se)* to last forever; *(prolongar-se)* to last.
perplexo, xa [pex'plɛksu, -ksa] *adj* perplexed.
perseguição [pexsegi'sãw] (*pl* **-ões** [-õjʃ]) *f (de pessoa, criminoso)* pursuit; *(assédio)* persecution.
perseguir [pexse'gi(x)] *vt (seguir)* to follow; *(assediar)* to persecute.
perseverar [pexseve'ra(x)] *vi* to persevere.
persiana [pex'sjana] *f* blind.
persistente [pexsiʃ'tẽntʃi] *adj* persistent.
personagem [pexso'naʒẽ] (*pl* **-ns** [-ʃ]) *m ou f* character.
personalidade [pexsonali'dadʒi] *f* personality.
perspectiva [pexʃpɛ'tʃiva] *f* perspective.
perspicácia [pexʃpi'kasja] *f* shrewdness.

perspicaz [pexʃpiˈkaʃ] (*pl* **-zes** [-ziʃ]) *adj* shrewd.

persuadir [pexswaˈdi(x)] *vt*: ~ **alguém de algo** to convince sb of sthg; ~ **alguém a fazer algo** to persuade sb to do sthg. ❑ **persuadir-se** *vp* to convince o.s.

persuasão [pexswaˈzãw] *f* persuasion.

persuasivo, va [pexswaˈzivu, va] *adj* persuasive.

pertencente [pextẽˈsẽntʃi] *adj*: ~ **a** *(que pertence a)* belonging to; *(relativo a)* relating to.

pertencer [pextẽˈse(x)] *vi* to belong; ~ **a** to belong to.

perto [ˈpɛxtu] *adj* nearby. ◆ *adv* near, close; ~ **de** *(relativo a tempo, quantidade)* around; *(relativo a espaço)* near; **de** ~ close up.

perturbar [pextuxˈba(x)] *vt* to disturb; **'não perturbe'** 'do not disturb'.

peru [peˈru] *m* turkey.

peruca [peˈruka] *f* wig.

perverso, sa [pexˈvɛrsu, sa] *adj (malvado)* wicked.

perverter [pexverˈte(x)] *vt* to corrupt.

pervertido, da [pexvexˈtʃidu, da] *adj* perverted.

pesadelo [pezaˈdelu] *m* nightmare.

pesado, da [peˈzadu, da] *adj* heavy.

pêsames [ˈpezamiʃ] *mpl* condolences; **os meus** ~ my condolences.

pesar [peˈza(x)] *vt* to weigh; *fig (conseqüências)* to weigh (up). ◆ *vi (ser pesado)* to be heavy; *(influir)* to carry weight.

pesca [ˈpɛʃka] *f* fishing; ~ **com linha** angling.

pescador, ra [peʃkaˈdo(x), ra] (*mpl* **-res** [-riʃ], *fpl* **-s** [-ʃ]) *m, f* fisherman.

pescar [peʃˈka(x)] *vt* to fish for. ◆ *vi* to go fishing, to fish.

pescoço [peʃˈkosu] *m* neck.

peso [ˈpezu] *m* weight; ~ **bruto/líquido** gross/net weight.

pesquisa [peʃˈkiza] *f* research.

pêssego [ˈpesegu] *m* peach.

pessimista [pɛsiˈmiʃta] *mf* pessimist.

péssimo, ma [ˈpɛsimu, ma] *adj* horrendous, awful.

pessoa [peˈsoa] *f* person; **quatro** ~**s** four people; **em** ~ in person.

pessoal [peˈswaw] (*pl* **-ais** [-ajʃ]) *adj (individual)* personal; *(vida)* private. ◆ *m* staff.

pestana [peʃˈtana] *f* eyelash.

pestanejar [peʃtaneˈʒa(x)] *vi* to blink.

peste [ˈpɛʃtʃi] *f* plague; **ser uma** ~ *(criança, bicho)* to be a pain.

pesticida [pɛʃtʃiˈsida] *m* pesticide.

pétala [ˈpɛtala] *f* petal.

petição [petʃiˈsãw] (*pl* **-ões** [-õjʃ]) *f* petition; **em** ~ **de miséria** in a terrible state.

petiscar [petʃiʃˈka(x)] *vt (provar)* to taste. ◆ *vi (comer)* to nibble, to pick; **quem não arrisca não petisca** nothing ventured, nothing gained.

petisco [pe'tʃiʃku] *m (iguaria)* delicacy; *(tira-gosto)* snack.
petrificar [petrifi'ka(x)] *vt* to petrify.
petróleo [pe'trɔlju] *m (rocha sedimentar)* petroleum; *(combustível)* oil.
pia ['pia] *f* sink; ~ **batismal** font.
piada ['pjada] *f (anedota)* joke.
pianista [pja'niʃta] *mf* pianist.
piano [pi'ãnu] *m* piano.
pião ['pjãw] (*pl* **-ões** [-õjʃ]) *m (brinquedo)* spinning top.
piar ['pja(x)] *vi* to chirp.
picada [pi'kada] *f (de ave)* peck; *(de inseto)* bite.
picado, da [pi'kadu, da] *adj (carne)* ground *Am*, minced *Brit*; *(cebola, salsa)* chopped; *(furado)* pierced.
picanha [pi'kaɲa] *f* rump steak.
picante [pi'kãntʃi] *adj (apimentado)* spicy; *fig (malicioso)* saucy.
picar [pi'ka(x)] *vt (com alfinete, agulha)* to prick; *(carne)* to grind *Am*, to mince *Brit*; *(cebola, salsa)* to chop. ◆ *vi (peixe)* to bite. ❑ **picar-se** *vp (ferir-se)* to prick o.s.
picles ['pikleʃ] *mpl* pickled vegetables.
pico ['piku] *m (montanha)* peak.
picolé [piko'lɛ] *m* Popsicle® *Am*, ice lolly *Brit*.
picotado, da [piko'tadu, da] *adj* perforated. ◆ *m* perforated edge.
piedade [pje'dadʒi] *f* pity; **ter ~ de alguém** to take pity on sb.
pifar [pi'fa(x)] *vi* to break; *(carro)* to break down.
pigmento [pig'mẽntu] *m* pigment.
pijama [pi'ʒama] *m* pajamas *pl Am*, pyjamas *pl Brit*.
pilantra [pi'lãntra] *mf* crook.
pilar [pi'la(x)] (*pl* **-res** [-riʃ]) *m* pillar.
pilha ['piʎa] *f* battery; *(de papel, livros, etc)* stack; **uma ~ de nervos** a bundle of nerves; **~s de** tons of.
pilhar [pi'ʎa(x)] *vt (saquear)* to pillage; *(roubar)* to steal.
pilotar [pilo'ta(x)] *vt* to pilot.
piloto [pi'lotu] *m (de avião)* pilot; *(de automóvel)* driver.
pílula ['pilula] *f* pill; **tomar a ~** to be on the pill.
pimenta [pi'mẽnta] *f* pepper *(seasoning)*; **~ malagueta** chili pepper.
pimentão [pimẽn'tãw] (*pl* **-ões** [-õjʃ]) *m* pepper *(vegetable)*.
pinça ['pĩsa] *f* tweezers *pl*.
pincel [pĩ'sɛw] (*pl* **-éis** [-ɛiʃ]) *m* brush.
pingar [pĩŋ'ga(x)] *vi* to drip.
pingente [pĩ'ʒẽntʃi] *m (de colar)* pendant; *(brinco)* pendant earring.
pingo ['pĩŋgu] *m* drop; **um ~ de** a drop of.
pinhão [pi'ɲãw] (*pl* **-ões** [-õjʃ]) *m* pine nut.
pinheiro [pi'ɲejru] *m* pine tree.
pinho ['piɲu] *m* pine.
pinhões → **pinhão**.

pinta ['pĩnta] *f (mancha)* spot; *(aparência)* look; **ter ~ de** to look like.

pintado, da [pĩn'tadu, da] *adj (colorido)* colored; **'~ à mão'** 'hand-painted'.

pintar [pĩn'ta(x)] *vt (quadro, parede)* to paint; *(olhos)* to put on make-up; *(cabelo)* to dye; *(desenho, boneco)* to color in. ◆ *vi (artista, pintor)* to paint; *(pessoa)* to turn up; *(problema)* to crop up; *(oportunidade)* to come up; **~ os lábios** to put on lipstick; **pintar-se** to wear make-up.

pinto ['pĩntu] *m (pintainho)* chick.

pintor, ra [pĩn'to(x), ra] (*mpl* **-res** [-riʃ], *fpl* **-** [-s]) *m, f* painter.

pintura [pĩn'tura] *f* painting.

piões → **pião.**

piolho ['pjoʎu] *m* louse.

pior ['pjɔ(x)] (*pl* **-res** [-riʃ]) *adj & adv* worse. ◆ *m*: **o/a ~** *(pessoa, coisa)* the worst one; **está cada vez ~** it's getting worse and worse; **ir de mal a ~** to go from bad to worse; **e o ~ é que acabou o dinheiro** and worst of all the money's gone.

piorar [pjo'ra(x)] *vi* to get worse. ◆ *vt (situação)* to worsen.

piores → **pior.**

pipa ['pipa] *f (de vinho)* cask; *(papagaio de papel)* kite.

pipoca [pi'pɔka] *f* popcorn.

piquenique [,pike'niki] *m* picnic.

pirâmide [pi'ramidʒi] *f* pyramid.

piranha [pi'raɲa] *f* piranha.

pirata [pi'rata] *m* pirate.

pires ['piriʃ] *m inv* saucer.

pirueta [pi'rweta] *f* pirouette.

pisar [pi'za(x)] *vt (com pé)* to step on; *(contundir)* to bruise.

pisca-pisca [,piʃka'piʃka] *m* indicator.

piscar [piʃ'ka(x)] *vt (olho)* to wink; *(olhos)* to blink; **num ~ de olhos** in a flash. ◆ *vi (luz)* to flicker.

piscina [piʃ'sina] *f* swimming pool.

piso ['pizu] *m* floor; **~ escorregadio/irregular** slippery/uneven surface.

pista ['piʃta] *f (indício)* clue; *(em estrada, rua)* lane; *(de corridas)* racetrack; *(de aviação)* runway; *(de dança)* dancefloor.

pistache *m* pistachio.

pistão [piʃ'tãw] (*pl* **-ões** [-õjʃ]) *m* piston.

pistola [piʃ'tɔla] *f* pistol.

pitada [pi'tada] *f* pinch; **uma ~ de** a pinch of.

pitoresco, ca [pito'reʃku, ka] *adj* picturesque.

pizza ['piza] *f* pizza; **acabar em ~** to end in nothing.

pizzaria [piza'ria] *f* pizzeria.

placa ['plaka] *f (de madeira, plástico)* sheet; *(de metal)* plate; *(de fogão)* hob; *(em porta)* plaque; *(em estrada, rua)* sign; AUTO license plate *Am*, number plate *Brit*; *(dentadura)* (set of) false teeth.

planador [plana'do(x)] (*pl* **-res** [-riʃ]) *m* glider.

planalto [pla'nawtu] *m* plateau; **o P~** *the seat of government.*
planejamento [planeʒa'mẽntu] *m* planning; ~ **familiar** family planning.
planejar [plane'ʒa(x)] *vt* to plan; ~ **fazer algo** to plan to do sthg.
planeta [pla'neta] *m* planet.
planetário [plane'tarju] *m* planetarium.
planície [pla'nisji] *f* plain.
plano, na ['planu, na] *adj* flat. ◆ *m* plan.
planta ['plãnta] *f* *(vegetal)* plant; *(de pé)* sole; *(de cidade, casa)* plan.
plantão [plãn'tãw] (*pl* **-ões** [-õjʃ]) *m* *(turno)* shift; *(de telejornal)* newsflash; **estar de** ~ to be on duty.
plantar [plãn'ta(x)] *vt* to plant.
plástica ['plaʃtʃika] *f* plastic surgery.
plástico ['plaʃtiku] *m* plastic.
plataforma [plata'fɔxma] *f* platform; *(de petróleo)* oil rig.
platéia [pla'tɛja] *f* *(local)* stalls *pl*; *(público)* audience.
platina [pla'tʃina] *f* platinum.
plausível [plaw'zivɛw] (*pl* **-eis** [-ejʃ]) *adj* plausible.
plebiscito [plebiʃ'situ] *m* referendum.
plenamente [ˌplena'mẽntʃi] *adv* totally.
pleno, na ['plenu, na] *adj* total; ~ **de** full of; **em** ~ **dia** in broad daylight; **em** ~ **inverno** in the middle of winter.
plural [plu'raw] (*pl* **-ais** [-ajʃ]) *m* plural.
plutônio [plu'tonju] *m* plutonium.
pneu ['pnew] *m* tire *Am*, tyre *Brit*; ~ **sobressalente** spare tire.
pneumonia [pnewmo'nia] *f* pneumonia.
pó ['pɔ] *m* *(poeira)* dust; *(substância pulverizada)* powder; **tirar o** ~ to dust.
pobre ['pɔbri] *adj* poor. ◆ *mf* *(pedinte)* beggar.
pobreza [po'breza] *f* poverty.
poça ['posa] *f* pool.
pocilga [po'siwga] *f* pigsty.
poço ['posu] *m* *(de água, petróleo)* well; *(buraco)* pit.
poções → **poção.**
podar [po'da(x)] *vt* to prune.
pode [pɔdʒi] → **poder.**
pôde [podʒi] → **poder.**
pó-de-arroz [ˌpɔdʒja'xoʃ] *m* face powder.
poder [po'de(x)] *m* **-1.** *(político, influência)* power; **estar no** ~ to be in power; ~ **de compra** purchasing power; **não tenho** ~ **nenhum** I'm powerless to help.
-2. *(possessão)* possession; **estar em** ~ **de alguém** to be in sb's hands.
◆ *v aux* **-1.** *(ser capaz de)*: ~ **fazer algo** to be able to do sthg; **posso fazê-lo** I can do it; **posso ajudar?** can I help?; **você podia tê-lo feito antes** you could have done it beforehand; **não posso mais!** *(em relação a cansaço)* I've

had enough!; *(em relação a comida)* I'm full!

- **2.** *(estar autorizado para)*: ~ **fazer algo** to be allowed to do sthg; **posso fumar?** may I smoke?; **você não pode estacionar aqui** you can't park here; **não pude sair ontem** I wasn't allowed (to go) out yesterday.

- **3.** *(ser capaz moralmente)* can; **não podemos magoá-lo** we can't hurt him.

- **4.** *(exprime possibilidade)*: **você podia ter vindo de ônibus** you could have come by bus; **cuidado que você pode se machucar!** be careful, you might hurt yourself!

- **5.** *(exprime indignação, queixa)*: **não pode ser!** this is outrageous!; **você podia ter nos avisado** you could have warned us!; **pudera!** no wonder!

◆ *v impess (ser possível)*: **pode não ser verdade** it might not be true; **pode acontecer a qualquer um** it could happen to anyone.

❑ **poder com** *v + prep (suportar)* to be able to stand; *(rival, adversário)* to be able to handle; *(peso)* to be able to carry; **você não pode com tanto peso** you can't carry all that.

poderoso, osa [pode'rozu, ɔza] *adj* powerful.

podre [podri] *adj* rotten.

põe [põi] → **pôr.**

poeira ['pwejra] *f* dust.

poema ['pwema] *m* poem.

poesia [pwe'zia] *f (gênero literário)* poetry; *(poema)* poem.

poeta ['pwɛta] *mf* poet.

pois ['pojʃ] *conj (porque)* because; ~ **é** that's right; ~ **não!** certainly!, of course!; ~ **não?** **em que posso ajudá-lo?** may I help you?; ~ **bem** now then, right then.

polegar [pole'ga(x)] (*pl* **-res** [-riʃ]) *m* thumb.

polêmica [po'lemika] *f* controversy.

pólen ['pɔlɛn] *m* pollen.

polícia [po'lisja] *f* police. ◆ *mf* policeman; ~ **militar** military police; ~ **rodoviária** traffic police.

policial [polisi'aw] (*pl* **-ais** [-ajʃ]) *adj* police *(antes de s)*. ◆ *mf* policeman.

polir [po'li(x)] *vt (dar lustre em)* to polish; *(alisar)* to smooth out; *fig (educar)* to educate.

política [po'litʃika] *f (arte de governar)* politics *sg*; *(de governo, partido)* policy; ~ **externa** foreign policy.

político, ca [po'litʃiku, ka] *m, f* politician. ◆ *adj* political.

pólo ['pɔlu] *m* pole; *(esporte)* polo; ~ **aquático** water polo.

polpa ['powpa] *f* pulp.

poltrona [pow'trona] *f* armchair.

poluição [polwi'sãw] *f* pollution.

poluir [polw'i(x)] *vt* to pollute.

polvo ['powvu] *m* octopus.

pólvora ['pɔwvura] *f* gunpowder.

pomada [po'mada] *f* ointment.

pombo, ba ['põmbu, ba] *m, f* pigeon; **pomba da paz** white dove.

pomposo, osa [põm'pozu, ɔza] *adj* pompous.

ponderação [põndera'sãw] *f* thought, consideration.

ponderar [põnde'ra(x)] *vt* to consider.

pônei ['ponei] *m* pony.

ponho ['poɲu] → **pôr.**

ponta ['põnta] *f (de lápis)* point; *(de vara, linha, cigarro)* end; *(de superfície)* edge; *(de dedo, língua, nariz)* tip; **tenho a palavra na ~ da língua** I've got it on the tip of my tongue; **de ~ a ~** from one end to the other.

pontada [põn'tada] *f* twinge.

pontapé [põnta'pɛ] *m* kick; **~ inicial** kick off.

pontaria [põnta'ria] *f*: **fazer ~** to take aim; **ter ~** to be a good shot.

ponte ['põntʃi] *f* bridge.

ponteiro [põn'tejru] *m (de relógio)* hand.

pontiagudo, da [põntʃja'gudu, da] *adj* pointed.

ponto ['põntu] *m* point; *(de costura, ferimento, tricot)* stitch; *(marca)* dot; *(sinal ortográfico)* period *Am,* full stop *Brit*; *(parada)* stop; *(lugar)* place; **às 9 em ~** at 9 on the dot; **estar a ~ de fazer algo** to be about to do sthg; **até certo ~** up to a point; **dois ~s** colon; **~ cardeal** compass point; **~ de encontro** meeting place; **~ de exclamação** exclamation point; **~ de interrogação** question mark; **~ morto** *(em veículo)* neutral; **~ de ônibus** bus stop; **~ de partida** starting point; **~ de táxi** taxi stand; **~ de vista** point of view.

ponto-e-vírgula *m* semicolon.

pontuação [põntwa'sãu] *(pl* **-ões** [-õjʃ]) *f (em gramática)* punctuation; *(em competição)* score.

pontual [põn'twaw] *(pl* **-ais** [-ajʃ]) *adj* punctual.

popa ['popa] *f* stern.

população [popula'sãw] *f* population.

popular [popu'la(x)] *(pl* **-res** [-riʃ]) *adj* popular.

por [po(x)] *prep* **-1.** *(indica causa)* because of, due to; **foi ~ sua causa** it was your fault; **~ falta de fundos** due to lack of funds; **~ hábito** through force of habit.

-2. *(indica objetivo)* for; **lutar ~ algo** to fight for sthg.

-3. *(indica meio, modo, agente)* by; **foi escrito pela Cristina** it was written by Cristina; **~ correio/fax** by mail/fax; **~ escrito** in writing; **~ avião** *(carta)* air mail.

-4. *(relativo a tempo)* for; **partiu ~ duas semanas** he went away for two weeks.

-5. *(relativo a lugar)* through; **entramos no Brasil pelo Paraguai** we crossed into Brazil via Paraguay; **está ~ aí** it's around there somewhere; **~ onde você vai?** which way are you going?

-6. *(relativo a troca, preço)* for; **pa-**

guei apenas 20 reais ~ este casaco** I only paid 20 reals for this jacket; **troquei o carro velho ~ um novo** I exchanged my old car for a new one.

-7. *(indica distribuição)* per; **25 ~ cento** 25 percent; **são 100 reais ~ dia/mês** it's 100 reals per day/month.

-8. *(em locuções)*: **~ que** why; **~ que (é que) ...?** why ...?; **~ mim tudo bem!** that's fine by me!

pôr ['po(x)] *vt* to put; *(vestir, calçar)* to put on; *(problema, dúvida, questão)* to raise; *(defeitos)* to find; *(suj: ave)* to lay; *(depositar dinheiro)* to deposit. ◆ *vi (galinhas)* to lay (eggs). ◆ *m*: **o ~ do sol** sunset; **~ algo em algo** to put sthg in/on sthg; **~ algo em funcionamento** to start sthg up; **~ algo mais baixo/alto** *(música, som)* to turn sthg down/up; **~ a mesa** to lay the table.

❑ **pôr-se** *vp (nervoso, contente)* to become; *(sol)* to set; **~-se a fazer algo** to begin to do sthg; **~-se de pé** to stand up.

porca ['pɔxka] *f (peça)* nut; *(animal)* sow.

porção [pox'sãw] (*pl* **-ões** [-õjʃ]) *f* portion, helping.

porcaria [poxka'ria] *f* garbage; *(sujeira)* mess; *(pus)* pus; **ficar uma ~** to turn out badly.

porcelana [poxse'lana] *f* porcelain.

porco ['poxku] *m (animal)* pig; *(carne)* pork.

porções → **porção**.

porém [po'rẽj] *conj* however.

pormenor [poxme'nɔ(x)] (*pl* **-res** [-riʃ]) *m* detail; **em ~** in detail.

poro ['pɔru] *m* pore.

porque ['poxki] *conj* because.

porquê [pox'ke] *m*: **o ~ de** the reason for.

porquinho-da-índia [pox,kiɲuda'ĩndʒja] (*pl* **porquinhos-da-índia** [pox,kiɲuʒda'ĩndʒja]) *m* guinea pig.

porta ['pɔxta] *f* door; **~ automática** automatic door; **~ corrediça** sliding door; **~ giratória** revolving door.

porta-aviões [,pɔxta'vjõiʃ] *m inv* aircraft carrier.

portador, ra [poxta'do(x), ra] (*mpl* **-res** [-riʃ], *fpl* **-s** [-ʃ]) *m, f (de doença, vírus)* carrier; FIN bearer; **ao ~** *(cheque)* to cash *(on check)*.

porta-luvas [,pɔxta'luvaʃ] *m inv* glove compartment.

porta-malas [,pɔxta'malaʃ] *m inv* trunk *Am*, boot *Brit*.

portanto [pox'tãntu] *conj* so, therefore.

portão [pox'tãw] (*pl* **-ões** [-õjʃ]) *m* gate.

portaria [poxta'ria] *f (de edifício)* main entrance; *(documento)* decree.

portátil [pox'tatʃiw] (*pl* **-eis** [-ejʃ]) *adj (telefone)* cordless; *(computador)* laptop.

porta-voz [,pɔxta'vɔjʃ] (*pl* **porta-vozes** [,pɔxta'vɔziʃ]) *mf* spokesman.

porte ['pɔrtʃi] *m (postura)* posture; *(em caminhão)* haulage; *(em avião, navio, trem)* freight; '~ **pago**' 'postage paid'.
porteiro, ra [pox'tejru, ra] *m, f* doorman.
porto ['poxtu] *m* port.
portões → **portão.**
Portugal [poxtu'gal] *s* Portugal.
português, esa [poxtu'geʃ, eza] (*mpl* **-eses** [-eziʃ], *fpl* **-s** [-ʃ]) *adj & m, f* Portuguese. ◆ *m (língua)* Portuguese; ~ **brasileiro/europeu** Brazilian/European Portuguese.
porventura [poxvẽn'tura] *adv* by any chance.
pôs ['pojʃ] → **pôr.**
posar [po'za(x)] *vi* to pose.
posição [pozi'sãw] (*pl* **-ões** [-õjʃ]) *f* position; *(moral, política)* stance.
positivo, va [pozi'tʃivu, va] *adj* positive; *(valor, saldo)* in the black, in credit. ◆ *m (de fotografia)* print.
posologia [pozolo'ʒia] *f* dosage.
posse ['pɔsi] *f* possession; **estar em** ~ **de** to be in possession of; **tomar** ~ **(de algo)** to take possession of sthg.
❑ **posses** *fpl*: **ter** ~**s** to be wealthy.
possessão [pose'sãw] (*pl* **-ões** [-õjʃ]) *f (posse)* possession, ownership; *(domínio)* control.
possessivo, va [pose'sivu, va] *adj* possessive.
possessões → **possessão.**
possibilidade [posibili'dadʒi] *f* possibility.
possibilitar [posibili'ta(x)] *vt* to make possible.
possível [po'sivɛw] (*pl* **-eis** [-ejʃ]) *adj* possible. ◆ *m*: **fazer o** ~ **(para fazer algo)** to do one's best (to do sthg); **não é** ~! *(exprime incredulidade)* that's incredible!; **logo que** ~ as soon as possible; **o máximo** ~ as much as possible; **se** ~ if possible.
posso ['pɔsu] → **poder.**
possuir [posw'i(x)] *vt (carro, casa)* to own; *(desfrutar de)* to have.
postal [poʃ'taw] (*pl* **-ais** [-ajʃ]) *m* postcard.
posta-restante [,pɔʃtaxeʃ'tãntʃi] (*pl* **postas-restantes** [,pɔʃtaʒxeʃ'tãntiʃ]) *f* poste restante.
poste ['pɔʃtʃi] *m* pole; ~ **(de alta tensão)** pylon; ~ **(de iluminação)** lamppost.
pôster ['poʃte(x)] (*pl* **-res** [-riʃ]) *m* poster.
posteridade [poʃteri'dadʒi] *f* posterity.
posterior [poʃte'rjo(x)] (*pl* **-res** [-riʃ]) *adj (em tempo, ordem)* subsequent; *(em espaço)* back, rear.
posteriormente [puʃterjor'mẽntʃi] *adv* subsequently.
postiço, ça [poʃ'tʃisu, sa] *adj* false.
posto ['poʃtu] *m (em emprego)* position; *(de polícia, bombeiros)* station; ~ **de gasolina** filling station *Am*, petrol station *Brit*; ~ **de saúde** health center.
postura [poʃ'tura] *f* posture.

potência [pu'tẽsja] *f* power.

potente [po'tẽntʃi] *adj* powerful.

potro ['potru] *m* colt.

pouco, ca ['poku, ka] *adj & pron (no singular)* little, not much; *(no plural)* few, not many. ◆ *adv (relativo a tempo)* not long; *(relativo a quantidade)* not much; *(com adjetivo)* not very. ◆ *m*: **um ~** a little, a bit; **ele come ~** he doesn't eat much; **ele é ~ inteligente/amável** he isn't very bright/friendly; **falta ~ para chegarmos lá** it won't be long before we get there; **um ~ de** a bit of; **um ~ mais de** a bit more of; **custar ~** *(ser barato)* to be cheap; **ficar a ~s passos de** to be near; **daí a ~** shortly afterward; **daqui a ~** in a little while; **há ~** a short while ago; **~ a ~** little by little; **por ~ não** nearly; **fazer ~ de** to make fun of.

poupança [po'pãsa] *f* saving; *(conta)* savings account.

❑ **poupanças** *fpl* savings.

poupar [po'pa(x)] *vt* to save. ◆ *vi* to save up.

pouquinho [po'kiɲu] *m*: **só um ~** just a little; **um ~ de** a little bit of.

pousada [po'zada] *f* inn.

pousar [po'za(x)] *vt* to put down. ◆ *vi (ave)* to perch; *(avião)* to land.

povo ['povu] *m* people *pl*.

povoação [povwa'sãw] (*pl* **-ões** [-õjʃ]) *f* village.

povoar [po'vwa(x)] *vt* to populate.

praça ['prasa] *f (largo)* square; *(mercado)* market(place).

prado ['pradu] *m* meadow.

praga ['praga] *f* plague; *(palavrão, maldição)* curse.

praia ['praja] *f* beach; **~ de nudismo** nudist beach.

prancha ['prãʃa] *f* board; **~ de surfe** surfboard.

prata ['prata] *f* silver; **(feito) de ~** (made of) silver.

prateado, da [pra'tʃjadu, da] *adj* silver(y).

prateleira [prate'lejra] *f* shelf.

prática ['pratʃika] *f (experiência)* experience; *(de esporte)* playing; **na ~** in practice; **pôr algo em ~** to put sthg into practice; **ter ~** to have experience.

praticante [pratʃi'kãntʃi] *adj* practicing. ◆ *mf*: **~ de esporte** sportsman.

praticar [pratʃi'ka(x)] *vt* to practice; *(esporte)* to play.

prático, ca ['pratʃiku, ka] *adj* practical.

prato ['pratu] *m (louça)* plate; *(refeição)* dish; **~ fundo** soup bowl; **~ da casa** house speciality; **~ do dia** dish of the day; **~ raso** dinner plate; **~ de sopa** *(comida)* bowl of soup; **pôr tudo em ~s limpos** to make a clean breast of it.

❑ **pratos** *mpl* MÚS cymbals.

praxe ['praʃi] *f (costume)* custom; **ser de ~** to be the norm.

prazer [pra'ze(x)] (*pl* **-res** [-riʃ]) *m* pleasure; **muito ~!** pleased to meet you!; **o ~ é (todo) meu!**

the pleasure is all mine!; **com** ~ with pleasure; **por** ~ for pleasure.

prazo ['prazu] *m* period; ~ **de validade** expiry date; **a curto/longo/médio** ~ in the short/long/medium term.

precaução [prekaw'sãw] (*pl* **-ões** [-õjʃ]) *f* precaution; **por** ~ as a precaution.

precaver-se [preka'vexsi] *vp* to take precautions; ~ **contra** to take precautions against.

precavido, da [preka'vidu, da] *adj* prudent; **vim** ~ I came prepared.

precedência [prese'dẽsja] *f* precedence; **ter** ~ **sobre** to take precedence over.

preceder [prese'de(x)] *vt* to precede.

precioso, osa [pre'sjozu, ɔza] *adj* precious.

precipício [presi'pisju] *m* precipice.

precipitação [presipita'sãw] (*pl* **-ões** [-õjʃ]) *f* *(pressa)* haste; *(chuva)* rainfall.

precipitar-se [presepi'taxsi] *vp* *(pessoa)* to act rashly; *(acontecimentos)* to gain momentum.

precisão [presi'zãw] *f* accuracy; **com** ~ accurately; **ter** ~ **de** to have need for.

precisar [presi'za(x)] *vt* *(especificar)* to specify. ◆ *vi* *(ter necessidade)* to need; ~ **de algo** to need sthg; ~ **fazer algo** to need to do sthg.

preciso, sa [pre'sizu, za] *adj* accurate, precise; **é** ~ **ter calma** keep calm; **é** ~ **passaporte** you need your passport.

preço ['presu] *m* price; ~ **de ocasião** special offer; ~ **reduzido** reduced price; ~ **de liquidação** sale price; **não ter** ~ to be priceless.

precoce [pre'kɔsi] *adj* *(criança)* precocious; *(decisão)* hasty.

preconceito [prekõ'sejtu] *m* prejudice.

precursor, ra [prekux'so(x), ra] (*mpl* **-res** [-riʃ], *fpl* **-s** [-ʃ]) *m, f* forerunner.

predador, ra [preda'do(x), ra] (*mpl* **-res** [-riʃ], *fpl* **-s** [-ʃ]) *adj* predatory.

predecessor, ra [predese'so(x), ra] (*mpl* **-res** [-riʃ], *fpl* **-s** [-ʃ]) *m, f* predecessor.

predileção [predʒile'sãw] (*pl* **-ões** [-õjʃ]) *f* preference; **ter** ~ **por** to prefer.

predileções → **predileção.**

prédio ['prɛdʒju] *m* building; ~ **de apartamentos** apartment building *Am*, block of flats *Brit*.

predominante [predomi'nãntʃi] *adj* predominant.

predominar [predomi'na(x)] *vi* to predominate.

preencher [priẽ'ʃe(x)] *vt* to fill in.

prefácio [pre'fasju] *m* preface.

prefeito, ta [pre'fejtu, ta] *m, f* mayor.

prefeitura [prefej'tura] *f* city hall *Am*, town hall *Brit*.

preferência [prefe'rẽsja] *f* preference; **dar** ~ **a** to give preference to; **ter** ~ **por** to

prefer, to have a preference for; **de** ~ preferably.
preferido, da [prefe'ridu, da] *adj* favorite.
preferir [prefe'ri(x)] *vt* to prefer; ~ **fazer algo** to prefer doing sthg.
prefixo [pre'fiksu] *m* prefix.
prega ['prɛga] *f* pleat.
pregar[1] [pre'ga(x)] *vt (prego)* to hammer in; *(botões)* to sew on.
pregar[2] [pre'ga(x)] *vt (sermão)* to preach.
prego ['prɛgu] *m* nail; *(casa de penhor)* pawn shop.
preguiça [pre'gisa] *f* laziness; **estar com** ou **ter** ~ to be lazy.
prejudicar [preʒudʒi'ka(x)] *vt (pessoa)* to harm; *(carreira, relação, saúde)* to damage.
prejudicial [preʒudʒi'sjaw] (*pl* **-ais** [-ajʃ]) *adj*: ~ **para** damaging to.
prejuízo [pre'ʒwizu] *m (dano)* damage; *(em negócio)* loss; **em ~ de** to the detriment of; **sem ~ de** without detriment to; **levar** ou **tomar um** ~ to run at a loss.
prematuro, ra [prema'turu, ra] *adj* premature.
premiado, da [premi'adu, da] *adj* prizewinning.
premiar [premi'a(x)] *vt* to award a prize to; *(recompensar)* to reward.
prêmio ['premju] *m (em concurso, competição)* prize; *(recompensa)* reward; *(em seguros)* premium.
prenda ['prẽnda] *f* present, gift.
prendado, da [prẽn'dadu, da] *adj* gifted.
prender [prẽn'de(x)] *vt* to tie up; *(pessoa)* to arrest.
❑ **prender-se** *vp* to get stuck.
prenunciar [prenũsi'a(x)] *vt (predizer)* to foretell.
preocupação [preokupa'sãw] (*pl* **-ões** [-õjʃ]) *f* worry.
preocupado, da [prioku'padu, da] *adj* worried.
preocupar [preoku'pa(x)] *vt* to worry.
❑ **preocupar-se** *vp* to worry; **~-se com** to worry about.
preparação [prepara'sãw] (*pl* **-ões** [-õjʃ]) *f* preparation.
preparado, da [prepa'radu, da] *adj* ready. ◆ *m* preparation.
preparar [prepa'ra(x)] *vt* to prepare.
❑ **preparar-se** *vp* to get ready; **~-se para algo** to get ready for sthg.
preposição [prepozi'sãw] (*pl* **-ões** [-õjʃ]) *f* preposition.
prepotente [prepo'tẽntʃi] *adj* domineering.
presença [prezẽsj'a(x)] *f* presence; **na ~ de** in the presence of; **~ de espírito** presence of mind.
presenciar [prezẽ'sja(x)] *vt* to witness.
presente [pre'zẽntʃi] *adj & m* present; **o ~ (do indicativo)** GRAM the present tense; **dar/ganhar de** ~ to give/receive as a present; **os ~s** those present.

preservar [prezex'va(x)] *vt* to preserve.
preservativo [prezexva'tʃivu] *m* condom.
presidência [prezi'dẽsja] *f* presidency.
presidente [prezi'dẽntʃi] *mf* *(de país, organização)* president; *(de empresa, associação)* president *Am*, chairman *Brit*; ~ **da República** President of the Republic.
presidir [prezi'dʒi(x)] *vt, vi*: ~ **(a) algo** to chair sthg.
presilha [pre'ziʎa] *f* (belt) loop.
preso, sa ['prezu, za] *pp* → **prender.** ◆ *adj* tied up; *(capturado)* imprisoned; *(que não se move)* stuck. ◆ *m, f (prisioneiro)* prisoner.
pressa ['prɛsa] *f* hurry; **estar com ter** ~ to be in a hurry rush; **estar sem** ~ not to be in a hurry rush; **às** ~**s** quickly, hurriedly.
presságio [pre'saʒju] *m* premonition.
pressão [pre'sãw] (*pl* **-ões** [-õjʃ]) *f* pressure; ~ **(arterial) alta/baixa** MED high/low blood pressure; ~ **atmosférica** atmospheric pressure; **estar sob** ~ *(pessoa)* to be under pressure.
pressentimento [presẽntʃi'mẽntu] *m* feeling; **mau** ~ a bad feeling about sthg.
pressentir [presẽn'tʃi(x)] *vt*: ~ **que** to have a feeling (that).
pressionar [presjo'na(x)] *vt* *(botão)* to press; *(pessoa)* to pressure.
pressões → **pressão.**
pressupor [presu'po(x)] *vt* to presuppose.
prestação [preʃta'sãw] (*pl* **-ões** [-õjʃ]) *f (de serviço)* provision; *(de pagamento)* installment; **pagar a prestações** to pay in installments.
prestar [preʃ'ta(x)] *vt (ajuda)* to give; *(serviço)* to provide; *(contas)* to render; *(atenção)* to pay. ◆ *vi (ser útil)* to be useful; **isso presta para alguma coisa?** is that any good?; **não** ~ to be no good; **não** ~ **para nada** to be totally useless; ~ **um serviço a alguém** to do sthg for sb.
❑ **prestar-se a** *vp + prep (ser adequado para)* to be appropriate for; *(estar disposto a)* to leave o.s. open to.
prestativo, va [preʃta'tʃivu, va] *adj* helpful.
prestes ['prɛʃtiʃ] *adj inv*: **estar** ~ **a fazer algo** to be just about to do sthg.
prestígio [preʃ'tiʒju] *m* prestige.
presumir [prezu'mi(x)] *vt* to presume.
presunçoso, osa [prezũ'sozu, ɔza] *adj (pessoa)* conceited; *(discurso, artigo)* pretentious.
presunto [pre'zũntu] *m* ham.
pretender [pretẽn'de(x)] *vt* *(querer)* to want; *(afirmar)* to claim; ~ **fazer algo** to intend to do sthg.
pretensão [pretẽn'sãw] (*pl* **-ões** [-õjʃ]) *f (desejo)* wish, aspiration; ~ **salarial** salary expectations.
❑ **pretensões** *fpl (vaidade)* pretentiousness *sg*; **ter pretensões** to be pretentious.

pretérito [pre'tɛritu] *m* GRAM preterite, past tense; ~ **perfeito (simples)** simple past (tense); ~ **imperfeito (simples)** imperfect (tense).

pretexto [pre'teʃtu] *m* excuse; **sob** ~ **algum** under no circumstances; **a** ou **sob o** ~ **de** on the pretext of.

preto, ta ['pretu, ta] *adj & m, f* black; **pôr o** ~ **no branco** to set the record straight.

prevalecer [prevale'se(x)] *vi* to prevail.

prevenção [prevẽ'sãw] (*pl* **-ões** [-õjʃ]) *f (de doença, acidente)* prevention; *(aviso)* warning; **estar de** ~ to be on guard; **por** ~ as a precaution.

prevenido, da [preve'nidu, da] *adj* cautious; **estar** ~ to be prepared.

prevenir [preve'ni(x)] *vt (avisar)* to warn; *(evitar)* to prevent; ~ **alguém de algo** to warn sb of sthg.

prever [pre've(x)] *vt* to foresee; *(tempo)* to forecast.

prévio, via ['prɛvju, vja] *adj* prior.

previsão [previ'zãw] (*pl* **-ões** [-õjʃ]) *f* forecast; ~ **do tempo** weather forecast.

previsível [previ'zivɛw] (*pl* **-eis** [-ejʃ]) *adj* foreseeable.

previsões → **previsão.**

previsto, ta [pre'viʃtu, ta] *adj* expected; **como** ~ as expected.

prezado, da [pre'zadu, da] *adj (querido)* dear; **Prezado ...** *fml (em carta)* Dear ...

primário, ria [pri'marju, rja] *adj (básico)* basic; EDUC primary. ♦ *m (curso)* elementary education.

primavera [prima'vɛra] *f (estação)* spring; *(flor)* primrose.

primeira [pri'mejra] *f (em veículo)* first (gear) → **primeiro.**

primeiro, ra [pri'mejru, ra] *adj, adv & num* first. ♦ *m, f*: **o** ~ **/ a primeira da turma** top of the class; **à primeira vista** at first sight; **de primeira** first-class; **em** ~ **lugar** first; ~**s socorros** MED first aid *sg* → **sexto.**

primeiro-ministro, primeira-ministra [pri,mejrumi'niʃtru, pri,mejrami'niʃtra] (*mpl* **primeiros-ministros** [pri,mejruʒmi'niʃtruʃ], *fpl* **primeiras-ministras** [pri,mejraʒmi'niʃtraʃ]) *m, f* prime minister.

primitivo, va [primi'tʃivu, va] *adj* primitive.

primo, ma ['primu, ma] *m, f* cousin.

princesa [prĩ'seza] *f* princess.

principal [prĩsi'paw] (*pl* **-ais** [-ajʃ]) *adj* main.

principalmente [prĩsipaw'mẽntʃi] *adv* mainly, especially.

príncipe ['prĩsipi] *m* prince.

principiante [prĩsipi'ãntʃi] *mf* beginner.

principiar [prĩsipi'a(x)] *vt & vi* to start, to begin.

princípio [prĩ'sipju] *m* beginning; *(moral)* principle; **partir do** ~ **que ...** to work on the basis that ...; **a** ~ to start with; **desde o** ~ from the beginning;

em ~ in principle; **por** ~ on principle.

prioridade [priori'dadʒi] *f* priority.

prisão [prizãw] (*pl* **-ões** [-õjʃ]) *f* *(ato)* imprisonment; *(local)* prison; ~ **de ventre** constipation; ~ **domiciliar** house arrest; ~ **perpétua** life imprisonment.

privação [priva'sãw] (*pl* **-ões** [-õjʃ]) *f* loss.

❑ **privações** *fpl* misery *sg*, hardship *sg*.

privacidade [privasi'dadʒi] *f* privacy.

privações → **privação.**

privada [pri'vada] *f* toilet.

privado, da [pri'vadu, da] *adj* private.

privar [pri'va(x)] *vt*: ~ **alguém de algo** to deprive sb of sthg.

❑ **privar-se de** *vp + prep* to go without.

privativo, va [priva'tʃivu, va] *adj* private.

privilegiado, da [privileʒi'adu, da] *adj (pessoa)* privileged; *(local)* exceptional.

privilegiar [privileʒi'a(x)] *vt* to favor.

privilégio [privi'lɛʒju] *m* privilege.

proa ['proa] *f* prow.

probabilidade [probabili'dadʒi] *f* probability.

problema [pro'blema] *m* problem; **ter** ~**s com** to have problems with.

procedente [prose'dẽntʃi] *adj*: ~ **de** *(trem, ônibus, avião)* from.

proceder [prose'de(x)] *vi (agir)* to proceed, to act; ~ **com** to proceed with.

processador [prosesa'do(x)] (*pl* **-res** [-riʃ]) *m*: ~ **de texto** word processor.

processamento [prosesa'mẽntu] *m* processing.

processar [prose'sa(x)] *vt* JUR *(pessoa, empresa)* to prosecute; JUR *(por danos pessoais, materiais)* to sue; INFORM *(dados, texto)* to process.

processo [pro'sɛsu] *m (sistema)* process; JUR (law)suit.

procissão [prosi'sãw] (*pl* **-ões** [-õjʃ]) *f* procession.

procura [pro'kura] *f (busca)* search; COM demand; **andar à** ~ **de** to be looking for.

procurador, ra [prokura'do(x), ra] (*mpl* **-res** [-riʃ], *fpl* **-s** [-ʃ]) *m, f* proxy.

procurar [prɔku'ra(x)] *vt* to look for; ~ **fazer algo** to try to do sthg.

prodígio [pro'dʒiʒju] *m* prodigy.

produção [produ'sãw] (*pl* **-ões** [-õjʃ]) *f* production.

produtivo, va [produ'tʃivu, va] *adj (que produz)* productive; *(lucrativo)* profitable.

produto [pro'dutu] *m* product; ~ **alimentar** foodstuff; ~ **de limpeza** cleaning product.

produtor, ra [produ'to(x), ra] (*mpl* **-res** [-riʃ], *fpl* **-s** [-ʃ]) *m, f* producer.

produzir [produ'zi(x)] *vt* to produce.

proeminente [proimi'nẽntʃi] *adj (saliente)* protruding; *(importante)* prominent.

proeza [pro'eza] *f* deed.

profanar [profa'na(x)] *vt (igreja, cemitério)* to desecrate; *(memória)* to be disrespectful about.

profecia [profe'sia] *f* prophecy.

proferir [profe'ri(x)] *vt (discurso)* to give; *(palavra)* to utter; *(insulto)* to hurl; *(desejo)* to make; *(sentença)* to pronounce.

professor, ra [profe'so(x), ra] (*mpl* **-res** [-riʃ], *fpl* **-s** [-ʃ]) *m, f* teacher; *(universitário)* professor *Am*, lecturer *Brit*.

profeta [pro'fɛta] *m* prophet.

profissão [profi'sãw] (*pl* **-ões** [-õjʃ]) *f* profession.

profissional [profisjo'naw](*pl* **-ais** [-ajʃ]) *adj & mf* professional.

profissões → **profissão**.

profundidade [profũndʒi'dadʒi] *f* depth; **tem três metros de ~** it's three meters deep.

profundo, da [pro'fũndu, da] *adj* deep; *(idéia, argumento, sentimento)* profound.

prognóstico [prog'nɔʃtʃiku] *m* MED prognosis; *(de tempo)* forecast.

programa [pro'grama] *m* program *Am*, programme *Brit*; EDUC syllabus, curriculum; INFORM program.

programação [programa'sãw] (*pl* **-ões** [-õjʃ]) *f* programming.

progredir [progre'di(x)] *vi* to make progress; *(doença)* to progress; **~ em** to make progress in.

progresso [pro'grɛsu] *m* progress; **fazer ~s** to make progress.

proibição [proibi'sãw] (*pl* **-ões** [-õjʃ]) *f* ban.

proibido, da [proi'bidu, da] *adj* prohibited; **'proibida a entrada'** 'no entry'; **'~ afixar anúncios'** 'no bill sticking'; **'~ estacionar'** 'no parking'; **'~ fumar'** 'no smoking'; **'~ para menores de 18'** 'adults only'.

proibir [proi'bi(x)] *vt (consumo)* to forbid; *(acontecimento, publicação)* to ban; **~ alguém de fazer algo** to forbid sb to do sthg.

projétil [pro'ʒɛtʃiw] (*pl* **-teis** [-teiʃ]) *m* projectile.

projeto [pro'ʒɛtu] *m* project, plan; **~ de lei** bill.

projetor [proʒe'to(x)] (*pl* **-res** [-riʃ]) *m* projector.

proliferar [prolife'ra(x)] *vi* to proliferate.

prólogo ['prɔlogu] *m* prologue.

prolongado, da [prolõŋ'gadu, da] *adj* extended.

prolongar [prolõŋ'ga(x)] *vt (prazo)* to extend; *(férias, estada)* to prolong.

❑ **prolongar-se** *vp (demorar-se)* to last.

promessa [pro'mɛsa] *f* promise.

prometer [prome'te(x)] *vt* to promise; **~ algo a alguém** to promise sb sthg; **~ fazer algo** to promise to do sthg; **~ que** to promise (that).

promissor, ra [promi'so(x), ra] (*mpl* **-res** [-riʃ], *fpl* **-s** [-ʃ]) *adj* promising.

promoção [promo'sãw] (*pl* **-ões** [-õjʃ]) *f* promotion; **em ~** on special offer.

promover [promo've(x)] *vt* to promote.

pronome [pro'nomi] *m* GRAM pronoun.

pronto, ta ['prõntu, ta] *adj (preparado)* ready; *(resposta)* prompt ◆ *interj* that's that!; **estar ~** to be ready; **estar ~ para fazer algo** to be ready to do sthg, to be willing to do sthg.

pronto-socorro [,prõntuso'koxu] *m* emergency room *Am*, casualty *Brit*.

pronúncia [pro'nũsja] *f (pronunciação)* pronunciation; *(sotaque)* accent.

pronunciar [pronũsi'a(x)] *vt (palavra, frase)* to pronounce; *(discurso)* to give.

❑ **pronunciar-se** *vp (palavra)* to be pronounced; *(exprimir opinião)* to express one's opinion.

propaganda [propa'gãnda] *f (de produto)* advertising; POL propaganda.

propina [pro'pina] *f (gorjeta)* tip; *(suborno)* bribe.

propor [pro'po(x)] *vt (sugerir)* to propose; *(negócio)* to offer.

proporção [propor'sãw] (*pl* **-ões** [-õjʃ]) *f* proportion; **em ~** in proportion.

❑ **proporções** *fpl (dimensões)* measurements.

proporções → **proporção.**

propósito [pro'pɔzitu] *m* purpose; **a ~, quando é que você vai de férias?** by the way, when are you going on vacation?; **com o ~ de** with the intention of; **de ~** on purpose.

❑ **propósitos** *mpl (maneiras)* manners.

propriedade [proprie'dadʒi] *f* property.

proprietário, ria [proprie'tarju, rja] *m, f* owner.

próprio, pria ['prɔpriu, pria] *adj (carro, casa)* own; *(adequado)* appropriate; *(característico)* particular. ◆ *m, f*: **é o ~ /a própria** *(em conversa telefônica)* speaking; **~ para** appropriate for; **eu ~** I myself; **o ~ presidente** the president himself.

prosa ['prɔza] *f* prose.

prospecto [proʃ'pɛ(k)tu] *m* leaflet.

prosperar [proʃpe'ra(x)] *vi* to prosper.

prosperidade [proʃperi'dadʒi] *f* prosperity.

prosseguir [prose'gi(x)] *vt (estudos, investigações)* to continue. ◆ *vi (continuar)* to proceed, to carry on.

prostituta [proʃtʃi'tuta] *f* prostitute.

protagonista [protago'niʃta] *mf* protagonist.

proteção [prote'sãw] (*pl* **-ões** [-õjʃ]) *f* protection.

proteções → **proteção.**

proteger [prote'ʒe(x)] *vt* to protect.

proteína [protɛ'ina] *f* protein.

prótese ['prɔtezi] *f* MED prosthesis; **~ dentária** dental prosthesis.

protestante [proteʃ'tãntʃi] *adj & mf* RELIG Protestant.
protestar [proteʃ'ta(x)] *vi* to protest; **~ contra** to protest against.
protesto [pro'tɛʃtu] *m* protest.
protetor, ra [prote'to(x), ra] (*mpl* **-res** [-riʃ], *fpl* **-s** [-ʃ]) *adj & m, f* protector. ◆ *adj* protective; **~ (solar)** sunscreen.
protocolo [proto'kɔlu] *m (em audiência)* transcription; *(regras)* protocol.
prova ['prɔva] *f* proof; ESP event; *(teste)* test; **à ~ d'água** waterproof; **à ~ de fogo** fireproof; **à ~ de óleo** oil-resistant; **dar ~s de** to show; **pôr à ~** to put to the test.
provar [pro'va(x)] *vt (fato)* to prove; *(comida)* to try; *(roupa)* to try on.
provável [pro'vavɛw] (*pl* **-eis** [-ejʃ]) *adj* probable; **pouco ~** unlikely.
proveito [pro'vejtu] *m* benefit; **bom ~!** enjoy your meal!; **em ~ de** for the benefit of; **tirar ~ de algo** to benefit from sthg.
proveniente [provenj'ẽntʃi] *adj*: **~ de** (coming) from.
provérbio [pro'vɛrbju] *m* proverb.
prover-se [pro'vexsi]: **prover-se de** *vp + prep (abastecer-se de)* to provide o.s. with; *(munir-se de)* to equip o.s. with.
proveta [pro'veta] *f* test tube.
providência [provi'dẽsja] *f* measure; **tomar ~s** to take measures.
providenciar [providẽsj'a(x)] *vt* to arrange (for). ◆ *vi*: **~ (para que)** to make sure (that).
província [pro'vĩsja] *f* province.
provisório, ria [provi'zɔrju, rja] *adj* temporary.
provocador, ra [provoka'do(x), ra] (*mpl* **-res** [-riʃ], *fpl* **-s** [-ʃ]) *adj* provocative.
provocar [provo'ka(x)] *vt (causar)* to cause; *(irritar)* to provoke.
proximidade [prosimi'dadʒi] *f* proximity.
❑ **proximidades** *fpl (arredores)* neighborhood *sg*.
próximo, ma ['prɔsimu, ma] *adj (em espaço, tempo)* near; *(seguinte)* next; *(íntimo)* close. ◆ *pron*: **o ~/a próxima** the next one; **quem é o ~?** who's next?; **até a próxima!** see you!; **~ de** near (to); **nos ~s dias/meses** in the next few days/months.
prudência [pru'dẽsja] *f* care, caution.
prudente [pru'dẽntʃi] *adj* careful, cautious.
prurido [pru'ridu] *m* itch.
pseudônimo [psew'donimu] *m* pseudonym.
psicologia [psikolo'ʒia] *f* psychology.
psicológico, ca [psiko'lɔʒiku, ka] *adj* psychological.
psicólogo, ga [psi'kɔlogu, ga] *m, f* psychologist.
psiquiatra [psi'kjatra] *mf* psychiatrist.
puberdade [puber'dadʒi] *f* puberty.

publicação [publika'sãw] (*pl* **-ões** [-õjʃ]) *f* publication.

publicar [publi'ka(x)] *vt* to publish.

publicidade [publisi'dadʒi] *f* (*atividade, curso*) advertising; (*anúncio*) advertisement; (*divulgação, difusão*) publicity.

público, ca ['publiku, ka] *adj* (*jardim, via*) public; (*escola*) state (*antes de s*); (*empresa*) state-owned. ◆ *m* (*de espetáculo*) audience; **o ~ em geral** the general public; **tornar ~ algo** to make sthg public; **em ~** in public

pude ['pudʒi] → **poder.**

pudim [pu'dʒĩ] (*pl* **-ns** [-ʃ]) *m* pudding; **~ de leite** caramel pudding.

pugilismo [puʒi'liʒmu] *m* boxing.

pular [pu'la(x)] *vi* to jump. ◆ *vt* to jump over.

pulga ['puwga] *f* flea **estar com a ~ atrás da orelha** *fig* (*estar suspeitoso*) to think something is up.

pulmão [puw'mãw] (*pl* **-ões** [-õjʃ]) *m* lung.

pulo ['pulu] *m* jump **dar um ~ até** to go over to; **dar ~s** to jump up and down; **num ~** in a flash.

pulôver [pu'lovε(x)] (*pl* **-res** [-riʃ]) *m* sweater.

pulsação [puwsa'sãw] (*pl* **-ões** [-õjʃ]) *f* beat.

pulseira [puw'sejra] *f* bracelet.

pulso ['puwsu] *m* wrist; (*pulsação*) pulse; **medir** ou **tirar o ~ de alguém** to take sb's pulse.

pulverizar [puwveri'za(x)] *vt* (*com líquido*) to spray; (*reduzir a pó*) to pulverize.

punha ['puɲa] → **poder.**

punhado [pu'ɲadu] *m*: **um ~ de** a handful of.

punhal [pu'ɲaw] (*pl* **-ais** [-ajʃ]) *m* dagger.

punho ['puɲu] *m* (*mão fechada*) fist; (*pulso*) wrist; (*de casaco, camisa*) cuff; (*de arma, faca*) hilt.

punir [pu'ni(x)] *vt* to punish.

pupila [pu'pila] *f* pupil.

purê [pu're] *m* purée; **~ (de batata)** mashed potatoes *pl*.

pureza [pu'reza] *f* purity.

purgante [pux'gãntʃi] *m* purgative.

purificador, ra [purifika'do(x), ra] (*mpl* **-res** [-riʃ], *fpl* **-s** [-ʃ]) *adj* purifying. ◆ *m*: **~ do ar** air freshener.

purificar [purifi'ka(x)] *vt* (*sangue*) to purify; (*ar*) to freshen.

puritano, na [puri'tanu, na] *adj* puritanical.

puro, ra ['puru, ra] *adj* pure; **pura lã** pure wool; **a pura verdade** the plain truth; **pura e simplesmente** simply.

puro-sangue [,puru'sãŋgi] *m inv* thoroughbred.

púrpura ['puxpura] *f* purple.

pus¹ ['puʃ] → **pôr.**

pus² ['puʃ] *m* pus.

puta ['puta] *f* whore.

puxador [puʃa'do(x)] (*pl* **-res** [-riʃ]) *m* handle.

puxão [pu'ʃãw] (*pl* **-ões** [-õjʃ]) *m* tug.

puxar [pu'ʃa(x)] *vt (cabelo, cordel)* to pull; *(banco, cadeira)* to pull up; **'puxar', 'puxe'** *(aviso em porta)* 'pull'; ~ **o saco de alguém** to suck up to sb.

puxões → **puxão.**

Q

quadra ['kwadra] *f (quarteirão)* block; ~ **de tênis/squash** tennis/squash court.

quadrado, da [kwa'dradu, da] *adj & m* square.

quadragésimo, ma [kwadra'ʒɛzimu, ma] *num* fortieth → **sexto.**

quadril [kwa'driw] (*pl* **-is** [-iʃ]) *m* hip.

quadro ['kwadru] *m* picture; *(em sala de aula)* board; *(pintura)* painting.

quadro-negro [ˌkwadru'negru] (*pl* **quadros-negros** [ˌkwadruʒ'negruʃ]) *m* blackboard.

quaisquer → **qualquer.**

qual [kwaw] (*pl* **-ais** [-ajʃ]) *adj* which. ◆ *conj fml (como)* like. ◆ *interj* what! ◆ *pron (em interrogativa)* what; *(especificando)* which (one); **o/a** ~ *(suj: pessoa)* who; *(complemento: pessoa)* whom; *(suj, complemento: coisa)* which; **cada** ~ everyone; ~ **deles ...?** which one (of them) ...?; ~ **nada** ou **o quê!** no such thing!

qualidade [kwali'dadʒi] *f* quality; *(espécie)* type; **na** ~ **de** in the capacity of.

qualificação [kwalifika'sãw] (*pl* **-ões** [-õjʃ]) *f* qualification.

qualificado, da [kwalifi'kadu, da] *adj* qualified.

qualquer [kwaw'kɛ(x)] (*pl* **quaisquer** [kwajʃ'kɛ(x)]) *adj & pron* any; ~ **um deles** any of them; ~ **um dos dois** either of them; ~ **um** ou **pessoa** anyone, anybody; **a** ~ **momento** at any time.

quando ['kwãndu] *adv* when. ◆ *conj* when; *(ao passo que)* while; **de** ~ **em** ~ from time to time; **desde** ~ how long; ~ **muito** at (the) most; ~ **quer que** whenever.

quantia [kwãn'tʃia] *f* amount, sum.

quantidade [kwãntʃi'dadʒi] *f* amount, quantity; **em** ~ in large quantities.

quanto, ta ['kwãntu, ta] *adj* **-1.** *(em interrogativas: singular)* how much; *(em interrogativas: plural)* how many; ~ **tempo temos?** how much time do we have?; ~ **tempo temos de esperar?** how long do we have to wait?; **quantas vezes você já esteve aqui?** how many times have you been here?
-2. *(em exclamações)* what a lot of; ~ **dinheiro!** what a lot of money!; ~**s erros!** what a lot of mistakes!
-3. *(em locuções)*: **uns** ~**s/umas quantas** some; **umas quantas pessoas** a few people.

◆ *pron* **-1.** *(em interrogativas: singular)* how much; *(em interrogativas: plural)* how many; ~ **você quer?** how much do you want?; ~**s você quer?** how many do you want?; ~ **custam?** how much do they cost? **-2.** *(relativo a pessoas)*: **todos ~s** everyone who *sg*. **-3.** *(tudo o que)* everything, all; **coma ~/~s você quiser** eat as much/as many as you like; **tudo ~ disse é verdade** everything he said is true. **-4.** *(compara quantidades)*: **~ mais se tem, mais se quer** the more you have, the more you want. **-5.** *(em locuções)*: **não há espaço para um, ~ mais para dois** there's hardly enough room for one, let alone two; **~ a** as regards; **~ antes** as soon as possible; **~ mais melhor** the more the merrier; **uns ~s/umas quantas** some.

quarenta [kwaˈrẽnta] *num* forty → **seis.**

Quaresma [kwaˈrɛʒma] *f* Lent.

quarta [ˈkwarta] *f (em veículo)* fourth (gear) → **quarto.**

quarta-feira [ˌkwaxtaˈfejra] (*pl* **quartas-feiras** [ˌkwaxtaʃˈfejraʃ]) *f* Wednesday → **sexta-feira.**

quarteirão [kwaxtejˈrãw] (*pl* **-ões** [-õjʃ]) *m (área)* block.

quartel [kwaxˈtɛw] (*pl* **-éis** [-ɛiʃ]) *m* MIL barracks *pl*.

quarteto [kwaxˈtetu] *m* quartet.

quarto, ta [ˈkwaxtu, ta] *num* fourth. ◆ *m (divisão de casa)* room; *(parte)* quarter; **'~ para alugar'** 'room for rent'; **~ de casal** double room; **~ com duas camas** twin room → **sexto.**

quase [ˈkwazi] *adv* almost, nearly; **~ caí** I almost fell over; **~ nada** almost nothing, hardly anything; **~ nunca** hardly ever; **~ ~** very nearly; **~ sempre** nearly always.

quatro [ˈkwatru] *num* four → **seis.**

quatrocentos, tas [ˌkwatroˈsẽntuʃ, taʃ] *num* four hundred → **seis.**

que [ki] *adj inv* **-1.** *(em interrogativas)* what, which; **~ livros você quer?** which books do you want?; **~ dia é hoje?** what day is it today?; **~ horas são?** what time is it? **-2.** *(em exclamações)*: **mas ~ belo dia!** what a beautiful day!; **~ fome!** I'm starving!; **~ maravilha!** how wonderful! ◆ *pron* **-1.** *(em interrogativas)* what; **~ é isso?** what's that?; **o ~ você quer?** what do you want?; **o ~ você vai comer?** what are you going to have (to eat)? **-2.** *(uso relativo: sujeito)* who; *(coisa)* which, that; **o homem ~ está correndo** the man who's running; **a guerra ~ começou em 1939** the war that started in 1939. **-3.** *(uso relativo: complemento)* whom, that; *(coisa)* which, that; **o homem ~ conheci** the man (that) I met.

◆ *conj* **-1.** *(com complemento direto)* that; **disse-me ~ ia de férias** he told me (that) he was going on vacation.

-2. *(em comparações)*: **(do) ~** than; **é mais caro (do) ~ o outro** it's more expensive than the other.

-3. *(exprime causa)*: **leva o guarda-chuva ~ está chovendo** take an umbrella because it's raining; **vai depressa ~ você está atrasado** you're late, so you'd better hurry.

-4. *(exprime conseqüência)* that; **pediu-me tanto ~ acabei por lhe dar** he asked me for it so persistently that I ended up giving it to him.

-5. *(exprime tempo)*: **há horas ~ estou à espera** I've been waiting for hours.

-6. *(indica desejo)* that; **espero ~ você se divirta** I hope (that) you have a good time.

-7. *(em locuções)*: **~ nem** like; **chorou ~ nem um bebê** he cried like a baby.

quê ['ke] *interj* what! ◆ *pron (interrogativo)* what. ◆ *m*: **um ~** (a certain) something; **um ~ de** a touch of; **não tem de ~!** not at all!, don't mention it!; **sem ~ nem para ~** *(sem motivos)* for no apparent reason.

quebra-cabeças [ˌkɛbraka'besaʃ] *m inv (passatempo)* puzzle; *fig (problema)* headache.

quebra-mar [ˌkɛbra'ma(x)] (*pl* **quebra-mares** [ˌkɛbra'mariʃ]) *m* breakwater.

quebra-nozes [ˌkɛbra'nɔziʃ] *m inv* nutcracker.

quebrar [ke'bra(x)] *vt* to break; *(avariar)* to break down; **~ a cara** *fig* to come a cropper.

❑ **quebrar-se** *vp* to break.

queda ['kɛda] *f* fall; **ter ~ para** *fig (vocação)* to have a flair for.

queijo ['kejʒu] *m* cheese; **~ de cabra** goat's cheese; **~ ralado** grated cheese.

queimado, da [kej'madu, da] *adj* burned; *(pelo sol)* sunburned.

queimadura [kejma'dura] *f* burn; **~ de sol** sunburn.

queimar [kej'ma(x)] *vt* to burn; **~ o filme** to put one's foot in it.

❑ **queimar-se** *vp* to burn o.s.; *(com sol)* to get sunburned.

queixa ['kejʃa] *f (lamentação)* moan; *(em polícia)* complaint; **apresentar ~** *(em polícia)* to register a complaint; **fazer ~ de alguém** to complain about sb.

queixar-se [kej'ʃaxsi] *vp* to moan; **~ a alguém (de algo)** to complain to sb (about sthg); **~ de** to complain about.

queixo ['kejʃu] *m* chin; **tinha tanto frio que estava batendo ~** he was so cold that his teeth were chattering.

queixoso, osa [kej'ʃozu, ɔza] *m, f* JUR plaintiff.

quem ['kẽj] *pron (interrogativo: sujeito)* who; *(interrogativo: complemento)* who, whom; *(indefini-*

do) whoever; ~ **é?** *(na porta)* who's there?; ~ **fala?** *(no telefone)* who's calling?; ~ **me dera ser rico!** if only I were rich!; ~ **quer que** whoever; **seja ~ for** no matter who it is.

quente ['kẽntʃi] *adj* hot; *(roupa)* warm; *(informação, fonte)* reliable.

quer [kɛ(x)] *conj:* ~ **...** ~ whether ... or; **quem ~ que seja** whoever; **onde ~ que seja** wherever; **o que ~ que seja** whatever.

querer [ke're(x)] *vt* to want; **como quiser!** as you wish!; **por favor, queria ...** excuse me, I'd like ...; **sem ~** *(sem intenção)* unintentionally, by accident; ~ **muito a alguém** *(amar)* to love sb; ~ **bem a alguém** to care about sb; **não ~ mal a alguém** to wish sb no ill; ~ **dizer** *(significar)* to mean.

❑ **querer-se** *vp:* **eles se querem muito** they're very much in love.

querido, da [ke'ridu, da] *adj* dear.

querosene [kero'zɛni] *m* kerosene.

questão [keʃ'tãw] (*pl* **-ões** [-õjʃ]) *f* question; *(discussão)* quarrel; **há ~ de dez minutos** about ten minutes ago; **fazer ~ (de fazer algo)** to insist (on doing sthg); **pôr algo em ~** to question sthg; **ser ~ de** to be a matter of; **em ~** in question.

quiabo [kj'abu] *m* okra.

quieto, ta [kj'ɛtu, ta] *adj (parado, imóvel)* still; *(calado, calmo)* quiet.

quilate [ki'latʃi] *m* carat.

quilo ['kilu] *m* kilo; **o ~** a OU per kilo.

quilometragem [kilome'traʒẽ] (*pl* **-ns** [-ʃ]) *f* ≃ mileage.

quilômetro [ki'lometru] *m* kilometer.

química ['kimika] *f* chemistry → **químico.**

químico, ca ['kimiku, ka] *m, f* chemist.

quinhão [ki'ɲãw] (*pl* **-ões** [-õjʃ]) *m* share.

quinhentos, tas [ki'ɲẽntuʃ, taʃ] *num* five hundred → **seis.**

quinhões → **quinhão.**

quinquagésimo, ma [kwĩŋkwa'ʒɛzimu, ma] *num* fiftieth → **sexto.**

quinquilharias [kĩŋkiʎa'riaʃ] *fpl* junk *sg.*

quinta ['kĩnta] *f* farm → **quinto.**

quinta-feira [ˌkĩnta'fejra] *f* Thursday → **sexta-feira.**

quintal [kĩn'taw] (*pl* **-ais** [-ajʃ]) *m (terreno)* back yard.

quinteto [kĩn'tetu] *m* quintet.

quinto, ta ['kĩntu, ta] *num* fifth → **sexto.**

quinze ['kĩzi] *num* fifteen; ~ **dias** two weeks; **três e ~** quarter after three; ~ **para as três** quarter to three.

quinzena [kĩ'zena] *f* two weeks.

quiosque ['kjɔʃki] *m* kiosk.

quis ['kiʃ] → **querer.**

quites ['kitiʃ] *adj inv*: **estar ~ (com alguém)** to be quits (with sb).
quota ['kwɔta] *f (parte)* quota; *(de clube)* membership fee.
quotidiano [kotʃidj'ãnu] *adj* → **cotidiano.**

R

rã ['xã] *f* frog.
rabanete [xaba'netʃi] *m* radish.
rabicho [xa'biʃu] *m* ponytail.
rabino [xa'binu] *m (sacerdote)* rabbi.
rabiscar [xabiʃ'ka(x)] *vi & vt* to scribble.
rabisco [xa'biʃku] *m* scrawl.
rabo ['xabu] *m (de ave, animal)* tail.
rabugento, ta [xabu'ʒẽntu, ta] *adj* grumpy.
raça ['xasa] *f* race; *(animal)* breed; **de ~** *(cão, gato)* pedigree; *(cavalo)* thoroughbred.
ração [xa'sãw] (*pl* **-ões** [-õjʃ]) *f (de animal)* feed; *(em prisão, tropa)* food, rations *pl*.
rachadura [xaʃa'dura] *f* crack.
rachar [xa'ʃa(x)] *vt (lenha)* to chop; *(conta)* to split. ◆ *vi (abrir fenda)* to crack.
raciocínio [xasjo'sinju] *m* reasoning.
racional [xasjo'naw] (*pl* **-ais** [-ajʃ]) *adj* rational.
racismo [xa'siʒmu] *m* racism.
rações → **ração.**
radar [xa'da(x)] (*pl* **-res** [-riʃ]) *m* radar.
radiação [xadʒja'sãw] (*pl* **-ões** [-õjʃ]) *f* radiation.
radiador [xadʒja'do(x)] (*pl* **-res** [-riʃ]) *m* radiator.
radiante [xadʒj'ãntʃi] *adj* radiant.
radical [xadʒi'kaw] (*pl* **-ais** [-ajʃ]) *adj* radical.
rádio ['xadʒju] *m (telefonia)* radio. ◆ *f (emissora)* radio station.
radioativo, va [ˌxadʒjoa'tʃivu, va] *adj* radioactive.
radiografia [ˌxadʒjogra'fia] *f* X-ray.
radiotáxi [ˌxadʒjo'taksi] *m* minicab.
raia ['xaja] *f* skate.
rainha [xa'iɲa] *f* queen.
raio ['xaju] *m* ray; *(de roda)* spoke; *(relâmpago)* flash of lightning; **~s X** X-rays.
raiva ['xajva] *f (fúria)* rage; *(doença)* rabies *sg*; **ter ~ de alguém** to hate sb.
raivoso, osa [xaj'vozu, ɔza] *adj (pessoa)* furious; *(animal)* rabid.
raiz [xa'iʃ] (*pl* **-zes** [-ziʃ]) *f* root.
rajada [xa'ʒada] *f (de vento)* blast, gust.
ralador [xala'do(x)] (*pl* **-res** [-riʃ]) *m* grater.
ralar [xa'la(x)] *vt (alimentos)* to grate; *(joelho, cotovelo)* to graze.
ralhar [xa'ʎa(x)] *vi*: **~ com alguém** *(repreender)* to reprimand sb.

ralo, la ['xalu, la] *adj (cabelo)* thin; *(café)* weak; *(sopa)* watery. ◆ *m* drain.
ramificar [xamifi'ka(x)] *vt (negócio)* to expand.
❑ **ramificar-se** *vp (negócio)* to branch out.
raminho [xa'miɲu] *m (de salsa, coentro, etc)* sprig.
ramo ['xamu] *m* branch; **mudar de ~** to change careers.
rampa ['xãmpa] *f (plataforma)* ramp; *(rua, ladeira)* steep incline.
rancor [xãŋ'ko(x)] *m* resentment.
rancoroso, osa [xãŋko'rozu, ɔza] *adj* resentful.
rançoso, osa [xã'sozu, ɔza] *adj (manteiga, azeite)* rancid; *(queijo, carne)* spoiled.
ranhura [xa'ɲura] *f (em madeira, parede)* groove; *(em telefone público)* slot.
rapaz [xa'paʒ] (*pl* **-zes** [-ziʃ]) *m* young man.
rapidez [xapi'deʃ] *f* speed.
rápido, da ['xapidu, da] *adj* fast; *(breve)* quick. ◆ *m (trem)* express (train); *(em rio)* rapids *pl*. ◆ *adv* quickly.
raposa [xa'poza] *f* fox.
raptar [xap'ta(x)] *vt* to abduct, to kidnap.
rapto ['xaptu] *m* abduction, kidnapping.
raquete [xa'kɛtʃi] *f* racket.
raquítico, ca [xa'kitʃiku, ka] *adj fig (subdesenvolvido)* underdeveloped.
raramente [ˌxara'mẽntʃi] *adv* rarely.
raridade [xari'dadʒi] *f* rarity.
raro, ra ['xaru, ra] *adj* rare; *(pouco espesso)* thin; **raras vezes** rarely.
rascunho [xaʃ'kuɲu] *m* draft.
rasgado, da [xaʒ'gadu, da] *adj (tecido, folha)* torn.
rasgão [xaʒ'gãw] (*pl* **-ões** [-õjʃ]) *m (em tecido, folha)* tear; *(em pele)* cut.
rasgar [xaʒ'ga(x)] *vt* to tear.
❑ **rasgar-se** *vp* to tear.
rasgões → **rasgão.**
raso, sa ['xazu, za] *adj (nivelado)* flat; *(de pouca profundidade)* shallow; *(salto)* low.
raspa ['xaʃpa] *f (de madeira)* wood shaving; *(de metal)* shard; *(de limão, laranja)* grated zest.
raspar [xaʃ'pa(x)] *vt (arranhar)* to scratch; *(tocar)* to graze; *(cabelo, barba)* to shave; *(pele de limão, laranja)* to grate.
rasteira [xaʃ'tejra] *f*: **passar uma ~ em alguém** to trip sb up.
rasteiro, ra [xaʃ'tejru, ra] *adj (vegetação)* low-lying.
rastejante [xaʃte'ʒãntʃi] *adj (planta, vegetação)* trailing; *(animal)* crawling.
rastejar [xaʃte'ʒa(x)] *vi* to crawl.
rastro ['xaʃtru] *m* trace.
ratazana [xata'zana] *f* rat.
rato ['xatu] *m* rat.
ravina [xa'vina] *f* ravine.
razão [xa'zãw] (*pl* **-ões** [-õjʃ]) *f* reason; **dar ~ a alguém** to admit that sb is right; **ter ~** to be

right; **com** ~ rightly so; **sem** ~ for no reason.

ré ['xɛ] *f AUTO* reverse.

reabastecer [xjabaʃte'se(x)] *vt* to restock; *(avião, carro)* to refuel.

❑ **reabastecer-se** *vp* to restock.

reação [xea'sãw] (*pl* **-ões** [-õjʃ]) *f* reaction.

reações → **reação.**

reagir [xea'ʒi(x)] *vi:* ~ **(a algo)** *(a provocação, idéia)* to react (to sthg); *(a medicamento, tratamento)* to respond (to sthg).

real ['xeaw] (*pl* **-ais** [-ajʃ]) *adj (verdadeiro)* real; *(relativo a rei, realeza)* royal. ◆ *m (moeda)* real, *Brazilian currency.*

realçar [xeaw'sa(x)] *vt (cor, traço)* to accentuate; *(fato, idéia)* to emphasize.

realeza [xea'leza] *f* royalty.

realidade [xeali'dadʒi] *f* reality; **na** ~ in fact; ~ **virtual** virtual reality.

realista [xea'liʃta] *mf* realist.

realização [xealiza'sãw] (*pl* **-ões** [-õjʃ]) *f (de tarefa, trabalho)* carrying out; *(de projeto, plano)* implementation; *(de sonho, desejo)* fulfillment, realization; *(de dinheiro)* realization; *(de filme)* production.

realizador, ra [xealiza'do(x), ra] (*mpl* **-res** [-riʃ], *fpl* **-s** [-ʃ]) *m, f (de filme)* director.

realizar [xeali'za(x)] *vt (tarefa, trabalho)* to carry out; *(projeto, plano)* to implement; *(sonho, desejo)* to fulfill, to realize; *(dinheiro)* to realize; *(filme)* to direct.

❑ **realizar-se** *vp (espetáculo)* to be performed; *(sonho, desejo)* to be fulfilled, to come true.

realmente [xeaw'mẽntʃi] *adv (efetivamente)* actually.

reanimar [xeani'ma(x)] *vt MED (depois de parada cardíaca)* to resuscitate; *(depois de desmaio)* to revive; *(depois de derrota)* to cheer up.

reatar [xea'ta(x)] *vt (conversação)* to resume; *(amizade)* to rekindle.

reaver [xea've(x)] *vt (recuperar)* to recover.

reavivar [xeavi'va(x)] *vt (memória)* to refresh; *(chama)* to rekindle.

rebaixar [xebaj'ʃa(x)] *vt (teto, preço)* to lower; *(pessoa)* to humiliate.

❑ **rebaixar-se** *vp* to lower o.s.

rebanho [xe'baɲu] *m (ovelhas)* flock; *(gado)* herd.

rebelde [xe'bɛwdʒi] *mf* rebel.

rebelião [xebelj'ãw] *f* rebellion.

rebentar [xebẽn'ta(x)] *vi (corda)* to snap; *(onda)* to break; *(mecanismo)* to break down; *(guerra)* to break out. ◆ *vt (corda)* to snap; *(mecanismo)* to break down; ~ **com algo** to destroy sthg.

rebocador [xeboka'do(x)] (*pl* **-res** [-riʃ]) *m (navio)* tug(boat).

rebocar [xebo'ka(x)] *vt* to tow.

rebolar [xebo'la(x)] *vi* to sway.

rebuliço [xebu'lisu] *m* commotion.

recado [xe'kadu] *m* message;

dar um ~ a alguém to give sb a message; **deixar ~** to leave a message.
recaída [xeka'ida] *f* relapse; **ter uma ~** to have a relapse.
recair [xeka'i(x)] *vi*: **~ sobre** to fall upon.
recanto [xe'kãntu] *m* corner.
recapitular [xekapitu'la(x)] *vt* to sum up.
recear [xese'a(x)] *vt* to fear.
receber [xese'be(x)] *vt* to receive; *(bofetada, pontapé)* to get; *(dar as boas-vindas a)* to welcome; *(pessoas)* to entertain. ◆ *vi (ter visitas)* to entertain.
receio [xe'seju] *m* fear.
receita [xe'sejta] *f (de médico)* prescription; *(culinária)* recipe; *(de Estado, empresa)* revenue.
receitar [xesej'ta(x)] *vt* to prescribe.
recém-casado, da [xe,sẽka'zadu, da] *m, f* newlywed.
recém-chegado, da [xe,sẽʃe'gadu, da] *adj* recently arrived.
recém-nascido, da [xe,sẽnaʃ'sidu, da] *adj* newborn. ◆ *m, f* newborn baby.
recente [xe'sẽntʃi] *adj* recent.
receoso, osa [xese'ozu, ɔza] *adj* fearful; **estar ~ de** to be apprehensive about.
recepção [xesep'sãw] (*pl* **-ões** [-õjʃ]) *f* reception; *(de mensagem, carta)* receipt.
recepcionista [xesepsjo'niʃta] *mf* receptionist.
recepções → **recepção.**
receptivo, va [xesep'tʃivu, va] *adj* receptive; **mostrar-se ~ a** to be receptive to.
recessão [xese'sãw] (*pl* **-ões** [-õjʃ]) *f* recession.
recheado, da [xe'ʃjadu, da] *adj (bolo, bombom)* filled; *(peru, vegetal)* stuffed.
rechear [xe'ʃja(x)] *vt (bolo)* to fill; *(peru)* to stuff.
recheio [xe'ʃeju] *m (de bolo, bombom)* filling; *(de peru, vegetal)* stuffing.
recibo [xe'sibu] *m* receipt.
reciclagem [xesi'klaʒẽntʃi] *f* recycling.
reciclar [xesi'kla(x)] *vt* to recycle.
reciclável [xesi'klavɛw] (*pl* **-eis** [-ejʃ]) *adj* recyclable.
recife [xe'sifi] *m* reef.
recinto [xe'sĩntu] *m (espaço delimitado)* enclosure.
recipiente [xesipj'ẽntʃi] *m* container.
recíproco, ca [xe'siproku, ka] *adj* reciprocal.
recital [xesi'taw] (*pl* **-ais** [-ajʃ]) *m* recital.
recitar [xesi'ta(x)] *vt & vi* to recite.
reclamação [xeklama'sãw] (*pl* **-ões** [-õjʃ]) *f* complaint.
reclamar [xekla'ma(x)] *vi* to complain.
recobrar [xeko'bra(x)] *vt* to resume.
recolher [xeko'ʎe(x)] *vt* to pick up; *(frutos, legumes)* to pick.
recolhimento [xekoʎi'mẽntu]

m (coleta) collection; *(retiro)* retreat.

recomeçar [xekome'sa(x)] *vt* to begin again.

recomendação [xekomẽnda-'sãw] (*pl* **-ões** [-õjʃ]) *f* recommendation.

❑ **recomendações** *fpl (cumprimentos)* (kind) regards.

recomendar [xekomẽn'da(x)] *vt* to recommend.

recomendável [xekomẽn-'davɛw] (*pl* **-eis** [-ejʃ]) *adj* advisable; **pouco ~** *(lugar)* unsafe.

recompensa [xekõm'pẽsa] *f* reward.

reconciliação [xekõsilja'sãw] (*pl* **-ões** [-õjʃ]) *f* reconciliation.

reconhecer [xekoɲe'se(x)] *vt* to recognize; *(erro, culpa)* to acknowledge; *(documento, assinatura)* to witness.

reconhecimento [xekoɲesi-'mẽntu] *m* recognition; *(de erro, culpa)* acknowledgment; *(de documento, assinatura)* witnessing.

recordação [xekorda'sãw] (*pl* **-ões** [-õjʃ]) *f (memória)* memory; *(presente)* keepsake, souvenir.

recordar [xekor'da(x)] *vt* to remember.

❑ **recordar-se** *vp* to remember; **~-se de** to remember.

recorrer [xeko'xe(x)] *vi JUR* to appeal; **~ a** to resort to.

recortar [xekor'ta(x)] *vt* to cut out.

recreio [xe'kreju] *m (tempo)* break; *EDUC* recess *Am*, playtime *Brit*.

recriar [xekri'a(x)] *vt* to recreate.

recriminar [xekrimi'na(x)] *vt* to reproach.

recruta [xe'kruta] *m* recruit.

recuar [xe'kwa(x)] *vt (veículo)* to back up, to reverse. ◆ *vi (em espaço)* to move back; *(em tempo)* to go back.

recuperação [xekupera'sãw] *f* recovery; *(de objeto, edifício antigo)* restoration.

recuperar [xekupe'ra(x)] *vt (algo perdido)* to recover; *(objeto, edifício antigo)* to restore.

❑ **recuperar-se** *vp (de choque, doença)* to recover.

recurso [xe'kuxsu] *m JUR* appeal; *(meio)* resort; **em último ~** as a last resort.

❑ **recursos** *mpl (bens)* resources.

recusa [xe'kuza] *f* refusal.

redator, ra [xeda'to(x), ra] (*mpl* **-res** [-riʃ], *fpl* **-s** [-ʃ]) *m, f (de jornal)* editor.

rede ['xedʒi] *f (de pesca)* net; *(de vedação)* netting; *(para dormir)* hammock; *(de vias de comunicação)* network; *(de água, luz, gás)* main.

rédea ['xɛdʒja] *f* rein; **assumir as ~s de algo** *fig* to take control of sthg.

redigir [xedi'ʒi(x)] *vt* to write.

redondamente [xe,dõnda-'mẽntʃi] *adv (enganar-se)* utterly.

redondo, da [xe'dõndu, da] *adj* round.

redor [xe'dɔ(x)] *m*: **ao ~ (de)** around, about.

redução [xedu'sãw] (*pl* **-ões** [-õjʃ]) *f* reduction.

reduzido, da [xedu'zidu, da] *adj* reduced.

reduzir [xedu'zi(x)] *vt* to reduce.

reembolsar [xjẽmbow'sa(x)] *vt* to refund.

reembolso [xjẽm'bowsu] *m* refund; ~ **postal** cash on delivery.

reencontro [xjẽŋ'kõntru] *m* reunion.

refazer [xefa'ze(x)] *vt* to rebuild.

❑ **refazer-se** *vp* to recover.

refeição [xefej'sãw] (*pl* **-ões** [-õjʃ]) *f* meal; **nas refeições** at mealtimes.

refeitório [xefej'tɔrju] *m* refectory, cafeteria.

refém [xe'fẽ] (*pl* **-ns** [-ʃ]) *mf* hostage.

referência [xefe'rẽsja] *f* reference; *(em biblioteca)* catalog *Am*, catalogue *Brit*; **fazer ~ a** to refer to.

❑ **referências** *fpl (para emprego)* references.

referente [xefe'rẽntʃi] *adj*: ~ **a** relating to.

referir [xefe'ri(x)] *vt* to mention.

❑ **referir-se a** *vp + prep* to refer to; **no que se refere a** in regard to.

refinado, da [xefi'nadu, da] *adj* refined.

refinaria [xefina'ria] *f* refinery.

refletir [xefle'tʃi(x)] *vt & vi* to reflect; ~ **sobre algo** to reflect on sthg.

❑ **refletir-se em** *vp + prep* to be reflected in.

refletor [xefle'to(x)] (*pl* **-res** [-riʃ]) *m* reflector.

reflexão [xeflek'sãw] (*pl* **-ões** [-õjʃ]) *f* reflection.

reflexo [xe'flɛksu] *m* reflection; *(reação)* reflex (action).

reflexões → **reflexão.**

refogar [xefo'ga(x)] *vt* to braise.

reforçado, da [xefor'sadu, da] *adj (esforço, energia)* redoubled; *(objeto, substância)* reinforced.

reforçar [xefox'sa(x)] *vt (idéia, argumento)* to back up; *(objeto, substância)* to reinforce.

reforma [xe'fɔxma] *f (de sistema)* reform; *(de casa, edifício)* refurbishment; *(de pessoa)* retirement.

refrão [xe'frãw] (*pl* **-ões** [-õjʃ]) *m* chorus.

refrear [xefri'a(x)] *vt* to contain.

❑ **refrear-se** *vp* to contain o.s.

refrescante [xefreʃ'kãntʃi] *adj* refreshing.

refrescar [xefreʃ'ka(x)] *vt (bebida, ar)* to refresh; *(cabeça)* to clear.

❑ **refrescar-se** *vp* to cool down.

refrigerante [xefriʒe'rãntʃi] *m* soft drink.

refrões [xe'frõjʃ] → **refrão.**

refugiado, da [xefuʒj'adu, da] *m, f* refugee.

refugiar-se [xefuʒj'axsi] *vp (asilar-se)* to take refuge; *(abrigar-se)* to take shelter; *(esconder-se)* to hide.

refúgio [xe'fuʒju] *m* refuge.

refugo [xe'fugu] *m* refuse.
rega ['xɛga] *f (de plantas)* watering; *(de terra)* irrigation.
regador [xega'do(x)] (*pl* **-res** [-riʃ]) *m* watering can.
regalias [xega'liaʃ] *fpl (em emprego)* perks, benefits.
regar [xe'ga(x)] *vt (plantas)* to water; *(terra)* to irrigate.
regenerar-se [xeʒene'raxsi] *vp* to mend one's ways.
reger [xe'ʒe(x)] *vt (orquestra, banda)* to conduct.
região [xe'ʒjãw] (*pl* **-ões** [-õjʃ]) *f* region.
regime [xe'ʒimi] *m (político)* regime; *(dieta)* diet.
regiões → **região.**
regional [xeʒjo'naw] (*pl* **-ais** [-ajʃ]) *adj* regional.
registrado, da [xeʒiʃ'tradu, da] *adj* registered.
registrar [xeʒiʃ'tra(x)] *vt* to register; *(acontecimento, mudança)* to record.
registro [xe'ʒiʃtru] *m* register; *(repartição)* registry (office); *(de correio)* registration; **Registro Civil** registry office.
regra ['xɛgra] *f* rule; **não fugir à ~** to be no exception; **(como) ~ geral** as a rule.
regressar [xegre'sa(x)] *vi* to return; **~ a** to return to.
regresso [xe'grɛsu] *m* return; **estar de ~** to be back.
régua ['xɛgwa] *f* ruler.
regulamento [xegula'mẽntu] *m* regulations *pl.*
regular [xegu'la(x)] (*pl* **-res** [-riʃ]) *adj* regular; *(tamanho, qualidade)* standard; *(uniforme)* even; *(vôo)* scheduled. ◆ *vt (regulamentar)* to regulate; *(mecanismo)* to adjust.
rei ['xej] *m* king.
reinado [xej'nadu] *m* reign.
reinar [xej'na(x)] *vi* to reign.
Reino Unido [ˌxejnu'nidu] *m*: **o ~** the United Kingdom.
reivindicação [xejvĩndʒika'sãw] (*pl* **-ões** [-õjʃ]) *f* claim.
reivindicar [xejvĩndi'ka(x)] *vt* to claim.
rejeitar [xeʒej'ta(x)] *vt* to reject.
relação [xela'sãw] (*pl* **-ões** [-õjʃ]) *f* relation; *(entre pessoas, países)* relationship; **com** ou **em ~ a** in relation to.
❑ **relações** *fpl (relacionamento)* relations; *(ato sexual)*: **ter relações com alguém** to sleep with sb; **relações públicas** public relations.
relâmpago [xe'lãmpagu] *m* flash of lightning.
relatar [xela'ta(x)] *vt (jogo de futebol)* to comment on; *(acontecimento)* to relate.
relativo, va [xela'tʃivu, va] *adj* relative; **~ a** relating to.
relatório [xela'tɔrju] *m* report.
relaxado, da [xela'ʃadu, da] *adj* relaxed.
relaxar [xela'ʃa(x)] *vt* to relax.
❑ **relaxar-se** *vp* to relax.
relembrar [xelẽm'bra(x)] *vt* to recall.
religião [xeli'ʒjãw] (*pl* **-ões** [-õjʃ]) *f* religion.

relíquia [xe'likja] *f* relic.
relógio [xe'lɔʒju] *m (de parede, mesa)* clock; *(de pulso)* watch.
relutância [xelu'tãsja] *f* reluctance.
remar [xe'ma(x)] *vi* to row.
remédio [xe'mɛdʒju] *m* remedy; **não tem ~** *fig* it can't be helped.
remendar [xemẽn'da(x)] *vt* to mend.
remendo [xe'mẽndu] *m* patch.
remessa [xe'mɛsa] *f (de produtos)* shipment, consignment; *(de dinheiro)* remittance.
remetente [xeme'tẽntʃi] *mf* sender.
remeter [xeme'te(x)] *vt* to send.
remexer [xeme'ʃe(x)] *vt* to rummage through.
remo ['xemu] *m (longo)* oar; *(curto)* paddle.
remoção [xemo'sãw] (*pl* **-ões** [-õjʃ]) *f* removal.
remorso [xe'mɔxsu] *m* remorse.
remoto [xe'mɔtu] *adj* remote.
remover [xemo've(x)] *vt* to remove.
remuneração [xemunera'sãw] (*pl* **-ões** [-õjʃ]) *f* remuneration.
renascer [xenaʃ'se(x)] *vi* to be born again.
renda ['xẽnda] *f (rendimento)* income; *(de vestido, blusa)* lace trim.
renegar [xene'ga(x)] *vt* to reject.
renovação [xenova'sãw] (*pl* **-ões** [-õjʃ]) *f (de contrato, amizade)* renewal; *(de edifício)* renovation.
renovar [xeno'va(x)] *vt* to renew; *(consertar)* to renovate; *(substituir)* to replace.
rentável [xẽn'tavɛw] (*pl* **-eis** [-ejʃ]) *adj* profitable.
renúncia [xe'nũsja] *f* renunciation.
renunciar [xenũ'sja(x)] *vt* to renounce.
reparação [xepara'sãw] (*pl* **-ões** [-õjʃ]) *f (conserto)* repair.
reparar [xepa'ra(x)] *vt (consertar)* to repair; *(restaurar)* to restore; **~ que** to notice (that).
❑ **reparar em** *v + prep (notar)* to notice.
repartição [xepaxtʃi'sãw] (*pl* **-ões** [-õjʃ]) *f (partilha)* division; *(distribuição)* distribution; *(local)* department; **~ pública** government office.
repartir [xepax'tʃi(x)] *vt (partilhar)* to divide; *(distribuir)* to distribute; **~ algo com alguém** to share sthg with sb; **~ algo em algo** to split sthg up into sthg.
repente [xe'pẽntʃi] *m* outburst; **de ~** suddenly; *(talvez)* maybe.
repentino, na [xepẽn'tʃinu, na] *adj* sudden.
repercussão [xepexku'sãw] (*pl* **-ões** [-õjʃ]) *f (impacto)* response; *(conseqüência)* repercussion.
repertório [xepex'tɔrju] *m* repertoire.
repetição [xepetʃi'sãw] (*pl* **-ões** [-õjʃ]) *f* repetition.
repetidamente [xepe,tʃida'mẽntʃi] *adv* repeatedly.

repetir [xepe'tʃi(x)] *vt* to repeat; *(prato, refeição)* to have seconds.
❑ **repetir-se** *vp* to happen again.
replicar [xepli'ka(x)] *vt*: ~ **que** to reply that.
repolho [xe'poʎu] *m* cabbage.
repor [xe'po(x)] *vt (dinheiro)* to replace; ~ **algo no lugar** to put sthg back (where it belongs).
reportagem [xepox'taʒẽ] (*pl* **-ns** [-ʃ]) *f (em rádio, televisão)* report; *(em jornal, revista)* article.
repórter [xe'pɔxtε(x)] (*pl* **-res** [-riʃ]) *mf* reporter.
repousar [xepo'za(x)] *vt & vi* to rest.
repreender [xepriẽn'de(x)] *vt* to rebuke.
represa [xe'preza] *f* dam.
represália [xepre'zalja] *f* reprisal.
representação [xeprezẽnta'sãw] (*pl* **-ões** [-õjʃ]) *f* performance; *(imagem)* representation.
representante [xeprezẽn'tãntʃi] *mf* representative; ~ **oficial** authorized agent; ~ **de vendas** sales rep(resentative).
representar [xeprezẽn'ta(x)] *vt* to represent; *(cena)* to perform; *(papel)* to play; *(pôr em cena)* to put on; *(significar)* to mean; *(em vendas)* to represent.
◆ *vi (ator)* to act.
repressão [xepre'sãw] (*pl* **-ões** [-õjʃ]) *f* suppression.
reprimir [xepri'mi(x)] *vt* to suppress.
reprodução [xeprodu'sãw] (*pl* **-ões** [-õjʃ]) *f* reproduction.
reproduzir [xeprodu'zi(x)] *vt (evento)* to re-enact; *(quadro, escultura)* to reproduce.
❑ **reproduzir-se** *vp* to reproduce.
reprovar [xepro'va(x)] *vt (atitude, comportamento)* to disapprove of; *(lei, projeto)* to reject; *(ano escolar, exame)* to fail, to flunk.
réptil ['xεptiw] (*pl* **-teis** [-tejʃ]) *m* reptile.
república [xe'publika] *f (sistema político)* republic; *(de estudantes)* fraternity.
repudiar [xepudʒj'a(x)] *vt* to repudiate.
repugnância [xepug'nãsja] *f* repugnance.
repugnante [xepug'nãntʃi] *adj* repugnant.
repulsa [xe'puwsa] *f* repulsion.
repulsivo, va [xepuw'sivu, va] *adj* repulsive.
reputação [xeputa'sãw] (*pl* **-ões** [-õjʃ]) *f (fama)* reputation; *(importância social)* standing.
requerer [xeke're(x)] *vt (precisar de)* to require; *(por requerimento)* to request.
requintado, da [xekĩn'tadu, da] *adj* exquisite.
requinte [xe'kĩntʃi] *m* style.
requisito [xeki'zitu] *m* requirement.
❑ **requisitos** *mpl (dotes)* attributes.
rescindir [xeʃsĩn'di(x)] *vt (contrato)* to break.
reserva [xe'zεxva] *f* reserva-

tion; *(de alimentos, provisões)* reserves *pl*; *(de animais, plantas, vinho)* reserve.
reservado, da [xezex'vadu, da] *adj* reserved; *(íntimo)* secluded.
reservar [xezex'va(x)] *vt (quarto, lugar, bilhete)* to reserve; *(guardar)* to set aside.
resfriado [xeʃfri'adu] *m* cold.
resgate [xeʒ'gatʃi] *m* ransom.
resguardar [xeʒgwax'da(x)] *vt* to protect.
❑ **resguardar-se** *vp*: **~-se de** to protect o.s. from.
residência [xezi'dẽsja] *f* residence.
residir [xezi'dʒi(x)] *v + prep*: **residir em** to reside in.
resíduo [xe'zidwu] *m* residue.
resignação [xezigna'sãw] *f* resignation.
resignar-se [xezig'naxsi] *vp* to resign o.s.
resistência [xeziʃ'tẽsja] *f (de pessoa)* stamina; *(de material, parede)* strength; *(de aquecedor elétrico)* element.
resistente [xeziʃ'tẽntʃi] *adj* resistant.
resistir [xeziʃ'tʒi(x)] *vi* to resist; **~ a algo** *(ataque, doença)* to resist sthg; *(suportar)* to withstand sthg.
resmungar [xeʒmũŋ'ga(x)] *vt* to mutter. ◆ *vi* to grumble.
resolver [xezow've(x)] *vt* to solve; **~ fazer algo** to decide to do sthg.
❑ **resolver-se** *vp* to make up one's mind.
respectivo, va [xeʃpek'tivu, va] *adj* respective.
respeitar [xeʃpej'ta(x)] *vt* to respect.
respeitável [xeʃpej'tavɛw] (*pl* **-eis** [-ejʃ]) *adj* respectable; *fig (grande)* considerable.
respeito [xeʃ'pejtu] *m* respect; **dizer ~ a** to concern; **ter ~ por** to have respect for; **a ~ de, com ~ a** with respect to.
respiração [xeʃpira'sãw] *f* breathing.
respirar [xeʃpi'ra(x)] *vt & vi* to breathe.
resplandecente [xeʃplãnde'sẽntʃi] *adj* dazzling.
responder [xeʃpõn'de(x)] *vt* to answer. ◆ *vi (dar resposta)* to answer; *(replicar)* to answer back; *(ir a tribunal)* to appear (in court); *(reagir)* to respond; **~ a** *(carta, pergunta)* to answer.
❑ **responder por** *v + prep* to answer for.
responsabilidade [xeʃpõsabili'dadʒi] *f* responsibility.
responsabilizar [xeʃpõsabili'za(x)] *vt*: **~ alguém/algo por algo** to hold sb/sthg responsible for sthg.
❑ **responsabilizar-se** *vp*: **~-se por** to take responsibility for.
responsável [xeʃpõ'savɛw] (*pl* **-eis** [-ejʃ]) *adj* responsible. ◆ *mf* person in charge; **~ por** responsible for.
resposta [xeʃ'pɔʃta] *f* answer; *(a carta)* reply; *(reação)* response.
ressaca [xe'saka] *f* hangover.

ressaltar [xesaw'ta(x)] *vt* to highlight. ◆ *vi* to stand out.
ressentimento [xesẽntʃi'mẽntu] *m* resentment.
ressentir-se [xesẽn'tixsi] *vp* to take offense; ~ **de algo** *(sentir o efeito de)* to feel the effects of sthg.
ressuscitar [xesuʃsi'ta(x)] *vt* to resurrect. ◆ *vi* to be resurrected.
restabelecer [xeʃtabele'se(x)] *vt* to reinstate.
❑ **restabelecer-se** *vp* to recover.
restar [xeʃ'ta(x)] *vi* to be left.
restauração [xeʃtawra'sãw] (*pl* **-ões** [-õjʃ]) *f (de edifício)* restoration; *(de forças, energia)* recovery.
restaurante [xeʃtaw'rãntʃi] *m* restaurant.
restaurar [xeʃtaw'ra(x)] *vt* to restore.
restituir [xeʃtʃi'twi(x)] *vt* to return.
resto ['xɛʃtu] *m (sobra)* rest; MAT remainder.
❑ **restos** *mpl (de comida)* scraps; *(sobras)* leftovers; ~**s mortais** remains.
resultado [xezuw'tadu] *m* result; *(em exame, teste, competição)* results *pl.*
resultar [xezuw'ta(x)] *vi* to work; ~ **de algo** to result from sthg; ~ **em algo** to result in sthg.
resumir [xezu'mi(x)] *vt* to summarize.
❑ **resumir-se a** *vp + prep* to come down to.
resumo [xe'zumu] *m* summary; **em** ~ in brief.
reta ['xɛta] *f (linha)* straight line; *(em estrada)* straight stretch of road.
retaguarda [ˌxɛta'gwarda] *f* rear; **na** ~ at the rear.
retângulo [xe'tãŋgulu] *m* rectangle.
retardar [xetax'da(x)] *vt* to delay.
reter [xe'te(x)] *vt (parar)* to stop; *(impulso, lágrimas, ira)* to hold back; *(deter)* to detain; *(em memória)* to retain.
retina [xe'tʃina] *f* retina.
retirada [xetʃi'rada] *f* retreat.
retirar [xetʃi'ra(x)] *vt (remover)* to remove; *(afirmação)* to withdraw.
❑ **retirar-se** *vp (recolher-se)* to retire; ~**-se de algo** to withdraw from sthg; **ela retirou-se da sala** she left the room.
reto, ta ['xɛtu, ta] *adj & m (linha, estrada)* straight; *(justo)* upright. ◆ *m* ANAT rectum.
retorcido, da [xetox'sidu, da] *adj* wrought.
retórica [xɛ'tɔrika] *f* rhetoric.
retornar [xetox'na(x)] *vi* to return; ~ **a** to return to.
retraído, da [xetra'idu, da] *adj* retiring.
retrato [xe'tratu] *m* portrait; *(fotografia)* photograph.
retribuir [xetri'bwi(x)] *vt* to return.
retroceder [xetrose'de(x)] *vi* to go back.

retrógrado, da [xe'trɔgradu, da] *adj* retrograde.
retrovisor [xetrɔvi'zo(x)] (*pl* **-res** [-riʃ]) *m* rearview mirror.
réu, ré ['xɛu, 'xɛ] *m, f* accused.
reumatismo [xewma'tʃiʒmu] *m* rheumatism.
reunião [xju'njãw] (*pl* **-ões** [-õjʃ]) *f* meeting.
reunir [xju'ni(x)] *vt* *(pessoas, objetos)* to bring together; *(provas)* to gather.
❑ **reunir-se** *vp* *(encontrar-se)* to meet.
revelação [xevela'sãw] (*pl* **-ões** [-õjʃ]) *f* revelation; *(de fotografia)* development.
revelar [xeve'la(x)] *vt* *(segredo, notícia)* to reveal; *(fotografia)* to develop; *(interesse, talento)* to show.
❑ **revelar-se** *vp* *(manifestar-se)* to prove to be.
revendedor, ra [xevẽnde'do(x), ra] (*mpl* **-res** [-riʃ], *fpl* **-s** [-ʃ]) *m, f* retailer.
rever [xe've(x)] *vt* *(pessoa)* to see again; *(texto, trabalho)* to revise.
reverso [xe'vɛrsu] *m* back.
revés [xe'vɛʃ] (*pl* **-eses** [-eziʃ]) *m* setback; **ao ~** upside down.
revestir [xeveʃ'ti(x)] *vt* to cover.
revezar-se [xeve'zaxsi] *vp* to take turns.
revirado, da [xevi'radu, da] *adj* *(gola, pontas)* turned-up; *(olhos)* rolling; *(casa, gaveta)* messy.
reviravolta [xe,vira'vɔwta] *f* spin; *fig (em situação)* U-turn.
revisão [xevi'zãw] (*pl* **-ões** [-õjʃ]) *f* *(de lei)* review; *(de texto, prova tipográfica)* proofreading; *(de máquina, carro)* service; *(de matéria, aula)* review *Am*, revision *Brit*.
revista [xe'viʃta] *f* *(publicação)* magazine; *(peça teatral)* revue; *(inspeção)* review; **~ em quadrinhos** comic book.
revolta [xe'vɔwta] *f* *(rebelião)* revolt; *(indignação)* outrage.
revoltar-se [xevow'taxsi] *vp* *(sublevar-se)* to revolt; *(indignar-se)* to be outraged; **~-se com algo** to be revolted by sthg.
revolução [xevolu'sãw] (*pl* **-ões** [-õjʃ]) *f* revolution.
revolver [xevow've(x)] *vt* *(papéis, lixo)* to rummage through; *(terra)* to dig over.
revólver [xe'vɔwve(x)] (*pl* **-res** [-riʃ]) *m* revolver.
rezar [xe'za(x)] *vi* *(orar)* to pray. ◆ *vt* *(missa, oração)* to say.
ri ['xi] → **rir.**
riacho ['xjaʃu] *m* brook.
ribeirinho, nha [xibej'riɲu, ɲa] *adj* river *(antes de s)*.
rico, ca ['xiku, ka] *adj* rich; **~ em** rich in.
ridículo, la [xi'dʒikulu, la] *adj* ridiculous; *(insignificante)* laughable. ◆ *m* absurdity.
rido ['xidu] → **rir.**
rifa ['xifa] *f* *(sorteio)* raffle; *(bilhete)* raffle ticket.
rigidez [xiʒi'deʒ] *f* *(de músculos, ossos)* stiffness; *(de caráter, costumes)* inflexibility.
rigor [xi'go(x)] (*pl* **-res** [-riʃ]) *m* rigor; *(de frio, calor, caráter)* severity; **a ~** *(festa, traje)* evening wear.

rijo, ja ['xiʒu, ʒa] *adj* tough; *(pessoa)* hardy.

rim ['xĩ] (*pl* **-ns** [-ʃ]) *m* kidney. ❑ **rins** *mpl (parte do corpo)* lower back *sg*.

rima ['xima] *f (de verso)* rhyme.

ringue ['xĩngi] *m* (boxing) ring.

rinoceronte [xinose'rõntʃi] *m* rhinoceros.

rins → **rim**.

rio[1] ['xju] → **rir**.

rio[2] ['xju] *m* river; ~ **abaixo** downstream; ~ **acima** upstream.

RIO SÃO FRANCISCO

"Velho Chico" (Old Chico), as the São Francisco River is sometimes known, starts in Minas Gerais and flows through the states of Bahia, Pernambuco, Alagoas and Sergipe, a journey of 3,160 kilometers. It is the longest river within Brazil's borders. Fundamental to the economy of the region, it crosses the semi-arid Northeast, making possible agriculture along its banks and irrigation well inland. The river's hydroelectric potential is harnessed by the power stations of Paulo Afonso and Sobradinho in Bahia, Moxotó and Xingó in Alagoas and Três Marias in Minas Gerais.

---

riqueza [xi'keza] *f (de país, pessoa, região)* wealth; *(de solo, cores, idéias)* richness.

rir ['xi(x)] *vi* to laugh; **morrer de** ~ to laugh one's head off; ~ **de algo/alguém** to laugh at sthg/sb.

ris ['xiʃ] → **rir**.

risada [xi'zada] *f* laugh.

risca ['xiʃka] *f* stripe; **à** ~ to the letter; **de** ~**s** striped.

riscar [xiʃ'ka(x)] *vt (frase)* to cross out; *(folha)* to scribble on; *(parede, carro, móvel)* to scratch.

risco ['xiʃku] *m (traço)* mark; *(linha)* line; *(em cabelo)* part *Am*, parting *Brit*; *(perigo)* risk; **correr o** ~ **de** to run the risk of; **pôr em** ~ to put at risk.

riso ['xizu] *m* laugh; ~ **amarelo** grimace.

ritmo ['xitʒimu] *m (de movimento, andamento)* pace; *(em música)* rhythm; *(do coração)* beat.

ritual [xi'twaw] (*pl* **-ais** [-ajʃ]) *m* ritual.

riu ['xiu] → **rir**.

rival [xi'vaw] (*pl* **-ais** [-ajʃ]) *mf* rival.

rivalidade [xivali'dadʒi] *f* rivalry.

robô [rɔ'bo] *m* robot.

robusto, ta [xo'buʃtu, ta] *adj* robust.

rocha ['xɔʃa] *f* rock.

rochedo [xo'ʃedu] *m* crag.

roda ['xɔda] *f (de carro, bicicleta)* wheel; *(de saia, vestido)* flare; *(de pessoas)* circle, ring.

rodada [xo'dada] *f* round.

rodapé [xoda'pɛ] *f* baseboard

Am, skirting board *Brit*; **nota de ~** footnote.

rodar [xo'da(x)] *vt (fazer girar)* to turn; *(rapidamente)* to spin; *(filme)* to shoot. ◆ *vi (girar)* to turn; *(rapidamente)* to spin.

rodear [xode'a(x)] *vt* to surround.

❑ **rodear-se de** *vp + prep* to surround o.s. with.

rodela [xo'dɛla] *f* slice.

rodízio [xo'dʒizju] *m* restaurant.

RODÍZIO

For the visitor with a healthy appetite, Brazilian "rodízio" restaurants are heaven on earth. For a set price, a whole parade of different meats is served up to the customer, ranging from tongue to the tenderest rump steak. Diners can also partake of several side dishes including rice, beans, salads and "farofa" (fried cassava flour).

rodovia [xodo'via] *f* freeway *Am*, motorway *Brit*.

rodoviária [xodovj'arja] *f (local)* bus terminal.

roer ['xwe(x)] *vt (rato)* to gnaw (at); *(cão)* to chew.

rolar [xo'la(x)] *vi* to roll.

roleta [xo'leta] *f* roulette; **~ russa** Russian roulette.

rolha ['xoʎa] *f (de cortiça)* cork; *(de borracha, plástico)* stopper.

rolo ['xolu] *m* roller; *(fotográfico)* roll (of film); *(confusão)* brawl; **~ de pastel** rolling pin.

romã [xo'mã] *f* pomegranate.

romance [xo'mãsi] *m* romance; *(gênero)* novel; *(sentimental)* romantic novel; **~ policial** detective novel.

romântico, ca [xo'mãntʃiku, ka] *adj* romantic.

romper [xõm'pe(x)] *vt (corda, cabo)* to snap; *(contrato)* to break. ◆ *vi (namorados, noivos)* to split up; **~ com** to split up with.

❑ **romper-se** *vp (rasgar-se)* to tear.

ronda ['xõnda] *f (de polícia)* beat; *(de guarda-noturno)* rounds *pl*; **fazer a ~** to do one's rounds.

rosa ['xɔza] *f* rose; **um mar de ~s** a bed of roses.

rosário [xo'zarju] *m* rosary.

rosbife [xoʒ'bifi] *m* roast beef.

rosca ['xoʃka] *f (de garrafa, tampa, parafuso)* thread; *(pão) ring-shaped loaf of bread.*

rosnar [xoʒ'na(x)] *vi* to growl.

rosto ['xoʃtu] *m* face.

rota ['xɔta] *f (de navio)* course; *(de avião)* route.

roteiro [xo'tejru] *m* route.

rotina [xo'tʃina] *f* routine.

rótula ['xɔtula] *f* kneecap.

rotular [xotu'la(x)] *vt* to label.

rótulo ['xɔtulu] *m* label.

roubar [xo'ba(x)] *vt & vi* to steal; **~ algo de alguém** to steal sthg from sb; **fui roubado** I've been robbed.

roubo ['xobu] *m (ato)* robbery, theft; *(coisa roubada)* stolen

item; *fig (preço exagerado)* rip-off.
rouco, ca ['xoku, ka] *adj* hoarse.
roupa ['xopa] *f (vestuário)* clothes *pl*; *(de cama)* bedclothes.
roupão [xo'pãw] (*pl* **-ões** [-õjʃ]) *m* bathrobe *Am*, dressing gown *Brit*.
roxo, xa ['xoʃu, ʃa] *adj* violet.
rua ['xua] *f* street. ◆ *interj* get out!; ~ **abaixo/acima** down/up the street; **mandar para a** ~ to sack; **ir para a** ~ to go out.
rubéola [xu'bɛula] *f* German measles *sg*.
rubi [xu'bi] *m* ruby.
ruborizar-se [xubori'zaxsi] *vp* to blush, to go red.
rude ['xudʒi] *adj* coarse.
ruela ['xwɛla] *f* back street.
ruga ['xuga] *f (em pele)* wrinkle; *(em tecido)* crease.
rúgbi ['xugbi] *m* rugby.
rugido [xu'ʒidu] *m* roar.
rugir [xu'ʒi(x)] *vi* to roar.
ruído ['xwidu] *m* noise.
ruim ['xuĩ] (*pl* **-ns** [-ʃ]) *adj* bad.
ruínas ['xwinaʃ] *fpl* ruins.
ruins → **ruim.**
ruivo, va ['xuivu, va] *adj (cabelo)* red. ◆ *m, f* redhead.
rum ['xũ] *m* rum.
rumar [xu'ma(x)]: **rumar a** *v + prep* to steer toward.
rumo ['xumu] *m* direction.
rumor [xu'mo(x)] (*pl* **-res** [-riʃ]) *m* rumor.
ruptura [xup'tura] *f (de relação, contrato)* breaking-off; *(de ligamento)* rupture.
rural [xu'raw] (*pl* **-ais** [-ajʃ]) *adj* rural.
rústico, ca ['xuʃtʃiku, ka] *adj* rustic.

S

sábado ['sabadu] *m* Saturday → **sexta-feira.**
sabão [sa'bãw] (*pl* **-ões** [-õjʃ]) *m* soap; ~ **em pó** soap powder; **levar um** ~ to be reprimanded.
sabedoria [sabedo'ria] *f* wisdom.
saber [sa'be(x)] *vt* to know. ◆ *m* knowledge; **ele não sabe nada sobre computadores** he doesn't know a thing about computers; **não quero** ~**!** I don't want to know!; ~ **fazer algo** to know how to do sthg; **sei falar inglês** I can speak English; **fazer** ~ **que** to make it known (that); **sem** ~ unwittingly, unknowingly; ~ **de** to know about; **vir a** ~ **de algo** to find out about sthg.
sabões → **sabão.**
sabonete [sabo'netʃi] *m* (bar of) soap.
sabor [sa'bo(x)] (*pl* **-res** [-riʃ]) *m* *(gosto)* taste; *(aroma)* flavor; **com** ~ **de morango** strawberry flavored.
saborear [saborj'a(x)] *vt (provar)* to taste; *(comer devagar)* to

savor; *fig (sol, férias, descanso)* to enjoy.
sabores → **sabor.**
sabotagem [sabo'taʒẽ] (*pl* **-ns** [-ʃ]) *f* sabotage.
sabotar [sabo'ta(x)] *vt* to sabotage.
sacar [sa'ka(x)] *vt (compreender)* to understand.
sacarina [saka'rina] *f* saccharin.
saca-rolhas [ˌsaka'xoʎaʃ] *m inv* corkscrew.
sacerdote [sasex'dɔtʃi] *m* priest.
saciar [sasj'a(x)] *vt (fome)* to satisfy; *(sede)* to quench.
❑ **saciar-se** *vp* to be satisfied.
saco ['saku] *m (pequeno)* bag; *(grande)* sack; **~ de água quente** hot-water bottle; **~ de dormir** sleeping bag; **~ de lixo** trash bag *Am,* bin bag *Brit*; **~ de plástico** plastic bag; **que ~!** damn!; **eu não tenho ~ de ir lá** I can't be bothered to go; **puxar o ~ de alguém** to suck up to sb; **ser um ~** to be a pain.
sacola [sa'kɔla] *f* bag.
sacramento [sakra'mẽntu] *m* sacrament.
❑ **sacramentos** *mpl* last rites.
sacrificar [sakrifi'ka(x)] *vt* to sacrifice.
❑ **sacrificar-se** *vp*: **~-se por alguém** to make sacrifices for sb.
sacristia [sakriʃ'tʃia] *f* sacristy.
sacudir [saku'dʒi(x)] *vt* to shake.
sadio, dia [sa'dʒiu, dʒia] *adj* healthy.
saem ['sajẽ] → **sair.**
safira [sa'fira] *f* sapphire.
Sagitário [saʒi'tarju] *m* Sagittarius.
sagrado, da [sa'gradu, da] *adj* holy, sacred.
sai ['saj] → **sair.**
saí [sa'i] → **sair.**
saia ['saja] *f* skirt.
saída [sa'ida] *f* exit; *(de ônibus, trem)* departure; *(de problema, situação)* way out; **'~ de emergência'** 'emergency exit'; **dar uma ~** to pop out; **estar de ~** to be on one's way out; **ter ~ *(produto)*** to sell well.
saio ['saju] → **sair.**
sair [sa'i(x)] *vi* to go/come out; *(partir)* to go, to leave; *(separar-se)* to come off; *(ser publicado)* to come out; **sai daí!** come out of there!; **~ a** OU **por *(custar)*** to work out to.
❑ **sair-se** *vp*: **~-se bem/mal** to come off well/badly.
sais → **sal.**
saiu [sa'iu] → **sair.**
sal ['saw] (*pl* **sais** ['sajʃ]) *m* salt; **sem ~** unsalted; **~ comum** OU **marinho** sea salt; **~ refinado** table salt; **sais de banho** bath salts; **~ de fruta** ≃ antacid.
sala ['sala] *f* room; **~ de aula** classroom; **~ de espera** waiting room; **~ (de estar)** living room; **~ de jantar** dining room.
salada [sa'lada] *f* salad; **~ de frutas** fruit salad; **~ mista** mixed salad.
salame [sa'lami] *m* salami.

salão [sa'lãw] (*pl* **-ões** [-õjʃ]) *m* hall; *(exposição coletiva)* exhibition; ~ **de beleza** beauty salon; ~ **de chá** tea room; ~ **de festas** reception room; ~ **de jogos** amusement arcade.

salário [sa'larju] *m* salary; ~ **mínimo** minimum wage.

saldar [saw'da(x)] *vt (conta)* to settle; *(dívida)* to pay off; *(mercadorias)* to sell off at a reduced price.

saldo ['sawdu] *m (de conta bancária)* balance.

salgadinhos [sawga'dʒiɲuʃ] *mpl* savory snacks.

salgado, da [saw'gadu, da] *adj (comida)* salty; *(bacalhau, água)* salt *(antes de s)*.

saliva [sa'liva] *f* saliva.

salmão [saw'mãw] *m* salmon; ~ **defumado** smoked salmon.

salmoura [saw'mora] *f* brine.

salões → **salão.**

salpicar [sawpi'ka(x)] *vt* to sprinkle; *(sujar com pingos)* to splash, to spatter.

salsa ['sawsa] *f* parsley.

salsicha [saw'siʃa] *f* frankfurter.

saltar [saw'ta(x)] *vt* to jump over. ◆ *vi (dar saltos)* to jump; *(ir pelo ar)* to fly off; ~ **à vista** OU **aos olhos** to be as plain as day.

salteado, da [sawte'adu, da] *adj (entremeado)* alternating.

salto ['sawtu] *m* jump; *(de calçado)* heel; **de** ~ **alto** high-heeled; ~ **em altura** high jump; ~ **baixo** OU **raso** *(de calçado)* flat OU low heel; ~ **à distância** long jump; ~ **mortal** somersault.

salva ['sawva] *f (planta)* sage; *(bandeja)* salver; ~ **de palmas** round of applause.

salvação [sawva'sãw] *f* salvation; *(remédio)* cure; **não haver** ~ to be beyond repair.

salvaguardar [ˌsawvagwax'da(x)] *vt* to safeguard.

salvamento [sawva'mẽntu] *m* rescue.

salvar [saw'va(x)] *vt* to save; ~ **as aparências** to keep up appearances.

❑ **salvar-se** *vp* to escape.

salva-vidas [ˌsawva'vidaʃ] *m inv* lifeboat; *(pessoa)* lifeguard.

salvo, va ['sawvu, va] *pp* → **salvar.** ◆ *adj* safe. ◆ *prep* except; **estar a** ~ to be safe; **pôr-se a** ~ to escape; ~ **se** unless.

samba ['sãmba] *m* samba.

SAMBA

Samba has its roots in African drumming and the provocative dancing that accompanies it. The samba rhythm springs from a bittersweet mixture of melancholy and joy that seemingly has the power to make almost anybody get up and dance. Whilst there are numerous types of samba, perhaps the best known is "samba-enredo", a musical story that livens up Carnival parades.

sanção [sã'sãw] (*pl* **-ões** [-õjʃ]) *f* sanction.

sandália [sãn'dalja] *f* sandals.
sanduíche [sãndw'iʃi] *m* sandwich.
sanfona [sã'fona] *f (acordeão)* accordion.
sangrar [sãŋ'gra(x)] *vi* to bleed.
sangue ['sãŋgi] *m* blood; **exame de ~** blood test.
sangue-frio [ˌsãŋgi'friu] *m (presença de espírito)* presence of mind.
sanidade [sani'dadʒi] *f (mental)* sanity.
sanitários [sani'tarjuʃ] *mpl* restrooms *Am,* toilets *Brit.*
santo, ta ['sãntu, ta] *adj* sacred. ◆ *m, f:* **Santo/Santa** Saint; **o ~ Padre** the Holy Father.
santuário [sãntw'arju] *m* sanctuary, shrine.
são¹ ['sãw] → **ser.**
são², ã ['sãw, 'sã] *adj (saudável)* healthy; *(fruto)* unblemished; **~ e salvo** safe and sound.
sapataria [sapata'ria] *f* shoe store.
sapateado [sapa'tʒjadu] *m* tap dancing.
sapateiro, ra [sapa'tejru, ra] *m, f* cobbler.
sapato [sa'patu] *m* shoe; **~s de salto alto** high-heeled shoes.
sapo ['sapu] *m* toad; **engolir ~** to swallow one's pride.
sarampo [sa'rãmpu] *m* measles *sg.*
sarar [sa'ra(x)] *vi & vt (cicatrizar)* to heal.
sarda ['saxda] *f* freckle.
sardinha [sax'dʒiɲa] *f (peixe)* sardine.
sargento [sax'ʒẽntu] *m* sergeant.
sarjeta [sax'ʒeta] *f* gutter.
satélite [sa'tɛlitʃi] *m* satellite.
sátira ['satʃira] *f* satire.
satisfatório, ria [satʃiʃfa'tɔrju, rja] *adj* satisfactory.
satisfazer [satʃiʃfa'ze(x)] *vt (agradar a)* to satisfy; *(cumprir)* to meet. ◆ *vi (ser suficiente)* to be satisfactory.
❑ **satisfazer-se** *vp:* **~-se com** to content o.s. with.
satisfeito, ta [satʃiʃ'fejtu, ta] *adj* satisfied; **dar-se por ~ (com)** to be satisfied (with).
saudação [sawda'sãw] (*pl* **-ões** [-õjʃ]) *f* greeting.
saudade [saw'dadʒi] *f* nostalgia; **ter ~s de** to miss; **ela deixou muitas ~s** everyone misses her; **matar ~s** *(de lugar)* to revisit old haunts; *(de pessoa)* to look up old friends; **sinto muitas ~s da Bahia** I miss Bahia so much.
saudar [saw'da(x)] *vt* to greet.
saudável [saw'davɛw] (*pl* **-eis** [-ejʃ]) *adj* healthy.
saúde [sa'udʒi] *f* health. ◆ *interj* cheers!
sauna ['sawna] *f* sauna.
saxofone [sakso'fɔni] *m* saxophone.
se [si] *pron* **-1.** *(reflexo: pessoa)* himself, herself, themselves *pl*; *(você, vocês)* yourself, yourselves *pl*; *(impessoal)* oneself; **lavar-~** to wash (oneself); **eles**

~ **perderam** they got lost; **vocês se perderam** you got lost.
- 2. *(reflexo: coisa, animal)* itself, themselves *pl*; **o vidro partiu-~** the glass broke.
- 3. *(recíproco)* each other; **escrevem-~ regularmente** they write to each other regularly; **não ~ cruzam** they can't stand each other.
- 4. *(com sujeito indeterminado)*: **'aluga-~ quarto'** 'room for rent'; **'vende-~'** 'for sale'; **come-~ bem aqui** the food is very good here.
◆ *conj* - 1. *(indica condição)* if; **~ tiver tempo, escrevo** I'll write if I have time.
- 2. *(indica causa)* if; **~ você está com fome, coma alguma coisa** if you're hungry, have something to eat.
- 3. *(indica comparação)* if; **~ um é feio, o outro ainda é pior** if you think he's ugly, you should see the other one.
- 4. *(em interrogativas)*: **que tal ~ fôssemos ao cinema?** how about going to the movies?; **e ~ ela não vier?** what if she doesn't come?
- 5. *(exprime desejo)* if; **~ pelo menos tivesse dinheiro!** if only I had the money!
- 6. *(em interrogativa indireta)* if, whether; **avisem-me ~ quiserem ir** let me know if you'd like to go; **perguntei-lhe ~ gostou** I asked him if he liked it.
- 7. *(em locuções)*: **~ bem que** even though, although.

sé ['sɛ] *f* cathedral.

seca ['seka] *f* drought.

secador [seka'do(x)] (*pl* **-res** [-riʃ]) *m* blow dryer.

seção [se'sãw] (*pl* **-ões** [-õjʃ]) *f* department; **~ de achados e perdidos** lost-and-found office *Am*, lost property office *Brit*.

secar [se'ka(x)] *vt* to dry. ◆ *vi (planta, árvore)* to wither; *(rio, poço, lago)* to dry up; *(roupa, cabelo)* to dry.

seco, ca ['seku, ka] *pp* → **secar.** ◆ *adj* dry; *(carne, peixe, fruto)* dried; *fig (ríspido)* curt.

secretaria [sekreta'ria] *f (de escola, repartição pública)* secretary's office; **~ de Estado** government department.

secretária [sekre'tarja] *f (móvel)* desk; **~ eletrônica** answering machine → **secretário.**

secretário, ria [sekre'tarju, rja] *m, f* secretary; **Secretário de Estado** Secretary of State.

secreto, ta [se'krɛtu, ta] *adj* secret.

sectário, ria [sɛk'tarju, rja] *adj* sectarian.

secular [seku'la(x)] (*pl* **-res** [-riʃ]) *adj* ancient.

século ['sɛkulu] *m* century.

secundário, ria [sekũn'darju, rja] *adj* secondary; *(estrada)* minor.

seda ['seda] *f* silk.

sedativo [seda'tʃivu] *m* sedative.

sede[1] ['sɛdʒi] *f (de empresa, organização)* headquarters *pl*.

sede[2] ['sedʒi] *f* thirst; **ter ~** to

be thirsty; **matar a ~** to quench one's thirst.

sedimento [sedʒi'mẽntu] *m* sediment.

sedoso, osa [se'dozu, ɔza] *adj* silky.

sedução [sedu'sãw] (*pl* **-ões** [-õjʃ]) *f* seduction.

sedutor, ra [sedu'to(x), ra] (*mpl* **-res** [-riʃ], *fpl* **-s** [-ʃ]) *adj* seductive.

seduzir [sedu'zi(x)] *vt* to seduce.

segmento [sɛg'mẽntu] *m* segment.

segredo [se'gredu] *m* secret; *(reserva)* secrecy.

segregar [segre'ga(x)] *vt (pôr de lado)* to segregate; *(secreção)* to secrete.

❑ **segregar-se** *vp (isolar-se)* to cut o.s. off.

seguida [se'gida] *f*: **em ~** immediately.

seguidamente [se,gida'mẽntʃi] *adv (sem interrupção)* continuously; *(de seguida)* straight afterward.

seguido, da [se'gidu, da] *adj (contínuo)* continuous; **dias/anos ~s** days/years on end; **~ de** followed by.

seguinte [se'gĩntʃi] *adj* following. ◆ *mf*: **o/a ~** the next one; **o dia/mês ~** the following day/month.

seguir [se'gi(x)] *vt* to follow; *(perseguir)* to chase; *(carreira, profissão)* to pursue. ◆ *vi (continuar)* to go on, to carry on; **~ com algo** to continue with sthg; **~ para** to travel on to; **~ por** to travel on along; **a ~** afterward; **a ~ a** after.

segunda [se'gũnda] *f (de veículo)* second (gear) → **segundo.**

segunda-feira [se,gũnda'fejra] (*pl* **segundas-feiras** [se,gũndaʃ'fejraʃ]) *f* Monday → **sexta-feira.**

segundo, da [se'gũndu, da] *num & m* second. ◆ *prep* according to. ◆ *adv* secondly; **de segunda mão** second-hand → **sexto.**

segurança [segu'rãsa] *f* security; *(sem perigo)* safety; *(confiança)* confidence; *(certeza)* certainty; **com ~** *(agir, afirmar)* confidently; **em ~** in safety.

segurar [segu'ra(x)] *vt (agarrar)* to hold on to.

seguro, ra [se'guru, ra] *adj* safe; *(firme, preso)* secure; *(mesa, cadeira)* steady; *(garantido)* guaranteed. ◆ *m (de carro, casa, vida)* insurance; **estar ~** *(estar a salvo)* to be safe; *(ter certeza)* to be certain OU sure; **pôr no ~** to insure; **ser ~ de si** to be self-assured; **~ de responsabilidade civil** liability insurance; **~ contra todos os riscos** fully-comprehensive insurance; **~ de viagem** travel insurance; **~ de vida** life insurance.

seguro-saúde [se,gurusa'udʒi] (*pl* **seguros-saúde** [se,guruʃsa'udʒi]) *m* health insurance.

sei ['sej] → **saber.**

seio ['saju] *m* breast.

seis ['sejʃ] *adj num* six. ◆ *m* six; *(dia)* sixth. ◆ *mpl (temperatura)* six (degrees). ◆ *fpl*: **às ~** at six (o'clock); **(são) ~ horas** (it's) six o'clock; **ele tem ~ anos** he's six years old; **eles eram ~** there were six of them; **~ de janeiro** the sixth of January; **página ~** page six; **trinta e ~** thirty-six; **o ~ de copas** the six of hearts; **está fazendo ~ graus centígrados** it's six degrees Celsius; **de ~ em ~ semanas/horas** every six weeks/hours; **empataram ~ a ~** *(em partida)* they tied six-all; **~ a zero** *(em partida)* six-nil.

seiscentos, tas [sejʃ'sẽntuʃ, taʃ] *num* six hundred → **seis.**

seita ['sejta] *f* sect.

seiva ['sejva] *f* sap.

sela ['sɛla] *f* saddle.

selar [se'la(x)] *vt (cavalo, égua)* to saddle; *(carta, subscrito)* to stamp; *(documento oficial, pacto)* to seal.

seleção [sele'sãw] *f (escolha)* selection; *(equipe nacional)* team.

selecionar [selesjo'na(x)] *vt* to select.

seleto, ta [se'lɛtu, ta] *adj* exclusive.

selim [se'lĩ] (*pl* **-ns** [-ʃ]) *m (de bicicleta)* saddle.

selo ['selu] *m* stamp; **~ de garantia** *(em produto)* tamper-proof seal.

selva ['sɛwva] *f* jungle.

selvagem [sɛw'vaʒẽ] (*pl* **-ns** [-ʃ]) *adj* wild. ◆ *mf (pessoa)* savage.

sem [sẽ] *prep* without; **estou ~ fazer nada há muito tempo** I haven't done anything in ages; **ele saiu ~ que eu notasse** he left without my noticing; **estar ~ água/gasolina** to be out of water/gas; **~ mais nem menos** for no reason whatsoever; **~ data** undated.

semáforos [se'maforuʃ] *mpl* traffic lights.

semana [se'mana] *f* week; **~ a ~** week by week; **por ~** a ou per week; **a Semana Santa** Holy Week.

semanal [sema'naw] (*pl* **-ais** [-ajʃ]) *adj* weekly.

semear [se'mja(x)] *vt (trigo, batatas, etc)* to sow; *(ódio, discórdia)* to spread.

semelhança [seme'ʎãsa] *f* resemblance; **à ~ de** like.

semelhante [seme'ʎãntʃi] *adj* similar; **~ a** like, similar to.

sêmen ['semɛn] *m* semen.

semente [se'mẽntʃi] *f* seed.

semestral [semeʃ'traw] (*pl* **-ais** [-ajʃ]) *adj* half-yearly, six-monthly.

semestre [se'mɛʃtri] *m* period of six months.

seminário [semi'narju] *m (grupo de estudos)* seminar; *(para eclesiásticos)* seminary.

sêmola ['semola] *f* semolina.

sempre ['sẽmpri] *adv* always; **o mesmo de ~** the usual; **como ~** as usual; **para ~** forever; **~ que** whenever.

sem-vergonha [sãjvex'goɲa] *mf inv* rogue.

senado [se'nadu] *m* senate.
senão [se'nãw] *conj* otherwise.
senha ['seɲa] *f (sinal)* sign; *(palavra de acesso)* password; *(de caixa automática)* PIN.
senhor, ra [se'ɲo(x), ra] (*mpl* **-res** [-riʃ], *fpl* **-s** [-ʃ]) *m, f (em geral)* man (woman); *(formalmente)* gentleman (lady); *(antes de nome)* Mr., Mrs., Ms.; *(ao dirigir a palavra)* Sir; **'senhoras'** 'ladies'; **Caro Senhor** *(em carta)* Dear Sir; **Cara Senhora** *(em carta)* Dear Madam; **bom dia meus senhores/minhas senhoras!** good morning (gentlemen/ladies)!; **o que o ~ deseja?** What would Sir like?
senhorio, ria [seɲo'riu, ria] *m, f* landlord.
senil [se'niw] (*pl* **-is** [-iʃ]) *adj* senile.
sensação [sẽsa'sãw] (*pl* **-ões** [-õjʃ]) *f* sensation, feeling; *(intuição)* feeling; **causar ~** to cause a sensation.
sensacional [sẽsasjo'naw] (*pl* **-ais** [-ajʃ]) *adj* sensational.
sensações → **sensação.**
sensato, ta [sẽ'satu, ta] *adj* sensible.
sensível [sẽ'sivɛw] (*pl* **-eis** [-ejʃ]) *adj* sensitive.
senso ['sẽsu] *m* sense; **bom ~** common sense; **ter bom ~** to be sensible; **ter ~ prático** to be practical; **~ comum** common sense.
sensual [sẽ'swaw] (*pl* **-ais** [-ajʃ]) *adj* sensual.
sentado, da [sẽn'tadu, da] *adj* seated; **estar ~** to be sitting down.
sentar-se [sẽn'taxsi] *vp* to sit down.
sentença [sẽn'tẽsa] *f* sentence.
sentido, da [sẽn'tʃidu, da] *adj (melindrado)* touchy. ◆ *m* sense; *(significado)* meaning; *(direção)* direction; **fazer ~** to make sense; **em certo ~** to a certain extent; **(rua de) ~ único** one-way street; **sem ~** meaningless.
sentimental [sẽntʃimẽn'taw] (*pl* **-ais** [-ajʃ]) *adj* sentimental.
sentimento [sẽntʃi'mẽntu] *m* feeling; **os meus ~s** my deepest sympathy.
sentinela [sẽntʃi'nɛla] *mf* guard; **estar de ~** to be on guard duty.
sentir [sẽn'tʃi(x)] *vt* to feel; **sinto muito!** I'm very sorry!; **~ falta de** to miss; **~ vontade de fazer algo** to feel like doing sthg.
❑ **sentir-se** *vp* to feel.
separação [separa'sãw] (*pl* **-ões** [-õjʃ]) *f* separation.
separado, da [sepa'radu, da] *adj (independente)* separate; *(cônjuges)* separated; **em ~** separately.
separar [sepa'ra(x)] *vt (dividir)* to separate; *(reservar)* to put aside.
❑ **separar-se** *vt* to separate.
septuagésimo, ma [sɛptwa'ʒɛzimu, ma] *num* seventieth → **sexto.**
sepultar [sepuw'ta(x)] *vt* to bury.

sepultura [sepuw'tura] *f* grave.

seqüência [se'kwẽsja] *f* sequence.

sequer [se'kɛ(x)] *adv*: **nem ~** not even.

seqüestrador, ra [sekweʃtra'do(x), ra] (*mpl* **-res** [-riʃ], *fpl* **-s** [-ʃ]) *m, f* kidnapper.

seqüestrar [sekweʃ'tra(x)] *vt* to kidnap, to abduct.

seqüestro [se'kwɛʃtru] *m* kidnapping, abduction.

ser ['se(x)] (*pl* **-res** [-riʃ]) *m* (*criatura*) being; **~ humano** human being.

◆ *vi* **-1.** (*para descrever*) to be; **é longo demais** it's too long; **são bonitos** they're pretty; **sou médico** I'm a doctor.

-2. (*para designar lugar, origem*) to be; **ele é do Brasil** he's from Brazil; **é em São Paulo** it's in São Paulo; **sou brasileira** I'm Brazilian.

-3. (*custar*) to be; **quanto é? - são 100 reais** how much is it? - (it's) 100 reals.

-4. (*com data, dia, hora*) to be; **hoje é sexta** it's Friday today; **que horas são?** what time is it?; **são seis horas** it's six o'clock.

-5. (*exprime possessão*) to be; **é do Ricardo** it's Ricardo's; **este carro é seu?** is this your car?

-6. (*em locuções*): **a não ~ que** unless; **que foi?** what's wrong?; **ou seja** in other words; **será que ele vem?** do you think he's coming?

◆ *v aux* (*forma a voz passiva*) to be; **foi visto na saída do cinema** he was seen on his way out of the movie theater.

◆ *v impess* **-1.** (*exprime tempo*) to be; **é de dia/noite** it's daytime/nighttime; **é tarde/cedo** it's late/early.

-2. (*com adjetivo*) to be; **é difícil dizer** it's difficult to say; **eles são Flamengo** they're Flamengo fans.

❑ **ser de** *v + prep* (*matéria*) to be made of; (*ser adepto de*) to be a fan of.

serão [se'rãw] (*pl* **-ões** [-õjʃ]) *m* (*noite*) evening; **fazer ~** to stay up late, to work late.

serenar [sere'na(x)] *vt* (*acalmar*) to calm. ◆ *vi* (*acalmar-se*) to calm down; (*tempo*) to clear up.

serenata [sere'nata] *f* serenade.

seres → **ser.**

seriado [se'rjadu] *m* (TV) series (*sg*).

série ['sɛrji] *f* series *sg*; (*de bilhetes de metrô*) book; **em ~** sequential; **uma ~ de** a series of.

seriedade [serje'dadʒi] *f* seriousness; (*honestidade*) honesty.

seringa [se'rĩŋga] *f* syringe.

sério, ria ['sɛrju, rja] *adj* serious; (*honrado*) honest. ◆ *adv*: **levar a ~** to take seriously.

sermão [sex'mãw] (*pl* **-ões** [-õjʃ]) *m* sermon; **passar um ~ em alguém** to give sb a ticking off.

serões → **serão.**

serpente [sex'pẽntʃi] *f* serpent.

serpentina [serpẽn'tʃina] *f* streamer.

serra ['sɛxa] *f (instrumento)* saw; *(em geografia)* mountain range.
serralheiro [sexa'ʎejru] *m* locksmith.
serrar [se'xa(x)] *vt* to saw.
servente [sex'vẽntʃi] *m (de pedreiro)* (bricklayer's) assistant.
serventia [sexvẽn'tʃia] *f (préstimo)* use.
serviço [sex'visu] *m* service; *(trabalho)* work; **'fora de ~'** 'out of service'; **'~ incluído'** 'service included'.
servil [sex'viw] (*pl* **-is** [-iʃ]) *adj* servile.
servir [sex'vi(x)] *vt* to serve. ◆ *vi (criado, empregado)* to serve; *(ser útil)* to be useful; *(roupa, calçado)* to fit; **em que posso servi-lo?** how may I help you?; **~ de algo** to serve as sthg.
❑ **servir-se** *vp (de bebida, comida)* to help o.s.; **~-se de** *(fazer uso de)* to make use of.
servis → **servil.**
sessão [se'sãw] (*pl* **-ões** [-õjʃ]) *f (de filme)* showing; *(em televisão)* broadcast; *(de debate político, científico)* meeting; *(em tribunal)* session.
sessenta [se'sẽnta] *num* sixty → **seis.**
sessões → **sessão.**
seta ['sɛta] *f* arrow.
sete ['sɛtʃi] *num* seven → **seis.**
setecentos, tas [sɛte'sẽntuʃ, taʃ] *num* seven hundred → **seis.**
setembro [se'tẽmbru] *m* September; **durante o mês de ~** during (the month of) September; **em ~** in September; **em meados de ~** in the middle of September, in mid-September; **este mês de ~** *(passado)* last September; *(futuro)* this (coming) September; **o passado/próximo mês de ~** last/next September; **no princípio/final de ~** at the beginning/end of September; **o primeiro de ~** September first.
setenta [se'tẽnta] *num* seventy → **seis.**
sétimo, ma ['sɛtʃimu, ma] *num* seventh → **sexto.**
setor [se'to(x)] (*pl* **-res** [-riʃ]) *m (ramo)* sector; *(seção)* section.
seu, sua ['sew, 'sua] *adj* **-1.** *(dele)* his; *(dela)* her; *(de você, vocês)* your; *(deles, delas)* their; **ela trouxe o ~ carro** she brought her car; **onde estacionou a sua moto?** where did you park your motorcycle?
-2. *(de coisa, animal: singular)* its; *(de coisa, animal: plural)* their; **o cachorro foi para o seu canil** the dog went into his or its doghouse.
◆ *pron*: **o ~ /a sua** *(dele)* his; *(dela)* hers; *(deles, delas)* theirs; *(de coisa, animal: singular)* its; *(de coisa, animal: plural)* their; **um amigo ~** a friend of his/hers etc.; **os ~s** *(a família de cada um)* his/her etc. family.
severidade [severi'dadʒi] *f* severity.
severo, ra [se'vɛru, ra] *adj (inflexível)* strict; *(grave)* severe.
sexagésimo, ma [sɛksa'ʒɛzimu, ma] *num* sixtieth → **sexto.**

sexo ['sɛksu] *m* sex; *(órgão reprodutor)* genitals *pl*; **fazer ~** to have sex.

sexta-feira [ˌsejʃta'fejra] (*pl* **sextas-feiras** [ˌsejʃtaʃ'fejraʃ]) *f* Friday; **às sextas-feiras** on Fridays; **até ~** until Friday; **ela vem ~** she's coming on Friday; **esta ~** *(passada)* last Friday; *(próxima)* next Friday; **hoje é ~** today is Friday; **todas as sextas-feiras** every Friday; **~ de manhã/à tarde/à noite** Friday morning/afternoon/night; **~ 12 de Junho** Friday 12 June; **~ passada/próxima** last/next Friday; **~ que vem** next Friday; **Sexta-feira Santa** Good Friday.

sexto, ta ['sejʃtu, ta] *adj num* sixth. ◆ *m (número)* sixth. ◆ *m, f*: **o ~ /a sexta** *(pessoa, coisa)* the sixth; **chegar em ~** to come sixth; **capítulo ~** chapter six; **em ~ lugar** in sixth place; **no ~ dia** on the sixth day; **a sexta parte** *(relativo a quantidade)* a sixth; *(de espetáculo, filme)* part six.

sexual [sɛk'swaw] (*pl* **-ais** [-ajʃ]) *adj* sexual.

sexualidade [sekswali'dadʒi] *f* sexuality.

shopping ['ʃɔpĩŋ] *m*: **~ (center)** (shopping) mall *Am*, shopping centre *Brit*.

si ['si] *pron* **-1.** *(complemento indireto: pessoa)* him, them *pl*; *(você, vocês)* you.
-2. *(complemento indireto: coisa, animal)* it, them *pl*.
-3. *(reflexo: pessoa)* himself, themselves *pl*; *(você, vocês)* yourself, yourselves *pl*; **comprou-o para ~ (mesmo próprio)** he bought it for himself; **elas sabem tomar conta de ~ (mesmas próprias)** they can take care of themselves; **ela é cheia de ~** she is full of herself.
-4. *(reflexo: coisa, animal)* itself, themselves *pl*; **o livro, em ~, não é caro** the book itself is not expensive.
-5. *(impessoal)* oneself; **é sinal de egoísmo só pensar em ~** it's a sign of selfishness to think only of oneself; **cada um por ~** each man for himself.

siderurgia [si'derur'ʒia] *f* iron and steel industry.

sido ['sidu] → **ser.**

sidra ['sidra] *f* cider.

sigilo [si'ʒilu] *m* secrecy.

sigla ['sigla] *f* acronym.

significado [signifi'kadu] *m* meaning.

significar [signifi'ka(x)] *vt* to mean.

significativo, va [signifika'tʃivu, va] *adj* significant.

signo ['signu] *m* sign.

sigo ['sigu] → **seguir.**

sílaba ['silaba] *f* syllable.

silenciar [silẽ'sja(x)] *vt* to silence.

silêncio [si'lẽsju] *m* silence. ◆ *interj* silence!

silencioso, osa [silẽ'sjozu, ɔza] *adj* silent, quiet.

silicone [sili'kɔni] *m* silicone.

silvestre [siw'vɛʃtri] *adj* wild.

sim ['sĩ] *adv* yes; **acho que ~** I think so; **pelo ~ pelo não** just in case.
símbolo ['sĩmbolu] *m* symbol.
simetria [sime'tria] *f* symmetry.
similar [simi'la(x)] (*pl* **-res** [-riʃ]) *adj* similar.
simpatia [sĩmpa'tʃia] *f (carinho)* affection; *(cordialidade)* friendliness.
simpático, ca [sĩm'patʃiku, ka] *adj* nice; *(amigável)* friendly.
simpatizante [sĩmpatʃi'zãntʃi] *mf* sympathizer.
simpatizar [sĩmpatʃi'za(x)] *v + prep*: **simpatizar com** to like.
simples ['sĩmpleʃ] *adj inv* simple; *(bebida)* straight; *(bilhete de metrô)* one-way; **queria um ~ copo de água** I just want a glass of water.
simplicidade [sĩmplisi'dadʒi] *f* simplicity.
simplificar [sĩmplifi'ka(x)] *vt* to simplify.
simular [simu'la(x)] *vt (fingir)* to feign; *(incêndio, ataque aéreo)* to simulate. ◆ *vi (fingir)* to pretend.
simultâneo, nea [simuw'tanju, nja] *adj* simultaneous.
sinagoga [sina'gɔga] *f* synagogue.
sinal [si'naw] (*pl* **-ais** [-ajʃ]) *m* sign; *(marca)* mark; *(em pele)* mole; *(de nascimento)* birthmark; *(de trânsito)* traffic light; *(dinheiro)* deposit; **dar ~ de si** to show up; **dar sinais de cansaço** to show signs of fatigue; **avançar** ou **furar o ~** to jump the lights; **em ~ de** as a mark ou sign of; **~ de alarme** alarm; **~ de ocupado** engaged tone.
sinalização [sinaliza'sãw] *f* road signs *pl*.
sinceridade [sĩseri'dadʒi] *f* sincerity.
sincero, ra [sĩ'sɛru, ra] *adj* sincere.
sindicato [sĩndʒi'katu] *m* labor union.
síndrome ['sĩdromi] *f* syndrome.
sinfonia [sĩfo'nia] *f* symphony.
singelo, la [sĩ'ʒɛlu, la] *adj* simple.
singular [sĩŋgu'la(x)] (*pl* **-res** [-riʃ]) *adj (único)* unique; *(extraordinário)* strange; GRAM singular. ◆ *m* GRAM singular.
sino ['sinu] *m* bell.
sinônimo [si'nonimu] *m* synonym.
síntese ['sĩntezi] *f (resumo)* summary.
sintético, ca [sĩn'tɛtiku, ka] *adj (artificial)* synthetic; *(resumido)* concise.
sintoma [sĩn'toma] *m* symptom.
sintonizar [sĩntoni'za(x)] *vt (rádio)* to tune; *(estação de rádio)* to tune in to.
sinuoso, osa [si'nwozu, ɔza] *adj (curva, caminho)* winding.
sirene [si'rɛni] *f* siren.
siri [si'ri] *m* crab.
sirvo ['sixvu] → **servir.**
sistema [siʃ'tema] *m* system;

~ **métrico** metric system; ~ **nervoso** nervous system.

sistemático, ca [siʃte'matʃiku, ka] *adj* systematic.

sisudo, da [si'zudu, da] *adj* serious.

sítio ['sitʃju] *m (chácara)* small farm; *(cerco)* siege; **estado de** ~ state of siege.

situação [sitwa'sãw] (*pl* **-ões** [-õjʃ]) *f (localização)* position; *(circunstâncias)* situation; *(estado, condição)* condition.

situado, da [si'twadu, da] *adj*: **bem/mal** ~ well/badly situated; ~ **em** situated in; **está** ~ **ao norte de Brasília** it is located to the north of Brasília.

situar [si'twa(x)] *vt (colocar)* to place; *(localizar)* to locate.
❑ **situar-se** *vp (localizar-se)* to be located.

smoking ['smokĩŋ] *m* tuxedo *Am*, dinner jacket *Brit*.

só ['sɔ] *adj (sem companhia)* alone; *(solitário)* lonely. ◆ *adv (apenas)* only; **é** ~ **pedir!** all you need to do is ask!; **um** ~ **minuto do seu tempo** just a minute of your time; **a** ~**s** alone; **não** ~ **... como também** not only ... but also; ~ **que** just that.

soar ['swa(x)] *vi & vt* to sound; **soaram as 10 horas** the clock struck 10; ~ **bem** to sound right; ~ **mal** not to sound right.

sob ['sobi] *prep* under.

sobe ['sɔbi] → **subir.**

soberania [sobera'nia] *f* sovereignty.

soberano, na [sobe'ranu, na] *adj* sovereign.

soberbo, ba [su'bexbu, ba] *adj (suntuoso)* superb; *(arrogante)* arrogant.

sobrancelha [sobrã'seʎa] *f* eyebrow.

sobrar [so'bra(x)] *vi* to be left over.

sobre ['sobri] *prep (em cima de)* on (top of); *(por cima de)* over; *(acerca de)* about.

sobreaviso [sobrea'vizu] *m*: **estar ficar de** ~ to be on the alert.

sobrecarga [sobre'kaxga] *f* overload.

sobrecarregar [sobrekaxe'ga(x)] *vt*: ~ **alguém com algo** to overload sb with sthg.

sobreloja [sobre'lɔʒa] *f* mezzanine.

sobremesa [sobre'meza] *f* dessert.

sobrenatural [ˌsobrenatu'raw] (*pl* **-ais** [-ajʃ]) *adj* supernatural.

sobrenome [sobri'nomi] *m* last name, surname.

sobrepor [sobre'po(x)] *vt*: ~ **algo a algo** to put sthg on top of sthg.
❑ **sobrepor-se** *vp (problema, trabalho)* to take precedence.

sobressair [sobresa'i(x)] *vi* to stand out.

sobressaltar [sobresaw'ta(x)] *vt* to startle.
❑ **sobressaltar-se** *vp* to be startled.

sobressalto [sobre'sawtu] *m (sus-

to) fright; *(inquietação)* anxiety.
sobretaxa [ˌsobre'taʃa] *f* surcharge.
sobretudo [sobre'tudu] *m* overcoat. ◆ *adv* especially, above all.
sobrevivência [sobrevi'vẽsja] *f* survival.
sobrevivente [sobrevi'vẽntʃi] *mf* survivor.
sobreviver [sobrevi've(x)] *vi* to survive.
sobriedade [sobrie'dadʒi] *f* sobriety.
sobrinho, nha [so'briɲu, ɲa] *m, f* nephew, niece.
sóbrio, bria ['sɔbriu, bria] *adj* sober.
social [so'sjaw] (*pl* **-ais** [-ajʃ]) *adj* social.
socialismo [sosja'liʒmu] *m* socialism.
socialista [sosja'liʃta] *adj & mf* socialist.
sociedade [sosje'dadʒi] *f* society; *(comercial)* partnership.
sócio, cia ['sɔsju, sja] *m, f* partner.
sociologia [sosjolo'ʒia] *f* sociology.
sociólogo, ga [so'sjɔlogu, ga] *m, f* sociologist.
soco ['soku] *m* *(em pessoa)* punch; *(em mesa)* thump.
socorrer [soko'xe(x)] *vt* to help. ❑ **socorrer-se de** *vp + prep* to resort to, to have recourse to.
socorro [so'koxu] *m* help. ◆ *interj* help!; **pedir** ~ to ask for help.
soda ['sɔda] *f* *(bicarbonato)* baking soda; *(bebida)* soda water.
sofá [so'fa] *m* sofa.
sofá-cama [soˌfa'kama] *m* sofa-bed.
sofisticado, da [sofiʃtʃi'kadu, da] *adj* sophisticated.
sofrer [so'fre(x)] *vt* to have. ◆ *vi* to suffer.
sofrimento [sofri'mẽntu] *m* suffering.
software [sɔf'twɛri] *m* software.
sogro, sogra [sogru, sɔgra] *m, f* father-in-law, mother-in-law.
sóis → **sol**.
soja ['sɔʒa] *f* soy.
sol ['sɔw] (*pl* **sóis** ['sɔjʃ]) *m* sun.
sola ['sɔla] *f* sole.
solar [so'la(x)] (*pl* **-res** [-riʃ]) *adj* solar. ◆ *m* manor(house).
soldado [sow'dadu] *m* soldier.
soleira [so'lejra] *f* threshold.
solene [so'leni] *adj* solemn.
soletrar [sole'tra(x)] *vt* to spell.
solicitar [solisi'ta(x)] *vt* to request.
solícito, ta [so'lisitu, ta] *adj* solicitous.
solidão [soli'dãw] *f* solitude.
solidariedade [solidarje'dadʒi] *f* solidarity.
solidário, ria [soli'darju, rja] *adj* sharing; **ser** ~ **com** *(causa, idéia)* to support; *(pessoa)* to stand by.
sólido, da ['sɔlidu, da] *adj* solid; *(investimento, negócio)* sound.
solista [so'liʃta] *mf* soloist.

solitário, ria [soli'tarju, rja] *adj (local)* lonely; *(pessoa)* solitary. ◆ *m (jóia)* solitaire.

solo ['sɔlu] *m (chão)* floor; *(superfície terrestre)* ground; *(terreno arável)* land, soil; *MÚS* solo.

soltar [sow'ta(x)] *vt (desprender)* to release; *(desatar)* to untie; *(grito, preso)* to let out.

❑ **soltar-se** *vp (desprender-se)* to get loose; *(desatar-se)* to come undone.

solteiro, ra [sow'tejru, ra] *adj* single.

solto, ta ['sowtu, ta] *pp* → **soltar.** ◆ *adj (livre)* loose; *(sozinho)* separate.

solução [solu'sãw] (*pl* **-ões** [-õjʃ]) *f* solution.

soluçar [solu'sa(x)] *vi (ter soluços)* to hiccup; *(chorar)* to sob.

solucionar [solusjo'na(x)] *vt* to solve.

soluço [su'lusu] *m (contração)* hiccup; *(choro)* sob.

soluções → **solução.**

solúvel [so'luvɛw] (*pl* **-eis** [-ejʃ]) *adj* soluble.

som ['sõ] (*pl* **-ns** [-ʃ]) *m* sound; *(aparelhagem)* hi-fi; **ao ~ de** to the sound of.

soma ['soma] *f* sum.

somar [so'ma(x)] *vt* to add up.

sombra ['sõmbra] *f (escuridão)* shade; *(de corpo)* shadow; *(cosmético)* eye shadow; **à** ou **na ~** in the shade; **sem ~ de dúvida** beyond a shadow of a doubt.

sombrio, bria [sõm'briu, 'bria] *adj (escuro)* dark; *(melancólico)* somber; *(lúgubre)* gloomy.

somente [sɔ'mẽntʃi] *adv* only.

sonâmbulo, la [so'nãmbulu, la] *m, f* sleepwalker.

sonda ['sõnda] *f MED* probe; **~ espacial** space probe.

sondagem [sõn'daʒẽ] (*pl* **-ns** [-ʃ]) *f* (opinion) poll.

soneca [so'nɛka] *f* nap; **tirar uma ~** to have a nap.

sonhador, ra [soɲa'do(x), ra] (*mpl* **-res** [-riʃ], *fpl* **-s** [-ʃ]) *m, f* dreamer.

sonhar [so'ɲa(x)] *vi* to dream; **~ acordado** to daydream; **~ com** to dream about.

sonho ['soɲu] *m* dream; *(comida)* donut *Am*, doughnut *Brit*; **de ~** dream *(antes de s)*.

sonífero [so'niferu] *m* sleeping pill.

sono ['sonu] *m* sleep; **estou morto de ~** I'm falling asleep; **pegar no ~** to get to sleep; **ter ~** to be sleepy; **~ pesado** deep sleep.

sonolento, ta [sono'lẽntu, ta] *adj* sleepy.

sonoro, ra [so'nɔru, ra] *adj* sound *(antes de s)*.

sons → **som.**

sonso, sa ['sõsu, sa] *adj* two-faced.

sopa ['sopa] *f* soup; **~ de legumes** vegetable soup; **~ de marisco** seafood soup; **ser ~** *(ser fácil)* to be a piece of cake.

soprar [so'pra(x)] *vt (vela, fogo)* to blow out; *(pó)* to blow off; *(resposta)* to whisper. ◆ *vi* to blow.

sórdido, da [ˈsɔrdʒidu, da] *adj* squalid.
sorridente [soxiˈdẽntʃi] *adj (cara)* smiling; *(pessoa)* cheerful.
sorrir [soˈxi(x)] *vi* to smile.
sorriso [soˈxizu] *m* smile.
sorte [ˈsɔxtʃi] *f* luck; *(destino)* fate; **boa ~!** good luck!; **tire um cartão/número à ~** pick a card/number; **para dar ~** for *(good)* luck; **estar com ~** to be in luck; **ter ~** to be lucky; **tirar a ~** to draw lots; **a ~ grande** the jackpot; **com ~** *(pessoa)* lucky; **por ~** luckily.
sortear [soxˈtea(x)] *vt* to raffle.
sorteio [soxˈteju] *m* raffle.
sortido, da [soxˈtʃidu, da] *adj* assorted. ◆ *m* assortment.
sortudo, da [soxˈtudu, da] *m, f* lucky person.
sorvete [soxˈvetʃi] *m* ice cream.
sorveteria [soxveteˈria] *f* ice-cream parlor.
sossegado, da [soseˈgadu, da] *adj* quiet.
sossego [soˈsegu] *m* peace.
sótão [ˈsɔtãw] *m* attic.
sotaque [soˈtaki] *m* accent.
sou [ˈso] → **ser.**
soube [ˈsobi] → **saber.**
sovaco [soˈvaku] *m* armpit.
sovina [soˈvina] *adj* miserly.
sozinho, nha [sɔˈziɲu, ɲa] *adj* alone; **fiz tudo ~** I did it all by myself; **falar/rir ~** to talk/laugh to o.s.
stress [ˈstrɛs] *m* stress.
sua → **seu.**
suar [swˈa(x)] *vi* to sweat.
suave [swˈavi] *adj* soft; *(brisa, curva)* gentle; *(sabor)* delicate; *(vinho)* smooth; *(cheiro)* subtle.
suavidade [swaviˈdadʒi] *f* softness; *(de brisa, curva)* gentleness; *(de sabor)* delicacy; *(de vinho)* smoothness; *(de cheiro)* subtlety.
suavizar [swaviˈza(x)] *vt (cheiro, sabor)* to tone down; *(dor)* to ease. ◆ *vi (chuva)* to ease; *(vento)* to drop.
subalimentação [subalimẽntaˈsãw] *f* undernourishment.
subalimentado, da [subalimẽnˈtadu, da] *adj* undernourished.
subalterno, na [subawˈtɛxnu, na] *m, f & adj (subordinado)* subordinate.
subconsciente [subkõʃˈsjẽntʃi] *m* subconscious.
subdesenvolvido, da [subdezẽvowˈvidu, da] *adj* underdeveloped.
subdesenvolvimento [subdezẽvowviˈmẽntu] *m* underdevelopment.
subentendido, da [subẽntẽnˈdʒidu, da] *adj* implied.
subida [suˈbida] *f (ladeira)* slope; *(de preços)* increase; *(de montanha, escadas)* climb.
subir [suˈbi(x)] *vt (escadas, rua, encosta)* to go up; *(montanha, rochedo)* to climb; *(malas, bagagem)* to take up; *(preços, salários)* to increase; *(persiana)* to raise. ◆ *vi (ir para cima)* to go up; **~ em** *(árvore, morro)* to climb; *(em ônibus,*

avião, etc) to get on; ~ **de posto** *(em emprego)* to be promoted; ~ **por** to go up.
súbito, ta ['subitu, ta] *adj* sudden; **de** ~ suddenly.
subjetivo, va [subʒɛ'tʒivu, va] *adj* subjective.
subjuntivo [subʒon'tʃivu] *m* subjunctive.
sublinhar [subli'ɲa(x)] *vt* to underline.
sublocar [sublo'ka(x)] *vt* to sublet.
submarino [subma'rinu] *m* submarine.
submergir [submex'ʒi(x)] *vt* *(imergir)* to submerge; *(inundar)* to flood.
submeter [subme'te(x)] *vt:* ~ **algo/alguém a algo** to submit sthg/sb to sthg.
❑ **submeter-se a** *vp + prep* to submit to.
submisso, a [sub'misu, a] *adj* submissive.
subnutrido, da [subnu'tridu, da] *adj* undernourished.
subornar [subox'na(x)] *vt* to bribe.
suborno [su'boxnu] *m* bribe.
subsídio [sub'sidju] *m* subsidy.
subsistência [subsiʃ'tẽsja] *f* *(sustento)* subsistence; *(permanência)* continued existence.
subsistir [subsiʃ'ti(x)] *vi* *(persistir)* to remain; *(sobreviver)* to subsist.
subsolo [sub'sɔlu] *m* subsoil.
substância [subʃ'tãsja] *f* substance.
substantivo [subʃtãn'tʒivu] *m* noun.
substituir [subʃtʃi'twi(x)] *vt* to substitute; ~ **a manteiga por margarina** substitute margarine for butter.
substituto, ta [subʃtʃi'tutu, ta] *m, f* replacement.
subterrâneo, nea [subte'xanju, nja] *adj* underground.
subtrair [subtra'i(x)] *vt* to subtract.
suburbano, na [subux'banu, na] *adj* suburban.
subúrbio [su'buxbju] *m* suburb.
subversivo, va [subvex'sivu, va] *adj* subversive.
sucata [su'kata] *f* scrap.
suceder [suse'de(x)] *vi* to happen.
❑ **suceder a** *v + prep* *(em cargo)* to succeed; *(vir depois)* to follow.
❑ **suceder-se** *vp* to happen.
sucedido, da [suse'dʒidu, da] *m* occurrence. ◆ *adj:* **ser bem/mal** ~ to be successful/unsuccessful.
sucessão [suse'sãw] (*pl* **-ões** [-õjʃ]) *f* succession.
sucesso [su'sɛsu] *m* success; **com/sem** ~ successful/unsuccessful; **fazer** ~ to be successful.
sucessões → **sucessão.**
suco ['suku] *m* juice.
suculento, ta [suku'lẽntu, ta] *adj* succulent.
sucumbir [sukũm'bi(x)] *vi* *(desmoronar)* to crumble; *(morrer)* to die; ~ **a** to succumb to.

sucursal [sukux'saw] (*pl* **-ais** [-ajʃ]) *f (de banco, empresa)* branch.

sudeste [su'dɛʃtʃi] *m* southeast; **no ~** in the southeast.

súdito, ta ['sudʒitu, ta] *m, f* subject.

sudoeste [su'dwɛʃtʃi] *m* southwest; **no ~** in the southwest.

suéter ['swɛte(x)] (*pl* **-res** [-riʃ]) *m ou f* sweater.

suficiente [sufi'sjẽntʃi] *adj* enough. ◆ *m* EDUC 'C', pass.

sufocante [sufo'kãntʃi] *adj* oppressive.

sufocar [sufo'ka(x)] *vt & vi* to suffocate.

sugar [su'ga(x)] *vt* to suck.

sugerir [suʒe'ri(x)] *vt* to suggest.

sugestão [suʒeʃ'tãw] (*pl* **-ões** [-õjʃ]) *f* suggestion.

sugestões → **sugestão.**

suicidar-se [swisi'daxsi] *vp* to commit suicide.

suicídio [swi'sidʒju] *m* suicide.

sujar [su'ʒa(x)] *vt* to dirty.
❑ **sujar-se** *vp* to get dirty.

sujeitar [suʒej'ta(x)] *vt*: **~ algo/alguém a algo** to subject sthg/sb to sthg.
❑ **sujeitar-se a** *vp + prep (submeter-se a)* to conform to; **ela teve que ~-se a todo tipo de humiliação** she was subjected to ritual humiliation.

sujeito, ta [su'ʒejtu, ta] *m, f (homem, mulher)* guy (girl). ◆ *m* GRAM subject. ◆ *adj*: **~ a** subject to.

sujo, ja ['suʒu, ʒa] *adj* dirty.

sul ['suw] *m* south; **ao no ~** in the south; **ao ~ de** (to the) south of.

suma ['suma] *f*: **em ~** in short.

sumário, ria [su'marju, rja] *adj (explicação)* brief; *(ordem, execução)* summary. ◆ *m (resumo)* summary.

sunga ['sũŋga] *f* swimming trunks *pl*.

suor [sw'ɔ(x)] (*pl* **-res** [-riʃ]) *m* sweat.

superar [supe'ra(x)] *vt* to overcome.

superficial [supexfisj'aw] (*pl* **-ais** [-ajʃ]) *adj* superficial.

superfície [supex'fisji] *f* surface; *(área)* area; **na ~** on the surface.

supérfluo, flua [su'pɛxflu, fla] *adj* superfluous.

superior [supe'rjo(x)] (*pl* **-res** [-riʃ]) *adj* higher; *(em espaço)* top; *(em valor, quantidade)* greater. ◆ *m* superior; **andar ~** top floor; **mostrar-se ~** to give o.s. airs (and graces).

superioridade [superjori'dadʒi] *f* superiority.

superlotado, da [ˌsupɛxlo'tadu, da] *adj* packed.

supermercado [ˌsupɛxmex'kadu] *m* supermarket.

superstição [supexʃtʃi'sãw] (*pl* **-ões** [-õjʃ]) *f* superstition.

supersticioso, osa [superʃti'sjozu, ɔza] *adj* superstitious.

superstições → **superstição.**

supervisionar [supexvizjo-

'na(x)] *vt* to supervise.
suplemento [suple'mẽntu] *m* *(de jornal, revista)* (color) supplement.
suplente [su'plẽntʃi] *adj (peça)* spare; *(pessoa)* substitute. ◆ *mf* ESP substitute.
súplica ['suplika] *f* plea.
suplicar [supli'ka(x)] *vt* to plead; ~ **a alguém que faça algo** to beg sb to do sthg.
suplício [su'plisju] *m* torture.
supor [su'po(x)] *vt* to presume.
❑ **supor-se** *vp*: **supõe-se que ela tenha morrido** she is presumed dead.
suportar [supox'ta(x)] *vt (peso, carga)* to support; *(pessoa)* to stand; *(dor, desgosto)* to bear.
suporte [su'pɔxtʃi] *m* support.
suposição [supozi'sãw] (*pl* **-ões** [-õjʃ]) *f* supposition.
supositório [supozi'tɔrju] *m* suppository.
suposto, osta [su'poʃtu, ɔʃta] *adj (hipotético)* supposed; *(alegado)* alleged; *(falso)* false. ◆ *m* assumption.
supremo, ma [su'premu, ma] *adj* supreme.
supressão [supre'sãw] (*pl* **-ões** [-õjʃ]) *f (de palavra, frase)* deletion; *(de projeto, empregos)* axing.
suprimir [supri'mi(x)] *vt (palavra, frase)* to delete; *(emprego, projeto)* to axe.
surdez [sux'deʒ] *f* deafness.
surdo, da ['suxdu, da] *adj* deaf. ◆ *m, f* deaf person; **fazer-se de** ~ to turn a deaf ear.
surfe ['suxfi] *m* surfing; **fazer** ~ to go surfing.
surfista [sux'fiʃta] *mf* surfer.
surgir [sux'ʒi(x)] *vi (aparecer)* to appear; *(problema, complicação)* to arise.
surpreendente [surpriẽn'dẽntʃi] *adj* surprising.
surpreender [surpriẽn'de(x)] *vt* to surprise.
❑ **surpreender-se** *vp* to be surprised.
surpresa [sur'preza] *f* surprise; **fazer uma** ~ **a alguém** to give sb a surprise; **de** ~ by surprise.
surpreso, sa [sur'prezu, za] *adj* surprised.
surto ['surtu] *m (de doença)* outbreak.
suscetível [suʃse'tivɛw] (*pl* **-eis** [-ejʃ]) *adj* sensitive; ~ **a** liable to.
suscitar [suʃsi'ta(x)] *vt* to provoke; *(interesse)* to arouse; *(dificuldades, problemas)* to cause.
suspeita [suʃ'pejta] *f* suspicion; **lançar ~s sobre alguém** to cast aspersions on sb → **suspeito.**
suspeito, ta [suʃ'pejtu, ta] *adj* suspicious. ◆ *m, f* suspect.
suspender [suʃpẽn'de(x)] *vt* to suspend.
suspensão [suʃpẽ'sãw] (*pl* **-ões** [-õjʃ]) *f* suspension.
suspense [suʃ'pẽsi] *m* suspense.
suspensões → **suspensão.**
suspirar [suʃpi'ra(x)] *vi* to sigh; ~ **por** to long for.

suspiro [suʃ'piru] *m* sigh; *(doce)* meringue.
sussurrar [susu'xa(x)] *vi & vt* to whisper.
sussurro [su'suxu] *m* whisper.
sustentar [suʃtẽn'ta(x)] *vt* to support; *(afirmar)* to maintain.
suster [suʃ'te(x)] *vt (segurar)* to sustain; *(respiração)* to hold.
susto ['suʃtu] *m* fright, shock; **tomar um ~** to get frightened; **pregar ~ em alguém** to frighten sb.
sutiã [su'tʃjã] *m* bra, brassiere *Am.*
sutil [su'tʃiw] (*pl* **-is** [-iʃ]) *adj* subtle.

T

ta [ta] = **te + a → te.**
tabaco [ta'baku] *m (para cachimbo, enrolar)* tobacco.
tabela [ta'bɛla] *f (gráfico,* INFORM*)* table; *(de horários)* timetable; *(de preços)* price list; **cair pelas ~s** to feel down.
tablete [ta'blɛtʃi] *m ou f:* **~ de chocolate** chocolate bar.
tabu [ta'bu] *adj & m* taboo.
tábua ['tabwa] *f* board; **~ de passar roupa** ironing board.
tabuleiro [tabu'lejru] *m (para comida)* tray; *(de damas, xadrez)* board.
taça ['tasa] *f* cup; *(para comida, doces)* bowl; *(de champanhe)* glass.
tacada [ta'kada] *f (em golfe)* stroke; *(em bilhar)* shot; **de uma ~** in one go.
taco ['taku] *m (de golfe)* club; *(de bilhar)* cue; *(de chão)* parquet block.
tagarela [taga'rɛla] *adj* talkative. ◆ *mf* chatterbox.
tal ['taw] (*pl* **tais** ['tajʃ]) *adj* such. ◆ *pron:* **o/a ~** the one; **a ponto que ...** to the point that ...; **nunca ouvi falar de ~ coisa/pessoa** I've never heard of such a thing/person; **um ~ de Marcelo** some guy called Marcelo; **na cidade ~** in such-and-such a city; **que ~ um passeio?** how about a walk?; **que ~?** how about it?; **~ qual** such as; **~ e qual** just like; **como ~** as such; **para ~** for that purpose; **~ como** just as.
talão [ta'lãw] (*pl* **-ões** [-õjʃ]) *m (de recibo, bilhete)* stub; **~ de cheques** checkbook *Am,* cheque book *Brit.*
talco ['tawku] *m* talc.
talento [ta'lẽntu] *m* talent.
talhar [ta'ʎa(x)] *vt* to cut; *(madeira)* to carve; **ser talhado para algo** to be cut out for sthg. ◆ *vi (leite)* to curdle.
talher [ta'ʎɛ(x)] (*pl* **-res** [-riʃ]) *m* (set of) cutlery.
talo ['talu] *m (de flor, legume)* stem.
talões → talão.
talvez [taw'veʒ] *adv* perhaps, maybe; **~ sim, ~ não** maybe, maybe not.

tamancos [ta'mãŋkuʃ] *mpl* clogs.

tamanho, nha [ta'maɲu, ɲa] *m (grandeza)* size. ◆ *adj (tão grande)*: **não ter ~** limitless; **do ~ de um bonde** enormous; **fiz ~ esforço** I made such an effort; **qual é o ~ do quarto?** how big is the room?

tâmara ['tamara] *f* date.

também [tãm'bẽ] *adv* also; *(ademais)* besides; **eu ~** me too; **eu ~ não** me neither; **ele ~ não fez nada** he didn't do anything either; **~ quero ir** I want to go too; **ele ~ se chama Luís** he's also called Luís.

tambor [tãm'bo(x)] (*pl* **-res** [-riʃ]) *m* drum.

tamborim [tãmbo'rĩ] (*pl* **-ns** [-ʃ]) *m* tambourine.

tamboris → **tamboril.**

tampa ['tãmpa] *f* lid.

tampão [tãm'pãw] (*pl* **-ões** [-õjʃ]) *m* tampon.

tampo ['tãmpu] *m (de mesa)* top; *(de privada)* lid.

tampões → **tampão.**

tampouco ['tãmpoku] *adv* neither.

tangerina [tãʒe'rina] *f* tangerine.

tanque ['tãŋki] *m* tank; *(para lavar roupa)* washtub; **~ de combustível** fuel tank.

tanto, ta ['tãntu, ta] *adj* **-1.** *(exprime grande quantidade)* so much, so many *pl*; **~ dinheiro** so much money; **tanta gente** so many people; **tantas flores** so many flowers; **esperei ~ tempo** I waited for so long; **~ ... que ...** so much ... that ...

-2. *(indica quantidade indeterminada)* so much, so many *pl*; **de ~s em ~s dias** every so many days; **são mil e ~s reais** one thousand and something reals.

-3. *(em comparações)*: **~ ... como ...** as much ... as, as many ... as *pl*; **bebi ~ vinho quanto você** I drank as much wine as you.

◆ *adv* **-1.** *(exprime grande quantidade)* so much; **lhe quero ~** I love you so much; **não quero ~ assim** I don't want that much.

-2. *(em locuções)*: **de ~ falar perdi a voz** I lost my voice from talking so much; **~ faz!** it doesn't matter!; **~ melhor** so much the better; **~ pior** too bad; **~ quanto** as far as; **um ~** a little; **é um ~ caro** it's a bit expensive; **~ um como o outro** both of them; **um ~ quanto** slightly; **~ que** so much so that.

◆ *pron* **-1.** *(indica grande quantidade)* so much, so many *pl*; **tenho ~!** I've got so much!; **ele não comprou ~s** he didn't buy that many.

-2. *(indica igual quantidade)* as much, as many *pl*; **havia muita gente ali, aqui não era tanta** there were a lot of people over there, but not as many over here.

-3. *(indica quantidade indeterminada)* so much, so many *pl*; **lá para as tantas ele foi embora** he left quite late; **põe uns ~s aqui uns ~s ali** put some over

here and some over there; **leve ~s quantos você quiser** take as many as you want.
- **4.** *(em comparações)*: **~ quanto** as much as; **sabe ~ quanto eu do assunto** he knows as much as I do about the situation.
- **5.** *(em locuções)*: **às tantas** *(de repente)* all of a sudden; **às tantas da noite** late at night; **não é caso para ~** there's no need to make such a fuss.

tão [tãw] *adv* so; **~ ... como** as ... as; **~ ... que** so ... (that).

tapa ['tapa] *m (bofetada)* slap; **no ~** *(à força)* by force; *(com dificuldade)* with difficulty; **sair no ~** to come to blows.

tapar [ta'pa(x)] *vt (com cobertor, lençol)* to cover up; *(garrafa, frasco, panela)* to put the lid on; *(caixa)* to close; *(boca, ouvidos)* to cover; *(nariz)* to hold.

tapeçaria [tapesa'ria] *f* tapestry.

tapete [ta'petʃi] *m (grande)* carpet; *(médio)* rug; *(pequeno)* mat.

tardar [tax'da(x)] *vi* to take a long time; **ele não tardará a chegar** he won't be long; **~ a em fazer algo** to take a long time to do sthg; **mais ~** at the latest.

tarde ['taxdʒi] *f (até às seis)* afternoon; *(depois das seis)* evening. ◆ *adv* late; **boa ~!** good afternoon/evening!; **à ~** in the afternoon/evening; **já é ~** it's too late; **mais ~** later; **antes ~ do que nunca** better late than never; **já vai ~** not a moment too soon; **nunca é ~ demais** it's never too late.

tardinha [tax'dʒiɲa] *f*: **à ~** late in the afternoon.

tardio, dia [tax'dʒiu, 'dʒia] *adj* late.

tarefa [ta'rɛfa] *f* task.

tarifa [ta'rifa] *f (preço, taxa)* charge; *(em transportes)* fare; *(lista de preços)* price list.

tartaruga [tarta'ruga] *f (terrestre)* tortoise; *(aquática)* turtle.

tas [taʃ] = **te + as → te.**

tática ['tatʃika] *f* tactic.

tático, ca ['tatʃiku, ka] *adj* tactical.

tato ['tatu] *m (sentido)* touch; *fig (cuidado, habilidade)* tact; **ter ~** *fig* to be tactful.

tatuagem [ta'twaʒẽ] (*pl* **-ns** [-ʃ]) *f* tattoo.

taxa ['taʃa] *f (índice)* rate; *(imposto)* tax; *(percentagem)* rate; **~ de câmbio/juros** exchange/interest rate.

táxi ['taksi] *m* taxi.

taxímetro [tak'simetru] *m* taximeter.

tchau ['tʃaw] *interj* bye!

te [tʃi] *pron (complemento direto)* you; *(complemento indireto)* (to) you; *(reflexo)* yourself.

teatral [tea'traw] (*pl* **-ais** [-ajʃ]) *adj (do teatro)* theater *(antes de s)*; *(pessoa, comportamento)* theatrical.

teatro ['teatru] *m* theater; **~ de fantoches** puppet show.

tecer [te'se(x)] *vt (tapete, tecido)* to weave; *(suj: aranha)* to spin.

tecido [te'sidu] *m (pano)* fabric, cloth; ANAT tissue.
tecla ['tɛkla] *f* key.
teclado [tɛ'kladu] *m* keyboard.
técnica ['tɛknika] *f* technique → **técnico**.
técnico, ca ['tɛkniku, ka] *adj* technical. ◆ *m, f (pessoa)* technician.
tecnologia [tɛknolo'ʒia] *f* technology; ~ **de informação** information technology; ~ **de ponta** state-of-the-art technology.
tédio ['tɛdʒju] *m* boredom.
teia ['teja] *f* web.
teimar [tej'ma(x)] *vi* to insist; ~ **em** to insist on.
teimosia [tejmo'zia] *f* stubbornness.
teimoso, osa [tej'mozu, ɔza] *adj* stubborn.
tela ['tɛla] *f (pintar)* canvas; *(tecido)* fabric; *(cinema)* screen.
telecomunicações [telekomunika'sõjʃ] *fpl* telecommunications.
teleférico [tele'fɛriku] *m* cable car; *(para esquiadores)* ski lift.
telefonar [telefo'na(x)] *vi* to (tele)phone; ~ **para alguém** to (tele)phone sb.
telefone [tele'fɔni] *m* (tele)phone; **estar no** ~ to be on the phone; ~ **celular** cell phone *Am*, mobile phone *Brit*; ~ **público** public payphone.
telefonema [telefo'nema] *m* (tele)phone call; **dar um** ~ to make a (tele)phone call.
telefônico, ca [tele'foniku, ka] *adj* (tele)phone *(antes de s)*.
telefonista [telefo'niʃta] *mf* switchboard operator.
telegrama [tele'grama] *m* telegram.
telejornal [ˌtɛlɛʒox'naw] (*pl* **-ais** [-ajʃ]) *m* news *sg*.
telenovela [ˌtɛlɛno'vɛla] *f* soap opera.

TELENOVELA

In recent years, soap operas have become one of Brazil's most profitable exports. Fan clubs for the stars can be found in many different countries. In Brazil itself, a surprisingly large slice of the daily TV schedule is devoted to these shows, which consist of a number of interwoven plots and scandals, usually running almost every day for about six months. Portugal is the largest importer of Brazilian soaps, despite a growing number of home-produced alternatives.

teleobjetiva [ˌtɛlɛobʒɛ'tʃiva] *f* telephoto lens.
telepatia [telepa'tʃia] *f* telepathy.
telescópio [teleʃ'kɔpju] *m* telescope.
televisão [televi'zãw] (*pl* **-ões** [-õjʃ]) *f* television, TV; ~ **a cores** color television; ~ **por cabo/satélite** cable/satellite television.

televisor [televi'zo(x)] (*pl* **-res** [-riʃ]) *m* television (set).
telex [tɛ'lɛks] (*pl* **-xes** [-ksiʃ]) *m* telex.
telha ['teʎa] *f* (roof) tile.
telhado [te'ʎadu] *m* roof.
tem ['tẽ] → **ter.**
têm ['tajẽ] → **ter.**
tema ['tema] *m* subject.
temer [te'me(x)] *vt* to be afraid of, to fear; ~ **que** to fear (that).
temido, da [te'midu, da] *adj* feared.
temível [te'mivɛw] (*pl* **-eis** [-ejʃ]) *adj* frightening.
temor [te'mo(x)] (*pl* **-res** [-riʃ]) *m* fear.
temperado, da [tẽmpe'radu, da] *adj (comida)* seasoned; *(clima)* temperate.
temperamento [tẽmpera'mẽntu] *m* temperament.
temperar [tẽmpe'ra(x)] *vt* to season.
temperatura [tẽmpera'tura] *f* temperature; ~ **negativa/positiva** below/above zero.
tempero [tẽm'peru] *m* seasoning.
tempestade [tẽmpeʃ'tadʒi] *f* storm; **uma** ~ **num copo de água** a storm in a teacup.
templo ['tẽmplu] *m* temple.
tempo ['tẽmpu] *m (horas, minutos, segundos)* time; *(meteorológico)* weather; GRAM tense; **chegar a** ~ **de algo** to arrive in time for sthg; **chegar a** ~ **de fazer algo** to arrive in time to do sthg; **ganhar** ~ to save time; **não ter** ~ **para algo** to not have time for sthg; **não ter** ~ **para fazer algo** to not have time to do sthg; **poupar** ~ to save time; **recuperar o** ~ **perdido** to make up for lost time; **ser** ~ **de** to be time to; **em** ~ **integral** full-time; ~ **livre** free time *sg*; **antes do** ~ prematurely; **ao mesmo** ~ at the same time; **dentro de pouco** ~ in a little while; **no meu** ~ in my days; **naquele** ~ in those days; **de** ~**s em** ~**s** from time to time; **nos últimos** ~**s** lately; **por algum** ~ for a while; **por** ~ **indefinido** ou **indeterminado** indefinitely.
têmpora ['tẽmpora] *f* temple.
temporada [tẽmpo'rada] *f* season; **passar uma** ~ **no estrangeiro/na praia** to spend some time abroad/at the beach.
temporal [tẽmpo'raw] (*pl* **-ais** [-ajʃ]) *m* storm.
temporário, ria [tẽmpu'rarju, rja] *adj* temporary.
tencionar [tẽsjo'na(x)] *vt*: ~ **fazer algo** to intend to do sthg.
tenda ['tẽnda] *f (para acampar)* tent; *(em mercado)* stand; *(quitanda)* farmers' market.
tendão [tẽn'dãw] (*pl* **-ões** [-õjʃ]) *m* tendon.
tendência [tẽn'dẽsja] *f* tendency; **ter** ~ **a para** to tend to.
tendões → **tendão.**
tenente [te'nẽntʃi] *mf* lieutenant.
tenho ['taɲu] → **ter.**
tênis ['teniʃ] *m inv* ESP tennis; *(sapatos)* sneakers *pl Am*, trainers

pl Brit; ~ **de mesa** table tennis, ping-pong.

tenro, ra ['tẽxu, xa] *adj* tender; **de tenra idade** young.

tensão [tẽ'sãw] (*pl* **-ões** [-õjʃ]) *f* *(nervosismo)* tension; *(elétrica)* voltage; ~ **arterial alta/baixa** high/low blood pressure.

tenso, sa ['tẽsu, sa] *adj* tense.

tensões → **tensão.**

tentação [tẽnta'sãw] (*pl* **-ões** [-õjʃ]) *f* temptation.

tentador, ra [tẽnta'do(x), ra] (*mpl* **-res** [-riʃ], *fpl* **-s** [-ʃ]) *adj* tempting.

tentar [tẽn'ta(x)] *vt (seduzir)* to tempt. ◆ *vi (experimentar)* to try; ~ **fazer algo** to try to do sthg.

tentativa [tẽnta'tiva] *f* attempt; **na primeira** ~ on one's first attempt go; **na** ~ **de fazer algo** in an attempt to do sthg.

tênue ['tenwi] *adj* faint; *(sabor)* mild.

teologia [teolo'ʒia] *f* theology.

teor ['teo(x)] *m* tone; *(de álcool, gordura)* content.

teoria [teo'ria] *f* theory; **em** ~ in theory.

teoricamente [ˌtjɔrika'mẽntʃi] *adv* theoretically.

tépido, da ['tɛpidu, da] *adj* tepid.

ter ['te(x)] *vt* **-1.** *(possuir)* to have; **a casa tem dois quartos** the house has two bedrooms; **tenho muito dinheiro** I have a lot of money; ~ **saúde/juízo** to be healthy/sensible.

-2. *(indica medida, idade)* to be; **que idade você tem?** how old are you?; **tenho dez anos** I'm ten (years old).

-3. *(dor, doença)* to have (got); ~ **febre** to have a fever; **tenho dor de dentes/cabeça** I've got a toothache/headache.

-4. *(sentir)*: ~ **medo** to be frightened; **tenho frio/calor** I'm cold/hot; **tenho sede/fome** I'm thirsty/hungry.

-5. *(exprime sentimento)*: ~ **amor/ódio a alguém** to love/hate sb; ~ **carinho por alguém** to care about sb; ~ **afeição por alguém** to be fond of sb.

-6. *(conter)* to hold; **esta garrafa tem um litro** this bottle holds one liter.

-7. *(discussão, problema)* to have; **eles têm muitos problemas econômicos** they have a lot of money problems; **tivemos uma grande discussão** we had a big argument.

-8. *(para desejar)* to have; **tenha umas boas férias!** enjoy your vacation!; **tenham um bom dia!** have a nice day!

-9. *(ter de ir a)* to have; **tenho um encontro** I've got a date.

-10. *(dar à luz)* to have; **ela teve uma menina** she had a baby girl.

-11. *(em locuções)*: **ir** ~ **a** *(desembocar)* to lead to; **ir** ~ **com** *(encontrar)* to meet.

◆ *v aux* **-1.** *(haver)*: **eles tinham quebrado o vidro** they had broken the window.

-2. *(exprime obrigação)*: ~ **de fazer algo** to have to do sthg; **temos de estar lá às oito** we have

to be there at eight; **tenho muito que fazer** I have a lot to do.
terapeuta [tera'pewta] *mf* therapist.
terapia [tera'pia] *f* therapy.
terça-feira [ˌtexsa'fejra] (*pl* **terças-feiras** [ˌtexsaʃ'fejraʃ]) *f* Tuesday; **Terça-feira de Carnaval** Mardi Gras *Am*, Shrove Tuesday *Brit* → **sexta-feira.**
terceira [tex'sejra] *f (de veículo)* third (gear).
terceiro, ra [tex'sejru, ra] *num* third; **a terceira idade** old age → **sexto.**
terço ['texsu] *m (parte)* third; *(rosário)* rosary; **rezar o ~** to say the rosary.
termas ['tɛxmaʃ] *fpl* hot ou thermal baths, spa *sg.*
térmico, ca [tex'miku, ka] *adj* thermal; **garrafa térmica** Thermos® (bottle).
terminal [texmi'naw] (*pl* **-ais** [-ajʃ]) *adj* terminal. ◆ *m* INFORM terminal; **~ rodoviário/ferroviário** bus/railroad terminal; **~ aéreo** airport terminal.
terminar [texmi'na(x)] *vt* to finish. ◆ *vi* to end; **~ em algo** to end in sthg; **~ por fazer algo** to end up doing sthg.
termo ['texmu] *m* term; *(limite, fim)* end, conclusion; **pôr ~ a algo** to put an end to sthg.
termômetro [ter'mometru] *m* thermometer.
terno, na ['tɛxnu, na] *adj* tender. ◆ *m* suit; **ir de ~ e gravata** to wear a suit and tie.
ternura [tex'nura] *f* tenderness.
terra ['tɛxa] *f (chão)* ground; *(substância)* earth; *(terreno)* land; *(pátria)* homeland; *(solo)* soil; *(localidade)* place; **a Terra** Earth; **~ natal** homeland, country of origin; **por ~** *(viajar)* by land; **cair por ~** *fig (plano, negócio)* to fall through.
terraço [te'xasu] *m* terrace.
terremoto [texe'mɔtu] *m* earthquake.
terreno, na [te'xenu, na] *adj* earthly. ◆ *m* plot (of land).
térreo, ea ['tɛxju, ja] *adj (andar, piso)* ground *(antes de s).*
terrestre [te'xɛʃtri] *adj (de planeta)* terrestrial; *(da terra)* land *(antes de s).* ◆ *mf* earthling.
território [texi'tɔrju] *m* territory.
terrível [te'xivɛw] (*pl* **-eis** [-ejʃ]) *adj* terrible.
terror [te'xo(x)] (*pl* **-res** [-riʃ]) *m* terror.
tese ['tɛzi] *f* thesis.
tesoura [te'zora] *f* scissors *pl*; **~ de unha** nail scissors.
tesouro [te'zoru] *m* treasure.
testa ['tɛʃta] *f* forehead.
testamento [teʃta'mẽntu] *m* will.
testar [teʃ'ta(x)] *vt* to test, to try out.
teste ['tɛʃtʃi] *m* test; **~ oral** oral (exam).
testemunha [teʃte'muɲa] *f* witness; **~ ocular** eyewitness.
testemunho [teʃte'muɲu] *m* JUR testimony.
testículo [teʃ'tʃikulu] *m* testicle.

teto ['tɛtu] *m* ceiling.
teu, tua ['tew, 'tua] *adj* your. ◆ *pron*: **o ~/a tua** yours; **um amigo ~** a friend of yours; **os ~s** *(a tua família)* your family.
teve ['tevi] → **ter.**
têxtil ['tejʃtʃiw] (*pl* **-teis** [-tejʃ]) *m* textile.
texto ['tejʃtu] *m (de livro)* text; *(de peça teatral)* script.
textura [tejʃ'tura] *f* texture.
ti ['tʃi] *pron (com preposição: complemento indireto)* you; *(com preposição: reflexo)* yourself; **compraste-o para ~ (mesmo próprio)?** did you buy it for yourself?
tigela [tʃi'ʒɛla] *f* bowl; **de meia ~** *fig (de pouco valor)* second-rate.
tigre ['tʃigri] *m* tiger.
tijolo [tʃi'ʒolu] *m* brick.
til ['tiw] *m* tilde.
time ['tʃimi] *m* team.
timidez [tʃimi'deʃ] *f* shyness.
tímido, da ['tʃimidu, da] *adj* shy.
tímpano ['tʃĩmpanu] *m* ANAT eardrum; *MÚS* kettledrum.
tina ['tʃina] *f* tub.
tingido, da [tʃĩ'ʒidu, da] *adj* dyed.
tingir [tʃĩ'ʒi(x)] *vt* to dye.
tinha ['tʃiɲa] → **ter.**
tinir [tʃi'ni(x)] *vi* to ring; **estar tinindo** *(de novo)* to be brand new; *(de limpo)* to be gleaming.
tinta ['tʃĩnta] *f (para escrever)* ink; *(para pintar)* paint; *(para tingir)* dye; **~ a óleo** oil paint.
tinteiro [tʃĩn'tejru] *m* inkwell.
tinturaria [tʃĩntura'ria] *f (local)* dry cleaner.
tio, tia ['tʃiu, 'tʃia] *m, f* uncle, aunt.
típico, ca ['tʃipiku, ka] *adj (comida, bebida, costume)* traditional; **ser ~ de** to be typical of.
tipo, pa ['tʃipu, pa] *m* type.
tipografia [tʃipogra'fia] *f (local)* printing works *sg*.
tíquete [tʃi'ketʃi] *m* ticket; **~ de metrô** subway ticket.
tiracolo [tʃira'kɔlu] *m*: **a ~** across the shoulder.
tiragem [tʃi'raʒẽ] (*pl* **-ns** [-ʃ]) *f (de jornal, revista)* circulation; *(livro)* print run.
tirania [tʃira'nia] *f* tyranny.
tirar [tʃi'ra(x)] *vt* to take; *(remover)* to take off; **~ algo de alguém** *(roubar)* to steal sthg from sb; **~ algo à sorte** to pick sthg at random; **~ a mesa** to clear the table.
tiritar [tʃiri'ta(x)] *vi* to shiver.
tiro ['tʃiru] *m* shot; **dar um ~ (em alguém)** to shoot (sb); **~ ao alvo** target shooting; **o ~ saiu pela culatra** it backfired; **ser ~ e queda** to be a dead cert.
tiroteio [tʃiro'teju] *m (tiros)* shooting; *(troca de disparos)* shoot-out.
título ['tʃitulu] *m* title; *(documento)* bond.
tive ['tʃivi] → **ter.**
to [tu] = **te + o** → **te.**
toalete [twa'lɛtʃi] *m (banheiro)* toilet; *(roupa)* clothes *pl*. ◆ *f*: **fazer a ~** to wash up.

toalha ['twaʎa] *f* towel; ~ **de banho** bath towel; ~ **de mesa** tablecloth; ~ **de rosto** hand towel.

toca-discos [,tɔka'dʒiʃkuʃ] *m inv* record player.

toca-fitas [,tɔka'fitaʃ] *m inv* cassette player.

tocar [to'ka(x)] *vt (instrumento)* to play. ◆ *vi* to touch; *(campainha, sino, telefone)* to ring; *MÚS* to play; ~ **em** *(em pessoa, objeto)* to touch; *(em assunto)* to touch on ~ **na campainha** to ring the bell.

❑ **tocar a** *v + prep*: **toca a ele pedir uma explicação** it's up to him to ask for an explanation; **no que me toca** as far as I'm concerned.

tocha ['tɔʃa] *f* torch.

todavia [toda'via] *adv* still. ◆ *conj* but, however.

todo, da ['todu, da] *adj* all; ~ **dia/mês** every day/month; ~ **o dia/mês** all day long/all month long; ~ **mundo** everyone, everybody; **todas as coisas** everything *sg*; **em toda a parte** everywhere; **ao** ~ altogether, in total; **de** ~ completely; **no** ~ all in all.

❑ **todos** *pron pl (pessoas)* everyone *sg*, everybody *sg*; *(coisas)* all; **quero** ~**s** I want them all, I want all of them.

toldo ['towdu] *m* awning.

tolerância [tole'rãsja] *f* tolerance.

tolerar [tole'ra(x)] *vt* to tolerate.

tolice [to'lisi] *f (coisa sem valor)* trifle; *(asneira)* stupid thing.

tolo, la ['tolu, la] *adj* silly.

tom ['tõ] (*pl* **-ns** [-ʃ]) *m* tone; *(de cor)* shade; *(MÚS: nota)* key; *(MÚS: altura)* pitch; **ser de bom** ~ to be the done thing; ~ **agudo/grave** high/low note.

tomada [to'mada] *f (elétrica)* socket; *(de lugar, edifício)* seizure; ~ **de posse** *(de governo, presidente)* investiture.

tomar [to'ma(x)] *vt* to take; *(bebida)* to have; *(lugar, edifício)* to seize; **toma!** here you are!; **vamos** ~ **um café!** let's go get some coffee!; ~ **ar** to get some air; ~ **o café da manhã** to have breakfast; ~ **posse** *(de cargo político)* to take office.

tomara [to'mara] *interj*: ~ **que ...** if only...; **tomara!** let's hope so!

tomate [to'matʃi] *m* tomato.

tombar [tõm'ba(x)] *vt* to knock over. ◆ *vi* to fall.

tombo ['tõmbu] *m* tumble; **levar um** ~ to fall down.

tonalidade [tonali'dadʒi] *f (de som)* key; *(de cor)* shade.

tonelada [tone'lada] *f* ton.

tônico, ca ['toniku, ka] *adj* tonic; *(fortificante)* invigorating. ◆ *m (medicamento)* tonic.

tons → **tom.**

tonto, ta ['tõntu, ta] *adj (com tonturas)* dizzy; *(tolo)* silly.

tontura [tõn'tura] *f* dizziness.

tópico ['tɔpiku] *m* topic.

topo ['topu] *m* top.

toque ['tɔki] *m (contato)* touch; *(som)* chime, chiming; *(de campainha)* ring.

tórax ['tɔraks] *m* thorax.

torcedor, ra [toxse'do(x), ra] (*mpl* **-res** [-riʃ], *fpl* **-s** [-ʃ]) *m, f* ESP fan, supporter.

torcer [tox'se(x)] *vt* to twist; *(espremer)* to wring out; ~ **o nariz para algo** to turn one's nose up at sthg.

❑ **torcer por** *v + prep (apoiar)* to support.

❑ **torcer-se** *vp (de riso, dor)* to double up.

torcicolo [toxsi'kɔlu] *m*: **ter um** ~ to have a crick in one's neck.

torcida [tox'sida] *f* ESP *(grupo)* fans *pl*; ESP *(ato)* supporter.

torcido, da [tox'sidu, da] *adj* twisted.

tormenta [tox'mẽnta] *f* storm.

tormento [tox'mẽntu] *m* torment.

tornar [tox'na(x)] *vt* to make; ~ **algo em algo** to turn sthg into sthg.

❑ **tornar a** *v + prep*: ~ **a fazer algo** to do sthg again.

❑ **tornar-se** *vp* to become.

torneio [tox'neju] *m* tournament.

torneira [tox'nejra] *f* faucet *Am*, tap *Brit*.

torno ['toxnu] *m*: **em** ~ **de** around.

tornozelo [toxno'zelu] *m* ankle.

torpedo [tox'pedu] *m* torpedo.

torrada [to'xada] *f* (a slice of) toast.

torradeira [toxa'dejra] *f* toaster.

torrão [to'xãw] (*pl* **-ões** [-õjʃ]) *m (de terra)* clod; ~ **de açúcar** sugar lump.

torrar [to'xa(x)] *vt* to toast.

torre ['toxi] *f (construção)* tower; *(em xadrez)* rook, castle.

tórrido, da ['tɔxidu, da] *adj* torrid.

torrões → **torrão.**

torta ['tɔrta] *f* pie.

torto, torta ['toxtu, 'tɔxta] *adj* bent; **a** ~ **e a direito** left, right and center.

tos [tuʃ] = **te + os** → **te.**

tosse ['tɔsi] *f* cough.

tossir [to'si(x)] *vi* to cough.

tostão [toʃ'tãw] (*pl* **-ões** [-õjʃ]) *m* dime *Am*, copper *Brit*; **não valer um** ~ **furado** not to be worth a penny.

total [to'taw] (*pl* **-ais** [-ajʃ]) *adj* & *m* total; **no** ~ in all.

totalidade [tutali'dadʒi] *f* whole; **a** ~ **dos meus alunos** all (of) my students; **na** ~ *(no total)* in total; *(totalmente)* completely.

totalmente [totaw'mẽntʃi] *adv* totally.

touca ['toka] *f* cap; ~ **de banho** *(em piscina)* swimming cap; *(em ducha)* shower cap.

toucinho [to'siɲu] *m* bacon; ~ **defumado** smoked bacon.

toupeira [to'pejra] *f* mole.

tourada [to'rada] *f* bullfight.

touro ['toru] *m* bull.

❑ **Touro** *m* Taurus.

tóxico, ca ['tɔksiku, ka] *adj* toxic, poisonous.

trabalhador, ra [trabaʎa'do(x), ra] (*mpl* **-res** [-riʃ], *fpl* **-s** [-ʃ]) *adj* hard-working. ◆ *m, f* worker; ~ **braçal** manual worker.

trabalhar [traba'ʎa(x)] *vi & vt* to work.

trabalho [tra'baʎu] *m* work; **ir para o** ~ to go to work; ~ **de casa** EDUC homework; ~ **de parto** labor.

traça ['trasa] *f* moth.

tração [tra'sãw] *f* traction.

traçar [tra'sa(x)] *vt (linha, desenho)* to draw; *(plano)* to draw up.

traço ['trasu] *m (risco)* line; *(vestígio)* trace; *(de rosto, personalidade)* feature.

tradição [tradʒi'sãw] (*pl* **-ões** [-õjʃ]) *f* tradition.

tradicional [tradʒisjo'naw] (*pl* **-ais** [-ajʃ]) *adj* traditional.

tradições → **tradição.**

tradução [tradu'sãw] (*pl* **-ões** [-õjʃ]) *f* translation.

tradutor, ra [tradu'to(x), ra] (*mpl* **-res** [-riʃ], *fpl* **-s** [-ʃ]) *m, f* translator.

traduzir [tradu'zi(x)] *vt & vi* to translate.

tráfego ['trafegu] *m* traffic.

traficante [trafi'kãntʃi] *mf* trafficker, dealer.

traficar [trafi'ka(x)] *vt* to traffic in.

tráfico ['trafiku] *m* traffic.

tragar [tra'ga(x)] *vt, vi (fumo)* to inhale; *(bebida)* to swallow.

tragédia [tra'ʒɛdʒja] *f* tragedy.

trágico, ca ['traʒiku, ka] *adj* tragic.

trago ['tragu] *m (de fumo)* a drag; *(de bebida)* a mouthful → **trazer.**

traição [traj'sãw] (*pl* **-ões** [-õjʃ]) *f (de amigo, companheiro)* betrayal; *(de país)* treason.

traidor, ra [traj'do(x), ra] (*mpl* **-res** [-riʃ], *fpl* **-s** [-ʃ]) *m, f* traitor.

traje ['traʒi] *m* clothes *pl*; ~ **a rigor** evening wear; ~ **esporte** casual dress; ~ **de noite** evening gown; ~ **típico** traditional costume ou dress; ~**s menores** underwear *sg*.

trajeto [tra'ʒɛtu] *m (caminho)* route; *(viagem)* journey, trip.

trajetória [traʒe'tɔrja] *f* trajectory.

tralha ['traʎa] *f* junk, stuff.

trama ['trama] *f (de fios)* weave; *(de livro, filme)* plot.

tramar [tra'ma(x)] *vt*: ~ **algo** *(conspirar)* to plot sthg.

trâmite ['tramitʃi] *m* procedure; **os** ~**s legais** legal procedures.

tranca ['trãŋka] *f* bar.

trança ['trãsa] *f* braid *Am*, plait *Brit*.

trancar [trãŋ'ka(x)] *vt* to bar.

tranqüilidade [trãŋkwili'dadʒi] *f* peace, tranquility.

tranqüilizante [trãŋkwili'zãntʃi] *adj* reassuring. ◆ *m* tranquilizer.

tranqüilo, la [trãŋ'kwilu, la] *adj* calm; *(local)* peaceful.

transar [trã'za(x)] *vt (combinar)* to arrange. ◆ *vi* to have sex.

transatlântico, ca [trãzat'lãntʃiku, ka] *adj* transatlantic. ◆ *m* (ocean) liner.
transbordar [trãʒbox'da(x)] *vi* to overflow.
transbordo [trãʒ'boxdu] *m* transfer; **fazer** ~ to transfer.
transeunte [trã'zeũntʃi] *mf* passerby.
transferência [trãʃfe'rẽsja] *f* transfer.
transferir [trãʃfe'ri(x)] *vt* to transfer.
transformador, ra [trãʃfoxma'do(x), ra] (*mpl* **-res** [-riʃ], *fpl* **-s** [-ʃ]) *m* transformer.
transformar [trãʃfox'ma(x)] *vt* to transform.
transfusão [trãʃfu'zãw] (*pl* **-ões** [-õjʃ]) *f*: ~ **de sangue** blood tranfusion.
transgredir [trãʒgre'di(x)] *vt* *(lei)* to break, to violate; *(direito)* to infringe.
transição [trãzi'sãw] (*pl* **-ões** [-õjʃ]) *f* transition.
transitar [trãzi'ta(x)] *vi* to circulate; ~ **para** to move on to.
transitivo, va [trãzi'tʃivu, va] *adj* GRAM transitive.
trânsito ['trãzitu] *m* traffic; **'~ congestionado'** 'heavy traffic'; **'~ proibido'** 'no entry' *(for vehicular traffic)* **'~ nos dois sentidos'** 'two-way traffic'.
transmissão [trãʒmi'sãw] (*pl* **-ões** [-õjʃ]) *f (de rádio, televisão)* broadcast, transmission; *(de mensagem)* passing on; *(de doença, genes)* transmission.
transmitir [trãʒmi'tʃi(x)] *vt* *(suj: rádio, televisão)* to broadcast; *(mensagem)* to pass on; *(doença, genes)* to transmit. ◆ *vi (rádio, televisão)* to broadcast, to transmit.
transparência [trãʃpa'rẽsja] *f* transparency.
transparente [trãʃpa'rẽntʃi] *adj* transparent; *(água)* clear; *(roupa, tecido)* see-through.
transpiração [trãʃpira'sãw] *f* perspiration.
transpirar [trãʃpi'ra(x)] *vi* to perspire.
transplantar [trãʃplãn'ta(x)] *vt* to transplant.
transplante [trãʃ'plãntʃi] *m* *(de planta, árvore)* transplanting; *(de órgão)* transplant.
transportar [trãʃpox'ta(x)] *vt* to carry; *(suj: veículo)* to transport.
transporte [trãʃ'pɔxtʃi] *m* transportation; ~ **coletivo** public transportation.
transtornar [trãʃtox'na(x)] *vt* *(pessoa)* to upset; *(reunião, rotina)* to disrupt.
transtorno [trãʃ'toxnu] *m* disruption; **causar** ~ to cause disruption.
trapézio [tra'pɛzju] *m* trapeze.
trapo ['trapu] *m* rag.
trarei [tra'reʃ] → **trazer.**
trás ['trajʃ] *prep & adv*: **deixar para** ~ to leave behind; **por** ~ **de** behind; **de** ~ from behind; **para** ~ back(ward).
traseira [tra'zejra] *f (de carro)* rear *sg.*
traseiro, ra [tra'zejru, ra] *adj*

(parte, assento) back *(antes de s)*. ◆ *m* backside.

tratado, da [tra'tadu, da] *adj* treated; *(assunto)* sorted out. ◆ *m (acordo)* treaty; *(ensaio)* treatise.

tratamento [trata'mẽntu] *m* treatment; *INFORM* processing.

tratar [tra'ta(x)] *vt* to treat; ~ **alguém bem/mal** to treat sb well/badly.

❑ **tratar de** *v + prep* to deal with; ~ **de fazer algo** to decide to do sthg.

❑ **tratar-se de** *vp + prep* : **trata-se de um erro** it's a mistake; **de quem se trata?** who is it?

trator [tra'to(x)] (*pl* **-res** [-riʃ]) *m* tractor.

trauma ['trawma] *m* trauma.

travar [tra'va(x)] *vt (combate, luta)* to wage; ~ **conhecimento com alguém** to meet sb.

trave ['travi] *f* beam; *(em futebol)* crossbeam.

travessa [tra'vɛsa] *f (rua)* lane; *(peça de louça)* platter; *(para cabelo)* (decorative) comb.

travessão [trave'sãw] (*pl* **-ões** [-õjʃ]) *m (para cabelo)* (decorative) comb; *(sinal gráfico)* dash; *(no futebol)* crossbar.

travesseiro [trave'sejru] *m* pillow.

travessia [trave'sia] *f* crossing.

travesso, a [tra'vesu, a] *adj* naughty.

travessões → **travessão.**

traz ['trajʃ] → **trazer.**

trazer [tra'ze(x)] *vt* to bring; *(vestir)* to wear; *(problemas)* to cause; *(conseqüências)* to have.

trégua ['trɛgwa] *f (descanso)* break; *(em conflito)* truce.

treinador, ra [trejna'do(x), ra] (*mpl* **-res** [-riʃ], *fpl* **-s** [-ʃ]) *m, f* trainer.

treinar [trej'na(x)] *vt* to train.

❑ **treinar-se** *vp* to train.

treino ['trejnu] *m* training.

trem ['trẽ] (*pl* **-ns** [-ʃ]) *m* train; *(coisa)* stuff; ~ **de aterrissagem** *(de avião)* landing gear; **de** ~ by train; **pegar o** ~ to catch the train.

tremendo, da [tre'mẽndu, da] *adj* tremendous; *(horrível)* terrible.

tremer [tre'me(x)] *vi* to tremble; ~ **de frio** to shiver with cold; ~ **de medo** to tremble with fear.

tremor [tre'mo(x)] (*pl* **-res** [-riʃ]) *m (de frio)* shivering; *(de medo)* trembling; ~ **de terra** earthquake.

trenó [trɛ'nɔ] *m* sled.

trens → **trem.**

trepadeira [trepa'dejra] *f (planta)* climber; *(roseira)* rambler.

trepar [tre'pa(x)] *vi*: ~ **em** to climb up.

três ['trejʃ] *num* three → **seis.**

trespassar [treʃpa'sa(x)] *vt (loja, estabelecimento)* to transfer; *(transgredir)* to violate.

trevas ['trɛvaʃ] *fpl* darkness *sg*.

trevo ['trevu] *m (planta)* clover; *(símbolo da Irlanda)* shamrock.

treze ['trezi] *num* thirteen → **seis.**

trezentos, tas [tre'zẽntuʃ, taʃ] *num* three hundred → **seis.**
triângulo [tri'ãŋgulu] *m* triangle.
tribo ['tribu] *f* tribe.
tribuna [tri'buna] *f (de estádio)* grandstand.
tribunal [tribu'naw] (*pl* **-ais** [-ajʃ]) *m* court.
tricô [tri'ko] *m* knitting.
tricotar [triko'ta(x)] *vt* to knit.
trigésimo, ma [tri'ʒɛzimu, ma] *num* thirtieth → **sexto.**
trigo ['trigu] *m* wheat.
trilha ['triʎa] *f* path; ~ **sonora** soundtrack.
trilho ['triʎu] *m (de rolamento)* rail; *(caminho)* path.
trimestral [trimeʃ'traw] (*pl* **-ais** [-ajʃ]) *adj* quarterly.
trimestre [tri'mɛʃtri] *m* quarter.
trincheira [trĩ'ʃejra] *f (escavação)* trench.
trinco ['trĩŋku] *m* latch; **fechar a porta com** ~ to leave the door on the latch.
trinta ['trĩnta] *num* thirty → **seis.**
trio ['triu] *m* trio; ~ **elétrico** carnival float.
tripa [tri'pa] *f (intestino)* gut. ❑ **tripas** *fpl (comida)* tripe *sg.*
triplicar [tripli'ka(x)] *vt* to triple.
tripulação [tripula'sãw] (*pl* **-ões** [-õjʃ]) *f* crew.
tripular [tripu'la(x)] *vt* to man.
triste ['triʃtʃi] *adj (pessoa)* unhappy, sad; *(local)* gloomy.
tristeza [triʃ'teza] *f (de pessoa)* sadness; *(local)* gloominess; **que** ~! what a shame!
triunfar [triũ'fa(x)] *vi* to win.
triunfo [tri'ũfu] *m* triumph.
trivial [tri'vjaw] (*pl* **-ais** [-ajʃ]) *adj* trivial.
triz ['triʃ] *m (momento)* second; **por um** ~ by the skin of one's teeth.
troca ['trɔka] *f* exchange, swap; **dar algo em** ~ **de algo** to give sthg in exchange for sthg.
trocado, da [tro'kadu, da] *adj* mixed up.
❑ **trocados** *mpl* loose change *sg.*
trocar [tro'ka(x)] *vt* to change; *(idéias)* to exchange; *(confundir)* to mix up.
❑ **trocar de** *v + prep* to change.
❑ **trocar-se** *vp* to get changed.
troco ['troku] *m* change; *fig (resposta)* retort; **dar o** ~ *(responder)* to reply in kind; **a** ~ **de** in exchange for.
troço ['trosu] *m (coisa)* thing; *(tralha)* junk; **ter um** ~ *(passar mal)* to get sick.
troféu [tro'fɛu] *m* trophy.
tromba ['trõmba] *f (de elefante)* trunk; *(de chuva)* downpour.
trombone [trõm'bɔni] *m*: ~ **(de vara)** trombone; **botar a boca no** ~ to blow one's trumpet.
trompete [trõm'pɛtʃi] *m* trumpet.
tronco ['trõŋku] *m* trunk.
trono ['tronu] *m* throne.

tropa ['trɔpa] *f* army; ~ **de choque** riot police.
tropeçar [trope'sa(x)] *vi* to trip; ~ **em algo** to trip over sthg.
tropical [tropi'kaw] (*pl* **-ais** [-ajʃ]) *adj* tropical.
tropicalismo [trɔpikaliʒmu] *m* *a blend of Brazilian culture and foreign influences.*

TROPICALISMO

A cultural movement from the end of the sixties, Tropicalismo revolutionised popular music in Brazil, employing debauchery, irreverence and improvisation. It was led by the Bahian musicians Caetano Veloso and Gilberto Gil, who based the movement on a counter-culture which opposed the existing musical orthodoxy. Tropicalismo is a fusion of Brazilian culture with foreign influences which encourages a new and artistic polemic.

---

trópico ['trɔpiku] *m* tropic; **os ~s** the tropics; **T~ de Câncer/Capricórnio** Tropic of Cancer/Capricorn.
trotar [tro'ta(x)] *vi* to trot.
trouxa ['troʃa] *f* bundle.
trouxe ['trosi] → **trazer.**
trovão [tro'vãw] (*pl* **-ões** [-õjʃ]) *m* clap of thunder.
trovejar [trove'ʒa(x)] *v impess* to thunder.
trovoada [trovw'ada] *f* (*ruído*) thunder; (*tempestade*) thunderstorm.
trovões → **trovão.**
trucidar [trusi'da(x)] *vt* to slaughter.
trufas ['trufaʃ] *fpl* truffles.
trunfo ['trũfu] *m* trump.
truque ['truki] *m* trick.
truta ['truta] *f* trout.
tu ['tu] *pron* you.
tua → **teu.**
tubarão [tuba'rãw] (*pl* **-ões** [-õjʃ]) *m* shark.
tuberculose [tubɛxku'lɔzi] *f* tuberculosis.
tubo ['tubu] *m* tube; ~ **de ensaio** test tube.
tudo ['tudu] *pron inv* everything; **por ~ e por nada** over the slightest thing; **dar ~ por algo** to give one's all for sthg.
tulipa [tu'lipa] *f* (*planta*) tulip.
tumba ['tũmba] *f* tomb.
tumor [tu'mo(x)] (*pl* **-res** [-riʃ]) *m* tumor; ~ **maligno/benigno** malignant/benign tumor.
túmulo ['tumulu] *m* tomb.
tumulto [tu'muwtu] *m* (*alvoroço*) commotion, ruckus; (*revolta*) uproar.
túnel ['tunɛw] (*pl* **-eis** [-ejʃ]) *m* tunnel.
túnica ['tunika] *f* tunic.
turbulência [turbu'lẽnsja] *f* turbulence.
turismo [tu'riʒmu] *m* tourism; **fazer ~** to go sightseeing.
turista [tu'riʃta] *mf* tourist.
turístico, ca [tu'riʃtʃiku, ka] *adj* tourist (*antes de s*).

turma ['tuxma] *f (em escola)* class; *(amigos)* gang.
turnê ['tuxnɛ] *f* tour.
turno ['tuxnu] *m* shift; **por seu ~** in turn; **por ~s** in shifts.
turquesa [tux'keza] *f* turquoise.
tutela [tu'tɛla] *f* guardianship.
tutor, ra [tu'to(x), ra] (*mpl* **-res** [-riʃ], *fpl* **-s** [-ʃ]) *m, f* guardian.

U

uísque ['wiski] *m* whiskey *Am,* whisky *Brit.*
uivar [ui'va(x)] *vi* to howl.
úlcera ['uwsera] *f* ulcer.
ultimamente [,uwtʃima'mẽntʃi] *adv* lately.
ultimato [uwtʃi'matu] *m* ultimatum.
último, ma ['uwtʃimu, ma] *adj* last; *(mais recente, novo)* latest; *(mais alto)* top; *(mais baixo)* bottom. ◆ *m, f*: **o ~/a última** *(em ordem, fila)* the last one; **a última** *(novidade)* the latest; **por ~** lastly.
ultrapassado, da [,uwtrapa'sadu, da] *adj* outdated.
ultrapassagem [,uwtrapa'sa-ʒẽ] (*pl* **-ns** [-ʃ]) *f* overtaking.
ultrapassar [,uwtrapa'sa(x)] *vt* to overtake.
ultravioleta [,uwtravjo'leta] *adj* ultraviolet.
um, uma [ũ, 'uma] (*mpl* **uns** [ũʃ], *fpl* **umas** ['umaʃ]) *artigo indefinido* a, an *(antes de vogal ou "h" mudo)*; **~ homem** a man; **uma casa** a house; **uma mulher** a woman.
◆ *adj* **-1.** *(exprime quantidade, data indefinida)* one, some *pl*; **comprei uns livros** I bought some books; **~ dia voltarei** I'll be back one day.
-2. *(para indicar quantidades)* one; **trinta e ~ dias** thirty-one days; **~ litro/metro/quilo** a liter/meter/kilo.
-3. *(aproximadamente)* about, around; **esperei uns dez minutos** I waited for about ten minutes; **estavam lá umas cinqüenta pessoas** there were about fifty people there.
-4. *(para enfatizar)*: **está ~ frio/calor** it's so cold/hot; **estou com uma sede** I'm so thirsty; **foi ~ daqueles dias!** it's been one of those days!
◆ *pron (indefinido)* one, some *pl*; **me dê ~** give me one; **pede mais uma** ask for another one; **~ deles** one of them; **~ a ~**, **~ por ~** one by one.
◆ *num* one → **seis.**
umbigo [ũm'bigu] *m* navel.
umidade [umi'dadʒi] *f* humidity.
úmido, da ['umidu, da] *adj* *(tempo)* humid; *(superfície, tecido)* damp.
unanimidade [unanemi'dadʒi] *f*: **por ~** unanimously.
unha ['uɲa] *f* nail; **fazer as ~s** to do one's nails.
união [u'njãw] (*pl* **-ões** [-õjʃ]) *f*

union; *(entre amigos, colegas)* unity.
unicamente [ˌunikaˈmẽntʃi] *adv* only.
único, ca [ˈuniku, ka] *adj (preço)* fixed; *(um só)* only; *(incomparável)* unique. ◆ *m, f*: **o ~ /a única** the only one; **tamanho ~** one size.
unidade [uniˈdadʒi] *f* unit; *(conformidade, uniformidade)* unity; *(união)* union.
unido, da [uˈnidu, da] *adj* united; **eles são muito ~s** they're very close.
unificar [unifiˈka(x)] *vt* to unite.
uniforme [uniˈfɔxmi] *adj & m* uniform.
uniões → **união.**
unir [uˈni(x)] *vt* to join; *(pessoas, países)* to unite; *(anexar)* to attach.
❑ **unir-se** *vp* to join forces; **~-se contra** to join forces against.
universal [univexˈsaw] (*pl* **-ais** [-ajʃ]) *adj* universal.
universidade [univexsiˈdadʒi] *f* university.
universo [uniˈvɛxsu] *m* universe.
uns → **um.**
untar [ũnˈta(x)] *vt* to grease.
urânio [uˈranju] *m* uranium.
urbano, na [uxˈbanu, na] *adj* urban.
urgência [uxˈʒẽsja] *f* urgency; **com ~** urgently.
urgente [uxˈʒẽntʃi] *adj* urgent.
urgentemente [uxˌʒẽntʃiˈmẽntʃi] *adv* urgently.
urina [uˈrina] *f* urine.
urna [ˈuxna] *f (de voto)* ballot box.
urrar [uˈxa(x)] *vi* to roar.
urso [ˈuxsu] *m* bear; **~ pardo** grizzly (bear); **~ de pelúcia** teddy bear; **~ polar** polar bear.
urtiga [uxˈtʃiga] *f* (stinging) nettle.
Uruguai [uruˈgwaj] *m*: **o ~** Uruguay.
usado, da [uˈzadu, da] *adj* used; *(gasto)* worn.
usar [uˈza(x)] *vt (utilizar)* to use; *(vestir, calçar)* to wear.
❑ **usar de** *v + prep* to use.
❑ **usar-se** *vp* to be used; **agora usa-se muito o marrom** brown is very popular at the moment.
usina [uˈzina] *f* factory; **~ de açúcar** sugar refinery; **~ hidroelétrica** hydroelectric power station; **~ nuclear** nuclear power plant.
uso [ˈuzu] *m (utilização)* use; *(costume)* custom; **'para ~ externo'** 'for external use only'; **fazer ~ de** to make use of; **para ~ próprio** for personal use.
usual [uzwˈaw] (*pl* **-ais** [-ajʃ]) *adj* common.
usufruir [uzufruˈi(x)] *v + prep (possuir)*: **usufruir de** to enjoy; *(tirar proveito de)* to make the most of.
úteis → **útil.**
utensílio [utẽˈsilju] *m* utensil.
útero [ˈuteru] *m* womb.

útil ['utʃiw] (*pl* **-teis** [-tejʃ]) *adj* useful.

utilidade [utʃili'dadʒi] *f (qualidade)* usefulness; *(proveito)* use; **isto não tem ~ nenhuma** this is useless.

utilização [utʃiliza'sãw] (*pl* **-ões** [-õjʃ]) *f* use.

utilizar [utʃili'za(x)] *vt (empregar)* to use; *(tirar proveito de)* to make use of.

uva ['uva] *f* grape; **~ passa** raisin.

V

vá ['va] → **ir.**

vã → **vão**[2].

vaca ['vaka] *f (animal)* cow; *(carne)* beef.

vacilar [vasi'la(x)] *vi (hesitar)* to waver.

vacina [va'sina] *f* vaccine.

vácuo ['vakwu] *m* vacuum.

vadio, dia [va'dʒiu, 'dʒia] *adj (cão)* stray; *(pessoa)* idle.

vaga ['vaga] *f (em emprego, hotel)* vacancy; *(para estacionar)* parking slot; *(onda)* wave; **'não há ~s'** 'no vacancies'.

vagabundo, da [vaga'bũndu, da] *m, f* tramp.

vaga-lume [ˌvaga'lumi] (*pl* **vaga-lumes** [ˌvaga'lumeʃ]) *m* glow-worm.

vagão [va'gãw] (*pl* **-ões** [-õjʃ]) *m (de mercadorias)* wagon; *(de passageiros)* car.

vagão-leito [vagãw'lejtu] (*pl* **vagões-leito** [vagõiʒ'lejtu]) *m* sleeping car.

vagão-restaurante [vaˌgãwxeʃtaw'rãntʃi] (*pl* **vagões-restaurante** [vaˌgõiʃxeʃtaw'rãntʃi]) *m* dining car.

vagar [va'ga(x)] *vi (ficar livre)* to be vacant. ◆ *m*: **com mais ~** at a more leisurely pace.

vagaroso, osa [vaga'rozu, ɔza] *adj* slow.

vagem ['vaʒẽ] (*pl* **-ns** [-ʃ]) *f (legume)* green beans; *(de sementes)* pod.

vagina [va'ʒina] *f* vagina.

vago, ga ['vagu, ga] *adj (lugar)* free; *(casa)* empty; *(indefinido)* vague.

vagões → **vagão.**

vai ['vaj] → **ir.**

vaidade [vaj'dadʒi] *f* vanity.

vaidoso, osa [vaj'dozu, ɔza] *adj* vain.

vais → **ir.**

vaivém [vaj'vẽ] (*pl* **-ns** [-ʃ]) *m (movimento)* to-ing and fro-ing, comings and goings *pl.*

vala ['vala] *f* ditch; **~ comum** *(sepultura)* common grave.

vale[1] ['vali] → **valer.**

vale[2] ['vali] *m (planície)* valley; **~ postal** money order.

valente [va'lẽntʃi] *adj (corajoso)* brave; *(forte)* strong.

valer [va'le(x)] *vt (ter o valor de)* to be worth. ◆ *vi (ter validade)* to count; **vale mais ...** it's better to ...; **para ~** for real; **valeu!** great!

□ **valer-se de** *vp + prep* to make use of.

valete [va'lɛtʃi] *m* jack.

valeu [va'lew] → **valer.**

valho ['vaʎu] → **valer.**

validade [vali'dadʒi] *f* validity.

validar [vali'da(x)] *vt* to validate.

válido, da ['validu, da] *adj* valid; ~ **até ...** *(produto)* best before ..., use by...; *(documento)* expiry date ...

valioso, osa [valj'ozu, ɔza] *adj* valuable.

valor [va'lo(x)] (*pl* **-res** [-riʃ]) *m (de objeto)* value; *(em exame, teste)* point, grade; *(de pessoa)* worth; **dar ~ a** to value.

□ **valores** *mpl (bens, ações, etc)* securities; *(de pessoa, sociedade)* values.

valsa ['vawsa] *f* waltz.

válvula ['vawvula] *f* valve; ~ **de segurança** safety valve.

vampiro [vãm'piru] *m* vampire.

vandalismo [vãnda'liʒmu] *m* vandalism.

vândalo, la ['vãndalu, la] *m, f* vandal.

vangloriar-se [vãŋglo'rjaxsi] *vp* to boast; ~ **de** to boast about.

vanguarda [vãŋ'gwaxda] *f* avant-garde; **esta na ~ de** to be in the forefront of.

vantagem [vãn'taʒẽ] (*pl* **-ns** [-ʃ]) *f* advantage; **tirar ~ de algo** to take advantage of sthg.

vantajoso, osa [vãnta'ʒozu, ɔza] *adj* advantageous.

vão[1] ['vãw] → **ir.**

vão[2], **vã** ['vãw, vã] *adj* useless. ◆ *m*: ~ **das escadas** stairwell; ~ **da porta** doorway; **em ~** in vain.

vapor [va'po(x)] (*pl* **-res** [-riʃ]) *m (de líquido)* steam; *(gás)* vapor.

vara ['vara] *f* rod; ~ **de pescar** fishing rod.

varal [va'raw] (*pl* **-ais** [-ajʃ]) *m (de roupa)* clothesline.

varanda [va'rãnda] *f* verandah.

varejo [va'reʒu] *m (venda)* retail.

variação [varja'sãw] (*pl* **-ões** [-õjʃ]) *f* variation.

variado, da [va'rjadu, da] *adj* varied.

variar [va'rja(x)] *vt* to vary. ◆ *vi* to be different; **para ~** for a change.

variedade [varje'dadʒi] *f* variety.

varíola [va'riola] *f* smallpox.

vários, rias ['varjuʃ, rjaʃ] *adj pl* several.

varizes [va'riziʃ] *fpl* varicose veins.

varredor, ra [vaxe'do(x), ra] (*mpl* **-res** [-riʃ], *fpl* **-s** [-ʃ]) *m, f (de rua)* street sweeper.

varrer [va'xe(x)] *vt* to sweep; ~ **algo da memória** to blank sthg out of one's mind.

vascular [vaʃku'la(x)] (*pl* **-res** [-riʃ]) *adj* vascular.

vasculhar [vaʃku'ʎa(x)] *vt (remexer)* to rummage through; *(investigar)* to probe into.

vasilha [va'ziʎa] *f* barrel.

vaso ['vazu] *m* *(para plantas)* vase; *(jarra)* large pitcher; ANAT vessel; ~ **sangüíneo** blood vessel; ~ **sanitário** toilet bowl.
vassoura [va'sora] *f* broom.
vasto, ta ['vaʃtu, ta] *adj* vast.
vazio, zia [va'ziu, 'zia] *adj* empty. ◆ *m* void; ~ **de** devoid of.
vê ['ve] → **ver.**
veado ['vjadu] *m* *(animal)* deer; *(carne)* venison.
vedação [veda'sãw] (*pl* **-ões** [-õjʃ]) *f* fence.
vedado, da [ve'dadu, da] *adj* *(edifício, local)* enclosed; *(recipiente)* sealed; *(interdito)* prohibited.
vedar [ve'da(x)] *vt* *(local, edifício)* to enclose; *(recipiente, buraco)* to seal; *(acesso, passagem)* to block.
vêem ['veẽ] → **ver.**
vegetação [veʒeta'sãw] *f* vegetation.
vegetal [veʒe'taw] (*pl* **-ais** [-ajʃ]) *m* vegetable.
vegetariano, na [veʒeta'rjanu, na] *adj & m, f* vegetarian.
veia ['veja] *f* vein.
veículo [ve'ikulu] *m* vehicle.
veio ['veju] → **ver.**
vejo ['vejʒu] → **ver.**
vela ['vɛla] *f* *(de barco)* sail; *(de iluminação)* candle; *(de motor)* spark plug.
veleiro [ve'lejru] *m* sailing ship, tall ship.
velhice [vɛ'ʎisi] *f* old age.
velho, lha ['vɛʎu, ʎa] *adj* old. ◆ *m, f* old man/woman.
velocidade [velosi'dadʒi] *f* speed; ~ **máxima** speed limit; **'diminua a ~'** 'reduce speed'.
velocímetro [velo'simetru] *m* speedometer.
veloz [ve'lɔʃ] (*pl* **-zes** [-ziʃ]) *adj* fast.
veludo [ve'ludu] *m* velvet.
vem ['vãj] → **vir.**
vêm ['vajãj] → **vir.**
vencedor, ra [vẽse'do(x), ra] (*pl* **-res** [-riʃ], *fpl* **-s** [-ʃ]) *m, f* winner. ◆ *adj* winning.
vencer [vẽ'se(x)] *vt* *(adversário)* to beat; *(corrida, competição)* to win; *fig* *(obstáculo, timidez, problema)* to overcome. ◆ *vi* *(em competição)* to win; *(validade)* to expire; *(pagamento)* to be due; **deixar-se ~ por** *(cansaço, tristeza)* to give in to.
vencido, da [vẽ'sidu, da] *adj* defeated, beaten; **dar-se por ~** to accept defeat.
vencimento [vẽsi'mẽntu] *m* *(ordenado)* salary; *(de prazo de pagamento)* due date; *(de validade)* expiry date.
venda ['vẽnda] *f* *(de mercadorias)* sale; *(mercearia)* grocery store; *(para olhos)* blindfold; **pôr à ~** to put on sale; ~ **por atacado** wholesale; ~ **a varejo** retail.
vendaval [vẽnda'vaw] (*pl* **-ais** [-ajʃ]) *m* gale.
vendedor, ra [vẽnde'do(x), ra] (*mpl* **-res** [-riʃ], *fpl* **-s** [-ʃ]) *m, f* seller.
vender [vẽn'de(x)] *vt* to sell; ~ **a prestações** to sell on in-

stallment plan *Am,* to sell on hire purchase *Brit*; ~ **à vista** to sell for cash.
❑ **vender-se** *vp*: **'vende-se'** 'for sale'.

veneno [ve'nenu] *m* poison.

venenoso, osa [vene'nozu, ɔza] *adj* poisonous.

venho ['vaɲu] → **vir.**

vens ['vãjʃ] → **vir.**

ventania [vẽnta'nia] *f* gale.

ventar [vẽn'ta(x)] *vi* to blow; **na praia venta muito** it's windy on the beach.

ventilação [vẽntʃila'sãw] *f* ventilation.

ventilador [vẽntʃila'do(x)] (*pl* **-res** [-riʃ]) *m* (extractor) fan.

vento ['vẽntu] *m* wind; **está muito** ~ it's very windy.

ventre ['vẽntri] *m* belly.

ver ['ve(x)] *vt* to see; *(televisão, filme)* to watch; *(perceber)* to notice; *(examinar)* to look at. ◆ *vi* to see. ◆ *m*: **a meu** ~ in my opinion; **deixar alguém** ~ **algo** to let sb see sthg; **não tenho nada a** ~ **com isso** it has nothing to do with me.

veracidade [verasi'dadʒi] *f* truthfulness.

veraneio [vera'neju] *m* summer vacation; **casa de** ~ summerhouse.

veranista [vera'niʃta] *mf (summer)* vacationer *Am,* holidaymaker *Brit.*

verão [ve'rãw] (*pl* **-ões** [-õjʃ]) *m* summer.

verba ['vɛxba] *f* budget.

verbal [vex'baw] (*pl* **-ais** [-ajʃ]) *adj* verbal.

verbo ['vɛxbu] *m* verb; ~ **intransitivo/transitivo** intransitive/transitive verb.

verdade [vex'dadʒi] *f* truth; **dizer a** ~ to tell the truth; **a** ~ **é que ...** the truth is (that) ...; **na** ~ actually; **de** ~ real.

verdadeiro, ra [vexda'dejru, ra] *adj (verídico)* true; *(genuíno)* real.

verde ['vexdʒi] *adj (de cor verde)* green; *(fruta)* unripe. ◆ *m (cor)* green.

verdura [vex'dura] *f* greens *pl.*

veredicto [vere'dʒiktu] *m* verdict.

vergonha [vex'goɲa] *f (timidez)* bashfulness; *(desonra)* shame; **ter** ~ to be shy; **ter** ~ **de alguém** to be ashamed of sb; **não ter** ~ **na cara** to be shameless.

verificação [verifika'sãw] (*pl* **-ões** [-õjʃ]) *f* checking.

verificar [verifi'ka(x)] *vt* to check.
❑ **verificar-se** *vp (acontecer)* to take place.

verme ['vɛxmi] *m* worm; *(larva)* maggot.

vermelho, lha [vex'meʎu, ʎa] *adj & m* red.

verniz [vex'niʃ] (*pl* **-zes** [-ziʃ]) *m* varnish.

verões → **verão.**

verossímil [vero'simiw] (*pl* **-meis** [-meiʃ]) *adj* probable.

verruga [ve'xuga] *f* wart; *(em pé)* verruca.

versão [vex'sãw] (*pl* **-ões** [-õjʃ]) *f* version.

versátil [vex'satʃiw] (*pl* **-teis** [-tejʃ]) *adj* versatile.
verso ['vɛxsu] *m* *(de poema)* verse; *(de folha de papel)* other side *(of a page)*.
versões → **versão.**
vértebra ['vɛxtebra] *f* vertebra.
vertical [vextʃi'kaw] (*pl* **-ais** [-ajʃ]) *adj & f* vertical; **na** ~ upright, vertically.
vértice ['vɛxtʃisi] *m* vertex.
vertigem [vex'tʃiʒẽ] (*pl* **-ns** [-ʃ]) *f* vertigo; **estou com vertigens** I feel dizzy.
vesgo, ga ['veʒgu, ga] *adj* cross-eyed.
vesícula [ve'zikula] *f*: ~ **(biliar)** gall bladder.
vespa ['veʃpa] *f* *(inseto)* wasp; *(motociclo)* scooter.
véspera ['vɛʃpera] *f* day before; **na** ~ the day before; **em** ~**s de** on the eve of; ~ **de Ano Novo** New Year's Eve; ~ **de Natal** Christmas Eve.
vestiário [veʃ'tʃjarju] *m* cloakroom.
vestibular [veʃtʃibu'la(x)] *m* university entrance exam.

ⓘ VESTIBULAR

The Brazilian university entrance scheme - terror of all students - comprises a series of tests which candidates are eligible to take on completion of secondary school. There are three or four exams in total, which aim to assess the depth of knowledge each student has acquired over the 11 years spent in primary and secondary education.

---

vestíbulo [veʃ'tʃibulu] *m* foyer.
vestido, da [veʃ'tʃidu, da] *adj*: ~ **de** dressed in. ◆ *m* dress; ~ **de noiva** wedding dress.
vestígio [veʃ'tʃiʒju] *m* trace.
vestir [veʃ'tʃi(x)] *vt* to dress. ❑ **vestir-se** *vp* to get dressed; ~**-se de** *(disfarçar-se de)* to dress up as; *(de azul, negro, etc)* to dress in, to wear.
veterano, na [vete'ranu, na] *m, f* veteran.
veterinário, ria [veteri'narju, rja] *m, f* vet.
véu ['vɛu] *m* veil.
vexame [vɛ'ʃami] *m* *(escândalo)* scandal; *(humilhação)* humiliation.
vez ['veʃ] (*pl* **-zes** [-ziʃ]) *f* time; *(turno)* turn; **você já foi lá alguma** ~**?** have you ever been there?; **perder a** ~ *(em fila)* to lose one's place; **de uma só** ~ in one go; **de** ~ once and for all; **de** ~ **em quando** occasionally; **mais de uma** ~ more than once; **em** ~ **de** instead of; **outra** ~ again; **uma** ~ once; **às** ~**es** sometimes; **duas** ~**es** twice; **muitas** ~**es** often; **por** ~**es** sometimes; **poucas** ~**es** rarely; **era uma** ~ **...** once upon a time ...
vi ['vi] → **ver.**
via ['via] *f* *(estrada, caminho)* route; *(meio)* way; *(documento)* copy; ~ **aérea** airmail; **em** ~ **s**

de about to; **por ~ de** by means of; **por ~ das dúvidas** just in case; **por ~ nasal** nasally; **por ~ oral** orally; **segunda ~** *(de documento)* duplicate; **~ pública** public thoroughfare; **a Via Láctea** the Milky Way.

viaduto [via'dutu] *m* viaduct.

viagem ['vjaʒẽ] *(pl* **-ns** [-ʃ]) *f* *(trajeto)* trip; *(excursão)* trip; *(de barco)* voyage; **boa ~!** have a good trip!; **~ de negócios** business trip.

viajante [vja'ʒãntʃi] *mf* traveler.

viajar [vja'ʒa(x)] *vi* to travel; **~ de** to travel by; **~ por** *(por país, continente)* to travel through ou across; *(por terra, mar, ar)* to travel by.

viatura [vja'tura] *f* vehicle; *(policial)* patrol car.

viável ['vjavɛw] *(pl* **-eis** [-ejʃ]) *adj (transitável)* passable; *(exeqüível)* feasible.

víbora ['vibora] *f* viper.

vibrar [vi'bra(x)] *vi* to vibrate; **ela vibrou de alegria** she was thrilled.

viciado, da [vi'sjadu, da] *adj*: **ser ~ em algo** to be addicted to sthg.

viciar [vi'sja(x)] *vt* to distort; *(documento)* to falsify; *(corromper)* to corrupt.

❑ **viciar-se** *vp + prep:* **viciar-se em** to become addicted to.

vício ['visju] *m (de droga, bebida)* addiction; *(defeito)* vice; *(mau hábito)* bad habit.

vida ['vida] *f* life; **arriscar a ~** to risk one's life; **ganhar a ~** to earn a living; **modo de ~** way of living; **perder a ~** to lose one's life; **tirar a ~ de alguém** to take sb's life.

vídeo ['vidʒju] *m* video.

videoclube [,vidʒjo'klubi] *m* video store.

videogame [,vidʒjo'gejmi] *m* videogame.

vidraça [vi'drasa] *f* windowpane.

vidro ['vidru] *m* glass; *(vidraça)* pane (of glass); *(de carro)* window.

vieste [vi'ɛʃtʃi] → **vir.**

viga ['viga] *f* beam.

vigésimo, ma [vi'ʒɛzimu, ma] *num* twentieth → **sexto.**

vigia [vi'ʒia] *f* *(vigilância)* watch; *(janela)* porthole. ◆ *mf* *(guarda)* guard.

vigilância [viʒi'lãsja] *f* vigilance.

vigor [vi'go(x)] *m* vigor; **em ~** *(lei, norma)* in force.

vila ['vila] *f (de casas)* housing development; *(povoação)* village; *(habitação)* villa.

vim ['vĩ] → **vir.**

vinagre [vi'nagri] *m* vinegar.

vinco ['vĩŋku] *m* crease.

vinda ['vĩnda] *f* return.

vindo, da ['vĩndu, da] *pp* → **vir.**

vingança [vĩŋ'gãsa] *f* revenge.

vingar [vĩŋ'ga(x)] *vt (desforrar-se de)* to avenge. ◆ *vi (planta)* to take.

❑ **vingar-se** *vp (desforrar-se)* to take revenge; **~-se de alguém** to take revenge on sb.

vingativo, va [vĩŋga'tʃivu, va] *adj* vengeful.
vinha¹ ['viɲa] → **vir.**
vinha² ['viɲa] *f* vineyard.
vinho ['viɲu] *m* wine; ~ **branco/tinto** white/red wine; ~ **do Porto** port.
vinte ['vĩntʃi] *num* twenty → **seis.**
viola ['vjɔla] *f* viola.
violação [vjola'sãw] (*pl* **-ões** [-õjʃ]) *f (de direito, norma)* violation; *(estupro)* rape; *(de segredo)* disclosure.
violão [vjo'lãw] (*pl* **-ões** [-õjʃ]) *m* guitar.
violar [vjo'la(x)] *vt (direito, norma)* to violate; *(pessoa)* to rape; *(segredo)* to disclose, to reveal.
violência [vjo'lẽsja] *f* violence.
violento, ta [vjo'lẽntu, ta] *adj* violent.
violeta [vjo'leta] *adj inv & f* violet. ◆ *f* violet.
violino [vjo'linu] *m* violin.
violões → **violão.**
vir ['vi(x)] *vi* **-1.** *(apresentar-se)* to come; **veio me ver** he came to see me; **venho visitá-lo amanhã** I'll come and see you tomorrow.
-2. *(chegar)* to arrive; **(ele) veio atrasado/adiantado** he arrived late/early; **ela veio no ônibus das onze** she came on the eleven o'clock bus.
-3. *(a seguir no tempo)* to come; **ano que vem** next week/year.
-4. *(estar)* to be; **vem escrito em português** it's written in Portuguese; **vinha embalado** it came in a package.
-5. *(regressar)* to come back; **eles vêm de férias amanhã** they're coming back from vacation tomorrow; **hoje, venho mais tarde** I'll be back later today.
-6. *(surgir)* to come; **o carro veio não sei de onde** the car came out of nowhere; **veio-me uma idéia** I've got an idea.
-7. *(provir)*: ~ **de** to come from; **venho agora mesmo de lá** I've just come from there.
-8. *(em locuções)*: ~ **a ser** to become; **que vem a ser isto?** what's the meaning of this?; ~ **abaixo** *(edifício, construção)* to collapse; ~ **ao mundo** *(nascer)* to come into the world, to be born; ~ **a saber (de algo)** to find out (about sthg); ~ **sobre** *(arremeter contra)* to lunge at; ~ **a tempo de algo** to arrive in time for sthg; ~ **a tempo de fazer algo** to arrive in time to do sthg.
virado, da [vi'radu, da] *adj (invertido)* upside down; *(tombado)* overturned; *(voltado)* turned up. ◆ *m*: ~ **para** facing.
virar [vi'ra(x)] *vt* to turn; *(carro, caminhão)* to turn around; *(entornar, derrubar)* to knock over; *(transformar-se em)* to turn into. ◆ *vi (mudar de direção)* to change direction; *(mudar)* to change; ~ **à direita/esquerda** to turn right/left.
❑ **virar-se** *vp (voltar-se)* to turn over; **~-se contra alguém** to

turn against sb; ~**-se para** to turn toward.

virgem ['vixʒẽ] (*pl* **-ns** [-ʃ]) *mf* virgin. ◆ *adj* virgin; *(cassete)* blank.

❑ **Virgem** *f (signo do Zodíaco)* Virgo.

vírgula ['vixgula] *f* comma.

viril [vi'riw] (*pl* **-is** [-iʃ]) *adj* virile.

virilha [vi'riʎa] *f* groin.

viris → **viril.**

virtual [vix'twaw] (*pl* **-ais** [-ajʃ]) *adj* virtual.

virtude [vix'tudʒi] *f* virtue; **em ~ de** due to.

vírus ['viruʃ] *m inv* virus.

visão [vi'zãw] (*pl* **-ões** [-õjʃ]) *f* vision; *(capacidade de ver)* sight.

visar [vi'za(x)] *vt (com arma)* to take aim at; *(documento)* to endorse; ~ **fazer algo** *(ter em vista)* to aim to do sthg.

viscoso, osa [viʃ'kozu, ɔza] *adj* viscous.

visibilidade [vizibili'dadʒi] *f* visibility.

visita [vi'zita] *f* visit; *(de médico)* house call; **fazer uma ~ a alguém** to pay sb a visit.

visitante [vizi'tãntʃi] *mf* visitor.

visitar [vizi'ta(x)] *vt* to visit.

visível [vi'zivɛw] (*pl* **-eis** [-ejʃ]) *adj* visible.

visões → **visão.**

visor [vi'zo(x)] (*pl* **-res** [-riʃ]) *m (de máquina fotográfica)* viewfinder.

vista ['viʃta] *f (visão)* sight; *(olho)* eye; *(panorama)* view; **à ~** cash buy; **até à ~!** see you!; **dar na ~** to stand out; **ter algo em ~** to have one's eye on sthg, to have something in view.

visto, ta ['viʃtu, ta] *pp* → **ver.** ◆ *adj* well-known. ◆ *m (em documento)* stamp; *(em passaporte)* visa; **pelo ~** by the look of things; ~ **que** since; ~ **de residência** residence permit; ~ **provisório** temporary visa.

visual [vi'zwaw] (*pl* **-ais** [-ajʃ]) *adj* visual.

vital [vi'taw] (*pl* **-ais** [-ajʃ]) *adj* vital.

vitamina [vita'mina] *f* vitamin.

vitela [vi'tɛla] *f (animal)* calf; *(carne)* veal.

vítima ['vitʃima] *f (de acusação, ataque)* victim; *(morto em guerra, acidente)* fatality.

vitória [vi'tɔrja] *f* victory.

vitral [vi'traw] (*pl* **-ais** [-ajʃ]) *m* stained-glass window.

vitrina [vi'trina] *f* (shop) window.

viu ['viu] → **ver.**

viúvo, va ['vjuvu, va] *m, f* widower (*f* widow).

vivacidade [vivasi'dadʒi] *f* vivacity.

viveiro [vi'vejru] *m (de plantas)* nursery; *(de peixes)* fish farm.

vivenda [vi'vẽnda] *f* house.

viver [vi've(x)] *vi (ter vida)* to be alive; *(habitar)* to live. ◆ *vt (momento, situação)* to experience; ~ **com alguém** to live with sb; ~ **de algo** to live off sthg; ~ **em** to live in.

vivo, va ['vivu, va] *adj (com vida)* alive; *(perspicaz)* sharp; *(cor, luz)* bright; *(travesso)* impudent; **ao ~** live.

vizinhança [vizi'ɲãsa] *f (vizinhos)* neighbors *pl*; *(arredores)* neighborhood.

vizinho, nha [vi'ziɲu, ɲa] *m, f* neighbor. ◆ *adj (país, região)* neighboring; *(casa)* next; **é o ~ do lado** he's my next-door neighbor.

voar ['vwa(x)] *vi* to fly.

vocabulário [vokabu'larju] *m* vocabulary.

vocação [voka'sãw] (*pl* **-ões** [-õjʃ]) *f* vocation; **ter ~ para** to have a vocation for.

vocalista [voka'liʃta] *mf* lead singer.

você [vo'se] *pron* you; **e ~?** what about you?; **é ~?!** is that you?!; **~ mesmo** OU **próprio** you, yourself.

❑ **vocês** *pron pl* you; **~ mesmos** OU **próprios** you, yourselves.

vogal [vo'gaw] (*pl* **-ais** [-ajʃ]) *f (letra)* vowel. ◆ *mf (de junta, júri, assembléia)* member.

volante [vo'lãntʃi] *m (de veículo)* steering wheel.

vôlei ['volei] *m* volleyball.

volta ['vɔwta] *f (regresso)* return; *(movimento)* turn; *(mudança)* change; *(passeio)* walk; *(em corrida)* lap; *(em competição)* round; **dá duas ~s à chave** turn the key twice; **dar uma ~** to go for a walk OU wander; **dar uma ~ de carro** to go for a drive; **dar a ~ em algo** *(tornear)* to go around sthg; **estar de ~** *(estar de regresso)* to be back; **~ e meia** *fig* every now and then; **em toda a ~ de** all the way around; **à ~ de (cerca de)** roughly, around; **por ~ de** around.

voltagem [vow'taʒẽ] *f* voltage.

voltar [vow'ta(x)] *vt* to turn over; *(cabeça, olhos, costas)* to turn; *(objeto de dentro para fora)* to turn inside out. ◆ *vi (regressar)* to come back; *(ir de novo)* to go back; **~ a fazer algo** to do sthg again; **~ atrás** to go back; **~ para** to return to; **~ atrás na palavra** to go back on one's word; **~ a si** to come around.

❑ **voltar-se** *vp (virar-se)* to turn around; **~-se para** to turn toward.

volume [vo'lumi] *m* volume; *(embrulho)* parcel.

voluntário, ria [volũn'tarju, rja] *m, f* volunteer.

volúpia [vo'lupja] *f* voluptuousness.

vomitar [vomi'ta(x)] *vt & vi* to vomit.

vômito ['vomitu] *m* vomit; **ter ânsias de ~** to feel sick nauseous.

vontade [võn'tadʒi] *f (desejo)* wish; *(determinação)* willpower; **ficar à ~** to make o.s. comfortable; **servir-se à ~** to help o.s.; **ter ~ de fazer algo** to feel like doing sthg; **fazer as ~s de alguém** to pander to sb; **contra a ~ de alguém** against sb's will; **de livre ~** of one's own free will.

vôo ['vou] *m* flight; ~ **charter fretado** charter flight; ~ **direto** direct flight; ~ **doméstico** domestic flight; ~ **livre** hang-gliding.

vos [vuʃ] *pron pl (complemento direto)* you; *(complemento indireto)* (to) you; *fml (reflexo)* yourselves; *fml (recíproco)* each other, one another.

vós ['vɔʃ] *pron (sujeito, complemento direto)* you; *(complemento indireto)* (to) you; ~ **mesmos próprios** you, yourselves.

vosso, a ['vɔsu, a] *adj* your. ◆ *pron:* **o** ~ **/a vossa** yours; **um amigo** ~ a friend of yours; **os** ~**s** *(a vossa família)* your family.

votação [vota'sãw] (*pl* **-ões** [-õjʃ]) *f* vote.

votar [vo'ta(x)] *vi* to vote; ~ **em alguém** to vote for sb.

voto ['vɔtu] *m* vote.
❑ **votos** *mpl:* **fazer** ~**s que** to hope (that); ~**s de felicidade** *(em carta)* best wishes.

vou ['vo] → **ir.**

voz ['vɔʃ] (*pl* **-zes** [-ziʃ]) *f* voice; **levantar a** ~ to raise one's voice; **ter** ~ **ativa em algo** to have a say in sthg; **em** ~ **alta** aloud, out loud; **em** ~ **baixa** softly.

vulcão [vuw'kãw] (*pl* **-ões** [-õjʃ]) *m* volcano.

vulgar [vuw'ga(x)] (*pl* **-res** [-riʃ]) *adj* common; *(grosseiro)* vulgar.

vulnerável [vuwne'ravɛw] (*pl* **-eis** [-ejʃ]) *adj* vulnerable.

vulto ['vuwtu] *m* figure.

W

WC *m* (**water closet**) restroom.

Web [web] *m INFORM:* **a** ~ the Web.

web site ['websaɪt] *m INFORM* web site.

windsurfe [wĩnd'suxfi] *m* windsurfing; **fazer** ~ to go windsurfing.

windsurfista [wĩndsux'fiʃta] *mf* windsurfer.

X

xadrez [ʃa'dreʃ] *m (jogo)* chess; *(cadeia)* pen *Am,* nick *Brit*; **de** ~ *(tecido, saia)* checked.

xale ['ʃali] *m* shawl.

xampu [ʃãm'pu] *m* shampoo.

xarope [ʃa'rɔpi] *m* syrup; ~ **para a tosse** cough syrup.

xerocar [ʃero'ka(x)] *vt* to photocopy, to Xerox®.

xerox® ['ʃɛrɔks] *m inv (fotocópia)* photocopy; *(máquina)* photocopier.

xícara ['ʃikara] *f* cup.

xicrinha [ʃi'kriɲa] *f* coffee cup.

xilografia [ʃilɔgra'fia] *f* wood engraving.

xingar [ʃĩŋ'ga(x)] *vt (insultar)* to swear at.

Z

zagueiro [za'geiru] *m (em futebol)* defense.
zangado, da [zãŋ'gadu, da] *adj* angry.
zangão ['zãŋgãw] (*pl* **-ões** [-õjʃ]) *m* drone.
zangar [zãŋ'ga(x)] *vt (irritar)* to annoy.
❑ **zangar-se** *vp (brigar)* to have a fight; *(irritar-se)* to get angry.
zangões → **zângão.**
zarpar [zax'pa(x)] *vi* to set sail.
zebra ['zebra] *f* zebra.
zelador, ra [zela'do(x), ra] (*mpl* **-res** [-riʃ], *fpl* **-s** [-ʃ]) *m, f (de edifício)* porter.
zelar [ze'la(x)] *v + prep*: **zelar por** to take care of.
zelo ['zelu] *m* care.
zeloso, osa [ze'lozu, ɔza] *adj* careful.
zero ['zɛru] *num* zero; *(em futebol)* zero; *(em tênis)* love; **partir do ~** to start from scratch; **ser um ~ à esquerda** to be hopeless; **abaixo de ~** below zero → **seis.**
zinco ['zĩŋku] *m* zinc.
zíper ['zipe(x)] (*pl* **-res** [-riʃ]) *m* zipper *Am*, zip *Brit*.
Zodíaco [zo'dʒiaku] *m* zodiac.
zombar [zõm'ba(x)] *vi* to jeer; **~ de** to make fun of.
zona ['zona] *f (de país, globo)* area; *(de corpo)* part; *(de prostituição)* red-light district; *(bagunça)* mess; **~ franca** free trade area; **Z~ Norte/Sul** north side/south side.
zonzo, za ['zõzu, za] *adj* dazed.
zôo ['zou] *m* zoo.
zoologia [zolo'ʒia] *f* zoology.
zumbir [zũm'bi(x)] *vi* to buzz.
zunir [zu'ni(x)] *vi (vento)* to whistle; *(abelha)* to buzz.
zurrar [zu'xa(x)] *vi* to bray.

GUIA DE CONVERSAÇÃO

CONVERSATION GUIDE

CUMPRIMENTANDO ALGUÉM	GREETING SOMEONE
▸ Bom dia.	▸ Good morning.
▸ Boa tarde.	▸ Good afternoon.
▸ Boa noite.	▸ Good evening.
▸ Olá!	▸ Hello!
▸ Oi!	▸ Hi!
▸ Como vai?	▸ How are you?
▸ Muito bem, obrigado/a.	▸ Very well, thank you.
▸ Bem, obrigado/a.	▸ Fine, thank you.
▸ E você?	▸ And you?

APRESENTANDO-SE	INTRODUCING YOURSELF
▸ Meu nome é Sérgio.	▸ My name is Sérgio.
▸ Eu sou brasileiro/brasileira.	▸ I am Brazilian.
▸ Eu sou de Chicago.	▸ I come from Chicago.

APRESENTANDO ALGUÉM	MAKING INTRODUCTIONS
▸ Este é o Sr. Hall.	▸ This is Mr. Hall.
▸ Gostaria de apresentar o Sr. Hall.	▸ I'd like to introduce Mr. Hall.
▸ Prazer em conhecê-lo.	▸ Pleased to meet you.
▸ Como vai?	▸ How are you?
▸ Bem-vindo/a.	▸ Welcome.

DESPEDINDO-SE

- Tchau.
- Até logo.
- Até breve.
- Boa noite.
- Aproveite a sua viagem.
- Foi um prazer conhecê-lo.

SAYING GOODBYE

- Bye.
- See you later.
- See you soon.
- Good night.
- Enjoy your trip.
- It was nice to meet you.

AGRADECENDO

- (Muito) obrigado/a.
- Obrigado/a. Igualmente.
- Obrigado/a por sua ajuda.

SAYING THANK YOU

- Thank you (very much).
- Thank you. The same to you.
- Thank you for your help.

RESPONDENDO A AGRADECIMENTOS

- Não há de quê.
- De nada.
- Foi um prazer.

REPLYING TO THANKS

- Don't mention it.
- Not at all.
- You're welcome.

DESCULPANDO-SE

- Com licença.
- Sinto muito.
- Desculpe.
- Perdão.
- Desculpe-me.
- Desculpe-me por estar atrasado/por incomodá-lo.

APOLOGIZING

- Excuse me.
- I'm sorry.
- Sorry.
- Pardon me.
- Forgive me.
- I'm sorry I'm late/to bother you.

ACEITANDO UM PEDIDO DE DESCULPA

- Não tem importância.
- Tudo bem.
- Não faz mal.

ACCEPTING AN APOLOGY

- It doesn't matter.
- That's all right.
- No harm done.

VOTOS E CUMPRIMENTOS

- Boa sorte!
- Divirta-se!
- Bom apetite!
- Feliz aniversário!
- Boa Páscoa!
- Feliz Natal!
- Feliz Ano Novo!
- Tenha um bom fim de semana.
- Boas férias!
- Tenha um bom dia!

WISHES AND GREETINGS

- Good luck!
- Have fun!/Enjoy yourself!
- Enjoy your meal!
- Happy Birthday!
- Happy Easter!
- Merry Christmas!
- Happy New Year!
- Have a good weekend!
- Enjoy your vacation!
- Have a nice day!

COMO ESTÁ O TEMPO?

- Está fazendo um dia lindo.
- Está um dia agradável.
- Está fazendo sol.
- Está chovendo.
- Está nublado.
- A previsão é de chuva para amanhã.
- Que tempo horrível!
- Está (muito) quente/frio.

WHAT'S THE WEATHER LIKE?

- It's a beautiful day.
- It's nice out.
- It's sunny.
- It's raining.
- It's cloudy.
- It's supposed to rain tomorrow.
- What horrible (or awful) weather!
- It's (very) hot/cold.

EXPRESSANDO PREFERÊNCIAS

- Eu gosto (disso).
- Eu não gosto (disso).
- Você gostaria de beber/comer alguma coisa?
- Sim, por favor.
- Não, obrigado/a.
- Você gostaria de ir até o parque com a gente?
- Sim, eu gostaria.

EXPRESSING LIKES AND DISLIKES

- I like it.
- I don't like it.
- Would you like something to drink/eat?
- Yes, please.
- No, thanks.
- Would you like to come to the park with us?
- Yes, I'd love to.

USANDO O TELEFONE

- Alô.
- Aqui é Jean Brown.
- Gostaria de falar com Jack Adams
- Volto a ligar daqui a dez minutos.
- Posso deixar um recado?
- Desculpe, devo ter discado o número errado.

PHONING

- Hello.
- Jean Brown speaking.
- I'd like to speak to Jack Adams
- I'll call back in ten minutes.
- Can I leave a message for him?
- Sorry, I must have dialed the wrong number.

ALUGANDO UM CARRO

- Queria alugar um carro com ar condicionado.
- Qual é o preço por um dia?
- A quilometragem é illimitada?
- Quanto custa o seguro total?
- Posso deixar o carro no aeroporto?

RENTING A CAR

- I'd like to rent a car with air-conditioning.
- What's the cost for one day?
- Is the mileage unlimited?
- How much does it cost for comprehensive insurance?
- Can I leave the car at the airport?

PEGANDO UM TÁXI

- Você poderia me chamar um táxi?
- Para a rodoviária/a estação/o aeroporto, por favor.
- Pare aqui/no sinal/na esquina, por favor.
- Você pode me esperar?
- Quanto é?
- Gostaria de um recibo, por favor

TAKING A CAB

- Could you call me a cab?
- To the bus station/train station/airport, please.
- Stop here/at the lights/at the corner, please.
- Can you wait for me?
- How much is it?
- Can I have the receipt, please?

TOMANDO O TREM

- A que horas é o próximo trem para Chicago?
- De que plataforma sai o trem?
- Quanto custa uma passagem de ida e volta para Chicago?
- Com licença, este lugar está ocupado?

TAKING THE TRAIN

- What time is the next train to Chicago?
- Which platform does it go from?
- How much is a round-trip ticket to Chicago?
- Excuse me, is this seat taken?

NO AEROPORTO

- Onde é o terminal 1/o portão número 2?
- Onde é o check-in?
- Gostaria de sentar no corredor/na janela.
- A que horas é o embarque?
- Perdi meu cartão de embarque.
- Onde é o setor de bagagens?

AT THE AIRPORT

- Where is terminal 1/gate number 2?
- Where is the check-in desk?
- I'd like an aisle/window seat.
- What time is boarding?
- I've lost my boarding card.
- Where is the baggage reclaim?

ONDE É?

- Pode me mostrar no mapa onde nós estamos?
- Onde é a rodoviária/o correio?
- Por favor, como faço para chegar a Bleeker Street?
- É longe?
- Dá para ir a pé?

ASKING THE WAY

- Could you show me where we are on the map?
- Where is the bus station/post office?
- Excuse me, how do I get to Bleeker Street?
- Is it far?
- Is it within walking distance?

CIRCULANDO NA CIDADE

- Que ônibus vai para o aeroporto?
- Onde tomo o ônibus para a estação?
- Quero uma passagem de ida / ida e volta para Boston.
- Pode me dizer onde devo descer?

GETTING AROUND TOWN

- Which bus goes to the airport?
- Where do I catch the bus for the station?
- I'd like a one-way/round-trip ticket to Boston.
- Could you tell me when we get there?

NO HOTEL

- Queremos um quarto de casal/dois quartos de solteiro.
- Quero um quarto por duas noites, por favor.
- Fiz uma reserva em nome de Jones
- A chave do quarto 121, por favor
- A que horas é servido o café da manhã?
- Pode me acordar às 7 horas da manhã?

AT THE HOTEL

- We'd like a double room/ two single rooms.
- I'd like a room for two nights, please.
- I have a reservation in the name of Jones.
- Could I have the key for room 121, please?
- What time is breakfast served?
- I'd like a wake-up call at 7 a.m., please.

NAS LOJAS	AT THE SHOPS
• Quanto é isso?	• How much is this?
• Queria comprar óculos de sol/roupa de banho.	• I'd like to buy sunglasses/a bathing suit.
• Meu tamanho é 6.	• I'm a size 6.
• Eu calço 38.	• I wear a size 7.
• Posso experimentar?	• Can I try this on?
• Posso trocar?	• Can I exchange it?
• Onde ficam os provadores?	• Where are the fitting rooms?
• Você tem um tamanho maior/menor?	• Do you have this in a bigger/smaller size?
• Você tem isso em azul?	• Do you have this in blue?
• Tem envelopes/guias da cidade?	• Do you sell envelopes/street maps?

PEDINDO INFORMAÇÕES	OUT AND ABOUT
• A que horas o museu fecha?	• What time does the museum close?
• Onde é a piscina pública mais próxima?	• Where is the nearest public swimming pool?
• Pode me dizer onde é a igreja (católica/batista) mais próxima	• Could you tell me where the nearest (Catholic/Baptist) church is?
• Tem um cinema perto daqui?	• Is there a movie theater nearby?
• Qual a distância daqui até a praia?	• How far is it to the beach?

NA LANCHONETE

- Esta mesa/cadeira está livre?
- Por favor!
- Dois cafezinhos/cafés com leite, por favor.
- Um suco de laranja/uma água mineral.
- Pode trazer mais uma cerveja, por favor?
- Onde é o banheiro?

AT THE CAFÉ

- Is this table/seat free?
- Excuse me!
- Two cups of black coffee/ coffee with cream, please.
- An orange juice/a mineral water.
- Can I have another beer, please?
- Where is the restroom?

NO RESTAURANTE

- Gostaria de reservar uma mesa para as 8 horas da noite.
- Uma mesa para dois, por favor.
- Pode trazer o cardápio/ a carta de vinhos?
- Você tem um menu para crianças/para vegetarianos?
- Uma garrafa de vinho tinto/ branco da casa, por favor.
- Qual é a especialidade da casa?
- O que tem de sobremesa?
- Pode trazer a conta, por favor?

AT THE RESTAURANT

- I'd like to reserve a table for 8p.m.
- A table for two, please.
- Can we see the menu/wine list?
- Do you have a children's/ vegetarian menu?
- A bottle of house white/ red, please.
- What is the house speciality?
- What desserts do you have?
- Can I have the check, please?

NO BANCO	AT THE BANK
• Gostaria de trocar $100 em reais, por favor.	• I'd like to change $100 into reais please.
• Em notas de valor pequeno, por favor.	• In small denominations, please.
• Qual é o câmbio para o dólar?	• What is the exchange rate for dollars?
• Gostaria de trocar alguns cheques de viagem.	• I'd like to cash some traveler's checks.
• Onde tem um caixa automático?	• Where is the ATM?

NO CORREIO	AT THE POST OFFICE
• Quanto custa enviar um cartão postal para os Estados Unidos?	• How much is it to send a postcard to the USA?
• Quero dez selos para o Canadá.	• I'd like ten stamps for Canada.
• Gostaria de remeter este pacote registrado.	• I'd like to send this parcel by registered mail.
• Quanto tempo leva para chegar lá?	• How long will it take to get there?

NO CONSULTÓRIO MÉDICO	AT THE DOCTOR'S
• Estou vomitando e com diarréia.	• I've been vomiting and I have diarrhea.
• Estou com dor de garganta.	• I have a sore throat.
• Estou com dor de estômago.	• My stomach hurts.
• Meu filho está com tosse e febre.	• My son has a cough and a fever.
• Sou alérgico a penicilina.	• I'm allergic to penicillin.